HERIBERT HEINRICHS · WASSENBERG

Titelbild: Burg Wassenberg um 1780 (Öl auf Leinwand, Hubert Plücken, Arsbeck, geb. 28. 6. 1937. Für das vorliegende Buch im Jahre 1987 gemalt. Das Bild ist im Besitz der Stadt Wassenberg.)

Rückseitenbild: Das spätgotische Sakristeigewände der Georgsbasilika als Kleeblattbogen-Durchgang heute in Wassenbergs Stadtmauer. (Foto: Ekkehard Heinrichs)

HERIBERT HEINRICHS

WASSENBERG

Geschichte eines
Lebensraumes

B. Kühlen Verlags GmbH & Co. KG, Mönchengladbach, 1987
Gedruckt auf „HANNO'ART juwel" 135 g/m² aus dem Hause
Hannoversche Papierfabriken Alfeld-Gronau Aktiengesellschaft, 3220 Alfeld.
Lithos: repro-in, Mönchengladbach.
Gesamtherstellung: Druckhaus B. Kühlen KG, Mönchengladbach.
Layout: Günter Leßmann, Viersen.
ISBN 3-87448-130-1

Dieses Buch widme ich dem Andenken des
ermordeten jüdischen Wassenberger Mädchens

B e t t y   R e i s

1921—1944

Stellvertretend für die Vernichtung der jüdischen
Mitbürger Wassenbergs, für die gefolterten und
verbrannten Wassenberger Prädikanten, für die Opfer
des Hexenwahns, für die Söldner-Schicksale der
Anwerbung, für die Gequälten, Verjagten, Getöteten
der Kriege, für alle Opfer der Unduldsamkeit und
Unmenschlichkeit in der Geschichte dieser Stadt.

Vorwort

O Fortuna,
velut Luna,
statu variabilis . . .
(Carmina Burana, 12./13. Jhdt.)

Geschichte en miniature! „De stat wassembergh" als Mikrokosmos historischer Ereignisse. Geschichtliche Strukturen im Lebensraum am Unterlauf der Rur. Ein exemplarischer Fall? Ein Kaleidoskop westeuropäischen Schicksals? Regional-Geschichte im Originalton vor Ort. Leo Thönnissen interpretiert solche Absicht: „Zu den Lehren unserer Geschichte gehört es, manches Große geringer und manches Kleine höher zu achten. Unterschätzen wir deshalb nicht die kleineren Strukturen unseres Zusammenlebens, die sich oft als dauerhafter erwiesen haben."
Geschichtliches im Mikromodell, im Kleinen also, in der Münze des brabantischen Schillings, nicht im Glanz goldener Dukaten. Epochen im Widerschein des Nahen und Vertrauten. Spurensicherung des Alltäglichen. Partikuläre und regionale Ernstnahme von Stadt- und Menschenschicksal. In diesem Sinne lege ich dieses Buch allen, die Wassenberg lieben, dankbar in die Hand. Es will mehr als Ermittlung, Ergründung, Gedächtnis, es will nachspürende Erinnerung sein. Eingedenk Friedrich Hölderlins Wort: „Aber des Ursprungs denken ist schwer, und des Kindes Haus fassen die Seher nicht mehr."

Chers amis de Pontorson!

C'est aussi à vous que je dédie ce livre sur Wassenberg. Son intention est de situer notre amitié par rapport aux processus historiques en miniature qu'a connus Wassenberg. Cette ville représente ici le modèle réduit des conflits d l'Occident, le destin qui a si durement éprouvé nos deux peuples: de l'Arbre de la Liberté francais dressé sur le Stiftsplatz de Wassenberg au blitzkrieg de 1940, du dangereux chauvinisme á la raison politique, de Philippe le Bel au général Bernadotte, du fils du maire de Wassenberg, baptisé en 1804 du nom de Napoléon, aux illusions des séparatistes, de Heinrich Heine à Romain Rolland, de Sedan au désastre de 1945, du Wassenberg dévasté par la guerre au profond renouveau — tout ceci nous concerne également. L'histoire en miniature, c'est le schilling brabancon et non pas l'éclat du ducat d'or.
Meme si tous à Pontorson ne comprennent pas l'allemand, j'espère cependant que ces photos vous donneront un apercu du paysage, de l'histoire, des hommes, des coutumes, de la mentalité et des problèmes locaux de notre ville. Et que le chant de Wassenberg, que vous tenez maintenant entre vos mains — pour répondre aux souhaits de certains d'entre vous — touchera aussi votre oreille. C'est en ce sens que je me sens attaché à Pontorson. Aussi, je me suis inspiré, pour écrire ce livre, de la maxime classique de Boileau (1636—1711): „Rier n'est beau que le vrai; le vrai seul est aimable!"

Übersetzung: Liebe Freunde von Pontorson!
Dieses Wassenberg-Buch soll auch ein Gruß für Sie sein. Es macht den Versuch, unsere Freundschaft in den geschichtlichen Prozessen neu zu definieren, die in Wassenberg en miniature abgelaufen sind. Wassenberg steht hier als Mikromodell für die abendländischen Konflikte, für das Schicksalhafte, das unsere beiden Völker so oft betroffen hat: Vom französischen Freiheitsbaum auf dem Wassenberger Stiftsplatz bis zum Blitzkrieg 1940, vom gefährlichen Chauvinismus bis zur politischen Einsicht, von Philipp dem Schönen bis General Bernadotte, von dem auf den Namen Napoleon getauften Wassenberger Bürgermeistersohn 1804 bis zur Illusion der Separatisten, von Heinrich Heine bis Romain Rolland, von Sedan bis zum Desaster von 1945, vom kriegszerstörten Wassenberg bis zum umfassenden Neubeginn — alles hat uns beiderseits betroffen. Geschichte im Kleinen, in der Münze des brabantischen Schillings, nicht im Glanz goldener Dukaten.
Wenn auch nicht jeder bei Ihnen in Pontorson die deutsche Sprache versteht, so hoffe ich doch, daß die Bilder Ihnen einen Einblick in die Landschaft, die Geschichte und die lokalen Probleme von Wassenberg schenken. Und daß Sie, wie es einige von Ihnen wünschten, jetzt auch das Wassenberger Heimatlied in Händen haben, bindet sogar auditiv. In diesem Sinne fühle ich mich Pontorson verbunden. Ich schrieb dieses Buch nach der klassischen Maxime von Boileau (1636—1711): „Rien n'est beau que le vrai; le vrai seul est aimable!"

Danke! Zeer veel dank verschuldigd! Thanks a lot! Mille remercîments!

Vielen möchte ich danken: Freunden, Kollegen, Fachleuten. An ihrer Spitze Bürgermeister, Rat und Verwaltung der Stadt Wassenberg, die kreditierend auftraten. Im besonderen danke ich Dezernent Heinz Randerath für die Organisation der Drucklegung. Dr. Heinz Zumfeld (Heinsberg) lektorierte die Arbeit, Dr. Walter Thissen (Hildesheim) wirkte entscheidend bei der Erstellung des visuellen Materials mit, mein Mitarbeiter Hans-Peter Ott MA (Hannover) überarbeitete gewissenhaft die Bibliographie, mein Freund Christian Poschen hat in zeitaufwendigen Recherchen im Aktenbestand des Wassenberger Rathauses Namen und Daten der jüngeren Geschichte verifiziert. Gertrud Hilgers, langjährige Rathausbeamtin, versorgte mich mit zahlreichen Informationen aus der jüngeren Geschichte Wassenbergs. Durch Tonbandkorrespondenz stand ich mit Walter Reis (Reece, Kanada) in Verbindung, der mir zum Schicksal der Wassenberger Juden Wichtiges mitteilte. Karl Packenius (Kanada) übersandte mir gedruckte und optische Hilfen zum Packenius-Kapitel. Außerordentlich informativ erwiesen sich Lebens-Chronik und Aufzeichnungen von Peter Berger. „Zeer veel dank verschuldigd" den Niederländischen Wissenschaftlern G. H. A. Venner, P. C. Boeren, W. F. A. Heemskerk, J. Linssen, J. H. M. Smeets, J. G. C. Venner, Mw. M. J., Bremmers, J. L. J. Schmitz, A. J. M. Lupak, A. H. Houben, Chr. de Bakker, M. P. A. van de Laarschot, A. J. Geurts, G. C. P. Linssen. Ihre Arbeiten haben meinen „maasländischen Bemühungen" wichtige Erkenntnisse vermittelt. Entscheidende Hinweise verdanke ich Lambert Bürsgens. In fotografischer Hinsicht öffnete mir Kurt Römer (Wassenberg) großzügigst sein Archiv. Prof. Dr. Franz Flintrop (Hildesheim) danke ich für die Interpretation lateinischer Urkundentexte und Archivdirektor Dr. Heinz-Günther Borck (Haus der Landschaft) für die Mithilfe beim Entschlüsseln schwieriger Archivalien. Bei kunsthistorischen Fragestellungen stand mir Prof. Dr. Josef Nolte (Tübingen) zur Seite. Der Historiker Prof. Dr. Leo Mülfarth (Karlsruhe) half mir in seinem Spezialbereich „Herzogtum Jülich". Eine Reihe geschichtswissenschaftlicher Aspekte steuerte Prof. Dr. Rudolf Keck (Hildesheim) bei. Eine Unternehmung, wie das vorliegende Buch, lebt von der Fernleihe. Drei Mitglieder meiner Hochschulbibliothek, Dirk Baumgarten (Leitung der Fernleihe), Josef Barlage und Andrea Liedtke, haben sich in engagiertester Weise jahrelang um die „Fundorte" bemüht und auch scheinbar „Unauffindbares" überraschend herangeholt. Dankbar bin ich Dipl. Päd. Hans Spilker, meinem langjährigen Mitarbeiter im Audiovisuellen Zentrum Hildesheim, für fotographische und geographische Unterstützung. Im historisch-juristischen Problembereich standen mir Landgerichtspräsident Hans-Georg Salge (Hildesheim) und Notar und Rechtsanwalt Hans Pfeiffer (Hildesheim) bei. Im Felde der architektur-zeichnerischen Dokumentationen danke ich Dombaumeister Dr. Heinz Dohmen (Essen), Dipl. Ing. Hans Deckers (Wassenberg), Dipl. Ing. Theo Cohnen (Wassenberg). Mein Freund Willi Rütten (Ingenieurbüro Rütten, Wassenberg) zeichnete mir auf Grund von Vorlagen den Ur-Grundriß des Schlosses Wassenberg von 1747. Der Gewerkschaft Sophia-Jacoba, im besonderen den beiden Markscheidern Gerd Wallrafen und Stefan Stocks, verdanke ich den geologischen Schnitt durch den Wassenberger Horst. Im schulischen Bereich halfen mir Rektorin Maria Wolters, Rektor Helmut Betteldorf und Realschuldirektor Wilhelm Schramm aus Wassenberg.
Besonders danken möchte ich dem Hauptstaatsarchiv Düsseldorf für sein gleichbleibendes geduldiges Entgegenkommen bei all den Wünschen, die ich für die Einsicht in die Wassenberger Aktenmassen äußerte. Im Algemeen Rijksarchiv Brüssel möchte ich meine dankbare Verbundenheit besonders mit dem Chef de Département, Andrée Scufflaire, zum Ausdruck bringen. Seine gezielte wissenschaftliche Unterstützung war mir von großem Nutzen. Das Rheinische Landesmuseum Bonn hat mir durch Dr. H. E. Joachim und Dr. J. Kunow im Rahmen der Bodendenkmalpflege wichtiges Material zukommen lassen. Vergelt's Gott! Schließlich danke ich dem Maler des Wassenberger Raumes, Hubert Plücken, Arsbeck, für das Titelbild dieses Buches und eine Reihe anderer Bilder im Text. Die vorliegende Untersuchung partizipierte entscheidend von den gründlichen historischen Arbeiten von Prof. Dr. Severin Corsten (Bonn) und Leo Gillessen, dem Leiter der Museen des Kreises Heinsberg, sowie Dr. Wilhelm Piepers (Bonn-Meckenheim).
Last nost least danke ich meiner Frau Charlotte, die mir bei der Bearbeitung mancherlei Hilfe schenkte und vor allem meinen archivalischen Reisen Geduld und mitinteressiertes Verstehen schenkte.

Hildesheim, 4. August 1987 Heribert Heinrichs

INHALT

Das Heinsberger Pfand

Das Gasthaus St. Nikolaus

Die Terra de Wassenbergh

Der Festungsbau 1420—1426

Der Pfandherr Vinzenz von Moers

Die Mannkammer

Die Palants

Der Geldrische Erbfolgekrieg

Die endlosen Kriege

Der Meinwegwald

Das Wassenberger Bier

Das Hauptgericht

Die Steuer

Das 18. Jahrhundert

Die Packenius

Das Geschlecht derer von Wassenberg

Das Roer-Departement

Das 19. Jahrhundert

Das Judenbruch

Die Gründerzeit in Wassenberg

Das alte Wassenberg

Die Schatten fallen

Das „Tausendjährige Reich"

Der Zweite Weltkrieg

Die Nachkriegsepoche

Bibliographie Wassenberg

Anhang

Rathaus
Waffenberg

Vorherige Seite:
Visuelle Interpretation des Liedes von Christian Poschen:
„Frühling in Wassenberg mußt' du erleben . . . "(1950)
(Foto: Heribert Heinrichs, Hildesheim).

Rurlandschaft. (Aquarell von Hanns Heidemanns, 1971)

DIE RUR

Feuchte Schläfen mit dem Pappelzweig umkränzt...

Où est la source de la Rur?
An ihrer Quelle spricht die Rur französisch. An ihrer Mündung tönt niederländische Phonetik: bei Grenzstein 365 Karken-Effeld-Vlodrop, „de rijksgrens passeert", durch die Roerstreek nach Roermond mäandrisch — „tot aan de uitmonding in de Maas achter de Stenen-brug".
Die Kartenabteilung der Staatsbibliothek Marburg[1] besitzt vier Blätter zum Quellgebiet der Rur. Handschriftlich ist darauf notiert : „Reconnaissance militaire aux sources de la Roer . . . faite en 1807".
Die Leute am Wasserloch des Hohen Venn bei Sourbrodt[2] schätzen rurisches Trinkwasser: „Nous en prenons de l'eau pour boire, c'est très bonne!"
Ein altes Gehöft, ein paar Kiefern, ein Lattenzaun, ein belgischer Garten. Ist hier die Quelle? Im kniehohen Gras der Umgebung gluckst es überall. Die meisten Leute hier wissen nicht, wo unser Fluß entspringt: „Il y a les deux Rurs?" Die Rur ist überall. Salber und Schmühl[3] erkunden die Quelle: „Der Mann mit den Gummistifeln öffnet seinen Wandschrank, holt eine verblichene Karte hervor, und demonstriert, was sich die Ansässigen nur zuraunen, daß bei Botrange, dem mit 700 m höchsten Punkt Belgiens, noch eine Rur entspringt, die 'Grande Rur'. Mit der 'Petite Rur' vereinigt sie sich kurz nach der deutschen Grenze. Die Grande Rur entspringt in einem weitläufigen Sumpfgebiet." Ob „grande" oder „petite", sie entspringt im Hohen Venn, im Haute Fagnes auf belgischem Gebiet, da wo die Natur rauh, windig und trotzig ist und die rostbraunen Rinder im gelben Gras weiden. Noch eine andere „Urquell-Geschichte"[4] wird erzählt:

Einst wandert ein steingrauer Zwerg durch das trockene Venn. Durst quält ihn. Es gibt kein einziges Rinnsal hier. Da tritt plötzlich eine alte Frau, die Schulzemöhn, aus dem Wald und bietet ihm ihre eingesammelten Waldbeeren an. Dabei sagt sie: „Sur Brodt is joot!" Der Zwerg nimmt dankbar an und verzehrt die blauschwarzen Früchte. Dann sagt er zu ihr: „Dir, deinen Kindern und Enkeln will ich dankbar sein. Dieses trockene Land soll wasserreich werden. Grabe, wo du stehst!" Der Zwerg verschwindet. Die Möhn beginnt zu graben. Schon bald springt ein silberheller Quell aus der Erde: La Rur est né.

Die Rur darf im Rahmen der Betrachtung unserer Region ein wenig überpointiert „Wassenbergs hauseigener Fluß" genannt werden. Von der Quelle bis zu ihrer Mündung in die Maas überwindet sie eine Strecke von nahezu 207 km. Die meisten Autoren nennen diese Länge. In seiner Dissertation[5] über das Wasserrecht an der Rur sieht W.F.A. Heemskerk eine Flußlänge von 150 km. Von Luchtenberg bis Effeld begrenzt sie auf einer Strecke von rund 6 km die Stadt Wassenberg gegenüber der Stadt Heinsberg. Nach ihrem Grenzübertritt fließt sie 21 km lang in mäandrischen Kurven durch die niederländische Roerstreek bis zur Maas. Ihr gesamtes Stromgebiet umfaßt ca. 235.320 ha, 10.800 ha davon auf niederländischem Territorium. Aus dem Hohen Venn laufen ihre Wasser zunächst über die Hochfläche, dann am Westrand des Elsenborner Truppenübungsplatzes vorbei in die dichten Nadelwälder bis nach Kalterherberg. Sie nimmt den Perlbach auf und rauscht durch das romantische Fachwerk von Monschau. Von hier fällt sie durch tiefeingeschnittene Täler nach Einruhr, wo sie zum See wird: der Rursee ist die größte Talsperre des Bundesgebietes. Bei Heimbach beginnt das Felspanorama des Buntsandsteins, kühn und mächtig emporsteigend bei Nideggen. Bei Winden und Obermaubach fängt die Dürener Industrie an, sich der Wasser zu bedienen: Papier, Teppiche, Aluminium. In Jülich grüßt sie die mächtige Zitadelle der Herzöge. Es folgt das Naturschutzgebiet Barmer Heide, Schloß Kellenberg. Durch die Rurbenden geht es weiter nach Linnich bis in die Nähe des Korbmacherdorfes Bracheln. Gegenüber liegt das Wasserschloß Rurich („eine reizende Rokokoschatulle[6] in grau und rosa") mit seinem ausgedehnten englischen Park. Dann beginnt das haldengesäumte Zechengebiet bei Hückelhoven und Ratheim. Die hellen Betontürme von Sophia-Jacoba sieht man bis Effeld und zum Selfkant. Sie stellen künstlerische Objekte im Industriedesign unserer Zeit dar. Auf der anderen Seite liegt Hilfarth. Von weitem schauen die Fabriktürme der Enka-Werke Oberbruchs herüber.

Dann öffnet sich unser Wassenberger Land mit Luchtenberg, Orsbeck, Ohe, Forst, Ophoven, Effeld, ein breites Areal Rurniederung. Wassenbergs Burg auf der Höhe des Horstes. Peter Anton Tholen[7] macht dieser Topographie ein hohes Kompliment: „Die schöne Lage der Kurstadt Wassenberg zu schildern, dürfte kaum noch notwendig sein. Sie kommt vornehmlich dadurch, daß die Hänge zweier Täler, das der Rur und das der Maas, in einem Winkel zusammentreffen: denn die Hänge nordwärts der Stadt sind tatsächlich die Steilabfälle zur unteren Maasniederung. Dadurch, daß Wassenberg in der äußersten Spitze dieses Winkels gelagert ist, kommt die beherrschende Lage zustande. Es ist der betonte Blickpunkt des ausgehenden Rurtales und hat von jeher Bewunderer gefunden. Der Terrassenhang bewahrt von Wassenberg aus Nordrichtung, um dann ungefähr parallel mit dem Maasstrom zu verlaufen. Aber durch den Umstand, daß sowohl die Niederung als auch der Anstieg und die Hochebene bewaldet sind, tritt der Terrassenrand viel weniger in Erscheinung als bei Wassenberg selbst. Bei Birgelen hebt sich die Kuppe des Kirchbergs scharf aus dem maas-seitigen Hange heraus. Aus dem innersten Winkel des Waldlandes strebt der klare Rothenbach der Landesgrenze zu und schafft in der einsamen Landschaft ein Tal voll stiller Schönheit. Sein kleinerer Bruder, der Schaagbach, kommt aus der Wildenrather Gemarkung und bildet den Mittelpunkt eines durchaus nicht kleinen Talkessels, der von einem Bruchwald ausgefüllt wird. Dalheim erscheint wie eine schmale Schneise in dem nach der Maasniederung sich öffnen-

Die Rur

Burg Wassenberg 1910

den Talkessel des Rothenbachs. Nordwärts aber beginnt die ausgedehnte Meinwegwaldung, die ohne Unterbrechung über Anstieg und Hochfläche und über die Dünenstriche hinweg bis zum Tal der Schwalm bei Elmpt und Brüggen reicht".

Lyrische Aspekte

Vom Wassenberger Galgenberg geht der Blick über die Rur bis weit ins Limburger Land. In meiner Jugend bin ich hier mit meinen Freunden oft gewesen, an einem Punkt, von dem der Lebenskompaß stets nach Westen zeigt. Zuweilen standen still wir hier, sahen in die flachen Gründe, auf geometrisch strenge Pappelreihen, auf Feldergrenzen, Weidenzäune, Bäche, Hekken, Dörfer, Kirchen, Wasserflächen, erblickten fast das Meer und spürten ozeanische Witterung dicht hinterm Horizont des Niederlands: die Rur da vorne und weiter westwärts schon die Maas, die sich mit Nebenwassern breit nach Norden wälzt. Wenn dann die Sonne sank, die Nebel aus den Ufern krochen, sich über Weidegründe legten, Knieholz und Dickung silbergrau verwischten, wenn wir vom Galgenberg das Röhricht und das Ried der Kleikuhl suchten, erschauten auf der anderen Seite unser Judenbruch mit seinen trügerischen Orten, die man sonst nur in Träumen sieht. Wenn uns die Abenteuer packten, die einst den alten Forckenbeck bewegt, als er den Park aus urwaldhaften Bruch erschuf. Und vor uns im Gestänge, da säumte Schlehdorn breit den Abhang, war weit und breit der Boden sanft bedeckt mit Mulm und moderndem Geäst. Da standen wir, die weißen Sande an den Schuhen und schauten in das heimatliche Tal der Rur. Der Wassenberger Wald mit gelben Gräsern, Haselbüschen, Tollkirschen, mit leuchtend schönen Heidegruppen, mit Mooren, Farnen, Moosen, Flechten, Ginster und dem Hochwald selbst. Und bei der Brücke von Rurkempen, da wo der Fluß sich träger schon der Grenze nähert, strömt stumm die Wurm mit dunklen Fluten in das Bett. Dann wirft das Wasser in die Roerstreek sich, verneigt sich vor der Kirche am Odilienberg und wandert weiter kurvenreich zur Mündung nach Roermond. Die Brücke, die der Fluß dort unterquert, hat ihren Namen nach der Kaiserin von Österreich. Nun rauscht die Maas heran und nimmt die Rur mit Stein und Holz und Fisch, mit Schlamm, Geröll in ihren Schoß.

Roermond

Die Mündungsstadt Roermond ist Endpunkt einer langen Reise. Die Stadt an der Maas hat 1982 das Jubi-

Kathedrale von Roermond

läum ihrer 750-jährigen Stadtgeschichte gefeiert: eine bedeutsame Geschichte. Im Mittelalter war sie zeitweise die Hauptstadt des Herzogtums Geldern. Zwei Kathedralen charakterisieren ihr Panorama, das vom Wassenberger Burgfried bei klarer Sicht eindrucksvoll zu erkennen ist. Roermond, *de stad met verleden,* besitzt prächtige *middeleeuwse stadzegels*: das älteste Stadtsiegel von 1250, das *zakensiegel* von 1358, das *grootzegel van de burgers van Roermond* († sigillum maius burgensium de Ruremunde, 25. Januar 1359), das *tegenzegel* von 1359—1587, das Geheimsiegel vom 7. Februar 1359, das zweite Geheimsiegel vom 6. August 1556. Das älteste Stadtsiegel Roermonds demonstriert einen Schild mit einem nach rechts gerichteten, kletternden Löwen. Dieser ist von kleinen Blöcken umgeben: *de ongekroonde leeuw met enkele staart.*

Roermond wurde in den Jahren 1554 und 1665 von flächendeckenden Stadtbränden heimgesucht.[8] J.G.C. Venner hat *Oorzaken, verloop en uitgestrektheid van de brand* 1554 beschrieben.[9] Heute zählt Roermond 38.000 Einwohner, überwiegend Katholiken. Die Rurmündungsstadt besitzt ausgedehnte Yachthäfen in den links und rechts der Maas liegenden Plassen. So mancher aus dem Wassenberger und Heinsberger Raum hat dort sein Boot. Die Rurmündung, einst stilles „Holländisches Eck", ist heute von Seglern, Paddlern, Ruderern, Surfern umstellt. Roermonds Umgebung vermittelt den Eindruck einer ausgedehnten Seenplatte, wenn man von der Maasbrücke hinunterblickt. Zur Zeit gibt es 5000 Liegeplätze für alle Bootsgrößen. 70 % davon sind im Jahre 1986 an deutsche Freizeitkipper verpachtet. Auf 7000 Plätze will man kommen. So mancher in Roermond übt an solchem Vorhaben Kritik. So der Vorsitzende der noblen „Roermondse Roeien Zeilvereniging Maas en Roer", Mijnheer L.C.A. Ficq, klagt: „Wenn wir hier so weitermachen, haben wir bald kein Wasser mehr unter dem Kiel."[10]

Roermond-Herten Watersportgebied, Jachthaven Rosslag. Maas.

Römerstraßen

Beiderseits der unteren Rur laufen Römerstraßen. Manche sind verschwunden, andere existieren mit mehr oder weniger großen Abweichungen. Nordöstlich des Flusses geht eine römische Heerstraße auf der unteren Terrassenstufe. Die Terasse ist jedoch hoch genug, um die Straße von Überschwemmmungen freizuhalten. Bei Dovern kommt sie der Rur ziemlich nahe, ist dann identisch mit der Landstraße von Baal nach Hückelhoven. Millich, Ratheim bis Wassenberg.[11]

Ab Ratheim trägt sie den alten Namen „Heerweg", der nach Wassenberg führt und von dort über Birgelen und Melick Roermond erreicht.[12] In den Gerichtsakten Wassenbergs kommt 1564 dieser Heerweg vor: *„von dem herwege, der uß Wassenbergh nahr Raetheim geit"*.[13] Leo Gillessen entdeckt weitere Heerweg-Eintragungen in Akten: *„an der herstraeß, die van Wassenbergh nahr Guilich geit"*.[14] 1506 wird das Schreiberslehen zu Birgelen an der Heerstraße dokumentiert.[15] Diese Belege genügen wohl, um den Heerweg zu lokalisieren. Er führt aus Richtung Birgelen-Wassenberg ins römische Juliacum (Jülich) — flankiert von römischen Funden in Birgelen, Wassenberg, Orsbeck, Luchtenberg, Ratheim, Millich, Hückelhoven, Dovern, Rurich usw.[16] Eine andere Römerstraße läuft nach dem Itinerar Antonini von Kaldenkirchen an die Rur ins römische Mederiacum (Melick). Hier gab es damals einen Militärposten und ein Kastell, das auf einem künstlich aufgeworfenen Hügel erbaut war, auf dem heute die Kirche steht. Zahlreiche römische Funde kamen hier ans Tageslicht. H. Bekkers und P.Gotzen[17] haben über „De Romeinen in de Roerstreek" gründliche Untersuchungen angestellt: *„1886 werd een omvangrijk Romeins grafveld gevonden, op de plaats die nu bekend is als de 'Zwarte Berg', op de huidige grens tussen Roermond en Melick . . . de inhoud bestond uit 4 kruikjes van lichtgeel aardewerk, kannetje met tuit, 8 potjes van grijsachting aardewerk, 3 zwart geverniste bekertjes, fraai potje van wit aardewerk, schotels, 6 terra sigillata schotels, 3 wrijfschalen, 3 lichtbruine schoteljes, pijpaarden beeldje van een voortschrijdende man warvan het hoofd ontbreekt"*. Die genannte Römerstraße verläuft dann von Melick aus über den Echter Wald nach Theudurum (Tüddern).

Franz Mayer vermutet eine römische Straße von Roermond über Birgelen, Wassenberg, Myhl, Erkelenz, Titz, Rödingen, Elsdorf an den Rhein. Außerdem glaubt er an eine Straße, die ihre Richtung von Aachen, über Baesweiler, westlich von Linnich, über Bracheln nach Hilfarth und dann am linken Rurufer entlang nach Vlodrop, Odilienberg an die Maas nimmt. Eine römische Nebenstraße scheint die Linie Dülken, Niederkrüchten, Wassenberg, Orsbeck, Heinsberg, Gangelt bis nach Maastricht gewesen zu sein.

Orsbeck hatte bei den Römern als Rurübergang große Bedeutung. Ursprünglich nutzten sie dort eine Furt. Verschiedene Historiker sehen hier eine römische Straßenwarte nebst Beobachtungsturm. Orsbeck hat vom Namen her weniger mit „Beak" (Bach) zu tun als

vielmehr mit dem lateinischen „specula", was Beobachtungswarte bedeutet. In und um Orsbeck wurde eine Menge römischer Hinterlassenschaften entdeckt. In der Flur „Wieler" (villa) hat ein römisches Landhaus gestanden, das nach dem Abzug der Römer von der Franken okkupiert und materialmäßig ausgeschlachtet wird. Die Orsbecker Kirche bewahrt aus dieser Epoche manche Trümmerteile der *villa*, vor allem römische Dachziegel, die in Fischgrätmuster im Mauerwerk der Kirche verlegt sind.

Ob Orsbeck in römischer Zeit eine Brücke besaß, bleibt unbekannt. Leo Gillessen gibt zu bedenken: „Um 1800 lag hier eine Furt und für die Überfahrt ein Kahn. (Tranchotkarte) Der Befund der älteren Karten bestärkt die Vermutung, daß der frühere Flußübergang unmittelbar südöstlich des Ortes lag, wo sich auch die Straße fortsetzte und nicht wie in jüngerer Zeit durch den Ort. Wenig weiter kreuzte die Straße den Heerweg zwischen Ratheim und Wassenberg. Damit ist eine das Flußtal überwindende Verbindung zwischen der Terrassenrandstraße und der Rurtalstraße hergestellt. Die Tranchotkarte und die Urkataster lassen noch leicht erkennen, daß diese Verbindungsstraße sich in Richtung Myhl fortsetzte. Im unteren Myhler Tale (Blumental) führte sie nach Osten auf die Höhe . . . nach Gerderhahn und Schwanenberg."[18]

Der hier zitierte Straßenverlauf heißt in mündlicher und schriftlicher Überlieferung bei uns „Neußer Weg". Links und rechts von ihm wurden mehrfach römische Siedlungsspuren entdeckt. Sein Zielpunkt ist das römi-

sche Heerlager Novesia (Neuß). Vom Neußer Weg geht nach einer Mitteilung des Oskar von Forckenbeck ein Querweg durch die Kleikuhlen zum „Jüddeweach" (Judenweg) mitten durch das Judenbruch nach Erkelenz.[19] Nach einem Bericht des Rheydter Vereins für Heimatkunde[20] sind im Jahre 1897 an der römischen Nebenstraße von Dalheim nach Effeld im Effelder Wald 19 germanische Urnen gehoben worden. Franz Mayer erwähnt noch den Salzweg von Venlo über Oberkrüchten zum Kloster Dalheim, nach Rosenthal und Birgelen: „Der Weg ist zwischen Dalheim und Rosenthal verwachsen, aber doch meist als Hohlweg im Gebüsch noch erkennbar. An ihm lag das frühgermanische Gräberfeld zwischen Dalheim und dem Kloster St. Ludwig."[21]

Grenzfluß

Manchmal bin ich den Fluß entlang gewandert — von der Orsbecker Rurbrücke bis an die „Kemper Bröck". Eine meditative Strecke. Wassenberger Land auf der rechten Seite. Eine stille Schwermut liegt besonders im Herbst und Winter über dem Wasser. Ein Mund voll Schweigen läuft über die braun-grünen Wellen.

Die Rur ist Grenzfluß, nicht nur heute zwischen den Städten Wassenberg und Heinsberg, auch als Grenze für das Goldene Dekanat Wassenberg (Concilium Aureum). Von der Mündung der Wurm an trennte sie einst das alte Ripuarien mit Köln von Hasbanien mit Tongern. Ersteres war von den Ubiern, letzteres von

den Tungerern bewohnt. Die Römer kamen an den Rhein und berücksichtigten die alten Grenzen bei der Schaffung ihrer Verwaltungsbezirke. Wieder spielte die Rur eine begrenzende Rolle. Das Gebiet der Ubier gehört bis zur napoleonischen Zeit zum Bistum bzw. Erzbistum Köln, das Gebiet der Tungerer zum Bistum Tongern-Maastricht-Lüttich. Die Rur als Grenze zwischen Köln und Lüttich. Später dann der Mülgau, zu dem Wassenberg gehört. Die Rur war Gaugrenze. Sie schied den Mülgau vom Jülichgau. Auch das Amt Wassenberg wurde jahrhundertelang von der Rur begrenzt.

Rur oder Roer?

Auf mancher erdkundlichen Karte wird die Rur „Roer" geschrieben. Das ist ein Fehler, solange es sich um ihren Lauf auf deutschem Boden handelt. Damals, gegen Ende des Zweiten Weltkriegs (1944/45) bezeichnete auch der deutsche Wehrmachtsbericht sie täglich als „Roer". Hitler hatte verboten, von „Rur" zu sprechen, weil die Rundfunkhörer im Reich diesen Namen leicht mit der Ruhr des Ruhrgebietes verwechseln und daraus falsche Schlüsse über die Feindlage ableiten könnten.[22]

Zu deutsch heißt sie „Rur". Und dabei wollen wir bleiben. Der Name ist uralt. Als „Rura" tritt dieser Fluß im Werke des Geographen von Ravenna im 7. Jahrhundert auf.[23] In ungezählten Urkunden wird die „Rur" erwähnt. 973 bei einer Wildbannschenkung Kaiser Ottos II., wo lateinisch formuliert wird: *Trans Ruram ad Aquisgrani tendit* (Jenseits der Rur bis nach Aachen hinauf).[24] Rund hundert Jahre später geht es bei Heinrich IV. wieder um einen Wildbann. Diesmal bei Heimbach: *ubi Heimgebach influit Ruram.* Im 13. Jahrhundert einigen sich Walram von Limburg und Wilhelm von Jülich über die Waldrechte bei Konzen *in flumine quod dicitur Rure.* Und im schönsten Niederdeutsch heißt es etwa zur gleichen Zeit: *„von dann zu Heymbach nederwerts yn die Rure . . . vort von danne bis da die Kalle velt yn die Rure.*[25] Im 14. Jahrhundert reitet der Graf von Jülich inspizierend die Rur hinunter auf einem *einäugigen weißen Pferd, das soll haben einen strohenen sattel und einen lindenzaun, und er soll haben zwei hagedorne spohren und einen weißen staf, und soll reiten, bis da die Rur springt und so fern da sie in die Maas fällt"*.[26]

Peter Engels läßt die Rur sprechen: „Gerade im 18. Jahrhundert habe ich in einer großen Anzahl von Urkunden von verschiedenen Ämtern und erst recht von verschiedenen Schreibern feststellen können, daß in der Regel 'Rur' geschrieben wird: 'An oder jenseits der Rur oder Ruren'. Kein Schreiber kam es in den Sinn, meinen Namen mit 'oe' zu schreiben."[27]

Im Nachlaß von Robert Kofferath[28], dem Wassenberger Burgherrn bis 1944, entdecke ich einen Leserbrief, den er wegen der Bezeichnung „Roer" am 27. Oktober 1938 an den „Kölner Stadtanzeiger" schreibt: „Lieber Stadtanzeiger! Tu mir und vielen an der Rur Geborenen den Gefallen und schreib mich richtig: Rur! Ich weiß, was Du sagen willst, auf vielen geographischen

Karten stünde 'Roer'. Ich kann Dir den Grund dafür sagen, weil meine Mutter eine Roermonderin ist. Die Niederländer schreiben für 'u' gern 'oe' und sprechen 'u' oder 'o' dafür aus." Der niederländische Historiker Gerard Venner erinnert an die Annales Rodenses, über die wir weiter unten noch manches erfahren werden. Dort wird für das Jahr 1130 von der Edelfrau Reinwidis de Ruremunde berichtet. Auch in der Kölner Gildeliste (zwischen 1130 und 1170) tritt die Rur auf: Folmerus Roremunt.[29] Im Jahre 1962 stoßen Arbeiter beim Ausbaggern in einem Kiesbett bei Roermond auf einen römischen Votivaltar. Seine Inschrift verrät, der Römer Sextus Opsilius Geminus hat durch die Errichtung dieses Altares sein Gelübde der Göttin „Rura" gegenüber erfüllt: *een Romeinse altaarsteen gewijd aan de godin Rura.*[30] Dieser Votivaltar schenkt uns den ältesten Beleg für den Flußnamen Rur: „Der Tempel stand einst an der Mündung der Rur in die Maas, die also nicht wie heute nahe beim Stadtrand, sondern mehr in westlicher Richtung gelegen war."[31] Auch im Siegburger Mirakelbuch wird die Stadt an der Rurmündung erwähnt: „Ein Zensual der Abtei Siegburg wird im *castrum quod Rurimundum vocant* inhaftiert."[32] Natürlich enthält auch die Umschrift des Roermonder Stadtsiegels von 1250 (Kölner Archiv) den Rur-Hinweis: *Sigillum burgensium de Ruremunde.*

Schiffahrt auf der Rur

Nicht nur an der Rurmündung betritt die Schiffahrt den Fluß. In der Vergangenheit wurde oft überlegt, ob der Fluß nicht schiffbar gemacht werden kann. Denn schon im 16. Jahrhundert sind die Städte Düren, Jülich, Linnich, Heinsberg, Wassenberg, Roermond durch rege Handelsinteressen miteinander verbunden. Herzog Wilhelm III. (1539—1592) zeigt großes Interesse. Er verfügt, jene Güter, die via Schiff befördert würden, seien von der Landsteuer frei. 1548 kommt der erste größere Kahn mit 48 Tonnen Heringen und anderen Waren aus Roermond die Rur hinauf.[33]
Der Korbmacher Winandt möchte einen regelmäßigen Rur-Schiffsverkehr einrichten. Aber seinen intensiven Bemühungen ist kein Erfolg beschieden. Es gibt zuviele Hindernisse im Flußlauf von Jülich nach Roermond. Am Wehr bei Floßdorf beispielsweise müssen die Waren umgeladen werden. Außerdem fehlt es an Fracht. *Heringh, Stockfisch, Schöllenfisch* auf dem Landwege sind billiger.
Hermann Josef Sprünken weist darauf hin, im 16. Jahrhundert komme auch der Gedanke der Rurkanalisation auf. Niederländische Waren sollen ins Jülicher Land und in die Freie Reichsstadt Aachen transportiert werden. Die hohen preußischen Zölle des Niederrheins können auf diese Weise „umfahren" werden.[34]
Der spätere Präfekt des Roer-Departements, Ladoucette, projektiert um 1810 eine Rur-Kanalisierung als Anbindung an die Maas. Aber all das bleibt Wunschtraum.

Rur-Fähre

Lambert Bürsgens hat in vielen Beiträgen seine Aufmerksamkeit nachdrücklichst der Rur gewidmet. Er weist auf den alten Fährbetrieb hin, der bei Orsbeck, bei Kempen, zwischen Hilfarth und Hückelhoven die Ufer miteinander verband. In Orsbeck ruft der Fährmann Michael Vinken 1832 zum letzten Mal: „Waat! Ech komm, on hoal dech erüever!"

Die Vinkens waren eine traditionsreiche Orsbecker Fährmannsfamilie.[35] Ihr Name ziert manche Urkunde und das Protokollbuch der Martini-Schützenbruderschaft im 17. Jahrhundert: Fährmann Peter Vinken. Die Vinkens erreichen durch ihre nicht unbeträchtlichen Einahmen beim Fährbetrieb einen auffallenden Wohlstand. Michael Vinken, der letzte Fährmann, baut 1832 auf eigene Kosten eine Holzbrücke und erhebt Brückengeld. Seine Nachkommen verkaufen den hölzernen Viadukt im Jahre 1873 für sag und schreibe 12.000 Reichstaler dem Oberpräsidenten in Koblenz. Übrigens gab es bis 1945 noch eine Privatbrücke bei Ohof/Ratheim.[36] Die Benutzergebühren der Orsbecker Fähre wurden vom König festgesetzt. 1831 bestimmte Friedrich Wilhelm III. für Orsbeck:

Eine Person mit Gepäck: 2 Pfennige
Tiere: Pferd oder Maultier: 10 Pfennige
Rindvieh, Esel: 10 Pfennige
Fohlen, Kalb, Schaf: je 1 Pfennig
Ziege, Schwein: je 1 Pfennig

Federvieh, welches getrieben wird:
je 10 Stück 1 Pfennig Fuhrwerk
Gespann beladen:
1 Groschen, 4 Pfennige
Unbeladen: 8 Pfennige
Handkarren: 2 Pfennige

Bei hohem Wasserstand wird der doppelte Überfahrtpreis erhoben. Grundsätzlich sind Equipagen und Tiere, welche zum Hof des Königs bzw. zu den königlichen Gestüten gehören, befreit. Ausgenommen sind natürlich auch Militärs, Rekruten, Truppen nebst Fahrzeugen, Kriegslieferungen, Beamte, die Post, Kuriere, Estafetten, Feuerwehr, Überfahrten bei Notstand.

1924 entstand bei Orsbeck eine neue Brücke. Sie war 110 m lang. Am 31. 12. 1944, so berichtet Frau Gertrud Hilgers (ehemalige Beamtin auf dem Wassenberger Rathaus), zerstörten amerikanische Jagdbomber diesen strategisch wichtigen Übergang.

Die vorherige alte Holzbrücke war bedeutend kürzer. Sie reichte nur von Ufer zu Ufer. Wenn der Fluß Hochwasser führte, war es nicht leicht, die Holzbrücke zu erreichen. Man mußte knietief durchs Wasser waten, oder sich der Austkarre anvertrauen, die, von einem Pferd gezogen, bei Flutzeit zwischen Orsbeck und Unterbruch die überschwemmten Wegstrecken durchfuhr. Wilhelm Joseph Spehl erzählt: „Das konnte zuweilen eine unterhaltsame Sache sein, vor allem dann, wenn jemand auf die Karre wollte, der zuviel getrunken hatte, oder eine 'Möhn', die umfänglich war, als käme sie geradewegs vom *Sieve-Schotte-Dach*". (Sieben-Unterröcke-Tag).

Lambert Bürsgens nennt die Rur zu allen Zeiten ein „Sorgenkind für die Anwohner". Denn allzu häufig verheeren Überschwemmungen Feld und Wiese. Das Rurtal war deshalb streckenweise versumpft. Pastor von Alpen gibt in seiner „Geschichte des fränkischen Rheinufers" (1802) für „die Straße" zwischen Wassenberg und Heinsberg eine handfeste Beschreibung: „Der Weg von Heinsberg nach Wassenberg, der mitten durch die Worm und die Rur führt, ist sogar gefährlich. An Brücken über die Flüsse und an Ableitungen durch Kanäle ist hier gar nicht gedacht. Vor dem Tor von Heinsberg fängt der Wasserweg an; den Pferden reicht bei Sommerszeit das Wasser bis an die Bäuche und zur Winterszeit ist er gar nicht zu passieren. Man ist sehr glücklich, wenn man, ohne umgeworfen zu werden, diese halsbrechenden Wege zurückgelegt hat."

Die Rur um 1880

Der Effelder Gerhard Becker hat uns die Rur bei Effeld für die Zeit um 1880 lebensnah geschildert.[37] Er malt ein farbiges Bild des Flusses vor der Wassenberger Haustür: „Dort, wo 'dr Wendele sien Grävke' das Karkener Eiland von der Gemeinde Effeld scheidet, tritt die Rur in die Gemeinde Effeld ein und bildet von hier aus bis an den Grenzstein 363 die Grenze zwischen Karken und Effeld. Vom Grenzstein 363 bis 365 ist sie die Grenze zwischen Effeld und Vlodrop. Bei Grenz-

stein 365 tritt sie endgültig ins Königreich der Niederlande über."

Die in Effeld zurückgelegte Strecke beträgt 4.500 Meter, während die gerade Luftlinie nur 1.800 Meter aufweist. Zwei Krümmungen fallen auf: *Weversweide* mit 900 Meter Länge und *Grind* mit 700 Meter Länge. Die Fußpunkte liegen bei Weversweide 200 Meter, beim Grind 180 Meter auseinander. Solche Bögen, Krümmungen, Schleifen und Schlingen haben 1950/51 die Landesplaner, deren Blindheit für die Natur geradezu sprichwörtlich war, veranlaßt, die Rur zu begradigen. Heute urteilen wir kritisch über derartige „Verbesserungen". Naturbelassene Flüsse stärken und erhalten unsere Umwelt. Ein begradigter Fluß denaturiert den Raum. 1987 weiß das jedes Kind. Wir müssen dankbar anerkennen, daß die Stadt Wassenberg im Gegensatz zu dieser verflossenen regierungsamtlichen Flußlaufverschandelung und Umweltstörung ihre landschaftlichen Schutzzonen mit besonderer ökologischer Sensibilität verteidigt.

Begradigung und Rurtalsperre vermochten es nicht, Überschwemmungen zu verhindern. Um 1880 floß die Rur noch ungezwungen dahin, war links und rechts von mannshohen Weiden bestanden: ein langer Biotop. Die Tiefe des Wassers schwankte damals zwischen 30 cm und 3 m. 1883 wurden alle Dämme zwischen Effeld und Orsbeck-Luchtenberg um einen Meter erhöht. Hinter Forst gab es eine Furt, *Müsers Paad*, wo man mit Pferd und Wagen die Rur durchqueren konnte.

G. Becker erzählt, jedes in der Eifel niedergehende Gewitter habe im Wassenberger Land eine Überschwemmung ausgelöst : „Der Fluß wälzte die schmutzig gelben Wassermassen über die Felder. Der Landwirt suchte zu retten, was zu retten war. Die Grasernte war meist hin. Die Hochwasser des Sommers waren jedoch ein Kinderspiel gegen die Wassermassen des Winters und des Frühjahrs. Wenn in der Eifel der Schnee schmolz, wurde die sonst friedliche Rur zum reißenden Strom."[38] Das war also die andere Seite. Kein Wunder, daß die Begradigung 1950/51 als notwendig angesehen wurde.

Lambert Bürsgens hat berichtet, es habe oft durchgehende, see-ähnliche Wasserflächen von Linnich bis Effeld gegeben. Die Leute sagten dann: „De Ruur es uut!" oder „Die Rur bricht". Die Anwohner versuch-

Am Wehrturm

ten, sich durch Dämme gegen die reißenden Fluten zu schützen. Becker beschreibt solche Uferbauten, „Batten" genannt: „An der Einbruchstelle wurden zuerst die Ufer abgeschrägt. Dann drückte man in die Lücke Schanzen hinein, welche durch Kies beschwert und mit Pfählen befestigt wurden. Die Pfähle verband man durch Flechtwerk miteinander. Der Kies wurde mit einem Kahn herbeigeschafft. Die Befestigungen reichten mindestens 50 cm über den Normalwasserstand hinaus."[39]

Eine alte Geschichte aus Zeiten, „wenn de Ruur uut woar": Der alte Steprath von Ohe fuhr mit einem Backtrog über die Hochwasserflächen und steuerte auf einen aus dem Wasser herausragenden Baumstumpf zu, auf dem sich ein fetter Hase gerettet hatte. Steprath kletterte aus seinem Backtrog auf den Baum, um den Hasen zu ergreifen. Dieser aber machte einen riesigen Satz über ihn hinweg in den Backtrog und fuhr mit der Strömung davon, während Steprath verduzt auf dem Baumstumpf saß. Hauptlehrer Rudolf Kessel in Wassenberg ließ öfter ein Aufsätzchen in seiner Volksschuloberstufe (Jungen) über diese Story schreiben.

Rur-Anlandungen

Natürlich gab es damals wie heute Auseinandersetzungen um rur-anliegende Grundstücke. 1462 schreibt der Wassenberger Vogt Swederus von Redinghoven an die Stadt Heinsberg in Sachen Rur-Recht. Es geht um ein Wiesengelände bei Ratheim, das plötzlich durch eine rurische Eigenwilligkeit der Heinsberger Seite zugefallen war. Der Wassenberger Vogt beschwert sich über das selbstherrliche Handeln der Heinsberger. Denn diese hatten das „Rurgeschenk" bereits vereinnahmt.

Der strittige Boden hieß „Grind". Wir werden weiter unten sehen, auch bei Effeld existierte ein „Grind". Der Wassenberger Vogt Redinghoven wollte die Sache direkt mit dem Heinsberger Herrn, damals der Graf von Nassau-Saarbrücken, regeln. Außerdem schlug er vor, die Wassenberger Ritterschaft und die Leute an der Rur um Rat zu fragen, vielleicht sogar die „Meister und Doktoren der Jurisprudenz von Köln". Graf Vinzenz von Moers war damals Pfandherr von Wassenberg. Er wollte kein Land durch Hochwasser und Wildheit des Rurflusses verlieren. Leo Gillessen meint, das betreffende Aktenmaterial lasse höchst überzeugend die Rivalität der Behörden von Heinsberg und Wassenberg erkennen. Die Streitfrage wird nicht einmal durch den politischen Übergang von Heinsberg und Wassenberg an das Herzogtum Jülich geregelt (1472 bzw. 1494). Das „mangedynge" von Wassenberg (Zusammenkunft der Mannkammer) formulierte, wenn die Rur einen Teil von einem Grundstück von der einen zur anderen Seite versetzt, soll derjenige, dem dieses Land bisher gehört, es verlieren, während derjenige, bei dem es anlandet, es gewinnt.[40] Ist es dagegen ein ganzes Grundstück, das hinübergesetzt wird, soll der bisherige Besitzer auf der anderen Rurseite Eigentümer bleiben. Dieser Grundsatz wird auch von den Schöffen des Wassenberger Stadtgerichts bestätigt. Ebenso stimmen die befragten Ritter zu. Unter ihnen die Ritter Alexander von Eyl, Wilhelm von Vlodrop, Adrian von Broeckhuysen, Gottschalk von Mutzen, Gerhard von Goir, Adam von Belle, Rein-

hard von Grittern, Gerhard von Odenrode, Gerhard von Parle und Edmund von Bairle.
Ich zitiere hier zusammenfassend Leo Gillessens Verdeutschung des juristischen Sachverhalts: „Die Herrschaft Heinsberg besaß op der Ruyren eine Flur unter Oberbruch (39 Morgen). Eines Nachts änderte die Rur ihren Verlauf, so daß auf Heinsberger Seite nur noch 8 Morgen liegenblieben, während 31 Morgen auf die andere Seite ‚rutschten'. Dort lag ein Grind , den der Bauer Gerhard von Ratheim nutzte. 1458 änderte der launische Fluß erneut sein Bett. Dabei wurden nicht nur die 31 Morgen wieder ans Heinsberger Ufer zurückgebracht, auch der Grind des Gerhard lag plötzlich drüben."[41]
Die gerichtliche Entscheidung fällt schließlich auf Veranlassung des Heinsberger Herrn durch die Dremmener Dingbank. Der weise Spruch lautet: Man dürfe *nae over volgen* (nach drüben folgen). Anders ist es bei der Rur im Wassenberg-Effelder Bereich. Die Fluten reißen hauptsächlich vom links-rurischen Ufer Schollen mit oder versetzen Grundstücke. Die Folge sind linksrurisch steile Böschungen: hinter Steinkirchen, hinter der Karkener Au, an Backes Weide und am Effelder Grind. Im Laufe der Jahre werden die Anlandungen kultiviert. Üppige Wiesen entstehen. Bei Kies-Anlandungen dauert es 10 bis 15 Jahre, ehe sie von Schlamm, Sand und Schlick überzogen fruchtbar sind.
Auch der mäandrisch-extrem seinen Weg suchende Grenzbach Rothenbach bei der Gitstapper Mühle von Effeld sorgt für viel Ärger bei den Anliegern, weil er für überraschende und eigentumsverändernde Bachverläufe sorgt.
Im Jahre 1985 schreibt Willem Franciscus Antonius Heemskerk in seiner Dissertation über „Wasserrecht und Wasserverbandsrecht" die Probleme der grenzüberschreitenden Wasser der Rur nieder. Er weist in seiner gründlichen und umfassenden Untersuchung auf den Grenzvertrag von 1960 zwischen der Bundesrepublik und den Niederlanden hin, beklagt aber den mangelhaften Zusammenhang zwischen niederländischem und deutschem Wasserrecht.[42] In seiner Betrachtung läßt er die Antithetik einer völlig verschiedenen Verwaltungsstruktur in Sachen Rur sichtbar werden. Die Ständigen Niederländisch-Deutschen Grenzwasserkommissionen bieten nur bescheidene Ansätze. Heemskerk führt aus: „Zur Unterstützung der These für einen von 'oben' zu gründenden bilateralen Vertrag habe er darauf hingewiesen, daß zur Zeit keine ausreichenden juristischen Instrumente vorhanden sind, um die Zusammenarbeit an beiden Seiten der Grenze zu regeln."[43] Der „Wasser-Doktor" schlägt einen übergreifenden internationalen Wasserverband mit eigenen Zuständigkeiten in einem grenzregionalen Raum detailliert vor. Es geht ihm um eine „hydrologische Einheit Rur"; denn Wasser kennt nach Heemskerk keine Grenzen: *Water is niet aan grenzen gebonden*!

Rur-Dämme

Die großen Überschwemungen mit ihren Landabtrieben bereiten den Menschen viel Ärger. Rurdämme sollen das Problem entschärfen. Besonders im 19. Jahrhundert sind Schutzdämme entstanden. 1802 werden die ersten Wasserwälle zwischen den Orten Vogelsang, Luchtenberg, Orsbeck, Pletschmühle, Ohe, Forst, Ophoven und Effeld aufgeschüttet. Diese Anlagen müssen die Parzelleneigentümer selbst unterhalten. In Orsbeck gibt es den von der Schützenbruderschaft errichteten „Schützendamm" oder „Schützendieken".

Hardy Philippen referiert: „Im Jahre 1831 brach der Schützendamm. Die freiwerdenden Wassermassen ergossen sich aufs freie Feld und setzten Ohe vollständig unter Wasser. Aus dem Dammbruch entwickelte sich ein langjähriger Rechtsstreit. Der Orsbecker Gemeinderat beschloß, den durchbrochenen Schützendamm auf Kosten der Gemeinde zu erneuern. Die königliche Regierung hob diesen Ratsbeschluß auf. Nach altem Gesetz konnte die Gemeinde nur zu Wasserbauten herangezogen werden, wenn sie mit ihrem Grundeigentum daran beteiligt war. Der Wasserbau-Aufseher Schroeder wurde beauftragt, die Fundationslinie zu ermitteln und die Kosten zu berechnen. Die Grundstückseigentümer protestierten und klagten. Ihre Namen und deren Nachfahren leben noch heute in Wassenberg, Orsbeck, Ohe, Forst: 1. Michael Jennißen, Ackerer zu Orsbeck, 2. Heinrich Huppertz, Kaufmann zu Wassenberg, 3. Godfried Gotzen, Wirt in Wassenberg, 4. Peter Kleinen, Ackerer zu Forst, 5. Heinrich Michels, Müller zu Orsbeck, 6. Heinrich Gotzen, Ackerer zu Forst, 7. Matthias Ingenhütt, Ackerer zu Orsbeck, 8. Caspar Rohmen, Wirt zu Orsbeck, 9. Theodor Mertens, Ackerer zu Orsbeck, 10. Matthias Palm, Ackerer zu Orsbeck, 11. Witwe Dyonis Lennards geb. Petronella Mertens zu Orsbeck, 12. Gerhard Joerißen, Ackerer zu Ohe, 13. Wilhelm Schwoll, Ackerer zu Ohe, 14. Heinrich Goertz, Ackerer zu Forst, 15. Johann Kaspar Eßer, Ackerer zu Orsbeck, 16. Witwe Peter Joseph Welkens geb. Maria von Kempen, 18. Johann Bierbaum, Ackerer zu Orsbeck und 19. Jacob Schunk, Maler zu Orsbeck. Das Gericht hob die erlassenen Zahlungsaufforderungen an die oben genannten Personen auf. Gegen diesen Gerichtsbescheid legte Bürgermeister Packenius von Wassenberg Einspruch beim Landgericht Aachen ein. Im Oktober 1835 wies das Landgericht diesen Einspruch des Bürgermeisters kostenpflichtig zurück. Packenius ging in die Berufung beim Rheinischen Appellationsgerichtshof in Köln. Dieser entschied im Juni 1838 , die ordentlichen Gerichte seien in dieser Sache nicht zuständig gewesen. Die Grundbesitzer wurden zur Zahlung der Kosten verurteilt. Sieben Jahre waren ins Land gezogen. Die Verlierer legten keine Berufung mehr ein, gaben auf und zahlten. Hardy Philippen erinnert in diesem Zusammenhang an das alte Orsbekker Sprichwort: „Jaap ens tenge ene Backoafe!"[44]

Die Rurdämme sind auch heute noch wichtig — schon wegen der Anstauung des Wassers aus dem unbegradigten Stromgebiet der Niederlande. Auf der anderen Seite: ein Spaziergang über die Dämme bei Orsbeck, Ohe, Ophoven, Steinkirchen bleibt eindrucksvolles Erlebnis. 1881 dehnt sich eine ununterbrochene Überschwemmungszone von Linnich bis Effeld aus. Über Nacht verwandelt strenger Frost die Wasser in eine spiegelblanke Eisfläche. Bald ist alles schlittschuhlaufend auf den Beinen oder läßt sich „mett dr Ijsstoahl över het Ijs" gleiten. Ein malerisches Bild! Hubert Plücken, Heimatmaler aus Arsbeck, hat „Les patineurs d'Orsbeck" in sein wintergraues Ölbild gefaßt. Man spürt die Nähe holländischer *schaatsenrijdsters op de gracht*. Ein wenig von der volkstümlich-didaktischen Malerei der Winterlandschaften und Eisläufer der beiden Brueghels assoziiert noch heute der Anblick solcher Eiswiesen und das Bild von Hubert Plücken.

„De Ruur ess uut". Überschwemmung in Effeld 1927. In der Wirtschaft Rütten (heute Kreuzstraße 5) stand das Wasser 10,5 cm über dem Parterre-Fußboden.

„Jensier Jecke"

Gerhard Becker[45] erzählt: „Zwischen linksrurisch und rechtsrurisch bestand immer konkurrierende Spannung, und wenn auf beiden Seiten die nötige Anzahl zusammen war, ging's los. Steine flogen herüber und hinüber, jedoch ohne Schaden anzurichten; denn die Entfernung war zu groß. Schnell ging das gegenseitige Geschimpfe an:

„Jensier Jecke (jenseitige Jecke) loope över de Stecke,
Hongen aan de Wolke, dr Düwel hätt se jemolke!"

Sobald aber das Aveläuten ertönte, flogen die Mützen vom Kopf. Man wurde still und betete nach frommer

Vlodrop 1806 (Tranchot—Karte)

Sitte den Englischen Gruß. Danach trieb man das Vieh zusammen und sang:

No heem drieve, die Wiever die kieve.
Wat hant se jekockt? Waaterpapp!
Waaterpapp, die mag ech neet.
Wäckpapp, die krieste neet.
No heem, no heem, no heem!"

An der Rur ist die Natur im vorigen Jahrhundert noch ungestört. Wenn es dunkel wird, schnüren Marder, Iltis und Dachs an der Uferböschung entlang und spähen nach Wasserratten. Der Fischotter hat's gut. Seine Mahlzeiten sind opulent. Im Frühjahr und Herbst — zur Zeit der Vogelzüge — lassen sich Gäste nieder: Wildgänse, Fischreiher, Störche, Kraniche, Wasserhühner, Möven, Tauben, Krickenten. Stare beleben das ganze Jahr die Landschaft. Im Sommer ist die Nachtigall da, aber auch Goldammer, Buchfink, Rotkehlchen, Meise, Bachstelze, Specht, Uferschwalbe und natürlich der Rurspatz. Lang ist's her: 1880!
Der Fischreichtum war bis zum Ersten Weltkrieg noch enorm: Aal, Aalquappe (Olskute), Hecht, Barbe, zwei Arten Barsche, Bräsen, Kuhmaul oder Makrele (innen schwarz), Rotauge, Mohn, Gründling (Güv), vereinzelt auch Forellen und Salm. Salme kamen allerdings nicht mehr durch, nachdem die Holländer ihr Helegaat (zwei Meter hohes Wehr) gebaut hatten. Der letzte Salm wird nach Becker im Jahre 1885 *im Baronn sien Loak* gefangen.[46]
Der Fischfang in der Rur wird nicht nur mit der Angel, sondern auch mit Netz und Korb ausgeführt. Zum Netz gehört eine Reuse mit zwei Flügeln (Fack). Eine Reuse ohne Flügel heißt „Tromm". „Hahn" nennt man ein sackartiges, an einer Stange befestigtes Netz (Tüte oder Hebegarn). Der Aalkorb hat zwei Kehlen, die mit Muscheln beködert werden. Die meisten Fische werden gefangen, wenn die Rur zu steigen anfängt. Hauptfischplätze sind 1880: *Dr Wendeln sien Grävke, dr Baronn sien Loak, dr Hänskens sien Batt, dat grävke in de Bereskull* und die Mündung des Baalbaches. G. Becker berichtet, nicht selten seien in nur wenigen Stunden mit Netz und Korb 20 bis 30 Pfund Fisch gefangen worden. Die Jugend fischte jedoch am liebsten mit der Angel. Diese bestand aus einem langen Stock, einem Bindfaden und einem Angelhaken, den man beim Bäkker in Vlodrop kaufte. Englische Angelhaken kosteten in Wassenberg damals 8 Pfennige das Stück. Als Schwimmer diente ein Korken.

Die Bäche

Im Wassenberger Raum führen der Rur vor allem drei Bäche ihre Wasser zu: der Baalbach, der Schaagbach, der Rothenbach. Nach den Arbeiten des Amtes für Flurbereinigung und Siedlung im Jahre 1959 hat das Architekturbüro Will Andermahr in Wassenberg eine Karte angefertigt, die die alten und neuen Verläufe dieser Bäche festhält.[47] Der *Baalbach* wird aus vier Quellen im Hallerbruch bei Ratheim gespeist. Sein Name hat nichts mit dem Orte Baal zu tun. „Baal" heißt „boahl", was hohl bedeutet, und daß seine Wasser viele Höhlungen durchlaufen. Weiteren Zufluß erhält er vom Klinger- oder Mühlenbach, welcher von Gerderath über Alt-Myhl, Schacht IV und den „Faulen Driesch" zum Baalbach stößt. Der weitere Weg des Baalbaches geht an Garsbeck vorbei zum Krickelberger Berg, an die *stelle Water*, an *dat Siepke*, dann auf Vogelsang zu, nach Luchtenberg und Orsbeck. Bei der Orsbecker Schule mündete ein zweiter Klingerbach, der aus Myhl kommt, in den Baalbach. Heute erreicht dieser Myhler Klingerbach den Baalbach zwischen Orsbeck und der Pletschmühle. Letztere wurde früher vom Baalbach betrieben. Heute ist dieser etwas in westlicher Richtung verlegt und berührt die Pletschmühle nicht mehr. Bis 1959 wurde der Pletschmühlenweiher von einem kleinen Bach ohne Namen gespeist. Dieser kam aus dem *Kreuer* und *Kammraths Büschchen*. Die Weiher der Pletschmühle sind heute trocken.

Pletschmühle. Zeichnung Adam Metzen, Wassenberg. (Im Besitz von Anneliese und Heinz Bergstein, Wassenberg)

Der Baalbach nimmt außerdem den Gasthausbach auf, welcher früher die Stadtgräben Wassenbergs mit Wasser versorgte und aus den Bruchquellen des Judenbruchs kam. Der Baalbach zieht weiter an Forst vorbei, nimmt hinter dem Hof Wylack den Birgelener Bach (auch Mühlenbach genannt) auf und fließt danach in die Rur. Früher nahm er die Richtung Ophoven, füllte die Weiher der Ophovener Mühle und mündete westlich Steinkirchen in die Rur.

Der *Schaagbach* weiß seine Quellen im Wildenrather Wald. Zunächst heißt er *Rompe-de-Beak* oder Rompenbach. In seiner Nähe lag einst der Rompenhof. Am Schaagbach führt ein Wanderweg entlang, der die Motte *Kruenekull* passiert. In fränkischer Zeit standen hier Töpferöfen, von denen noch einer erhalten ist. Eindrucksvoll sind auch die Wassersperranlagen der *Kruenekull.* Neben dem Schaagbach stehen gute Tone an, so daß bis nach Rosenthal Töpfereien geortet wurden.

Der Schaagbach läuft zur Arsbecker Bahn, fließt durch das nasse Ossenbruch, wo er einst das *Hover Bergske* (Motte), später den Hof Ossenbruch umspülte. In unmittelbarer Nähe steht Schacht V der Zeche Sophia Jacoba. Danach entdecken wir ihn in Schaufenberg und Rosenthal. Vor Elsum teilt er sich zum Gut Cromland und zum Schloßweiher von Elsum. Die beiden Arme vereinigen sich 350 Meter südwestlich von Cromland wieder, fließen nach Haus Neuerburg bei Effeld. Von dort laufen die Wasser in die Burggräben von Schloß Effeld und münden schließlich in die Rur.

Der *Rothenbach* entspringt zwischen Wildenrath und Petersholz. Er bringt seine Wasser in die Weiher des Racky-Schlosses von Dalheim. Früher hat er die bekannte Arsbecker Motte „Alde Borg" mit ihren Wassergräben versorgt. Der Rothenbach füllt die Weiher der Dalheimer Mühle. Bis hierher heißt er auch Helpensteiner Bach, im weiteren Verlauf nur noch Rothenbach. Er ist ab hier identisch mit der Landesgrenze zu den Niederlanden. Hinter Effeld mündet er in Höhe des Waldsees in die Rur. Parallel zu diesem alten Bach läuft die Landwehr, auf die ich später noch genauer eingehen will.

Preislied auf die Rur

In zahlreichen Gedichten wird unsere Rur besungen. Das klassische Preislied aber hat ein Stiftsherr von Heinsberg geschaffen. Es ist Peter von Streithagen, der 1638 seine „Poema in Ruram" dichtete.[48] In jenem Jahr veröffentlichte Werner Teschenmacher aus Elberfeld seine berühmt gewordene Historie der Herzogtümer Jülich, Kleve, Berg: Annales Cliviae, Juliae, Montium. Er kam damit einer ähnlichen Schrift Peter von Streithagens zuvor. Teschenmacher nahm jedoch Peter von Streithagens dichterische Laudatio der Rur in sein

Rurmündung: „Das Holländische Eck" in Roermond. (Foto: Ekkehard Heinrichs)

Werk mit auf. Es handelt sich dabei um 416 Hexameter unter dem Titel „Somnium sive poema in Ruram" (Traum und Preislied auf die Rur).

Norbert Thiel übertrug das Gedicht ins Deutsche, Günter Bers stellte eine Einleitung voran.[49] Peter von Streithagen schreibt zur Entstehung seines Rur-Opus: „Da reifte in mir der Plan, mich selbst um meine Heimat verdient zu machen und alle meine Mühen dem Lande zu widmen, in dem ich geboren bin." Peters Vorbild ist der spätlateinische Dichter Decimus Magnus Ausonius (310—392) aus Bordeaux. welcher in seiner „Mosella" die Vorzüge der Mosel schildert. Streithagen übernimmt die Gliederung der „Mosella" für sein Rur-Gedicht: Allgemeine Beschreibung der Rur, Lobpreis des klaren Wassers (1638!), Erwähnung der Städte am Flußlauf, Nebenflüsse, Fische, Bewohner des Rurtals.

Relativ derb wird Streithagen bei der Charakterisierung des alten Rurgottes: Der hat „die Züge eines Stiers, einen struppigen Bart, den Körper voller Wasser, aufgedunsen wie bei Wassersucht, der gewaltige Rücken gleicht dem eines Nilpferdes . . ."

Machen wir uns am Ende dieses Kapitels mit einem kleinen Beispiel die dankbare Gesinnung und leidenschaftliche Verehrung Peter von Streithagens für die Rur zu eigen:

„Qui Rurae ignorat famam, qui flumina nescit,
audiat et nostra doctus veneretur ab arte.
Rura vetus retinens Ruraco a principe nomen . . .
et Eifaliae decurrens montibus orae
Juliacum per transit humum crescensque fluentis
pluribus in Mosam pleno sese impete volvit."

(Übersetzung: Wer die rühmlichen Eigenschaften der Rur noch nicht kennt, von dem Flusse noch nichts weiß . . . Die Rur hat noch immer den Namen, den sie in alter Zeit nach dem Fürsten Rurakus erhielt . . . Sie fließt von den Bergen der Eifel herab ins Jülicher Land, das sie ganz durchquert, und durch mehrere Nebenflüsse gestärkt, wälzt sie sich mit großer Wucht in die Maas.)

Peter von Streithagen läßt die Rur mit feuchten Schläfen, streng vom Pappelzweig umkränzt, von vielen Jahren tief gebeugt, in stiller Schwermut durch die Lande wandern. Mir ist sie schwingende Welle, gleißendes Band, neblige Uferböschung am Rande der Wassenberger Feldmark. Erinnerung auch an böse kriegerische Ereignisse: die Normannen, die Schlacht bei Wassenberg, die brabantischen Eroberer, die burgundischen Söldner, der hundertjährige Krieg mit Marodeuren, Landsknechten, Streifern, die französische Armee, die Alliierten 1944. Über soviel entsetzliche Not und Tragik liegt gärende Feuchte und die Melancholie der Niederung. Leo Gillessen charakterisiert die Rur als "wildes, ungebändigtes Tier, nach beiden Seiten ausschlagend, alles wegreißend, was ihr im Wege ist.„ Der Wassenberger Heimatdichter Peter Marx[50] schreibt 1951:

Die Rur fließt in das Niederland
als stilles, braunes Wasserband,
weiß nicht, daß hinter jenem Feld,
die Maas schon ihre Wellen zählt.
Wer weiß um ihre stille Qual,
um ihre Einsamkeit im Tal.
Sie atmet schwer. Ich seh' ihr nach:
trägt fort mein's Leides Ungemach.

DER HORST

Erdschichten

Im Jahre 1932 frißt sich ein Bohrer in der Nähe von Rosenthal in eine der dortigen Sanddünen. Die Schichtenfolge legt ein Stück Erdgeschichte frei. Nach dünner Humusschicht werden registriert:

3,00 m Kiese von Maas und Rhein
2,50 m grober Quarzsand
0,10 m dunkler Braunkohlenton
0,10 m eisenschüssiger Sand
0,20 m grauer Ton
0,10 m dunkler Braunkohlenton
0,10 m grauer Sand
0,40 m Braunkohle
0,20 m dunkler Braunkohlenton
15,00 m weiße bis grüne Sande

Jede Schicht war einmal die oberste. Der „Grünsand" ist hier die „älteste" und „tiefste" Lage. Darunter liegen Schichten, die viele Millionen Jahre älter sind. Die Färbung des Grünsandes wird durch Glaukonit (grüne Körner eines Minerals) verursacht. Grünsande sind eindeutig Meeresablagerungen. Man findet darin nie Kieselsteine.
Mit Johann Fischer, dem langjährigen Bahnhofsvorsteher von Rosenthal und Bahn-Beförderer der grünen Sande Bongscher Mahlwerke, meinem Onkel, bin ich hier oft herumgestiegen. Von den Höhen schauten wir ins tiefer liegende Rurland. Wir begriffen sofort, daß die Hochfläche hier rechts der Rur in Urzeiten mit dem Höhenzug links der Rur zusammengehangen haben muß und ein einziges, ununterbrochenes Hochplateau bildete.
In Urzeiten existierten die ausgeprägten Täler von Maas und Rhein noch nicht. Die Gewässer wälzten auf unserem leicht gen Westen geneigten Areal die groben und feinen Sand- und Steinmassen talwärts. Die Maas war noch im Jülicher Land zuhause, und der Rhein floß im Südteil unseres Kreises bei Geilenkirchen. Manchmal gingen die Wasser beider Ströme noch ineinander über und setzten die Gegend viele Kilometer weit unter Wasser, wobei alles unter einer Decke von Sand und Kies begraben wurde.
Johann Fischer entwickelte die nach Jahrzehntausenden zählende Schau der Vergangenheit. Er beschrieb als geologisches Naturtalent die zusammenhängende Fläche von damals, auf der die Ströme Maas und Rhein immer wieder neue Laufrichtungen nahmen. Johann Fischer hätte seine These sogar geologisch belegen können, denn westlich der heutigen Maas finden sich Rheinkiese und jenseits des Rheines (z.B. bei Duisburg) stößt man auf Maaskiese. Im Wassenberger Raum liegt zuunterst fast immer reiner Maaskies. In einer Kiesgrube zwischen Wassenberg und Myhl fanden sich sogar Rheinkiese mit Maasfeuersteinen vermischt. In einer Kiesgrube südwestlich von Heinsberg stehen Rheinkiese an, bei der Hückelhovener Ziegelei liegen zuunterst Maas- und darüber Rheinkiese. In dem von uns betrachteten Rosenthaler Sandwerk fanden sich in der Hauptsache Maaskiese. Manchmal kamen auch gewaltige Steinblöcke zutage, die das Eis hierher transportiert hatte. Auf dem Wassenberger Waldfriedhof befindet sich mancher derartige Findling aus dem Rosenthaler Sandwerk.
Es braucht uns nicht zu wundern, daß die Rhein- und Maaskiese teilweise so hoch über dem heutigen Rurspiegel liegen. In Rosenthal z.B. nahezu 80 m höher. Wir müssen bedenken, Rhein und Maas flossen damals weit höher als jetzt. Der Rhein hatte sein Bett auf der Höhe des Ehrenbreitsteins/Koblenz wie des Loreleyfelsens. In solchen Höhen findet man Rheinkiese. Unsere Rur schnitt sich erst nach und nach, durch Erdbewegungen unterstützt, ins Land ein. Das geschah jedoch periodenweise mit jeweils neuen Kiesablagerungen. So entstanden die Terrassen.

Geologisches Bilderbuch

Der Niederrheinforscher Albert Steeger: „In unserem Gebiet ist der Terrassenaufbau am besten zwischen Effeld und Dalheim zu überschauen. Die eigentliche feuchte Ruraue (Alluvialebene) liegt bei 30 Meter über der Meereshöhe. Zwischen Effeld und Ophoven hebt sich das Land auf 32 m (Niederterrasse). Jenseits der Straße Birgelen-Zollhaus Rothenbach steigt das Land auf über 40 Meter (Mittelterrasse). Östlich von Rosenthal macht das Land dann einen ordentlichen Sprung von 70 — 80 Meter (Hauptterrasse)."[51]
Vom Wassenberger Burgturm aus hat man einen eindrucksvollen Einblick in dieses geologische Bilderbuch, in die ausgeprägte Talung der Rur und auf den gegenüberliegenden Talrand am Selfkant bei Birgden. Der Rurgraben läuft also zwischen zwei Hochflächen. Die Senkung war einst einige hundert Meter tief.[52] Den Beweis dafür liefert die oben betrachtete Rosenthaler Bohrung: dort liegt der Grünsand bei 15 Meter unter der Erdoberfläche, im Rurtal dagegen tritt er erst in 300 bis 600 Meter Tiefe auf. Einen anderen Beweis vermitteln uns die Steinkohlenflöze des Bergwerks Sophia-Jacoba (Hückelhoven-Ratheim-Wassenberg-Birgelen-Rosenthal). Peter Anton Tholen fragt: „Warum legte man die Zechen nicht in den Talsenken an, etwa in der Rurniederung? Würde man dort die Kohlenflöze nicht in viel geringerer Tiefe erreichen? Die Antwort lautet: Nein! Schon in kurzer Entfernung vom Wassenberger Landrücken, unter dem die Steinkohle in geringer Tiefe ansteht, würden die Bergleute etwa bei Orsbeck verteufelt tief bohren müssen".[53]
Auch einige ausgewählte Höhenmaße können uns dies veranschaulichen: eine Erhebung südöstlich von Boscheln mißt 152 m über dem Meeresspiegel, der tiefste Punkt bei Effeld am Grenzpunkt *Männke* liegt bei 29 m. In Wassenberg hat die Brühl eine Höhe von 45 m, die Oberstadt klettert auf 92 m. Die Myhl liegt bei 80 m, die Wassenberger Heide bei 84 m. Dagegen Orsbeck an der Rur bei 46 m, Birgelen bei 45 m, Elsum bei 35 m, Ophoven bei 33 m, Dohr bei 32 m, Effeld bei 30 m, der Effelder Waldsee bei 29 m.

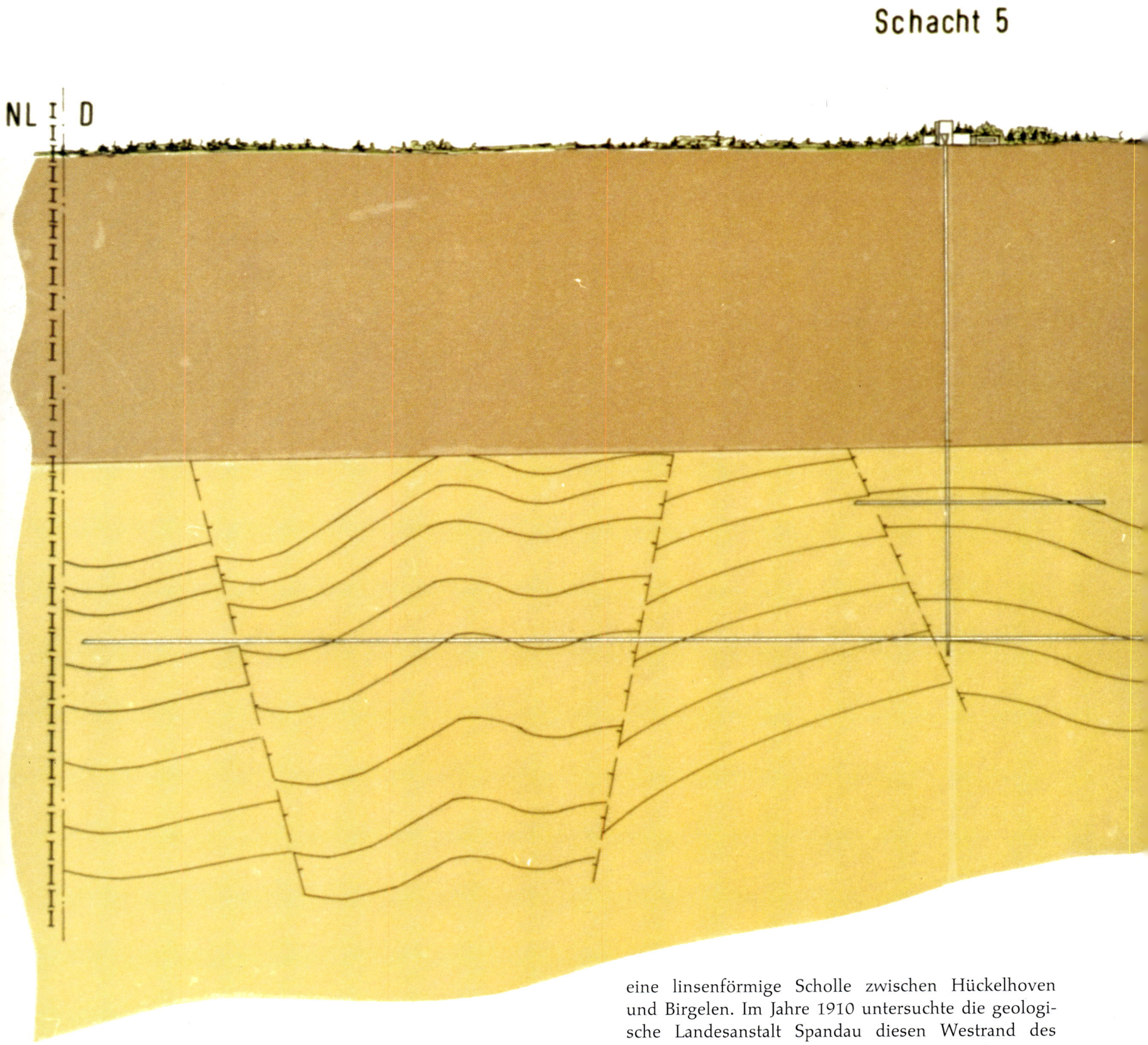

Auf der Linie Baal, Ratheim, Wassenberg, Birgelen, Rosenthal, Boschbeek blieb das Land also stehen. Westlich davon sank es in die Tiefe ab. Wilhelm Paas spricht insgesamt vom niederrheinischen Senkungsgebiet, wo die alten Gesteine wie Sandstein, Tonstein, Kalkstein und Kohle des Erdaltertums (Paläozoikum) und Erdmittelalters (Mesozoikum) tief unter den jüngeren und noch nicht verfestigten Ablagerungen des Tertiärs und Quartärs (Erdneuzeit) begraben liegen.[54]
Unser Blick vom „Pützchenberg" trifft auf die abgesunkene Scholle des „Rurtalgrabens", dessen östlicher Plattenrand der „Wassenberger Horst" ist. Die nördliche Hauptterrasse heißt Erkelenz-Brüggener Horst. Das stehengebliebene Wassenberger Hochstück ist eine linsenförmige Scholle zwischen Hückelhoven und Birgelen. Im Jahre 1910 untersuchte die geologische Landesanstalt Spandau diesen Westrand des Brüggener Horstes und isolierte die besondere Heraushebung bei Wassenberg. Sie springt wie ein alter Pfeiler vor. E. Kurtz[55] schreibt: „Der Wassenberger Horst ist nach rückwärts durch eine besondere über Birgelen und Myhl nach Dovern verlaufende Verwerfung von dem viel ausgedehnteren Brüggener-Erkelenzer Horst regelrecht abgeschnitten".

Riedellandschaft

Der Horst wird durch Bäche und Trockentäler eingefranst und gewinnt so idyllische Partien. Den Rurrand zwischen Rurich und dem Elmpter Wald (25 km lang)

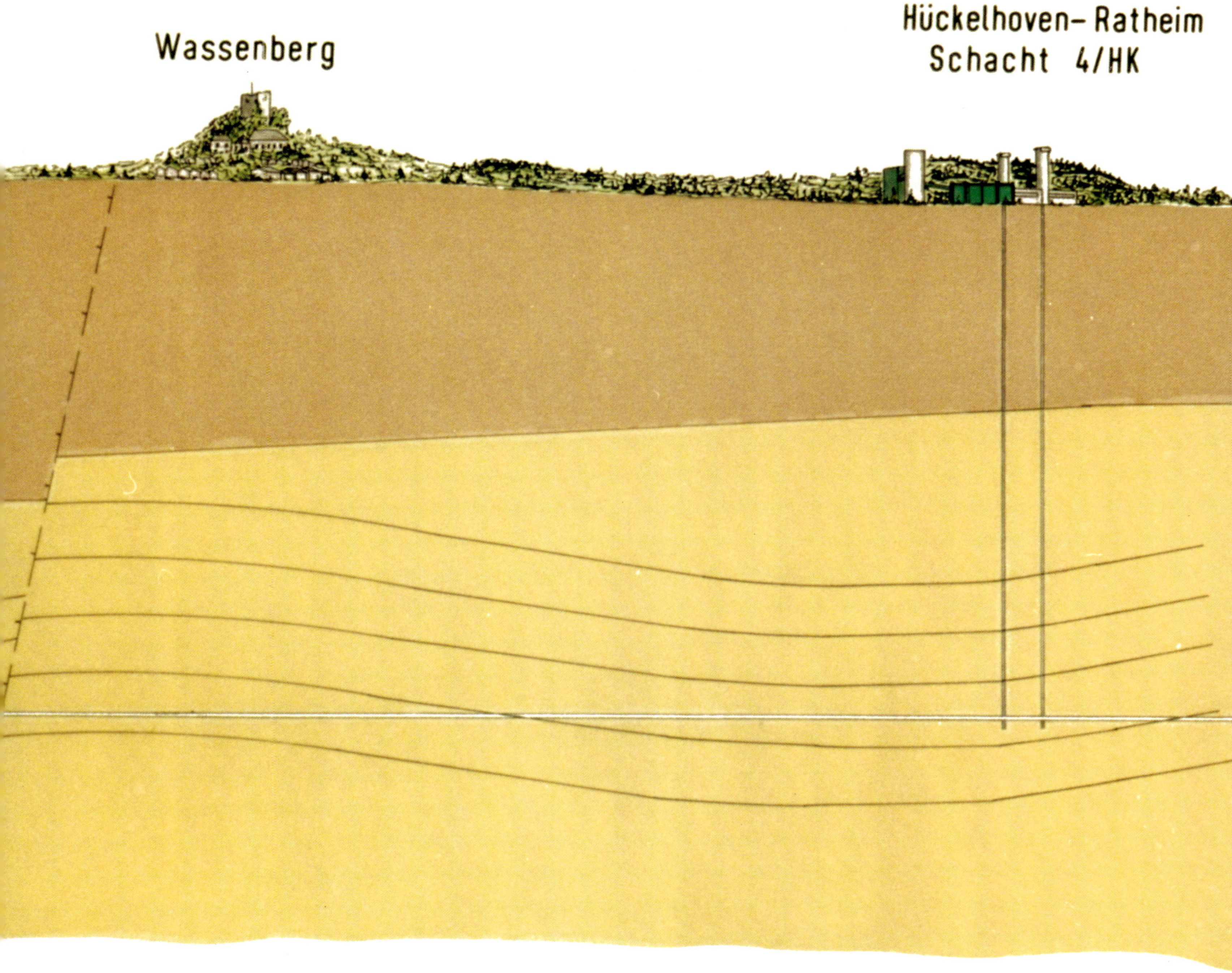

Schnitt: Wassenberger Horst. Zeichnung der Markscheider Gerd Wallrafen und Stefan Stocks, Sophia-Jacoba, Hückelhoven.

zerschneiden allein 17 Seitentäler. Sie *zerriedeln* den Wassenberger Horst, den man deshalb zu den typischen Riedellandschaften zählt. Aber nicht alle seine Täler zielen auf die Rur. Es gibt auch Quertäler, die sich meist wie „kleine Pötte" zwischen die Höhenzüge drängen. Die dadurch entstehende neue Gliederung vermehrt den landschaftlichen Reiz besonders in den waldreichen Zonen. Auch Schluchtenbildung trägt zur Variation der Struktur unseres Horstes bei.

Das Rurtal entwickelt flußabwärts immer mehr Breite. Es beginnt spitzwinklig südlich von Düren und dehnt sich zusehends über Jülich, Linnich, Bracheln aus. Bei Hilfarth klaffen die Talränder schon 4 Kilometer auseinander, zwischen Wassenberg und Heinsberg sind es schon 8 Kilometer. Mit trichterförmiger Öffnung bewegt sich der immer breiter werdende Graben gegen die Maasebene hin. Diese Senke hat allen Gewässern die Flußrichtung vorgeschrieben. Peter Anton Tholen schreibt: „Wenn wir aus vielen Beobachtungen wissen, daß die Absenkung der riesigen Erdscholle bereits in der Tertiärzeit begann, und wir uns der Meinung der meisten Geologen anschließen, daß die Dauer der Tertiärzeit etwa 1 bis 2 Millionen Jahre beträgt, so können wir uns ausrechnen, daß eine Absenkung von 1/2 bis 1 mm pro Jahr vollauf genügte, um den Höhenunterschied zu erklären."[56]

Natürlich hat der Rurgraben infolge massenhafter alluvialer Einschwemmungen längst nicht mehr seine ursprüngliche Tiefe. Lehm und Schlick überdeckten die unterlagernden Kiese, die nur an wenigen Stellen zutage treten. Eine Bohrung bei Eulenbusch (westlich Birgelen) gibt Aufschluß über die Schichten [57] des Rurtales:

Region Wassenberg.

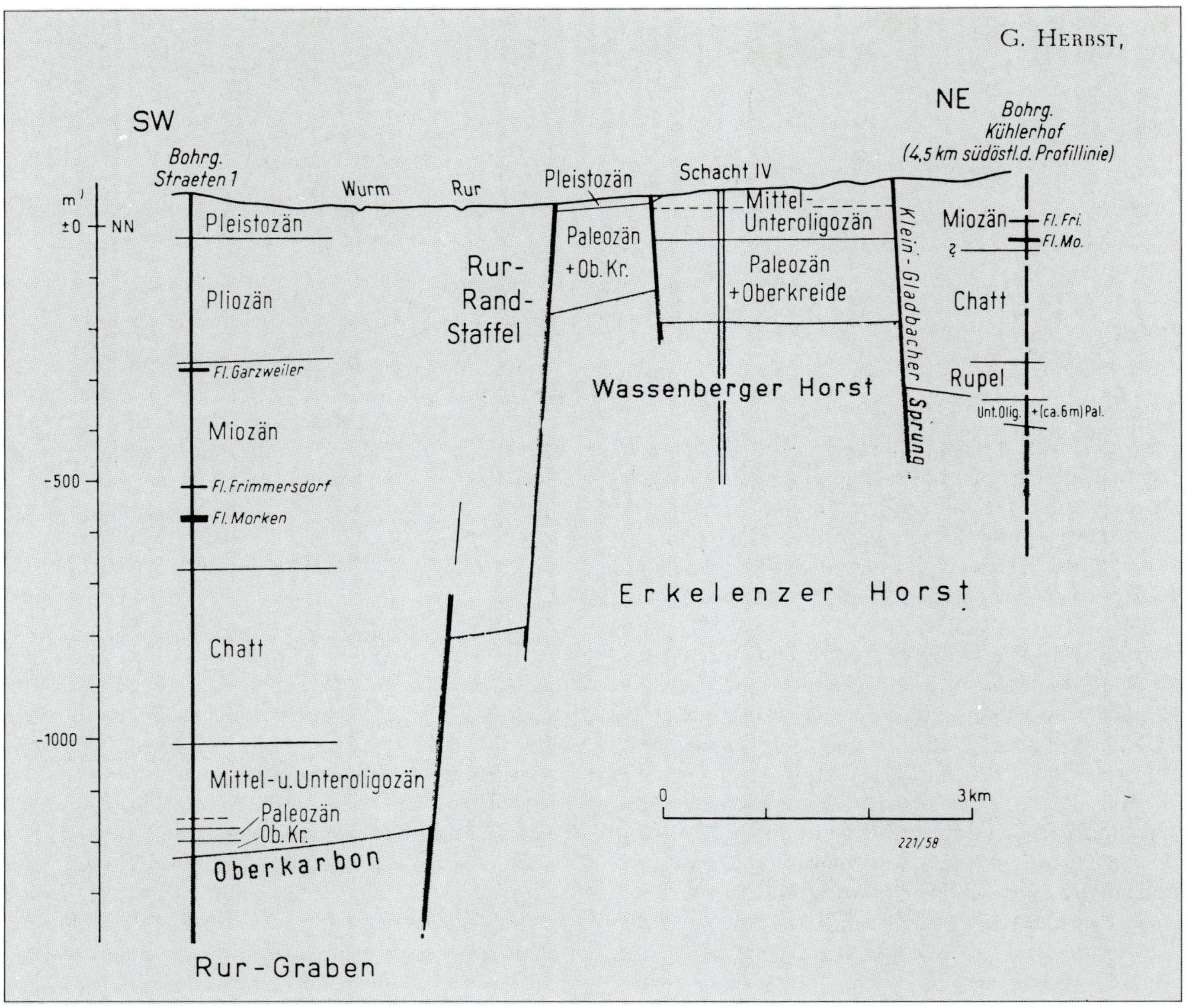

Die unterschiedliche Mächtigkeit von Kreide und Tertiär im Rurgraben sowie im Wassenberger Horst nach einer Zeichnung von G. Herbst.

Kartoffelernte vor Wassenberg 1905. Ölgemälde (142 cm mal 92 cm) von Jean Grothe. Geschenk von Mary und Robert Kofferath an die Stadt Wassenberg. Heute im Rathaus.

30,50 m Sand und Kies
89,50 m Grauer Sand und vereinzelte Kieslagen
18,00 m grüner Sand
7,00 m grauer Sand
10,60 m feiner Kies
7,00 m grauer Kies

162,60 m

Im wesentlichen verdankt unsere Landschaft ihre Entstehung dem Wechsel von warmen und kalten Klimaperioden des Eiszeitalters (Pleistozän): „Zu Anfang breiteten die Flüsse in der langsam sinkenden niederrheinischen Bucht den riesigen Schuttfächer der Hauptterrasse aus, der aus Sanden und Kiesen besteht . . ."[58] Die Eismassen selbst haben uns allerdings nicht erreicht. Sie blieben am Hülseder Berg bei Krefeld stehen. Wilhelm Piepers, der am gründlichsten die Geologie unserer Region erforscht und beschrieben hat, sagt: „Das Vordringen der Gletscher in die Mündungsbereiche der großen Flüsse hatte ein Aufstauen des Wassers und eine Verschiebung der Mündungsgebiete nach Süden zur Folge. Von den Flüssen mitgeführte Stein- und Erdmassen kamen zur Ablagerung. Der Ablagerung folgte beim Zurückweichen der Eismassen eine Periode der Erosion. Der Wechsel von Aufstauen und Erosion wiederholte sich mehrere Male und arbeitete unter Mitwirkung von Bodenbewegungen bzw. Strandverschiebungen mehrere Terrassen heraus . . . Das Niederrheingebiet sank tiefer ab und das Rheinische Schiefergebirge hob sich."[59]

Löß

Es war ein gütiges Geschick, daß die gewaltigen Kiesmassen von Rhein, Maas, Rur, Wurm und den Nebenbächen nicht unbedeckt hier liegenblieben, sondern von einer fruchtbaren, lehmigsandigen bis tonigen Decke überkleidet wurden.[60] Es bliesen nämlich langandauernde Winde zerriebene Gesteinsteilchen aus dem Moränenschutt des norddeutschen Tieflandes als feinen Staub auf die Haupt- und Mittelterrasse. Es handelte sich dabei um den bekannten Löß, eine gelbe, braune oder rötliche Erde. Er ist ein feinstsandiges Sediment (Lößmergel). Hoher Kalkgehalt und verschiedene mineralische Pflanzennährstoffe machen den Wert des Lößes als guten Ackerboden aus. Er bedeckte die Hauptterrasse des Rurtalgrabens und die Mittelterrasse der Bäche mit feinem Staub. Friedrich Timmermann, der heimatforschende Pädagoge aus Birgelen, schreibt: „Löß ist ein ganz feiner, kieselsteinfreier Lehm. Er ist fruchtbar. Er bedeckt das Gebiet rechts der Wurm und von der Südgrenze unseres Kreises bis nach Geilenkirchen hin. Links der Wurm sind nur schwache Lößdecken vorhanden. Die dünne Lehmdecke ist hier mit Geröll und Sand vermengt. Diese Erdart nennen wir Schotterlehm. Man stellt sie

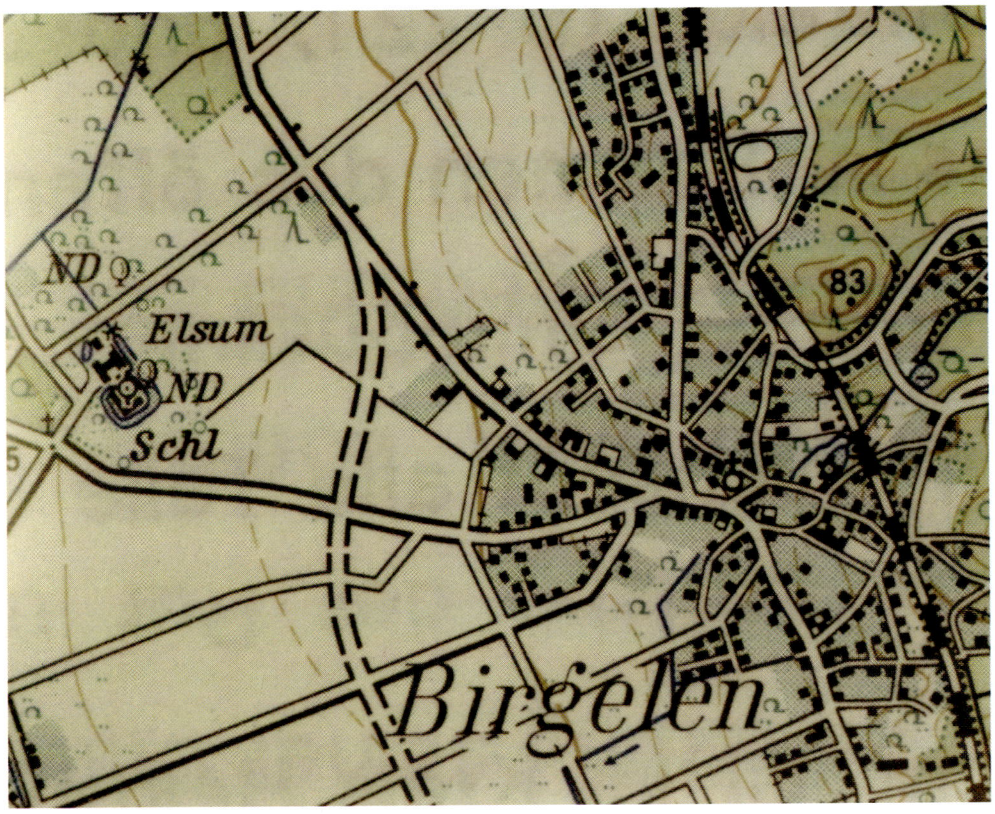

Birgelen (1970).

bis nach Heinsberg fest."[61] Weil Luft und Wasser zwischen den feinen Körnern des Löß leicht Zutritt erhalten, entstanden bei uns kaum Seen. Wegen seines Kalkgehalts wurde der Löß lange Zeit als Dünger verwendet und für kalkarme Böden „gemergelt"[62]: „Die flachwellige Lößlehmlandschaft östlich des Wurmflüßchens zeigt einen einheitlichen Charakter. Sie ist fruchtbares Ackerland, auf dem auch anspruchsvolle Pflanzen, wie Weizen und Zuckerrüben, recht gut gedeihen. Als Entstehungszeiten der Lößlagen gelten in erster Linie die Hochglaziale. (Eiszeiten) Der spätglaziale Löß ist von geringerer Bedeutung — vielleicht ist er nur ein Verwehungs- und Umlagerungsprodukt eines älteren Lößes. Die Landschaft westlich der Wurm trug ursprünglich ebenfalls eine Lößdecke. Wahrscheinlich stauten sich durch letztmalige Eisvorstöße die Wasser von Maas, Rur, Wurm und den Nebenbächen derart, daß die Hauptterrasse westlich der Wurm vollständig überschwemmt wurde. Die höher gelegenen Lößgebiete im Südteil des Kreises und östlich der Wurm scheinen von diesen Hochfluten nicht erfaßt worden zu sein . . . Dieses Naturereignis hat vermutlich lange Zeit gedauert. Die von Süden nachdrängenden Wassermengen von Rur und Maas ebneten die wellige Lößlehmlandschaft (‚die man vom Wassenberger Burgberg wie in einem Sandkasten vor sich sieht,) mehr und mehr ein, durchsetzten den ursprünglich steinfreien Löß mit Geröllen und wandelten ihn stellenweise in tonige und sandig-tonige Bildungen um."[63]

Dünen

Im Raum von Wassenberg-Birgelen-Effeld-Rosenthal-Dalheim erstreckt sich ein ausgedehntes Sandgebiet. Es sind aufgewehte Binnenlanddünen, langgestreckte Sandhügel oder Flugsanddecken. Der Flugsand ist wie der Löß ein Produkt der Eiszeiten. Wir stoßen im gesamten deutsch-niederländischen Grenzgebiet darauf. Die ersten Spuren der Dünenwehungen bilden einen schmalen Streifen an Haaren vorbei über die Wolfhager Mühle bis zur Rursenke. Westlich des Echter Bruchs läuft ein mehrere Kilometer breiter Dünenzug über Montfort bis nach Odilienberg an die Rur heran. Auf der anderen Seite des Rurtales, in der Melicker und Herkenboscher Heide, setzen sich die Dünenketten fort. Auch die mit einem Steilrand anhebende Hauptterrasse des Meinwegwaldes beherbergt Sand. Sandwellen breiten sich über die Hochfläche gegen Osten bis nach Oberkrüchten aus. Besonders um das Forsthaus Ritzerode herum wehen häufig Dünen auf, so daß in manchen trockenen Jahren die jungen Saaten völlig unter Sanden begraben werden.
Peter Anton Tholen beschreibt die tafelförmig quadratische Hochfläche des Elmpter Waldes: „. . . im Süden von der Boschbeek, im Osten und Norden vom Schwalmtal begrenzt, mit ihren ausgedehnten Dünenfeldern, die besonders südlich von Elmpt prächtig zur Wirkung kommen."[64] Einzelne Dünen entdecken wir auch im Dalheimer und Rosenthaler Wald: hochgetürmte Sandwälle von beträchtlicher Ausdehnung. Nördlich davon zieht der Dünengürtel in einigen Kilometern Abstand von der Maas zum Reichswald hinauf bis nach Kleve.
Die Umgebung von Effeld besteht aus mittelkörnigen Sanden (Wilhelm Piepers), wogegen Ophoven fruchtbare Lehme in der Oberfläche besitzt.

DIE FUNDE

Steinzeit

Steinzeit: nicht nur ein historischer Begriff. Steinzeit ist auch eine Art Morphologie. Schon Oswald Spengler sah „Neandertaler" in jeder Menschenansammlung. Der Steinzeit gegenüber dürfte zivilisatorisches Grauen fehl am Platze sein. Vielleicht fiele eine Begegnung zwischen dem steinzeitlichen und dem heutigen Menschen zu unseren Ungunsten aus. Ernst Jünger glaubt sogar, der Steinzeitmensch sei „unendlich glücklich" gewesen und habe sich auch „sicherer gefühlt". Bis in die Steinzeit zurück ist der Wassenberger Raum punktuell bewohnt. Zahlreiche Funde — made in prehistory — geben Aufschluß: Faustkeile, Spitzen, Schaber, Steinwerkzeuge, Steinbeile. Weiter unten folgt eine vollständige Liste der Fundstücke im Stadtgebiet Wassenberg.

Die meisten Relikte des Wassenberger Raumes stammen aus der Jungsteinzeit, dem sogenannten Neolithikum. Einige sind älter. Die Steinzeit, älteste Kulturstufe der Menschheit, wird in Altsteinzeit (Paläolithikum), Mittelsteinzeit (Mesolithikum) und Jungsteinzeit (Neolithikum) gegliedert. J. Itermann gibt uns einen umfassenden Einblick in die Steinwerkzeugfunde unseres Rurtals: „Bei der Rurbegradigung 1950 kamen aus den oberen Kiesschichten Steinwerkzeuge, größtenteils aus Quarzit, zum Vorschein, braun patiniert wie die Flintknollen aus dem Düsselbach im Neandertal. Sie dürften den Fundumständen und der einfachen Schlagtechnik nach in das Mindel-Riß-Interglazial (Zwischeneiszeit) gehören, also 100.000 Jahre älter sein als der Neandertaler."[65]

Material für die hiesigen Steinwerkzeuge sind tertiärer Quarzit sowie „Maaseier", welche in der Meeresbrandung geformt und später in den Maasschotter gelangten.[66] Mit der Entdeckung des Neandertalers (Johann Carl Fuhlrott 1803—1877) beginnt das Interesse für die steinzeitlichen Artefakte zu wachsen, für die Gleichzeitigkeit von Mensch und Mammut.

In dem von Wassenberg nicht sehr entfernten Neandertal bei Düsseldorf war der eiszeitliche Mensch zum Vorschein gekommen. Im Jahr 1927 fand R. Rein dort unter Löß einen großen steinernen Faustkeil, und E. Kahrs stieß 1940/41 in der Ziegeleigrube Dreesen bei Rheindahlen (nur 17 km von Wassenberg entfernt) auf mittelsteinzeitliche Artefakte. 1934 untersuchte A. Steeger eine mittelalterliche Burganlage bei Krefeld (St.Hubert-Voesch) und fand jungsteinzeitliche Geräte. In Tevern bei Geilenkirchen wurde 1965 ein Oberflächenfundplatz von R. Riediger-Palenberg vollständig durchgesiebt. 28.000 Artefakte kamen zum Vorschein. Außerdem entdeckte er zahllose ausgeglühte und zerbrannte Gerölle der Feuer- und Herdstellen. In Tevern kamen 212 Mikrolithen, 14 Kerbreste, 23 Kratzer und viele Mikrolithen heraus. Die meisten aus Maasknollenflint gefertigt, vereinzelt aus Maaseiern. S.K. Arora hat die Funde eingehend beschrieben.[67] Ein besonders ertragreicher Platz lag in einer Sanddüne des Teverner Flughafengeländes. Man fand hier mehrere nebeneinanderliegende Plätze, die erlaubten, Besiedlungsdichte, Besiedlungsform, Art der Lager und das Geräteinventar festzustellen.

Auch der Wassenberger Raum brachte steinzeitliche Funde ans Licht. Auf der Herrschaftlichen Heide kam ein braungraues Feuersteinbeil an die Oberfläche, ein ähnliches in der Flur Sternbusch. Nordöstlich von Wassenberg lagen verschiedene steinzeitliche Geräte in der Erde.[68] Ein jungsteinzeitlicher Werkplatz mit vielen Mikrolithen barg der Untergrund der Motte Hoverberg im Ossenbruch bei Birgelen. P.J. Tholen hat ihn 1953/54 ausgegraben. 600 m nordwestlich des Birgelener Pützchens fand sich ein neolithisches Steinbeil, nicht weit davon ein zweites.[69] Nördlich des Pützchens stieß ein Vorgeschichtler auf Kratzer und Feuersteine. Auch im Birgelener Wald wurde ein Feuersteinbeil von 15,5 cm Länge ausfindig gemacht, beim Forsthaus Elsum ein Feuersteinbeil und ein Steinmesser. In der damaligen Kiesgrube (heute Müll-Deponie) an der L 117 (Zollstraße) fanden sich steinerne Pfeilspitzen; im Garten Staas in Effeld ein 9,6 cm langes Steinbeil. August Lentz entdeckte in der Nähe des Grenzüberganges Rothenbach eine prachtvolle granitene Arbeitsaxt von 11,6 cm Länge. Auch in Steinkirchen lag ein Steinbeil 640 m nördlich der Kirche in der Erde. In Orsbeck wurden nördlich des Grünen Weges ein Steinbeil und mehrere Kratzer gefunden, in Ophoven am Westrand des Ortes Feuersteine. Josef Wiater erinnert für Birgelen an einen Kratzer aus Bergkristall.[70] Südwestlich von Altmyhl fanden sich Faustkeile, Kratzer und Schaber aus der Steinzeit.[71] Einen spektakulären Fund meldete das benachbarte Erkelenz mit einem altsteinzeitlichen Faustkeil[72], den die Schülerin Elke Pfeiffer 1972 fand. Sie brachte das Artefakt ihrer Lehrerin, die es sogleich als Faustkeil identifizierte.[73] Tatsächlich handelte es sich um ein massives Stück in einem Alter zwischen 150.000 und 200.000 Jahre. Überraschend viele steinzeitliche Funde wurden, wie schon durch J. Itermann angesprochen, in der Rur gemacht. Während ihrer Begradigung 1950 bei Effeld „legten die Bagger im neuen Flußbett Eichenstämme frei, bei deren Besichtigung auch Flintschlagstücke, einzelne Spitzen und Schaber auffielen."[74] Systematisch wurden deshalb die Rursandbänke abgesucht. Zwischen Düren und der Grenze bei Effeld kamen mehr als 300 steinzeitliche Fundstücke zusammen. Mit Wilhelm Piepers dürfen wir deshalb behaupten: der Altsteinzeitmensch hat bereits unser Gebiet betreten. Die Faustkeile und Stielspitzen sind Zeugen menschlichen Lebens an der Rur.[75]

Zur steinzeitlichen Besiedlung äußert sich auch Surendra K. Arora. 1978 wurden am Heidehaus in Scherpenseel Ausgrabungen vorgenommen. Man stieß auf eine Herdstelle: „Die Untersuchung der Kiefernholzkohle ergab die absolute Datierung, nämlich 6.890 (+/—) 85 vor Christus."[76] Auch unsere unmittelbar benachbarte niederländische Region, „de Roerstreek", hat zahlreiche Funde „uit de steentijd" vorzuweisen: Spitsen, Krabbers, Stekers.[77] Ein geschlossener Fundkomplex befand sich bei Montfort. (*gesloten kompleks*) Auch

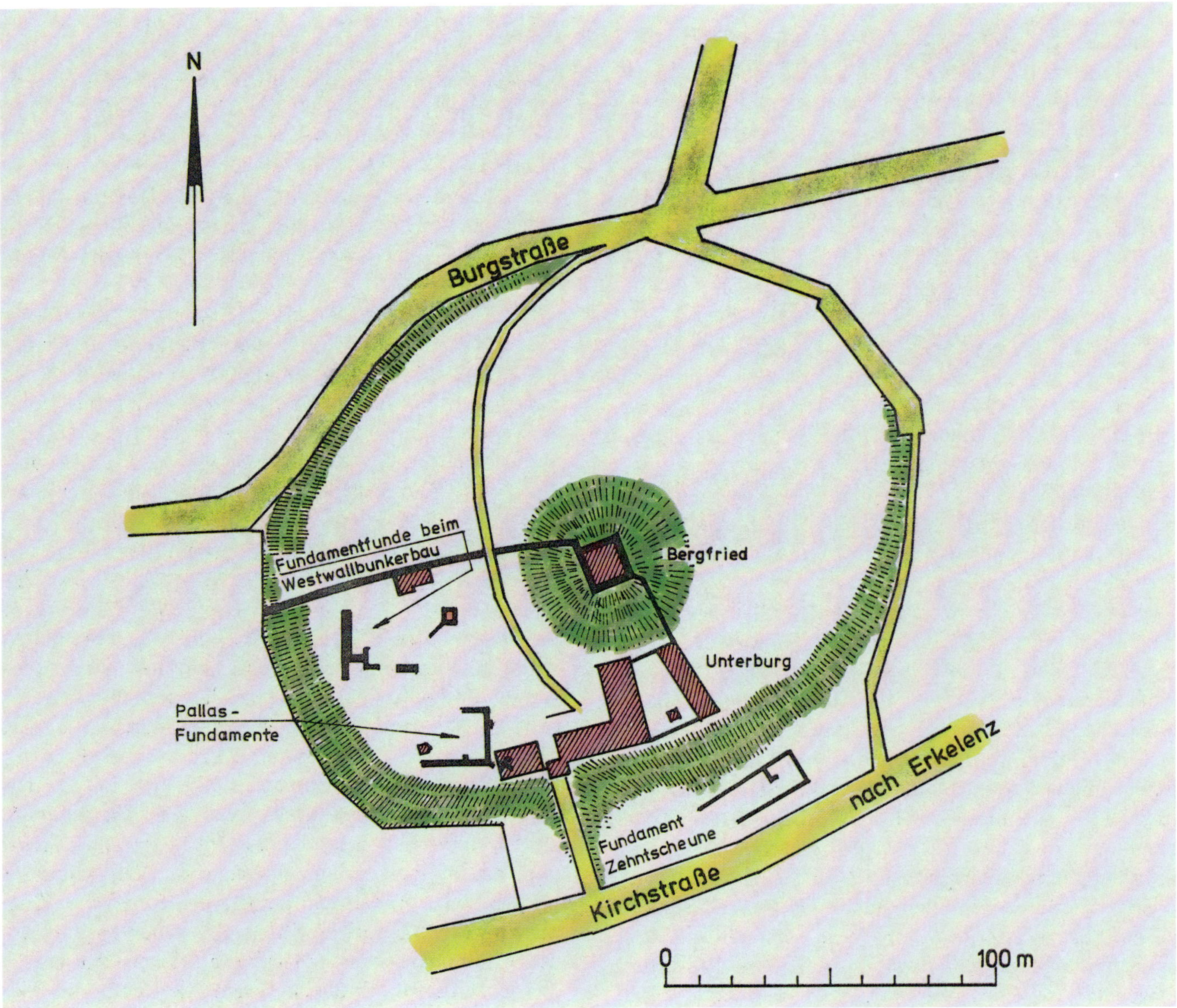

Fundamente auf dem Burggelände. Erweiterung einer Zeichnung von Peter Josef Tholen durch Hans Deckers, Wassenberg.

Posterholt datiert *ongeveer een dozijn werktuigen in het jong-paleolithicum* (ein Dutzend Werkzeuge). J.H.M. Smeets kann beweisen, *dat ook in het jong-paleolithicum bewoning in de Roerstreek geweest ist.*[78] Der Interessierte kann in den Jahrbüchern der „Roerstreek" zahlreiche Abhandlungen über den prähistorischen Forschungsstand unserer niederländischen Nachbarn finden.

Steinzeitliche Funde im Wassenberger Stadtgebiet

(Die folgende Liste der Funde enthält abgekürzte Hinweise: D = Denkmal = Fundstellen-Nummer auf der Deutschen Grundkarte Maßstab 1: 5.000. BJ = Bonner Jahrbuch, falls dort der Fund beschrieben wird. DH = Die Heimat, Heinsberg. ZAG = Zeitschrift des Aachener Geschichtsvereines. Der Hinweis „Ortsakte" bezieht sich auf die Ortsakten-Nummer vor der kommunalen Neuordnung. Wenn bekannt, nenne ich Finder und Funddatum.)

Wassenberg

Herrschaftliche Heide : braungraues Feuersteinbeil (Neolithisch, D 1, Heimatmuseum Heinsberg Inv.Nr. 1951, 4)

Flur Sternbusch: 11,6 cm langes, hellbraungraues Feuersteinbeil (Neolithisch, D 2, BJ 177, 1977)

Nordöstlich Wassenberg: ein steinzeitliches Gerät (Steinzeit, allg., D 6, DH 13, 1933, 62)

Eulenbusch

Am Nordrand der Bebauung: steinerne Klinge (Neolithisch, D 1, 1975)

Südöstlich von Eulenbusch: steinerne Klingen (Neolithisch, D 6, 1974)

Birgelen

In Birgelen: doppelseitig angebohrte Keule aus Quarzit (Neolithisch, D 14, BJ 155/56, 1956, 422. Finder: Wilhelm Piepers)

In Birgelen : Steinbeil (Neolithisch, D 16, BJ 140/41, 1936, 466)

Am Birgelener Pützchen: Steinbeil (Neolithisch, D 9, DH 13, 1933, 62)

600 m nordwestlich vom Birgelener Pützchen : Steinbeil (Neolithisch, D 16, DH 13, 1933, 62)

Nördlich vom Birgelener Pützchen: Feuersteine und Kratzer (Neolithisch, D 15, Heimatmuseum Heinsberg)

Im Birgelener Wald: ein graubraunes Feuersteinbeil (Neolithisch, D 1[illegible], BJ 166, 1966, 549. Finder: Johannes Bauer)

Am Schaagbach im Birgelener Wald: ein 15,5 cm langes, braunes, roh zugeschlagenes Feuersteinbeil (Neolithisch, D 6 BJ 164, 1964, 504. Finder: August Lentz)

Beim Forsthaus Elsum: Steinmesser, Feuersteinbeil, Absplisse (Neolithisch, D 19, BJ 140/41, 1936, 466)

Unter dem aufgeschütteten Hügel der Motte Hoverberg im Ossenbruch bei Rosenthal: Jungsteinzeitlicher Werkplatz mit zahlreichen Feuersteinen und Absplissen (Neolithisch, D 4, BJ 155/156, Teil II, 1955/56: Adolf Herrnbrodt, „Die Ausgrabungen auf der Motte 'Hoverberg' bei Birgelen". Finder: P. J. Tholen.)

Westlich von Krafeld: Feuersteinbeil, verbrannte Feuersteine (Neolithisch, D 26, 16. 3. 1976)

Auf dem Weg östlich des früheren Bahnhofs Rosenthal : Feuersteine. (Steinzeit, allg., D 10, Finder: W. von Negri, BJ 140/41, 1936, 466)

Westnordwestlich von Rosenthal: zwei Feuersteine (Neolithisch, 13. 2. 1975)

Effeld

In der Schanz (Flur) beim Gitstapper Hof: Klingen und Feuersteine (Neolithisch, D 23)

In Effeld: mehrere Feuersteine (Steinzeit, allg., D 7, DH 13, 1933, 62)

In Effeld: steinzeitliche Geräte (Steinzeit, allg., D 4, DH 13, 1933, 61)

700 m nordnordöstlich der Effelder Kirche: Kratzer (Neolithisch, D 3)

Bei der Kiesgrube (heute Mülldeponie): steinerne Pfeilspitze (Neolithisch, D 16, BJ 163, 1963, 501)

Im Garten Staas: 9,6 cm langes Grauwacke-Steinbeil (Neolithisch, D 17, BJ 163, 1963, 501)

Nördlich von Effeld: mehrere Feuersteine (Neolithisch, D 22)

Bei Effeld östlich von Grenzstein 374: mehrere Feuersteine (Neolithisch, D 5, 21. 1. 1975)

Im Effelder Wald: Kratzer aus Maasschotter (Neolithisch, D 2, 4. 5. 1976)

Im Effelder Wald : graubraunes, 9,1 cm langes Feuersteinbeil (Neolithisch, D 10, in Privatbesitz)

Im Effelder Wald : mehrere Abschläge und Geräte (Steinzeit, allg., D 2, DH 13, 1933, 61)

Südwestlich von Schloß Effeld: Schaber (Neolithisch, D 5, 21. 1. 1975)

Nördlich der Zollstation Rothenbach: granitene Arbeitsaxt von 11,6 cm Länge. (Neolithisch, D 20, BJ 162, 1962, 540. Finder: August Lentz)

Steinkirchen

270 m nordöstlich der Kirche : mehrere Feuersteine (Neolithisch, D 10, 16.3. 1976)

640 m nordöstlich der Kirche : ein Feuersteinbeil,

Urnen. Fundort Rosenthal. (800 bis 500 vor Christus)

Bronzezeit-Waffen.
(Rheinisches Landesmuseum Bonn.
Foto: Schafgans Bonn)

Kernsteine und Steingeräte (Neolithisch, D 12, 2. 12. 1975)
550 m nordöstlich der Kirche: Feuerstein (Neolithisch, D 8, 12. 2. 1975)

Orsbeck
Nördlich Grüner Weg: Feuersteinbeil und mehrere Kratzer (Neolithisch, D.6, 8.3.1976)

Ophoven
Westrand des Ophovener Waldes: drei Feuersteine (Neolithisch, D 8, 5. 5. 1976)

Bronzezeit

Altsachen zur Bronzezeit machen sich im Wassenberger Raum bisher rar. Es sei denn, man schenkt dem Hinweis von Robert Kofferath Glauben, auf der Burg seien während der Westwallarbeiten 1938/39 mehrere Stücke der Bronzezeit gefunden worden: zwei Bronzeringe, Bronzedraht, ein Bronzebeil, das sogar verziert gewesen sein soll. Leider sind alle diese Repräsentanten einer ersten metallischen Zeit in Privatbesitz verschwunden. Mein verehrter Lehrer, August Lentz, (Gymnasium Heinsberg, Leiter des Heinsberger Heimatmuseums), hat immer wieder beklagt, wieviele Fundstücke der Forschung verloren gingen: manches aus Unkenntnis, anderes aus Profitgründen. Mit Leo Gillessen haben wir heute im Kreis einen kenntnisreichen Historiker, Museumspädagogen und Autor, der den Funden insgesamt viel gewissenhafte und engagierte Bearbeitung einräumt.

Die Bronzezeit bleibt indessen mangels Masse schwach dokumentiert. Im westlichen Nachbarbereich der Niederlande und Belgien ist das schon anders. Dort findet man in den Museen Tüllenbeile, Flachbeile, Stegbeile, Randleistenbeile, Absatzbeile. Manchmal sogar fein facettiert. Orte wie Echt, Maasbracht, Montfort und Weert können bronzene „Import-Stücke" als Funde vorzeigen. In den Museen von Sittard, Asselt, Maastricht sind Relikte der Bronzezeit zu

Gefäße der Bandkeramik der Rössener Kultur (um 4. 000 vor Christus).
(Rheinisches Landesmuseum Bonn.
Foto: Schafgans Bonn)

bewundern. Wir bleiben im Wassenberger Raum wohl auch in Zukunft für diese Periode fundarm. Die Grundstoffe für Bronze, Kupfer und Zinn, fehlten. Sie mußten importiert werden. Vorgeschichtliche Kupfer- und Zinngewinnung ist aus dem englisch-irischen Raum bekannt. (Zinn in Cornwall, Kupfer in Wales) In Deutschland gab es Kupfer im Harz, in Hessen, im Vogtland. So gelangte also nur Importware in den maasländischen Raum.
Erst die Eisenzeit bringt für unser Gebiet wieder Fundmaterial größeren Ausmaßes. Es sind vorwiegend Urnen und Scherben.

Der Wylacker Urnenfund 1939

Grabhügel und Urnenfelder

Die vorrömische Eisenzeit teilt man bekanntlich in zwei Perioden : die Hallstattzeit (von 1.000 bis 450 v.Chr.) und die Latenezeit (von 450 bis Christi Geburt). Wilhelm Piepers weist darauf hin, der Übergang von der Bronzezeit zur ältesten Eisenperiode führe im niederrheinischen Raum zu einer völlig neuen Lage: „Die Leichenbestattung hörte auf, allgemein herrschte jetzt Verbrennung der Toten und Bergung des Leichenbrandes in Urnen."[79] Ausgangsgebiet der Urnenfelderleute sind Ungarn und das nördliche Jugoslawien.[80] Es ist unbekannt, ob Urnenfelderleute aus ihren Ursitzen zu uns wanderten, oder ob sie durch den „Billard-Effekt" in Bewegung gerieten.[81] In unserer Gegend wohnen „Kerbschnitt-Leute", so genannt nach der Verzierung ihrer Gefäße. Da die Urnenfelderleute schon Ackerbau betreiben, werden auch unsere Weidebauern akkultiert.

Links: Kerbschnitt-Urne, Eisenzeit, Fundort Rothenbach. Rechts: Tasse mit Henkel, Eisenzeit, Fundort Rothenbach. (Heimatmuseum Heinsberg, Vor- und Frühgeschichte Inv. Nr. 81, 84)

Der Urnenfund von Wylack

Im Sommer 1939 wird auf dem Hofgut Wylack (zwischen Forst und Ophoven) im Rahmen von Bauarbeiten Erde ausgehoben. Der heimathistorisch interessierte Hofbesitzer Franz Hoffmann (1895—1945) verfolgt die Erdbewegungen mit größter Aufmerksamkeit. Plötzlich entdeckt er Gefäßscherben im Aushub und in der Erdwand. Franz Hoffmann läßt die Arbeiten sofort anhalten und verständigt das Heinsberger Heimatmuseum. Die Fachleute, unter ihnen P.A. Tholen, stellen Brandspuren fest. Es gelingt, eine Urne mit Leichenbrandinhalt unversehrt zu bergen. Außerdem finden sich noch zahlreiche Bruchstücke. Das Landesmuseum Bonn kommt bei einer genauen Untersuchung zu dem Ergebnis, das Fundstück gehöre zur Marnekultur. In der frühen Latènezeit liegt in der französischen Champagne das Verbreitungsgebiet dieser Kultur. Wahrscheinlich ist dieses Stück auf dem Importwege in unsere Gegend gekommen. Auch im nahen Posterholt sind Relikte der Marnekultur gefunden worden. Es stellt jedenfalls kein Beweisstück für die Anwesenheit von Kelten in unserem Raum dar. Die keltische Zivilisation sitzt in Deutschland von Bayern bis zur Mainmündung, nicht bei uns. H. von Petrikovits hält keltische Einflüsse am Niederrhein für nur schwach vertreten.

Am Niederrhein bleibt die Sitte, Grabhügel über die verbrannten Toten aufzuschütten, bis weit in die Latènezeit erhalten.[82] Nur vereinzelt existieren flache Brandgräber. Nach P. A. Tholen wandert kurz vor der Hallstattzeit (um 1000 v. Chr. erste Eisenzeit) ein neues Volk ein: die oben genannten Urnenfelderleute. Sie setzen ihre Toten in Flachgräben ohne Hügelaufschüttung bei. Niederländische Forscher haben in den Dreißiger Jahren im Meinweggebiet eigenartige Grabanlagen der Urnenfelderleute gefunden: „Es sind Langbetten, flache kaum sichtbare Erhebungen von etwa 20 m Länge, die ringsum mit einem Graben (der natürlich längst zugewittert ist) umgeben waren und in der Mitte die Grabstätte enthielten."[83] Mit den Urnenfelderleuten mischt sich nach Tholen die vorhandene Population. So entsteht die niederrheinische Grabhügelkultur, die uns bei den größeren Hügelgrabfeldern in Rosenthal, in der Teverner Heide, in Westerheide zwischen Wehr und Tüddern entgegentritt.[84] Die Urnen dieser Grabhügel zeigen viel Kerbschnitt, den die Urnenfelderleute nicht kennen. Tholen sagt: „Wenn nun bei uns der Kerbschnitt doch bei den Urnenfelderleuten hier und da auftaucht, so ist das ein schlüssiger Beweis für die Vermischung der alten bronzezeitlichen Bewohner unserer Gegend mit den neu eingewanderten Urnenfelderleuten."[85]

Das Heimatmuseum Heinsberg besitzt wertvolle Urnen unserer Gegend. Ihre verschiedenen, sorgfältig gearbeiteten Verzierungen lassen auf unterschiedliche Menschengruppen schließen. Kerbschnitt, Rillen, Riefen in Girlandenform, als Hängebögen oder umlaufend beweisen elementares ästhetisches Grundempfinden. Zwischen 500 und 300 v. Chr. dringen Germanen in unser Gebiet.[86] Im Heinsberger Heimatmuseum können wir aus Rosenthal eine besonders interessante Urne als Leichenbrandbehälter sehen: dünnwandig, schön geglättet, hartgebrannt, weitmündig, ausladend, mit ebener Standfläche und ausgeprägtem konischen, nach innen geneigten Hals. Um die Schulter läuft ein horizontales Band von sieben Riefen, von dem in Abständen von ca. 12 cm ein Vertikalbündel aus je fünf bis sechs Riefen auf die Bauchwölbung herabhängt.[87] Aus Ophoven ist uns ein Zylinderhals-Doppelkonus bekannt: glattwandig, grau mit bräunlichen Flecken, teilweise abgeflachter oberer Gefäßrand, teilweise halbkreisförmig im Schnitt, eingezogenes Unterteil.[88] Wilhelm Piepers hebt einen zeitlich jüngeren Fund der Latènezeit aus Rosenthal hervor : dünnwandig, hartgebrannt, braunschwarz, weitmündig, schüsselartig, mit ebener Standfläche, kurzer, geschweifter, ausbiegender Rand, nach außen schräg abgekantet. Das kostbare Stück kann im Heinsberger Heimatmuseum unter Inventar-Nr. 50/1951 betrachtet werden.

Der Rosenthaler Urnenfund

Zweifellos hat die niederrheinische Grabhügelkultur im Wassenberger Raum einen unübersehbaren Schwerpunkt. Die große Zahl der Fundplätze, die exemplarischen Urnen und Begräbnisarrangements machen dies deutlich. Franz Mayer (Dalheim) und Josef Lintzen („Marjenne-Jüpp" aus Birgelen) waren Hobby-Kenner der Sachlage. Josef Lintzen fand in einer Sandwehe beim Rosenthaler Sandwerk (Nähe Bongsches Mahlwerk) einen regelrechten Grabhügelfriedhof. Der Vorgeschichtler P.A. Tholen hat sich später über das laienhafte Gewühle an dieser Fundstätte empört, das er vorfand, als er seine fachwissenschaftliche Untersuchung begann. Auf der anderen Seite: ohne Josef Lintzen wären viele Urnen nicht entdeckt worden. P.A. Tholen schreibt: „Es wurde planlos drauflos gegraben. Zunächst wurden die sich abhebenden Rundhügel durchsucht, dann die sich zeigenden natürlichen Bodenerhebungen durchwühlt, so daß der Abhang aussah wie ein zerschossenes Schlachtgelände. Da hier ein vollständiges, unberührtes Gräberfeld vorhanden war, hätten mit Bestimmtheit höchst wertvolle Aufschlüsse über die Besiedelung unserer Heimat in sehr früher Zeit erlangt werden können."[89] Josef Lintzen, der Entdecker und Erst-Ausgräber, berichtet: „Auf der Krone wurde ein Grab bloßgelegt, in dem ein mit Leichenbrand gefülltes Tongefäß stand. In Abständen von 8 bis 10 Schritten zeigten sich auf der Sandwehe kleine, rundliche Erhebungen von 3 m bis 5 m Durchmesser, die sich aber kaum abhoben, aber die alle eine Grabstätte enthielten . . ."[90] Mehr als 30 Urnen hat Josef Lintzen hier gehoben.

P. A. Tholen schildert seine Erkundungen an Ort und Stelle : „Demnach wurde die mit den Resten des verbrannten Toten gefüllte Graburne meist nicht in den Boden gelassen, sondern einfach auf die Erde gestellt. Darüber wurde sodann ein Erdhügel aufgeworfen. In den meisten Fällen findet sich in der nächsten Umgebung des Totengefäßes eine sich scharf abhebende

Urnen, gefunden in einer Sandwehe beim Rosenthaler Sandwerk (Bong) durch Josef Lintzen (Marjenne-Jüpp). Mehr als 30 Urnen wurden an dieser Stelle gehoben. Alter der Funde: 800 bis 500 vor Christus.

Brandschicht mit Holzkohlenstückchen, die durchsetzt ist mit kleinen Knochenteilchen. Daraus läßt sich schließen: Man hat die Toten nicht an der Stelle verbrannt, wo sie beigesetzt wurden, sondern an einem dazu hergerichteten Platz, wohl auf einer kahlen Sandstelle. Man sammelte dann die beim Brande übrig bleibenden größeren Knochenteile in die Urne. Die kleinen Teile, deren Aufsammlung zu mühsam gewesen wäre, wurden mitsamt der Holzkohle und Asche des Scheiterhaufens zusammengekehrt und um die auf den Boden gestellte Urne gehäuft. Somit kamen die Reste des Toten doch alle zusammen. Sie sind offenbar im Laufe der Jahrtausende zu einem gewissen Teil verweht und durch den Regen abgetragen worden. In mehreren Hügeln wurden Steinsetzungen beobachtet, wo das Grabgefäß von einem Kranze von faust- bis kopfgroßen Steinen umgeben war."[91]

Josef Wiater nimmt an, daß die Bewohner damaliger Zeit nicht weit von diesem Gräberfeld am Salzweg ihre Hütten hatten, etwa im heutigen Schaufenberg.[92] Die Gefäße, die sie herstellten, sind zum Teil kleine Kunstwerke. So fesselt besonders ein lederfarbenes Tongefäß von 19 cm Höhe und 21 cm größtem Durchmesser. Die Randöffnung ist 14 cm, die schwungvoll gerundete Schulter baucht sich bis zu 21 cm aus und geht dann ohne Schweifung zur 6,5 cm breiten Standfläche hinunter. Eindrucksvoll sind die Verzierungen: zwischen zwei Doppellinien ein senkrechter Kerbschnittstreifen, darunter drei eingetiefte Parallellinien, auf dem Hals zwei Kerbschnittstreifen, durch Parallellinien getrennt, darunter als Abschluß drei Linien in Form einer hängenden Girlande. Vor Brennen des Gefäßes sind die Verzierungen in den noch weichen Ton eingeschnitten worden. Ihre Wirkung ist archaisch kunstvoll.

Eine andere Urne dieses Rosenthaler Fundes läßt ein von drei Linien gebildetes Wellenband um die Rundung laufen sowie den Wechsel von Rillenlinien, Winkelrillen und Kerbschnittstreifen sehen. Die Kerbschnitte reichen sehr weit in die Vorgeschichte zurück: bis ans Ende der jüngeren Steinzeit. Das Rheinische Landesmuseum in Bonn zeigt in Abteilung 108 zur Niederrheinischen Grabhügelkultur kerbschnittverzierte Gefäße aus diesem Fundbereich in Rosenthal. Auch Schnurverzierung fehlt nicht, wie überhaupt beim Josef-Lintzen-Fund eine ungestörte Entwicklungsreihe der Fertigungsarten vorliegt. Peter Anton Tholen meint: „Dieselben Leute, die sich am Ausgange der jüngeren Steinzeit in unserer Heimat angesiedelt hatten, wohnten in ihren Nachkommen auch noch ein Jahrtausend später an derselben Stelle."[93]

Der Dalheimer Urnenfund

Franz Mayer beschreibt uns ein Gräberfeld bei Dalheim. Wenn dies auch nicht mehr im heutigen Stadtgebiet liegt, so gehörte es historisch doch immer zum Lande und späteren Amt Wassenberg und soll deshalb referiert werden: Auf einer ungefähr 30 ar großen Fläche waren etwa 12 sehr ungleiche Hügel ordnungslos verteilt. In einigen fanden sich zwei oder drei Gefäße, in anderen Brand- und Knochenreste. Insgesamt: 6 Urnen in Kugelform und mit weiter Öffnung, 12 bis 20 cm hoch. (Die gleichen Typen wurden auch in Effeld und Herkenbosch angetroffen.) Eine Urne mit kantiger, glatter Ausbauchung war 17 cm hoch. Eine andere, mehr zylinderförmige maß 23,5 cm; ein Becher von 15,5 cm hatte ein Henkelchen am oberen Rand, durch das kaum ein Finger ging. Sodann ein eimerförmiger Topf, ein Becher, eine Fibel aus der La-Tène-Periode, in Menge auch zertrümmerte Gefäße. Franz Mayer meint: „Es scheint, daß in Ermangelung von Gefäßen die Asche auch manchmal einfach nur mit Lehm oder Ton umfaßt wurde oder in eilig verfertigte, nur an der Sonne getrocknete Gefäße kam und darin der Erde übergeben wurde."[94]

Gefäße der Becherkulturen (um 2000 vor Christus). (Rheinisches Landesmuseum Bonn. Foto: Schafgans Bonn)

Effelder Urnenfunde

Im Effelder Busch entdeckte im Jahre 1911 der „Rheydter Verein für Heimatkunde" 19 Urnen (alle mit Kerbschnittmusterung) und ein Stück Bronze.[95] Weitere 9 Urnen „erbeuteteten" Privatsucher. An der Gitstapper Mühle staunte der Müller eines Tages beim Roden über die vielen Scherben in seinem Acker. Bei genauem Hinsehen kamen 15 bis 20 Urnen, zum Teil mit Deckeln heraus: „Der gute Mann ließ diese ordentlich klein schlagen, damit sie der zukünftigen Saat nicht hinderlich seien. Aus den Scherben konnte dann doch noch die Übereinstimmung mit den Effelder Urnen festgestellt werden."[96] Auch in Vlodrop und Herkenbosch wurden Urnen entdeckt und dem Typus des Effelder Fundes zugeordnet.

Über die Grabfelder unserer Heimat existiert eine abenteuerliche Theorie: General von Veith[97] und Prof. Bergk[98] betrachten die Grabfunde als trauriges Andenken an die Vernichtung der Usipeter und Tenkterer durch Caesar im Jahre 55 v. Chr. Die Schlacht soll nach beider Auffassung bei Tüddern-Gangelt bzw. im linken Rurtal bis nach Waldfeucht hin stattgefunden haben. Aus Caesars Formulierung „cum ad confluentem Mosae (Mündung in die Maas) pervenissent" folgern Veith und Bergk, die Rur als Nebenfluß der Maas sei hier gemeint. Caesar habe die Germanen bis hierhin verfolgt. Auch Franz Mayer hält die Schlacht im Rur-Maas-Dreieck für denkbar. Vermutungen solcher Art erinnern mich an Versuche, die Schlacht im Teuteburger Wald 9 n. Chr. mit dem Untergang von Varus und seiner Legionäre an Orte zu verlegen, denen ein historisches Ereignis zum Image ihrer Stadt noch fehlt.

Urnenfunde im heutigen Gebiet der Stadt Wassenberg

Wassenberg

In Wassenberg: Urne, Urnengrab (Eisenzeit, D 6, BJ 166, 1966, 559)

1200 m südwestlich der Wildenrather Kirche: Scherben (Vorgeschichtlich, D 1, 3. 5. 1976)

Bei Wassenberg (Els): Urnen mit Leichenbrand, Anzahl unbekannt (Vorgeschichtlich, D 8, BJ, 148, 1948, 370)

Kirche St. Georg: Vorgeschichtliche Grube mit Scherben (Vorgeschichtlich, Peter Josef Tholen beschreibt diese Fundstätte in seinem Ausgrabungsbericht St. Georg Wassenberg 1954. Heinrichs-Broich,Kirchengeschichte des Wassenberger Raumes. — Geilenkirchen 1958, S.62. D 4. Finder: Peter Josef Tholen)

Effeld

In der Schanz beim Gitstapper Hof : Grab, Scherben, Urnenfelderkultur, Leichenbrand (Eisenzeit, D 23)

Bei Effeld: 15 — 20 Urnen mit Kerbschnitt, Urnenfriedhof (Eisenzeit, D 2, ZAG 34, 1912,55)

Nähe Landwehr im Effelder Wald: zwei Urnen mit Leichenbrand (Hallstatt, D 9, Heimatmuseum Heinsberg, Inv.-Nr. 142/143, 1958)

Effelder Wald: zwei gerötete Streifen; Nähe Scherben mit Nuppenverzierung (Hallstatt, D 11, 142, 1937, 224)

Zwischen Effeld und Zollhaus Rothenbach: Urnengrab, Grabhügelkultur (Hallstatt, D 21, BJ 155—156, 1956, 444. Finder: August Lentz)

Kaninchenbusch: Urne mit Leichenbrand (Eisenzeit, D 2, BJ 143/144, 1939, 380)

Effelder Wald: mehrere Hügelgräber (Eisenzeit, D 12, Ortsakte 01)

Effelder Wald: einzelnes Hügelgrab, Tumulus (Eisenzeit, D 16, Ortsakte 04)

Effelder Wald: drei Scherben (Vorgeschichtlich, D 6, 3.5.1976)

80 m südlich Forsthaus Elsum: mehrere Scherben mit Kammstrich (Späthallstatt, D 18, BJ 139, 1934, 198)

120 m südwestlich Friedhofskapelle: Scherben und Asche (Vorgeschichtlich, D 12, BJ 146, 1941, 318)

300 m nordwestlich des Hofes Kromland: Scherben (Vorgeschichtlich, D 11)

Die Goldene Wassenberger Rundfibel. Fränkisch, Durchmesser 5,1 cm, Filigranarbeit, Fundort: Orsbeck, Wieler 1911, Bürgermeister Nikolaus Beckers. Heute: Rhein. Landesmuseum, Bonn.

370 m südwestlich des Hofes Kromland: Scherbe (Eisenzeit, D 17, BJ 139, 1934, 197)

Feld bei Kromland: Scherben mit Kammstrich (Eisenzeit, D 17, BJ 139, 1934, 197)

Ophoven

Ziegeleigrube: Brandgrab, Marnekultur (Eisenzeit La Tène früh, Rhein. Landesmuseum Bonn Inv.-Nr. 55, 143)

Wildacker im Ophovener Wald : Scherben (Vorgeschichtlich, D 7)

Nordöstlich von Ophoven: zwei Urnen, Hügelgrab, Tumulus (Eisenzeit, D 24, Heimatmuseum Heinsberg Inv.-Nr. 43—44, 1951)

Ziegeleigrube: mehrere Urnengräber, Marnekultur (Eisenzeit, La Tène früh, D 7. Finder: W. von Negri. BJ 146, 1941, 303)

Ophovener Wald: Scherben, vielleicht von Gräbern (Vorgeschichtlich, D 27, DH, 13, 1933, 62)

Ophovener Wald: Scherben (Hallstatt, D 6, BJ 138, 1933, 166)

Birgelen

Birgelen: Herd, Scherben, Grube, Siedlung (Hallstatt, D 1, BJ 139, 134, 198)

Birgelen: Urnengrab, Urne (Eisenzeit, D 15)

Birgelen: Scherben (Eisenzeit, D 9, JB 146, 1941, 318)

Birgelen : Scherbe mit Kammstrich, Grabhügelkultur (Vorgeschichtlich, D 5)

Birgelen: Scherbe (Hallstatt, D 7)

Zwischen Birgelen und Eulenbusch: Scherbe (Hallstatt, D 2, BJ 140/141, 1936, 466)

Am Schaagbach: Hügelgrab, Tumulus (Vorgeschichtlich, D 6.)

Birgelener Flur Unter Hallert: Scherbe (Vorgeschichtlich, D 5)

Roedger Bahn: mehrere Langhügel (Eisenzeit, D 7) Roedger Bahn: Mehrere Hügelgräber, Tumulus (Eisenzeit, D 7)

Westnordwestlich von Rosenthal: Scherben (Vorgeschichtlich, D 4)

Westnordwestlich von Rosenthal : Scherben (Vorgeschichtlich, D 5)

Steinkirchen

640 m nordöstlich der Kirche: Scherben, ein Glasarmring Blaugrau, fünfrippig (Eisenzeit, La Tène spät, D 12, 12.2.1975)

Die römische Zeit

Von den Germanen über den Rhein gedrängt, wohnen zwischen Rhein und Maas, demnach auch an der Rur, im ersten Jahrhundert v. Chr. die Eburonen. Diese zu den „Germani cisrhenani" gehörenden Stämme haben nach Caesar 40 000 wehrfähige Männer. Caesar selbst hat uns seinen Rachefeldzug gegen sie beschrieben. Namen wie Ambiorix und Catuvolcus stehen im Mittelpunkt der dramatischen Tragödie. Die beiden Könige vernichten im Jahre 54 v. Chr. 15 römische Kohorten. Klaus Bischofs beschreibt den Gegenschlag.[99] Die Eburonen werden vernichtend geschlagen. Caesar läßt ihr Land beiderseits der Maas verwüsten. Alle Dörfer werden niedergebrannt. Klaus Bischofs meint, unsere engere Heimat sei mit Sicherheit Schauplatz der grauenvollen Szenen gewesen.[100]
Seit 53 v. Chr. beherrschen die Römer den linken Niederrhein. Die Ubier erkennen Roms Führungsrolle an und gründen bis 12 v. Chr. die *Civitas Ubiorum* mit der Hauptstadt Köln. Die Römer sind ein verwalterisch begabtes Volk. Provinzen entstehen: *Germania inferior* und *Germania superior*. Jede Provinz ist in *Civitates* (Bezirke) unterteilt. Die römische Befriedung unseres Raumes beschert eine lange Friedenszeit. Der Wohlstand wächst. Die *villae rusticae* (Gutshöfe) werden an landschaftlich günstigen Punkten, etwa an Wasserläufen wie in Orsbeck gebaut. Mittelpunkt ist das vielzimmrige Herrenhaus, das zentral beheizt wird. Glasfenster gibt es auch schon. Ringsherum liegen Scheunen, Ställe, Geräteschuppen, Getreidespeicher. Das Ganze ist von einer Mauer umgeben. Der Römer baut bei uns mit Liedberger Sandstein, Quarzit, Schotter, Tuff und Kalkstein. Für die Verblendung verwendet er Tonziegel. Den Mörtel mischt er aus Sand, Ziegelkleinschlag und Kalk. Auf dem Dach sitzen Flach- und Hohlziegel („Mönch und Nonne").
Zur römischen Keramik gehört die *terra sigillata*, meist mit eingestempelter Herstellermarke. Sigillatagefäße sind vielfach mit Reliefs und Ornamenten geschmückt. Die Toten werden auf dem in der Nähe des jeweiligen Gutshofes liegenden Friedhof bestattet. Bis 350 n. Chr. ist die Verbrennung und Urnengrabsitte üblich. Als Beigaben gehen Geschirr, Nahrung, Münzen mit ins Grab.

Karl L. Mackes schreibt: „Als sich im 3. Jahrhundert n. Chr. die rechtsrheinischen Germanen zum Frankenbunde zusammenschlossen, der um 258 erstmalig erwähnt wurde, ging für den Niederrhein eine lange Friedensperiode zu Ende. Seit Mitte des 3. Jahrhunderts überschritten fränkische Verbände vom Osten her den Rhein und plünderten die römische Provinz Untergermanien. Mit dem großen Einbruch von 276 begann die fränkische Übersiedlung auf das linke Rheinufer."[101] Wahrscheinlich wird 395 n. Chr. die Kölner *Civitas* unter Stilicho fränkisches Einfluß- und Verbündetengebiet. Die Römer halten jetzt nur noch einzelne Stützpunkte. 459 fällt Köln. Die Franken sind die neuen Herrn. Zurück bleiben römische Ruinen, Befestigungsanlagen, Friedhöfe.
Auch der Wassenberger Raum bewahrt römische Spuren. Orsbeck hat viel davon. Im Mauerwerk seiner vorromanischen Saalkirche stecken römische Ziegel. Vor Ummantelung ihres Kirchturms im Jahre 1868 entdeckte der damalige Bürgermeister Nathan auf einem römischen Ziegel das Legionszeichen. Der Turm hat eine gut sichtbare römische Erinnerung: „Fischgräten" aus Römerziegeln. Die flachen Ziegel sind schiefwinkelig nebeneinander gefügt.
Orsbeck brachte in der Pfarrwiese eine römische Hinterlassenschaft zum Vorschein. Es fanden sich eine Silbermünze der Faustina (Gemahlin Kaiser Antonius Pius 138—141), ein weißer, birnenförmiger Henkelkrug, eine Bronzemünze mit der Inschrift „Imperator Gordianus Pius Fel. Aug." (um 240 n.Chr.), außerdem zwei römische Siedlungen, Ziegelschutt, Dachziegelfragmente und eine Bronzemünze von Constantin (4. Jahrhundert). Wilhelm Piepers vermutet sogar einen römischen Wachtturm: „Durch den nördlichen Abschnitt der Wiese führte offenbar eine Kiesstraße in ost-westlicher Richtung zur Rur, auf Unterbruch zu. Eine 10 bis 20 cm starke Aufschüttung, etwa 80 cm unter der jetzigen Geländeoberfläche liegend, ist nicht geologischer Natur, da sie eine seitliche scharfe Begrenzung aufweist. Da römischer Schutt unmittelbar auf der Kiesschicht auflag, besteht die Möglichkeit, daß es sich um eine kaiserzeitliche Straße handelt, die oberhalb der jetzigen Brücke die Rur erreichte und nach Heinsberg führte. Mit Vorbehalt sei angedeutet, daß die Gebäudereste einem Wachtturm oder Haus zum Schutz des Flußüberganges angehört haben."[102]

Pokal mit aufgelegten Ornamenten und Aufschrift COPO IMPLE (Wirt, fülle nach!), Terra Sigillata, römisch, 4. Jahrhundert. Fundort: Orsbeck. (Heinsberger Heimatmuseum, Vor- und Frühgeschichte, Inv. Nr. 138)

Wilhelm Schreinemachers entdeckt römische Siedlung

Im September 1958 werden in Orsbeck Scherben von römischen Terra-Sigillata-Kumpen gefunden, welche aus dem 2. Jahrhundert stammen. August Lentz bemüht sich 1957/58 um weitere Belege für das „römische Orsbeck". Beiderseits des Weges von Orsbeck zur Pletschmühle hatte der Wassenberger Wilhelm Schreinemachers, der immer ein scharfes Auge für vorgeschichtliche Spuren besaß und auch sonst heimatgeschichtlich außerordentlich interessiert war, in der vom Bagger aufgeworfenen Erde Spuren einer römischen Siedlung entdeckt. August Lentz: „Dank Schreinemachers Meldung konnte sich der Heimatverein um die Sicherstellung der Fundstücke bemühen. In mehrfacher Feldbegehung konnte ich weitere Funde bergen. Die zahlreichen Stücke von Ziegeln, besonders von Dach- und Heizungsziegeln, die Scherben von Krügen, Kochtöpfen, Schalen, Trink- und Eßgefäßen ließen erkennen, daß hier eine größere römische Siedlung gewesen sein muß. Zwei römische Bronzemünzen, die durch die Aufmerksamkeit eines Arbeiters entdeckt wurden, hätten eine genauere Zeitbestimmung ermöglicht, wenn nicht das etwa achtzehnhundertjährige Lagern in der Erde das Kaiserporträt unkenntlich gemacht hätte. Die fachkundigen Leute des Rheinischen Landesmuseums Bonn konnten jedoch durch Vergleich das 2. Jahrhundert für die Orsbecker Münzen verifizieren. Die Reste einer Hausmühle aus dem Niedermendiger Basalt sowie Eisengeräte, ein halbes Hufeisen und anderes deuten auf eine größere römische Siedlung mit einem Wirtschaftsbetrieb hin. Nicht zuletzt tun dies auch zwei Stücke Glasschlacke und eine Scherbe eines römischen Glasgefäßes, die sogar vermuten lassen, daß dazu eine kleine Glashütte gehörte. Die vielen Bruchstücke von Terra-Sigillata-Geschirr, dem 'Porzellan' der Römerzeit, sind ein Beweis für die Wohlhabenheit des römischen Besitzers, erst recht die Terra-Sigillata-Scherben von Kumpen mit Reliefschmuck."[103] In seinem Bericht dankt August Lentz am Schluß der Oberklasse der Orsbecker Volksschule mit ihren Hauptlehrer Scholl für eifrige Mitarbeit.

Römische Spuren in Wassenberg

Auch Wassenberg hat römische Relikte. In der 1945 zerstörten Georgskirche kamen römische Ziegel vor. In den beiden noch vorhandenen Fußfällen zwischen Wassenberg und Birgelen stecken Bruchstücke ausgemeißelter Sandsteine, die von römischen Sarkophagen oder Sarkophagdeckelplatten herrühren können. Sodann beobachtete Robert Kofferath Terra-Sigillata-Funde auf dem unteren Burggelände beim Bau der vier Westwallbunker 1938, außerdem römische Ziegel, eine unbekannte Zahl römischer Münzen und Dachziegelfragmente. Infolge der „von oben befohlenen Eile bei den Arbeiten am Westwall", sowie der unter Ausschluß der Öffentlichkeit gehaltenen Baustellen sind diese bedeutsamen römischen Fundstücke wahrscheinlich in Privathand gewandert.
Römische Siedlungsspuren wurden auch „am Stern" entdeckt. Die dort aufgelesenen römischen Ziegel gingen 1944/45 leider im Heinsberger Heimatmuseum verloren.[104] Beiderseits des Weges von Rosenthal nach Effeld (an der heutigen Mülldeponie vorbei in Richtung Zollstraße L 117) wurde ein römisches Brandgrab identifiziert. Beim Schellartsbusch zeigten sich römische Scherben im Boden. Ganz in der Nähe lagen vier Brandgräber, die aufgrund von drei gefundenen Töpfen der mittleren Kaiserzeit zugewiesen werden konnten. Wilhelm Piepers: „Die dunkle Schicht reichte bis auf 50 cm Tiefe und war etwa 25 cm stark. Der Grabinhalt umfaßte ein Schälchen, einzelne Scherben, Holzkohlen und Knochen."[105]
Der Birgelener Kirchberg (Urkirche des Rurtals) barg römische Ziegel. Josef Wiater vermutet hier einen römischen Wachtposten, der weit ins rur- und maasländische Gebiet hineinschauen konnte. Bei Gut Kromland fielen dem oben erwähnten Josef Lintzen Hügel auf, in denen je drei Urnen und römische Münzen lagen.[106] 1964 legte der Bagger auf dem Grundstück des Gärtners Rudi Randerath in Birgelen römische Brandgräber frei. Die Tongefäße gingen leider entzwei. Im Garten Deklerk fanden sich aus römischer Zeit ein Tintenfaß, ein Terra-Sigillata-Napf (1./2.Jahrhundert) und eine Terra-Sigillata-Schale mit dem Bodenstempel AGISILLUS (zwischen 180 und 300 n. Chr.) In Effeld stieß man auf vier römische Brandgräber aus dem 3. Jahrhundert.

Der Rothenbach

Römische Funde im heutigen Stadtgebiet Wassenberg

Wassenberg
Am Stern: Ziegel, Trümmerreste (Römisch, D 2, DH 13, 1933, 8)
Kirche St. Georg: Sinter (römische Wasserleitung Eifel — Köln), Ziegel, sekundär (Römisch, D 4, BJ 157, 1957, 470)
Nähe neues Rathaus (1987) Wassenberg und Ortseingang Birgelen (Haus Spee): Fußfälle mit Sandstein aus römischen Sarkophagen.
Burg Wassenberg: Ziegel, Terra-Sigillata-Stücke und Dachziegelfragmente sowie Münzen (Gefunden beim Bau der vier Westwallbunker auf der Burg 1938. Nachrichtlich Robert Kofferath, Burgherr)

Effeld
1000 m östlich der Kirche: Scherben, Ziegel, Trümmerreste (Römisch, D 9, 16. 3. 1976)
Nördlich Effeld: Scherben, Ziegel, Trümmerreste (Römisch, D 22, 21. 1. 1975)
Südausgang Effeld: Grube, Scherbe, Ziegel, Kiesel, Holzkohle, unbefestigte Siedlung (Römisch, D 6, 142, 1937, 239. Finder: W. von Negri)
Neues Pfarrhaus Effeld: vier Äxte aus Eisen (Römisch, D 4, BJ 136/137, 1932, 283)

Ophoven
Westlich Eulenbusch: Ziegel, Scherben, Kiesel, Trümmerreste (Römisch, D 3, BJ 179, 1979, 712. Finder: F.A. Schumacher)
Ziegeleigrube Ophoven: Scherben, Knochen, Asche,

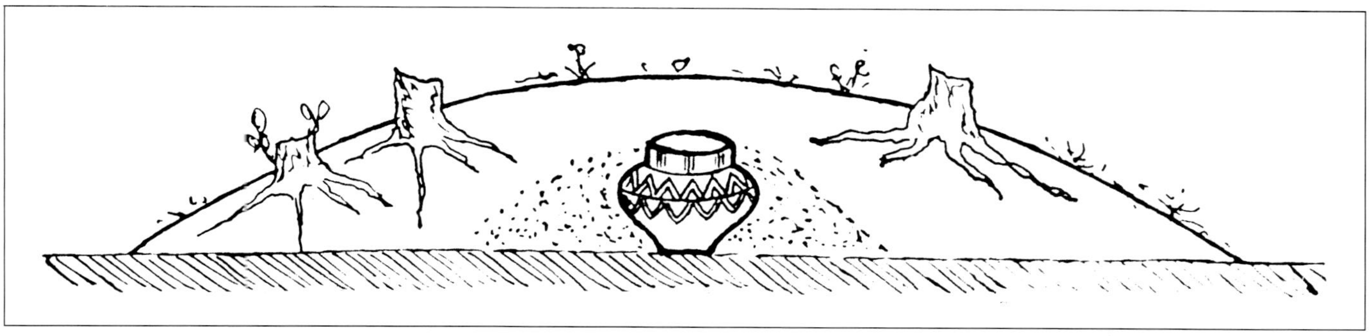

Hügelgrab bei Dalheim, Durchmesser ca. 10 m, Höhe 1,45 m. Zeitstellung etwa 1200 v. Chr.

Brandgrubengrab (Römisch, D 7, DH 13, 1933, 8, 62)
Wildacker im Ophovener Wald: Scherben (Römisch, D 7, 5. 5. 1976)
Südwestecke des Ophovener Waldes: Scherben, Messer (Eisen), Holzkohle, Brandgrab (Römisch, D 10, BJ 140/141, 1936, 466. Finder: W. von Negri)
Ophovener Wald: Ziegel, Scherbe, Brandgrab (Römisch, D 22, BJ 130, 1925, 335. Finder: W. von Negri)
Südwestecke des Ophovener Waldes: Urnengrab (Römisch, D 10, BJ 140/141, 1936, 467. Finder: W. von Negri)

Birgelen
Auf dem Feldchen (Flur): vier Näpfe im Brandgrab (Römisch 2. — 3. Jhdt., D 14, BJ 166,1966,561. Finder: R. Randerath)
Weg hinter ehemaligem Bahnhof Rosenthal: Brandgrab, Scherben, Knochen, Ziegel (Römisch, D 1, BJ 138, 1933, 166)
In Birgelen : Scherben (Römisch 1.Jhdt., D 4, BJ 166, 1966, 562. Finder: Johannes Bauer)
In Birgelen: Terra-Sigillata-Schale, Schlauchbecher (Römisch, D 8, BJ 130, 1925, 335. Finder: Mayer)
Südlich Haus-Nr. 50 Garten Deklerk im Südostteil Birgelens: Tintenfaß, Napf, Teller (alles Terra-Sigillata), Bodenstempel AGISILLUS (Römisch, D 14, BJ 146, 1941, 323. Finder: W. von Negri)
Südöstlich der alten Bergkirche: Ziegel (sekundär), Wüstung, ehemalige Kirche (Römisch, D 23, 16. 3. 1976)
300 m nordwestlich Hof Kromland: Scherben (Römisch, D 11, 18. 2. 1975)
50 m nördlich Kromland: Scherben (Römisch, D 13, BJ 139, 1934, 197. Finder: W. von Negri)
50 m nordwestlich Kromland: Scherben (Römisch, D 13, BJ 139, 1934, 197)
Feld bei Kromland: Trümmerreste (Römisch, D 17, BJ 1934, 197)
Westnordwestlich von Rosenthal: Scherben (zwei Faßränder) (Römisch, D 4, 13. 2. 1975)
300 m ostnordöstlich von Schloß Elsum: Reibschüsselscherbe (Römisch, D 20, 17. 10. 1974)
Westrand Schellartsbusch: Scherben (Römisch, D 2, Blatt Birgelen Nr. 40. Finder: W. von Negri)

Steinkirchen
180 m südsüdöstlich der Kirche: Scherben, Ziegel, Trümmerreste (Römisch, D 14, 12. 2. 1975)
660 m nordöstlich der Kirche: Scherben (Reibschüssel) (Römisch, D 13, 12. 2. 1975)

Orsbeck
Zwischen Gasthausbach und Kläranlage: Ziegel, Scherben, Trümmerreste (Römisch, D 13, 13. 2. 1975)
Nördlich Grüner Weg: Ziegel, Scherben, Trümmerreste (Römisch, D 6, BJ 138, 1933, 170. Finder: W. Piepers)
Nordöstlich Luchtenberger Straße: Sandstein, Ziegel, Scherben (Römisch, D 8, 9. 12. 1974)
Bei Pletsch-Mühle, Myhler Bach: Scherben, Ziegel (Römisch, D 1, 13. 2. 1975)
In Orsbeck: Scherben, Ziegel (Römisch, D 2)

75 m südlich des Kirchturms : Kiesstreifen (Straße) (Römisch, D 4, BJ 138, 1933, 170)
75 m südlich des Kirchturms : Münze Constantins (Römisch, 4.—5.Jhdt., D 4, BJ 138, 1933, 170)
75 m südlich des Kirchturms: Ziegel, Scherben (Römisch, 2.—3. Jhdt., D 4, BJ 138, 1933, 170)
Orsbeck Kirche: Ziegel im Turm, von außen sichtbar, Fischgrätenmuster (sekundär) Legionsstempel (Römisch, D 3, DH 1, 1921, 22)
Neuer Friedhof Orsbeck: Brandgrab (Römisch, D 7, BJ 167, 1967, 446. Finder: August Lentz)
Weg von Orsbeck zur Pletschmühle: Scherben von Terra-Sigillata-Kumpen, Scherben von Krügen, Kochtöpfen, Schalen, Trink- und Eßgefäßen, zwei Bronzemünzen aus dem 2. Jahrhundert, Reste einer Hausmühle, Stücke von Eisengeräten (z.B. halbes Hufeisen), Glasscherbe, Glasschlacke, größere römische Siedlung (Finder: Wilhelm Schreinemachers, Wassenberg. Nachsuche und Auswertung: August Lentz. Selfkantheimat 3/4, 1957/58, S. 126)

Fränkische Zeit

Die Peutingersche Tafel zeigt uns das Herrschaftsgebiet der Franken. Diese saßen ursprünglich am rechten Niederrhein etwa von Xanten bis zur niederländischen Grenze. Von dort stießen sie im dritten und vierten Jahrhundert in unser römisch besetztes linksniederrheinisches Territorium vor.[107] Römische Siedlungen gehen dabei weithin unter. Die Salfranken dringen bis nach Brabant vor. Kaiser Julian verhandelt mit ihren Abgesandten. Durch die Invasion der Franken ins linke niederrheinische Land wird die blühende Prosperität dieses Territoriums empfindlich gestört. Karl L. Mackes schreibt: „Nach den Ausgrabungsbefunden gingen damals die meisten einheimischen Gutshöfe in Flammen auf. Sie wurden nicht wieder aufgebaut."[108]
Fränkische Bauern der Landnahmezeit sind Einzelhofsiedler. Severin Corsten beschreibt uns die ersten fränkischen Siedler als Viehzüchter, die die Möglichkeit der hausnahen Weide bevorzugen und ihre Höfe an Terrassenrändern oder im Tal kleinerer Wasserläufe bauen.[109] Orsbeck kann als klassisches Beispiel dafür gelten.
Der bisherige römische Staatsbesitz und die ungenutzten Gebiete fallen den regierenden Königen zu. Das Gefolge teilt sich das anbaufähige Land, das nach Hufen von je dreißig Morgen ausgelegt wird.
Auch der Grundbesitz des späteren Wassenberger Grafen, Gerhard I., geht sicherlich auf altes Reichsgut zurück: „Große befestigte Königshöfe gehörten als Verwaltungszentren und militärische Stützpunkte zu den bevorzugten Einrichtungen des fränkischen Staates, vor allem in den seit dem 8. Jahrhundert neu gewonnenen Gebieten. Viele dieser 'curtes' sind später Adelsburgen geworden . . ."[110] Das gilt wohl auch für Wassenberg. Dabei scheint unsere Burg den Niederstieg ins Rurtal gesichert zu haben. Jakob Broich nennt den im Mülgau gelegenen unteren Wassenberger Bürghügel (also nicht die spätere Aufschüttung für den Bergfried) einen „Ort für ein römisches castrum, das später von den fränkischen Landnehmern usurpiert wird".[111] A. Perey erwähnt, daß man auf dem Burgberg zu Wassenberg karolingische Scherben gefunden hat.[112] Die salischen Franken sitzen westlich der Maas, die ripuarischen bei uns am Mittel- und Niederrhein. Der fränkische Herr sichert seinen Wohnsitz mit Wall und Graben, baut sein Haus auf einer Motte (Rundhügel) und geht später dazu über, einen Burgfried aufzurichten und das Ganze zu ummauern. Der fränkische Bauer macht es dem Herrn nach und legt im schützenden Viereck Haus, Stall, Scheune, Speicher, Schuppen an.

Da die Äcker nicht ausreichen, werden Waldflächen gerodet. Ortsnamen erinnern daran: Gerderath, Golkrath, Houverath, Randerath, Uetterath, Hastenrath, Waldenrath, Matzerath, Hetzerath, Granterath, Braunsrath, Süggerath, Wildenrath, Rickelrath, Roedgen u.a. Das fränkische Land ist in Gaue eingeteilt. An ihrer Spitze steht der Gaugraf, vom Sendgrafen des Königs kontrolliert. Die Gaue bestehen aus Honschaften, denen der Schultheiß oder Zentenar vorsteht.

Albert Steeger entdeckt bei Krefeld-Gellep den Übergang von spätrömischer zu frühfränkischer Bestattung. Im Wassenberger Raum haben wir eine ganze Reihe fränkischer Gräber. Am bekanntesten ist ein fränkischer Friedhof in Orsbeck geworden, welcher einer römischen Siedlung benachbart war. Im Jahre 1911 wurden hier in der Flur Wieler oder Willer („villa") zufällig Gräber angeschnitten. Eine prächtige Goldscheibenfibel kam zutage und rief in Wassenberg gespanntes Interesse hervor. 1986 habe ich diese Goldfibel im Rheinischen Landesmuseum betrachtet: ein kleines Kunsthandwerk im allerbesten Sinn.[113] Die Fiebel hat einen Durchmesser von 5,1 cm. Nur die Goldplatte mit dem für sich gearbeiteten Rand aus 5 mm breitem Goldblech ist erhalten. Zusammengezwirnte, gekörnte Golddrähte fassen den schräg abfallenden Rand kunstvoll ein. Die Goldplatte selbst besticht durch ihre 8 mondsichelförmige Auflagen wechselnder Größe am Rande, welche jeweils in drei Zellen geteilt sind. Vier größere Sicheln halten in der Mitte grüne Glasplättchen, auf den Seiten Almandine. Die runden Zellen in der Mitte sind leer. Hier saßen wohl die Nieten zur Befestigung der Fibel auf der leider verloren gegangenen Bronzeplatte. Eine 5 mm hohe Goldblechfassung in der Mitte der Fibel, von einem Kranz von Filigranringen umgeben, hat leider ihre Einlage verloren. Um den Fuß der Fassung zieht sich ein Filigrandraht. Um die Erhöhung schlingen sich zwei gekörnte Golddrähte. Vier flach herausgetriebene Arme, durch Filigrandraht betont, schließen sich kreuzförmig an die Erhöhung. Die gegenüberliegenden Zwischenfelder dieser Arme sind durch verdoppelten Filigrandraht mit eingerollten Enden geteilt. Die ganze Oberfläche der Fibel ist dicht mit Filigranringen bedeckt. Überall zeigt die Filigranarbeit eine besonders sorgfältige Körnung, hervorragenden Geschmack und handwerkliche Meisterschaft.[114] Auch eine Perlenkette (bunt) fand sich. Und eine für Franken sicherlich schon wertvolle Antiquität war dabei: eine römische Gemme, die wahrscheinlich noch getragen

bzw. weitervererbt wurde. Der damalige Wassenberger Bürgermeister Nikolaus Beckers hat sich um die fachgemäße Auswertung der Funde sehr gekümmert. Severin Corsten hat entscheidende Einsichten zur fränkischen Periode des Heinsberger und Wassenberger Landes vorgetragen.[115] Es würde zu weit führen, die historischen Details hier zu referieren. Sie können nachgelesen werden. Nur dieses: „Im 8. Jahrhundert wurden die Grundlagen der Verwaltungsorganisation durch großzügige Besiedlung und Anlage befestigter Königshöfe an wichtigen Verkehrspunkten oder innerhalb römischer castra geschaffen. Aus der Erwähnung des pagus Mosariorum im Jahre 714 darf man noch nicht schließen, daß damals in unserem Gebiet die Grafschaftsorganisation eingeführt wurde. Erst die Quellen des 9. Jahrhunderts sprechen von einem comitatus Maasland."[116]
Sicherlich geht in unserem Raum von der Waldherrschaft (Waldgraf, Holzgraf) eine langfristig prägende Wirkung aus. Ich meine hier Wälder wie den Meinweg, die Hees, den Schaagwald, den Echter Wald (Havert), Petersholz, Eckart u.a. Wassenberg gewinnt landesherrschaftliche Positionen über Waldgemeinschaften. Ich schätze deshalb die Bedeutung unserer Forstmarken für die Entstehung der Landeshoheit hoch ein. Der Forstbann ist immer noch der Prototyp der Flächenherrschaft. Wassenberg darf gerade hier als Mikromodell landesherrschaftlicher Entwicklung angesehen werden.

Fränkische und mittelalterliche Funde im heutigen Stadtgebiet Wassenberg

Wassenberg
Nordöstlich Wassenberg: Motte, abgetragener Haatebur (Mittelalter, D7, DH 13, 1933, 62)
Südwestlich Eulenbusch, heute Baggerseen, Nähe Forst: Neuenhof (Mittelalter, D 5, Kataster Heinsberg, Flur 12, Blatt 2, 1820)
Wassenberg, Haus Theo Nolten, Roermonder Straße 4, Nähe altes Rathaus: Siedlungsschicht, Pingsdorfer Scherben, Knochen, Holzasche, Siedlung (Mittelalter, D 11, BJ 155/156, 1956, 532)
Kirche St. Georg: Gräber (Mittelalter, D 4, BJ 157, 1957, 470, Heinrichs-Broich, Kirchengeschichte des Wassenberger Raumes. — Geilenkirchen 1958))
Kirche St. Georg: Kopfnischengrab (Abdeckung, Holzdeckel, Hochmittelalter, 12.—13. Jhdt. , D 4, BJ 157, 1957, 470)

Effeld
Effelder Wald: Landwehr, Allegraav (Mittelalter, D 4, Ortsakte 07)
Effelder Wald, Gitstapper Hof: Schanze in der Landwehr (Mittelalter, D 4, Ortsakte 07)
In der Schanz (Flur) beim Gitstapper Hof: Pingsdorfer Scherben (Hochmittelalter, 12.—13. Jhdt., D 23)
In Effeld: Scherben (spätkarolingisch), Steine (bearbeitet, schieferartig) (Mittelalter, D 8, BJ 140/141, 1936, 467. Finder: W. von Negri)

Fränkische Halskette aus farbigen Glasperlen. Grabbeigabe, 2. Hälfte des 7. Jahrhunderts. Fundort: Orsbeck, Weiler, villa. (Heinsberger Heimatmuseum, Vor- und Frühgeschichte Inv. Nr. 144)

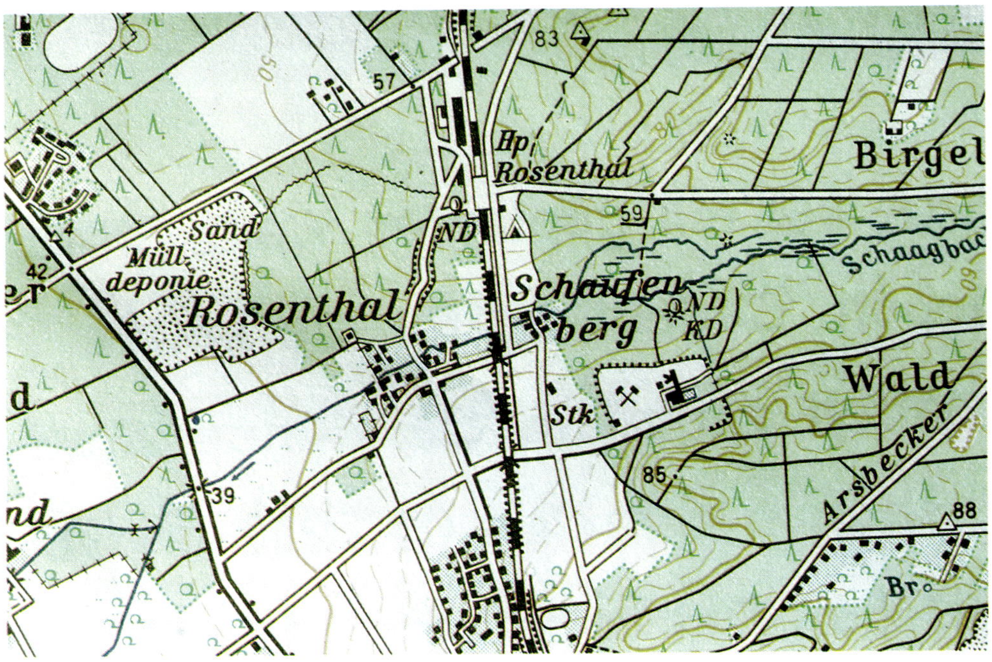

Rosenthal 1975

Sandwerk Effeld : Scherben (spätkarolingisch) (Mittelalter, D 4, BJ 139, 1934, 198)
Oberer Effelder Wald: Töpferei, Scherben, Fehlbrände, Kugeltopf (Blaugrau, Pingsdorf) (Hochmittelalter, D 5, BJ 139, 1934, 198)
Südlich Gitstapper Hof: Scherben (Badorf) (Mittelalter, D 1, 21. 1. 1975)

Birgelen
Hof Kromland: Grabenreste, befestigter Hof (Mittelalter, D 15, 19. 3. 1975)
Rosenthal: Töpferei, Fehlbrände, Fliesen, Gefäße, geriefte Ware, Pingsdorf (Frühes Mittelalter, 10.11.Jhdt., D 3, BJ 140/141, 1936, 467. Finder: W. v. Negri)
Im oberen Hof von Schloß Elsum: Pingsdorfer Scherben, Staklehm, Lehmfachwerk (Hochmittelalter 12./13.Jhdt., D 21, BJ 139, 1934, 198. Finder: W. von Negri)
Westrand Spellartsbusch: Scherben (spätkarolingisch), Ziegel (Frühes Mittelalter, D 3, BJ 142, 1937, 254. Finder: W. von Negri)
Unter den Eichen (Flur) bei Schloß Elsum: Wälle (befestigte Siedlung) (Unbekannt, D 8, BJ 148, 1948, 411. Finder: W. von Negri)
Birgelen : Haus Schlickum, Wüstung, anbetragen (Hochmittelalter, D 2, BJ 148, 1948, 411 . Finder : W. von Negri)
Birgelen : Grube, Scherben (spätkarolingisch und Pingsdorf) (Frühes Mittelalter, D 2, BJ 140/141, 1936, 466)
Westseite des Friedshofs der Birgelener Bergkirche: Sandsteinblöcke, Trassmörtel, Wüstung (Kirche) (Mittelalter, D 13, BJ 107, 1901, 192)
80 m südwestlich der Birgelener Bergkirche/Friedhof: Grube, Scherben (Frühes Mittelalter, D 11, BJ 142, 1937, 348. Finder: W. von Negri)
Krafeld: Heider Hof bei Krafeld, Grabenanlage (Mittelalter, D 4, Ortsakte 16)
Schaufenberg-Ossenbruch: Motte Hoverberg (Hochmittelalter, D 4, Ortsakte 16)

Kromland : Grabenanlage, Katzengraben Kromland (Mittelalter, D 14, Ortsakte 17)

Ophoven
Wildacker im Ophovener Wald: Scherben (Mittelalter, D 7, 5.5.1976)
Rothenbach: 17 Scherben, Töpfereiofen (Mittelalter, D 4)
Gut Wylack: Gräben verfüllt, befestigter Hof (Mittelalter, D 10, Kataster Heinsberg, Flur 12, Blatt 2, 1820)
Gut Wylack: Motte abgetragen (Mittelalter, D 11, BJ 140/141, 1936, 470)
Kirche Ophoven: Fundamentreste, Kirche (Hochmittelalter, D 2, BJ 168, 1968, 494. Finder: August Lentz)

Steinkirchen
660 m nordöstlich der Kirche: Scherbe (Mittelalter,D 13, 12.2.1975)
Nordöstlich Steinkirchen: Faderhof (Vaterhof), Wüstling (Mittelalter, D 9, 19.3.1975)

Orsbeck
Bei Luchtenberg: Motte Haatebur unter einer Müllkippe
(Mittelalter, D9)
500 m nordöstlich Kirchturm: Körpergrab (Merowingerzeit, D 5, BJ 138, 1933, 170)

DIE MOTTEN

Erdhügel

„Bollberge" nennt sie der Volksmund. Geheimnisumwittert: Zwerge, Kobolde, Wichtelmännchen, Elfen und Naturgeister sollen in ihnen hausen. Aus meiner Kindheit weiß ich, daß die Wildenrather *Kruonekull* bei Spaziergängen mit meinem Vater immer eine „vorsichtige Annäherung" verlangte, um die *Kruonemännkes* (Zwerge) zu überlisten. Ich selbst bin „sicher", welche gesehen zu haben, so stark war die Einbildungskraft des Kindes. Konnten Zwerge denn standesgemäßer wohnen als in den Erdhügeln der Motten, an Bächen und in geheimnisvollen Sumpf- und Moorgebieten! Die *Kruonemännkes* von Wildenrath hatten ihr Gegenstück in den *Wingertselfen* vom Wassenberger Wingertsberg.[117] Die kleinen, niedlichen Trugwesen haben die Märchenwelt beflügelt. In den Motten hatten sie ihr Zuhause, ihr *Backes*, ihre Küche. ihren Schlafsaal und natürlich die von ihnen bewachte Schatzkammer. Franz Mayer erinnert daran, daß unsere Vorfahren die Bollberge auch als Sitze und Unterschlupfe von Feuermännern, Werwölfen, Erdgeistern und Unholden sahen. Es gab sogar Leute, die nach Schätzen im Innern dieser Hügel gruben.
Auch der Begriff „Haatebur" läßt magisch-mythische Assoziationen aufkommen und nicht nur an fortifikatorische Erdhügel denken. Der Name ist auch in Wassenberg geläufig; denn nördlich der Gladbacher Straße existiert noch immer der „Haatebur", nachgewiesen vom Rheinischen Landemuseum Bonn.[118] Aber auch Bezeichnungen wie Burghügel, Fliehburg, Erdwerk, Grabenburg, Turmhügel, Wehranlage und natürlich „Motte" werden benutzt. Das französische Wort „La motte" bedeutet Klumpen, Erdscholle, Hügel, Erdkloß. Bei den Motten, von denen uns ein besonders eindrucksvolles Abbild im Teppich von Bayeux (11. Jahrhundert) erhalten ist, welcher in Bildern die Eroberung eines solchen Turmhügels durch Wilhelm den Eroberer in der Normandie zeigt, haben wir es mit uralten Befestigungsanlagen zu tun, die in naturgünstigen Zonen (Bruch, Bach, Weiher, Sumpf, Moor, dichte Wälder) gebaut worden sind. Sie dürften als Zufluchtorte in unsicheren Zeiten gedient haben, Verteidigungssysteme gegen den von Westen eindringenden Feind.[119] Es gibt meines Erachtens keinen niederrheinischen Raum, in dem so viele Motten nebeneinander existieren, wie im alten Wassenberger Land: Hoverberg im Ossenbruch, die Wallburg am Rothenbach, die kleine Motte (Schanze) bei der Gitstapper Mühle von Effeld, Schloß Elsum, der Aldeberg bei Arsbeck, Burg Wassenberg, Haus Effeld, der Haatebur bei Luchtenberg, In den Dämmen bei Eulenbusch, der Haatebur nordöstlich Wassenbergs, die Kruonekull bei Wildenrath, die von der Eisenbahn durchschnittene Motte Unter den Eichen zwischen Birgelen und Wassenberg, der Bollberg südöstlich von Wylack, der Schenkelesberg bei Myhl (etwa 850 m südwestlich des trigonometr. Punktes 97,8) und die Erdwerke im Zusammenhang mit Fischzucht, Eisenverhüttung und Töpferei in den Schaagbachwäldern:

Westlich der *Birgeler Bahn* auf dem Südufer des Schaagbaches fanden sich zahlreiche Eisenschlakken.[120] Westlich und südlich der Brücke der *Birgeler Bahn*, nahe beim Hoverberg, kamen Unmassen von Töpfereischerben zum Vorschein und weiter bachaufwärts der Boden eines Töpferofens.[121] Die meisten Scherben stammen von dunkelgrauen bis hellgrauen und grauweißen Kugeltöpfen her, die einen kräftig ausgebogenen Rand haben. Zwei Arten von Rundstempelverzierung kommen vor: Kreuzmuster und Kreuzgittermuster. Wahrscheinlich handelt es sich um

Eroberung der Motte von Dinant durch die Normannen. Teppich von Bayeux (11. Jhdt.).

Drehscheibenware. Eine zweite Gefäßgattung hat ihre Muster aufgemalt. Wilhelm Piepers schreibt: „Nach Rademacher sind es doppelhenkelige Krüge mit Fußreif und kurzer Ausgußtülle unterhalb des Randes... Die Fertigung erfolgte ohne Töpferscheibe, die Bemalung ist sehr flüchtig und unregelmäßig aufgetragen. Die zweite bemalte Gefäßart sind auf der Drehscheibe gearbeitete, stark kugelige Töpfe ohne Standfuß mit einem ziemlich hochgezogenen Hals."[122] Manche Motten nutzen ihre Gräben für die Fischzucht, z.B. die Rothenbacher Wallburg oder die Wildenrather *Kruonekull*. Hier befindet sich beispielsweise eine hufeisenförmige Stauanlage, die an Ausdehnung das Erdwerk übertrifft und sowohl der Fischzucht als auch dem Schutz diente. Wilhelm Piepers weist darauf hin, daß die Fischereirechte in den Stadtgräben eine große Rolle spielten: „In manchen Fällen hatten die Schützen, die ja mit vielen Pflichten für die Abwehrbereitschaft der Anlagen beladen waren, dafür das Recht, den mehr oder weniger großen Fischreichtum für sich zu beanspruchen. So mag auch bei den zahlreichen Erdwerken die Fischzucht in den breiten und tiefen Gräben ihren Anfang genommen haben. Die Bachläufe, an manchen Stellen noch in ihrem natürlichen Zustand erhalten, waren bis vor etlichen Jahrzehnten noch von zahlreichen Fischen belebt. Wir dürfen nicht vergessen, daß bei dem strengen christlichen Glauben unserer Vorväter die Fischnahrung in der Fastenzeit und an den Freitagen einen gewichtigen Platz einnahm."[123]
In den flachen Talwannen konnten sich durch Aufstauung Seen bilden. So wird zwischen Wassenberg und Birgelen für das Jahr 1445 ein großer Weiher genannt, bei dem es sich wahrscheinlich um das aufgestaute Wasser der Motte „Unter den Eichen" handelt. Sie wird damals vom Kapitel des Georgsstiftes den Eheleuten Thys Honnen in Elsken in Erbpacht gegeben.[124] Ausgedehnte Fischweiher besaß auch das Haus Wildenrath. Noch heute sind die abteilenden Dämme zu sehen und zu begehen. (Heute Wildenrather Waldlehrpfad.)
Im Wassenberger Land existiert also eine Reihe von Motten als „letzte Zufluchtsorte". Von der Mündung des Schaagbaches in die Rur bei Effeld bis nach Arsbeck möchte ich in Verbindung mit der Landwehr die Schanzen und Motten ein regelrechtes Verteidigungs- und Festungssystem gegen Westen nennen.
1908 entdeckt P. A. Tholen die Wallburg am Rothenbach. Paul Clemen registriert in den „Kunstdenkmälern der Rheinprovinz" eine Reihe von Aufmessungen unserer Erdwerke. Nach dem Zweiten Weltkrieg werden die Motten systematisch erfaßt. Von großer Erkenntniswirkung erweist sich dabei die bisher leider unveröffentlichte Dissertation von Wilhelm Piepers (ein Standardwerk!) über die Vor- und Frühgeschichte des Selfkantkreises.[125] Er inventarisiert erstmalig alle Motten unseres Gebietes.
Die Motte (Haatebur, Bollberg, Burghügel, Erdwerk, Wehranlage u. a.) möchte ich als festungsmäßig gesicherten Hof des frühen und hohen Mittelalters definieren. Es handelt sich um einen künstlich aufgeschütteten, von Gräben umgebenen Hügel. Die Motte besteht fast immer aus zwei Teilen: dem Turmhügel und der Vorburg mit Vor- bzw. Lagerfeld.[126] In einer Urkunde von 1364 wird von dieser Zweiteilung expressis verbis gesprochen: „borcht ende vorborge". Die Motte trägt zumeist ein Holz- oder Steinhaus. In der Vorburg stehen die Wirtschaftsgebäude und Stallungen. Das Burggebäude ist fortifikatorisch am stärksten gesichert und somit der letzte Zufluchtsort.
Im Rheinland sind bisher über 20 Anlagen dieser Art archäologisch untersucht worden. Unter ihnen auch der Hoverberg im Ossenbruch bei Birgelen, die Alde-

Schaagbachtal bei Wildenrath: Wallanlagen und Überreste von Töpfereien und Eisenverhüttung.

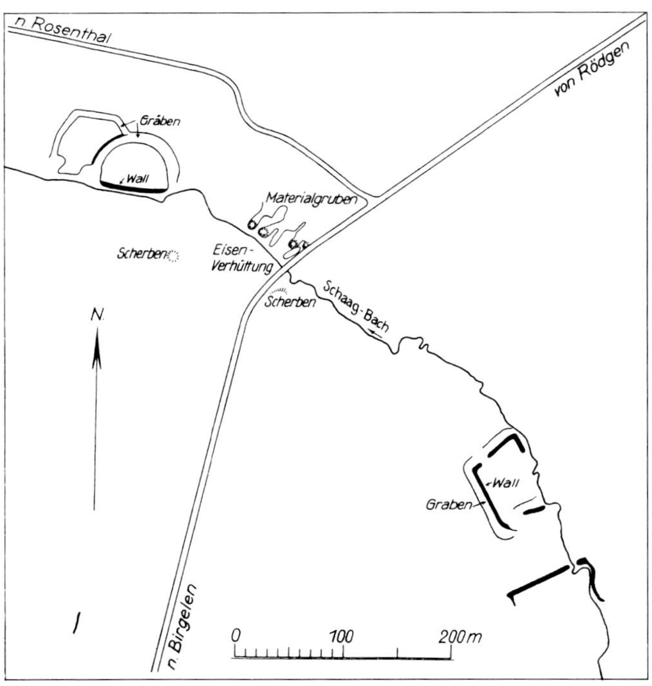

Die Schanze bei Rothenbach-Effeld, Nähe Gitstapper Mühle. Nach Wilhelm Piepers mußten hier alle Pässe versperrt werden. (Zeichnung: Wilhelm Piepers, Bonn. Heimatkalender des Kreises Heinsberg 1977)

Schloß Elsum. (Archiv von Negri)

borg bei Arsbeck, die Wallburg am Rothenbach, die Motte Tüschenbroich. Adolf Herrnbrodt hat die Mottenforschung entschieden vorangebracht. Er konnte die kontinuierliche Entwicklung von der „Flachsiedlung" über die „Kernmotte" bis zur „Hochmotte" nachweisen. In der Motte „Husterknupp" bei Frimmersdorf stieß er auf fünf Holzhäuser, die als Stabbauten mit Schwellriegeln konstruiert waren. Die gefundene Keramik datiert der Ausgräber für diese, in mooriger Erftniederung gelegene Siedlung ins 9./10. Jahrhundert.

Die Wallburg am Rothenbach

Wenn man der Landwehr auf dem Wege östlich des Zollhauses Rothenbach in Richtung Dalheim folgt, stößt man 1400 m von der Zollstraße (L 117) entfernt nach einer scharfen Biegung nach Norden auf den dort 4 m tief eingeschnittenen Rothenbach.[127] Hier springt quer zum Tal ein 60 m langer, 10 m breiter und 2 m hoher Staudamm heraus. Im rechten Winkel dazu läuft auf dem rechten Bachufer ein 174 m langer und bis 1,80 m hoher Staudamm. Wo der Längsdamm aufhört, verengt sich das Tal bis auf 25 Meter. Dies hat man für einen weiteren Staudamm in einer Breite von 10 m genutzt. Die Staudämme können das ganze Gebiet auf einer Strecke von einem halben Kilometer unter Wasser setzen und völlig unpassierbar machen.
Von der rechten Talböschung erkennt man in ca. 100 m Entfernung einen zweiten kleinen Bach, zunächst parallel zum Rothenbach, dann aber im spitzen Winkel ins Haupttal fließend: „Es entsteht eine langgestreckte Halbinsel, die sich bis zu 6 m über dem Bachbett erhebt und vollständig trockenen Sandboden aufweist. Ungefähr in gleicher Höhe wie der obere, kurze Staudamm am Rothenbach sehen wir einen mächtigen, 110 m langen, über 2 m hohen Sperrdamm quer durch das Nebentälchen ziehen. Der Damm ist in der Mitte durchstochen . . . Durch diesen mächtigen Staudamm konnte das nur langsam ansteigende Tälchen auf eine weite Strecke unter Wasser gesetzt werden. Bemerkenswert, wie der Staudamm nicht in gerader Richtung das Tal durchquert, sondern gegen die Stromrichtung sich vorwölbt. 120 m talwärts ist ein zweiter Staudamm in einer Ausdehnung von 76 m quer durch das dort enger werdende Tälchen hindurchgeführt. Auch dieser Damm ist schwach gegen die Stromrichtung vorgewölbt. Durch diese Stauvorrichtungen war also die von Natur geschaffene Halbinsel von allen Seiten durch Sumpf- und Wasserflächen gesperrt. In der Höhe der großen, 110 m langen Talsperre des Nebentälchens auf der hochgelegenen Halbinsel erheben sich die Wälle einer Erdburg. Die Längsausdehnung beträgt etwa 200 m, die größte Breite 80 m. Sie besteht aus zwei deutlich getrennten Abschnitten. Der südliche bildet bei 180 m zu 80 m Ausdehnung ein ziemlich regelmäßiges Oval, das allseitig von Wall und Graben umzogen wird. Nach Osten schließt sich eine kleinere Umwallung, ungefähr in Gestalt einer Bohne

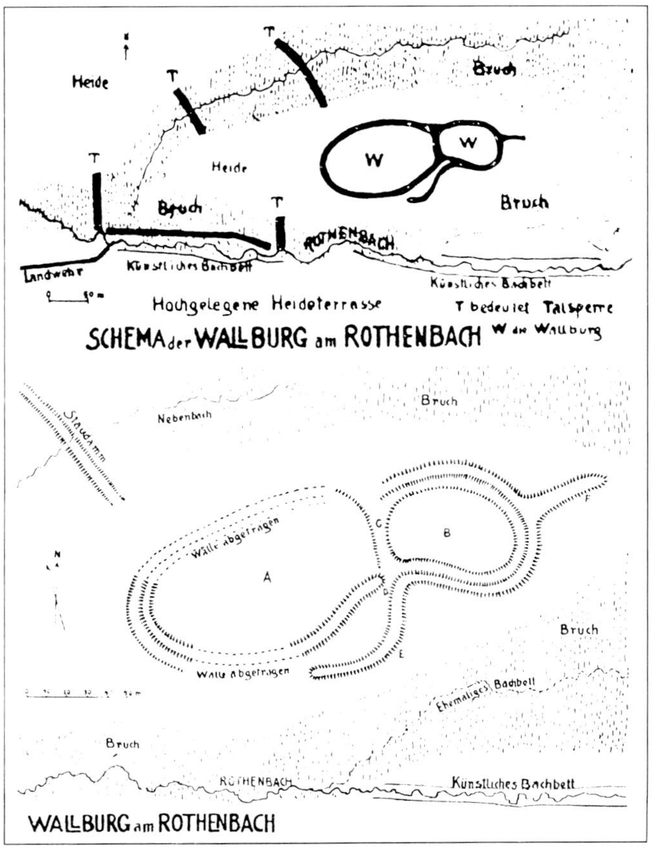

Wallburg-Rothenbach. Von Peter Anton Tholen 1927 entdeckt und gezeichnet.

an, in den Abmessungen von 75 m mal 60 m. Die beiden Abschnitte sind durch einen 48 m langen Graben getrennt. An der Südseite führt eine 7 m breite Lücke durch den Wall in den Trennungsgraben zwischen Vorburg und Hauptburg. An dieser Stelle springt ein über 50 m langer Wall vor und umklammert in eigenartiger Weise an der Talseite den Zugang. An den vorspringenden Bogen der Vorburg schließt sich ein gegen 30 m langer, allmählich sich verflachender Wall in östlicher Richtung an."[128]

Als P. A. Tholen 1927 dieses gewaltige Erdwerk vor seinen Augen liegen sah, war es in seinen Einzelpartien noch ungestört erhalten. Der Entdecker konstatierte einen „überwältigenden Eindruck", den das Erdwerk mit seinen ausgedehnten Talsperren auf ihn machte. Heute sieht es hier leider anders aus. Mich führt oft der Weg von Effeld aus in dieses Waldgebiet. Im Kernpunkt wurde gerodet, die Wälle sind fast alle abgetragen und zum Auffüllen der Gräben benutzt worden. Bei den Rodungen stieß man auf Keramik, unbestimmbare Eisenteile und einen Brunnen. Die gefundenen rotbraun glasierten Henkelkrüge mit eingedrückten Riffelungen waren spätmittelalterlich. Andere Gefäße (unglasiert) legten eine karolingische Datierung nahe.

Tholen hat sich damals bemüht, die Zerstörung dieser großartigen Fliehburg zu verhindern. Aber infolge der abgelegenen Lage und seiner teilweise niederländischen Überlappung konnte auch er die weitere Abtragung nicht verhindern. Wer heute am Rothenbach vorbei in Richtung Dalheim wandert und Augen hat, etwas kombinatorische Fantasie besitzt, wird das mächtige Erdwerk noch immer gut erkennen.

Der Hoverberg

Das Ossenbruch mit seiner Schaagbachniederung enthält die Motte Hoverberg (*Hover Bergske*) als Prototyp dieser Gattung. Sie liegt 500 m ostwärts Schaufenberg und 2 km nordwestlich von Birgelen am Westrand der Niederterrasse. Die Schaagbachniederung geht hier in die Ruraue über.[129] Nicht weit entfernt liegen die „Motten" Schloß Elsum, Haus Effeld, Burg Wassenberg, die Gitstapper Kleinmotte und bei Dalheim der *Alte Berg*. Das *Hover Bergske* ist wie die Rothenbacher Wallburg eine zweiteilige Anlage. Die Hauptburg mit einem Rundhügel von 50 m Basisdurchmesser ist steil angeschüttet. Seine Höhe beträgt 6,5 m. Ein Wassergraben in einer Breite von 6 m bis 9 m umgibt ihn, gefüllt von einem Nebenbach des Schaagbaches. Das Plateau des Hügels hat einen Durchmesser von 14 m. A. Herrnbrodt und P. J. Tholen haben hier archäologische Untersuchungen 1953/54 durchgeführt. Grabungsmeister war R. Gruben. Adolf Herrnbrodt berichtet: „Der Erhaltungszustand des Hügels ist gut. Er ist auf der Spitze einer Ost-West ausstreichenden Sandzunge des Tertiärs angeschüttet. Zwei Quellarme des Schaagbaches, die südlich und nördlich der Zunge verlaufen, und von denen der nördliche heute noch stark wasserführend ist, enden in dem 6—9 m breiten Wassergraben, der um den Fuß der Motte gezogen ist, und speisen ihn. Eine direkte Verbindung von diesem Graben zu dem etwa 60 m entfernten Schaagbach ist von der Nordwestseite aus gegraben. Als zusätzliche Verteidigungsanlage sind um den Hügel Wälle angeschüttet. Besonders gut ist noch der erhalten, der die Sandzunge nach Osten abriegelt."[130]

Das Aufschüttungsmaterial der Hauptburg ist heller, sandiger Lehm. Der untere Umfang des Rundhügels mißt 162 m. Die Hügelspitze liegt 83 m über NN. Zum Vergleich: der Alte Berg in Arsbeck erreicht 91,4 m über NN. Die Vorburg des *Hover Bergske* ist durch Abtragung und Wettereinflüsse leicht verwischt und nicht mehr so klar zu erkennen. Besonders durch den Bau des Gutes Ossenbruch, über das ich im Zusammenhang mit der Familie Hoengen, genannt Wassenberg, weiter unten berichte, ist die Vorburg weithin zerstört worden. Der Hof Ossenbruch lag unmittelbar südlich dieser Mottenvorburg. Herrnbrodt erkennt eine weitläufige, annähernd quadratische, von einem Graben und einem Wall eingefaßte Anlage von gut 120 m Seitenlänge: „Das Hauptgebäude des Gutes wird in der Südostecke gestanden haben. Bei Bauarbeiten stieß man hier auf Ziegeleifundamente und fast alle Scherben, die im Bereich des Gutes Ossenbroich aufgelesen wurden, stammen aus dieser Ecke."[131]

Die ältesten Scherben gehören dem 13. Jahrhundert an (Blaugraue Ware), die jüngsten stammen aus dem 18. bzw. 19 Jahrhundert. Nach dem archäologischen Befund vermute ich die Entstehung des Gutes Ossenbruch im 13. Jahrhundert. Im Jahre 1560 kam es in die Hände der Freiherrn von Wassenberg. Sein Ende kennen wir: der Hof Ossenbruch wurde um 1820 aufgegeben. Er brannte ab. Die Reste wurden abgebrochen. Auf der Tranchot-Karte (Blatt 15, Dülken), die unsere

Motte Hoverberg: Hauptburg. Rundhügelplattform (14 m Durchmesser). Drei Holzgebäude standen darauf. Haus 1 war mehrgeschossiger Wohnturm (5,6 mal 5,2 m) mit vier Eckpfosten, Schwellriegelspuren, Stab- und Bohlenwände. Von den beiden anderen Gebäuden kamen eingetiefte Kellerböden (2.5 mal 3 m) zum Vorschein. Scherbenfunde: Pingsdorfer und Blaugraue Ware des 11. und 12. Jahrhunderts. (Nach A. Herrnbrodt, Bonner Jahrbuch 155/56, 1955/56).

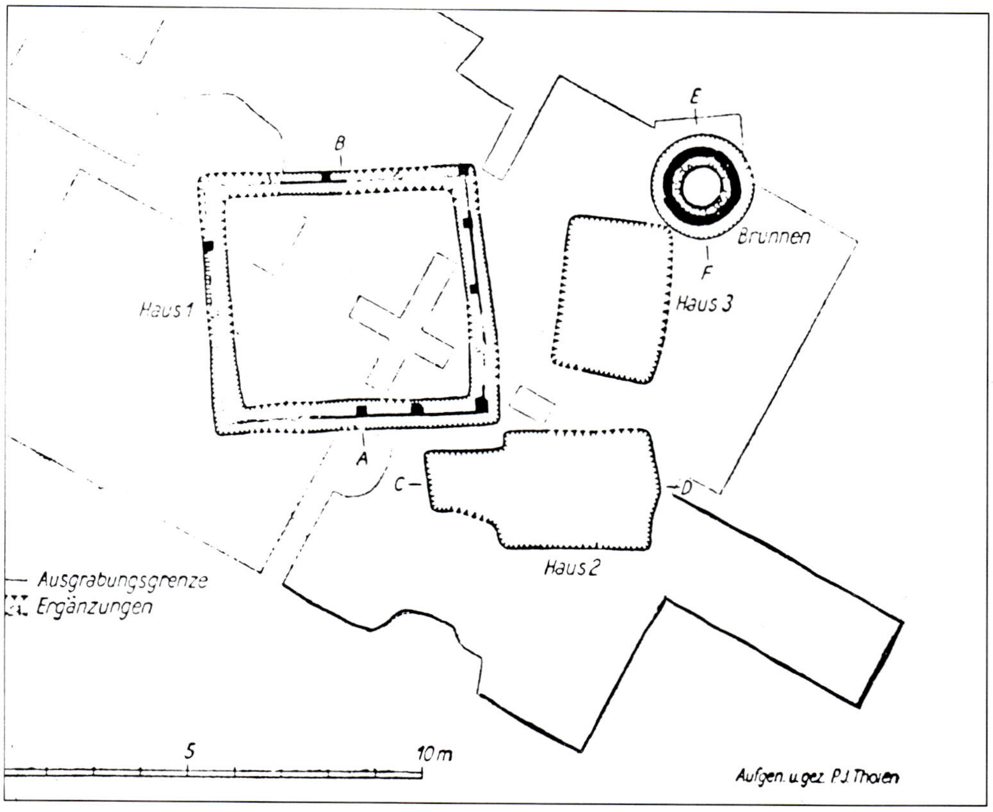

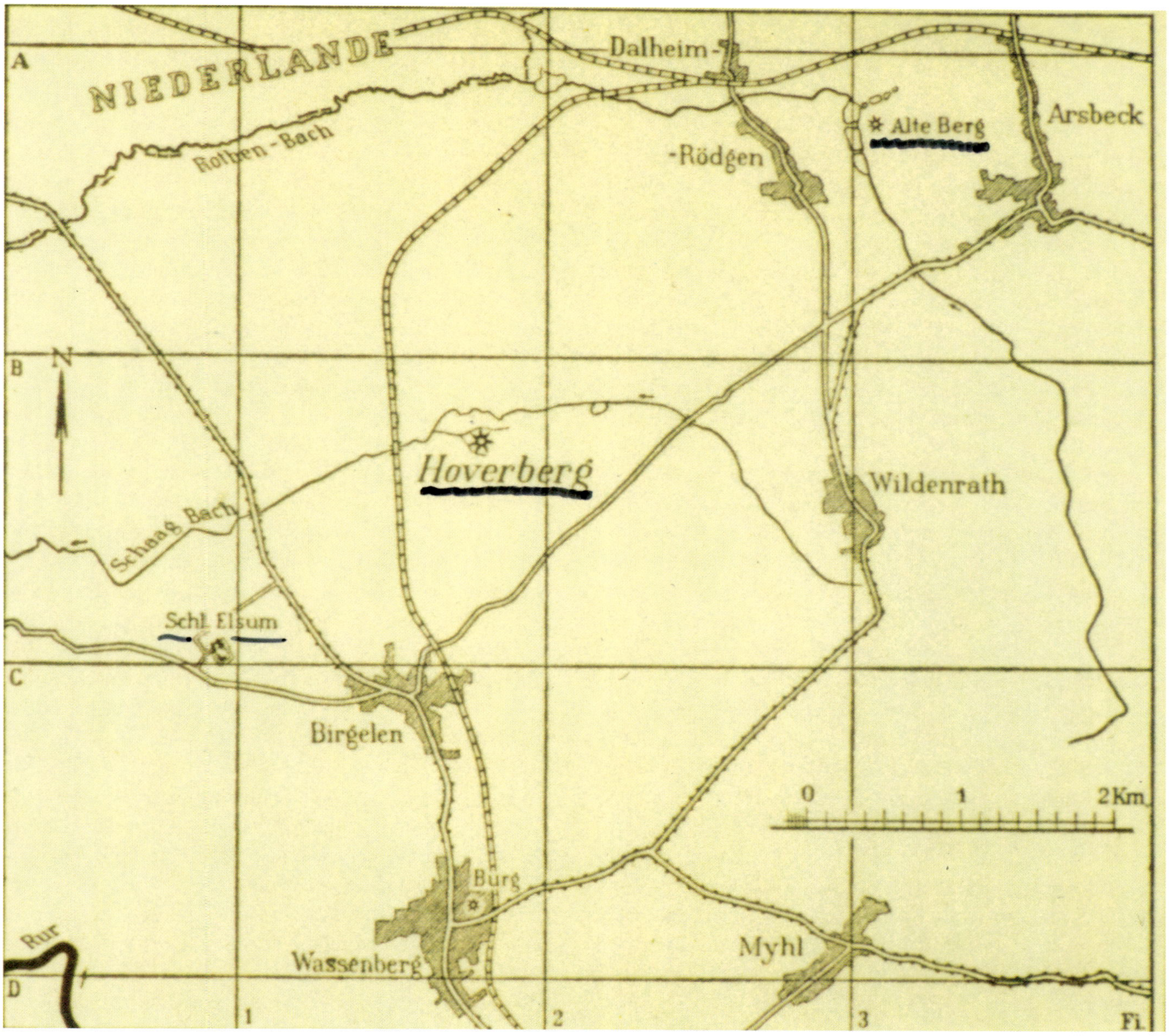

Geographische Lage der Motten Hoverberg, Alter Berg, Schloß Elsum und Burg Wassenberg.

Geographie um 1806/7 wiedergibt, ist Hof Ossenbruch exakt auszumachen. Gut ist auch der Hoverberg, unsere Motte, zu erkennen, wenn wir eine Lupe zu Hilfe nehmen und unter das „r" von Schaufenberg schauen.

Wahrscheinlich haben die Besitzer der Motte, sozusagen in Nachfolgeaktivität, das Gut Ossenbruch als Wirtschaftsbetrieb begonnen und infolgedessen die Wehranlage Hoverberg verlassen.

Im Sommer 1953 begann die Gewerkschaft Sophia-Jacoba mit der Abteufung eines neuen Schachtes (V) in unmittelbarer Nähe der Hoverberg-Motte. Daß die Öffentlichkeit auf die Gefährdung der Ossenbruch-Motte aufmerksam wurde, verdanken wir Lambert Bürsgens, der durch seine appellierenden und kenntnisreichen Veröffentlichungen die hohe Bedeutung dieses Denkmals ins Bewußtsein brachte. Jakob Broich hatte daraufhin als langjähriger Vorsitzender des Wassenberger Verkehrs- und Verschönerungsvereines (später Heimatverein) mehrfach über seinen Freund, den in Wassenberg wohnenden Bergassessor Rauhut, Fühler zur Zeche und zum Rheinischen Landesmuseum in Bonn in Sachen Schutz der Motte im Ossenbruch ausgestreckt, jetzt umso intensiver. Das Rheinische Landesmuseum reagierte prompt. Es erschien mit einem Mann, der in Wassenberg einen großen archäologischen Namen hat: Peter Josef Tholen. Die Ossenbrucher Wehranlage sollte durch ihn vermessen und eine Gesamtuntersuchung durch Adolf Herrnbrodt betreut werden. (1953/54) Tholen befand sich gleichsam auf den Spuren seines Vaters, der schon in einer Abhandlung aus dem Jahre 1927 die grundlegenden Daten mitteilte. Tholen sen. schrieb: „Die Anlage des Hoverberg stimmt in allen wesentlichen Einzelheiten mit dem 'Alten Berg' bei Rödgen, den Bollbergen bei Waldfeucht und Broichhoven und den Hügelwarten im Limburgischen völlig überein. Die etwas vom Lagerfeld abgezogene Lage des Warthügels erklärt sich durch das Gelände. Nach alter Gewohnheit führte man den Hügel auf der untersten, sumpfigen Talsohle auf, um so den Naturschutz des nassen, unpassierbaren Bruchbodens auszunutzen. Für das Lagerfeld benötigte man dagegen trockenen Boden. Am Hoverberg wurde daher das große Lagerfeld etwas weiter nach Süden auf die höher gelegene Niederterrasse verlegt. Auffallend sind die bedeutenden Abmessungen des Feldes, welche die Maße des Lagervierecks am 'Alten Berge' bei Rödgen beträchtlich übersteigen."[132]

Die Zeche Sophia-Jacoba erwies sich als außerordentlich hilfsbereit und historisch interessiert. Sie unterstützte die Arbeiten in großzügigster Weise, stellte Arbeitskräfte und Gerät zur Verfügung und richtete ihre Planungen so ein, daß die Motte als bedeutendes Denkmal erhalten blieb. Besonders Horst Sommer in der Führungsmannschaft von Sophia-Jacoba bewies hohe bodengeschichtliche Kenntnis und förderte das Interesse auch durch Veröffentlichungen.[133] Bergassessor Rauhut versprach Pflege und Betreuung des Denkmals, als am 18. August 1954 unter Führung von Adolf Herrnbrodt eine Besichtigung der Ausgrabungen durch Heimatfreunde und benachbarte rheinische Historiker stattfand. Anwesend dabei: Amtsdirektor Bell, Jakob Broich, Hermann Buckmann, Will Andermahr, Lambert Bürsgens, Kurt Römer, Max Graab und der Verfasser aus Wassenberg sowie Wilhelm Piepers (Bonn), August Lentz (Heinsberg), Peter Jansen (Übach), Johannes Bauer (Wildenrath), Friedel Krings vom Erkelenzer Heimatverein, Albert Steeger (Krefeld) und Gehrmann vom Heinsberger Heimatverein. Die Zeche sagte zu, für die Konservierung des im Hügel gefundenen Brunnens zu sorgen. Lambert Bürsgens schrieb damals: „Mit der großzügigen Förderung der Ausgrabungen und der Erhaltung dieser frühmittelalterlichen Fliehburg leistet die Zeche Sophia-Jacoba einen bedeutenden Beitrag für unsere Heimatforschung und -pflege."

Die Ergebnisse der Ausgrabungen, die Adolf Herrnbrodt vortrug, hat er später in eindrucksvoller Analyse veröffentlicht. Auf der Kuppe des Haupthügels wurden als Hauptgebäude ein turmartiger Stabbau, zwei kleinere Grubenhäuser und ein Brunnen nachgewiesen.[134] Zudem fanden sich pfostengrubenartige Verfärbungen, die sich baugeschichtlich jedoch nicht auswerten ließen. Das Haupthaus lag in der Mitte der Kuppe. Es hatte einen quadratischen Grundriß von 5,60 m — 5,20 m. Herrnbrodt und Tholen glauben, der Stabbau könne ähnlich ausgesehen haben, wie die auf dem Teppich von Bayeux dargestellten mehrgeschossigen, turmartigen Motten der Normandie.

Die beiden Nebenhäuser waren Grubenhäuser für die Aufbewahrung von Vorräten. Ihr Grundriß betrug 2,50 m mal 3,00 m. Der Brunnen lag am Ostrand der Kuppe. Er wurde erst nach Aufschüttung des Hügels abgeteuft. Den Brunnen verfolgte man bis zu einer Tiefe von 3,6 m unter der heutigen Oberfläche (53,50 m über NN). In dieser Tiefe zeigte sich ein Ring vermoderten Holzes in einem Durchmesser von 1,50 m. Wichtig für die Vorgeschichte des Wassenberger Raumes sind die gefundenen Feuersteinkernstücke und dazu eine Unmenge von Absplissen, die man auf der alten Oberfläche unterhalb der Hügelaufschüttung entdeckte. Neben jungsteinzeitlichen atypischen Scherben zeigt dieser Fund an : hier haben Menschen schon im Neolithikum gelebt, hier war ein jungsteinzeitlicher Werkplatz, wo Feuersteingeräte hergestellt wurden. Gefunden wurden auch Tierknochen von Ziege, Schaf, Rind, Schwein. Für die Altersbestimmung der Motte war die gefundene Keramik ausschlaggebend. Herrnbrodt resümiert: Bei der Keramik sind Blaugraue und Pingsdorfer Ware miteinander vergesellschaftet. Dies beobachtet man bei frühmittealterlichen romanischen Anlagen immer wieder. Sie beginnt gegen Ende des 9. Jahrhunderts, ist im 10. — 12. Jahrhundert dominierend und in der ersten Hälfte des 13. Jahrhunderts noch nachweisbar. Beim Hoverberg überwiegen die *Blaugrauen Kugeltöpfe*. Da unsere Wehranlage gleich als Hochmotte errichtet wurde und seine Keramik die gleiche wie die aus der Hochmotte *Husterknupp* ist, dürfte das *Hover Bergske* ins 11. bis 12. Jahrhundert gehören. Verlassen worden ist die Motte wahrscheinlich zu Anfang des 13. Jahrhunderts, weil unter den Keramikfunden des benachbarten Gutes

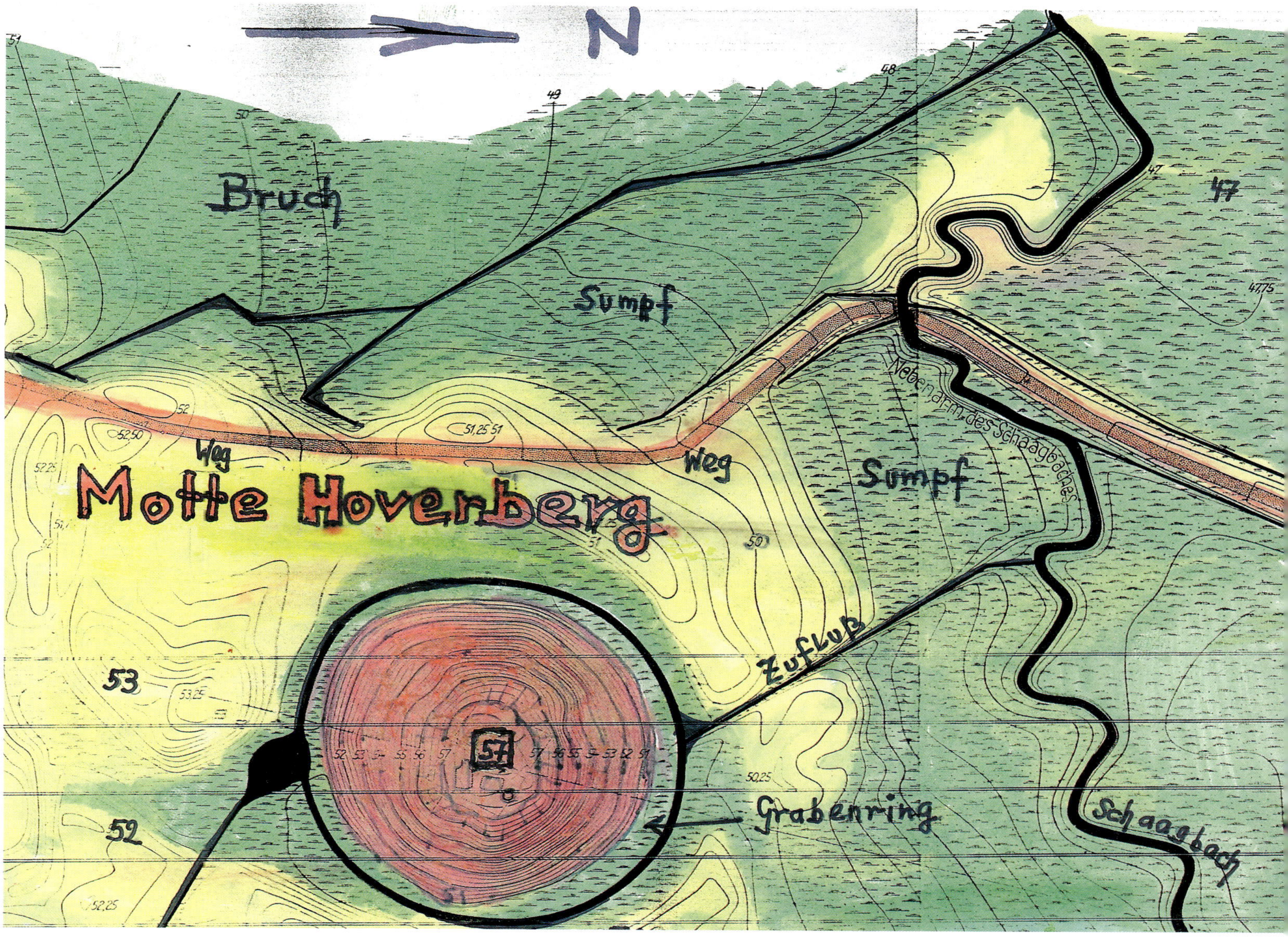

Motte Hoverberg. Rundhügel 50 m Basisdurchmesser. Die Motte liegt im Ossenbruch nahe Rosenthal. 1953/54 haben A. Herrnbrodt und P.J. Tholen hier im Auftrag des Rheinischen Landemuseums und mit Unterstützung des Bergwerks Sophia-Jacoba (Nähe Schacht 5) Ausgrabungen durchgeführt. Südwestlich der Hauptburg schließt sich ein Gelände von 40 mal 60 m an. Nach Süden folgt ein von Gräben und Wällen umzogenes, quadratisches Areal von 120 m Seitenlänge. (Zeichnung nach A. Herrnbrodt, Bonner Jahrbuch 155/56, 1955/56).

Ossenbruch sich noch die gleichen Kugeltöpfe mit den nach außen schräg abgestrichenen Rändern, wie auf der Motte, befinden.[135]

Horst Sommer, der ehemalige Hückelhovener Bergwerksdirektor, schreibt: „Die Motten sind die Vorläufer unserer rheinischen Wasserburgen wie Schloß Elsum. Daß ihre Bauten aus Holz gefügt sind, erklärt sich neben der Vorliebe für Holz aus der Tatsache, daß reine Holzbauten und Holzpalisaden mit Flechtwerk gegenüber der damaligen Waffentechnik wegen ihrer Elastizität vorteilhafter als Steinwälle waren."[136]

Fluchtburg bei normannischen Einfällen

Die große Zahl von Motten im Wassenberger Land, auf einem schmalen Strich verteilt, deutet auf eine geschlossene Verteidigungslinie hin. Wenn wir zudem

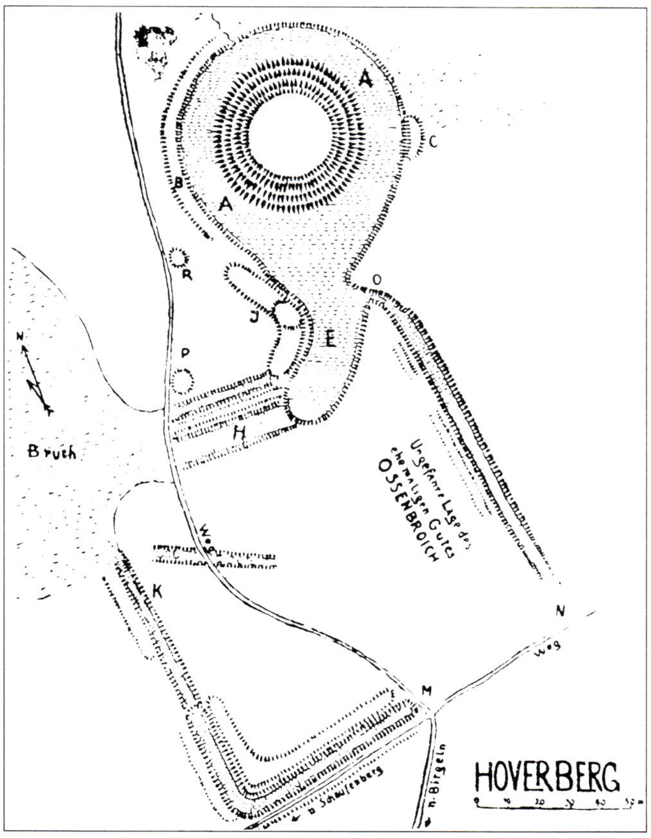

Hoverberg-Motte schon 1927 von Peter Anton Tholen aufgenommen und gezeichnet.

Modell einer Motte: Husterknupp bei Frimmersdorf/Neuß. Periode III, um 1200 nach Christus (Rheinisches Landesmuseum Bonn. Foto: Schafgans Bonn)

an die Landwehr und ihre Schanzen denken, haben wir ein wohldurchdachtes fortifikatorisches System vor uns. Bei der Wallburg am Rothenbach ist die Wehranlage direkt mit der Landwehr verbunden. Auch beim *Alten Berg* wird ihre Affinität sichtbar.

Franz Mayer sieht die Motten in genau festgelegten Abständen von drei Leugen (= 6,66 km). Vom *Alter Berg* an der Rödger-Mühle folgt er der Römerstraße über den damaligen Bahnhof Rosenthal in Richtung Effeld drei Leugen lang und steht vor der kleinen Motte an der Gitstapper Mühle, dort, wo die Landwehr von der Straße durchschnitten wird. Die nächste

Schloß Elsum (Codex Welser 1723)

Motte nach drei Leugen ist Odilienberg, auf dem die Apostel unserer Gegend, St. Wiro, Odgerus und Plechelmus, im Jahre 706 ihre Mission begannen. Franz Mayer sieht beim Rurübergang in Vlodrop eine Römerstraße nach Jülich entlang der Rur abgehen. Sie läuft durch Effeld, an Schloß Elsum vorbei nach Wassenberg und findet dort nach 3 Leugen (6,66 km) den Burgberg Wassenberg als Motte. Auch weiterhin identifiziert er in entsprechenden Abständen Rundhügel als Sitz von Uradelsgeschlechtern in Millich, Rurich, Tetz. Auffallend, daß der Alte Berg, Burg Wassenberg und Burg Heinsberg annähernd 6,66 km voneinander entfernt sind. Zufall?
Franz Mayer: "Daß die meisten der Erdhügelkastelle mit der Zeit in die Hände des Uradels kamen und von diesem zum Wohnsitz umgestaltet wurden, ist sicher. Es geschah dies aus der Notwendigkeit, einen Punkt zu besitzen, der die Gegend beherrschte und den Untertanen als Zufluchtsort in Zeiten der Gefahr dienen konnte, und deshalb finden wir in unserem Flachlande die alten Herrensitze entweder ganz auf einem mit Wällen umgebenen Erdhügel liegen oder aber einen besonderen Hügel in nächster Nähe, der den Auslugturm trug und ganz umwallt und von Wasser umgeben war."[137] Zahlreiche Autoren[138] sehen die Motten als wirkungsvollen Schutz für die bedrängte Bevölkerung während der normannischen Raubzüge an. So schreibt Peter H. Meurer[139] zur Motte Heinsberg: „Zur wirtschaftlichen und subzentralen Funktion dürfte sich aber schon bald eine doppelte Schutzfunktion gesellt haben. Einmal galt es, den Abstieg der genannten auf römische Ursprünge zurückgehenden mittelalterlichen Straße ins Rurtal zu schützen; als Pendant ist für den Aufstieg Wassenberg zu sehen. Weiterhin bestand wohl im 9. Jahrhundert, wegen der zunehmenden Normanneneinfälle über die Maas die Notwendigkeit, für die Bevölkerung der nächsten Umgebung, eine Zufluchtsmöglichkeit zu schaffen. So entstanden die ersten nachweisbaren Befestigungsanlagen in Form einer Motte."
787 taucht erstmals eine Wikingerflotte vor Englands Küste auf. Im 9. Jahrhundert dringen die Nordmänner ins Karolingerreich ein. Der Annalist aus dem Kloster von Fulda berichtet von den Erfolgen der Nordmänner: „... sie verwüsteten sehr viele Orte im Reich unseres Königs, nämlich Cambrai, Utrecht, den Haspengau und ganz Ripuarien, auch die vornehmsten Klöster daselbst, Prüm, Inde, Stablo, Malmedy und die Pfalz Aachen, wo sie die Kapelle des Königs zum Pferdestall machten."
Wie kommt es zu einer solchen Überlegenheit der im ganzen doch kleinen Wikingergruppen? Ich meine, die Franken förderten die Abwehrkräfte in ihrer Bevölkerung zu wenig. Der Adel fürchtete um seine Vormachtstellung, wenn er die leibeigenen Bauern bewaffnete. So kommen die Normannen im November 881 auch die Maas herauf und bauen in Asselt bei Roermond, also nicht weit von Wassenberg, ein festes Lager. Man fand hier Wall und Graben und eine Art Befestigung, die bei uns fremd ist. Der Graben lag in Asselt nicht vor dem Wall, sondern dahinter. P. A. Tholen weist darauf hin: „Nicht nur die normannische Verschanzung wurde gefunden, vielmehr auch die ältere karolingische Burg Ascloha."[140]
Das Normannenlager befindet sich 881 in unmittelbarer Nähe zum Wassenberger Land. Von hier aus machen die Nordmänner ihre Plünderzüge bis an den Rhein und natürlich auch in unseren Raum. Zahllose Flüchtlinge und Bettler bevölkern die Straßen. Hunger und Not regieren. Tholen fragt: Sahen die Bewohner unserer Gegend tatenlos zu und verkrochen sie sich feige in Dickichte und Sümpfe? Die Antwort: „Als man erkannte, daß die Ströme Schelde, Maas und Rhein für die Plünderer bequeme Einfallstraßen bilde-

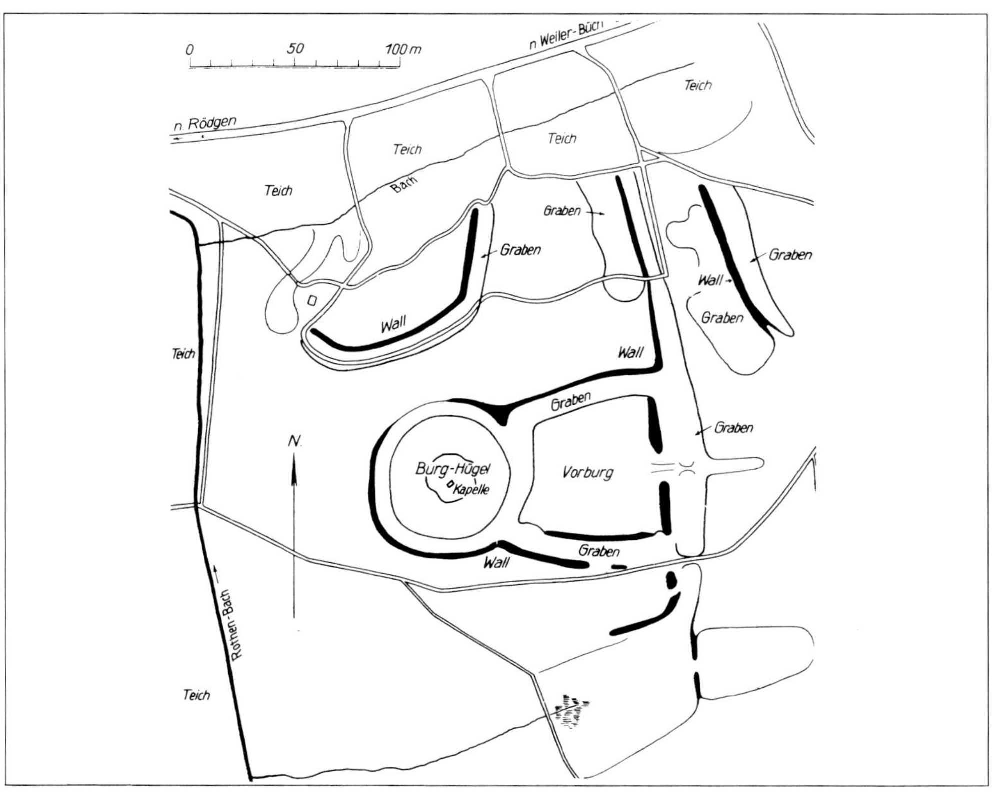

Die „Aldeborg" bei Dalheim-Arsbeck.

ten, sicherte man sich im Innern des Reiches durch Anlage von Befestigungen. So haben wir in unserer Heimat, vor allem in einem Streifen, der etwa 10 km von der Maas entfernt mit dieser gleichläuft, eine große Anzahl von alten Erdwerken, die aus karolingischer Zeit stammen. Sie sind größtenteils nach einem einheitlichen Plan errichtet und nicht etwa von einem Haufen zu Tode geängstigter Bauern im Angesicht des drohenden Verhängnisses, gewissermaßen in letzter Minute aufgeschüttet... Vor rund einem Jahrtausend muß der Ödlandstreifen vom Saeffelbach bis zum Schwalmtal (das Wassenberger Vorfeld) eine fast unbewohnte Wildnis gewesen sein, durch die nur einige Wege führten... Wir können verstehen, daß die Bewohner dén breiten Wald- und Ödlandstreifen als willkommenen Schutz gegen feindliche Überfälle angesehen haben. Aus der Anordnung der Erdwerke können wir den sicheren Schluß ziehen, daß sie gegen einen von Westen zu erwarteten Feind errichtet wurden."[141]

Die Grundherren greifen angesichts der Ohnmacht des Reiches zur Selbsthilfe und bauen schützende Motten. Unter Mithilfe der Bewohner werden die Fliehburgen mit Turmhügel und Lagerfeld zur Sicherung von Leben und Gut aufgeworfen. Für die Motte Alter Berg müssen rund 30.000 cbm Erde aufgeschüttet werden. Die in den Motten entdeckten Brandschichten lassen auf Zerstörungen durch Normannen schließen, meint Franz Mayer. Im Alten Berge ist die Brandschicht 35 cm stark. Auf den Bollbergen befanden sich Beobachter, die bei Gefahr durch Feuer- und Rauchsignale die umliegenden Bewohner alarmierten: Normanni ante portas!

Burg und Kirche Wassenberg 1899. Die Aufschüttung des Mottenkegels ist gut zu erkennen.

DIE FLAMENSEN

Ersterwähnung Wassenbergs

Zum ersten Mal tritt Wassenberg namentlich, von einem Chronisten ausdrücklich in Lettern gefaßt, im Jahr 1085 aus dem Dunkel der Geschichte. Der Name *Guassenberge* steht in einem Rechenschaftsbericht der Äbte von St. Trond. Um 1114/1115 schreibt der Chronist, Abt Rudolf, über Meinungsverschiedenheiten in St. Trond und berichtet, der Mönch Luipo sei auf Befehl des Kaisers Heinrich IV. gegen den Widerstand des Konventes als Abt eingeführt worden. Gegenkandidat ist Lanzo. Dies kann anscheinend nur mit Gewalt durchgesetzt werden, so hart scheinen die Fronten in diesem Personalkonflikt. Graf Gerhard von Wassenberg und sein Onkel Goswin von Heinsberg werden auf den Plan gerufen, die kaiserliche Anordnung mit ihren Waffen zu realisieren.

Graf von Wassenberg

Der Text über dieses Ereignis hat demnach für Wassenberg die Bedeutung einer historischen Ouvertüre:

Luipo unus de fratribus nostris . . . ab imperatore tandem obtinuit, ut suscepto dono abbatiae nostrae de manu imperatores per duos comites eius in eam introduceretur, Gerardum scilicet de castello, quod dicitur de Guassenberge et Gozwinum avunculum eius de castello quod dicitur Heinesberge?[142]

Gerhard und Goswin übernehmen einen kaiserlich-bedeutsamen Auftrag und erweisen sich, wie der Text es verrät, als treue und verläßliche Bundesgenossen des Monarchen. Goswin von Heinsberg ist *avunculus*, was Oheim mütterlicherseits bedeutet. Demnach ist Gerhards Mutter eine Schwester Goswins, was wiederum in höchst interessante genealogische Aspekte lenkt. Die ersten Grafen von Wassenberg und Heinsberg haben der genealogischen Forschung manches Kopfzerbrechen beschert. Schon die Tatsache, daß in beiden Geschlechtern weitgehend gleiche Vornamen üblich, hat Verwechslungen Tür und Tor geöffnet. Im übrigen gehören die Wassenberger Dynasten einer Zeit an, in der kaum Beinamen verwendet werden, aus denen der genaue Wohnsitz des Namensträgers ermittelt werden kann. Severin Corsten erinnert daran, daß die rurländische Forschung viele widersprechende Auffassungen herausgefiltert hat, und die genealogische Literatur reich an „abweichenden Ergebnissen" ist. Ja, daß es schier unmöglich scheint, die „wirklichen Verhältnisse in diesem Wust von Falschem und Halbfalschem" zu enthüllen. Von Anfang an sind die Geschicke der mittelalterlichen Territorien Wassenberg, Heinsberg und Valkenburg eng miteinander verbunden: Die Dynastenfamilien verknüpfen sie und herrschen oft im eigenen wie im anderen Land, so daß die genealogische Struktur familien-überlappend gedacht werden muß, bis sich die Linien im *galop de charge* und via Erbteilung doch voneinander trennen. Auf jeden Fall gebührt neben Otto Merckens vor allem Severin Corsten das entscheidende Verdienst, die unterschiedlichen Thesen in den drei Stämmen Wassenberg, Heinsberg, Valkenburg miteinander versöhnt zu haben, wie dies nach dem heutigen Stand der Forschung möglich ist. Corsten weist jedoch in seiner sprichwörtlichen Bescheidenheit darauf hin, seine Stammtafeln könnten nicht bedeuten, für alle Zeiten zu gelten, weil in der historischen Forschung Entdekkungen im Sinne von *tempus edax rerum* alternative Zuordnungen überraschend bewirken.

Es handelt sich bei den das Land Wassenberg begründenden Flamensen eindeutig um *Grafen* und ihr einflußreiches Geschlecht, was die prominente Plazierung in den verschiedensten Urkunden ausweist . Gerhard I. ist schon 1033 urkundlich als Graf von Wassenberg bezeugt. Der niederländische Historiker Gerard Venner kommentiert dies wie folgt: „de heren, die in de elfde en twaalfde eeuw (11./12. Jahrhundert) in het Rijnland de grafelijke titel (Grafentitel) voerden (führten), inderdaad en graafschap (Grafschaft) als ambtsgebied bezaten (besaßen), dat los stond van hun allodiaal bezit (Besitz). In dit licht bezien is het zeer wel mogelijk (sehr wohl möglich), dat de graaf van Wassenberg zijn naam (seinen Namen) ontleende (entlehnte) an zijn allodium Wassenberg"[143] Erst ab Gerhard V. (nach meinen weiter unten eingeführten Ordnungszahlen) nennen sich die nachgeborenen Söhne des Herzogs von Limburg, die Wassenberg besitzen, *Herren von Wassenberg*. Vorher sind es Grafen. Leo Gillissen beklagt die häufig vorfindbare Widersprüchlichkeit:: „Sie beruht nicht nur auf unterschiedlicher Auslegung oder falscher Interpretation einschlägiger Quellen, sondern für die Frühzeit auch auf deren Lückenhaftigkeit und mangelnde Aussagekraft. Für die meisten der kleineren heimischen Adelsgeschlechter fehlen verläßliche genealogische Übersichten überhaupt; andere und ältere sind heute überholt."[144]

Annales Rodenses

Die Wassenberger haben dieses urkundliche Werk immer als ihre „hauseigene Magna Charta" angesehen. Im Rijksarchief von Limburg zu Maastricht kann man die kostbaren Pergamente in Augenschein nehmen. Ich möchte meine Gemütsbewegung nicht verhehlen, als ich die bedeutenden Urkunden zum ersten Mal vor mir sah. Kein Wunder! Die erste Urkundenseite nach dem Deckblatt vermittelt in ihren ersten Zeilen der Aufzeichnungen des Chronisten der *Abbatia Rodensis*, des Klosters Rolduc (Klosterrath bei Herzogenrath/ Aachen), für die Jahre 1104 — 1157, eine „Wassenberger Nachricht" über Gerardus, den Flamen, der das Land auf der rechten Seite der Maas in die Geschichte führen wird.[145] Das erste Blatt möchte ich „folio wassenbergensis" nennen.

Die Annales Rodenses bestehen aus 22 Blättern , die bis auf drei papierene (3 — 6) alle pergamenten sind. Sie haben eine Länge von durchschnittlich 33 cm und

Annales Rodenses. (Rijksarchief Maastricht)

eine Breite von 28 cm. Von 1 — 22 sind sie durchnummeriert. Der Text ist nicht formatiert, sondern durchlaufend über 34 Zeilen je Blatt angelegt. Die textliche Ausarbeitung der Annales Rodenses wird wohl nicht vor 1156 ins Werk gesetzt worden sein. In der Zeit zwischen 1200 und 1500 wurde das Dokument in Klosterrath aufbewahrt. 1623 untersuchte J. Noppius (*Aacher Chronieck*) die Annalen, 1647 Bartholomäus Fisen (Flores ecclesiae Leodiensis). Die dann folgenden unsicheren Jahrzehnte mit ihren Bränden und Verwüstungen haben dem Urkundenwerk zum Glück nichts anhaben können. Die Huld des Geschicks , oder wie Boeren und Panhuysen es ausdrücken, „door een bijzondere gunst Gods" ist das ehrwürdige Dokument durch die Zeitläufte gekommen, wenn auch Beschädigungen als Narben historischer Bedrängnis gerade das erste Blatt haben leiden lassen. Es weist drei gravierende Beschädigungen auf und mindestens 30 kleinere Perforationen.

1831 ist die Abtei Rolduc Seminar des Bistums Lüttich. In dieser Zeit sind die Annales Rodenses leihweise in Händen des Historikers Christian Quix, der sie veröffentlichen will. Nach seinen Tode bietet sein Neffe, Hubert Quix, sie zum Kauf an. So kommt die berühmte Handschrift 1849 für 430 Taler an die Königliche Bibliothek von Berlin (später Preußische Staatsbibliothek). Dort erhält das Werk die Signatur „Ms.lat.fol.365" und den Stempel „Ex.Biblioth.Berolinensi".

Im Jahre 1949, genau hundert Jahre später, „na de ongelukkige verhuizing naar Berlijn" (Boeren), kehrt die kostbare Handschrift in die Limburger Heimat zurück. Das Original liegt seit dem 12. September 1949 im Rijksarchief von Limburg in Maastricht. Der deutsche Historiker Wilhelm Wattenbach schreibt 1894 über die Annalen: „. . . eine 1152 nach Urkunden und persönlicher Erinnerung sorgfältig gearbeitete Klostergeschichte."[146] P.C. Boeren urteilt wissenschaftskritischer und meint, das Werk sei auffallend unruhig und ungleichmäßig, die Feder wechselnd, in ungleichen Buchstabenhöhen und zahlreichen störenden Korrekturen geschrieben. Boeren vermutet, hier sei wohl kein Schreiber eines großen Scriptoriums am Werke gewesen, weil dies Schrift und Anlage des Textes verraten. Der Schreiber ist nicht an geduldige Ausführung gewöhnt, erinnert eher „aan klerken en schoolgeleerden".[147]

Auch O. Oppermann weist auf überraschende Veränderungen im Schriftbild hin — etwa im Jahresbericht 1152 : Der Annalist, der abwechselnd mit drei Federn schreibt, ist der Scriptor bis zum Jahresbericht 1152 und legt dann für immer die Feder aus der Hand. Die Jahresberichte 1152 bis 1157 sind durch einen anderen Schreiber hinzugesetzt. Der Schreiber mit den wechselnden Federn hat Buchstabenhöhen von 1,75 mm bis 2,50 mm, sogar bis 4 mm. Demgegenüber ist W. Wattenbach der Auffassung, die Hinzufügungen seien das Werk von drei Händen, während Oppermann sie als von einer Hand stammend ansieht.

Doch nun zum wassenberg-relevanten Text. Die Annales Rodenses beginnen mit folgenden für Wassenberg denkwürdigen Worten:

Fuerunt in flandriensi provintia duo nobiles . germani fratres . aput seculum preclari et potentes . quorum alter gerardus . et alter vocabatur Rutgerus . invicti videlicet patrie et reipublice tutores . Unde gravissimis contra se exortis . a principibus terre illius preliis . contulerunt se obsequio romani imperatoris . qui locavit gerardum aput Wasenberch . et Rutgerum aput Clive . traditis utrique tot et tantis terrarum beneficiis — ut et ipsi et eorum posteri . ex rerum felicitate principes facti sint huius regionis.

Übersetzung:

In der Provinz Flandern lebten zwei edle Brüder, Gerhard und Rütger geheißen, die weit berühmt und mächtig waren. Sie galten als unbesiegte Verteidiger ihres Vaterlandes. Da sie jedoch durch die benachbarten Fürsten kriegerisch bedrängt wurden, stellten sie sich unter den Schutz des römischen Kaisers. Dieser verlieh dem Gerhard den Ort Wassenberg, dem Rütger den Ort Kleve. Außerdem übertrug er den beiden dort so umfangreiche Landgebiete, daß sie und ihre Nachkommen die eigentlichen Herrscher dieser Regionen geworden sind. (Siehe auch die Übersetzungen der „Wassenberger Stelle" in den Annales Rodenses bei S. Corsten, W. Lückerath, F. Mayer, F. Gorissen, P. C. Boeren, O. Merckens u.a.)

Gerhard und Rütger

Beim landausteilenden Kaiser muß es sich zweifellos um Heinrich II., den Heiligen, gehandelt haben. Sowohl genealogische Überlegungen wie die Kenntnis der Geschichte Flanderns lassen den Schluß zu, Kaiser Heinrich II. (973—1024) habe im Jahre 1021 die Brüder Gerhard und Rütger unter seinen Schutz genommen und mit den Lehen in Wassenberg und Kleve ausgezeichnet. Der Kaiser dankt wahrscheinlich damit für geleistete Kriegsdienste der beiden Edlen in Italien und Polen.[148] Wie der Vater unseres Brüderpaares Gerhard und Rütger heißt, hat uns der Chronist verschwiegen, wohl können wir seinen Worten „invicti reipublicae tutores" entnehmen, daß die beiden in ihrer Heimat an der Schelde führende politische Ämter inne hatten.
Ich frage mich, warum Gerhard und Rütger ihre flandrische Heimat verlassen? Die Annalen geben darauf

St. Georg, Schutzpatron Wassenbergs. (Burg Wassenberg)

nur andeutungsweise eine Antwort. Hören wir dazu die Meinung des niederrheinischen Historikers Friedrich Gorissen. Er stellt Plazierungsvergleiche in Urkunden an. Zum Beispiel findet er beim erstmaligen Erscheinen des Gerardus Flamens im Gefolge Konrads II. im Mai 1033, als der Kaiser mit König Heinrich von Frankreich in Deville an der Reichsgrenze, der Maas, zusammentrifft, daß unser Gerardus Flamens „an hervorragender Stelle hinter dem schwäbischen Grafen Becelin und den beiden Gozelosöhnen" in der

Birgelener Bergkirche, eine der ältesten Taufkirchen am Unterlaufe der Rur.

Urkunde plaziert ist.[149] Gorissens Schlußfolgerung: Baldewin IV. von Flandern (998—1035) und sein gleichnamiger Sohn Baldewin von Rijsel müßten jene feindselig gesinnten Fürsten gewesen sein, von denen die Annales Rodenses sprechen, und die unser Brüderpaar veranlaßt haben, ihre Heimat an der Schelde zu verlassen und sich kaiserlicher Obhut anzuvertrauen. Die unsere Flamensen bedrohenden kriegerischen Ereignisse in Flandern hängen wohl auch mit dem flandrischen Angriff auf die Reichsburg Einham im Jahre 1033 zusammen, nachdem Valenciennes 1006 gefallen war.

Graf Gerhard I. erscheint in einer Goslarer Urkunde Heinrichs III. von 1052 als Graf von Teisterband und Renkum (= Veluwe). Die Belehnung mit diesen Gebieten wird für 1046 angenommen, genau 25 Jahre nach seinem Wassenberger *feodum*. Teisterband und Veluwe gehörten der Reichskirche von Utrecht. Somit wird erklärlich, warum Gerhard ganz auf der Seite von Kaiser und Reich und im besonderen der Reichsbischöfe steht, wie dies auch Abt Rudolf von St. Trond (Truiden) 1085 zum Ausdruck bringt.

Eins dürfen wir getrost annehmen: Gerhard stammt aus Flandern. Sein Geschlecht sitzt noch zu Anfang des 12. Jahrhunderts auf dem Erbgut der Antoings im Doornischen. Diesem Hinweis der Klosterrather Annalen können wir Glauben schenken, zumal der

Heinrich II., der Heilige (973—1024), belehnte Gerhard mit Wassenberg und Rütger mit Kleve im Jahre 1021. (Goldenes Baseler Antependium um 1020).

Annalist selbst noch den Klostergründer und Personen seiner Umgebung gekannt hat. Friedrich Gorissen fragt mit Recht: „Was sollte ihn bewogen haben, eine andere Herkunft des Geschlechtes zu verschweigen und so konkrete Angaben zu erdichten?"

Gerhard war Flame — daran gibt es nichts zu deuteln. Im übrigen existieren urkundliche Belege : 1. Urkunde Konrads II. (1033, Gerardus flamens unter den Zeugen); 2. die Urkunde Heinrichs III. (1042, nennt Gerardus Flamens); 3. der Chronist von St. Trond notiert den Grafen Gerardus Flaminius im Teisterband; 4. der Chronist von St. Hubert zu Ardenne hält 1082 den Namen des Derik van de Veluwe und Teisterband als Sohn des Gerardus Flamens fest. Weiterhin tritt unser Held als Lehnsmann des Erzbischofs Hermann II. von Köln um 1054 im Hattuarialand und natürlich im Land zwischen Rur, Maas und Niers auf.

Über den zweiten Wassenberger Grafen Gerhard (1082—1118) erfahren wir, daß er wegen der Kirche von Echt mit dem Servatiusstift von Maastricht in einen Konflikt gerät, der sogar den Kaiser zum Eingreifen zwingt. Gerhard II. hat im unmittelbareren Vorfeld seiner Wassenberger Burg die Kirche von Echt (Nähe Vught = Vucht = Waldfeucht) unrechtmäßigerweise an sich gebracht.[150] Er vertritt die Auffassung, die Kirchgift von Echt unterstehe ihm, weil er dort auch die Grundherrschaft besäße. Die Maastrichter Gegenpartei betont, die Echter Kirche gehöre ihr, weil sie ihr früher von der Witwe Giselberts, Gerberga, geschenkt worden sei. Propst Godschalk wendet sich an Kaiser Heinrich IV., der im Mai 1087 in Aachen weilt, um an der Krönung seines Sohnes Konrad zum deutschen König teilzunehmen. Der Kaiser entscheidet, Gerhard II. habe die Echter Kirche an St. Servatius zurückzugeben. Eine schwere Niederlage für unseren Wassenberger Grafen. Sie wird aber schon wenige Jahre später durch die Erwerbung von Geldern gemildert. Wassenberg wird so die Stammburg der Grafschaft und des späteren Herzogtums Geldern. Schon Gerhard III. von Wassenberg nennt sich auch Graf von Geldern. Nachdem die Flamensen im Wassenberger Land Hoheitsrechte und einen relativ großen Teritorialstaat ausgebildet haben, gehen sie auf die Suche nach Vergrößerung ihres Landes. Heinz Cohnen bestätigt dies aus benachbarter Wegberger Sicht: „Das Grafenhaus Geldern ist aus dem Grafenhaus Wassenberg hervorgegangen. So erhält auch die Annahme der Herkunft des geldrischen Besitzes in Wegberg aus dem Wassenberger Erbe große Wahrscheinlichkeit. Noch in der zweiten Hälfte des 11. Jahrhunderts scheint es in Wegberg zu einer Teilung gekommen zu sein, bei der ein Bereich Wegbergs sowie Besitz in Erkelenz an die geldrische Linie fiel. In Erkelenz konnte noch Graf Gerhard IV. von Wassenberg dem Georgsstift 1118 ein kleines Gut schenken."[151] Der Graf von Wassenberg ist also auch Graf

Herbst am Wassenberger Gondelweiher.
(Foto Kurt Römer, Wassenberg)

von Geldern und führt beide Herkunftsbezeichnungen nebeneinander, wie die Urkunden ausweisen.
Kehren wir perspektivisch zu seinem Vater, Gerhard I., und seiner Wassenberger Belehnung 1021 zurück. Im Jahre 2021 wird Wassenberg — in guten Zeiten hoffentlich — sein 1000-jähriges Bestehen feiern können: 1000 Jahre urkundlich und namentlich belegte Ortsgeschichte.
Es hat mit großer Sicherheit in Wassenberg bereits vor Gerhards und seiner Getreuen Ankunft eine Burg gegeben. Wie sie aussah, können wir nur vermuten. Sie wird eine *Motte* gewesen sein, wie wir im vorigen Kapitel gehört haben. Die Verleihung Wassenbergs an Gerhard macht jedenfalls sichtbar, der Ort ist *bereits* ein strategischer und landschaftlicher Mittelpunkt am Unterlaufe der Rur. Mit seinem Umland war er vorher im Besitze des Kaisers, also Reichsgut. Noch in fränkischer Zeit besitzt der Herrscher bekanntlich *alles*: fundi, fisci, Dörfer und Kastelle, unbeschadet ihrer Herkunft. Das Königsgut geht vom kaiserlichen Fiskalbesitz aus, dem römischen Staatsland und dem Anspruch des Königs auf alles herrenlose Land.

Der ganze Wassenberger Landstrich wird schon vorher von der Burg aus verwaltet. Hermann Aubin betont : „Die erste Anlage der Höfe und Dörfer war vorzugsweise an den Wasserläufen erfolgt, weshalb auch einige Gaue nach diesen Wasserläufen den Namen tragen. Dahinter lag der Wald. Nun muß man die Verkehrsbedingungen der älteren Zeit berücksichtigen. Wer diesseits des dichten Waldes oder des großen Sumpfes wohnte, ging auch diesseits zu Gericht. Sumpfstrecken und Waldgürtel, deren ehemaliger Umfang schon bei oberflächlicher Betrachtung an den Rode-Orten zu erkennen ist, haben sicherlich die größte Bedeutung als Grenzen der Besiedlung und der Verfassungseinheiten besessen."[152] Gerade das Wassenberger Land, das ich schon hypothetisch im Dreieck zwischen den Flüssen Rur, Maas und Niers eingrenzte, ist für die Topographie von Siedlungen zwischen umfangreichen Wald-, Sumpf- und Heidegebieten exemplarisch. Besonders im 12. Jahrhundert entstehen am Niederrhein neue territoriale Grafschaften. Die Familiennamen der Herrengeschlechter werden wie im Falle Wassenberg von den meist allodialen Stammburgen entlehnt und geben damit dem gesamten Gebiet den Namen: Land Wassenberg, „terra de Wassenbergh". *Terra* ist Districtus, Bannbezirk, beherrschtes Gebiet.[153]
So heißt Gerardus I. Flamens auch *comitatus comitis de Wasenberghe*. Aus dem Auflösungsprozeß der alten Grafschaftsgaue gehen neue Territorien hervor, eines davon heißt Wassenberg. Noch einmal Hermann Aubin: „Im 12. Jahrhundert scheint eine neue Schicht Dynastenfamilien am Niederrhein in ihrem Besitz so erstarkt zu sein, daß sie an die Gründung von Hausstiftern schreiten konnten." Graf Gerhard von Wassenberg und Geldern hat diesen Bestrebungen bei der Errichtung des Stiftes Wassenberg 1118 noch keine rechtlich festgelegten Zugeständnisse gemacht.[154] Aber damit sind wir historisch schon ein Stück vorausgeeilt.

Ich möchte festhalten: Kleve wie auch Wassenberg sind Urgründungen. Einen Beweis dafür findet A. Rein im Jahre 1855, als er bei Untersuchungen auf dem Wassenberger Burgberg römische Reste entdeckt.[155] Ebenso wichtig für das „vor-rodensische" Existieren einer wie auch immer gearteten Motte (Burg) Wassenberg nennt Robert Kofferath, Burgbesitzer bis 1944, die beim Bau des Westwalls in den Jahren 1938/39 durch die erdbewegenden Bunkeraushebungen auf dem Burgberg[156] gemachten Funde. Außerdem weist er auf weitere Fundamente (Siehe Zeichnung Hans Deckers. S. 38) auf dem Plateau mit der Front zum Rurtal hin. Diese dürfen nicht mit dem beim Umbau der Schloßgebäude 1962 von Stadtarchitekt Will Andermahr entdeckten Palasfundament verwechselt werden, das heute noch im Basement des Restaurants zu sehen ist. Die Funde seien 1938/39 leider infolge der baulichen Hetze — („höchstes, von oben befohlenes Tempo") — unbeachtet geblieben bzw. „in die falschen Hände geraten", sagt Robert Kofferath.[157] Er schreibt: „Zu mir kam Herr Maaßen vom Arbeitsdienst, vom Festungspionierstab 21 Abteilung III in Jülich, und sagte, in den Bunkeraushebungen würden immer wieder Funde aus der Vorzeit gemacht. Meistens rissen sich das die Planungschefs unter den Nagel . . ."
Robert Kofferath wurde mehrmals mit Verhaftung und Konzentrationslager bedroht, wenn er es nicht unterließe, die Baustellen zu betreten oder die Arbeiten zu „beschnüffeln". So wurde damals eine einmalige Gelegenheit verpaßt, über die Ursprünge der Wassenberger Burg in der Zeit vor Graf Gerhard I., dem Flamensen, mehr zu erfahren. Denn bis heute sind nie umfangreichere Erdbewegungen auf dem Burggelände durchgeführt worden als 1938/39 beim Bunkerbau des Westwalls.

Antoing oder Hezelide?

Um die Wassenberg-Klevener Textstelle der Annales Rodenses[158] hat sich in den vergangenen Jahrzehnten ein wissenschaftlicher Streit entwickelt, der hier nur andeutungsweise rekapituliert sein soll: Ich gehe uneingeschränkt davon aus, daß die Annales Rodenses eine glaubwürdige und ernstzunehmende Quelle sind. Das Urkundenwerk ist eine solide Klosterchronik. Wir können ihr Glauben schenken. Die ersten Wassenberger Dynasten waren Flamensen , ein Beiname, den ihnen ihre Zeitgenossen gegeben haben. Das hat heute wohl allgemein historisch-wissenschaftliche Akzeptanz. Dennoch geht es darum, ob das Brüderpaar Gerhard und Rütger aus dem Hause Antoing in Flandern stammt, wie ihr Epitheton ornans „flamens" andeutet, oder ob Boeren und Gorissen zuzustimmen ist, die den Wassenberger Gerhard in Verwandtschaft zum Pfalzgrafengeschlecht der Hezeliniden und Rütger zu dem der Ezzoniden rücken. Ich habe mich auf Grund der Quellenlage für den Flamensen aus dem Hause Antoing entschieden; denn die Klosterrather Annalen verweisen in ihren weiteren Passagen auf den Stam-

St. Georgsbasilika Wassenberg.
Gegründet 1118.

mesgenossen unseres Brüderpaares, Amorricus (= Emmerich), mit seinem Wohnsitz bei der Stadt Antoing (anthonium) in der Nähe von Tournais an der Schelde. Amorricus hat drei Söhne (Ailbertus, Thyemo, Walgerus). Von diesen zieht Ailbertus in die Welt, um den für die Errichtung eines Klosters geeigneten Platz zu finden. Mit Hilfe des hochbetagten Grafen Adalbert von Saffenberg und seiner Gemahlin Mathilde gründet er das Kloster Rode (Rolduc, Klosterrath bei Herzogenrath/Aachen).

In den Annalen lautet die hierzu relevante Stelle:

Horum igitur nobili exprogenie . in natali eorum terra remanente . surrexit vir illustris amorricus nomine . habitans quidem aput oppidum . cui nomen est anthonium . non longe a thornaco civitate . Civitas hec sita est in confinio Brabantie et flandriensis provintie . iuxta flumen quod xelda nucupatur . . . Porro dei famulo id interim agente . demonstratus est ei frequenter in visionibus situs loci huius . qui nunc Rodensi monasterio est decoratus.

Unser flämischer Akteur in der Rolle eines Wassenberger Landesherren dient vorher wahrscheinlich dem Reich als Graf in der Betuwe, im Teisterband, im Ruhrgau und im Hattuariergau. Severin Corsten bemerkt dazu, diese Ämter wären, wie es scheint, von einem Sohne des ersten Gerhard ausgeübt, der wie sein Vater hieß und vor 1082 gestorben sei. Der 1085 auftretende Graf Gerhard von Wassenberg ist offenbar der Enkel dieses Mannes.
Meine nachfolgende Übersichtstafel zur Genealogie der Grafen und späteren Herren von Wassenberg kann weder vollständig noch endgültig sein. Unter Verzicht auf Nebenlinien und Geschwister stütze ich mich auf die Forschungen von Severin Corsten, die er in seinen genealogischen Übersichten zur Geschichte Wassenbergs, Heinsbergs und Valkenburgs erstmalig mitteilt. Ich gebe zum Zwecke besserer Zuordnung den Grafen und Herren von Wassenberg fortlaufende Ordnungszahlen und benutze diese auch *par conséquence* im weiteren Verlauf dieses Buches. Die in den Tafeln genannten Jahreszahlen beziehen sich auf Nennungen unserer Dynasten in Urkunden und Akten.

Die Wassenberger Dynasten

Gerhard I. Flamens
um 1033.
— Von Kaiser Heinrich II. im Jahre 1021 mit Wassenberg belehnt. Graf von Wassenberg

☆☆☆

Gerhard II. Flamens
1042, †1082
Sohn von Gerhard I., Graf von Wassenberg

☆☆☆

Heinrich I. Flamens
um 1082, †1084
Sohn von Gerhard II., Graf von Wassenberg

☆☆☆

Gerhard III. Flamens
1083, † vor 1129
Graf von Wassenberg und Geldern

Verheiratet 1. mit N.N.
2. mit Clementia von Poitou, gen. von Gleiberg

☆☆☆

Gerhard IV. Flamens, der Lange
1118, † 24. 10. 1131
Graf von Wassenberg und Geldern,
Gründer von Stift und Kirche.
Verheiratet mit Ermengarde von Zutphen.
Seine Schwester Jutta heiratet Walram II. (Paganus), Herzog von Limburg, und bringt Wassenberg als Mitgift in die Ehe.

☆☆☆

Walram II. Paganus, Herzog von Limburg
† 1139
Schwager Gerhards IV., des Langen, dessen Schwester Jutta von Wassenberg den Herzog geheiratet hatte.

☆☆☆

Nachgeborene Söhne des Herzogs von Limburg erben Wassenberg und nennen sich fortan „Herren von Wassenberg".

Gerhard V., Herr von Wassenberg
1152, 1167

☆☆☆

Heinrich II., der Alte, von Limburg, Herr von Wassenberg.
1167, †1221
Verheiratet mit Sophia von Saarbrücken

☆☆☆

Heinrich III., Herr von Wassenberg
1189, †1215

☆☆☆

Gerhard VI., Herr von Wassenberg (und von Horn)
1180, 1225
Bruder von Heinrich II., Herr von Wassenberg, verheiratet mit Beatrix von Merheim

☆☆☆

Gerhard VII., Herr von Wassenberg
1241, † 1255
Sohn von Gerhard VI., Herr von Wassenberg, verheiratet 1. mit Beatrix von Randerath, verheiratet 2. mit Elisabeth von Spirmont

☆☆☆

Gerhard VIII., Herr von Wassenberg
1253, † vor 1257
Sohn von Gerhard VII., Herr von Wassenberg (Aus erster Ehe mit Beatrix von Randerath)

☆☆☆

Mit Limburg fällt Wassenberg nach dem Tod des Limburger Herzogs Walram IV. und dem Tode seiner einzigen Erbin Irmgard, die 1283 kinderlos stirbt, als Pfandobjekt Gelderns und des Kölner Erzstifts staatsrechtlich an das Herzogtum Brabant.

Wassenberger Genealogie

Um die verwandtschaftliche Einordnung der Wassenberger Grafen und Herren für den genealogisch Interessierten noch durchschaubarer zu machen, empfehle ich die von Severin Corsten erstellte Stammtafel im Heimatkalender des Selfkantkreises 1972.[159] Sie klärt vor allem die Bedeutung der Jutta (Judith) von Wassenberg. Als Erbtochter, Schwester Gerhards IV., des Langen, nimmt sie das Land Wassenberg als Heiratsgut mit in ihre Ehe nach Limburg. Jutta ist vorher, nach dem Tode Gerhards des Langen, des Stiftsgründers († 24. 10. 1131), „Herrin des Landes Wassenberg". Für ihre „Regierungszeit" von 1131 — 1139, dem Todesjahr ihres Gemahls Walram II., Poganns von Limburg, gilt Wassenberg einer bis in die Gegenwart reichenden Überlieferung zufolge als „ reiches, friedli-

GERHARD I. Flamens
1033 (?)
um 1020 vom Kaiser mit Wassenberg belehnt
oo N.N.

GERHARD II. Flamens
1042, 1078, † vor 1082
oo N.N.

HEINRICH 1082
oo N.N.

GERHARD
1082—83

DIETRICH (von Heinsberg)
1058, 1076, 1079, † 1082
oo Hedwig von Montaigu (?)

GERHARD v. Wassenberg u. Geldern
1085, † 8. 3. 1129
1. oo N.N. 2. oo Clementia v. Poitou, gen. v. Gleiberg

HEINRICH
1096—1118

1. JOLANTHE
1. oo um 1107 Balduin v. Hennegau
2. oo um 1122 Gottfried v. Bouchain

2. JUDITH (JUTTA) † 24. 6. 1151
oo Walram II. Poganns v. Limburg
† 1139

GERHARD der Lange v. Wassenberg u. Geldern
1118, † 24. 10. 1131 (?)
oo Ermengarde von Zutphen

HEINRICH II. von Limburg † 1167
oo Mathilde von Saffenberg

GERHARD von Wassenberg
1152—1167 (?)

3 weitere Kinder

HEINRICH II., der Alte, von Limburg
1167, † 1221
oo Sophia von Saarbrücken

MARGARETE

HEINRICH v. Wassenberg
1189, † 1215

WALRAM III. v. Limburg
† 1226

FRIEDRICH
† 1212

GERHARD v. Wassenberg
1180, † 7. 12. 1225
oo Beatrix von Merheim

SIMON
Bischof v. Lüttich
† 1196

4 Töchter

GERHARD von Wassenberg 1241, † 1255
1. oo Beatrix v. Randerath 2. oo Elisabeth v. Sprimont

RUTGER
1249

GERHARD von Wassenberg
1253, † vor 1257

Kartoffelernte vor Wassenberg. Zweite Fassung. Ölgemälde von Jean Grothe. 1909. (Foto Kurt Römer, Wassenberg)

ches Land". So formuliert es Rentmeister Franz Graab auf dem Wassenberger Heimatfest 1927 in seiner Festrede. Jubiläumsrethorik ist jedoch kein urkundlicher Beleg. Denn leider bekommt die Geschichte der Grafen von Wassenberg mit Jutta einen dynastischen Bruch. Zwar wird später die Tendenz spürbar, den nachgeborenen Söhnen die Autonomie des Wassenberger Landes zu erhalten bzw. wiederzugewinnen, aber es ist und bleibt eine „limburgische Sekundogenitur", was bedeutet, daß die von einem nachgeborenen Sohn begründete Nebenlinie eines Hauses, mit Vermögens- und Landesteilen erblich ausgestattet wird, was zur Bildung eines neuen selbständigen Territoriums führen kann.

Graf Gerhard I. von Wassenberg

Das im Anfang sicherlich ausgedehnte Wassenberger Territorium im Dreieck zwischen Rur, Maas und Niers, in das die Flamensen mit Gerhard I. einziehen und sich auf der Burg einrichten, ist zweifellos über weite Strecken mit Wald, Heide und Sümpfen bedeckt. Es ist jedoch nicht nur *woeste grond*, den Kaiser Heinrich II. im Jahre 1021 seinem Vasallen schenkt. Auch fruchtbare Äcker, offene Flächen, saftige Weiden an Bach- und Flußläufen mit Hofansiedlungen und Dörfern existieren hier. Insgesamt natürlich ein Streubesitz, der sich über eine imposante Fläche längs der Maas hinzieht. Die Viehzucht ist darin von primärer Bedeutung. Nach und nach schließt aber die Landwirtschaft der Höfe zur bedeutungsintensiven Lebensgrundlage auf und bleibt trotz anderer Wirtschaftszweige wie Handel, Handwerk, Märkte, Geldwesen die Grundlage für den Lebensstandard.

Im Wassenberger Land ist die Grundherrschaft, wie am ganzen Niederrhein, die typische Organisationsstruktur. Die Römer hatten das Land in großen Komplexen, den Latifundien, bewirtschaftet. Ob die Erinnerung an Cäsars brutale Ausrottung und Vertreibung der Eburonen in der archteypischen Erinnerung der neuen Bewohner verblieben war — wer weiß es? Zwar läßt sich nicht exakt belegen, ob auch die Menapier bis in den Wassenberger Raum hinein wohnen, aber sicher ist, daß sie, von Cäsar bedrängt, westwärts gegen Flandern hin ausweichen. Im Jahre 19 v. Chr. führt Agrippa die Ubier von der rechten auf die linke Rheinseite und weist ihnen im wesentlichen eburonisches Land an. Franz Mayer erinnert daran, „daß Geduba, das heutige Gellep bei Uerdingen, Grenzort der Ubier war, daß rheinabwärts die Curgerner und an der Maas die Tongrer wohnten."[160]

Die Grenze zwischen Ubiern und Tongrern muß als eines der Grundprobleme unserer heimatlichen Vorgeschichte angesehen werden: um die Grenze der Ubier gegen die Tongrer abzustecken, wird zumeist die problematische Dekanatstheorie hergeholt. Nach ihr sollen die Grenzen der alten Diözesen dieselben wie die der alten Volksstämme, die Grenzen der Dekanate dieselben wie die der Gaue sein. Eine solche Auffassung kann ich nicht akzeptieren. Selbst die besten Kenner dieser Materie, Binterim und Mooren,[161] haben sie verlassen.

Ich nehme an, die Eburonen haben von der Maas bis an den Rhein gesessen. Die Ubier sind nach und nach in das von Cäsar leergefegte Gebiet eingesickert. Später fällt der große Staatsbesitz an die eindringenden Franken. Die Masse des Landes kommt in die Hand des fränkischen Fiskus. Eugen Ewig: „Die Anlehnung der Fiskalorganisation an die Städte und Kastelle wird verständlich, wenn der Fiskus eben nicht nur der Versorgung des Hofes diente, sondern zugleich auch ein Instrument königlicher Herrschaft war. In ihm hatten in der Tat nicht nur Knechte und abhängige Bauern, sondern auch freie Leute ihren Platz, Romanen wie Franken, die dem König zu Steuern, Abgaben und ‚öffentlichen' Dienstleistungen in Krieg und Frieden verpflichtet waren. Die bunte Vielfalt der ständischen Gruppen und ihrer Aufgaben hat anscheinend auf dem Boden des Fiskus die Ausformung der mittelalterlichen Grundherrschaft begünstigt. Typisch für sie ist die Villikation, ein abgestuftes System, in dem sich um den im Eigenbetrieb stehenden Haupthof mit dem Herrenland (mansus indominicatus) die Höfe der freien, minderfreien und unfreien Hintersassen gruppierten, deren Inhaber jeweils ein eigenes Gut bewirtschafteten, das gleichfalls als Hufe oder mansus bezeichnet wurde."[162]

Die Franken sind größtenteils Einzelsiedler. Auf ihren Höfen arbeiten minderfreie, später aber rechtlich freie Leute. Die Grundherrschaft ist auch im Wassenberger Land Grundstruktur mittelalterlicher Lebensform. Rund 200 Jahre vor dem ersten Flamensen auf der Burg hat sich dieses sozio-ökonomisch-politische System etabliert, ist um 800 ausgereift, wie im *Capitulare de Villis* Karls des Großen nachgelesen werden kann. Die Bildung des Wassenberger Landes, das von Venlo bis Linnich reichte, modifiziert im Zuge seiner organisatorischen Zentralkraft die Grundherrschaft nach und nach. Graf Gerhard I. lenkt seinen Gesamtbesitz sozusagen als Obergrundherr.

Um das ländliche Siedlungsbild Wassenbergs bei Gerhards I. Ankunft einzuschätzen, müssen zahlreiche historische Aspekte kombiniert werden: kirchliche Geographie, Patrozinien, archäologische Erkenntnisse, philologische Dokumente, juristische Quellen, Urkunden und Akten jener Zeit. Im Laufe meiner Darstellung versuche ich das Bild mosaikartig mehr und mehr zu komplettieren.

Nur wenige Schichten strukturieren die Gesellschaft des Wassenberger Landes: die Freien (leodis, ingenuus), Minderfreie und Freigelassene (letus), Unfreie (servus, theo).

Um den tatsächlichen konjunkturellen Zustand jener Zeit in unserer Region zu erkennen, möchte ich Severin Corstens Dissertation bemühen, in der die Lebensbedingungen im Raume der Rur detailliert anhand der Quellen enthüllt sind: „Die mittelalterliche Grundherrschaft organisierte ihren oft weit verstreuten Besitz im sogenannten Fronhofsverband, der Villikation. Die Masse des Landes wurde in Betriebseinheiten, die sogenannten Hufen (mansi), aufgeteilt, welche die Ernährungsgrundlage für eine Bauernfamilie bildeten. Zum Fronhofsverband konnte eine beliebige Zahl abhängiger Hufen gehören. Größe und Umfang einer Villikation waren nicht durch irgendeine Doktrin festgelegt, allein die jeweils gegebenen Verhältnisse waren maßgebend, so daß der gleiche Leitgedanke eine Fülle von Sonderformen entwickeln konnte. Der Verwaltungsmittelpunkt der Villikation ist der Fronhof (villa, curtis). Unmittelbar zu diesem Hof gehört Land, das meistens das Zwei- oder Dreifache einer Normalhufe beträgt. Dieses zum Fronhof gehörende Land heißt das Salland. Die Wirtschaft auf der Villa führt der Herr selbst (Anm.: Man denke hier an die fränkische Fundstätte zwischen Orsbeck und Wassenberg, den sogenannten Wieler = villa), oder in größeren Grundherrschaften, die über mehrere Hofsverbände verfügen, tut dies ein Verwalter, ein Meier, Baumann oder Villicus genannt. Die Arbeit auf dem Hof wird durch Knechte, aber auch durch die Inhaber der abhängigen Hufen geleistet. Die von den Hüfnern geleisteten Dienste umfaßten in der Blütezeit der Fronhofsverfassung alle landwirtschaftlichen aber auch handwerklichen Arbeiten, die Arbeitsnorm wurde durch die Gewohnheit festgelegt und konnte durch den Grundherrn nicht willkürlich geändert werden. Der Fronhof (Anm.: In Wassenberg hält die Familie Heinrich Frohnhofen die Erinnerung an diese Landwirtschaftsstruktur *namentlich* fest.) ist die Ablieferungsstelle für die Zinse der Hüfner, welche sie für die Überlassung einer Hufe bezahlen müssen. Neben Naturalzinsen wurden schon bald Abgaben in Geld üblich. Auf dem Hof tagt das Hofgericht, das für die kleineren Vergehen der Hintersassen zuständig ist, das Hofrecht vollzieht , wie es sich mit der Zeit entwickelt hat, Verstöße gegen die Hofordnung ahndet und Akte der freiwilligen Gerichtsbarkeit durchführt, wie die Verlehnung der Hufen, bald auch ihre Vererbung und Teilung."[163]

Die Wassenberger Grafen haben die ihnen von Kaiser Heinrich II. (1021) übertragenen Gegenden von Anfang an zur Bildung eines geschlossenen Herrschaftsbereiches Wassenberg organisiert. Sie stützten sich dabei auf eine vorgefundene grundherrschaftliche Struktur. Sie konnten von den vorhandenen Villikationen ausgehen und durch Rodung, Ackerverbesserung, Trockenlegung und Bewässerung ertragfähige Ländereien hinzugewinnen. Die Fronhofsverbände waren dabei ihre Ausgangspunkte. Auf einen solchen Ur-Fronhofsverband hat exemplarisch für unsere Wassenberger Vorstellungen Werner von Negri in seinem Beitrag über die Waldgenossen der Allmende Havert für das Jahr 1277 hingewiesen.[164] Was aber finden die Flamensen in Wassenberg selbst vor? Es ist ein Konglomerat von Einzelrechten: das Vogteirecht, das Jagdrecht, das Waldrecht, das Fischereirecht und manche andere, vor allem aber stand ihnen die hohe Gerichtsbarkeit zu. Schon früh zogen sie Hilfskräfte für ihre Regierungsaufgaben heran. In den ersten Urkunden

Der Immunitätsbogen.
Zeichnung August Lentz 1924.

bemerkten wir schon, wie Verwandte, Ministerialen, Vasallen oder benachbarte Edelherren als Zeugen mitunterschreiben. Ich nehme an, daß neben der Motte im Wassenberger Horst auch schon eine Siedlung vorhanden war: ein „thorp". Dieses aus wenigen Höfen bestehende „Dorf" war nicht befestigt, nicht umwallt, geschweige denn mit einer Ziegelmauer umgeben, vielleicht von einer Hecke, einem Palisadenzaun. Gerhard I. wird gleich daran gegangen sein, die vorhandene „Burg" auszubauen, sonst würde nicht 1085 der Abt von St. Trond von einem „castello quod dicitur Guassenberge" gesprochen haben. Sonst wäre auch nicht von einem „beneficium castellanum" die Rede. Ein Kastell ist ein burgartiges, befestigtes Haus. Der *castellanus* (Chatelain, Kastellan) war der Herr der Burg, der Burggraf (burggravius, burgicomes, comes et castellanus). Wassenberg besaß ein „castrum", wie die Urkunden ausweisen: 1153 „Gerardus predicti castri."[165] Später ist vom „castro nostro de Wassenberg" die Rede[166], von „castrum et oppidum Wassemberg cum omnibus suis pertinentiis" (1283), von „terra de Wassemberg, in castro ibidem" (1289), von „castrum , oppidum et terram de Wassenberg" (1310), von „borch, stat, lant ind lude" (1413). Es leuchtet ein, daß mit dem an Gerhard I. belehnten Burgareal auch gewisse Befestigungen gemeint sein müssen, zumindest ein befestigtes Domizil. Natürlich ist ein „Castellum" im frühen Mittelalter nicht nur Befestigung, sondern auch Villa, Gutshof, Stadt. Das mehrfach gebrauchte Attribut „castrensis" bedeutet doch wohl Burglehen, Schloßlehen, „beneficium castellanum": Burghaus mit Burgmannenhof. Franz Mayer schreibt: „. . . ist genügend erwiesen, daß die Burg im Besitz des Kaisers Heinrich II., das heißt Reichsgut war. Daß vor dieser Belehnung der umfassende Landstrich ebenfalls von der Burg Wassenberg aus verwaltet wurde, ist unzweifelhaft. Die Burg ist eine Urgründung." Wer war der Burgherr vor Gerhard I.? Wer wohnte auf der Wassenberger Motte? Was geschah in der vorrodensischen Epoche auf der Wassenberger Burg? Zweifellos war bei Gerhards I. landesherrlichem Debüt die künstliche Bergfried-Hügelaufschüttung noch nicht ausgeführt. Sie wird erst, wie wir weiter unten sehen werden, um 1420, beim Wiederaufbau von Burg und geschleiften Stadtmauern (Ziegelummauerung) mit Hilfe des Erdreichs der auszuhebenden Befestigungsgräben (nach Auffassung von Will Andermahr) realisiert. Die Aufhöhung beträgt nach einer Messung von Architekt Theo Cohnen im Jahre 1987 exakt 23,3 m über der an der Burg vorbeiführenden Kirchstraße.

DIE KIRCHE

Der Mann im Kopfnischengrab

Am 30. September 1118 wurden am Fuße des Burgbergs zu Wassenberg eine romanische Basilika und ein Stift geweiht. Graf Gerhard IV. von Wassenberg und Geldern, der Lange, hat dieses bedeutsame Ereignis dokumentiert und dabei alle Dotationen für Kirche und Stift aufgelistet. Mit dieser großzügigen Fundation eröffnete der *Comes* (Graf) des Landes Wassenberg die ortseigene Kirchengeschichte und gab seinem Grafensitz auf der benachbarten Burg einen bemerkenswerten kirchenpolitischen Akzent.
Freilich — in den überwiegenden Fällen von Stiftsgründungen wurden diese zumeist von Bischöfen unternommen, und nur wenige vom weltlichen Adel.

Stifts-Urkunde 1230.

Wassenberg stellt insofern eine Ausnahme in den Gründeraktivitäten der profanen Herrschaft dar.
Die Grafen Gerhard, hier sind Gerhard III. und sein Sohn Gerhard IV. fundierend gemeint, zeigten sich großzügig bei der Ausstattung ihrer Neugründung. Allerdings fielen ihnen die Prämissen dazu nicht allzu schwer; denn Kaiser Heinrich II. wies ihren Vorfahren reiche Belehnungen im Wassenberger Lande zu. Trotzdem: der Neubau einer Kirche und mehrerer Stiftsgebäude verschlang bedeutende Mittel, war zeitraubend und arbeitsintensiv. Leider sind keine Mitteilungen auf uns gekommen, welcher Meister den kunstvoll romanischen Bau entworfen oder großen Vorbildern nachempfunden hat.
Der seit 1974 Essener Dombaumeister Dr. Heinz Dohmen (* 1934) aus Wassenberg sieht eine Verwandschaft mit dem vollendet klassischen Typ der ottonischen Phase der Romantik in dem gewaltigen Kirchbau von St. Michael in Hildesheim (1001—1033).
Der rund 850 Jahre nach dem Wassenberger Kirchenbau amtierende Propst der Georgskirche, Paul Spülbeck (1902—1962), hat 1956 in einer seiner engagierten „Bettelpredigten" für den Wiederaufbau des im Zweiten Weltkrieg zerstörten Gotteshauses[167] zum Ausdruck gebracht: „Man stelle sich das einmal in einer Zeit vor, in der es noch keine Zementwerke, keine Baukrähne, Bagger, Zementmischer gab. Kirche und Stiftsgebäude — ein gewaltiges Bauprojekt, eine riesige Materialbeschaffung! Und welcher finanzielle Einsatz war dazu notwendig! Graf Gerhard muß sehr vermögend gewesen sein."
Übrigens haben wir für die Vermutung von Propst Spülbeck eine Bestätigung in der *chronique de Gislebert de Mons,* wo von der Heirat der Gerhard-Tochter, Gräfin Jolanthe von Wassenberg, mit Graf Balduin von Hennegau (um 1107) die Rede ist.[168] Dort heißt es über unseren Wassenberger Gerhard, er sei ein „reicher und mächtiger Graf". Dieser „hochbetuchte Edelmann", so nennt ihn scherzhaft Oskar von Forckenbeck in seinen Briefen, Graf Gerhard III., ist der Vater unseres Stiftsgründers Gerhard IV. Gerhard III. soll einer der ersten Verstorbenen gewesen sein, die in der Georgsbasilika beerdigt wurden. Er stirbt nämlich schon am 8. März 1129 , also nur 11 Jahre nach der Einweihung.

Nach dem Zweiten Weltkriege hat Peter Josef Tholen im Auftrage des Rheinischen Landesmuseums Bonn Grabungen in den Ruinen der Georgsbasilika ausgeführt. Unter den Gräbern befand sich ein Kopfnischengrab, das wegen seiner Lage und Form unser Interesse verdient. Es ist aus Tuffstein gemauert und besitzt an der westlichen Seite eine aus zwei Steinen bestehende Kopfnische. Es liegt im Mittelschiff an der nördlichen Pfeilerreihe vor dem zweiten westlichen Pfeiler und ist heute mit einer Glasplatte einsehbar abgedeckt. Tholen fand es von einem romanischen Fliesenboden überdeckt. Die Platten waren im Wechsel verlegt und kennzeichneten durch ein Muster den Ort der Gruft. Sie hatten teilweise dreieckige Formen. Die Entdekkung des Kopfnischengrabes gab zu mancherlei Spekulation Anlaß. Tholen weist darauf hin, daß die Grabform mit der Kopfnische etwa um 1000 aufkommt und nun mit dem Wassenberger Fund erstmals für die Zeit nach 1100 nachgewiesen werden kann.

Der Mann im Kopfnischengrab der Georgskirche. Mit größter Wahrscheinlichkeit handelt es sich bei ihm um Graf Gerhard III. von Wassenberg und Geldern († vor 1129).

Wer ist der Tote? Der Architekt des Neubaus der Georgskirche, Alfons Leitl (Trier), sieht in ihm den „inspirateur de l'église". Der Heinsberger Heimatmuseumsleiter, Studienrat August Lentz, der sich mit Paul Spülbeck, Will Andermahr und Jakob Broich um die Erhaltung dieses Grabes und seine Sichtbarmachung im Neubau gekümmert hat, war der Meinung, der Mann im Grabe sei zweifellos Graf Gerhard III., welcher am 8. März 1129 gestorben ist und in zweiter Ehe mit Clementia von Poitou, genannt von Gleiberg verheiratet war. Sein Sohn Gerhard IV., der Lange, starb schon zwei Jahre nach ihm, wie das Wassenberger Totenbuch ausweist.[169] Der Vater unseres Stift- und Kirchengründers ist also wohl einer der ersten gewesen, der in der Georgsbasilika seine letzte Ruhe fand. Die Kirche kann noch nicht vollendet gewesen sein, als er ins Grab gelegt wurde; denn der darüber liegende älteste Fußboden weist weder Störung noch Unterbrechung auf. Außerdem ist der Standort des Grabes im Kirchenschiff durch die Würde seiner Zentralität exklusiv. Ich halte es deshalb für höchst wahrscheinlich, daß der Mann im Kopfnischengrab Graf Gerhard III. ist, einer der Väter von Stift und Kirche und, wenn man so will, einer der Väter Wassenbergs; denn er gehört zweifellos zu den fundierenden Bauherren der Burg.

Eine Wassenberger Dissertation

Wir sind in der glücklichen Lage, eine wissenschaftliche Untersuchung über Stift und Kirche zu besitzen. Der Wassenberger cand. phil. Anton Schuffels aus Forst hat am 14. Oktober 1911 seine Doktorabeit zum Zwecke der Erlangung der Doktorwürde der Hohen Philosophischen Fakultät der Rheinischen Friedrich-Wilhelms-Universität zu Bonn vorgelegt. Doktorvater war der renommierte jüdische Historiker Prof. Dr.Wilhelm Levison, der später vor den Nazis nach England floh und in Durham im Exil lebte. Hier schuf er weitere Arbeiten zur rheinischen Geschichte, besonders über „Saint Willibrord and his place in history".[170] Berichterstatter für Schuffels' Dissertation war der Geheime Regierungsrat Prof. Dr. A. Schulte. Das Wassenberger Pfarr- und Stiftsarchiv mit seinem urkundlichen Grundlagenmaterial befindet sich auch heute noch an seinem ursprünglichen Aufbewahrungsort im ehemaligen Stiftsgebäude und gegenwärtigen Pastorat am Stiftsplatz Nr.5 unter treuer Aufsicht von Propst Hugo Nießen. Prunkstück der 109 Pergamente wäre sicherlich das Original der Gründungsurkunde von 1118 mit Graf Gerhards Worten: „... pro anime mee et patris mei aliorumque predecessorum meorum remedio in meo allodio Wassenberg construxerim ..." (Übersetzung: „... zum Heil meiner Seele sowie meines Vaters und meiner übrigen Vorfahren auf meinem Besitztum in Wassenberg erbaut ...").

Anton Schuffels am Tage seiner Promotion mit der Dissertation über das Wassenberger Georgsstift (14. 10. 1911) an der Universität Bonn.

1263 war die kostbare Urkunde noch vorhanden, aber danach ist sie verschollen oder aber auf Veranlassung des Magister Renerus vernichtet oder ins Generalvikariat nach Lüttich gegeben worden. Es gibt „nur noch" die Erneuerung des ursprünglichen Dokuments durch Magister Renerus, Scholaster aus Tongern, vom 27. Oktober 1263. Als nämlich an diesem Tage im Auftrage des Bischofs Heinrich von Lüttich der Magister Stift und Kirche zu Wassenberg visitiert, läßt er sich auch die Gründungsurkunde zeigen. Sie ist damals 145 Jahre alt (von 1118) und besitzt schon starke Spuren von Vergilbung und Verderbung. Dem Magister erscheint das Dokument restaurationsbedürftig in Schrift und Siegel, weil es später eventuell infolge Unlesbarkeit leicht zu Mißverständnissen in Sachen Dotationes führen könne. Um Schaden von Stift und Kirche abzuwenden, entscheidet Renerus, das Gründungsmanifest zu renovieren. So haben wir heute ein gut leserliches Schriftstück vor uns, das über 700 Jahre alt , 1263 von der Gründungsurkunde abgeschrieben worden ist. Es stellt somit eine wirkliche Übernahme der Wassenberger Charter vom 30. September 1118 dar. Magister Renerus schickt diesem denkwürdigen Akt eine Präambel voraus:

Wir tun allen kund: Als wir persönlich zur Kirche von Wassenberg kamen, um dort an der Stelle und im Auftrage unseres Herrn, des vorgenannten Bischofs, die Visitation auszuführen, und sorgfältig wie es Brauch ist, nach dem Stand der geistlichen und weltlichen Angelegenheiten jener Kirche forschten, fanden wir unter anderem eine Urkunde jener Kirche, die man uns vorlegte, welche sowohl wegen ihrer Schrift wie auch ihres Siegels infolge Alters fast verfallen war. In der Sorge, aus dem Untergang dieser Urkunde könnte jener Kirche Unrecht und Gefahr entstehen, haben wir jene Urkunde erneuern und ihren Inhalt Wort für Wort übertragen lassen, wie folgt:

Übersetzung der Gründungsurkunde

Im Namen der Heiligen und ungeteilten Dreifaltigkeit! Sämtlichen gläubigen Söhnen der heiligen Mutter Kirche sei kund, daß ich, Graf Gerhard, auf meinem Besitztum Wassenberg eine Kirche erbaut habe zu Ehren der Gottesmutter Maria und des heiligen Märtyrers Georg zum Heil meiner Seele sowie meines Vaters und meiner übrigen Vorfahren. Sie wurde von dem ehrwürdigen Bischof von Lüttich, Herrn Otbert, geweiht. Auf göttliche Mahnung hin habe ich beschlossen, sie aus meinen Gütern zu begaben und auszustatten. Auch habe ich von demselben Herrn Bischof, vom Archidiakon und vom Dechanten auf meine Bitten und auf Grund meiner Dienste erreicht, daß jene Kirche frei bleibt von jeder Abgabe, mit Ausnahme der Synodalsteuer. Darum habe ich dieser Kirche als Pfründe für die daselbst Gott dienenden Brüder alle meine Besitzungen in Munemunte übertragen mit allen Zehntabgaben, mit Ausnahme meiner Ministerialen mit ihren Lehen. Weiter habe ich der Kirche übertragen die Hälfte der (Kirchen-)Einkünfte von Birgelen, die Hälfte derer von Steinkirchen sowie die Kirche von Humersheim mit allen Rechten, den achten Teil der Kircheneinkünfte von Weirte, den Hof Eilenchoven, die Kirche von Havert, in Bride einen Zins von fünf Maastrichter (oder Utrechter = Traiectensis monete) Schil-

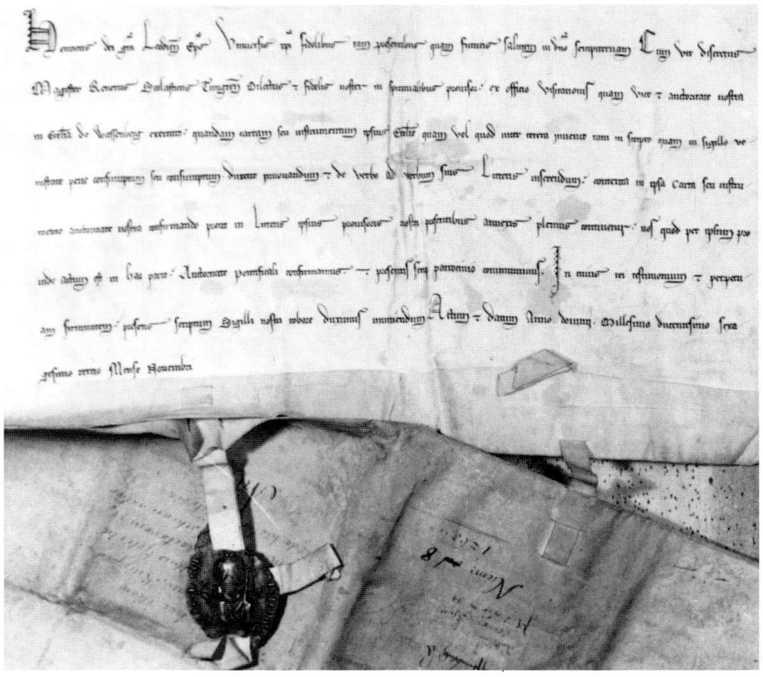

Abschrift der Gründungsurkunde von Kirche und Stift Wassenberg infolge einer Anweisung des Visitators Magister Renerus aus Lüttich 1263.

ling, einen Ministerialen mit seinem Lehen, den Zehnten in Rothusen, ein Besitztum in Granterath, einen Teil des Besitztums in Lövenich, ein Besitztum in Golkerath, in Breyell den Teil eines Besitztums und die Kirche von Wildenrath.

Einige meiner Ministerialen sind meinem Wunsche von Herzen nachgekommen und haben in Vorsorge für das Heil ihrer Seelen jener Kirche Teile ihres Vermögens überwiesen, nämlich Sigebodo, mit dem Beinamen Strabo, ein Besitztum in Vollete, wovon aber seine Gemahlin, wenn sie ihn überlebt, die Nutznießung haben soll; auch vermachte er jährlich fünf Schilling. Desgleichen schenkte ein Freier, Ezzo mit Namen, einen Teil seines Besitztums, das zwischen vorgenanntem Eigentum liegt und jährlich 30 Kölner Denare einbringt. Die Vogtei über die Besitzungen dieser Kirche, die ihr bis heute übertragen wurden und in Zukunft noch übertragen werden, habe ich mir und dem, wer auch immer der Erbe der Burg und des Allods in Wassenberg sein wird, vorbehalten, wobei ich als Entschädigung für diese Vogtei nur die Gebete der Brüder fordere. Weil aber menschliche Gebrechlichkeit leider täglich zum Sündigen neigt, habe ich über die Güterübertragung und ihre Zweckbestimmung diese Urkunde abfassen und durch Beidrückung des Siegels des ehrwürdigen Bischofs von Lüttich, Herrn Otbert, bekräftigen lassen. Auch habe ich erwirkt, daß die von ihm (dem Bischof) gewährte Freiheit der Kirche und meine Rechtsverfügungen (für dieselbe) durch seinen (des Bischofs) Bann bekräftigt wurde, so daß nun durch die wahrheitsgemäße Bezeugung dieser Urkunde und durch die Verhängung des bischöflichen Bannes als schuldig überführt und verfolgt werden kann, wenn jemand trotz allem seiner (des Bischofs) Bewilligung und meinem Vermächtnis entgegenzuhandeln sich unterstehen sollte.

Bei der Verleihung oben beschriebener Rechte und Verfügungen waren als geeignete Zeugen zugegen, deren Namen nun folgen:

Herr Friedrich, Propst an St. Lambertus; Dechant Heinrich (Dekanat Wassenberg); Archidiakon Andreas, Archidiakon Alexander, Archidiakon Almannus, Archidiakon Steppo; die Priester Arnulf, Stephan, Emmo, Johannes; Liezelin, Propst vom Heiligen Kreuz; Nikolaus, Propst an St. Dionys; der Chorherr Wido, die freien Männer (Adeligen) Engelbert von Bugenheim. Reinhard von Stalburg (Stolberg), Gerhard von Berg, Goswin von Süsteren, Heribert, Sohn des Heribert von Merlin (Millen). Verhandelt wurde dies im Jahre der Menschwerdung des Herrn 1118, in der 11. Indiktion, zur Zeit der Regierung Kaiser Heinrich V., am Tage vor den Kalenden des Oktober (30. September 1118)

An des Magister Renerus Abschrift der Gründungsurkunde von 1118 ist mit Bändern eine bischöfliche Beglaubigung angehängt und diese wiederum mit dem bischöflichen Siegel bekräftigt. Das Siegel finde ich leicht beschädigt, läßt aber immer noch erkennen, daß es im Bild einen Bischof auf einem Bischofsstuhl zeigt. Die Arme des Stuhles laufen in Hundsköpfen aus. Der Bischof hält Stab und Buch in seinen Händen. Die Umschrift ist nur noch teilweise leserlich: *Ecclesiae episcopus Dei grati.* Die Rückseite des Siegels zeigt einen knienden Bischof mit Mitra und gefalteten Händen. Links und rechts neben ihm schmücken fünfzackige Sterne das Siegel.

Der Gründer

Es steht heute wohl eindeutig fest: Gerhard IV., der Lange, Graf von Wassenberg (II. von Geldern), ist es, der — noch jung an Jahren (unverheiratet, ohne Siegel) — als der Sprecher der Gründungsurkunde gelten muß. Das Dokument des Archivs der Wassenberger Georgskirche wird von Severin Corsten eines der „ehrwürdigsten Denkmäler unserer heimatlichen Geschichte" genannt. Gerhard IV. — wie die Urkunde nahelegt — ein frommer Mann, der *in honore sancte dei genitricis marie et sancti georgii martyris* für das Seelenheil aller seiner Vorfahren, seines Vaters und sich selbst einen hohen persönlichen, materiellen Einsatz beim Bau von Kirche und Stift wie bei der Dotation derselben demonstriert, hat Wassenberger Geschichte geschrieben. Otto Merckens bemerkt: Der *Comes Gerardus* nenne bei der Absicht, für das Seelenheil der Seinen die Bauwerke zu errichten und Dotationen und

St. Georg und Stadtbefestigung. Zeichnung Paul Wollenweber (1970)

Inkorporationen festzulegen, weder Ehefrau noch Kinder, was sicherlich nicht unterblieben wäre, wäre er verheiratet und mit Kindern gesegnet gewesen. Demgegenüber hatte Gerhard III. Kinder, mindestens drei: Gerhard, Jolanthe, Judith. Die Urkunde ist nicht mit einem Siegel unseres Grafen versehen. Sollte Gerhard III. kein eigenes Siegel geführt haben? Unwahrscheinlich! Als Aussteller der Urkunde kommen nur Gerhard III. oder sein Sohn Gerhard IV. in Betracht. Anton Schuffels hat in seiner Dissertation Gerhard IV. von Wassenberg (und Geldern) als *spiritus auctor* von Stift und Kirche deklariert. Natürlich wurde der Bau der kirchlichen Gebäude schon lange vor dem 30. September 1118 begonnen. Schuffels nimmt deshalb an, schon Gerhard III. habe mit dem „construxerim" angefangen. Wichtig scheint mir in diesem Zusammenhang, daß Graf Gerhard IV. sich die Vogtei vorbehält:

Die Vogtei über die Besitzungen dieser Kirche, die ihr bis heute übertragen wurden und in Zukunft noch übertragen werden, habe ich mir und dem, wer auch immer der Erbe der Burg des Allods in Wassenberg sein wird, vorbehalten . . .

Hier wird also die Rücksicht auf eventuelle zukünftige Besitzteilungen beim Erbgang deutlich. Hermann Aubin vertritt die These, dies habe den Grafen von Wassenberg veranlaßt, zu bestimmen, die Vogtei des von ihm errichteten Hausstiftes stets bei der Burg zu belassen. Gleiche Bestimmmungen finden sich auch bei anderen Kirchengründungen, in welchen während des 12. Jahrhunderts die erstarkte Macht der niederrheinischen Dynasten zum Ausdruck kommt: „Hat diesen Herren die Bewegung, welche wir gleichzeitig zu Gunsten einer freieren Selbstbestimmung der bischöflichen Kirchen wirksam sehen, auch manchmal das eine Zugeständnis abgerungen, daß sie ihre neuen Stiftungen (z.B. das Wassenberger Georgsstift) dem Diözesanheiligen, d. h. der Bischofskirche aufließen, so waren sie doch nicht gewillt, auf die Herrschaftsrechte über ihre nun zur Fundation aufgewandten Güter zu verzichten. Sie behielten sich daher stets die Vogtei, (wie in Wassenberg) als erblich in ihrer Familie vor."[171]
Anton Schuffels meint, Gerhard III. sei schon einige Monate vor der Einweihung der Georgskirche und des Stifts, am 5. April 1118, gestorben. Demgegenüber vertreten Severin Corsten und Leo Gillessen die Ansicht, dies könne erst am 8. 3. 1129 geschehen sein. Sein Sohn , Gerhard IV., der Lange, folgt ihm schon zwei Jahre später in die Ewigkeit: am 24. Oktober 1131, wie es das Tagesdatum des Wassenberger Totenbuches ausweist. Gerhard der Lange hat bereits das Erbe seines Vaters in Geldern angetreten und nennt sich auch Graf von Geldern. Durch seine Gemahlin Ermengarde hat er die Grafschaft Zutphen dazugewonnen. Sein Vater, Gerhard III. von Wassenberg und Geldern, war zweimal verheiratet: Das erste Mal mit einer nicht namentlich bekannten Adeligen, das zweite Mal mit Clementia von Poitou, genannt von Gleiberg.
Die Stiftsgründung wird nur durch wenige Worte in der Gründungsurkunde mitgeteilt. Von den „dort Gott dienenden Brüdern" (*fratrum ibidem deo famulantium*) ist die Rede. Schuffels interpretiert: „Daß über die weitere Einrichtung des Stiftes nichts Genaues verlautet, braucht uns, wie sich später ergeben wird, nicht wunderzunehmen. Wir haben es unzweifelhaft mit einem Stift zu tun; darüber kann auch schon wegen der reichen Ausstattung der Kirche kein Zweifel bestehen; sie erhält eine Reihe Erbgüter, Fronhöfe, Zehnten, Renten, einen Ministerialen und, was den Charakter als Stift am meisten hervortreten läßt, es werden ihr mehrere Kirchen überwiesen."[172]

Von Wassergräben und Sümpfen umgeben

Das kirchliche Areal am Fuße des Burgbergs muß eine ausgedehnte Baustelle gewesen sein. Frage: Von wo kam das immense Steinmaterial für derartige Großbauten? Steinbrüche gab es im Wassenberger Lande nicht. Die Gebirge waren weit. Ein Steintransport über viele Meilen auf miserablen Wegen brachte horrende Schwierigkeiten. Oft half man sich mit Mauerresten römischer Ruinen, aber deren Steinreserven waren begrenzt. Sie bestanden zum größten Teil aus Bruchsteinen, Tuff, Grauwacken und Liedberger Sandstein, Gesteinsarten, die beim Bau von Kirche und Stift Wassenberg Verwendung gefunden haben. Zuerst aber war die Plazierung der Gebäude festzulegen. Aus dem moorigen, quellenreichen Judenbruch sammelte sich damals Wasser etwa in Höhe des jetzigen Pontorsonplatzes, um von dort in zwei ungeregelten Bachläufen um Wassenberg herum (Gasthausbach) in Richtung Rur zu fließen. Der heutige Pontorsonplatz war seinerzeit ein verschlammter Bruchteich. Die Verlandung dieses moorigen Wasserbereichs war noch um 1930 sichtbar. Wenn man so will, stellte dieser kleine Weiher eine Art Auffang- und Überlaufbecken bei starken Regenfällen mit ihren Wassermassen von der Horsthöhe dar und regelte auf natürliche Weise die mittelalterliche Gräbenfüllung damaliger und späterer Befestigungen.
Seit die Reichsbahn 1911 ihre Linie Dalheim-Rosenthal-Wassenberg-Ratheim-Hückelhoven-Dovern-Baal befährt, sind die Bruchwasser kanalisiert, so daß sie unter dem Bahndamm hindurch in den späteren Gondelweiher (1927) einfließen. Damals aber, um 1100, lag Wassenberg in einem ausgedehnten Sumpf- und Bruchgebiet: hinter dem Birgelener Tor erstreckten sich Wassergräben. Anton Kohlhas schreibt über Wassenberg um 1850: „Die Gräben sind erst vor wenigen Jahren gefüllt und zu Gärten eingerichtet worden."[173]
Ferner bestätigt Leonhard Jaegers bei seinen „Aufzeichnungen aus Wassenbergs Vergangenheit von 1802—1848" unser „Wasser-Berg": „Die Patres waren die ersten, die die Stadtmauer durchbrachen, die Gräben ausfüllten und zu Gärten umschufen. Der jetzt gefüllte Weiher am Roßtor und die Allee erinnern durch ihre Bezeichnung noch an die Patres. (Petersweiher und Patersgraben)".[174] Die Haag (oder Hag) zeigt uns heute noch die alten Grabenvertiefungen. Die Bleiche, seit 1927 Gondelweiher und Schwimmbad,

Tranchot-Kartenausschnitt „Untere Rur" (1806).

veranschaulicht im „Kahnweiher" noch heute den ursprünglichen Zustand einer relativ breiten Wasserschutzzone vor Wall und Mauer.

Dem Betrachter des heutigen Wassenbergs mögen diese Darstellungen wegen der Wasserspiegelhöhe zwischen dem Gondelweiher und dem Niveau der Burgstraße, Turmstraße, Roermonder Straße und An der Haag fragwürdig erscheinen. Tatsächlich aber war Wassenberg ganz von Wasser umgeben, und ich halte es nach wie vor für richtig, daß der Name Wassenberg eher von Wasser als von „Waasen" als Wiesen- bzw. Rasenberg herzuleiten ist. Der Ort ist ein extrem feuchtes Areal gewesen. Etwas derber hat es August Jaegers einmal ausgedrückt: „Wasseberch, datt weet ich von minne Jrooßvadder, woar emmer e Mottloak." (Mott = Matsch, Morast) Für meine „Wasser-These" habe ich einen optischen Beleg aus dem Codex Welser (1730), der sich in der Staatsbibliothek München und ein zweites, geringfügig geändertes Exemplar im Historischen Archiv der Stadt Köln befindet. Wer die Wassenberg-Zeichnung des Codex Welser mit der Lupe studiert (Siehe Bild Nr. 124), wird erkennen, daß Wassenberg vollständig von Wasser umgeben ist. Im Vordergrund liegt das Brühltor mit einer Brücke über dem Wassergraben. Auch in der Beschreibung Wassenbergs zu dieser Codex-Welser-Zeichnung ist vor allem von Wasser die Rede. Es heißt dort: „Wassenberg ligt ohnweit der Ruhr und heischt so viel alß Waßer ahm Berg, weil alda viele Waßeraderen ahn dem Bergschloß hervor bringen ..."[175] Auf die berechtigte Frage, wo die tiefen Wassergräben geblieben sind, gibt es eine gesicherte Antwort: Als in der Gründerzeit die Seidenfabrikation Krahnen & Gobbers ihr Fabrikgebäude erbaute, mußte sie viele Tausend Kubikmeter Erdaushub loswerden. Er gelangte in die Gräben vor der Stadtmauer links und rechts der heutigen Kirchstraße sowie in den Gesamtbereich zwischen Gondelweiher, Kirchstraße, Küstersgäßchen und Burgstraße. Nur so sind nach Landschaftsarchitekt Peter Setzler, der 1938 für Bürgermeister Julius Grünweller über die Erweiterung der Anlagen des Luftkurortes ein Gutachten erarbeitete, die heute vorfindbaren , angeschütteten Höhenunterschiede zu erklären. Auch Stadtarchitekt Will Andermahr plädierte im Jahre 1949 für die Erweiterung der Anlagen parallel zur Stadtmauer und verwies dabei auf das angefüllte Erdreich an Wehrturm und an den Stadtmauerbögen. Im Mittelalter gab es hier eine regelrechte Talung. Sie bezog ihre Wasser vom Judenbruchweiher (heute verlandeter Pontorsonplatz) bis zur Haag leicht abfließend der Rur entgegen, deren Vorgelände , wie ich bei der Schlacht bei Wassenberg (1206) noch zeigen werde, so sumpfig war, daß viele der Kämpfenden darin versanken und umkamen. Auch der Weg von Heinsberg nach Wassenberg war bis Anfang des 19. Jahrhunderts „eine morastige Bahn". Die Brühl macht schon vom Namen her (brogil = Sumpf) keinen Hehl aus ihrem Morast. Noch 1911 singt man ein Wassenberger Karnevalslied auf die Melodie „Prinz Eugen der edle Ritter . . .", das den „Matsch der Brühl" in seiner ersten Strophe persifliert:

Wassenberg, ein Städtchen prächtig,
wenn es auch nicht übermächtig,
propper ist es überall.
Doch geht man die Brühl hinunter,
wird es immer schlimmer, bunter,
in den Matsch man fallen kann.

Die Brühl war ein sumpfiges Terrain, ein feuchter Platz. Sie stand bei Bauherrn im schlechten Ruf. Will Andermahr hat nachgewiesen, daß Fundamente bei einigen älteren Häusern zusätzlich auf eingerammten Eichenpfählen ruhten. Auch der Kirchen- und Stiftsbau hatte mit Feuchtigskeitsproblemen zu kämpfen. Wassenberg war doch mehr eine „wasserborch". Hinzu kam, daß der Baugrund eine verhältnismäßig starke Hanglage bot, was heute noch feststellbar ist, wenn man den Höhenunterschied zwischen Burgbergrand und dem Wasserspiegel des Gondelweihers abschätzt, der mehrere Meter ausmacht. Peter Josef Tholen hat in seinem Grabungsbefund darauf hingewiesen, das nördliche Mittelschiffundament liege entsprechend der Hanglage — die Kirche steht am Südhang eine Seitentälchens zur Rurniederung — höher als das südliche und bestehe bis zur Sohle aus festgefügtem Mauerwerk: „Das südliche Mittelschiffundament hatte auf der Sohle eine etwa 0,46 m starke Stikkung, lose, sauber in die Fundamentgrube gelegte und in Sand verpackte Steine und darüber erst fest gemörteltes Mauerwerk. Diese Art der Fundamentierung ist bei römischen Bauten allgemein angewendet worden, sie wurde in den letzten Jahrzehnten in karolingischen

Georgskirche in einer Abbildung vom Jahre 1906.

und vorromanischen Kirchenbauten nachgewiesen, sie darf jedoch bei romanischen Anlagen als Seltenheit angesehen werden. Die Stickung diente als Isolierschicht, um die Bodenfeuchtigkeit vom aufgehenden Mauerwerk fernzuhalten. Das Fundamentmauerwerk bestand aus Findlingen, tertiären Quarzitsandsteinen, Kieselsteinen und den eigenartigen Raseneisensteinen. In der obersten Lage war Tuff der vorherrschende Stein, der sorgfältig mit Mörtel abgedeckt war. Dieses Gesteinsmaterial, mit Ausnahme des Tuffs, steht in der näheren Umgebung an, der Quarzitsandstein stammt von Liedberg bei Rheydt, wahrscheinlich auch aus dem Doverner Vorkommen. Der Raseneisenstein, der durch Eisenabsonderungen in Kies- und Sandschichten entstanden ist und diese fest verkittet hat, liegt in Nestern zwischen Orsbeck und Wassenberg, außerdem steht er in der Nähe von Baal an. Diese Gesteinsart ist auch in der vorromanischen Kirche von Orsbeck, im Roßtor, sowie auch gelegentlich in der Stadtmauer von Wassenberg verwendet worden."[176] Für das Bauwerk wurden Kieselsteine gesammelt und nach grobem Kiesschotter gesucht, der sich bei Rur- oder Maasüberschwemmungen am flachen Ufer absetzte. Ein solches Material schaffte allerdings Schwierigkeiten beim Aufführen fester Mauern. Übrigens besaß auch die alte Birgelener Bergkirche teilweise Kieselsteinmauerwerk.

Die Wassenberger Kirche war am 30. September 1118 noch nicht fertig. Dombaumeister Heinz Dohmen meint: „Auf den Fundamenten wurde zuerst der Chor, vermutlich einschließlich der beiden Ostjoche des Langhauses, errichtet und noch 1118 eingeweiht. Mehr war in der kurzen Zeit seit Baubeginn nicht zu schaffen. Der damals bevorzugte Tuff kam vom Laacher See. Erst nach der urkundlich erwähnten Weihe kann der Hauptteil des Mittelschiffs mit fünf Pfeilerpaaren und Obergaden errichtet worden sein, und zwar nach einer Planänderung, denn die unterschiedlich bearbeiteten Pfeilerreihen wurden beiderseits des Langhauses um 30 cm über die Fundamente hinausgerückt, gesichert durch nachträglich unter jedem Pfeiler angesetzte Fundamentverbreiterungen. Der Kirchenraum wurde damit um 60 cm weiter als ursprünglich vorgesehen. Die Seitenschiffe waren vom Fundament bis zum Dach deutlich vom Langhaus und Chor geschieden, wie Baufugen und Formensprache verrieten. Sie dürften erst um die Mitte des 12. Jahrhunderts angebaut worden sein, als vor allem in Süddeutschland die staufischen Bauten (1138/1254) und sich der Einfluß der Kölner Schule auszubreiten begann."[177] Der heute noch stehende mächtige, gotische Backsteinturm (36 m hoch, 16 m breit) ist erst zwischen 1420 und 1426 erbaut worden. Sein Mauerwerk — nicht sein Helm — hat die Zerstörungen im Zweiten Weltkrieg überstanden. Burgfried und Kirchturm bestimmten seit jeher das Weichbild der Stadt, aus welcher Himmelsrichtung man sie auch betrachtet: etwa aus der des Malers Jean Grothe vom Kulenberg (Siehe Bild Nr. 35) oder aus der vom Arsbecker Maler Hubert Plücken gewählten Perspektive vom Wingertsberg her. Heinz Dohmen schränkt ästhetisch ein, der

Backsteinkirchturm sei zu den feingliedrigen Proportionen der alten Basilika überdimensioniert gewesen, zu wuchtig und im Maßstab übersetzt: „Seine drei außen durch umlaufende Hausteingurte ablesbaren Geschosse (innen sind es sechs) nahmen keine Rücksicht auf die Zonung und Höhenentwicklung des romanischen Langhauses. Das erste reichte bis zum Hauptschiffgesims und öffnete sich nur nach Westen mit einem schmalhohen Spitzbogenfenster, das in seinem unteren Teil das Rokokoportal mit phantasievollem Oberlicht und dekorativ behauenen, teils geschweiften Natursteinwänden aufnahm, unmittelbar darüber aber ein gotisches Maßwerkfenster. Im Mittelgeschoß tritt schon eine reichere Gliederung als an den Seitenschiffen der Kirche auf: je zwei zweiteilige Blendnischen mit Backsteinpfosten an den drei freien Turmseiten, die in romanischer Manier mit Rundbogen ausgebildet und zweifach flächig zurückgestuft sind. Erst das oberste Doppelgeschoß bekennt sich zu einer der Gotik mehr entsprechenden Haltung: Die nach allen Himmelsrichtungen geöffneten Schallöcher sind schmal und spitzbogig ausgebildet, ebenso wie die kleineren, tiefer eingeschnittenen Blenden in den Brüstungsfeldern."

Der Quaderbau aus Tuff zeigte an Innen- und Außenflächen eine sehr sorgfältige Blendung. Das Kernmauerwerk war aus großen Kalkbruchsteinen mit Mörtelguß hergestellt. Das Chorhaus hatte ein gratiges Kreuzgewölbe, Apsis und Seitenapsis besaßen glatte Halbkuppeln. In die Sakristei führte eine schön geschwungene spätgotische Türe mit Kleeblattbogen in einer giebelförmig schließenden Blende, in ihrer Durchbildung den Fenstern der Sakristei entsprechend. Dieses steinerne Gewände, aus den Trümmern geborgen, hat Will Andermahr später bei der Restauration der Wassenberger Stadtmauern zwischen Kirchstraße und Gondelweiher dazu benutzt, einem Mauerdurchgang diese ehrwürdige Rahmung zu schenken. (Siehe Buch-Rückseite!) Das Langhaus der Georgsbasilika war ein Schulbeispiel für die romanische Baukunst. Stilgeschichtlich gehörte es in die späte Ottonenzeit: kraftvoll, in sich geschlossen. Heinz Dohmens stilgeschichtliche Wertung der Basilika gipfelt im Lob für den Baumeister eines konsequent entfalteten basilikalen Querschnitts. Der Vorläufer dieses Gotteshauses ist in frühchristlichen Basiliken, die nicht wie römische Bauten aus dünnen Ziegeln, sondern aus Natursteinquadern von Kalk oder Basalt gefügt waren, zu sehen. Von griechischen Tempeln war die flache Holzdecke und die Dreiheit von Haupt- und Nebenchören übernommen, in denen nicht Mosaikbilder, sondern das unverkleidete Quadermauerwerk mit gemeißelten Schmuckformen und kräftigen Pfeilern anstelle von Rundsäulen den Raumeindruck bestimmten.[178] Kurt Römer sen. hat 1932 ein Foto von der Innenansicht der Basilika gemacht und uns damit eine überzeugende Veranschaulichung dieses reinen Stils der Frühromanik hinterlassen. Viele Autoren haben die Schönheit der Kirche des Grafen Gerhard von Wassenberg und die stilistische Kraft ihrer Raumwirkung gerühmt.

Ausschachtungen im Jahre 1939

Pfarrer Wilhelm Baer[179] läßt 1939 eine Warmluftheizung in die Kirche einbauen. Diese Gelegenheit nutzt das Rheinische Landesmuseum Bonn zur Analyse. P. A. Tholen beschreibt seine Beobachtungen: „Innerhalb der Sakristei stieß ich zunächst auf die Grundmauern einer früheren Apsis, also eines halbkreisförmigen Abschlusses des südlichen Seitenschiffes. Dieses Schiff hatte entsprechend dem Nordseitenschiff einen halbrunden Abschluß gehabt. Erst beim Bau der Sakristei im 15. Jahrhundert ist diese Apsis bis auf die Grundmauern entfernt worden. Die zur Apsis führende Bogenöffnung war trotz der geringen Weite durch eine kräftige Verspannungsmauer unter dem Boden verstärkt. Man hatte demnach die den Bogen tragenden Pfeiler nicht einzeln für sich fundamentiert, sondern auf eine durchgehende Mauer gesetzt, um so den Bogen zu sichern. In dem Halbkreisfundament war in Höhe des Kirchenbodens ein ungefähr 25 mal 25 cm im Lichten messender Kanal gemauert, der von Pfeiler zu Pfeiler lief und in diesen blind endete. Wahrscheinlich stand er aber an irgendeiner Stelle mit der Außenluft in Verbindung. Es kann sich nur um eine Einrichtung handeln, die bestimmt war, die aufsteigende Bodenfeuchtigkeit zu entfernen. Immerhin ein Zeichen von sehr sorgfältiger Bauweise. Die Grundmauer des Seitenschiffes brachte eine weitere Überraschung. Die 1,50 m tief reichende Mauer hatte nämlich unten eine 40 cm hohe Stickung. Das heißt also: In die scharf ausgestochene Baugrube sind zuunterst lose Steine, ohne Mörtelverband gesetzt und erst 40 cm über der Mauersohle beginnt Mörtelwerk. Dadurch sollte verhindert werden, daß die Bodenfeuchtigkeit in starkem Maße nach oben steigt. Es ist dies eine Art der Fundamentierung, die bei römischen Mauern allgemein angewandt worden ist, später jedoch in Vergessenheit geriet."

Es ist das erste Mal, daß der weit herumgekommene Peter Anton Tholen im Rahmen seiner archäologischen Tätigkeit bei einem romanischen Kirchenbau eine solch ausgeprägte Stickung entdeckt. Die höher liegenden Teile der Grundmauer sind sorgfältig aus in reichlich Mörtel gebetteten Findlingen und vor allem aus den eigenartigen Eisensteinen geschichtet: „Nach Angabe des Küsters Michael Storms sitzen solche eisenverkittete Kieslagen zwischen Wassenberg und Orsbeck im sogenannten Wieler in geringer Tiefe. Sie sind ja auch beim Bau des Roßtors verwendet worden. Es muß für unsere Heimat schon ein Ereignis gewesen sein, als man einen solchen Stein entdeckte. Denn ein Kirchenbau im frühen Mittelalter war vor allem eine Materialfrage. Das Mauerwerk der Kirche ist demnach höchst sorgfältig aufgeführt und zwar in einer sehr alt anmutenden Technik, die man im allgemeinen bei Bauten aus dem Anfang des 12. Jahrhunderts nicht mehr findet."[180]

Die Kirche besaß auch im Innern wie in vielen anderen Stifts- und Klosterkirchen einen Lettner, in Wassenberg zwischen dem zweiten Pfeilerpaar von Osten eingebaut. Es war eine halbhohe Trennung zwischen

St. Georgsbasilika Wassenberg (1118 bis 1945).

dem für die Stiftsherren bestimmten Chor und dem für das Volk geöffnete Kirchenschiff. Den Lettner strukturierten zwei Durchgänge mit Aufgang zu einer kleinen brückenartigen Bühne, von wo aus Lesungen gehalten wurden.

Fehler im Längsschnitt der „Kunstdenkmäler"

Um 1900 wird die Georgsbasilika erstmals für das historische und kunsthistorische Sammelwerk „Die Kunstdenkmäler der Rheinprovinz" untersucht. Paul Clemen ist der Herausgeber im Auftrage des Provinzialverbandes der Rheinprovinz. Im Band 8 dokumentieren die Kunstdenkmäler des Kreises Heinsberg den Ort Wassenberg.[181] In den Jahren 1900 und 1901 begann Karl Franck-Oberaspach die Bearbeitung des Wassenberger Raumes. Da er aber als Assistent der Kommission ausschied, bereiste sein Kollege Edmund Renard noch einmal das Heinsberger Kreisgebiet und recherchierte auch längere Zeit in Wassenberg. Wie im Vorwort zu lesen ist, haben aus dem Wassenberger Raum damals Bürgermeister Nikolaus Beckers, Dechant Otto Jansen, der Arzt Wilhelm Küsters, Notar Wilhelm Weisweiler und Franz Mayer bei der Aufnahme der denkmalgeschichtlichen Daten mitgewirkt. 1939 weist Peter Josef Tholen auf die Abweichung vom ursprünglichen Plan bei den Pfeileraufbauten hin. Die Pfeiler 2 und 5 sowie die Wandpfeiler 3 und 4 standen nicht auf der durchgehenden Grundmauer, sondern waren auf der nördlichen bis zu 28 cm, auf der südlichen bis zu 30 cm verschoben. Damit die Pfeiler eine genügend breite Auflage erhielten und nicht über die Grundmauer hinaus abkippten, besaß jeder Pfeiler ein kleines zusätzliches Fundament, was in Peter Josef Tholens Zeichnung und auf dem Übersichtsfoto des Trümmerfeldes der Georgskirche gut auszumachen ist. Mit dieser Abweichung vom ursprünglichen Bauplan war erreicht, daß das Mittelschiff rund 60 cm breiter als der von der Grundmauer vorgesehene Umfang wurde. Die besagten Pfeiler und Wandpfeiler bestanden zudem aus anderem Material als die übrigen. Peter Josef Tholen registriert weiter: „Die Wandpfeiler am Chor (Nr. 3) und am Westabschluß (Nr.4), sowie die beiden Pfeilerpaare westlich des Chores (Nr. 2) hatten eine aus gutem Liedberger Quarzitstein sauber profilierte Basis, bestehend aus Platte, Wulst und Hohlkehle. Die Einzelteile waren mit einem weißen, fein geschlämmten Kalkmörtel gebunden. An den westlichen Wandpfeilern (Nr. 4) war die Basis niedriger und zierlicher als an den oben genannten östlichen Pfeilern (Nr. 2) und Pfeilervorlagen (Nr. 3). Die Basen waren durch den letzten, erhöhten Fußboden verdeckt und sind erst bei der Grabung wieder freigelegt worden. An den übrigen fünf Pfeilerpaaren (Nr. 5) war von den Basen nur noch die Platte vorhanden. Nach einer Aufrißzeichnung in P. Clemen, Kunstdenkmäler der Rheinprovinz, waren die Basen jedoch mit einer Schräge ausgerüstet, eine für das 12. Jahrhundert recht altertümliche Form. Außerdem bestand das Steinmaterial ausschließlich aus zusammengesuchten Findlingen, einem Hartgestein, das sich schwer bearbeiten ließ. Der verwandte Mörtel war grau und stark mit Holzkohlepartikelchen durchsetzt."[182]

Die wissenschaftlichen Analysen der Kirche entlarven einen gravierenden Fehler im Längsschnitt der „Kunstdenkmäler". Tholen sen. stellt Unregelmäßigkeiten im Grundriß fest, die in der Dokumentation von 1906[183] unbeachtet bleiben. Das Mittelschiff hatte acht Arka-

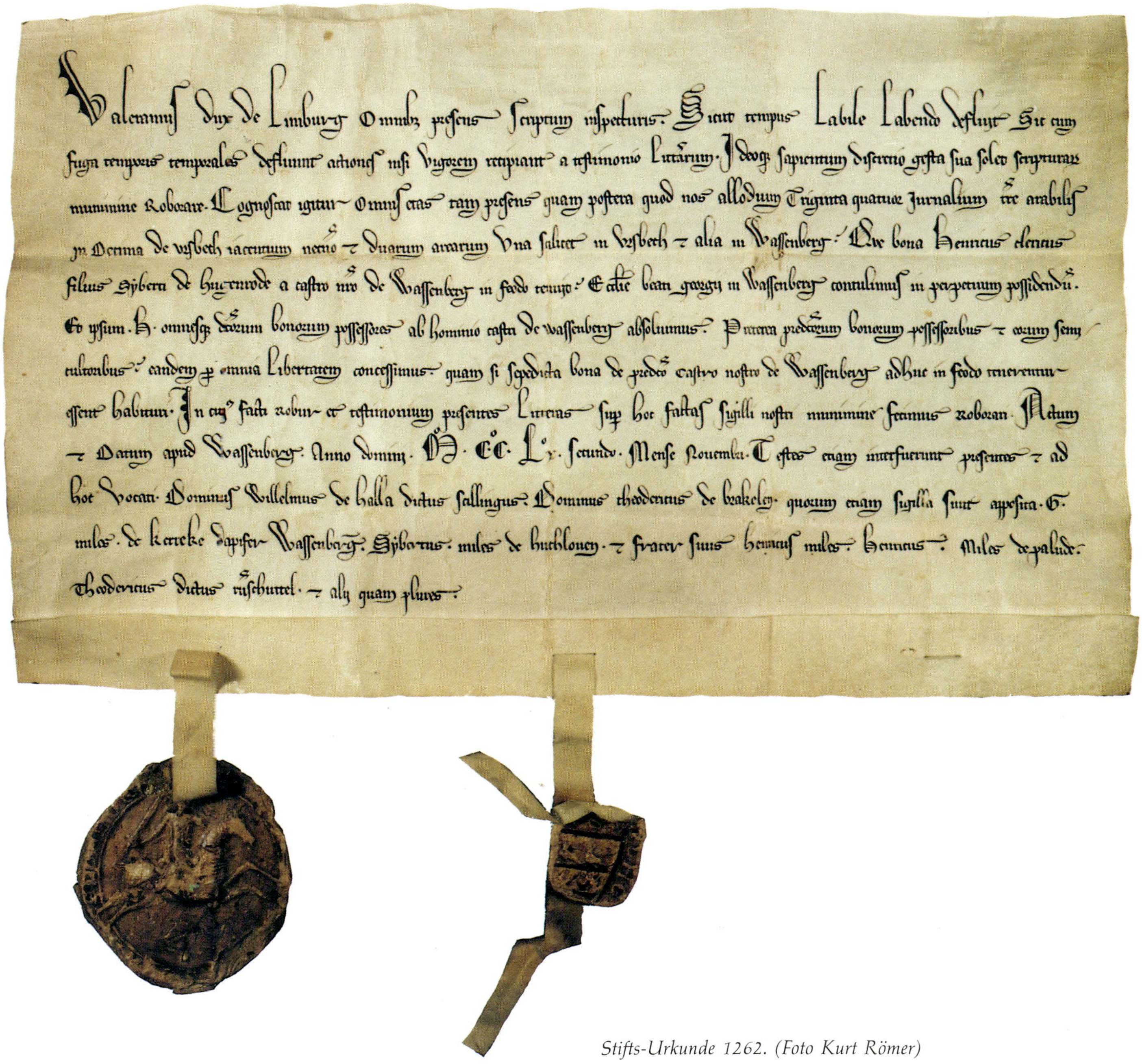

Stifts-Urkunde 1262. (Foto Kurt Römer)

denöffnungen, dem acht Fenster im Obergaden ensprachen. Demgegenüber hatten die Seiten nur sieben. Die Seitenschiffe waren durch Lisenen in sieben Felder mit je einem Fenster aufgeteilt. Diese standen den Pfeilern nicht gegenüber, sondern waren gegen diese verschoben und nahmen auf die Säulen überhaupt keine Rücksicht. Außerdem waren die Sockel an den drei westlichen Pfeilern niedriger und mehr zerstoßen als die östlichen. Hinzu kam noch, daß die mittleren Fenster des Mittelschiffobergadens näher zusammenstanden als die übrigen. Diese Unregelmäßigkeiten wurden in den „Kunstdenkmälern" nicht berücksichtigt. Dort haben alle Fenster den gleichen Abstand. Auch der Eingang zur Wiedertäuferkammer vom Turm her, ist nicht eingezeichnet. Dies alles darf nicht als Nebensächlichkeit angesehen werden. Es ist für die Entstehungsgeschichte der Basilika äußerst wichtig. Mit großer Wahrscheinlichkeit ist der Bau also nicht als Einheit hochgezogen worden, sondern, wie Heinz Dohmen schon oben anmerkt, über viele Jahrzehnte in verschiedenen Bauabschnitten entstanden. Ich vermute deshalb: Graf Gerhard IV. hat nicht gleich den gesamten Kirchenbau (ohne Turm) erbauen lassen, sondern zuerst eine kleinere Kirche, deren Länge ich auf ca. 12 m schätze. Diese erste Saalkirche ist dann später erweitert worden. Denkbar auch: Im Jahre 1118 hat bereits eine kleine Kirche dort gestanden, die als Eigenkirche von den ersten Flamensen errichtet wurde. Immerhin war es der fromme Kaiser Heinrich II., der die Flamensen 1021 mit Wassenberg belehnte. Seine Vasallen haben sein religiöses Engagement mit Sicherheit unterstützt.

Vorgeschichtliche Grube in der Kirche

Nun aber noch etwas äußerst Wichtiges: 1954 wurde auch der älteste romanische Fußboden der Kirche angeschnitten. Dieser bestand aus einer Fläche von quadratischen, grauen Tonplatten, die diagonal zur Kirchenachse in einem Sand-Mörtel-Bett lagen. Nur wenige Platten waren noch an ihrem ursprünglichen

Wassenberg 1933. (Foto Robert Kofferath)

Ort. Im übrigen gab es deutliche Abdruckspuren und auf den Platten eine vorfindbare dicke Brandschicht, die auf einen schweren Kirchenbrand (eventuell Eroberungen Wassenbergs oder Stadtbrände) schließen läßt, da auch das darunter liegende Mörtelbett noch Brennspuren aufwies. Weiterhin wurden Verfärbungen durch einen Brand auch am Liedberger Quarzitstein der Pfeiler entdeckt. Sie sahen teilweise rosarot verfärbt aus und waren stellenweise sogar abgeplatzt. Schließlich konnten Brandspuren bis zu den inneren Tuffsteinwänden der Seitenschiffe verfolgt werden. Eine hochbedeutsame Entdeckung machte die Ausgrabung 1954, als sie überraschend im westlichen Bereich des Chores eine vorgeschichtliche Grube anschnitt. Hier wurde eindeutig erkennbar: das Gelände war schon vor der Erbauung der Kirche bewohnt. Die Entdeckung der vorgeschichtlichen Grube belegt: Wassenberg ist sehr viel älter, als es geschriebene Urkunden verraten. Tholen betont ausdrücklich, daß auf Grund der vorgeschichtlichen Grube im Kirchengrundriß auf eine Besiedlung in vorgeschichtlicher Zeit geschlossen werden muß. In der Grube befand sich Scherbenmaterial. Es war jedoch zu wenig, um eine genaue Datierung zuzulassen. Jakob Broich, der in den Jahren 1948/49 zusammen mit Will Andermahr, Anton Marx, Peter Windhausen, Pastor Wilhelm Baer sowie Küster Michel Storms das Kirchengelände mehrfach ausgrabend abgesucht hat, (eine Tatsache, die Tholen später kritisierte und in seinem Grabungsbericht als „vorausgegangene Wühlereien" — Grabungsbericht S. 62 — bezeichnet), verstärkte die vorgeschichtliche Entdeckung Peter Josef Tholens. Er und seine Mitarbeiter stießen überall im Grund der Kirche auf Gräber. Eine dichte Belegung wurde sichtbar, die auf Grund einzelner Scherben und des Zustandes der Särge noch bis ins 18. Jahrhundert datiert werden konnte.

DIE GRÄFIN VON BRÉE

Homagium Berge juxta Brede

Die Wassenberger Gründungsurkunde von Stift und Kirche läßt weitere Schlüsse über die erste urkundlich belegbare Geschichte Wassenbergs zu. Die Gräfin Irmgard von Brée ist darin die „personne morale". Sie besitzt Güter an der Maas bei Brée, das zweifellos mit dem in der Gründungsurkunde bezeichnete „Bride" identisch ist. Wir erinnern uns, Graf Gerhard IV., der Lange, schenkte dem Georgsstift Einkünfte und Besitzungen *in Bride* und zwar *quinque solidos traiectensis monete et ministerialem unum cum beneficio suo* (fünf Schillinge Maastrichter Währung und einen Ministerialen samt seinem Lehen). Anton Schuffels hat den Ort Bride nicht gefunden, vielmehr verwechselt er ihn mit Breyell (Breidele) westlich von Süchteln. Severin Corsten hat uns auf Urkunden verwiesen, die Licht in dieses „Dunkel von Bride" bringen können.
Für das Jahr 1260 wird ein *homagium Berge iuxta Brede* als Besitz im Eigentum des Wassenberger Propstes bezeugt.[184] In Urkunden von 1078 und 1079 ist dieser Besitz näher umschrieben: Damals schenkte eine Gräfin Irmgard (wir wollen sie „von Brée" nennen) für ihr zukünftiges Seelenheil viel Besitz an die Kirche, speziell an das Bistum Lüttich. In ihrer Stiftung befanden sich auch Liegenschaften in Brée an der Maas. 10 Mansen davon wurden an einen Grafen Gerhard abgezweigt. Bei einer anderen Schenkung der an ihr Leben nach dem Tode denkenden Gräfin Irmgard an das Bartholomäuskloster in Lüttich kommen weitere Liegenschaften in Brede und Rode an die Kirche. Ein Graf Dietrich erhält die Vogtei darüber. Nach Dietrichs Tod im Jahre 1082 schenken seine Söhne Gerhard und Goswin dem Kloster St. Hubertus in den Ardennen sechs Mansen aus diesem Liegenschaftsbesitz (*sex mansos allodii apud Brida sub Traiecta sita est in Taxandria*)[185] Besagtes Kloster hat uns eine Wohltäterliste hinterlassen, in der die beiden Söhne Gerhard und Heinrich als „filii comitis Flamensis", demnach als Söhne des flamensischen Wassenberger Grafen, bezeichnet werden. Sie haben die sechs Mansen des Klosters für das Seelenheil ihres Vaters Dietrich gestiftet. Es heißt dort: „dederunt nobis in Brida infra Traiectum in Taxandria sex mansos".[186] Die beiden beschenkten Grafen Gerhard und Dietrich können nur Gerhard II. von Wassenberg (Flamens) und sein Sohn Dietrich gewesen sein.[187]

Boerens Wassenberger These „onder Brée"

Demgegenüber vertritt Boeren eine abenteuerliche These, die ich knapp rekapitulieren möchte: Jene fromme Gräfin Irmgard von Brée soll eine Angehörige des pfalzgräflichen Hauses gewesen sein und nicht nur in Brée, sondern im ganzen Wassenberger Raum östlich der Rur im Mülgau große Ödländereien besessen haben. Davon habe sie Teile an die Flamensen ver-

Aus einem Madrider Landkartenwerk 1570/1592.

schenkt . Die Wassenberger *Vlaminge* hätten dann in diesem Gebiet ihre Burg erbaut. Boeren geht soweit, daß er den Ortsnamen Wassenberg als von „Wassenborch onder Brée" herleitet.[188] Wer meine Ausführungen über die Annales Rodenses gelesen hat, wird den frappierenden Widerspruch in Boerens Überlegungen sogleich erkennen. Im übrigen kommt der Wahrheitsfindung zum Wassenberger Flamensen-Auftakt Severin Corsten mit seinem quellenkundlichen Kombinationsvermögen zu Hilfe: „Heinrich und Gerhard waren Brüder Dietrichs, mit dem zusammen sie aus der Erbschaft ihres kurz vorher verstorbenen Vaters besagte zehn Mansen der Irmgard besaßen. Als nach Dietrichs Tod die Söhne Goswin und Gerhard davon sechs Mansen verschenkten, schlossen sich die Brüder des Verstorbenen als Miteigentümer der Schenkung an. Das ist die einzige Deutung, die sich gleichermaßen mit den für 1078 und 1118 gesicherten Tatbeständen in Einklang bringen läßt. Bei der Gründung des Was-

Schloß Elsum: 1503 Hauptburg, 1860 Kapelle. Alter Stich.

Bäuerin mit Kühen bei Wassenberg. Aquarell von Jean Grothe 1912. (Im Besitz von Irmgard und Walter Windeln).

senberger Stiftes verfügte nämliche Gerhard IV. in Brée noch über einen Zins von fünf Schillingen und ein Ritterlehen. Dieses Ritterlehen, 1260 *homagium Berge iuxta Brede* genannt, muß, wenn unsere Annahme richtig ist, mit den restlichen vier Mansen identisch sein. Dafür gibt es einleuchtende Gründe. Die normale Organisationsform des Landbesitzes war damals der Fronhofsverband. Zu einem Fronhof, der vom Grundherren mit einem Verwalter besetzt wurde, gehörten etliche Hufen. An den Fronhof waren die Abgaben der Hörigen zu leisten, hier tagte auch das Hofgericht, das über Streitigkeiten innerhalb der Villikation entschied. Die Schenkung der Gräfin Irmgard erwähnt aber keinen Fronhof. Um den neuen Besitz in der gewohnten Weise verwalten zu können, schufen die Wassenberger durch Zusammenlegung von vier Hufen ein Lehen, das sie an einen Dienstmannen gaben. Dieses Lehen übernahm die Aufgaben des Fronhofes. So werden die fünf Schillinge von 1118 die Grundzinsen der abhängigen Bauern sein, die der Ritter an den Grundherrn weiterzugeben hatte. Im Jahre 1082 gingen die sechs Hufen dieses neugebildeten Fronhofsverbandes an das Kloster St. Hubert. Das Ritterlehen, der Fronhof, blieb noch in der Hand der Flamensen, stellte er doch militärisch einen Wert dar. Erst im Jahre 1118 trennten sich die Wassenberger vom Rest der Irmgardschen Schenkung".[189] Die Quellen geben uns also keine Anhaltspunkte dafür, daß mit den Schenkungen der Jahre 1078 und 1079 mehr als 10 Mansen und die Vogtei zu Brée und Rode an die Flamensen gekommen sind. Da wir die Geschichte dieses Besitzes während der nächsten Jahrzehnte genau verfolgen können, ist es mehr als nur wahrscheinlich, daß Irmgard an Graf Gerhard einzig die urkundlich gesicherten zehn Mansen geschenkt hat. Wenn dem aber so ist, dann werden alle Spekulationen von Boeren gegenstandslos. Ganz abgesehen davon, daß mit dieser bescheidenen Schenkung nicht gut der weit größere Bereich der späteren Herrschaft Wassenberg verschenkt werden konnte. Es müssen hier viele Fronhofsverbände den Wassenberger Grafen gehört haben. Dieser Wassenberger Grundbesitz machte ein Vielfaches von dem aus, was Graf Gerhard 1078 in Brée erhielt. Die Schenkung der Gräfin Irmgard hat also schwerlich die Bedeutung gehabt, die Boeren ihr zumißt. Nicht erst durch sie sind die Flamensen nach Wassenberg gekommen. Es gibt auch keinen eindeutigen Beleg dafür, daß sie erst, nachdem sie aus dem dichtbesiedelten Gebiet an der Maas verdrängt waren, sich in die Einöden an der unteren Rur zurückgezogen hätten. Boeren hat mit seinem Hinweis auf den Grafen Dietrich, der 1058 Vogt von Odilienberg war, selbst diese Annahme unglaubwürdig gemacht. Der Vogt muß, wie es allgemeiner Brauch war, in der Umgebung des Klosters begütert gewesen sein.[190] Die Annales Rodenses haben demnach recht. Die genealogischen Folgerungen von Corsten und Merckens finden Bestätigungen in siedlungsgeschichtlicher Hinsicht. Es bleibt dabei: Kaiser Heinrich II., der Heilige, hat im Jahre 1021 das Brüderpaar Gerhard und Rütger an den Niederrhein gerufen und hier mit ausgedehnten Gütern belehnt. Durch die Schenkungen der Gräfin Irmgard von Brée werden die Annales Rodenses nicht widerlegt.

DIE SEKUNDOGENITUR

Zur Genealogie

Die oben gebotene Stammtafel der Wassenberger Dynasten möchte ich in Erinnerung rufen und die dort eingeführten Ordnungszahlen nicht einem Verwirrspiel anheimgeben. Aus didaktischen Gründen seien die beiden Abschnitte der Landesherren von Wassenberg noch einmal unterschieden: zuerst fünf aufeinanderfolgende Grafen der Flamensen, dann das limburgisch-herzogliche Intermezzo mit Jutta und danach als Sekundogenitur die Herren von Wassenberg aus dem Hause Limburg. Der Name Gerhard versteht sich von Anfang an als Wassenberger Leitname, der nach dem Tode Juttas dafür sorgt, daß das mütterliche Erbe in einem solchen Namensträger gesichert bleibt.
Bevor wir uns jedoch den landespolitischen und genealogischen Entwicklungen des 12. und 13. Jahrhunderts zuwenden, muß ich auf Zeittafeln hinweisen,[191] deren Genealogie fehlerhaft und häufig schlimmen Verwechslungen bei den aufgeführten Personen unterliegt. Die vom Wassenberger Heimatverein erstellten Listen weichen von dem hier gegebenen neuesten Forschungsstand nach Corsten ab. Sehen wir uns deshalb zunächst noch einmal die „successeurs" des Wassenberger Landes an: Die fünf Comites des territorialen Debuts zwischen Rur, Maas und Niers (1021 Belehnung durch Kaiser Heinrich II.) bekommen ab Graf Gerhard III. (†1129) ein wichtiges geldrisches Attribut. Von Gerhard III. an nennen sie sich auch Grafen von Geldern. Wassenberg darf als Stammburg Gelderns angesehen werden. Und über diese geldrische Ausweitung betritt auch der doppelschwänzige Löwe die Szene und darf als „leeuw met dubbele staart" in den heraldischen Emblemen Wassenbergs seinen Platz beanspruchen: als „dat Scheld met dr Löw on sinne dubbele Steatz van Wasseberch", um es in „Wassenberger Platt" zu sagen.
Ein gutes Jahrhundert lang lenken die Flamensen Wassenbergs Geschick mit gutem Erfolg, und die Zukunft des Allods scheint vielversprechend. Aber wenn wir die Aussichten des kleinen Territorialstaates an der unteren Rur ins historische Kreuzverhör nehmen, erfahren wir Huld und Ingrimm des Geschicks dieser Region als „bij toeval" (vom Zufall) bestimmt. Ich habe mich oft gefragt, warum so berechtigte Entwicklungsschübe, wie sie das große Lehen Kaiser Heinrichs II. im Jahre 1021 zwischen Maas, Rur und Niers grundlegte, dann doch nicht ausbaufähig und leider durch den Vorgang einer Mitgift schon bald am Ende seiner Karriere angelangt war? Sind es die geographisch überzeugenderen Aspekte Gelderns? Ist es die Bedrohung des Wassenberger Territoriums durch benachbarte Konkurrenten? Sollte über Gräfin Jutta von Wassenberg das kleine Land in stärkere Hände gelegt werden? Bietet der mächtige Herzog Walram II., Poganns von Limburg, bessere Sicherheitsgarantien? Wie auch immer — die Schwester des Wassenberger Grafen, der der Sprecher der Gründungsurkunde von Kirche und Stift war, Gräfin Judith von Wassenberg (Jutta) — heiratet den Limburger Herzog Walram II. und bringt ihm, der Hennegauschen Chronik zufolge, das *castrum Wassenbergha* ins limburgische Vermögen. Juttas Bruder, der für Wassenberg so bedeutsame Dynast Gerhard IV., der Lange, begegnet uns nach der Gründungsurkunde von 1118 noch in verschiedenen anderen Urkunden, z. B. als Zeuge 1122 bei einer Schenkung Kaiser Heinrichs V. (1106—1125) an die Abtei Siegburg. Diese Abtei besaß Güter bei Straelen, deren Vogteirechte früher in Händen der Wassenberger Grafen gewesen sind, und auf die Gerhard und Heinrich 1118 verzichtet hatten. Die Urkunde dieses Verzichts stammt vom 5. April 1118 und beinhaltet, der Erzbischof Friedrich I. von Köln habe auf den Zehnten von dem Bruche bei dem Hofe Straelen verzichtet, welches der Abt Cuno von Siegburg *in Cultur zu setzen beabsichtigt* und bekundet, daß die Grafen Gerhard und Heinrich von Wassenberg-Geldern dasselbe aus ihrer Vogteischaft entlassen.[192] Gerhard IV., der Lange, kämpft übrigens 1128 als Bundesgenosse an der Seite des Kölner Erzbischofs gegen Kaiser Lothar. Am Ende seines Lebens (1129) sehen wir ihn im Gefolge des Kaisers in Duisburg. Gerhard IV., der Lange, ist mit Ermengarde von Zutphen verheiratet und gewinnt über sie die matrimoniale Mitgift in Form dieser reichen Grafschaft. Nach Gerhards IV. Tod heiratet seine Witwe Ermengarde den Grafen Conrad von Luxemburg. Auf jeden Fall wird ihrem verstorbenen Ehemann Gerhard IV. wegen Geldern, Zutphen und anderem Streubesitz die Abgabe Wassenbergs an seine Schwester Jutta als Heiratsallod nicht allzu schwer gefallen sein.

Jutta von Wassenberg

Ob Juttas Hochzeitsjahr 1129 war, bleibt umstritten. Severin Corsten sieht die Vermählung schon im Jahre 1107.[193] Es darf aber wohl angenommen werden, daß Jutta ihr Heiratsallod Wassenberg erst nach dem Tode ihres Vaters, Gerhard III., also um 1129 erhält. Gerard Venner bedauert die Tatsache, daß „oorkonden van de hertogen van Limburg betreffende Wassenberg in deze Periode ontbreken", und daß deshalb das „datum van de overgang niet exact vast-te-stellen . . ."[194] Ich betonte weiter oben schon, man müsse in künftiger Wassenberg-Forschung primär einer Vermutung nachgehen, inwieweit die Flamensen benachbarte Rivalen fürchteten. Bedrohten diese ihre exponierte Position an der unteren Rur? Oder spielten ältere verwandtschaftliche Bindungen zwischen den Flamensen und den Limburgern für Juttas Hochzeit die entscheidende Rolle?
Hier darf marginal angemerkt werden, daß die Limburger ihre Vorfahren bis auf Karl den Großen zurückführen. Der niederländische Historiker J. M. van de Venne[195] sieht eine direkte genealogische Linie über Gerberga von Boulogne und Frederick von Luxemburg zu Kaiser Karl. Jedenfalls läßt die wassenbergisch-limburgische Verwandtschaft den Schluß zu, daß sowohl

die Grafen von Wassenberg als auch die späteren Herren von Wassenberg, sowie die damit verwandten Häuser Heinsberg, Valkenburg, Krieckenberg in Karl dem Großen einen ihrer Ahnherrn sehen dürfen.
Mit Jutta jedenfalls wird Wassenberg limburgisch und kommt *onder de Limburgse heren*: „In de loop van de twaalfde en het begin van de dertiende eeuw waren leden van het hertogelijke huis van Limburg heer van Wassenberg."[196]
Von dem Wassenberger Dechanten Johann Leopold Leonard Nicolaus Startz (Pfarrer in der Georgsbasilika von 1831—1853) stammt der Satz: „Wer sich die geographische Lage des Ortes Wassenberg überlegt, weiß, daß wir genuin *limburgische Kinder* sind. Denn das Land zwischen Maas und Rur ist eine Einheit und in seinen menschlichen und landschaftlichen Bedingungen durch und durch in sich verwandt. Man sieht es den Gesichtern und Figuren an, daß die Leute diesseits und jenseits von Rur, Wurm und Maas zusammengehören. Die Flüsse Rur und Maas sind Vettern, die Wurm ihr unehelicher Kegel!"
Juttas Gemahl Walram II. von Limburg stirbt 1139. Die Witwe, eine überaus fromme Frau, wie Urkunden und Schenkungen durchblicken lassen, verbringt die letzten Jahre ihres Lebens in der von ihr so bewunderten Abtei Rolduc, die uns als Ausgangspunkt der Klosterrather Annalen schon mehrfach begegnet ist, und die für Juttas Vorfahren dokumentarischer Auftakt in den Annales Rodenses darstellt und damit der Geschichtsschreibung im Maas-Rur-Niers-Dreieck wichtige Quellensicherheit schenkt. Jutta lebte noch 12 Jahre im Rolducer Kloster bei Herzogenrath/Aachen. 1151 stirbt sie. Vorher vermacht sie noch reiche Güter aus ihrem Besitz an die Abtei Rolduc, so z.B. die Kirche von Lommersum im Kreise Euskirchen mit den dazugehörigen Zehnten und unter zeugenschaftlicher Zustimmung ihrer Söhne Gerhard und Heinrich.
Bei Juttas Begräbnis 1151 ist auch Bischof Heinrich II. von Lüttich aus Gründen großer Dankbarkeit und Ehrfurcht vor der bedeutenden Frau anwesend. Er wird die „Missa pro defunctis" gelesen und Juttas Lösung von allen ihren Sünden erbeten haben:

Absolve, quaesumus, Domine, animam famuli tui Judith de Wassenberg et Limburg ab omni vinculo delictorum . . .

Die einstige flamensische Gräfin von Wassenberg wird auf ihren eigenen Wunsch in der Abteikirche von Rolduc bestattet. Ihr Grab ist noch heute in der Mitte des Gotteshauses unmittelbar vor dem Kreuzaltar zu sehen.[197] Juttas Schwester war schon viele Jahre früher

Roßtor. Zeichnung von August Lentz.

Stadtwappen Wassenberg.

verstorben: Jolanthe. Sie heiratete zweimal: zuerst um 1107 Balduin von Hennegau und danach um 1122 Gottfried von Bouchain. Als Mitgift erhielt sie von ihrem Vater Gerhard III. die Grafschaft Dodenwert und Dalen. Ihr Todesjahr wird für 1133 angenommen.

Gerhard V., Herr von Wassenberg

Juttas Gemahl, Walram II. von Limburg (ursprünglich Graf von Arlon), hat durch einen Sieg über Godfried von Löwen in der Schlacht bei Duras von Kaiser Lothar als dankbare Gegenleistung 1128 die Herzogskrone von Niederlothringen erhalten. Später ziert ihn auch der Ehrentitel „decus terrae" (der Erde Zier). Aus seiner Ehe mit Jutta gehen die Brüder Heinrich und Gerhard und weitere drei Kinder hervor. Heinrich folgt dem Vater und wird Herzog Heinrich II. von Limburg, während sein Bruder Gerhard in Sekundogenitur Wassenberg erhält. Er ist somit als Gerhard V. von Wassenberg der erste der Nicht-Grafen und somit der erste der *Herren von Wassenberg*. Die Annales Rodenses erwähnen diesen Gerhard (V.) für das Jahr 1153 als Herrn der Burg Wassenberg: *gerardus predicti castri dominus*. Außerdem kommt er in Urkunden von 1152 und 1166 vor.

Gerhard V., Herr von Wassenberg, und sein Bruder Heinrich II. von Limburg sterben beide im gleichen Jahr: 1167. Wir sehen sie im Herbst 1166 mit dem Heere Kaiser Friedrichs I. (Barbarossa) über die Alpen setzen. Im vierten Italienfeldzug will der Kaiser die Frage der Gegenpäpste lösen. Im Frühjahr 1167 wird Ascona besetzt. Reinald von Dassel und Christian von Mainz schlagen die Römer bei Tusculum. Der Kaiser selbst erobert Rom und setzt Paschalis III. gegen Alexander III. auf den Papstthron. Der Kampf scheint entschieden, da bricht plötzlich eine verheerende Malariaseuche aus und rafft viele der Heerführer, Ritter und Truppen dahin. Unter ihnen auch Reinald von Dassel, Heinrich von Limburg und Gerhard von Wassenberg. Der Rückzug des Heeres ähnelt einem Leichenzug. Der Herr von Wassenberg, Gerhard V., regierte das mütterliche Erbe an der Rur erfolgreich . Nun zwang sein Tod zur Nachfolge.

Erzbischof Philipp von Köln kauft Wassenberg

„De successieve here" ist der neue Herzog von Limburg, der wie sein auf dem Italien-Kriegszug verstorbener Vater ebenfalls Heinrich heißt. Wegen seiner langen Regierungszeit in anscheinend unverwüstlicher Gesundheit — er regiert bis 1221 — bekommt er später den Beinamen *der Alte*. Aus den Wassenberger Gerichtsakten geht hervor, daß er im Jahre 1171 auf der Burg über der Rur wieder selbst die Gerichtsrechte ausübt,[198] wenn er dort zwei Wassenberger Räuber schwer bestraft: „A Lemburgensi domino Heinrico duo latrones Wassenbergis cocti sunt aqua et tertius igne assatus et complices eorum perturbati cessaverunt."[199] Das Nebenland Wassenberg behält er also wohl zunächst in eigener Regie. Später gibt er dem Kölner Erzbischof Philipp von Heinsberg nach, der mit klugem diplomatischen Geschick und großem finanziellen Aufwand seine militärischen Positionen verstärkt und dabei ganz besonders an dem stark befestigten Platz Wassenberg interessiert ist. Er sammelt

Philipp von Heinsberg, Erzbischof von Köln (†1191).

überall im Kölner Umkreis Burgen und Gerechtsame und legt damit den Grundstein für den kölnischen Kurstaat in den folgenden Jahrhunderten. Er vergrößert seine militärische Stärke derart, daß er im Endeffekt bis zu 5000 Ritter mobilisieren kann.[200]

Für die horrende Summe von 1.7oo Mark kommt das für seine Politik so wertvolle Wassenberg als Lehen an den Kölner *Archeveque*. Zum Vergleich dazu: Für die Burg Rheydt zahlt er nur 60 Mark, für Linn nur 100 Mark, für Schloß Dyck 350 Mark. Der Limburger Herzog scheint in großer Finanznot und deshalb besonders verkaufswillig gewesen zu sein; denn Philipp erwirbt gerade von ihm eine Reihe militärischer Bollwerke. Teurer als Wassenberg sind nur die Burg Are (1800 Mark), die Tecklenburg (3300 Mark) und vier Burgen (3700 Mark), die Philipp vom Landgrafen Ludwig von Thüringen ersteht. Erzbischof Philipp 'setzt damals insgesamt 40 000 Mark für Burgen, feste Häuser und Güter ein: „Daß Philipp ganz besonders am Erwerb der limburgischen Enklave Wassenberg lag, gibt noch etwas anders zu erkennen. Er ließ es nämlich nicht bei einer großen Lehensauftragung bewenden, sondern erwarb auch die sala, wie die Liste ausdrücklich bemerkt. In sieben weiteren Fällen ist in der Auflistung die Bemerkung *sala data est* hinzugefügt, und es handelt sich da u.a. um die festen Plätze Isenburg, Saffenberg, Blankenberg, Dalheim, Krickenbeck . . . Übertrug der Verkäufer, wie Herzog Heinrich für Wassenberg und die übrigen Allode es tat, die sala, dann gab er fundamentale Rechte auf, während der Käufer voll und ganz an die Stelle des früheren Eigentümers trat . . . Indem Erzbischof Philipp Wassenberg vor dem 19. 6. 1178 erwarb, wurde er voller Eigentümer der Burg im Sinne der mittelalterlichen Rechtsvorstellungen, und es ist nur konsequent, daß Papst Alexander III. in seiner Schutzurkunde für das Erzstift sie unter die Allode der Kirche von Köln rechnete. Zwar gab Philipp die Wassenberger Neuerwerbung alsbald an ein Mitglied des limburgischen Herzogshauses zu Lehen aus, aber er ließ sich das bedingungslose Öffnungsrecht einräumen."[201] Wir können dies übrigens bei der Schlacht von Wassenberg 1206 nachprüfen, weil bei dieser Gelegenheit sich der auf welfischer Seite befindliche Erbischof Bruno von Köln auf der Burg Wassenberg aufhielt (hier von den Siegern gefangengenommen), während Herzog Heinrich von Limburg zur staufischen Partei übergewechselt war. Wie wir sehen werden, ist des Limburgers Sohn Gerhard mit Wassenberg belehnt. Philipp von Heinsberg will jedenfalls durch seine zahlreichen Burgenkäufe wirksam in die Reichspolitik eingreifen. Er erweist sich demnach als einflußreicher Nachfolger des bei der Malariaepidemie in Italien 1167 verstorbenen Reinald von Dassel als Erzbischof von Köln wie auch als Kanzler Barbarossas. Philipp hat den Ehrgeiz, Köln zu einem starken Machtzentrum zu entwickeln, wobei Wassenberg ein Eckpfeiler sein soll. Severin Corsten bezeichnet den Erwerb Wassenbergs durch den Kölner als klugen Zug auf dem Schachrett seiner politischen Absichten. All das wird uns belegt durch eine Zusammenstellung der gesamten Erwerbungen des Philipp von Heinsberg. Darunter auch Wassenberg als Lehen in erzbischöflicher Hand. Das Güterverzeichnis liegt uns in verschiedenen Rezensionen vor. Z.B. in einer Pergamenthandschrift[202], die das Münsteraner Staatsarchiv aufbewahrt und die wahrscheinlich 1188 niedergeschrieben wurde.[203] Aber auch in Henrici de Herfordia chron.[204] oder Iacobi de Susato chron. ep. colon.[205]: *Item emit castra multa scil. Wassenberch.* Das Verzeichnis all dieser Besitzungen verrät die Aktivität des Kölners aus Heinsberg, sein Territorium zu erweitern, zu arrondieren, zu sichern. Unter Nr. 30 heißt es in den von Rudolf Knipping bearbeiteten Regesten:[206] *Wassenberg (Wassinberg)* von Herzog Heinrich von Limburg mit Zustimmung der Erben für 1700 Mark: sala data est. Dies geschah mit Sicherheit schon vor 1178. Denn am 19. 6. 1178[207] bestätigt Papst Alexander III. auf Bitten des Kölner Erzbischofs Philipp von Heinsberg seinen Schutz für die Vorrechte und das Besitzrecht u. a. auf „Wassenberh". Am 7. 3. 1184 ist es Papst Lucius III., welcher auf Bitten Philipps erneut die Burg Wassenberg als im Besitz des Kölner Erzbischofs befindlich dekretiert. Severin Corsten erwähnt ein vor kurzem entdecktes, ausführlicheres Verzeichnis[208], in dem genauer zu erfahren ist: „Wassenberg ducis mille septingentis marcis a duce venditum est et hoc de consensu heredum suorum; sala data est."

An dieser Stelle ist eine kurze Exkursion notwendig, die uns Severin Corsten nahelegt. Es geht noch einmal um Gerhard V. von Wassenberg und um den nicht nahtlosen Übergang in der Herrschaft des dortigen Allods. Wegen der Originalität der historischen Ableitungen referieren wir Severin Corsten hier über eine längere Strecke: Bei Gerhard V. soll es sich nach Klaversma[209] um einen Nachkömmling jenes Gerhard von Wassenberg handeln, der von 1152 bis 1166 urkundlich belegt ist und ein jüngerer Bruder Herzog Heinrichs II. von Limburg (Eltern: Walram Paganus und Jutta von Wassenberg-Geldern) gewesen ist. Oder stammte er, fragt Klaversma, etwa von Winemar oder Giselbert von Wassenberg ab, die 1152 in einer vom Abt des Kölner Klosters St. Pantaleon ausgestellten Urkunde genannt werden? Lassen wir Severin Corsten antworten: „Nichts ist über die Nachkommen des älteren Gerhard von Wassenberg bekannt, der allem Anschein nach zusammen mit seinem Bruder, dem Herzog, in Italien der fürchterlichen Seuche zum Opfer gefallen ist, die im Sommer 1167 das deutsche Heer dezimierte. Von 1170 an urkundete bereits Heinrich III. von Limburg, der sich 1171 einmal ausdrücklich als Enkel des Walram Paganus bezeichnete. Daß dem älteren Gerhard in Wassenberg kein direkter Nachkomme gefolgt ist, dafür gibt es sichere Hinweise . . . Was nun Winemar und Giselbert von Wassenberg angeht, so tragen sie Namen, die in der Familie der Herzöge von Limburg völlig unüblich waren. Sie waren vielmehr Ministerialen oder Burgmannen. Daß es derartige Leute (in Wassenberg) gegeben haben muß, ist nicht nur aus allgemeinen Erwägungen zu schließen. Die Annales Rodenses berichten zum Jahre 1152, ein *Gozwinus de Wassenberch qui dictus est lutzo,* habe dem Kloster einen halben Mansus zu

Wassenberg. Öl auf Leinwand, Hubert Plücken, Arsbeck, 1969.

Dithelrode überlassen. Die Übergabe des Landes habe (Herzog) Heinrich, sein Herr und Vogt von Klosterrath, vollzogen. Goswin war offensichtlich kein Freier, der ohne weiteres über Grund und Boden verfügen durfte. Die bereits erwähnten Brüder Winemar und Giselbert von Wassenberg werden in demselben Jahr urkundlich erwähnt. Sie stehen in einer Urkunde des Abtes Wolbero von St. Pantaleon als Zeugen unmittelbar hinter Herzog Heinrich II. von Limburg und seinem Bruder Gerhard (von Wassenberg), auf sie folgen noch Graf Walter von Kessel, der Vogt der Abtei, und zwei Untervögte sowie die Dienstmannen des Klosters. Trotz der von Klaversma geäußerten Bedenken wird man an der Einschätzung festhalten können, daß Winemar und Giselbert (von Wassenberg) Ministerialen gewesen sind. Der Urkundenschreiber hat allem Anschein nach die prominenten Zeugen jeweils zusammen mit ihrer Begleitung in die Zeugenliste eingereiht. Es ist wohl auch kein Zufall, daß Giselbert den Leitnamen eines gut bekannten Wassenberger Dienstmannengeschlechts, der Herren von Karken, trägt. Wir sollten auch berücksichtigen, daß für 1212 noch einmal ein Reinerus de Wassinberg nachweisbar ist, der zusammen mit einem Renboldus de Orsbeche (d. i. Orsbeck an der Rur bei Wassenberg) Miterbe an einem Kirchenpatronat war, das zum großen Teil der kölnischen Ministerialenfamilie von Bachem gehörte. Auch in diesem Fall sprechen die Umstände für eine Zugehörigkeit zum Dienstmannenstand."[210]

Ich darf beim Leser um Nachsicht bitten angesichts dieser thematischen Ausweitung. Aber manchmal schenken gerade solche Detailstudien wünschenswerte Einblicke. Herzog Heinrich III., der Alte von Limburg, ist mit Sophia von Saarbrücken verheiratet. Er hat sieben Kinder. Sein jüngster Sohn Simon steigt schon mit 17 Jahren zur Würde eines Bischofs von Lüttich auf. Dem Aufstieg aber folgt ein jäher Sturz, der allerdings durch verwandtschaftliche Hilfe in einem römischen Kardinalshut „aufgefangen" wird. Der andere Sohn wird als Walram III. Nachfolger seines Vaters auf dem Herzogsthron. (†1226). Sohn Friedrich stirbt 1212. Die Söhne Heinrich und Gerhard nennen sich manchmal nach- und nebeneinander „Herr von Wassenberg". In der Geschichtsschreibung stoßen wir häufig auf die Behauptung, der Gerhard genannte Sohn (Gerhard VI. von Wassenberg) des Herzogs Heinrich von Limburg (des Alten) habe Wassenberg erst nach dem Tode seines Bruders Heinrich (†1215) in Besitz genommen und sich auch dann erst danach benannt.[211] Das kann wohl so nicht stimmen. Denn schon gegen Ende des 12. Jahrhunderts führt Heinrich, der Bruder unseren Wassenberger Gerhards VI., den Beinamen von Wassenberg. Ältester Beleg ist wohl eine Urkunde des Jahres 1194, in der Heinrich unter den Zeugen auftaucht. Es heißt dort: *Henricus dux de Lymburg et filius eius Henricus de Walenberg* (Abschriftfehler).[212] Auch 1202 tritt unser Henricus de Wassenberch auf, als in Maastricht zwischen dem Herzog von Brabant und Graf Otto von Geldern durch König Otto IV. vermittelt wird. Severin Corsten verweist uns auf eine Urkunde zwischen 1202 und 1207 (betr. Wiedergutmachung gegenüber Abtei St. Hubert durch Walram von Limburg), in der unter den Anwesenden der Vater *comfratribus meis domino Heinrico de Wassenberge et domino Frederico* registriert werden.

Gerhard VI., Herr von Wassenberg

Der eigentliche Erbe Wassenbergs ist Gerhard, der später als Gerhard VI., Herr von Wassenberg, das Allod an seinen Sohn weitervererbt. Lange schweigen

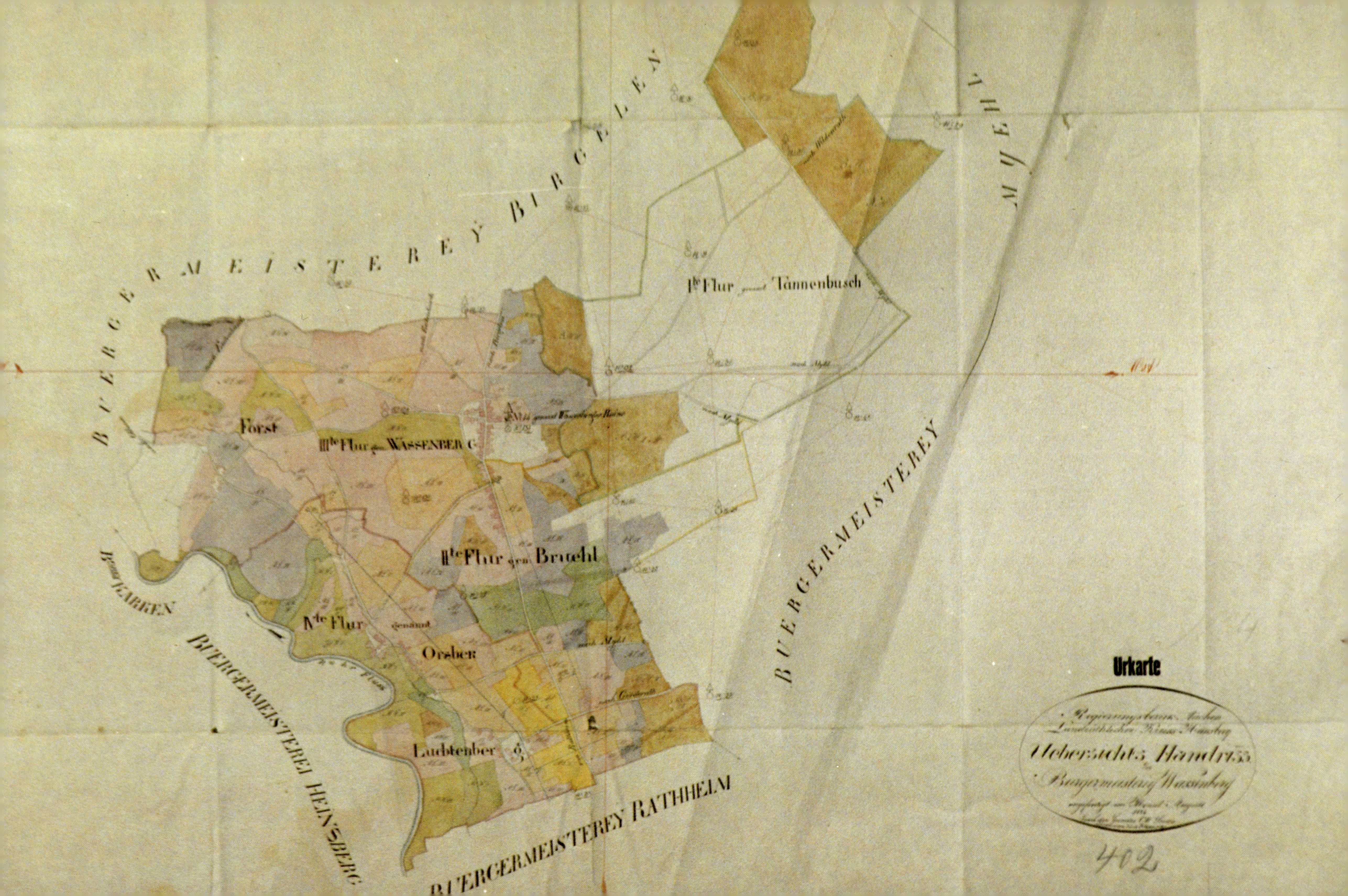
Urkarte
Uebersichts Handriss
Bürgermeisterei Wassenberg
BUERGERMEISTEREY BIRGELEN
BUERGERMEISTEREY MYHEL
BUERGERMEISTEREI HEINSBERG
BUERGERMEISTEREY RATHHEIM
Ite Flur genannt Tannenbusch
IIte Flur gen. Bruchl
IIIte Flur gen. WASSENBERG
IVte Flur genannt Orsbeck
Forst
Luchtenberg
402

die Quellen über ihn, aber ich darf vielleicht mit Corsten vermuten, daß Gerhard VI. nicht am Kreuzzug von 1185 teilgenommen hat, wie Jakob Broich noch glaubt.[213] Aus welchem Grunde sonst hätte der Chronist ihn übergangen, wenn er berichtet, im Mai 1189 seien Herzog Heinrich von Limburg und seine Söhne Heinrich und Walram von Regensburg aus ins Heilige Land aufgebrochen. Während Heinrich, der Vater, und sein gleichnamiger Sohn nach dem Tode Barbarossas wieder nach Hause zurückkehrten, blieb Walram beim Kreuzheere und verrichtete an der Seite des englischen Königs Richard Löwenherz vielbewunderte Heldentaten. Wie es scheint, wurde Gerhard VI. von Wassenberg von seinem Lehnsherrn für weniger glanzvolle Aufgaben vorgesehen."[214] Bis zu seinem Tode tritt auch „henricus de Wassenbergh", Gerhards Bruder, mehrfach mit dem Wassenberger Attribut in Erscheinung. Das wird verständlich, wenn wir ein wenig genauer in das Leben des jüngeren Gerhard schauen. Er ist Edelvasall des Kölner Erzbischofs und kämpft mit diesem schon in jungen Jahren um Westfalen, das dem Erzbischof Philipp von Heinsberg aus dem Besitz Heinrichs des Löwen zugesprochen worden war. Unser Gerhard VI. hält sich wohl wegen seines militärisch-ritterlichen Engagements selten in Wassenberg auf. Sein Bruder Heinrich III. (†1215) muß ihn deshalb oft vertreten und die Herrschaft auf Burg Wassenberg ausüben.
Wir sehen Gerhard VI. am 8. 7. 1180 auf dem Hoftag des Kölner Erzbischofs. Als Zeuge tritt er am 27. 7. 1180 in einer Urkunde auf, in der ein Streit des Kölner Erzbischofs mit den Bürgern von Köln durch den Kaiser geschlichtet wird. Der Streit hatte sich an der Absicht der Einwohner Kölns entzündet, ihre Stadt mit Wall und Graben zu befestigen. Sie hatten es gewagt, Gebäude ohne des Erzbischofs Erlaubnis auf dem „linpat", dem Markt und anderen öffentlichen Plätzen zu errichten. Der Schiedsspruch des Kaisers: 2000 Mark als Gehorsamsbekundigung der Bürgerschaft. Der Graben darf zum Schmuck der Stadt und zu ihrem Schutz vollendet werden. Als Zeuge unter diesem kaiserlichen Schiedsspruch finden wir unseren *Gerardus de Wassenberg*.[215] Am 26. 8. 1183 befindet sich Gerhard auf dem Hoftage Kaiser Heinrichs VI. zu Worms. Dann tritt er in Sachen Haus Udenhusen bei Arnsberg in Westfalen in den Akten auf, das unser Wassenberger Gerhard von Erzbischof Philipp von Heinsberg als Lehen besitzt. Erzbischof Philipp von Köln verpflanzte mehrfach linksrheinische Vasallen dorthin, um das neuerworbene Herzogtum Westfalen zu sichern.
Im Jahre 1193 genehmigt und bestätigt Erzbischof Bruno III. die Schenkung des Hauses Udenhusen an das Kloster Rumbeke, nachdem es mit den von Frauen und Jungfrauen gespendeten Geld unter Zustimmung des Gerhard von Wassenberg, der es von dem Kölner Erzbischof Philipp von Heinsberg zu Lehen trägt, vom Unterlehensinhaber Luitbert von Voswinkele von Ludewig von Wicke und dessen Söhnen losgekauft ist.[216] Udenhusen ist sicherlich der Dank Philipps für Gerhards militärischen Einsatz in Westfalen für die dort zu demonstrierende Kölner Machtposition gewesen. Weil von 1194 an Gerhards ältester Bruder als Herr von Wassenberg in den Urkunden auftritt, ist anzunehmen, daß unser Gerhard mehrere Jahre Wassenberg verlassen und im Westfälischen gewohnt hat. Gerhard ist einer der für den Kölner Erzbischof zuverlässigsten rheinischen Vasallen, die das neuerworbene Herzogtum Westfalen stabilisieren. Severin Corsten fragt mit Recht, ob Gerhard wohl aus vollem Herzen nach Westfalen übersiedelt ist. Wir wagen es aus vielerlei Gründen zu bezweifeln: Daß der Umzug aber tatsächlich erfolgt ist, dafür gibt es deutliche Hinweise. Denn von 1194 bis 1214 ist der älteste Sohn des Limburger Herzogs, Heinrich, als Herr von Wassenberg nachweisbar: „Er war wohl auch der Adressat eines päpstlichen Schreibens, das ihn um die Jahreswende 1201/1202 ermahnte, König Ottokar IV. die Treue zu halten." Der Brief an den Wassenberger befindet sich in den Registern der Kanzlei Innozenz' III. unter der Rubrik „Paterburnensi episcopo". Der Papst schätzt unseren Wassenberger Dynasten hoch ein, trotzdem bleibt er für den Heiligen Vater eine quantité négligeable. Wir werden noch sehen, daß im Thronstreit der Gegenkönige Otto und Philipp, deren Schlacht bei Wassenberg 1206 tobt, unser Gerhard VI. sich überhaupt nicht engagiert. Er taucht in den drei Jahrzehnten nach 1180 nicht am Hofe seines herzoglichen Vaters auf. Auch in Urkunden ist seine Zeugenschaft nicht vermerkt, es sei denn, man spräche von seiner Zustimmung, die aber wahrscheinlich schriftlich eingeholt worden ist. Erst im Zusammenhang mit der Erfüllung des letzten Willens seines Schwiegervaters Rutger von Merheim in Sachen Kloster Camp ist seine Anwesenheit im Wassenberger Horst belegbar: „Als Zeugen sind nämlich Personen mit Herkunftsnamen aufgeführt, die auf den Raum um Roermond verweisen. Aber die beiden Rechtsgeschäfte betreffen die Herrschaft Merheim (= Merum bei Roermond), an der Gerhard VI. von Wassenberg über seine Ehefrau Beatrix mitgeerbt hat. Am 28. 6. 1193 tritt er uns als Zeuge neben seinem Vater und seinen beiden Brüdern in einer weiteren Kölner Urkunde entgegen."[217]

Am 22. 1. 1197 befindet er sich unter den „nobiles" auf dem Hoftage des Erzbischofs Adolf I. von Köln. 1202 begegnen wir ihm mit seinen Brüdern Heinrich, Walram, Friedrich, seinen Schwestern Jutta und Mathilde sowie seinem Schwager Goswin von Valkenburg, dem Bruder Gottfrieds von Heinsberg, bei der Zustimmung einer Schenkung von Rottungsländereien zwischen dem Walde Speckholz und der Straße Aachen-Heerlen. Dieses Gelände hatte der Vater, Herzog Heinrich, der Alte von Limburg, der Kirche zum Hl. Michael von Rolduc vermacht.[218] 1221 schenkt Gerhard VI. die Kirchen zu Ellinghoven und Havert dem Wassenberger Stift. 1222 vermacht er zusammen mit seinem Bruder dem Stift zu Heinsberg die Kirche von Hoengen bei Sittard.

Urflurkarte: Bürgermeisterey Wassenberg 1826.

Gerhard VI. von Wassenberg heiratet 1212 Beatrix, die Tochter des Edelherrn Rutger von Merheim. Uns liegt eine Urkunde des Jahres 1212 vor[219], in der die Erinnerung an eine Schenkung wachgerufen wird, die sein Schwiegervater früher der Abtei Camp zu Linn gemacht hat. In dieser Urkunde kommt auch seine Gemahlin Beatrix von Merheim vor:

... quod bone memorie Ruthgerus de Merheim, de bono consensu uxoris nostre Beatricis, filie sue, et nostro, in villa que vocatur Linna, que post mortem ipsius in nostram translata est proprietatem, pro remedio anime sue et suorum predecessorum mansum unum, qui vocatur Regencenhuve ...

Den Tod seines Schwiegervaters Rutger von Merheim im Jahre 1212 bestätigt Gerhard VI. 1212 und 1213: *In de eerste verklaart Gerhard (VI.) van Wassenberg, dat de overleden vader van zijn vrouw Beatrix, Rutger van Mereheym, een mansus in Linne, de Regencenhuve genaamd, aan het klooster Camp gegeven heeft...*[220] In einer zweiten Urkunde von 1213 wird an weitere Schenkungen von Gerhards Schwiegervater Rutger von Merheim erinnert. Diesmal geht es um Güter aus seinen Besitzungen in „Blereke" (Bliersheim) an die Abtei Camp. In dieser Urkunde nennt sich der herzogliche Sohn *Dominus de Wassemberg ducis de Lymburg filius*.

Gerhard VI. von Wassenberg führt auch den Beinamen von Horn. Auf der linken Maasseite, Roermond genau gegenüber, liegt die Burg Horn. Aber seit wann führt er diesen Beinamen? Die früheste Erwähnung enthält nach Severin Corsten eine Urkunde von Otto IV. vom 30. 11. zu Aachen, wo in der Zeugenliste auch ein „Gerardus de Houne" auftritt. Wir erinnern uns, 1212 stirbt Gerhards Schwiegervater Rutger von Merheim. Gerhard nennt sich also wohl unmittelbar nach der Übernahme der Erbschaft nach „Horn" an der Maas. Er bemüht sich sodann um die Belehnung mit Horn. Jedoch kann diese nicht lange in Kraft gewesen sein; denn am 15. 5. 1219 bekunden Erzbischof Engelbert von Köln und sein lütticher Suffragon Hugo die Überlassung der *villa in Wishem* (Wessem) an den Edelherrn Wilhelm von Horn. Corsten interpretiert diese Urkunde in dem Sinne, daß die kölnischen Autoritäten zu dieser Zeit wohl gegen Gerhard von Wassenberg eingestellt waren: „Daß Engelbert einem Geschäft zustimmte, das seinen Vasallen Gerhard von Wassenberg benachteiligen mußte, ist gerade zu diesem Zeitpunkt nicht weiter verwunderlich. Im Juli war sein Bruder Adolf von Berg vor Damiette in Ägypten gestorben, und Engelbert hatte kurzerhand die Grafschaft Berg in Besitz genommen. Er mißachtete damit die Erbansprüche seiner Nichte Irmgard und ihres Gatten Heinrich von Limburg. Aus dieser Usurpation der Grafschaft entbrannte eine Fehde zwischen dem Erzbischof und den Limburgern, an welcher Gerhard VI. als Oheim Heinrichs offenbar beteiligt war, wie man auch aus seinem Verhalten beim Tode Engelberts folgern darf. Im August 1220 erst kam es zum Friedensschluß, durch den der Erzbischof im Besitz der Grafschaft bestätigt wurde. Gerhard von Horn und etliche andere Herren traten dem Friedensschluß bei und verpflichteten sich unter Eid, dem Erzbischof beizustehen, sollten Walram und seine Söhne das Abkommen brechen. Gerhard fühlte sich offenbar noch als Herr von Horn, und die kölnische Kanzlei trug offenbar auch keine Bedenken, ihn unter diesem Namen in die Urkunde aufzunehmen."[221]

Wie die Limburger und Wassenberger trotz dieses Friedensversprechens zu Erzbischof Engelbert von Köln standen, das wird sich weiter unten bei unserer Schilderung der Ermordung Engelberts, der Begleitumstände und der Folgen zeigen.[222]

Gerard Venner hält Gerhard VI. für *de stamvader van een Wassenbergse linie*, die allerdings als *Limburgse zijlinie rond 1257 uitstierf* (ausstarb), so daß die *heerlijkheid van Wassenberg* zurück an Walram IV., den letzten Herzog des limburgischen Hauses, fällt.[223] Von Gerhard VI. von Wassenberg bzw. von Horn ist weiterhin zu erwähnen, daß er bei der zweiten Hochzeit seines Bruders Walram mit Ermesindis von Luxemburg mit dem alten Herzog und seinem Bruder Heinrich von Wassenberg zustimmt. Zusammen mit Graf Wilhelm von Jülich und Dietrich von Heinsberg tritt er auch als Eideshelfer auf. Auf jeden Fall ist er bei der Hochzeit seines Bruders Walram anwesend, und es ist sicherlich kein Zufall, daß er dort den Beinamen „von Horn" führt. Auch bei der Übergabe der Burg Arlon an seine Braut Ermesindis von Luxemburg durch Walram[224] wird der Beiname von Horn notiert: *laude et assensu predicti patris mei ducis fratrum meorum Henrici de Waxemberch et Gerardi de Horne.* Schließlich entdecken wir unseren Wassenberger „Horner" im Lehensvertrag zwischen Walram von Limburg und Luxemburg und Philipp von Hauterive 1217, wobei Gerhard VI. als *Gerardus dominus de Huerne* das Verprechen abgibt, Philipp im Kriegsfalle zur Seite zu stehen.

Severin Corsten vermutet, daß Gerhards Bruder Heinrich von Wassenberg im Mai 1214 bei der Hochzeit von Walram bereits erkrankt ist, weil er nur die Zustimmung zur Übertragung von Arlon an die Braut gibt, nicht aber den Schwur mitvollzieht. Am 4. 12. 1214 ist Heinrich tot und damit Wassenberg für Gerhard VI. wieder besitzoffen.

Fest steht also, daß der Bruder unseres Gerhard VI. von 1194 bis 1215 (seinem Tode) sich Heinrich, Herr von Wassenberg, nennt. Parallel dazu benutzt auch Gerhard VI. diesen Beinamen und nicht erst seit Heinrichs' Tod. Mehrere Jahre nennt er sich Gerhard von Horn oder sogar Gerhard von Wassenberg und Horn.

Seit dem Verkauf Wassenbergs für 1.700 Mark an Erzbischof Philipp von Heinsberg ist die Burg Wassenberg nach Leo Gillessen ein „Offenhaus" für den Kölner Erzbischof, wie dies auch später von Schloß Elsum bekannt ist, das der Herzog von Brabant als Offenhaus betrachtet. Der Erzbischof von Köln kann im Notfall hinter den Befestigungen Schutz suchen. Bei der Schlacht von Wassenberg im Jahre 1206 sollte dies eine dramatische Realisation erfahren ; denn mit dem

Ritter belagern eine Burg mit Beilen und Armbrüsten. Die Verteidiger wehren sich mit Steinen und Pfeilen. (Manesse-Handschrift, Heidelberg, Universitätsbibliothek)

geschlagenen Welfen Otto von Braunschweig flüchteten auch der Erzbischof von Köln und Herzog Walram III. von Limburg in die Feste, die dann von Philipp von Schwaben belagert wird. In der Auseinandersetzung der beiden Gegenkönige bis zur Schlacht bei Wassenberg 1206 hat sich Gerhard VI. anscheinend nicht sonderlich engagiert. Vielleicht sind seine Lehensbedingungen mit der Kölner Kirche Grund dafür, vielleicht aber auch ein Konflikt mit seinem Vater wegen der Verpfändung Wassenbergs, dessen Edelherr er immerhin ist.

Severin Corstens Fallstudie zu Wassenberg während der Stauferzeit ist eine beachtliche Analyse der verwikkelten dynastischen Ereignisse um Wassenberg. Auch Gerard Venner hat uns eine mit Akribie verfaßte Darstellung „over de rechtshistorische typering van het land van Wassenberg" geschenkt und die weithin unbekannten Zeitläufte verdeutlichend beleuchtet. Von Severin Corsten kommt der Hinweis auf die mißachtete Vasallität Gerhards VI. zum Kölner Erzstift. Nachdem Gerhard VI. von Wassenberg wieder in seiner angestammten Burg Wassenberg Wohnung nimmt, hat er einen Schwerpunkt seiner Macht im westlichen Rheinland zurückgewonnen — durch das Erbe Rutgers von Merheim, seines Schwiegervaters, noch entschieden verstärkt: „Gerhard (VI) schloß sich eng an seinen Bruder Walram (den späteren Herzog) an, und der alternde Herzog Heinrich (†1221) scheint den Söhnen freie Hand gelassen zu haben. Als im Jahre 1216 Engelbert aus dem Hause Berg den Kölner Bischofsstuhl bestieg, da wurde auch Gerhard in dessen Auseinandersetzung mit dem Hause Limburg um die bergische Grafschaft hineingezogen."

Der Mord an Erzbischof Engelbert I. von Köln

Engelbert I., der Heilige, Erzbischof von Köln (1216—1225), hat auch für das Wassenberger Land eine Reihe von Wirkungen. Seine Ermordung im Jahre 1225 wird von Walther von der Vogelweide erschütternd beklagt. Und Cäsarius von Heisterbach aus dem bekannten Zisterzienserkloster im Siebengebirge hat in *De vita et actibus domini Engilberti Coloniensis archiepiscopi et martiris* auch unseren Wassenberger Herren Gerhard VI. mitverurteilend gebrandmarkt.

Hauptgegner des Erzbischofs war Friedrich von Altena, der sich nach seiner Burg an der Ruhr Friedrich von Isenburg nannte. Wegen persönlicher Erbschaftsangelegenheiten geriet er mit Engelbert in Konflikt und schwur, ihn zu töten. Großsprecherich verkündete er: „Ich bin ein Graf, der feste Burgen und Land besitzt, zwei meiner Brüder sind Bischöfe (Dietrich III. von Isenberg 1219—1226 und Engelbert von Isenburg 1224—1226 und 1239—1250), Herzog Walram von Limburg, der Mächtigste des Landes, ist mein Schwiegervater, dessen Sohn (Heinrich IV. von Limburg) wird die Grafschaft Berg erhalten, ich bin der Vetter des Grafen Dietrich von Kleve, dessen Geschwisterkind ist der edle Herr von Heinsberg (Dietrich I. von Heinsberg 1192—1228, Sohn von Adelheid, Erbtochter zu Heinsberg, und Arnold III. von Kleve, Herr von Heinsberg). Dem Grafen Gottfried von Arnsberg, dem Grafen Otto von Tecklenburg, dem mächtigen Herrn Hermann von Lippe und sehr vielen anderen hat der Erzbischof Unrecht getan, sie verletzt und beleidigt, und keiner ist da, der sein Blut rächt. Euch alle will ich reich machen!"

Friedrich von Isenberg hat Schergen gedungen, die Engelbert am 7. 11. 1225 umbringen. Herzog Walram sammelt am dritten Tage nach dem Mord ein Ritterheer sowie eine Menge bewaffneter Bauern und belagert die Burg Valanz (Velandshus, Valancia, Wilhelmstein), die von Erzbischof Engelbert 1216 zum Schutze des Landes nicht weit von Herzogenrath erbaut wurde. Herzog Walram macht seinen Bruder Gerhard VI. von Wassenberg zum Anführer dieser rachsüchtigen Unternehmung. Gerhard hat demnach seine Treuepflicht gegenüber dem Kölner Erzbischof eiskalt in den Wind geschlagen. Mit großer Brutalität zerstört er Valancia. Am 15. 11. 1225 fällt die letzte Bastion der Burg unter frenetischem Jubel der Belagerer. Cäsarius von Heisterbach schildert dies voller Abscheu: Gerhard von Wassenberg aber, der sich bei der Zerstörung durch seinen Eifer brutal hervortut, stirbt an demselben Tage, an dem man in Köln die Totenmesse am dreißigsten Tage nach der Ermordung des Erbauers der Burg feierlich begeht (7. 12. 1225) eines natürlichen Todes und wird in Wassenberg begraben. Sein Bruder, Herzog Walram von Limburg, folgt ihm im Tode nach fünf Monaten. Weil nun auch seine Söhne Walram und Heinrich von einer schweren Krankheit heimgesucht werden, die den ersten hinwegrafft, den anderen quält, sieht der Chronist Cäsarius darin das Strafgericht Gottes. Denn die Ermordung von Erzbischof Engelbert darf sicherlich als eine von langer Hand vorbereitete Adelsverschwörung angesehen werden. Engelbert löst als Heiliger eine Reihe von Wundern aus. Cäsarius zählt 76 auf. Wunder Nr. 46 ereignet sich in Wassenberg: Ein Mädchen wird nach mehrjähriger Blindheit geheilt, nachdem es einen Stein zur Martyriumsstätte Engelberts getragen hat.

Gerhard VI. von Wassenberg (und Horn) muß sich bei allen Bedenken, die man Caesarius' „sanctificierender" Erzählabsicht kritisch aufládt, gefallen lassen, daß er in der verbrecherischen Aura um den Mord an Engelbert steht. Ein Edelherr von Wassenberg, der von all dem durchdrungen, was die staufische Epoche charakterisiert: hohe Ideale und niedere Instinkte. Die Zeiten waren roh und wild, die Machtgelüste vom Ingrimm der Habgier forciert. Severin Corsten sagt wohl mit Recht: „Gerhard lud Schuld auf sich, Schuld nicht nur im Sinne des Caesarius von Heisterbach, der in seiner Lebensbeschreibung Engelbert zum Heiligen erhöhte."

DIE SCHLACHT BEI WASSENBERG 1206

Der Thronstreit

Für wenige Tage im Juli 1206 steht Wassenberg im Brennpunkt der Politik. Herzog Heinrich II. von Limburg nebst Söhnen Walram und Heinrich betreten dabei in schicksalhafter Mitwirkung die geschichtliche Szene. Der Kampf um die Krone des Reiches nach Kaiser Heinrichs VI. Tod wird bis unmittelbar vor die Wassenberger Haustür getragen. Die Heere der Gegenkönige Philipp von Schwaben (Sohn Barbarossas) und Otto IV. von Braunschweig (Sohn Heinrichs des Löwen) prallen hier im Vorfeld Wassenbergs, im sumpfigen Terrain zwischen Forst und Orsbeck, aufeinander.

Kaiser Heinrich VI., in dessen Nähe wir die Wassenberger Dynasten mehrfach wahrnahmen, erlag am 27. 9. 1197 in Palermo einem starken Fieber. Heinrichs Wunsch, seinen damals dreijährigen Sohn noch gekrönt zu sehen, geht nicht in Erfüllung. Stattdessen entbrennt ein erbitterter Streit um den Thron zwischen Staufen und Welfen.

Der Kölner Erzbischof jener Jahre ist Adolf von Altena. Er setzt sich für den jüngeren Sohn Heinrichs des Löwen, Otto von Braunschweig, ein. Auf der anderen Seite wählt die staufische Partei am 8. 3. 1198 in Mühlhausen Philipp von Schwaben zum König. Am 12. 7. des gleichen Jahres setzt Erzbischof Adolf seinem Kandidaten Otto in Aachen die Königskrone auf. Philipp läßt sich in Mainz krönen. So besitzt das Reich zwei Gegenkönige und in dem sizilianischen Kinde Friedrich sogar einen dritten Prätendenten.

Im Jahre 1200 legt Papst Innozenz III. seine Haltung in diesem Thronstreit offen dar: Er geht von drei gewählten Häuptern aus; denn das Kind Friedrich von Sizilien ist rechtmäßig von den Fürsten designiert. Innozenz aber kommt zu dem Schluß, es sei „geziemend und nützlich, dem Otto die apostolische Huld zuzuwenden". Ein solches Farbebekennen des Papstes verschärft die Situation.

Philipps Anhänger sitzen meist im Süden und Osten, diejenigen Ottos mehr im Westen und Norden. Unbarmherzige Fehden überrollen nun die Gegenden von Rhein und Mosel und die sächsischen Gebiete. Köln gilt als „starke Welfenburg", eine waffenstarrende Stadt, die uneinnehmbar scheint. Ähnlich wehrhaft ist Braunschweig, vor dem das staufische Heer erfolglos liegenbleibt. Philipp verheert blühende rheinische Städte wie Bonn, Remagen, Andernach. Otto revanchiert sich mit der Zerstörung Nordhausens und den um die Wartburg herumliegenden Ländern.

Inzwischen hat der Papst König Philipp mit dem Bann belegt. Das macht einige Dynasten schwankend. Fürsten wie Landgraf Hermann von Thüringen und König Ottokar von Böhmen schließen sich der welfischen Partei an. Auch die dänischen Könige Knud und Waldemar II. treten an Ottos Seite.

Roßtor im Jahre 1928.

Die nächsten Jahre aber sind durch die Wechselfälle der Parteinahmen und durch überraschenden Sinneswandel verschiedener Fürsten gekennzeichnet. So vollzieht sich ein merklicher Umschwung zugunsten Philipps, zu dem sogar der Bruder Ottos übertritt. Auch Hermann von Thüringen und König Ottokar von Böhmen werden durch die Niederlagen, die Philipp ihnen beibringt, staufisch. Der entscheidende Verlust für Gegenkönig Otto von Braunschweig tritt jedoch mit dem Parteiwechsel des Erzbischofs Adolf von Köln ein, der als Haupt der welfischen Partei überraschend bei den Staufern auftaucht.

Wilhelm Levison schreibt: „Die Politik des Erzbischofs beginnt sich von seiner Stadt zu trennen; 1202 machen die kölnischen Stände ihren Gehorsam gegenüber Adolf von dessen Treue zu Otto abhängig, ein Ausschuß wird vorgesehen, um im Notfall die Aufkündigung des Gehorsams zu beschließen. Nach neuen Erfolgen Philipps erfolgt der Bruch; 1204 wechselte Adolf, der sich von Philipp dafür eine große Geldsumme zahlen ließ, die Partei, und mit ihm oder bald darauf gingen die meisten Vasallen der Kölner Kirche am Niederrhein zu Philipp über, so der Herzog von Brabant, die Grafen von Geldern, Jülich und Hochstaden, die verschiedenen Mitglieder von Adolfs bergischem Hause usw."[225] Hier müssen wir der Frage nachgehen, wo Gerhard VI., Herr von Wassenberg, in diesem Ränkespiel bleibt. Sein Vater, das ist zunächst eindeutig, befindet sich auf welfischer Seite. Vielleicht hat sein Sohn Gerhard VI. von Wassenberg, der unter Philipp von Heinsberg Westfalen aus dem Besitz Heinrichs des Löwen miterkämpfte, seine antiwelfische Vergangenheit nicht leugnen können und hält sich deshalb zurück. Auf jeden Fall ist dieser erfahrene Streiter des Kölner Erzbischofs während der nun folgenden Auseinandersetzungen merkwürdig inaktiv. Sein Vater, Herzog Heinrich, und seine Brüder Walram und Heinrich bleiben noch Anhänger des Welfen, als manche rheinische Dynasten von Otto abfallen. Ich möchte zu bedenken geben, daß Gerhard VI. durch seine Lehnsabhängigkeit von der Kölner Kirche festgelegt war. Der Kölner Erzbischof hat den Welfen zum König gemacht, folglich muß auch sein Vasall Bundesgenosse Ottos IV. sein. 1199 ist Gerhard denn auch mit seinem Bruder Heinrich ganz offen am Hof des Welfen zu Braunschweig.

Zuspitzung

In Aachen wird Philipp 1205 neu gewählt und empfängt aus der Hand des Erzbischofs Adolf die Krone. Als Papst Innozenz III. davon erfährt, schleudert er seinen Bann gegen den Kölner Erzbischof und exkommuniziert Adolf am 13. 3. 1205. Er gibt ihm einen Monat Zeit für eine Rechtfertigung in Rom. Die Bannbulle wird feierlich, bei ausgelöschten Kerzen und beim Geläut aller Glocken in Köln verkündet. Erzbischof Adolf läßt die Rechtfertigungsfrist verstreichen und wird deshalb am 19. 6. 1295 aus allen seinen Ämtern im Dom entlassen. Die Neuwahl fällt auf den Bonner Propst des Kassiusstiftes, Bruno von Sayn, der bei der Schlacht von Wassenberg noch eine wichtige Rolle spielen soll. Empört eilt Ex-Erzbischof Adolf zu König Philipp, und dieser verspricht ihm, das Bistum Köln mit Waffengewalt für ihn zurückzugewinnen.

In der Schlacht bei Wassenberg 1206 standen sich die beiden Gegenkönige Otto IV., der Sohn Heinrichs des Löwen, und Philipp von Schwaben, jüngster Sohn Friedrichs I., gegenüber. Otto IV. unterlag. Philipp von Schwaben, der Sieger, wurde zwei Jahre später, 1208, in Bamberg ermordet. Links mit nach oben gehaltenem Zepter: Philipp von Schwaben. Rechts mit seitwärts gehaltenem Zepter: Otto IV. von Braunschweig. (Miniaturen in der Kölner Königs-Chronik. Brüssel: Bibliothèke Royale Albert I.)

Nun hat das Reich nicht nur zwei Gegenkönige (Philipp und Otto), sondern auch zwei Gegen-Erzbischöfe (Adolf und Bruno). Nach wie vor ist der Herzog von Limburg mit seinen beiden Söhnen Heinrich von Wassenberg und Walram aktiver Bundesgenosse des Welfen. Ex-Erzbischof Adolf findet Unterstützung bei den Grafen von Jülich, Berg, Hochstaden und Altena. Herzog Heinrich greift aggressiv in die Auseinandersetzungen ein. Die ihm benachbarten staufischen Parteigänger bekommen dies zu spüren: Die Limburger attackieren die Grafen von Are und Hochstaden und zerstören im Juni 1205 deren Stammburg. Die Rache läßt nicht auf sich warten: Ex-Erzbischof Adolf, die Grafen von Jülich und Hochstaden marschieren gegen Limburg und erobern die Burg Rode bei Herzogenrath. Die Zerstörung der Feste ist total. Die Gegenpartei schlägt zurück und erscheint vor der Hardtburg bei Euskirchen, um sie zu verwüsten. Bei diesem Unternehmen ist auch ein Wassenberger Ritter, *miles egregius nomine Giselbertus de Kerriche* (Karken), dabei. Er ist uns als Zeuge in einem Diplom Ottos vom 12. 7. 1198 als Wassenberger Lehensmann begegnet. Im ältesten Wassenberger Lehensverzeichnis der *feudataires de Jean III., duc de Brabant*, entdecke ich seinen Namen (im Rijksarchief von Brüssel).[226] Die Kölner Königschronik[227] vermeldet, daß unser Held und Wassenberger Lehensmann, Giselbert von Karken, bei der Belagerung besagter Hardtburg von einer Lanze durchbohrt wird und stirbt. Giselbert saß auf der Karkener Burg, Alteburg genannt, und ist seinem Herrn, Heinrich von Limburg, in den Krieg gefolgt. Ich vermute deshalb, daß Heinrich von Limburg, der Sohn des alten Herzogs, zu dieser Zeit wirklich auf der Wassenberger Burg residierte: „Wenn die Zeugenlisten uns wirklich alle wichtigen Persönlichkeiten nennen, die der Krönung Ottos in Aachen beiwohnten, dann war zwar Herzog Heinrich von Limburg am 12./13. 7. 1198 anwesend, während sein gleichnamiger Sohn, der es von Wassenberg bis zur Krönungsstadt nicht sehr weit hatte, fehlte."[228]

Beim Papst setzt sich nun eine andere Beurteilung der beiden Gegenkönige durch, weil Philipp doch sehr viel erfolgreicher in seinen Unternehmungen scheint: „Die Entwicklung wurde begünstigt durch den vorläufigen Ausgang des französisch-englischen Krieges. Mit der englischen Niederlage in Frankreich und der Flucht des englischen Königs ohne Land, dem Bruder Richard Löwenherz', verloren der Welfe Otto IV. und sein Anhang eine wichtige Stütze, während die französischen Erfolge die staufische Partei ermutigten."[229] Ottos Reihen lichten sich, und die englische Geldquelle versiegt. Papst Innozenz III. rückt endgültig von ihm ab. Die Lage spitzt sich zu. Die Heere der beiden Kontrahenten suchen die endgültige Entscheidung.

Die Schlacht

Im Jahre 1206 ist es soweit. Philipps Heer dringt ins Limburger Gebiet vor und marschiert an den Niederrhein. Von Erkelenz kommend bedroht er das Wassenberger Land.

Das bringt Herzog Heinrich II. von Limburg auf den Plan. Seine Söhne Heinrich von Wassenberg und Walram können nicht tatenlos zusehen, wie ihre Burg Wassenberg in den Machtbereich des Staufers gerät. Sie überreden Otto IV., den staufischen Aggressor sofort zurückzuschlagen. Otto IV. verfügt im Juli 1206 über 400 Ritter und 2000 Mann. Mit ihnen nähert er sich dem staufischen Heere, das zwischen Forst und Orsbeck, im Vorfeld von Wassenberg an der Rur, im Gebüsch und Gestrüpp gut getarnt, den Feind erwartet. So laufen die Truppen Ottos nichtsahnend ins Verderben: denn plötzlich brechen aus dem niedrigen Holz und den sumpfigen Weiden des Rurufers Philipps Ritter und Mannen hervor und greifen Ottos Heer mit vernichtender Wirkung an. Das geschieht am 27. Juli 1206.

Bis nach Wassenberg hinein hallt das Getöse der Schlacht. Der Kampf wogt hin und her. In das Geschrei der Kämpfenden erschallen immer wieder die anfeuernden Schlachtrufe: „Hie Waibling!" — „Hie Welf!" Von allen Seiten drängen die Staufer heran, die von ihren Pferden abgesessen sind. Denn in den sumpfigen Rurwiesen versinken die Rosse. Die Krieger Ottos verlieren die Schlacht. Die Umzingelung des Ottonischen Heeres gelingt vollständig. Viele ertrinken im moortiefen Wasser. Die meisten Pferde bleiben im Morast stecken. Groß ist die Zahl der Toten und Verwundeten. Das Geschrei der gequälten Schwerverletzten soll bis nach Wassenberg gedrungen sein, sagt die Überlieferung. Nur wenige aus Ottos Heer können sich dem todbringenden Ring entziehen und fliehen an Orsbeck vorbei oder über den Kulenberg nach Wassenberg hinein. Der Ort besaß damals noch keine Ummauerung, wohl nur Wassergräben und aus deren Aushub aufgeworfene Wälle in Ringform, die eventuell mit undurchdringlichen Dornenhecken bepflanzt waren, um die Spornlage der Feste auf der Hügelzunge des Horstes zu schützen. Mit unter den Fliehenden befinden sich auch die Besitzer Wassenbergs, Herzog Heinrich II. und seine Söhne Heinrich von Wassenberg und Walram. Gegenkönig Otto IV. wird in der Schlacht verwundet. Damals kämpfen Könige noch im vordersten Treffen. Den Getreuen gelingt es, ihren verletzten Heerführer und König Otto durch das deckende Unterholz des Kulenberg auf die Burg Wassenberg zu transportieren und ihn hier unter den medizinischen Bedingungen jener Zeit zu versorgen.

Inzwischen sind auch die anderen geschlagenen Fürsten auf der Burg Wassenberg eingetroffen. An ihrer Spitze der Kölner Erzbischof Bruno. Aber Philipps Truppen gönnen ihnen keine Pause. Sie überqueren im Sturm das Wassenberger Vorfeld und dringen in den Ort, später in die Burg ein. Zum Glück hat Otto IV. diese schon verlassen und befindet sich zusammen mit Walram auf dem Wege nach Köln. Für Erzbischof Bruno aber ist es zu spät. Er fällt in die Hände seines Gegners. Philipp läßt ihn sofort in Ketten legen und in das Verließ der Wassenberger Burg werfen. Später wird er dann auf die Burg Triefels in der Rheinpfalz gebracht.

Burg Wassenberg. (Foto Kurt Römer, sen.)

Wassenberg aber und seine Umgebung werden ausgeplündert, verwüstet und gebrandschatzt. Wie mag der Ort am Ausgange des Rurtals ausgesehen haben, als die Heere abrückten?

Ein Wassenberger Verräter?

Der niederländische Historiker P. Geuskens bestätigt den definitiven Entscheidungcharakter dieser Schlacht: „Op 27 juli 1206 werd deze strijd definitief in het voordeel (Vorteil) van Filips beslist in de slag (Schlacht) bij Wassenberg."[230] Die Schlacht erfährt in ihrer späteren geschichtlichen Beurteilung ein diskriminierendes On-dit für unseren „Wassenberger" Herzog Heinrich II. von Limburg. Eine Reihe von Historikern sprechen die Vermutung aus, Herzog Heinrich sei ein besonders drastisches Beispiel von Verrat und Untreue. Er schwankte, wie so viele in jener Zeit, zwischen den Parteien (Welfen und Staufen) hin und her. In raffinierter Berechnung habe er dann beim Aufeinandertreffen der beiden Heere hier in der Nähe seiner Burg Wassenberg dem Gegenkönig Otto geraten, diesen Platz für den Angriff auszuwählen, obwohl er wußte, daß dieses Gelände wegen seiner Versumpfung durch die Rur schwierige strategische Anforderungen an den Angreifer stellte. Außerdem soll ihm bekannt gewesen sein, daß Philipp mit seinen Truppen im Niederholz der Rur gut getarnt in Bereitschaft wartete. Jakob Broich empört sich dementsprechend: „Dieser schändliche Verräter hat, wie dies bei so mancher großen Schlacht geschehen, auch dem Wassenberger Entscheidungskampf seinen niederträchtigen Stempel aufgedrückt." Auch Lückerath betont in seinen „Beiträgen zur Geschichte von Heinsberg und Umgebung"[231]: „Die meisten geschichtlichen Quellen schreiben die Niederlage dem Verrat des Herzogs Heinrich von Limburg zu, der die welfischen Truppen absichtlich in das sumpfige Terrain gelockt habe, um sie so in die Hände Philipps zu liefern. Einzelne Chronisten fügen sogar hinzu, daß Herzog Heinrich schon vor der Schlacht förmlich zu Philipp übergegangen sei."
Severin Corsten schreibt, Herzog Heinrich von Limburg habe im letzten Moment vor der Schlacht noch die Partei gewechselt und sich Philipp unterworfen, der zwei Meilen von der Wassenberger Burg entfernt sein Lager aufgeschlagen hatte. Die Continuatio II der Kölner Königschronik vermeldet jedenfalls, zwei Meilen von Wassenberg entfernt habe König Philipp von Schwaben den Limburger Herzog in seinem Lager freundlich und in Gnaden aufgenommen. Die Continuatio III entlarvt sodann das Verhalten Herzog Heinrichs als Verrat,[232] der Philipps Wassenberger Sieg überhaupt erst ermöglichte. Demgegenüber blieb Sohn Walram konsequent welfentreu und half, wie wir oben sahen, Otto bei seiner Flucht an den Rhein.

Wenn Otto IV. von Braunschweig, der Verlierer der Schlacht bei Wassenberg, auch unbemerkt sein „welfisches Köln" erreicht, so ist Philipp, sein Gegenspieler, jetzt ganz obenauf. Auch Papst Innozenz III. findet sich nun zu seiner Anerkennung bereit. 1207 sendet er zwei Kardinallegaten nach Deutschland, um Philipp vom Bann zu lösen. Viele, so auch die Stadt Köln, schließen jetzt Frieden mit ihm und sehen in Philipp den künftigen deutschen Kaiser. Otto verliert mit Köln seine letzte Bastion am Niederrhein.

Philipp, der „junge süeze man", ist noch heute in majestätischer Pose in einer Statue am mittleren Turm der Steinernen Brücke von Regensburg zu sehen. Aber sein siegestrunkener Gesichtsausdruck täuscht; denn schon bald weicht dieser einer Totenmaske. Nach Shakespeare halten Verrat und Mord stets zusammen. Der „junge süeze man", kaum 30 Jahre alt, wird am 21. 6. 1208 völlig überraschend vom Pfalzgrafen Otto von Wittelsbach in Bamberg ermordet — „heimtükkisch und ohne politische Motive, einzig und allein aus dem Gefühl persönlicher Kränkung, das aus fehlgeschlagener Heiratspolitik herrührte."[233] In der Slawenchronik des Arnold von Lübeck[234] wird der Mord an Philipp, dem Sieger von Wassenberg, geschildert: „Als König Philipp in Bamberg weilte... wollte er seine Tochter mit dem Pfalzgrafen Otto von Wittelsbach verloben, da dieser aber blutrünstig und grausam war, hatte der König seine Absicht wieder geändert. Als der Pfalzgraf das erfuhr, bemühte er sich um die

Pembrokes (Royal Air Force Wildenrath) über Wassenberg 1986. 680 Jahre nach der Schlacht bei Wassenberg von 1206.

Wassenberg vom Wingertsberg aus gesehen. Öl auf Leinwand (80 mal 60 cm), 1968, von Hanns Heidemanns.

Hand der Tochter des Herzogs von Polen. (Er erbat sich von Philipp ein Empfehlungsschreiben, das dieser ihm versprach. In Wirklichkeit riet er aber darin von einer Heirat ab.) Voll Wut sann Otto jetzt nur noch auf den Tod des Königs ... Als nun eines Tages Philipp an beiden Armen zur Ader gelassen war und zurückgezogen in seinem Gemach verweilte, schritt der Pfalzgraf mit entblößtem Schwert scheinbar spielend im Vorzimmer auf und ab. Dann näherte er sich dem Schlafgemach des Königs, klopfte heimlich und trat ein. Doch behielt er auch vor dem König das bloße Schwert in der Hand. Daraufhin sagte Philipp: 'Lege dein Schwert ab, denn dafür ist hier nicht der Ort!' Otto aber entgegnete: 'Hier ist schon der richtige Ort, und du sollst für deine Treulosigkeit büßen.' Sogleich traf er ihn mit einem Hieb in den Nacken, ohne ihm noch eine weitere Wunde beizufügen. Da die Anwesenden ihn ergreifen wollten, schaffte er sich gewaltsam freie Bahn durch die offene Tür und entfloh."

Der Sieger von Wassenberg, König Philipp von Schwaben, designierter Kaiser, war tot. Das Kind aus Sizilien, Friedrich II., errang nun doch noch den Sieg im Thronstreit. Walther von der Vogelweide sang damals sein berühmtes Lied *Ich saz uf eime steine.* Untreue liegt im Hinterhalt, Gewalt beherrscht die Straße, Friede und Recht sind schwer verwundet, und ehe von denen keines gesundet, finden die drei niemals Schutz:

untriuwe ist in der saze
gewalt vert uf der straze
fride unde reht sint sere wunt.
diu driu enthabent geleites niht,
diu zwei enwerden e gesunt.

DIE LETZTEN HERREN

Gerhard VII., Herr von Wassenberg

Gerhard VI. von Wassenberg und Horn (†1225) und seine Gemahlin Beatrix von Merheim haben drei Söhne: Gerhard, Heinrich und Rutger. Der erste wird als Gerhard VII. von Wassenberg die Regierungsgeschäfte in *stat ind lant* in seine Hand nehmen. Urkundlich begegnet er uns am 15. 9. 1222 in einem Dokument des Wassenberger Georgsstiftes.
In erster Ehe ist er mit Beatrix von Randerath verheiratet, in zweiter mit Elisabeth von Sprimont, der Witwe Theoderichs von Kleve, einer Tochter Heinrichs I. von Lothringen und der Maria von Frankreich. Die Ehe Gerhards mit Beatrix soll jedoch wegen zu naher Verwandtschaft wieder aufgelöst werden. Der Erzbischof von Köln, Conrad von Hochstaden, erhält den päpstlichen Auftrag, die Problematik zu überprüfen und eine Entscheidung herbeizuführen. Ergebnis: die Verbindung müsse wieder gelöst werden. Am 23. 3. 1247 formuliert der Episcopus dies in einem Brief an den Herzog von Brabant. Gerhard VII. von Wassenberg aber stellt sich solchem Ansinnen hartnäckig entgegen und bleibt bei seiner Frau, der später das Schloß Sprimont als Witwensitz bestimmt wird.
Nicht sehr viele Daten sind uns aus dem Leben dieses Wassenberger Edelherrn bekannt: am 21. 3. 1241 überweist er an den Zisterzienserkonvent von Dalheim für das Seelenheil seines Vaters eine jährliche Rente aus der Pletschmühle bei Orsbeck an der Rur.[235] Der Löwe ist das Wappentier Gerhards VII. schon im Jahre 1235.[236] Die Beschreibung: „. . . Schild mit steigendem rechtsgewandten Löwen mit Spaltenschwanz." 1242 siegelt Gerhard VII. in einer Urkunde der Abtei Burtscheid.[237] Auch hier ist der doppelschwänzige, gekrönte Löwe zu sehen. Unser „Wassenberger Löwe" spielt nach 1973 bei der Diskussion über Wappen, Siegel und Flagge der wiedererstandenen Stadt Wassenberg eine kontroverse Rolle. Im Jahre 1237 überläßt Gerhard VII. dem Herzog von Limburg einen Mansen in Meer zugunsten der Abtei Altenberg gegen einen anderen Mansen aus Müntz bei Jülich:

Uniuersis presentem paginam inspecturis Gerardus nobilis de Wassenberch salutem in perpetuum. Noscant tam presentes quam futuri, quod ego mansum terre arabilis cum area attinente, quem in hominio a domino duce de Lomborch tenui, eidem resignaui sub tali forma, quod eundem libere conferret ecclesie b. Marie in veteri Monte . . .

Zur Vorgeschichte dieses Mansen-Tausches: Graf Hermann von Liedberg ist mit Gräfin von Meer vermählt. Ihre Tochter Elisabeth heiratet den Grafen Gerhard I. von Randerath. Dessen Sohn Gerhard II. gibt seine Tochter Beatrix dem Gerhard VII. von Wassenberg zur Frau. Auf diese Weise kommt unser Wassenberger in den Besitz des Mansen von Meer. Erst nach dem Tode des Randerathers 1247 wird der angesprochene Tausch realisiert. Im Jahre 1248 befindet sich Gerhard VII. unter den Zeugen einer Urkunde König Wilhelms von Holland, in der die Bestätigung der Privilegien der Stadt Aachen formuliert wird. Am 13. 12. 1250 genehmigt Gerhard VII. von Wassenberg die Verpfändung der von ihm lehnrührigen Vogtei zu Lövenich an das Domkapitel von Köln. Am 22. 6. 1252 treffen wir Gerhard VII. als Schiedsrichter in einem Streit zwischen dem Herrn von Heinsberg und dem Erzbischof von Köln. In diesem Konflikt geht es um die Herrschaft von Sayn und Hülchrath. Schon 1244 spielt unser Held erfolgreich den Friedensvermittler beim Waffenstillstand zwischen dem Kölner Erzbischof, Conrad von Hochstaden, und dem Grafen Wilhelm von Jülich. Im Jahre 1250 verzichtet Gerhard unter Zustimmmung seines Sohnes Gerhard (wie sollte er in Wassenberg auch anders heißen!) auf die Lehnsherrlichkeit des Heymenbruchs bei Ophoven. 1253 wird er noch einmal Zeuge unter einem Vertrag, den Graf Otto von Geldern und Herzog Walram von Limburg über den Weintransport auf dem Gelderner Territorium, inbesondere für Roermond und Wassenberg, schließen. Der Limburger Herzog verspricht den Kölner Bürgern, die Straßen nach Maastricht und Lüttich sicherer zu machen und stellt dafür unter anderen den *Gerhardus dominus de Wassenberg* als Bürgen.
1255 stirbt Gerhard VII. von Wassenberg. Elisabeth erlebt nun, wie Graf Otto von Geldern ihr und ihrer Tochter Jutta das *oppidum quod Linne vocatur* streitig zu machen versucht und verkauft ihm beschwichtigend den *montem circumfossatum (Montfort bei Roermond), qui Milmekar nuncupatur et aream circumiacentem cum aqua nostra.*[238] Damit kommt der Herrensitz, den unser Ger-

Lageplan Schloß Effeld (1256/1606)

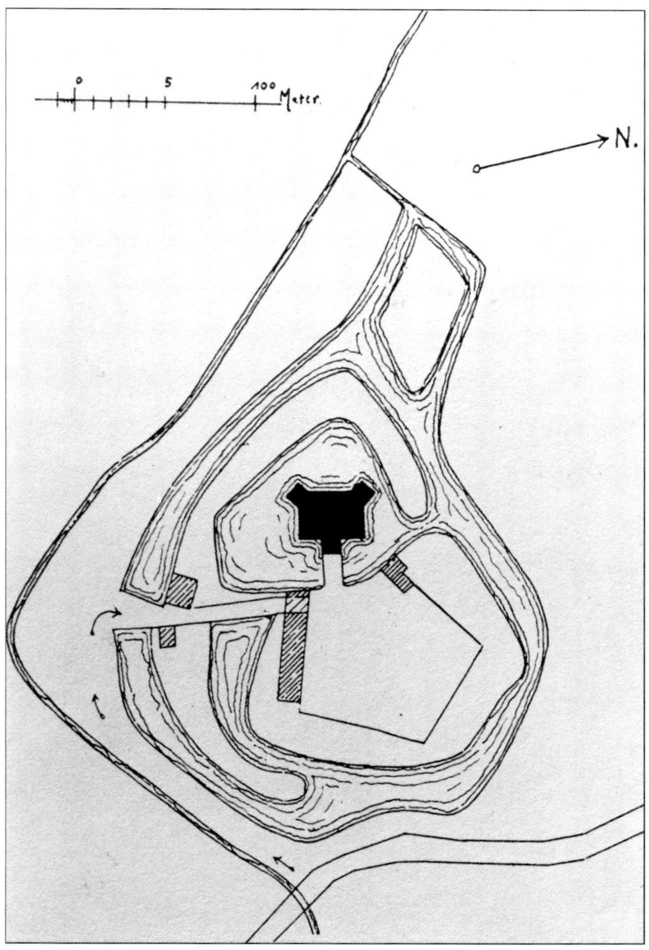

Schloß Effeld (1256/1606)

hard von seinem Schwiegervater, Rutger von Merheim, geerbt, und den er, wie Corsten vermutet, vielleicht selbst erbaute, an Geldern. Als Montfort wird diese Burg Zentrum einer Herrlichkeit, die später der abgesetzte lütticher Bischof Heinrich von Geldern übernimmt.

Schauen wir noch einmal zurück: Walram von Limburg belehnt 1253 Elisabeth, die Ehefrau Gerhards VII. von Wassenberg mit Linne. Bei dieser Gelegenheit wird festgestellt, Elisabeth soll alles haben, was links der Rur liegt, und was später von Gerhard VII. noch hinzuerworben wird. Nach Gerhards VII. Tod (1255) will Walram Elisabeth bei der Durchsetzung ihrer Ansprüche helfen. Corsten sagt dazu: „Die Formulierungen der Urkunden legen die Annahme nahe, daß Elisabeth am 25. November 1258 nur einen kleinen Teil ihrer Besitzungen links der Rur hergab, als sie die Burg Milmekar mit dem umliegenden Gelände an den Grafen von Geldern abtrat.“[239] Hier ist zweifellos zu vermuten, daß der jüngere Gerhard als Sohn der Beatrix von Merheim miterbte, als nach Rutger bei den Merheims kein männlicher Stammhalter vorhanden war. Im Todesjahr Gerhards VII. schenkt seine Witwe während ihres Aufenthaltes in Linne vier Malter Weizen für das Seelenheil ihres verstorbenen Gemahls: *pro anima mariti domini Gerardi*. Witwe Elisabeth überlebt ihren Mann um fünf Jahre: Sie stirbt 1260.

Gerhard VIII., der letzte Herr von Wassenberg

Auf Gerhard VII. folgt Gerhard VIII. von Wassenberg. Ihm ist nur eine knappe „Regierungszeit“ vergönnt. Schon zwei Jahre nach des Vaters Tod folgt der Sohn. Am 14. 10. 1257 stiftet Gerhards Schwiegermutter in der Abtei Rolduc ein Jahrgedächtnis für ihn. Gerhard VIII. stirbt kinderlos und beendet die Herrschaft der *Herren von Wassenberg aus dem Hause Limburg*. Wassenberg fällt somit zurück an das Herzogtum Limburg. Der damalige Chef des Limburger Hauses ist Walram IV., *de laatste hertog uit het Limburgse huis.* [241]

Herzog Walram IV. von Limburg

Spätestens seit Juli 1259 übt er Hoheitsrechte in Wassenberg aus. Er überweist später an seine Gemahlin in zweiter Ehe, Kunigunde, Burg, Stadt und Land Wassenberg *pro dote*, wie es Erzbischof Siegfried von

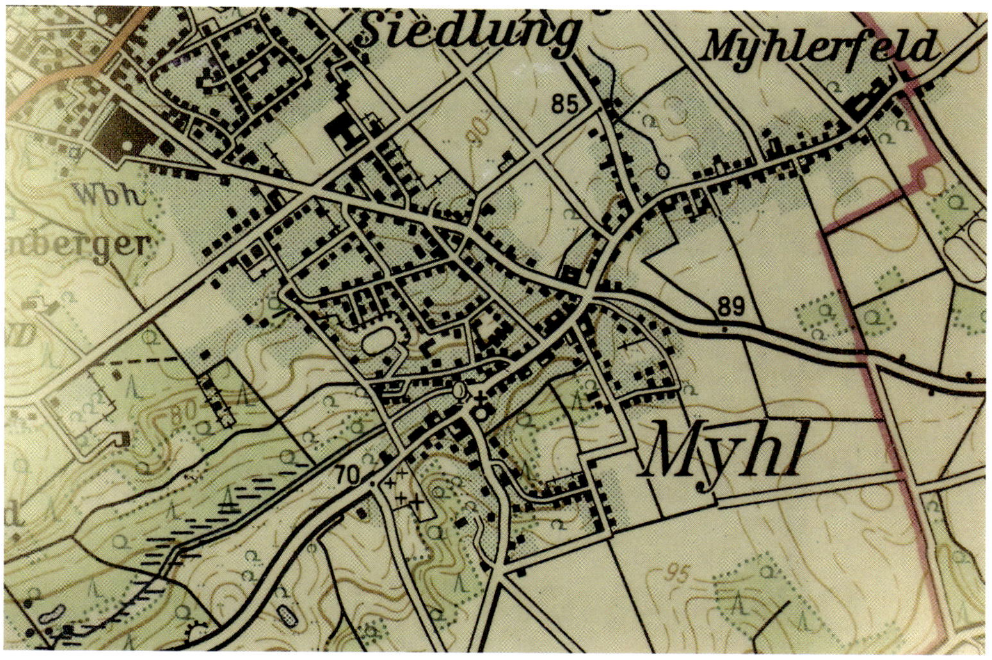

Myhl (1975)

Westerburg 1278 bekundet: „... daß Herzog Walram von Lymburg seiner Frau Cunegundis folgende Güter pro dote et donis nucpias angewiesen habe: Burg und Stadt (oppidum) Wasseberg mit dem Land und zugehörigen ville, die Burg Spriemunt ... Mit dem, was davon kölnisches Lehen sei, nämlich Wassenberg, Spriemunt ... habe er auf Bitten Walrams Cunegunidis und ihre etwaigen Erben belehnt ... Die Zeugen geloben, die Herzogin Kunigunde im Besitz der Güter und Renten zu schützen oder, wenn nötig, Walram dazu anzuhalten,daß er Ersatz schaffe."[242]

Herzog Walram IV. tritt zusammen mit seiner ersten Gemahlin Jutta in der für Myhl so bedeutungsvollen Urkunde von 1269 auf. Hier wird Myhl erstmalig erwähnt. Leo Gillessen hat uns den Text interpretiert.[243] Das bedeutungsvolle Dokument ist im Myhl-Buch nach Seite 32 abgebildet:

Walramus dux de Lemburch et Jutta ducissa omnibus christi fidelibus presens scriptum inspecturis salutem in domino ... Ad notitiam igitur singulorum cupimus pervenire, quod nos ad honorem dei omnipotentis et sue gloriose matris pro remedio animarum nostrarum bona in Milen, que a nobis Johannes de Orsbecke tenebat, de quibus noster fidelis exstitit, annonam scilicet IIII maldros siliginis duos tritici et decem avene, fecimus libera...

(Übersetzung von Leo Gillessen):

Walram, Herzog von Limburg, und Jutta, Herzogin, entbieten allen Christgläubigen, die diesen Brief lesen, Heil im Herrn. Daher wünschen Wir, es zu jedermanns Kenntnis gelangen zu lassen, daß wir zur Ehre des allmächtigen Gottes und seiner glorreichen Mutter für Unser Seelenheil Güter in Myhl freigegeben haben, die Johannes von Orsbecke von Uns besitzt und von denen er unser Lehnsmann ist, nämlich eine Jahresrente von 4 Malter Roggen, zwei Malter Weizen und zehn Malter Hafer, auf daß keinem Lebenden fernerhin von den vorgenannten Gütern eine Dienstbarkeit gewährt wird. Vielmehr wird Johannes sie, weil er es für gut befindet, der Kirche in Wildenrath anweisen, die arm und bedürftig ist ...

Die in der Myhl-Ersterwähnungsurkunde genannte Herzogin Jutta stirbt um die Jahreswende 1275/76. Herzog Walram IV. heiratet wie gesagt zum zweiten Mal, diesmal Kunigunde, die Tochter des Markgrafen von Brandenburg und Nichte des Königs Ottokar von Böhmen. Am 10. 1. 1278 wird Herzogin Kunigunde , wie wir sahen, Herrin von Wassenberg; denn Walram stattet sie mit verschiedenen kölnischen Lehen aus, besonders mit Burg, Stadt und Land Wassenberg nebst allen dazugehörenden Dörfern. Kunigunde lenkt bis zu ihrem Tode 1288 den Wassenberger Besitz. Ihre Ehe mit Walram IV. bleibt kinderlos. Bei Walrams Tod (1279/80) fällt das gesamte limburgische Erbe an die einzige Tochter aus erster Ehe, Irmgard. Sie heiratet Reinald I. von Geldern. Mit ihrem Tod im Jahre 1283[244] *entbrannde de Limburgse successieoorlog.*

Streit um das Limburger Erbe

Graf Reinald von Geldern sieht sich als Gemahl der verstorbenen limburgischen Herzogin Irmgard dazu ausersehen, Limburg zu regieren und die territoriale Ausdehnung Gelderns nach Süden voranzubringen. Bestärkt wird er darin durch die seinerzeitige von Rudolf von Habsburg gegebene Belehnung seiner Gemahlin Irmgard am 18. 6. 1282. Die Urkunde darüber investiert Reinald als *dux Limburgensis* lebenslänglich in den Besitz des Herzogtums, auch für den Fall, daß Herzogin Irmgard vor ihm sterbe:

Si tamen praefatam ducissam praemori contigerit, praefatus comes Gelriae maritus suus debet pertinentiis, ad vitae suae tempora libere possidere.

Irmgard stirbt schon ein Jahr nach dieser wichtigen königlichen Bestimmung, ohne einen Erben zu hinter-

Immunitätsbogen. Zeichnung von Hanns Heidemanns, 1982.

lassen. Der Streit um das Limburger Herzogtum beginnt. Wie Hyänen fallen Irmgards Verwandte Adolf von Berg, Walram von Falkenburg, Heinrich von Luxemburg und Gerhard von Durbuy über die Beute her. Adolf von Berg, Vetter ersten Grades, glaubt, den bestbegründeten Erbanspruch zu besitzen: „Eine komplette Preisgabe seiner Rechte stand ebensowenig zu erwarten wie ein geldrischer Verzicht auf die Herzogswürde. Damit war eine Konfliktsituation geschaffen, in der die niederrheinischen Großen, allen voran der Kölner Erzbischof, Stellung beziehen mußten."[245] Für uns ist die nun beginnende Auseinandersetzung deshalb so bedeutsam, weil Wassenberg darin eine, wie mir scheinen will, entscheidende Rolle spielt.
Der Erzbischof von Köln, Siegfried von Westerburg (1274—1297), stellt sich auf die Seite des Gelderners. Er schließt mit Reinald ein Bündnis. Am 22. 9. 1283 verleiht er im Vertrag zu Wanlo dem Grafen von Geldern förmlich Wassenberg mit allem, was dazugehört. Wassenberg muß ein bedeutungsvoller strategischer Eckpfeiler in dem sich zuspitzenden Kampf der Großen gewesen sein: ein Bollwerk gegen brabantischen Expansionsdrang. Franz Reiner Erkens sieht es so: „Früher oder später mußten die beiden noch vertraglich gebundenen Partner (der Kölner Erzbischof und der Herzog von Brabant) zum Kampf um die Vorherrschaft am Niederrhein antreten."[246] Nur so ist die Belehnung mit Burg und Stadt Wassenberg und den übrigen kölnischen Lehen Limburgs zu verstehen. Der Erzbischof erhält Burg und Stadt Wassenberg samt Vasallen, Ministerialen und Pertinenzien für 8 000 Mark Kölner Pfennige zu bestimmten Bedingungen. Mit Reinald ist ausgemacht, daß das Pfand für 8 300 Mark (300 Mark zusätzlich für den weiteren Ausbau der Wassenberger Befestigungsanlagen) durch den Gelderner Grafen selbst und durch seine Verwandten und Bundesgenossen (Heinrich von Montfort, Graf von Luxemburg, Graf von Jülich, Herr von Falkenburg, Herr von Heinsberg, Hengebach, Löwenberg, Berg, Gerhard von Jülich) einlösbar ist: „Es durfte nicht gemindert und die bekannten Feinde Reinalds nicht zu Amtleuten daselbst gemacht oder in der Wassenberger Burg aufgenommen werden. Von beiden Vertragspartnern durften keine Pfändungen von Burg und Stadt Wassenberg vorgenommen werden."[247] Dieser Vertrag ist ein äußerst wichtiges Dokument für den Verlauf des Limburgischen Erbfolgekriegs und für Wassenberg im besonderen: Ausweis seiner hohen mittelalterlichen Festungsstärke.
Josef Lacomblet faßt die Urkunde vom 22. 9. 1283 mit den Worten zusammen: „Reinald, Graf von Geldern und Herzog von Limburg, gibt Schloß und Stadt Wassenberg dem Erzbischof Sifrid von Cöln für 8 000 Mark zu Pfand, und verbündet sich mit demselben gegen den Herzog von Brabant, welcher in Limburg, sein Erbe, eingefallen."

Auszüge aus dem Text:

Nos Reynaldus comes Gelrensis, dux Lymburgensis notum esse volumus uniueris, quod cum inter venerabilem patrem dominum nostrum Sifridum s. Coloniensis ecclesie archiepiscopum ex parte una, et nos ex altera, super castro Wassenberg et bonis aliis questio verteretur . . . hoc castrum et oppidum Wassenberg, cum vasallis, ministerialibus, pascuis, pratis, saltibus, nemoribus aquarum decursibus et omnibus aliis pertinentiis suis . . . pro octo milibus marcarum legalium Coloniensium denariorum . . .[248]

DER LIMBURGISCHE ERBFOLGEKRIEG

Die Fronten

Adolf von Berg, als Vetter der verstorbenen Herzogin Irmgard, hat seine Ansprüche als Erbe Limburgs mehrfach demonstriert: am 3. 8. 1283 bittet er den brabantischen Herzog um Belehnung mit den brabantischen Gütern, die ihm *ratione ducatus Lymburgensis* zustünden. Am 22. 8. 1283 bezeichnet Adolf bei einer Abmachung mit dem Domkapitel von Lüttich das Herzogtum Limburg als ihm *jure successionis* zugefallen. Dennoch scheinen seine Ansprüche gegen den geldrischen Grafen Reinald nicht durchzusetzen. So macht er das Beste daraus und verkauft sein „Recht auf Limburg" am 13. 9. 1283 an Herzog Johann von Brabant für 32 000 Mark.

Damit sind nun die Fronten abgesteckt. Der Brabanter erkennt die einmalige Chance, seinen Herrschaftsbereich zum Rhein hin auszudehnen. Für den Kölner Erzbischof Siegfried eine tödliche Gefahr in einem Raum, den er als seinen ureigensten Einflußbereich betrachtet: „Denn der Erwerb Limburgs und die damit verbundene Herrschaft über die Handelsstraßen konzentrierte und konkretisierte naturgemäß brabantische Herrschaftsrechte in der Region, wo die kölnischen Erzbischöfe landesherrliche Rechte auszuüben trachteten. Darüber hinaus mochte die Vereinigung der beiden Herzogtümer Vorstellungen einer über das gesamte ehemalige Niederlothringen ausgedehnten brabantischen Herzogsgewalt hervorrufen, die die dukalen Rechte des Erzbischofs negierten. Siegfried konnte das brabantische Geschäft daher nicht gutheißen und mußte nun den geldrischen Grafen (Reinald I.) gegen seine Gegner unterstützen."[249] Erzbischof Siegfried von Köln und Dietrich von Kleve sichern sich am 11. 8. 1283 Bundesgenossenschaft zu, und auch Graf Reinald I. von Geldern verbindet sich mit Kleve gegen den Herzog von Brabant. Dieser bleibt nicht untätig und fällt ins Limburger Land. Bei all dem steht Wassenberg mehr oder weniger im Brennpunkt des Interesses. Der Erzbischof sieht es angesichts einer immer bedrohlicher werdenden Lage als tunlich an, Burg, Stadtmauer, Gräben und Wälle in Wassenberg zu verstärken.[250] Denn mehrfach berühren die gegnerischen Heere das Wassenberger Land. Es gelingt dem Brabanter jedoch nicht, das schwer befestigte und bis an die Zähne bewaffnete Wassenberg zu erobern und wie andere erzbischöfliche Bollwerke zu zerstören. Wassenberg gilt fortifikatorisch als stark. Besonders die breiten und weiherartig ausgedehnten Wassergräben sowie die bruchigen Sumpfzonen des Vorgeländes machen eine Eroberung schwierig. Seit etwa 1285 ist Franko von Coslar der eigentliche Burggraf auf der Wassenberger Feste. Der Erzbischof läßt ihn 1285 schwören, Burg und Stadt Wassenberg stets gewissenhaft zu bewachen und dafür zu sorgen, daß die Wehranlagen nicht verkommen, sondern stets für den Ernstfall gerüstet sind. Außerdem muß Franko versprechen, Burg und Stadt Wassenberg jederzeit zurückzugeben, wenn der Erzbischof dies verlangen sollte.[251]

Der Erzbischof und der Graf von Geldern waren fest verbündet. Der Erzbischof dachte dabei an seinen eigenen Vorteil: den Erwerb Wassenbergs als Pfand zwecks Abrundung seines kölnischen Besitzes im Raume Liedberg, Jüchen, Grevenbroich und die Sicherung der kölnischen Position gegen Jülich. Mit Wassenberg besaß er zudem einen Stützpunkt, von dem aus der brabantischen Bedrohung begegnet werden konnte. Die Koalitionen waren klar: Auf der einen Seite der Herzog von Brabant mit Adolf von Berg, dem Grafen von Jülich, dem Grafen von der Mark und den

Schlacht bei Worringen 1288. (Hier als Beispiel die Goldsporenschlacht von Courtrai 1302. Von der Worringer Ritterschlacht existieren keine zeitgenöss. Abbildungen. Franz. Buchmalerei.)

Bürgern der Stadt Köln — auf der anderen Seite der Kölner Erzbischof Siegfried von Westerburg, Graf Reinald I. von Geldern und eine Reihe kleinerer Dynasten wie Dietrich II. von Heinsberg und schließlich Wassenberg als Pfand des Erzbischofs nach wie vor in der Betreuung durch Franko von Coslar.

Die Schlacht bei Worringen 1288

Im Herbst 1286 ist der Erzbischof mit seinem Heer eine zeitlang Gast in der Festung Wassenberg. Kurz vorher war er dem belagerten Lontzen zu Hilfe gekommen. Nach seinem Zwischenaufenthalt in Wassenberg zog er zurück nach Köln.[252]

Im Jahr darauf, am 2. 7. 1287, wird ein Waffenstillstand geschlossen. Nachdem dieser abgelaufen ist, versammelt sich die antibrabantische Koalition zur einer strategischen Konferenz im Schloß von Valkenburg. Bei dieser Gelegenheit verkauft Reinald von Geldern seine „Limburgischen Erbrechte" an den Grafen von Luxemburg. Als Herzog Johann von Brabant davon erfährt, marschiert er *stante pedes* nach Valkenburg, findet das Nest aber schon leer. Jan van Heelu, der brabantische Chronist, glossiert den scheinheiligen Friedenswillen der geldrisch-erzbischöflichen Allianz:

Het viel op enen sinxen dach,
Dat een parlament gelach
Te Valkenborch, daermen soude maken
Tuschen den Hertog van Brabant
Ende die heeren, die hem dat lant
van Limborch wouden ontkeeren.[253]

Auf der Flucht von ihrem Valkenburger Treffen suchen die Erzbischöflich-Geldrischen Schutz in Wassenberg. Denn der Brabanter ist ihnen über Heinsberg auf den Versen. Von hier stößt er an den Rhein vor. Daß bei Herzog Johanns *attouchement* mit dem *castrum Wassenbergh* es in der Umgebung nicht ohne Plünderung, Verwüstung, Brandschatzung, *ruinage* abgeht, ist selbstverständlich. Alles läuft auf eine erbarmungslose, große Entscheidungsschlacht hinaus. Die erzbischöfliche Burg Worringen bietet schließlich den unwiderruflichen Anlaß. In der Fühlinger Heide bei Worringen begegnen sich die beiden Ritterheere am 5. 6. 1288. Auf jeder Seite steht man sich in drei Abteilungen gegliedert gegenüber: Herzog Johann führt das Mitteltreffen, die Grafen von Looz und Jülich kämpfen auf dem rechten Flügel, während links die bergischen Bauern und die Kölner Bürger postiert sind. Der Erzbischof befehligt auf der Gegenseite den rechten Flügel und steht damit dem Grafen Adolf von Berg gegenüber. Der Graf von Luxemburg kommandiert das Zentrum, Reinald von Geldern den linken Flügel. Wassenberger und Heinsberger Hilfstruppen kämpfen zusammen mit denen aus Born und Valkenburg im dritten Treffen des Grafen Reinald von Geldern auf dem linken Flügel. Die Wassenberger werden von Franko von Coslar geführt. Wenn mir auch genaue Zahlen fehlen — die Stärke der beiden Heere ist gewaltig.[254] Knipping geht von etwa 10.000 Kämpfern aus, die sich im Verhältnis von 6: 4 auf die Heere verteilen, während Paul Holt[255] rund 15 000 Streiter annimmt, von denen 8000 beim Erzbischof und 7 000 auf brabantischer Seite aufgestellt sind. Die Frage, wieviel Wassenberger mitkämpfen, läßt sich nicht beantworten. Jakob Broich[256] vermutet, aus *burg, stat ind lant wassenbergh* seien wohl mehrere Hundert dabei gewesen. Denn es wird ausdrücklich von Heinsberger und Wassenberger Hilfstruppen gesprochen. Das geschieht doch wohl nur, wenn sie ein nennenswertes Kontigent dargestellt haben. Franz Reiner Erkens schildert den Kampfverlauf : „Der Erzbischof eröffnete die Schlacht, indem er — trotz des schwierigen Geländes, das von Wasser führenden Gräben begrenzte Wege durchschnitten — über die alte Römerstraße hinweg auf den linken Flügel des brabantischen Heeres losstürmte und diesen offensichtlich auch warf. Zumindest brachte er ihn so in Bedrängnis, daß er Herzog Johann um Hilfe angehen mußte, der nun die Flanke von Siegfrieds Abteilung angriff, um die Bergischen und Kölner zu entlasten. Dies war taktisch unklug, da er nun seinerseits seine Flanke dem noch nicht kämpfenden luxemburgischen Mitteltreffen öffnete. Da der Erzbischof jedoch von dem Kampf mit dem bergisch-kölnischen Treffen abließ, um seine Abteilung zurückzunehmen und über die Römerstraße hinweg gegen den Brabanter zu führen, brachte er seine eigenen Reihen in Unordnung und nahm dem vereinten Stoß seiner und des Luxemburgers Abteilung die nötige Schlagkraft, die brabantischen Linien zu durchbrechen. Darauf entspann sich ein erbitterter Einzelkampf, der sich bis weit in den Nachmittag hineinzog. Entschieden wurde die Schlacht, als der linke Flügel des brabantischen Heeres, die kölnisch-bergische Abteilung, das erzbischöfliche Heer umgehen und im Rücken bzw. in der Flanke angreifen konnte. Möglicherweise erklärt sich das späte Eingreifen dieser Abteilung aus dem Umstand, daß sie — als erste angegriffen — zurückgetrieben worden war und Zeit benötigte, um sich wieder zu sammeln. Nun brachte sie die Entscheidung zugunsten des Brabanters und seiner Verbündeten."[257]

Die Wassenberger waren unter den Verlierern. Der brabantische Chronist, Jan van Heelu, hat den Wassenbergern und Heinsbergern einen üblen Nachruf gewidmet. Er behauptet nämlich, die Wassenberger und Heinsberger hätten im dritten Treffen als erste die Flucht ergriffen. Auch andere Autoren der Schlacht halten dies für wahrscheinlich. Waren die Wassenberger und Heinsberger nicht mit ganzem Herzen bei der Sache? Für die Wassenberger ist diese Frage bis heute nicht beantwortbar. Für die Heinsberger aber wird vermutet, Jan van Heelu habe sie um die Schlachtehre bringen wollen, weil sie sich seinerzeit so treulos gegen ihren brabantischen Lehnsherrn gestellt hätten. Als die Schlacht zu Ende war, bedeckten zahllose Tote

Herzog Johann von Brabant, auch Herr von Wassenberg. (Manessische Handschrift Heidelberg, 35 cm hoch, 25,5 cm breit, um 1320. Universitätsbibliothek).

Herzoge Johans von Brabant.

die Fühlinger Heide. Unter ihnen auch der Graf von Luxemburg sowie des Erzbischofs Bruder Heinrich von Westerburg. Auch Wassenberger und Heinsberger Ritter hatten ihr Leben gelassen. Die Eintragungen im Totenbuch der Heinsberger Norbertinerinnen belegen es. Unter den Gefangen befanden sich Adolf von Nassau, der spätere König, und Reinald von Geldern, dessen Anspruch auf Limburg nun zunichte war.
Der Sieger von Worringen 1288, Herzog Johann I. von Brabant, in der Geschichte auch „der Siegreiche" genannt, war nun Herr von Wassenberg, wenn er auch bis zu seinem Tode am 3. 5. 1294 nicht de facto Besitzer von *burg, stat, lant ind dorperen von Wassenbergh* ist. In der berühmten mittelalterlichen Manessischen Liederhandschrift (Heidelberg, Entstehungszeit 1300 bis 1340) wird er im Schlachtgetümmel von Worringen abgebildet.
Von diesem brabantischen Herrn von Wassenberg möchte ich einige wenige Daten referieren:
Johann I., der Siegreiche, ist Herzog von Brabant und Lothringen sowie Markgraf des Reiches, seit Mai 1287 auch Herzog von Limburg. Bis 1269 steht er unter der Vormundschaft seiner Mutter. 1252 in Brüssel geboren, stirbt er zu Lierre an den Folgen eines Turnierunfalls, den er am 20. 9. 1293 in Bar-le-Duc erleidet. Ich werde später noch zeigen, wie sein Sohn Johann II., der Friedliebende, der Eroberer Wassenbergs 1296, seinem Vater im Chorgestühl der St.-Georg-Basilika ein prachtvolles, gotisches, memoriales Kunstwerk widmet, das Johann I. in Turnierpose zeigt.
Johann I. wird zunächst im Dom zu Reims beigesetzt, heute liegt er in der Minoritenkirche zu Brüssel. Seine erste Gemahlin ist Margaretha, Tochter von König Ludwig IX. von Frankreich. Sie stirbt 1271 bei der Geburt eines Kindes. Johanns zweite Gemahlin heißt ebenfalls Margaretha und ist die Tochter Guidos von Dampierre, dem Grafen von Flandern. Sie stirbt am 3. 7. 1285 und liegt heute neben ihrem Gemahl in Brüssel. Unter dem Enkel Herzogs Johann I. von Brabant, Johann III., des Triumphierenden (1300 bis 1355), legt Lehensschreiber Johann von Cassel das für Wassenberg so bedeutsame Brabanter Lehnsbuch an, das eine große Anzahl Wassenberger Blätter enthält, auf denen unsere ältesten Höfe und Flurnamen verzeichnet sind. Ich habe es in den Archives Générales du Royaume in die Hand nehmen dürfen: ein ehrwürdiger, mächtiger, altlederner Foliant in mächtigem Quartformat mit schweren eisernen Beschlägen.

Nach Worringen

Die Niederlage der erzbischöflich-geldrischen Partei in Worringen 1288 läßt, „alle Dämme zurückgestauter Aggressionen der von der erzstiftischen Hegemonie bedrohten Teritorialgewalten brechen; das nunmehr ungeschützte erzbischöfliche Land (mit Wassenberg) lädt ein, von Siegfrieds Gegnern zerstört, erobert, entfestet zu werden."[258] Wassenberg, das von dem vereidigten Burggrafen Ritter Franko von Coslar nach wie vor gegen alle „wohlwollenden oder feindseligen" Überfälle bzw. Einfälle verteidigt wird, bleibt zunächst noch außerhalb des Desasters, obgleich es bereits dem Sieger von Worringen, dem Brabanter, unwiderruflich zugesprochen ist. Aber seine Bedeutung als Festung sollte es mehr und mehr in die tragische Verstrickung der Worringer Folgen reißen. Der Kölner Erzbischof Siegfried sucht nach einem Weg, Wassenberg trotz seiner Niederlage zu behalten. Der Heinsberger, Dietrich II., bekundet die Absicht, es zu erwerben. Severin Corsten hat uns auseinandergelegt, warum gerade der Heinsberger, (welcher im Endeffekt dann auch neuer Pfandherr von Wassenberg wird) sich bemüht, sein Herrschaftsgebiet über die Rur ins Wassenberger Land hinein auszudehnen:: „Wir können ein Objekt ausfindig machen, auf das sich die Wünsche des Heinsbergers vor allem gerichtet haben. Es ging Dietrich II. von Heinsberg um Wassenberg."[259] Die momentane Schwächeperiode des Kölner Erzbischofs Siegfried eröffnet dem Heinsberger die Möglichkeit, Wassenberg als Pfand zu erhalten, wenn er die darauf lastenden 8000 Mark herbeischaffen kann. Eine beträchtliche Summe! Vielleicht waren diese Absichten Dietrichs der Grund, warum er auf Seiten des Erzbischofs in der Worringer Schlacht 1288 kämpfte, obgleich er dem Brabanter wahrscheinlich mehr zugeneigt war. Seine Wassenberger Ambitionen haben denn auch nach der Worringer Niederlage sein ganzes politisches Handeln bestimmt.
Inzwischen hat der Kölner Erzbischof harte Friedensbedingungen annehmen müssen. Am 19. 5. 1289 verpflichtet er sich, die limburgischen Lehen demjenigen zu verleihen, der ihm vom Worringer Sieger, Graf Adolf von Berg, vorgeschrieben wird. Die aus der Abmachung mit Reinald I. von Geldern herrührenden Pfandrechte behält er sich vor, jedoch nicht sehr lange; denn im Vertrag vom 27. 6. 1289 muß er Wassenberg dann doch bedingungslos an Johann von Brabant abtreten.[260] Am 15. 10. 1289 hat dann auch sein Mitverlierer, Graf Reinald von Geldern, zugunsten des Brabanters offiziell auf Wassenberg Verzicht zu leisten. Seine finanziellen Verpflichtungen dem Erzbischof gegenüber, läßt er nun auf Johann I. von Brabant übergehen.[261]
Erzbischof Siegfried denkt jedoch nicht im Traum daran, Wassenberg herauszurücken. Als schließlich sein Freund Adolf von Nassau die Chance erhält, König zu werden, wird der Erzbischof einer seiner entschiedensten Protektoren. Zum Dank dafür verspricht ihm der Königsaspirant vor der Wahl, Wassenberg und Liedberg für ihn zu sichern und im erzbischöflichen Besitz zu garantieren. Adolf von Nassau bezieht dementsprechend Stellung gegen den Sieger von Worringen, gegen den Grafen von Flandern und alle übrigen, die sich dieser wertvollen niederrheinischen Burgen (Wassenberg und Liedberg) bemächtigen wollen. Adolf von Nassaus Versprechen lautet (auszugsweise):

Deshalb versprechen wir dem Erzbischof, seinen Nachfolgern und der Kölner Kirche die Burgen Wassenberg und Liedberg als Besitz zu erhalten und zu schützen und uns gegen den Herzog von Brabant, den Grafen von Flandern und alle diejeni-

gen zu stellen, die es wagen sollten, auf diese beiden Burgen einen Angriff zu unternehmen.

Die Konfrontation mit Johann von Brabant scheint erneuert, eine Konfrontation, die, wie wir sehen werden, auf dem Rücken von Burg und Stadt Wassenberg ausgetragen wird. Denn inzwischen existiert ein Schiedsspruch des französischen Königs Philipp vom 18. 10. 1289, Wassenberg und Duisburg ohne Wenn und Aber dem brabantischen Herzog Johann I. zufallen zu lassen.
Im Frieden von Neuß, am 9. 3. 1290, einigen sich der Erzbischof Siegfried und Graf Walram von Jülich. Es geht den beiden Dynasten um die Abtretung der Vogtei Villich , um die Vogtei Zülpich, um die Aussteuer von Siegfrieds Nichte und um das Pfand Wassenberg. Ich lasse hier die Wassenberg betreffenden Stellen auszugsweise[262] in Übersetzung folgen, wenn sie auch nicht in der vereinbarten Form realisiert worden sind:

Wir Walram, Graf von Jülich, werden die Tochter des seligen Herrn Heinrich von Westerburg (Anm.: Eine Nichte des Erzbischofs.) ehelichen. Wir aber, Erzbischof (Siegfried von Westerburg), werden demselben Walram alsdann 5000 kölnische Mark geben. Bis diese Summe von 5000 Mark restlos bezahlt ist, wollen wir demselben Walram als Sicherheit Güter verpfänden, die er jedoch seinem Besitz nicht einverleiben darf. Oder wir überlassen ihm anstatt der 5000 Mark die Burg Wassenberg (vel castrum Wassinberg pro quinque milibus marcarum predictis ponere et obligare), doch fügen wir hinzu, daß wir die Burg Wassenberg dem Edlen Johannes von Reifferscheid zu treuen Händen übergeben (hoc adiecto quo ipsum castrum Wassinberg nobili viro Johanni domino de Ripherscheit committemus custodiendum et seruandum). Freilich wird dieser Freiherr von Reifferscheid die Burg Wassenberg mit allem, was dazugehört, mit allen ihren Erträgen für den genannten Walram verwalten und beschützen, sobald dieser unsere Nichte, die vorhin genannte Tochter des Herrn Heinrich von Westerburg, geheiratet und mit ihr den Beischlaf vollzogen hat (eidem condormierit). Es soll hinzugefügt werden, daß wir und die Kölner Kirchengemeinde zu jeder Zeit das genannte Wassenberg durch Zahlung von 5000 Mark wieder einlösen können, und Freiherr Johannes von Reifferscheid wird gehalten sein, die Burg Wassenberg nach Zahlung der genannten 5000 Mark uns oder denen, an die wir sie dann verpfänden werden, unverzüglich und ohne Widerspruch zu übergeben; und kein Grund, mag er schon jetzt vorhanden sein oder sich später ergeben, berechtigt ihn, nach Zahlung der 5000 Mark die Herausgabe jener Burg Wassenberg zu verweigern. Sollte Johannes von Reifferscheid sterben, ehe die 5000 Mark gezahlt sind, oder wenn es ihm wirklich nicht möglich ist, für den Schutz und die Verwaltung der genannten Burg Wassenberg zu sorgen, werden wir und Walram gemeinsam die Burg und das Land von Wassenberg unter den vorgenannten Bedingungen einem anderen Treuhänder übergeben. Reifferscheid gibt sein Ehrenwort, die Burg und das Land von Wassenberg unter den vorgenannten Bedingungen treu und ohne Falsch zu verwalten. Wir aber versprechen, daß keiner von uns, sollte es wegen dieser Burg Wassenberg mit dem Grafen von Flandern und seinen Enkeln, den Söhnen des gefallenen Wilhelm von Jülich, zum Krieg kommen, ohne den anderen Frieden schließt oder einen Vertrag unterzeichnet, ohne daß jeder von uns seine ausdrückliche Zustimmung dazu gibt.

Vorherige Seite:

An der Kirche von Adam Metzen, Wassenberg. Im Besitz von Anneliese und Heinz Bergstein, Wassenberg.

DIE EROBERUNG WASSENBERGS

Johann II. von Brabant

Wir erinnern uns, wie der Kölner Erzbischof Siegfried im wahrsten Sinne des Wortes alle Kniffe anwendet, um doch noch im Besitz Wassenbergs zu bleiben. Freilich: das militärische und strategische Geschick des Brabanter Herzogs ist ihm überlegen. Wassenberg wird im Endeffekt von brabantischer Macht überrollt. Allerdings agiert hier nicht der Sieger von Worringen (1288), Johann I., der Siegreiche, sondern sein Sohn, Johann II., der paradoxerweise den Beinamen „der Friedliebende“ in der Geschichtsschreibung erhält. Ihm gelingt die Eroberung Wassenbergs zusammen mit Eberhard von der Mark im Jahre 1296. Ich erwähnte oben schon, wie Erzbischof Siegfried von Köln sich den späteren König Adolf von Nassau gefügig macht und sich vor dessen Wahl Wassenberg

Brüssel, Wassenbergs langjährige Hauptstadt. Lettrine enluminee, vue de Bruxelles.

expressis verbis bestätigen und garantieren läßt. Das nützt freilich wenig angesichts der brabantischen Stärke und des diplomatischen Geschicks, vermehrt um das politische und militärische Potential des Bundesgenossen Eberhard von der Mark. Eberhard ist im Besitz der Vogteirechte von Essen und kollidiert hier mit den Interessen des Kölner Erzbischofs. 1294 versucht Siegfried, sich die Essener Vogtei mit Gewalt anzueignen. Bei dieser Gelegenheit zieht er brandschatzend und verwüstend durch die Mark. Eberhard stürmt dem Aggressor empört entgegen. Unterstützung erhält er von seinem brabantischen Freunde. Eine Fehde jagt nun die andere, bis Erzbischof Siegfried schließlich am 7. 4. 1297 in Bonn verstirbt. Im Westchor des dortigen Kassiusstiftes findet er seine letzte Ruhe. Unmittelbar vor seinem Tode werden Burg und Stadt Wassenberg von Johann II. von Brabant belagert und überwältigt. Des Erzbischofs lebenslanger Gegenspieler, Johann I. von Brabant, ist seit 1294 tot. Eine neue Generation setzt die immerwährende Fehde um die Ausdehnung von Macht und Monopol fort. Erzbischof Siegfried hatte sein Amt angetreten, um einen überregionalen geistlichen Staat am Niederrhein, im Nordwesten des Reiches, zu etablieren. Wassenberg sollte darin ein starker Eckpfeiler sein: „Vorbild dieses Bemühens war für ihn vor allem Conrad von Hochstaden, dessen Politik der expansiven Konsolidierung des Landes am Rhein und in Westfalen, des territorialen Brückenschlages zwischen beiden Regionen sowie des Ausgreifens zur Weser hin, er konsequent fortzuführen trachtete, wobei ihm gewisse epigonale Züge anhafteten, da er nicht genuin Neues, sondern Überkommenes zu verwirklichen suchte."[263]

Wassenberg ist in diesem politischen Spiel gestaltender und herausfordernder Kräfte immer wieder ein Stein empfindlicher Außenwirkung einer Partie, die sich nach der Schlacht von Worringen immer gefährlicher ins Unberechenbare für den Kölner Erzbischof verliert. Der beste Zug auf dem Schachbrett der Kontrahenten im Falle Wassenbergs hätte Berechnungen vorausgesetzt, die ohne genaue Daten aus Brabant nicht auszuwerten gewesen wären. Die Unbekannte in der erzbischöflichen Kombinatorik bleibt das brabantische Potential. Und so steht der Erzbischof am Ende seines Lebens letztlich vor einem Scherbenhaufen seiner Politik. Wassenberg sollte darin der tragische Schlußakkord sein. Der erzbischöfliche, Wassenberger Herr sieht sich gerade in den letzten Monaten seines Lebens dem jungen, erfolgreichen, brabantischen Herzog gegenüber, der zum Sturm auf das Bollwerk Wassenberg ansetzt.

Die Festung fällt

Ob sich Wassenberg in Aufruhr, in Empörung gegen die Brabanter befindet, so bei Lückerath[264], oder nach Ledeburs Archiv[265] einen Aufstand inszeniert, der den Anlaß für die Eroberung und Schleifung der Burg liefert, wissen wir nicht. Es scheint mir ein von langer Hand geplanter gesamtpolitischer Schlußakt gegen die erzbischöfliche Taktik zu sein: zwischen Ostern und Pfingsten 1296 erscheinen der „friedliebende" Johann II. von Brabant zusammen mit seinem Bundesgenossen Eberhard von der Mark vor den Wällen, Gräben, Mauern, Wehrtürmen und Toren der Stadt Wassenberg, belagern sie und nehmen sie schließlich ein. Die Verteidigung der Burg befindet sich in guten Händen: Ritter Franko von Coslar hat alle Verteidigungskräfte mobilisiert. Mauern und Gräben sind damals nicht so einfach zu überwinden. Am wichtigsten erweist sich

Angreifer mit Steinschleuder (links) vor mittelalterlicher Stadt. (Bibliothèque Nationale, Paris)

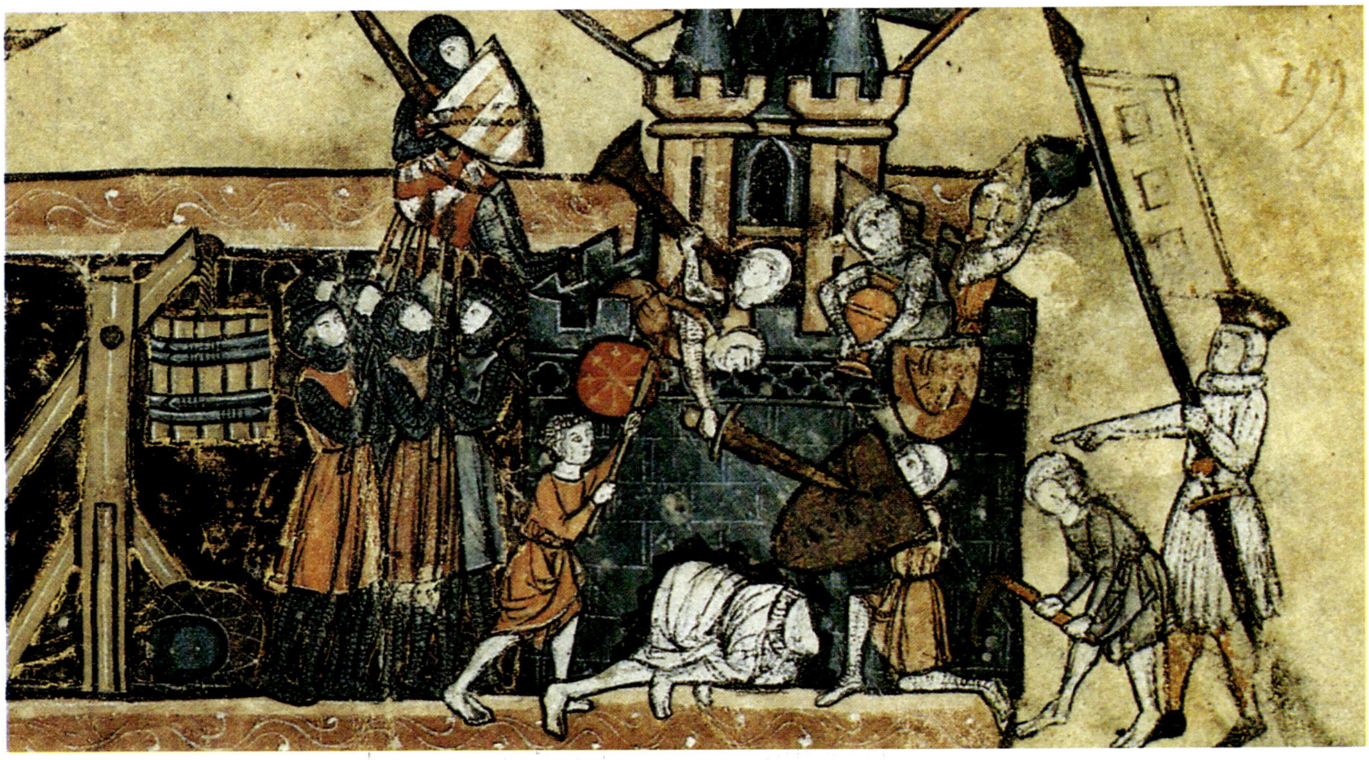

die Bevorratung von Nahrungsmitteln für eine längere Einschließung; ferner intakte Brunnen, eine Roßmühle im Innern der Stadt. Eine solche, mit Pferdekraft in Gang gehaltene Mühle, existiert im Südwesten des Stadtinnern hinter dem Hause des späteren jüdischen Hutgeschäftes Heumann. Das Roßtor hat seinen Namen von dieser Roßmühle. Stadtarchitekt Will Andermahr hat den Standort nachgewiesen.
Schließlich müssen im Hinblick auf eine lange Blokkade alle Kampfmittel (Steine, Pfeile, Pech, Öl u. a.) magaziniert sein. In Wassenberg war dies der Fall. Die bei der Belagerung von Burg und Stadt verwendeten Kriegsmaschinen nennt man Antwerk. Das Arsenal der Belagerungsgeräte ist vielfältig und ideenreich, etwa das Hagelgeschütz, das mehrere Steine gleichzeitig gegen den Gegner schleudert — Vorform heutiger Mehrfachsprengköpfe atomaren Irrsinns. Über mittelalterliche Belagerungs- und Eroberungstechniken jener Zeit können wir uns eine genaue Vorstellung machen, wenn wir in die *Annales Januenses* (1227) schauen. Zur Bekämpfung der bis an den Mauerfuß, also über die breiten Wassenberger Gräben vorgedrungenen Feinde, dienten Pfeil und Bogen, Wind- und Turmarmbrust, Ribald und Spingarde. Wassenberg war für Herzog Johann II. kein „leichtes Fressen", eher ein schwer zu nehmender Platz, der alle natürlichen und künstlichen Verteidigungsmöglichkeiten des Geländes und der Fortifikation nutzte. Zur Zeit der Wassenberger Eroberung schreibt Egidio de Colonna für Philipp den Schönen eine „Belagerungsschrift" mit dem Titel *De regimine principum libri tres* (1280). In dieser Arbeit werden alle Formen der Eroberung einer Burg und Stadt untersucht: von totaler Überrumpelung bis zum Handstreich, vom heimlicher Ersteigung der Mauer bis zur tödlichen Blockade der Versorgung, von der Belagerungstechnik bis zum Sturm.

Das Wassenberger Vorgelände — bruchig und sumpfig — war für eine überraschende Erstürmung mit großen Heerhaufen ungeeignet: „Hecken und Palisaden sind zu beseitigen, Fall- und Wolfsgruben mit gespitzten Pfählen aufzuspüren und mit Erde zu füllen . . . endlich muß man versuchen, die Gräben und die Wälle einzuebnen. Auf diesem vorbereiteten Terrain kann dann das Antwerk aufgestellt werden".[266] Mauer und Tor müssen meist mit Stoßzeug zum Mauerbrechen (machinae jaculatoriae), mit Widder oder Rammbock aufgebrochen werden. Schließlich werden alle Möglichkeiten eingesetzt, Feuer in die Stadt zu bringen, was in Wassenberg zweifellos gelang. Denn bis auf Teile von Kirche und Stift brannte es völlig aus. Der Leser mag hier einen Hinweis auf die Leistungsfähigkeit damaliger Geschütze gestatten: Bei der Belagerung von Zara beispielsweise werden im Jahre 1346 Steine von ca. 3000 Pfund geschleudert. Die Berner werfen 1388 mit fünf Triböken 12 Zentner schwere Felsblöcke in die Stadt Niedau. Wie mag der brabantische Angreifer 1296 vor Wassenberg vorgegangen sein?
Der Chronist des Grafen von der Mark, Levold von Northof, protokolliert, die eroberte Burg Wassenberg sei geschleift worden. Warum dies geschieht, scheint rätselhaft; denn Wassenberg gehört doch nun endgültig dem brabantischen Sieger. Er wird nicht ohne schwerwiegenden Grund sein eigenes Besitztum zerstören. Und doch geschieht dies seltsamerweise. Severin Corstens Vermutung mag zutreffen, der Brabanter habe sich auf die Dauer wohl doch nicht stark genug gefühlt, Wassenberg zu halten. Auf jeden Fall war die Eroberung für unsere Heimatstadt eine Katastrophe, ein totales Desaster: in der Chronik Northofs wird von *destructo* gesprochen. Wenn Bruchstellen Fundstellen sind, dann enthüllt eine solche Formulierung die Bru-

Eroberung einer mittelalterlichen Stadt. (Bibliothèque Nationale, Paris)

Wassenberger Schöffensiegel (Stadtarchiv)

talität der Belagerung und die epochal zu denkende Einnahme als tragischen Absturz unseres Gemeinwesens in die historische Drittklassigkeit, was nicht heißen soll, als müßte ich hier Wassenbergs Geschichte resigniert beschließen. Aber an diesem Punkt der Auseinandersetzungen um Wassenberg, in den Bränden und Verwüstungen, im Niederlegen von Turm und Mauer, Burg und Tor, in diesem Jahre 1296, offenbart sich dramatisch der für Wassenberg folgenschwere Verlust eigenständiger Karriere.
Levold von Northof[267] schreibt:

Anno Domini Mo CCXCVo comes de Marka oppidum Rekelinchusen obsidet. Illuc sibi in adiutorium venit nobiliter et magnifice Johannes dux Brabancie secumque usque ad opidi dedicionem permansit. Quo dedito et postmodum muris et fossatis coequatis, inter pasche et penthecosten festa comes ipse cum duce predicto in obsidionem castri Wassenberch transivit et illo castro capto et destructo in septimana post penthecosten inde rediit.

Im Grabungsbericht der im Zweiten Weltkrieg zerstörten Georgsbasilika von Wassenberg notiert der Archäologe Peter Josef Tholen:
„Im Schnitt I wurde der älteste romanische Fußboden angeschnitten, der genau an den Pfeilerreihen mit einer glatten Kante endete und damit nur das Mittelschiff bedeckte. Er bestand aus quadratischen, grauen Tonplatten, die diagonal zur Kirchenachse in einem dünnen Sand-Kalk-Mörtelbett verlegt waren. Nur wenige Platten wurden noch in ihrer ursprünglichen Lage festgestellt, der übrige Fußboden bestand nur noch aus dem dünnen Mörtelbett, in dem die Platten deutliche Abdruckspuren hinterlassen hatten. Über den noch erhaltenen Platten dieses Fußbodens lag eine dicke Brandschicht, die auf einen ausgedehnten Brand schließen läßt, da selbst das darunter liegende Mörtelbett stellenweise noch stark gerötete Flecken aufwies. Weitere starke Brandspuren zeigten die aus Liedberger Quarzitsandstein errichteten Pfeiler, die rosarot verfärbt und stellenweise sogar abgeplatzt waren. Außerdem ließen sich Brandspuren an den inneren Tuffwänden der Seitenschiffe bis zum Niveau des ältesten Fußbodens nachweisen."[268]

Die Eroberung Wassenbergs 1296 trifft wahrscheinlich eine aufblühende Stadt (schon vor 1273 besitzt Wassenberg Stadtrechte) mit vehementer Zerstörungs- und Feuerkraft. Wenn sogar die Basilika Brandspuren auf ihrem ältesten Fußbodenniveau aufweist, dann wird sicherlich die Zerstörung der anderen Gebäude und Festungsanlagen noch „gründlicher" gewesen sein. Auch Stadtachirekt Will Andermahr entdeckt nach dem Zweiten Weltkrieg beim Wiederaufbau alter Wassenberger Wohnplätze mehrfach ursprüngliche Brandspuren im ältesten Fußboden- und Fundamentbereich. Die Eroberung mit der anschließenden Schleifung der Festungsanlagen muß ziemlich total gewesen sein; denn nur wenige Mauerstücke der heutigen, die Jahrhunderte überdauernden Festungsmauern stammen aus der Zeit vor dieser Eroberung von 1296. Was wir heute an Fortifikation sehen, entstand beim Festungsneubau der Jahre 1420 bis 1426 und den Wiederherstellungs- und Verstärkungsarbeiten Werner von Palants des Jüngeren ab 1506. Wahrscheinlich kennzeichnen nach der Einnahme von Burg und Stadt bis zur Pfändung Wassenbergs durch Heinsberg nur Ruinen diesen Platz: Parallele zum zerstörten Stadtbild im Frühjahr 1945.

DAS CHORGESTÜHL

Der Stifter

Kurz nach 1296, dem Jahr der Eroberung Wassenbergs und der erbarmungslosen Zerstörung der Stadt, muß es gewesen sein, als Herzog Johann II. von Brabant dem Wassenberger Stift und seiner Kirche ein kunstvolles Chorgestühl schenkt. Die beiden gotischen, maasländischen und von Frankreich beeinflußten Abschlußwangen sind beziehungsreiche Figurationen geschichtlicher Ereignisse, wie sie uns weiter oben im Limburgischen Erbfolgekrieg begegneten. Denn der Sieger der Schlacht bei Worringen 1288 ist der Ritter in den Veluten: Johann I. von Brabant, Herr von Wassenberg.
Der symbolische Rang seiner Erscheinung — kniend vor der Gottesmutter in der einen Wange und mit eingelegter Lanze in die Schlacht reitend in der anderen — erhebt das Kunstwerk zum visuellen Dokument. „Krieg und Frieden" möchte ich diese Holzbilder benennen: Aggression auf der einen, friedensbewegte Demut auf der anderen Seite unter den ornamental geschwungenen Bögen der starken Eichenvoluten.
Kein Zweifel: Herzog Johann I. von Brabant, der Siegreiche, ist der abgebildete Chevalier, und sein Sohn, Johann II. der Friedliebende, ist der Stifter des Gestühls. Den Grund für seine Schenkung kennen wir leider nicht. Wir können ihn vermuten: Beruhigt er damit die Kapitelherren und sein schlechtes Gewissen nach der erbarmungslosen Zerstörung Wassenbergs 1296? Oder will er nur seinem Vater, Johann I. von Brabant, dem Sieger der grausamen Ritterschlacht von Worringen, ein Denkmal setzen? Ich schätze, beide Überlegungen haben etwas Richtiges an sich. Unrecht dagegen hat sicherlich die Festschrift zum 850-jährigen Jubiläum der Propstei Wassenberg[269] mit ihrer willkürlichen und unbelegten Meinung, die Stiftsherren hätten um 1300 ein Chorgestühl in Auftrag gegeben. Ebenso falsch ist der Hinweis von Essers, Riemann und Herbrand, der abgebildete Ritter sei Johann II. von Brabant, also der Stifter selbst.[270] Auch Heribert Reiners, ein sonst verläßlicher Kenner dieses Kunstbereichs irrt, wenn er meint, man müsse im Ritter der Abschlußwangen Johann I. als den Stifter erblicken. Reiners vergißt, daß Johann I. zum Zeitpunkt der Entstehung des Kunstwerks längst tot ist.
Wassenberg beherbergte jedenfalls im Chorraum seiner Georgsbasilika etwa seit 1300 ein bedeutendes Kunstwerk, von dem Heribert Reiners[271] sagt: „Die Velute ist klar und einfach, und die Figuren sind mit unübertrefflichem Geschick mit großen durchgehenden Kurven verbunden." Der Kunsthistoriker Prof. Josef Nolte (Tübingen) nennt das Werk paradigmatisch für sein Genre. Dombaumeister Heinz Dohmen, Fachmann für kirchliche Kunst, schreibt: „Das Chorgestühl ist zweiteilig und bietet an jeder Seite in einer um zwei Stufen erhöhten hinteren Sitzreihe fünf, in der vorderen drei, im ganzen also sechzehn Personen Platz. Die beiden oberen Reihen zeigen zum Kirchenschiff je eine 2,06 m hohe besonders ausgearbeitete Abschlußwange, während das Gestühl sonst schlicht gehalten ist. Gerade diese Einfachheit wird viel gerühmt und scheint ihren Grund darin zu haben, daß der Künstler, der es aus Eichenholz schuf, ursprünglich nicht Holzschnitzer, sondern Steinmetz gewesen sein muß. Darauf deuten die lapidaren Formen des Figurenschmucks hin, den man der Kunst des unteren Maastales zurechnet, die stark von Frankreich beeinflußt ist. Im Skizzenbuch des Villard de Honnecourt, des berühmten und weit gereisten französischen Architekten aus der ersten Hälfte des 13. Jahrhunderts, finden sich Werkzeichnungen, die Vorbilder für die Schnitzereien des

Zeichnung: Heinz Dohmen, Dombaumeister Bistum Essen.

Siegel des Bischofs Engelbert von der Marck. (Lüttich 1355, St. Lambert).

Wassenberger ebenso wie des Xantener Chorgestühls gewesen sein können, denen die Bildkunst dieses Raumes zumindest verwandt ist."[272] Heribert Reiners, Kunsthistoriker zu Beginn unseres Jahrhunderts, ist in der „Kirchengeschichte des Wassenberger Raumes"[273] ausführlich zu Wort gekommen. Er schätzt das Wassenberger Kunstwerk höher ein als das des Xantener Meisters. Was nämlich bei diesem nur unbestimmt zum Ausdruck kommt, hat sich beim Wassenberger Meister vollkommen entfaltet und ist wunderbar ausgereift.

Im Schnütgen-Museum

Bei meinem letzten Besuch im Schnütgenmuseum im Jahre 1986 fiel mir das große Interesse der Besucher an diesem, wie Prof. Josef Nolte es formuliert, „hervorragendsten Zeugnis frühgotischer Holzbildnerei" auf. Reiners nennt es klar „das Allerbedeutendste, was deutsche Kunst damals geschaffen hat".[274] Wenn man in ihm Platz nimmt, identifiziert man sich beinahe mit den Kanonikern des Georgsstiftes, die sich nach der Regel hier zum Gebet einfanden. Wer die Sitze hochgedrückt, entdeckt die kunstvoll geschnitzten Misericordien (Gesäßstützen), deren geheimnisvolle Tier- und Menschenköpfe zusammen mit dem Dorsal (Rückwand), zusammen mit den Zwischenwangen (Säulen mit Blattwerk) und den geschwungenen Accoudoirs (Armlehnen) einen geradezu polyästhetischen Eindruck vermitteln. Noch heute kann unser Chorgestühl unversehrt im Kölner Schnütgen-Museum besichtigt werden. Sein Platz ist in der Mitte dieser altehrwürdigen Cäcilienkirche.

Im Jahre 1903 verkauften die Wassenberger ihr größtes Kunstwerk für nur 10.000 Mark dem Kölner Kunstgewerbemuseum. Der damalige Pfarrer, Dechant Otto Jansen, hat sich fürwahr kein Denkmal mit dieser „Verhökerung" gesetzt? Der Kunstwissenschaftler und Sammler Dr. med. Reiner Speck (Köln, früher Wassenberg) schreibt in seinem das Kölner Ludwigs-Museum eröffenenden Buch: „Die Art und Weise, wie Alexander Schnütgen Kunst erwarb, gleicht weniger Peter Ludwig als vielmehr dem durch Huysmans und Proust berühmt gewordenen Grafen Montesquiou, der es verstand, bei Klosternonnen ein Paar Pantoffeln, von denen er behauptete, ein berühmter Papst habe sie getragen, gegen einen antiken steinernen Sarkophag einzutauschen. Schnütgens Vorgehen artete zuweilen in geistliche Unkollegialität aus: So wußte er dem Wassenberger Propst (Dechant und Pfarrer) das Chorgestühl aus der Stiftskirche abzuschwätzen, um es in seine Sammlung zu bringen. Wir ernten die Früchte seiner vor Profanisierung nicht zurückschreckenden Sammelwut."[275] Reiner Speck nennt das Wassenberger Chorgestühl „das schönste Stück Kirchenmöbel im Schnütgen-Museum".[276] Hier sei die Frage nach dem „ Was-wäre-wenn" erlaubt. Unser Chorgestühl überstand den Zweiten Weltkrieg in den Kasematten der Burg Hohenzollern. Im übrigen haben mir älteste Wassenberger immer wieder erklärt, es sei damals „total von Holzwürmern zerfressen" gewesen und hätte deshalb unter Kunstaufsicht gestellt werden müssen. Der in Wassenberg 1941 geborene Reiner Speck ist sicherlich einer der besten Kenner unseres Chorgestühls. Seine Publikationen zu Kunst und Literatur, zu Proust, Petrarca, Beuys und Ludwig gehören zum Besten, was gegenwärtig darüber geschrieben wird. Specks Avantgarde-Sammlung hat internationalen Ruf. Sein Buch zur Eröffnung des Kölner Ludwig-Museums (Insel-Verlag) erreichte große Resonanz. Auch das Wassenberger Chorgestühl wird darin angesprochen. Hans Hardering schreibt über Speck, der Katalog seiner Privatsammlung lese sich wie ein Auszug aus den Auflistungen der Kunstwerke der „documenta" in Kassel. Dr. Reiner Speck ist der Urenkel des berühmten Wassenberger „Wasserdoktors" Dr. Peter Wilhelm Küsters (1856-1906).

Bei der Neugliederung der Kölner Museen 1931, bei der die Bestände kirchlicher, rheinischer, mittelalterlicher Kunst aus den Sammlungen des Wallraf-Richartz-Museums und des Kunstgewerbemuseums in die Sammlung Schnütgen überführt wurden, kam

Wassenberger gotisches Chorgestühl um 1300. Zwei Abschlußwangen, Eiche, 206 cm hoch. Stifter: Johann II., der Friedliebende, Herzog von Brabant, der Eroberer Wassenbergs 1296, Herr von Wassenberg. Die Wangen zeigen Johann I. von Brabant vor der Gottesmutter und bei seinem Ritt in die Schlacht (Worringen 1288) oder auf dem Waffenspiel in Bar-le-Duc 12. 9. 1293, wo er einen Turnierunfall erlitt, an dem er in Lierre starb.

auch unser Wassenberger Chorgestühl in die heutige Sammlung Schnütgen. Von zahlreichen Kunstwissenschaftlern wird es begeistert beschrieben. Der Herder der Dreißiger Jahre zeigt es im Bild, Pfeiffer-Belli nimmt eine Abbildung in sein Werk über die Marienminne der Gotik auf, und während der Niederschrift dieser Zeilen (1986) bringt der Deutsche Kunstverlag (Berlin-München) eine Kunstpostkarte davon auf den Markt. Zusammen mit Propst Paul Spülbeck und Mitgliedern der Wassenberger katholischen Jugend habe ich im Juli 1957 das Wassenberger Chorgestühl in Köln besichtigt. Ich erinnere mich an die langanhaltende Erregung Spülbecks über den banausischen Unverstand der Wassenberger Pfarrgemeinde des Jahres 1903. Spülbeck sagte: „Trösten kann nur die Tatsache, daß das Kunstwerk dem Bildersturm des Zweiten Weltkriegs entgangen ist. In Wassenberg hätte es keine Chance gehabt."[277]

Misericordien und Stützen der Armlehnen am Wassenberger Chorgestühl (um 1300).

DAS HEINSBERGER PFAND

Nach der Eroberung

Wassenberg erleidet 1296 seinen *sacco.* Die Befestigungsanlagen erliegen der Wut des brabantischen Eroberers. Brände wüten im *oppidum.* Die Plünderer haben beutereiche Tage. Es muß schlimm gewesen sein. Nicht umsonst verzichtet der brabantische Herzog bei seiner ersten Verpfändung Wassenbergs auf Steuern und Abgaben von den Bewohnern der Stadt. Mit dem Begriff *destructo* des Chronisten ist der Zustand nach der Eroberung treffend charakterisiert. Der Kölner Erzbischof hat sein Bollwerk gegen die Maas hin unwiderruflich verloren.
Der neue Herr heißt Johann II. von Brabant. Seine erste Amtshandlung im Jahre 1296 ist, von Godeverd Sculteken alle seine allodialen Güter zu empfangen und demselben sie wieder als Lehen zurückzugeben. Im Leenhof von Brabant läßt sich dies lückenlos nachlesen.[278] Zwei Jahre später, am 22. 3. 1298 schenkt der Herzog dem Radbodo, Burggraf zu Odenkirchen, das Recht, in den Wäldern, die zum Hause Wassenberg gehören, Brennholz für seinen Hof in Wildenrath zu schlagen. Radbodo ist der früheste Besitzer des Hauses Wildenrath. Nachfolger Radbodos wird Dietrich von Wildenrath, der Radbodos Tochter heiratet. Dietrichs Sohn heißt wie sein Großvater Radbodo. Damals ist es üblich, den Enkelkindern die Vornamen der Großeltern zu geben: „Der Genealoge Fahne hält die Besitzer des Hauses Wildenrath für einen Zweig des Geschlechtes derer von Brempt. Da die von Odenkirchen das gleiche Wappen wie die von Wildenrath führen, kann der Vorname Radbodo von Brempt herkommen, wo er ebenfalls schon um 1300 nachweisbar ist. Das Wappen derer von Brempt zeigt fünf, das der Wildenrather und Odenkirchener drei Querbalken."[279]
Dietrich von Wildenrath ist auch zeitweise Vogt von Wassenberg.

Die Heinsberger

Da in meinen weiteren Darstellungen die Heinsberger eine immer größere Bedeutung für Wassenberg gewinnen, scheint es mir erlaubt, die Herren von Heinsberg von diesem Zeitpunkt an mit ihren von mir gegebenen Ordnungszahlen zu nominieren, weil sonst leicht Verwechslungen mit den in der Heinsberger Geschichtsschreibung recht unterschiedlich gebrauchten Ordnungszahlen (Unterschiede bei Kremer, Ledebur-Ritz, Gillessen, Broich, Corsten u.a.) auftreten können. Ich stütze mich bei meiner Zählung weitgehend auf die mir am plausibelsten erscheinenden Zahlen bei Leo Gillessen:

Gottfried II. (1301—1331), Herr von Heinsberg und Blankenberg, seit 1310 Pfandherr von Wassenberg, durch Heirat mit Mechtilde von Loon und Chiny Herr von Loon (auch Looz genannt) und Chiny.

Johann I. (†1334), Herr von Heinsberg und Blankenberg, Pfandherr von Wassenberg, verheiratet mit Catharina von Vornemburch.

Dietrich IV. (1334—1361), Herr von Heinsberg usw., Pfandherr von Wassenberg, Sohn Johanns I., verheiratet mit Kunigunde von der Mark.

Gottfried III. (1350, †1395), Herr von Heinsberg usw., Pfandherr von Wassenberg, Sohn Johanns I. und Bruder Dietrichs IV., verheiratet mit Philippa von Jülich, die ihm ein Viertel des Herzogtums Jülich in die Ehe bringt.

Johann II., der Streitbare (1393—1443). Herr von Heinsberg usw., Pfandherr von Wassenberg, verheiratet in erster Ehe mit Margaretha von Brederode-Gennep, in zweiter Ehe mit Anna von Braunfels.

Johann III. (1395—1443), Herr von Heinsberg usw., Pfandherr von Wassenberg, Sohn Johanns II., des Streitbaren, verheiratet mit Walpurga von Moers.

Johann IV. (†1448), Herr von Heinsberg usw., Pfandherr von Wassenberg, durch Heirat mit Johanna von Diest Herr von Diest und Sichem.

Johann II. von Nassau-Saarbrücken (†1472), Herr von Heinsberg usw., Pfandherr von Wassenberg, Schwiegersohn von Johann IV. von Heinsberg, verheiratet in erster Ehe mit Johanna von Heinsberg-Loon (†1469), in zweiter Ehe mit Elisabeth von Württemberg. Aus erster Ehe stammt die Tochter Elisabeth, die später den Herzog von Jülich (Wilhelm IV.) heiratet.

Wilhelm IV., Herzog von Jülich-Berg (1455—1511), Herr von Heinsberg usw., Schwiegersohn Johanns II. von Nassau-Saarbrücken, verheiratet mit dessen Tochter Elisabeth (19. 10. 1472). Die gesamte Heinsberger Erbschaft fällt damit für dauernd an Jülich-Berg.

Der Brabanter verpfändet Wassenberg an Heinsberg

Für die Heinsberger ist die Eroberung Wassenbergs 1296 ein zweischneidiges Schwert. Ihr Kernland rückt in eine strategisch höchst ungünstige Position. Aus diesem Grunde muß ihr ganzes Streben darauf gerichtet sein, über die Rur hinauszugreifen und das Land Wassenberg zu vereinnahmen. Dietrich III. von Heinsberg ist zwar zunächst noch kölnisch gesinnt und befindet sich am 19. 5. 1298 bei Erzbischof Wikbold, dem Nachfolger Siegfrieds von Westerburg[280], aber seine Beziehungen zu dem Kölner scheinen nicht mehr so herzlich zu sein wie früher: „Gehörte doch der Heinsberger zu den Großen, die den Wechsel auf dem erzbischöflichen Stuhl dazu benutzten, den Nachfolger mit Ansprüchen und Beschwerden lästig zu fallen. Wohl sagte Wikbold, er betrachte den Herrn von Heinsberg nicht als Gegner, sondern als Freund. Er

Wassenberg. Codex Welser 1723.

konnte aber nicht verhindern, daß Dietrichs III. Ansprüche am 1. Dezember 1300 einem Schiedsgericht zugewiesen wurden."[281] Dietrichs Sohn und Nachfolger ist Gottfried II. von Heinsberg. Er bevorzugt ein politisches Konzept, das ganz auf Brabant setzt. Was seinem Vater Dietrich III. nicht gelang, ihm fällt es beinahe in den Schoß. Er wagt den Sprung über die Rur und gewinnt Schloß, Stadt und Land Wassenberg. Eine Urkunde vom 30. 12. 1310 bestätigt, Herzog Johann II. von Brabant habe ihm Schloß, Stadt und Land Wassenberg für 10.000 Pfund Schwarze Turnosen verpfändet.[282] Der Brabanter verzichtet angesichts der verwüsteten und ausgeplünderten Stadt Wassenberg ausdrücklich auf alle Steuern (keine Schatzungen: sans tailles) für die Dauer der Pfandschaft. Schon am 15. 4. 1315 wird die Pfandsummme vom Sohne des inzwischen verstorbenen Herzogs Johann II. († 27. 10. 1312), Johann III. von Brabant, dem Triumphierenden, um 6 000 Pfund Schwarze Turnosen erhöht, wobei der Herzog die Verpflichtung eingeht, 1 000 Turnosen für die Wiederherstellung von Burg und Stadtbefestigung auszugeben. Am 25. 4. 1315 verzichtet Herzog Johann III. wie sein Vater auf alle Einkünfte aus Wassenberg und gibt Gottfried II. von Heinsberg die Erlaubnis, Wassenberg durch moderne Befestigungsanlagen erneut zur Festung auszubauen[283] Aber in dem Maße, wie das Wiedererstarken Wassenbergs voranschreitet, schnellt auch die Pfandsumme in die Höhe, so daß sie 1317 den beachtlichen Betrag von 22 000 Turnosen (22 000 livres de petits-tournois) erreicht.

In der Urkunde vom 27. November 1317 erklärt Gottfried II. von Heinsberg, daß nach seinem Tode Herzog Johann III. von Brabant, Lothringen und Limburg die Einlöse von Wassenberg durch Rückzahlung des Pfandbetrages von 22 000 Pfund Turnosen freistehe:

Nos Godefridus dominus de Heynsberg et de Blankinberg notum facimus uniuersis presentes litteras visuris et audituris, quod cum illustris vir, dominus noster dilectus, Johannes dei gratia Lotharingie, Brabancie ac Leymborgensis dux, nobis et nostris heribus, opidum, castrum et terram de Wassenberg cum attinenciis suis uniuersis obligauerit in ypotecam et tituli pignoris posuerit pro viginti duobus milibus turonensium paruorum . . .

Am 3. 6. 1327 übergibt Gottfried II. von Heinsberg seinem Sohne Johann I. (militi) — feria quarta post ipsum diem Penthecostes — unter Zustimmung des Herzogs Johann III. von Brabant das Pfand Wassenberg. Vier Jahre später stirbt Gottfried II. (†1331). Seine beiden Söhne Johann und Dietrich geraten in Streit über die Erbschaft. Johann hat schon zu Lebzeiten seines Vaters Wassenberg, Sittard, Dalenbroich und Niel empfangen. Am 13. 3. 1332 wird dieser Streit schiedsrichterlich geschlichtet. Johann erhält Wassenberg endgültig. Für die zu seinem Erbe gehörenden 400 Pfund Schwarzer Turnosen bekommt er die Ortschaften Karken, Byge und End bei Karken. Bei Christoph Jacob Kremer finde ich die Erklärung: „Da des ersten Gotfrieds jüngerer Sohn, Gotfried von Chiny, den geistlichen Stand erwählet und einen Domherrn zu Lüttich, auch Probst zu unserer lieben Frauen zu Mastricht gewesen, wie es in einer Urkunde von 1334 und in einer anderen vom Jahre 1345 heiset, auch der zweitere Bruder Johann schon vor mehreren Jahren mit der Herrschaft Wassenberg noch von dem Herrn Vatter versorget war so kame das übrige von den väterlichen Landen auf den ältesten Bruder Dietrich (IV.), Herrn zu Heinsberg und Blankenberg. Allein beide verfielen miteinander gleich anfänglich in Streit, vermuthlich weil Johann einen gleichen Antheil haben wollen, so daß sie erst der Bischof von Lüttich, Grav

Ludwig von Loos und Chiny, Heinrich von Lewenberg, Wilhelm von Horn und Altena und Arnold von Steyn wieder vereinigen müssen. Johann gewinnt dabei nichts, weil in dem schiedsrichterlichen Ausspruch vom 13. März 1332 ihm allein die Landen von Wassenberg... zugesprochen worden, was ihm bereits sein Herr Vatter zugetheilet hatte. Vor die 400 Pfund schwarzer Turonen, welche noch zu seinem Erbteil gehören, bekommt er die Dörfer Kereke (Karken), Byge und Ende..."[284] Die *terrae de Wassenberg et de Dalenbrugh* werden also nebeneinander in dieser Schlichtung aufgeführt.

Corsten macht uns darauf aufmerksam, daß das Land Wassenberg, durch den Limburgischen Erbfolgekrieg an Brabant gekommen, jetzt um die links der Rur liegenden Güter verkleinert wird: „Offenbar erinnerte man sich der Tatsache, daß diese Güter als Wittum der Elisabeth von Sprimont (Anm.: Gerhard VII. von Wassenberg. †1255.) schon einmal verwaltungsmäßig zusammengeschlossen waren und griff deshalb auf die alte Einteilung zurück. Um 1370 erklärte Herzog Wenzel von Luxemburg und Brabant das Haus Dalenbroek zum brabantischen Lehen. Wenn schon der Zeitpunkt, zu dem die Quellen zuerst von der Herrschaft Dalenbroek sprechen, den Schluß nahelegen, daß die Herren von Heinsberg das kleine Territorium zusammen mit dem Land Wassenberg von Brabant erhalten haben, so wird die Vermutung durch den Anspruch des Herzogs auf die Lehensherrschaft bekräftigt. Schließlich ist auch der Umstand zu berücksichtigen, daß die beiden Urkunden, die Walram von Limburg über die Güter der Elisabeth von Sprimont ausfertigen ließ, im Archiv der Herzöge von Brabant überliefert sind."[285] Gerard Venner spricht *van het leenregister van de hertog van Brabant, dat rond 1350 werd aangelegd. Es bewahrt een aparte afdeling van 's hertoghen manscape in den lande van Wassenberghe.*[286] Der Lehensschreiber Johann van Cassel hat nach dem Tode des Herzogs Johann II. von Brabant in lateinischer Sprache das Verzeichnis angelegt. Für das Land Wassenberg existierte ein eigenes Verzeichnis noch viel früher. Es trug den Titel „rotulus wassenbergensis". Lehenschreiber van Cassel hat es mitbenutzt. Außerdem können wir in der *Table chronologique des*

Gemäldegalerie Schloß Elsum: Bauer mit Hering (Quirin Brekelenkam).

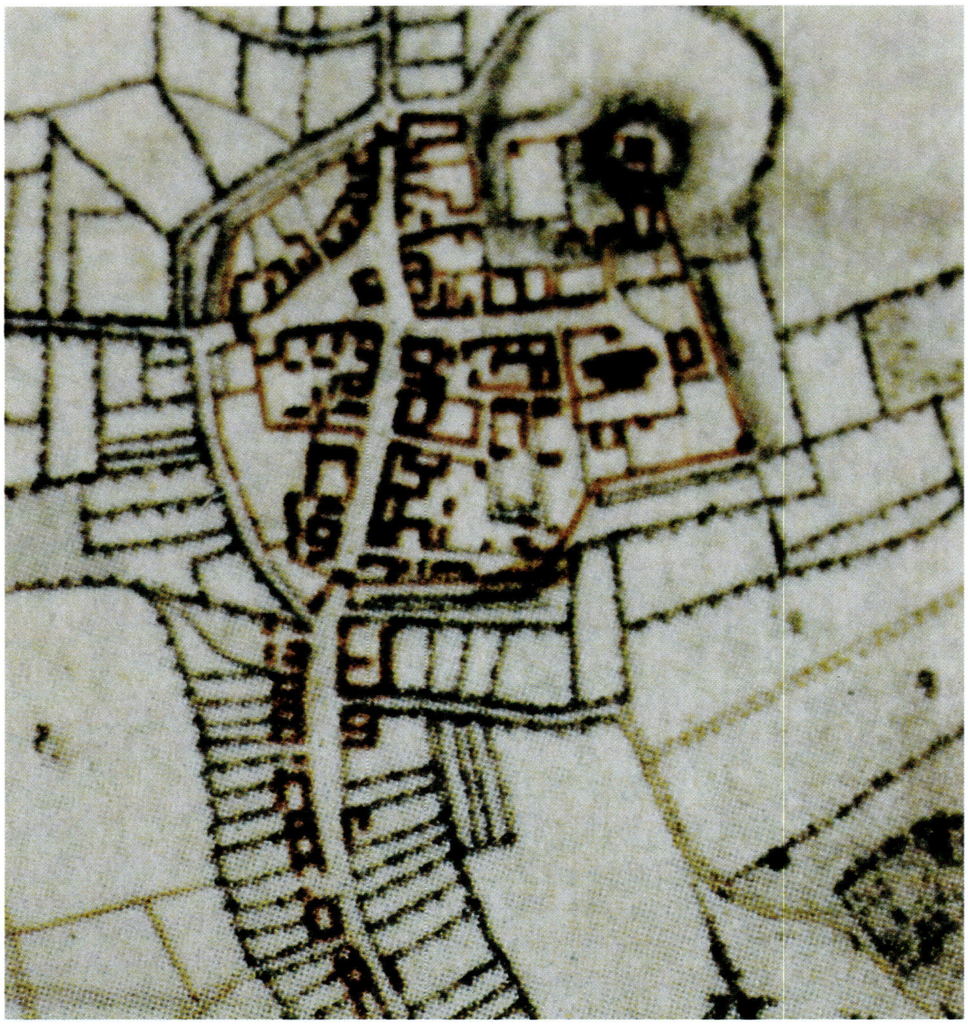

Wassenberg. Tranchot-Karte 1806.

charters et diplomes imprimes concernant l'histoire de la Belgique diese Vorgänge im einzelnen nachlesen.
Severin Corsten ergänzt[287]: „Gottfried (II.) hatte am 17. November 1317 von der Witwe des Knappen Johann von Karken dessen Besitzungen am Ort mit der hohen und niederen Gerichtsbarkeit erworben, anderes kam durch Lehensauftrag Dietrichs von Karken um 1330 an Heinsberg. Die Aldeborg, der Sitz der Herren von Karken, blieb aber ein Wassenberger Lehen, wie auch die Zweite Instanz des Karkener Landgerichts in Wassenberg blieb. Wegen der desolaten finanziellen Verhältnisse der Herren von Karken kam so ein Teil des Wassenberger Herrschaftsgebietes an Heinsberg."
Johann I. von Heinsberg lebt nicht mehr lange nach diesen Ereignissen. Denn 1335 ist er schon nicht mehr unter den Lebenden. Hier sei auf eine Urkunde der Äbtissin zu Dalheim in der Herrschaft Wassenberg hingewiesen, in der gesagt wird, Johann habe am 10. 6. 1335 auf Jacobitag (25. Juli) sein Jahrgedächtnis. Daraus ist zu schließen, daß er 1334 (25. Juli) gestorben ist. Johann I. von Heinsberg war mit Katharina von Vornemburch verheiratet. Er läßt übrigens in Wassenberg Geld prägen. In den Jahren 1331—1334 wird in der Wassenberger Münzprägestätte in der Löffelstraße auf seinen Befehl hin der *Wassenberger Turnose* geschlagen, der die Aufschrift trägt: DNS DE WASBPC (= DOMINUS DE WASSENBERC, Herr von Wassenberg). Das Geldstück mißt 25 mm im Durchmesser und wiegt 2,2 Gramm. In diesem Zusammenhang muß ich an die *Moneta Wassenberge* erinnern, die ein halbes Jahrhundert später, 1380/81, als Sterlinge mit Brabanter Löwenschild und Lilienwappen, als sogenannte *Brabanter,* in Wassenberg geprägt werden. Alle Münzen der Heinsberger, Randerather und Wassenberger hat der Numismatiker Menadier 1913 zusammenfassend bestimmt. Sie befanden sich damals in der größten Sammlung von Münzen der jülichen Dynastengeschlechter im Münzkabinett des Kaiser-Friedrich-Museums in Berlin — heute Preußischer Kulturbesitz. Die Wassenberger Münzen sind dort noch vorhanden.

Schicksalsfigur Dietrich IV. von Heinsberg

Johanns Bruder, Dietrich IV. von Heinsberg, übernimmt nach Johanns Ableben Wassenberg. Die Situation um die Wassenberger Verpfändung wird im Friedensschluß zwischen Johann III. von Brabant und dem Grafen Reinald von Geldern erkennbar: Dietrich IV. von Heinsberg soll danach frei und unbehindert bis an sein Lebensende das Land Wassenberg behalten dürfen. Der Herzog von Brabant kann erst nach dem Tode Dietrichs gegen Erstattung der im Jahre 1317 festgesetzten Pfandsumme Wassenberg wieder einlösen. Bei dieser Gelegenheit entsagt der Kölner Erzbischof Walram am 10. 10. 1334 für sich und sein Erzstift allen an Wassenberg geknüpften Forderungen und allem, was noch aus dem Umstand herzuleiten wäre, daß während des Limburgischen Erbfolgekrieges Graf Reinald von Geldern als Herzog von Limburg dem Erzbischof Siegfried von Westerburg Stadt und Land Wassenberg für 8000 Märk verpfändet hatte. Johann III. von Brabant, der Triumphierende, gibt am 14. 7. 1314 den Brabantern die Freiheits-Charter, welche Grundlage der späteren Joyeuse entrée bildet: Ebenso den Limburgern — und damit auch den Wassenbergern — stellt er eine Charter aus.

Unter Dietrich IV. von Heinsberg kann Wassenberg seine Entwicklung als Stadt kaum voranbringen. Dietrich ist arm. Er sieht sich immer wieder in aufwendige Fehden verwickelt. Karl Josef Kutsch trifft die Sachlage im Kern, wenn er darauf hinweist, Dietrich IV. empfinde die Erbschaft Loon und Chiny als Last: „Die erstere lag in der heutigen belgischen Provinz Limburg und war für sich allein dreimal so groß wie das gesamte Heinsberger Gebiet. Chiny, das etwa die halbe Größe von Loon hatte, lag am Oberlauf der Maas im Lothringischen. Während sich bisher der Besitz der Herren von Heinsberg allmählich und organisch vergrößert hatte, war der Erwerb einer so großen Erbschaft für das kleine Herrschaftsgebiet gefährlich, und zwar um so mehr, als die finanzielle Lage des damaligen Herrn von Heinsberg mehr als schlecht war."[288] So beginnt Dietrich mit Verkäufen und Verpfändungen. Die drei Herrlichkeiten Gangelt, Millen und Waldfeucht (Vucht) versetzt er an den Herzog Reinald von Geldern und dessen Bruder Eduard von Kleve. Dietrich erhält dafür 24 000 Alte Schilde. Die Schilde erfreuen sich zwischen Rhein und Maas großer Beliebtheit als Zahlungsmittel. Die Goldenen Schilde (scudati aurei) verdanken ihren Namen dem Lilienschild auf der Vorderseite. Zu Dietrichs IV. Zeiten erreicht die Prägung von *Schilden* eine besondere Vielfalt bildkünstlerischer Darstellung. Ein *alde schild* ist eine Goldmünze im Wert von vier Mark und vier Schilling.

Ob Verkäufe und Verpachtungen dem Heinsberger Herrn Entlastung gebracht haben, wage ich zu bezweifeln. Denn 1340 geht es geradezu an seine Substanz, als er den wichtigsten und wertvollsten Teil seiner Grafschaft Chiny verkaufen muß. Auch durch seinen Beistandspakt mit Brabant am 19. 12. 1337 gerät er in kostspielige kriegerische Auseinandersetzungen als Verbündeter der englischen Seite im Hundertjährigen Krieg. Überdies muß er 1339 seine Wassenberger Vasallen von ihrem Treueid entbinden und sie ihrem rechtmäßigen Herrn, dem Herzog von Brabant, wieder zuführen.[289] Am 20. 12. 1343 bestätigt er dies erneut und gibt die Wassenberger in den Besitz des brabantischen Herzogs. 1343 hat er großes Ungemach wegen seiner Übergriffe auf Lüttich: er wird gebannt.

Severin Corsten vermutet, Herzog Johann habe wohl einen Teil der Pfandsumme zurückgezahlt und damit Dietrich IV., der wegen seiner von der Mutter ererbten niederländischen Besitzungen stets in Geldverlegenheit war, dazu gebracht, ihm die Lehensleute des Wassenberger Landes zu überantworten.[290] Die Wassenberger Ritter stehen also in dieser Zeit ganz im Solde des Brabanters, der als Bundesgenosse des englischen Königs geldverschlingende Kriegszüge unternimmt.

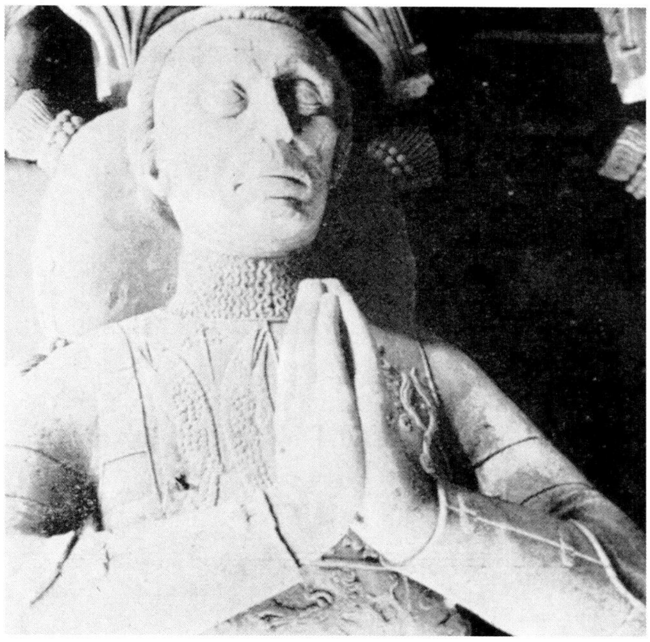

Johann II. von Heinsberg, der Streitbare, Pfandherr von Wassenberg. Gestorben am 24. 6. 1438 an der Pest, begraben im Gangolfusdom zu Heinsberg.

Insofern hat sich seit der Eroberung Wassenbergs 1296 für die Stadt am Unterlaufe der Rur politisch viel geändert: Bis dahin ganz im Dienste der Kölner Erzbischöfe, hat nun Brabant als dominierende Kraft in Wassenberg letztlich das Sagen. Die äußerst interessante Spekulation Severin Corstens soll nachdenklich machen: „... es fehlte nicht viel, und die Heinsberger Dynasten (mit Wassenberg) wären ganz zu niederländischen Großen geworden. Erst ein letztlich so zufälliges Ereignis, wie es der Übergang des Territoriums Heinsberg an das Herzogtum Jülich im Jahre 1484 ist, hat unsere Heimat wieder enger an die Geschicke der Rheinlande gebunden."

Die Westgrenze des Herzogtums Jülich spielt bekanntlich nach dem Wiener Kongreß eine bestimmende Rolle und ist bis heute eine Trennungslinie, die nur ein Vereinigtes Europa aufzuheben imstande sein könnte. Severin Corsten bemüht Konjunktive: „Wenn die Jülicher Herzöge nicht ihre Heinsberger Vettern beerbt hätten, wäre unsere Heimat kaum aus den westlichen Bindungen, in die sie Dietrich (IV.) und seine Nachkommen hineingeführt haben, jemals gelöst worden. Was daraus für die jüngere Geschichte des Heinsberger Landes folgt, ist leicht vozustellen. Dietrich (IV.), der Haudegen und unermüdliche Raufbold, ist in Wahrheit eine Schicksalsfigur unserer heimatlichen Geschichte."[291] Als Pfandherr wird er nicht gerade der Wunschkandidat der Wassenberger Notablen gewesen sein.

Raubritter und Landfrieden

Die Mitte des 14. Jahrhunderts charakterisiert eine zunehmende Unsicherheit im Lande, besonders auf den Handelswegen, die auch durch Wassenberg laufen. Die Verwilderung einiger Ritter nimmt zu.

Öffentliche Sicherheit und Landfrieden sind bedroht. Es sieht übel aus, berichten die Quellen: „... viel Unfug und Gewalt geschieht. Täglich wird Böses auf den Straßen und im Lande verübt den Kaufleuten, den Pilgern, den Priestern und anderen Leuten, einheimischen und fremden durch Gefangennahme, durch Raub und Mord und durch heimlichen und öffentlichen Brand, und diese Gewalttaten mehren sich von Tag zu Tag".

Das Wort *Raubritter* ist ein Schreckenswort für die Bewohner des Wassenberger Landes. Seine Straßen sind durch eine Reihe von spektakulären Überfällen höchst risikovoll geworden. Kein Wunder! Ganz in der Nähe, auf Burg Gripekoven, existiert ein Räubernest. Heinz Cohnen schreibt: „Hier hatten ungefähr 50 Räuber eine feste Burg. Von hier zogen sie aus. Von hier planten und starteten sie ihre Raubzüge, überfielen Handelsleute, plünderten Bauernhöfe."[292] Herzog Wilhelm von Jülich hatte Gripekoven für 6.000 Goldgulden dereinst erworben und es an Edmund von Engelsdorf verliehen. Edmund aber konnte dieses Lehen nicht behaupten. Leider lassen uns die Quellen im Stich bei der Suche nach Vorgängen, die zur Umfunktionierung der Gripekovener Burg in ein Raubritternest führen. Man ist erstaunt, wie der Herzog von Jülich und sein Lehensvasall Edmund von Engelsdorf es zulassen können, daß in Gripekoven ein aggressives Raubritterzentrum entsteht.

Den Herrschenden geht die Plage der Wegelagerei, der Überfälle, der Morde und Brandschatzungen immer mehr auf die Nerven. Am 3. 5. 1351 verbinden sich Herzog Johann III. von Brabant, der Erzbischof von Köln, die Städte Aachen und Köln, Dietrich IV. von Heinsberg (Wassenberg) und andere Fürsten zu einem Landfriedenspakt. Er soll die Aufrechterhaltung von Ruhe und Sicherheit und die Verhinderung aller Gewaltanwendungen zwischen Maas und Rhein verhindern. Die Landfriedenspartner erklären, sie wollten „den Handel schützen und Ruhe und Sicherheit in ihren Ländern herstellen." Solchen Absichten sind besonders im Heinsberger, Erkelenzer und Wassenberger Land hochaktuell; denn soeben haben die Gripekovener Raubritter zwischen Wassenberg und Erkelenz auf frecheste Weise wieder zugeschlagen. Brabantische Kaufleute werden zwischen Ratheim und Wassenberg überfallen und völlig ausgeplündert. Bei Birgelen wird ein Wagen mit Kleiderstoffen ausgeraubt.

Hinter den Gripekovener Wegelagerern stehen die rücksichtslos operierenden Anführer Goswin und Arnold von Cevel mit ihrem Knappen Johann von Dryele und weiteren 24 Räubern, deren Namen überliefert sind. Gerhard Evertz führt dazu aus: „Die Bande führte ein üppiges Leben, besonders, wenn ein Überfall gelungen war. Man hielt auch Spottreden auf den Kaiser und seine Bemühungen um den Landfrieden."[293]

Die Situation ändert sich jedoch über Nacht für die zügellose Libertinage der Raubgesellen infolge des kompromißlosen Eingreifens Dietrichs IV. von Heinsberg und Wassenberg. 300 bewaffnete Ritter und Knechte stellt er auf die Beine und zieht (übrigens mit klingendem Spiel!) gegen Gripekoven. Im Schutze von zwei fahrbaren Holzhütten, sogenannter *Schildkröten*, die auf starken Holzbohlen laufen, bringt er je 30 Reiter und 30 Schützen in Angriffsposition vor die Festung. Aus dem Wassenberger und Heinsberger Land zieht er rund 1 000 Mann mit Schanz- und Belagerungsgerät zusammen. Sie sollen die Gräben zuschütten und mit Tarant, Krebs, Mauerbrechern, Rammbäumen, Widdern, Sturmböcken die Burg sturmreif machen. Außerdem sind Brandsätze gefährlich, wenn sie über die Mauer in die enge Hausbebauung, die vorherrschend aus Holz besteht, geschleudert werden. Auch ein Blydenmacher (Wurfmaschinenmeister) namens Heins ist dabei. Das gesamte Instrumentarium damaliger Belagerungstechniken wird aufgeboten und nach einem strategischen Plan Dietrichs IV. eingesetzt.

Die Belagerung Gripekovens beginnt am 5. 5. 1353. Ich habe nicht herausfinden können, wielange es bis zur Eroberung gedauert hat. Die mitgeteilte Zeit von sieben Wochen klingt infolge der *Sieben* als psychologischer Lügenzahl eher unwahrscheinlich. Wie auch immer: die Eingeschlossenen ergeben sich schließlich wegen Hunger. Ihre Burg wird von den eindringenden Kämpfern Dietrichs IV. bis auf den Grund zerstört. Ihre Mauersteine schafft man später zum Aufbau der *Brügporten* nach Erkelenz, weil gerade diese Stadt soviel unter den Gripekovener Raubrittern hat leiden müssen: „Und want die Stadt Ercklentz groten schaden van dem slott (Schloß) hadde von den räuveren (Raubrittern), die sich darop hielten, darumb worden der Stadt die steine von demselben nederworpen slott (niedergeworfenen Schloß) gegeven und geschenkt, darmit der Torm der Brügporten, inwendig der Stadt gelegen, gemacht und opgebauwet ist."[294] Nur einige Kilometer von Wassenberg entfernt im Alsbachtal bei Wegberg sind die Überreste der Gripekovener Raubritterburg heute noch zu sehen.

Aber damit zieht nicht Friede ins Wassenberger Land. Auch Wassenberg bekommt seine Raubritter-Story. Sie ist urkundlich belegt. Wenige Jahre nach Gripekoven, 1361, wird der Raubritter Strop in den Mauern der Stadt Wassenberg erschlagen. Der Tote ist ein Neffe des gefürchteten Gumprecht, Herr von Alpen am Niederrhein, der das Amt des Vogtes in Köln inne hat. Der Totschlag wird von einem Bürger, der nicht dem Ritterstand angehört, verübt. Wahrscheinlich ist es ein Mitglied der Schützenbruderschaft und steht im Dienste des Heinsberger Pfandherrn. Fällt aber ein Ritter von der Hand eines gewöhnlichen Mannes, dann muß sein jeweiliger Herr Sühne leisten. War der Fall umgekehrt, kräht meist kein Hahn danach.[295] In der Totschlagaffäre ist jetzt Gottfried III. von Heinsberg als Nachfolger von Dietrich IV., der am 16. Januar 1361 gestorben war, als Pfandherr verantwortlich. Gottfried bezahlt das Verbrechen, das, wie ich vermuten möchte, als *killing for sale* ausgeführt wurde. Gottfried wird entschieden zur Kasse gebeten: 800 Gold-

Hermanns-Jätzke. Zeichnung von Paul Wollenweber 1950.

schilde und der Erlaß der Pachtgefälle von einem Gut Erprath.

Am 21. 3. 1366 wird berichtet, daß sich Gottfried III. von Heinsberg mit Gumbrecht versöhnt und wegen des an seinem Neffen Strop verübten Totschlags die Pachtgefälle vom Gute zu Erprath und 800 Goldschilde Strafe zahlt.

In den nächsten Jahrzehnten wird der Landfriede eines der vordringlichsten Themen der großen Politik. Die Unsicherheit auf den Straßen stören Handel und Gewerbe. Die Raublust nimmt trotz der Ausbrennung Gripekovens in unserer Gegend zu. Die Herren von Helpenstein, Rheydt, Kriekenbeck, Dyck sind mehrfach in Überfälle verwickelt und tauchen unter den Lösegelderpressern auf. Es erinnert beinahe an die kriminellen Schutzgebühren (Erpressung durch Rocker) in unserer Zeit, wenn wir erfahren, daß die Stadt Köln den Raubrittern Johann von Wickrath, Wilhelm von Elmpt und Scheyffart von Merode eine Jahresrente bewilligen muß, um die Bürger unbehelligt zu lassen.[296] Insofern ist der Landfriede (Gemeinfriede, pax generalis), in fränkischer Zeit der Volksfriede, als Schutz gegen Mißbrauch der Fehde noch immer höchst unsicher. Es ist außerdem nicht leicht, zu unterscheiden, wo die *gerechte Fehde* aufhört und die Räuberei beginnt. Eine Reihe von Rittern unserer Region hat sich sogar in einem aggressiven Bund vereinigt, der die „Gesellschaft von den fahlen Pferden" heißt und brutal operiert. Der Wassenberger Drost Heinrich Scheyffart von Merode gehörte ebenso dazu wie Gerard von Swalmen, Hennekin von Linnich, Heinrich von Immerath.[297] Viele Ritter sehen in ihren Raubzügen kein Verbrechen, sondern eine fehdegemäße Aktion. Ihre einst „edle Gesinnung" war weithin heruntergekommen. Christian Roedig ergänzt: „Viele Ritter verschafften sich deshalb mit Gewalt, was sie für ihr Recht hielten. Sie benützten das Fehderecht, das früher durch strenge Vorschriften geregelt war, zu Überfall, Raub und Mord. Ihre Opfer suchten und fanden sie auf den Straßen, die an ihren Burgen vorbeiführten. Wurden von den Reisenden Straßen- oder Brückenzölle verweigert, dann beraubten sie die verhaßten Kaufleute oder schleppten diese am Pfeffer- und Gewürzhandel reich gewordenen 'Pfeffersäcke' in ihre Räuberhöhlen, um von ihnen hohe Lösesummen zu erpressen."[298] Auch an unserem hauseigenen Fluß, der Rur, errichteten Raubritter willkürlich Brückenzollstationen. An der Straße, die durch Wassenberg nach Roermond führt, hatten die Wegelagerer Haltepunkte, wo sie den Straßenzoll kassierten. Wie schon weiter oben gesagt, schlossen die bedrohten Landesherrn am 13. 5. 1351 einen Landfriedensbund, „ein Bündnis auf zehn Jahre zur Aufrechterhaltung des Landfriedens und zur Unterdrückung aller Gewalttätigkeiten zwischen Maas und Rhein von Andernach bis Xanten." Am 8. 3. 1354 erklärten sich in Löwen auch die brabantischen Städte zum Landfrieden bereit. Auch Wassenberg war darunter. Sie bestätigten es *bezeghelt mit onsen zeghelen*, daß die *vrientscape* (Freundschaft) unter den Städten den Landfrieden aufrechterhalten könne:

Johann von Heinsberg, Fürstbischof von Lüttich. (†1459).

Dit was ghedaen ende gheauordeert te Lovene op den VIII-ten daeghe van der maent van maerte int jaer ons heren alse men screef. dusent drie hondert vyftich ende viere. (8. März 1354)

Rund 600 Jahre später, 1958, läd die Stadt Löwen zum 7. September alle an diesem Städtebund beteiligten von damals nach Löwen zum *Dag der Brabantse Steden* ein. Eine Wassenberger Abordnung mit Bürgermeister Leonard Wolters, Amtsdirektor Jakob Wolters, Jakob Broich und Lambert Bürsgens vom Heimat- und Verkehrsverein sowie Mitglieder des Rates und das Wassenberger Fanfarenkorps nehmen an den Erinerungsfeierlichkeiten teil. Jakob Broich hält beim Festakt eine Rede. Die Wassenberger stellen sich als Gruppe IV in der Minckelersstraat (tegenover de huizen nrs. 16 tot en met 18) auf und sind mit ihrem musikalischen Auftritt ein Höhepunkt des Festes:

Fanfarekorps van Wassenberg komt op de Grote Markt na het vertrek van de Gilden. Dit korps stelt sich op in het midden van het Marktplein. En grandiose opvoering!

Die persönlich geladenen Teilnehmer erhalten eine Erinnerungsurkunde. Sie zeigt das Bild der Stadt Löwen und den Text: *Ter herinnering aan de Dag der Brabantse Steden.*

DAS GASTHAUS ST. NIKOLAUS

Het Jaastes

Jedes menschliche Gemeinschaft bedarf des Geistes der Hilfsbereitschaft und des Altruismus, der die schwächeren Glieder der Gruppe stützt und stärkt. Auch für Wassenberg gilt dieser Satz; denn schon früh sind die Bemühungen um Unterstützung von Armen, Waisen, Behinderten, Hilfsbedürftigten, Kranken urkundlich belegbar. Und wir werden weiter unten sehen, daß auch der heutige Stadtrat und die Verwaltung mit der Fundierung der Begegnungsstätte am Pontorsonplatz ihr mitmenschliches Engagement vergrößern. Das Wassenberger Stadtarchiv enthält ein mit Siegel versehenes Pergament vom 3. 4. 1317, in dem das Armenhaus, das Hospital St. Nicolaus, „het Jaastes", vorkommen. Es heißt dort, daß Henricus Lose und Ehefrau Jutta dem Hospital St. Nicolaus in der Stadt Wassenberg 19 Morgen (journales) Ackerland in Gerderath zugunsten der im Hospital betreuten Armen übergeben haben. Diese Äcker stammen zinsrechtlich vom Hofe Vrohenrode. Die Eheleute leisten vor dem Schultheiß Verzicht auf diese Äcker, damit er sie dem Prokurator des Hospitals erblich übertragen kann. Jeder Prokurator soll alljährlich zu Ostern der Kirche zu Gerderath 12 brabantische Denare überreichen, mit welchem Gelde der Küster Hostien und Wein kaufen soll. Die übrigen Einkünfte aus den Äckern sind ganz allein für die Armen des Hospitals bestimmt. Als Siegler treten Symon und Willkinus Verdaic, Schöffen der Stadt Wassenberg, auf Bitten von Schulheiß für Henricus und Petrus de Gerderode, die kein eigenes Siegel führen, in Erscheinung. Die Urkunde beweist: es gibt in Wassenberg schon vor 1317 (!) ein Hospital, ein Armen- bzw. Gasthaus. Die Stiftung von 19 Morgen Ackerland steht wahrscheinlich in Zusammenhang mit der verheerenden Hungersnot, die 1317 unsere Gegend heimsucht.

Ursprünglich ist Armen- und Krankenpflege eine Sache des Herzens und der Religion und liegt in Händen der Kirche. Das Mittelalter sieht aber auch Bruderschaften entstehen, die aus eigener Initiative sogenannte *Gasthäuser* errichten, um den Ärmsten der Armen zu helfen. In verschiedenen Wassenberger Urkunden[299] wird die Bruderschaft Unserer lieben Frauen und St. Jöris in Stiftungszusammenhängen mit dem Gasthaus genannt.

1560 zählen wir im Herzogtum Jülich rund 20 Armenhäuser. Im Amte Wassenberg davon vier. Josef Schmitz vermutet, daß eines davon zwischen Gerderath und Myhl als Siechenhaus, mit anderen Namen *Blateshaus* oder *Haus der Heiligsten Dreifaltigkeit* gestanden haben muß: „Hier sollen Arme, Bettler, aber auch Durchreisende Kost und Unterkunft gegen Gotteslohn gefunden haben. Einen Hinweis auf dieses Siechenhaus gibt eine Quelle des 16. Jahrhunderts. Sie vermeldet, Henrich von Kessel, der Pastor von Gerderath, Canonich zu Heinsberg, habe Klage darüber geführt, daß er im ganzen nur 43 Malter Roggen bekomme, wovon er auch noch die Kranken im Siechenhaus zu betreuen habe, wie es der Wassenberger Magistrat von ihm verlange."[300] Nach der Reformation geht die Betreuung solcher Hospitäler bzw. Armenhäuser in die Verantwortung des Landesherrn über. In der Regel führen Schöffen und Pastöre die Aufsicht. Der Sozialpädagoge Heinz Strang (Hildesheim) erläutert: „Das Mittelalter ist gekennzeichnet durch ein gruppengebundes Menschentum in einer familial und genossenschaftlich geregelten Wirtschaft. Der Verlust der korporativen Einbindung bedeutete für Stadt- und Landbevölkerung eine enorme sozialwirtschaftliche Gefährdung, wenn es dem einzelnen nicht alsbald gelang, in einer neuen Lebens- und Fürsorgegemeinschaft Fuß zu fassen."[301] Derjenige also, der nicht in einer Familie aufgehoben war, in einer Genossenschaft oder in einer Grund- und Gutsherrschaft, hatte es schwer, dem Bettelstab zu entrinnen.

Im Mittelalter hat das Wort *arm* (pauper) einen vielfältigen Sinn. Es bedeutet nicht nur *besitzlos*, sondern auch, *vom geringen und gemeinen Stand* zu sein. Heinz Strang betont: „Daneben aber bezeichnet es auch den Zustand der Verlassenheit und Not, des Unglücks und des Elends."[302] Das Mittelalter kennt den *Stand der Armen* und *die Schicht der Bedürftigen*. Wir müssen uns die Armen Wassenbergs in drei Bevölkerungsgruppen vorstellen: 1. die arbeitsfähigen handarbeitenden Armen, die völlig konjunkturabhängig sind und nie auf eine selbständige Existenz hoffen dürfen, 2. die arbeitsfähigen, jedoch arbeitsentwöhnten, arbeitsunwilligen und arbeitsscheuen Bettler, 3. die erwerbsbehinderten und arbeitsunfähigen Almosenempfänger.[303]

Im Lande Wassenberg gab es im Mittelalter sicherlich eine zahlenmäßig große Armutsschicht. Sie bestand aus den *ungesessenen Laten*, nachgeborenen Bauernsöhnen ohne Landbesitz, den Kleinstellenbesitzern, den aus dem Gesinde Entlaufenen, den vom Hof Vertriebenen, den Bauern ohne Versorgungsgrundlage und den aus einer Grundherrschaft Entlassenen. G. A. Theodorson weist darauf hin: „In einer Gesellschaft, in der die Menschen durch Tradition und Sprichwörter daran gewöhnt sind, Zeiten der Not und Entbehrung entgegenzusehen und sich mit dem Unausweichlichen zu bescheiden, zieht dies die gesamte Einstellung gegenüber dem wirtschaftlichen Bemühen in Mitleidenschaft."[304] Der eine Wassenberger Grundsatz, „Wat kömmt, kömmt!" (Was kommt, kommt!), bewahrt den fatalistischen Grundzug dem Unentrinnbaren gegenüber, der andere Grundsatz, „Wir lotte oss neet ongerkrieje!", verrät optimistisches Selbstbewußtsein. Das sind wohl die beiden Seelen in der „Wassenberger Brust". Wir müssen überhaupt Abschied nehmen von einem mittelalterlichen Wassenberg, das in stolzer städtischer Herrlichkeit immer nur hinter grellbunten Wappentieren, an ritterlichen Festtafeln, hinter Harnisch und Schwertern, auf prachtvollen Streitrössern, hinter Ringmauern, Wehrtürmen, Wällen, Gräben und Burgfried, unter flatternden Bannern gepanzerter Ritter daherstolziert. Nein, Wassenberg war anders!

Het Jaastes (Hospital St. Nikolaus), Neubau 1764. (August Lentz)

Heinz Strang zeichnet uns das Panorama der Unterprivilegierten in einer Stadt wie Wassenberg: „Da gab es die Kranken und Körperbehinderten, die Gebrechlichen, die Aussätzigen, die Krüppel, die Lahmen, die Blinden; da waren die Alten sowie die große Zahl der Witwen und Waisen; hier traf man die mittellosen Reisenden und Pilger, ferner die erwerbsbeeinträchtigte Gruppe der Kriegs- und Strafjustizkrüppel. Zudem wurden alle diese ‚unproduktiven Elemente' in den Städten noch durch einen nicht unerheblichen Frauenüberschuß vermehrt. Daneben waren weitere augenfällige Bevölkerungsgruppen auf Almosen und barmherzige Mildtätigkeit angewiesen: die Arbeitslosen, die abgerüsteten Soldaten und die gerade erst in die Stadt gekommenen verarmten, mittelosen Bauern."[305]

Am Gasthausbach

Um all das kümmert sich das Armenhaus in der damaligen „Hauptstraße" (heute Graf Gerhard-Straße) an der Einmündung jener Gasse, die zum Buir führt, und durch die der Gasthausbach damals fließt, um dann linksseitig der Straße bis über das Brühltor hinaus, quer durch Schreinemachers Haus seinen Weg zur Rur zu finden. Die Aufgabe der Versorgung so vieler Sozialhilfebedürftiger war riesengroß und für die damaligen Hilfsmöglichkeiten der kleinen Stadt insgesamt kaum leistbar.

Zu den Armenhäusern gehörte im Mittelalter fast immer eine Kapelle. So auch in Wassenberg: der Altar zum heiligen Nikolaus stand unmittelbar hinter dem Vorderhaus.

Jakob Broich nahm an, *het Jaastes* habe schon im 12. Jahrhundert existiert und sei in Kooperation von Stadt und Kirche betreut worden. Kirche und Zivilbehörde waren die Aufsichtsorgane, wie es die Urkunde von 1461 beweist.[306] In alten Akten wird genauer von Provisoren als Aufsichtsbeamten gesprochen. Hauptprovisor war meist der katholische Pastor, Mitprovisor der Bürgermeister, allerdings nur dann, wenn er katholisch war, sonst sollte er durch den „abgestandenen Bürgermeister" ersetzt werden. Der Pastor galt als *provisor perpetuus*, ständiger Verwalter des Armenvermögens. Verschiedentlich stoße ich auf einen dritten Provisor: einen Wassenberger Bürger, der sich für 1782 beispielsweise als Gerhard Thomassen identifizieren läßt. Bis ins 18. Jahrhundert unterzeichneten manchmal alle sieben Schöffen als *Armenprovisoren* bei Gasthaus-Dokumenten. Die Provisoren — außer Pastor und Bürgermeister — wurden auf Anordnung des Vogts von den Stadträten gewählt. Auch der Wassenberger Gerichtsschreiber, Vertreter der Staatsgewalt, war dabei beteiligt. Anton Hennes meint, das Provisorenamt sei zeitraubend und lästig gewesen: „Sie verwalteten das Vermögen und Einkommen der Armen, verpachteten das Armenland, führten Prozesse in Armensachen, gaben Anweisung an den Armenmeister zu den einzelnen Spenden und prüften schließlich dessen Rechnung."

Die Provisoren waren bei der Verteilung der Almosen, Nahrungsmittel und Kleider durch die Armenmeister im Gasthaus aufsichtsführend anwesend. Sie wachten über die gerechte Zuteilung. Sie sorgten dafür, daß die dem Armenhaus zustehenden Renten und Stiftungen restlos eingenommen wurden. Der Gasthausmeister, manchmal auch Armenhausmeister genannt, war eine Art Herbergsvater. Er kontrollierte das Leben im Hause und führte die Verteilungen durch. Der Armenmeister hieß im Volksmund „Spinder", was von Spende kommt: „Seit uralten Zeiten wurde jährlich in der letzten Novemberwoche auf dem Rathaus der Armenmeister ‚angeordnet' und trat auf St. Andreae, also am 30. November, sein Amt an. Die Anstellung wurde dem Betreffenden durch den Gerichtsboten in aller Form zugestellt, mit dem Hinweis, daß er dem Bürgermeister in 'nötigen Assignationen' (= Aufträgen) Gehorsam leisten und am Jahresschluß Rechnung ablegen müsse."[307]

Zuwendungen für die Armen

In den Urkunden und Abrechnungen des Gasthauses erfahren wir beispielsweise von der Austeilung von drei Malter Roggen jährlich vor Pfingsten durch den Armenmeister in Wassenberg. Ausgegeben werden auch Brotlaibe, Speck, Schmalz, Honig, Bier, getrockenete Früchte, Kleider und manchmal kleine Geldmünzen. In Wassenberg müssen die Hausarmen eine Brotkarte vorzeigen, aus der hervorgeht, daß sie bedürftig sind und zum Empfängerkreis zählen.

Im Rathaus steht wie in anderen Städten eine *Armenlade*. In sie fließen die Strafgelder, (brüchten), für kleinere Vergehen, Verstöße. Ferner kommt der Gottesheller hinein, der bei jedem Bier- und Weinkauf als Handgeld zugunsten der Armen von Wassenberg erhoben wird. Die Lade wird mehrmals im Jahre, vor den Festtagen geöffnet, und ihr Inhalt unter die Armen so gerecht wie möglich verteilt. Auch in der Georgskirche steht ein Opferstock für die Armen. Er wird in Anwesenheit der Provisoren aufgeschlossen und aufs Rathaus in die Armenlade gebracht.

Erstaunlich, wie hoch die Einkünfte unseres Hospitals sind. Im Jahre 1560 beispielsweise setzen sie sich aus 42 Malter Roggen, 27 Malter Hafer und 18 Goldgulden zusammen. Hier drängt sich ein Vergleich mit den Einkünften der Wassenberger Stiftsschule auf, die nur 16 1/2 Malter Roggen und vier Goldgulden empfing. Selbst die Pastorei Wassenbergs kam nicht an die Gasthauseinkünfte heran. Das noch vorhandene Heberegister[308] zeigt überdies, wie die Einkünfte des Armenshauses kontinuierlich steigen. Die Betreuung der Armen und Kranken stand in Wassenberg demnach nicht nur auf dem Papier, sondern wurde, wie es aussieht, relativ zufriedenstellend gehandhabt.

Im Jahre 1764 kam der alte Armenhausbau (Fachwerk) unter die Spitzhacke. Es wird ein für damalige Zeiten geräumiges, hohes, spitzgiebeliges, steinernes Haus, das bis heute steht (inzwischen als Geschäftshaus: Fleischerei Basten, Graf-Gerhard-Str. 5), an der gleichen Stelle aufgebaut. Die Maueranker erinnern noch heute an dieses Datum. Damals wurde auch die aus dem Jahre 1536 stammende Armenhausglocke in den Fensterausschnitt unter dem Giebel gehängt. Sie trug die Inschrift JHESUS MARIA. ANNO DOMINI MV XXXVI. Sie wurde regelmäßig morgens und abends geläutet, vor allem aber, wenn ein Insasse des Hospitals verstorben war, oder wenn am Nikolausaltar ein Gottesdienst stattfand. Seit dem Zweiten Weltkrieg ist die Glocke verschollen und hat wahrscheinlich, wie so manches Beutestück, den Weg der Sieger genommen. Das *neve gasthuiz* besaß 11 Zimmer, darunter das gefürchtete „shloatt" (Schloß), ein Raum für Seuchenkranke. Vor dem Gasthaus war bis nach dem Zweiten Weltkrieg eine Wasserpumpe installiert. (In Wassenberg gab es um 1900 folgende öffentliche Pumpen: 1. auf dem *Pley* hinter dem Rathaus, 2. Ecke Burgweg-Roermonder Straße an der Apotheke, 3. auf der Kirchstraße gegenüber Gaststätte Cremer (später Metzen, Lisse, Jägerheim), 4. hinter dem abgebrochenen Brühltor, Nähe Freisinger-Quast, 5. am Beginn der Brühlstraße, Nähe alte Polizeistation, 6. am Pastorat und 7. wie oben vermerkt, vor dem *Jaastes*. Außerdem gab es um 1900 natürlich eine große Anzahl von hauseigenen Hofpumpen.[309]

Der Nikolausaltar

Der Nikolausaltar selbst lag ursprünglich in der Stiftskirche, später in einer Kapelle in der Nikolausgasse, nach dem Neubau von 1764 hofwärts unmittelbar hinter dem Gasthaus. Er war einem Wassenberger Lieblingsheiligen geweiht. Der gebefreudige heilige Nikolaus genießt im maasländisch-niederrheinischen Raum bis heute besondere Verehrung und ist noch immer die Personifikation der „Sozialhilfe" schlechthin.

Vom Nikolausaltar ist schon am 23. 6. 1300 die Rede. An diesem Tage haben nach Anton Schuffels[310] geistliche und weltliche Personen der Stadt Wassenberg „einen Altar zum heiligen Nikolaus gestiftet". Das Gasthaus heißt deshalb von Anfang an *gasthuis s. Claess*. Die Urkunde des Wassenberger Stadtarchivs[311]

Ältestes Wassenberger Backsteinhaus um 1400.

Wohnen in Wassenberg.

Verlorenenturm. Zeichnung Paul Wollenweber.

vom 8. 12. 1422 (*op onsser lieven Vrauwen concept*) enthält auf der Rückseite den Hinweis: „. . . in diesen brieff ist zu sehen, wie das Waßenberger Gasthauß s. Clas Gasthauß von alters genant seye." In der gleichen Urkunde bestimmt Johan Poetken, daß Lyse van Boedeberch, Klosterjungfrau des Klosters zu Heynssbergh, „in rechter verwitweter nachkomenschap" dem Gasthauß s. Nyclaess zu Wassenberg den Beeserhof mit allem Zubehör im Kirchspiel Gerderath (Geirderoide) sowie ein Morgen Busch verkauft. Im Jahre 1482 ist Petrus Buyssmann, der Pastor von Birgelen, Rektor des Nikolausaltares. Er beantragt einen kürzeren Zugang zur Kapelle. Er wohnt in der Nikolausgasse, wo nach Auffassung von Will Andermahr das ursprüngliche Armenhaus gestanden haben muß; denn er stößt nach dem Zweiten Weltkrieg hier (etwa im oberen Drittel der Nikolausgasse) auf Fundamente aus dem 12./13. Jahrhundert. Das Armenhaus lag auch nach Auffassung von Jakob Broich, Dechant Jansen und Franz Mayer ursprünglich in der Nikolausgasse außerhalb der Stiftsimmunität in der Nähe der beiden damaligen innerstädtischen kleinen Weiher (Fischteiche).

Ich möchte hier zur Bitte des Kanonikers Buysmann auf Grund unserer Stiftsurkunden noch anmerken: Der Weg des Petrus Buysmann, des Rektors des Nikolausaltares, ist „lang und beschwerlich". Er wohnt kaum 200 Schritte (*retro emunitatem inter laicos situate*) hinter der Immunität. Er bittet Vizepropst und Kapitel, einen Weg anzulegen, auf dem er und seine Nachfolger die Kirche mühelos erreichen können (*viam ac spatium, quo possessor prenarrate domus ex nunc et in evum de dicta domo per emunitatem ad prefatam ecclesiam usque eo convenientius decenterque ire poterit*). Das Kapitel willfährt seinem Wunsch.

Für seine Georgs-Stift-Dissertation (1911) hat Anton Schuffels einen Lageplan der Immunität gezeichnet. Auf ihm kann man den Buysmann-Weg erkennen. Der Namensvetter unseres Antragstellers, der Kanoniker Wilhelm Buysmann, schafft die Voraussetzungen für die Anlage des Weges durch die Verpachtung einer fünf Fuß breiten Fläche gegen einen jährlichen Zins von sechs kölnischen Weißlingen (*latitudine quinque pedum, longitudine vero de domo preinserti altaris usque ad emunitatem claustri tendentem*).

Anton Schuffels fragt: Wo stand das Haus des Nikolausaltares, das vom Garten eines Kanonikers von der Immunität getrennt wird? Und er antwortet plausibel: „In Wassenberg geht kurz vor der Brühl (die Brühl beginnt bekanntlich hinter dem Brühltor) eine Gasse ab, die heute noch die Nikolausstraße heißt; dieser Name, die ‚Synter-Clais-Straessen', begegnet bereits in einer Urkunde von 1540."[312] Anton Schuffels meint, das Haus des Rektors des Nikolai-Altares hätte am Ende der Nikolausstraße gelegen, etwa da, wo heute Reste eines Wehrturms (Verlorenenturm) zu sehen sind. Bis dorthin wird die Stiftsimmunität gereicht haben. Sie hatte wohl folgende Ausdehnung: Die Grenze führte vom Immunitätsbogen aus längs des

Stadtmauer mit Wehrturm. Erbaut 1420—1426. (Foto Ekkehard Heinrichs)

früheren Kirchenfriedhofs, biegt dann nach Osten ab etwa bis ca. 30 Meter vor dem heutigen Kriegerdenkmal auf der Kirchstraße, läuft dann in Richtung Niederburg-Vorgelände, (etwa bis da, wo die Zehntscheune gestanden hat; Fundamente siehe Zeichnung Hans Deckers), trifft auf die Stadtmauer, die nun im Osten und Süden die Grenze bildet. Kurz vor dem Verlorenenturm läuft die Immunitätsgrenze auf den Buir zu und erreicht bei der sogenannten „Drenk" (= Tiertränke, kleiner Teich, gespeist vom Stadtgrabenabfluß) den Peter-Buysmann-Weg.

Ich kann die exakte Lage der drei in den Statuten von 1575 genannten Kapitelhäuser leider nicht angeben. Diese standen bekanntlich älteren Kanonikern ohne Miete zu. In den Statuten steht: „Tres saltem in hoc collegio sunt aedes capitulares, quae canonicis in agressu seu acceptatione senioribus, si in perceptione fructuum et sacris sint ordinibus, cedent gratis." Auf jeden Fall lagen diese Häuser innerhalb der Immunität. Die gegenwärtig noch vorhandenen sind es nicht; denn sie stammen aus dem 17. Jahrhundert. Schräg gegenüber dem Immunitätsbogen ist ein zweigeschossiges Eckhaus erhalten, das unzweifelhaft von Mitgliedern des Stiftes bewohnt wurde. Der untere, größere Raum in diesem Haus nennt man bis heute „Kapitelsaal", manchmal auch „Vereinszimmer". Das Eckhaus nennen alte Wassenberger sogar „Propstei", weil hier wohl der *Prepositus* sein Domizil hatte. Noch heute wird der Häuserblock auf der Kirchstraße, welcher in unmittelbarer Nähe zur Kirche liegt, *het klooster* genannt. Hier sind die Wassenberger Franziskanerinnen untergebracht gewesen, bevor sie 1475 nach Myhl umzogen. Der Grund für diesen Ortswechsel war übrigens ein delikater: Goswin op ten Keller hatte sein Haus mit den dazugehörigen Renten den fünf nach franziskanischer Regel lebenden Jungfrauen überlassen. Er forderte seine Stiftung wieder ein, weil die Jungfrauen daselbst ein unsittliches Leben geführt hätten. Dieser Vorwurf empört die Ordensfrauen, und sie verlassen Wassenberg wegen derart übler Nachrede.[313]

Die Pest

Auch die Pest klopft an die Tür des Wassenberger Hospitals und Armenhauses. Es gibt Beulen- und Lungenpest. Wenn das Blut mit Pestbakterien überschwemmt ist, erkrankt die Lunge. Die Sterblichkeitsrate liegt bei der Beulenpest um 15 %, bei der Lungenpest um 90 %. Auf dem alten Kirchhof der Georgsbasilika gab es bis zur Zerstörung im Zweiten Weltkrieg mehrere Pestgräber mit dem Hinweis auf Agnes Seefken und Peter Thevissen, die an der Pest 1350 gestorben sind.

Heinrich Pleticha analysiert die Psychologie dieser Seuche: „Für die Menschen des 14. Jahrhunderts, die nichts von Bazillen, Pestflöhen, Tröpfcheninfektion und Hygiene wußten, war diese Seuche die große Bedrohung ihrer Existenz schlechthin, eine Geißel Gottes, der sie trotz Gebeten und Gelübden unterlagen, ein schauerlicher Totentanz."[314] Die Megäre mit ihren Fledermausflügeln, die Knochengestalt mit der Sense und später auch der apokalyptische Reiter durchzogen die Bildvorstellungen auch unserer Gegend. In jenen Jahren des 14. Jahrhunderts kommt das Wort *macabre* auf.[315] Das Wort umreißt die spätmittelalterliche Vision des Todes. Die Menschen sehen den Tod in vielfältiger Gestalt, entwickeln ungeheure Phantasmen, sind ganz verstrickt in schauerlicher Gespensterfurcht. Der Totentanz ist des Todes populärste Darstellung: *La Danse Macabre.*

Auch ein Herr von Wassenberg stirbt an der Pest: es ist Johann II., der Streitbare, von Heinsberg, der am 24. 6. 1438 in Heinsberg vom Schwarzen Tod dahingerafft wird und im Gangolfusdom begraben liegt. Johann II. ist der Pfandherr Wassenbergs, der zwischen 1420 und 1426 Wassenberg wieder befestigen ließ.

Die Pest kommt über die Alpen und nähert sich via Straßburg, Frankfurt, Köln dem Niederrhein. Im Jahre 1350 erreicht sie den Wassenberger Raum und befällt zahlreiche Einwohner.

Die Zahl der Toten ist uns nicht bekannt. 1351 tritt eine Pause ein, aber 1356 flackert die Seuche wieder auf. Leo Gillessen zählt als dunkle Pestjahre für unsere Gegend 1580, 1600 und 1660 auf.[316] In Wassenberger Dokumenten, Chroniken, Rechnungen und Überlieferungen werden außerdem noch die Pestjahre 1396, 1452, 1483, 1569, 1634, 1666 und dann noch vereinzelte Fälle bis um 1710 aufgeführt.

Große Furcht überfällt die Menschen im Jahre 1770, weil nach dem Ausbruch des russisch-türkischen Krieges seit 1768 sich die Pest in verheerender Rundreise den westeuropäischen Ländern nähert. Kurfürst Karl Theodor läßt auch in Jülich-Kleve-Berg Warnverordnungen ausgeben. Uns ist überliefert,[317] daß vom September 1770 bis ins Frühjahr 1771 in Wassenberg am Rathaus und an den Kirchtürmen folgendes Pest-Edikt ausgehängt war: *Nachdem verläßlich zu vernehmen vorgekommen, es auch die öffentlichen Nachrichten bestätigen, daß in den Polnischen Landen die leidige Pest grassieren soll, dabei dann nicht unzeitig zu besorgen, daß diese abscheuliche Seuche, welche der großgüthige Gott abwenden wolle, um sich zu greiffen, gar andere Staaten und Landen angesteckt werden dürften, und es dahero allerdings an deme ist, solche Veranstaltungen in Zeiten zu treffen, wodurch dem zu befahrenden Unheil möglichst vorgeborgen werde. Also ist unser gnädigst-ernstlicher Befehl:*

1. Kein Fremder darf jetzt, noch in Zukunft in das Land gelassen werden. Sollte sich aber trotzdem jemand einschleichen, so ist selbiger sofort bei Wasser und Brot drei Wochen lang in einem Kerker festzuhalten und danach dem nächsten Gouvernement zu Festungsarbeiten auf ein Jahr zuzuweisen. Frauen aber sind mit fünfzig Prügelschlägen und der Verwarnung auszuweisen, daß sie, falls sie wiederkommen, ausgestäubt oder sogar mit dem Tode bestraft werden.

2. Polnische und sonstige fremde Juden sind auf keinen Fall einzulassen, noch zu dulden.

3. Die mit Bären herumwandernden Polen sind sofort auszuweisen.

4. Solche Schiffer und Fuhrleute, die Fremde mit ins Land bringen, oder Wirte, die solche beherbergen, sind beim ersten Male mit einer Geldstrafe von 24 Rthlr., im Wiederholungsfalle mit Festungsarbeiten oder nach Befinden mit Leibesstrafe zu belegen.

5. Ferner sollen alle mit Schiffen oder Postwagen reisenden in- oder ausländischen Personen mit einem Gesundheitspaß versehen sein.

6. Die Einfuhr von fertigem oder unfertigem altem oder neuem Leder, Leinen, Lumpen, Woll- oder Haarartikeln darf nur aus dem Bezirk des Niederrheinisch-Westphälisch-Oberrheinischen oder Chur-Kreises erfolgen.

7. Die Beamten auf dem Lande, Bürgermeister und Räte in den Städten haben darauf zu achten und verschärfte Maßnahmen zu treffen, daß die von jeder Ortschaft zu ernährenden Armen und Kranken nicht ohne ein Schild mit dem Kennzeichen des Ortes, woher sie stammen, herumlaufen. Wird jemand ohne Schild angetroffen, wird er zur Festungsarbeiten überführt.

Dieses *geharnischte Pest-Edikt* schließt mit dem gottergebenen Hinweis, die Seelsorger möchten darauf drängen, daß die „Pfarrgenossen bei diesem betrübten Ereigniß ihre Gemüther zu Gott erheben, um die harte Straffe eines so abscheulichen Uebels abzubitten".

In der Tat, die Pest ist für die Menschen jener Jahrhunderte eine Katastrophe mit ihren erschreckenden Bevölkerungsverlusten. Viele Pestbüchlein zeigten in Holzschnitten, daß die Krankheit ein von Gott gewolltes Schicksal ist, um die sündigen Menschen zu strafen. Im Bild ist die Pest mit dem Teufel identisch, der an die Türen der ahnungslosen Bewohner klopft. Wir müssen uns für Wassenberg die Pest-Daten des Jülicher und Kölner Raumes ins Bewußtsein bringen. Verbürgt ist, daß die Bevölkerung der gesamten niederrheinischen Region zwischen 1515 und 1680 insgesamt sechsmal schwer von der Pest heimgesucht wird. Einzige Rettung scheint vielen die Selbstkasteiung oder die Verfolgung der Juden als den verdächtigten „Urhebern" („Brunnenvergiftern") dieses Grauens. Auch durch Wassenberg ziehen die Geißler und demonstrieren öffentlich auf dem Pley vor dem Roßtor Buße, Geißelung, Selbstbezichtigung und Askese. Solche Praktiken sollen Gottes Zorn besänftigen.

Im Heinsberger Land ist die Pfarrkirche von Waldfeucht ein Wallfahrtszentrum für Pestprozessionen. Auch die Wassenberger ziehen dorthin. In Waldfeucht befindet sich nämlich eine Reliquie des Pest-Heiligen Rochus, der zu Anfang des 14. Jahrhunderts in der pestverseuchten Lombardei ohne Rücksicht auf die eigene Gesundheit die Kranken pflegt. Ursprünglich war der heilige Sebastian Pestpatron, weil er aber anscheinend nichts vermochte und die Seuche rücksichtslos um sich griff, kündigten die Gläubigen dem Sebastian ihr Vertrauen und wandten sich Rochus,

Annaselbdritt aus der Georgskirche zu Wassenberg. Eichenholz, 68 cm hoch, um 1470. (Foto Kurt Römer, Wassenberg)

OFFICIUM SANCTAE ANNAE

dem Nothelfer in Zeiten der *pestilentz* zu. Für die Wassenberger war deshalb Waldfeucht Ziel und Zufluchtsort ihrer Bitten. Die Waldfeuchter haben zeitweise Angst vor dem Ansturm der vielen Pest-Pilger, weil sie an die Ansteckungsgefahr denken. Einige Prozessionen kommen vor geschlossene Stadttore. Als die Saeffelner sie bitten, wenigstens die Statue des heiligen Rochus vor das Tor zu stellen, geschieht dies auf dem Blatener Sträßchen, das zur Feldkapelle führt. Auf jeden Fall zieht bis ins 17. Jahrhundert die Wassenberger Pestprozession am 16. August (Fest des hl. Rochus) regelmäßig nach Waldfeucht.

Wilhelm Schreinemachers, ein ausgezeichneter Kenner der Wassenberger Geschichte aufgrund familiärer Überlieferung, hat von verschiedenen Wallfahrten erzählt, die die Wassenberger in ihrer Pestnot unternahmen. Schreinemachers wußte auch von einem Wassenberger Pestbildchen aus seiner Familie (1689). Es zeigte den heiligen Rochus während der Krankenpflege. Die Aufschrift lautete: *SaNCTE Rochi, contra Pestem, salve Wassenbergha, ora pro nobis.* Es folgten dann unter dem Bilde des Pestheiligen einige geheimnisvolle Buchstaben: „ E † GH † korff † Amen † " Auf der Rückseite war zu lesen: „Diets Bildt ist zu tragen als immer gegen die Pest unter demm halse."

Das Sterben an der Pest ist äußert schmerzhaft. Es gibt im Mittelalter nur wenig „pharmazeutische" Linderung der Qualen. Im Wassenberger Armenhaus und Hospital existiert, wie schon gesagt, das Seuchenzimmer, eine Art mittelalterlicher Quarantäne: *henger het shloatt* (hinter dem Schloß). Hierhin werden diejenigen geschafft, die als Infektionsherd abgesondert werden mußten oder die sonst im Freien verenden würden, weil sie als „fahrendes Volk", als Reisende, Bettler, Aussätzige, Unversorgte und Alleinstehende niemand haben, der sich in ihren letzten Stunden um sie kümmern würde.

Ich stelle mir manchmal vor, welches soziale, mitmenschliche und christliche Grundempfinden unsere mittelalterlichen Vorfahren besessen haben müssen, wenn sie dem Armen und Kranken uneigennützig helfen — aus heutiger Sicht wohl wie im Engagement einer Mutter Teresa. Heilmittel gab es kaum. Leo Gillessen erinnert uns an das sogenannte Schluckbildchen, das in unserer Gegend „wahre Wunder tut". Es ist eine nur wenige Quadratzentimeter große Heiligendarstellung, die oral eingenommen wird.[318]
Unser Wassenberger Armenhaus hat aber nicht nur Kranke, sondern auch Hungernde zu versorgen. Hungersnöte im Wassenberger Raum sind uns dokumentarisch belegt für die Jahre 1437, 1438, 1460, 1482, 1491 und 1557. Erst wenn wir diese Gesamtnöte sehen, ahnen wir das ganze Elend im Umkreis unseres Hospitals s. claess. In der Nikolauskapelle suchen die Verzweifelten ihren in mittelalterlicher Gläubigkeit erwarteten Trost. Der Arme in Wassenberg im Mittelalter und bis in die nachreformatorische Zeit betrachtete vielfach seine Armut als gottgewolltes Schicksal, für das er selber nicht verantwortlich gemacht werden konnte. Die Überwindung der Not mit christlicher Barmherzigkeit hat unsere Vorfahren nicht ruhen lassen. Ein Sozialprogramm gab es noch nicht. Der soziale Tatbestand hatte die Entschiedenheit eines Naturgesetzes: semper pauper habitur. Es sind Naturalzuwendungen und aktive Hilfen, die in Wassenberg wo die Verhältnisse noch übersichtlich sind und jeder jeden kennt (Primärgruppencharakter der kleinen Stadt), der Armut zu Leibe rückten. Das Wassenberger *Asylum miserorum,* das Nikolaus-Hospital, diente als Armenpflegestation und zugleich als Fremdenherberge. Es waren die Großfamilien, die Nachbarschaften, die Schützen, die kirchlichen Einrichtungen, die Zünfte und die Verwaltungszentren, die unserem Daseinsverband genossenschaftlich organisierte Unterstützung zukommen ließen.

DIE TERRA DE WASSENBERGH

Die Schleifung der Festung

Johann I. von Heinsberg, Pfandherr Wassenbergs, war am 25. 7. 1334 tot. Aus seiner Ehe mit Catharina von Vornemburch aus dem Hause von Voorne entsprangen zwei Kinder: Heinrich, Herr zu Dalenbroich und Gottfried III. von Heinsberg. Letzterer lenkte von 1361 bis 1395 das Heinsberger Territorium. Er geriet mit seinem Brabanter Lehnsherrn in Konflikt. Eine komplizierte Facette von Gründen kann dafür ins Feld geführt werden: sei es die Parteinahme des Heinsbergers für Jülich oder seine Großzügigkeit in Sachen Landfrieden, sei es seine Heirat am 7. 2. 1357 mit Philippa von Jülich oder die spürbar geringe Unterstützung durch den Brabanter. Wie auch immer, Gottfried schloß sich enger an Jülich und Geldern an. Zwar war er beim Abschluß der Landfriedenskonföderation am 11. 4. 1364, bei der Herzog Wenzel von Brabant und Luxemburg die Leitlinien der Politik rigoros bestimmte, dabei und stimmte den Vereinbarungen zu, aber seine Vorbehalte gegenüber Brabant blieben bestehen.

Besagte Städte-Konföderation zum Zwecke der Durchsetzung des Landfriedens sah auch die Stadt Wassenberg unter den Vertragschließenden. Das große Wassenberger Stadtsiegel ziert das ehrwürdige Dokument. Gottfried III. von Heinsberg nennt sich 1350 auch Herr zu Dalenbroich, 1354 Herr von Löwenberg, Graf von Loon und Chiny und natürlich Pfandherr von Wassenberg. Er tritt als regierender Herr in Heinsberg die Nachfolge seines Onkels Dietrich III. an. Seine Frau Philippa von Jülich, Tochter des Herzogpaares Wilhelm V. von Jülich und Johanna von Holland-Hennegau, bringt ihm ein Viertel des Jülicher Herzogtums mit in die Ehe. Das ist auch dringend erforderlich, weil die finanziellen Verhältnisse Gottfrieds desolat aussehen: er verkauft Loon und Chiny, verpfändet 1363 Blankenburg, versetzt Gangelt, Waldfeucht und Millen und muß sich auch noch auf brabantischen Druck hin 1368 von dem den Heinsbergern 1310 verliehenen, von ihnen so hochgeschätzten Pfande Wassenberg trennen. Warum letzteres geschieht, werden wir bei der Gesamtentwicklung der Spannungen zwischen Brabant auf der einen und Jülich/Geldern/Heinsberg auf der anderen Seite erfahren.

Der Heinsberger Pfandherr steht jedenfalls den Brabantern zunehmend kritisch gegenüber. Demgegenüber gewinnt das aufstrebende Jülich immer mehr an Bedeutung. Die Ehe von Gottfried und Philippa macht daraus geradezu einen verwandtschaftlichen Clan. Im Jahre 1368 nehmen die Spannungen zwischen Heinsberg und Brabant derart zu, daß Herzog Wenzel den Heinsbergern Wassenberg entzieht. Ein Schiedsgericht fällt am 7. 12. 1368 seine Entscheidung aus Anlaß des Konflikts um das Pfand Wassenberg.[319] Der Heinsberger sieht diese Entwicklung voraus und will deshalb die Festung Wassenberg nicht als Dorn in seinem Fleische wissen — deshalb macht er die Burg im Wassenberger Horst als militärischen Stützpunkt für den Brabanter unbrauchbar. Er läßt einige Jahre vor 1368 kurzerhand Tore, Mauern, Türme und Burg Wassenberg abreißen und dem Erdboden gleich machen. Die

Verlorenenturm. (Foto Ekkehard Heinrichs)

Urkunden verschweigen, wie die Wassenberger darauf reagieren. Wir können uns jedoch denken, daß es für sie eine Tragödie großer Tragweite gewesen und sie nur zähneknirschend die Niederlegung ihrer Festungsanlagen „dulden". Ob es zu Auseinandersetzungen mit dem Heinsberger „Abrißkommando" gekommen ist, wissen wir nicht. Es ist jedoch anzunehmen. Gottfried III. hat jedenfalls ganze Sache gemacht und keinen Stein auf dem anderen gelassen. Aus diesem Grunde haben wir heute, bis auf geringe Reste (z. B. Unterbau des Roßtores, Fundamentteile des Verlorenenturmes) keine Festungsanlagen aus der Zeit vor dem späteren Wiederaufbau von 1420 bis 1426 mehr.
Wie wird Wassenberg nach der totalen Schleifung durch die Heinsberger ausgesehen haben? Es existiert ein urkundlicher Beleg über den „wehrlosen Flecken" zu dem Wassenberg gemacht worden war. In dem Bericht (1389), den die Abgesandten des damaligen Wassenberger Herrn, Philipp von Burgund, geben, ist davon ausführlich die Rede. Sie besuchen Wassenberg und notieren im schönsten mittelalterlichen Französisch[320]: „Was Wassenberg angeht, müssen wir mitteilen, daß es dort gar keine Festung mehr gibt und die Stadt wie ihr Umland ganz und gar verdorben sind."
Noch eine zweite Quelle enthüllt uns die brutale Willkür Gottfrieds III. in Sachen Zerstörung der Festung Wassenberg: In einer herzoglichen Klageschrift vom 15. 11. 1370 wird Gottfrieds Vorgehen entschieden verurteilt.[321] Der Herzog konstatiert, der Heinsberger habe ungeachtet des zwischen ihnen bestehenden Landfriedens, sein Land aggresiv überfallen, Raub, Brand und Mord verübt; falsche Münzen prägen lassen; dem Ritter Johann vom Stein nachgesehen, wie dieser Kaufleute auf offener Straße ausgeplündert und gefangen genommen hat, daß er das Haus Dalenbroich und das Land Loon, welche beide Lehen des Herzogs von Brabant sind, ohne dessen Zustimmung verkauft, und er schulde noch Ersatz dafür, daß die Heinsberger die Burg und die Mauern von Wassenberg eigenmächtig niedergeworfen hätten. Brabant hat also Gründe. Es kündigt 1368, nach 58jähriger ununterbrochener Heinsberger Pfandherrschaft Burg, Stadt und Land Wassenberg. Der dem Herzog zugefügte Schaden soll mit der Pfandsumme verrechnet werden. 52 Jahre später, 1420, werden wir freilich den Heinsberger erneut als Pfandherr auf Burg Wassenberg sehen und darüber staunen, wie er nun die strategisch wichtige Festung mit großem finanziellen Einsatz wiederaufzubauen beginnt. Anton von Lothringen, der Besitzer Wassenbergs, wird dann 2000 Gulden dafür auf die Pfandsumme anrechnen. Der Heinsberger wird Johann II. der Streitbare heißen.

Die Schlacht bei Baesweiler

Die Schleifung der Festung Wassenberg entlarvt die Parteiungen. Man ahnt die politische Brisanz, die sich hinter den Verhandlungen von 1368 verbergen. Die Gegner formieren sich: auf der einen Seite Jülich/Heinsberg/Geldern, auf der anderen Herzog Wenzel von Brabant und Luxemburg. Wenzel ist durch seine Heirat mit Johanna von Brabant Nachfolger Johanns III., des Triumphierenden, geworden. Am 3. 1. 1356 gibt er mit Johanna seinen politischen Einstand: die *Joyeuse entrée*. Er verspricht, seine Länder nie zu teilen und Wassenberg alsbald einzulösen, was, wie wir sehen werden, am 24. 12. 1368 geschieht.

Wenige Jahre später, am 11. 7. 1371 verpfändet Herzog Wenzel Wassenberg an den Ritter Johann von Merlair. Nach ihm wird 1376 Johann von Gronsfeld Pfandherr sein und außer Burg, Stadt und Land Wassenberg auch noch die *burg von Elshem* (Elsum bei Birgelen) erhalten. Beide Burgen, so verpflichtet sich Gronsfeld, sollen als Offenhäuser für den Herzog immerfort zur Verfügung stehen. Franz Mayer[322] sieht zwischen Merlair und Gronsfeld noch einen weiteren Pfandinhaber auf der Wassenberger Burg mit Namen Ritter Johann von Honselar. Da Mayer aber keine Quelle nennt, können wir diesen in der historischen Reihenfolge nur unter Vorbehalt einfügen. Die Verpfändungen an Merlair, Honselar und Gronsfeld fallen in die Zeit, in der sich die Kriegsgefahr zwischen Brabant und Jülich zuspitzt. Severin Corsten verdächtigt den brabantischen Herzog, den Schutz des Landfriedens als Vorwand zu benutzen, um einen Schlag gegen die Jülich-Geldern-Heinsberg-Koalition zu führen. ich muß allerdings feststellen, daß die Verstöße gegen den Landfrieden sich tatsächlich mehren. Sie heizen das politisch hochbrisante Klima weiter an. Die Überfälle haben es vornehmlich auf brabantische Kaufleute abgesehen. In der Nähe Wassenbergs an der Rur geraten zwei brabantische Wagen in einen Hinterhalt und werden ausgeraubt.[323] Zu allem Überfluß werden bei solchen Verbrechen trotz herzoglicher Bitten die Gefangenen nicht freigelassen. Die Feindseligkeiten eskalieren derart, daß man schließlich zu den Waffen greift. Am 22. 8. 1371 kommt es zur Schlacht bei Baesweiler. Der ungestüm angreifende Brabanter läßt sich, ohne das Eintreffen seiner Bundesgenossen abzuwarten, in die offene Feldschlacht locken. Während die Jülicher und Heinsberger den ersten brabantischen Angriff parieren, tauchen überraschend die Gelderner im Rücken des Brabanters auf und sorgen für eine totale Einkesselung. Herzog Wenzel wird mit mehr als 2000 Rittern übermannt, gefangengenommen und in die Jülicher Burg Nideggen gebracht.

Die Sieger haben allerdings große Verluste zu beklagen, darunter den Tod Herzogs Eduard von Geldern. Herzog Wenzel ist ausgezogen, um die Sache des Landfriedens zu verteidigen. Nun befindet er sich in den Händen seiner Feinde und ist auf den Bittgang seiner Gemahlin angewiesen. Diese erreicht jedoch nichts. Hilfe kann da nur noch Wenzels mächtiger Bruder, Kaiser Karl IV., bringen. Er zieht mit einem Heere gegen Jülich und erzwingt am 21. 6. 1372 in Aachen einen Vergleich. Der Kaiser setzt als Schiedsrichter die Befreiung seines in Nideggen gefangenen Bruders Wenzel durch. Auch die übrigen Gefangenen des Jülichers müssen freigelassen werden. Nicht gezahlte Lösegelder, nicht geleistete Versprechen dür-

Siegel von Philipp dem Schönen, Herzog von Brabant. (8. Oktober 1494)

fen nicht mehr eingefordert, die Lehen sollen wieder gereicht werden.
Trotz kaiserlicher Schlichtung in Aachen, bei der Kaiser Karl IV. von 11 Bischöfen, 9 Herzögen, 10 Grafen und 83 Bannerrittern assistiert wird, bleiben die Fronten unversöhnlich. Bis gegen Ende des 14. Jahrhunderts werden brabantische, burgundische, lüttische Heere ins Heinsberger und Jülicher Land einbrechen: brandschatzend, plündernd, mordend. *Brabantische Fehde* wird dieses kriegerische Durcheinander heißen. Es belastet, wie wir noch weiter unten sehen werden, äußerst stark das Wassenberger, Heinsberger und Jülicher Terrain. Hauptleidtragende sind die Dorfbewohner. Kaum ein Ort des Landes an der Rur, der nicht „verbrannt oder beschatzt" ist.

Die burgundische Periode Wassenbergs

Mitten in diesen Kriegswirren, 1383, stirbt Herzog Wenzel von Brabant. Seine Witwe Johanna holt sich Hilfe während des Ringens dieser Jahre bei ihrem Schwager, Herzog Philipp dem Kühnen von Burgund. Er soll schon in wenigen Jahren der Souverän Wassenbergs sein. Ein reicher Mann: als Graf von Flandern besitzt er Burgen und Schlösser zu Arras, Lille, Gent, Brügge, als Herzog das Schloß Dijon und eine Unzahl von Landsitzen: „Sie weisen alle den nötigen Komfort auf: Bäder, Salons, gedeckte Galerien für den Aufenthalt bei Regen, Ballspielhallen und natürlich auch Räume für die Aufbewahrung von Büchern und Kunstgegenständen."[324] Mit einem Wort: Burgund! „Il me tarde!" lautet Philipps Wahlspruch. „Es eilt mir!"

Burgund strahlt geradezu die Verklärung der Zeit aus. Hier kulminiert noch einmal das ritterliche Ideal, ehe es im „Herbst des Mittelalters" (Huizinga), im *l'esprit de la décadence*, in absterbender *Goldener Zeit* untergeht. Die burgundische Ausdehnung, die also auch Wassenberg erreicht, ist für die benachbarten Fürsten bedrohlich: vom Elsaß bis nach Holland reichen die sporadisch zusammengeführten Landkomplexe, in denen der Handel mächtig blüht, Kultur und Geist Hochformen erreichen, und das burgundische Rot zur Leitfarbe wird.

Die folgende personale Linie soll der besseren Übersicht dienen:

Philipp der Kühne † 1404

Johann ohne Furcht † 1419

Philipp der Gute † 1467

Karl der Kühne † 1477

Marie † 1482 heiratet Maximilian †1519

Philipp der Schöne † 1506

Karl V., Kaiser, 1500—1558

Herzog Philipp der Kühne von Burgund eröffnet Wassenbergs burgundische Phase. Er legt gleich Lanzenreiter in die strittigen Orte Gangelt, Waldfeucht und Millen und ernennt den Wassenberger Pfandherrn Ritter Johann von Gronsfeld zum Kommandeur dieser Kavallerie. Karljosef Kutsch bemerkt dazu: „Die Reitertruppen unternahmen dauernd Ausfälle in das Gebiet des Jülicher Herzogs mit dem Auftrag, möglichst starke Verwüstungen anzurichten. Sie drangen am 14. November in die Stadt Straelen ein und zerstörten sie volständig."[325] 1388 wird Heinsberg und Geilenkirchen schwer mitgenommen. 1392 erobert ein brabantischer Reitertrupp Aldenhoven und Linnich und zündet beide Orte an.

Wenden wir uns nun etwas genauer dem Leben des Wassenberger Pfandherrn, Ritter Johann von Gronsfeld, zu. Er ist verehelicht mit Margarete von Merode († 21. 3. 1417), der Schwester eines späteren Pfandherrn von Wassenberg: Johann Scheyffart von Merode und Herr zu Hemmersbach.

Johann von Gronsfeld ist ein begüterter Mann. Er leiht der regierenden Herzogin Johanna von Brabant größere Summen und bekommt auf diese Weise einen verhältnismäßig maßgebenden Einfluß im Herzogtum Limburg, das, wie wir gesehen haben, mit Brabant in Personalunion verbunden ist. Herzogin Johanna zeigt sich dankbar und verpfändet Ritter Johann von Gronsfeld das reiche Land Wassenberg und dazu Limburg, Herzogenrath sowie die Ortschaften Eysden, Cadier, Millen, Gangelt, Waldfeucht.

Der Wassenberger Pfandherr nimmt ein tragisches Ende. Er wird am 25. 8. 1386 von Reinhard von Schönforst, wahrscheinlich auf Bestellung des Herzogs von Geldern, in Aachen ermordet. Margarete von Gronsfeld erhält auf Burg Wassenberg, wo sie mit ihrem Mann wohnte, die entsetzliche Nachricht. In ihrer Not wendet sie sich an ihren Schwager Heinrich von Gronsfeld und tritt mit ihm in die Rechte ihres ermordeten Mannes ein. Margarete und Heinrich von Gronsfeld sind jetzt Pfandinhaber von Wassenberg. Sie sehen sich aber außerstande, die Orte Millen, Gangelt und Waldfeucht angemessen zu beschützen. Deshalb bittet Margarete ihren Bruder, Johann Scheyffart von Merode, dies für sie zu tun.[326] Im Mai 1388 vertraut die Herzogin Johanna von Brabant die drei Orte Margarete und ihrem Bruder Johann Scheyffart an. Scheyffart wird ermächtigt, „ zugunsten seiner Schwester Margarete alle Einkünfte einzubehalten, bis die Herzogin ihre Schulden von 5500 Alten Schilden bei der Witwe des Johann von Gronsfeld bezahlt hat. Im Laufe des Jahres 1388 erhöht sich die Summe . . . und in Brüssel präsentiert Johann Scheyffart seine Schuldscheine. Die Herzogin muß sich zu einer Bestätigung der Pfandschaft Millen, Gangelt und Waldfeucht verstehen, Zahlung der Summe je zur Hälfte am 18. 4. und am 1. 10. 1389 und vierzehn (!) Bürgen stellen,

Philipp III., der Gute, Herzog von Burgund (1396—1467), empfängt aus der Hand des Übersetzers Jean Vauquelin die „Chronik des Hennegaus".

unter ihnen sämtliche Würdenträger des Herzogtums. Da die Herzogin die Termine nicht einhalten kann, tritt sie im August 1389 ihre Rechte in Millen, Gangelt und Walfeucht an ihren Neffen Herzog Philipp dem Kühnen von Burgund ab. Doch auch Philipp kann solche Summen so schnell nicht herbeischaffen. Erst im Februar 1396 wird das Geld gezahlt und die merodische Pfandschaft aufgehoben."[327]

Bis gegen Ende des Jahrhunderts halten die Konfrontationen zwischen Jülich/Heinsberg/Geldern auf der einen und Brabant/Burgund/Luxemburg auf der anderen Seite an. Am 23. 10. 1399 gelingt es, die verfeindeten Dynasten an einen Tisch zu holen und Frieden zu schließen. In den Abmachungen wird u.a. festgelegt, daß Gangelt, Millen und Waldfeucht in brabantischem Besitz verbleiben. Stadtchronist Jacob Kritzraedt aus Gangelt notiert im Stadtbuch: „Seyndt also die 3 mehrg. Orte in diesem 1300 Jahr die Braut gewesen, umb die die Hertzöge von Burgund und Brabant, Geldern und Jülich, die Graven von Loon und Moers, die Herrn von Heinsberg und Groenfeld (Wassenberger Pfandherr.) getanzt haben, ist aber entlich an Brabant verblieben."[328] Beim Tode Herzog Wenzels (†1383) steht Brabant/Luxemburg/Limburg finanziell auf äußerst schwachen Füßen: „De financiele positie was weinig rooskleurig."[329] Beinahe alle seine Länder sind in Pfandschaft „aan de geldschieters". Die verwitwete Herzogin Johanna ist zu alt, um eine wirksame Diplomatie zu entfalten, die das Herzogtum sanieren könnte. Ihr fällt dementsprechend auch nichts Besseres ein, als weitere Verpfändungen ins Auge zu fassen. In den Jahren 1384 bis 1387 führt sie deshalb Verhandlungen mit ihrem Neffen, dem burgundischen Herzog Philipp dem Kühnen. Sie bietet ihm die Länder der Obermaas an. Am 24. März 1387 übergibt sie ihm Wassenberg, Kerpen, Valkenburg, Dalheim, Sprimont, Rode und Limburg:

chateaux, villes et chastellenies, terres et appartenances de Lymbourg, de Rode et de Dalheim, de Kerpen, de Wassenberg et de Spremont.

Herzogin Johanna stellt bei der Übergabe noch *de verplichting*: „De gouverner les vassaux, hommes et subjetz des dittes villes, chasteaux, chastellenies et terres en bonne justice et en leur droits, franchises et bonnes coustumes et usaiges".[330]

Vor dem Schloß zu Dijon reitet der Herold auf, um die neuen Würden des Herzogs Philipp des Kühnen auszurufen: Graf von Flandern, Artois, Nevers, Rethel etc. Die Titel beginnen ob ihrer Vielzahl den Schreibern Pein zu bereiten: Wassenberg ist auch darunter![331] Philipp löst am 26. 5. 1387 die Pfandschaft des Landes Wassenberg bei dem dortigen Ritter Heinrich von Gronsfeld und der Witwe Margarete des am 25. 8. 1386 in Aachen ermordeten Johann von Gronsfeld ab. Er beauftragt sofort zwei Hofbeamte, eine *tour d'horizon* in seinen Ländern zu unternehmen und seine Rechte sowie die Zustände in den einzelnen Orten zu recherchieren.

1389 kommen die beiden Visitatoren auch nach Wassenberg. Ihr Bericht ist lesenswert, weil er uns relativ exakt den Zustand Wassenbergs für diese Zeit dokumentiert: „Was Wassenberg angeht, welches Land Johann von Gronsfeld zeit seines Lebens inne hatte, ohne davon Rechnung legen zu müssen, haben wir bemerkt, daß es dort gar keine Festung mehr gibt und daß die Stadt und das Land ganz verdorben sind. Weiter haben wir uns durch Aussagen alter Leute und Schöffen nach den folgenden Sachen erkundigt. Zuerst sagen sie, daß kein Edelmann oder sonst einer die hohe Gerichtsbarkeit besitzt als der Herr des Landes. Kein anderer darf jagen auf Rot- und Schwarzwild, das es in großem Überfluß gibt, als der Herr, und auch die Kaninchenjagd gehört dem Herrn. Auch liegt dort ein großer Wald, der dem Herrn gehört, in dem niemand Holz schlagen darf. Nur die Hörigen des Herrn Dietrich von Wildenrath nehmen Holz aus dem Wald, um Haus Wildenrath auszubessern, und als Brennholz. Auch pflegt man dem Herrn davon etwas zu geben, um Häuser zu bauen und um die Häuser der Stadt auszubessern. Aber die genannten Wälder haben keinen großen Wert, weil man genügend Wälder im Lande findet. Auch liegt dort ein Wald genannt Mywende (Meinweg-Wald), der liegt im Lande Geldern, in dem niemand anders auf Rot- und Schwarzwild jagen darf als der Herr zu Wassenberg. Und er darf alle Übeltäter verhaften und diese verurteilen, und kein anderer darf dies tun, und das ‚Erb' dieses Waldes gehört dem Herrn. Die Leute des Landes Wassenberg sind gehalten, Heu zu mähen und auf die Burg zu fahren, wie auch alle Lebensmittel, Haushaltsbedarf und Brennholz. Auch sagen die Alten und die Schöffen, daß das Land schön sei und bedeutend und daß es dem Herrn gute Einkünfte geben könnte, wenn es Friede im Lande gäbe und das Land beschützt würde gegen Plünderer und andere Leute, die viel Schlechtes verursachen und verursacht haben."[332]
Der Bericht enhält einen guten Satz für jeden, der Wassenberg mag: Die Alten und die Schöffen erklären, „das Land sei schön und bedeutend". Im reizvollen mittelalterlichen Französisch: „Item dient le diz anciens et eschevins que la terre est belle et noble et seroit de bonne revenue et proufitable pour le seigneur."

Einkünfte Wassenbergs

Wir erfahren aus den Aufzeichnungen der burgundischen Hofbeamten, daß Burg, Stadt und Land Wassenberg durch vergangene Kriegsereignisse der Brabanter Fehde stark gelitten haben. Besonders die Einfälle des Herzogs von Geldern ins Wassenberger Land im August 1386 scheinen tiefe Spuren hinterlassen zu haben. Deutlich wird auch, daß es in Wassenberg Dienstgüter gibt, die jährlich Brennholz aus dem Wald zur Burg transportieren müssen. Besagte Güter liegen in Kleingladbach (14), Ratheim (9), Orsbeck (7), Wildenrath (3) Myhl (10) und Gerderath (33). Übrigens stammt aus derselben Zeit die älteste, erhalten geblie-

bene Rechnung über die Einkünfte und Ausgaben des Landes Wassenberg. Ich habe sie im Algemeen Rijksarchief von Brussel einsehen dürfen. Sie umfaßt den Zeitraum vom 22. 3. 1389 bis zum 24. 6. 1390.[333] Sie ist für uns von besonderem Interesse, weil wir in allen Einzelheiten die „Kontenführung" erfahren:
1. Einkünfte in Geld: Die jährlich erhobene Steuer (bede), die Einkünfte von der Waage zu Wassenberg, vom Zoll zu Wassenberg und von den Mühlen in Ophoven und an der Rur.
2. Die Fischrechte des Herrn von Wassenberg liegen in der Rur bei Orsbeck, umfassen einen alten Rurarm bei Melick und Herkenbosch und betreffen den Baalbach (Boalbeak, Boelem genannt). Fischteiche gibt es in der Stadt zwei und außerhalb der Mauern nochmals zwei, nämlich einen auf der Heide und einen hinter dem Roßtor mit Namen „Kulenberch". Im Jahre der Rechnungslegung (1389/1390) entsteht in Wassenberg Streit zwischen den Einwohnern und dem Landesherrn über die Frage, wer das Fischereirecht in den ausgedehnten Stadtgräben ausüben darf. Rentmeister Jacob Maes (1636-1666) schreibt später 1650: „Der Koulenberger Weyer allernegst der statt Wassenberg gelegen, ist nicht abgelassen und ist verpachtet für 4 Goldgulden und 11 Albus und 2 Groschen. Der Heydtradter Weyer bey der Windtmüllen zu Wassenberg ist 5 Morgen groß und verpachtet an den Rentmeister zu Heinsberg". 1583/84 notiert Vogt und Rentmeister Freiherr Johan von Zuyrß (1569-1591): „Der Heydtradter Weyer bei der Windtmüllen zu Wassenberg ahn maßen haben 5 morgen, welche der Fischmeister Anno 1580 abgefischt, ist dem Freiherr von Wyck auf sein untertäniges Gesuch mit dem Weyer an der Werdermühle, welcher unbesetzt war, seit April 1580 in Pacht gegeben. Der Kulenberger Weyer bei der statt Wassenberg kann nicht abgelassen werden, weil Jakoben Rademacher, Bürger in Roermond, ihn auf 8 Jahre gepachtet haben."[334]
3. Naturaleinkünfte bestehen aus Roggenzins, Roggenzehnten, Haferzins, Haferzehnten, Erbhafer (auch Sueckeven und Orseven genannt), sodann Kapaunen und Hühner, des weiteren aus dem Gänse-, Lämmer- und Schweinezehnt, die sonst nirgendwo im Lande erhoben werden. Den Roggenzins erhält der Herr von Wassenberg aus den Mühlen am Wingertsberg, von Gitstappen bei Effeld, von Mühlen aus Birgelen, Ratheim und Beeck. Die Gitstapper Mühle ist übrigens 1389 abgebrannt und befindet sich im Wiederaufbau. Die Orte Melick und Herkenbosch waren die Hauptquellen der Wassenberger Naturaleinkünfte.[335]
Nachdem Philipp der Kühne von Burgund eine Übersicht über seine Länder an der Obermaas erhalten hat, beginnt er sogleich mit organisatorischen und politischen Maßnahmen. In Wassenberg hat er bei Heinrich von Gronsfeld, dem Bruder des ermordeten Pfandherrn, Johann von Gronsfeld, die Pfandsumme eingelöst. Im Gegenzug ernennt er am 22. 6. 1387 Heinrich von Gronsfeld zum Gouverneur der Obermaasländer und zum Schutzherren seiner Burgen daselbst.

Siegel des Johann Scheyffart von Merode, des Pfandherrn von Wassenberg bis zu seinem Rücktritt 1395. (Foto Walter Thissen)

Johann Scheyffart von Merode

Drei Jahre später aber betritt ein außergewöhnlicher Mann die Wassenberger Szene und nimmt mit seiner Gemahlin, einer Tochter des Ritters Heinrich von Overbach, Wohnung auf der Burg: Es ist Ritter Johann Scheyffart von Merode und Herr zu Hemmersbach , er wird am 7. 9. 1390 Gronsfelds Nachfolger. Er nennt sich „Gouverneur" und wohnt als *chatelain* (Burggraf) auf Schloß Wassenberg, dessen Gebäude nach Westen hinüberschauen. Die Übernahme dieser Aufgabe durch Scheyffart macht allerdings einige Schwierigkeiten; denn Heinrich von Gronsfeld will Burg und Land Wassenberg nicht übergeben, solange ihm das Geld nicht zurückerstattet wird, das er zwischen dem 24. 6. und 24. 10. 1390 dafür ausgegeben hat. Das geschieht schließlich. Er bekommt 100 Franken.[336] Danach kann nun Johann Scheyffart die Einkünfte des Landes kassieren, außerdem die alten Zölle, das Pferdegeld (*paardengeld*) und einen neuen Zoll, welcher zum ersten Mal am 6. 7. 1389 erhoben wird. Scheyffarts Wassenberger Intermezzo umfaßt die Jahre 1390—1395.
Die meisten Fürsten von Merode führen den sonderbaren Namen Scheyffart. Als erster urkundet damit Johann I., Scheyffart von Merode († 22. 3. 1307): *Johannes dictus Sceyvart.* Nach Richardson[337] weist „Scheyffart" auf eine Behinderung hin: Der „Schiefe, Lahme" oder im niederrheinischen Platt:„ene Scheef". Desungeachtet: Johann Scheyffart von Merode und Herr zu Hemmersbach führt ein bewegtes Leben, das voll starker politischer und militärischer Dynamik steckt. Es macht ihn schließlich zum Kommandanten auf der Festung Wassenberg.

Aufgang St. Georgskirche mit Immunitätsbogen. Zeichnung Paul Wollenweber 1966.

1366 wird am Heiligen Abend seine Burg Hemmersbach von Mitgliedern des Landfriedensbundes belagert und eingenommen. Der beste Kenner der Familiengeschichte der Fürsten von Merode, Hans J. Domsta (Kreuzau bei Düren): „Wahrscheinlich haben in dieser Belagerung mehrere Fehden kulminiert, in der Landfriedensbund, Johann Scheyffart und seine Halbbrüder, sein Vetter Rikalt, Herr von Merode, der Herzog von Brabant, Gumprecht von Alpen, Vogt von Köln, der Herzog von Jülich und Adolf von der Mark in einem unentwirrbaren Knäuel von Streitigkeiten verwickelt waren."[338] Mit Friedrich von Saarwerden, dem Erzbischof von Köln, hat Johann Scheyffart von Merode einen kurfürstlichen Förderer. Dieser erhebt ihn 1372 zum Amtmann von Hülchrath, später auch von Wied (1377), Liedberg, Zülpich, Brühl (1394). Johann Scheyffart ist seit 1380 eine der führenden Persönlichkeiten des Kölner Erzstifts. Indiz dafür kann das Rentenlehen von 100 Gulden sein, das der Erzbischof ihm auf den Bonner Zoll anweist. Gute Beziehung hält er auch zu Brabant. Durch seine Schwester, die mit dem Wassenberger Pfandherrn Johann von Gronsfeld (1376—1381) verheiratet ist, erhält er ab 1380 Zugang zum brabantischen Hof.

Die kritische Gesamtlage macht ihn am Brüsseler Hof unentbehrlich. Er führt sogar dem burgundischen Heer bei Gangelt ca. 220 Reiter zu und übernimmt zusammen mit dem burgundischen Feldherrn Wilhelm de Tremoille den Oberbefehl. Die Kriegskosten streckt er der brabantischen Herzogin vor. Die erhaltenen Quittungen in Brüssel lassen erkennen, was für ein liquider Finanzier er für die Herzogin war: „Sie hat an ihn zwischen 1388 und 1395 umgerechnet 78 331 Kölnische Mark zurückgezahlt. Hinzu kommen 15 772 Rheinische Gulden oder 52 573 Kölnische Mark, für die Philipp der Kühne im Februar 1396 die Pfandschaften Millen, Gangelt und Waldfeucht einlöste. Das sind zusammen 130 905 Kölnische Mark oder 39 271 $^1/_2$ Rheinische Gulden — enorme Summen, die jeden Vergleich mit Finanzgeschäften der bedeutedsten Großkaufleute jener Zeit aushalten."[339]

Philipp der Kühne hatte die Wassenberger Pfandschaft bei Heinrich von Gronsfeld abgelöst. Er lädt nun Ritter Johann Scheyffart im September 1390 in seine Residenz nach Hesdin. Dort bietet er ihm die Position des Gouverneurs des Herzogtums Limburg und der OvermaasLänder an. Ausdrücklich soll er Kommandant der Festung Wassenberg werden.

Johann Scheyffart greift spontan zu und lenkt von nun an die Geschicke der genannten Länder mit Wassenberg von unserer Burg aus. Er muß über große verwalterische Fähigkeiten verfügt haben, denn der Herzog ist sehr mit ihm zufrieden und bezeugt dies durch eine Treueprämie von 300 Francs. Es verwundert, daß Johann Scheyffart schon nach wenigen Jahren von diesem machtvollen Posten zurücktritt. Sein Grund: „Ne porroit garder son honneur ne faire votre prouffit, et veult seulement avoir la garde des terres qu'il a entre mains et non avoir le nom de souverain gouverneur". (Er sieht sich also außerstande, die Aufsicht als Gouverneur über die ihm zugeteilten Gebiete zu führen und möchte nur noch die Pfandschaften Millen, Gangelt, Waldfeucht — *des terres qu'il a entre mains* — betreuen und nicht mehr den Titel des Generalgouverneurs tragen.)

Herzog Philipp der Kühne versucht alles, um Johann Scheyffart zu halten. Sogar eine burgundische Gesandschaft kommt auf die Burg, um Johann Scheyffart noch einmal zu bereden. Vergeblich! Am 26. 1. 1395 akzeptiert der Herzog den Rücktritt und bestimmt zum Nachfolger Johanns in Wassenberg den bisherigen Schultheißen von Antwerpen Jehan d'Imerseele. Am 26. 3. 1395 findet die Amtsübergabe auf der Burg Wassenberg statt.

Der Nachfolger schreibt seinen Namen recht unterschiedlich. Mal steht in den Akten Jehan Dymerseele, mal Jean d'Ymerseel, mal Johann Dümmersähl. Wir wissen leider wenig von ihm und seinen Aktivitäten. Auf jeden Fall ist er wie sein Vorgänger Gouverneur der Länder der Obermaas und *kastelein van het kasteel van Wassenberg 1394 bis 1397.*

Johann II. von Heinsberg, der Streitbare

Inzwischen kehrt Johann II. von Heinsberg, der Streitbare, der Jülich-Geldrischen Partei den Rücken und wendet sich „mit feinem Gespür" für die Zukunft von Rur- und Maasland den *Grands Ducs de Bourgogne* zu. Denn Philipps Arroganz — „Wo ich bin, ist oben!" — läßt den Heinsberger die alten Feindschaften vergessen. Johann II. hat eine Reihe von Forderungen an den Burgunder. Um ihn als Gläubiger freundlich zu stimmen, setzt der Herzog ihm ab 1. 3. 1396 ein jährliches Gehalt von 1000 Rheinischen Gulden aus. Er hat dafür die „Verwahrung" der Obermaas-Länder (mit Wassenberg) zu garantieren. Die Aufgabe ist defensiv konzipiert. Die betreffenden Länder sollen gegen Raubrittertum, gegen Wegelagerer, Verbrecher, Plünderer sowie gegen Brandstifter und Gewalttäter geschützt werden. Severin Corsten sieht es so, daß damals am 2. 6. 1394 beim Frieden zwischen Philipp dem Kühnen und Johann dem Streitbaren von Heinsberg alles dafür spricht, daß auch die Wassenberger Angelegenheit (seinerzeitige Schleifung der Stadtbefestigung durch die Heinsberger) ins Reine gebracht wird.[340] Denn der Duc de Bourgogne arrangiert für den jungen Heinsberger Edelmann ein rauschendes Fest der Versöhnung in Hesdin/Nordfrankreich, wie es der sprichwörtliche höfische Luxus der Burgunder gewohnt ist, den französischen Hof darin noch weit übertreffend: „Aber der unerhörte Luxus dieses Hofes ist zugleich ein Kulturfaktor ersten Ranges; er versackt nicht in leerer Üppigkeit, sondern provoziert die Erfindungsgabe der Künstler."[341]

Philipp setzt auf Johann von Heinsberg, dafür spricht die Formulierung seiner „Dienstpostenbeschreibung": „Pour garder et deffendre des pais de monseigneur de Bourgoigne entre les rivieres de la Meuse et du Rin". Johann also — ein Mann seines Vertrauens. Une poste de confiance!

Im Mai 1397 macht der Wassenberger Pfandherr Jehan

Dymerseele Karriere. Er wird über Nacht Burggraf und Schultheiß mit administrativen und richterlichen Befugnissen in der reichen Hafenstadt Antwerpen. Die Burgunder müssen die Wassenberger Vakanz neu besetzen. Sie ziehen den Edelmann Johan de Loerdesvelt in die engere Wahl. Die „Machtübernahme" durch Loerdesvelt entwickelt sich schwierig. Zuerst muß der Herr von Heinsberg benachrichtigt werden. Am 15. 5. 1397 schickt man einen Boten zu Johann dem Streitbaren. Dieser hat starke Bedenken. Johan Dymerseele ist aber schon abgereist, hat die Burg verlassen und weilt bereits in Antwerpen. Nach ihm wird geschickt mit dem Befehl, sofort an die Rur zu kommen, um die regelrechte Übergabe der Burg an Johan de Loerdesvelt zu gewährleisten. Inzwischen begibt sich der Generalempfänger der Obermaas-Länder mit sechs bewaffneten Reitern nach Heinsberg; denn die Burgübergabe soll im Beisein und unter der Verhandlungsführung Johanns des Streitbaren ablaufen. Johann aber lehnt Loerdesvelt ab und will ihn unter gar keinen Umständen auf der Wassenberger Burg als Nachbarn. So kommt die Übergabe Wassenbergs nicht zustande. Wie es weitergeht, entnehmen wir Gerard Venner: „Ein Bericht über die Situation wird am 28. Mai an Jehan Poukes gesandt. Dieser traf schließlich im Juni in Heinsberg und Kerpen mit Johann von Heinsberg, dem Generalgouverneur und anderen Räten zum Zwecke einer Vereinbarung zusammen. Wahrscheinlich wurde beschlossen, einen neuen Nachfolger zu suchen. Denn die Rechnung des Jahres 1397/98 meldet, daß, obwohl Jehan Dymerseele im Mai zum Burggraf und Schultheiß von Antwerpen ernannt wurde, er bis Ende September auf Burg Wassenberg geblieben war, weil er sie, da es noch keinen Nachfolger gab, nicht übergeben konnte. Die Sackgasse endete im September 1397, als Guyot de Lompre, Burggraf von Wassenberg und Seneschall der Länder von Obermaas, ernannt war. Anscheinend haben die Generalgouverneure zumindest zeitweise in Wassenberg residiert."[342]

Wir lassen nun aus Gründen der Übersicht eine Liste von *de heren van borch, stat ende lant van Wassenberg* seit dem Ende der Heinsberger Pfandherrschaft (1368) folgen:

1310—1368	Heinsberger Pfandherrschaft
1371—1376	Johan von Merlair
1376—1386	Johann von Gronsfeld (1386 ermordet)
1382—1387	Margarete von Merode und Heinrich von Gronsfeld
1387	Philipp der Kühne von Burgund
1387—1390	Heinrich von Gronsfeld
1390—1395	Johann Scheyffart von Merode (Rücktritt 1395)
1395—1397	Jehan d'Ymerseele
1397—1400	Guyot de Lompre
1400—1401	Bauduin Oliviers
1401—1403	Guillaume de Sombreffe
1403—1406	Pouche de Welkenhusen
1406—1410	Johan von Schoonvorst
1411—1413	Herzog Anton von Brabant
1413—1438	Johann II., der Streitbare, von Heinsberg
1438—1443	Johann III. von Heinsberg
1443—1448	Johann IV. von Heinsberg
1448—1451	Johanna von Heinsberg, verheiratet mit Johann II. von Nassau-Saarbrücken
1451—1493	Vinzenz von Moers

Neue Pfandschaft für Heinsberg

Nur um einige Jahre ist der Zeiger der Weltenuhr seit der Versöhnung Johanns II. mit Philipp dem Kühnen, *le noir homme et laid (1342—1404),* weitergerückt. Johann von Heinsberg ist Generalgouverneur der Obermaas-Länder. Es scheint mir aus didaktischen Gründen für die Einsicht in die gesamthistorische Situation wichtig, hier eine kurze Stammtafel der für Wassenberg wichtigen Burgunder einzuschieben:

Philipp der Kühne und Margarete von Flandern
†1404 †1405

Anton, †1415
Herzog von Brabant, Limburg und Lothringen

Johann IV., †1427
Herzog von Brabant

Philipp, †1430
Graf von Saint-Pol,
dann Herzog von Brabant

Philipp der Kühne ist seit 1404 tot. Sein jüngerer Sohn, Anton von Lothringen, Limburg und Brabant (†1415), festigt die Freundschaft mit Heinsberg endgültig am 11. 8. 1413 durch eine neue Verpfändung Wassenbergs an den Heinsberger, dessen Vorgänger das erste Mal von 1310 bis 1368 Pfandherr von Wassenberg gewesen waren: *de tweede maal verpand aan de heren van Heinsberg.*[343] Diese Heinsberger *verpanding* wird bis zum 12. 8. 1451 währen. Dann tritt Vinzenz Graf von Moers auf die Wassenberger Bühne.

Die Urkunde über die Heinsberger Verpfändung von 1413 habe ich eingesehen. Ihr Inhalt läßt sich wie folgt zusammenfassen:

Es handelt sich um eine Bestätigung des Herzogs Anton von Brabant, Limburg und Lothringen für Johann II., den Streitbaren, von Heinsberg, daß Herzog Anton 8 050 Gulden, die er selbst empfangen hat, dem Heinsberger schuldet. Darüber hinaus noch 17 000 Regalen, die er dem Heinsberger noch von seinen Vorfahren her schuldig ist. Die beiden Beträge werden zu einer Summe verschmolzen und dann auf 20 000 Gulden abgerundet. Für diesen Betrag verpfändet Herzog Anton dem Johann am 11. 8. 1413 Wassenberg. Der Heinsberger erhält *borch, stat, lant ind lude van Wassenberch mit mannen, burchmannen, tollen, renten, tzinssen, gevellen ind allem zugehoere*. In der Urkunde wird Bezug genommen auf Unterlagen im Besitz des Heinsbergers, nämlich Brief und Siegel („van onsen alderen segel ind brieve hait"), die Antons Eltern, Vater Philipp der Kühne und Mutter Margarete von Flandern sowie Tante Herzogin Johanna, die *moene* („onse lieve vrouwe ind moene de hertzouginne van Brabant") dem Heinsberger einst ausgestellt hatten.[344]

Johann II. geht als Pfandherr gleich daran, die um die sechziger Jahre des 14. Jahrhunderts von seinen Vorfahren aus strategischen Gründen zerstörte Festung Wassenberg wiederaufzubauen. Herzog Johann IV. von Brabant willigt urkundlich[345] darin ein, daß 2000 Rheinische Gulden, von der Pfandsumme absetzbar, in Wassenberg verbaut werden dürfen.[346]

Wie schon im Zusammenhang mit dem Wassenberger Hospital s. claess (*het jaastes*) ausgeführt, starb der Wassenberger Pfandherr Johann II. am 24. 6. 1438 an der Pest. Er liegt im Gangolfusdom von Heinsberg neben seinem Sohn Johann III. (1395—1443). Dieser überlebte seinen Vater nur um fünf Jahre. Er bringt die Entwicklung der Heinsberger Herrschaft nicht spürbar voran und tut auch nichts Erwähnenswertes im Zusammenhang mit Wassenberg. Sein Bruder Johann von Heinsberg (1393—1459) avanciert zum Fürstbischof von Lüttich. Auch er liegt im Heinsberger Hochgrab.

Auf Johann III. folgt dessen Sohn, der Enkel des Streitbaren : Johann IV. — wieder Wassenberger Pfandherr. Er stirbt am 27. 1. 1448. Seine Tochter Johanna (1443—1469) ist die Erbin des gesamten Heinsberger Besitzes und damit auch Pfandherrin Wassenbergs. Sie ist erst sieben Jahre alt, da arrangiert ihr Großonkel und Vormund, der Lütticher Erzbischof Johann von Heinsberg, bereits ein Eheverlöbnis (30. 11. 1450). Bräutigam ist ist Johann II. von Nassau-Saarbrücken. Bei der Auflistung der Besitzungen der Braut wird die Pfandschaft Wassenberg ausdrücklich genannt:

„Die wir deß also zu doen, befohlen, geheischen int geboden haint, die vorgenant Pantschafft Waßenberg und HertzogenRoide, wir Johan Bischoff zu Lutge vorgeschr. dem vorgenanten Johann Greve zu Naßau & c. gelofft ind gegont haint, dat hey die macht hat zu beschweren, vor diesem beyschlaffe bis an ziene Dusent gulden, in darachter na synem willen zu beschweren."

Hier erhält der Bräutigam also die feste Zusage, schon vor der Verheiratung („vor diesem beyschlaffe") die Pfandschaften Wassenberg und Herzogenrath bis zu einem Betrag von 10 000 Gulden („ziene Dusent Gulden") zu belasten. Nach der Eheschließung soll er die beiden Herrschaften unbegrenzt beleihen können.

Auf Grund so attraktiver pekuniärer Aussichten drängt der Nassauer auf rasche Heirat. Sie bedarf infolge der Zartheit und Jugend der Braut einer besonderen Genehmigung. Am 20. 1. 1451 gibt der Bischof von Metz die Zustimmung. Wenige Tage später erklärt auch Johanna, Erbtochter von Diest, Sichem und Zeelen, die Mutter der Braut, ihr Einverständnis mit dem für jene Zeit so typischen Hochzeitsgeschäft. Der Nassauer kann Wassenberg nun verpfänden, was 1451 geschieht. Pfandherr ist Graf Vinzenz von Moers und Saarwerden, von dessen Wassenberger Ära wir weiter unten noch Überraschendes hören werden.

Der Pley am Rathaus 1913.

DER FESTUNGSBAU 1420—1426

Gräben, Wälle, Palisaden

Zwischen 1420 und 1426 geht Johann II. von Heinsberg († 1438) als Pfandherr von Wassenberg daran, die ehemals starke Festung, die seine Vorfahren geschleift haben, nach einem neuen fortifikatorischen Konzept wiederaufzubauen. Wie die vorherigen Festungsanlagen aussahen, können wir nur vermuten. Ursprünglich war Wassenberg eine Motte und zu Graf Gerhards I. Zeit sicherlich nicht mehr als ein wehrhafter Wohnsitz, ein *Seß*, der eine einfach befestigte *burg* war, die nicht mehr als eine bessere „Zaunbefestigung" besaß und allenfalls Gräben, Wälle, Palisaden: *plancken, tüne, hagen und graven*. Aber schon bald wurde daraus eine *Civitas Wassenbergensis*, was ummauerte Stadt bedeutet. Indiz für eine relativ frühe Ummauerung (etwa um 1200) ist unser Stadtsiegel, das Wassenberg als *oppidum* mit Tor, Turm und Mauer zeigt. (1273) Sonst wäre auch 1360 keine Schleifung der Mauern durch den Heinsberger möglich gewesen. Lokale topographische Untersuchungen von Will Andermahr haben Stadtmauer (murus, mure), Wall und Graben (vallum, fossa, fossatum, graven, graben) wenn auch in etwas anderen Verläufen an verschiedenen Stellen nachweisen können. Die äußerste Grenze des Stadtbereichs war im Raum der Kirchstraße etwas östlicher. Die *fossa exterior* lag beispielsweise im früheren Anwesen von Dr. Küsters unweit der späteren Bahnlinie.
Die ersten Wassenberger Tore waren aus Holz, erst spätere wurden sie in Stein hochgezogen und dann 1420 beim Wiederaufbau im oberen Teil erneuert. Wassenberg gehörte zu den seltenen Drei-Tor-Städten. Ein Achsenarm, die Kirchstraße, war nicht durch ein Tor erschlossen. Andere Beispiele für Dreitorigkeit waren Berlin, Offenburg, Hannovrisch-Münden, Landsberg. Neue bzw. viele Tore verringerten die Sicherheit einer Stadt und belasteten infolge Personal für die Bewachung den Etat. Manches Tor hatte eine Nebenpforte, so in Wassenberg das Roßtor, vom alten Stadtkern aus gesehen auf seiner rechten Seite. Die Fundamente davon waren später noch vorhanden.[348]

Die Fortifikation

Beim Wiederaufbau der Festung Wassenberg wurden von 1420 bis 1426 gebaut: 1. Bergfried, 2. Aus- und Umbau des Palas, 3. Stadtmauer, 4. sechs Wehrtürme, 5. drei Tore, 6. Turm der Georgskirche, 7. Erneuerung des Immunitätsbogens. Einige Jahre vorher, 1389/1390, wurden die Dächer der Niederburg (Palas), die Brücke und die Schlösser des Burgtores repariert. So weisen es die Rechnungen im Chambre des Comptes im Brüsseler Rijksarchief (Nr. 2436—2438) aus. Auch 1391 renovierten Handwerker die Burggebäude. Das Geld dafür stammte aus einer Bede (Steuer) des Landes Wassenberg. 200 Goldene Franken kamen aus den Einkünften des Pferdegeldes.[349] 1395 befahl der

Stadtmauer und Georgskirche. (Foto Ekkehard Heinrichs)

Generalgouverneur Johan Sack, neue steinerne Kanonenkugeln für die Verteidigungsbereitschaft der Burg Wassenberg herzustellen.
Der Wassenberger Festungsbau von 1420 bis 1426 war für damalige Zeiten ein Riesenunterfangen. Zahlreiche Handwerker und Arbeiter mußten dafür angeheuert werden, ungeheure Massen an Material waren notwendig. Johann II. wird seinen Heinsberger Festungsbaumeister eingesetzt haben. Zunächst wurde der auf dem Plateau des Burgberges gelegene Bergfriedhügel erstmalig aufgeschüttet. Dieser Kegel erreichte nun eine Höhe, die 23,3 m über der Fundamenthöhe der benachbarten Georgskirche und der Kirchstraße liegt. Von der heutigen Zufahrt zum Burghotel, vom gewachsenen Bergplateau aus, hat diese Aufschüttung eine Höhe von ca. 10,50 m, bis zur Mauerkrone von 25,72 m (Siehe Aufmessung Theo Cohnen!). Der *berchfrit* ist ein Mauerwürfel mit allen fortifikatorischen Einrichtungen seiner Zeit. Seine Nord- und Südseite sind 8,50 m breit, seine West- und Ostseite 14,23 m. Die Mauern haben eine Stärke von 1,85 m. Der Wassenberger Architekt Theo Cohnen hat für dieses

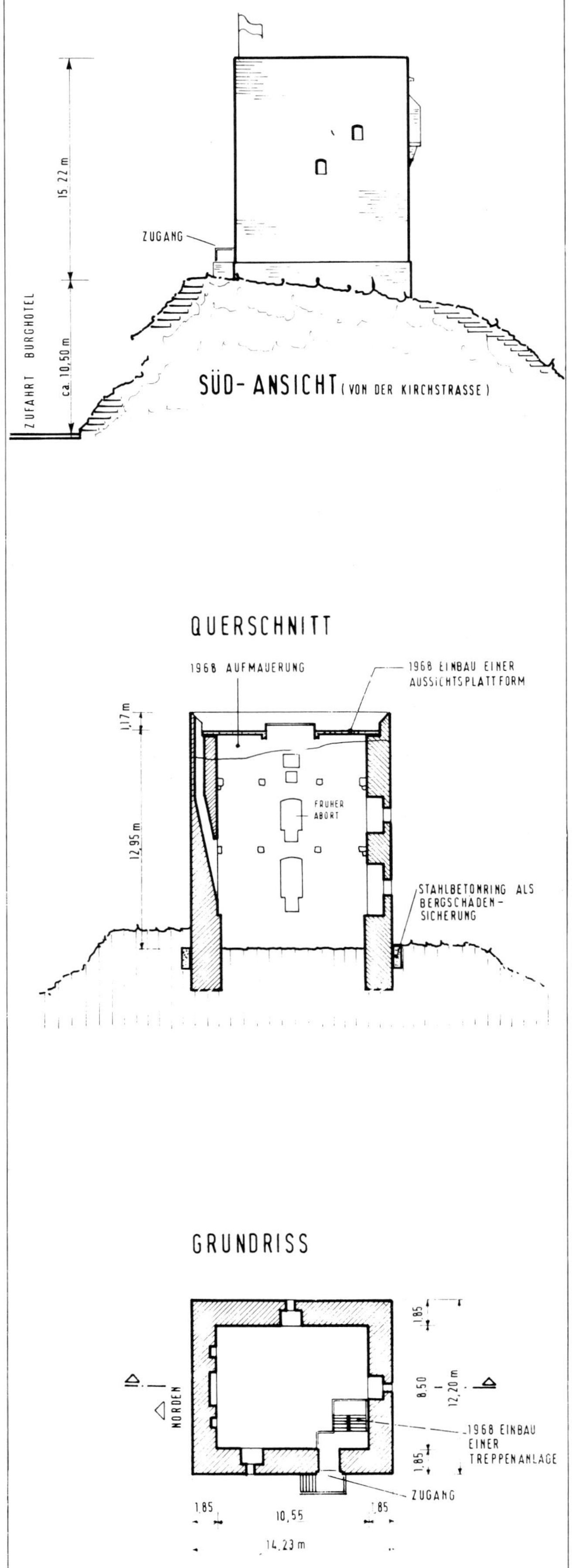

Aufmessungen und Zeichnungen Dipl.-Ing. Theo Cohnen, Wassenberg.

Buch erstmalig den Bergfried vermessen, wofür ich ihm hier besonders danken möchte (Bilder links).

1968 wurde eine Aussichtsplattform mit Treppenanlage eingebaut. Am Mauerfundament entstand ein Stahlbetonring als Bergschädensicherung. Der Bergfried ähnelt im großen und ganzen dem Burgturm von Erkelenz.[350] Er war Verteidigungs- und Wohnturm, besaß vier Geschosse, eine Treppenanlage, Kamine, Peschnasen, kleine Luftlöcher bzw. Fenster. Die vier Geschosse erfahren im Äußeren des Bauwerks keine Gliederung. Ein Abort, oft fälschlich als Peschnase bezeichnet, kragt aus der Wand heraus. Er ist auf der Ostseite des Turmes so angelegt, daß die Exkremente ohne Berührung mit der Burgturmmauer herabfallen können. Im Innern des Turmes sieht man heute noch die großen Fensternischen mit den Resten der Sitzbänke und in jedem Geschoß eine Kaminanlage. Die Geschosse besaßen Balkendecken mit einem großen Unterzug in der Mitte. Selbstverständlich ist ein Brunnen vorhanden. Er liegt auf der westlichen Seite in dem von zwei Tonnen überwölbten Keller mit je zwei Kappen- und zwei Wangenstücken. Die Kappen leiten den Druck auf die Ecken ab, die Wangen belasten die Widerlagsmauer in voller Länge des Bergfriedgewölbes. Dieses hatte in Wassenberg eine Besonderheit: es war an der östlichen Seite spitzbogig gebrochen. Der Volksmund nannte das darunter liegende Verließ *Messerpütz.* Nachforschungen Andermahrs haben indes ergeben, daß die in diesem Namen angesprochene Vorstellung von aufspießenden Messerreihen auf dem Verließboden aus den gruseligen Erzählungen alter Zeit stammt und wohl mehr Erlebnisersatz für das „Furchtbedürfnis" früherer Zeit zu gelten hat. Ähnlich verhält es sich mit sogenannten „unterirdischen Gängen", die von Wassenberg nach Schloß Elsum bzw. nach Heinsberg führen sollen. Auch das sind Märchen. Als 1979 Kinder beim Spiel am westlichen Abhang des Burgbergs ein in die Tiefe führendes Loch entdeckten, das bei genauerer Untersuchung gewölbeartig ausgemauert ca. 10 Meter in den Berg hineinführte, glaubte so mancher an die Entdeckung des sagenumwobenen Stollens von Wassenberg nach Heinsberg oder Elsum. In Wirklichkeit handelte es sich um einen Luftschutz-Unterstand, den in Wassenberg stationierte Soldaten, Volkssturmmänner, Schanzer und Zivilpersonen 1944 angelegt haben. Ich selbst habe die Arbeiten daran damals beobachtet. Man benutzte für das militärische Bauwerk ein schon vorhandenes kleines Hanggewölbe.

Unser Burgturm besaß natürlich ein Gefängnis. Es lag unter dem Kellergewölbe. Burggärtner Lambertz hatte stets eine Leiter an diesem Kellerloch stehen, um Besuchern das „schaurige Verließ" zu zeigen. In den Akten der Wassenberger Rentmeisterei wird mehrfach vom „untersten Gefängnis des Turmes" gesprochen, in das man raublustiges Gesindel warf.

An den Bergfried schloß Bauherr Johann II. die Stadtmauer unmittelbar an. Hier in der Nordostecke der Stadt fällt die Nord- und Ostseite des Burgturms deshalb mit der Stadtmauer zusammen. Sie umschloß ab 1739—1748 ein seitliches Gebäude, auf dessen Funda-

Blick in den Wassenberger Bergfried 1953. (Foto Heribert Heinrichs)

mente Will Andermahr 1962 beim Umbau des Schlosses zum *Burghotel Wassenberg* stieß. Nach Andermahrs Ausmessungen hat dieses Gebäude mit dem geschwungenen Stufengiebelabschluß zur Georgskirche hin eine gefällige Repräsentationsform gehabt, die der Maler Hubert Plücken (Arsbeck) bei seinem Bild der „Burganlage Wassenberg um 1780" (Siehe Titelbild dieses Buches) eindrucksvoll trifft.

Zu Füßen des Burgfrieds, auf dem Burghügelplateau, lag der Palas, dessen Fundamente noch heute im Basement des Burghotels zu sehen sind. Es handelt sich um Reste eines Gebäudes von immerhin 18,3 m Breite. Beim Westwallbau stießen die Ausschachtungen dann noch auf Fundamente im westlichen Teil des Plateaus, die wahrscheinlich auch zum Palas gehört haben. Ich nehme an, auf dem unteren Plateau war noch eine Reihe kleinerer Gebäude verteilt: Tierställe, Gesindehaus, Scheune. Architekt Hans Deckers hat die beim Westwallbau gefundenen und von Burgherr Robert Kofferath aufgezeichneten Fundamentreste in seine „Burgbergbebauung„ (Siehe Bild Nr. 38) aufgenommen. Der große Palas selbst besaß ein kellerartiges Geschoß am Berghang und nach Will Andermahr darüber zwei Wohngeschosse sowie einen Hof mit Treppe. Von dieser waren nach Robert Kofferath noch Reste in der alten Burgscheune zu sehen. Auch ein paar Stücke einer hölzernen Blocktreppe wurden unter dem Scheunenfußboden von Andermahr beim Burgumbau 1962/64 gefunden.

Die zur Georgskirche hin angelegten Schloßbauten

Stadtarchitekt Will Andermahr (1910—1971) entwarf Kirchen, Fabriken, Siedlungen, Rathäuser im Wassenberger und Heinsberger Land und restaurierte die Wassenberger Stadtbefestigung. 1962 baute er die Unterburg zu einem Hotel-Restaurant aus. Zahlreiche topographische Daten und Zeichnungen zur Geschichte Wassenbergs stammen von seinen Untersuchungen.

sind viel späteren Datums als die Burganlage. Sie wurden bis auf den Eingangs-Torbau (*Klein-Sibirien*) in den Jahren 1739—1748 errichtet. Zahlreiche Fehldatierungen in allen möglichen Wassenberg-Veröffentlichungen nebst Bildunterschriften von Wassenberg-Ansichten übersehen immer wieder die Vorhandenheit dieser Gebäudeteile. Mir ist kein Bild bekannt, das Wassenberg früher als 1750 zeigte.

Nach dem Umbau dieser Schloßbauten in den Jahren 1962 bis 1964 entstand hier das über die Grenzen des Rheinlandes hinaus bekannte Hotelrestaurant *Burg Wassenberg*, das heute im Besitz von Rüdiger und Helga Soltisek ist. Als Feier- und Tagungsstätte, Gourmet- und Weinhaus gehört es zu den renommierten Feinschmecker-Restaurants am Niederrhein. Am 4. 1. 1964 weihte Bürgermeister Ludwig Essers mit einer Festrede die repräsentative Anlage ein. Bei dieser Gelegenheit überreichte ihm Amtsdirektor Jakob Wolters die kunstvoll gearbeitete Wassenberger Bürgermeisterkette, die das Stadtwappen, die Silhouette der Stadt und Symbole von Handwerk, Handel und Gewerbe zeigt. 1968 wurde der Bergfried denkmalpflegerisch renoviert, gesichert und zum Aussichtsturm ausgebaut.

Die Arbeiten an der Stadtmauer

Wassenberg besaß einen Ringgraben. An ihn lehnte Johann II. die Stadtmauer an. Das Fischereirecht des ca. 10 bis 15 m breiten Wassers stand immer den Schützen zu. Vor der ersten Ummauerung existierte hier ein Palisadenring auf einem Erdwall. Die Palisade bestand aus dicht aneinander und in die Erde gerammten, oben zugespitzten Pfählen. Um 1910 wurden vom Aachener Geschichtsverein und Burgherr Dr. Robert Kofferath am Abhang des Burghügels in der Obstwiese zum Küstersgäßchen hin Reste von Pfählen aus einer Palisadenreihe gefunden. 1420 wurden neue Gräben ausgehoben. Der Aushub diente zur Anschüttung eines Walles an der inneren Seite der Mauer und zum Aufschütten des Burgturm-Kegels. Auf dem „Binnenwall" an der Mauer standen die Verteidiger und konnten so über die Mauer schießen. Der Wall diente als eine Art Wehrgang. Es gab zwar an der Wassenberger Mauer, wie Bauspuren beweisen, teilweise einen Wehrgang, aber dieser war sicherlich relativ klein und schmal. Jakob Broich und Will Andermahr vertraten die Meinung, vor dem Stadtgraben sei noch einmal ein Wall (der äußere Wall) aufgeschüttet und mit einer undurchdringlichen Dornenhecke bepflanzt gewesen. Beide behaupteten dies auf Grund von Bodenuntersuchungen Andermahrs. Ich kann dem nicht folgen, weil ich nirgendwo in den Archivalien von Amtmann, Vogt und Rentmeister Hinweise darauf finde, was sicherlich nicht unterblieben wäre.

Viele „meister mit ihren dineren, ville arbeiders und ville knechten" waren notwendig, 1420—1426 unsere Festung neu zu bauen. Johann II. ging von Rundbauten ab. Er bevorzugte jetzt rechteckige Gebäude, wie es der Bergfriedwürfel beweist. Auch die wahrscheinlich runde Umwallung der vorherigen Zeit wurde nun zugunsten von mehr gerade verlaufenden Mauerzügen verlassen. Die Stadtmauern Wassenbergs erhielten keine Fundamente. Lambert Bürsgens schreibt: „Bekanntlich haben die Stadtmauern kein festes Fundament. Sie sind vielmehr lose in das Erdreich eingemauert."[351] Im Jahre 1982 müssen Mauerteile infolge der Bergschäden verstärkt werden. Die Mauer wird teilweise abgebrochen und auf einem armierten Fundament neu aufgemauert, wobei man um einen statischen Kern die alten Ziegel setzt.

Die Wassenberger Stadtmauer von 1420 hatte eine Länge von 1,2 km. Die Stadt besaß einen Flächeninhalt von 12 ha, was soviel wie ein Mansus ist. Zinnen krönten Wassenbergs Mauern nur an einigen Stellen. Wohl waren sechs Wehrtürme da, die die Mauer so flankierten, daß der Mauerfuß jeweils von oben beobachtet werden konnte, um im Verteidigungsfalle Überraschungen auszuschließen. Der am besten erhaltene

Stadtmauerbögen vor den Wassergräben. Zustand 1929. Vergleiche die Stadtmauerbögen in Brügge (rechts).

Küstersgarten an der Stadtmauer. (Foto Ekkehard Heinrichs)

Wehrturm ist derjenige an der Kirchstraße/Kriegerdenkmal. Er besitzt einen Aufgang zu dem höher gelegenen Wehrgang, außerdem verschiedene Schießscharten mit schräger Laibung. Die Wassenberger Wehrtürme, die sechs Weichhäuser (Wig-Kampf), verstärkten die Stadtmauer an besonders gefährdeten Stellen. Zum Vergleich: Köln besaß 50 Wehrtürme, Soest 26, Bremen 22, Nordhausen sogar 77 und das nicht weit entfernte Gangelt immerhin 13. Alle Wassenberger Wehrtürme trugen ein steiles Kegeldach, was Anbringungsspuren des Dachstuhls beweisen. Der Bergfried besaß dagegen ein Satteldach, wie Architekt Paul Wollenweber aus den noch sichtbaren Kalkleisten folgerte. Ich stelle mir manchmal vor, wie prächtig und mächtig die Stadtkulisse vom Wingertsberg ausgesehen haben muß: der Kirchturm, der bedachte Bergfried, drei Tortürme, der Turm des Amtshauses (Rathausplatz), sechs Wehrtürme mit spitzkegeligen Dächern, der Palasturm. Ein kleines Goslar an der Rur.

Die *Panneschöpp*

Die Ziegelsteine für die Befestigungsanlagen und den Kirchturm wurden in der Nähe hergestellt: in den Kleikuhlen des südlichen Judenbruches, im Rosenthaler Ossenbruch, im Forster Feld, im Wildenrather Schaagbachgebiet waren „Teschelbäcker" tätig. In den *Panneschöpp* (hinter dem Waldrestaurant „Tante Luzie") wurde der Lehm (Ton und Sand) abgestochen, die größeren Steine und Wurzeln ausgelesen, über Winter zur Verwitterung gelagert, mit Wasser formfähig gemacht, dann das Material entweder handgestrichen oder in Holzformen, die genäßt und mit Sand ausgestreut waren, eingestrichen, auf gesandeten Brettern gelagert und unter die *Panneschöpp* zum Trocknen ausgelegt. Drei bis zehn Tage dauerte das. Dann wurde bei einer Temperatur von 900° bis 1000° gebrannt. Sechs bis acht Tage feuerte man den Ofen und beobachtete genau das Material, damit nicht zuviel „zweite Wahl" herauskam. Das Erkalten geschah ebenso langsam, damit die Ziegel nicht zersprangen. In Wassenberg war das „Techeln" ein seit Jahrhunderten betriebenes, gut beherrschtes Handwerk. Lehm, Wasser, Brennholz, Sand waren unmittelbar zur Hand. Am Niederrhein ging erst 1860 der erste Ringofen in Betrieb, der dann von den Hoffmanns auf Wylack, den Schuffels in Forst und danach von Alex Heinrichs ebenda aufgenommen wurde. Die Steine für den Festungsbau von 1420 wurden im Hand- und Spanndienst an die Baustellen gebracht. Andermahr entdeckte in der Stadtmauer auch „Grünlinge" und „Sonnenbäcker". So stand 1426 wieder die *Veste Wassenberg* nach allen Seiten gesichert auf ihrem strategisch exponierten Punkt am Ausgange des Rurtals. Bis zum Auf-

kommen der Pulverwaffen waren Burg und Verteidigungsring den meisten Angreifern überlegen. Nur Überrumpelung, List, Aushungern, zugefrorene Gräben oder eine starke Übermacht konnten die Festung „knacken". Ständige Wachen auf Türmen und Toren gaben den Einwohnern ein gutes Sicherheitsgefühl. Wassenberg besaß einen Wallmeister, der für die Unterhaltung der Wälle, Gräben und Mauern verantwortlich war.
Im Jahre 1611 kam ein landesherrlicher Visitator namens Detherich Busch in die Stadt, um die gesamte Fortifikation zu inspizieren. Tore und Mauern waren vorschriftsmäßig von Wachen besetzt. Sie wurden von den Einwohnern und Bewohnern der benachbarten Dörfer gestellt. Später hießen sie *Kuirwechter*. Auf allen Türmen in Wassenberg hockten *Churwachten*. Chur/Kur kommt von Keure, erinnert an die Kurordnung von 1338 und stellt eine autonomische Satzung des städtischen Rechts dar. Churen heißt Achtgeben. In der Aufstellung der Leistungen des Amtes Wassenberg für den Jülicher Festungsbau im Jahre 1576 werden mehrfach *kuirwechter* aus Wassenberg und Umgebung aufgeführt. Sie melden die Annäherung verdächtiger Leute, beobachten eventuelle Feuersbrünste. Sie geben mit einem Hornsignal Alarm. Wenn jemand „die Wacht versaumbt" wird er „gebrucht" (bestraft). Häufig wird den Bürgern nahegelegt, gewissenhaftere Wacht zu halten. Auf dem Binnenwall an der Innenseite der Mauer patrouillieren Posten auf und ab. Die Wache in der Neujahrsnacht schießt sogar mit lautem Knall das Neue Jahr ein. Ein „Johann der Wachtmeister" erhält 1688 in Wassenberg monatlich 2 Reichsthaler. Wenn Einquartierung in der Stadt liegt, was häufig vorkommt, halten die Söldner, Landsknechte, Soldaten selbst die Schildwache. Manchmal wird von der Stadt eine „Beiwacht" (Biwack) gestellt. Auch auf dem Kirchturm sitzt seit 1426 eine *Kurwacht*. Diesem Ausguckposten wird viel Bedeutung beigemessen, weil der „Wächter auf dem Thurme" nach allen Seiten herannahende Feinde früh erkennen und mit der Glocke Alarm schlagen konnte. Die benachbarten Dörfer mußten an der Bezahlung der Churwacht mitwirken. Bedeutsam ist natürlich der Pförtner, der Torwächter, der *portiere*, der *portzener*. Er schloß abends das Tor zu und öffnete es morgens wieder. In den Rentmeistereirechnungen stehen die Pförtner namentlich verzeichnet. Natürlich gehörte zum Bild des mittelalterlichen Wassenbergs auch der Nachtwächter, der *Bläser*, mit Horn, Leuchte und Spieß. Er wanderte nächtens durch die stillen dunklen Straßen. Meist nahm er seinen Hund mit. Unter Vogt Packenius erfahren wir mehr vom Nachtwächterdienst und seinem nächtlichen Stundenruf. Sein Weg war genau vorgeschrieben und die Punkte seines Hornblasens genau festgelegt. Er achtete vor allem auf Brand, Streit, Diebstahl und anderem „schädlichen unfall". Um Mitternacht erinnerte er alle Wassenberger nach seinem Hornsignal daran, daß sie Feuer und Kerzen gut in Obacht halten sollten. Sein Stundenruf enthielt auch Hinweise auf Festtage, Heilige. Auch Ermahnungen wurden manchmal ausgesprochen und allgemeine Neuigkeiten verkündet. Heimatdichter Peter Marx hat später einen „Wassenberger Nachwächterruf" für ein Theaterstück der Zwanziger Jahre verfaßt. Es ist der „Vier-Uhrs-Ruf":

Macht die Ohren auf, ihr Leut'
denn ein guter Tag ist heut'.
Der Morgen zieht herauf:
Vier Uhr ist Zeiten Lauf.
Eins, zwei, drei, vier!
Wassenberg sei's Panier!

DER PFANDHERR VINZENZ VON MOERS

Genealogische Zusammenhänge

Für einen genealogischen Aspekt muß ich den Leser zunächst auf die westeuropäische Gesamtlage hinweisen. Denn staatsrechtlich gesehen, kommt Wassenberg im Jahre 1450 über Limburg und Brabant an Burgund. Erinnern wir uns der gegebenen Stammtafel, die von Philipp dem Kühnen († 1404) bis Kaiser Karl V. (1500—1558) reichte. Marie von Burgund († 1482) heiratete 1477 Kaiser Maximilian I. († 1519). Das hat für Wassenberg besitzrechtliche Folgen. Stadt und Land kommen 1477 an das Haus Habsburg. Hier die genealogischen Zusammenhänge:

Marie † 1482 ⚭ Maximilian I. † 1519

Philipp der Schöne † 1506 ⚭ Juana † 1555 (Johanna, die Wahnsinnige)

Karl V., Kaiser
1500—1558
Verh. mit Isabella von Portugal

Das am erfolgreichsten angewandte Mittel zur Verwirklichung politischer Absichten war damals die Stiftung von Eheverbindungen: „Der erste Zweck dabei war die Sicherung des bestehenden Zustandes für die Zukunft. Da aber in den meisten Dynastien das Erbrecht im Mannestamm, teilweise auch in der weiblichen Linie, als Haus- und Staatsgesetz galt, so war mit allen solchen Verbindungen ein näherer oder fernerer Erbfall mit zu berechnen, der für die Staaten erwünschte oder unerwünschte Folgen zeitigen konnte."[352]

Wie wir oben erfuhren, tritt als neuer Pfandherr Wassenbergs eine interessante historische Gestalt ins Rampenlicht: Graf Vinzenz von Moers. Er stellt sich für mich immer als Typus für Aufstieg und Fall eines Dynasten dar. Mit Vinzenz beginnt der Zusammenbruch der Moersischen Macht beim Widerstand gegen die Eroberung Gelderns durch Burgund.

Graf Vinzenz war der einzige Sohn seines Vaters und übernahm deshalb den gesamten Besitz. Es gelang ihm, wie wir sehen werden, auch die Pfandschaft Wassenberg zu erwerben. Das Land Wassenberg war damals 145 qkm groß. Die gesamten Pfandgebiete des Grafen umfaßten 469 qkm, mehr als das Doppelte der Grafschaft Moers mit nur 216 qkm. Werner Paravicini hat das genaue Datum des pfandherrlichen Beginns des Moersers in Wassenberg herausgefunden. Zum Verständnis dieses Datums möchte ich die „Beleihungshochzeit" des Johann II. von Nassau-Saarbrükken mit der Heinsberger Erbin Johanna in Erinnerung rufen. Dem Nassauer kam es darauf an, möglichst rasch Wassenberg beleihen zu dürfen. Am 12. 9. 1451 schrieb er an den Lütticher Bischof Johann von Heinsberg, der in seinem Falle die Heiratsvermittlung tätigte, er möge Brief und Schlüssel von Wassenberg nach St. Anton in Köln senden, damit er in der dort hinterlegten Lade zwei Tage später dem Grafen Vinzenz von Moers, wie verabredet, die *principale phantbrieve* des Herzogs von Brabant über Wassenberg gegen Bezahlung von 18 000 Rheinischen Gulden aushändigen könne.[353] Das Antrittsdatum für Graf Vinzenz in Wassenberg war demnach der 23. 9. 1451.

In zahllosen Quellen begegnen wir seinem Namen mit dem Zusatz „Herr von Wassenberg". So tritt er am 27. 7. 1460 beispielsweise in Orsbeck an der Rur auf und behandelt mit den Räten beider Uferseiten die Probleme der dortigen Rurfähre und der Nutzung der Uferbenden. Über die letzteren führt er eine Korrespondenz mit dem Grafen von Jülich und dem Besitzer der *hensberjer Sie*, dem Grafen Johann II. von Nassau-Saarbrücken. Von Graf Vinzenz als Herrn von Wassenberg hören wir 1484 in einer Beschwerde der Stadt Köln, weil im Lande Wassenberg Kölner Bürger ausgeraubt wurden. Diese Nachricht belegt die von L. Gillessen und S. Corsten erkannte wichtige Handelsstraße von Köln nach Roermond, die über Erkelenz und durch Wassenberg führte.

In Wassenberg wurde ein Wegegeld, ein Zoll, erhoben. Es scheint sich dabei um eine attraktive Einnahmequelle gehandelt zu haben; denn unser Graf nahm 1463 ausdrücklich diese Zolleinnahmen aus der Mitgift (wozu Wassenberg gehört) seiner Tochter Elisabeth von Rodemachern heraus: „unser sloss, stat, lant und herlicheit Wassemberg by Heinssberg gelegen, das unser pant ist, mit allen und ichlichen iren in- und zugehoerungen, muss daran ussgenommen, dan allein den tol (Zoll) daselbst zu Wassenberg . . ."[354] In den Wassenberger Aktenstücken werden immer wieder Zollhinweise gegeben und Zöllner genannt. Auch die Waren, die durch Wassenberg transportiert werden, sind verzeichnet, z. B. „wein, seidengewand, garn, flachs, wachs, fellwerk, schwefel, salpeter, finsternegel, schuchnegel, düppen, pött, honig" und sogar Heringe: „Am 2. 11. 1492 führte Herzog Wilhelm von Jülich bei Vinzenz Klage darüber, daß man etlichen Fuhrleuten in Wassenberg Heringe beschlagnahmt habe, weil sie das Wegegeld nicht hätten bezahlen wollen."[355]

Des Pfandherrn Tochter Elisabeth heiratete 1489 ein zweites Mal. Jetzt gehörte Wassenberg im Rahmen der Mitgift nicht dazu, wie ich einem Brief des Grafen Vinzenz vom 8. 7. 1489 an die Stadt Köln entnehme.[356]

Aus vielen Belegen wissen wir, daß unser Graf eine Vorliebe für das in Wäldern gelegene Schloß Wassenberg hatte. Er verbrachte hier zwischen seinen politischen Eskapaden immer wieder „Urlaubswochen". In den Jahren von 1456 und 1491 treffen wir ihn häufig im Wassenberger Horst.

Karl der Kühne, Herzog von Burgund, Eroberer Wassenbergs (1433—1477).

Es würde meine Darstellung über Gebühr ausweiten, wollte ich die von vielfältigen Erfolgen, Mißerfolgen und politischen Verstrickungen charakterisierte Lebensbahn des Grafen hier nachzeichnen. Unstetigkeit war sein Lebenselexier. Infolgedessen ist auch das älteste wassenberg-eigene Lehnsregister[357], das parallel zu seiner Pfandherrschaft, nämlich von 1450 bis 1505, die Entwicklung protokolliert, außerordentlich nachlässig geführt. Nur in den ersten vier Jahren herrschte eine relative Sorgfalt bei den 166 Eintragungen. In den folgenden Jahren wurden im ganzen nur 174 Eintragungen gemacht. Franz Mayer nennt Graf Vinzenz einen „unruhigen Geist mit allen Tugenden und Untugenden eines Ritters der damaligen Zeit."
Eine Reihe krimineller Delikte sind ihm nachzuweisen: 1442 hatte er den Landfrieden gebrochen und geldrische Kaufleute auf offener Straße ausgeraubt.[358] 1457 plünderte er mit seinen Spießgesellen die ihm selbst pfandherrschaftlich gehörende Stadt Sittard aus. In seinem Wassenberger Vogt Philipp von Eyl besaß er einen ähnlich veranlagten Kumpan. Philipp wurde 1484 wegen eines Raubüberfalls verbunden mit Totschlag angeklagt. Sein Herr, Graf Vinzenz, begann, im Sinne zunehmender „Altersfrömmigkeit" Klöster zu gründen: 1479 in Dülken, 1486 in Brüggen.[359] Graf Vinzenz ließ sich von den geldrischen Ständen gegen den Burgunder Karl den Kühnen einspannen, was eine militärische Katastrophe im Juni 1473 zur Folge hat.

Karl der Kühne

Von Maastricht aus zog das burgundische Heer heran. Die Grafschaft Moers wurde erobert und die wichtigsten Besitzungen des Grafen eingenommen. Graf Vinzenz floh, ohne Widerstand zu wagen, nicht gerade rühmlich nach Köln. Am 10. 7. 1473 stand Karl der Kühne vor den Mauern Wassenbergs. Wieder einmal wurde die Festung erobert. Born, Sittard und Süsteren waren bereits besetzt. Dort hatten die ängstlichen Einwohner ihre Stadttore freiwillig geöffnet. Im benachbarten Brüggen kam es zu schweren Kämpfen.[360] Die Burg war mit Waffen und Lebensmitteln für eine lange Belagerung ausgerüstet. In den Gewölben stapelten sich zentnerweise Stockfische, Speckseiten und Hunderte von Maltern Getreide. Auch vor der Festung Wassenberg kam es zu Belagerungskämpfen. Es gibt einen Hinweis dafür: „Es ist nämlich von einem burgundischen Hauptmann die Rede, der an der Belagerung von Venlo (18.—21. Juni 1473) nicht teilnehmen kann (und so auch des vom Herzog ausgesetzten Ehrensolds verlustig geht), weil er bei der Einnahme von Wassenberg verwundet wird."[361]
Der Graf erholte sich von dieser Niederlage nicht mehr. Sein Traum einer Führungsposition im Gelderland, gestützt auf die dortigen Stände, war ausgeträumt. Das Verzeichnis der Kriegsschäden, auch Wassenbergs, zeugt von den schweren Verlusten. Im Hauptstaatsarchiv Düsseldorf finde ich eine „Designation des Schadens so durch die Geldrische Krieges Völcker dem Grafen von Meurs und dessen Unterthanen in Anno 1472 bis 1477 zugefügt wurde."[362] Auf dem Blatt 74 dieses Verzeichnisses steht: „als sulchen Schaden als mein gnad Herr und sein undersassen in dem Lande von Wassenberg geschyt ist op der burg daselfs und in dem Lande infolge Krieg dat sein: Summa 13.630 Rheinische Gulden."
Der Kampf um Wassenberg wird sehr kurz, aber grausam gewesen sein: „Karls Pikarden — für Draufgängertum wie für Sadismus gleichermaßen bekannt und berüchtigt."[363] In zeitgenössischen Quellen ist die Rede davon, daß unter den burgundischen Pikarden zwar einige vorzügliche Soldaten, zum großen Teil aber unbrauchbares Volk, bösartig und hinterlistig gewesen.[364]
Der burgundische Machthaber läßt Vertreter der verpfändeten Länder der „Overmaas" 1473 nach Maastricht kommen, um dort die steuerlichen Abgaben zu beraten. Erstaunlich: die Wassenberger haben den Mut, der Versammlung fernzubleiben. Sie stehen nach wie vor treu zu ihrem besiegten Pfandherrn. Eine solche Haltung ist nicht ungefährlich; denn der Burgunder geht rücksichtslos vor. Repressive Gefahren umlauern das Wassenberger Land. Ein Schutzbrief macht dies deutlich. Das Düsseldorfer Hauptstaatsarchiv bewahrt ein Dokument des Herzogs von Burgund, Lothringen und Brabant für das Franziskanerinnenkloster in Wassenberg, das zu diesem Zeitpunkt, 1472, noch hier auf der Kirchstraße (Nähe Georgsbasilika) beheimatet, ab 1475 sich in Myhl niedergelassen hat. Ein weiterer, die Unruhe jener Jahre bezeichnen-

Der Kaiser und seine sieben Kurfürsten: Herrschaftsstrukturen. Im „Hansekopiar" von 1487 wird die Macht des Kaisers in prächtiger Buchmalerei demonstriert. (Historisches Archiv, Köln)

der Schutzbrief von Herzog Karl dem Kühnen liegt für 1472 vor. Karl nimmt darin das Kapitel des St. Georg-Stiftes unter seinen Schutz. Der Anfang des Schreibens zählt die Titel des Herzogs auf: *Karell by der Gratien Gots Hertoge van Burgoingnen, van Lothr, van Brabant, van Lymborch inde van Luxemb. Greve van Vlainderen, von Artois, van Bourgoignen, Palatin van Hennegauwe, van Hollant, van Zelant ind van Namur, Markgreve des hilligen Rijks, Here van Vrießlant, van Salins inde van Mechelen.*
Sodann spricht der Herzog seine Schutzabsichten für den Propst und das Capitel *der Collegiait-Kercken van Sint Joeris in onser stat van Wassenberg* aus, und zwar im einzelnen für *die selve Prost en Capitle die Capellanen, Amlude, Dienere, Dorpen, Herlicheiden, Thiende en andere Goide, Renten ende Rechten.* Am Ende des Schutzbriefes hängt das Siegel des Herzogs: „Ende des d'orconde hebben wy onse Segell an dißen Brieff doin hangen. Gegeven in unser Stede van Brüßell ersten Dage in Merte mit Jair ons Heren Dusend vierhundt. und twe in sieventich."[305]
Mehrfach erfahren wir in diesen Jahren von burgundischen Prüfungskommissionen, welche die Einkommensrechte im Lande Wassenberg feststellen: „de demander oudit pays de Wassenberch le droit de mondit seigneur tant pour sa joyeuse venue ou pays comme pour son mariage."[306]
Bei der Versammlung der Obermaas-Länder in Maastricht wird Wassenberg trotz seiner Abwesenheit mit einer jährlichen Steuer von 1000 Dukaten veranlagt. Das ist ein hoher Betrag, wenn man bedenkt, daß Gangelt, Millen und Waldfeucht zusammen nur 350 Dukaten aufzubringen brauchen.

Der Tod Karls des Kühnen auf dem Schlachtfeld von Nancy am 5. 1. 1477 leitet das Ende der burgundischen Herrschaft über zahlreiche Besitzungen und Länder ein. Auch die Güter des Grafen Vinzenz von Moers werden wieder frei. Werner Paravicini nennt die oben zitierte Schadensliste „ein Dokument jahrelanger Leiden unter Kriegszerstörung und Requisitionen an Menschen, Geld und Sachen, die die Gesamtsumme von 147 006 Rh. fl., davon 45 403 für die Untertanen" ausmachen.[367] Auch Wassenberg ist eine tragische Position in dieser deprimierenden Addition. Stadt und Land Wassenberg bekamen eine vom 5. 6. 1473 bis zum 20. 1. 1477 dauernde Besatzungszeit zu spüren. Diese hätte noch länger gedauert, wäre Herzog Karl nicht gefallen. Man könnte annehmen, mit dem Machtverlust der burgundischen Übergewalt hätte sich auch des Grafen Vinzenz' Geschick wieder zum Besseren gewendet. Leider war das nicht der Fall. Die große Politik eröffnete mit der Heirat Maximilians von Österreich und Marias von Burgund Ansprüche der Habsburger auf Geldern. Graf Vinzenz, der Pfandherr von Wassenberg, geriet deshalb erneut in Schwierigkeiten. Der Gegensatz Moers-Burgund flammte wieder auf, weil Vinzenz wie eh und je für ein unabhängiges Geldern eintrat. Zudem: schwere Schulden drückten ihn. Mehr oder weniger bestimmt sein ganzes Leben die Unruhe „roter Zahlen". 1465 entdecken wir ihn sogar als lokalen Schuldenmacher in Wassenberg. Anscheind reichten die Einnahmen dieses begüterten Landes nicht aus. Er pumpte buchstäblich die Schöffen an. 988 Rheinische Gulden war er ihnen in diesem Jahre schuldig.
Severin Corsten meint, es sehe allerdings nicht so aus, als hätten die Wassenberger sehr viel für die Kreditwürdigkeit ihres Herrn gegeben; denn sie verkauften 1488 die mit diesem Kapital gedeckte Erbrente von 60 Gulden — was einer verhältnismäßigen hohen Verzinsung von 6 % gleichkommt — an das adelige Damenstift zu Heinsberg.[368]
Es ging weiter bergab mit dem Grafen von Moers. Am 31. 1. 1480 stellte der nun 65-jährige seinen gesamten Besitz für 14 Jahre unter den Schutz des Herzogs von Jülich, bis sein Enkel, Graf Bernhard, der am Hofe des Herzogs erzogen wurde, diesen künftig übernehmen soll. Die Urkunde liest man nicht ohne Mitgefühl für ein politisches Leben, das von Sieg und Niederlage, Huld und Ingrimm, Glück und Unglück durchzogen ist:
„Wir Vincentius greve zu Moerse ... nadem wir eyn alt geselle syn ind versienlich is, wir nyt lange zu leven haven, ouch unse dry lyfflich soene uns affgegangen ind gestorven, wir ouch in groissen schulden ind lasten syn ..."[369] Aspekte des Inhalts: Graf Vinzenz hat überlegt und bedacht als alter Mann und unter der Aussicht, daß er nicht mehr lange zu leben hat, nachdem ihm drei leibliche Söhne verstorben sind, und er auch von großen Schuldenlasten bedrängt ist, daß es wohl am besten sei, seinen Besitz unter die Verwahrung und den Schutz des Jülicher Herzogs zu stellen. Die Urkunde nennt nun auch zu ersten Mal einen Namen, der zunehmende Bedeutung für die Geschichte Wassenbergs erlangen wird: Werner von Palant, der erste einer Reihe von Herren auf der Burg, die als Wassenberger Leitfiguren noch heute ihren unverlierbaren Ruf besitzen. Graf Vinzenz, der Pfandherr, erklärt nämlich weiter, daß er befohlen habe, die Amtleute in den Schlössern, an den verschiedenen Plätzen seiner Besitzungen und in den Pfandschaften auch unter ihrem neuen Herrn beizubehalten. Werner von Palant wird dementsprechend Unterpfandherr und besitzt nun alle Einkünfte des Landes Wassenberg. Graf Vinzenz bestätigt dies noch einmal gesondert in einer Urkunde vom 11. 11. 1481.
In der Urkunde vom 31. 1. 1480 heißt es vorwegnehmend: „Up dat dan dit guetliche verdrach (gütlicher Vertrag) desto vestlicher gehalden werde, hain wir Vicentius greve zo Moerse ... bevolhen, dat die amtluyde (Amtleute) ... mit namen Wernher von Palant ... zu denselven slossen ind platzen gesatzt werden.[370]

Wassenbergs Übergang an Jülich

Der letzte Akt im Leben des Wassenberger Pfandherrn betraf die am 16. 1. 1493 getätigte Überweisung (beinahe 14 Jahre nach der Jülicher Verwahrung) an Wilhelm Graf von Wied, dem Ehemann seiner Enkelin Margarete von Moers. Die Urkunde über die erbliche Abtretung spricht aus, daß *Wir Vincentius greve zo*

Diese Landkarte wird Gerardus Mercator (1512—1594) zugeschrieben.

Moerse ind zo Sarwerden doin kont . . . dat wir sloss, stat ind landt van Wasenberg . . . unserm sone graven Wilhelm van Wede (von Wied), zo behoiff syn ind der wailgeborn edeler Margrethen van Morsse gravynnen zo Wede, unser liever dochter synre eliger huyssfrouwen . . . ewelich overgeven . . .[371] Wilhelm von Wied wurde für kurze Zeit Herr von Wassenberg. Vinzenz hoffte, durch diese Zuwendung seine Schulden loszuwerden, „und seinem Enkel, Graf Bernhard, durch späteren Rückkauf das von Konfiskation bedrohte Erbe zu erhalten." [372] Wilhelm aber trennte sich schon bald von Wassenberg und den Gütern, die ihm Graf Vinzenz überlassen hatte. Der Herzog von Jülich zahlte am 21. 7. 1494 den früher festgelegten Preis für Wassenberg: 18 000 Rheinische Gulden. Das war die Summe, die — wir erinnern uns — seinerzeit Graf Johann II. von Nassa-Saarbrücken dafür erhielt. Der Jülicher Herzog war nunmehr Herr von Wassenberg und wird es lange bleiben. Erst im napoleonischen Roer-Departement wird Jülichs Sonne untergehen.

Im Dezember 1494 huldigten der Amtmann, der Bürgermeister, der Zöllner, die Schöffen, der Propst, die Stiftsherren, der Pfarrer und andere Honoratioren von Wassenberg dem neuen Landesherrn. Kaiser Maximilian gab am 19. 6. 1498 seine Zustimmung als Herzog von Burgund zum Machtwechsel im Wassenberger Land: „Wir, Maximilian von Gottes Gnaden Römischer König bekennen für uns und den hochgeborenen Philipsen, Erzherzog von Österreich, Herzog von Burgund und Brabant . . . zum sechssten angeende das begern meine gnedigen herrn van Gulch der erbschafft halber Wassenburg, Born und Hertzogen-Rode, die im

Verpfandt sein ... will mein gnedigster herr ertzhertzog Philipps bewilligen, das Gulch die vorgeschieben phandschafft Wassenpurg, Born und Hertzogen-Rod sein leben lang inbehalten und furtter die resort und oberkait ... auch sein leben lang bleiben soll, also daz sy das also innhaben und die losung anders zu gestatten nit schuldig sein sollen."[373] Unser Wassenberger Pfandherr Graf Vinzenz von Moers, der versuchte, am Niederrhein ein machtvolles Territorium aufzubauen, verscherzte seinen Aufstieg durch unüberlegte „Schachzüge". Vinzenz war wie die Koelhoffsche Chronik der Stadt Köln es formuliert, einer der Grafen, „die nu zo beiden siden grois heren sint. in dissen sachen is niet vil zo sagen of zo schriven. der wise man spricht: pecunie obediunt omnia."[374] Zuletzt aber war Vinzenz nicht mehr als ein *pauvret*. Sein Stern sank und das Haus Moers erlosch. Auch für Wassenberg war das ein ganz entscheidender Einschnitt. Wassenbergs Übergang an Jülich bedeutet Verlust des Landes Wassenberg als *terra* und *districtus*. Das selbständige Land Wassenberg hatte aufgehört zu existieren. Als Amt wird Wassenberg nun das Schicksal des Herzogtums Jülich teilen. Die alte Weisheit erneuerte sich, daß der König der Könige die Vergänglichkeit ist und damit des Euripides Gedanke: „Das ist der Welten Lauf! Keins der Dinge hat Bestand!"

Kaiser Maximilian I. (†1519). (Porträt auf Pergament, Brügge 1518. Österreichische Nationalbibliothek, Wien)

DIE MANNKAMMER

Die Lehen

Die Hausmeier des Frankenreichs gewannen ihre Berufskrieger durch die leihweise Überlassung von Königs- bzw. Kirchenland. Aus den Erträgen dieser Verleihungen (= Lehen) finanzierten die Krieger ihre kostspielige Reiterausrüstung und ihr Streitroß. Im Ernstfall hatten sie abrufbereit zu sein; denn Vasallenvertrag und Treueeid (= Lehnseid) banden sie.
Das Lehen (beneficium, feodum) entwickelte sich aus der Vasallität, aus dem Lehensverhältnis, aus der Einräumung eines Gutes auf Lebenszeit des Vasalls (bassus, beneficarius, cliens, feudatarius, miles, tenens, homme de foi). Ursprünglich fiel das Lehen beim Tod des Lehnsmannes zurück, nach und nach aber (etwa seit dem 9. Jahrhundert) wurde es erblich. Das Heimfallrecht setzte im großen Stil folgenschwere Prozesse in Gang, wenn Könige und Herzöge ganze Länder als „heimgefallen" betrachten.
Es gab auch eine Belehnung an mehrere Personen, an Gemeinschaften, sofern die Gegenleistung gesichert schien. Seit dem 9. Jahrhundert war es auch denkbar, daß jemand gleichzeitig von mehreren Herren Lehen empfing. Eine Teilung des Lehens war jedoch ohne Erlaubnis des Herrn nicht möglich, ebenso blieb eine Vereinigung von Teilen ausgeschlossen.
Die Lehnshierarchie sah den Kaiser oder König an der Spitze, an sie gebunden die Fürsten als Vasallen, an diese wiederum die Untervasallen — eine Pyramide von Geben und Nehmen. Die Grafen von Wassenberg empfingen ihr Lehen von Kaiser Heinrich II. (1021) und gaben Lehen an ihre Getreuen. Immer mehr wurden solche Vorgänge Gegenstand eines schriftlichen Aktes. Mannkammern entstanden. Etwa die Wassenberger Mannkammer. Sie beaufsichtigte die Verfahren der Belehnung. Über jede Zuteilung wurde ein Lehensbrief ausgestellt.
Das älteste Lehensbuch mit Wassenberger Eintragungen befindet sich im Rijksarchief zu Brüssel. Zu Zeiten des Herzogs Johann III. von Brabant, also um 1350, wurde es angelegt.
Ich habe mehrfach den schweren, eisenbeschlagenen, ledergebundenen Folianten in die Hand nehmen dürfen. Es berührt geradezu feierlich die eigene „historische Emotion", wenn man sich Alter und Würde dieses Buches vor Augen führt.
Der Lehensschreiber dieses „Brüsseler Oeuvre" ist Wilhelm von Cassel. Seine Schrift wirkt bescheiden *en miniature*, aber sie ist gut lesbar: „l'écriture de Cassel quoique petite est nette et très lisible!"
Alle brabantischen Lehen und Lehenspersonen von Antwerpen bis an den Rhein sind hier erfaßt: Les premiers registres féodaux avec Wassenberg aux Archives générales du Royaume enthalten folgende Bücher: 1. le Latynsboek (1345), 2. le Stootboek (1353), 3. le Spechtboek (1374) und 4. das schon erwähnte Casselboek (um 1350). Die Register des letzteren enthalten die Auflistung von 107 Wassenberger Lehen. In der Präambel heißt es: „Hec sunt nomina feodalium seu fidelium Johannis Dei gratia Lotharingie, Brabantie et Limburgie ducis . . ." (Dies sind die Namen der Lehensleute des Lehnsherrn Herzog Johann von Lothringen, Brabant und Limburg . . .)
Besagtes Lehnbuch „est notandum . . . par Willelmum de Casleto", den Sekretär (clericum) des Herzogs Johann III. von Brabant, den wir als Triumphierenden in der Wassenberger Geschichte kennengelernt haben. Es ist der Sohn des Wassenberg-Eroberers Johann II. Johann III. von Brabant wird im Juli 1314 inauguriert und verleiht am 14. 7. 1314 den Brabantern und Limburgern und damit auch den zu Limburg zählenden Wassenbergern die Freiheits-Charter.
Das „Lateinbuch" (*het latynsboek*) ediert im Jahre 1865 L. Galesloot unter dem Titel „Le livre des feudataires de Jean III., duc de Brabant". Übrigens muß es noch ein viel älteres Verzeichnis in Brüssel gegeben haben, der „rotulus wassenbergensis" heißt und vom Lehensschreiber Wilhelm von Cassel mitbenutzt worden ist. Freiherr Werner von Negri und Franz Mayer tun sich 1926 zusammen, um die Topographie dieser 107 „brabantischen" Lehen im Wassenberger Land ausfindig zu machen. Leider ist dies infolge der Unvollständigkeit des lehenschriftlichen Materials nicht immer gelungen. Außerdem bleiben trotz intensiver Nachforschungen im Brüsseler Archiv manche Namen Schall und Rauch. In „Die Heimat, Heinsberg 1926" können sie nachgelesen werden, so daß ich hier auf eine viele Seiten umfassende Auflistung verzichten kann.

Die Wassenberger Lehnsregister

Leo Gillessen, Sachkenner der sozialgeschichtlichen Aspekte des Lehnwesens am Niederrhein, beschreibt unseren heimatlichen Feudalismus als spätestens „seit dem 14. Jahrhundert nicht mehr von einem geschlossenen sozialen Stand getragen. Zwar stellt der Adel noch bei weitem die Mehrheit der Vasallen eines Herrn, doch sind um diese Zeit bereits auch andere gesellschaftliche Gruppen in das feudalistische System einbezogen."[375] Dieser Hinweis ist wichtig, wenn wir im folgenden die Wassenberger Lehnsakten betrachten. Diese Schriftstücke „erzählen ihr Schicksal", wie Walter Risters, langjähriger Dezernent im Wassenberger Rathaus und engagiert in Sachen Ortsgeschichte, im Heimatkalender von Erkelenz 1972 ausführt
81 Wassenberger Lehen können wir im Jahre 1450 feststellen. Um 1500 sind geringfügige Änderungen durch Teilungen von Lehen eingetreten. Von den 81 Wassenberger Lehen sind 14 unter 30 Morgen, 34 zwischen 30 und 100 Morgen, 28 zwischen 100 und 200 Morgen und 5 über 200 Morgen. Die Gesamtheit dieser Lehen ist in der Mannkammer dokumentiert. Sie veranstaltet auch das Manngeding als Tagung der Lehensmannen. Den Vorsitz führt der Lehnsherr oder der von ihm bestellte Lehnsstatthalter. Die Mannkammer spricht ihr eigenes Lehnsrecht.[376] Die Wassenberger Lehnsverzeichnisse liegen im Hauptstaatsarchiv von Düsseldorf und sind für jedermann einsehbar.

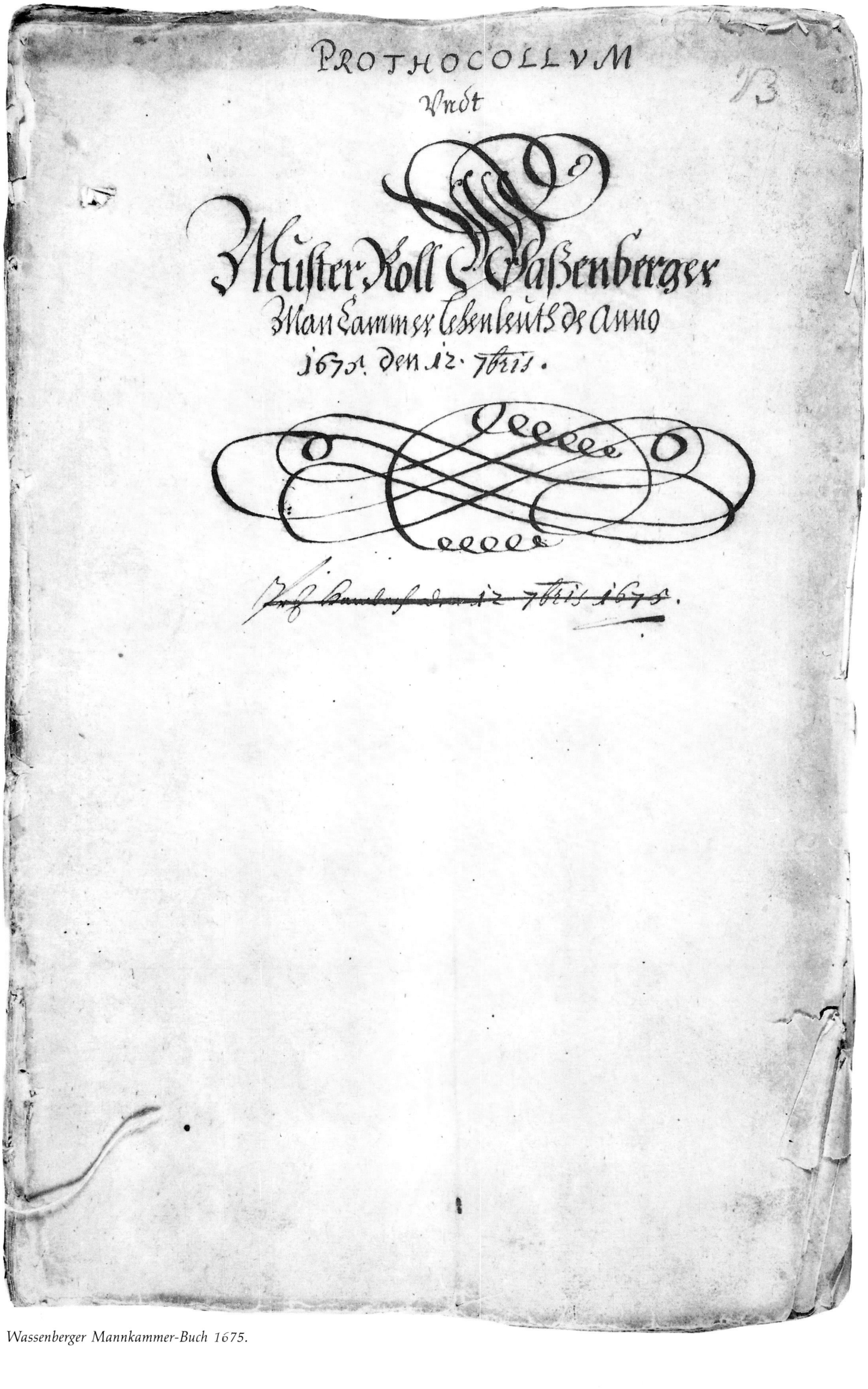

Wassenberger Mannkammer-Buch 1675.

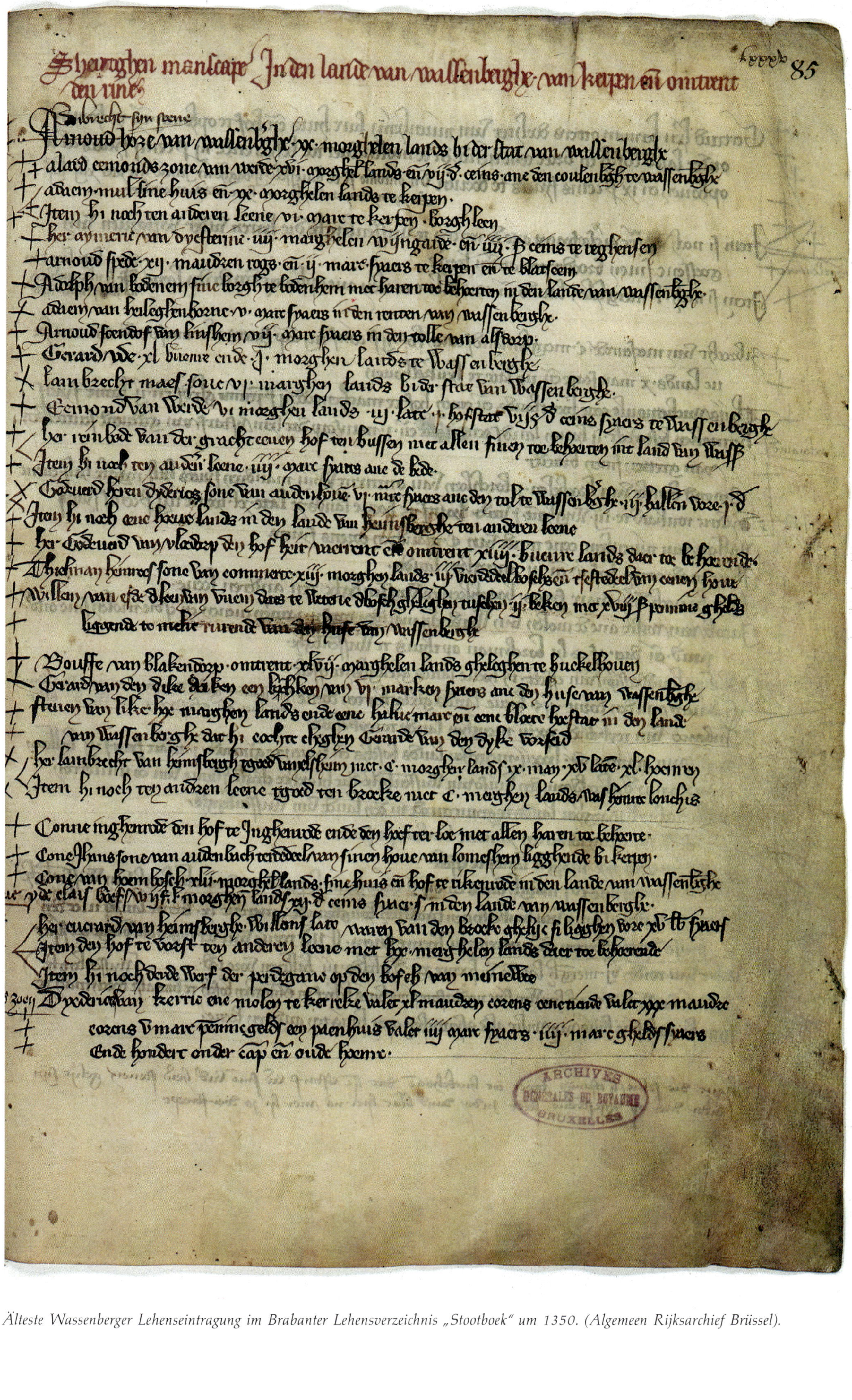

Älteste Wassenberger Lehenseintragung im Brabanter Lehensverzeichnis „Stootboek“ um 1350. (Algemeen Rijksarchief Brüssel).

Stoot-Boek um 1350 mit den ältesten Wassenberger Lehenseintragungen. (Algemeen Rijksarchief Brüssel)

Das älteste wassenberg-eigene Register reicht von 1450 bis 1505.[377] Auf dem schweinsledernen Einband des 115 Blätter umfassenden Buches (Format 12 cm mal 30 cm) lesen wir: „Dit Is dat lehenboick zo Wassenbergh".

Wie ich bei meiner„ Lebenskritik" unseres Wassenberger Pfandherrn Vinzenz von Moers, der parallel zum Zeitraum dieses Lehnsbuches agierte, ausführte, liegt die Nachlässigkeit der Buchführung wahrscheinlich an dem unsteten Lebensstil des Grafen. Es fehlt auch alles, was nach wassenberg-eigener Lehensordnung aussehen könnte. Anscheinend herrschten die Gewohnheitsrechte bei den „liehnmannen" vor. Bestimmte Formulierungen lassen dies vermuten: „na leronge der mannen" oder „na alden rechten ind gewonen" oder „as sich geburt" oder „as eyn leenmann synem leenherrn schuldig is". Auch Unterscheidungen zur Art des Lehens (Mannlehen, Schwertlehen, Stocklehen, Burglehen, Kunkellehen u.a.) entdeckte ich nicht.

Die Belehnungen fanden in Wassenberg auf der Burg in Anwesenheit des Lehnherrn oder seines Statthalters und wenigstens von zwei Mitgliedern der Mannkammer statt.

Leo Gillessen: „Infolge der Erblichkeit zersplitterten manche Lehen in zwei oder mehrere Teile, deren jeder dann ein eigenständiges Lehen bilden konnte".[378] Nach dem Tod des Lehnsträgers ging das Objekt auf dessen Erben über, die für ihre Person wieder offiziell belehnt werden mußten. Es kam auch vor, daß neben den Erben Gläubiger sich belehnen ließen. So empfingen vom 30. 11. 1501 bis 2. 2. 1502 sechs Anwärter die Belehnung von Haus Hall in Ratheim. Kirchen und Klöster ließen meist ihren Verwalter oder Pächter belehnen.[379] Weil mit dem Lehen auch militärische Dienste verbunden waren, blieben Priester und Kinder davon ausgeschlossen. Oft mußte der Lehnsmann als Reiter mit Pferd und Harnisch zur Verfügung stehen oder einen Ersatzmann stellen, für dessen Verpflegung er auf sechs Wochen und drei Tage zu sorgen hatte. Noch im Zeitalter der Pulverbüchsen und Kanonen erhielten die Besitzer von „Sattellehen" die Aufforderung ihres Lehnsherrn: „Die Notdurft erfordert, sich in guter Verfassung zu stellen, mit qualifizierter, wohlbewehrter Ausrüstung, wie von alther gewöhnt, damit auf Unser Gnädigstes Erfordern, zu Dienst und Defension des lieben Vaterlands gebührlich bereit zu sein." Oft wurde die Dienstleistung in Geld abgelöst. In Wassenberg betrug sie im 17. Jahrhundert zwischen 20 und 60 Reichsthaler für Mann und Roß. Die letzten Forderungen dieser Art in Wassenberg stammen von 1738. In besonders schlimmen Kriegsperioden konnte öfter im Jahr eine Musterungsaufforderung erfolgen und das Lehen auf diese Weise schwer belastet werden.

Und so sah das Zeremoniell der Belehnung auf der Wassenberger Burg aus: Normalerweise hatte der zu Belehnende barhäuptig den Huldigungseid zu sprechen. In einem Bericht des Wassenberger Amtmannes von 1655 wird zum Eid gesagt, er müsse wie von altersher mit aufgerichteten drei Fingern und einem samtenen, an dem kleinen Finger hängenden Beutel mit Gold und Silber darin gesprochen werden. Der Inhalt des Samtbeutels deckte die Kosten für die Belehnung. Nach einer Wassenberger Mannkammerweisung von 1450 stiftete derjenige, der Lehengut übergab, dem Lehnsherrn bzw. seinem Statthalter ein Viertel und den beiden Zeugen ein halbes Viertel Wein. Wer ein Lehen empfing, schenkte den genannten ebensoviel und außerdem 5 Mark dem Lehnherrn. Dieser Betrag war das sogenannte *Heergeweyde*. In Geldern betrug es 15 Goldgulden, in Valkenburg ein Pferd. Der Lehenschreiber bekam ein halbes Viertel Wein oder ein Thornesch, der Lehnbote ein Stück Geld. Im Jahre 1674 wurden diese Unkosten in Geld umgerechnet, wobei ein Viertel Wein einem Reichsthaler gleichkam. Amtmann von Hochkirchen erklärte 1674, nirgendwoanders seien die Kosten eines Lehensempfanges so niedrig wie in Wassenberg. Sie betrügen insgesamt nur 5 ¼ Reichsthaler. (Vergleich: in Boslar 16 Reichsthaler, in Geldern 30 Goldgulden)

Eine besonders interessante Form der Belehnung geschah in Wassenberg dann, wenn sowohl Lehnsherr, sein Statthalter als auch ein Vertreter nicht anwesend sein konnten. Die Zeremonie lief dann in folgender Weise ab: der zu Belehnende schüttelte in Gegenwart des Lehensschreibers und zwei Mannen den eisernen Ring am Schloßtor vor der Zugbrücke. In unserem Lehenbuch entdecke ich fünfmal einen derartigen Vorgang: 1456, 1457, 1481, 1487 und 1492.

Unter den Lehensübergaben in Wassenberg ragten natürlich die Verpfändungen des Landes Wassenberg heraus, etwa die an Pfandherr Werner von Palant im Jahre 1480. Er erhielt Wassenberg für 10 144 Goldgulden. Einige Jahre später steht sein Sohn Werner von Palant als „Jonker, panther ind lenher" im Mannkammerbuch. Der Sohn scheint ein gewissenhafter Mann gewesen zu sein; denn er nahm alle Belehnungen selbst vor. Er veranlaßte 1506 eine allgemeine Lehenerneuerung für Wassenberg und brachte damit die Vorschriften über Verkauf und Verspleißung der Lehen wieder zur Geltung.

Alle Belehnungen wurden ins Wassenberger *leenboek* urkundlich eingetragen. Schon eine flüchtige Durchsicht läßt erkennen, daß mehrere Schreiber dabei tätig waren. Leo Gillessen meint, „verschiedene Blätter seien vorab unbeschrieben geblieben und ließen das vergebliche Bemühen erkennen, Vorgänge, die ein und dasselbe Lehen beträfen, im Buch zusammenzufassen."[380]

Unser Mannkammerverzeichnis enthält auch Aufzeichnungen über Manngedinge als Gerichts- und Beratungstage. Das Wassenberger Manngeding fällte Entscheidungen in Lehensstreitigkeiten, war aber auch weisungsbefugt in Zivilsachen. Die Schöffen der Wassenberger Dingstühle von Beeck, Dovern, Kleingladbach und Melick holten sich, falls sie sich nicht rechtskundig genug fühlten, Rat beim Hauptgericht in der Stadt Wassenberg. Wenn auch dieses nicht weiterwußte, war das Manngeding an der Reihe, das dann „recht ind ordel" sprach. Allerdings nur zivilrechtlich. Im Kriminalrecht mußten die Schöffen beim Landesherrn nachfragen.

Die Lehnsmannen Wassenbergs waren um 1450 noch zu 75 % adelig. Aus ihrer Mitte kam der Drost als Lehnsstatthalter. Infolge häufigen Wechsels an der Spitze in Wassenberg verselbständigten sich die „rechtlichen Auffassungen" der Lehnsmannen mehr als erlaubt. Sicherlich ein Grund dafür, warum Werner von Palant jr. in seiner „Regierungszeit" als Pfandherr von Wassenberg und Lehnsstatthalter Reformen einführte. Wie notwendig diese waren, macht eine Eintragung von 1450 verstehbar:

„Int jaer 1450 op sint gregoirs daig was mangedynge zo Wassenberg ind Johan Sprynck as eyn stathelder zer zyt sat myt den mannen zo gerichte in dieß vrogen dat ten neesten mangedyng na desen, unse droß geloiven sal, den mannen zo halden, deß sy yme dan an gesynnen solen, by rechten ind alden gewonen gelycht an den syne vurvadern gedayn haynt — indoff der droß des asdan nyt dede, darop magen sich die Mannen dan beraiden ind besynnen, wy sy dat dan vort myt den droß halden sollen, yme gehorsame zo syne off nyet."

Inhalt: Hier wird also von den Lehnsleuten gefordert, daß der Drost im nächsten Manngeding versprechen soll, sie bei ihren bisherigen Rechten und Gewohnheiten zu belassen. Die Mannen erklären, falls der Drost das nicht täte, sie überlegen müßten, wie sie es mit ihm dann hielten, ob sie ihm gehorsam sein wollten oder nicht.

Die Antwort des Drosten ist uns nicht überliefert. Ich nehme an, sie war positiv. Wahrscheinlich war Wilhelm von Vlodrop (Erbvogt von Roermond, Herr von Elsum, Pfandherr von Helpenstein-Arsbeck) ein später bedrängter Drost. Über ihn hat uns Rien van den Brand im benachbarten niederländischen Heimatkalender „Roerstreek" (1981) einen Beitrag verfaßt, der den Wassenberger Drost aus Vlodrop um 1450 in Jerusalem sieht, wo er zum „Ridder geslagen" wird. Das Drostamt des Vlodropers übernahm während seiner Abwesenheit Edward Vogt zu Bell, ein Bastardsohn des Herzogs Reinald von Jülich-Geldern. Ab April 1452 taucht Wilhelm von Vlodrop als Drost in den Akten wieder auf.

Ein weiteres Lehensverzeichnis reicht von 1506 bis 1530.[381] Andere folgen, so etwa das von 1656.

Das Weistum der Lehnsdienste von Wassenberg

Unter Graf Vinzenz von Moers als Pfandherrn von Wassenberg scheinen die Lehensrichtlinien nicht immer beachtet worden zu sein. Werner von Palant jr. versuchte um 1506 eine grundsätzliche Lehensrenovierung durchzusetzen, damit die Vorschriften über Verkauf und Verspleißung mehr zur Geltung kämen. Im gleichen Jahr entdecke ich erstmalig den folgenden Palant-Vermerk im *leenboek*: „De vurß. Splissing han ich bewillikt ind gegont".[382] Werner von Palant jr.

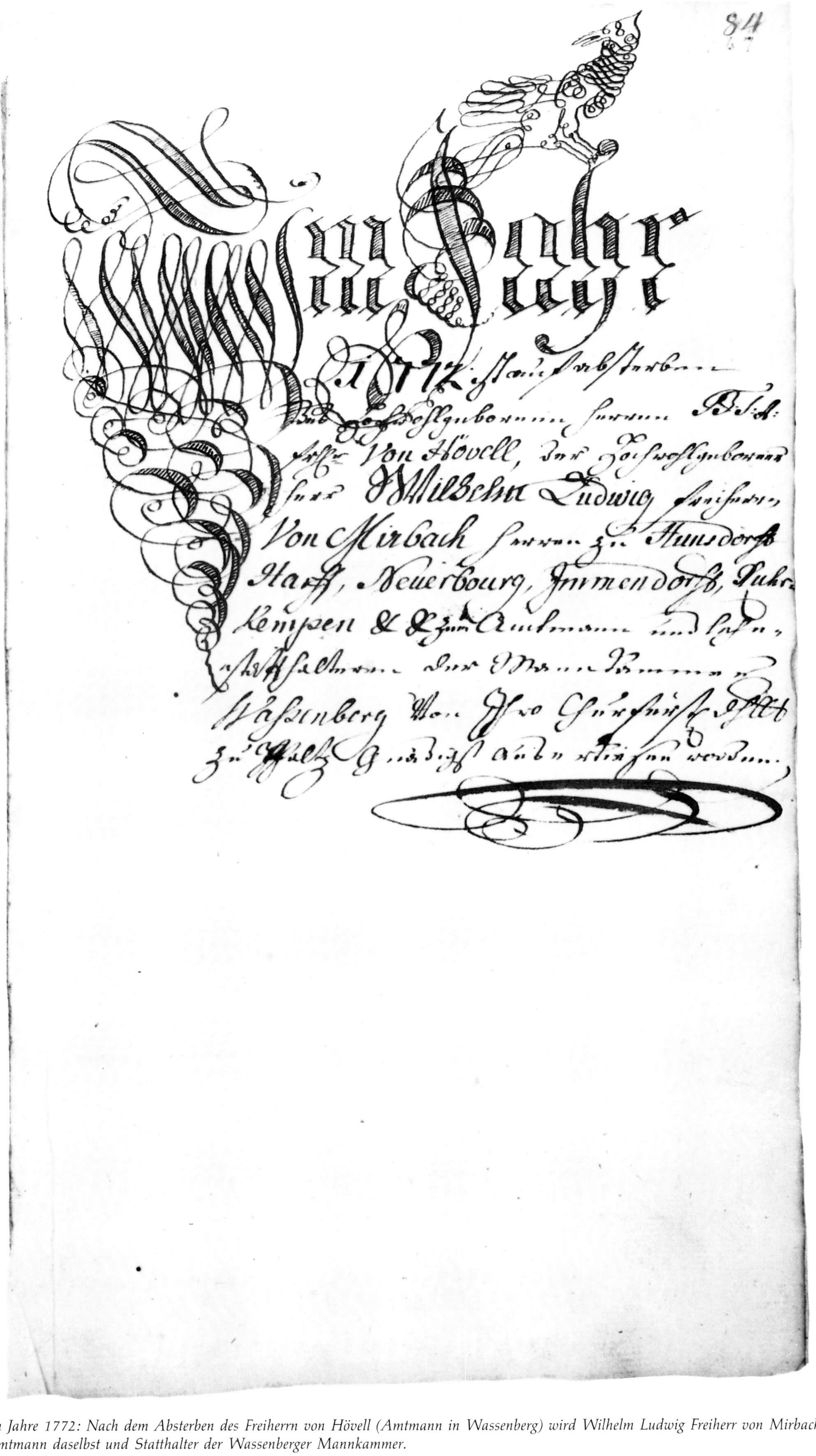

Im Jahre 1772: Nach dem Absterben des Freiherrn von Hövell (Amtmann in Wassenberg) wird Wilhelm Ludwig Freiherr von Mirbach Amtmann daselbst und Statthalter der Wassenberger Mannkammer.

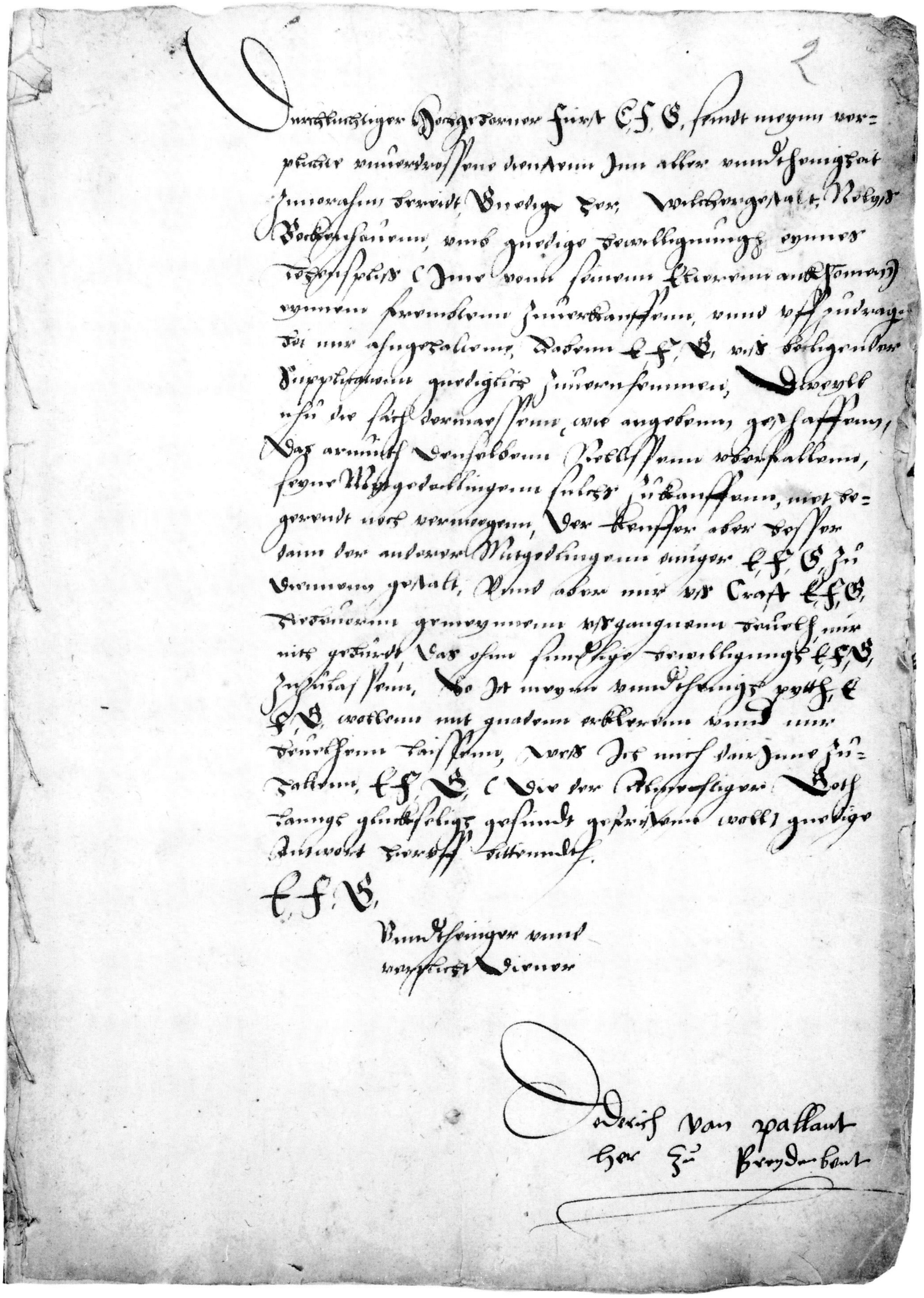

Diderich von Palant, Herr zu Breidenbent, bestätigt hier ein Wassenberger Mannkammerlehen um 1640.

nahm alle Belehnungen selbst vor und zog nicht nur zwei, sondern verschiedentlich sogar bis zu sechs Zeugen hinzu, um die Bedeutung solcher Rechtsakte zu unterstreichen. Eine Reihe von Weistümern, Protokollen, Schöffenbriefen und Niederschriften verdanken wir seiner Initiative.
Ein wichtiges Dokument bleibt das Weistum über die Lehndienste Wassenbergs vom 18. 10. 1525. [383] Unter Weistum haben wir eine Aussage über geltendes Gewohnheitsrecht zu verstehen, welche von rechtskundigen und erfahrenen Männern abgegeben wird. Auch in unserem Wassenberger Lehensweistum treten eine Reihe erfahrener Leute auf: Schöffe Peter Thewus, Schöffe Thys uff der Rueren, Schöffe Lenart van Swalenbergh, der Doverner Schöffe Jennis in gen Haen, der 80-jährige Wassenberger Bürger Lenart Arben.
Ich lasse nun die wichtigsten Passagen meiner Übersetzung des Weistums folgen und will danach für den besonders interessierten Leser einige Partien des Originaltextes mitteilen .[384]

Wir Schöffen der Stadt Wassenberg tun kund, daß vor uns etliche Schöffen, Lehnsmänner und Untertanen der Stadt und des Landes Wassenberg erschienen sind, um Erklärungen abzugeben, die den Dienst des Lehnsmannes in Haus und Herrlichkeit Wassenberg betreffen . . . Sie wollen diese Mitteilungen machen, weil der ehrenwerteste und fromme Junker Werner von Palant sie darum bittet.

Als erster hat Peter Thewus, Schöffe und Lehnsmann zu Wassenberg, ausgeführt, daß es 60 Jahre her ist, also zu Zeiten des Pfandherrn Graf Vinzenz von Moers war, als alle Lehnsleute verpflichtet waren, ihrem Herrn mit Pferd und Harnisch („perd ind harnesch") sechs Wochen und drei Tage bei Selbstverpflegung zu dienen und gehorsam zu sein. Als Beispiel nennt Peter Thewus den Philipp Pastoirs, der anstelle von Merten von Granterath diente. Als bei ihm die sechs Wochen und drei Tage vorüber waren, blieb Philipp noch länger in Wassenberg. Da sagte der Graf Vinzenz von Moers zu ihm: ‚Habe ich dich noch immer hier?' Da antwortete Philipp: ‚Gnädiger Junker, ich will Euer Gnaden noch 14 Tage länger dienen'. Da gab Graf Vinzenz dem Philipp neue Kleidung.
Peter Thewus hat sodann erklärt, daß der Wassenberger Drost Jacob Stammeller von Herkenbosch und Harttefeld zu Zeiten des Herzogs von Burgund die Wassenberger Lehnsleute zum Dienst mit Pferd und Harnisch forderte. Arnt van Ghoir und Johann van Heymbach hätten zum Zwecke der Ablöse ihrer Dienstpflicht jeder dem Drosten ein Pferd geliefert. Nie hatte Peter aber gehört, daß ein solcher Ersatzmann sein Essen vom Herrn bekam.
Der Ritter Hoen van Peschs war Drost Stammeller gegenüber ungehorsam. Dafür wurde er bestraft. Auch erklärt Peter Thewus, daß bei einer Dienstzeit über sechs Wochen und drei Tage der Herr für die Verpflegung aufkäme. Schließlich konnte Peter bestätigen, daß die Lehnsleute ihre Dienstpflicht meist in eigener Person wahrgenommen hätten.

(Dem Inhalt nach gleiche Ausführungen machen sodann einer der ältesten Wassenberger Schöffen, Thys uff der Rueren, der Schöffe Lenart von Schwanenberg und der Doverner Schöffe Jennis in gen Haen.)
Jennis in gen Haen insistiert, die Wassenberger Lehnsleute seien ihrem Herrn schuldig, Schloß und Stadt zu beschützen. Der 80-jährige Wassenberger Bürger Lenart Arben erinnert sich, zur Zeit des Herzogs Arnold von Geldern und des Grafen von Moers hätten Reitertruppen zu Echt und Nuwerstat gelegen und großen Schaden in Stadt und Land Wassenberg angerichtet, so daß der Herr von Wassenberg seine Lehnsleute um Hilfe bat, und diese dann bei eigener Beköstigung dem Herrn beistanden.
(Die Schöffen haben dies alles aufgeschrieben, um es ihrem Junker Werner von Palant zu überreichen. Das Schriftstück ist mit dem grünen Wassenberger Schöffensiegel versehen. Datum: im Jahre Unseres Herrn 1525, auf St. Lucas-Tag (18. Oktober).

Auszüge im Originaltext aus dem Wassenberger Lehen-Weistum:

„Wir scheffen gemeynlich der stat Wassenbergh doin kunt, dat vur unß kommen ind erschenen synt etzliche scheffen, liehnman ind underdaenen der stat ind lantz van Wassenbergh ind hauen gezuygt van etzlichen saichen ind punten, aingainde den dyenst der liehnman des huyß ind heirlicheyt van Wassenbergh . . .
In den irsten hait Peter Thewus, scheffen ind liehnman zu Wassenbergh, getzuygt dat umbtrint sesstzich jaire leden ist in zyden myns jonckern van Moirse, dat dy liehnman des huyß van Wassenbergh geschreven ind bescheyden waren, mit perde ind harneschs zo dyenen, dat dy liehnman datselve mail dem heren gehoirsam geweyst ind haven seeß wechen ind dry daige up yrs selffs cost gedyent . . .

Insonderheyt hait Jennis in gen Haen getzuygt, dat wail ee geschiet ist, dat dy huyslude, die schatz gelden gebaet worden zu Wassenberg zu waichen ind mit helffen zuzusiehn,dat dyselven sulchs bekroenden ind sprachen: dy liehnman syn schuldich dem heren zo dyenen, sloß ind stat Wassenberg helffen bewaren, dy gheven engeheynen schatz, wir anderen mossen schatz gheven . . .

Lenart Arben burger bynnen Wassenberg umbtrint achtzig jaire alt hait getzuigt, dat ym gedynckt, dat hertzouch Art van Gelre myns jonckeren vyant van Moirß was, dat dy ruter zu Echt in zor Nuwerstat laegen ind deden mirchlichen schaden int lant van Wassenbergh, dat aßdoe dy liehnman des huyß van Wassenbergh geschreven worden ind dat die liehnman datselve mail ouch up yre cost dem heren dynden, dan dy vehede ward gescheyden ee dy seeß wechen ind dry daige umb waren, dan dat geruch was up dy zyt under den liehnmannen, legen sy langer dan seeß wechen ind dry daige, dat alsdan der here die liehnman verplegen sulde . . "

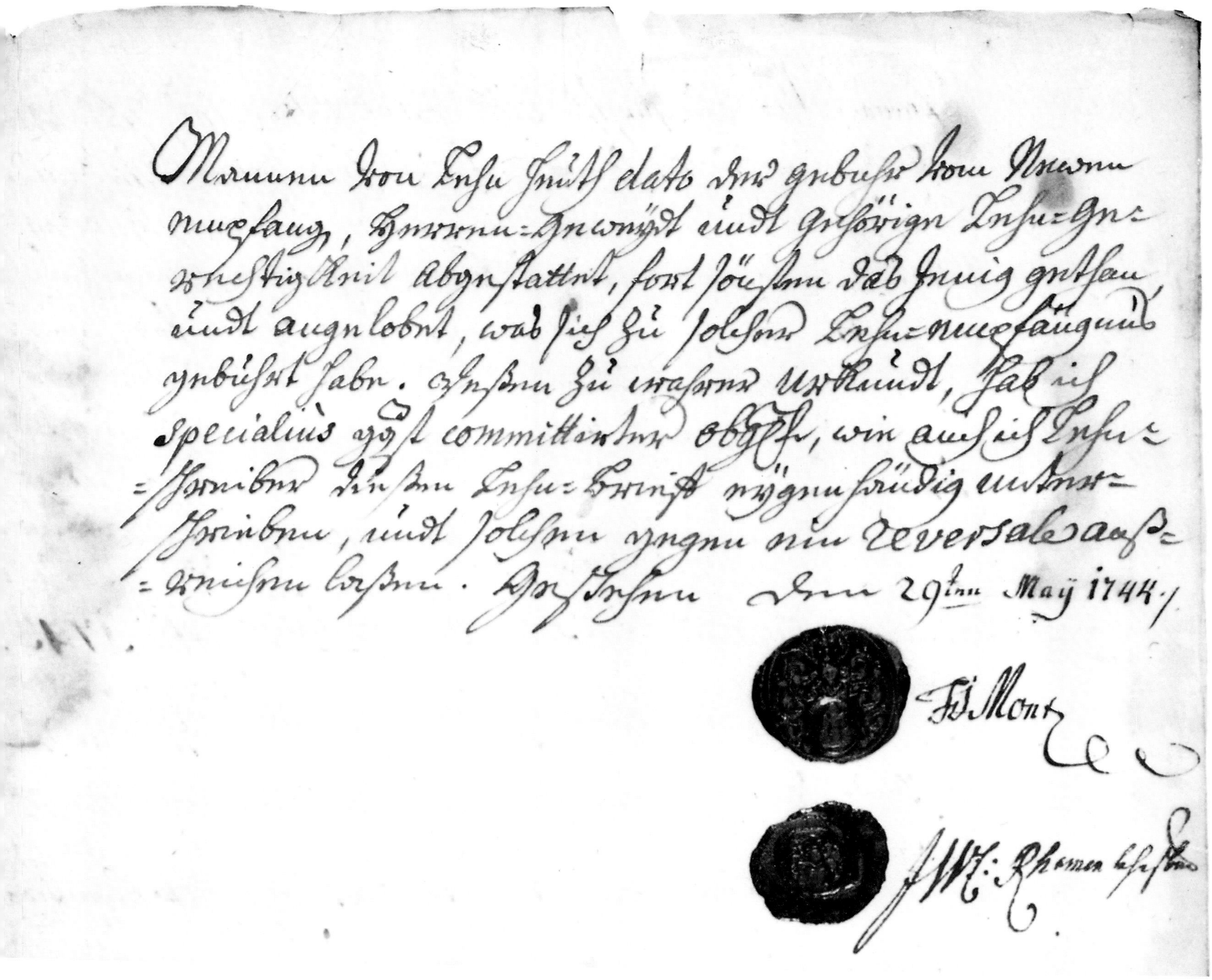

Wassenberger Lehen-Empfang vom 29. Mai 1744.

Wassenberger „Lehnsakten-Schlamperei"

Schon die Tatsache, daß Werner von Palant jr. ab 1506 die Lehnsregelungen zu renovieren sich bemüht und auch die unter Graf Vinzenz von Moers eingerissene buchhalterische Unordnung beseitigt, kommt es im nächsten Jahrhundert wieder zu unsachgemäßer Behandlung des urkundlichen Materials. Am 3. 3. 1698 teilt Landesherr Johann Wilhelm II. (1690—1716) dem Wassenberger Lehnsstatthalter Adolf Winand von Hochkirchen-Neuerburg (†1706) mit, daß Ihro Kurfürstlicher Durchlaucht der mißfällige Bericht zugegangen sei, die Wassenberger Lehnprotokolle, Dokumente und Urkunden befänden sich in keiner sicheren Registratur. Die Akten lägen privat und unverschlossen beim Lehensschreiber. Es müsse archivalisch dringend etwas geschehen.

Der älteste Lehnsmann und der Lehensschreiber besaßen jeder einen Schlüssel, damit „keinem ohne des anderen Beiseins" der Zugriff zu den Akten gestattet sein könnte. Johann Wilhelm II. verlangte überdies, daß ein Verzeichnis angelegt und die Lehnsscheine auf Verlangen vorgezeigt werden könnten. Alles müsse ordentlich protokolliert werden. Der Kurfürst erinnerte an den Generalerlaß von 1677. Danach müßten alle Schäden, die durch Nachlässigkeit entstünden, vom Statthalter und seinem Lehensschreiber ersetzt werden.

1696, „als die Franzosen binnen Neuß, Düren und Bonn gelegen", wurden die Wassenberger Mannkammer-Akten in zwei großen Kästen ins Kreuzbrüderkloster nach Roermond evakuiert. Der Prior des Klosters erhielt später pro Jahr und Kasten einen Taler Unterbringungsmiete.[385] Die Mannkammer-Kästen wurden auf eine Karre geladen und nach Wassenberg zurücktransportiert. Der Lehensschreiber versuchte, die Kosten von Miete und Transport auf das Amt abzuwälzen. Die Karre gehörte ihm selbst, trotzdem ent-

Nomina feudorum

Wassenbergh

Kulenborg by wassenbergh ——— 1

Ee by dem alsten wasser by wassberg ——— 1 fa: 2

vunff morgen lanz by der woerd Mullen — 2 fa: 2

xviij morgen lanz by der koppelwanden mullenn ——— 3

Byrgelenn

Dat Voitgen mit XXX morg lanz ——— 4

Spannebroick umbtrint x morgen mit etlichen Busch und heiden daby gelegen ——— 5

Oesenbroich ——— 6 & 7 fa: 2

Cromlandt der hoeff ——— eodem

der hoeff by der bach mit XXviij morgen lanz und benden an einem stuck und mehr anderz ungeferlich ad XXXiiij morg ——— eodem

Koen Scheiners guet an der herstrassen ——— 8

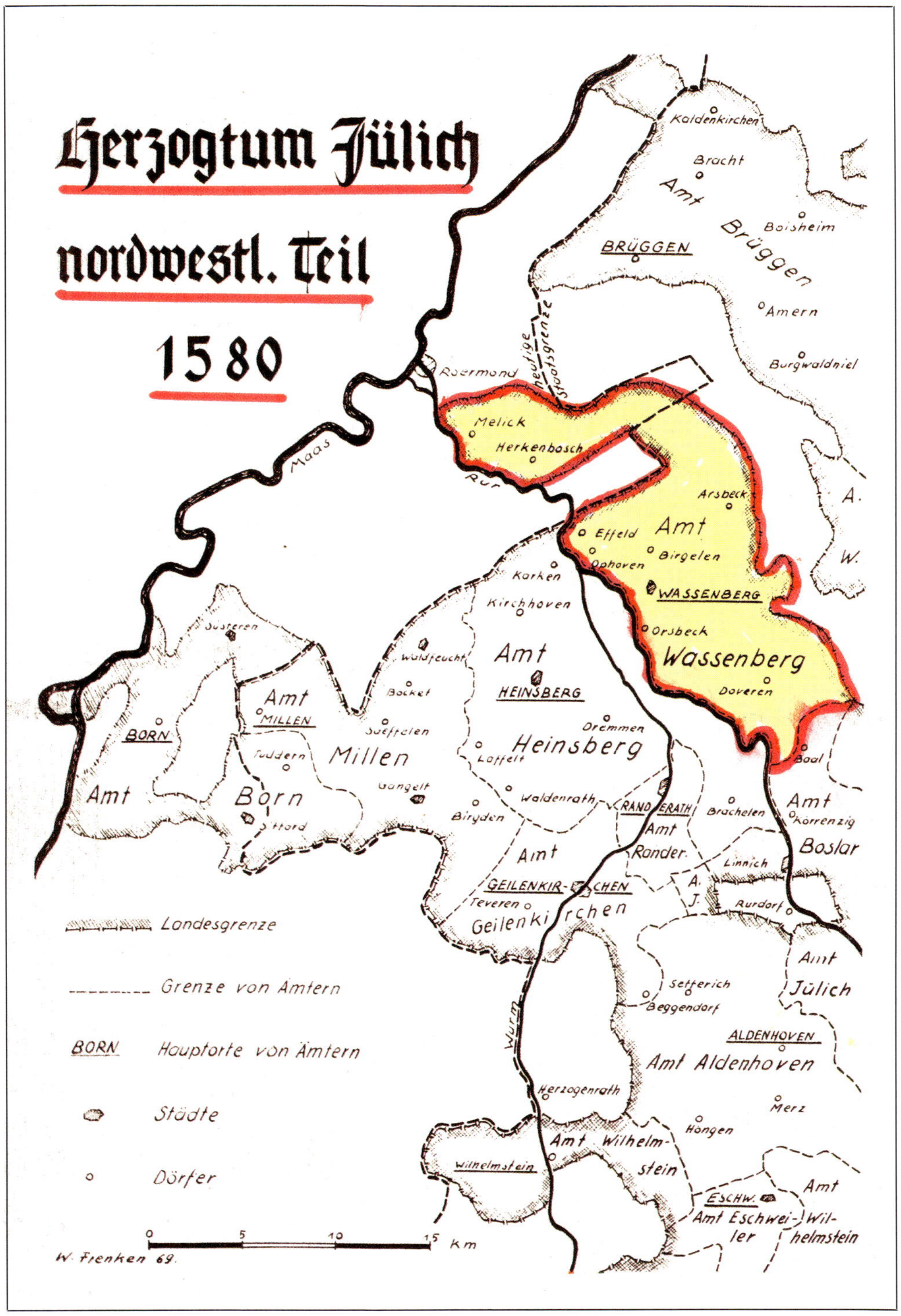

Nordwestlicher Teil des Herzogtums Jülich. (Zeichnung Wilhelm Frenken, Heinsberg)

standen für die Rückführung 5 Goldgulden Unkosten. Es gelang seiner wassenberg-eigenen Finanzschläue, eine Erstattung aus Amtsmitteln zu erreichen. Sogar der Kurfürst gab dazu seine Zustimmung „wegen der vor Jahren der Kriegsgefahr halber nach Ruremundt ins Kreuzbrüderkloster hingeführten Registratur".
Den Akten aber drohte neue Gefahr. Mäuse machten sich daran. Eine neue Mannkiste wurde erforderlich. Die Mannkammer teilte der Lehnsdirektion in Düsseldorf mit, die Mannkiste sei ganz veraltet und derart verrüttelt, daß keine Briefschaften darin verwahrlich unterhalten werden können. Die Akten seien mehr und mehr von Mäusen zerfressen. 20 Goldgulden wurden erbeten, um eine neue Mannkiste anzuschaffen. Sie bestand aus Eichenholz und war mit drei Schlössern gesichert — vor Mäusen und Menschen.

Wassenberger Mannkammerbuch 1675 (Hauptstaatsarchiv Düsseldorf Nr. 100 d): Leheneintragungen für Wassenberg und Birgelen.

Das Ende der Mannkammer

Im Geldrischen Kriege (1543) wurde der Lehnsdienst zunehmend durch Geld abgelöst. Die Unterscheidung von Mann- und Knüppellehen traf man nun häufiger an. Der Lehnsmann des Knüppellehens bewaffnete sich mit einem Knüppel, einer Gabel, einer Sense, einer Picke, einer Axt oder einer Hellebarde, wenn er zum Dienst auf dem Schloß Wassenberg erschien. Denn Schild und Schwert waren überholt. Statt des gerüsteten Reiters zog der Knecht mit Spieß oder Büchse in den Kampf.

In den folgenden Jahrhunderten waren die meisten Lehnsgüter im Wassenberger Land an Bauern verpachtet. Unter den Lehnsträgern finden wir immer seltener Adelige. Leo Gillessen trifft unsere heimatliche Entwicklung im Kern: „Die gemeinsamen Merkmale der alten Vasallität bestehen nicht mehr. Sucht man nach Merkmalen zur Bestimmung einer Schichtzugehörigkeit, bieten sich ständische Kriterien an: wohlhabendere Bauern, die ihr Lehngut selbst bewirtschaften, städtische Bürger, die es bewirtschaften lassen, und der Adel, der seinen Lehnsbesitz ebenfalls zum großen Teil verpachtet oder — sofern es sich um den ortsansässigen Adel handelt — ihn noch bewirtschaftet." [386]
Es sind also oft Landfremde, die das Lehen besitzen, ohne dort jemals zu wohnen oder den Hof jemals zu sehen. Ein Pächter, ein Halfmann oder Halfe übernimmt die Leitung des Lehens. Der Villicus, der Unterpächter, ist der Verwalter daselbst. Er sorgt dafür, daß die Pacht herausgewirtschaftet wird. Wenn Unwetter, Trockenheit, Mißernten die Einnahmen mindern, häufen sich die Anträge der Pächter, die Pacht herunterzusetzen. Neben den typischen Mannkammerlehen gibt es in Wassenberg auch Kanzleilehen, die von der herzoglichen Kanzlei (später Geheimer Rat) vergeben werden. Es sind nur sehr wenige: z. B. Burghof Arsbeck, Schloß Elsum bei Birgelen, Unterherrschaft Tüschenbroich, Bergerhof bei Kleingladbach, Haus Effeld, Haus Neuerburg.
Immer mehr mischt sich der Jülicher Herzog in die Lehensgebung ein. Am 19. 1. 1580 erreicht ein Erlaß die Wassenberger Mannkammer mit der Anordnung, „niemanden mehr mit einem adeligen 'seeß' und sonst großen Hofen und ansehnlichen Lehen ohne sein ausdrückliches Vorwissen, Befehl und Bewilligung zu belehnen." Das löst im ganzen Land Empörung aus, und man weigert sich, so zu handeln. Der persönliche Kriegsdienst mit „perd ind harnisch" kann infolge neuer Kriegstechnik nicht aufrecht erhalten bleiben. Auch die ökonomische Entwicklung zersetzte die personalen Bindungen des Lehnswesens. Die Lehen werden zu Rentobjekten. Immer häufiger kommt es vor, die Belehnungen auch einem Vertreter zu erteilen: „Die Nachsuche und der Empfang der Belehnungen geht daher bei den adeligen und vornehmen Herren immer mehr an die Verwalter oder Rentmeister über. Diese, mit einer Vollmacht des Herrn versehen, leisten den Eid im Namen ihres Herrn, übergeben das schriftliche Reversale, welches Eid und Versprechen enthält, dem Lehnherrn treu und hold zu sein und empfangen dann den Lehensbrief gegen Erlegung der Gebühren."[387]

1663 entsteht in der Mannkammer einige Aufregung, weil verschiedene Lehnsleute Landverkäufe ohne Zustimmung der Verwaltung getätigt haben.[388] Auch in Wildenrath gibt es Schwierigkeiten: 1750 ist Clemens Zeno Freiherr von Dorth Besitzer. Er macht sich bei der Mannkammer unbeliebt, weil er ohne deren Zustimmung Eichen und Buchen auf dem Lehnsgrund fällt. Das Wassenberger Manngericht verurteilt ihn am 27. 7. 1750, „für den Wert der abgehauenen Eichen und Buchen das Lehngut Wildenrath zu reparieren, die leeren Flächen aufzuforsten." Außerdem muß er eine Strafe von 20 Goldgulden zahlen.

Wir sehen also, noch vor Auflösung des Lehnswesens gegen Ende des 18. Jahrhunderts hat die Mannkammer Kraft und Initiative, ihre Wassenberger „liehnmannen" an die Kandare zu nehmen. Die Französische Revolution aber macht all dem ein Ende. Der letzte Lehnsstatthalter Wassenbergs, Friedrich Peter Joseph Packenius (1750—1823), wird schließlich Maire und dann Bürgermeister. Seine Mannkammer nimmt Abschied von einer großen bedeutenden sozialpolitischen Institution. Ihre Spuren aber sind, wie wir gesehen haben, noch heute im Wassenberger Land erkennbar, und ihre Aktenberge haben mir „handgreiflich" die unverwüstliche Zähigkeit ihrer dokumentarischen Kraft beim Durcharbeiten demonstriert.

Schloß Breidenbend an der Rur bei Linnich. Familienbesitz der Palants.

DIE PALANTS

Werner von Palant der Ältere

Das Geschlecht der Palants hat für Wassenberg eine schicksalhafte Bedeutung. In seinem Familienwappen wird der Schild in sechs Feldern gold und schwarz gestreift. Die Farbe Gold entspricht dem goldenen Boden, den die Palants ausgedehnt besitzen: in Frechen, Bachem, Weisweiler, Engelsdorf, Wildenburg, Thumb, Reuland, Maubach, Kinzweiler, Nothberg, Laurensberg, Gladbach, Borschenich, Sommersberg, Kaltenborn, Hohe Acht, Vettelhofen, Lindenberg, Wachendorf u. a.
Der Name Palant bedeutet soviel wie Pfalz. In alten Urkunden wird für Pfalzgraf oft der Name Palantzgraf gebraucht.[389] Die Palants schreiben sich in den Urkunden verschieden: Palant, Pallant, Palandt, Pallanntt u. a. Stammvater ist Arnoldus Parvus, der von Geburt nicht adelig ist, aber 1311 erstmals als miles (Ritter) urkundlich erscheint und Besitzer des Schlosses Breidenbent bei Linnich ist. Er hat vier Töchter und die drei Söhne Werner von Breidenbend, Carsilius von Palant und Johann Trips.[390] Durch Kauf, Erbschaft und Heirat vermehren die Palants ihren Besitz.[391] E. von Oidtmann hat die Regesten zsammengestellt, die auf *cleinarnolt* (Arnoldus Parvus) und seine nächsten Nachkommen Bezug nehmen. Arnolds Tod wird für den 2. 2. 1343 angegeben. Zunehmend wird der Stammsitz der Palants, die Burg Breidenbend, in den Regesten genannt: „Werner, Karsilius und Johannes, milites, fili Arnoldi domini de Breydenbent" (1343). Das Schloß liegt auf dem rechten Rurufer bei Linnich. An die frühere Burg erinnert nur noch ein Turm. Arnolds ältester Sohn darf als Erbauer betrachtet werden. 1354 erhält er von Graf Wilhelm von Jülich wegen geleisteter Dienste das hohe und niedere Gericht zwischen Mauern, Gräben und Befestigungen von Breidenbend als Mannlehen. Später wird Karsilius von Palant (†1475) von Herzog Philipp von Burgund und Brabant mit der Burg Breidenbend brabantisch belehnt.
Der erste Wassenberger Palant aus dem Hause Bredenbend taucht namentlich 1480 auf Burg Wassenberg auf. Graf Vinzenz von Moers, bis dahin Wassenberger Pfandherr, knüpft an die Überweisung seiner Güter in die Obhut des Herzogs von Jülich die Bedingung, Werner von Palant als Amtmann auf Burg Wassenberg zu übernehmen. In der Urkunde des Grafen vom 31. Januar 1480 heißt es: „Up dat dan dit guetliche verdrach desto vestlicher gehalden werde, hain wir Vicentius greve zo Moerse bevohlen, dat die amtluyde mit namen Wernher van Palant in Wassenberg zu denselven slossen ind platzen gesatzt werden."[392] (Der andere Amtmann ist Wilhelm von Reschenberg für Brüggen.) Auf jeden Fall macht diese Urkunde deutlich: Werner von Palant ist bereits vor 1480 auf Burg Wassenberg oberster Verwaltungschef. Ich vermute,

auf Grund seines großen Reichtums (69 Besitzungen zwischen Aachen und Köln) fällt es ihm nicht schwer, dem unter drückender Schuldenlast stöhnenden Grafen Vinzenz von Moers unter die Arme zu greifen. Weil eine Hand die andere wäscht, wird Werner von Palant des Moerser Grafen Protegé.

Er trägt den Leitnamen der Palants: Werner. Weil in Wassenberg er und sein Sohn den gleichen Vornamen führen, möchte ich „den Älteren" mit „sen.", seinen Sohn, „den Jüngeren", mit „jr." bezeichnen. Werner jr. folgt seinem Vater 1504 im Amt.

Werner von Palant sen. ist eine Figur des zu Ende gehenden Mittelalters. Er lebt als Zeitgenosse Kaiser Maximilians I., den man den „Letzten Ritter" nennt. Es ist die Zeit des Übergangs von mittelalterlich-ritterlichen Idealen zu neuzeitlichen, mehr nüchternen Realitäten. Ähnlich auch die Unterschiede zwischen Vater und Sohn auf der Burg Wassenberg. Der Senior ein reicher, selbstherrlicher Dynast, ein konservativer Geist. Reich genug, um seinen Herzog Wilhelm IV. von Jülich mit einer riesigen Summe unter die Arme zu greifen: 1496 leiht er ihm 10 144 Goldgulden. Als Sicherheit übereignet der Fürst seinem Gläubiger ein wertvolles Pfand: Schloß, Stadt und Land Wassenberg. Auf die Urkunde darüber muß ich etwas näher eingehen, weil sie die lange Liste von Verpachtungen und Verkäufen — bis in unsere jüngste Zeit an Rüdiger und Helga Soltisek — exemplarisch eröffnet:

Wir, Wilhelm, von Gottes Gnaden Herzog zu Jülich und Berg, Graf zu Ravensburg, Herr zu Heinsberg und Löwenburg, und Sibilla von Brandenburg, Herzogin, Gräfin und Herrin der vorgenannten Landen, tun kund allen Leuten öffentlich durch diesen Brief in unserem eigenen Namen und im Namen unserer Erben und Nachkommen, daß wir unserem lieben Werner von Palant, Herrn zu Breydenbent und seiner Ehefrau Adriane von Alpen bzw. ihrer Erben die Summe von 10 144 Goldgulden kurfürstlicher Münze schuldig sind. Wir sind Werner von Palant für dieses uns gegebene Darlehen sehr dankbar. Da das Geld zum Nutzen der Herrlichkeit Wassenberg ausgegeben ist, übergeben wir Schloß, Stadt und Land Wassenberg auf Grund dieses Schreibens unwiderruflich als Pfandschaft an Werner von Palant und Adriane. Ihnen sowie ihren Erben übertragen wir diese Pfandschaft mit allen dazugehörenden Kirchspielen und sämtlichen Einwohnern, Schöffen, Geschworenen, gewöhnlichen Bürgern und Untersassen, ferner mit allen Rechten, Geboten und Verboten, mit hoher und niederer Gerichtsbarkeit, mit Kurmoden, Beden, Diensten, Brüchten, Korngulden und Kapaunen, dem gemeinen Pfennig, mit Wasser- und Windmühlen, Wäldern, Wildbahn, Jagd, Kampen, Brüchen, Weiden, Wiesen, Weihern und Fischereien, mit Pächten, Zehnten und allen sonstigen Rechten, so wie wir selbst alle inne gehabt haben und wie es da liegt, sei es im Nassen oder im Trockenen. Nichts soll davon ausgenommen sein, es möge in diesem Brief erwähnt sein oder nicht.

Von nun an werden Werner von Palant und Adriane bzw. ihre Erben Schloß, Stadt und Land Wassenberg mit allen Rechten und Einkünften als Pfand inne haben und zu ihrem eigenen Nutzen gebrauchen, ohne daß sich dadurch an der Schuldsumme von 10 144 Goldgulden etwas mindert. Über ihre Nutznießung Wassenbergs brauchen sie keine Abrechnung vorzulegen, sie können vielmehr mit den Gütern schalten und walten, als wären es ihre eigenen und genau so, wie Wir es bisher getan haben. Werner und Adriane sind aber verpflichtet, jedermann sein Recht nach Schöffenurteil widerfahren zu lassen und jeden bei seinen Privilegien, Freiheiten und verbrieften und versiegelten Rechten und Gewohnheiten zu belassen. Wer ihnen die Treue hält, dem sollen sie beistehen und ihn verteidigen. Wer aber ihren Anordnungen nicht gehorcht oder seinen Verpflichtungen nicht nachkommt, der soll auf unsere Kosten zum Gehorsam gebracht werden.

Sollten aber Werner und Adriane wegen dieser Pfandschaft Schwierigkeiten haben, sollte Wassenberg militärisch angegriffen und geschädigt werden, so daß die genannten in ihren Rechten und Einkünften behindert sind, so verpflichten wir uns, ihnen diesen Besitz innerhalb von drei Monaten wieder zu übergeben und sie für alle Unbill zu entschädigen. Mit anderen Worten: Sie beide sollen unverzüglich wieder in den Genuß dieser Pfandschaft kommen und aller Schaden ihnen in der vorgeschriebenen Zeit vergütet werden. Wenn uns das aber nicht möglich sein sollte, verpflichten wir uns, Werner und Adriane an einer anderen Stelle in unserem Herzogtum Jülich durch Renten, Geld oder Hoheitsrechte angemessen zu entschädigen, damit sie eine sichere Versorgung haben bis zu dem Zeitpunkt, da Schloß, Stadt und Land Wassenberg wieder frei zur Verfügung stehen und aller Schaden beseitigt ist. Auch übernehmen wir, Herzog und Herzogin, für uns selbst und unsere Erben die Verpflichtung, die Einwohner und Untersassen des Wassenberger Landes mit allen Mitteln und Kräften zu beschützen und zu verteidigen. Daher haben wir angeordnet und befehlen hiermit nochmals allen unseren jetzigen und künftigen Amtsleuten, Beamten und Untergebenen, daß sie, ohne weitere Befehle von uns abzuwarten, Hab und Gut der Wassenberger Einwohner zu beschützen, als ob alles noch unser Eigentum wäre und diese Pfandverschreibung nicht stattgefunden hätte. Dazu ermahnen wir sie im Hinblick auf ihren uns geleisteten Treueeid.

Für den Fall, daß wir die Pfandschaft einzulösen und Wassenberg wieder selbst zu übernehmen, beabsichtigen, haben wir mit den Eheleuten Palant folgendes vertraglich ausbedungen: Die Ablösung kann erfolgen durch Rückzahlung der uns geliehenen Summe von 10 144 Goldgulden kurfürstlicher Münze. Sie ist nur möglich am Weihnachtsfest eines jeden Jahres oder innerhalb von 14 Tagen danach. Wir sind aber verpflichtet, die beabsichtigte Ablösung drei Monate vorher durch einen versiegelten Brief anzukündigen. Dieser Brief ist den Eheleuten Palant oder deren Erben an ihrem derzeitigen Aufenthaltsort zuzustellen. Nach Ablauf der dreimonatigen Kündigungsfrist muß die ganze Schuld in einer einzigen, ungeteilten Summe ausgezahlt und übergeben werden. Es steht im Belieben der Gläubiger, wo sie sich das Geld auszahlen lassen wollen, ob in Jülich, in Köln, in Aachen oder auf Schloß Breidenbend. Sie müssen aber den Ort ihrer Wahl unserm Rentmeister in Randerath durch einen versiegelten Brief bekanntgeben. Sie sind dann verpflichtet, das Geld zu dem bestimmten Termin anzunehmen und uns den hier vorliegenden Pfandbrief mit einer Quittung über den Empfang des Geldes zurückzugeben. Sie müssen den Vertrag streng nach dem Wortlaut und ohne Arglist ausführen . . .

Außerdem haben wir, Herzog und Herzogin, unseren Bürgermeistern, Schöffen, Geschworenen und allen Einwohnern von

Schloß, Stadt und Land Wassenberg befohlen, unserem lieben, getreuen Werner von Palant und seiner Gemahlin Adriane und ihren Erben Treueid und Huldigung und das Gelöbnis untertänigen und beständigen Gehorsam zu versprechen, wie es in diesem Vertrag vorgeschrieben ist, und ihr eigenes Schöffensiegel zu dem unseren zu hängen als Zeichen, daß wir durch diesen Brief auf ihren Eid zugunsten des neuen Pfandherrn verzichten.
Gegeben zu Düsseldorf im Jahre Unseres Herrn tausendvierhundertsechsundneunzig am Sonntag Invocavit in den Fasten.

Diese bedeutsame Urkunde wird im Hauptstaatsarchiv von Düsseldorf in der Abteilung Jülich-Berg III Nr. 1539 [393] verwahrt.
Aus dem Leben Werner von Palants sen. sind uns außer den Rentmeisterei- und Gerichtsakten Wassenbergs wenig Ereignisse bekannt. Die Überlieferung erzählt [394] von der Jagdleidenschaft dieses Wassenberger Pfandherrn, der vor allem im Meinwegwald, auf der Hees, in der Els und im Schaagbusch auf Schwarz- und Rotwild jagte. Bei einer dieser Jagden mit Gefolge im Jahre 1498 sinkt das Pferd Werners im Ossenbruch so tief ein, daß es nur mit Hilfe von mehreren Jagdgenossen aus dem moorigen Untergrund herausgebracht werden kann. Werner von Palant bricht sich bei dieser Prozedur die Schulter, also wohl ein Schlüsselbein. Das Pferd erlebt die Befreiungsaktion so erregt mit, daß es später einen Herzschlag erleidet und tot umfällt. Werner von Palant verbietet ab sofort, im Herbst und Winter die Ossenbruchmoore zu betreten. Die Jagden waren recht kostspielig, wenn wir hören, daß „ahn gelde zu der Jagt mein gnäd. Herrn mit samt Jäger und Knechten und Jagdgezeugs zu der Schwein Jagt gegangen und 14 Goldgulden ausgeben".
Sehr kümmert sich der Pfandherr um die Wälder seines Landes. Aus Rechnungen erfahren wir, daß er *hinter der Burg* die alten Eichen abhauen läßt und zu Klaftern im Burghof stapelt. Auch „seindt auf des Herren Busch, die Schaag genannt, gehauen und gemacht worden, sechstausent zwey hundert schantzen, wovon jedes hundert zu zwey Reichsthaler verkauft werden."
Wie im obigen Vertrag ausgedrückt, huldigen die Wassenberger ihrem Pfandherrn und versprechen, gehorsam zu sein. Ein kriegerisches Ereignis tritt in der Pfandherrenzeit Werners sen. nicht ein. Wohl gibt es einige Naturereignisse, die ihm zu schaffen machen: eine Heuschreckenplage, ein Orkan mit Beschädigungen am Schloß 1497, zwei weitflächige Überschwemmungen der Rur und ein größerer Brand in Wassenberg im Jahre 1501. Palant läßt das Schloß durch zahlreiche Reparatur- und Erweiterungarbeiten für sich und seine Erben herrichten.
Werner von Palant sen. bewohnt zwei Häuser. Im Haupthaus ist, wie aus den Rentmeistereirechnungen hervorgeht, die Amtsverwaltung untergebracht. Das Schloß dürfen wir mit dem Bauwerk des 18. Jahrhunderts nicht verwechseln. Es liegt vielmehr mit seinem Palas und Nebengebäuden (Siehe Zeichnung Dipl.-Ing. Hans Deckers Nr. 38) mit seiner Front nach Süden und Westen. Es besitzt auf dem Plateau mehrere Nebenbauten, eine Scheune, Ställe und eine Brauerei. Natürlich ist auch der Bergfried bewohnt. Palants Wassenberger Schloß ist nach zwei Seiten mit einer Zugbrücke gesichert. Damals hat die Festung Wassenberg noch einen vollständigen wassergefüllten Grabenring. Dies wird uns belegt durch ein Privileg Kaiser Karls V. von 1524, in dem vom Bau der „poorten, mueren, toeren, vallen end graven" gesprochen wird, für die „stade van Wassenborch tusschen twee geldersche steden gelegen".[395] Der Landwirt Adolf Esser (Graf-Gerhard-Str. 26), langjähriges Mitglied des Wassenberger Gemeinderates nach dem Zweiten Weltkrieg, hat berichtet, bis heute sei der „alde Palant" in der Wassenberger Überlieferung als „ goede Mann" geläufig. Dieser „heer van de burch" hätte Forellen aus dem kleinen Teich am Bleichdamm bevorzugt.

Werner von Palant sen. holt seinen Sohn Werner jr. als Nachfolger auf die Burg Wassenberg. Schon am 15. 6. 1502 übernimmt dieser das gesamte Anwesen mit Möbel, Vieh, Brauerei, Rüstung, Verwaltung. Der Senior stirbt kurz nach 1504. Mit seinem Tode tritt jener Pfandherr das Wassenberger Erbe an, der durch seine Sympathien für die Linke der Reformation in große Bedrängnis gerät, aber als Beschützer der Wassenberger Prädikanten in die Kirchengeschichte eingeht.

Die Herzöge von Jülich-Berg

Weil in den folgenden Ausführungen die verschiedenen Herzöge von Jülich-Berg vorkommen, scheint es mir notwendig, sie in Übersicht aufzulisten:

Wilhelm I. Herzog von Berg Graf zu Ravensberg	1380—1408

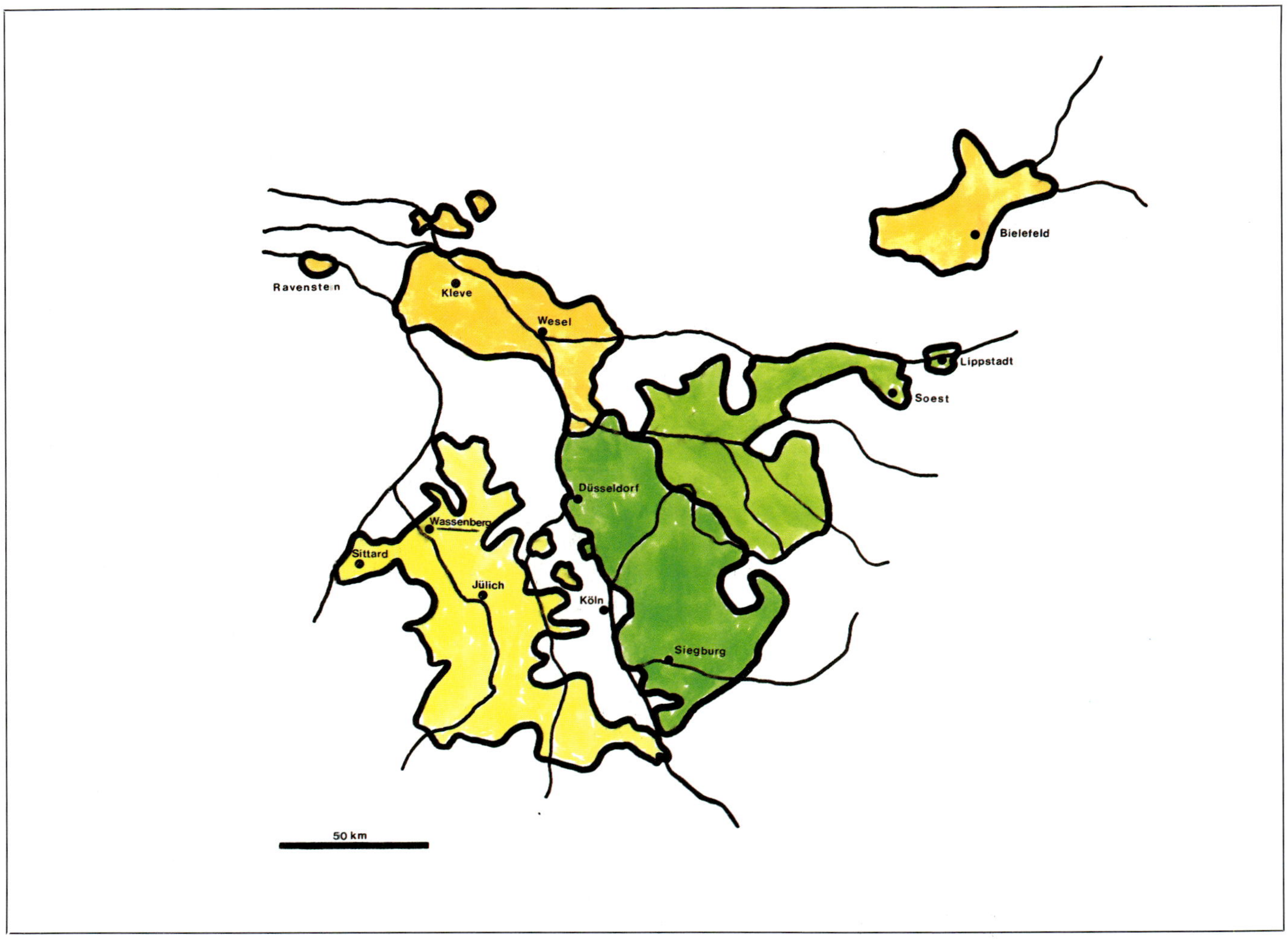

Herzogtum Jülich-Cleve-Berg-Mark-Ravensburg-Ravenstein (16. Jahrhundert).

Reinald 1402—1423
Herzog von Jülich und Geldern

Adolph 1408(23)—1437
Herzog von Jülich-Berg
Graf zu Ravensberg

Gerhard 1437—1475
Herzog von Jülich-Berg
Graf zu Ravensberg

Wilhelm II. 1475—1511
Herzog von Jülich-Berg
Graf zu Ravensberg

Johann III. 1511—1539
Herzog von Jülich-Cleve-Berg
Graf von der Mark und zu Ravensberg
Herr zu Ravenstein

Wilhelm III. 1539—1592
Herzog von Jülich-Cleve-Berg
Graf von der Mark und zu Ravensberg
Herr zu Ravenstein

Johann Wilhelm I. 1592—1609
Herzog von Jülich-Cleve-Berg
Graf von der Mark und zu Ravensburg
Herr zu Ravenstein

Wolfgang Wilhelm 1609—1653
Pfalzgraf von Neuburg
Herzog von Jülich-Berg

Philipp Wilhelm 1653—1690
Pfalzgraf von Neuburg
Kurfürst von der Pfalz (ab 1685)
Herzog von Jülich-Berg

Johann Wilhelm II. 1690—1716
Pfalzgraf von Neuburg (ab 1679 Reg.)
Kurfürst von der Pfalz
Herzog von Jülich-Berg

Karl Philipp 1716—1742
Pfalzgraf von Neuburg
Kurfürst von der Pfalz
Herzog von Jülich-Berg

Karl Theodor 1742—1799
Kurfürst von der Pfalz
Kurfürst von Bayern (ab 1777)
Herzog von Jülich-Berg

Maximilian Joseph 1799—1801/06
Kurfürst von der Pfalz
Kurfürst von Bayern
Herzog von Jülich-Berg

Werner von Palant der Jüngere

Sein Geburts- und Sterbedatum sind mir unbekannt. Mit ihm und dem 16. Jahrhundert beginnt ein neues Zeitalter, auch in Wassenberg. Das Mittelalter geht zu Ende. Die Reformation verändert das Denken der Menschen, die Kriegstechnik revolutioniert die Machtpolitik mit Spießen, Büchsen, Artillerie, mit Landsknechten in farbenprächtiger Kluft. Das ist der Zeitpunkt, an dem Werner von Palant jr. seinem Vater als Pfandherr in Wassenberg nachfolgt. Die Übernahme aller mit der Pfandschaft zusammenhängenden Attinenzien (Zubehör) geschieht 1502. Zwei Jahre später, 1504, ist er selbst der Herr an der unteren Rur, Pfandherr des 145 qkm großen (kleinen) Landes Wassenberg.

Über seinen Dienstantritt finde ich in Kleingladbach einen Beleg.[396] Ein Schöffe schwört ihm dort seinen Treueid: „eynen hertoich van Brabant als eynem erffhere des lantz van Wassenbergh ind unnszen gnedigen heren Wilhelm hertzouch zo Guylich ind zo dem Berghe etc. ind joncher Werner von Palant unnzen drosst als eynen pantheren."[397]

Palant ist ein Mann von Initiative, ein wissensreicher Kenner der *litterae*, ein Verehrer des Erasmus, wie wir in der Auseinandersetzung um die Prädikanten noch sehen werden. Wo ich ihm in Urkunden und Akten begegne, tritt er als begabter Verwaltungschef und ideenreicher Pfandherr auf. Sein Wappenspruch hat einen entschiedenen verwaltungspolitischen Aspekt: „Treue und Recht — niemandes Knecht!" In diesem Wassenberger Leitspruch sind Gerechtigkeit und Freiheit, Unverbrüchlichkeit und Anhänglichkeit als Grundtugenden für die Leute am Unterlaufe der Rur verkündet.

Werner von Palants jr. Bild ist bei Wassenbergern anekdotenhaft verklärt — Zeichen dafür, daß er seine Lebensspur tief in das Geschick Wassenbergs eingegraben hat. Palant sieht geschichtliche Zusammenhänge, er erkennt den reformatorischen *elan vital* seiner Zeit, er erfaßt das Politisch-Bedeutsame und besitzt jenen Zug von Vorliebe für sein Pfand Wassenberg, den wir bei einigen seiner *voorgangster* manchmal vermissen mußten. Er setzt den bei seinem Vater eingeführten Brauch fort, jeweils einmal im Jahr den Einwohnern der Stadt und des Landes Wassenberg einen genauen Einblick in die politische und verwalterische Lage seines Pfandbereichs zu geben. Es handelt sich dabei um einen mündlichen Rechenschaftsbericht, welcher die Bezeichnung *de verch* trägt, was soviel wie das Werk, das Getane, das Geleistete bedeutet.[398] Verch hat auch die Bedeutung von Schutz und Schirm. Verchbrett ist das Schutzbrett, Werki bedeutet im Altfränkischen Befestigung. Wahrscheinlich hat Palant sen. 1496 den *verch* erstmalig praktiziert, so jedenfalls hat Jakob Broich es in seinen Untersuchungen festgehalten. Das Bedeutsame am *verch* aber ist der damit verbundene Rechenschaftsbericht des Drosten. Dieser gibt ein Versprechen ab, alles in seiner Macht Mögliche zu tun, um das Wohl Wassenbergs zu mehren. Mit derartiger öffentlicher Rechenschaft verbindet der Drost eine Art Amtseid auf die städtische Verfassung. Derartige Treuebekundungen sind damals in zahlreichen Städten üblich. Noch heute gibt es beispielsweise in Ulm die Einrichtung des *Schwör-Montags*, wobei der Oberbürgermeister vom Balkon des Schwörhauses seine Schwörrede hält. Eine solche Gepflogenheit kommt gegen Ende des 14. Jahrhunderts auf. Damals werden auch die ersten Schwörbriefe verfaßt und beeidet. Diese, zu den ältesten städtischen Verfassungen zählenden Dokumente, garantieren den verschiedenen Gruppen ihre erworbenen Rechte und schaffen die Grundlage für demokratisches Zusammenspiel. Für Wassenberg sind leider keine Schwörbriefe erhalten.

Palant ist fortschrittlich gestimmt und beginnt, sein Haus auf die Veränderungen der Zeit einzustellen. Er weiß, daß Mauern, Tore, Türme, Wälle und Wassergräben der Festung Wassenberg den „Stürmen" (Batterien) der Artillerie nicht standhalten werden. Das erste also, was er organisieren muß, ist die Erneuerung der Fortifikation der Stadt im Sinne gewandelter militärstrategischer Bedrohungen. Die Rentmeisterei-Rechnungen geben Auskunft über Um- und Ausbauten. Palant repariert die Ummauerung. Zwei Wehrtürme (einer an der heutigen Kirchstraße, Nähe Kriegerdenkmal, der andere auf der Haag) werden vergrößert und verstärkt. Da Tore das Erscheinungsbild einer Stadt prägen, verbessert er „dy portzen". Das Roßtor erhält an seiner rechten Seite (vom Pley aus gesehen) einen kleinen Rundanbau mit Pyramidendach. Will Andermahr findet 1946 die Fundamente. Die Stadttore werden „verschönert". Vielleicht ist für Werner von Palant jr. der Symbolgehalt der drei Stadttore inzwischen wichtiger als ihr Verteidigungswert. Denn ob sie den von der Artillerie abgeschossenen Steinen oder Eisenkugeln gewachsen sind , ist zweifelhaft. Schließlich bessert Junker Werner einzelne hölzerne Wehrgänge aus, die an wenigen, besonders gefährdeten Mauerabschnitten angebracht sind. Robert Kofferath, bis zu seinem Tode (†1944) Burgbesitzer, hat Teile eines solchen Wehrgangs im Burggelände noch gefunden. Ich selbst habe bei meiner angetrauten Tante, der späteren Burgbesitzerin Mary Kofferath, noch Balken und Latten des ehemaligen Wehrgangs zweckentfremdet in der Burgscheune gesehen. Robert Kofferath ist enttäuscht, daß diese Umgänge doch „ziemlich niedrig und eher einem Laufgerüst ähnlich" gewesen sein müssen. Auch Stadtarchitekt Andermahr entdeckt bei der Restauration der Ringmauer an einigen Mauerpartien Spuren hölzerner Anbringungen.

Vereinzelt betätigt Palant sich auch als Wegebauer. Mit Sicherheit hat er das Sybillengäßchen angelegt. Es befand sich am äußeren Ufer des Stadtgrabens, an dem ein Pfad vorbeiführte. Sodann hat er einen Weg durch das Judenbruch geschlagen, dem heutigen „Weg am Marienbruch" in den Wald hinein folgend. Dieser Weg hatte in der Nähe der „Pann" die alte Flurbezeichnung „Palants-Jang". Seine größte Tat aber war wohl der relativ breite Weg von der Windmühle nach Myhl (heutige Klosterstraße). Sodann eine Gasse von der Kirchstraße zum Buir und einen Karrenweg von Forst zur Pletschmühle und weiter nach Orsbeck.

Für seine „Regierungszeit" von genau 30 Jahren (1504—1534) ist das schon eine beachtliche Wegebau-Leistung. Er braucht Geld, viel Geld. In Wassenberg steht der *schatz* zur Verfügung. Zum ersten Mal hat ihn Pfandherr Vinzenz von Moers im Jahre 1455 erhoben. Ursprünglich 100 Goldgulden, werden es in der zweiten Hälfte des 15. Jahrhunderts 250 Goldgulden. Palant jr. braucht mehr. Er hebt deshalb diese Abgabe auf jährlich 300 Goldgulden an. Wassenberg ist in glücklicher Lage: als steuerfreie Stadt kann Palant uneingeschränkt über diese enorme Summe selbst verfügen. Wie ich feststellen konnte, wird die gleiche Summe auch noch 100 Jahre später in Wassenberg eingenommen. In der Rechnung des Rentmeisters Dietrich von Richterich für das Jahr 1624/25 heißt es:„ Empfangs ahn Gelde von dem Schatz. Der Borch-Schatz im Land Wassenbergh, welcher jährlich an St. Aegidy erscheint, bedrächt sich drei hundert golt guldens."[399] 1 Goldgulden (= 60 Albus = 720 Heller) ist damals der Preis für eine ausgewachsene Kuh. Der Wassenberger Rentmeister verkauft 1510 ein Schaf für 1/2 Goldgulden, ein Lamm für 28 Albus, ein Huhn für 16 Heller. Der Tagesarbeitslohn für einen Schreinermeister (Arbeiten am Schloß) beträgt 4 Albus. Ein Malter Roggen (etwa ein Doppelzentner) kostet 1508 in Wassenberg 17 Albus. Daß Werner von Palant jr. große Mittel für den Um- und Ausbau Wassenbergs einsetzt, bestätigt im Jahre 1524 kein geringerer als Kaiser Karl V., der Wassenberg ein Privilegium ausstellt, in dem als Begründung unter anderem der Ausbau der Festungsanlagen angegeben wird. In diesem Privilegium wird auch von den Wassenberger Bierbrauern gesprochen, die außerhalb wohnen und nach Wassenberg kommen, um sich an der Akzise (Steuer) vorbeizudrücken.
Im Privilegium Karls V. heißt es auszugsweise:

Kaerle van de gracie goids gecorden Rcomsch Keyser . . . Zoe hebben zy een selven . daeromme moeten onderstaen te helpen als voirscreven staet ende die stadt van Wassenborch voirscreven te bouwen met poorten mueren toeren . vallen ende graven . . . dat de voirsc. stadt van Wassenborch tusschen twee geldersche steden gelegen is . Ze wetene Roermunde ende Erkelane ende zeer nae by Venlot, daerdoere zy zeer zwaerlicken belast zyn nacht ende dach met waeken met poorten ende torren te hueden ende duer sulcker noodsaeken wille . die voorsc. stadt in zwaerlicken lasten gevallen ende gecommen is . . .[400]

Zum Inhalt: Kaiser Karl V. sieht zahlreiche Gründe, Wassenberg steuerlich zu entlasten: vor allem sind es die Beschwernisse und Belastungen, die durch den Ausbau der Festungsanlagen entstehen, sodann die Tatsache, daß Wassenberg zwischen den geldrischen Städten Roermond und Erkelenz und sehr nahe bei Venlo liegt, so daß schwere Belastung Tag und Nacht infolge ständiger Wachen auf Toren und Türmen entstehen. Werner von Palant jr. kann mit Karls V. Privileg gut leben. Es kommt ihm und seiner Stadt zugute. Palant lebt auf der Burg, die er, wenn man die Rechnungen richtig interpretiert, wohnlicher macht.
In erster Ehe ist er mit Elisabeth von Batenberg verheiratet, in zweiter Ehe mit Alverta von Oest. Der Senior und Vorsteher der „nach Gottes Wordt Reformirten kirchen zu Wassenbergh", Johann Badius, schreibt in seiner Rückschau, daß vor „hunndert jahren ein herr von Bredenbent (Palant) so an eine tochter von Batenberg ehelich vermählet, allhie Droßart gewesen, und das landt von Wassenbergh, wie es dero zeit geheißen worden, von dem Hertzogen von Gülich versatzt und in Pfandtschafft possedirt, auch hieselbst zu Wassenberg residirt . . ."[401] Schon früh muß seine erste Frau gestorben sein, denn seit 1509 wird Nachfolgerin Alverta genannt. Auch für Alverta von Oest ist es die zweite Ehe. K. J. Schmitz hat uns in seiner „Geschichte des Eggeratherhofes" (in der Feldmark von Holzweiler gelegen) dargestellt, daß Alverta zunächst mit Arnold van Ghoir aus Schloß Aaldenghoir bei Roermond verheiratet war und in zweiter Ehe den Wassenberger Pfandherrn Palant jr. zum Gemahl nimmt.[402] Werner und Alverta treten am 16. 1. 1513 in einer Stiftungsurkunde auf und schenken als „jouffer Alverta van Oist, drostin des lantz Wassenbergh" ein Stück Ackerland „in der kortzen straessen" (Straße von Birgelen nach Schloß Elsum) und zwei Malter Roggen dem Gasthaus von Wassenberg.

Palants Verwaltungsarbeit

Junker Werner von Palant jr. ist ein Glücksfall für Wassenberg, im besonderen für die Mannkammer und seine Lehen. Er sorgt für Ordnung in der relativ lax geführten Buchhaltung. Zwischen 1506 und 1509 läßt er ein neues Lehnregister anlegen, worin die Lehngüter in eine topographische Rangfolge gebracht werden.[403] Unter den verschiedenen Appellationen der Niedergerichte an die Mannkammer von Wassenberg[404] befinden sich einige, die die juristische Handschrift unseres Pfandherrn verraten. Zum Beispiel das Mannurteil eines Streites zwischen Hückelhoven, Karthom und Millich wegen des Weiderechts im Eschenbruch vom Jahre 1510. Die „scheffen der stat Wassenberg haven dies vor den lehnherren (Palant) und die lehenmannen gebracht". Die Hückelhovener beeidigen, daß ihnen seit eh und je das Holz des Eschenbruchs zustünde, die Millicher und Karthomer beeiden, das Gras dort zu besitzen. Das Urteil fällt salomonisch aus: Das Gras soll monatsweise zwischen den streitenden Orten ehrlich geteilt werden: „dat graeß mit dem Monde deylen sullen".[405]
1514 fällt die Mannkammer ein Urteil wegen einer Erbschaftsproblematik in Beeck (Gericht Kleingladbach) wegen des Lehnhofes Kerbusch. Solche Appellationen der Niedergerichte im Lande Wassenberg an die Mannkammer als Hauptgericht beweisen die territoriale Selbständigkeit und die juristische Kompetenz der Mannkammer. Carl Lenaerts erklärt die Struktur mit den inneren Verhältnissen so kleiner Territorien wie Wassenberg: „Trotz voller Ausbildung der Landeshoheit waren die Aufgaben, die an die Dynasten

Ehemalige Brühlstraße. Aquarell von Paul Wollenweber 1962.

herantraten, von zu bescheidenem Ausmaß, als daß es in diesen kleinen Ländern (wie Wassenberg und Heinsberg) zur Ausbildung einer Kanzlei oder eines ständigen Rates zur Mitwirkung bei staatlichen Aufgaben hätte kommen können. Dagegen lag es nahe, solche Angelegenheiten, die sich durch die vorhandenen einfachen Institutionen nicht erledigen ließen, als durch die Niedergerichte nicht entschiedene Rechtsstreitigkeiten, der Versammlung der Lehenleute zu unterbreiten."[406]

Allerdings bleiben solche Vorgänge auf das Zivilrecht beschränkt. Werner von Palant jr. stemmt sich gegen das zentralistische Bemühen der Jülicher, wie die Akten verraten, die alle Sonderrechte und ihren partikularistischen Geist eliminieren wollen. So kann Wassenberg seine Sonderrechte vorläufig bewahren. Das liegt einmal an seiner späten Integrierung ins Land Jülich, zum anderen an seiner inneren Geschlossenheit, für die der jüngere Palant alle seine Kräfte einsetzt. Erst nach Palants Ära beseitigt die große Reform der Mannkammern Mitte des 16. Jahrhunderts die alten Rechte in Wassenberg. Diese Reform ist von Jülich aus gesehen dringend notwendig, weil die starke Zersplitterung und Entfremdung des Lehenbesitzes eine stärkere Kontrolle durch die Zentralgewalt notwendig macht. Einer der Nachkommen Werners in Boslar, Dietrich von Palant, weist 1561 in einem Bericht darauf hin: „... befinde etliche Lehen fur langen und auch in kurtzen Jaren dermaissen zersplissen, vertheilt, erfpachts recht usgedaen und verkauft ..."[407] Werner in Wassenberg möchte die Zersplitterung der Lehensgüter verhindern. Die Ursache ist klar: seit dem 14. Jahrhundert ist das Erbrecht ins Lehenrecht eingedrungen. Im Stande der Freien teilt sich das Erbgut unter die gleich nahen Verwandten. Beim Übergang eines solchen freien Erbrechts auf die Lehen entwickelt sich daraus die Position des „Aufhälters", d.h. einer der Erben empfängt die Belehnung für sämtliche Miterben und ist mit seiner Person für die Erfüllung der Lehnspflichten verantwortlich. Auch Palant kann die Zertrümmerung des geschlossenen Besitzes nicht verhindern. Ein von außen kommender Grund ist sicherlich auch das Ende der Besiedlung des Ostens. Der große Bevölkerungsabfluß nach dort ist gestoppt und die Bevölkerung zu allseitiger Teilung gezwungen. Vier Termine im Jahr sieht Palant für die Manngedinge vor: Halbfasten, April-Mai, Juni-Juli, Oktober-November. Je nach Menge des Verhandlungsmaterials dauern solche Mannkammer-Treffen mehrere Tage. Werner nimmt fast immer teil, ohne das Statthalteramt dadurch überflüssig zu machen. Immer stärker fördert er die gerichtliche Tätigkeit in Sachen Erbe, Enterbung, Kauf, Übertragung, Verpfändung, Hypothek, Erbverpachtung. Die vorhandenen Akten im Düsseldorfer Hauptstaatsarchiv lassen erkennen, die Hauptmaterie der Mannkammerprozesse in Wassenberg sind Erbstreitigkeiten und Schulden. Die Prozeßführung ist noch sehr einfach: Kläger und Beklagter führen ihre Sache selbst, das Urteil ergeht sofort.

Am 4. 1. 1510 steht Palant selbst vor seinem Wassenberger Mannkammer-Gericht. Es geht dabei um die Auseinandersetzungen mit Johann von Vlodrop „vor dat gerycht van Wassenberg", die ich weiter unten noch behandeln werde. Alle Lehnmannen „der Herlicheyt van Wassenberg" sind anwesend: Ein gütlicher Austrag ist anberaumt wegen einiger „Gebrechen" des Pfandherrn Werner von Palant d. J. gegen Johann von Vlodrop.[408]

Um die Eigenständigkeit der Wassenberger Leheninstitution zu wahren, läßt der Pfandherr alle Vorschriften und Erfahrungen der Mannkammer in Weistümern und Schöffenbriefen formulieren. Aus dem von ihm vorgefundenen Aktenmaterial befiehlt er, die wichtigsten Schriftstücke gesondert zusammenzustellen, um Pflicht und Anspruch gründlicher durchschaubar zu machen. Besonders die zu leistenden Dienste werden dokumentiert. So vermitteln unsere Wassenberger Mannkammerakten geradezu paradigmatisch ein genaues Bild von Lehnaufgeboten im Falle der Not zur „Defension und Rettung des Vaterlandes". Zeitlich ist dieser Dienst für die meisten Lehen begrenzt: 6 Wochen und 3 Tage, wie es das Palantsche Weistum vom 18. 10. 1525 in mehrfacher Wiederholung ausspricht. Die Lehnsleute müssen während dieser sechs Wochen und drei Tage selbst für ihre Beköstigung sorgen, nur Futter und Beschlag für die Pferde übernimmt Palant. Manchmal fällt es dem Burgherrn schwer, alle seine Lehnmannen zum Dienst aufzubieten. Die Wassenberger wollen nicht bei jeder kleinen Streiterei eingezogen werden. Sie vertreten die Auffassung, nach „altem Jülicher Priveleg für ausgekundigter und öffentlicher Feindschaft" dürften sie nicht für jedes Kinkerlitzchen einberufen werden. Also nicht bei kleinen Streitfällen oder Verwicklungen mit Nachbarn, nicht bei Truppendurchzügen oder kurzfristigen Bagatellfehden. Nur wirklicher, offener Kriegszustand soll Grund für den Militärdienst sein.

Palant jr. hat das Glück, in einer relativ friedlichen Zeit zu leben. Erst der Geldrische Erbfolgekrieg nach Palants Wassenberger Abschied (1534) bringt einschneidende kriegerische Belastungen. Aber da hat ihn bereits Nikolaus von Mirbach als Pfandherr abgelöst. An der Jülicher Fehde haben verschiedene Wassenberger Reiter teilgenommen. In den Akten wird z.B. der Hof Assenrath (Melick) mit mehreren Diensten notiert. Der siegreiche Ausgang der Schlacht bei Wehr-Sittard am Ostersamstag 1543 stellt ihrem Gefechtswert kein schlechtes Zeugnis aus. Allerdings ist die „Lust auf Kriegsdienst" bei den meisten Mannen äußerst gering. Zu Palants Zeiten werden deshalb schon zahlreiche Dienste mit Geld ersetzt. 1518 hat der Pfandherr es sogar mit kriegsdienstverweigernden Lehnsmännern zu tun. Er setzt gegen sie durch, daß die Lücken durch Anwerbung von Reitern auf Kosten der Widerspenstigen geschlossen werden. Wenn ein Ritter im Kriegsfall der Aufmahnung nicht folgt, kann er sogar seiner adeligen Freiheiten verlustig gehen.

Auch in steuerlicher Hinsicht wahrt unser Pfandherr das staatliche Eigenleben des Landes Wassenberg. Er fördert überall, wo er kann, das Bewußtsein für Eigenständigkeit. Bis zu Palants Ausscheiden bestimmt noch immer ein Sonderlandtag (!) die Bewilligung der

Wassenberger Steuer. Auch später hängt die Höhe der aufzubringenden Summe von einer Einigung (!) des Herzogs mit Wassenberg ab.[409] Diese Sonderstellung zeigt sich nach Carl Lenaerts auch in sprachlichen Eigentümlichkeiten. Weil Wassenberg so spät Jülich angegliedert wird, bewahrt es sein typisches „Niederfränkisch" und übernimmt nicht den ripuarischen Dialekt, der das altjülicher Land und seine Früherwerbungen vollständig erobert hat.[410]

Der „Holzgraf"

Die alte Waldsatzung (oude bosrol) des Meinwegwaldes würden wir nicht kennen, hätte Werner von Palant jr. nicht eine Abschrift davon anfertigen lassen. Als „schrijver" hat sich der Kanoniker Johann Leyendecker vom Georgsstift, der an der Universität Köln studierte und Magister artium war, ein Denkmal gesetzt.[411]
Palant nimmt sich mit großem Interesse der Wassenberger Wälder (Meinwegwald, Schaagwald, Hees, Judenbruch, Effelder und Ophovener Wald) an. Am 5. 9. 1527 hält er vor dem Holzgeding im Melicker Genhof eine programmatische Rede über die Notwendigkeit, die Zukunft der Wälder ständig im Auge zu behalten, Raubbau zahle sich nicht aus.
Von den Meinwegberechtigten will er wissen, welche Einzelhöfe außerhalb der 14 Kirchspiele noch am Meinweg partizipieren:

„Wat hoven up Meynwech gehoeren de in den rollen niet geschreven noch getzychent enstain?" Die Meinweg-Gehülsden antworten, es seien die Höfe Berck, der Katharinenhof und Rabeiths Hof von Durssdal, alle unter Wegberg gelegen.[412]

Palant führt als Holzgraf bei den Gedingen selbstverständlich den Vorsitz. Im Jahre 1520 macht er erneut grundsätzliche Ausführungen über die Pflege des Meinwegwaldes, „om het boosch voor ondergang te behoeden".[413] Auch 1530 regelt er mit den Waldberechtigten den Umgang mit diesem kostbaren Naturgut. Von seinen Waldförstern läßt er sich regelmäßig alle Waldfrevel und Übertretungen vorlegen. Er greift mit harten Strafen durch. Als Inhaber der hohen Gerichtsbarkeit kennt er besonders bei jagdlichen Vergehen sowie bei Wilddieberei kein Pardon. In schweren Fällen: Folter, Tortur, Schanzarbeit, Prügelstrafe. Als Schadenersatz für einen Hirsch oder ein Wildschwein sind 250 Reichstaler, für ein Rebhuhn 75 Reichstaler zu zahlen. (Zum Vergleich: Ein fettes Schwein kostet damals 6 Taler, ein gutes Pferd 35 Taler)
Palant jr. beruft das Holzgeding ein, führt den Vorsitz im Waldgericht, bestellt die Förster, besitzt ein beschränktes Pfändungsrecht. Er ist der eigentliche „Herr des Waldes", schaltet und waltet dynastisch. Er besitzt das „Dominium directe et utile" unbeschränkter Holznutzung, während die Anwohner der 14 Kirchspiele (Wassenberg, Birgelen, Karken, Steinkirchen-Effeld, Ophoven, Arsbeck, Oberkrüchten, Niederkrüchten, Roermond, Herkenbosch, Vlodrop, Melick, Maasniel, Herten) und Einzelhöfe ihre Nutzung nur in „gemessener weiss" wahrnehmen dürfen. Erst nach Palants Zeit kommt Mitbestimmung auf, und die „Gehülsden" versuchen, peu à peu an den Rechten des Herrn zu partizipieren.
Über das Holzgeding von 1520 sind wir durch einen Brief von Bürgermeister und Schöffen der Stadt Wassenberg an den Drosten Palant gut unterrichtet. Palant hat danach die „Gehulden" ermahnt, einige „ongewoenliche ind ungeburliche dyngen" zu unterlassen. Die Gelderner Meinwegberechtigten, an ihrer Spitze Roermond, teilen Palants Kritik und bestätigen, „dat zij met de vorstellen (von Palant) accord gingen".[414] Die „maatregeln" Palants wollen den Holzaufwuchs verbessern. Durch verläßliche Förster könne das erreicht werden. Sie müßten besser als bisher Raub, Brand und alle Arten von Waldfrevel verhindern: „Sij sullen den walt hueten vur rauff, vur brannt ind vur all missvoire dy den here (Palant) hynderen mogen syne heirlicheyt ind den gehulden in yren rechten."
Wöchentlich bekommt Palant an drei Tagen je vier Wagen und drei Karren Holz aus dem Meinweg auf die Burg gebracht: *Mit vier wagen ind dry karren, in mogen hauwen rymmelhoult, wanne sy dat niet haven, ind eyckenhoult.* Die Wassenberger Rentmeistereirechnungen (z.B. 1533) machen deutlich, daß Palant viel Holz für Ausbau- und Reparaturzwecke an seiner Burg benötigt. Da ist der Zaun des Bergfrieds auszubessern, da sind die schadhaften Dächer des Schlosses, die arg mitgenommenen Tore und Brücken, die ausgewaschenen Uferbefestigungen der Wassergräben und die Verlandung des Weihers auf der Heide.
Leute aus Melick und Herkenbosch schaffen das Holz auf die Burg. Sie tun dies im Rahmen ihrer fälligen Amtsdienste, bekommen aber zusätzlich als freundlichen Dank jeder ein Pfund Brot, einen Hering und eine Quart Bier. (Nach der Rechnung von 1538/39 — nach Palants Zeit — erhalten die Holztransporteure sieben Heller, Essen und Trinken.) 1533 heißt es:

Item haven dy van Melick ind Herkenbuschs van de Meinwech ten behoeve gerden (= Gerten, Zweige, Äste) zu Wassenbergh uff de borch bracht um den zuyn (= Zaun) um den Berchvoet (= Berfried) um den Heydenroider wier (= Weiher auf der Heide) der ganss verwust was, zu maichen . . . daerzu 12 wagen, 26 man, yeder gegeven eyn pont broetz, eynen herynck ind 1 quart biers. (Hohlmaße: 1 Malter = 5 Sömmer = 20 Viertel = 80 Pinten = 100 Quarten.)

Bei den 14 Wagenladungen der Melicker sind 28 Personen dabei. Amtsdienste und Herrendienste, die der Pfandherr von seinen *underdaenen* fordern kann, unterscheiden sich in Hand- und Spanndienste und in die Herrendienste der 78 Dienstgüter, die im Lande Wassenberg vorhanden sind. Jedes von ihnen, egal wie groß es ist, hat im Jahr 12 Fuhren zu leisten oder im Ausfall dafür zwei Raderalbus zu entrichten. Zu Palants Zeit beträgt der durchschnittliche Tageslohn eines Arbeiters drei Raderalbus.
Zu den Amtsdiensten gehört auch das Anlegen und Ausbessern von Wegen, das Reinigen der Stadtgräben, die Pflege von Gasthausbach und Mühlenbach, das

Jagdaufgebot, die Begleitung der herzoglichen, später kurfürstlichen Beamten bei Geldtransporten. Die 78 Wassenberger Dienstgüter liegen in Kleingladbach (14), in Ratheim (10), in Orsbeck (8), in Wildenrath (3), in Gerderath (33), in Myhl (10). Die Fuhren befördern nicht nur Holz, Steine und andere Baumaterialien auf die Burg, sondern auch Naturalien wie Roggen, Hafer, Gerste, Buchweizen, Flachs usw., die in den verschiedenen „dorperen des lantz wassenbergh" einzusammeln sind. Für Pfandherr, Amtmann, Vogt, Statthalter, Rentmeister, Förster, Zöllner werden die zu ihrem Gehalt zählenden Lieferungen an Heu, Schanzen, Früchten usw. ins Schloß gebracht. Erstaunlich ist mir, daß im Lande Wassenberg einige Orte keine Dienstgüter kennen: Birgelen, Effeld, Steinkirchen, Ophoven, Beeck, Dovern, Hückelhoven, Arsbeck, Melick, Herkenbosch und Wassenberg selbst. Ich habe nirgendwo einen Hinweis auf Gründe dafür gefunden. Im benachbarten Lande Heinsberg sind bereits seit 1500 überhaupt keine Dienstgüter mehr vorhanden. Hier wird alles durch Geld abgelöst. Vielleicht haben die dienstgüterfreien Orte des Wassenberger Landes bereits eine ähnliche Entwicklung begonnen. Noch zwei Jahrhunderte später heißt es in einer Wassenberger Rentmeistereirechnung (1741), daß Melick und Herkenbosch, Arsbeck und Rödgen keine „ordinären Dienste und Wachen" erbringen müssen, und daß Ophoven, Steinkirchen, Effeld höchstens mit Bürgerwachen, Beifahren und zum Dienst an der Pletschmühle verpflichtet werden können. Orsbeck ist die anfallenden „Dienste auf Ihro Kurfürstlichen Durchlauchtigstem Schloß Wassenberg schuldig, sonst aber exempt zu halten." Die übrigen Kirchspiele haben für Pferde- und Handdienste bereit zu sein.

Werner von Palant gegen Johann von Vlodrop

Nicht lange nach seinem „Regierungsantritt" in Wassenberg gerät der Drost mit seinem Nachbarn, Johann von Vlodrop, in einen scheinbar unversöhnlichen Konflikt. Zankapfel ist Dalheim im Wassenberger Land. Zugespitzt: Dalheims Zugehörigkeit zur Herrschaft Helpenstein. Bevor ich mich dieser Kontroverse zuwende, möchte ich einen Blick auf Ophoven und den Dalheimer Convent werfen. Die Zisterzienserinnen-Niederlassung in dem idyllischen Waldtal bei Dalheim ist von Ophoven ausgegangen. In Ophoven an der Rur schafft der Edelherr Otto von Born mit Zustimmung seiner Ehefrau Petronella zwischen 1191 und 1196 die Voraussetzungen für die Gründung eines Convents für die adeligen Töchter des Landes. Die Urkunde darüber ist nicht erhalten, läßt sich jedoch aus aus einer Urkunde von 1223 rekonstruieren. Knippenbergh[415] hat sie sicherlich eingesehen. Er entnimmt ihr, daß der Stifter Otto von Born in der Kirche von Ophoven begraben liegt. (Urkunde von 1223 im Pfarrarchiv Birgelen)

In der ersten Dalheim-Urkunde des Hauptstaatsarchivs Düsseldorf bestätigt Erzbischof Adolf I. dem Konvent S. Mariae zu Uphoven die demselben von dem verstorbenen Bischof Albert von Lüttich geschenkten Rottzehnten im Dekanat Wassenberg, in sancta synodo utriusque ecclesiae (i.e. Coloniensis et Leodiensis). Laut der undatierten Bestätigungsurkunde des Päpstlichen Legaten Guido de Praeneste.[416] Die Äbtissin Jutta von Herkenrode sagt 1218 am Ende einer Urkunde, daß sie zur Kirche der seligen Jungfrau Maria in Ophoven einen Convent entsandt hat. Das zur Verfügung stehende Areal besteht dort in der Hauptsache aus dem 450 Morgen großen Hof Schaephusen. Der Klosterbesitz erweitert sich jedoch in der ersten Hälfte des 13. Jahrhunderts um die gesamten Rurwiesen. Der Ophovener Kirchenbau stammt aus der Zeit um 1200 und ist, bis auf ganz geringfügige Änderungen, noch heute unverändert erhalten. Die Kirche bleibt Eigentum des Klosters auch nach dem Umzug nach Dalheim. Ein Vizekuratus ist eingesetzt. Erst 1571 überläßt die Dalheimer Äbtissin die Kirche der Ophovener Pfarrgemeinde, bleibt allerdings Patronatsherrin und behält sich das Besetzungs-

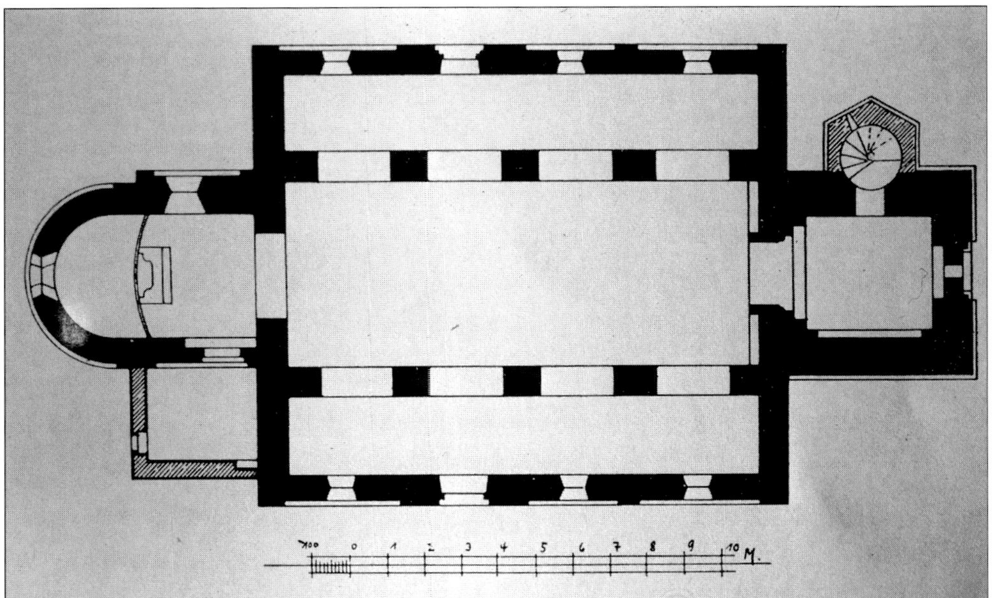

Fig. 64. Ophoven. Grundriss der kathol. Pfarrkirche.

Ophovener Kirche: Grundriß.

Kirche in Ophoven (gegründet 1198 als Klosterkirche des Zisterzienserinnen-Ordens). (Foto Ekkehard Heinrichs)

recht vor. Ich nehme an, die gesamten Reliquien im Besitz der Kirche gehen nicht mit nach Dalheim, sondern verbleiben in der Kirche. Maria und Agatha sind die Kirchenpatroninnen. Drei Reliquien zeichneten das Gotteshaus aus: der Schuh der Gottesmutter, das Haupt der heiligen Agatha und die frühgotische Marienfigur (Mater amabilis). In den Visitationsprotokollen finde ich noch keinen Hinweis auf Ophovener Wallfahrten. Erst im 17. Jahrhundert existieren urkundliche Belege darüber. Das Lagerbuch hält wunderbare Heilungen fest: Ein Oberst behält seinen Arm, obgleich er nach Ansicht der Ärzte amputiert werden müßte; ein Wassersüchtiger wird gesund, eine Frau mit Brustkrebs wird ausgeheilt. Das Lagerbuch erwähnt Prozessionen aus Köln, Aachen, Düsseldorf, Kleve, Meppen im Emsland, Jülich, Brüssel, Antwerpen, Roermond.

Karl-Josef Kutsch: „Am 25. Juli 1713 erscheint auf Ersuchen des Kurfürsten Johann Wilhelm II. (1690—1716) der Pfarrer Abraham Zahren von Ophoven mit dem Schuh der Muttergottes und den Dokumenten, die die Echtheit der Reliquie beglaubigen, im Schloß zu Düsseldorf. Nachdem er eine Ansprache gehalten hat, bietet der Pfarrer den Schuh dem kurfürstlichen Paar zum Kusse an. Auch in Düsseldorf wird der Schuh von mehr als 3 000 Gläubigen verehrt. Im Jahr darauf, am 31. 8. 1715, kommt das kurfürstliche Paar nach Ophoven, wo es den heiligen Schuh auf den Knien liegend in höchster Devotion und Reverenz küßt".[417] In der „Kirchengeschichte des Wassenberger Raumes"[418] haben wir die Geschichte dieser Kirche dargestellt. Das Ophovener Gnadenbild, ein frühgotisches Werk der Holzschnitzkunst, möchte ich um 1330 datieren. Die Ophovener Madonna gehört zum Besten, was an plastischen Kunstwerken aus jener Zeit am Niederrhein erhalten ist. Frühgotisch mit kölnischen aber auch burgundischen Einflüssen der Heinsberger Madonna aus der gleichen Epoche verwandt. Die silbernen Kronen sind Zutat des vergangenen Jahrhunderts. Früher war das Bildnis im Triumpfbogen der Kirche aufgehängt. Jetzt ist es Mittelpunkt eines neugotischen Altars.

In der „Kirchengeschichte des Wassenberger Raumes" haben wir die besondere Kostbarkeit der Ophovener Kirche, den Antwerpener Schnitzaltar (um 1520), beschrieben. Seine Schönheit ist an das Maß gebunden. In 10 Bildkompositionen wird das Leben Marias dargestellt. Die einzelnen Szenen wie Verkündigung, Darstellung im Tempel, Begegnung Marias mit Elisabeth, Anbetung der Könige, Anbetung der Hirten usw. stehen ganz im niederdeutsch-niederländischen Leben. Derbe Typen aus dem Volk schauen uns an, Handwerker und Bauern unseres Landes verraten ihr Modell für manche Figur.

Der Regensburger Marienkalender von 1894 erwähnt „Maria-Ophoven". Der heilige Schuh der Gottesmutter wird in der Nacht vom 6./7. 12. 1826 nebst mehreren silbernen Gefäßen gestohlen.

Der naiv gläubigen Emotion der damaligen Zeit schenkt Rom anstelle der gestohlenen Heiligtümer eine beglaubigte Partikel vom Kleide der Gottesmutter. Im Jahre 1861 kommen noch Partikel vom Gewand des heiligen Josef und Reliquien von den Gebeinen der heiligen Agatha hinzu.

Weitere wunderbare Gebetserhörungen werden überliefert: Am 25. 3. 1718 fällt eine Frau in die Rur und droht zu ertrinken. Da fleht sie Maria um Hilfe an. Ihre Kleider blähen sich auf und tragen sie wie ein Segelschiff über die reißenden Wasser, bis ein Bauer sie mit einem Haken an Land ziehen kann. Ein Schmunzelbild für Devotionalien-Maler.

Kloster Dalheim

Schon knapp drei Jahrzehnte nach der Ophovener Gründung ziehen die „heiligen jouffern" in die stille, meditative Waldzone des „Himmelstales" von Dalheim, dem der fromme Name „Conventus vallis coeli" gut ansteht. Die erste Urkunde wegen Dalheim fällt ins Jahr 1231: Heinrich von Helpenstein verkauft den Zisterzienserinnen einen Weiher mit der daran gelegenen Mühle sowie 15 Hufen Wald- und Bruchgebiet und etwas Ackerland.

Am 21. 3. 1241 schenkt Gerhard VII., Herr von Wassenberg, dem Dalheimer Ordensfrauen zum Seelenheil seines Vaters eine jährliche Rente von einer Mark aus der Pletschmühle zwischen Orsbeck und Ohe gelegen. Als Zeugen werden aufgeführt die Pröpste Heinrich von Wassenberg zu St. Cunibert in Köln und Friedrich von Wassenberg. Die Urkunde schließt mit den Worten: „Actum publice Wassenberge anno gratie MCCXLI in die benedicti" und ist mit dem Reitersiegel des Wassenberger Stifters versehen. Diese Rente existiert zu Werner von Palants jr. Zeiten nicht mehr; denn sie wird in den Mühlenverzeichnissen des Wassenberger Rentmeisters nicht mehr aufgeführt.

Im Jahre 1247 vollzieht sich der endgültige Auszug des Klosters aus Ophoven nach Dalheim. Die Ophovener Kirche wird Pfarrkirche. Sie erhält uns noch heute die ehrwürdige Erinnerung an jene *époque monastique*. Für mich ist dieses Gotteshaus eines der stilreinsten Bauwerke romanischer Kirchen im Heinsberger Land. Dalheim überweist dem Ophovener Pastor eine Jahresrente von 8 Mark, den Kleinen Zehnten und die Opfergaben. Aus dem Jahre 1262 liegt uns noch ein für die Dalheimer Entwicklung wichtiges Dokument vor: Wilhelmus, Edelherr von Helpenstein und Sophia, *uxor sua*, bekunden, daß ihr Lehnsmann, Adam dictus de Quercu, von seinem Gut, das an den Klosterbesitz grenzt, (apud Dalheim iacentium, que a nobis in feodo dinoscitur tenuisse), 80 Morgen Wald (quasi octoginta jurnales nemoris vendidit consensu nostro) der Abtei überträgt. Adam von der Eiche bekommt dafür jährlich 12 kölnische Denare (duodecim denarios Colonienses annuatim persolvere teneantur). Wilhelm von Helpenstein tut dies auch zum Seelenheil seiner Familie und seiner Erben (pro remedio animarum nostrarum et heredum nostrorum). Besagtes Lehen besteht außer einer Ackerfläche, wahrscheinlich aus dem gesamten Waldbesitz des Helpensteiners. Es wird ursprünglich der Wirtschaftshof der Herrschaft gewesen sein und nach seiner Umwandlung auch das Ende des Herrensitzes im Helpensteiner Weiher ausgelöst haben. Aber das muß vor 1200 geschehen sein.[419] Obige Urkunde ist von einigen Wassenbergern unterschrieben: Arnoldus advocatus de Wassenberg, magister Henricus, Conradus scolasticus eiusdem loci. Ferner: Sibertus et Henricus milites de Hukelhoven.

Besonders wichtig ist die Urkunde von 1273; denn sie ist mit dem Siegel der Stadt Wassenberg geschmückt. In dieser Urkunde geht es um Heinrich von Rurdorp, der dem Dalheimer Convent sein Erbe verkauft. Ritter Gottfried von Ulenbosch (Eulenbusch) bekundet die in diesem Zusammenhang mit der Stadtgründung Wassenbergs von mir noch zu erwähnende Aussöhnung seiner beiden Vettern.

An der Urkunde vom 21. 4. 1350 hängt das grüne Wassenberger Schöffensiegel, an der vom Februar 1358 das Siegel des Dechanten Reyner der Christianität Wassenberg.

Das Dalheimer Kloster wird dem Herzog von Jülich ein Begriff. Bei den großen Jagden im Meinwegwald schlägt er dort sein Standquartier auf. Das Kloster weiht seinen Hauptaltar dem Patron der Imker, dem heiligen Bernardus, der sich dort besonders zu Hause fühlen muß, weil Bienenzucht im Meinweggebiet und auf den Heideflächen mit großem Eifer betrieben wird. Honig und Wabe gehören bis zur Erfindung der Stearinkerze und bis zur Gewinnung und Raffinierung von Zucker aus Rüben zu den unentbehrlichen Stoffen jener Zeit. An jedem Hause im Wassenberger Land stehen damals Bienenkörbe, und auch das Kloster Dalheim hat an seiner Südseite einen umfangreichen Bienenstand postiert.

Der Streit

Zwischen Werner von Palant und Johann von Vlodrop entbrennt der Streit über die Frage, wozu dieses Dalheim gehört, und wer von ihnen beiden berechtigt ist, Gebühren, Zinsen, Standgelder dort einzuziehen. Für die Ausgangslage ist das Helpensteiner Güterverzeichnis von Belang. Dort heißt es schon 1320: *conventus in wassenbergh*. Aber rund ein Jahrhundert später verkompliziert ein merkwürdiger Vorgang die Besitzverhältnisse: die Einwohner der Herrschaft Arsbeck-Rödgen-Dalheim stellen sich 1413 unter den Schutz des Herrn von Heinsberg, weil ihr eigener Erbgrundherr so weit entfernt von ihnen wohne und sie schutzlos den Überfällen jener Zeit preisgäbe. Am 29. 6. 1481 protokollieren die Schöffen von Wassenberg dieses Ersuchen: „Wir sceffen der stat van Wassenbergh gemynlichen doin kont . . . soe ir erffgruntherr, die edele ende waelgebaeren van Lynep, van yen verre gesessen waeren, soe dat sy keyne bestehnis off defensy under se heren op die tzyt hatten . . . haven darumb die undersaissen . . . sich ergeven ende ondergedaen zo deme hogebaeren ind vermogenen hern Johan van Loen, here zo Heynsberg . . ."[420] Wenige Jahre darauf (1439) verpfändet dieser „weit entfernte Erbherr", Dietrich von Linnep, Arsbeck-Rödgen-Dalheim dem Roermonder Erbvogt Wilhelm von Vlodrop, dem Vater Johanns von Vlodrop, für 600 Reichstaler.[421] Johann wird infolgedessen Pfandherr von Arsbeck-Rödgen-Dalheim als *dominus temporalis domini in Helpenstein*. Außerdem ist er Patronatsherr von Arsbeck.

Wallfahrtsmadonna von 1330 in der Kirche zu Ophoven.

Das ist die Sachlage für den Konflikt zwischen dem Wassenberger Drosten und dem Vlodroper Edelherrn. Es geht darum, ob das *klooster dailheym* im Amt Wassenberg liegt und Palant schatzpflichtig ist, oder ob es helpensteinisch zum Rechtsbereich des Johann von Vlodrop gehört. Unmittelbarer Anlaß zum Streit ist die Dalheimer Kirmes von 1505. Beide Kontrahenten versuchen, neben- und gegeneinander Standgebühren, Zinsen und Abgaben zu kassieren. Das faktische Einsammeln des Geldes übernimmt der Gerichtsbote. Er sorgt als „Polizist" zudem für die Ordnung bei den Kirmesfeierlichkeiten. Mehrfach stoßen die beiden konkurrierenden Boten in Dalheim aufeinander. Solche Auseinandersetzungen sind nicht neu. Der Wassenberger Scholaster Mathias Durmaghen bezeugt, schon unter dem früheren Wassenberger Pfandherrn Graf Vinzenz von Moers (1451—1494) habe es mit Johanns Vater, Wilhelm von Vlodrop, Krach um die Standgelder gegeben. Damals wäre es beinahe zu einer Fehde gekommen.

Im Düsseldorfer Hauptstaatsarchiv existiert eine Menge Schriftstücke, Akten und Schöffenprotokolle zu diesem heiklen Problem. Am 1. 4. 1505 schreibt der empörte Johann von Vlodrop an den Kölner Domdechanten und bittet ihn, den Erzbischof von Köln einzu-

schalten. Immerhin habe sein Vater Wilhelm die Herrschaft Helpenstein von den unmündigen Kindern des Grafen Friedrich von Neuenahr vor 70 Jahren in Pfandschaft erhalten. Der Erzbischof wendet sich an Herzog Wilhelm II. von Jülich, und dieser beauftragt Daem und Johann von Harff, die Streithähne vorzuladen. Eine Entscheidung fällt jedoch nicht. Die Verhandlungen ziehen sich hin.
Am Kirmestag von 1506 kommt es sogar zu tätlichen Auseinandersetzungen. Eberhard Quadflieg schreibt dazu: „Darüber und über die folgenden Ereignisse in Dalheim berichtete Johann am 28. April 1506 der Gräfin von Neuenahr, daß er nach Wassenberg geritten sei. Der Drost sei aber nicht zuhause gewesen. Das Gericht Wassenberg wolle sich nicht mit der Sache befassen."[422] Johann läßt seinen Neffen mit bis an die Zähne bewaffneten Kriegern in Dalheim aufmarschieren. Es kommt zum Kampf. Werner von Palant möchte demgegenüber seinen hoheitlichen Auftrag im Lande Wassenberg realisieren: „Zur Kirmes zu Dalheim am zweiten Sonntag nach Ostern sei man gewohnt, daß der Herr von Wassenberg seine Diener schicke, um Standgeld, Zins und anderes zu erheben sowie Ungebühr zu strafen. Johann von Vlodrop habe sich als angeblicher Herr von Helpenstein, das er pfandweise habe, angemaßt, zum Nachteil der Hoheit und Herrlichkeit von Wassenberg, die Gebühren zu fordern. Er sei mit etwa 40 Gewappneten aus Roermond gekommen, und auch sein Neffe, der junge Bruder des Vogtes von Roermond, sei in Harnisch erschienen, und habe die Zahlung an die Wassenberger verboten. Johann von Vlodrop sei selbigen Morgens nach Wassenberg zu einigen Schöffen gekommen und habe ihnen mitgeteilt, daß niemand von Wassenberg ein Recht in Dalheim habe."[423] Der Herzog von Jülich reagiert im Sinne Palants und schreibt am 1. 6. 1506 an Johann von Vlodrop, seine Gewaltanwendung auf der Dalheimer Kirmes müsse verurteilt werden. Er verlange rasche Wiedergutmachung und das Versprechen, in Zukunft derartige Aggressionen zu unterlassen.
Johanns réplique bleibt nichts schuldig: Noch immer sei er der Pfandherr von Helpenstein. Staatsrechtlich wäre Arsbeck-Rödgen-Dalheim unabhängig. Der Wassenberger Drost habe dort nichts zu suchen und die seinerzeitige Schutzerheischung der Einwohner unter den Heinsberger falsch interpretiert.

Die Kontroverse geht weiter. 1509 ereignen sich neue Zwischenfälle. Johann berichtet, „der Drossard von Wassenberg sei im Kloster Dalheim gewesen und habe 'falsch Zeugnis' abgegeben. Das sagten Äbtissin und Schwestern. Beschwerde an den Drossard und an das Gericht in Wassenberg seien nicht angenommen worden."[424] Am 3. 11. 1509 fällt eine Vorentscheidung. Der Jülicher Statthalter teilt Johann mit,[425] Kloster Dalheim läge eindeutig im Amt Wassenberg. Er schlägt einen gütlichen Vergleich vor.
Inzwischen schiebt ein klösterliches Reformproblem die Schwierigkeiten auf eine andere Schiene. Johann von Vlodrop versucht, die Reform zu verhindern, bis sich der Herzog erzürnt einschaltet und erklärt, eine Behinderung der Reform könne er, der Herzog, nicht mit Gnaden ansehen. Die *joufferen* beachten nämlich seit langem die Klausur und das Fleischverbot nicht mehr. Viele Klosterinsassen sind bekanntlich nicht aus religiösen, sondern aus Gründen familiären Zwanges eingetreten. Der Fleischgenuß ist in den Frauenklöstern seit 1408 gestattet, die Nichtbeachtung der Klausur bleibt dagegen eine schwere Verfehlung. In diesen abgeschlossenen Teil des Klosters haben nur die Odensfrauen Zugang. Männer überhaupt nicht. Der Hausgeistliche darf nur mit dem Heiligen Sakrament, mit Stola und Manipel bekleidet, eintreten. Ein drittes Problem der Reform ist das Privatvermögen der Ordensangehörigen. Verschiedene Dalheimer Urkunden halten Fälle von privater Nutzung eigenen Vermögens fest. Besonders typisch ist der Fall der Conventualin Aleyda von Schönau im Jahre 1382. Sie stiftet ihrer Abtei eine Rente von jährlich 66 Malter Korn, wovon sie sich aber bis zu ihrem Tode 50 Malter vorbehält.
Es ist also Nachlässigkeit inbezug auf die Klausur, Privateigentum (z.B. Geldbesitz) und die Abkehr vom gemeinsamen Essen im Refektorium, die eine Reform notwendig machen. Die religiöse Seite des Klosterlebens (Chorgebet u.a.) steht dabei nicht zur Debatte. Es geht vielmehr darum, aufkommende Disziplinlosigkeiten zu beseitigen. Die Reform findet 1509 in Dalheim ihren Niederschlag und sieht Werner von Palant jr. und Johann von Vlodrop in neuer Reibung. Denn Palant wird bei der Reform gehört und beteiligt, Vlodrop dagegen nicht. (Im Hintergrund geht es um ganz handfeste finanzielle Interessen: Privatvermögen der Conventualinnen). Johann von Vlodrop protestiert und versucht, die Reform zu verhindern.
Die Reform fällt freilich milde aus. Die Klausur wird nicht verschärft. Am 15. 6. 1533 bei der allgemeinen Erkundigung der Räte des Jülicher Herzogs (Visitationsprotokolle.[426]) heißt es , daß ein Beichtvater da ist, *„der underricht die jonge jonferen, er hort bicht und deit sin miss, sunst kroedt (kümmert) er sich mit nichten"*. 15 Jungfrauen sind im Haus. Jede führt ihren eigenen Tisch. Jedermann kann in der Abtei ein- und ausgehen. Skandale sind bis dahin ausgeblieben. Interessant ist die Anwesenheit eines Hausgeistlichen aus der Abtei Villiers in Brabant, ein Zeichen dafür, daß damals im Wassenberger Raum wie in Limburg und in Brabant die gleiche Umgangssprache gesprochen wird.

Johann von Vlodrop fährt schließlich das Geschütz der Augenzeugen auf. Die Schöffen von Arsbeck erklären, Dalheim gehöre eindeutig unter die Helpensteiner Herrschaft. Am 22. 6. 1510 bekunden zwei Schöffen aus Roermond die Aussage weiterer Zeugen zum Fall Dalheim.[427] Jacob Heilewig, Schöffe von Montfort, Daem van dem Berghe, Bote zu Montfort und Heyn van Kessel in gen Raitgen zu Montfort treten auf. Daem beeidet, Johanns seliger Vater Wilhelm habe sie immer zur Dalheimer Kirmes entsandt, um für Wilhelm, den Vogt von Roermond, Gebühren, Standgeld und Zinsen einzuziehen. Niemand hätte sie dabei je behindert. Und nie sei der Drost oder Vogt von Wassenberg in dieser Sache dort aufgetaucht. Als Philipp

von Eyll Vogt von Wassenberg war, habe Heyn van Kessel die Gebühren eingesammelt.
Zwischenzeitlich stehen Johann und Werner 1510 vor dem Wassenberger Mannkammer-Gericht und versuchen einen Vergleich. Er gelingt nicht. 1511 eskalieren die Übergriffe auf der Dalheimer Kirmnes derart, daß den Vlodroper seinen mächtigen und einflußreichen Schwager Johann Scheyffart von Merode einschaltet. Johann Scheyffart löst die Pfandschaft Helpenstein ein und tritt dort bald schon als Statthalter auf. Werner von Palant jr. zieht demnach den kürzeren und verliert den jahrelangen *point querreleur*. Am 8. Februar 1521 stirbt sein langjähriger Gegenspieler Johann von Vlodrop.

Die Ophovener Verwechslung

Eine Reihe französischer und belgischer Historiker verwechselt unsere Ophovener und Dalheimer Zisterzienserinnengründung wegen des Gründungsortsnamens *Ophoven* mit dem Ort Ophoven an der Maas südwestlich von Echt ganz in der Nähe des Niewe Graaf. Freilich hatte Jean de Knippenbergh in seiner „Historia ecclesiastica ducatus Geldriae" bereits die Fondation durch „Otto von Born et sa femme Petronille se trouve à Ophoven sur la roer (in Mariae-Ophoven prope flumen Rurae)" deklariert, so daß eine Verwechslung vom „Val-du-Ciel" (Himmelstal) à Dalheim dans le comté de Juliers unverständlich bleibt. Emil Brouette hat diesen „erreur" (Citeaux, Commentarii cistercienses, XX, 1969) aufgeklärt und dabei auch auf die „Kirchengeschichte des Wassenberger Raumes" verwiesen: „Plus recemment Heribert Heinrichs et Jakob Broich dans leur 'Kirchengeschichte' apportérent une nouvelle contribution à l'histoire du monastère: ils précisaient que l'alleu, objet de la donation primitive avait la consistance de quatre cent cinquante arpents et qu'il etatit situé sous la court de scaephusen à Ophoven". Die Originalurkunde Nr. 3 (nach 1218) im Hauptstaatsarchiv in Düsseldorf sagt eindeutig: Die Äbtissin Jutta von Herkenrode (Belgien) verleiht dem aus ihrem Konvent besiedelten Kloster zu Ophoven die Privilegien, Regeln und die Tracht des Zisterzienserordens, wie diese in einem wörtlich transsumierten Beschluß des General-Ordenskapitels von 1218 im einzelnen für Herkenrode und dessen Tochterklöster festgesetzt sind. (Original Pergament. Siegel etwas beschädigt.)
Im Repertorium des Hauptstaatsarchivs von Düsseldorf sind alle bisher bekannten Urkunden und Akten des Klosters Dalheim (Ophoven) zusammengefaßt. Der Hauptteil der Urkunden befindet sich zur Zeit im Archiv des Schlosses Klein-Büllesheim/Stadt Euskirchen (Besitzer seit 1981 Graf Wolf Metternich, 101 Stück), im Hauptstaatsarchiv Düsseldorf 58 Stück (davon 36 als Leihgabe des Grafen Schaesberg zu Thannheim), ein geringer Rest in den Pfarrarchiven von Birgelen und Ophoven. Für Wassenberg ist die Urkunde Nr. 30 vom 1. 12. 1273 höchst bedeutsam, weil sie das große Stadtsiegel führt.

Palant und die Wassenberger Prädikanten

Wassenberger Prädikanten — das ist ein in der Kirchengeschichte geläufiger Begriff. Die „Linke der Reformation" besaß hier in Wassenberg im Schloß des Drosten Werner von Palant jr. eines ihrer Refugien. Ekkehard Krumme sagt, daß die Anfänge reformatorischen Lebens am Niederrhein bei jenen Männern zu suchen sind, „die unter dem Namen 'Wassenberger Prädikanten' in die Reformationsgeschichte eingegangen sind."[428] Prädikant heißt Prediger: Er verkündet „seine" Lehre von einer gerechteren, sozialeren, evangelischen Welt der Religion. Wassenberg war zwischen 1525 und 1534 dafür Zentrale, Begegnungsort, Unterschlupf, Absprungbasis, religiöse Heimat.
Jede Abweichung von der offiziellen Lehre galt in jenen Tagen als Ketzerei. Und diese wurde unnachgiebig bestraft. Manchmal sogar mit dem Tode! Die selbstherrliche, altgewordene Amtskirche merkte ihre Verstrickung in die Welt und ihre eigenen tiefgehenden Strukturschäden kaum, obgleich Kritiker wie Erasmus von Rotterdam seit Jahren eindringlich auf ihre Fehlentwicklungen verwiesen.
Während Kaiser Karl V. bei seiner feierlichen Krönung am 23. 10. 1520 in Aachen die Konsolidierung des christlichen Abendlandes zu seinem eigentlichen Programm machte, erklärte ein halbes Jahr später auf dem Wormser Reichstag Martin Luther, er könne wegen seines Gewissens nicht widerrufen.

Palants Gewissen

Das Gewissen als innere Kraft, die ohne unser Zutun warnt, richtet, urteilt, beunruhigt, spricht auch unüberhörbar in der Brust unseres Wassenberger Drosten Palant. Auch er glaubt an seine innere Stimme, die man nicht achtlos überhören darf. Auch für ihn ist die allgemeine Erkenntnis des Guten, des Richtigen, des Konsequenten die *conscientia*. Später wird er sich mit seinem Herzog auseinandersetzen und wie Luther darauf bestehen, nur so zu handeln, wie sein Gewissen es ihm befiehlt. Hier erweist sich Palant als engagierter Christ und Denker. Er begreift seine innere Stimme in diesen glaubenslebendigen Zeiten als richterliche Unbedingtheit, als Grunderkenntnis, die sein eignes Wesen übersteigt, so, als spräche Gott unmittelbar mit ihm. Und diese Stimme erfährt er auch von seinen Freunden, den Prädikanten. Er weiß anscheinend sehr genau, daß sich das Gewissen gerade in Gemeinschaften festigt und gestattet deshalb die Zusammenkünfte der „Andersdenkenden" in seinem Wassenberger Lande: *di bykompsten*.
Palant schafft dem Gewissen einen Zufluchtsort. Auch seine Schützlinge, die Wassenberger Prädikanten, setzen auf ihr Gewissen: sie sterben sogar ihren furchtlosen Opfertod durch Verbrennung, Folter, Gefangenschaft. Es hat mich tief bewegt, zu sehen, wie gerade hier ein klassisches Beispiel für Haltung, Widerstand, Gewissensfreiheit, Treue und Opferbereitschaft aufleuchtet.

Darum ist die Vorstellung von Palant und seinen Prädikanten das zentrale Kapitel dieses Buches und steht in einer direkten Verbindung zu dem, was ich in der Widmung für das ermordete jüdische Mädchen Betty Reis gesagt habe. Ich habe in meinen früheren didaktischen Arbeiten dazu ausgeführt: Vom Einzelproblem können wir zum Fundamentalen vorstoßen.[429] Viele historische Einsichten gewinnen wir nicht allein über das Medium Information, sondern am Erlebnis des Heute-Noch-Erkennbaren. Dies scheint mir besonders bei Palant der Fall, dessen Haltung in Wassenberg Beispiele und Gegenbeispiele kennt.

Mit gleicher Vehemenz bedrängen uns aber auch die Verfallsformen des Gewissens in nationalsozialistischer Zeit im gleichen Wassenberg. Sie beherrschten in „substanzloser Legalität", äußerer Zackigkeit und „vaterländischer Leidenschaft" jene SS-, SA- und Politischen-Leiter-Typen, die hier ihre „große Zeit" hatten, in einer kleinen Stadt, deren großes abendländisches Symbol der Märtyrertod seiner Prädikanten ist. 400 Jahre später nämlich wird am Sylvestertag 1938 eine Karmeliterin ins nahe Kloster Karmel von Echt hier über die Grenze gebracht: Schwester Teresia Benedicta a Cruce, Edith Stein. Zusammen mit ihrer Schwester Rosa wird sie als jüdisch-katholische Ordensfrau am 2. 8. 1942 von den Schergen des nationalsozialistischen Sicherheitsdienstes verhaftet, ins Lager Amersfoort geschafft, von dort über Westerbork nach Auschwitz transportiert, wo sie unter der Todesnummer 44 075 ermordet wird. Edith Stein, eine große Philosophin (Endliches und ewiges Sein), die Assistentin Edmund Husserls — sie im Zusammenhang mit den Wassenberger Prädikanten zu nennen, soll nicht nur die topographische Nähe des theologisch-kritischen Areals unseres Heinsberger und Wassenberger Raumes fühlbar machen, sondern meine Verehrung für sie, für die Wassenberger Prädikanten und „Andersdenkende", besonders für unser ermordetes jüdisches, Wassenberger Mädchen Betty Reis verdeutlichen.

„Ketzerei"

Die Sache des Glaubens, die bis zu Palants Zeit mehr eine Sache der amtlichen römischen Kirche ist, beginnt eine Sache des einzelnen und seines Gewissens zu werden. Nach Luthers spektakulärem Auftritt auf dem Wormser Reichstag formuliert der junge Karl V. die unerbittliche Absicht, seine ganze Kraft einzusetzen, um die „deutsche Häresie" zu vernichten.

Luthers Sturm aber hat bereits den Wassenberger Pfandherrn erreicht. Er befragt sein Gewissen. Er steht schon mitten in seiner „prädikantischen Phase" , die noch durch die weltgeschichtliche Denkschrift „Confessio Augustana" (Beschwerden und Opinion den Glauben belangend) bestärkt wird. Werner von Palant jr. ist Humanist. Die Schriften des Erasmus sind seine Lieblingslektüre. Um sich herum sieht er bei Fürsten und Adeligen krasse Opportunität. Auch sein Herzog, Johann III. (1511—1539), gibt sein Zögern nach dem Sieg des Kaisers bei Pavia (24. 2. 1525) auf und beginnt das Wormser Edikt in seinen Ländern durchzusetzen. Die Landdechanten werden angewiesen, Dankgottesdienste für Pavia abzuhalten. Palant bleibt unbeeindruckt. Er engagiert sich als Protektor der kritisch eingestellten Vikare, die seine Nähe suchen, die sich Prädikanten nennen, die den Empfang des Sakraments unter beiderlei Gestalt spenden, die die Kindertaufe verwerfen, sozialkritische Thesen wie die Gütergemeinschaft des Urchristentums vertreten, teilweise sogar die Obrigkeit ablehnen. Karl Rembert[430] schreibt über Palant: „Der Drost ist als einer der ersten Freunde der neuen Lehren in jener Gegend bekannt. Wir sahen, wie angesehen er bei Hofe war, und wie man ihn als treuen Diener des Herzogs mit rücksichtsvoller Schonung behandelte. Seine Burg war ein Asyl für vertriebene Prediger von nah und fern. Die Wirkungen, die von hier ausgingen, sind sehr bedeutende und auffällige gewesen. Wir können ihn auch als die Stütze der gegen Luther oder neben ihm hergehenden täuferischen Richtung bezeichnen, wobei selbstverständlich nicht ausgeschlossen ist, daß er auch der Sache Luthers und seiner Anhänger ersprießliche Dienste geleistet hat. Bei ihm fanden sich allmählich alle Prädikanten ein, die von den verschiedendsten religiösen Richtungen ausgehend, mit melchioritischen Ideen erfüllt, schließlich in Münster offen zur Wiedertaufe übertraten und später als die rührigsten Apostel in ihrer freiwillig übernommenen Mission wirkten." Auch später nach Verlust seines Drostamtes bleibt Werner Protektor der neuen Bestrebungen. An ihn wandten sich daher auch die von Münster ausgewichenen Prädikanten in Briefen, Botschaften und Besuchen. So 1534, als Jakob von Ossenbruch ihm die in Münster geschehenen „Wunder" mitteilt und er darauf äußert, „ihm gefielen die Dinge fast wohl".[431] In dem Wassenberg benachbarten Amte Born sitzt Drost Wilhelm von Rennenberg, eifriger Förderer der reformatorischen Bewegung, ein zweiter Palant.

Ehe jedoch die Wassenberger Prediger alle wichtigen „abweichlerischen Formen" (Erwachsenentaufe, beiderlei Gestalt) übernehmen, sind sie reine Sakramentierer und Spiritualisten. Das wird in der Literatur kaum beachtet. Es geht ihnen zunächst vordringlich um die Abendmahlslehre, bei der sie Zwingli nahestehen. Unter beiderlei Gestalt begehren sie Leib und Blut Jesu Christi (sub utraque specie) erst gegen Ende der zwanziger und Anfang der dreißiger Jahre des 16. Jahrhunderts. Von Münster her dringen derartige Auffassungen zu ihnen vor. Bis dahin drängen sie auf ein neues Verständnis von Brot und Wein als Nur-Sinnbilder des Fleisches und Blutes. Auch die Wiedertaufe wird bei ihnen erst später übernommen. Zunächst sind sie keine Täufer. Heinrich von Tongerns Taufe eines Kindes in einem Eimer Wasser — „dat kint wart gestechen in inem emmer wassers" — hat als spektakuläres Geschehen manchen die anabaptistische Seite der Prädikanten überbetonen lassen. Es darf natürlich nicht übersehen werden, daß *diese predikanten füren ein gantz neuwe lehr, schmehen uff die hl. sacramenten, insonderheit uff das hochwirdig Sacrament des altairs, leuchnen die wahrhaftige gegenwart Christi mit den Worten, dass Christus*

Ophovener Kirche: Altarraum mit Antwerpener Schnitzaltar (1520) und Wallfahrtsmadonna 1330.

nicht will eingeschlossen sein in einichen vass von silber oder golt. Das er auch nicht will von pfaffen getragen sein.

Franz Petri zielt in seinem umfassenden Werk „Rheinische Geschichte" auf den Wassenberger Raum, wenn er „die unmittelbare Verbindung von niederländischem Spiritualismus und niederrheinischem Frühprotestantismus" in der „rheinisch-maasländischen Grenzzone, in den Ämtern Wassenberg, Heinsberg, Millen und Born" wahrnimmt.[432] Petri sieht vor allem die Ermöglichung prädikantischer Aktivität unter dem Schutz des Wassenberger Drosten Werner von Palant, welcher am bekanntesten in dieser Hinsicht ist: Ab 1525 verbreiten niederländische und niederrheinische Prediger, Prädikanten, „ihre spiritualistisch und sakramentiererisch gefärbten Glaubensüberzeugungen".[433] Von den Niederlanden her wandern sie ein mit hochgerollten blauen Socken — *blaye upgherolde slapkauskens* — und werden mit ihren schwarzen, haubenartigen Kopfbedeckungen zu Wahrzeichen von Zaunpredigern. Die Campanus-Eiche zwischen Ratheim und Hilfarth, *aan de Campanus-Eek,* erinnert an einen solchen prädikantischen Treffpunkt, von dem aus Theologie und Sozialismus, Fanatismus und Antitrinität in die Scheunen, Wälder, Hohlwege, Hinterstübchen, Kapellen und Kirchen getragen werden.
Johannes Campanus ist der erste der Prädikanten, der in Wassenberg einzieht. Karl Rembert sagt über ihn: „Er hat den Boden für die nach ihm das Jülicher Land aufsuchenden Prediger mit Erfolg bereitet."[434] Campanus ist einer der glänzendsten Rhetoriker prädikantischer Wortgewalt, dem sein zeitweiliges Untertauchen, sein intensives schriftstellerisches Arbeiten nur unter der schützenden Hand Werner von Palants jr. gelingt. Denn gefährlich ist das Leben dieser Veränderer. Um ein Haar hat es den späteren Palantschen Schloßkaplan Johan Klopreiß in Köln erwischt, als er mit Adolf Clarenbach kooperiert. Clarenbach wird erster Blutzeuge der Reformation im Rheinland. Johann Klopreiß steht in Köln nach Verbüßung einer langjährigen Haftstrafe erneut vor dem geistlichen Gericht. Clarenbach versucht ihm beizustehen. Erfolglos. Der Helfer selbst rutscht nur noch tiefer in die Netze der Anklagebehörde.
Palant hat mit Sicherheit die „Acta Clarenbach" studiert, in der zu lesen ist, wie derselbe *zu Cöln gefangen, des Evangeliums halber, von seinen Widersachern begegnet und zugestoßen sei. Und wie ihn hernach, als er zu Cöln gefangen, die Ketzermeister so mörderisch, onchristlich ja gantz und gar onmenschlich wider alles von seinem gründlichen Darthun aus Heyliger Schrift zum Feuer geurtheilt haben.* Adolf Clarenbach und sein Schüler, der Student Peter Fliesteden, werden am 28. 9. 1529 in Köln so extrem gefoltert, daß, wie berichtet wird, sogar der Folterknecht mit ihnen Mitleid bekam. Sie bleiben jedoch standhaft und werden für Monate in einem tiefen, dunklen Gewölbe angekettet. Als man ihnen eröffnet, sie müßten sterben, wenn sie sich nicht bekehrten, ant-

wortet Adolf Clarenbach: „Wir begehren nichts anders als zu sterben, auf daß wir erlöset werden von unseren Feinden . . ."

Viel Volk versammelt sich zur Hinrichtung. Auf dem Wege dahin treten immer wieder Menschen aus der Menge heraus, um ihnen Mut zuzusprechen. Clarenbach will noch ein Glaubenstestament schreiben, aber er wird daran gehindert. Peter Fliesteden ergreift man als ersten. Der Henker schlägt ihm die Kette derart wüst um den Hals, daß er langsam erstickt und schon stirbt, ehe er an den Brandpfahl gekettet werden kann. Auch Clarenbach wird angekettet. An seinen Hals hängt man einen Pulverbeutel. In den Flammen noch ruft er: „O Herr, in Deine Hände empfehle ich meinen Geist!"

Das ist die Welt, aus der der Prädikant Johan Klopreiß nach Wassenberg kommt. Er ahnt noch nicht, daß auch er eines Tages in Brühl zwischen Köln und Bonn die gleiche Ermordung erdulden muß. Ein anderer, Johannes Campanus, wird langsam und brutal in einer mehr als 20-jährigen Gefangenschaft zerstört. Und die geistlichen Bundesgenossen Dionysius Vinne aus Süsteren, Heinrich von Tongern genannt Slachtscaep aus Hoengen, Heinrich Roll Wassenbergus, Gielis von Ratheim, Jakob von Ossenbruch und Hermes Aich werden ebenso vom Martyrium eingeholt. Auch in der Wassenberger Nachbarschaft, in Breberen, in Hoengen, in Born bei Palants Amtmannkollegen Wilhelm von Rennenberg, im Hückelhovener Raum, bei Heinrich von Olmissen aus der Familie von Mulstroe auf Haus Hall gedeihen prädikantische Ideen. In Hückelhoven hat sich sogar ein „Rat" (raet) gebildet, der die 50 bis 60 Hückelhovener Abweichler (Visitationsprotokoll 1533) führt. Heinrich von Tongern ist der Vorsitzende. Die Wassenberger Prädikanten werden für die Zusammenkünfte mit Pferd und Wagen herangeholt: Arnt von Eschenbroich hat *die predicanten ingefordet und mit sinen perden geholt hait.*

Die Wassenberger Prädikanten werden zu Hauptfiguren von Romanen. Wilhelm Dorn schreibt „Die Schwärmer"[435] und läßt als personale Verdichtung die erfundene Figur des in Orsbeck gebürtigen Magisters Jan Maes Termaer genannt Paludanus in der Auseinandersetzung mit dem Glauben der Wiedertäufer auftreten. Den Hintergrund dieser Erzählung füllt die bewegte prädikantisch-wassenberger Szene. Im benachbarten Heinsberg erscheint 1938 der Roman von Heinrich Heitzer „Unter zwei Gestalten". Darin sind die Wassenberger Prädikanten die Akteure. Die aufrechte und mutige Gestalt des Wassenberger Drosten, Werner von Palant, wird eindrucksvoll charakterisiert. Ein Kapitel heißt *Die Bykompst*: gemeint sind die Zusammenkünfte der Gleichgesinnten.

„Een onjeseajend Bröttche"

Dieser Ausspruch vom „ungesegneten Brötchen", der die Heilige Kommunion persiflieren will, formuliert der Wassenberger Prädikant Heinrich von Tongern genannt Slachtscaep (Schlachtschaf). Er zieht nach Münster und wird von dort als Apostel ausgesandt. Mit sieben Jüngern kommt er nach Soest. Als er sich dem Predigtverbot des Bürgermeisters widersetzt, wird er am 23. 10. 1534 vor dem Stadttor als Ketzer vom Leben zum Tode gebracht. Des weiteren Gielis von Ratheim (Breberen), „de ärme Gieles". Heinrich von Tongern und Dionysius Vinne gewinnen ihn für den neuen Glauben. Er zieht mit ihnen nach Ratheim zu Heinrich Olmissen genannt Mulstroe auf Haus Hall. Gielis heiratet eine ehemalige Nonne. Auf dem Wege nach Münster wird er festgenommen. Im Verhör verteidigt er sich mit seiner Ungelehrtheit und Einfachheit; den Anforderungen des Priesterstandes in diesen Schreckenszeiten sei er nicht gewachsen, darum habe er auch geheiratet.

Jakob von Ossenbruch gelingt es, rund 40 prädikantische Anhänger für Münster zu sammeln. Der Zug erreicht das *Neue Jerusalem* nicht, wird vielmehr in Düsseldorf abgefangen. Jakob sagt bei seinem Verhör, daß alles, was er bei seinem Besuch Werner von Palants diesem erzählt habe, dem Drost sehr wohl zugesagt hätte: *die ding (zu Münster) fast wol haven gefallen.* Unter den Münster-Fahrern befindet sich auch Gielis von Ratheim. Über seine Aussage wird dem Bischof von Münster Bericht erstattet.[436] Gielis von Rothem (Ratheim) ist identisch mit Gisbert von Breberen. Sein Verhör findet am 4. 3. 1534 statt:

Anno 34 am vierten Marcii hat her Gyssbert van Breberen ausgesagt: irstlich ist er ein priester, hat eine huisfrauwe geehelicht, ihr name ist Gertruidt Valkenbergh, wurde im cloister geschwängert. Das war die Ursache, warum sie uis dem cloister gegangen und zu Aachen bei Drynborn drei oder vier jaer gedient. Sie hat ein Kind von 9 Jahren. Johan Klopreiß hat sie zu Wassenberg in seinem huis in die ehe zusamen gegeven. Gefragt, warum er sinen priesterstait gelassen, antwortet er, er were ein slechter, ungelerter . . . Zu allem habe ihm Johan Klopreiß und die anderen Prädikanten geraten. Jacob von Ossenbruch habe von Wunderzeichen und endzeitlichen Dingen berichtet und gesagt, die Welt werde in 14 Tagen schwer gestraft, es werde Blut regnen und blaue und schwarze Wolken auftauchen. Allein zu Münster sei fride und sicherheit, darhin zo reisen, solchs zo erfaren, hat er sich dahin gedain.[437]

Gielis wird freigesprochen. Wochen später ist er wieder im Wassenberger Land. Von dort zieht er ins Niederländische. Hier wird er sogar Bischof der Wiedertäufer. Stets begleitet ihn sein früherer Küster Stevens. In Antwerpen gerät er in Konflikt mit der Obrigkeit. Es wird ihm der Prozeß gemacht. Am 20. 7. 1557 schlägt der Scharfrichter ihm den Kopf ab.

Von anderer theologischer Statur ist Johan Klopreiß, der — wie schon angedeutet — aus dem Kreis um Clarenbach kommt. Viele Überlieferungen in Wassenberg kreisen um seine Person. Seine Wirkung war stark, vielleicht deshalb, weil er kein extremer Wiedertäufer ist, sondern als gemäßigter Neuerer gelten darf. Seine Zuhörer sind von ihm fasziniert. Bei der Visitation 1533 erklären sie den Räten, „eher ließen sie sich die Köpfe abschlagen" („ehe liessen si sich die keep afhauwen"), als den Einsichten abzuschwören. Johan Klopreiß hat hohe Achtung vor dem Heiligsten Sakrament. Er kritisiert das Spektakulum der Prozessionen und meint, man dürfe die Hostie nicht herumtragen, als ob sie ein Kuckuck wäre („. . . das man das sacrament nit so sult umbdragen, als of es ein kuickuick wer . . .")[438] Andreas Knorr interpretiert Klopreiß' Aversion gegen das Austragen des Allerheiligsten in der Fronleichnamsprozession in der Weise, diese Prozession sei „u. a. als Demonstration gegen die ‚Ketzer' im 13. Jahrhundert eingeführt und verstanden worden."[439]

Johan Klopreiß predigt auch in der Wassenberger Georgsbasilika. Er kann schließlich den Gottesdienst daselbst an sich reißen, weil der Pastor verstorben ist. Im Visitationsprotokoll von 1533 heißt es: *der pastor mach zu Rom sitzen, si wissen nit, of er ein Koch sei oder nit, oder was er sei, und der Pastoir sei jenseits des gebirch gestorven.*[440] Am 13. 7. 1533 präsentiert der Herzog als neuen Pastor Arnold von Aldenhoven, weil die Stelle *fur guder zit durch Tod vakant sei.* Mit der Einführung des neuen Pastors ist Klopreiß' Wassenberger Periode zu Ende.

Es gab eine Erinnerung an ihn: Zwischen dem Wassenberger Kirchturm und dem Dachstuhl der Basilika existierte bis zur Zerstörung im Zweiten Weltkrieg eine Wiedertäuferkammer. Johan Klopreiß soll hier zeitweise gewohnt haben. Wahrscheinlich geriet er mit den Kanonikern wegen reformatorischer Glaubensauffassungen in Konflikt. Er teilte das Abendmahl unter beiderlei Gestalt aus. Bei Palant war er außerdem Hausgeistlicher. Die Vorliebe der Palants für ihn rührte vom geistlichem Beistand her, den er der Drostin während einer schweren Krankheit geleistet hatte. Palant betrachtete sein Wassenberger Haus als „zweite Wartburg" als „Herberge der Gerechtigkeit". Als er 1534 vom Herzog gezwungen Abschied nahm, mußte auch Klopreiß gehen. Der Drost schenkte ihm 20 Goldgulden, stattete ihn mit dem Nötigsten aus und übergab ihm zwei bespannte Wagen. Klopreiß wandte sich zuerst nach Büderich, dann nach Wesel, schließlich nach Münster. Von dort wurde er als Apostel ausgesandt. In Brühl faßten ihn die Schergen. Als Andersdenkender wurde er hier am 1. 2. 1535 verbrannt. Aus den ihn umzüngelnden Flammen rief er unbeirrt zu Gott. Auch Dionysius Vinne endete als Märtyrer auf dem Blutgerüst in Osnabrück 1535. Jakob von Ossenbruch geriet 1533 in Düsseldorf in Henkershand. Hermes von Aich fiel unter dem Schwert. Heinrich Roll Wassenbergus war der erste Prädikant, der ins *Neue Jerusalem* nach Münster pilgerte. Später treffen wir ihn im Niederländischen als Wiedertäufer. Im September 1534 wurde er auf dem Friedhof von Maastricht verbrannt.

Herzog Johann III. machte wahr, was er auf dem Ständetag von Kleve 1529 in brutaler Anmaßung verlangt hatte , „man solle die Lutryaner, die sich unterstünden, aufs neue zu taufen, strafen ohne verzug, sie verbrennen, köpfen oder ersäufen." Gegen 100 Abweichler wurden in diesen Jahren im Rheinland hingerichtet. Die Wassenberger Prädikanten waren unter ihnen.

Was mag in Werner von Palant jr. bei dem entsetzlichen Sterben seiner Freunde vorgegangen sein? Wie wird er auf derart menschenverachtende Forderungen des Jülicher Tyrannen reagiert haben? Die Antwort ist belegbar: er zeigte Flagge und blieb der neuen Lehre treu.

Johannes Campanus

Die Erinnerungen an Campanus sind an der unteren Rur am intensivsten. Noch heute spricht man dort vom „fiesen Campaan", „van dr jecke Campanus", von „dr verröckte Campaan". Wenn jemand ein großes Mundwerk hat, charakterisieren alte Wassenberger ihn mit der desavouierenden Reminiszenz: „De kallt so völl wie Capaan!"

Johannes Campanus soll um 1500 in Maaseyck geboren sein, nach einer anderen Version in Rurkempen. 1574 wird er als *senis* bezeichnet. Seine Bildung empfing er in Köln und Düsseldorf. Zunächst war er Klostergeistlicher in Roermond. Luther setzte sich mit ihm auseinander und beschimpfte ihn als „einen verfluchten Unflat und Buben", weil er der spiritualistischen Richtung verhaftet war. In einem Sendbrief schreibt er: „. . . darneben mit vleis gewarnet fur den schedlichen menschen Johannes Campensis . . ."[441]

Ursprünglich ist Campanus Mönch, wendet sich aber schon bald vom Kloster ab. Die reformatorischen Ideen ziehen ihn an. Er ist der erste in Wassenberg, der wiedertäuferische Gedanken äußert. Nach Aufenthalten in Roermond, Wittenberg und Köln kommt er 1521 in Palants Burg Wassenberg. Zwischen 1527 und 1534 ist er beinahe dauernd dort.[442] Luther schreibt an Melanchton: „Von den Sakramenten lehrt Campanus dasselbe wie die Wiedertäufer."

Relativ spät wird seine theologische, pastorale, moralische und soziale Bedeutung erkannt. A. Hegler widmet ihm einen Beitrag in der „Realenzyklopädie für protestantische Theologie und Kirche", J. F. G. Goeters schreibt über ihn in Band 1 von „Religion in Geschichte und Gegenwart" (Tübingen 1961). Bei Mülhaupt wird er in der „Rheinischen Kirchengeschichte" (Düsseldorf 1970) zur Kenntnis genommen. Andreas Knorr weist ihm kritische Abschnitte in seiner „Geschichte der Kirchengemeinde Wassenberg-Dalheim" zu.[443] Am besten kommt er bei Karl Rembert weg: „Campanus hat der ganzen Bewegung in Jülich und weithin den Stempel seines Geistes aufgedrückt; er war das treibende Agens, das geistige Haupt, bis ihm durch Menno Simons und seine Schüler, welche die Richtung in eine andere Bahn kehrten, die Führung entrissen wurde."[444] Der Spiritualismus ist sein Grundanliegen. Die persönliche innere Erleuchtung scheint ihm wichtiger als die mitreißendste Predigt. Letztlich ist für ihn das geistliche Amt überflüssig. Ein „allgemeines Priestertum" schwebt ihm vor. Seine in Wassenberg verfaßte Schrift, die im Original in der Utrechter Bibliothek liegt, ist schon vom Titel her ein prädikantisches Programm: *Göttlicher und heiliger Schrift. vor vielen Jahren verdunkelt. und durch unheilsame Lehr und*

Lehrer aus Gottes Zulassung verfinstert. Restitution und Besserung. durch den hochgelehrten Johannem Campanum. Ein Sendtbrief an K. M. Anno 1532.
Die Grundgedanken seiner Arbeiten kreisen um die Ablehnung aller kirchlichen Tradition. In diesem Punkt stimmt er engagiert mit Palant überein. Sodann betont er die Unverwandelbarkeit von Brot und Wein, die Nutzlosigkeit der Kindertaufe, die unmittelbar bevorstehende Endzeit. Campanus betrachtet sich als Prophet wie Elias. Er bittet seine Zuhörer, alle Arbeit aufzugeben, weil der Jüngste Tag nahe sei. Andreas Knorr kommentiert die Palantsche Situation: „Es hieß nichts Gutes für die Zukunft, als Palant ihm sein Haus öffnete. Ein Konflikt mit der Obrigkeit, d. h. mit dem Jülicher Herzog, ließ sich auf die Dauer kaum vermeiden. Doch zunächst bedeutete die geistige bzw. religiöse Verbindung des Drosten mit dem Täufer, daß Wassenberg für die nächsten Jahre zu einem Schlupfwinkel verfolgter Täufer und zum Ausgangspunkt ihrer mannigfaltigen Aktivitäten auf dem Gebiet der Predigt rundum im Lande wurde. Der Begriff 'Wassenberger Prädikanten' (Prediger) ist daher in der Reformationsgeschichte zum Sammelbegriff für diese nicht unbedeutende Gruppe von täuferischen Predigern geworden."[445]

Am 15. 7. 1531 ist Campanus wieder einmal in Wassenberg und reist von hier sporadisch an die Sammelplätze für seine missionarischen Predigten. Melanchton schreibt an Konrad von Heresbach, einen der einflußreichsten Räte beim Herzog: „Vorsicht! Ein Feind Luthers taucht wieder auf! Hostem Lutheranae factionis, Campanus!"

In seiner auf der Wassenberger Burg verfaßten Schrift über den heiligen Geist lehrt Campanus, der sogenannten Dritten Person in der Gottheit komme kein eigenes personales Sein zu, und der Gottessohn Jesus sei mit Gottvater nicht wesensgleich. Campanus glaubt der erste zu sein, der seit den Aposteln die absolute Wahrheit enthüllt. Man darf vermuten, er hat mit Palant viele Stunden darüber diskutiert und nachgedacht. Luther reagiert auf den Wassenberger „Irrlehrer" grob. In seinen Tischreden: „Diesen verfluchten Unflat und Buben sol man nur verachten, und so bald nicht wider ihn schreiben, denn da man wider ihn schriebe, so würde er desto kühner, stolzer und muthiger. Man verachte ihn nur, damit wird er am ersten gedempft, denn er wird doch mit seinem Schwarm und Autorität nicht viel ausrichten." So gelingt es Campanus auch nicht, mit Luther ein Streitgespräch zu führen oder bei den großen Disputationen der Zeit dabei zu sein. Karl Rembert schreibt: „Wichtig für die Erkenntnis des Einflusses des Campanus am Niederrhein ist der Umstand, daß die von ihm verfaßten Traktate auch in den Visitationsprotokollen 1533 sichtbar werden. Manche Wendungen und Sätze sind wörtlich übernommen." Campanus und Palant sind zeitweise die eigentlichen Motoren des Reformwillens im Wassenberger Land. Sie stellen sich gleich mehreren Fronten: der reformbedürftigen Altkirche, dem Herzog, den Lutheranern. Campanus ist auch Wiedertäufer. Er erklärt: „Was hilft es, wenn der Mensch getauft wird und nicht recht versteht, was die Taufe oder die Worte der Taufe bedeuten. Niemand kann glauben, was er nicht versteht. Darum muß man erwachsen genug sein, um getauft zu werden."

Campanus ist spiritus auctor für Klopreiß, Vinne, Tongern, Roll, Ossenbruch, Aich und viele andere. Dionysius Vinne schreibt in einem Brief an Luther vom neuen Propheten Campanus: „Tum novus dolor a novo propheta Campano!"

Die Schriften „Campaans" werden verurteilt und öffentlich dem Feuer übergeben. Immer wieder warnt Melanchton: „Wir wissen, daß Campanus noch im Lande ist. Er sollte unschädlich gemacht werden." Aber im sicheren Refugium Palants bleibt er lange unbelästigt. Er läßt von hier viele Sendschreiben hinausgehen: „Campanus, qui diu latuit in arcibus Juliacensium quorundam nobilium".

1552, Palant lebt wahrscheinlich nicht mehr, predigt Campanus in Feld und Busch zwischen Ratheim, Wassenberg und Roermond. Die Bauern der Wassenberger Gegend fordert er auf, die Felder liegenzulassen, weil der Weltuntergang nahe sei und eine gewaltige Flut von der Maas her hereinbreche:

Persuaserat Johannes Campanus miseris rusticis non longo a fluvio Rura degentibus, quod vel hodie res ipsa loquitur et testantur vicini, ne amplius austeris sese frangerent agriculturae laboribus, non sese frustra durius vexarent, diutius fatigarent, enecarent fodiendi, arandi, metendi sudoribus, instare diem judicii . . .[446]

Kurz nach 1553 wird er verhaftet und ins Klever Gefängnis gebracht, wo er mehr als 20 Jahre lang dahinsiecht, ohne auch nur ein Wort zu widerrufen. Vor allem Melanchthon trägt zu seiner Inhaftierung bei. Er empfiehlt ihn immer wieder „zu unausgesetzter Aufmerksamkeit und Beobachtung", wie wir aus Melanchthons Briefen an Konrad von Heresbach wissen.

Nicht nur Luther, Hus, Calvin und Zwingli sind ihrem Gewissen gefolgt, auch Campanus bleibt seiner inneren Stimme treu: trotz Einsamkeit, Schmerz, Hunger, Kälte, Gewaltanwendung und vernichtender Gefangenschaft.

Der Roermonder Bischof Lindanus versucht, Campanus zu diskriminieren. Er verbreitet das Gerücht, Campanus verkehre mit dem Teufel. Sein Gefängniswächter zu Kleve habe gesehen, wie vor seinem Kerkerfenster ein schwarzer Schatten schwebte und sich mit Campanus unterhielt.

Erst im hohen Alter (achtzigjährig) bricht das Leben dieses ungemein zähen Wassenberger Prädikanten zusammen, ist alle Energie aus ihm herausgepumpt. Nach beinahe mehr als zwei Jahrzehnten Gefängnis ist sein physischer und psychischer Verfall soweit fortgeschritten, daß er an Entkräftung stirbt. Seine Werke stehen seit langem auf dem päpstlichen Index: prima classis. Die meisten von ihnen sind im Wassenberger Schloß unter der schützenden Hand Palants geschrieben worden.

Die Mahnungen Herzog Johanns III. stören Palant nicht. Der Herzog befiehlt seinen Amtleuten, also auch dem Wassenberger Pfandherrn Palant, die Prediger dazu anzuhalten, von allen Neuerungen Abstand zu nehmen, das Evangelium seinem Sinne gemäß zu verkünden, allen Zusammenrottungen und Streitgesprächen aus dem Wege zu gehen:[447] *ihr van unsert und amptswegen flisslich ufsehet und bi allen predigern in unserm ampt ernstlich verschaffet, daß sie keine unchristliche lere oder ungeburliche neuerung . . . damit gude ordenung bis zu gemeiner und unser reformation und besserong gehalden werde.* Palant schert sich keinen Deut darum. Es ist abzusehen, wann er mit seinem Herzog kollidiert. Auch von Kaiser Karl V. kommen Anstöße zwecks „weiterer Bekämpfung der unevangelischen, verdammten, ketzerichen Lehre des Martin Luther." Sondergesandte treffen am Hof von Düsseldorf ein.

Werner von Palant und die Visitation 1533

Franz Petri weist darauf hin, daß das bedeutendste Bemühen einer in den Grenzen der alten Kirche verbleibenden Reform von Johann III. ausgeht: „Der Herzog nahm, unterstützt von humanistisch gebildeten Räten, wie Johann von Vlatten und Konrad von Heresbach, die ihrerseits wiederum bei Erasmus Rat holten, aber auch in vorsichtiger Form von Wittenberg zu lernen versuchten, in der Bahn seiner Vorfahren von sich aus die Reform der Kirche seiner Länder in Angriff. Seine Bemühungen gipfelten, nachdem er schon durch eine Verordnung vom 3. 7. 1525 die gröbsten Mißbräuche der kirchlichen Alltagspraxis zu beseitigen versucht hatte, im Erlaß einer Kirchenordnung (Januar 1532), einer Erläuterung (1533) und einer umfassenden landesherrlichen Kirchenvisitation (vom gleichen Jahr). Hauptanliegen war auch bei den Kirchenordnungen ein praktisch-seelsorgerliches. Die überkommenen kirchlichen Zeremonien und Bräuche wurden zwar beibehalten, aber geistig gedeutet. In den Kontroversfragen bemühte man sich, das Gemeinsame hervorzuheben und das Trennende zurücktreten zu lassen. Von den Sakramenten wurden lediglich Taufe und Abendmahl und in sehr vorsichtiger Form Buße und Ehe erwähnt. Theologische Zänkereien wurden verboten, ‚dwil darus nit anderst, dan ufruer und widderwille ervolget'. Im Endergebnis erwies sich dieser Versuch, das religiöse Leben auf erasmischer Grundlage zu erneuern und dadurch zugleich die Glaubenseinheit zu bewahren, jedoch als nicht gangbar: Den Protestanten (selbst Melanchton) waren die klevischen Kirchenordnungen nicht evangelisch genug, den Anhängern des alten Glaubens eine Verwässerung der alten Glaubenswahrheiten."[448]

Das Schicksal der Wassenberger Prädikanten insgesamt ist typisch für den frühen Protestantismus in der Mitte der zwanziger Jahre. Die sogenannten Häretiker werden in den Untergrund gedrängt, von der Gesellschaft verfemt, so daß wie von selbst Radikalisierung aufkommt.

Seit 1527 lebt Palant unter starken obrigkeitlichen Druck. Denn von dort werden ihm immer wieder Vorhaltungen gemacht. 1527 ist auch das Jahr, in dem Theodor Fabricius nach Wassenberg kommt und seine lutherischen Kenntnisse und Ambitionen bei Palant ablädt. Fabricius hat von 1522 bis 1526 in Wittenberg bei Luther Theologie studiert. In Köln hat er sich für Adolf Clarenbach eingesetzt. Fabricius befreit in der Neujahrsnacht 1529 Johan Klopreiß aus dem Gefängnis in Köln und bringt ihn nach Wassenberg, wo er in der Hauskapelle Palants als Prediger angestellt wird.

Mit des Fabricius Auftreten in Wassenberg beginnt die Geschichte der evangelischen Gemeinde unserer Stadt. Andreas Knorr vermutet: „Einzelheiten über die Begegnung Palants bzw. von Wassenberger Bürgern und katholischen Geistlichen mit dem lutherischen Theologen (Fabricius) kennen wir nicht. Doch man darf annehmen, daß zunächst nur wenige Wassenberger und vermutlich nur wenige auswärtige Freunde des Burgherrn — z.B. die evangelisch gesinnten Herren Olmissen genannt Mulstroe, von Haus Hall bei Ratheim — mit dem Kölner Gast Kontakt hatten und mit ihm über Glaubensfragen und die Möglichkeiten einer Reformation im Jülicher Land sprachen, vielleicht auch im kleinen Kreis Gottesdienst hielten, Gottes Wort hörten und das heilige Abendmahl unter beiderlei Gestalt feierten."[449] Werner von Palant jr. steht mitten in der Auseinandersetzung jener Zeit: zwischen denen, die sich primär um eine biblische Lebenshaltung im Sinne der Nachfolge Christi bemühen, dann denen, welche die persönliche Erleuchtung des Heiligen Geistes höher einschätzen als das gepredigte Wort Gottes, jenen, die als Kritiker der dogmatischen Grundlagen der Kirche auftreten und schließlich den Anhängern der prädikantischen Richtung, die der unbeirrbare Wille zu revolutionärer Veränderung in Kirche, Staat, Gesellschaft, Familie, Eigentum auszeichnet.

Was geht in Palant vor, wenn er von der Last seines Gewissens spricht, wenn er seinem Herzog mitteilt, er könne nicht „wider sein Gewissen handeln und andere dazu zwingen". Des Herzogs Erlaß vom 18. 7. 1530, „keine ungebührliche Neuerung" zuzulassen, ist nicht leicht zu verwirklichen. Es hätte einer großen Zahl von Aufpassern bedurft, um im Wassenberger Land die verschiedenen Verstecke der *bykompste* ausfindig zu machen. Im übrigen will Palant das nicht.

Auch in den Wassenberger Amtsrechnungen ist nirgendwo ein Hinweis auf Palants Erkundigungen zu finden. So schreitet der Herzog zur Planung einer umfassenden Visitation, um den kirchlichen Mißständen auf die Spur zu kommen. Für sein Land Jülich ernennt er zwei Visitatoren: Erbhofmeister Harff und den Priester Johannes von Vlatten.

Für Wassenberg sind zwei Visitationstage vorgesehen. Die Berichte und Aufzeichnungen über das gesamte Unternehmen liegen in zwei starken Bänden vor. Die Visitation beschränkt sich im wesentlichen auf die nördlichen und nordwestlichen Gebiete in Angrenzung zu den Niederlanden. 137 Kirchspiele werden verhört. Neben der geistlichen Qualität der Fragestellung geht es auch um sittliche Verfehlungen wie Trunksucht und Konkubinat. Letzteres wird im Amt Wassenberg festgestellt, wo das Verhältnis von Pastor

und Magd manchmal sehr eng ist. Auf die 33 Kleriker des Amtes Wassenberg kommen 4 Konkubinarier. In einigen Fällen sind unter den Priestern Ehebrecher oder solche, die zu Bürgerstöchtern Beziehungen unterhalten. Gefragt wird sodann nach dem Predigtamt, nach den Bibliotheken, nach dem Schulwesen, nach dem Sendgericht, dem Einkommen der Pfarrstellen, Vikarien, Küstereien und Bruderschaften. Am wichtigsten ist die Frage nach den vom Glauben Abgefallenen. Besonders stark ist diese Zahl in Wassenberg mit „132 Ketzern".

Palants Ausscheiden

Die Visitatoren geben zu verstehen, den Abtrünnigen könne Gnade gewährt werden. Die Anstifter der Übel sucht man zu verhaften. Deshalb sind fast alle Wassenberger Prädikanten aus der Stadt geflohen. Münster wirkt in diesem Augenblick wie ein rettender Magnet. 1533 haben die Wiedertäufer hier die Herrschaft erlangt. Jakob von Ossenbruch führt einen Zug Wassenberger, Birgelener, Myhler in das *Neue Jerusalem*, in die *Stadt Zion*. In Münster tritt Heinrich Roll Wassenbergus in Wort und Tat gewaltig auf. Von Münster kommen jetzt häufiger Trost- und Sendschreiben in unser religiös aufgewühltes Wassenberger Land. Ein Roßhändler aus Millen, namens Johannes Bergk (Berc), sorgt für die Zustellung, weil er von berufswegen soviel herumkommt.

Am 30. 10. 1532 schreiben Herzog Johann III. und seine Herzogin Maria die Billigung eines Vorschlags ihrer Räte der vier herzoglichen Lande betreffs des Wassenberger Drosten Werner von Palant jr. wegen dessen kirchlicher Stellung nieder. Dieser Erklärung gehen lange Verhandlungen zwischen Palant und seinem Herrn voraus.[450] Der Herzog hatte von seinen Räten ein Gutachten über ein Schreiben angefordert, in dem der Herzog den Drosten anweist, sich nicht ins ketzerische Lager zu begeben und nicht als Sympathisant für die *ufruerer* aufzutreten. Die Räte billigen diese Instruktion. Sie sind der Auffassung, man könne dem Gewissen einzelner nicht soweit nachgeben, daß dadurch der Glaube an Jesu Christi Leib und Blut, an die Kindertaufe gefährdet werde. Den Schwärmern, Bilderstürmern und Verleugnern des Heiligen Geistes werde Vorschub geleistet. Dadurch entstünden ernste Folgen für das Herzogtum.

O.R. Redlich berichtet, die Räte seien der Meinung, die Gewissensfreiheit könne dem Wassenberger Drost nur in den Punkten zugestanden werden, die nicht gegen die Heilige Schrift opponierten, und so sei ihm für seine Person der Gebrauch des Abendmahls unter beider Gestalt erlaubt, ohne Folgen für andere: „Von den ärgerlichen Neuerungen müsse der Drost abstehen und für Befolgung der herzoglichen Ordnung sorgen, wenn er im Amt bleiben wolle."[451] Der Herzog sieht die Verdienste, die Palant sich im Laufe der beiden letzten Jahrzehnte in Wassenberg erworben hat: „Er habe dem vorigen und jetzigen Herzog treu gedient und sei nun zu seinen alten Tagen gekommen."[452] Deshalb will er es noch einmal in Güte mit dem Drosten versuchen. Er schickt zu Palants Unterrichtung einige Verwandte und gibt ihm zu verstehen, daß er persönlich *sin gewissen halver frei* sei. Wenn der Drost aber starrköpfig bliebe, müsse der Herzog an eine Einlösung des Pfandes Wassenberg denken.
Der Konflikt verschärft sich. Rembert schreibt: „Aus seinen Bedenken und aus der Anklage gegen ihn sind eigentümliche Anklänge an spätere täuferische Lehren zu vernehmen. Hier will Palant dem weltlichen Regiment keine Machtbefugnis in geistlichen Dingen zugestehen, ein Gedanke, der uns zwar nicht direkt in den Bekenntnissen der Visitations-Protokolle begegnet, wohl aber in denen der nahestehenden täuferischen Gemeinde zu Maastricht . . ."[453]
Werner von Palant ist bereit, Wassenberg zu verlassen. Am 17. 12. 1533 wird er zum letzten Mal als Drost von Wassenberg genannt. Erst im Jahre 1534 verläßt er seine Burg. Denn im Februar 1534 erhält er noch einmal Besuch des Hufschmieds Jakob von Ossenbruch, welcher direkt aus Münster kommt, wo ihn Jan van Leyden getauft hat. Jakob erzählt seinem Drost Palant von den „zeichen und wonder, so zu Münster beschehen sin". Außerdem überreicht er einen Brief von Johan Klopreiß. Am 17. 12. 1533 verkauft Werner von Palant jr. die gesamte Einrichtung, alle landwirtschaftlichen Gerätschaften sowie die Waffen und Ausrüstungen der Wassenberger Burg an Clais von Mirbach, der sein Nachfolger als Amtmann sein wird. Im gleichen Verkaufsvorgang übergibt er Mirbach alle Gerätschaften seiner Schloßbrauerei.[454]
Palant begibt sich nach Köln, wo er auf dem Klapperhof am Gereonswall (Nr. 7), später auch Palanthof genannt, seine letzten Jahre verbringt. Ein Todesdatum ist nicht bekannt.
Die *Wassenberger Prädikanten* wird so mancher Historiker, Theologe, Religionsphilosoph verkennen, wenn er das Banner der Reformation nur mit den Namen Erasmus, Luther, Zwingli, Calvin bestickt sieht. Friedrich Nietzsche wird sarkastisch behaupten, der letzte Christ sei am Kreuze gestorben. Er hat unsere prädikantischen Märtyrer vergessen!

Vorherige Seite:

Les patineurs d'Orsbeck. Die Schlittschuhläufer vor Orsbeck auf der Rur. (Öl auf Leinwand, 50 mal 60, 1971, Hubert Plücken, Arsbeck)

DER GELDRISCHE ERBFOLGEKRIEG

Jülich will Geldern

Der Geldrische Erbfolgekrieg bringt für Wassenberg und seine umliegenden Ortschaften Zerstörung, Plünderung, Einäscherung, Elend, Sterben. Der Gangelter Stadtchronist Kritzraedt hält dies für das ganze Heinsberger Land beinahe minutiös fest. Wie kommt es zu diesem Krieg?
In Gorinchen bei Dordrecht hat der im hohen Alter stehende und ohne Nachkommenschaft lebende Gelderner Herzog Karl mit Kaiser Karl V. einen Vertrag geschlossen, wonach Geldern nach des Herzogs Tod als „erledigt" anzusehen, dem Kaiser zufalle. Herzog Karl bereut diese Zusage und tritt 1534 die Grafschaft Geldern entgegen diesem Vertrag dem König von Frankreich, Franz I., ab, der dafür eine fette Abfindung von 50 000 Pfund verspricht.
Die geldrischen Stände sind gegen dieses Geschäft und erklären Herzog Karl für abgesetzt. Ihre Wahl eines neuen Landesherrn fällt auf den künftigen Herzog von Jülich, Wilhelm III. (1539—1592). Die Jülicher nehmen dies dankbar an und zögern nicht, das geldrische Territorium ihrem Land einzugliedern. Erkelenz und Wegberg beispielsweise gehören nun als Nachbarn wie Wassenberg dem gleichen Lande (Jülich) an. Das alles bleibt nicht ohne Widerspruch des Kaisers. Er verweist auf seine Erbansprüche, die er als Nachkomme Karls des Kühnen von Burgund besitzt. Am 30. 6. 1538 stirbt Herzog Karl von Geldern, und beinahe programmgemäß tritt am 5. 2. 1539 Herzog Wilhelm III. nach dem Tode seines Vaters Johann III. (1511—1539) aufs Regierungsparkett und besteht, wie nicht anders zu erwarten, auf Geldern. Zunächst glaubt er, der Kaiser werde doch noch seiner Bitte nach einer Belehnung mit Geldern willfahren. Aber alle Bemühungen scheitern. Der Kaiser spricht dem jungen Jülicher jedes Recht auf Geldern ab. Kaiserliche Gesandte tragen in Düsseldorf die Sachlage negativ vor. Infolgedessen erfaßt die Jülicher Stände eine jener typischen Chauvinismen, und sie schwören spontan, mit Gut und Blut ihrem Herzog zu folgen, wohin er sie auch immer führen möge. Schon damals ist politische Weitsicht eine seltene Tugend.
Der Landesherr von Wassenberg, Herzog Wilhelm III. von Jülich, verschärft die Lage durch ein Bündnis mit dem französischen König Franz I.[455] und durch seine Heirat mit der Nichte des Franzosen, Johanna von Navarra, am 11. 4. 1541. Kurz danach beginnt im Jülicher Land die Aufrüstung. Geldern ist eine wichtige strategische Bastion. Der Kaiser kann deshalb nicht untätig bleiben. Am 6. 3. 1542 steht sein Heer unter dem Befehl Philipp von Croys, des Herzogs von Aerschot[456], zum Angriff bereit.

Kaiser Karl V. (1500—1558).

Die Schlacht bei Wehr-Sittard 1543

Die Streitkräfte der Regentin der Niederlande erobern für den Kaiser Düren und Jülich und ziehn über Wassenberg nach Roermond. Die seit 1538 stark ausgebaute Festung Heinsberg widersteht zunächst der Belagerung, wird aber am 16. 10. 1542 von den Brabantern erstürmt. Severin Corsten hat uns die Kämpfe um Heinsberg ausführlich dargestellt.[457] Erinnert sei in diesem Zusammenhang an das eindrucksvolle Bild nach dem Brüsseler Codex, das die Belagerungstruppen vor Heinsberg zeigt. Die Stadt wird beschossen und brennt. Im rechten Hintergrund des Bildes ist „Wassenborch" zu sehen. Es handelt sich hier allerdings nicht um die brabantische Belagerung, sondern, wie Severin Corsten herausfindet, um die Versuche der Wiedergewinnung Heinsbergs durch Herzog Wilhelm III. 1543. (Siehe Bild S. 202)
Am 24. 3. 1543 stoßen Jülicher und kaiserliche Heere zwischen Wehr und Sittard aufeinander. Wie den Wassenberger Mannkammerakten und ihren Lehnsdiensten zu entnehmen ist, hat das Jülicher Heer auch viele Streiter aus dem Lande Wassenberg in seinen Reihen. Wilhelm Lückerath schildert nach alten Quellen den Verlauf der Schlacht:
„Die Kaiserlichen hielten eine langgestreckte Anhöhe vor Sittard mit ihren besten Schaaren besetzt, wurden aber von den Jülichern zurückgedrängt und mußten

die Fahne der Vorhut in deren Händen lassen. Jetzt vereinigte sich die Sittarder Besatzung mit den herzoglichen Truppen, und das Heer stellte sich in dem weiten Felde vor der Stadt in Schlachtordnung auf. Die Kaiserlichen hatten hier eine sehr günstige Stellung genommen, da sie sich einerseits an einen Hohlweg, andererseits an einen Sumpf anlehnten, während die Front mit schwerem Geschütz besetzt war. Die Jülicher hatten sich in einem durch die Heerwagen wohl gedeckten Viereck aufgestellt und hielten gegen das feindliche Feuer ruhig Stand. Unterdessen ging eine auserlesene Schar durch den Hohlweg vor und griff den Feind unter dem Feldgeschrei ‚Helf Gott!' so herzhaft und geschickt an, daß die drei ersten Glieder derselben niedergeworfen und die anderen über den langen Abhang des Berges zurückgedrängt wurden. Die Geschütze mußten sie zurücklassen; ihr Feldgeschrei ‚Slag doit!' konnte den Rückzug nicht aufhalten . . ." Wie heftig der erste Angriff war, mag man aus demselben Bericht ersehen:

„die feind theten iren anlauff mit lantzen, nochmals mit iren Hackenschützen, die da grossen schaden under unserm volk theten; an den flügeln der feind waren schützen zu roß und zu fuß, daß also der erste angriff seer rauh was, und vil roß darnider geworffen sein."

„Hinter dem Berge suchten die kaiserlichen Truppen wieder festen Fuß zu fassen. Die Jülicher aber rückten ihnen in voller Schlachtordnung nach und trieben sie wohl eine Viertelmeile weit vor sich her. Für die herzoglichen Truppen war es von großem Vortheil, daß während des Kampfes ein heftiger Sturmwind mit Platzregen und Hagel ausbrach, der den Kaiserlichen gerade entgegen wüthete und sie am Sehen hinderte. Dazu kam, daß Broichsittard in Brand gerieth und die Rauchwolken den burgundischen Truppen ebenfalls entgegen getrieben wurden, so daß dadurch die durch ungünstige Witterung verursachten Beschwerden noch vermehrt wurden. Allerdings machten einige Reiterscharen der Feinde den Versuch, die verlorenen Geschütze wieder zu gewinnen, was auch gelang, wie auch die Verfolgung dadurch eine kurze Zeit aufgehalten wurde. Die Jülicher Reiter aber bemächtigten sich der Geschütze bald wieder und verschafften dem Herzog Wilhelm einen glänzenden Sieg. Sehr groß war die Beute der herzoglichen Truppen. Das gesamte Geschütz, etwa 20 Stück mit allem Zubehör, fielen in ihre Hände, ebenso 200 Tonnen Pulver und viele Wagen mit Kugeln, Kriegsgeräthen aller Art und Lebensmitteln. Die Wagen und das ganze Gepäck des Herzogs von Aerschot wurden erbeutet, und es war lustig anzusehen, wie die Jülicher Söldner in den Kleidern der Brabanter Adeligen in Pelzen, Samt und Seide umhergingen und Silbergeschirre mit sich trugen. Der Feind verlor 1600 Tote und 2000 Gefangene, unter diesen fast alle Hauptleute und Unterbefehlshaber. Die Sieger blieben die Nacht über auf dem Schlachtfelde

Schloß Effeld 1256.

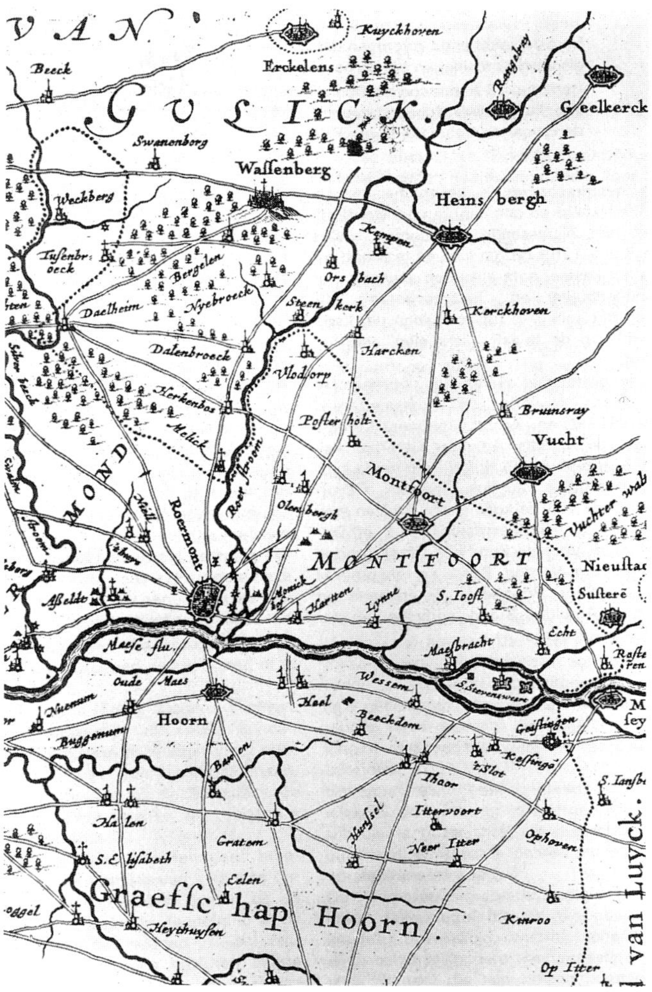

im Lager der Kaiserlichen. Am folgenden Tage wurde die ganze Beute nach Sittard geschafft und die Beerdigung der Gefallenen bewirkt. Die Kaiserlichen zogen nach Maastricht, die siegreichen Jülicher wieder nach Roermond."[458]

Es gibt eine Anekdote über die Benachrichtigung des Jülicher Herzogs nach der Schlacht durch einen reitenden Boten aus Roermond. Dieser überbringt versehentlich eine Falschmeldung und berichtet, die Schlacht sei verloren. Des Herzogs Antwort: „Wir wollen in die Kirche gehen, got den hern anrofen und ihm unsere sach empfehlen." Kurze Zeit später, noch während der Herzog betet, erscheint ein zweiter Bote aus Roermond, der den ersten korrigiert und den glänzenden Sieg bei Wehr meldet. Der Herzog: „Got dem hern die ehr gegeben und umb gnaden und frieden gebeten, ferner unglück und bloit vergiessen zu verhueden."[459]

Erneut belagert der Jülicher nun Heinsberg allerdings ohne Erfolg. Der Kaiser aber wendet sich nun mit aller Konsequenz der Lösung des geldrischen Problems zu. Sein Feldherr, der Prinz von Oranien, nimmt am 20. 8. 1543 Monschau, steht am 24. 8. in Düren und in den Tagen darauf in Aldenhoven, Geilenkirchen, Sittard, Linnich. Das alte Jugendlied „Der Kaiser stürmt gen Geldern" bekommt auch Wassenberg zu spüren; denn des Kaisers Truppen nehmen die Stadt am 29. 8. 1543 ein und stoßen von dort nach Roermond an die Maas. An diesem 29. August hat die Burg Wassenberg den höchsten abendländischen Gast. Der Kaiser schlägt hier sein Quartier auf und übernachtet

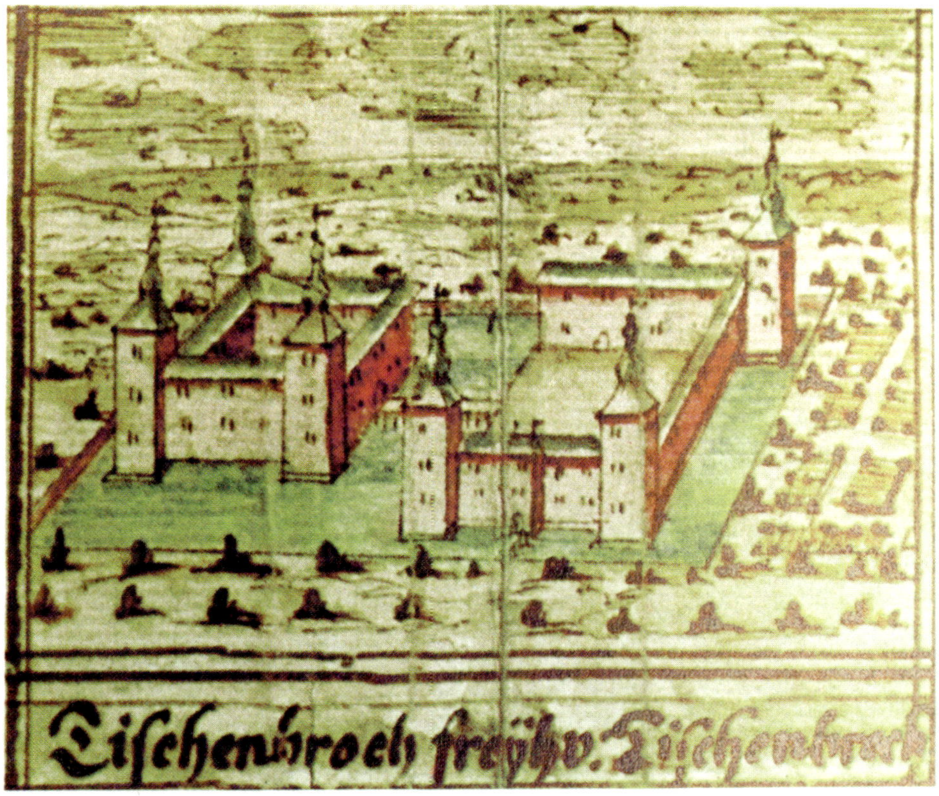

Tüschenbroich. Codex Welser 1723

daselbst. (Lückerath, Corsten, Spehl, Broich, Mayer u. a.) Die benachbarten Dörfer und Städte senden Abgesandte auf die Burg zum Kaiser und bekunden ihre Ergebenheit.[460]

Der Siegeszug des Kaisers von Düren bis Wassenberg liest sich leicht. In Wirklichkeit aber rast eine erbarmungslose Kriegsfurie durchs Wassenberger Land. Der Kölner Ratsherr Hermann von Weinsberg, hat anschaulich die Elendskulisse festgehalten: „Als diss geschrei, jammer und ellend uisbrach, flohen weniglich uis dem lande von Gülich nach Cöllen mit weib, kind, vieh, wagen und karren, mit geld und silber, bett hausrat, früchten und was sie fluwen mochten. Ich hab gestanden um diß Zit vor der Haneporzen (Kölner Hahnentor) und hab gesehn in allen straißen voll fliehendes volk, alles hondert und mehr wagen ... etlich wagen voll Beginen, Nonnen, Jonfern, mönch, edelfrauen, traurig, daß es zum jammern war ... ich hab auf dem Raitztorm (Rathausturm) in Cöln gewesen und das feuer (der brennenden Ortschaften) viel bei abend gesehen."

Friedensdiktat von Venlo am 7. 9. 1543

Wenige Tage nach seinem Wassenberger Aufenthalt ist der Kaiser Herr der Länder Jülich, Kleve, Geldern. Herzog Wilhelm muß um Frieden bitten. Er reist ins kaiserliche Lager nach Venlo, um das Friedensdiktat Karls V. entgegenzunehmen. Geldern ist für ihn endgültig verloren. Geldern ist kein selbständiges Herzogtum mehr. Die ehemals von Graf Gerhard von Wassenberg begründete Gelderner Grafschaft wird nun eine unbedeutende Provinz der burgundisch-habsburgischen Niederlande. Der Kaiser teilt Geldern in vier Quartiere auf. Arnheim, Zutphen und Nimwegen sind die Quartiere Untergelderns, Oberquartier heißt das frühere Obergeldern, dessen Hauptstadt nun Roermond ist. Statthalter ist dort Ricalt von Merode, ein Verwandter unseres ehemaligen Wassenberger Pfandherrn Johann Scheyffart von Merode. Er verwaltet die Ämter Erkelenz, Geldern, Goch, Kessel, Montfort, Krickenbeck, Straelen, Wachtendonk, Middelaer sowie 16 selbständige Herrschaften, z. B. Elmpt.[461] Für Wassenberg aber bedeutet der Friede von Venlo am 7. 9. 1543 den endgültigen Übergang an Jülich. Kaiser Karl V. überläßt nämlich seinem unterlegenen Gegner für immer und ewig die eroberten Städte des Herzogtums Jülich, darunter auch Wassenberg. Lediglich Heinsberg und Sittard bleiben vorläufig noch als Pfänder zur Durchsetzung der Friedensbedingungen in kaiserlichen Händen. Der Herzog von Jülich muß sich verpflichten, die katholische Religion in seinen Ländern durchzusetzen und allen Neuerern entgegenzutreten. Damit beginnt für die Reformierten — auch bei der soeben begründeten Wassenberger evangelischen Gemeinde — eine schwere Zeit.

Dem Jülicher aber ist gegenüber seiner Expansionsbestrebung eine harte kaiserliche Grenze gezogen. Der Habsburger hat gesiegt. Der Aufbau eines geplanten großen, mächtigen linksrheinischen Jülicher Territoriums ist vereitelt. Der Jülicher Löwe zieht seinen „Steatz" ein.

Goldene Bulle: Reichsgrundgesetz Kaiser Karl IV. 1356. Privilegien für die sieben Kurfürsten, Unteilbarkeit der Kurlande, Primogenitur, Bestimmungen über den Landfrieden u. a. (Mit besonderem Nachdruck empfehle ich: Armin Wolf, Die Goldene Bulle. — Graz/ Austria: Akademische Druck- und Verlagsanstalt 1978. ISBN 3-201-01064-2. Einmaliger Prachtband mit originalgetreuen Faksimile-Tafeln aus dem Codex Vindobonensis 338 nach dem Original von König Wenzels Handschrift, Frankfurt 1697.)

pactum electorum
et iuramentum eis conue
nientium·
ordine processionis inter archi
episcopos· Cap· i°

n nomine
sancte et
indiuidue
trinita
tis felici
ter amen
Karolus
quartus
diuina
fauente
clementia Roma
norum imperator sem
per augustus et bo
emie rex· Ad perpetu
am rei memoriam:
Omne regnum in
se diuisum desola
bitur· Nam prin
cipes eius facti sunt
socii furum ob quod
dominus miscuit in me
dio eorum spiritum ver
tiginis ut palpent
in meridie sicut in
tenebris et candela
bra eorum mouit
de loco suo ut ceci sint
et duces cecorum· et
qui ambulant in
tenebris offendunt
et ceci mente scelera

perpetrant que in di
uisione contingunt·
Dic superbia quomodo
in lucifero regnasses

Belagerung von Heinsberg 1542/43. Versuch Herzogs Wilhelm III. Heinsberg zurückzuerobern. Oben rechts: Wasser Borch (Wassenberg).

Die zerstörten Orte des Wassenberger Landes gehen wie so oft an den Wiederaufbau. Wie Kritzraedt für Gangelt sarkastisch bemerkt, haben die Feuer des Martinabends das Land niedergebrannt: „als zum spott domall einen Mertensfeuer zu machen, gänzlich abgebrannt."[462]
In den Nachverhandlungen zum Venlo-Frieden treffen die Räte des Kaisers und die des Herzog zusammen und schließen ein Freundschafts- und Schutzbündnis. Es liegt eine Urkunde vom 2. 1. 1544 vor[463], die ein Abkommen betreffs Ravenstein, Herzogenrath, Wassenberg und der übrigen brabantischen Pfandschaften und Lehen wiedergibt: der kaiserlichen Majestät wird als Kompensation für den Abbruch von Wall und Festungsanlagen von Ravenstein zugestanden: *slot stadt landt ende luyden van Wassenbourch met allen zynen toebehoirten.* In den Jülicher Landtagsakten vom 8. 7. 1544 finde ich, der Herzog habe „belenungen und confirmirung ihrer privilegien und regalien von Keiser M. underzeichnet und besigelt bekommen."[464] Der Kaiser hat zugestanden, daß zur Erstattung des Abbrechens des Walls von Ravenstein („zu erstadung des afbrechens des wals")[465] ihm Wassenberg erblich verbleibt.

DIE ENDLOSEN KRIEGE

Visitationen 1550, 1560 und 1582 in Wassenberg

Im Frieden von Venlo 1543 verpflichtet sich der dem Kaiser unterlegene Herzog von Jülich auch, die katholische Religion zu verteidigen. Insofern finden wie 1533 in den nächsten Jahren Visitationen statt: 1550, 1560 und 1582. In Wassenberg beginnt die Erkundigung durch den *lantschriver und Frans Pylmann secretarius zu Wassenbergh* am 7. 7. 1550. Die beiden verbleiben bis zum 8. Juli. In der Rechnung des Wassenberger Rentmeisters Thyß van Megen sind die Spesen festgehalten: auf Kosten des Amtmannes und Vogts verzehren sie in Wassenberger Wirtshäusern für 4 Gulden, 5 Albus.[466] Das Protokoll nennt 1550 für Wassenberg folgende Fakten und Daten: Johann von Zuyrs ist der Vogt, Franss Groeten der Vizepropst, Herr Jorden Schulmeister, Schöffen sind Jorgen von Hoengen, Franz von Reckhem, Thyß van Megen, Johan Leyendecker. Die Funktion des Gasthausmeisters hat Wilhelm von Reckhem inne, Kirchmeister ist Diederich Kremer. Der Vizekurat hält eine Konkubine und hat Abkömmlinge. Die Schützenbruderschaft wird wie gewöhnlich gehalten. Sie legt ihre Abrechnung im Beisein der Obrigkeit dem Magistrat vor. Abweichler in kirchlichen Dingen, z.B. Wiedertäufer, gibt es nicht mehr.

Die Visitation 1560 ist vom 13.—19. Januar: *Am 12. dach januarii anno 1560 sint m. g. u. h. verordnete visitatoren zu Wassenbergh ankoemen, sint verbleven bis uf den 19. dach des selven monatz, haven verdain (verbraucht) an allerlei vermoege anreichenong durch Gerardus Urbaen underzeichnet 52 g. 1 alb. 4 heller.*[467] 1560 sind als Schöffen die Herren Jorgen von Hoengen, Franz von Reckhem, Thyß van Megen und Johann Leyendecker aufgeführt. Gasthausmeister ist Wilhelm von Reckhem, Kirchmeister Diederich Kremer. Vizekurat Heinrich Lambarius kommt bei den Gläubigen gut weg, denn wenn sie sich nach seiner Lehre richteten, soll es „nit undienstlich sein". Wie er sich aber mit seiner Haushälterin, von der er ein Kind hat, benimmt, „were inen unbewußt". Der Pastor Arnold Bongard ist ein profilierterer Kopf. In der „Kirchengeschichte des Wassenberger Raumes"[468] haben wir das Leben dieses Anhängers des Erasmus von Rotterdam skizziert.

Bei der Visiation von 1560 nehmen sich die Visitatoren besonders den Heinrich Lambarius vor, weil er gleich bei seiner Predigt die Visitatoren angreift und vermutlich „mehr zum ufruhr und ärgerlicher verführung, dan heilsamer underrichtung dienlich gewesen". Auf die vorgelegten Fragen habe er irrig respondiert. Sie haben ihm deshalb theologische Schriften überreicht: Erbsünde, Buße, Eucharistie, Ehe, Sakramente, Priesterschaft und auch eine umfangreiche Widerlegung der Antwort des Vizekuraten. Lambarius verspricht, sich zukünftig „aller irriger lehr und scheltens zu enthalten."[469] Es beruhigt die Visitatoren, daß die Wassenberger im Jahre 1560 *keine widerteuffer in irer stat*

Wilhelm III. (1539—1592), Herzog von Jülich-Kleve-Berg, muß im Vertrag von Venlo am 7. 9. 1543 infolge seiner Niederlage gegen Karl V. auf Geldern und Zutphen verzichten.

mehr haben. Auch keine *sacramentierer.* Nur 3 bis 4 enthielten sich des Empfangs der Eucharistie, seien aber nach *beschehener underrichtung am negstvergangenen ostern wie andere zum h. sacrament gegangen.* In der Wassenberger Kollegiatkirche gibt es keine liturgischen Änderungen mehr. Der Send wird gehalten. Nur danach *sauft man sich voll, aber die begangene untugent wird nit bestraft.* Ungefähr 500 Kommunikanten werden gezählt. Die Pastorei besitzt jährlich 33 Mltr. Roggen, 7 Mltr. Hafer, 2 Sümber Weizen, 13 Goldgulden curr., ein Haus , einen Garten, 3 Hühner. Das Gasthaus (Hospital) verfügt über 42 Mltr. Roggen, 27 Mltr. Hafer und 4 Goldgulden. Die Schule hat 16 ½ Mltr. Roggen und 4 Goldgulden. Es folgt der Hinweis, daß nach dem Tode des Scholasters Petrus Eltensis der neue Scholaster D. Jordanus Leyendecker zusammen mit einem Schwachsinnigen die Residenz hielt. Er sei nie dazu gewählt worden: *neque enim literas neque canere novit.* Sie neiden ihm nicht die Würde, wollen ihm aber nicht mehr geben als die zwei Paar Korn aus dem Zehnten, weil seine Last nicht größer als die ihrige sei. Darunter steht die Bemerkung, daß die Stadt Wassenberg Bedenken hat und diese am nächsten Dienstag dem Vogt vortragen werde: *Der schulen halben hat sich das capittel mit der stat nit kunnen vergleichen, sonder die stat hat ir bedenken ferner darauf genommen und wollen dem vogten furderlich ir meinong eröffnen.*[470]

Im Jahre 1582 berichtet der Offiziant Bernardus Fabricius, daß neben der Kollegiatkirche S. Joeriss eine Kapelle existiere, die *thesauraria* heiße und einen Maria-Magdalena-Altar besitze. Die Gründung dieser Kapelle geschah im Jahre 1293. Ich muß heute die in der „Kirchengeschichte des Wassenberger Raumes " geäußerte Auffassung korrigieren, die *thesauraria* habe

Amt Wassenberg. Codex Welser 1723.

südlich der Basilika außerhalb der ummauerten Stadt gelegen. Sie muß im Stiftsbereich zuhause gewesen sein; denn im Visitationsprotokoll von 1582 wird sie als zur Kirche hin „allernegst daran gelegen" plaziert. Nach Meinung von Jakob Broich und Will Andermahr hat sie ihren Platz auf dem Gelände des heutigen Kriegerdenkmals an der Kirchstraße gehabt.

Der Offiziant teilt ferner mit, daß der Pastor Haus und Garten hinter der Kirche habe, einen weiteren Garten in der Nähe der Zugbrücke vor dem Schloßaufgang und einen kleinen Garten jenseits der Stadtmauer (heutige städtische Anlagen parallel zur Stadtmauer und des damaligen Wassergrabens vom Gondelweiher her). Da der Offiziant erst kürzlich seinen Dienst in Wassenberg angetreten hat, weiß er nichts über die Einkünfte der Fabrik. Ich habe bis heute nicht herausbekommen, um was es sich bei dieser „Fabrik" handelt.

In Steinkirchen wird den Visitatoren 1550 gesagt, man sei mit dem Vizekurat der Kirche *nit zufridden*, weil er ein unzüchtiges Leben führe und seine Nachbarn schmähe und ausschimpfe: *Hait dazu eine unzüchtige hushaltung mit zweien weibspersonen*, die sich mit schändlichen, unzüchtigen Worten schmähen und schelten. Die Worte seien so unanständig, daß man sie nicht niederschreiben könne.[471]

Marodeure, Freibeuter und Kriegsgesindel (1566—1666)

1543 zieht Kaiser Karl V. im Frieden von Venlo den Schlußstrich unter den Geldrischen Erbfolgekrieg, der mit der Jülicher Niederlage und einem verwüsteten Land endet. Die Menschen atmen auf. Man geht an den Wiederaufbau. Aber „der Streit als Vater aller Dinge" stürmt in den nächsten 100 Jahren mit dämonischer Ausdauer übers Wassenberger Land: 1. der Aufstand der Niederlande ab 1566, 2. der Truchsessische Krieg 1583—1589, 3. der Jülicher Erbfolgestreit 1609 bis 1614, 4. der Dreißigjährige Krieg 1618—1648, 5. der spanisch-französische Krieg 1635—1659.

Der Freiheitskampf der Niederlande tritt 1566 in sein entscheidendes Stadium. Er endet nach vielen Jahren mit dem Westfälischen Frieden am Ende des Dreißigjährigen Krieges 1648. Die Republik der Niederlande wird unabhängig. Doch der Weg bis dahin ist lang. Philipp II. will die 17 niederländischen Provinzen in sein Imperium für alle Zeiten eingliedern. Die Niederländer wehren sich. Sie erstreben Selbständigkeit. Die reformatorischen Impulse der Zeit (die nördlichen Provinzen sind calvinisch) lösen Aufstände aus. 1566/67 rast der Bildersturm (*beeldenstorm*) über die Lande. Auch unser benachbartes Roermond wird davon betroffen. Sämtliche Bilder, Statuen, Kirchenfenster, Grabmäler, Kultgegenstände werden zerstört. Calvin, Karlstadt, aber auch unsere Wassenberger Prädikanten haben sich gegen den Götzendienst der Bildwerke radikal ausgesprochen. Nach wie vor sind die *predikanten* in den Niederlanden aktiv. Der Genter Chronist Marcus van Vaernewlijck wundert sich, daß bei diesen Zaunpredigern die Zuhörer so fasziniert sind, daß sie ihren Glauben im Handumdrehen ändern.

Ein aus englischem Exil heimgekehrter Prädikant namens Sebastian Matte hält am 10. 8. 1566 vor dem Kloster St. Laurence in Steenvoorde eine mitreißende Predigt. Spontan dringen einige seiner Zuhörer unter Führung eines anderen Prädikanten ins Kloster ein und zerstören alle Heiligenbilder: Auftakt des Bildersturms! Denn am nächsten Tag predigt Matte in Poperinge. Seine fanatischen Appelle entfesseln einen wilden Zerstörungsrausch, einen radikalen ikonoklastischen Ausbruch. Von hier aus schwärmen Mattes Leute über ganz Flandern.

Auch im benachbarten Roermond tobt *de beeldenstorm*. Der Historiker J. G. C. Venner beschreibt ihn.[472]

10 Jahre vorher, 1554, überstand Roermond einen riesigen Stadtbrand. 900 Häuser wurden eingeäschert. Vor dieser Katastrophe zählte die Stadt ungefähr 1300 Wohnungen mit schätzungsweise 6 175 Einwohnern. Die Stadt besaß 4 Männerklöster und 5 Frauenklöster, daneben mehrere Kirchen wie die *parochiekerk* und die *Kerk St. Christoffel*. Ein „reiches Arbeitsfeld" für Bilderstürmer.[473]

Wilhelm Lindanus (1569—1588) wird am 11. 5. 1569 erster *bisschop van Roermond*. Karl V. stärkt nämlich seine Macht in *de noordoostelijke provincies* und in Geldern durch die Gründung neuer Bistümer. Lindanus ist uns bereits im Zusammenhang mit den Wassenberger Prädikanten, besonders Johannes Campanus, begegnet.

Die niederländische Unruhe der Jahre 1565/66 wirkt sich auch in Roermond aus. Die Stadt ist geradezu ein Brennglas jener Probleme. So erreicht der Bildersturm die Stadt. Im Folgenden übersetze ich zusammenfassend aus dem Niederländischen die Roermonder Ereignisse, wie sie J. G. C. Venner[474] ausführlich beschreibt:

Die innerstädtischen Spannungen in Roermond zwischen Magistrat und Zünften (besonders der Schreinerzunft), zwischen *predikanten* und römisch-katholischer Altkirche entladen sich am 4./5. 10. 1565 beim

Johann Wilhelm I. (1592—1609), Herzog von Jülich-Kleve-Berg.

Begräbnis eines Calvinisten. Henrik van Wessem verliest einen aufputschenden Brief von Hendrik van Brederode und Floris von Palant, einem Verwandten unseres Wassenberger Drosten. Es geht darin um die „neue Religion" und prädikantische Aktivitäten. Das Schreiben erzeugt bei den Zuhörern große innere Bewegung. Ein Teil der Calvinisten läßt sich in der *parochiekerk* einschließen. Hier räumen sie — fanatisch emotionalisiert — mit den bildnerischen Werken der Kathedrale restlos auf. Alle Bilder werden von den Wänden gerissen, alle Holzarbeiten verdorben, alle Statuen zerstört, sogar Gräber aufgebrochen und bildnerische Inhalte vernichtet. Die Heiligenbilder landen mitten in der Kirche auf einem Scheiterhaufen und gehen in Flammen auf.

Der nächste Tag sieht die Zünfte als Sympathisanten dieser Bilderstürmer. Am Morgen des 5. 10. 1565, während die Kirchenschänder noch im Gotteshaus wüten und toben, läßt der Magistratsvorsitzende Johann van Cruchten die Nothörner blasen, um alle Roermonder auf den traditionellen Versammlungsplatz des Friedhofes zu rufen. Viele kommen, um der Stadtverwaltung gegen den revolutionären Zerstörungswahnsinn der *beeldenstormers* beizustehen und *de kerkschenders* zu vertreiben. Die calvinistisch gesinnten Einwohner mischen sich ein und sorgen dafür, daß die breite Masse unverrichteter Dinge zum Rathaus abzieht. Inzwischen verlassen die Bilderstürmer ungehindert die Kirche. Peter Tessere versorgt sie mit Bier, Henrik van Wessen mit Nahrungsmitteln und Arnt Martels schafft Fleisch heran. Für ihre Untaten werden sie durch Dederick Stelt sogar bezahlt. Gut gestärkt machen sie weiter. Die noch *niet verbrande beelden werden uit de Kerk* geholt. Die Kunstwerke des Dreikönigsaltares werden den Flammen preisgegeben. Die Bilder des Heilig-Kreuz-Altars fallen auf Befehl der Meister der Schreinerzunft der Vernichtung anheim. Der Roermonder Magistrat ist machtlos. Die Calvinisten stürmen das Zeughaus (*bergplaats van de wapens der stad*) und bewaffnen sich: *burgeroorlog en bloedvergieten* drohen. Der Magistrat zeigt sich besonnen. Er läßt sich nicht provozieren.

Später organisiert sich eine calvinistische Gemeinde in der Stadt. Im Grenzgebiet zwischen Roermond und Wassenberg kommen jetzt häufiger *predikanten* zusammen, unter ihnen Engelbertus Faber, der auch manchmal in Wassenberg untertaucht. Auf jeden Fall haben die Prädikanten einen großen Anteil am Verdienst um die Neugründung von immer größer werdenden „neuen" Gemeinden: „Hadden aanvankelijk de predikanten een groot aandeel in de organisatie van het nieuwe geloof in het Maasdal — op het eind van 1566 werd het aandeel dat de gemeente hat in de verdere opbouw steeds groter."[475]

Die Schlacht bei Oosterweel (13. 3. 1567) und der Fall von Valenciennes (24. 3. 1567) unterhöhlen *de positie van de calvinisten.* Viele fliehen nach Deutschland, viele in die nächste Stadt: nach Wassenberg. Diese Flüchtlinge bringen auch bedrohte kirchliche Kunstwerke vor dem Bildersturm in Sicherheit. In Wassenberg befindet sich im Besitz von Heinz und Mechtilde Willms (Roermonder Straße) ein großes Altarbild (Öl auf Holz) von hohem künstlerischen Wert aus der niederländischen Altarmalerei des 16. Jahrhunderts, das mit großer Wahrscheinlichkeit aus den Niederlanden vor den Bilderstürmern nach Wassenberg gerettet worden ist. Es handelt sich um ein Madonnenbild, das über die frühere Wassenberger Familie von der Fuhr in den Besitz von Konrad und Marie Willms (Burghof, Kirchstraße, Eltern/Schwiegereltern von Heinz und Mechtilde Willms) gekommen ist. Die altartechnischen Anbringungsspuren des Kunstwerks lassen die kirchliche Verwendung außer Zweifel sein. August Lentz, selbst Maler (Gymnasium Heinsberg), hat das Altarbild hoch eingestuft und für seine Herkunft die gleiche These formuliert. Auch Prof. Franz Kumher (Lehrstuhl für Bildende Kunst, Universität Hildesheim) hat ähnliche Kategorien für diese niederländische Arbeit gefunden.

Niederländische Aufstände

Herzog Alba (1507—1582) greift 1567 mit einer Armee von 17 000 Spaniern und Italienern und seiner sprichwörtlichen Brutalität in die niederländischen Aufstände ein. 1568 werden die „Rädelsführer", die Grafen Egmont und Horn, hingerichtet. Der eigentliche *spiritus rector* des Freiheitskampfes aber ist Wilhelm von Nassau-Oranien.

Am 23. 4. 1568 greifen einige Hundert Aufständische Roermond an. Von spanischen Truppen werden sie zurückgeschlagen. Sie fliehen nach Wassenberg, nach Heinsberg, nach Rheindahlen, wo sie von den Verfolgern eingeholt und niedergemacht werden. Die Jülicher Grenze vor Wassenberg wird weder von den Aufständischen noch von den Spaniern respektiert. So zieht der Prinz von Oranien im Herbst 1568 mit rund 20 000 Söldnern quer durch das Wassenberger Land zur Maas. Das Jülicher Herzogtum ist zwar neutral, die Ausplünderung läßt sich dennoch nicht verhindern. Sie trifft die Bevölkerung hart. Nur die Stadt Wassenberg selbst, also die hinter den Mauern geschützten Bürger, sind relativ sicher.

1568 formieren sich auch die Geusen. Aus dem Schimpfwort *gueux* (= Bettler) wird der Ehrenname Geuse. Am 18. 5. 1568 schlägt Herzog Wilhelm III. vor, die Kriegsknechte in den Ämtern, darunter auch Wassenberg, zu verstärken. Hauptleute sollen bestallt werden. Herzog Alba habe nämlich verlauten lassen, er werde sich mit seinem *Kriegsvolk nach unseren landen (Herzogtum Jülich) wenden, um darin den feind zu suchen und zu bekriegen,* so daß Städte wie Brüggen, Heinsberg und Wassenberg *unversehener dinge mit gewalt angegriffen und eingenommen werden könnten.*[476]

Dem Wassenberger Amtmann Dietrich von Palant (1555—1574) wird nahegelegt, falls die Spanier sein

Madonna mit Kind. Altes Altarbild aus den Niederlanden. Vor dem Bildersturm nach Wassenberg gerettet. Öl auf Holz. Im Besitz von Mechtilde und Heinrich Willms, Wassenberg. Früher im Besitz der Familie von der Fuhr. (Foto Kurt Römer Wassenberg.)

Philipp II., spanischer König (1527—1598)

Gebiet durchziehen oder sich darin *versamblen und aufwickeln* ihnen gesagt werden soll, sich *stante pedes* zu entfernen: „Bei Weigerung sind sie durch die Amtleute, Befehlshaber und Untertanen mit dem Glockenschlag zu verfolgen und möglichst zu trennen. Alle sollen sich auf solches gefaßt machen. Die Amtleute sollen sich gegenseitig zu Hilfe kommen."

Der Glockenschlag vom Turm der Georgsbasilika hat den Charakter der Sturmglocke. Er gilt offiziell als Zeichen der Landeshoheit und verlangt, daß das bewaffnete Aufgebot sich sofort versammelt. Trotz solcher Vorsicht: Der Herzog muß fassungslos zusehen, wie die sich bekämpfenden Truppen sein Land ausplündern, einäschern, verwüsten. Er wendet sich in einem Schreiben vom 31. 5. 1568 an die Amtleute von Jülich-Berg, also auch an unsere Wassenberger Verwaltungsspitze, mit der Aufforderung, sich in diesen beschwerlichen Zeiten *in guter rustung mit pferd und harnisch einheimsch zu verhalten, umb im fall der not unsere untertanen vor unbilligem uberfall vertedigen zu helfen. Doch ist bei vielen der rustung halber noch allerhant mangel vorhanden.*[477]

1568 tobt zwischen Dalheim und Wassenberg ein verbissenes Gefecht. Der Schaden wird mit 947 Thaler angegeben.[478] Jülicher Gesandte führen Beschwerden auf dem Kreisdeputiertentag in Köln und beim Kaiser. Sie weisen darauf hin, daß beispielsweise die Truppen des Oraniers den Einwohnern Weizen, Roggen, Gerste, Hafer, Heu, Stroh, Fleisch, Butter, Wein, Käse, Kleider, Leinwand und Hausgerät rücksichtslos abnehmen. Kisten und Kasten werden zerschlagen. Im Amt Wassenberg seien Pferde, Kühe, Rinder, Schafe, Ziegen, Schweine, Hühner geraubt. Die gut tragenden Obstbäume würden einfach abgehackt und zu Brennholz gemacht. Und wenn sich jemand wehre, würde ihm Gewalt angetan. Mord und Totschlag landauf, landab. W. von Mirbach hat die Kriegsschäden zusammengestellt, „welche das Herzogtum Jülich durch Einlagerungen und Durchmärsche erlitten."[479] In einem von den Jülichen Landständen beschlossenen Protestschreiben wird ein Gesamtschaden von 802 000 Thalern für die Jahre von 1578 bis 1586 angegeben.[480] Schlimm wird es, als das spanische Kriegsvolk von Maastricht aus die Maas hinunter nach Venlo zieht und dabei in die *dörfferen des Ambts Waßenberg* einfällt: Melick, Herkenbosch, Effeldt, Steinkirchen, Uphoven haben viel zu leiden. Der Schaden wird mit 18 285 Thaler angegeben.

Franz Mayer schildert die wilden Kriegshaufen: „Da man noch keine einheitlichen Uniformen kannte, wurde der Angeworbene, wie er war, eingereiht. Seine Frau und seine Kinder zogen häufig mit. Aber auch anderes Weibergesindel und junge Burschen als Viehtreiber und für ähnliche Arbeiten folgten den Söldnerscharen, so daß der Troß nicht gar selten die Zahl der Kämpfer erreichte oder auch überstieg."[481] Allen Heerführern mangelt es an Geld, Proviant und Kleidung für die Truppe. Sie lassen deshalb die Armeen sich selbst versorgen. Erpressung, Raub, Plünderung sind dazu die *bruikbare methoden.*

1579 bildet sich die Union der „Sieben Provinzen" (Geldern, Holland, Seeland, Utrecht, Friesland, Overijsel, Groningen). Eine Unabhängigkeitserklärung spricht dem „Koenig van Hispanien" eine Art Kündigung aus und erklärt, „daß wir hinfuro ihn nicht für einen landesherrn erkennen."

Die Rückeroberung der von der Union beherrschten Gebiete läßt nicht auf sich warten. 1581 sind im Norden und Osten je ein Keil vorgetrieben. Die Front verläuft von Groningen über Maastricht nach Gravelingen am Meer. 1582/83 erweitern die Spanier ihr Hoheitsgebiet in Richtung flämische Küste. 1584/85 ist ganz Flandern und Brabant in ihrer Hand. In den Jahren danach stoßen sie sogar bis an die Waal und die Ijssel vor.

1584 wird Wilhelm von Oranien in Delft ermordet. Sein Sohn Moritz setzt den Krieg fort. England greift zugunsten der Niederlande ein. 1591—1594 gelingt die Wiedererorberung des gesamten Nordostens unter Moritz, aber erst 1648 wird die Unabhängigkeit erreicht. Am 30. 1. 1648 schließen die Vereinigten Provinzen der nördlichen Niederlande mit Spanien einen Sonderfrieden. Ihr Ausscheiden aus dem Reich wird stillschweigend anerkannt, weil der südliche Teil der Niederlande als spanisch bestimmt wird und damit ein Teil des Reiches bleibt. Aber bis dahin quälen Not und Verzweiflung die Einwohner unserer Rur-Maas-Region. Herzog Alba verbietet bei Todesstrafe, der oranischen Armee irgendeine Hilfe zukommen zu lassen. Herzog Alba wird jedoch im Laufe der Jahre vom zermürbenden Kleinkrieg seelisch zerstört. Nach sie-

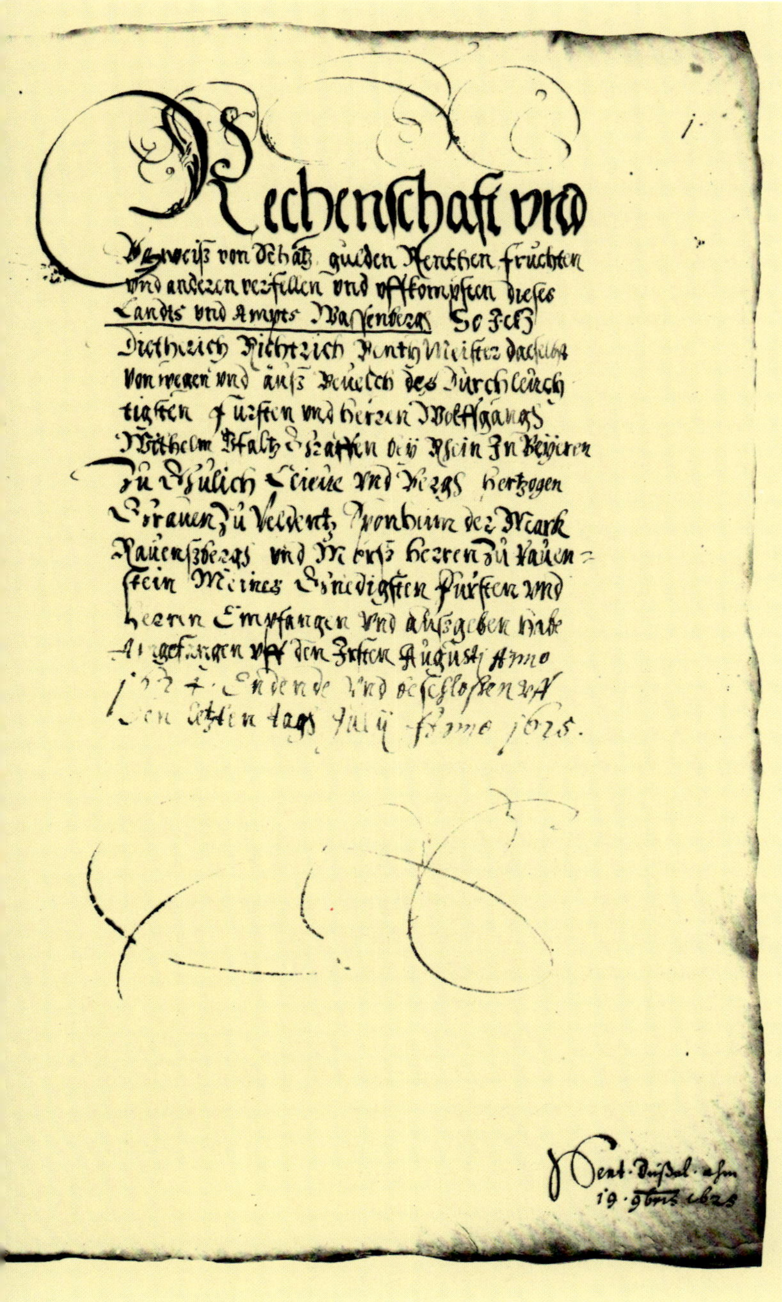

Rechenschaft vnd Beweiß von Debats gulden Renthen früchten vnd anderen verfällen vnd vffkompsten dieses Landts vnd Ampts Wassenberg So Ich Diethrich Richtrich Rentmeister daselbst von wegen vnd auß beuelch des Durchleuchtigsten Fürsten vnd Herren Wolffgangs Wilhelm Paltzgraffen bei Rhein In Beijern zu Gulich Cleve vnd Bergs hertzogen Graven zu Veldentz Sponheim der Mark Ravensberg vnd Moers herren zu Ravenstein Meines gnedigsten Fürsten vnd Herrn Empfangen vnd außgeben habe Angefangen vff den Ersten Augusti Anno 1624 Endende vnd beschlossen vff den letzten tags Julij Anno 1625.

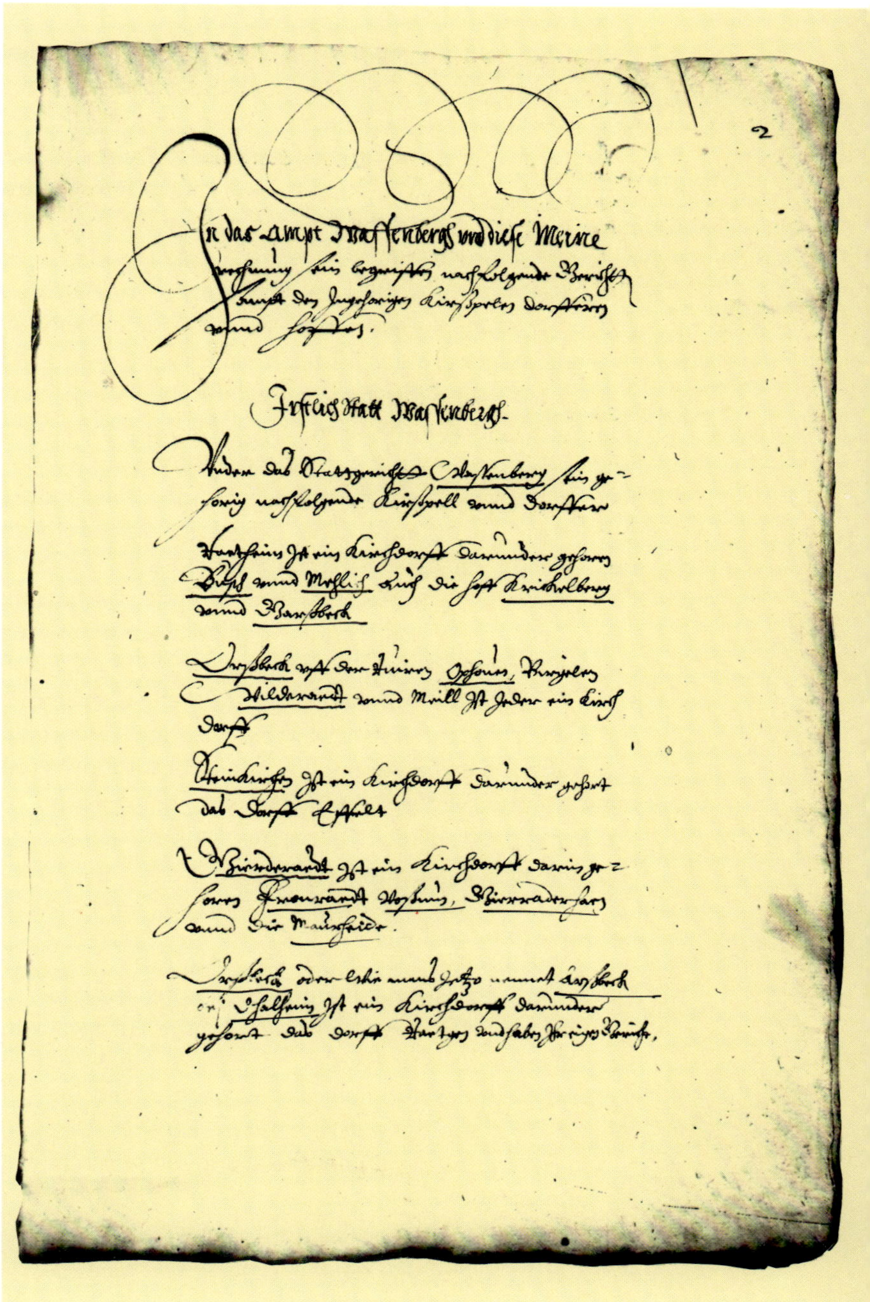

Rentmeistereirechnung 1625. Rentmeister Dietherich von Richterich (1620—1627).

ben Jahren kehrt er frustriert nach Spanien zurück. Er läßt die Staaten hinter sich. Staaten heißen die niederländischen Landstände. „Die Staaten" werden ein Begriff für die zur Reformation übergetretenen Provinzen.

Im Sommer 1572 rückt der Oranier gegen Alba. Er fordert Venlo, Straelen und Roermond zur Übergabe auf. Viele Roermonder fliehen nach Wassenberg, unter ihnen auch Bischof Lindanus. Während der Roermonder Belagerung schließt man in Wassenberg die Tore und verstärkt die Wachen. Am 23. 7. 1572 wird Roermond erstürmt, ausgeplündert, erpreßt und teilweise zerstört. 26 Kloster- und Weltgeistliche werden schwer mißhandelt, einige getötet. Die Nachrichten darüber kommen mit den Flüchtlingen nach Wassenberg. Die Verteidigungsbereitschaft Wassenbergs wird weiter erhöht. Der Drost fordert seine Lehensdienste mit *pert ind harnisch* an. Willi von der Beek hat uns den Einsatz der Wassenberger Schützenbruderschaft bei dieser Gelegenheit beschrieben.[482] Von der Beek erwähnt die spanisch-niederländischen Auseinandersetzungen und die dadurch notwendigen Musterungsbefehle für die Schützen im Amt Wassenberg und für das Jahr 1587 die Einberufung von Fußschützen zur Bewachung der Burg.

In diesen schweren Kriegszeiten ist Freiherr Johann von Zuyrß Vogt und Rentmeister auf der Wassenberger Burg. Von 1569 bis 1591 rechnet er treu und ergeben Jahr für Jahr Einnahmen und Ausgaben des Amtes Wassenberg ab. Viele Eintragungen lassen die schwere Zeit erahnen. Im Jahre 1575/76 hat der Rentmeister 806 Goldgulden, 155 Mltr. Roggen, 655 Mltr. Hafer, 5 $^{1}/_{2}$ Sümber Gerste, 62 Goldgulden Türkensteuer, 7 Goldgulden Bruchtengeld zu verrechnen.

Im Jahre 1583 weist Johann von Zuyrß seinem Drosten Dietrich von Palant neben dessen Gehalt von jährlich 125 Goldgulden, 50 Mltr. Hafer, 50 Thaler Drostgehalt noch ein Notgeld an, das als Entschädi-

gung für die belastende Einquartierung gedacht ist: 50 Thaler und 50 Mltr. Hafer. Der Burgherr wird also bei den Truppendurchzügen wahrscheinlich schwer zur Ader gelassen worden sein.
Johann von Zuyrß ist außerordentlich aktiv. Er begibt sich häufig zu den Kommandeuren, um reibungslosen Durchzug der Söldnerheere zu erreichen. Nach den schweren Plünderungen in Melick und Herkenbosch wendet er sich persönlich an den Prinzen von Oranien und erbittet *etliche Salvegardien*, das sind Schutzbriefe, die mehr oder weniger hilfreich sein können.
Das Amt Wassenberg liegt in diesen Kriegszeiten ganz exponiert zum Konfliktherd. Nach der Eroberung von Kerpen 1579 erscheint der Obrist Georg von Frundsberg mit spanischen Soldaten im Amt Wassenberg und haust hier in teuflichster Weise. In kürzester Zeit entsteht ein Schaden von annähernd 16 829 Thaler.[483] Viele Einwohner verstecken sich in unzugänglichen Gegenden der Wassenberger Wälder. Sie bauen sich vor allem Fliehburgen in Bruchzonen (z. B. Schaagbruch, Ossenbruch, Judenbruch). Manche Erdfestung von damals ist heute noch in Wassenbergs Wäldern zu entdecken. Manche vergraben ihr Geld und ihre Wertgegenstände, werden dann aber von marodierenden Banden erpreßt, bis sie alles herausrücken.
Entsetzliche Plünderungsorgien spielen sich am 1. und 4. 4. 1580 in Herkenbosch ab: „Dort ist ein schaden gethon an die 400 Thaler".

Alexander Farnese, der Generalstatthalter nach Alba, kommt im Spätsommer 1580 nach Venlo. Als sich nun „daß hispanisch Kriegsvolck die Maas hinab seinen Weg uff Venlo genommen, hat es vom ersten biß uff den 19. augustii in den dörfferen Melich, Herkenbusch, Effeldt, Steinkirchen und Uphoven sich eingelagert und schaden gethon 18 285 Thaler." Im Jahre 1583 haben Birgelen, Ophoven, Effeld, Melick und Herkenbosch erneut Akte barbarischer Grausamkeit zu überstehen. Die Greueltaten ruinieren den Landmann. Die Schadensmeldung nennt 877 Thaler. Die Aufzeichnungen des Grafen von Mirbach über das Ausmaß der Schäden sind eine einzige Klage über Leid und Elend, Drangsal und Ängste der Bewohner; von Verwüstung und Zerstörung, von „schaden und Beschwerniß, Häußer aufschlagen, Haußleuth gefangen, von Raub, Brand und unpilliger Überfall, von Weiber geschendet, etliche Leuth totgeschlagen, tyrannisch gehauset, an Pfosten gebunden", ist da die Rede.[484]

Die Städte sind relativ sicher. So auch Wassenberg, das infolge seiner starken Befestigung mit Gräben, Mauern, Wehrtürmen, Bastionen, Burg und Stadttoren für Flüchtlinge immer wieder der Zufluchtsort ist. Demgegenüber haben die Dörfer beinahe unter Verödung zu leiden; denn wenn die geflüchteten Landbewohner aus ihren Verstecken heimkehren, sind ihre Häuser verbrannt, ihre Felder verwüstet, Scheunen und Stallungen leer. Hungersnot folgt auf dem Fuße und Krankheiten. Das Wassenberger Land blutet aus zahlreichen Wunden. Konfiskationen sorgen für einen totalen landwirtschaftlichen Ruin. Bauer und Soldat sind Todfeinde. Der Soldat requiriert, nimmt dem Bauern den Wintervorrat, das Saatgut, das Schlacht- und Zugvieh weg.
Wilhelm Graf von Mirbach schreibt: „ Die Verheerungen, welche spanische Truppen im Jülicher Lande angerichtet hatten, gingen dem Herzog tief zu Herzen. Sein Siechtum hinderte ihn an entschiedeneren Schritten. Erbittert waren seine Landstände über die Verheerungen in dem eigentlich neutralen Gebiet."[485]
Kriege erzeugen Kriege. So auch hier. Der Truchsessische Krieg, die Kölner Wirren, bedrängen unsere Heimat. Gebhard Truchseß von Waldburg, der Erzbischof von Köln, tritt 1582 zum Protestantismus über. Nach seiner Vertreibung durch die Spanier flieht er zu Wilhelm von Oranien und führt von den Niederlanden aus Krieg, um sein Kurfürstentum Köln wiederzugewinnen. Er nimmt einen verwegenen Söldnerführer in seine Dienste: Martin Schenk von Nideggen. Obwohl das Wassenberger Land in diesem „Kölner Krieg" weit vom Schuß liegt, bekommt es die Auseinandersetzungen, Raubzüge und Plünderungen arg zu spüren. 1587 weist die Jülicher Ritterschaft auf die Gefahr hin, die von dem Haudegen Schenk von Nideggen ausgeht. So möchte Schenk eine der Grenzstädte, Heinsberg oder Wassenberg, besetzen, um sie als Ausgangspunkt für seine kriegerischen Unternehmungen zu benutzen.[486]
Aufzeichnungen über die Greuel jener Jahre enthält eine Niederschrift des Johannes Frenken vom 2. Januar 1727, die über eine spätere Abschrift des Peter J. Hückelhoven auf uns gekommen ist:

Anno 1589, den 15ten February, ist das spanse Kriegs-Volck zu Karcken kommen und umb Hinsberg gelaghert. Haben grausamen Schaden gethan und großen Hochmuth, spot und Schanden gethan. Viele Jungfrauen zusehender Augen geschändt, den armen Haußman gezwungen, daß er ihnen Weißbrodt, Hammelfleisch, Bier und gutten Wein hat müssen bestellen. Sie könnens nit bekommen, so werden sie gestoßen und geschlagen. Aber zum ersten ist das spanse Volck kommen auff den h. Dreykönigen-Abendt an die Haaß und zu Kirchoven und haben spoliert (geplündert) und nach Rurmündt gefahren und haben daselbst grossen Hochmuth zugericht, so daß den armen Haußman großen verderblichen Schaden hat müssen gedulden, daß sich Gott, unser himmlicher Vatter, erbarmen will. Anno 1591, den 11ten Octobris, sind die Spanier wieder ins Land von Jülich kommen, nämlich hier zu Haaren am Büllenbaum bis Braunsrath und haben einen großen Raub von Beesten (Vieh) geholt. Ursache davon ist, weil die Bauersleute an der Schanze keine starke Wache gehalten haben. Dieses war von Soldaten von Roermond verraten worden.[487]

Im Jahre 1586 fliehen zahlreiche Leute aus dem hiesigen Raum nach Köln, unter ihnen viele Wassenberger. Es sind *adeliche und unadeliche, weltliche und geistliche personen, auch eine Anzahl habseliger Kaufleuth und noch viele wehrlose arme leuth, weib, kinderen, botten und andere gewesen, darbey 200 geladen und ungeladen Karren und Wagen.* Dieser Flüchtlingstreck fällt bei Junkersdorf/Köln spanischen und kurkölnischen Soldaten in die Hände. Der Treck verspricht eine opulente Beute. Ein wildes Gemetzel beginnt: „Mit großem Geschrei sind sie über

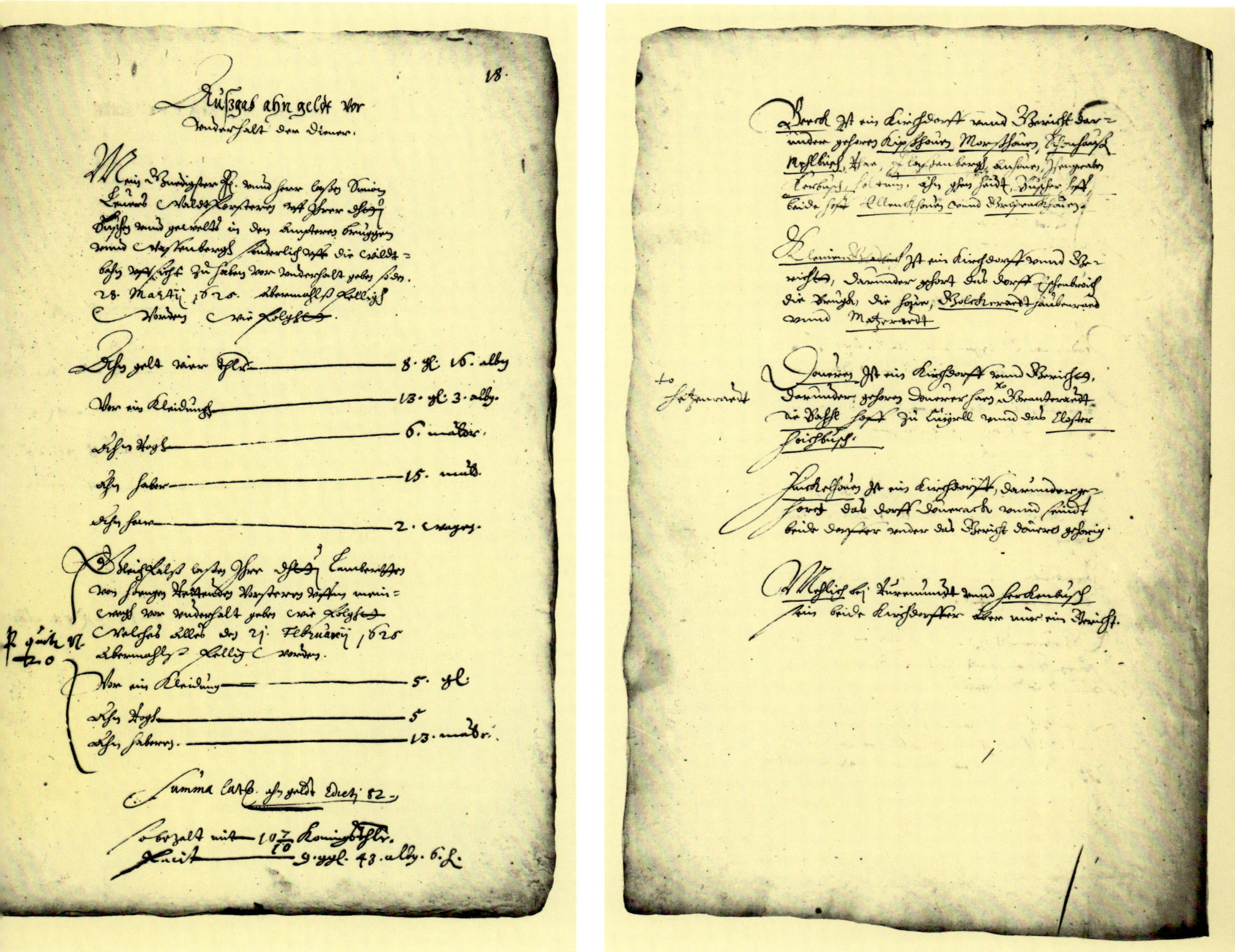

Rentmeistereirechnung 1625. Rentmeister Dietherich von Richterich (1620—1627).

den wehrlosen Haufen hergefallen und nicht nur ‚under die wehrhaffte menner, sondern auch under weib und kinder, ja alte wehrlose personen geschossen, mit kurzen Wehren und halben Spießen erstochen, mit Beilen geschlachtet, gemetzelt, zerhauen und ermordett, daß uff der platz ann die zweihundert ungefehr thot plieben und die Thoten und Verwundten über einander gelegen wie die Misthäuff'. Nach zwei Stunden Blutvergießen werden die Opfer ausgezogen, ihre Kleider, Wertsachen und Geld mitgenommen, über 400 Pferde abgeführt". Das Amt Wassenberg hat 4 Tote, 7 Verwundete, 2 Gefangene und 3 Beraubte zu beklagen. An Bargeld gehen 1 964 $^1/_2$ Thaler verloren. Das Amt Geilenkirchen hat 2 Tote, 6 Verwundete, 1 Gefangenen; das Amt Heinsberg 7 Tote, 13 Verwundete, 7 Gefangene, 5 Ausgeraubte und 21 entwendete Pferde; das Amt Randerath 5 Tote und 2 Beraubte; das Amt Millen 4 Tote, 13 Verwundete, 8 Gefangene, 8 Ausgeraubte.[488] Am 13. 10. 1588 ist spanische Reiterei wieder im Amt Wassenberg und treibt „ihr schändlich Handwerk" vor allem in Herkenbosch:

Des Morgens umb funff Uhren angefallen vier Haußleuth ermordt, etliche schwerlich verwundt, viele gar nackend außgezogen, spolyrt, Pferdt, Küehe, Schaff, Vercken und was nur wegzubringen gewesen, hingenommen.

Am 6. 1. 1589 werden vier Stadtbewohner Wassenbergs als Geiseln in das spanische Lager Wachtendonk gebracht. Über ihre Schicksal ist nichts bekannt.
Die Zuspitzung der ruinösen Verhaltensweisen der Truppen veranlaßt die Jülicher Regierung anzuordnen, daß der Vogt, der Amtmann oder andere Adelige die durchziehenden Truppen begleiten sollen, um auf diese Weise Ausschreitungen zu vermeiden. Aber die Tatsache, daß der Kaiser den Spaniern die Erlaubnis erteilt, ihre Gegner über die Niederlande hinaus zu verfolgen, öffnet den Marodeuren im Wassenberger

Grenzgebiet Tür und Tor. Schließlich gelingt es den Leuten auf der Burg nur noch durch Bestechungen (sogenannte „Verehrungen") der Truppenführer längere Einquartierungsaufenthalte abzukürzen. Während des Herzogs Alba Zeit bekommt dieser regelmäßig von der Wassenberger Burg Wildsauen aus der dortigen Jagd. Ein symbolisches Geschenk?! Sein Nachfolger, Generalstatthalter Farnese von Parma erhält 6 Ohm Wassenberger Wein (Wie mag dieser wohl geschmeckt haben? Wingertsberg!), 16 Hammel und 24 Malter Hafer, um gnädig gestimmt zu werden. Franz Mayer schreibt: „Die meisten Verehrungen sind von Wassenberg aus erfolgt . . ."[489]

Zahlreiche kriegerische Ereignisse im Wassenberger Raum entnehme ich in und zwischen den Zeilen der zahlreichen Wassenberger Rentmeistereirechnungen des Hauptstaatsarchivs in Düsseldorf. So werden 1578 Steuerausfälle damit begründet, daß die spanische Besatzung Roermonds beinahe täglich das Amt Wassenberg heimsucht und hier raubt und plündert. Die Roermonder Chronik bezeugt das Ausbleiben von Sold über ein halbes Jahr für die Söldner. Die Nachschub-, Quartier- und Verpflegungsregelungen sind zu dieser Zeit noch völlig unentwickelt.

1579 kehren spanische Soldaten von der Erstürmung Kerpens zurück. Alle Dörfer des Amtes Wassenberg werden *ingelegert und keins verschonet*. Der Schaden beträgt 16 829 Thaler. Freiherr Johann von Zuyrß, Vogt und Rentmeister in Wassenberg, erbittet bei der Truppenführung einen raschen Durchzug. Er ereicht nichts. Vom 1. bis 19. 8. 1579 toben sich hungernde Soldaten in den Dörfern Myhl, Gerderath, Arsbeck, Rödgen, Dalheim, Wildenrath, Birgelen, Ophoven, Steinkirchen, Effeld, Melick und Herkenbosch aus. Sie nehmen alle Pferde mit und führen das meiste Vieh weg. Vogt Johann von Zuyrß klagt in den Wassenberger Akten: „Obwohl das hispanische Kriegsvolck uß den grenzen des amts verzogen, es gleichjwohl in seinen streiffern und räubern unaufhörlich beharrt und den armen Leuten weder Ruh noch Frieden läßt."

Am 15. 2. 1579 werden mehrere Pferde aus der Koppel der Gitstapper Mühle gewaltsam fortgeführt. Dasselbe geschieht in Hückelhoven, Herkenbosch und Arsbeck. Bei Baal wird am 28. 3. ein von Wassenberg kommender Kaufmannszug mit mehreren Wagen angehalten und vollständig ausgeraubt. Ein Tag später holt man des Nachts in Dovern eine Frau aus ihrem Haus und führt sie als Geisel „gefänglich nach Venlo". Im April passiert ähnliches mit einem Mann aus Brück bei Kleingladbach. Vogt von Zuyrß ist häufig zu den Kommandeuren unterwegs. Wegen der überall herumstrolchenden Marodeure und Straßenschänder läßt er sich von mehreren Schützen zu Pferde und zu Fuß sowie von einigen Hakenschützen begleiten. Als der Herzog 1580 nach Wassenberg zur Jagd kommt, wird ihm gemeldet, Marodeure seien gesehen worden. Der Herzog läßt sofort die Jagd abblasen.

Ein solcher marodierender Bandit ist Jakop Venhoffen genannt Pütt, der gefangen wird und dann nach peinlicher Examinierung durch den Wassenberger Scharfrichter auf dem Galgenberg gehängt wird. Franz Mayer wundert sich: „Obwohl es jedem Freibeuter bekannt war, daß ihm Galgen und Rad bevorstand, veränderte sich die Zahl derselben nicht." Marschall Johann von Ruyschenberg wendet sich wegen der Marodeure an seinen Herzog und schreibt ihm am 3. 7. 1580, wie er die Reisigen (berittene Söldner) und Fußknechte im Lande verteilt hat. Herzog Wilhelm III. hatte ihm am 27. 6. befohlen, *die reisigen und foessvolk uf die lantstraessen zu verordnen, dahe (dahin wo) sich des absetzens und streifens von den strassenschenderen zuträgt, item ordnung bei den lantleuten zu machen*, was Reiter und Fußknechte für eine Verpflegung bei einem Einsatz erhalten sollen. Johann von Ruyschenbergs Antwort lautet: „Habe gestrigen Samstag die Schützenmeister, Hauptmänner und Rottenführer in Jülich gehabt . . . und die Anordnung ausgegeben, daß schutzenmeister Thomas von Nevelstein mit den 10 hofschutzen und 3 rotten knechten von Geilenkirchen bis gen Gangelt, Sittard, Born, Susteren, Feucht und das ampt Heinsberg den pass der lantstraissen bewahren (bewachen) und den wandels- und handelsman vor unwillen der freibeuteren befreien soll. Matthaeus von Baex (von Baexem, Haus Effeld) mit 20 reisigen und 30 soldaten soll die strassen des ampts Wassenberg von Wassenberg gen Brugk (Brüggen), von Brugk gen Dulken (Dülken) und von Dulken gen Dalen (Rheindalen) frei halten."[490] Ruyschenberg klagt darüber, daß die Einwohner der Ämter erklären, sie könnten weder Reiter noch Knechte in Verpflegung nehmen. Ruyschenberg kritisiert, daß „die soldaten, welche ich zur befreiung der lantstrassen auf die Ville verordent", zurückgewiesen werden, „wiewol sie sich erboten, ire zerung vermug der lantsordnung zu bezalen" oder zu stunden.

1578 erklärt der Prinz von Parma als Generalstatthalter seinem Befehlshaber in Roermond, er könne den Sold nicht zahlen. Die Truppen möchten sich doch in den umliegenden Ämtern „aushelfen". 1580 liegt in Roermond das Regiment Pollwyler. Es hat einen Soldrückstand von 14 Monaten. Kein Wunder also, wenn das benachbarte Amt Wassenberg die Folgen tragen muß. Franz Mayer: „Die Orte von Roermond bis Wassenberg und Heinsberg sind alljährlich mehrmals von spanischen Truppen aus Roermond heimgesucht worden: am 9. Oktober 1582 werden Ophoven und Birgelen besonders schwer betroffen."[491]

Der Truchsessische Krieg sieht im Januar 1584 das Regiment des Obersten Don Pedro de Passa in den Wassenberger Dörfern. Vogt Johann von Zuyrß schreibt, die Soldaten seien mit den Einwohnern so unmenschlich umgegangen, daß viele in die Wälder geflüchtet seien, daß die Abtei Dalheim jämmerlich ausgeraubt, leer stehende Häuser niedergebrannt wären. In dieser Phase des Krieges muß auch Haus Effeld dran glauben:

Das *königlich Kriegsvolck under Johann Wittenhorst hat dort die Thoren ufgebrennt, Kisten und Kasten zerschlagen, was inen gefällig mitgenommen, seiner (von Baexens) Tochter aller Kleinoden beraubt, den 8. wiederkommen, Waren, Karren, Säck und andere Nothurft zu ihren Furnehmen mitbracht und vort allen Eigenthumbs des Haußes Leingewand, Kleider,*

Weiß (Weizen), Roggen, Gerst Haberen, was sie ufladen und hinwegbringen mogen, hingefuhrt, die Federen aus den Betten geschuttet und mit Korn gefülltt, die Kinder irer Kleider beraubtt, daß er, Baexem, lieber verlieren wollte, denn solchen schaden nochmals erleiden, 2000 Goltg.

Am 10. 1. 1586 soll Wassenberg für die Söldner Berlaymonts (7 Fähnlein zu Fuß und 4 Cornetten Reiterei) Fleisch liefern. Da dies nicht geschieht, wird Wassenberg mit einer Geldbuße von 500 Thalern bestraft, die an das Lager in Bracheln gezahlt werden müssen. Wenige Tage später überfallen die Spanier wieder Melick und Herkenbosch: „Dem Gottharden Can sein pferdt außgespannen und dem Halffmann am Hauß Dalenbroich zwei Fohlen von seinem Hoff mitgenommen."[492] Am 16. 4. wird Ratheim spoliert, am 21. 5. Rödgen in Brand gesetzt, im Juni werden Beeck, Gerderath und Myhl überfallen, in Birgelen werden „Vieh und Verken" weggeholt, auch Orsbeck hat schwer zu leiden. Die Wassenberger Rentmeistereirechnung 1586/87 (Rentmeister von Zuyrß) beklagt, in den genannten geschädigten Orten sei kein Bier gebraut, noch welches verzapft worden: *wegen der vielfältigen Hin- und Wederübergänge, auch Raubens und Plünderns, so daß die Underdanen uß den Dörperen, Höfen und Hüsen verlouffen sind.*[493]

Der Rentmeister hat in diesen Jahren mehrfach etwas mit Findelkindern zu tun und notiert z. B. 1575/76 „Ußgaben ahn gelde zur erziehung eines gefundenen kindleins". 1587 meldet er, in Kleingladbach sei ein Mädchen gefunden worden, dessen Eltern tot, dessen Haus durch die Spanier eingeäschert worden sei. Niemand wolle in dieser betrüblichen Zeit sich des Mädchens annehmen. Zuyrß erbarmt sich schließlich selbst und bekommt noch ein weiteres Waisenkind hinzu, als die Durchzüge, „Ußplünderungen und Beraubungen" in Beeck die Einwohner zu Flüchtlingen machen. Auch Biell Huepen aus Schönhusen schickt ein Findelkind auf die Wassenberger Burg. Man ist an Grimmelshausen erinnert, der, vom Krieg verwaist, als Troßbub und Soldat die Wirren des Dreißigjährigen Krieges durchleidet.

Das schreckliche Kriegsjahrhundert schwingt zudem noch die Geißel der Pest. Im Zusammenhang mit dem Gasthaus (het jaastes) haben wir bereits von Wassenberger Pestjahren vernommen. Helmut Heiland nennt folgende gravierende Pestjahre für unsere Region: 1570, 1584—87, 1607 und äußertst stark 1622/23, 1634 und 1666. (Heiland, H., Festschrift Wevelinghoven 1985). In der Tat! Helmut Heilands Grundmotiv seines Weveling-Buches mag auch für das Wassenberger Land gelten: „... und so wohne ich elendig ohne Hülf und Beistand ..." In Erkelenz sterben 1580 insgesamt 458 Personen an der Pest und anderen epidemischen Krankheiten[494], in Sittard 5000 Einwohner und Soldaten, in Arsbeck innerhalb von sechs Wochen 175 Personen. Von Wassenberg liegen mir bis heute keine Zahlen vor. Man darf jedoch annehmen, daß sie sich in ähnlichen Größenordnungen bewegen.

Beim Lesen der Quellen fragt man sich, wie verwüstet das Wassenberger Land um diese Zeit ist. Die Äcker bleiben weitgehend unbestellt, Wiesen und Weiden sind verwildert. Der moralische Verfall ist eklatant. Johann von Zuyrß notiert am 7. 1. 1588:

6 italienische Soldaten und 2 Jungen so zu Venlo Im Dienst der Spanier waren, außerhalb ein deutscher Jung so uff dem Wege ungefähr bie si kommen, ihrer Sprach nur zum Teil erfahren, gen Wassenberg in Haftung gebracht. Hatten sich in Beeck bei einer Witwe, so allein zu Haus, erlaubt, Haus und Stall zu durchsuchen. Etliche hatten weder Hosen noch Schuhe an den Beinen und Füßen, auch sonst gar übel bekleidet. Ehe dat man sie zu dem untersten Gefängnis eingeschlossen, hat man sie etwas gespeiset, Butter, Kees, Brot und Bier. Sich erfunden, daß sie von großem Armut, Hunger und Kummer halber uß der Stadt Venlo um zu bettlen und Speiß zu bekommen, ausgelaufen. Auf meines gnäd. Herrn Befehl nach geleisteter Urfehde freigelassen.[495]

Wenn man das liest und die verwilderten Formen der gegenseitigen Behandlung kennt, muß man dem Wassenberger Gericht ein hohes Kompliment machen. Die Behandlung der spanischen Herumtreiber steht im wohltuenden Gegensatz zu der grausamen und oft viehischen Behandlung der Bewohner des neutralen Jülicher Landes. Wie schon mehrfach betont, bleibt die Festung Wassenberg selbst etwas außerhalb der Greuel. Auch Martin Schenk von Nideggen gelingt es nicht, die Stadt zu erobern. Im November 1586 reisen Vogt von Zuyrß und Arnold von Spee zu Schenk, um für den Wassenberger Raum die Bestätigung der Jülicher Neutralität zu erhalten. Schenk von Nideggen verspricht wie immer alles. Natürlich hält er nichts. Im Gegenteil! Schon ein halbes Jahr später treffen in Wassenberg Drohbriefe von ihm ein, für seinen Rittmeister Wolff ohne Verzug große Haferlieferungen für dessen Reiterei zusammenzustellen. Im Weigerungsfall kündigt er Feuer und Tod für die Stadt an.

Die Wassenberger bleiben jedoch hart und reagieren negativ. Ihr Herzog verbietet zudem, sich auf solche Kontributionsforderungen einzulassen. Er verlangt Widerstand gegen derartige Erpresser und bittet, die Schützenbruderschaften zur Gegenwehr mobil zu machen. Auch die Ritterschaft, die Freien und die Lehnsmänner sollen ihr Pferd satteln, mit Rüstung, Pulver und Lot bereit sein, falls der alarmierende Glokkenschlag vom Turm der Georgsbasilika ertönt. Den rachsüchtigen Einbruch des Schenk von Nideggen in das Wassenberger Land hat ein gütiges Geschick verhindert. Schenk ertrinkt am 11. 8. 1589 in der Waal bei dem Versuch, Nimwegen zu überrumpeln.

Nach 1590 bauen die Spanier ihre Siege weiter aus. Sie dringen dabei wiederholt in die Wassenberger Gegend ein. Ein Wassenberger Bericht von 1590 verrät es uns: „Als sich zugetragen, daß vorhin die Dörfer Melick und Herkenbosch in kurzer Zeit zweimal nacheinander durch Spanisches Kriegsvolks aus den besetzten Städten Moers, Geldern und Wachtendonk feindlich ausgeraubt, auch etliche Hausleuth darin jämmerlich totgeschlagen worden und hernach ferner erfolgt, daß auf Saterdag, den 23. Juni 1590, das genannte Kriegsvolk die Dörfer Arsbeck und Rödgen mit Trompeten und Trommelschlag feindselig überfallen, eine gute Anzahl Pferde und Kohbeesten, auch alles, was in Haus und Hof zu finden war, ausgeraubt, habe ich eilends dem Amtmann davon Bericht gegeben." Eine andere Nachricht kreist um das Regiment des Obristen Philipp von Bentinck, der 1590 bei Wassenberg *ingelagert ist.* Von hier aus unternehmen seine Söldner überraschende Plünderungszüge. Dabei machen sich auch die das Regiment begleitenden Frauen „verdient". Eine zeitgenössische Chronik, deren Quelle Franz Mayer nicht nennt, glossiert den Einsatz der „Weiber", die alles mitgehen lassen, höchstens glühendes Eisen und Mühlsteine verschmähen. Am 5. 9. haust die genannte Soldateska in Effeld, Steinkirchen und Ophoven. Sie führt das gesamte Vieh fort. Ähnliches geschieht am 2. 10. in Birgelen, am 11. 10. in Karken und Rurkempen.

Wie es dabei zugeht, veranschaulicht ein Bericht aus Karken, dessen Abschrift 1781 erfolgt ist.[496] Im Mittelpunkt dieser Schilderungen stehen die in unserer Gegend sprichwörtlich gewordenen Ereignisse in der Karkener Kirche vom November 1591:

„Eene Dureen wie en Karke en de Kerk". (Ein Durcheinander wie in Karken in der Kirche!) Dieser Hinweis bezieht sich auf das blutige Gemetzel im Karkener Gotteshaus:

Anno 1591, den 7ten Novembris, sind die Spanische wiederum mit Gewalt zu Karken und Kempen eingefallen, haben es ganz und gar spoliert (ausgeraubt), und unsers Fürsten

Französische Landkarte um 1648. Kartograph ist Nikolas Sanson (1600—1667): Estats de la Succeßion de Cleve et Juliers par N. Sanson 1648.

Schützen sind zu wenig gewesen. Haben die Kirch wollen einnehmen, daß sie darin sollen frei sein, sich darin zu beschützen und beschürmen (beschirmen), da ist die Kirch geschlossen gewesen. Da haben die Spanier die ausgesatzte Schützen mitsamt die Hausleut über 15 erschossen (die im Bericht stehende Zahl „fünfzehnhundert" ist sicherlich ein Irrtum) und um die Hälse gebracht, auch etliche Bürger und Bauern und Kinder von Heinsberg gefangen genommen und unterweilen wieder losgegeben; es sind etliche todt geblieben. Clas Schreibers Fabrey hat sich mit List verkrochen, daß er kein Rautzaun (= Lösegeld) dürft geben, und Gieles von Cann und sein Sohn wie auch viele andere Hausleut sind allda todt geblieben und jämmerlich ermordet worden. Es haben etliche spanische Soldaten den Gieles von Cann und etliche Hausleut, welche zu Karken todt sind blieben, nach Heinsberg gebracht. Die Weiber, deren Männer (die getöteten) mußte eine jede Frau für ihren todten Mann einen doppelten Dukat geben, sollen sie den Leichnam desselben wieder bekommen, daß sie denselben zu Heinsberg auf dem Kirchhof begraben mögten; denn zu Karken wollten die Spanier die todten Körper nicht begraben lassen. Und haben einen großen Übermuth getrieben, als nämlich haben etliche die Batzen und Brüste abgeschnitten. Gott der Herr wolle es bessern und sich hierüber erbarmen.[497]

Die Landwehr

Das Kriegselend im Wassenberger Raum erreicht neue Kulminationen in den Jahren von 1595 bis 1610. In dieser Notzeit besinnt sich die Obrigkeit auf die Landwehr, einen Verteidigungswall, der seit Jahrhunderten auf der Strecke von Tevern bis zum Rhein der bedrängten Bevölkerung Schutz bietet. Wilhelm Piepers unterzieht in seiner Bonner Dissertation von 1953 die Landwehr, den „Allegraav", einer gründlichen Untersuchung.[498] Der Verteidigungswall beginnt im Jagen 109 der Teverner Heide. Er ist durchweg 2 bis 3 Meter hoch bei einer Sohlenbreite von 8 bis 10 Metern. Die Kammbreite liegt zwischen 2 m und 2,50 m. An beiden Seiten sorgen 2—3 m breite und etwa 1 bis 1,50 m tiefe Gräben für zusätzliche Sicherheit. Im Effelder Busch (Nähe Effelder Waldsee/Rothenbach) betritt das Erdwerk Wassenberger Gebiet. Parallel zur deutsch-niederländischen Grenze nimmt es seinen Verlauf. Bei der Gitstapper Mühle/Effeld ist der Wall mit einer Verteidigungsschanze verbunden. Wilhelm Piepers beschreibt diese Waldwacht: „Die Böschungen steigen steil an, und tiefe Gräben, die wenig verwaschen sind, umgeben den gut erkennbaren Erdkegel. Nach Norden läuft er in eine schärfere bastionsartige Spitze aus, die über die Flucht der Landwehr hinausragt. Da der Wall von Westen und Osten an die Gräben dieser Schanze heranreicht, dürfte fortifikatorisch ein Zusammenhang zwischen der Landwehr und dem künstlichen Hügel bestehen. Er macht den Eindruck einer besonders befestigten Stätte, die genau gegenüber dem von Westen aus dem Raum von Etsberg/Niederlande herkommenden Weg liegt und wohl zusätzlich zur Landwehr zu dessen Absperrung gedient hat. "[499]
Der *Alte Wall*, unser *Allegraav*, begleitet den Wanderer in der Effelder, Rothenbacher, Dalheimer Grenzzone. Der Wall ist noch heute an vielen Stellen sehr gut erhalten. Hinter der Gitstapper Schanze läuft er in Nachbarschaft zu einem Wege, der zum Grenzübergang Rothenbach (genauer: zum Haus Rothenbach) führt. Im sumpfigen, teilweise unbegehbaren Tal des Rothenbachs verschwindet er. Vielleicht ist er in diesen moorig-bruchigen Flächen nie notwendig gewesen, weil diese natürlichen Schutz boten. An der Dalheimer Mühle beginnt die Landwehr gut sichtbar von neuem und verläuft von hier aus rund 5,5 km durch den Meinwegwald, östlich an Varbrook vorbei in Richtung Silverbeek und erreicht eine Schanze bei Niederkrüchten-Blonderath. Eine Reihe von Forschern hat darüber nachgedacht, wann dieser Wall wohl aufgeschüttet worden ist. Eines darf mit Sicherheit behauptet werden: in den oben betrachteten Kriegszeiten, in der zweiten Hälfte des 16. Jahrhunderts und in der ersten Hälfte des 17. Jahrhunderts, ist er bereits vorhanden. Es wird an ihm gearbeitet. Und sicher ist auch, daß er vorher schon da ist.

Auf dem Landtag von Hambach im Februar 1596 wird beschlossen, „um das tägliche streiffen und Placken abzuwenden, allenthalben im Land Jülich, sowohl auf den Grenzen als auch an etzlichen Orten, die unnötigen Wege zu vergraben, Landwehren aufzurichten und die notwendigen Pässe, deren man nit ermangeln mag, mit Schanzen und Schlagbäumen zu hemmen."[500] Ausdrücklich wird vermerkt, die Erfahrung lehre, mit Wehren ließen sich diejenigen vom unbeobachteten Eindringen abschrecken, die man nicht im Lande haben wolle. Weil nun „die meiste Beschwerniß aus den geldrischen Festungen (Venlo, Roermond, Nimwegen, Geldern) kommt", sollen gerade ihnen neue Schanzen vorgelagert sowie die Landwehr selbst erneuert und an einigen Stellen sogar neu angelegt werden. Ich nehme deshalb an , daß die Gitstapper Schanze damals (1596) ausgehoben wurde.
Franz Mayer sieht die Landwehr schon als ubische Grenzwehr[501], Peter Anton Tholen vermutet ihre Entstehung in der Normannenzeit,[502] Wilhelm Piepers differenziert die Anfänge des *Allegraav*. Allein die Tatsache, daß die Franzosen 1793 den Wall in einer Nacht aufwerfen oder mindestens ausbessern und erhöhen, gäbe zu denken, meint Piepers. Eines scheint mir sicher, daß die älteren Erdbefestigungen im spanischen Krieg wiederbenutzt werden, spricht dafür, daß die Landwehr auch schon in den vorausgehenden Jahrhunderten existiert.
In der „Copia von den alten spanischen Krieg"[503] wird über die Instandsetzung, Erneuerung, Verstärkung des Landwehrwalles berichtet. Wilhelm Engels interpretiert ihren Text für unseren Raum und meint, damals wären am Grenzflüßchen Rothenbach alle Zugangswege versperrt, an der Dalheimer und Gitstapper Mühle Schanzen und Schlagbäume eingerichtet worden. Wilhelm Piepers folgert konsequent — und ich schließe mich seiner These an —: „Damit glauben wir zu erkennen, daß die Landwehr in ihrem großen Zusammenhang vielleicht ein Werk vom Ende des 16. Jahrhunderts ist. In der Teverner Heide und wahr-

scheinlich auch zwischen Karken und Effeld sind beim Bau Reste einer alten Anlage benutzt und aufgehöht worden."[504] Landwehren sind seit eh und je ein bewährtes Fortifikationsmittel. Für Xanten wird beispielsweise bereits 1394 eine Landwehr erwähnt. Westfälische Landwehren gibt es schon im 14. Jahrhundert. Bei einer Grenzbegehung (Limitengang) im Gangelter Bruch wird bereits 1492 eine „landwerong" geortet.[505]

Der Schlagbaum, die Umzäunung, der Verhau, der *Hamey* sind immer schon Abwehranlagen. Schanzen müssen wir allerdings von den Motten unterscheiden. Motten wie Hoverberg, Aldeburg, Elsum, Wassenberger Burgberg, Haus Effeld sind größere, meist zweiteilige Erdwerke mit Burg und Vorburg, Wassergraben und Befestigung. Die Schanzen sind kleine Forts. Sie verstärken wie in Effeld an der Gitstapper Mühle die Landwehr an besonders kritischen Punkten. Zweifellos hat die Landwehr eine überörtliche Bedeutung. In der Hauptsache geht es um die Sicherung der Westgrenze des Herzogtums Jülich. Bei Wilhelm Engels[506] finde ich den Hinweis, das Amt Wassenberg habe wegen seiner Grenzlage in dem oben beschriebenen Spanisch-Niederländischen sowie im Truchsessischen Krieg auf einen Abwehrriegel gegen Eindringlinge und marodierende Banden nicht verzichten können. Teilweise wird deshalb eine neue Landwehr z. B. im Anschluß an die vorhandene Tüschenbroicher Landwehr aufgeworfen. Die Bewohner der Wassenberger Unterherrschaft Tüschenbroich erhalten die offizielle Aufforderung, die alte Landwehr zu verbessern und zu verlängern.

Die bewaffnete Macht Jülich versieht Grenzwälle und Schanzen mit Wachen. Die Reiterei des Herzogtums wird von drei Rittmeistern kommandiert. Hinzu kommen die „ausgesetzten Schützen" („ausgesetzt" = listenmäßig erfaßte Schützen), das Fußvolk, welches in 8 bis 9 Hauptmannschaften eingeteilt ist.

Die Wassenberger Landesschützen und das allgemeine Aufgebot erscheinen mit teilweise veralteten Waffen wie Spießen und Hellebarden. Sie versammeln sich auf das Zeichen des Glockenschlages. Die einzelnen Pässe und Durchlässe werden besonders gewissenhaft besetzt. Vom Kirchturm der Georgsbasilika halten Wachen ständig Ausschau, „darab das flache Feld hin und wieder übersehen werden kann". Von der Glockenstube aus wird durch das Schalloch des Turmfensters ein großer Korb hinausgehängt. Wenn Gefahr im Verzuge ist, wenn z. B. Streifer entdeckt sind, wird der Korb eingezogen und das Nothorn geblasen. Die Bewohner sind dann sofort verpflichtet, erhöhte Aufmerksamkeit zu halten. Übrigens müssen sie für den Unterhalt des Turmwächters aufkommen. Wenn der Wächter seine Wache versäumt, einschläft oder nicht konzentriert genug aufpaßt, wird er schwer bestraft und zum Ersatz der durch seine Nachlässigkeit entstandenen Schäden herangezogen. Überhaupt ist in jener Zeit jedermann verpflichtet, sein ständiges Augenmerk auf Sicherheitsvorkehrungen zu richten. Wenn er Verdächtige wahrnimmt, muß er tout de suite Meldung machen. In Wassenberg ist bei Alarm der Versammlungsplatz der Buir. Hier finden sich schnellsten alle diejenigen ein, die nicht auf den Wehrtürmen, auf der Burg, an der Stadtmauer, an den Toren und draußen bei den Schanzen, Sperren und Wällen Dienst tun. Die Besatzungen der Schanzen und der Landwehr kontrollieren die Paßzettel und Erlaubnisscheine. Nur die „unverdechtigen Kauf- und Wandelsleut dürfen unmolestiert passieren". Nachts darf niemand durchgelassen werden.

Eine Reihe von heimathistorischen Arbeiten sieht die Landwehr zur Zeit der Normanneneinfälle entstehen. Die Piraten, Entdecker und Staatengründer, die verwegenen Söhne Odins, kommen vom Norden. Sie sind lange Zeit der Schrecken des Abendlandes. Vom Jahre 793 vor Christi an setzen sie ihr weltweite Expansion in Bewegung. Normannen zerstören Hamburg und Köln, London und Paris. Und sie kommen auch die Maas hinunter bis in das Wassenberger Land. Viele Jahre halten die Stromräuber unsere Heimat in Atem. Peter Anton Tholen und Franz Mayer haben auffallend viele „Brandplätze" gefunden, die von normannischer Zerstörung herrühren. Franz Mayer vermutet bei den Brandschichten in Motten und Schanzen Zerstörungen durch Normannen: „Auf den Hügeln befanden sich in einfachen Lehm- und Flechtwerkbauten Beobachtungsposten, die bei Gefahr durch Feuer- und Rauchsignale die Umgegend alarmierten. Die Zerstörung dieser Wachtposten wird den Normannen zugeschrieben."[507] Peter Anton Tholen schreibt 1923 in der *Heinsberger Volkszeitung* von einem Fund in einer Kiesgrube bei Birgden: eine von Normannen zerstörte Herdstelle. Auch bei Süsterseel stößt er auf eine von Normannen eingeäscherte Siedlung. Die Meinung anderer Forscher, die Landwehr sei ein Schutzwall vor dem Vandalismus der Normannen gewesen, wird vor allem durch August Lentz vertreten.

887 gewinnt der kraftvolle Arnulf von Kärnten (Urenkel Karls des Großen) als letzter Karolinger die ostfränkische Königskrone. Er sendet Erzbischof Sunderholz an die Maas nach Elsloo, um das Nest der normannischen Mordbrenner auszuräuchern. Der Erzbischof kehrt nicht mehr zurück. Er und seine Mitstreiter geraten in einen Hinterhalt, ihr Lager fällt den Normannen in die Hände. Wenige Jahre später zieht Arnulf selbst in das normannisch bedrohte Gebiet, „willens, die Verbrecher zu züchtigen". In der Kesselschlacht von Löwen gelingt ein glänzender Sieg über die Nordmänner.

Der Jülicher Erbfolgekrieg 1609—1614

Auf Herzog Wilhelm III. von Jülich (1511—1592) folgt Johann Wilhelm I. (1592—1609). Er stirbt als letzter Dynast des Jülicher Stammes am 25. 3. 1609 kinderlos. Seine Verwandten kommen als Erbanwärter in Betracht. Kurfürst Johann Sigismund von Brandenburg ist der Gemahl der Herzogin Anna von Preußen, einer Tochter von Johann Wilhelms ältester Schwester Maria Leonore, über deren Hochzeit und im besonderen deren „inventarium dern kleidung, so vor die fur-

Frauen und Kinder begleiten das Heer (Sebastian Bourdon, Kassel; Staatliche Kunstsammlungen)

stin zu Prißen zu i. f. g. hochzeit" uns detalliert und lesenswert überliefert ist. Die Brandenburger sehen sich als einzig berechtigte Erben des Jülich-Klevischen Landes an. Der Sohn der zweiten Schwester Johann Wilhelms ist Herzog Wolfgang Wilhelm von Pfalz-Neuburg (später Landesherr von Wassenberg).

Der einsetzende territoriale Streit steht natürlich im Kontext mit kirchlichen Gegensätzen; denn Katholiken und Protestanten sind inzwischen in „Liga" (kath.) und „Union" (protest.) organisiert. Die Holländer favorisieren die lutherische Seite, die Spanier die katholischen Kräfte. Frankreich hat nur das eine Interesse, mit Hilfe der evangelischen Reichsfürsten im Westen des Reiches die Habsburger zurückzudrängen.

Fünf Jahre dauern die komplizierten Auseinandersetzungen um unser Herzogtum. Dann einigt man sich 1614 im Vertrag von Xanten. Die beiden Kontrahenten oder „Possidirenden" (possessio = Besitz) sind der Kurfürst Johann Sigismund von Brandenburg und der Pfalzgraf Wolfgang Wilhelm von Neuburg (an der Donau) nebst ihren Jülicher Frauen.

Zunächst laufen die symbolischen Inbesitznahmen ohne besondere Schwierigkeiten, später aber macht sich doch eine zunehmende Vorsicht der Bevölkerung breit. Die Bevollmächtigten können schließlich nur *visu et aspectu des amts oder wie dasselbig einiger gestalt genannt werden mag, die possession zu praetendiren*. Der Widerstand der örtlichen Beamten bezieht sich auf einen Befehl der Räte der Regierung des verstorbenen Jülicher Herzogs. Sie sollten aufpassen, daß „keinem einig neuerlich vornemen verstattet werde". Keinem Prätendenten solle irgendein Recht in den Landen eingeräumt werden. Das Vorgehen Brandenburgs und Pfalz-Neuburgs erweist sich dennoch als erfolgreich. Die übrigen Erbanwärter (Pfalz-Zweibrücken, Burgaus, Sachsen usw.) begnügten sich mit schriftlichen Deduktionen ihrer Rechtsansprüche. Hans Goldschmidt meint: „Es gelang den erstgenannten (Brandenburg

und Pfalz-Neuburg) durch ihre persönliche Agitation und die ihrer Vertreter, sich einen Anhang im Lande zu erwerben, der es ihnen bald ermöglichte, aus der symbolischen Besitzergreifung eine wirkliche zu machen, die 'possidierenden' Fürsten zu werden, wie man sie dann nannte."[508]
Am 12. 4. 1609 läßt der Brandenburger im Jülicher Lande die Besitzergreifung symbolisch vollziehen. Dr. Konrad von Brynen betritt als „Gewaltträger" die Stadt Wassenberg und erklärt im Beisein eines mitgebrachten Notars und mehreren Zeugen die offizielle Übernahme Wassenbergs durch Brandenburg. Im Protokoll steht, der kurfürstlich-brandenburgische Kommissar habe das Schriftstück der Inbesitznahme an das Brühltor geheftet: „Am Sonntag, den 12. Tag des Monats April 1609 nachmittags zwischen 5 und 6 Uhr, hat sich genannter Gewaltträger von der Stadt Heinsberg nach der Stadt Wassenberg begeben und ist daselbst am Stadttor, genannt Brühltor, angelangt. Dort hat er dieses Tor angefaßt, auf- und zugemacht und in des Notars (J. Th. von Wiedenbrück) wie auch im Beisein etlicher Bürger derselben Stadt mündlich angegeben, laut seinem Kurfürstlich-Brandenburgischen Auftrag, wie an allen vorigen Städten und Orten geschehen und hat stracks danach sich zum fürstlichen Amtshaus, das innerhalb der Stadt Wassenberg gelegen ist, verfügt und dort die Wappen und die schriftliche Erklärung der erfolgten Inbesitznahme an das Tor des fürstlichen Amtshauses angeschlagen . . ."
Einige Wochen später erscheint der andere Possidirende, Pfalzgraf Wolfgang Wilhelm von Neuburg, höchstpersönlich mit einer Delegation in Wassenberg und vollzieht am 9. 8. 1609 die gleiche zeremonielle Prozedur. Er hat sicherlich gemerkt, daß in Wassenberg eine pro-brandenburgische Stimmung herrscht. Dafür sorgt nämlich der Wassenberger Notar und Schöffe Dr. Johann Peil (Pyll), der im Auftrag des Brandenburgers die Trommel rührt und überall ein gedrucktes Patent verbreitet. Er soll einen Akt vornehmen, dessen Zulassung geradezu eine Art Anerkennung seines Auftraggebers als Landesherrn signalisiert. Wir wissen, daß Peil über diesen Akt hinaus auch die Bürgerschaft in den verschiedenen Orten anspricht, um das Anspruchsrecht des Brandenburgers zu bekräftigen. Dr. Peil schreibt am 12. 6. 1609 in Wassenberg einen Bericht über seine bisherigen Aktionen für die brandenburgischen Gesandten in Düsseldorf (H. von Diskau, J. F. von Roeden, H. Kracht) nieder. Der Bericht befindet sich heute im Geheimen Staatsarchiv von Berlin.[509] Ich entnehme diesem umfänglichen, alle Orte im einzelnen aufführenden Schreiben, daß Dr. Peil das brandenburgische Patent zunächst in Wassenberg an Rathaus und Schloß anschlägt. Er schreibt über die Situation in Wassenberg: „Item alhie zu Wassenberg in urbe patria zuirst vorm schloß und rathaus angeschlagen. Daselbst ist die burgerei, wenige ausgenommen, irer curfürstl. gnaden anhenglich und zugetan." Peil reist wie ein pro-brandenburgischer Wanderprediger durch die benachbarten Ämter. Übrigens zu Pferde: „Den 26. Mai sein ich zu pferd aufgesessen . . . und hab in 14 tagen mit beharrlichen Reiten one eines tages stilligen alles verrichtet." In Millen, „einem starken, ansehnlichen Schloß", wird er von Amtmann Gimmich freundlich aufgenommen, darf „seine Pferde einstallen und einen guten Trunk tun". In Waldfeucht, wo alles gutneuburgisch gesinnt ist, gelingt ihm der Eintritt nicht. In Heinsberg trifft er auf starke Vorbehalte. Sein Bericht gibt Auskunft: Nach lange erbetener Einwilligung und vielem Hin- und Herreden mit Vogt und Schöffen, habe er endlich, „aus selbst genommener Erlaubnis", das Patent vor der Stadt auf der „Hamei" (mittelniederdeutsch: Schlagbaum, Umzäunung, Verhau, Palisadierung von Toren und Eingängen) angeschlagen. Die Heinsberger hätten gemeint, die beiden Possidirenden sollten doch besser einen Vergleich schließen, dann wollten auch sie ihre Stadt demjenigen öffnen, dem sie gehöre. „Im Wegziehen", so berichtet Dr. Peil, „vernahm ich von einem guten Freunde, wenn Kurfürstliche Gnaden persönlich vor die Stadt kommen könnten, so würde die Obrigkeit die Stadt öffnen."
Die Bevölkerung des Heinsberger Landes ist demnach bei diesem Regierungswechsel gespalten. Die Katholiken sind wie z. B. in Randerath „gut-neuburgisch" gesinnt: „Die pabstler sein daselbst, wie schier an allen ortern, gut Neuborgsch." (Bericht Dr. Peil) Hans Goldschmidt vermutet, die Katholiken erhofften sich eine bessere Lage unter dem damals streng lutherischen Pfalzgrafen Wolfgang Wilhelm, weil er als Feind des Calvinismus bekannt ist. Tatsächlich wird später beklagt, daß Wolfgang Wilhelm bei der Besetzung der Ämter die „Religionsverwandten" zurücksetzt und die Katholiken protegiert. Die Wassenberger setzen allerdings alleweil auf Brandenburg. Vielleicht weil Dr. Johann Peil, einer der ihrigen, als Apostel Brandenburgs die innerstädtische Generalmeinung beeinflußt. Der Wassenberger Notar urteilt denn auch, ingesamt könne in der Heinsberger Gegend von einer einheitlichen Haltung nirgendwo die Rede sein. Nur Wassenberg votiere geschlossen brandenburgisch. In weiser Voraussicht? Aber wer ahnt damals schon, daß die Schlacht bei Fehrbellin 1675 bevorsteht und damit der Aufstieg Brandenburg-Preußens beginnt, der bis in die kaiserliche Höhen von 1871 führt und auch die Wassenberger zunächst zu „Muß-Preußen" macht.

Die Erbanwärter auf das Herzogtum tun angesichts der Zuspitzung des Streites das Beste — sie verständigen sich. Zunächst 1609 in Dortmund: Brandenburg und Neuburg wollen ihren Konflikt nicht mit Gewalt lösen, zuerst soll die Lage durch eine gemeinsame Verwaltung der Länder entschärft werden.
Am 2. 9. 1610 wird Jülich von Truppen der Union erobert und sein tapferer Verteidiger Johann von Ruyschenberg gibt den Rat, sich gegen die politische Entwicklung „hin furter nit lenger zu widdern". Staatische Truppen halten ab jetzt unter Oberst Friedrich von Pithan Jülich ein Dutzend Jahre lang besetzt. Peter von Streithagen, Zeitgenosse des Erbfolgestreites, dessen lateinisches Preislied auf die Rur uns oben begegnet ist, verfaßt in Hexametern und Tetrasticha ein Werk zur Belagerung und Einnahme Jülichs 1610: Car-

Region Effeld 1975.

men de restituta pace in ducatu Juliacensi. Für diese Zeit entdecke ich einen Wassenberger Brief, der am 15. 7. 1609 in Haus Effeld geschrieben wird. Johann von Baexem richtet ihn an seinen Bruder Werner und spricht darin die Problematik der Besitzergreifung des Wassenberger Amtes durch die „Possidirenden" an. Das Schreiben liegt im Original im Algemeen Rijksarchief Brussel. Ich gebe hier einen Auszug:

Freuntlicher, lieber bruder!

Ob dies nun also vorsetzlich oder unbesonnen geschehen, wird der allerhogst besser als ich wissen. Dieweil aber die fursten auf den voeß vortgefaren, der von Brandenborg seine 266 knecht ingevort, der pfalzgraf die unserige, so noch in der stat waren, 212 aufgenamen, den Gulig- und Bergschen amtlich angemeldt, sie sollten die huldigung lenger nit aufhalten. Damit seint beide fursten am samstag 11. dieses nach dem essen gen Duisborg zu den Clevischen und Markischen gezogen und hinder sich gelassen, man soll den Gulich- und Bergschen anzeigen, das sei in irer der furstin widerkonft sich erkleren solten, ob si hulden wolt oder nit. Am selben samstag, als der beschlos der Gulich- und Bergschen als nemlich, das sei ehe und befor die fursten ir indultum und erclerung der Rom. kai. Majest. auflegten, nit hulden kunten, bittent, man woll sie endschuldigen und weiter nit zusetzen, verschlossen und versegelt durch eine versigerte person, den Clevischen und Markschen auf Duisberg zugeschickt wie brauchlich, so bin ich auch aufgebrochen und nach haus begeben, besorgent, die unserige (die Wasenberger) werden huldigen. Die Clevische und Markschen durften sich wohl besser halten als die unserigen. Der allerhogste wolle unserige sachen in raulichen stant brengen, sunst aber sehen ich schlegten apparat, in dessen gnedigen schutz ir wol traulich befolen seit. Raptim Effeldt am 15. julii ao. 1609. Euer trewer bruder Johann von Baexem.[510]

Das Wassenberger Land steht also zunächst unter gemeinsamer Regierung der Besitzanwärter. Nach einem Gewirr von Konflikten kommt es schließlich am 14. 11. 1614 in Xanten zur Einigung: Brandenburg erhält Cleve-Mark, Pfalz-Neuburg übernimmt Jülich-Berg. Wassenbergs neuer Landesherr heißt Pfalzgraf Wolfgang Wilhelm und wird es bis 1653 bleiben. Trotzdem aber bleibt in Wassenberg vorerst die probrandenburgische Gesinnung „opportun". Der Vertrag von Xanten setzt sich hier erst vier Jahre später vollends durch. Der Wassenberger Amtmann Dietrich von Palant und sein Notar Dr. Johann Peil sind nach wie vor brandenburgisch und sperren sich gegen die neuburgische „Usurpation". Dietrich von Palant tritt wie Dr. Peil in brandenburgische Dienste: Dietrich als Geheimrat, Peil als Rentmeister. Beide behalten ihre Wassenberger Ämter weiter. Es schwelt nämlich noch ein Konflikt zwischen Brandenburger und Neuburger um eine vertraglich festgelegte Forderung von 420 000 Talern aus den bisherigen Ländereinnahmen. So kommt es auch nach dem Xantener Vertrag zu illegalen Eingriffen. Pfalzgraf Wolfgang Wilhelm entläßt beispielsweise den Amtmann von Heinsberg, Herrn von Ahr. Dem widerspricht der Brandenburger und bittet ihn, er solle desungeachtet im Amt bleiben. Die gleiche Auseinandersetzung geht um den Heinsberger Vogt: Lucas Kamphausen ist pfalzgräflich, Johann Sonntag brandenburgisch. So läßt sich auch der Konfliktherd in Wassenberg verstehen, den der Geheimrat Dietrich von Palant und sein Rentmeister Dr. Johann Peil repräsentieren. Die historische Quellenlage zu diesem Wassenberger Kapitel ist vielfältig. Ich hoffe, eines Tages wird sich ein historisch-interessierter „Wassenberg-Forscher" mit den Inventarien von Wien, Jülich-Berg, Spanien, Flandern, Brandenburg (Berlin) und dem Inventaire de la Secr. d'Etat allemand im Brüsseler Rijksarchief speziell auseinandersetzen. Hier ist leider aus Platzgründen Bescheidung zwingend. Hinweisen möchte ich allerdings auf die umfassende quellengeschichtliche Übersicht der Habilitationsschrift von Burkhard Roberg in Bonn 1974, die eine Reihe nachforschenswerter Wege aufzeigt.[511]

Dreißigjähriger Krieg

Das unermeßliche und nicht auszulotende Leid, das der Dreißigjährige Krieg verursacht, hinterläßt seine tragischen Spuren auch im Wassenberger Land. Die unruhigen Dezennien dezimieren die Bevölkerung. Der Wassenberger Amtmann Adrian von Nulandt (1626) spricht von *dusent nothen und pein und ongemachs.* Die mit Gegensätzen und Konflikten geladene Atmosphäre jener Jahre entlädt sich wie im dämonischen Kreislauf. Krieg auf Krieg! Durch das Eingreifen Frankreichs und Schwedens in die Auseinandersetzungen rücken die Fronten näher an den Niederrhein heran. Von Verwüstungen und Ausplünderungen vergangener Jahrzehnte kaum erholt, gönnen die Verhängnisse unserer Wassenberger Region keine Atempause. Von „betrübten und armseligen Zeiten" künden unsere Rentmeistereirechnungen. Zwar bleibt das Jülicher Land in der ersten Hälfte des Dreißigjährigen Krieges von spektakulären Kampfhandlungen und Schlachten weitgehend verschont, muß aber ständig unter Drangsalierung, Durchzug, Erpressung, Einquartierung und Plünderung leiden. Das Leben der Menschen unterliegt ständiger Bedrohung. Immer wieder ertönt vom Turm der Georgskirche die Alarmierung durch den „Glockenschlag".

1621 läuft der Waffenstillstand zwischen Spanien und den Niederlanden ab. Die Feindseligkeiten beginnen aufs neue. Truppen ziehen durchs Wassenberger Land und versorgen sich auf eigene Faust. 1627 wird Kloster Dalheim rücksichtslos ausgeplündert. Söldner entführen die Konventualin Lucarda von Hochkirchen nach Emmerich. Die Äbtissin des Klosters, Clara von Baexem (1614—36), setzt eine hohe Lösegeldsumme ein, um ihre Mitschwester freizukaufen. Es gelingt nicht. Da nehmen Jüliche Söldner die Frau eines Klevischen Adeligen gefangen und erzwingen so den Austausch der Zisterzienserin.

1629/30 hat Wassenberg umfangreiche Einlagerungen zu überstehen.[512] 1632 liegt der damals weithin bekannte General Graf von Pappenheim mit seinen Truppen hier an der Rur und hat sein Hauptquartier auf Burg Wassenberg. Er zieht von hier gegen die von Staatischen belagerte Festung Maastricht. Bei diesem Zug wird Haus Hall in Ratheim schwer beschädigt. Es gelingt Pappenheim nicht, Maastricht zu entsetzen. Er kehrt zurück nach Wassenberg und läßt sich und seine Söldner hier erneut nieder, um die Truppen von der Bevölkerung erpresserisch versorgen zu lassen.

Die evangelische Gemeinde erhält ihren ersten Friedhof

In Wassenberg stirbt um diese Zeit, 1634, der damalige Bürgermeister Wilhelm von Pallandt. Er wird auf dem ersten Friedhof der evangelischen Gemeinde bei-

Burg Wassenberg 1900.

gesetzt: „Anno 1634 ist der Ehrenvest Wilhelm Pallandt ... und Burgemeister ... und Haubtgerichts Wassenberg sanft und selig entschlafen ..., dessen Leib unter diesem Stein nebens zween mit Ida von der Hyitten gezugten ... gst ... Tochteren".[513] Am Kopf des Pallandtschen Steines befindet sich sein Adelswappen: zwei gekreuzte Schwerter unter Helmzier, dreiblättriges Kleeblatt im rechten und drei wagerechte Balken im linken Feld des Wappenschildes. Die evangelische Gemeinde hat sich inzwischen konsolidiert.[514] Das war bis zu diesem Zeitpunkt nicht leicht gewesen; denn „biß auffs jahr 1626 ... nicht allein die offentlich predigtt, sondern auch die schull, und die todten auff dem kirchhoff nicht mehr zu begraben, verboten und verstört durch einen Jesuiten Pater Böß genannt ..."[515] Das Archiv der evangelischen Kirche Wassenbergs enthält gut informierendes Aktenmaterial zu den kirchlichen, aber auch weltlichen Ereignissen jener Zeit. Der „kurtze und wahrhaffte bericht von dem zustand der reformirten gemeine zu Wassenberg im Jahre 1624" ist bei Andreas Knorr[516] nachzulesen. Dort erfahren wir auch, warum die bisherige Begräbnispraxis (die Reformierten „dürfen" bis jetzt auf dem römisch-katholischen Friedhof neben der Georgsbasilika ihre Toten beisetzen) durch den Jesuiten Böß (nomen est omen) oder auch Boos, de Bois oder sogar Boss genannt, verhindert wird. Was sollten die Evangelischen tun? Ihre Toten ins 10 km entfernte Schwanenberg bringen? 1628 schreibt die Gemeinde an den Wassenberger Amtmann Adrian von Nulandt (1609—1629): „Woledler und Gestrenger, großgebietender, Lieber Her Ampttmann. Wir endsbenannten mogen Ew. Wol. Edl. und Gestr. dienstlich nicht verhalten, welcher gestalt am negstvergangene Sontag auf gehaltener Seelenmeß durch den H. Landtdechandt ernstlich u. poenaliter inhibirt, hinfürter auf dem Kirchhoff allhie keine Begrebnuß mehr zu gesinnen, sonders dabei eingebunden, uns bei guter Zeitt nach einer bequemer Gelegenheit u. Ortt unsere Todten zu begraben, umbzusehen. Was nun weilandt Heinrichen Beckers, gewesene Mittbürgers selig, nachgelaßene Kindern, deren eine albereits mündig und darinn consentirt, vor der Statt allhie einen garten, so zu der sepultur sehr well gelegen u. bequem, liggen haben, welchen sie mit Bewilligung und auf guttachten deren, so Ihnen anstatt der Vormünder, von Iren Vatter selig zugeordnett, well abtretten u. gegen einen anderen garten permutiren und anerbeuten soltenn ... So bitten wir gantz dienstlich, (daß) Sie großgunstiglich geruhe wolle ..."[517] Amtmann von Nulandt stimmt dem Tauschgeschäft zu und schreibt an den Rand des Gesuches: „Da beidterseits Parthein die angegebene permutation also zufriedten so wird dieselbe ambtshalben hiermit bewilligt. Waßenberg 16. Febr. 1628 Nulandt".

Besagter Friedhof liegt an der Roermonder Straße (früher *birgeler straeß*), neben dem jüdischen Friedhof. Dieser so versöhnliche Vorgang in den Wassenberger Amtsgeschäften steht im Gegensatz zu den chaotischen Verhältnissen in der europäischen kriegerischen Politik.

Octavio Piccolomini, Herzog von Amalfi (1599—1656).

Octavio Piccolomini

In den Wassenberger Raum kommt im Sommer 1635 der berühmte General Octavio Piccolomini mit seinem Heer. Er marschiert im Auftrag des Kaisers , um den Spaniern Hilfe zu leisten. Sein Auftreten wird zum „danse macabre" infolge seiner skrupellosen kroatischen Kavallerie. Seine brutalen Befehle und ihre Folgen bleiben den Menschen unserer Heimat jahrhundertelang im Gedächtnis. Das Jahr 1635 hat seinen Namen, „böses Kroatenjahr", nie verloren. Warum damals „Koatische troepen in het Overkwartier van Gelder" auftauchen, beantwortet Carl Müller[518] mit dem Hinweis, die an den Niederrhein verbrachten kroatischen Infanteristen und Kavalleristen seien keine Söldner sondern Berufssoldaten gewesen. Piccolomini (1595 in Florenz geboren) führt sie an. O. Elster hebt in seinen „Piccolomini-Studien" hervor, daß dieser „General bis auf die Knochen" seine Feldzüge gründlichst vorbereitete: „In jedem Jahr bestand er auf guter Ausrüstung der Artillerie, auf genügenden Ersatz an Munition, auf flächendeckende Anlagen von Verpflegungsmagazinen ..."[519] Am Niederrhein erlebt Piccolomini eine bittere Enttäuschung. Die Spanier halten ihre Zusagen nicht. Die Verpflegung fehlt. So muß das Land bluten. Lebensmittel werden mit Gewalt organisiert.

Im Archivio General de Siamancas sind wichtige Unterlagen über diesen Zeitraum verwahrt. Auch

Quellen zur Wassenberg-Geschichte sind dort aufzufinden.[520]
Piccolomini erläßt 1636 Verpflegungssätze für seine Truppen. Danach hat ein berittener Oberst Anspruch auf soviel Lebensmittel „als 400 Stüber zu 15 Batzen" ausmachen, das Pfund Brot zu 2 Kreuzer, 1 Maß Bier und 1 Pfund Fleisch zu je 3 Kreuzer gerechnet. Dem Amt Wassenberg kosten solche Festlegungen, solche Erpressungen, Contributionen, Plünderungen und Durchzüge monatlich etwa 6 000 Reichstaler. Das Amt Brüggen muß sogar 8 000 Taler monatlich vorsehen, wie Amtmann Graf von Schaesberg beklagt.[521] General Piccolomini ist Diplomat. Er schafft es schließlich, die Truppen des Pfalzgrafen unter sein Kommando zu stellen. Der Jülicher Landesherr laviert solange zwischen den Parteien, bis er zwischen allen Stühlen sitzt: auf der einen Seite die Mächtegruppe von Kaiser, Spanien und Liga, auf der anderen Seite Schweden, Holländer, Franzosen.
„So ist Comte de Piccolomeny in Gülich gewesen und heben Im die Neuerburg. Troppen durch Ihre Obristen müssen schweren" (schwören). Unter diesen Obristen auch Franz Dietrich von Palant, Freiherr von Blanckart und Freiherr von Neulandt.
Die Einwohner des Herzogtums möchten natürlich alle Truppen los sein. Auch die Neuburger! Sie drängen darauf, daß Piccolomini mit allen Truppen abzieht, sonst wollten sie in die neuburgischen Quartiere fallen „und ihnen die Hälse umdrehen".[522] Die Leute haben es immer wieder erfahren müssen, „diese Regimenter zu fuiß und zu Pert heben dem Fürstenthumb geschedigtt ... würden wir Ihrer noch quit"(Würden wir sie doch los!) So schwören die Obristen dem Piccolomini ihren Treueid. Unserem Pfalzgrafen verbleiben nur 2 000 Mann zu Fuß und 300 zu Pferde.
In diesen „Piccolomini-Jahren" fliehen viele Einwohner von Wassenberg, Birgelen, Myhl, Orsbeck, Effeld, Ophoven in die Wälder, in die Schanzen, Motten, Verstecke. Jakob Broich, als Jäger mit den Wäldern des Wassenberger Raumes gut vertraut, hat bei seinen „Streifzügen" eine Reihe von „Waldverstecken" auszumachen vermeint, die er in der Zeit der Piccolomini-Drangsale entstanden sieht. Am 23. 1. 1636 rücken ein Dragonerregiment nebst zwei berittenen Kompanien Piccolominis in Wassenberg ein. Sie nehmen Quartier in fast allen Häusern und okkupieren auch das Schloß. Den Bürgern werden die Lasten so schwer, daß sie sich unter Hinterlassung ihrer Habe davon machen.

Ein nächtlicher Handstreich auf Wassenberg

In einer der Nächte des Februar 1636 ruft der staatische Gouverneur von Roermond seine besten Offiziere und die schneidigsten Mannschaften zusammen. Er möchte einen nächtlichen Überfall auf den kaiserlichen Piccolomini-Stützpunkt Wassenberg in Szene setzen. In dunkler Winternacht zieht er mit seinem Kommando nach Wassenberg und nähert sich lautlos dem Stadttor Porta de Vulte, dem Birgeler Tor. Nicht zu verstehen, daß in derartig unsicheren Zeiten und in Nachbarschaft zu den feindlich gesinnten Roermonder Staatischen die Wachen auf Tor und Turm in Wassenberg schlafen. So gelingt es den nächtlichen Angreifern, eine Pulverladung ans Holztor zu bringen und den Durchlaß aufzusprengen. Rasch zerstören die Staatischen das Fallgatter, das in Wassenberg als Gitter aus langen, nach unten zugespitzten, durch Querstangen verbundenen, eisenbeschlagenen Spitzpfählen besteht, das an Stricken oder Ketten aufgehängt ist. Nachdem das Tor offen ist, stürmen die Feinde in die Stadt hinein, überfallen die Quartiere und das Schloß. Viele Piccolomini-Dragoner werden gefangen abgeführt. Auch der Regimentskommandeur, der auf dem Schloß in tiefem Schlafe liegt, fällt in die Hände der Eindringlinge. Die Beute ist groß: 300 Pferde, Munition, 8 Fähnchen. Alles wird nach Roermond transportiert.
Die Stimmng in Wassenberg ist verzweifelt. Wie war das möglich? Die „Piccolominis" verdächtigen die Einwohner, die Staatischen unterstützt zu haben. Nach Verrätern und Piccolomini-Gegnern wird gefahndet. Ob Wassenberg für diesen Überfall mit härteren Contributionen zu büßen hat, verschweigen die Akten. Auf jeden Fall werden die nächsten Monate für die Stadt kein Honigschlecken gewesen sein. Der Landrentmeister von Jülich schreibt in diesen Tagen grundsätzlich, das „Volck von Piccolomini" hause dergestalt übel, daß man damit kein kriegerisches früheres Ereignis vergleichen könne.

Der Hessenkrieg (1642—1650)

Mit dem Hessenkrieg wird unser Raum wieder regulärer Kriegsschauplatz. Herzog Wolfgang Wilhelm von Jülich-Berg (1609—1653), ständig um Neutralität bemüht, schließt mit Kaiser Ferdinand II. 1635 ein Abkommen, doch schon 1639 läßt dieser durch seinen Generalfeldzeugmeister Lamboy hier Truppen anwerben. Die Werber kommen auch nach Wassenberg und überrumpeln manchen wehrfähigen jungen Mann mit Wein und Geld. Kaiserliche Truppen ziehen Jahr für Jahr von hier aus auf die niederländischen und nordfranzösischen Schlachtfelder.
Inzwischen schließt die Landgräfin Amalie von Hessen-Kassel am 11. 3. 1640 im Haag ein Bündnis mit Schweden und Frankreich gegen den Kaiser. Damit beginnen die Kämpfe intensiver zu werden. Man spricht vom „Hessenkrieg", der den Menschen unseres Raumes zum Inbegriff des Schreckens des Dreißigjährigen Krieges wird. Der Niederrhein steht nun als Hauptkriegsschauplatz den sich verfolgenden Heeren offen. Herzog Wolfgang Wilhelm muß ohnmächtig zusehen, wie sein Jülicher Herzogtum militärischen Räubern in die Hände fällt, die darin „sengen und brennen, daß es eine Lust ist".
Nachdem am 17. 1. 1642 der kaiserliche General in Hüls bei Kempen geschlagen wird, fallen Hessen, Franzosen, Weimarer über unseren Raum her. Die Landbewohner müssen Unmenschliches erdulden. Der Pastor von Niederkrüchten schreibt ins Taufbuch,

die Hessen hätten alle Dörfer verwüstet, eingeäschert, ausgeplündert. Die meisten Bewohner seien in die Wälder geflüchtet.
Am 23. 3. 1642 ziehen die Hessen durch das Land an der unteren Rur und hinterlassen ihre vandalistischen Spuren. Graf von Wittgenstein beispielsweise bricht in Gangelt die *Statt Porzen* auf, plündert Kirche, Wohnhäuser und Scheunen. An verschiedenen Orten im Selfkant werden Brände gelegt. Die Hessen treiben ihr Unwesen in allen „umbliggenden Dorfferen", wo „dergleichen ebenpfalß geschehen, daselbsten ville Unterthanen gefenglich mitgeschleifft, etzlich jämmerlich geknebelt, ville hardt geschlagen, verwundt und etzliche mit Dargebung villes gelts ihr Leben ranzoniren (loskaufen) laßen, worüber sie doch einen erschoßen."[523]
1642 rückt Jan von Werth gegen die Hessen vor, erobert Liedberg, muß sich aber wieder zurückziehen. Es entsteht eine militärische Balance. Starke Besatzungen in Neuß, Uerdingen, Kempen, Linn bestimmen die hessische Stellung; Zons, Grevenbroich, Gladbach, Wassenberg, Heinsberg, Düren markieren die kaiserliche Linie. In Kleve gelingt es Kurfürst Friedrich Wilhelm I. von Brandenburg, mit einem schlagkräftigen Heer die Eindringlinge aus Hessen und anderswo zu verjagen. Im Wassenberger Raum wird es noch lange dauern, bis die Repatriierung des hessischen Aufgebots durchgesetzt ist. Langwierige Verhandlungen sind dazu notwendig. Erst am 2. 7. 1651 haben die Hessen Neuß verlassen.
Steuerliche Abgaben verschärfen die sonstigen Drangsal jener Jahre. Ihre Höhe wird nach Morgen berechnet. Sie steigt mit den Jahren in nicht mehr aufbringbare Summen: 10 Gulden pro Morgen. Eine Kuh kostet damals 25 Gulden. Die Steuerlast ist, wie man sieht, irreal geworden. In zahllosen Notizen erfahren wir von „militärischen" Abgaben: 18 Reichsthaler an die Kaiserlichen, 9 Schilling an den kaiserlichen Gouverneur in Heinsberg, 4 Reichsthaler für einen hessischen Offizier, der als Exekutor auftritt, 14 Hühner für einen hessischen Fähnrich, eine Schwein und einen Eimer Honig für hessische Soldaten.

Die Schäden

Im Staatsarchiv von Marburg, im Hauptstaatsarchiv München (Abt. 30-jähr.Krieg), im Hauptstaatsarchiv Düsseldorf (Jülich-Berg II) sowie im Kriegsarchiv des kaiserlichen Generalfeldmarschalls Melchior von Hatzfeld im Fürstlich Hatzfeldtschen Archiv in Schloß Schönstein bei Wissen/Sieg finden sich informationsgewichtige Dokumente über diese letzte Periode des Dreißigjährigen Krieges für Wassenberg. Die gewaltigen Schäden werden dort aktenkundig. In der folgenden Tabelle habe ich die Daten und Ereignisse des hessischen Krieges für das damalige Amt Wassenberg herausgezogen, die sich auf die Stadt Wassenberg, auf Orsbeck und Beeck beziehen. In Klammer setze ich den Findort, um späteren Orts-Historikern die Suche zu erleichtern[524]

Wassenberg
13. April 1642 Kontribution (D = Düsseldorf, II, 3406)
8. Oktober 1642 Dienstleistungen für fremde Truppen (M= München 4 f Pfalz, 1135)
14. März 1643 Abgaben an Truppenmagazine (D. II, 3334)
28. März 1643 Kaiserliche Besatzung in Wassenberg (H=Hatzfeldt in Schloß Schönstein, 60)
16. Mai 1643 Hessische Angriffsvorbereitungen, Angriffsplan (D. II, 3408)
5. August 1643 Kontribution (D. II, 3408)
12. August 1643 Räumung der Stadt Wassenberg (M. 4 f Pfalz, 1135)
17. August 1643 Weitere Räumungen (M. 4 h, 362,2)
17. August 1643 Kontribution
4. September 1644 Heulieferungen (D. II, 3472)
28. September 1644 Abgaben (D. II, 3385)
5. April 1645 Beschwerden über Drangsalierungen (M. 4 f, Pfalz 1135)
8. April 1645 Die Bevölkerung Wassenbergs und der umliegenden Dörfer flieht in die Wälder oder in andere Dörfer und Städte (D.II, 3398)
20. Mai 1645 Kontribution (D. II, 3473)
16. Januar 1646 Das Georgsstift Wassenberg wird zu Abgaben gezwungen (D. II, 3514)
18. Januar 1646 Beschwerden (D.II,3514)
20. Juni 1646 Exekution in Wassenberg (D. II, 3514)
8. Dezember 1646 Abgaben an Besatzungstruppen (D. II, 3490)
28. Dezember 1646 Lothringische Truppen in Wassenberg (D. II,3512)
April 1647 Beschwerden (D. II,3513)
1. November 1647 Abgaben an Besatzungstruppen (D.II, 3479)
30. Juli 1648 Dienstleistungen für fremde Truppen (D.II, 3536)
25. September 1648 Wassenberg muß für die Verpflegungsmagazine Brot liefern. (D. II, 3536)
17. November 1648 Jülich-Bergische Einquartierung in Wassenberg (D. II, 3537)
August 1649 Schwere Kontribution (D. II, 3572)
1. Januar 1650 Wassenberg ausnahmsweise einmal ohne Besatzung (D. II, 3586)
17. März 1650 Wassenberg wird wieder besetzt (D. II, 3573)
23. Juli 1650 Abgaben an fremde Truppen (D.II, 3587)

Orsbeck
18. September 1645 Orsbeck wird schwer ausgeplündert und gebrandschatzt (M. 4 f, Pfalz 1138)

Beeck
5. August 1643 Hessischer Überfall auf Beeck (D. II, 3408)

Die Akten des Geheimen Rats der Herzogtümer Jülich-Berg enthalten eine überaus wichtige vergleichende Statistik der Mannschaftsverluste, unter denen ich auch die Wassenberger Daten finde. Die Statistik vergleicht die Kopfzahlen der Mannschaft in den Jahren 1635 und 1647.[525] Unter „Mannschaft" haben wir folgendes zu verstehen: In Jülich-Berg steht neben dem mittelalterlichen Lehnsaufgebot der Ritterschaft (Siehe Wassenberger Mannkammer!) und neben der aktiven Söldnertruppe die Landmiliz. Letztere sind die „Bürger, Einwohner und Untertanen" der waffenfähigen Männer. Im Jülichschen nennt man sie „Landsturm", Mannschaft oder kurzerhand „Nachbarn". Diese „Mannschaft" untersteht einem selbstgewählten Korporal. Wie ich bei der Betrachtung der Landwehr schon ausführte, wird die „Mannschaft" immer im Falle der Not alarmiert. Wenn Bedrohung durch feindliche Eindringlinge, Streifer, Plünderer, Räuber, Marodeure im Verzuge ist, versammelt der Glockenschlag die Mannen zur Abwehr. An der Spitze der gesamten Mannschaftsverbände steht der Jüliche Landesmarschall.

In Städten wie Wassenberg tritt anstelle der Mannschaft die Schützenbruderschaft. Im Archiv der Stadt Wassenberg kommt mir die alte Schützenrolle, die „Renovatio der uhralten SchützenRollen der Bruderschaft des Heiligen Ritter Georgij binnen Waßenberg, welche anno 1627 auch Renoviret worden", vor Augen.

Die Verluste der jülich-bergischen Mannschaften lassen auch Schlüsse auf die Verluste der übrigen Bevölkerung zu. Die furchtbaren Spuren der Kampfhandlungen werden in den Zahlen für die einzelnen Ämter sichtbar. Die höchsten Mannschaftsverluste melden Jülich mit 63 %, das dazugehörige Gericht Hambach sogar 79 %. Im Amt Boslar sind es 40 %, in Wassenberg 25 %, an der Maas bei Sittard und Born um 13 %. Es gilt zu bedenken, daß unser landwirtschaftlich hochentwickelter Raum neben der südlichen Niederlande damals zu den am dichtesten besiedelten Gebieten Mitteleuropas gehörte. Der Bevölkerungsverlust des Dreißigjährigen Krieges ist für ganz Mitteleuropa erschütternd. Unsere Wassenberger Zahlen sind auch hier Exempel für das Gesamt:

Summarische extract aus den einkommenen verzeichnussen, was nemblich sich für mannschaft an bürger, einwohner und underthanen in den stätten und embteren ihrer frl. drl. meines gnedigsten fursten und herrn, furstenthumbs Gülich in anno 1635 befanden — auch wie viel dern in dießem jetzt laufenden 1647. Jahr darin annoch vorhanden sein.

Statt und ambt Wassenberg:

Mannschaft de anno 1635:	1435 Personen
Mannschaft de anno 1647:	1116 Personen
Verluste:	319 Personen

Zum Vergleich verlieren die Ämter Nideggen 121, Düren 303, Jülich 524, Brüggen 615 und Gladbach 366 Personen.

Zahlen sind nüchterne Chiffren. Machen wir uns einen Augenblick klar, daß 319 Wassenberger Tote eine gewaltige Zahl in Relation zur Einwohnerschaft darstellt. Nicht einmal der menschenvernichtende Zweite Weltkrieg hat dem Amt Wassenberg eine solche Todeszahl (Ziviltote) aufgebürdet. Wir müssen nämlich von den Mannschaftsverlusten auf die Dezimierung der Gesamtbevölkerung schließen. Es handelt sich bei den oben genannten Mannschaften ja nicht um die Kriegstoten der offiziell zum Kriegsdienst eingezogenen Soldaten, sondern um die friedlichen Hausväter eines neutralen Landes.

Die Beschwerde der Kesselschläger

Das Gewerbe der Kesselherstellung ist im 17. Jahrhundert in Wassenberg heimisch.[526] Anscheinend wird dieser Berufszweig hauptsächlich in der Familie Wolters ausgeübt; namentlich aufgeführte Kesselschläger bieten ihre Ware auf den Märkten an oder lassen sie durch herumziehende Händler an den Mann bringen. Im Jahre 1668 beschwert sich dieser Wassenberger Berufszweig durch eine *Unterthenige Supplication* (Bittgesuch), weil plötzlich im Amtsbereich konkurrierende Kesselschläger aus anderen Ämtern auftauchen. Die Wassenberger richten ihre *Bitt des Dederichen Wolters und Consorten, Kesselschlegeren deß Ampts Wassenberg* an ihren Amtmann Freiherrn von Hochkirchen (Wohnsitz Haus Neuerburg/Effeld). Sie beantragen den Schutz der einheimischen Zunft. In ihrem Antrag berufen sie sich auf eine vorausgegangene Beschwerde ähnlichen Inhalts. Inzwischen fordern sie, der Amtmann solle alle Gerichtsboten (Polizei) anweisen, die fremden Kesselschläger mit einer saftigen Strafe zu belegen, falls sie ihr Handwerk im Amt Wassenberg dennoch betreiben. Auszugsweise:

Hochwollgebohrner Freyherr. Gnediger Herr Amptmann! Auch woledelfester, hochvornehmer, großgepietender Herr Vogt!

Euer Gnaden und Wolledl geben wir, Johann Reinckens, Dederich Wolters, Jost Wolters, Diederich Wolters zu Wassenberg, und Gerard und Dederich Wolters zu Dovern unterthenig zu erkennen, daß wir jederzeit in unserem Handtwerk deß Kesselschlagens im hiesigen Ampt dergestalt manutenirt (fähig in Handhabung) worden seindt, daß keinem Fremden allhie ins Ampt einzuschleichen gebühret habe, inmaßen dan annoch beyliegender Supplication und deß Herrn Ampsverwalter sehlig drauff ertheilten Receß (Bescheid) erhellet. Wan aber nun deme zuwieder sich auß frembden Örteren Kesselschleger hervor (thun) und unß unsre Nahrung, jahe auch dem gemeinen mann umbgehen thun ... unterthenige Pitt, allen Führeren und Gerichtsbotten ernstlich auffzugeben, dergleichen Kesselschleger unter nahmhaffter Straff zu inhibiren (verbieten), sich alhie deß Kesselschlagens baußen und gentzlich zu enthalten.

Amtmann Freiherr von Hochkirchen erteilt am 2. 3. 1668 von seinem Besitztum Neuerburg aus eine positive Antwort. Dabei weist er auf einen vorhandenen fürstlichen Befehl der Polizei-Ordnung hin, wonach im Amt keine fremden Kesselschläger zu dulden seien. Er droht mit einer Strafe von sechs Goldgulden und weist die Gerichtsboten an, im Weigerungsfalle die Ware der Kesselschläger zu beschlagnahmen.

Landkarte um 1740: Mappa Geographica continens Archiepiscopatum et Electoratum Coloniensem cum conterminis Ducatibus Juliacensi et Montensi . . .

Lothringische Truppen

Wir sahen, daß nach dem Frieden von Münster und Osnabrück 1648 der Hessenkrieg weiterschwelt. Im Mittelpunkt: Frankreich und Spanien bekriegen sich weiter. Ihre Söldnerheere schlagen am Niederrhein immer wieder aufeinander. Die Archive bewahren zahllose Bitt- und Klagebriefe an den Wassenberger Landesherrn, Herzog Wolfgang Wilhelm (1609—1653), aus denen das ganze nicht endenwollende Elend herausspringt. Leo Schreinemacher zitiert einen Brief vom 4. 1. 1650 aus Millen, „daß sich in der Herrlichkeit Elsloo an vier Stellen diesseits der Maas acht lothringische Regimenter zu Roß und fünf Regimenter zu Fuß nun schon zum zweiten Male niedergelassen hätten . . . Alle Bemühungen, die Truppen von ihrem Vorhaben abzubringen, seien umsonst gewesen. Wenn sie kämen, würden nicht nur das Amt Born, sondern auch noch weitere Landstriche ‚zu Boden gerichtet und gründlich ruiniert'. Weil die Lothringer 7 000 Pferde mit sich führten, würde sicherlich dort, wohin sie kämen, an Futter und Lebensmitteln nichts mehr übrig bleiben. Die Einwohner von Millen bitten den Herzog, den Durchzug und die Einquartierung zu verhindern."[527]

Der Wassenberger Amtmann Tilmann Overbach (1641—1652) übermittelt seinem Herzog am 8. 1. 1650 die Nachricht, daß die lothringischen Regimenter nach kurzem Aufenthalt in Born und Sittard nicht wie vorgesehen nach Aachen und Luxemburg weiterziehen, sondern in die Ämter Heinsberg und Wassenberg eindringen. Sie stünden nun schon an der Rur. Das Getreide sei nur zu einem geringen Teil ausgedroschen. Die Bevölkerung sei außerordentlich verängstigt und in Panik. Ob man sich wohl auf die Zusicherungen und Schutzbriefe der Lothringer verlassen könne?[528] Generalwachtmeister de Fauge soll auf Befehl des Herzogs von Lothringen im Wassenberger und Heinsberger Raum warten, bis die weitere Strategie ein Vorrücken verlangt. In Waldenrath ist sein Hauptquartier. Hubert Heimbach will Geilenkirchen retten und wendet sich mit 120 Reichstalern und

einem Fuder (rund 800 Liter) Rheinwein an den Generalwachtmeister. Die Lothringer setzen sich auch wirklich nach Aldenhoven in Bewegung, aber schon bald erfolgt eine Kehrtwendung, und das Hauptquartier wird nun in Hünshoven aufgeschlagen. Taler und Wein waren vergeblich.
Bis in die 60er Jahre des 17. Jahrhunderts hinein beunruhigen französische und spanische Streifkorps die Wassenberger Umgebung. 1661 plündern die Franzosen Orsbeck an der Rur vollständig aus. Nach kurzer Atempause entzündet sich ein neuer Konflikt, der die Franzosen als Invasoren sieht und für Wassenberg neue Belastungen bereithält. 1679 wird Neuß von französischen Streifkorps erobert und das umliegende Territorium bis an die Rur hin ausgebeutet. Wassenberg wird nacheinander viermal (!) besetzt.
Allenthalben sehnt man sich nach Frieden. Im Sommer 1678 schließen zuerst Holland, dann Spanien mit Frankreich den Frieden von Nimwegen. Auch Kaiser und Reich erkennen die Aussichtslosigkeit weiterer Unternehmungen. In Wien entscheidet man sich für die Annahme der von Ludwig XIV. gestellten Bedingungen, die am 5. 2. 1679 in Nimwegen unterzeichnet werden. Ein Triumph Frankreichs!
Wie viele andere Ämter und Städte ist Wassenberg zu diesem Zeitpunkt finanziell am Ende. Die Rentmeistereirechnungen jener Jahre demonstrieren die Auspowerung der letzten Vermögenssubstanz zum Zwecke „frantzösischer Contribution". Geldbeleihungen, Finanzierungskredite und Schenkungen sind aktenkundig. Manche reichen in ihrer Abtragungslaufzeit bis in die napoleonische Ära.
Der Wassenberger Bürger Petter Palandt leiht dem Ort Orsbeck zur Begleichung von Contributionen 50 Reichsthaler. In der Schuldverschreibung steht: „Wihr endsbenannte Vorsteher fort meist beerbte des Dorffs Orßbeck thun kundt und bekennen hirmitt offentlich Daß Wihr in Unserm angelegenen hohen nothen, Und schaden zu verhuten zur abstattungh und bezahlungh der unß auffgetrungener spanischer Contribution von Pettern Palandt bürgers zu Wassenbergh auffgebürt und empfangen haben die Summen von fünffsich richsthaler in specie globen und versprechen ..."[529]
Nimwegen scheint eine Friedensepoche einzuläuten. Der Schein trügt. Homo homini lupus! Am Horizont erscheint bereits der Spanische Erbfolgekrieg.

Die Kapuziner

Erstaunlich, daß in den schweren Zeiten des 17. Jahrhunderts, um 1653/54, die Kapuziner eine Niederlassung in Wassenberg wagen. Am 10. 2. 1653 schreibt Gerichtsschreiber Conrad Rahmen an die Kapuziner in Köln und bittet um Entsendung von zwei Patres, von denen einer ein guter Prediger sein soll, „um zur Erhaltung und Fortsetzung der katholischen Religion hieselbst beizutragen."
Wer die Anregung zum Antrag gab, läßt sich nur vermuten. Wahrscheinlich sind es die gleichen Personen, die später den Aufbau des Klosters unterstützen: Vogt Wilhelm Cann, Bürgermeister a.D. Rochus Bonus und Conrad Rahmen. In ihrem Antrag bieten sie an, für Unterhalt und Brandholz zu sorgen.
Die Antwort der Kapuziner ist positiv. Der Landesherr Philipp Wilhelm (Pfalzgraf, Kurfürst und Herzog, 1653—1690) stimmt als treuer Katholik sofort zu. Schnell wird in der Innenstadt von Wassenberg eine Unterkunft für die Patres gefunden. Am 11. 7. 1653 stellt Eberhard von Hoengen genannt Wassenberg, „seine adelige, binnen Wassenbergh gelegene Behausung den Kapuziner-Patres gratis und unentgeldlich" zur Verfügung. Es folgt die bescheidene Anmerkung, daß er auf dem *Sölder* Getreide aufschütten und verwahren will. Im Februar 1654 treffen die ersten Kapuziner in Wassenberg ein. Pater Germanus ist mit der Gründung des Konventes beauftragt.
Die Stadt Wassenberg verspricht in ihrer ersten Begeisterung einen Bauplatz, hält ihr Versprechen leider nicht. Die Kapuziner sind enttäuscht und wollen „ihr Kreuz wieder aufnehmen und nach Köln zurückkehren". In letzter Minute verpflichten sich einige Notabeln, die Bezahlung eines gekauften Hauses zu sichern. Das betreffende Anwesen liegt damals in der Brühlstraße, heute Graf-Gerhard-Straße 18, und geht am 20. 7. 1656 für 500 Reichstaler in den Besitz der Kapuziner über.
Die Ordensleute erweitern ihre Niederlassung durch Ankäufe von Boden und Gebäuden. Dabei wird auch die Wassenberger Bierbrauerei mitvereinahmt. Sie gehörte den Eheleuten Johan Kerris und Anna von Renckum. Wo einst der mächtige Braukessel gestanden hat, wächst nun die Kanzel der predigtgewaltigen Patres für ihre „Wassenberger Kapuzinaden" empor.
Die Klosterkirche ist 26 rheinische Fuß breit und etwa 58 Fuß lang. Klein und schmucklos. Auf dem Dach sitzt ein Dachreiter mit Glocke. Letztere hängt nach 1802 im Rathausturm. 1945 verstummt sie für immer. Der Lütticher Weihbischof Johannes Antonius Blavier konsekriert die Klosterkirche 1681.

Im Düsseldorfer Hauptstaatsarchiv werden zahlreiche Akten zum Wirken der Kapuziner in Wassenberg verwahrt. Oft sind diese Schriftstücke von Freiherr von Mirbach und Vogt Packenius unterschrieben. Besonders viel Aktenmaterial existiert über den Ankauf eines Gartens außerhalb der Stadtmauer: *pro horto extra murum*. Die Patres bitten den Wassenberger Bürgermeister um die Erlaubnis, die Befestigungsmauer mit einer kleinen Pforte zu versehen, damit sie ihren Garten rasch erreichen können: „... wir arme Capucini vor 16 Jahr hier angefangen ... weil wir aber wegen ermangelung eines Gartens, woraus wir unsere Lebensmittel am meisten ziehen müßen, gar schlecht dastehen, hinter unserm Kloster auf Einfriedung durch die Stadtmauer, wollen wir zwischen dem Weiher und dem Wall, ein klein Distrikt, bis dato für die Stadt kein Nutz gehabt, sich befindet, so geeignet wär, wir wöllen Euer gnedigst consensum darzu geben, daß wir selbiges Örtlein als Nutzgarten adaptiren und eine kleine pfort in die Mauer brechen und etwas vom Wassergraben aufzufüllen mögen, erbitten wir Ihre Anordnung."[530]

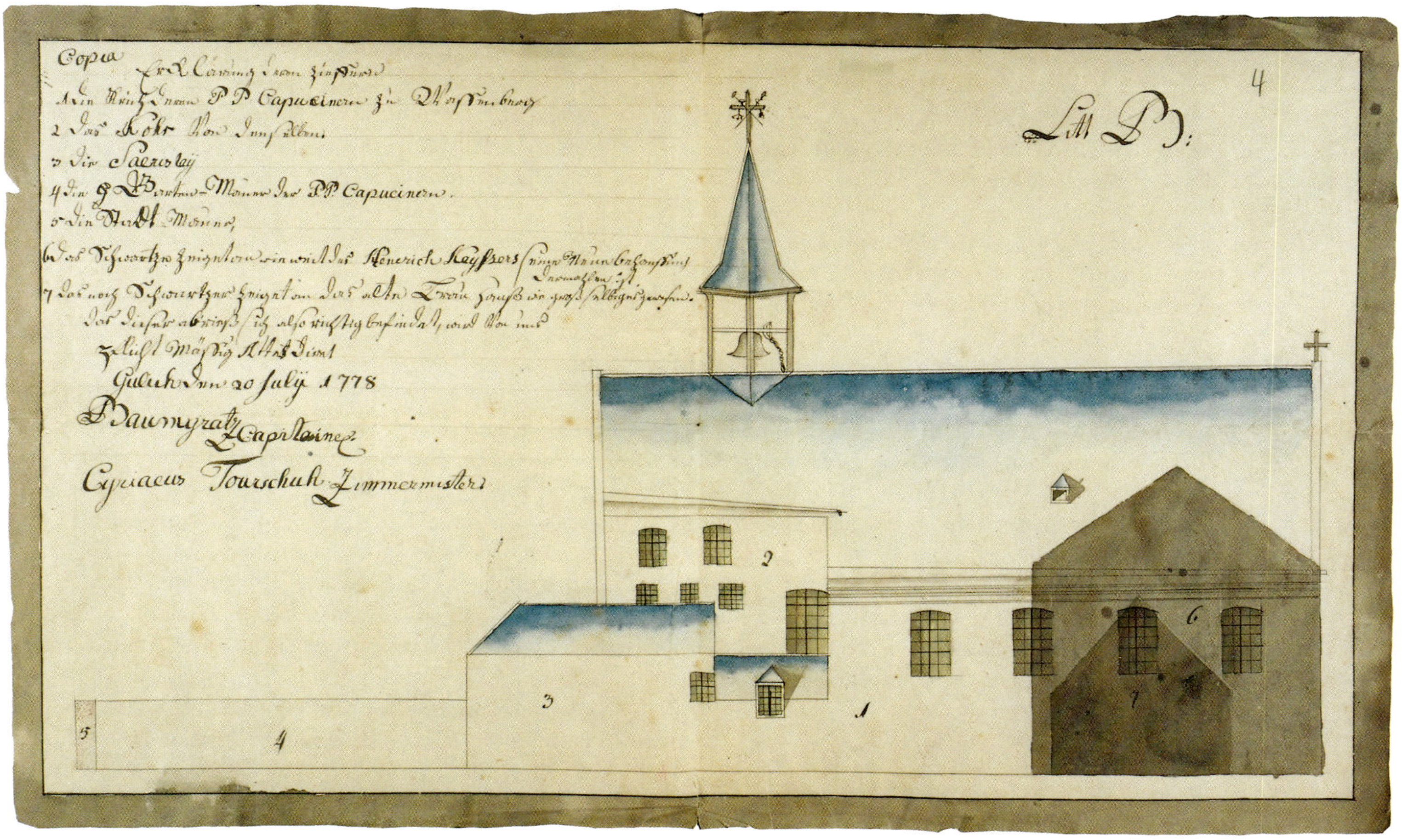

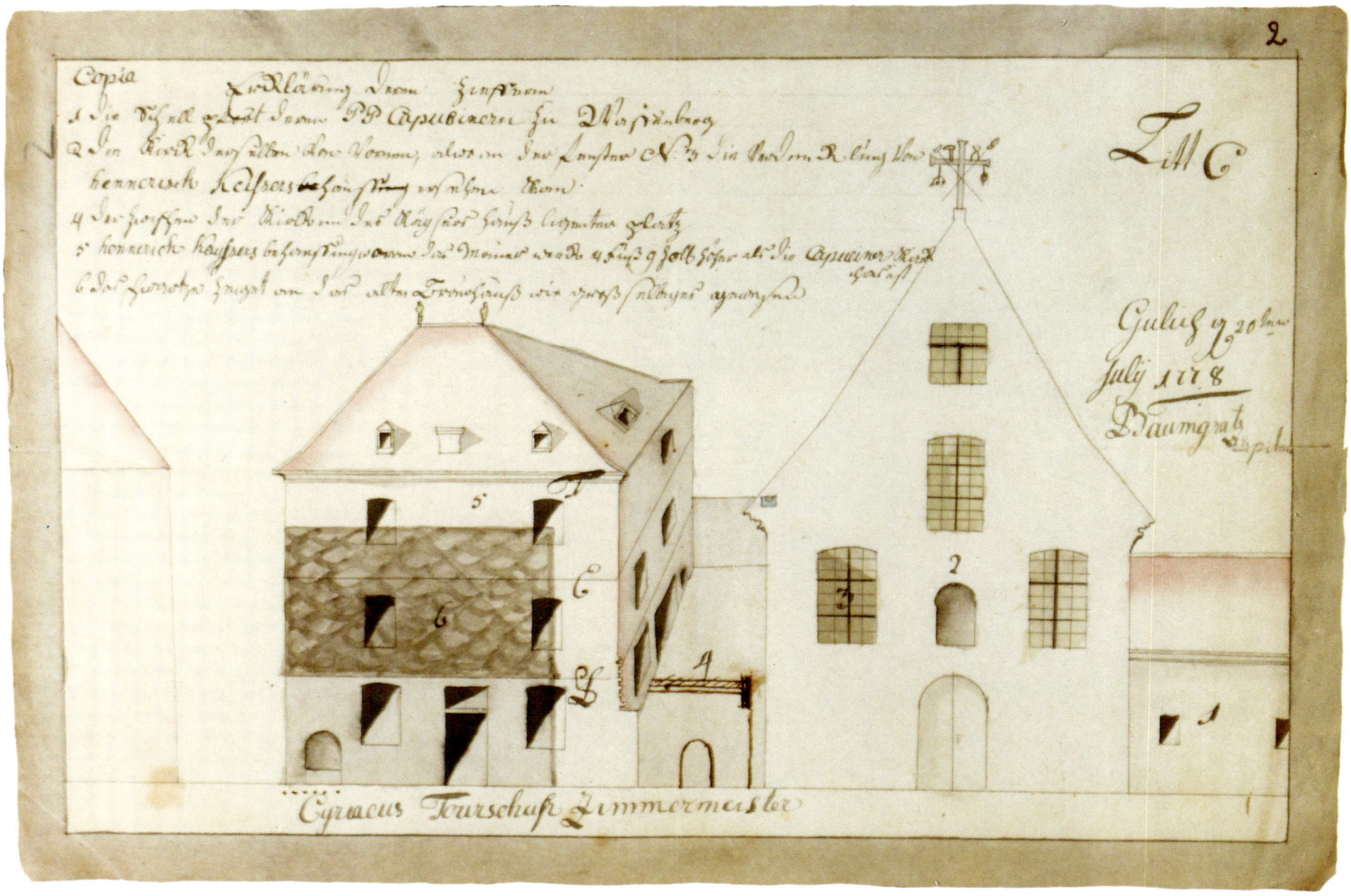

Kapuzinerkloster Wassenberg, 1778, Akte 9. Hauptstaatsarchiv Düsseldorf.

Der Stadtrat ist zunächst entschieden gegen einen solchen Mauerdurchbruch und will den lückenlosen Mauerring nicht antasten. Pater Daniel kann dagegen einwenden, die Ummauerung der Stadt sei an vielen Stellen arg verfallen. Am 24. 5. 1685 wird endlich die Erlaubnis erteilt, ein kleines Tor zu brechen. 75 Jahre später wird die Stadtmauer an dieser Stelle weiter aufgebrochen und teilweise niedergelegt. Der Geheime Rat und Amtmann von Wassenberg, Freiherr von Hövell, und sein Vogt und Licentiat Packenius erhalten von höchster Stelle die *permissio*, den Kapuzinern zu gestatten, „die ohnedem theils umbgefallene und theils dem verfall drohende Stadtmauer abbrechen und eine neue Mauer zur Sicherheit der Stadt propiis sumptibus erbettener Maßen erbauen mögen."[531] So mancher sieht heute die damals von den Patres erbaute Mauer als Stadtmauer an. Sie hat jedoch nichts mit der alten Befestigungsanlage zu tun, schließt vielmehr das Areal der Kapuziner zum Graben hin ab, das mit Kirche, Kloster, Hof und Gärten ungefähr Rechteckform von 55 m Breite und 90 m Länge besaß. Das waren rund 5 000 qm. Die Straßenfront der Klosteranlagen zur Innenstadt betrug 55 m.

Über die Tätigkeit der Kapuziner in Wassenberg gibt es keine Rechenschaftsberichte. Bescheidenheit und Bedürfnislosigkeit war die Grundtugend der Patres. Lediglich beim Stadtmauer-Antrag sagen sie etwas über sich: „Seit zehn Jahren mit Fleiß die Gemeinde von Wassenberg und Umgebung versorgt, dergestalt, daß ohne Ruhm zu melden, jedermänniglich sowohl in- und auswendig ein sattsames Begnügen und Wohlgefallen daran gehabt".[532] Die Patres leben bescheiden. Ein Ausgabenbuch ist im Hauptstaatsarchiv Düsseldorf noch vorhanden. Darin kann man betr. Ein- und Ausgaben für das Jahr 1802 lesen:

Ausgaben — Korn, Metzger, Kohlen im Winter, 10 Pfund Wachs für Kirchenkerzen, Glöckner, Malter Gersten, Metzger 50 Pfund Fleisch, Stockfisch, Faß Bier, Butter. Abgerechnet mit dem geistlichen Vatter und alle Schulden bezahlt bleibt übrig 10 Thaler und 30 Stüber.

1802, bei der Aufhebung des Klosters, waren noch 14 Patres vorhanden. Vier davon blieben in Wassenberg: Heinrich Nobis, Armand Hopstein, Johan Michel Velmanns und Gerard Josef Dücker. Die übrigen zehn zogen in ihre Heimat. Ihre Namen waren: Surges, Dresen, Holzkamp, Bürschgens, Giesen, Berrischen, Bekkers, Sintzig, Müller, Nonnen. Wer heute die Graf-Gerhard-Straße hinuntergeht, bemerkt nicht mehr, daß bei Hausnummer 18 (früher 53, 55, 57, 59) einst die Kapuziner wohnten. Leonard Jaegers aus Wassenberg schreibt im Jahre 1931: „In der vorspringenden Ecke des Hauses Palmen war der Haupteingang. Von da ging der zum Gärtchen (von Palmen) offene Bogengang an der Längsseite des Hauses (früher Henzen) herunter. Das Untergeschoß dieses Baues enthielt das Refektorium (Speisesaal), im Obergeschoß waren Klosterzellen, deren Einteilung man bis zum Ausbau des Inneren noch deutlich erkennen konnte. An diesen Bau anschließend stand die Klosterkirche (also zwischen dem Hof von Palmen und G. Graab). Im Garten, in dem Winkel zwischen Kirche und Refektorium, muß wohl die Begräbnisstätte gewesen sein, denn bei Erdarbeiten unter dem früheren Besitzer Henzen fand man hier viele Totengebeine. Der Torbau an der Straße war die Einfahrt zum Wirtschaftshof. Im Hause (damals Nr. 228, heute Graf-Gerhard-Str. 18) befindet sich noch jetzt die recht breit angelegte Treppe zu den oberen Räumen des Klosters. (Anm.: Hier hat bis zu ihrem Tode 1986 die spätere Besitzerin Maria Jakobs geb. Marx gelebt.) Das Klosterglöckchen hängt jetzt im Rathausturme. (Anm.: Vor 1945.). Im Pfarrhause zu Wassenberg sind noch vier Ölgemälde, welche aus dem Kapuzinerkloster stammen. Dem heutigen Geschlecht ist fast jede Erinnerung an das ehemalige Kloster entschwunden. Nur die Ortsbezeichnungen Patersgraben und Patersweiher erinnern daran." Auch der seit einigen Jahren eingerichtete Wassenberger Kapuzinermarkt erinnert an die Patres. Im Juli 1985 erklärt der Stadtverordnete Karl Hasert im Rat, mit dem „Kapuzinermarkt" habe man einen treffenden Begriff für die innerstädtische Marktveranstaltung gefunden. Der Name halte die Erinnerung an die Patres wach.

DER MEINWEGWALD

Wald-Wassenberg

Wassenberg und Wald — das war und ist teilweise noch immer ein- und dasselbe. Noch 1987 können wir hier von einem weitläufigen Waldgebiet sprechen, das bei Ratheim/Altmyhl zögernd beginnt, um dann als relativ geschlossene Waldfront über Wassenberg hinaus bis zur Landesgrenze bei Rothenbach vorzudringen und sich dort mit dem Meinwegwald zu verbinden.

Wenn man von der Mauerkrone des Wassenberger Bergfrieds hinausblickt, ist das prachtvolle Weichbild des Waldes im vollen Umfang einzusehen. Die Schönheit dieses Landes berührt bis zum Schmerz, weil man der Narben gewahr wird, die Krieg, Unverstand, fantasieloses Bauen, Bergschäden, Waldschäden und allgemein ästhetisches Unvermögen mancherorts hinterlassen haben. Aber in den dunklen Gründen des Wassenberger Horstes wurzelt noch immer die Strenge des Hochwaldes, gleißen die Fichtenschläge mit dunklen, scharfen Zacken, glänzt gelbes Waldgras neben dem engen Dickicht — und dort, wo die Schonung an die Schneise stößt, geht Stille über's Gezweig bis an den Rand des Horstes, wenn . . . ja, wenn der Autolärm der vielbefahrenen Bundesstraße 221 oder der Düsendonner der Harrier des Wildenrather Natoflugplatzes (einst herrlicher Wald namens Petersholz) eine Atempause gönnen.

Karin Klimmeck weist darauf hin: „Mit seinen 945,29 Hektar Waldgebieten und seinen heute mehr als 90 Morgen Park- und Terassenanlagen ist Wassenberg inzwischen längst die 'Grüne Lunge' des heutigen Kreises Heinsberg und ein beliebtes Naherholungsgebiet für die niederrheinischen Industrieorte Viersen, Mönchengladbach, Krefeld, Düsseldorf, Duisburg".[533]
Unsere Frühgeschichte hat für das maasländisch-niederrheinische Gebiet seit Urzeiten, im besonderen seit der Besiedlung in der Steinzeit, eine mit Wald bedeckte Fläche festgestellt. Man vergleiche mit der Gegenwart: 1860 gab es in unserem damaligen Kreis Heinsberg noch rund 2.650 ha dichtbewachsener Waldzonen — ein riesiger Baumbestand!

Bevor der Mensch unsere Region betrat, war wohl der größte Teil des Meinwegs mit Eichen-Birkenwald bedeckt. Nach Tüxen-Diemont beherrschte dieser Paraklimaxwald unsere Hauptterrasse entlang der Maas bis Nimwegen. Herbert Hubatsch und Kurt Rehnelt [534] erinnern daran, daß in den versumpften Tälern von Rothenbach und Boschbeek der Gagel, die Brabanter Myrte, als typisch für nordwestdeutsche Moore herrschte, und die von Stauwasser gespeisten Dünenseen im Sinne nährstoffarmer Gewässer nach und nach verlandeten: von Torfmooren bis zu Heideverbänden.

Freiherr von Negri versucht in seiner Beschreibung des Weistums der Graatheide für den Urzustand der Wälder eine Antwort: „Sicher ist nur, wenn man andere Weistümer und den Befund heutiger ähnlicher

Wassenberger Wald am Entenpfuhl. (Foto Ekkehard Heinrichs)

Die Wassenberger Waldschenke — einst mitten im Wald gelegen.

Waldungen heranzieht, daß es sich um Niederwald (Schlagholz) handelte, in den hochstämmige Bäume eingesprengt waren. Ein großer Teil des als Wald bezeichneten Gebietes bestand jedoch aus Heideflächen. Die Baumarten, aus denen der Wald sich damals zusammensetzte, dürften dieselben gewesen sein, wie wir sie auch heute noch hierzulande finden, nämlich Eichen, Weiß- und Rotbuchen, Eschen, Saalweiden, Ulmen, Ahorn, Birken und auch Linden. Nadelholz kam nicht vor, außer der Eibe. Erst um 1770 scheint bei Wassenberg die kurpfälzische Regierung Fichten oder Kiefern angepflanzt zu haben. Der Niederwald, das Schlagholz, wurde — meist jährlich — als Brandholz ausgegeben. Man teilte den Wald in verschiedene Schläge ein, so daß jede Parzelle nach etwa 10 bis 20 Jahren wieder an die Reihe kam. Das hochstämmige Holz blieb Bauzwecken vorbehalten."[535]

Alte Wassenberger berichteten mir von der Schönheit dieser Waldräume. So der ehemalige Bürgermeister Nikolaus Beckers (1867 bis 1958): „Wassenberg besaß ein geradezu 'märchenhaftes' Waldgebiet, wobei ich mit 'märchenhaft' die romantisch verschlungene Welt der Waldstriche und Heideflächen, der Sümpfe und Lichtungen, der Bachläufe und Hochstammkulturen meine. Zwischen Wildenrath und Wassenberg, wo heute städtische Bebauung die Gegend verändert hat, gab es bis zum Ersten Weltkrieg großen, zusammenhängenden 'boosch'. Die Gaststätte 'Waldschänke' an der Straßengabelung nach Wildenrath/Myhl lag mitten im Wald. Heute kommt sie sich beinahe deplaziert vor. Damals war sie Raststätte im Forst."

Die ersten Siedlungshäuser „Am Stern" wurden 1897 buchstäblich in den Wald gesetzt: 10 Fabrikhäuser der Firma Krahnen & Gobbers. Hannes Spies, der spätere erfolgreiche Webereibesitzer, erblickte als erstes Kind in dieser Häuserreihe das Licht der Welt: 1898. Sein Vater war als Weber mit der Firma Krahnen & Gobbers von Krefeld nach Wassenberg gekommen. Hannes erzählt, daß seine Familie „damals im dunklen, tiefen Wald wohnte". Auch die heute in Arsbeck lebende Maria Plücken, Mutter des Arsbecker Malers Hubert Plücken (Siehe Titelbild!), hat dem Verfasser bei der Beschreibung ihrer Sonntagsspaziergänge nach Wassenberg in der Zeit vor dem Ersten Weltkrieg anschaulich von den ausgedehnten Baumbeständen berichtet und mit großer Wehmut daran erinnert, daß einst ein so herrliches Waldgebiet zwischen Wildenrath, Dalheim, Birgelen, Rosenthal, Effeld, Ophoven, Myhl und Wassenberg gelegen war.

Auch der Wassenberger Rechtsanwalt und Notar W. Weisweiler [536] kann uns in seinem 1896 erschienen Aufsatz auf die prächtigen Wälder hinweisen: „... gleich wieder in den Wald hinein, Partien bietend, zu deren Beschreibung nur Adalbert Stifters Feder taugt. Laubbestände, Eichen- und Birkenschläge wölben über den Weg ein luftig Dach; rothe Heide und grüne Waldbeersträucher säumen den Weg, bis die Bahn sich senkt und die Hochwaldnatur vortritt. Hohe Eichen ragen, von grauem Schurf bedeckt, aus dem grünen Grund empor. Der Blick verliert sich durch lange, zum Laubgang rund überwölbte Wege zum Tal. Der Fuß tritt weichen Rasen. Die Luft füllt Waldesduft. Ein klarer Bach kreuzt den Weg. Von der weiten geräuschvollen Welt ist man entfernt — ganz abgeschnitten."

Auch Ludwig Hammers, ein Sohn Wassenbergs, später Bürgermeister der Stadt Düsseldorf, hat um 1850 über unsere Waldungen in einem Brief an seine Schwester Netty geschrieben: „Wassenberg — da wird man ganz still. Die Luft ist würzig und rein wie im Hochgebirge. In den weiten, dichten Waldungen hört man nur den Laut der Natur. Die Wasser der vielen Bäche auf dem Wege zur Rur sind silbern klar bis auf den Grund".

Die Tranchot-Karte (1807) sieht Wassenberg von einem Ring dichter Wälder umgeben. Nördlich und östlich decken „bois et bois haute futaie" das Gelände. Die Kennzeichnung der Bodenbewachsung ist in der Tranchot-Karte in Flächenfarben und Kennbuchstaben wiedergegeben. Um Wassenberg herum erkennen wir: M = Marais = Sumpf, Bruch, Moor; B = Bois = Wald; Bhf = Bois haute futaie = Hochwald; Bt = Bois taillis = Niederwald; Brous = Broussailles = Buschwerk; Br = Bruyeres = Heide. Wer sich der Mühe unterzieht, unseren Wassenberger Ausschnitt aus der Tranchot-Karte per Lupe zu studieren, wird erkennen: Wassenberg war von Wald eingeschlossen.

Der Meinwegwald war im Jahre 1806 genau 2.405 Hektar groß, früher noch umfangreicher. Denn die Gemeinderäte von Myhl und Arsbeck stellten am 11.

7. 1821 fest, daß der Meinweg zwischen 1780 und 1781 eine Ausdehnung von rund 21.000 Morgen gehabt habe. G. Venner sieht bei solchen Vermutungen „de waarheid" eher in einer Beurkundung aus dem Jahre 1660, in der von einem Gesamtumfang von 13.000 Morgen gesprochen wird.

Der Meinweg ein Irrweg?

Das jüngste, streng wissenschaftlich angelegte Werk über den Meinweg von Gerard Venner [537] lenkt unser Augenmerk eindrucksvoll auf diese alte Wassenberger Allmende. Der Name unseres Wassenberger Gemeinschaftswaldes Meinweg kann von dem Wort „ge-m e i n-samkeit" herrühren. Vermutet wird aber auch, der Name könnte sich aus der Unwegsamkeit (Meinweg = Irrweg, vgl. das Wort Mein-eid) entwikkelt haben.

Der Meinweg ist in der Tat keine übersichtliche, von gut gezogenen Wegen vernetzte Parklandschaft, wie sie Oskar von Forckenbeck bei der Gestaltung des Wassenberger Judenbruches angelegt hat, eher urwüchsig, abgelegen, naturbelassen, Niederbusch, Heide, Moor und Bachtal. Des Meinwegs natürliche Unberechenbarkeit erschwert die Orientierung. Die volkstümliche Überlieferung weiß von Leuten, die sich hoffnungslos verirrten und nicht mehr aus den Dikkungen herausfanden. Es gibt „gefährliche padjes", die Martin Heideggers „Holzwege" assoziieren lassen,[538] die jäh im Unbegangenen und Weglosen enden oder urplötzlich aufhören. Das alles aber machte und macht den Reiz dieser alten Waldlandschaft aus. Die Niederländer haben den urtümlich beeindruckendsten Teil zwischen dem Rothenbach im Süden und der Boschbeek im Norden schon 1956 unter Naturschutz gestellt. Ein Reservat von ca. 6000 Morgen, ein kleiner Nationalpark, wenn man so will. Bei uns auf deutscher Seite existiert seit 1973 der Naturpark Schwalm-Nette, ein Schutzgebiet von 414 qkm Größe, in einer Länge von ca. 40 km und einer wechselnden Breite zwischen 3 und 12 km.

Im Meinwegwald.

Zum Alter der Meinweg-Genossenschaft

Die Frage nach der Entstehung dieser Waldgenossenschaft hat wohl auch Heimathistoriker Franz Mayer bewegt, als er 1901 mit „seiner" Eisenbahn — er war von Beruf Bahnhofsvorsteher in Dalheim — von Wegberg nach Roermond fuhr, wobei er den Meinweg in seiner größten Breite von etwa 16 km durchquerte. (Die Eisenbahnlinie Mönchengladbach-Roermond-Antwerpen zerteilt seit 1879 den südlichen Teil des Meinwegs.) Wann war diese Waldmark als Genossenschaft der umliegenden Dörfer organisiert worden? Um 14oo? In fränkischer Zeit? Noch früher? F. Mayer und W. J. Spehl sind sich einig, die Meinweg-Allmende habe schon vor der Gründung der Herrschaft Wassenberg 1021 existiert; denn die vorhandene

„Waldordnung" aus dem Jahre 1633 berufe sich immer wieder auf eine noch frühere Waldordnung, in der ausdrücklich die Rechte des Herrn von Wassenberg als des Grundherrn aufgelistet werden. Ein weiteres Argument: Zu den Nutzungsberechtigen der Waldmark gehört auch Herten in Holland. Dieser Ort (heute Vorort von Roermond) wurde schon 968 von Gerberga, Tochter Heinrichs I. (des Voglers), der St. Remigius-Abtei zu Reims geschenkt. Die Zugehörigkeit von Herten zur Waldgemeinschaft Meinweg muß also aus einer Zeit stammen, in der dieser Ort mit den übrigen Meinweg-Berechtigten einem gemeinsamen Herrn, dem deutschen Kaiser, unterstanden, also vor 968.

Ein weiterer Beleg für hohes Alter scheint mir die Tatsache, daß die 14 berechtigten Dörfer zu unterschiedlichen Dekanaten gehörten. Einige zu Süstern, andere zu Wassenberg. Die Waldgemeinschaft muß demnach älter als die kirchliche Dekanatseinteilung sein.

Solchen Altersangaben gegenüber ist der niederländische Historiker Gerard Venner skeptisch: „Zu diesem Problem kann nur wenig beigetragen werden, da Angaben über die genossenschaftlichen Verhältnisse vor 1400 fehlen. Die noch immer in der Regionalliteratur herumgeisternde Meinung, die Markgenossenschaften seien sehr alt und stammten zumindest aus der Zeit vor der Territorialbildung, geht auf einen Aufsatz von Tille aus dem Jahre 1901 zurück. Nach moderner Ansicht sind Markgenossenschaften jünger als Dorfgemeinden und sollen relativ spät aus Zusammenschlüssen hervorgegangen sein, eine Meinung, die Hammers 1913 schon für die Aachener Gegend vertreten hat. Die Frage nach dem Entstehen der Verfassung ist dabei unberücksichtigt geblieben. In Bezug auf den Meinweg kann nur auf die Verhältnisse in der Waldgrafschaft zwischen Maas und Rhein hingewiesen werden. Die Dürener und Monschauer Reichswälder bildeten z.B. einen eigenen Gerichtsbezirk, das Waldgericht wurde von Förstern besetzt, und die Höfe zu Düren und Konzen waren Aufsichtszentren der Wälder. Auch der Meinweg bildete einen eigenen Bezirk , der Herr von Wassenberg war Holzgraf, und der Hof zu Melick Aufsichtszentrum. Nicht Förster, sondern Schöffen besetzen das Waldgericht. Kaspers legt die Entstehung dieser Verfassung der Waldgrafschaft in die fränkische Zeit, und zwar in königliche Forstaufsichtsorgane. Letztere Folgerungen sind allerdings nicht ohne weiteres auf den Meinweg zu übertragen, weil bezüglich des Meinwegs nichts vor 1400 vorhanden ist und eben keine direkten Angaben bezeugen, Melick hätte, wie Düren und Konzen, zum Königsgut gehört."[539]

Meinweggrenzen

Vierzehn Kirchspiele hatten das Recht, aus dem Meinwegwald Holz zu schlagen. Mit diesen vierzehn Nutznießern ist schon eine Art grober Grenzziehung des Meinwegs gegeben. Natürlich waren die Grenzen festgelegt und verbindlich. Wer sie einst gezogen und den Meinwegwald gegen andere Wälder, Forsten und Büsche definiert hat, ist nicht bekannt. Die vierzehn Kirchspiele verstehen sich jedenfalls als die glücklichen Nachbarn eines opulenten Waldreichtums: Material und Energie lagen vor der Haustür; das Meinwegholz garantierte die Heizung der Häuser und verstärkte die Statik der Bauten durch Pfosten und Bohlen, Blöcke und Palisaden, Stäbe und Riegel, Ständer und Knaggen, schenkte Viehfutter und Streumittel für den Stall. Es war ein waldbetontes Leben in diesen Dörfern der „gerechtigten tot de meinweg," ein landschaftsbezogenes Dasein auf dem urwüchsigen Boden neben oder inmitten des „boosch" mit seiner bescheidenen Sicherheit an Gütern von Hauert und Holz.

Die Namen der vierzehn Kirchspiele: Wassenberg, Birgelen, Karken, Steinkirchen-Effeld, Ophoven, Arsbeck, Oberkrüchten, Niederkrüchten, Roermond, Herkenbosch, Vlodrop, Melick, Maasniel, Herten. Ihr gemeinsamer Wald bildete ein Dreieck. Dieses wurde im Süden von Arsbeck und dem Vlodroper Wald, im Westen vom Heistert (damals Heidegebiet) und dem Elmpter Wald, im Norden von Ober- und Niederkrüchten und im Osten vom Wegberger Wald begrenzt.[540]

Freilich gab es häufig Grenzstreitigkeiten, wenn beispielsweise der „landheer van Wassenbergh" darauf bestand, eine besonders einträgliche Partie wegen ihrer Holz- und Jagdausbeute für sich allein zu beanspruchen. Im „Oud Archief te Roermond" ist von solchen Vorgängen mancherlei urkundliches Material zu finden. Etwa: Zwischen 1561 und 1563 entstand Streit über den Grenzverlauf zwischen Meinweg und Vlodroper Wald. Der Konflikt schwelte ziemlich lange.

Beamte aus Jülich und Geldern mußten sogar zur Schlichtung anreisen. Es ging dabei um drei Waldgebiete: Meinweg, Schaagbusch und Vlodroper Wald. Der Rentmeister des Amtes Montfort hatte schon in einer Bilanz von 1514/15 darauf bestanden, daß „van den boosch geheißen Scheterwald end Meynweye, daerin meijnen gnedigen Here die wiltbahne toebehoert ende ouch hebben daerinne seker ander dorpen offt personen gerechtigkeit daerop te mogen booschen, die Here van Eelsem ende die drossz van Wassenbergh te mogen jagen.[541]

Drei Jahre lang, von 1561 bis 1563, erregte beispielsweise der folgende Streitfall die Gemüter: Der Wassenberger Diederich Pricks löste die Auseinandersetzungen aus, als er im Dezember 1561 mit Pferd und Wagen „op de meinweg" auftauchte und sogleich von den Vlodropern arrestiert wurde. Vom Vlodroper Standpunkt aus schlug Pricks Holz im „Scheterwald", der just ein Jahr zuvor vom Kirchspiel Vlodrop „gesloten (gesperrt) was voor het houtkappen."[542] Diederich Pricks beklagte sich beim Vogt von Wassenberg, der sogleich Verbindung mit dem Drost von Montfort aufnahm. Beide verabredeten eine Ortsbesichtigung für den 21. 2. 1562. Ergebnis: Keine Einigung. In solchem Falle mußten die Ratsherren von Jülich bemüht werden. Am 21. 6. 1562 nahmen sie den Grenzstreifen zwischen Meinweg und Scheterwald unter Hinzuziehung von 67 (!) Zeugen in Augenschein. Aber erst 1563 wurde der Konflikt auf einer Sitzung in Wassenberg beigelegt.

Die Grenze des Meinwegs zu den beiden Krüchtener Orten ist wie mit dem Lineal gezogen und charakterisiert noch heute geometrisch den Nordteil unseres Kreises Heinsberg. Der lineare Grenzverlauf beginnt beim Heinckentomp, einem Sandhügel im Elmpter Wald, und führt zum Bercker Peerdtshooft im Wegberger Wald. Die alte Karte von 1807 zeigt Geradlinigkeit der Begrenzung und die Rechteckaufteilung der Flächen. (Die Karte befindet sich im Rijksarchief te

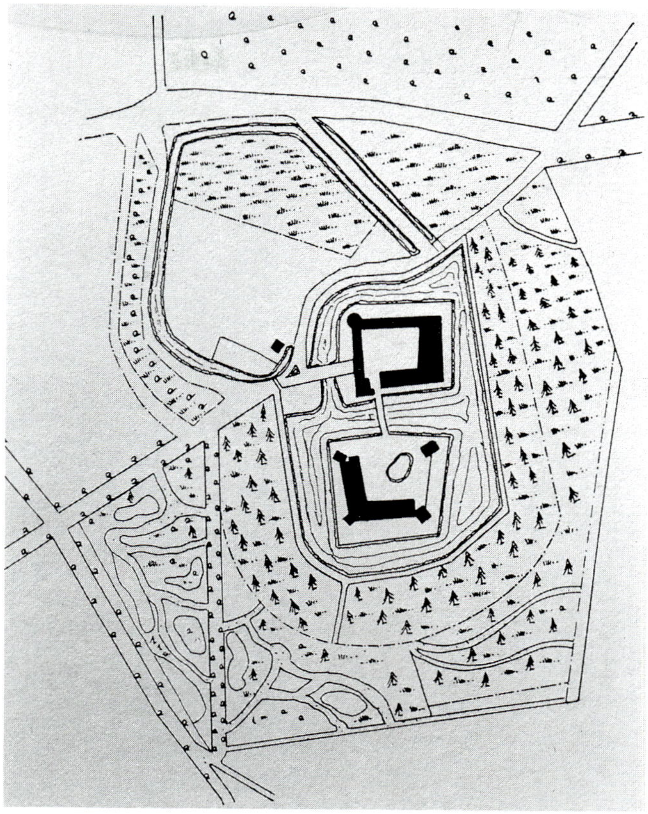

Lageplan Schloß Elsum (Hauptburg 1503, Kapelle 1860).

St. Martin zu Orsbeck. Zeichnung: W. de Vries, Köln, 1985.

Im Genhof von Melick tagte das Holzgeding der Meinwegwald-Berechtigten. Genhof te Melick in de 17e Eeuw. Tekening van de eeuwenoude hoeve Genhof te Melick gezien vanaf de Roerzijde. (Für das visuelle Zitat danke ich dem Heimatbuch „Roerstreek" von 1983)

Limburg unter Inv. Nr. 3473) Die „Meinweg-Rechtecke" sind sozusagen das Endergebnis einer langen Entwicklung, die von zahlreichen Konflikten gekennzeichnet war.

Zu Jülich hin gab es vom Meinweg her nur zwei Berührungspunkte. Im Südosten bei der Herrschaft Tüschenbroich und im Westen bei Herkenbosch: „Der Meinweg gehörte zum Lande Wassenberg. Die Schöffen von Melick und Herkenbosch hatten die Gerichtsbarkeit über den Meinweg inne... Der Bericht der burgundischen Beamten des Jahres 1389 enthält nach dem Hinweis auf die herrschaftlichen Rechte im Lande Wassenberg eine besondere Stelle bezüglich seiner Rechte am Meinweg: 'Item y a un grant bois appelé Mywende qui est en la terre de Guelr on nulz ne puet chacier à bestes rouges et noyres que le sire de Wassenberghe et y puet prendre tous malfaicteurs et en faire justice et nulz autre ne le puet faire et est le héritage du dit bois au seigneur."[543] Der Meinweg bildet demnach einen eigenen Gerichtsbezirk, wie das auch Geograph Lemir am 15. Februar 1809 in einem Schreiben an den Präfekten des Departements Niedermaas zum Ausdruck bringt: „Paroit n'etre du ressort d'aucune jurisdiction."

Schaagwald und Hees

In Nachbarschaft zum Meinweg liegen zwei weitere Wassenberger Wälder: der Schaagwald bei Rosenthal und die Hees zwischen Birgelen, Wildenrath und Wassenberg. Der Schaagwald ist 1.512 Wassenberger Morgen groß, die Hees 543 Morgen.

Der Schaagwald wurde gemeinsam von Birgelen, Wildenrath und Elsum bewirtschaftet und genutzt, die Hees von Wassenberg, Myhl, Orsbeck und Birgelen. Auf Schloß Elsum liegt heute noch die Waldordnung aus dem Jahre 1625, die für den Schaagbusch freilich längst nicht so streng gefaßt war wie die *bosrol* des Meinwegwaldes.

Der Titel der Schaagwaldordnung: „Recht und gerechtigkeit auf dem Schagh oder Hagenbusch und der Waldgreven, fort der geschworenen und gehulsden erben desselben buschs, wie solcher von alter zu alter herbrach, gebrauch, regiert und gehalten worden."[544]

Der Schaagwald ist in großen Teilen links und rechts des mitten durch dieses Gebiet fließenden Schaagbaches sumpfig und moorig. Das Ossenbruch beweist dies an vielen Stellen heute noch. Kleine mit Bruchwald bestandene Moorflächen zeigen ihre grünen Torfmoose, ihre wassergefüllten Dellen, verbergen ihren Faulschlamm hinter langen Rieden. In nassen Jahren sind Teile des Schaagbuschs unbetretbar, geradezu lebensgefährlich: ein Sumpfland mit dunklen Moorgewässern, mit grobem Schilf, in denen Enten brüten. Die nassen Gehölze des Reviers schieben sich keilartig in die Rosenthaler Weidestriche hinein.

Für das Jahr 1632 kenne ich Berichte über zwei „marodeurs", plündernde Nachzügler ihres Regiments, die im dampfenden, bodenlosen Schaagbachmoor versanken und deren Leichen erst im trockenen Sommer des Jahres darauf entdeckt wurden. Noch heute ist eine Durchquerung des Bruchs an bestimmten Stellen in nassen Jahreszeiten nur schwer möglich. 1944 haben einige flüchtige, untergetauchte, nichtevakuierungswillige Leute (z.B. Hans Hoeren, Rosenthal) im unzugänglichen „Schaagbachbruch" Unterschlupf gesucht und sich zeitweise erfolgreich versteckt..., bis ein Artillerieregiment seine Batterien im Schaagwald aufstellte, um von dort aus die selfkäntische und maasländische Front zu bestreichen.

Als Waldgrafen für die „Schaagh" amtierten die Herren des Schlosses Elsum und des Hauses Wildenrath. Sie besaßen auch das Jagdrecht auf der Schaag, die sehr wildreich gewesen sein soll und vor allem wegen ihrer Sauen berühmt war. Bei der Holzverteilung haben der Elsumer und der Wildenrather Herr Vorrechte. Sie können sich vorab die besten Partien aussuchen. Die *verdeeling* erfolgt nach Wassenberger Morgen. Im Birgelener Pfarrarchiv liegt ein Aktenstück, das die Vergünstigung für die Birgelener Kirche formuliert, sich den ersten Wald-Morgen im Schaagwald aussuchen zu dürfen. Dieser Morgen hieß Churmorgen, was mit „küren = auswählen" zusammenhängt.

Die am Walde berechtigten Einwohner heißen „Gehülsde". Diese Bezeichnung kommt von „Huld", was soviel wie Gunst, Wohlwollen, Gebefreudigkeit bedeutet. In den Waldakten stoße ich immer wieder auf „de gehulden" oder „de gehulden man" oder „jeder gehülsder" oder es soll kein „ungehülsden Man uff den busch fahren". Neben dem Schaagwald muß auch die „Hees" Erwähnung finden, ein Waldgebiet, das für Wassenberg von großer Bedeutung war. Der Name *hees* leitet sich aus dem Angelsächsischen her und bedeutet soviel wie „Gestrüpp", niedriges Buschwerk. Noch heute erinnert uns der Wassenberger Flurname „hees" an die Existenz dieses großen Busches. Die Hees war einst 543 Morgen groß. Sie besaß wie der Meinweg eine eigene Waldordnung. Diese legte die Beteiligung der vier umliegenden Orte fest: Wassenberg, Birgelen, Myhl, Orsbeck. Wassenberg besaß die Hälfte der Berechtigung, Birgelen ein Viertel, Myhl und Orsbeck je ein Achtel. Am Holzgedingtag, ein Mal im Jahr, versammelten sich die Holzberechtigten, die Gehülsden, an der Thingeiche (im Volksmund „Deng-Eek" genannt). Die Tranchot-Karte von 1809 (Blatt 15, Dülken) zeigt eindrucksvoll zwei nebeneinanderliegende Heesen (Hees und Heeser Busch) und bezeichnet relativ groß die Stelle zwischen Wildenrath, Wassenberg und Birgelen, wo die Thing-Eiche stand. Mit kleiner Marginalie darf ich anmerken, daß „Deutschgläubige" unserer Gegend in der Zeit des nazistischen Gewalt-Regimes (1933—45) „ihre Thing-Eiche" als Heiligen Baum für allerhand Naturliturgie benutzten.

Unter dieser Eiche gaben die Förster der Hees Bericht über den Zustand des Waldes, über die Aufforstung, über Holzdiebstahl, über Waldfrevel und Waldschäden. Danach wurden drei Gebmeister bestimmt, die das freigegebene, zu schlagende Holz per Los verteilten.

Im Jahre 1829 ist die Hees aufgelöst worden. Ihre Fläche wurde anteilig an die Bewohner der vier heesberechtigten Orte verteilt. In Birgelen bekam jeder Hausbesitzer ein Los für einen Morgen. 3 Thaler waren dafür zu zahlen. Das Geld floß in die Gemeindekassen der berechtigten Dörfer.

Das Holzgeding des Meinwegs

Die ordentliche und gerechte Verteilung des Holzes an die „gerechtigten", an die „gehülsden", die Regelung von Nachwachsen und Forstpflege, die Schlichtung von Streitfällen — das alles war ureigenste Sache des Holzgedings, das ursprünglich im Meinwegwald selbst abgehalten wurde, seit 1570 in der Kirche von Herkenbosch und ab 1632 bis zum Ende des 18. Jahrhunderts in Melick im dortigen Genhof. Warum ist gerade Melick über Jahrhunderte der Zentralort für das Holzgeding? Antwort: zunächst war Melick der Hauptort der Holzmark, sodann aber das römische Mederiacum.

Das Holzgeding war eine Versammlung der Waldgenossen. Der Herr von Wassenberg führte im Sinne grundherrlicher Gewalt den Vorsitz, kam aber nur selten hin, so daß sein Wassenberger Amtmann die Vertretung übernahm. Neben den Schöffen und Verwaltern der beteiligten Orte erschienen auch zahlreiche Einwohner der Meinweg-Umgebung zum Holzgeding. Allerdings ist je Ort nur die sechsköpfige Vertretergruppe im juristischen Sinne Mitglied. Bei Gerard Venner heißt es dazu: „Im 15. Jahrhundert bildeten die Schöffen von Melick und Herkenbosch wohl den Kern des Holzdings. Sie wiesen das Gewohnheitsrecht und entschieden in Streitfällen. Ferner wurden neue Förster bestellt, auf welchen Vorgang die Berechtigten einigen Einfluß hatten. Im 16. Jahrhundert wurde ihr Einfluß anscheinend größer, während die Schöffen etwas zurücktraten. Jetzt wurde während des Holzge-

dings auch über Einschränkungen der Nutzung zur Besserung der Holzungen verhandelt. Ab 1570 trat das Verlesen der Waldordnung an die Stelle der Weisung des Gewohnheitsrechts. Förster wurden nicht mehr bestellt, sondern die vom Landesherrn ernannten nur noch vorgestellt. Behandlung der Beschwerden, sowohl betreffs Übertretungen der Förster als unrechtmäßiger Nutzung, Vereinbarungen zur besseren Nutzung, Bestrafung der Übertreter waren seitdem die wichtigsten Themen. Die Kirchspiele, die seit dem 16. Jahrhundert nachweisbar dingpflichtig waren, stimmten jedenfalls 1641 über einen Vorschlag ab. Der Einfluß der Teilnehmer war unterschiedlich. Auf der einen Seite ragte Roermond über die Kirchspiele hinaus, auf der anderen Seite nahmen die landesherrlichen Beamten auf die Entscheidungen großen Einfluß. Das Holzgeding des Meinwegs war, zuerst wohl überwiegend, später noch immer zugleich eine Gerichtssitzung. Diese Ergebnisse entsprechen einer allgemeineren Definition der Holzgerichte, wo es heißt: 'Es handelt sich um Niedergerichte... Das Holzgericht hatte die Kompetenzen zur Verwaltung der Marken, zur Rechtssetzung und zur Gerichtsbarkeit.' Ab 1574 sind außerhalb des Holzgedings gelegentlich Tagungen von Berechtigten und Beamten abgehalten worden, die Konferenztage genannt wurden. Sie dienten namentlich dazu, Streitigkeiten zu schlichten. Sie fanden fast immer auf Veranlassung der Wassenberger Beamten statt. 1659 scheinen jedoch die Geldrischen Berechtigten einen Konferenztag abgezwungen zu haben. Dann und wann wurden die Interessen der (geldrischen) Berechtigten nur von der Stadt Roermond wahrgenommen. So ist es frappant, daß an der Abfassung der Waldordnung des Jahres 1633 nur Roermonder Deputierte mitgewirkt haben. Seit dem 15. Jahrhundert vereidigte ein Roermonder Schöffe die Förster, seit dem 16. Jahrhundert war die Stadt Führerin, 'advocatus et primarius' oder 'overhooft', der geldrischen Berechtigten."[545]

Auf jeden Fall muß „allerhant stryt und misvertant" über die rechte Führung und Pflege des Busches existiert haben. Die Waldordnung sollte eine Verstärkung der *oude bosrol* bewirken und ins Bewußtsein bringen, wo die Gefährdungen des Meinwegwaldes in Zukunft lägen. Die Gelderner Kirchspiele hatten schon vor 50 Jahren darauf gepocht, die Waldschädigungen endlich zu unterbinden. 1633 beklagten sich die Delegierten der Holzberechtigten bei einer Begehung des Meinwegs erneut über den verkommenen und verluderten Zustand des Waldes: Überall Auflichtung, Vergrasung und Verkrautung! Entwaldung und Verheidung greifen flächendeckend um sich. Eichen und Birken haben als Lichtholzarten keine Lust verspürt, den Wald zu größerer Geschlossenheit zu drängen. Viel zuviel Unterholz, viel zu dicht die Bodenflora! Viel zu stark die Behinderung des Aufwuchses von gutem Stammholz! Im Meinwegwald werden die Tiere in Herden gehütet. Das verträgt kein Wald. Es ist anzunehmen, daß zeitweise auch Schweine auf die Meinwegwaldweide getrieben wurden, wie dies auch in anderen herzoglichen Wäldern des Wassenberger Landes der Fall war.

Eine besondere Rolle spielte damals natürlich die Bienenzucht, die heute noch (1986) gehäuft im Meinweg anzutreffen ist. Honig und Wachs sind unabdingbare Grundmaterialien des Lebens damals. Die Heide des Meinwegs kann tausende Bienenvölker versorgen. Der Arsbecker Pfarrer Dassen (1643—1674) hielt fest, von altersher sei für jede Karre fremder Bienen, die nach dort gebracht, 6 Albus an die Kirche gezahlt worden. 1693 für rund 1000 Bienenkörbe, 1723 für 769, 1772 sogar für 2340.[546]

Die Förster des Meinwegs

Aus den Rechnungen des Amtes Wassenberg wissen wir, daß bis zu drei Försterstellen für den Meinwegwald etatisiert waren. Diese Förster agieren als die eigentlichen Waldwächter und sorgen dafür, die Bestimmungen der Walddordnung durchzusetzen. In Artikel 8 heißt es über sie: *8. Die forster sollen by ihren aiden und pflichten den busch trewlich verwaren, bedienen, auch fleissige aufsicht mit auf ihre fürst. durchl. Wiltbaan haben und sich in ihren beveel aufrichtich und deeser ordenongh allerhalben gemeeß halten, damit den armen, als den reichen geschehe, und soo viel moglich gleicheyt gehalten werden.*

Die Förster vertraten die Rechte ihres Herrn von Wassenberg wie diejenigen ihrer holzberechtigten Waldgenossen. Der Herr von Wassenberg zahlte ihr Gehalt. Die Rechnungen der Wassenberger Rentmeisterei sind eine wahre Fundgrube für die Geschichte Wassenbergs und im besonderen unserer Meinweg-Förster. 1475 werden beispielsweise zwei Förster genannt, deren Gehalt in Erstaunen setzt, weil es so niedrig ist. Vielleicht gesteht ihnen deshalb die Waldordnung im Artikel 18 Nebeneinkünfte zu und im Artikel 44 sogar ein Viertel der Brüchten, der Strafgelder. Der Herr von Wassenberg erhält nach Artikel 44 drei Viertel der Brüchten. Für den Fall, daß jemand seine Strafe nicht zahlt, wird er in Artikel 46 drakonisch mit Strafe bedroht. Manchmal erfahren wir, „vermoghe alter observance" seien aus den Brüchtengeldern beim Holzgeding in Melick die notwendigen Unkosten bestritten worden, was sicherlich soviel bedeutet wie, man hat sie „verzehrt" bzw. „vertrunken". Daß die Wassenberger zu allen Zeiten zwar nicht dem Trunke ergeben, aber gerne einen über den Durst tranken, verrät so manche lokale Moritat, vergnügliche Anekdote und historische Notiz: etwa diejenige vom „Koeter Buschtag" im November 1664, bei dem im Anschluß an die Arbeit „die Förster allein 12 Quart starkes Bier auf Gemeindekosten " hinunterspülten. Oder das Aktenstück Nr. 145 der Jülichschen Landtagsakten vom Dezember 1543, worin Klage geführt wird, daß der Wassenberger Wachtmeister Bernt Lap (heute würde man im Wassenberger Plattdeutsch von „Labbes" sprechen) immer betrunken angetroffen werden kann: „... und imer voel (!) dair begegent werden kan."[547] Den Wassenberger Amtsrechnungen ist zu entnehmen, daß der Wassenberger Pfandherr im Jahre 1541/42 für die Kleidung eines Försters 18 und später

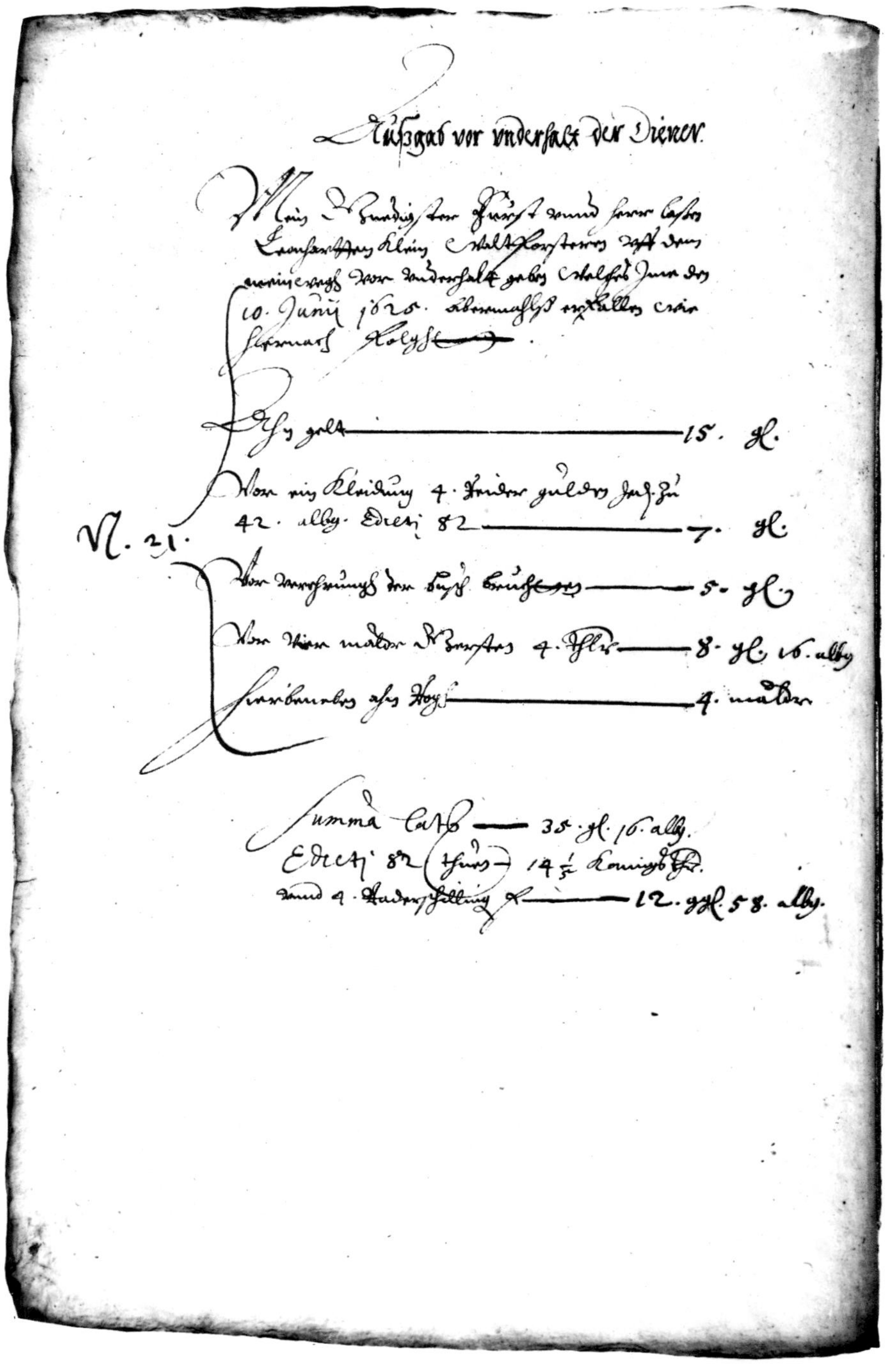

Wassenberger Rentmeisterei am 10. Juni 1625: Gehalt des Meinwegförsters Klein.

20 Mark plus 4 Malter Roggen ausgibt. Für die Versorgung des Pferdes eines „Reitenden" stellt er im Schnitt 12 Malter Hafer zur Verfügung. Als im Jahre 1561 ein neuer Waldaufseher bestellt wird, stattet der Herr von Wassenberg die Stelle mit zusätzlich 4 Malter Gerste per anno aus. Manchmal wird das Getreide mit Geld kompensiert und in barer Münze ausgezahlt. 1569/70 kürzt der *pandheer van wassenbergh* das Pferdegeld von 20 Gulden um 5 Gulden. Der Förster erhält allerdings diese 5 Gulden über die „verehrung der buschbrüchten" [548] herein.

Seit 1570 erhalten die Förster jährlich 15 Gulden Salär, 5 Gulden aus den Strafgeldern, 4 Malter Gerste in Bargeld, 6 bis 7 Gulden (= 20 Mark) für ihre Kleidung und 4 Malter Roggen. Unsere urkundlichen Begegnungen mit den Förstern des Meinwegs vermitteln logischerweise auch Einsichten in den Meinwegwald als gut besetztes Wildrevier. Rotwild, Rehwild, Schwarzwild, Haarraubwild und Federwild waren dort zuhause: Wolf, Luchs, Enok, Dachs, Iltis, Wiesel, Hase, Kaninchen, Wildschweine, Hirsche, Rehe, Reb-, Birk- und Haselhühner, Reiher, Störche, Enten, Tauben, Schnepfen, Greifvögel, Eulen und zahlreiche Vogelarten. Überhaupt ist das Wassenberger Land immer ein faszinierendes Jagdgebiet gewesen. Herzog Wilhelm III. von Jülich (1539—1592) weilte oft für längere Zeit in Wassenberg, um zu jagen. Er wohnte dann auf einem seiner Sommersitze: im Wassenberger Schloß oder im Kloster der Zisterzienserinnen zu Dalheim.

Herzog Wilhelm III. kam meist dreimal in der Saison. So zum Beispiel vom 24.—31. August 1553, vom 9. — 14. November 1553 und vom 21. — 27. Februar 1554. Er jagte mit großer Passion Wölfe, Sauen, Füchse, Rot-

Im Meinweg-Wald.

und Rehwild. Der letzte Wolf (canis lupus) im Jagdgebiet an der Rur wurde übrigens im Jahre 1834 im Kappbusch bei Bracheln erlegt, also relativ spät.[549] In Wassenberg wurden im 16. und 17. Jahrhundert mehrfach Prämien für Erfolge bei der Wolfshatz bezahlt: 1693 für den Abschuß einer Wölfin 8 Reichsthaler. Jagden dauerten damals meist mehrere Tage: Der Vogt von Wassenberg ließ bereits vorher durch den Gemeindeboten den Nachbarn ansagen, zu Hause zu bleiben, um die Jägerknechte zu unterstützen und das Gezeug zu fahren. Insbesondere wurden bei der Wolfsjagd die „Nachbarn" aller umliegenden Dörfer aufgeboten. Der Jägermeister brachte den Bottelier (= der Proviantmeister), die Jägerknechte, die Hunde und das Jagdzeug mit. Ihm schlossen sich die einheimischen adligen Jäger und die Förster an. Wie umfangreich so eine Jagd sein konnte, ersehen wir daran, daß z. B. vom 2. bis 9. Dezember 1593 allein für die Hunde 6 1/2 Malter Roggen auf dem Wassenberger Schloß verbacken wurden.

Noch 100 Jahre später gehört die Wolfshatz zu den wichtigsten jägerischen Maßnahmen des Wassenberger Raumes, weil diese Räuber zum Entsetzen der Viehhalter unter den Herden urwildhaft hausen. Für den besonders strengen Winter des Jahres 1677 ist uns das Herumstreunen von Wölfen, einzeln und in Rudeln, für die Wälder des Rheinlandes belegt. Auf Befehl des Kurfürsten von Köln veranstalten die kurfürstlichen Beamten, die Drosten und Amtmänner von Zeit zu Zeit große Jagden, die *Wolfshatzen* — auch in den waldreichen Forsten Wassenbergs. Die Jagdgründe im Meinweg wurden jedoch zunehmend ärmer, so daß Herzog Philipp Wilhelm am 3. Mai 1653 eine Jagdverordnung erlassen mußte, wonach niemand, der nicht schon 30 bis 40 Jahre lang eine Jagdberechtigung besaß, Hirsche, Rehe, Sauen, Hasen, Kaninchen, Rebhühner, Enten schießen oder durch Fallen erbeuten durfte.

Die Melicker Schöffen-Kompetenz

Es sind die Melicker Schöffen, welche im Meinwegkomplex das Sagen haben. Sie besitzen *des waltz rechtz*. Besonders deutlich wird dies in einer Formulierung des Roermonder Magistrats, die Schöffen von Melick seien das Haupt des Waldes: „die schepenen van Melick die dat hoff sijn van denen walde".[550] Die *oude bosrol* enthält im letzten Artikel die unmißverständliche Bestimmung, den Schöffen von Melick stehe das Recht des Richtens in Sachen Meinweg zu. Häufig wird Waldfrevel oder eine Übertretung der Waldnutzungsordnung im Genhof zu Melick von den Schöffen geahndet. Sie bilden demnach das offizielle Waldgericht. Das Hauptgericht war in Wassenberg. Es war auch Appellationsgericht. Die Melicker Schöffen besaßen die niedere Gerichtsbarkeit. Der Hof Genhof war Sitz dieses Gremiums und somit des *wassenberger heren richtbanck*.

Ob die Schöffen von Melick und Herkenbosch sich in ihrer damaligen Kompetenz vielleicht auf ein

Treibjagd in Wassenberg-Entenpfuhl im Dezember 1923. (Foto Robert Kofferath)

ursprüngliches Hofgericht oder eine Villikation des Wassenberger Herrn stützten? Gerard Venner meint: „Direkte Zeugnisse gibt es weder für ein Hofgericht noch für eine Villikation, was aber nicht verwunderlich ist, weil Villikation samt Naturalwirtschaft meistens im 13. Jahrhundert aufgegeben wurden und, wie z.B. Severin Corsten es vertritt, die Aufgaben auf Schöffengerichte übergingen."[551]

Der Genhof zu Melick, der heute noch in seiner geschichtsträchtigen Lage dominant zu sehen ist, könnte durchaus Mittelpunkt einer Villikation gewesen sein. Ihm gehörten 195 Morgen Ackerland, das Fischereirecht an der Rur, eine Fähre über den Fluß, ein Fahrzins, ein Kleiner Zehnt, ein Anrecht (1 1/2) im Elmpter Wald und das Jagdrecht zu Melick. Sein Inhaber hat einen Stier für die Gemeinde zu halten. Im Originalton solcher *gerechtigkeiten* von 1672: „ein fähr, steil, fischerey auff der Ruhren mit den alten wasser, ein klein zehnden in der Ohé und feldt, ein fahrzinss bey ingesessenen zu Melick, anderthalb gewandt auff dem Elmpter busch, die jagd daselbsten und zu Melick."[552]

Der Rentmeister von Wassenberg kassiert, wie die Rechnungen belegen, Kurmeden von Melick und Herkenbosch. In der Rechnung von 1407/1408 ist beispielsweise die Fälligkeit einer Kurmede nach dem Tode von Godert Vliegen notiert.[553] Bei der Kurmede geht es um den Sterbfall. Er wird bei Hörigen immer als Güterfall betrachtet. Man kann ihn in Geld ablösen (= Sterbtaxe). Im späteren Mittelalter ist das Sterben (der Sterbfall) ein Ereignis, das die persönliche und dingliche Abhängigkeit eines Hörigen sichtbar werden läßt. Ein solcher Mensch ist „verhauptrechtet" und gerät in die „Kurmedigkeit", sein Land wird kurmedig, d.h. ein „fälliges Gut". Die Kurmeden sind meistens in Form der „besten Stücke" zu zahlen: das Bestvieh, der Sterbochse, die Todgans, das Bestgewand oder sonst ein bestes Stück, wobei in unserem Fall dem Wassenberger Herrn die Wahl zusteht. In früheren Epochen ist die Kurmede manchmal auch eine Quote des beweglichen Vermögens. Der Sterbfall eines „gewöhnlichen Sterbenden" ist immer auch ein Güterfall für den lebenden Herrn. „Conto-Auszüge" aus den Jahren 1533—1601 vermelden, „dat in die periode te Melick en Herkenbosch 23 Kurmeden waren vastgesteld door de schepenen ter plaatse." So kommt denn auch Gerard Venner zu der *Conclusie*, die Rolle des Melicker Hofes Genhof in der Meinweginstitution hänge wahrscheinlich mit dem Umstand zusammen, daß hier der „middelpunt van een complex ten hofrechte uitgegeven goederen van de heer van Wassenberg was geweest."[554] Die Melicker Schöffenbank könnte also sehr wohl die Aufgabe des Hofgerichts übernommen haben und zwar nicht nur jene Aufgaben, die die Kurmeden betreffen, sondern auch solche, die die Funktionen im Organisationsaufbau des Meinwegwaldes ausmachen. In solchem Zusammenhang sind zwei Tabellen[555] für Wassenberg von Belang, weil sie einen genauen Einblick in die Einnahmen gewähren und die „Abgabebedeutung" der Orte Melick und Herkenbosch für Wassenberg signifikant werden lassen. Die in den nachfolgenden Tabellen gebotenen Zahlen ent-

stammen den Wassenberger Rechnungen von 1389 und 1390. Maßeinheit ist der Malter.
Die Zahlen verraten, daß die Wassenberger Einnahmen in Roggen und Hafer zu einem großen Teil aus Melick und Herkenbosch stammen. In beiden Tabellen ist weder das Recht auf den 12. Pfennig, den Schafszehnten, den Schweinezehnten, den Ganszehnten aufgenommen. Die Rechnung von 1474/1475 nennt noch den Heuzehnten, der 1534 beispielsweise 228 Bündel Heu für Wassenberg ausmacht.
Melick und Herkenbosch sind demnach für Wassenberg die attraktivsten Lieferanten im Sinne von *belangrijke bron van inkomsten,* also eine kleine Goldgrube. Die meisten Haferzinsen zahlen Melick und Herkenbosch. Beide Gemeinden bringen rund 30 % der Wassenberger Einkünfte auf, etwa ein Drittel *van de totale opbrengst.*[556] (Siehe Tabellen unten)

Die wilden Pferde des Meinwegs

War der Meinwegwald Weidegrund von Wildpferden, wie etwa im New Forest in Südengland? Um welche Wildpferdrasse könnte es sich im Meinweg wohl gehandelt haben: das eurasische Wildpferd oder die europäische Waldform des Steppenpferdes?
Wenn man den Lehensbüchern der Mannkammer Wassenberg folgt, dürften wilde Meinweg-Pferde mehr als nur eine Vermutung sein; denn diese Akten sprechen vom Recht auf den freien Auslauf und vom Weidgang der Wildpferde expressis verbis. So etwa 1502 beim Herrn von Aldeborg (Arsbeck) *den stot van den wilden perden up Meynweg.* Die Aldeborg bei Arsbeck ist noch heute als eindrucksvolle Motte zu besichtigen.[557] In ihrer unmittelbaren Nachbarschaft liegt die Flur *Perdswei,* die dem Pferderecht des Burgherren sicherlich ihren Namen verdankt.

Tabelle I: Zinsen und Zehnten in Roggen und Hafer 1389/1390

	Roggen-zinsen	Roggen-zehnten	Hafer-zinsen	Hafer-zehnten
Wassenberg	3,5	—	37	
Dovern-Hückelhvn.	29,5	2	31	4
Millich-Ratheim	8,5	1	24	2
Beeck	7	2,5	7	4
Melick-Herkenbosch	—	8	45	6

Genügen diese Hinweise schon, um von Wildpferden im Meinwegwald zu sprechen ? Gerard Venner gibt den Hinweis vom Holzgeding am 13. 5. 1659, auf dem die Auffassung des Landesherrn interpretiert wurde, der Wald sei „nit allein eine holtznutzliche grobe wiltban" sondern solle auch „die weide und fangh vieler wilder pferdt gehab und annoch haben". Das deutet unmißverständlich auf die Pferdehaltung im Meinwegwald hin. Bei gleicher Gelegenheit wird Klage darüber geführt, der einst hochstämmige Wald habe sehr gelitten und sei „schier zu einer kahlen heyden gemacht" worden, so daß „kein wilt noch pferdt sich darauff mehr uff noch unterhalten konnen und als Ihre durchleucht dass Nutzens diesser so stohtlicher wiltbahnen defacto entsetzt und beraubet worden."[558]
Der hier häufig gebrauchte Ausdruck „stot" bedeutet Gatter, Umzäunung, Einfriedung, eingefaßte Weide. Diese Bezeichnung legt mehr die gestüthafte Haltung von Pferden nahe. Daß es daneben zwischen Wassenberg, Niederkrüchten, Wegberg und Herkenbosch auch Wildpferde gegeben hat, davon bin ich fest überzeugt; denn eine Reihe von Flur- und Ortsnamen deuten auf dieses Faktum hin. So heißt die Ecke des Meinwegs am Schmitzhof *am Perdskopp* und ein Gelände am Meinwegrand bei Arsbeck *Perdswei.*
Arsbeck heißt ursprünglich Orsbeck. In dem Wort Orsbeck soll nach ter Meer[559] der altsächsische Stamm *hors* stecken, was engl. horse = Roß bedeutet. Arsbeck wäre demnach „Roßbach". Derselbe ter Meer leitet auch den Ortsnamen Merbeck am Meinwegrand vom Althochdeutschen *merah* und dem Niederdeutschen meriha = Mähre, Pferd ab. Merbeck bedeutet demnach „Mährenbach". Heinz Cohnen bestätigt dies: „Bis zum Übergang der alten Herrschaft Arsbeck an das Herzogtum Jülich zu Beginn des 16. Jahrhunderts finden sich Formen wie Orsbeck, Orsbach, Ursbeck, Hursbeke, so daß eine Verwechslung mit Orsbeck an der Rur möglich ist. 1334 tritt die Schreibung 'Oirsbach' auf, 1506 'Ersbeck' und 1582 heißt es 'Urssbeck oder jetziger zeit Arssbeck gnant'. Das Bestimmungswort dürfte zu Altfriesisch 'hors' (engl. horse), Mittelniederdeutsch 'ors' in der Bedeutung Roß (Pferd) stehen. Pferde haben denn auch in der Herrschaft Arsbeck im Mittelalter eine wichtige Rolle gespielt, da sie die Wildpferdezucht im Meinwegwald mit einschloß. Arsbeck wäre dann der 'Pferdeboosch', an dem die Wildpferde ihre Tränke hatten, eine Bezeichnung also,

Tabelle II: Die übrigen Einkünfte Wassenbergs 1389/90

	Haferzins	Kapaune	Hühner	Steuern	Geldzinsen
Wassenberg	—	151	97	—	18 s.
Dovern-Hückelhoven	7	10	86	5 mark	—
Millich-Ratheim	8	—	31	4	—
Beeck	—	—	—	—	
Melich-Herkenbosch	29,5	—	156	4	14 s.
Kleingladbach	10	—	35	6	—
Gerderath	18	—	34	6	—
Myhl	4,5	12	19	2	—
Arsbeck	6	—	15	26 s.	6 s.
Birgelen	4	—	18	—	—
Wildenrath	2,5	—	8	14 s.	—
Effeld-Steinkirchen	3,5	—	36	30 s.	—

Meinwegwald—Pferde 1987 im Stal voor Rijparden am Venhof bei Herkenbosch-Melick. (Foto Ekkehard Heinrichs)

die auf die Siedlung übertragen wurde."[560] Zwei urkundliche Belege für den „paardengang" auf dem Meinweg: Das Brabanter Lehnsregister (um 1350) hat uns aufbewahrt, ein Everhard van Heinsberg (ein Bastard von einem der Herren von Heinsberg) habe den *perdeganc op den bosch van Meinwece* in Lehen besessen. [561] Heute ist der Meinweg von unzähligen Pferdebahnen durchzogen. Der Wald ist ein Eldorado für Reiter. Der *Stal voor rijpaarden* am Venhof bei Herkenbosch-Melick mit großen Weiden, auf denen ich im Sommer 1986 bis zu 100 Reitpferde zählte, bewahrt die Erinnerung an den *perdeganc op den bosch van Meinwece.*

Parriöck

Unvergeßlich bleibt mir eine Wanderung mit dem Rosenthaler Bahnhofsvorsteher Johann Fischer (1894—1982) im Zweiten Weltkrieg (September 1944) durch den südlichen Teil des Meinwegs. Johann Fischer kannte wie kein zweiter die Rosenthaler, Dalheimer, Wildenrather Wälder und „seinen" Meinweg. Von 1929 bis 1950 war er Chef des Bahnhofs Rosenthal, eine „Reichsbahn-Idylle" besonderer Art, über die später noch zu sprechen sein wird. Johann Fischer kannte alle Geschichten, Sagen und Märchen der heimatlichen Waldgebiete. Er erzählte mir im September 1944 von dem sagenumwobenen „Reiterknecht Pärriöck im Meinweg". Dieser muß in Sturmnächten seit dem Dreißigjährigen Kriege seine Schuld mit Ruhelosigkeit bezahlen, indem er ohne Rast und Ruh' über die Baumkronen des Meinwegwaldes galoppiert. Parriöcks Schuld bestand darin, daß er das Haus eines armen Kötters bei Birgelen ausplünderte und alle seine Bewohner niedermachte. Nun muß er immer und ewig, gehetzt und getrieben über die Wälder jagen. Johann Fischer wußte viel über den Meinweg. Von seinen Vorfahren hatte er gehört, an welchen geheimnisvollen Weideplätzen die wilden Pferde des Meinwegs anzutreffen waren, und wie einst hungrige, heulende Wölfe um die Pferdeherden kreisten. Johann konnte schwärmen, besonders dann, wenn die silbergrauen Nebel ihre Mäntel über die Tannen legten und die Stürme durch die Schneisen fuhren. Dann faßte er mich beim Arm und sagte: „Hörst Du das wilde Traben der Hengste und Stuten, die noch immer hier in herrlicher Freiheit leben?" Johann Fischer sagte es, als hätte er sie selbst gesehen und hätte mit Jhan van Rismolen, Everhard van Heinsberg, Steven van Orsbecke am „stot" gestanden.

Das Ende der Wassenberger Allmende

Mit der Französischen Revolution und der Eroberung des Wassenberger Landes 1794 wird das Ende der Gemeinschaftswälder eingeläutet. Der Friede von Campo Fornio am 17. 10. 1797, in dem auch Österreich analog zu Preußen der Abtretung des linken Rheinufers an Frankreich zustimmt, leitet die Annexion ein und eröffnet eine neue Verwaltungsstruktur,

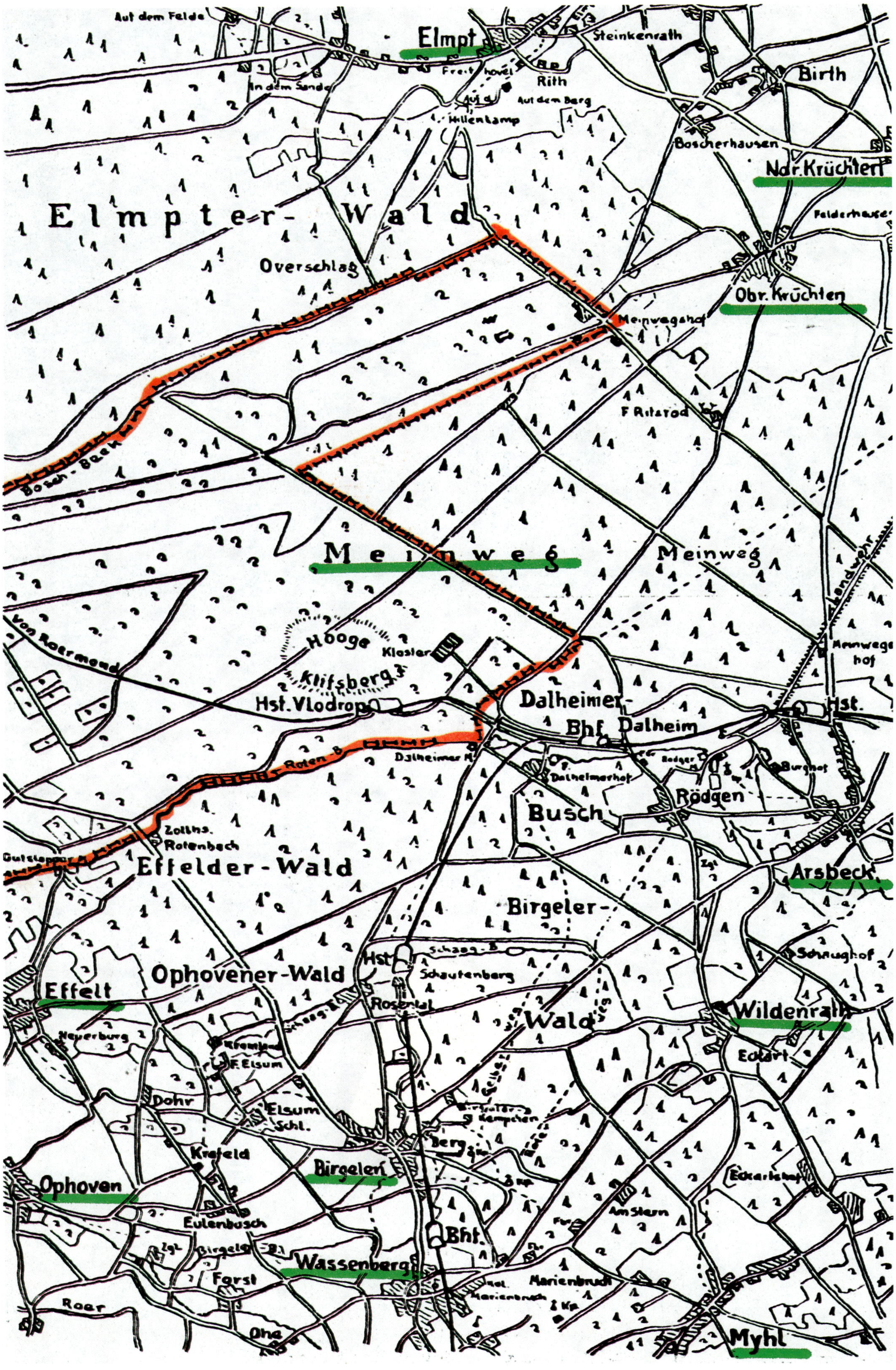

Elmpt
Steinkenrath
Birth
Rith
Auf dem Berg
Hillenkamp
Boscherhausen
Ndr. Krüchten
Elmpter-Wald
Overschlag
Obr. Krüchten
Meinwegshof
F. Ritsrod
Bosch-Beek
Meinweg
Meinweg
Von Roermond
Hooge
Kloster
Klifsberg
Hst. Vlodrop
Dalheimer-
Bhf. Dalheim
Hst.
Meinweger hof
Roten B.
Dalheimer M.
Dalheimerhof
Rödgen
Burghof
Busch
Zollhs. Rotenbech
Effelder-Wald
Arsbeck
Birgeler-
Ophovener-Wald
Schaag-B.
Schautenberg
Schaughof
Effelt
Rosental
Wald
Wildenrath
Neuerburg
Eckart
Dohr
Elsum
Schl.
Krefeld
Berg
Birgelen
Ophoven
Eckartshof
Eulenbusch
Am Stern
Bhf.
Birgelen
Wassenberg
Forst
Marienbruch
Roer
Ohe
Myhl

deren Ziel die Integration der rheinischen Länder in den französischen Staatsverband ist. Im Jahre 1807 befiehlt die Regierung, den Meinweg unter den beteiligten Kirchspielen aufzuteilen. Vorher hat das französische Ingenieurkorps unter Tranchot (1801—1814) die Meinweg-Allmende vermessen. Dem Geometer Le Miers hat dabei anscheinend das Lineal die Hand geführt; denn aus der großflächigen Allmende wird ein rechteckiges, kleinkariertes Mosaik.

Der Übergang des Meinwegwaldes in neue Besitzverhältnisse hat zunächst politische Hürden zu überwinden. Alles wird Frankreich einverleibt und zur „partie integrante du territoire francais" erklärt.

Die Meinweg-Berechtigten, die 14 Kirchspiele, gehören jetzt zwei verschiedenen Departements an. Die ehemals geldrischen Orte Roermond, Maasniel, Vlodrop und Niederkrüchten dem Departement Niedermaas, die ehemals Jülichschen Orte als Mairien dem Roerdepartement: Wassenberg (mit Orsbeck), Herkenbosch (mit Melick), Birgelen (mit Steinkirchen-Effeld und Ophoven), Myhl (mit Arsbeck und Wildenrath), Karken (mit Kempen).

Die Französische Revolution bringt u.a. die Idee ins Land, die Ursache des Wohlstandes sei primär die Landwirtschaft — aus diesem Grunde müßten alle Allmenden möglichst urbar gemacht werden. Schon das „Decrét concernant le mode de partage des biens communaux" hat die Teilung der Gemeinschaftswälder angekurbelt. Inzwischen hat es viel Aufregung im Wassenberger Land gegeben, als bekannt wird , daß eine Beschlagnahme des Meinwegwaldes durch die französische Republik in der Schublade liegt. Am 22. 9. 1803 wenden sich die Einwohner der betroffenen Meinwegdörfer in einem gemeinsamen Protestschreiben an den Präfekten des Roerdepartements in Maastricht. [562]

Sie hätten vernommen, so schreiben die empörten Holz-Gerechtigten, der Konservator für Wälder und Wasser plane, die große Heide, die zwischen ihren Orten läge, zu beschlagnahmen. Die Gemeinden pochen auf alte Rechte und zitieren die Waldordnung: „Notre droit appuyé sous plusieurs titres et une possession non interrompue de plusieurs siècles".

Der Konservator antwortet erst am 6. 2. 1805 und setzt sich, juristisch verklausuliert, mit den Eigentumsverhältnissen auseinander, wobei als „Vorgänger der französischen Staatsmacht" natürlich der Herzog von Jülich in Sachen Eigentum ins Spiel gebracht wird: „Le terrain de la forêt entière lui appertenoit en propriété absolue". Die betroffenen Gemeinden werden schlichtweg als „simples usagers" bezeichnet, obgleich der Konservator einige philologische Klimmzüge absolvieren muß, um sich zwischen Begriffen wie „beerbte", „berechtigte", „eigenthümer" und der unmißverständlichen Deklaration, daß „die gehulssden so auff den busch beerbt sein wohnen", zu artikulieren. Trotzdem: Propriétaire — Fehlanzeige!

So nimmt die Auflösung des Meinwegwaldes seinen unaufhaltsamen Verlauf. Zwar gelingt der entscheidende Schritt der französischen Besatzungsmacht infolge der napoleonischen Niederlage nicht mehr, aber die Wege dahin sind geebnet. Inzwischen aber neigte sich Napoleons Macht ihrem Ende zu. Die großen Departementsbeschlüsse standen nun auf unsicherem Boden. Ein Bericht des Pariser Innenministers betreffs neuer Überlegungen zur Teilung des Mein-

Waldbrand in Wassenberg auf der Heide 1928. Links: Dr. Robert und Ehefrau Mary Kofferath.

wegs hat die Präfekten nicht mehr erreicht. Die Preußen erschienen im Wassenberger Land.
Von der neuen Landesgrenze wurde auch der Meinweg entscheidend berührt bzw. zerschnitten. Die Parzellen werden nun so eingegrenzt , daß ihre Flächen bei niederländischen und preußischen Gemeinden jeweils auf der „richtigen" Seite lagen. [563]
Auf preußischer Seite geschah die Überweisung an die Gemeinden am 24. September 1822 trotz hartnäckiger Proteste von Niederkrüchten und Arsbeck.
Von 1822 an verkauften die meisten Gemeinden ihren Anteil zur Tilgung ihrer Schulden. Nur Melick behielt seinen zugewiesenen Boden, während die Arsbecker versuchten, den Anteil unter sich weiter aufzuteilen, was auf eine Verpachtung an die Einwohner auf 99 Jahre hinauslief. [564]
Ein weiträumiger, in sich geschlossener Wald fiel der Privatisierung anheim. Jede Gemeinde erhielt 186 Hektar und 43 Ar, das sind rund 750 Morgen. Birgelen verkaufte seine Waldstücke parzellenweise an Interessenten. Wassenberg bekam für sein Gebiet 2.282 Taler und 25 Silbergroschen. Ein Morgen hatte demnach den Wert von 3 Talern.
Große Flächen erwarb die reiche Patrizierfamilie Pakkenius aus Wassenberg, zahlreiche Grundstücke auch der Aachener Regierungsrat Ritz, viel der Graf von Mirbach, der Regierungspräsident von Reimann und Baron von Scherpenseel (Scherpenseelscher Weiher). Ritz kaufte das Dalheimer Kloster, welches später in einen Forsthof umgewandelt wurde. Er war es auch, der das idyllisch gelegene Forsthaus Ritzerode erbaute. Im Jahre 1854 wird schließlich Graf Schaesberg Eigentümer der meisten Parzellen. Er forstet sie größtenteils mit Kiefern auf. Gegen Ende des 19. Jahrhunderts haben die Gemeinden Arsbeck, Nieder- und Oberkrüchten noch einmal 1000 Morgen schönsten Waldes zu Ackerland gemacht.
Die Privatisierung des Meinwegwaldes ist für die „gerechtigden und gehülssden" im Umkreis der Allmende ein harter Schlag. Besonders die armen Leute trifft es schwer, weil sie nun Vieh, etwa eine Kuh, nicht mehr ernähren können. Auch Hausbrand fehlt in vielen Familien und natürlich die Holzmaterialien für vielerlei Notwendigkeit daheim.
Am 28. und 29. 8. 1911 fegte eine Feuerwalze über den Meinweg und den angrenzenden Elmpter Wald. 4000 Morgen wurden ein Raub der Flammen. Eine fast regenlose heiße Sommerperiode war vorausgegangen und hatte die Waldgebiete ausgedörrt. Lehrer W.J. Spehl erinnert sich, wie das Feuerhorn durch die Meinwegdörfer gellte: mit unheimlicher Geschwindigkeit rasten die Flammen von Baumgipfel zu Baumgipfel, schwangen sich über Niederholz und Heide, übersprangen Schneisen und Wege. Unzähliges Wild kam in dem Flammenmeer um. Rund 350 Morgen des abgebrannten Gebietes sind leider nie mehr aufgeforstet worden. Landwirte haben die verglühten und verkohlten Flächen aufgekauft, unter den Pflug genommen und Bauernhöfe darauf angelegt.
Nach dem Zweiten Weltkrieg schlugen Reparationen für die Niederländer, die Brennholznot der einheimischen Bevölkerung und neue Rodungen wiederum

tiefe Wunden in die Waldmark. Hinzu kamen jetzt Enteignungen für das Petrol-Lager bei Arsbeck, den Natoflugplatz Elmpt mit einem Bedarf von weiteren 1000 Morgen Waldfläche. Bei den Niederländern nahm die Entwicklung einen ähnlich ungünstigen Verlauf. Dort war der Grundbesitz in viele verschiedene Hände gekommen. So fehlte es an Gemeinschaftsleistungen für den Wald im Sinne von Aufforstungen. Die holländischen Bauern erwarben viele Parzellen und machten daraus Äcker, in feuchten Gebieten Viehweiden.

Grenzüberschreitender Naturpark Maas-Schwalm-Nette

Die Gründung des Referats Landschaftspflege im Jahre 1962 beim Landschaftsverband Rheinland zeigt, wie früh „grüne Ideen" in den großen demokratischen Parteien lebendig waren. Für unseren Meinweg und und seine Flußtäler-Umgebung, Maas-Schwalm-Nette-Rur, hatte dies Folgen. Neben dem Naturpark Eifel, dem Naturpark Siebengebirge und anderen großräumigen Erholungsgebieten im Rheinland entwickelt sich der Naturpark Schwalm-Nette zu einem Schwerpunkt landschaftsbehütender Initiative.
Warum dieser Naturpark von Anfang nicht Schwalm-Nette-Rur geheißen hat, bleibt unerklärlich. Sind doch gerade die Rur und seine Uferregionen von hoher Bedeutung als Wandergebiete. In der Stadt Wassenberg erfreuen sich vor allem die Wanderbezirke der Schaagbachniederung (Ossenbruch) und der Rurniederung mit Effelder Waldsee großer Beliebtheit. Daneben haben Tüschenbroich, die Niersniederung, die Seenlandschaft DeWitt und Krickenbeck , die Happelter Heide und nicht zuletzt die abwechslungsreiche Landschaft zwischen Meinweg und Schwalmtal einen guten Ruf. Im Jahre 1966 steigt diese typische Niederrheinlandschaft zum Naturpark auf. 400 Quadratkilometer groß ist dieser Erholungsraum, dessen unmittelbarer Einzugsbereich rund 11 Millionen Menschen einschließt. Mehrere Großstädte rahmen ihn — nur wenige Kilometer entfernt — ein: Mönchengladbach-Rheydt 10 km, Krefeld 20 km, Düsseldorf 40 km, Duisburg 40 km.
Es war beinahe eine späte Huldigung an die „Alt-Besitzerin" des Meinwegs, als am 18. 3. 1966 auf der Burg Wassenberg die Gründungsfeier des Naturparks stattfand. Der damalige Ministerpräsident von Nordrhein-Westfalen, Franz Meyers, und der Königliche Kommissar für die Provinz Limburg, Dr. C.J.M.A. van Rooy, brachten hier erstmalig die Idee zum Ausdruck , einen grenzüberschreitenden deutsch-niederländischen Naturpark zu realisieren.
Ministerpräsident Meyers erklärte mit dem Blick durch die Fenster der Burg: „Wir hätten uns keinen besseren Treffpunkt als die Wassenberger Burg aussuchen können, um sozusagen perspektivisch ins Land zu schauen: nach Nordosten auf den guten alten Meinweg, auf die Schwalm-Nette-Region, auf die niederländischen Wälder."

Tontaubenschießen im Meinwegwald 1926. Robert und Mary Kofferath Mitte links oben.

Von der Gründerversammlung auf der Wassenberger Burg gingen von nun ab ständige Erfahrungsimpulse aus. Denn mit der Stiftung „Recreatiegebied Maas" wurde in regelmäßigem Turnus auf das Ziel eines Staatsvertrages für die beiderseitigen Landstriche hingearbeitet. Zwischendurch sahen sich führende Politiker, Wissenschaftler, Beamte und Universitätsgruppen das Vorhaben vor Ort an. Von Anfang an ging es darum, die Unterschiede auszugleichen, die sich aus unterschiedlichen Rechtslagen hüben wie drüben ergeben. In der Bundesrepublik stützen wir uns bekanntlich auf die früheren Reichsgesetze betreffs „Naturschutz" und „Landschaftsschutz". Mit diesen gängigen Begriffen kann die Ausgestaltung des Naturparks angepackt werden. Bei den Niederländern sah das damals noch anders aus: einen flächendeckenden Naturschutz kannte man dort nicht. Freiflächen erschienen dort planerisch in den Bauleitplänen der Gemeinden. Die holländischen Formulierungen wie „natuurreservat, natuurbeschirming, natuurbehoud" trafen nicht ganz unsere deutschen Begriffe. Am ehesten war noch der Terminus *recreatie* brauchbar, dessen Definition in niederländischer Sicht zwar umfassender als unser Natur- und Landschaftsschutz ist, aber doch einen Konsens für Initiativen zuläßt.

Seit 1970 beteiligten sich nun offiziell die Bundesrepublik und die Niederlande an den Vorarbeiten für einen Vertrag über den internationalen Naturpark im Gebiet der Flüsse Maas, Rur, Schwalm, Nette. Nachdem die philologischen Schwierigkeiten beim Begriff „Naturpark", für den es im Niederländischen keinen Parallelbegriff gibt, nicht zu überwinden waren, kam man überein, im niederländischen Vertragstext das Wort „grenspark" zu verwenden.

Am 30. 3. 1976 war es soweit: Der Vertragsabschluß über den „Internationalen Naturpark Maas-Schwalm-Nette" wurde paraphiert. Wo die Natur wie hier die Oberhand behalten darf, treten Staatsgrenzen in den Hintergrund. Immer wenn ich von Effeld kommend, an der Landwehr vorbei, die Grenze des Rothenbachs passierend, „de Kievit" erreiche, um von hier aus Wanderungen um den Honingsberg, den Klifsberg, den Scherpenseelschen Weiher, den Wolfshoeve, das Elfenmeer, die Blanke Water bis zum alten Genhof des Schöffengerichts an der Rur bei Melick zu machen, verlieren alle nationalen Betrachtungsweisen ihren chauvinistischen Beigeschmack. Zoll und Grenzschutz tragen meines Erachtens hier schon anachronistische Züge. Denn die Region partizipiert an der landschaftlichen Ganzheit, an der „grenzüberschreitenden Natur" von nun schon 700 Quadratkilometern Ausdehnung. Ein Integrationsmodell ökologischer Prägung!

Für diesen Wassenberger Landschaftsbereich entwarf der Wickrather Landschaftsplaner, Klaus Gerresheim, in den Jahren der Entstehung 1964 erholungswirksame Flächen. Er sieht zwei parallel zur Rur verlaufende Siedlungsketten, die den Wassenberger Naturraum deutlich gliedern. Die erste von Orsbeck über Ohe, Forst, Ophoven, Steinkirchen, Effeld, die zweite, weniger ausgeprägte, von Eulenbusch über Krafeld nach Dohr. Am Ostrande liegen am Fuße des Anstieges zur Hauptterrasse auf den Schwemmkegeln zweier Bäche Wassenberg und Birgelen. Klaus Gerresheim gliederte 1964 den Wassenberger Erholungsraum in eine Anreise- und Verkehrszone (Parkplätze) in der Umgebung der Orte, in eine ackerbauliche Pflege- und Wanderzone, weiter in eine Lager- und Wanderzone und zuletzt in eine Ruhe- und Wanderzone im Nordosten mit ihrem unmittelbaren Anschluß an die ausgedehnten Wälder von Rosenthal-Dalheim-Arsbeck-Meinweg.

DAS WASSENBERGER BIER

Volksnahrungsmittel

Das Bier wurde „leider" nicht in Wassenberg erfunden, aber seit Jahrhunderten hier gebraut. In der Tat! Die Sumerer haben bereits im 4. Jahrtausend vor Christi Geburt gemälztes Getreide in Wasser aufgelöst und vergoren. Gehopftes und ungehopftes Bier kennt schon das Mittelalter. In Wassenberg verwandte man zum Biermachen die „gruut". Für die Herstellung des „Gruutbieres" brauchte man die verwendbaren Teile des Gagels. In besonderen Gruuthäusern wurden sie getrocknet und bis zur Verwendung aufbewahrt: „Diese Bevorratungshäuser betreut der Grüter, der auch die Gruutsteuer für den Landesherrn einzieht und abrechnet."[565] In Wassenberg wird im 14. Jahrhundert bereits Hopfenbier gebraut. Bier ist ein Volksnahrungsmittel und fehlt bei keiner Mahlzeit. Im 16. Jahrhundert hat Wassenberg 9 Brauereien, Orsbeck 3, Ophoven-SteinkirchenEffeld 3, Birgelen 1, Myhl (mit Gerderath) 8. Am 17. 12. 1534 verläßt der langjährige Drost Werner von Palant jr. die Wassenberger Burg. An diesem Tage verkauft Palant seinem Nachfolger auf der Burg, Nikolaus von Mirbach, alle Einrichtungsgegenstände seiner Schloßbrauerei. Burg Wassenberg besaß demnach eine uralte „Bier-Tradition".[566] Die älteste Brauerei des Rurlands (*braupfanne*) haben Leo Gillessen und Severin Corsten für das Jahr 1290 (!) in Dremmen entdeckt.[567] Jakob Broich nimmt für Wassenberg das erste ortseigene Bier um 1350 an. Ein Brühler Gruntbier!

Die Rentmeistereirechnungen des Amtes geben viel Aufschluß über die Wassenberger Bierherstellung, weil die Produktionsmengen gezählt wurden, um die Anteiligkeit der Biersteuer (Akzise, Gruutgeld) zu errechnen. Jedes Wassenberger Helle brachte dem herzoglichen Landesherrn manchen Heller.

In der Rechnung von 1558/59 ist diese Biersteuer im einzelnen aufgeführt und mit den Namen der verschiedenen Brauer des Amtes Wassenberg verbunden.[568] Dort heißt es, daß „dem Lantfurst vann eyner thonnen Bierß so up den kouff gebruwen, gegeven wyrt vur Gruitgelt ij quart, und ist also diß Jair (1558/59) in der stat Wassenberg dair van erfallen, wie durch Jacob Kremer, den Gerichtzs-Bodenn (Boten) uff gekerfft und aingezeigt". Im Klartext: Dem Landesherren steht in der Stadt Wassenberg von einer Tonne Bier, welches für den Verkauf gebraut ist (also nicht für den Eigenbedarf), ein Gruutgeld (Bierakzise) im Wert von zwei Quart Inhalt zu. Was im Jahr dabei fällig ist, richtet sich nach dem, was der kontrollierende Gerichtsbote Jacob Kremer aufkerbt und anzeigt.

Das alte Kerbholz ist demnach noch immer in Gebrauch. Seine eingeritzte Kerbe erreicht 1558/59 für das Amt Wassenberg eine Gesamteinnahme von 109 Gulden, 1 Albus und 7 Heller. Die Orte der heutigen Stadt Wassenberg: Birgelen 5 Gulden, 10 Albus; Myhl (mit Gerderath) 7 Gulden, 23 Albus, 6 Heller; Orsbeck 5 Gulden, 15 Albus; Ophoven-Steinkirchen-Effeld 10 Gulden, 18 Albus, 4 Heller.[569] Der Preis für die Quart bestimmt der Rentmeister. Er liegt im 16. Jahrhundert in Wassenberg zwischen 3 und 12 Hellern. Seine Höhe richtet sich natürlich nach der Qualität des Bieres. Sie wird von der Obrigkeit überwacht. In Wassenberg kontrolliert ein Schöffe die Güte und *kürt* (koere = kosten, schmecken) das Gebräu. Es müssen da schon ganz intensive Starkbiere gebraut worden sein; denn auch in Wassenberg kommt es zuweilen vor, „daß de megde mit den knechten zu bier und win gain (gehen) und drinken sich drunken und machen kinder, wissen dann nit, wem sie zugehoeren."[570] In Wassenberg gibt es in alter Zeit so wie heute mehr Wirtshäuser als Altäre. Es wird darauf geachtet, daß die *mannder* nicht zu oft und zulange „in dem bierhuis und in den wirtshuesern" herumhängen.

Wassenberger Bierkanne um 1500. Bildbeschaffung: Leo Gillessen, Heinsberg.

Kopfweiden am Wingertsberg 1888.

Wassenberger Bierbrauer

Die großen Höfe brauen sich ihr Bier selbst, wie sie auch ihr Brot im eigenen *Backes* herstellen. Oft sind Backes und Braupfanne im gleichen Raum untergebracht. Ein Brauhaus in der Roermonderstraße heißt *Panhuis*. Sein Name rührt von der Braupfanne, der *bierpann*, dem Braukessel her. Zwei alte Wirthausnamen Wassenbergs sind überliefert: *Bierkann* und *bierportzen* (Bierhaus in der Nähe des Brühltores.)[571] Leo Gillessen hat uns eine Aufstellung der einzelnen Wassenberger Bierbrauer und ihrer Produktionsmenge aus den Akten erstellt.[572]

Wassenberg: Wilhelm Kremer 126 Tonnen. — Heinrich Kremer 170 Tonnen. — Jasper Knunen 80 Tonnen. — Melchior von der Loe 88 Tonnen. — Johann Poeßgen 40 Tonnen. — Johann Aben 45 Tonnen. — Gelis Bruwer 264 Tonnen. — Johann von Kempen 126 Tonnen. — Jakob Kremer 80 Tonnen.
Birgelen: Peter im Bongert, Wirt zu Birgelen, 130 Tonnen.
Myhl (mit Gerderath): Hermann Küster zu Gerderath 43 Tonnen. — Itgen auf der Luyr 50 Tonnen. — Hermann auf der Heerstraße 30 Tonnen. — Feit auf der Muyrheyde 20 Tonnen. — Severin auf der Heerstraße 18 Tonnen. — Gangolf in der Mylen 13 Tonnen. — Maeß in der Mylen 16 Tonnen. — Mary auf der Luyr 6 Tonnen.
Ophoven-Steinkirchen-Effeld: Wilhelm Krom von Ophoven 110 Tonnen. — Hein Cuper-Steinkirchen 63 Tonnen. — Jentgen der Wirt (Effeld) 100 Tonnen.
Orsbeck: Johann auf dem Stroum 63 Tonnen. — Vaeßgen auf der Rur 30 Tonnen. — Rutgen von Orsbeck 35 Tonnen.

Im Amt Wassenberg gibt es Mitte des 16. Jahrhunderts 55 Bierbrauer. Leo Gillessen fragt, ob man hier vielleicht schon von einer Frühform eines Gewerbes sprechen dürfe.[573] Er hat uns eine Tabelle für den Wassenberger Raum erstellt, die für den berufssoziologisch Interessierten signifikante Daten zur Bierbrauer-Situation um 1560 liefert. Die 55 Brauer mit einer Gesamtbraumenge von 3.690 Tonnen Bier stehen 6.180 Einwohnern gegenüber. Export gibt es noch nicht. Die Produktionsmenge bedeutet, daß je Einwohner $^3/_4$ Tonne Bier im Schnitt jährlich konsumiert wird.

Rentmeisterei Wassenberg am 1. März 1741: Freiherrn von Dorth und das Haus Wildenrath (150 Morgen) betreffend. (Jül.Berg. III, Nr. 905)

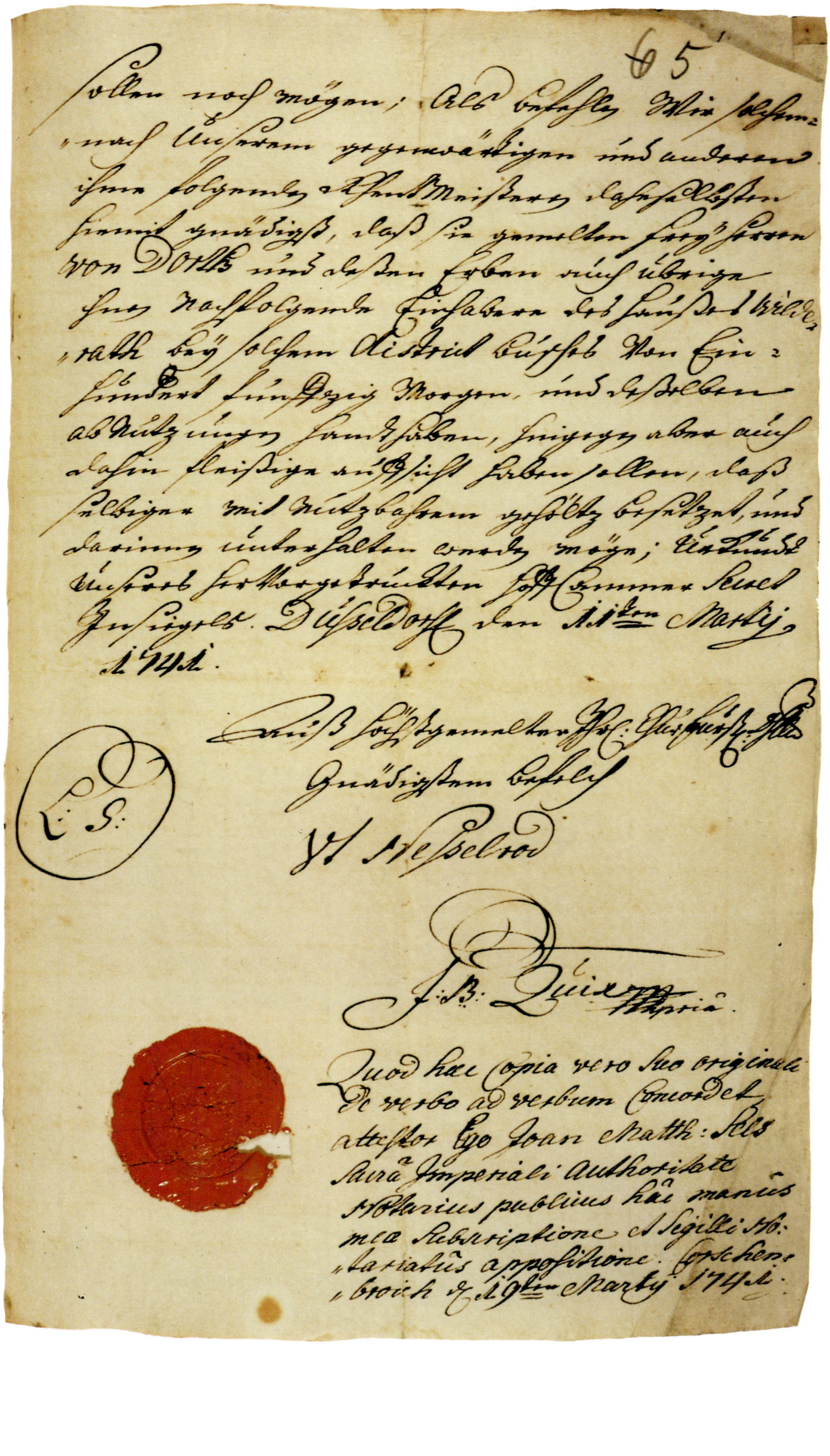

65

sollen noch mögen; Alß befehlen Wir solchem=
=nach Unserem gegenwärtigen und anderen
ihm folgenden Ober Jäger Meistern allerhöchsten
hiemit gnädigst, daß sie gemellten Herz. Herrn
von Dorth und dessen Erben auch übrige
ihre nachfolgende Einhabere deß Hauß Roßwilde=
=rath bey solchem District bußch von Ein=
=hundert fünfftzig Morgen, und deßelben
abNutzungen handhaben, hingegen aber auch
dahin fleißige auffsicht haben sollen, daß
selbiger mit Nutzbaren gehöltz besetzet, und
darinnen unterhalten werden mögen; Urkundt
Unsers hiervorgetrückten Hoff Cammer Secret
Insiegels. Düßeldorff den 11ten Martij
A. 1741.

Auß Höchstgemelter Ihro Churfürstl. Dhlt.
gnädigstem befelch
v. Nesselrod

L. S.

J. B. Quix m.pria.

Quod haec Copia vero suo originali
de verbo ad verbum Concordet
attestor Ego Joan Matth: Sels
Sacra Imperiali Authoritate
Notarius publicus hac manus
meae Subscriptione et Sigilli No=
=tariatus appositione. Corschen=
=broich d. 19ten Martij 1741.

Leider kann ich über das Flüssigkeitshohlmaß "Tonne„ wenig Genaues mitteilen. Später, im Jahre 1871, ist eine Biertonne nach preußischer Maß- und Gewichtsordnung 1,145 Hektoliter. Ich nehme an, eine Wassenberger Biertonne des Spätmittelalters hatte ein geringeres Inhaltsvolumen.

Auf einen Brauer fallen im Amt Wassenberg 112 Personen. Besonders die Stadt selbst ist mit 9 Brauereien ein „kleines Weihenstephan". Liegt der Grund dafür in der politischen, wirtschaftlichen und kulturellen Zentrale des Amtssitzes? Leo Gillessen: „Hier saßen die lokalen landesherrlichen Beamten, hierher kamen Fremde, kam die dörfliche Bevölkerung zur Abwicklung von Geschäften aller Art, insbesondere auch von Grundstücksverkäufen, -übertragungen und -vererbungen, die sowohl im landesherrlichen als im bäuerlich-grundherrlichen Bereich in Wassenberg registriert werden mußten. So versteht es sich, daß hier auch in Gaststuben und sonstwo Bier getrunken wurde."[574]

Neben Wassenberg wird besonders in Orsbeck über die Maßen Bier konsumiert. Hier ist es die Rurbrücke mit einer florierenden Brückengastwirtschaft. Eine Bierwerbung dieser Gaststätte, allerdings von 1864, kann dies im nachhinein bestätigen: „Fragliche Brücke liegt auf der verkehrsreichsten und frequentesten Bezirksstraße, welche von Aachen aus sich durch die Kreis-Haupt-Oerter Geilenkirchen und Heinsberg ziehend, bis zum Haupt-Kreis-Orte Erkelenz ausdehnt. Hierbei ist auch hervorzuheben, daß in dem Hause immer und noch bis zur Stunde eine sehr bedeutende Schenkwirthschaft mit dem lohnendsten Erfolge betrieben wird."[575] Es war in Wassenberg wie in anderen Orten des Niederrheins unter anderem üblich, dem Sud Kalbsfüße zuzusetzen, um das Bier sämig und „wohlschmeckend" zu machen. Wilhelm Schreinemachers erzählt, in Wassenberg habe es ein exzellentes Bier gegeben, das sogar der Herzog gelobt habe, wenn er zur „Sommerfrische auf die Wassenberger Burg kam".

Peter Marx, Heimatdichter und Volksschauspieler, hat oft voll Stolz erzählt, daß er direkt aus einer Brauerei auf die Welt gekommen sei. Freilich! In seinem elterlichen Hause, dem früheren Kapuzinerkloster in der heutigen Graf-Gerhard-Straße (Familie Marx-Jakobs), stand vor der kapuzinischen Zeit genau dort, wo die Patres ihre Kapuzinaden vom Predigtstuhl gegen den Alkoholmißbrauch schleuderten, vorher eine Wassenberger Brauerei.

Bleichweiher mit Feuerwehrübungsturm 1911.

DAS HAUPTGERICHT

Juristische Akten

Das Gerichtshaus befand sich jahrhundertelang am unteren Ende der Kirchstraße in der Nachbarschaft zur heutigen Gaststätte Alt-Wassenberg (Roermonder Str. 2, am Eck). Erst Mitte des 18. Jahrhunderts wurde es in ein Haus auf der heutigen Graf-Gerhard-Straße verlegt, das als Vorgänger des Forckenbeckschen bzw. Hastenrathschen Patrizierhauses gelten darf. Im Hintergrund dieses Gebäudes befand sich zeitweise auch das Stadt-Gefängnis (Nähe Buir). Ich erinnere mich eines Hinweises von dem hier wohnenden Lehrer August Pünter, der im rückwärtigen ummauerten Garten die Stelle kannte, wo einst „die armen Säcke, die bedauernswerten Bettler und das bemitleidenswerte Lumpenpack" unter Verschluß gehalten wurden, wobei Pünter bereits bei der Betonung dieser „kriminellen Herrschaften" eine Art sozialpädagogischer Kritik an der damaligen juristischen Praxis durchblicken ließ.
Die Zahl der Schöffen im Wassenberger Hauptgericht war bis um 1550 sechs, später sieben. Der Schöffe wurde auf Lebenszeit gewählt. Besonderes Requisit ist das Wassenberger Schöffensiegel, das uns an verschiedenen Urkunden noch erhalten entgegentritt. Es hat rundliche Form, ist naturfarben oder dunkelgrün bis schwärzlich und zeigt im Dreiecksschild einen doppelschwänzigen Löwen.
In den Urkunden des Stadtarchivs von Wassenberg finden wir mehrfach (leider oft beschädigt) unser Schöffensiegel: In der Urkunde Nr. 22 vom 24. 7. 1512 ist es noch unbeschädigt erhalten.[576] Besonders gut ist sein Dreieckschild mit dem doppelschwänzigen Löwen in der Urkunde Nr. 28 vom 11. 11. 1551 zu erkennen. Der von Armin Tille im Bürgermeisteramt Wassenberg festgestellte Bestand an Urkunden wurde von Tille-Krudewig publiziert. 1935 erschien Reichsoberarchivrat Dr. Wilhelm Kisky an Ort und Stelle, überprüfte das Vorhandene, wobei zusätzlich 10 weitere Stücke — Nr. 8, 18, 19, 21, 24, 25, 26, 28, 29, 30 — und die katholischen Kirchenbücher von Steinkirchen und Birgelen sowie der reformierten Gemeinde Wassenberg als auch eine Karte des Herzogtums Jülich Nr. 36—40 — erfaßt wurden. Damals fehlte jedoch schon Tille Nr. 25, Kirchenbuch kath. Orsbeck 1648—1807 sowie Rentbuch der Pfarrei Orsbeck 1760 f, von Kisky nachträglich als fehlend vermerkt. Wassenberg hat seine neueren Akten bei der Zerstörung des Rathauses am Ende des Zweiten Weltkriegs verloren. Die älteren Stücke sind erhalten geblieben, weil sie 1939 nach innerdeutschen Bergungsplätzen verbracht wurden. Im Zuge der Rückführung des ausgelagerten Archivgutes haben die Wassenberger Akten zeitweilig im Staatsarchiv Koblenz und im Staatsarchiv Düsseldorf gelegen, bis der rührige Amtsdirektor Jakob Wolters 1956 darauf hinwies, daß sie von der Stadtverwaltung gewissenhaft im neuerbauten Rathaus untergebracht werden könnten. Für die Abgabe dieser Archivalien hat Landesoberarchivrat Brandts erschöpfende Regesten erstellt, die im Findbuch des „Direktors des Landschaftsverbandes Rheinland Düsseldorf" vom 2. August 1956 festgehalten sind. (Das gesamte Material liegt mir zur Zeit im Original vor.) Die Wassenberger Gerichtsakten sind im Hauptstaatsarchiv Düsseldorf unter *Jülicher Gerichte XIX (Amt Wassenberg)* großenteils erhalten. Amtsverhöre für die Jahre 1698—1798, Akten zum Haupt- und Stadtgericht Wassenberg KB 1563—1794, KOB 1656—1798.[577] Das Archivmaterial ist so vielfältig und umfangreich, daß man sich einen jungen Juristen wünschte, der hier seine Dissertation originär entwickelte.

Juristische Praxis

Der Wassenberger Vogt führt bei der Gerichtsverhandlung den Vorsitz. Severin Corsten schreibt: „Für das Gerichtswesen stand dem Amtmann der Vogt, anderswo auch Dinger oder Schultheiß genannt, zur Seite. Er rechnete auch die Steuer ab und verwaltete die Einkünfte aus den Brüchten und Wetten, das waren Bußen und Strafgelder . . . Grundherrschaft und Vogtei haben den gleichen Kern, nämlich die Herrschaft über die in der Huld des Herrn stehenden Leute."[578] Im Jahre 1555 führte eine intensive Gesetzgebungstätigkeit im Jülicher Territorium zu einer neuen Prozeßordnung. Die bisherigen Rechtsbücher (Sachsenspiegel, Schwabenspiegel) wurden wie die Volksrechte, die Stadtrechte, die Landrechte (sogenannte „Weichbilder") mit dem römischen Recht in Übereinstimmung gebracht. Die berühmte Bambergische *Halsgerichtsordnung* von 1507 ist die Vorlage für das erste einheitliche Reichsstrafgesetzbuch *des aller Durchlauchtigsten Großmächtigsten Unüberwindlichsten Keyser Carols des fünfften und des heyligen Römischen Reichs Peinliche Gerichts Ordnung von 1532,* kurz *Carolina* genannt.
Eingehende Untersuchungen über die juristischen Veränderungen jener Zeit im Herzogtum Jülich sind vorhanden.[579] Historisch gesehen sind es damals vier rheinische Prozeßordnungen[580]: die Mainzer Untergerichtsordnung 1534, die Trierer Untergerichtsordnung 1537, die Kölner Gerichtsordnung 1537/38 und unsere, für Wassenberg relevante Jülicher Ordnung und Rezeption von 1555. In der Vorrede zur letzteren wird betont, daß in den unteren Gerichten (wie Wassenberg) ein abstrus ungleichmäßiges Recht angewendet wird. Gegen Billigkeit und Gerechtigkeit werde oft verstoßen. Außerdem lägen Ausübung und Rechtspflege durch die Untergerichte schlimm darnieder. Heinrich von Kleists historisches Faktum „Der Zerbrochene Krug" konkretisiert exemplarisch für uns — niederländisch benachbart — den Dorfrichter Adam: „. . . Die Rechtspfleg auf dem platten Land verbessern, die mangelhaft von mancher Seite scheint, und strenge Weisung hat der Mißbrauch zu erwarten . . .". Das Fehlen einer einheitlichen Rechtsüberzeugung ist auch in Wassenberg ekklatant. Der Ruf nach einem Recht, das auf alle Fragen Antworten weiß, ist unüberhörbar.

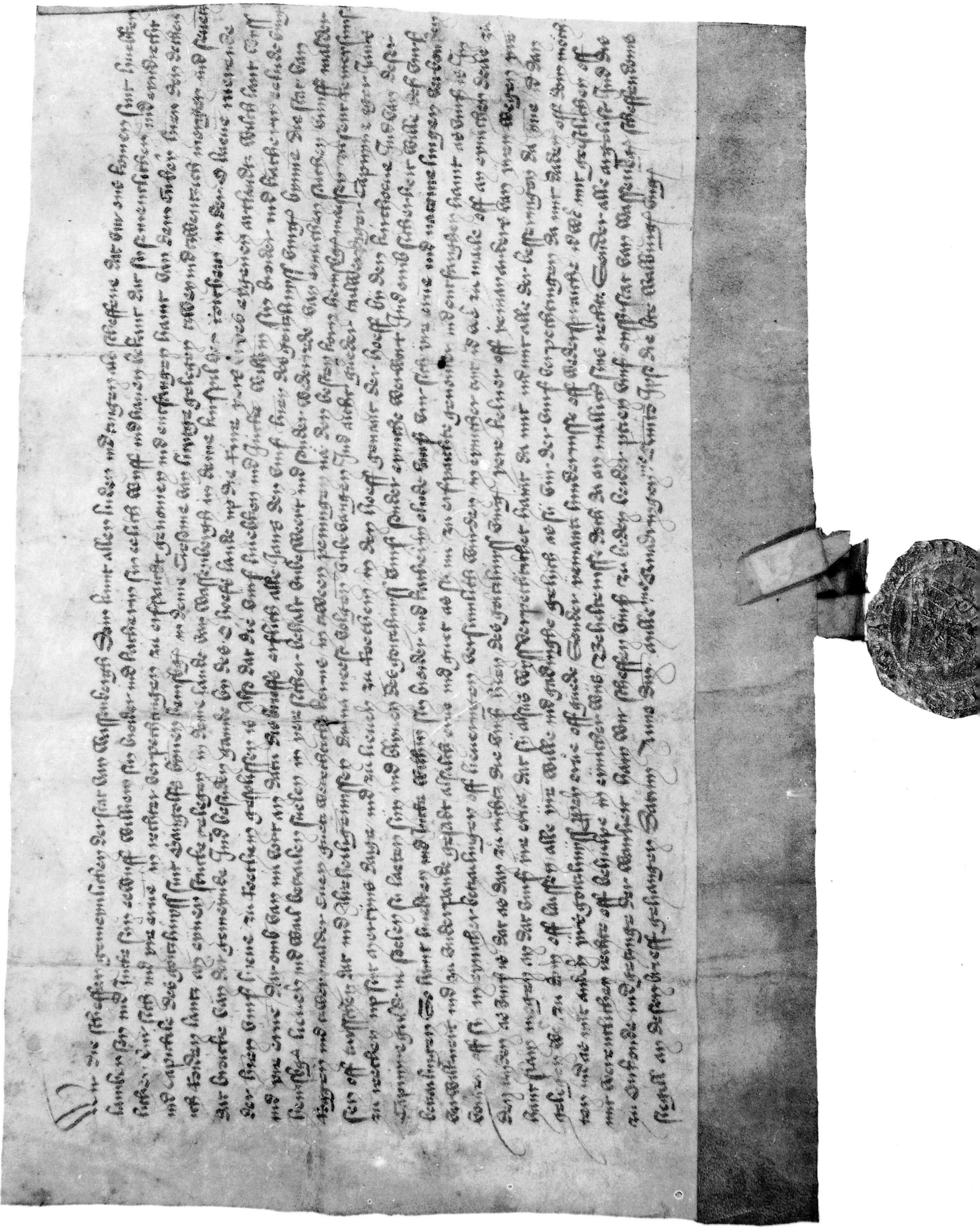

So wird das Recht mehr und mehr formalisiert, und die Übernahme (Rezeption) des römischen Rechts immer spürbarer. In der Vorrede zur Jülicher Ordnung von 1555 begründen die Stände die neue Fassung mit den zahllosen Formmängeln der meisten Urteile der Untergerichte, die dann doch von höherer Instanz wieder aufgehoben werden müßten. Außerdem soll insgesamt die schwindende Autorität wieder aufgebaut werden.
Bei der Schaffung der neuen Gesetze für das Herzogtum greift man nicht auf eigene, vorhandene Rechtsaufzeichnungen zurück. Lediglich das Landrecht von 1537 wird im privarechtlichen Teil (z. B. Ehevertrag „Hylichs verschreibungen") mitbenutzt. Man stützt sich vielmehr auf die Trierer und Kölner Ordnung, auf Bayerisches und Nürnberger Recht. Die Jülicher Ordnung verdient jedoch ein Kompliment im Hinblick auf knappe, klare Sprache und formale Gestaltung. Ihr Verfasser ist der brillante Humanist Konrad von Heresbach.
Um dies alles zu entwickeln, sind landesweite Recherchen notwendig. Am 27. 10. 1550 läßt der Herzog feststellen, ob „in etlichen ampteren der gerichter zo vil, und dass zu verschonung der underdanen etliche mochten bi eingezogen werden."[581] Der Fürst möchte kleinere Gerichtsbezirke zusammenlegen: aus finanziellen Gründen, aus Mangel an Schöffen, Gerichtsschreibern, Fürsprechern. Eine Kommission aus Amtleuten wird gebildet — angeführt von dem Wassenberger Amtmann und Rat Johann von Blomendahl. „Mit vleiss" soll erkundigt werden, wie es juristisch vor Ort aussieht.
In den Rentmeistereirechnungen des Amtes Wassenberg entdecke ich den Aufenthalt der Untersuchungskommission daselbst:

Item als Sybert van der Sleyden dit jair anno 1554 van wegen m. g. h. zweimal mit den amptman Blomendal zu Bruggen und hie zu Wassenberg gewest, belangen die nuwe reformation und gerichtzordnong, ouch des graventz halven zu den fundament umb das schloss Guylich, so hait usw. Item uff dinxtag den 11 ten dach Decembris ist doctor Losshem mit zweien perden zu Wassenberg ainkomen, und folgens am donrestag den 13 ten decembris hait doctor Losshem und der amptman mit den lantscheffen gehandelt. . .

Am 11. 12. 1554 sind die drei abgesandten Fachleute zwecks Erkundigung in unserer Stadt: der Wassenberger Amtmann und Rat Johann von Blomendahl, der Doctor der Rechte Franz von der Mahr genannt Lossheim, der Rat Sybert von Sleyden. Neben der Erkundigung über den Zustand des Wassenberger Gerichtswesens versuchen sie, bei den dortigen Schöffen Verständnis für die ins Auge gefaßte juristische Reform zu wecken.

Im Bericht der Kommission[582] heißt es:

Schöffenurkunde vom 1. Mai 1405 mit dem Wassenberger Schöffensiegel.

Ampt Wassenberg
Hat 5 dinckstoel: 1. Wassenberg, die Stadt, darinnen gehören Gerderad, Myl, Raethum, das kirspel mit seinen zugehoerigen dorfern als zum Bosch und Melisch, Orsbeck, Uphoven, Steinkirchen, Effelt, Birgeln, Wilderaidt; 2. Gladbach, darin gehören die Brugk, Matzenrodt sambt etlichen umbliggenden hoven; 3. Beeck, darin gehoeren Kipshoven, Morsshoven, Schonhaussen, Rat, Holthum und mehre andere hove, so in das kirspel Beeck gehoerig; 4. Melick und Herckenbusch hat Raethum in sich ; 5. Doveren, darin gehoert Huckelhoven, in gehn Haen, Hetzenroed, das kloester Hombusch, Granterod, die Bael, Doverack und noch viele hove.

Die fünf Gerichte des Amtes Wassenberg fallen nicht der Zusammenlegung von Gerichten zum Opfer, sondern bleiben für die Zukunft bestehen.
Nun wird also nach der neuen Ordnung im Amt Wassenberg Recht gesprochen, und die Waage der Gerechtigkeit nach den Vorstellungen jener Zeit bedient. Dabei geht es, aus heutiger Sicht, noch immer brutal und rigoros zu. Verdächtige werden sofort in Haft und Eisen (*in hefft und iser*) gelegt. Das Gefängnis befindet sich zu dieser Zeit noch auf der Burg. Manchmal ist in den Akten vom „untersten Gefängnis" die Rede. Es müssen also im Turm (thorm) mehrere Kerker geben. Nach Stadtarchitekt Will Andermahr sind es im Burgfried und auch unter dem Palas kleine, finstere, überwölbte Räume gewesen, die die Gefangenen aufnahmen. Das Verließ des Bergfrieds befand sich im unteren Turmschacht. Es war durch das „Angstloch" in der Wölbung zu erreichen. „Verliess" heißt nach Grimms Wörterbuch ein Raum, der „sich unter der Erde verliert". Oft werden die Delinquenten zwecks Untersuchungshaft rücksichtslos hineingestoßen oder „humaner" hinabgelassen. Finsternis umgibt sie, weil das Verließ weder *die sunnen noch den monden* sieht. Das Essen wird an einem Seil hinunterbefördert oder einfach hineingeworfen. Wer im Burgverließ landete, bekam Ungeziefer und Ratten „zu Bettgenossen". Der Gefangene wurde in Extremfällen sogar angekettet. Die Anbringung des Eisens in der Wand ist heute noch zu erkennen. Die höllische Statistik bleibt verschollen, wieviele Menschen in diesem „düsteren Loch des Wassenberger Bergfrieds" verschwanden und nie mehr das Tageslicht sahen. Sie sind dort verhungert, verdurstet, verendet.

Strafen

Bei leichten Vergehen wurde der Delinquent durch die Stadt geführt, um einen Bürgen für sich zu finden. Für den Angeklagten trat, wenn er sich nicht selbst verteidigen konnte, ein *Fürsprecher* (Procurator) auf. Die Schöffen entschieden, ob der Angeklagte der „peinlichen Befragung" oder sogar der Folter unterworfen wurde. Die Praxis dieser sadistischen Tortur war grauenhaft. Im 15. Jahrhundert allgemein üblich in ganz Deutschland. Auch die Kirche hat sie sanktioniert. Die Geschichte der Folter macht deutlich, wie eine bornierte Menschheit sich an ihren bedenkenlo-

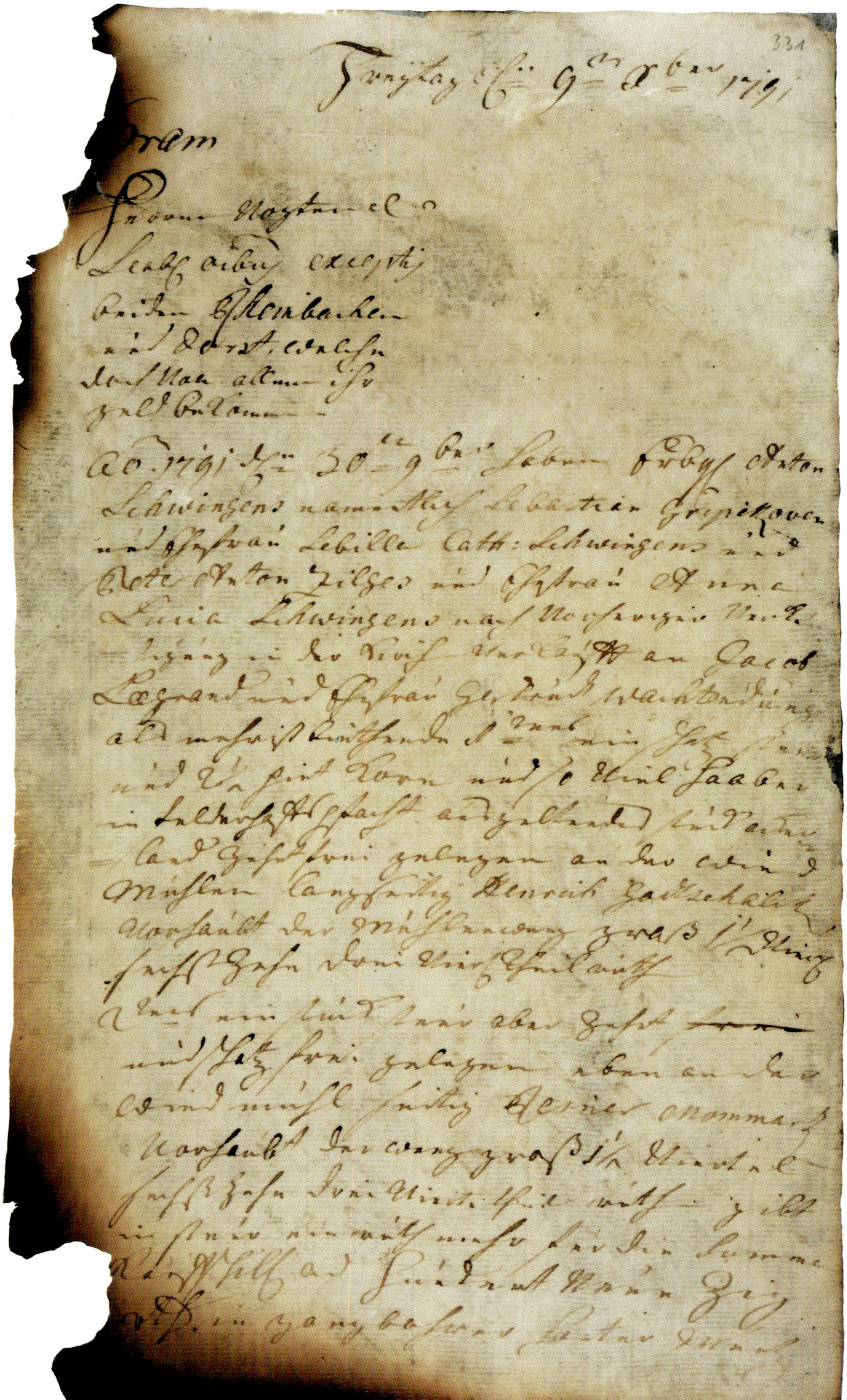

Schreiben an Vogt Joseph Ernst D. Rheinbach und an den Hauptschöffen des Wassenberger Hauptgerichts Dorst wegen eines Erbschaftsstreites. (Jül.Berg. XIX, Nr. 19)

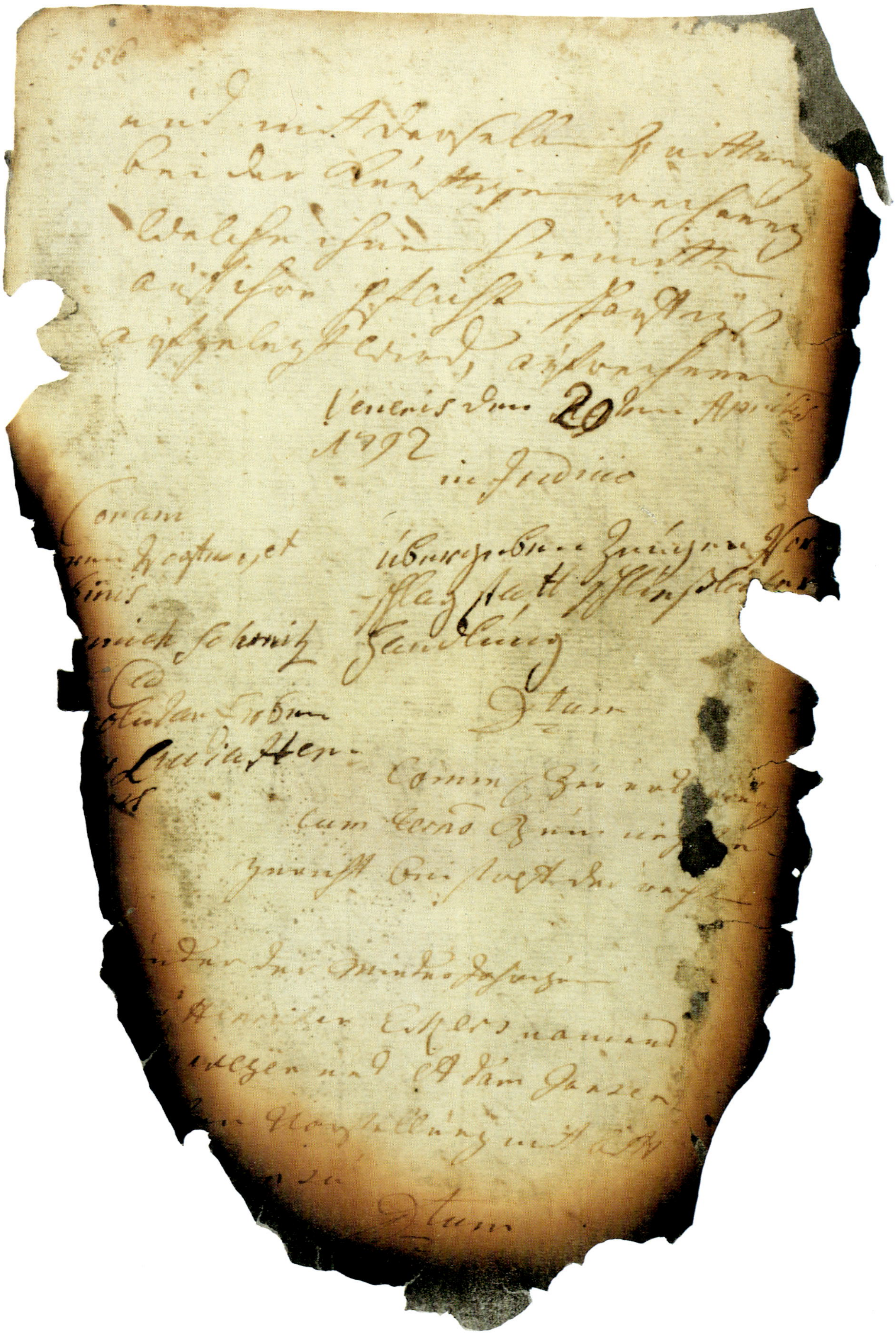

Wassenberger Hauptgericht 1792 (Jül.Berg XIX, Nr. 18)

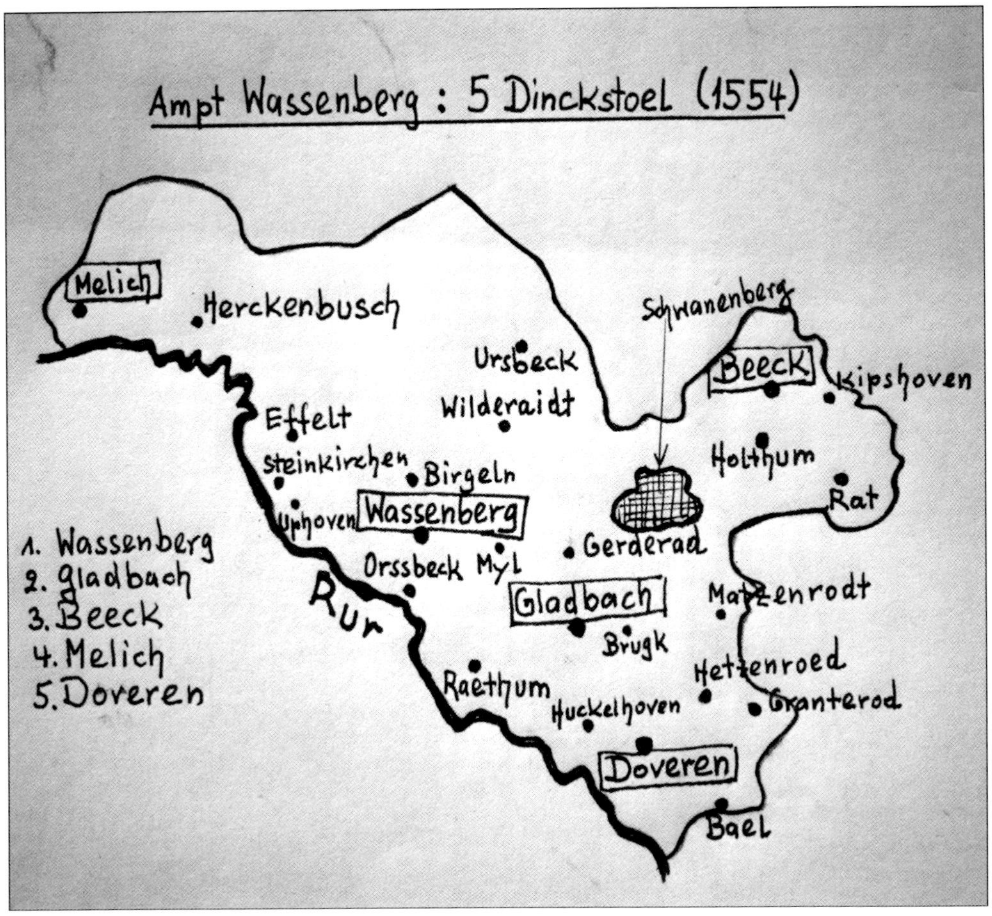

Wassenberg: 5 Dingstühle, Gerichtsbezirke.

sen Einsatz gewöhnt und die Menschlichkeit, die Vernunft, das Mitleid ignoriert. Die Folter ist seit dem Altertum — nur in Israel kam sie nie vor — ein Terrorinstrument bis in unsere Tage. Amnesty International mahnt uns durch ihre Dokumentationen an die Schrecken für Menschen, die anders denken, als die Partei es will.

Auch das Wassenberg von Mittelalter und früher Neuzeit kannte die Folter. Am Ende, wenn der gefolterte Mensch unter furchtbaren Qualen gestand, folgte die drakonische Strafe gleichermaßen für Jung und Alt: Hängen, Köpfen, Rädern, Verbrennen, Ertränken — Hinrichtungsformen, die in Wassenberger Gerichtsakten oft zu finden sind.

Zum Todesurteil durch Ertränken im Wassenberger Stadtgraben sei das Jahr 1555 herangezogen: der wegen Mord vom Wassenberger Schöffengericht zum Tode durch Ertränken verurteilte Notar Verwer (Tinctoris) saß im Verließ der Burg. Man zeigte ihm den Sack, in den er eingebunden werden sollte, um in den Stadtgraben geworfen zu werden. Seine Frau schrieb ein Begnadigungsgesuch (Supplication) an den Herzog. Wie durch ein Wunder gab der Landesherr dem Ersuchen statt, und nach 10-wöchigem Kerkeraufenthalt wurde der Notar auf freien Fuß gesetzt.[583]

Schon in der „peinlichen Befragung" geht es brutal zu: Daumenschrauben, Spanische Stiefel, Ausrenken der Gliedmaßen durch Hochwinden bei gleichzeitigem Anhängen eines Gewichtes. Vogt und Schöffen sind dabei anwesend. Der Gerichtsschreiber notiert die Aussagen des Gequälten.

Vor dem Urteilsspruch kann der Angeklagte noch einmal um „Gnade vor Recht" bitten. Dann fällen die Wassenberger Schöffen ihr Urteil. Oft lautet es auf Tod. Kinder und Jugendliche werden genauso wie Erwachsene behandelt. Die soziale Kategorie „Kind" gibt es noch nicht. Oft kommen ganz junge Burschen, die der Krieg versprengt, in kriminelle Phasen aus Selbsterhaltungstrieb. Neil Postman hat uns dargelegt, daß es damals keine „Idee von Kindheit" gibt. Das Geschlecht eines gestorbenen Kindes wird nicht aufgeschrieben. Es gibt bei den Menschen keine Vorstellung von kindlicher Entwicklung und jugendlichem „Unverstand und Unreife" in Sachen Kriminalität. Postman sagt: „Noch 1780 konnten Kinder für jedes der mehr als zweihundert Verbrechen bestraft werden, auf die der Galgen stand." Ein siebenjähriges Mädchen wird gehängt, weil es einen Unterrock gestohlen hat. 1780 werden in London nach den Gordon Riots (Unruhen) mehrere Kinder öffentlich gehängt.[584] Die Vollstreckung des Urteils erfolgt in Wassenberg jeweils am gleichen Tage, wie die Gerichtsakten ausweisen: „Publicirt und exequirt ist dise sentia des dachs".[584]

Häufigste Todesstrafe ist der Galgen. Der Wassenberger Galgenberg („dr Jaljeberch"), noch heute so genannt, liegt oberhalb des Waldrestaurants „Tante Luzie" in der Nähe der heutigen Klosterstraße. Der Hügel hat viel Schreckliches gesehen, und viele, die „mit dem strick so vom leben zum thodt" gelangt. Die Hinrichtung mit dem Schwert gilt als „human". Bei solchen Ereignissen umstehen meist zahlreiche Zuschauer den Ort der Handlung. Magistrat und Geistlichkeit sind aus offiziellen Gründen anwesend. Sie dokumentieren die Waage der Gerechtigkeit etwa bei „fursetzlichem Morder" oder „unfursetzlichem

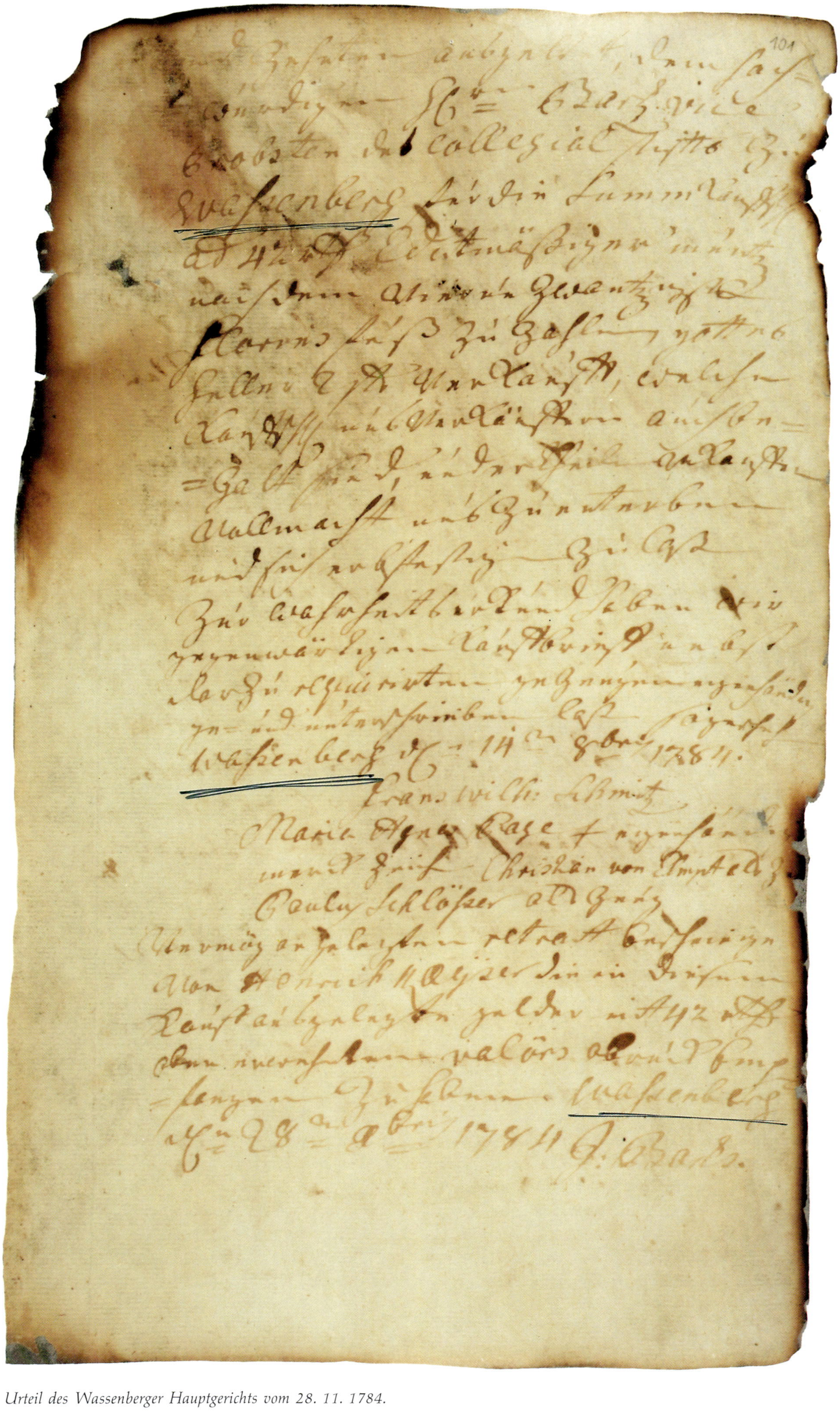

Urteil des Wassenberger Hauptgerichts vom 28. 11. 1784.

Todtschleger". Sie wachen darüber, daß ein „mutwilliger morder mit dem Rade und ein anderer, der einen thodtschlag unfursetzlich oder aus zorn gethon . . . mit dem schwert vom leben zum todt gestraft wird." Im 16. Jahrhundert sind schon strafrechtliche Sachverhalte wie Vorsatz und Beihilfe, Schuld und Rechtfertigung durchaus im Blick der Jurisprudenz.
Unterwegs zum Galgenberg verweilt der Verurteilte in Wassenberg noch einen Augenblick an einem religiösen Bildstock, der den heiligen Sebastian zeigt, in der Nähe des Brühltores. Dann wird er an eine Karre gebunden und durch die „bruel" zum Galgenberg geführt. Am Richtort erfleht ein Geistlicher für ihn die Barmherzigkeit Gottes. Das Urteil wird sodann noch einmal verlesen. Dann zerbricht der Vogt ein Holzstäbchen („den Stab über jemand brechen"). Bei einer Enthauptung kniet der Verurteilte vor dem Scharfrichter nieder. Vor ihm liegt ein Korb, in den sein Kopf nachher hineingelegt werden soll. Der Scharfrichter zieht dem Knienden die Mütze über die Augen und spricht dabei die Formel: „Kurze Not, sanfter Tod, Gnad bei Gott". Die Erhängten bleiben noch längere Zeit zwecks Abschreckung am Galgen hängen. Nach „gedaener Anklagh" ist der „beclagte Mißthaetter" gerichtet, „ von leben zum todt" befördert und „sien leib in die Erde begraven".
Der Henker ist nicht nur der Vollstrecker des „Halsgerichts", er übernimmt auch Vermögens- und Körperstrafen. Freiheitsstrafen kennt diese Epoche noch nicht. Ohren werden geschlitzt („Schlitzohr"), Zähne ausgeschlagen, Hände abgeschlagen, Brandmarkungen vorgenommen. Die Verbrechen reichen von „Majestätsbeleidigung" bis zum „einfachen Totschlag", von Mord aus Raubgier bis zu Diebstahl und Betrug. Die Gesellschaft erzeugt, ohne es zu merken, ein Heer von Ausgestoßenen und „Verkommenen", von Bettlern und Freibeutern, von Plünderern, Strolchen, geflohenen Schuldnern, unheilbar Kranken, geistig Behinderten, Blinden, abgedankten Landsknechten, Waisen. Besonders Bettler werden als „plage" empfunden, weil sie nicht arbeiten und sich damit der „innerweltlichen Askese" (Calvin) entziehen. Durch drakonische Strafen sollen sie auf den Weg der Ordnung zurückgeführt werden. Sie alle werden „das arme Lumpenpack" vermehren, von dem der alte Wassenberger Lehrer August Pünter weiter oben sprach. So wächst auch die Zahl der Gerichtskrüppel als dämonische Beispiele der Zeit. Unter ihnen die verfolgten Juden, Zigeuner und „Fremde".

Der Scharfrichterberuf, von Grauem umwittert, gilt auch in Wassenberg als „unehrlich" (nicht zunftgemäß). Der Henker darf kein Wassenberger Gasthaus betreten. Man darf ihn nicht anrühren. Kein ehrlicher Mann verkehrt mit ihm. Erst 1819 läßt eine Kabinettsorder Friedrich Wilhelm des III. von Preußen die Scharfrichter zum Militärdienst zu.

Besonders in den unruhigen Zeiten des „Hundertjährigen Krieges" mit seinen „Mordbuben, seinem Gesindel, seinen entlaufenen Söldnern, seinen Streiffern, Freibeutern, Plünderern, Straßenschändern" muß der Scharfrichter oft in Aktion. Zahlreiche Angaben finden sich darüber in den Wassenberger Gerichts-Akten des Hauptstaatsarchivs Düsseldorf.

Ein junger italienischer Soldat wird 1584 von Wildenrathern bei der Plünderei ertappt, ergriffen und nach Wassenberg in Verließ geschafft. Rentmeister und Vogt Freiherr Johann von Zuyrß[585] schreibt in seiner Jahresbilanz von 1587, daß am 14. 10. 1587 plündernde, herumstreunende Soldaten den Dederichen Baever (Bauer) bei Arsbeck, der im Meinwegwald Torf sticht, überfallen, sein Pferd ausspannen, um es zu rauben. Dederich wehrt sich verbissen. Durch den Lärm eilen Nachbarsleute herbei und greifen ein. Die Täter fliehen, werden verfolgt, eingeholt. Einer wird gefangen und nach Wassenberg gebracht. Das Hauptgericht macht kurzen Prozeß mit ihm und verurteilt ihn zum Tode. Auf dem Galgenberg endet er am Strang. Seine Leiche bleibt zwecks Abschreckung länger hängen. (*Dederichen Baever sein pferdt gewaltsamer thatt außzuspannen und hinzuführen, drauf die nachbarsleuth etliche herzugelaufen, haben die Theter verfolgt und am 14. oct. 1587 einen gen Wassenberg gefenglich gebracht und in Haftung überliefert*).

Ratheimer Schützen erwischen 1586 zwei blutjunge Burschen, die verirrt, versprengt und verlaufen, ohne „passeport" angetroffen werden. Einer hat eine junge Frau mit einem Kleinkinde bei sich. Die beiden werden nach Wassenberg gebracht, dort gefoltert. Einer gesteht unter höllischen Schmerzen „heimliche Mordtaten". Tod durch den Strang lautet das Urteil. Seine junge Frau wird davongejagt. Mit ihrem Kind flieht sie in das Heer der Hoffnungslosen und Verzweifelten.

Wassenberg. Anfang des 19. Jahrhunderts. Zeichnung: Dombaumeister Dr. Heinz Dohmen, Essen.

Verlorenenturm, letztes Verließ für die Delinquenten vor der Hinrichtung. Foto: Robert Kreutz, Wassenberg/Philadelphia/USA.

Auch ein Selbstmörder wird noch bestraft: „Der Selbstmord war eben nach mittelalterlicher Anschauung gleichfalls eine verbrecherische Tat, ein Mord am eigenen Leben, und wurde daher auch noch am toten Körper geahndet. Am 22. Januar 1597 hatte sich Mewiß, ein Mörder, der Tags zuvor ‚appraehendirt und in den Thurm gesetzt' worden war, aus Furcht vor der Strafe entleibt. Nach der Besichtigung der Leiche durch die Schöffen wurde entschieden, daß ‚der corper an die gewoenliche Gerichtsstatt geschleifft, durch den Scharfrichter uff ein Radt (Rad) gelecht, daran zwei Kluppel (Knüppel) gehencket und ein Schoif Store (Bündel Stroh) uffgesteckt und folgens zwischen Himmel und Erden, andern zum Abscheu erwecken, soll uff gericht werden'".[586] Birgelener Schützen fangen im gleichen Jahr fünf Herumstrolcher: drei werden peinlich examiniert, zwei gefoltert, alle durch das Wassenberger Gericht zum Galgen verurteilt.

So mancher Delinquent wird aus der Stadt und dem Lande Wassenberg ausgewiesen. Er darf das Territorium nie mehr betreten. Aus diesem Grunde muß er Urfehde schwören. Sie bedeutet, daß er wegen seiner gerichtlichen Leiden in der Stadt, vor dem Tribunal und im Kerker sich später an niemandem rächen werde oder Rache durch andere zulasse. 1572 schwört Hendrik Beest Urfehde in Wassenberg, nachdem er „binnen der stat nu wieder in gnaden erledigt und relaxiert", nie gegen Amtmann, Vogt, Bürgermeister, Schöffen, Räte, Boten, Schreiber, Diener und alle Bürger Wassenbergs rächend auftreten werde — „wedder mit worten noch mit wercken, wedder heimlich noch öffentlich, weder mit händen oder geschirr".

Für leichtere Vergehen ist als Ehrenstrafe der Pranger da. Er steht in der Nähe des Roßtors, also wohl auf dem *Pley* neben dem heutigen alten Rathaus. Der „dicke Poahl", der *Kax* oder Schandpfahl, ist ein oft gebrauchtes „Erziehungsinstrument". Der oder die Verurteilte wird daran gefesselt. Um den Hals legt man ihm je nach Schwere des Vergehens ein mit Eisenstacheln versehenes Halsband. Neugierige kommen herbei und weiden sich an der öffentlichen Schande: „zwei stund an dr poahl gestellt wegen begangener mißthatt und in den halßbandt durch den scharprichter". Im Lauf der Jahrhunderte erweisen sich Blutrache und Fehde als unzulänglich. Das Recht übernimmt nach und nach die Aufgabe, gleichsam alle jene Fehden zu führen, die sonst die Parteien durchstehen müssen. In der Feudalgesellschaft sind Diebstahl und Mord auch am Wassenberger Hauptgericht die am meisten gehaßten Verbrechen, weil das Eigentum mehr und mehr in den Mittelpunkt rückt. Zum Vergleich: 1532 greift Heinrich von Kleists „Michael Kohlhaas" zur Selbsthilfe, weil er kein Recht in Sachen Eigentum (zwei Pferde schlecht gepflegt im Stall des Junkers Zaschwitz) bekommt. So wird er aus empörten Rechtsgefühl zum Mordbrenner und Wegelagerer. 1540 erreicht ihn die hohe Gerichtsbarkeit. Er wird gerädert.

Die Blaatesräuber

Wer an das Wassenberger Hauptgericht und den Galgenberg denkt, dem kommen auch die *Blaatesräuber* in den Sinn. Die Geschichte soll sich 1550—1551 unter Vogt Heidtmann und Gerichtsschreiber Busch zugetragen haben. Beide waren damals nicht im Amt, sondern erst um 1700. Die von dem Wassenberger Gemeindesekretär Franz Heyden herausgegebene Räubergeschichte erschien bei Keussen in Krefeld 1876. Sie trug den Titel „Eine Räuberbande vor 300 Jahren". Räubergeschichten waren im vorigen Jahrhundert äußerst beliebt. Das volkstümliche Erzählgut des 19. Jahrhunderts ist oft mit Räubergeschichten durchsetzt. Sie gehören in eine Entwicklungsreihe mit den Schauerromanen des 18. Jahrhunderts und den Krimis unserer Gegenwart. Zumeist handelt es sich bei den Räuber-Stories um Lokalisierungen bekannter Räubermotive. So gibt es im Rheinland mehrere Tausend Schinderhannesgeschichten, die sich auch bei unseren „Blaatesräubern" widerspiegeln. Da das Volk den Räubergestalten immer eine gewisse Sympathie entgegenbrachte, konnte der Wassenberger Autor Franz Heyden keinen populäreren Stoff „zum Besten der Allgemeinen Landesstiftung" finden. Er griff für seine Blaates-Darstellung das auf, was sich an Schinderhannes- und Bockreitergeschichten im hiesigen Raum niedergeschlagen hatte. Alle Blaates-Waldszenen sind bekannte Schinderhannes-Motive. Den „Ereignissen" werden überaus geschickt beurkundete Namen, Orte und sogar historische Begebenheiten aufgesetzt. Natürlich ist auch die Henkersmahlzeit, das weiter unten noch zu beschreibende „Blaatesräuber-Schnitzel" (nichtpaniertes Schweineschnitzel mit Käse überbacken, umgeben von gerösteten Maronen, Pfifferlingen nebst blauen Waldbeeren und einer einzelnen frischen oder trockenen Eichel) reiner Humbug.

Kein Wunder also, daß sich die Blaates-Story bis in unsere Zeit unverändert gruselig und grausam erhalten hat. Noch 1921 wurde sie im M.Gladbacher Familienkalender nachgedruckt.[587]

Die Geschichte spielt zwischen Gerderath und Myhl, wo es einen Wald namens „Blaates" gab. Mittendurch führte der Handelsweg nach Köln. Hier hausten die Blaatesräuber und überfielen jeden, der etwas Wertvolles mit sich führte. Die Leute warnten sich mit dem am ganzen Niederrhein bekannten Imperativ: „Wea well joan van Jiedere noah de Myehl, de mot joahn am Daach on met jruete Iéhl!" (Übrigens eine Umformulierung einer vielerorts im Rheinland vorkommenden Räuber-Warnung.) Die Blaatesräuber taten alles, was alle Räuber in allen Räubergeschichten tun: sie spannten Schnüre, woran eine Schelle befestigt war, über die Straße und fielen über ihre Opfer her, sobald es klingelte. Die Räubergeschichte berichtet, daß im Dezember 1550 zwei in Bauerntracht verkleidete Kompanien Grenadiere, denen noch Reiter, Jäger, Förster beigegeben waren, das Blaates umzingelten und die Räuber gefangennahmen. Im Unterschlupf fand man Gold und Silber, Kleidung, Waffen und wertvolle Gegenstände aller Art. Wo der Weiler Vossem liegt, stieß man auf zahlreiche Leichen.

Das Hauptgericht in Wassenberg ließ die Räuber foltern. Als sie alles gestanden hatten, wurde das Urteil

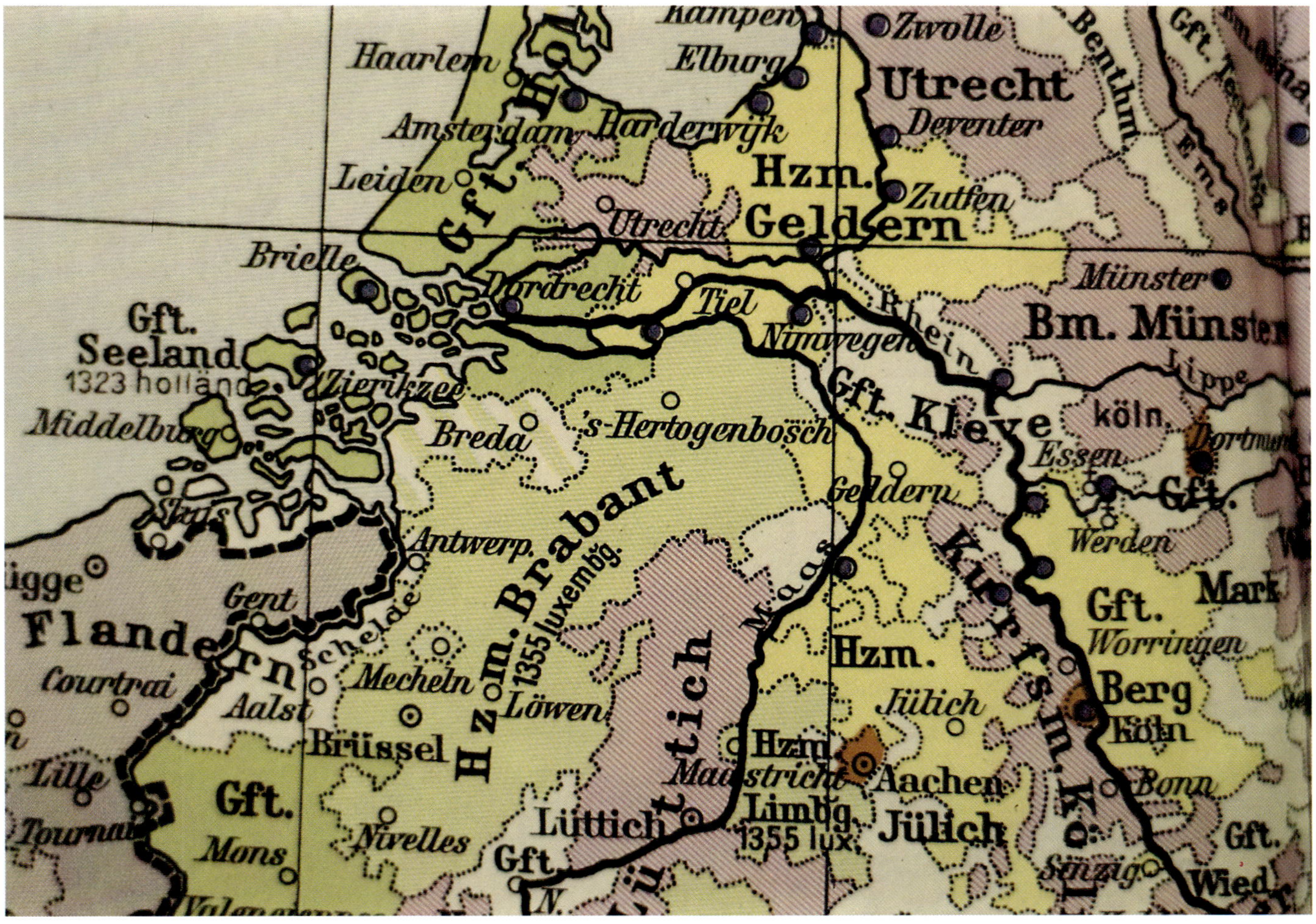

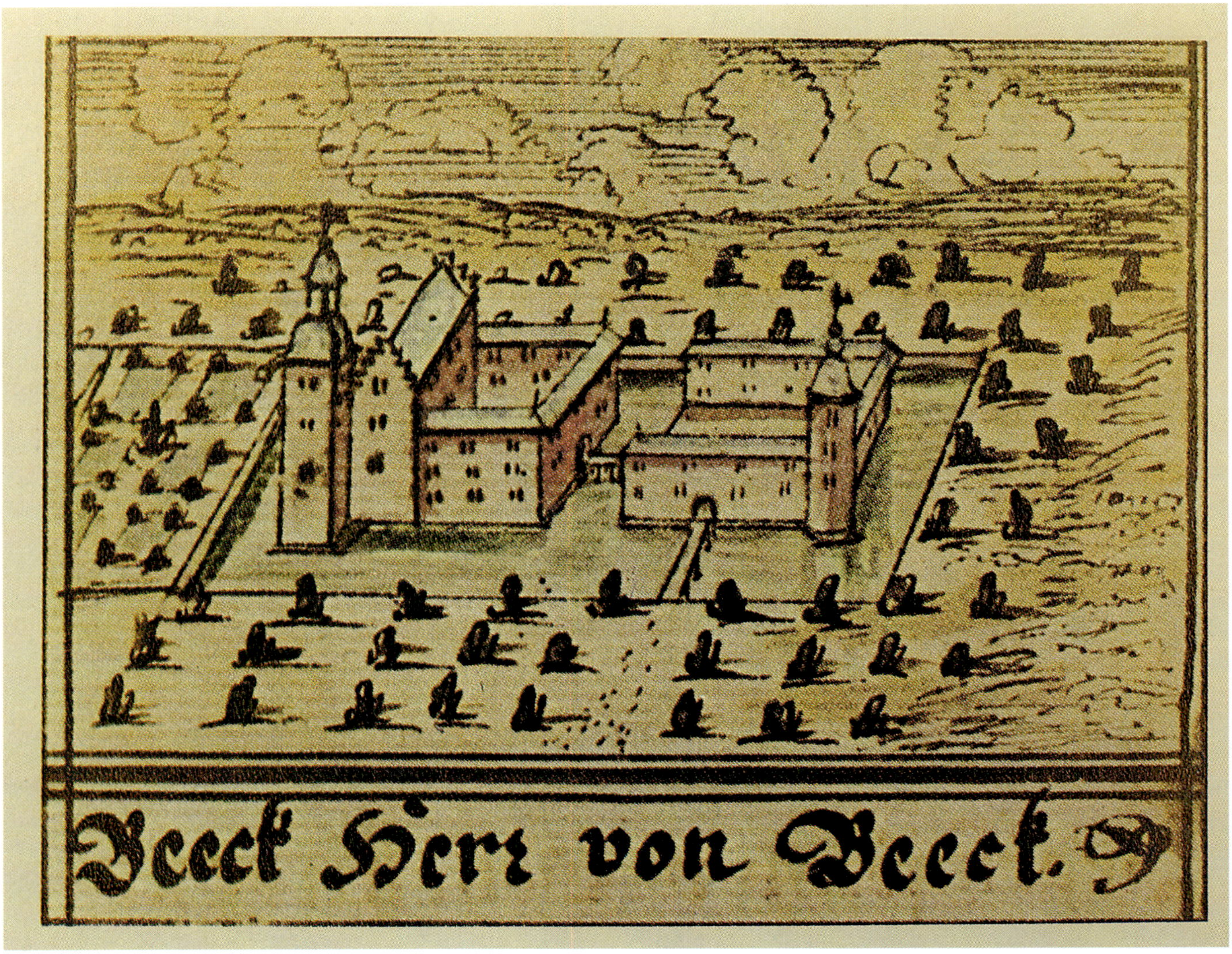

Beeck. Codex Welser 1723.

gesprochen. Der Räuberhauptmann Hessel wurde „lebendig gerädert", in furchtbarer Weise gequält und erst nach stundenlanger Prozedur zum Tode gebracht. Seine Spießgesellen kamen alle an den Galgen und blieben dort solange hängen, bis sie herunterfielen. Die Räubergeschichte erzählt: „Auf dem Galgenberg wurden 18 Galgen errichtet, welche wie ein verdorrter Wald aussahen". Natürlich macht es sich gut, wenn an einem solchen Hinrichtungstage noch etwas Spektakuläres geschieht. Der Wassenberger Autor der Räubergeschichte zieht dazu keinen geringeren als Kaiser Karl V. heran, der mit seinem Kriegsheere auf dem Wege nach Roermond (Geldrischer Erbfolgekrieg: 29. 8. 1543) bekanntlich nach Wassenberg kam, die Räuber baumeln sah und in abendländischer Würde majestätisch ausrief: „Sei mir gegrüßt, du heilige Gerechtigkeit!" Der Leser erschauerte ob solcher Dramaturgie.

DIE STEUER

„Wassembourch sull die stuir betalen"

Steuer scheint eine urmenschliche Notwendigkeit, aber auch ein archaisches Ärgernis. Im Herzogtum Jülich wird sie durch die *lantschafften verordent und gesatzt.* Wenn sich eine Stadt wie Wassenberg wegen zu hoher Veranlagung beschwert, erhält sie die kühle Antwort, „dat wir unss darane nit keren".

Nach dem Ende des Geldrischen Erbfolgekrieges 1543 findet die übliche Huldigung des Landesherrn in der Georgsbasilika von Wassenberg statt. Bei dieser Gelegenheit tragen Pfandherr und Amtmann Nikolaus von Mirbach und seine Schöffen den herzoglichen Räten vor, der Fürst möge doch Wassenberg den *Schatz* (Bede, Steuer) erlassen, den Graf Vinzenz von Moers 1455 in einer Höhe von 250 Goldgulden einführte, und den Pfandherr Werner von Palant jr. auf 300 Goldgulden anhob. Die Räte versprechen, wie immer bei festlichen Gelegenheiten, das Beste zu tun. Es geschieht natürlich nichts.

Nach der Kriegsbelastung von 1542/43 sehnt sich jedermann nach Entlastung. Der „Schatz" ist eine Grund- und Gebäudesteuer. Sie fließt in die landesherrliche Kasse *Camera*. Die Papierberge von Wassenberger Rentmeistereirechnungen im Hauptstaatsarchiv Düsseldorf enthalten unzählige Schatzauflistungen durch die Jahrhunderte und Schatzzettel. Die Verwendung der Schatzsteuer steht allein dem Landesherrn zu. In Wassenberg wird der Schatz auf „huys, schuyr, garden, lande, benden, buyschs" erhoben.[589] Steuereinheit ist der Morgen. Für kleine Grundstücke berechnet man nach „Viertels" und „Ruten". (Kölnischer Morgen = 3176,61 qm = 150 Ruten. Waldmorgen = 180 Ruten. Die spätere Rhein. Rute ist 3,76 m im Quadrat.) Herkunft und Name des „Schatz" wandeln sich in den Aufzeichnungen der Wassenberger Rentmeister. Da wird von Bede, Bedeschatz, Bedtschatz, Borchschatz, Brandschatz und 1791 sogar von „Brandholzschatz" gesprochen. Wahrscheinlich weiß man späterhin immer weniger, woher eigentlich diese Steuer kommt. Das Wort *bede* deutet an, daß die steuerliche Leistung ursprünglich mehr oder weniger freiwillig ist. Bede kommt von Bitte. Bei steigendem Finanzbedarf des Landesherrn kommt man aber mit „Bitten" nicht mehr zu Rande. Die Steuer wird immer mehr harte Pflicht und Gesetz (petitis, exativ). Zwar sehen die Untertanen noch immer die Bede bzw. den Schatz als Äquivalent für den *Schutz* an, der ihnen vom Landesherrn garantiert wird, aber desungeachtet wird diese Steuer als Last empfunden, wie die Bitte der Wassenberger Verwaltungsspitze bei der Huldigung in der Georgskirche verrät.

Die Stadt Wassenberg selbst als ummauerter Wohnort ist bis 1644 noch schatzfrei, die umliegenden Dörfer im Amt aber müssen zahlen. Erst ab 1692 wird auch die Stadt Wassenberg zur Kasse gebeten. Sie muß nun den 25. Teil des Amts-Schatzes von 300 Goldgulden, also 75, aufbringen.

Die Wassenberger Schatz-Matrikel vom Jahre 1644 nach den Rentmeistereirechnungen:

Dovern/Hückelhoven: 56 1/2 Goldgulden (pro Morgen 7 Albus)
Kleingladbach: 35 Goldgulden (pro Morgen 4 1/2 Albus)
Beeck: 60 Goldgulden (pro Morgen 5 1/2 Albus)
Ratheim: 22 1/2 Goldgulden (pro Morgen 4 1/2 Albus)
Gerderath: 19 Goldgulden (pro Morgen 4 Albus)
Myhl: 6 1/2 Goldgulden (pro Morgen 4 Albus)
Orsbeck: 8 1/2 Goldgulden (pro Morgen 4 1/2 Albus)
Birgelen: 8 1/2 Goldgulden (pro Morgen 5 1/2 Albus)
Wildenrath: 6 Goldgulden (pro Morgen 5 1/2 Albus)
Arsbeck/Rödgen: 20 Goldgulden (pro Morgen 11 Albus)
Melick/Herkenbosch: 40 Goldgulden (pro Morgen 10 Albus)
Effeld/Steinkirchen: 12 Goldgulden (pro Morgen 7 1/2 Albus)
Ophoven: 6 Goldgulden (pro Morgen 7 1/2 Albus)

Die Rittersitze sind schatzfrei, weil sie auf eigene Kosten den Dienst mit Pferd und Harnisch zu leisten haben. Ob allerdings Ritter von erworbenen schatzpflichtigen Gütern die Schatz-Steuer zu zahlen haben, bleibt eine hartnäckige Streitfrage zwischen ihnen und dem Herzog. Im Lande Wassenberg finde ich für 1558 in den Mannkammerakten nur vereinzelt Ländereien, von denen ein ritterlicher Besitzer Schatz zahlt. Schatzfrei sind auch Geistliche, Lehnsleute und Freie. Letz-

„Aan de Wenkmüehle".

tere aufgrund ihrer Dienste. Unter „Freien" versteht man „schatzfreie Leute". „Frei" ist hier kein Standesrecht.
Die Verteilung der Gesamtumlage wird auf einer Versammlung am Amtssitz bekanntgegeben. 1553 heißt es für Wassenberg (Rentmeistereirechnung), daß alle Schöffen der Stadt und des Landes Wassenberg, die Gemeindeboten und viele andere, insgesamt 73 Personen, zu diesem Meeting erscheinen. Werner von Palant jr. übernimmt die Beköstigung. 1533 erhält der Wirt pro Kopf 3 Schilling. Dafür gibt es eine Quart Bier und ein gutes Essen. (Die Quart Bier ist ein volles Maß = 1,14 Liter. Eine Quart kostet damals in Wassenberg 1 Schilling.) Die Nachfolger Palants übernehmen schon nicht mehr die Spesen der Versammelten. Die Unkosten müssen nun aus dem steuerlichen Gesamtaufkommen bestritten werden.

Steuerarten

Der Schatz wird von Haus zu Haus eingesammelt. Der Bote, „der bott", ist deshalb eine nicht gern gesehene Person.
Neben dem Schatz, neben Getreide, Rauchhühnern, Kapaunen, anderen Naturalien und Holz u.a. drückt die landesherrliche Akzise-Steuer. Sie ist eine indirekte Verbrauchssteuer, die auch in Wassenberg für „win, bier, botter, keesen, herink" anfällt. Steuerzahler sind Gastwirte und Bäcker. In Wassenberg gibt es, wie wir sahen, 9 Brauereien. Allerdings darf die Stadt ihre Akzise selbst verwenden: „die accyß, so der stat allein zukompt", während die Akzise des flachen Landes, der „dorperen", dem „gnedigen herrn zukompt". Städte haben eben größere Unkosten als Dörfer.
Der Landesherr ist in dauernder Finanznot. Trotz Verpfändung von Ämtern und Herrschaften an reiche Adelige (wie z. B. ab 1534 Wassenberg an Nikolaus von Mirbach) reichen die Einnahmen nicht aus. So greift eine direkte landständische Steuer nach dem armen Geldbeutel des Landmannes. Ihr Name: Grund- und Gebäudesteuer, Repartitionssteuer. Damit nicht genug, es folgt die Gewinn- und Gewerbesteuer. Sie lastet grundsätzlich auf schatzfreien Personen. Der Name „Gewinn- und Gewerbesteuer" kommt von „das Land gewinnen", was soviel wie „das Land bestellen und bebauen" heißt. Gewerbe bedeutet Verkauf landwirtschaftlicher Produkte durch Bauern, also eine Art Umsatzsteuer.[590]
Die Rentensteuer wird zur Zeit Werner von Palants jr. für Ausländer sowie für rentenberechtigte Bürger, Freie, Lehnsmannen erdacht. Die Familiensteuer kommt 1705 auf, verschwindet aber 1725 wieder. Ihr Anschlag richtet sich nach der Größe des Gewerbes und des Vermögens, so daß jede Familie in Wassenberg „wegen privatbrauens, schlachtung und kaufhandels von geweb und nahrung mit 2 Reichsthaler jede person wegen des gemals (des gemahlenen Getreides) auf 1 Reichsthaler und 15 Stüber" gesetzt werden soll.[591] Die „bestialien" (Tiere) werden in Wassenberg wie folgt veranschlagt: *pferdt 1 rtlr. 4 stüber, kuh 36 stüber, Füllen 20 stüber, Ochs 40 stüber, Rind 15 stüber, schaf 3 stüber, Geiß 16 stüber.*[592]
Der Steuerzettel eines wohlhabenden Bürgers sieht 1781 folgendermaßen aus:
Johann N. ein Bauer und Herberger hat an Landery 23 Morgen = 34 Rthlr 40 Albus; Wiesen, Benden oder Weiden 3 Morgen = 4 Rthlr 40 Albus; Baumgarten 4 Morgen = 6 Rthlr. 60 Albus; Schlagbusch oder Holzgewachs 1 Morgen = 1 Rthlr. 40 Albus; Weingarten 4 Morgen = 6 Rthlr. — Familientax 24 Rthlr. — 2 Pferdt 6 Rthlr., 4 Kühe 1 Rthlr. 32 Albus. Wegen Pension 2 Rthlr. — Zusammen 86 Rthlr.[593] Unter den herzoglichen Räten gibt es genügend kreative „Steuer-Erdenker". Als 1532 die Türkensteuer aufzubringen ist, greift man zu einem einfachen Mittel. Man zählt die Köpfe seiner Lieben. Die Kopfsteuer ist geboren, die Kommunikantensteuer.
12.000 Goldgulden werden 1532 benötigt. Jeder Kommunikant soll den gleichen Betrag, nämlich 6 Albus, entrichten. Ausgenommen sind nur die Armen, die „nit erf und gut haven und die schwach und krank sin". In einem undatierten *Ufzeichniss* finde ich Hinweise, wie die Kommunikantensteuer angesetzt wird: „Die armen und unvermögenden sullen verschoint und den reichen des zu mehe, doch nach eines idern gelegenheit und gestalt uferlecht werden, damit die somme der 6 alb. van iderm communicanten volkommentlich gelievert werd. Das gesint in der ritterschafthuiser ist zu setzen wie die andern. Ein jeder huisgeseess soll fur sich und sin huisgesint geven und sulchs dem huisgesint an sinem lohn abziehen. Ein dienstbode mansperson, der über 3 gulden lohn verdient sal geben 4 alb. und ein ider frauensperson, die über 3 gulden loihn verdient 2 alb. Die unter 3 g. verdienen, sullen nit geven".[594]
Die nächste Kopfsteuer ist allerdings erst wieder 1663 fällig. Diesmal nicht nach einem pauschalen Satz für alle, sondern gestaffelt nach Berufsklassen. Die Kopfsteuerordnung hat folgende Satzungen: Der Familienvater zahlt den vollen Satz, „jede Fraw gibt ihres Manns tax halb, jeder Sohn, so vierzehn jahr alt und in seiner Eltern brodt ist, gibt den vierten theill seines Vater taxae". Wenn in einer Person verschiedene „officia aut qualitates concurriren, daß gleichwoll mehr nicht alß auff einß, welches im höchsten anschlag ist, die reflexion gemacht und darnach capitirt werden solle. Item ein Judt (Jude) zwey Rtlr, deren weiber die halbscheidt, und Söhn und Döchter einen vierten theill; ein wittib (Witwe), wenn sie des hantierung ihres mannß treibet, soll geben von des Mannß taxa drei viertentheill, für sich selber aber freybleiben; Knecht und Mägdt den funffzehenden theill ihres lohns, welches die herrschafften einbehalden und bezahlen sollen. Sodann jedes pferdt, welches zweyjährig ist, einen halben Rtlr. Jeder Esel zehn Albus, ein Rind 6 Albus, ein Schwein, so vor dem Hirten getrieben werden kan und vollen huetlohn gibt, drey albus, die übrige Schwein aber die halbscheidt, ein schaff, geiß, welche einjährig seint, jedes zwey albus."[595]
Die erste landständische Steuer wird 1521 infolge eines zu niedrigen direkten Steueraufkommens bewilligt.[596] Sie ist verhältnismäßig gnädig dimensioniert.

Blick gegen Effeld. 1986. (Foto Ekkehard Heinrichs)

Auf dem flachen Lande werden 2 Schillinge pro Tonne Bier und 2 Gulden pro Fuder Wein erhoben. 1538 wird eine solche indirekte Steuer für den Festungsbau gebraucht.
Gegen Ende des 17. Jahrhundertts arbeitet die herzogliche Regierung an einer völligen Neuordnung des Steuerwesens. Eine allumfassende, zeitlich unbegrenzte Steuer ist das Ziel. Es ist die Zeit des Akzisestreits. Als Ideal schwebt den Steuersachverständigen die sogenannte Generalakzise vor. Der Halberstädter Steuerrat Christianus Teutophilus (Tenzel) erregt Aufsehen mit seiner Abhandlung über die „Entdeckte Goldgrube in der Akzise".
Am 1. 3. 1700 tritt die Licentordnung in Kraft. Die steuerpflichtigen Waren sind in 5 Gruppen eingeteilt:

1. Wein, Branntwein, Essig, Bier.
2. Getreide und Feldfrüchte aller Art.
3. Fleisch und Schlachtvieh.
4. Viktualien und Kaufmannschaften. Michprodukte, Gewürze, Haushaltswaren, Metalle, Stoffe, Baumaterial.
5. Vieh (kein Schlachtvieh).[597]

Die Licent-Steuer wird gleich dreimal erhoben: beim Hersteller, beim Verkäufer, beim Verbraucher. 1705 wird der Licent allerdings aufgehoben, und die Consumtionssteuer ist an der Reihe. Sie liegt auf allen „zur Mühle gebrachten" Feldfrüchten. An der Pletschmühle/Orsbeck und der Werdermühle/Wassenberg werden 60 Albus für 1 Malter Weizen „konfisziert", 30 Albus für einen Malter Roggen, Bohnen, Erbsen, 20 Albus für Gerste, Görthe (Grütze), Mehl, 22 Albus für Hafer, Buschweiden, 80 Albus für Frucht zum Branntweinbrennen.[598]
Die Steuern im Herzogtum Jülich bringen im Jahre 1690 genau 713 650 Reichsthaler ein, im Jahre 1698 sind es 628 771 und im Jahre 1702 hat sich die Zahl auf 1 021 022 Reichsthaler erhöht. Das „Güliche alte Lande-Matricul von 1705" sieht bei einer Gesamtsteuersumme von 666 666 Reichsthalern für Wassenberg 21 516 Reichsthaler, 53 Albus und 4 Heller vor. (Zum Vergleich: Geilenkirchen 9 613 Rtlr, Randerath 6 478 Rtlr, Heinsberg 25 579 Rtlr und Millen 24 242 Rtlr.)
In der Jülicher Matrikel von 1794 finde ich Wassenberg mit 5 530 Reichsthalern und 72 Albus, während Millen-Sittard-Born 9 658, Heinsberg 6 203, Geilenkirchen 2 583, und Randerath 1 088 Reichsthaler einbringen. Der Landesetat von 1784 verteilt sich folgendermaßen:

1. Militär (einschließlich Invaliden) 465 834 Rtlr.
2. Befestigungen in Düsseldorf und Jülich 60 000 Rtlr.
3. Kasernen 40 000 Rtlr.
4. Gesandtschaften 70 000 Rtlr.
5. Kammerzieler 4 000 Rtlr.
6. Unvorhergesehenes 20 000 Rtlr.

Von Interesse ist wohl auch die Einteilung der Untertanen bei der Kopfsteuer in Wassenberg (1673):

Klasse 1: 6 Reichsthaler
Rentenempfänger („Rentenierer")

Wassenberg: Brühlstraße 1899.

Klasse 2: 3 Reichsthaler
Vögte, Schultheisse, Richter, Dinger (Gericht), Gerichts-, Stadt- und Landschreiber, Advokaten, Doktoren (med), Wehrmeister (Waldschutz), Forstmeister, Bergmeister, Stiegmeister (Obersteiger), Pumpenmeister, Riedtmeister (Fördermeister), Kupfermeister (letztere sind Bergwerksbeamte), Burggräffen (Schloßverwahrer), Zöllner, Zoll- und Akzisepächter.

Klasse 3: 2 Reichsthaler
Räte, Referenten, Bürgermeister, Schöffen, Ratspersonen, Statthalter, Procuratoren, Notare, Apotheker, Großhändler, Viehhändler, Wein- und Fruchthändler, Gasthausbesitzer, Wirte (brauende), Müller, Waffenschmiede und Handwerker „in guter Nahrung" (also größere Betriebe).

Klasse 4: $1^{1}/_{2}$ Reichsthaler
Dorfschöffen, Landmesser, Wundärzte, Mühlenpächter, Barbiere, Goldschmiede, Bildhauer, Schreiner, Sattler, Wollweber, Färber, Schmiede, Schwertfeger, Schlosser, Drechsler, Schneider, Schuster, Glasmacher, Hutmacher, Buchbinder, Zimmerer, Maurer, Kesselschläger, Fleischhacker, Kannengießer, Strohdecker, Korbmacher, Spielleute, Schiffer, Fuhrleute, Fischer und andere Handwerker sowie Lehrer.

Klasse 5: 1 Reichsthaler
Landboten, Gerichtsboten, Stadtboten sowie alle übrigen nicht aufgeführten Personen.[599]

Der Zehnt

Neben diesen Steuerlasten (Schatz, Bede, Akzise, Kopfsteuer u. a.) existiert natürlich der Zehnt, die älteste aller Steuern. Schon Abraham schuldete ihn dem Melchisedech. Mit dem Zehnten soll der Klerus unterhalten werden. Das Verfügungsrecht darüber befindet sich zumeist in den Händen des Landes- bzw. Patronatsherrn. Der Inhaber des Zehnten hat die Pflicht, den Kirchenbau zu unterhalten. Er muß für eine Glocke sorgen, die im ganzen Zehntbereich zu hören ist. Außerdem ist er für alles zum Gottesdienst Notwendige verantwortlich. Und noch etwas Besonderes: er hat einen Bullen und einen Eber bereitzustellen. Wer sich am Zehnten vorbeidrückt, begeht kein Kavaliersdelikt, sondern eine schwere Sünde. Im Jahre 1798 unter Napoleon wird der Zehnte aufgehoben.
1582 läßt Herzog Wilhelm III. von Jülich eine amtliche Erkundigung zum Zehnten vornehmen. Die Aufzeichnungen schenken einen guten Einblick in die Wassenberger Verhältnisse:

Wassenberg
Seit 1230 ist der Zehnt im Besitz des Kapitels St. Georg. Der Pastor hat hinter der Kirche Haus und Garten, einen weiteren Garten vor dem Schloß und einen Garten außerhalb der Mauern. (Anm.: Eine Zehntscheune lag unterhalb der Burg. Siehe Zeichung Hans Deckers Nr. 38) Er besitzt 4 Malter Roggen aus dem Rottzehnten zu Beeck, 12 Morgen am Schlagbusch in der Mylen, aus dem er jährlich 500 bis 600 Schanzen binden läßt. 5 bis 6 Malter Roggen erhält er für die regelmäßige Teilnahme am Chorgebet.

Orsbeck
Im Wassenberger und Orsbecker Felde gehören dem Pastor die Hälfte des Zehnt, was 25 Paar Korn gleichkommt. (Anm.: 1 Paar Korn sind 1 Malter Roggen + 1 Malter Weizen) Dem Pastor gehörte auch der Flachszehnte. Orsbeck wird um 1500 der Wassenberger Propstei einverleibt und nun von einem Wassenberger Kanoniker pastoral betreut. Der Kapitelsherr Jordanus Leyendecker (†1585) ist Pastor in Orsbeck. Für ihn gibt es in Orsbeck keine Behausung (1533: 28 Häuser in Orsbeck). Er geht zu Fuß vom Stift zu seiner Kirche an der Rur. Orsbeck liegt 1500 m von der Wassenberger Stadtmauer entfernt.

Myhl
Die Kirche wird 1427 urkundlich erwähnt., Sie ist mit dem Wassenberger Kapitel vereinigt. 1498 vergleicht sich der Myhler Pastor mit dem dortigen Kloster, anstelle des Kleinen Zehnten sollen jährlich 2 Goldgulden entrichtet werden. 1582 sagt der Pastor, das Wassenberger Kapitel besäße die eine, er selbst die andere Hälfte des Zehnten, ferner habe das Süsterner Stift ein „wenig zehendes" hier.

Ophoven
Kirche und Zehnt sind im Besitz der Zisterzienserinnenabtei Dalheim.

Steinkirchen-Effeld
Die Hälfte der Einkünfte dieser Kirche geht an das Wassenberger Kapitel. Die andere Hälfte überstellt der Herr von Helpenstein seit 1333. Im Jahre 1430 überträgt der Bischof von Lüttich den Zehnten Steinkirchens dem Hl. Geist-Kapitel von Roermond.

Birgelen
Die Hälfte von Kirche und Zehnt wird dem Kapitel von Wassenberg bei dessen Gründung 1118 überwiesen. 1391 auch die andere Hälfte. Später bezieht der Pastor den Kleinen Zehnt (8—9 Paar Korn und 30—40 Stein Flachs). 1582 klagt er darüber, daß die Abgabe der Zehntlämmer bei den Birgelener Bauern in Vergessenheit geraten sei: *us dem gebruch gekomen*. Der Wassenberger Burggraf Franko von Coslar, auch Herr von Elsum, verkauft ein Viertel des ihm in Birgelen zustehenden Zehnten an den Wassenberger Schöffen Goswinus, der damit den dortigen Petrusaltar dotiert.

Sonderstellung Wassenbergs im Steuerwesen

In Jülich nehmen in Sachen Steuer die kleinen Länder wie Wassenberg und Heinsberg, die verhältnismäßig spät zum Herzogtum kamen, eine gewisse Sonderstel-

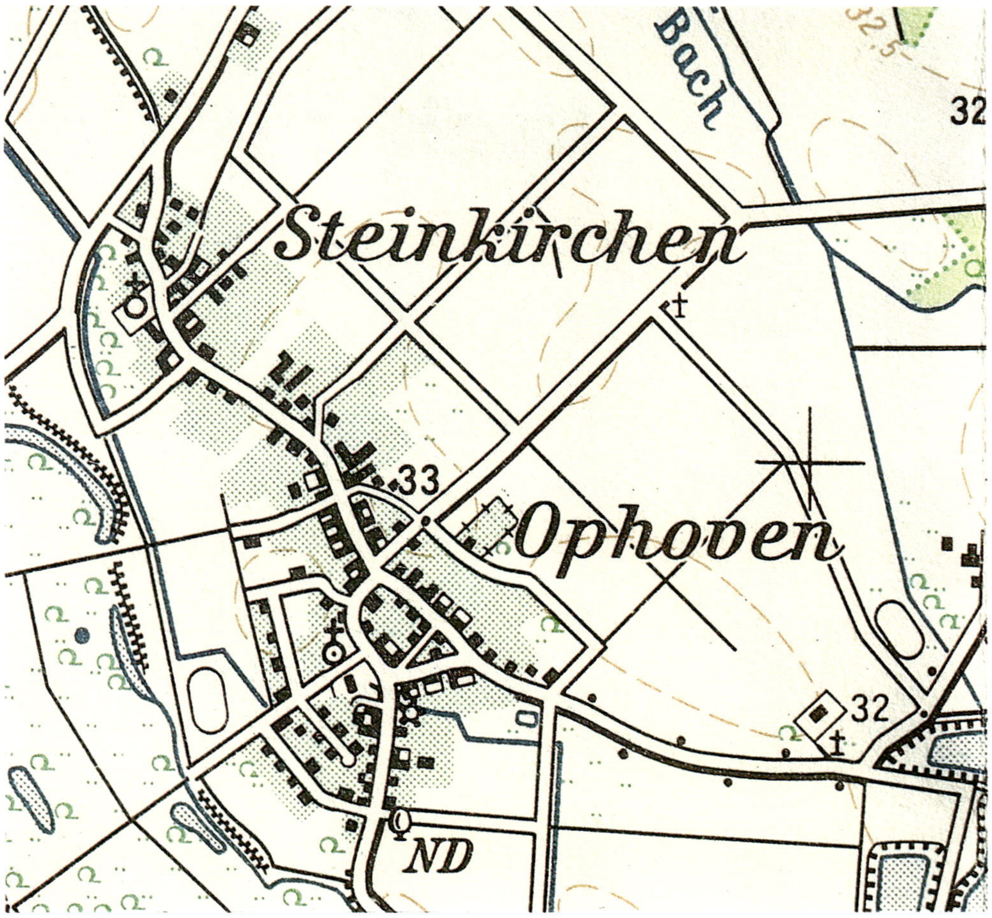

Ophoven—Steinkirchen 1975.

lung ein. Auf sie wird die Summe, welche das Hauptland trägt, nicht gelegt. Der Herzog einigt sich jedesmal mit Wassenberg individuell. [600] Aus einem Aktenstück von 1544 möchte ich zitieren, daß "das Amt Wassenberg nie mit der gesamten Jülicher Landschaft zu steuern pflegt." In der Anweisung Herzog Wilhelms III. vom 30. 9. 1544 an die Amtsleute und Befehlshaber des Herzogtums Jülich wird ausdrücklich Wassenberg ausgenommen.[601] Es ist klar, die Hauptländer des Herzogtums möchten eine solche Sonderstellung beseitigen. Eine Reihe von Aktenstükken existiert darüber: „1512, März 30. erklären die Jülichschen Stände, sie wollten dem Herzog 20 000 Goldgulden geben uis desem lande (Jülich) mit den anderen zugehoerigen landen . . ."[602]

Und tatsächlich wird 1513 auf einem Landtag beschlossen, Jülich solle „mit allen anhängenden Landen" (also auch Wassenberg) die Steuer zahlen. 1536 instruiert der Herzog den Erbhofmeister, ob nicht Wassenberg, Heinsberg, Born und Brüggen, welche früher nicht mit Jülich „gestuirt . . . usbehalden und minen g.h. zu guden gelassen" werden könnten. Der Herzog läßt 1536 mit Wassenberg und Herzogenrath über die Steuerbewilligung einzeln verhandeln. 43 Jahre später bestimmt ein Landtagsabschied (16. 11. 1579), daß Wassenberg und alle anderen Ämter, welche bis jetzt „exempt gewesen, diesmal mitsteuern".

Um etwas von dem „steuerlichen Originalton" jener Zeit zu vermitteln, möchte ich einen auszugsweisen Abschnitt aus einem Ratsgutachten über die Besteuerung Wassenbergs vom 30. September 1564 wörtlich zitieren:

Undertenig bedenken uf der van Wassenberg artickel und fragstucken. Van den geistlichen in- und ausländigen were nichtz zu fordern, weil die besonders bewilligt und angeschlagen seint. Van denen vom adel, die inwendig gesessen sein, glichfals nichtz zu fordern; aber ihre halfleute und pechter sint uf iren gewinn und gewerb anzuschlagen. So eracht man, daß die inwendigen lehensleut und freien, so mit perden und harnisch zu dienen schuldich sint und frie gueter haben, van denselben freien guetern der stuir (Steuer) auch zu verschonen. Betreffend auswendige vom adel, lehensleut und freie, ist hiebevor der underscheit gehalten, welche nachbarlanden meins gnäd. fürsten und herrn riterschaft, lehenleut, frien und undertanen in den gemeinen stuiren (Steuern) verschonet, das man de dises ortz hinwiderumb verschonest; die aber ihrer f. g. riterschaft, lehenleut und untertanen mit auslain, das deren gueter, gulden, renten in ihrer f.g. landen angeschlagen werden. Betreffend de in- und auswendige rentener, die aus anderen guetern frucht oder gelt boeren, damit were es zu halten, wie es in dem ampt Bruggen und bei anderen benachbarten ampteren gehalten werdet, und alwege dahin zu gedenken, dass der arme verschont und der vermögende ufgelacht werd. . . Gezeichnet zu Dusseldorf am 30. decembris ao 1564. Aus der Gulichischen canzlei.

Im Jahre 1571 steht in den Akten: Dem Herzog gehört in Stadt und Amt Wassenberg mit Ausnahme von Beeck bei einer Tonne Bier 2 Quart davon oder der entsprechende Geldwert. (In Beeck steht ihm nur 1 Quart zu.) Von 1 Fuder Wein 4 Goldgulden und 16 Albus, d. h. von einer Ohm 18 Albus und 8 Heller. Ferner „binnen der Stat Wassemberg" und was unmittelbar „vor der Stat und unter ihrer bürgerschafft gehorch" von 1 Tonne Bier 4 Quart. Aber er „bekompt von dem bier, so in der bürgerschaft verzapt wird eine accis (Steuer) nit". Des weiteren hat Wassenberg zu zahlen:

Von 1 Malter Weizen, Roggen, Erbsen = 3 Heller
Von 1 Malter Gerste, Speltz, Buchweizen, Hafer = 2 Heller
Vom Hammel und Vaselschaf = 4 Heller
Vom Lamm = 2 Heller
Von einem Wolltuch = 20 Heller
Von einem Stein Wolle = 4 Heller

Quartalsübersicht betr. Accisen nach der Rentmeistereirechnung Wassenbergs für das Jahr 1571 in Stadt und Amt Wassenberg (Rentmeister Johann von Zuyrß):

1. Quartal:
125 Goldgulden, 23 Albus, 10 3/4 Heller.
2. Quartal:
168 Goldgulden, 18 Albus, 10 Heller.
3. Quartal:
148 Goldgulden, 7 Albus, 3 Heller.
4. Quartal:
125 Goldgulden, 10 Albus, 4 1/2 Heller.

Am 15. 7. 1587: *Besonderer anschlag der stet (Städte) so dieselbe us kraft des landtagsabscheits anno 1587 in junio neben versteuerung ihrer umliggenden erbschafft zu geben schuldig. Wassenberg hat erlagt für iren bürgerlichen anschlag 33 Reichsthaler und 22 Albus.*[603]

Faszinierend zu sehen, wie lückenlos in der Rentmeisterei von 1533 bis 1802 die Daten gewissenhaft bewahrt sind. Einige Jahrgänge sind mit Zollrechnungen oder Schatzzetteln (z. B. 1558) versehen. Hinzu kommt ein Lagerbuch[604] von 1669. Noch frühere Rechnungen von 1409 bis 1476 (früher im Rijksarchief Arnhem) befinden sich seit 1953 in den Archives Générales Bruxelles. Die älteste dort bewahrt gebliebene Wassenberger Rechnung stammt aus den Jahren 1389/1390. Ich habe sie in Brüssel im Archief Rekenkamers unter der Inventarisierungsnummer 2436 (25—35) in die Hand nehmen dürfen. Mit großem Stolz zeigte mir der Brüsseler Archivar dieses kostbare Dokument und sprach im schönsten Flämisch *van de oudste bewaard gebleven rekening van de inkomsten en uitgaven van het land van Wassenberg welke loopt von 22. maart 1389 tot 24. Juni 1390.*

Der Vogt und Rentmeister Wilhelm Ernest D. Reinbach beginnt im Februar 1777 seine Aufzeichnungen mit der Überschrift „Wassenberger Rentmeisterey Rechnung vom Schatz und Gulden, rhenthen, früchten, wie auch anderen gefällen und einkombsten wegen und auf befehle des durchlauchtigsten Fürsten

Nasse Rurwiesen bei Ophoven. (Foto Ekkehard Heinrichs)

Carl Theodor Pfaltzgraf bey Rhein des Herrn Königs Reichs-Ertz-Schatzmeister und Churfürst in Bayern, zu Gülich, Cleve und Berg Hertzog, fürst zu Moers, Marquis zu Bergen op Zoom, Graf zu Veldenz, Ponheimb der Marck und Ravensberg, Herr zu Ravenstein ..." Auf Seite 35 notiert er den Empfang von Hühnern (honder) am St. Andreastag als steuerliche Abgabe in Wassenberg:

Stat Waßenberg 95 Hühner, Dovern 38, Hückelhoven 35, Kleingladbach 30 1/2, Ratheim und Millich 30, Gerderath 37, in der Mylen 17, Orsbeck auf der ruhren 14, Wilderath 9, Birgelen 14, Ophoven, Steinkirchen, Effelt 47, Melich und Herkenbosch 105, Hohenbusch 2. Latus et Summa 471 1/2 honder (Hühner).[605]

Die Verteilung der Landsteuer vom 15. 11. 1577 enthält folgende Daten[606]:

Die stat und ambt Wassenberg ist volgendz vermög eines besonderen concepts gesetzt auf 1 512 Thaler. Auf einem beiliegenden Zettel ist zu lesen, daß Wassenberg im Jahre 1566 bei der Türkensteuer mit 1 260 Goldgulden (1 Goldgulden zu 58 Kölnische Albus) eingestuft worden ist.

Steuersätze für bestimmte Waren in Wassenberg 1624

Zuletzt möchte ich noch einige in Wassenberg verkaufte Waren nennen und deren steuerliche Belastung auf Grund der Akziseordnung vom 28. 4. 1624 vorstellen. Pfalzgraf Wolfgang Wilhelm (1609—1653) teilt dem Wassenberger Amtmann Wilhelm Bellenroth auf dem Erlaßwege mit, daß „eine accis (Steuer) von wein, bier, so von den wein- und bierwirten, herbergierern und anderen auf feilen kauf oder bezahlung innerlands verzapft ... deswegen eine liste und ordnung, was von einem jeden zu erheben ..."[607]

Hohlmaße
Danach liegt in Wassenberg auf einem Ohm Wein 1 Reichsthaler nach kölnischer Währung (Rtlr), 1 Ohm

Met (14 Albus nach kölnischer Währung)), eine Quart Malvasier (3 Albus), eine Quart Brandenwein (2 Albus). Die Akzise der Früchte: 1 Malter Weizen (2 Albus), Roggen (4 Albus), Gerste und Malz (4 Albus), Buchweizen und Speltz (2 Albus), Haver (2 Albus), Erbsen (4 Albus), Bohnen (2 Albus), Linsen (2 Albus), Rüb- und Linsensamen (8 Albus), Hopfen (2 Albus).

Textilien
Englisches oder anderes Tuch davon die Wassenberger Elle zwei Thaler wert ist (l Rtlr) , von einem gefärbten limburgischen oder am Ort produzierten Tuch (18 Albus), Stück Samt (2 Rtlr), Damast (1 Rtlr), Satin, Dubbel caffa, Caffa gebloemt oder ungebloemt (1 Rtlr), Seide grobgrein (27 Albus), „und von zweien garn vom gülden" (1 Albus), Seiden camelott (13 Albus), Zwilch (2 $^{1}/_{2}$ Albus), Trip (10 Albus), Bomesein (5 Albus), Hondskotten (16 Albus), gleichfalls soll von allen flawelen und seiden korden, gülden und silbern passementen und korden, stickseid und seiden passement, seiden und wüllen frenzen, seiden und wüllen gestrickten underhosen, fort seiden und wüllen höet, vilsen, bonetten, scharzen und dergleichen (2 Albus), die inländischen Hutmacher, so sie selbst produzieren, sollen akzisefrei sein, ein Stein Flachs (1 Albus), Felle, die innerlands verkauft werden (2 Albus), ein Ochsenfell (3 Albus), 100 Pfund gelohet Leder (10 Albus).

Metalle
Ein Zentner Zinn (8 Albus), Blei als Block oder Tafel (4 Albus), Stahl (4 Albus), geschmiedetes Eisen (2 Albus), Alaun (6 Albus), „roederfarb" (12 Albus), Vitriol (8 Albus), Schwefel (4 Albus), ungewirkten Kupfer (6 Albus), 1 Zentner Salpeter (20 Albus), 1 Pfund Büchsenpulver (4 Heller), 1 000 Letznägel (2 Heller), 1 000 halber negel (6 Heller), 1 000 Fensternägel (1 Albus), 1 000 Deckennägel (6 Heller), 1 000 Schuhnägel (3 Heller), von einem Viertel langer Gewehrlauf mit Feuerschlössern ($2^{1}/_{2}$ Rtlr), Lauf ohne Feuerschlösser (1 Rtlr), alle anderen Büchsen, Haken, Musketen, Feuerschlösser, Gewehr, Pulver, eiserne Instrumente vom Thaler je (2 Albus), Sicheln vom Thaler (1 Albus).

Vieh
Koppelpferd (26 Albus), andere Pferde (16 Albus), Saugfüllen (6 Albus), ein fetter Ochs (12 Albus), eine fette Kuh (6 Albus), eine magere Kuh oder ein magerer Ochs (2 Albus), ein fettes Schwein (3 Albus), ein halbwachsenes Schwein (6 Heller), ein mageres Schwein (1 Albus), ein fetter Hammel oder ein fettes Schaf (3 Albus), ein Treibhammel, Treibschaf, Treibgeiß oder Treibbock (1 Albus), ein Kalb (1 Albus).

Andere Materialien
Ein Wagen Holzkohle (6 Albus), Holzblöcke oder Bauholz vom Thaler je (2 Albus), Wagen Brandholz (2 Albus), eine einspännige Karre (1 Albus), ein Wagen Kalk (4 Albus), Mühlenstein, Pauestein, Schleifstein, Kacheln, Pfannen, Ziegelsteine vom Thaler je (2 Albus), Seife und Bläue (2 Albus), ein Sack Salz (8 Albus). Erdgeschirr, „pött und düppen" (8 Albus).

Wir sehen, der Wassenberger Landesherr hat die Möglichkeiten seiner Steuerstruktur bis ins letzte durch seine Räte ausfuchsen lassen. Die herzoglichen Kassen bleiben trotzdem desolat und leer. Der Herzog kommt mir manchmal vor wie jener Mann im Restaurant, der Austern in der Hoffnung bestellt, mit einer darin gefundenen Perle zu bezahlen.

Wassenberger Leistungen beim Jülicher Festungsbau

Neben den Steuern und gesetzlichen Diensten, zu denen die Untertanen des Amtes Wassenberg ihrem Landesherrn verpflichtet sind, ergeben sich von Zeit zu Zeit Dienste auf Grund aktueller Vorhaben. So im Jahre 1576, als die Regierung Arbeitskräfte für den Jülicher Festungsbau aushebt. Die Aufzeichnungen darüber schenken interessante Einblicke in die soziale und wirtschaftliche Struktur unserer Umgebung.[608] In einer früheren Instruktion des Herzogs über solche außerordentlichen Dienste heißt es für 1539:

Ieder underdain sal ein frien dienst doin, nemlich die perd und gespann haven, mit so vil perden und wagen, als sie halden und gebruichen. Aber die keine gespann haven, sondern nur land, das sie usbouen lassen, sullen derselvigen nach dem ertrage ires lantz so vil bi einandern verordent werden, daß sie ouch ein gespann machen.[609]

Gesagt wird hier also, daß diejenigen, die kein eigenes Gespann haben und ihren Acker von anderen bewirtschaften lassen, sich zusammenschließen sollen, um gemeinsam den Wert eines Gespanns aufzubringen. In Landtagserlassen werden dieselben allerdings oft auch nur zum *Schüppendienst* eingeteilt.
Auch die Gewerbetreibenden sind natürlich nur mit der *Schöpp* dabei. Pastor, Küster, Bote, Kuhhirt, Witwen und unvermögende Hausarme haben Dispens. Das Dienstpersonal in den Schlössern, die *halfluide*, sind ebenso befreit.
Es kommt übrigens verschiedentlich vor, daß ein- und dieselbe Person gleich zweimal zum Festungsdienst herangezogen wird. Georg von Below zitiert ein Beispiel: „Gerhart im Ohof wird zuerst für sich selbst, d. h. offenbar wegen eines schatz- und dienstpflichtigen Landes, dann als *halfen* eines verschiedenen Edelleuten gehörigen freien Hofes herangezogen."[610] Die Bestimmung der Bevölkerungszahl des Amtes Wassenberg läßt sich nach einem Vorschlag von Eulenberg und Banck an den abgezählten Haushalten errechnen. Wenn wir jeden Haushalt mit 4,7 Personen ansetzen und diese Zahl auf 5 aufrunden, um auch die dienstfreien Untertanen einzubeziehen, dann erhalten wir für das Amt Wassenberg (ohne die ummauerte Stadt Wassenberg) eine Bevölkerungszahl von 6490 Seelen. Die ummauerte Stadt Wassenberg ist nämlich bei den Festungsarbeiten von Jülich 1576 nicht mit dabei. Die Bürgerschaft weigert sich, die von ihr verlangten Dienste auszuführen, weil sie mit ihrem eigenen Festungsbau voll ausgelastet ist.

Interessant ist unsere Aufzeichnung auch im Hinblick auf die Kötter. Nach der Nennung der schatzpflichtigen Personen folgen die schatzfreien. Bei einem Vergleich fällt auf, daß die Zahl der Kötter (ärmere Ackerer) unter den Schatzpflichtigen größer ist als unter den Schatzfreien. Anscheinend ist überwiegend den größeren Besitzungen die Schatzfreiheit zuerkannt, die kleinen müssen wie so oft blechen.

Auch über die Gewerbetreibenden auf dem flachen Land im Wassenberger Raum erhalten wir Informationen. Folgende Berufe kommen im Amt Wassenberg vor:

zimmerman, holtzschneider, klompenmacher, koerfmacher, wennmecher, hammecher, ledderreider, hexelschnider, glaismecher, ziegelbecker, schmit, metzmecher, vischer, schrueder, wever, linenwever, verver, becker, broetbecker, weggenbecker, fleischheuer, decker, leiendecker, wirt, winwirt, cuper, brauer, kaufman, kremer, muller, lantmesser, kuirwechter.

Der zuletzt genannte *Kuirwächter* ist ein Tor- bzw. Turmwächter. Davon gibt es sicherlich mehrere in Wassenberg, weil die drei Tore und die verschiedenen Wehrtürme der Stadtmauer mit Wächtern besetzt werden müssen, wie ich dies schon bei der Beschreibung von Burg und Festung Wassenberg ausgeführt habe.

Der Pferdebestand im Amt Wassenberg ist groß, wobei wir zwischen Stallpferd und Graspferd unterscheiden müssen: *si halden die perde winters zom stalle, und sommers im grase.* Freilich werden die meisten Dienste mit Geld abgelöst. Für ein Stallpferd ist bei sechstägigem Dienst 66 Albus, für ein Graspferd ein Thaler zu zahlen. Für einen Schüppendienst sind 15 Albus das Äquivalent. Die Summe darf in zwei Raten bezahlt werden.

Ich lasse nun einen Auszug aus dem Verzeichnis der Pferde- und Schüppendienste folgen, wobei ich mich auf die heute zur Stadt Wassenberg gehörigen Orte beschränke:

Verzeichnis der gemeiner pfert und schuppendiensten im ganzen ampt Wassenberg van desswegen zu ausreumung der erden an meines gnedigen herrn schlossgraben zu Guilich auf irer f.g. gnedigst ersuchen durch die undertanen eine sesstagige dienstleistung — doch dieselbe mit gelde, nemblich jedes stallpfert 1 thaler und ieder schuppendienst mit 15 albus zu frien und das gelt davon in zweien terminen zu erlegen — unterteniglich bewilligt im jaer 1576 im monat Septembrii.

Es folgen zuerst die Pferde- und Schüppendienste derjenigen, die vor und um die Stadt Wassenberg herum wohnen und noch unter die Freiheit der Bürgerschaft fallen:

Wilhelm halfen in den grossen forst	4 pfert
Tilmann in den kleinen vorst	1 pfert
Laem an dem berg bi der wintmuelen	1 pfert
Bernhart wintmullener	1 pfert
Jacob uf der werdermullen	1 pfert
Summa:	8 Pfert

Nun folgen die Kötter- und Schüppendienste derjenigen, die in der Brühl (*bruel nehest fur der stadt Wassenberg gesessen*) wohnen:

Lenhart Vischen, Hermann Zimmerman, Merten Isenhart, Theis van Megen huirling, Coen Geven, Johan Lantmessers, Johann van Karken, Peter Reinkums, Kirstgen schmietz huirling, Theis Jungelgens, Peter

Der Schaagbach an Gut Neuerburg, Effeld. (Foto Ekkehard Heinrichs)

Cupers, Johan Fleischeuers, Mewis Cupers huirling, Peter in gen Bongarts, Johan zu Eilkhoven, Biel in der Ohe.
Summa 16 kaeter

Es folgen die Pferdedienste zu *Orsbeck uf der Ruiren*: einer mit 3 Pferden, sechs mit 2 Pferden und drei mit 1 Pferd. (Johan an der heiden 2 stallpfert, Lambert an der gemeinden 2 stallpfert). Summa 18 pfert so für stallpfert gerechent.
Ferner in Orsbeck 31 Schüppendienste:
Wilhelmgen wever an der heiden, Rutger der wirt, Peter wever am falderen (= am Falltor, von selbst zufallendes Zauntor), Lenhart holtzschnider, Berbgen die witwe an der gemeinden, Johan schrueder an der kirchen, Johan der hammecher, Nehelis schomecher, Mevis in der Olischmüllen, Johan glaismecher, Johan zimmermann am broich.

19 Pferdedienste werden für Birgelen genannt. Alle sind *graispfert*. Unter den Schüppendiensten befinden sich u.a. folgende Personen aus Birgelen: Wilhelm der mulner, Goerde glaismecher, Peter schmit of gen broich, Peter verver uf dem broich, Dederich Decker uf dem broich, Anna in Duerstgens gut wittib, Lenhart wever in Kuveckelgens gut.

In Myhl stehen 26 Graspferde zur Verfügung. Vier Leute haben 2 Pferde, 18 je 1 Pferd. Darunter Dries in der alder Milen mit 1 graispfert, Merten in der alder Milen mit 2 graispfert und Hein Maesgens in der neuer Milen mit 1 graispfert.
28 Schüppendienste stellt Myhl: Johann wever in der alder Milen, Daem becker, Johann wever gnant Arnoltz Johan, Thiel am falderen, Wilhelm wirt, Lem wirt, Lisgen uf dem gasthuisgut, Johan wever in der neuer Milen, Hein kremer.

Aus Ophoven, Steinkirchen und Effeld kommen 35 Pferdedienste (Stallpferde). An Schüppen diensten in Ophoven 16, in Steinkirchen 8, in Effeld 39.

Des weiteren werden die Pferdedienstleistungen und Schüppendienste aus folgenden Orten des Amtes Wassenberg aufgeführt:

Wildenrath (14 Pferde und 20 Schüppendienste), Gerderath (30 Pferde und 65 Schüppendienste), Ratheim (49 Pferde und 91 Schüppendienste), Arsbeck/Dalheim/Rödgen (11 Pferde und 67 Schüppendienste), Beeck (76 Pferde und 121 Schüppendienste), Kleingladbach (50 Pferde und 124 Schüppendienste), Dovern (48 Pferde und 84 Schüppendienste), Hückelhoven (14 Pferde und 42 Schüppendienste), Melick (36 Pferde und 31 Schüppendienste), Herkenbosch (38 Pferde und 31 Schüppendienste).

Die herzogliche Behörde zieht Bilanz:

Summarum an pferden, so gewunlich dienen in dem ganzen ampt Wassenberg, erfinden sich 328 stallpfert, jedes pfert uf 66 Albus gerechnet, fac. 416 thaler und 16 Albus. Dergleichen an graispferden erfunden 144, jedes graispfert uf 1 tlr. gerechnent, fac. 144 tlr. Item an schuppendiensten oder kaeteren in al befunden 856, jederen uf 15 albus gerechent, fac. 246 tlr. 48 albus.

Summa aller Dienste im Amt Wassenberg 807 Thaler und 12 Albus (Jeder Taler auf 52 Albus gerechnet)
Es folgt in der Aufzeichnung nun die Zusammenstellung der Geistlichkeit, des Adels, der Freien aus dem Amt Wassenberg. Sie erbringen zusammen 103 Stallpferde, 45 Graspferde und 27 Schüppendienste. Das macht umgerechnet eine Summe von 183 Thalern und 27 Albus. Der Gesamtbetrag für das Amt Wassenberg betreffs *der pfert- und schuppendiensten, frien und unfrien (ausserhalb der Stadt daselbst) zu gelde: 990 Thaler und 39 Albus.*

Vorherige Seite:
Fuhrwerk im Schaagwald (Hubert Plücken, Arsbeck; Öl auf Leinwand, 1971).

DAS 18. JAHRHUNDERT

Der Spanische Erbfolgekrieg

Die österreichischen Habsburger unter Kaiser Leopold I. und der Sonnenkönig Ludwig XIV. streiten 1701 um das Erbe des kinderlos verstorbenen Habsburgers und Königs von Spanien, Karl II. Dieser hat überraschenderweise den Enkel Ludwigs XIV., Philipp von Anjou, zum Erben bestimmt. Im Frühjahr 1701 lagern französische Truppen an den Grenzen Gelderns, um von hier aus den kurkölnischen Raum zu überwachen. Die verbündeten Mächte bemühen sich, die Franzosen und Spanier aus Limburg und der Overmaas zu vertreiben. Wieder belasten Durchzüge niederländischer, hessischer, brandenburgischer, französischer, spanischer Regimenter Wassenberg. Hans Josef Sprünken schreibt: „In Wassenberg sind die Auswirkungen der wüsten Brandschatzungen und verheerenden Plünderungen besonders groß, so daß die Mauern und Tore der Stadtbefestigung gänzlich mangels entsprechender Unterhaltung und fehlender Herstellung in Verfall geraten."[611] Die Ringmauer ist überall beschädigt. Die Tore sind nur halbwegs in Ordnung. Die Wassenberger müssen häufig Hand- und Spanndienste leisten sowie umfangreiche Abgaben erfüllen: *Item Rationen Heu, Geld, fourage, contigent gelieverter Küh.* Nachbarstadt Roermond ist schwer betroffen und muß 1702 an Contribution 410 brabantische Gulden, 206 Reichsthaler bezahlen, sogar eine Belagerung über sich ergehen lassen. Die Wassenberger müssen *butter, speck, bier, brodt, heu, stroh, pferdt, mastvercken, hoender, kapäun* hergeben, um das gierige Kriegsmaul wenigstens zeitweise zu stopfen.

Die Hofkirche der evangelischen Gemeinde.

1708/09 halten sich preußische Bataillone im Amt Wassenberg auf: eine Winter-Einquartierung mit schweren Belastungen. Erst am 11. 4. 1713 schließen die Niederlande und England ohne den Kaiser mit Frankreich zu Utrecht Frieden. Am 7. 3. 1714 treten der Kaiser, am 7. 9. 1714 das Reich diesem Frieden bei. In Wassenberger Nachbarschaft erhält Preußen das geldrische Oberquartier, Österreich die südlichen Niederlande, die Niederlande die restlichen Teilgebiete von Geldern. Den genauen Grenzverlauf, der sich auch auf unsere Region auswirken wird, bestimmt das Barriére-Traktat von Antwerpen. Die Niederlande erhält mit Ausnahme von Elmpt und Swalmen die Amtsverwaltung Montfort an der Maas. Zu ihr gehören Orte, die einst unter den mittelalterlichen Wassenberger Grafen teilweise im Streubesitz des hiesigen Territoriums lagen: Echt, Ohe, Vlodrop, Posterholt, Linne, Beesel. Auf jeden Fall wird durch diese Vereinbarung der heutige Grenzverlauf bereits vorgezeichnet. Endgültig markiert dann der Wiener Kongreß mit dem preußischen Besitzergreifungspatent vom 5. 4. 1815 die Verstümmelung des Amtes Wassenberg. Der Zugang zur Maas muß aufgegeben werden. Die Niederlande betritt beide Ufer des Stromes.

Stadtbrand 1706

Im Jahre 1706 zerstört ein verheerender Stadtbrand mehr als die Hälfte aller Häuser im westlichen und nördlichen Teil der Wassenberger Innenstadt. Ob er mit den Ereignissen des Spanischen Erbfolgekrieges zusammenhängt, konnte ich nicht herausfinden. Das Feuer vernichtet vor allem die Häuser in der Nähe des Roßtors und damit auch das alte, oft erwähnte, in der Innenstadt liegende *Amptshaus,* das auf dem Platz des 1753 wieder aufgebauten Rathauses seinen Platz hatte. Aus den verschiedensten Rechnungen, Anträgen, Bittbriefen, Verordnungen und anderen Archivalien läßt sich die Schadensausdehnung dieses Stadtbrandes ziemlich genau einkreisen. Mehr als die Hälfte aller in der Ummauerung liegenden Häuser werden eingeäschert.

Der evangelische Hilfsprediger Petrus Celsius schreibt[612] 1706 an den Kurfürsten unter anderem, „... alle die unsiger durch die letzthin erstandenen schweren und erschrecklichen Brandt alles verzehrt und wir alle dermaßen ruiniret ..." Auch bei der Taxierung von Eigentum im Zusammenhang mit schweren Strafen werden die „Delinquenten" wie z. B. Reimeis Weiler mit seinem Haus als „in den grundt hinein abgebrannt" bezeichnet. Jakob Broich meint sogar, mehr als jedes zweite Haus sei dem Feuer zum Opfer gefallen. Will Andermahr entdeckt bei Wiederherstellungen von kriegsbeschädigten Wassenberger Häusern nach dem Zweiten Weltkrieg zahllose „Brandspuren aus jener Zeit".

Stadtbrände kommen damals häufig vor. Die Heinsberger, Randerather, Erkelenzer, Aachener und unsere nachbarlichen Freunde in Roermond haben die Furie des Feuers schwer zu spüren bekommen. Besonders zerstörerisch ist „de stadbrand van Roermond", wo am 14. 7. 1554 zwischen 23 und 24 Uhr feindliche Brandstifter „over de Roermondse stadsmuur" klettern und an „drie plaatsen smeulende poppen" auslegen, die in Minuten Roermond in Flammen setzen.[613] Trockenheit und starker Wind beschleunigen die Ausbreitung. Von 1300 Häusern brennen 950 nieder.

Eine Beerdigung und ihre Folgen

Für einige Wassenberger beginnt das 18. Jahrhundert mit harten Schicksalsschlägen. Nach dem Stadtbrand von 1706 tritt ein Ereignis ein, das einen Vergleich in seiner bürokratischen Grausamkeit sucht und den absolutistischen Staat in seiner verabscheuungswürdigen Grundhaltung demaskiert.

Wir erfuhren schon, daß die Evangelischen seit 1628 (Amtmann von Nulandt) einen eigenen Friedhof draußen vor der Birgelener *Feldtportz* (Porta de Vulte) besitzen. Seit 1688 liegt der jüdische Friedhof daneben. Beide Gottesacker existieren heute noch.

Im Jahre 1706 findet bei Roermond ein Duell zwischen dem dänischen Obristen Hermann Coldorf und einem niederländischen, nicht genannten Offizier statt. Coldorf wird getötet. Roermond, die katholische Stadt, weigert sich, den evangelischen Duellanten zu beerdigen. Aus diesem Grunde wenden sich seine Kameraden an die 18 km entfernte evangelische Gemeinde in Wassenberg, versprechen 25 Reichsthaler und überreden den Hilfsprediger Petrus Celsius, Coldorf in der kleinen evangelischen Kirche beizusetzen. Das Ganze geschieht in aller Stille nur in Anwesenheit des Substituts Celsius und des Gemeindeältesten Borssheck. Die Gemeinde selbst erfährt von diesem Begräbnis erst beim Sonntagsgottesdienst.

Wie ein Keulenschlag trifft bald eine Mitteilung des Herzogs Johann Wilhelm (1690—1716) die Wassenberger Evangelischen, er habe Duelle ausdrücklich verboten. Außerdem sei das Begräbnis eines im Duell Getöteten nicht in kirchlicher Form gestattet. Eine geharnischte Reaktion wird angekündigt. Am 31. 7. 1707 prasseln drakonische Geldstrafen auf die Wassenberger nieder. Hofrath und Vogt Johann Adolf Hasenbach (1706—1734) teilt die Höhen der Strafen mit: Prediger Celsius, die Ältesten Borssheck, Nicolaus de Roy, Wilhelm Kehren zahlen jeder 100 Goldgulden (Das ist ein Vermögen!), Philipp Meinen, Wilhelm von der Ahe, Philipp Reiners, Michael Thomas, die Gebildweber Anton und Christoph Kox jeder 50 Goldgulden. Sogar die auswärtigen Wassenberger Küppers, Thönnissen, Weidtmann, Thyssen je 25 Goldgulden. Die übrigen (16 Familienväter) je 12 Goldgulden. Für 1707 entstehen den Wassenbergern 836 Goldgulden Strafgelder nebst 26 Thaler und 60 Albus Unkosten. Entsetzen packt alle Einwohner; denn für die meisten bedeutet dies Vernichtung ihrer sozialen Existenz!

Celsius weist darauf hin, das herzogliche Duell-Edikt sei ihm nicht bekannt gewesen. Es sei weder am Amtshause schräg gegenüber der Kirche, an den Stadttoren, noch an den Kirchtüren angeschlagen gewesen. Im übrigen hätten der Wassenberger Vogt, die Schöffen wie auch der Magistrat die Überbringung der Leiche beim Eintritt durch das Birgelener Tor zugelassen und das Begräbnis nicht behindert. Celsius könne nicht verstehen, „daß derentwegen so scharffe Edicta erlassen worden seyn, wie deren wenigstens in unserer kirchen nichtmahlen publiciert worden sindt."[614]

Nun muß sogar Vogt Hasenbach um seinen Kopf fürchten. Er rettet sich, wie ich vermute, durch rigorose Verfolgung der „Täter" und bestärkt die Düsseldorfer Beamten in ihrer Strafzumessung. Die betroffenen Bürger Wassenbergs können es nicht fassen. Die Strafen sind unmenschlich hoch; sie sind de facto nicht erbringbar. Unter den Bestraften befindet sich auch Bürgermeister Johann Heinrichs, der während der inkriminierten Tage nicht in Wassenberg, sondern in Maastricht weilte. Auch er soll 100 Goldgulden zahlen, wenn er nicht durch Zeugen ein Alibi beibringen könne.

Ganz Wassenberg ist bestürzt. Die Evangelischen merken schnell, daß ihre Supplicationen an den Herzog durch Vogt Hasenbach vernichtend beurteilt werden. Celsius schreibt: „Wann aber gnädigster Churfürst wir aufrichtig Contestiren Können, daß wir anfangs nicht gewußt, daß der Todte Leichnam Im Duell geblieben, auff dem geldrischen territorio und nicht bey uns erleget worden ... man gleichwohl keine 100 Goldgulden ja keine 50 auß denen von dem Brand erhaltenen Mitteln ..." Aber Jan Wöllem (Herzog Johann Wilhelm) bleibt ungerührt. Innerhalb von drei Tagen sollen die Delinquenten zahlen. Andersfalls kommt ihr Vermögen unter den Hammer. Und so geschieht es: „Am 12. octobris auff gudestag hat man mit offenem Trommelschlag unter Hinzuziehung von zwei Führern und 17 Schützen durch hiesigen Herrn beambten in spene Hhr. hofrath undt Vogten Hasenbach auff folgende unerhörte weiße die erbermliche Execution Vollzogen. Vor dem statthauß wird verkaufft, taxirt und distrahirt".

Die Tragödie nimmt ihren schrecklichen Verlauf. 27 Wassenberger werden ins Gefängnis geworfen, weil sie nicht zahlen können. Christoph Kox sitzt 70 Tage hinter Schloß und Riegel im Rathaus, sein Bruder Anton 56 Tage. Wilhelm Meinen verhungert beinahe und ist „mangels Brot aus dem Arrest außgebrochen und außer landts gelaufen, dort gestorben. Dieser ist nunmehr todt, hat nichts hinterlassen."[615] Die Wassenberger Hauptgerichtsschöffen Deckers und Maeß sind nicht zu beneiden. Sie haben die Taxation durchzuführen. Zwei Beispiele:

Peter Borssheck:
pferdt, kahr, pflug, Eg mit Zubehör so auff die herberg gestellt für 10 Reichsthaler. hauß, hoff, scheur undt stallung für 100

Des Herzogtums Jülich nördliche Ämter um 1780.

Brüggen
Suchtelen
Dulken
Waldniel
Wassenberg
Heinsberg
Randeradt
Gangelt
Geilenkirchen
Tudder
Erkelen
Linnich
Dalem
Hombusch
Hukeloven
Doueren
Brakel
Hounsdorf
Engelshouen
Merkstein
Bardenburg
Schleyden
Bastweiler
Marienberg
Scarpenzel
Grotenpad
Zum Busch
Waldracht
Braunsrad
Hassort
Millen
Walrad
Bradbern
Hasselrod
Birreden
Kouenbroick
Siersdorf
Bachem
Breilen
Imendorf
Beggendorf
Schauwenburg
Wildenrad
Steinkirchen
Karken
Posterholz
Schindorf
Kirchouen
Schaaffsbrücke
Ratem
Rurich
Hilfarth
Herkenbusch
Tasenbroick
Arsbeeck
Dalheim
Melsch
Ingenradt
Haversloo
Boicholtshuis
Radenberg
Lauers
Beeck
Vellern
Elsedorf
Orsbeck
Tuddern
Waurich
Zweybrück
Loeuerich
Wenckrau
Suppenbuch
Palenberg
Aldenh

Reichsthaler. ein schöner großer gardt 1/2 Morgen für 20 Rtl. zwey Kühe für 7 Rtl. ein mastvercken oder schwein 1 Rtl. beide große Kasten für 2 Rtl. Kesseln für 1 1/2 Rtl.
Nicolausen de Roy, loßledigen standes:
sein halbes hauß für 30 Reichsthaler. seine halbe weidt, 2 1/2 Viertel landt für 15 Rtl. der halbe gardt für 5 Rtl. eine Kuh undt ein rindt für 11 Rtl. ein stück landts für 4 Rtl. ein großer eichenkaaß. Er ist omnebens gefenglich eingezogen.

Trotz zahlreicher Eingaben, Bittschriften, Gutachten, Supplicationen — auch an den preußischen König — bleibt Düsseldorf bei mitleidloser Strenge, obgleich die meisten überhaupt keine Kenntnis von dem Duellantenbegräbnis besaßen. So gehen zahlreiche Familien zugrunde, wandern zum Teil aus. Erst 1711 scheint eine gewisse Amnestie erlassen worden zu sein. Und am 30. 3. 1714 schenkt der König von Preußen den armen, gequälten, unschuldigen Wassenbergern 100 Reichsthaler, um die ärgste Not zu lindern. Ein Tropfen auf den heißen Stein! Freilich, die Wut blieb: hinc illae irae!

Im Siebenjährigen Krieg

Immer wieder sind es die Erbansprüche, die zu verbissenen Erbfolgekriegen führen. Als Karl VI., der Letzte des Habsburger Mannesstammes, am 20. 10. 1740 stirbt, treten von zwei Seiten Erbansprüche auf: der Kurfürst von Bayern ignoriert die Erbrechte Maria Theresias, der Tochter Karl VI., und verlangt ganz Österreich. Friedrich II. von Preußen erhebt Ansprüche auf Schlesien. Der Landesherr Wassenbergs, der Herzog von Jülich-Berg (Pfalzgraf von Neuburg, Kurfürst von der Pfalz), ist Karl Philipp (1716—1742), ein Vetter des Bayern und daher sein Bundesgenosse. Auch Frankreich gehört seiner Partei an. Friedrich II. von Preußen versucht, durch seinen Verzicht auf die Erbschaft Jülich-Berg, auf die er nach Karl Philipps Tod Anrecht hätte, sich die Kurfürsten von Köln, Pfalz und Bayern zu Freunden zu machen. Maria Theresia hat den König von England (zugleich Kurfürst von Hannover) und die holländischen Niederlande an ihrer Seite.

Wir haben weiter oben schon die exponierte Lage Wassenbergs betrachtet und sehen sie jetzt im Hinblick auf die österreichischen Niederlande (Belgien, Limburg) besonders gefährdet; denn dieses Gebiet liegt der englisch-holländisch-belgischen Armee offen vor dem Schußfeld. Um eine Invasion zu verhindern, werden deshalb die verbündeten Franzosen ins Land gerufen. Orte wie Wassenberg, Heinsberg, Geilenkirchen, Waldfeucht, Gangelt, Randerath, Linnich werden von ihnen besetzt. Das bedeutet Truppenversorgung, Fourage, Lieferung und damit erneut Entbehrung und Not.

Der Wassenberger Vogt, Johann Anton Hasenbach, schickt am 4. September 1741 ein Befehlsschreiben an alle Ortsvorsteher im Amt: „Demnach es mir unmöglich ist, mich allerorten zum Aufmessen der französischen Fourage einfinden zu können, solches aber unbedingt erforderlich scheint, wird der Wassenberger

Hauptstraße Wassenberg 1908.

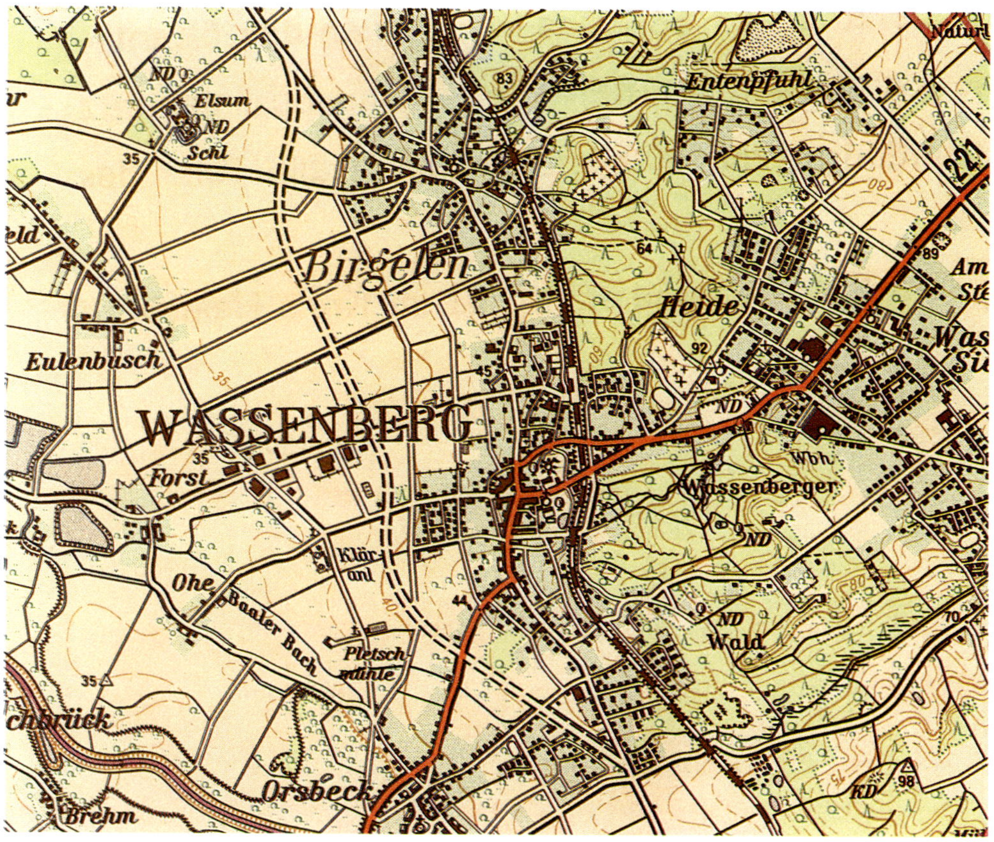

Region Wassenberg 1975.

Bürger von der Ahe ermächtigt, in Arsbeck, Rödgen, Wildenrath deren Dörferanteil an Lieferungen für die Truppen auf Grund untenstehender Liste zu wiegen und zu messen. Jeder Sack Hafer soll zwölf mal mit dem französischen Hohlmaß gefüllt werden, jedes Bund Heu 20 Pfund, jedes Bund Stroh 22 Pfund fest gebunden wiegen. Auf die Qualität von Heu, Hafer und Stroh ist besonders zu achten. Minderwertiges soll verworfen werden. Jeder Ort hat am nächsten Freitag, den 8. September 1741, seine Lieferungen morgens um 6 Uhr nach Broich unweit Jülich zu transportieren."[616]

Wildenrath hat zu liefern 133 Gebund Heu, 7 Sack Hafer, 24 Gebund Stroh. — Arsbeck 153 Gebund Heu, 9 Sack Hafer, 27 Gebund Stroh. — Rödgen 95 Gebund Heu, 6 Sack Hafer und 17 Gebund Stroh.

Vogt Hasenbach verfaßt eine Reihe derartiger Rundschreiben mit zum Teil drakonischen Strafandrohungen, z.B. 50 Goldgulden für Fuhrleute, die nicht zur Stelle sind.

Die Franzosen ziehen sich nach einem erfolglosen Vorstoß in Richtung Hannover ins Winterquartier der Jülicher Lande zurück. Die Versorgung der Truppen lastet schwer auf den Einwohnern. Auch auf Wassenberg. So müssen am 3. 1. 1742 innerhab von 48 Stunden von Arsbeck nach Wassenberg große Mengen Getreide, Geflügel und Vieh sowie zwei Karren Brandholz und drei Pfund Kerzen an die dort einquartierten Truppen geliefert werden, anderenfalls hat der Ortsvorsteher eine militärische Exekution zu erwarten.[617]

Wöchentlich haben Birgelen, Myhl, Ophoven, Effeld, Orsbeck Roggen-, Hafer-, Gerste-, Heu-, Holz- und Strohlieferungen an die Magazine in Birgelen, Broich und Süchteln zu befördern.

Zum Glück finden in unserer Gegend keine Kämpfe statt. Es ist mehr die Belastung durch Truppenversorgung und Einquartierung. Unser Wassenberger Land sieht in diesen Jahren Hannoveraner, Ungarn, Kroaten, Panduren, Österreicher, Franzosen. Epidemische Krankheiten bleiben nicht aus: die Rote Ruhr, Geschlechtskrankheiten, Typhus, Tuberkulose. Die Taufbücher verraten, daß manches Soldatenkind geboren wird, dessen Vater unbekannt und längst fortgezogen: „. . . patrem nominavit miles."

Am 29. 8. 1756 überschreitet überfallartig Friedrich II. seine Grenze und dringt 1757 tief nach Böhmen ein. Er schlägt die Österreicher bei Prag. In Kolin unterliegt er. Aber mit den Siegen von Roßbach und Leuthen befreit er sich aus kritischer Bedrängnis. Durch die Lande geht der Spottvers: „Und kommt der große Friederich und klopft nur auf die Hosen, so läuft die ganze Reichsarmee, Panduren und Franzosen." Auch in England wird er zum populären Helden. Zahllose Gasthäuser nennen sich „King of Prussia". Desungeachtet — die Zeiten sind schlecht. Barometer dafür ist der Vogelschuß der Wassenberger Schützen. Von 1756 bis 1762 wird laut Eintragung im Protokollbuch der Georgiusbruderschaft[618] kein Vogel geschossen wegen allzu miserabler Zeit infolge Durchzug und Einquartierung französischer Truppen.

1758 weicht die französische Armee bis gegen Köln zurück. Herzog Ferdinand von Braunschweig drückt mit seinen Hannovrischen Truppen nach. Er sendet den Erbprinzen Karl gegen Roermond, das am 28. 6. 1758 in kühnem Handschreich genommen wird. Eine Besatzung bleibt in der Stadt, die Hauptmacht zieht am nächsten Tag nach Wassenberg und läßt sich hier als Sieger nieder; denn das Jülicher Land ist für Preußen und Hannoveraner Feindesland. Kontributionen folgen. Erbprinz Karl bleibt am rechten Rurufer und hat sein Hauptquartier auf der Burg Wassenberg. Er rückt schließlich in Richtung Linnich vor, um sich mit der Hauptarmee des Herzogs Ferdiand von Braunschweig zu vereinigen, dem noch die französische Armee gegenüber liegt. Franz Mayer[619] meint: „Durch die Hin- und Herzüge waren die Getreidefelder zerstampft oder von den Truppen abgemäht, die Ortschaften ausgesogen, so daß ein steigender Mangel an Lebensmitteln eintrat, obwohl aus dem großen Magazin in Roermond ständig Zufuhr erfolgt war. Aber am 17. Juli war Roermond vor einer anrückenden, feindlichen Armee wieder geräumt worden." Am 23. 7. 1858 versucht Oberst von Linstow im Gegenschlag, Roermond zurückzugewinnen. Am Morgen des 24. Juli überfällt er die dort liegende französische Besatzung. Abends rückt Herzog Ferdinand mit seiner Armee in drei Abteilungen gegen das Ziel Wassenberg.[620] Zwischen Wassenberg und Myhl in den Talmulden des Riedellandes biwakieren die Truppen. Der Herzog selbst schlägt am 29. 7. 1758 sein Hauptquartier in Wassenberg im Kapuziner-Kloster auf. Als Beleg existiert ein sogenannter Salve-Garde-Brief, ausgestellt in seinem „Haupt-Quartier zu Wassenberg", in dem Ferdinand als *General en Chef der Armee Seiner Königlichen Majestät von Großbrittanien und Churfürstl. Durchl. zu Braunschweig und Lüneburg,* den Kapuzinern von Wassenberg Schutz verspricht, weil es *Unser ernster Wille und Befehl ist, daß derselbe von allen unter Unsern Befehlen stehenden Völckern gehörig respectiret werde. Signatum Haupt-Quartier zu Wassenberg 29. July 1758.* (Mit Siegel und Unterschrift G. W. Mertens.) Herzog Ferdinand wohnt später im Kloster Hohenbusch, der Herzog von Holstein, welcher die Kavallerie kommandiert, quartiert sich im Myhler Kloster ein.

Die französische Armee versucht einen halbherzigen Gegenangriff im Erkelenzer Land. Herzog Ferdinand zieht sich am 29. Juli in Richtung Niederrhein zurück. Die Franzosen rücken nach und beziehen Rheindahlen. Bis zum Friedensschluß bleibt unser Gebiet von den Franzosen besetzt. Infolgedessen nehmen die Abgaben kein Ende. Der Aachener Bürgermeister schreibt in sein Tagebuch[621]: „Und wann wir im Land lauter Preußen und Hannoverische hätten gehaht, sie hätten dannoch nicht so viel Schaden gethan als die Francosen".

In jenen Jahren beeinflußt das Französische bereits die Sprache unserer Region. Französisch ist vornehm, geistreich und modern. Bekanntlich sind der Alte Fritz und sein berühmter Gast Voltaire einig, daß die französische Sprache „la langue d'esprit" ist. Friedrich schreibt seine Bücher in französischer Sprache. In Wassenberg benutzt der katholische Pastor im Taufbuche für „Juffer" nun die Bezeichnung *mamoisell,* und die Wassenberger Beamten flechten gern in ihr Kanzleideutsch französische Idiome des *galant homme.* Die Begeisterung wird sich fortsetzen bis zum Bürgermeister Pierre (Peter) Henzen (1803—1810), welcher in frankophiler Euphorie seinem Sohn den grandiosen Namen „Napoleon" gibt. Französisch-philosophische Aufklärung faßt im 18. Jahrhundert auch in Wassenberg Fuß. Freilich wird es manchem Wassenberger damals fragwürdig erschienen sein, ob wirklich alles aufs beste bestellt ist, und wir (nach Voltaire) in der besten der möglichen Welten leben: *Tout est pour le mieux dans le meilleur des mondes possibles!*

Die Schützen

Die Schützenbruderschaft existiert bereits 1417. Mit der vorhandenen Urkunde (3 Morgen Erbpacht von der Bruderschaft sent Jöris an Goebel op dem Schelberghe)[622] haben wir das Datum ante quem vor uns. Franz Mayer sieht die Gründung vor 1429. (Urkunde: Schenkung von 3 Morgen Ackerland und einen Kamp in Wildenrath, um vom Ertrag vier Wachskerzen auf den vier zinnernen Leuchtern, die die Bruderschaft gekauft, während der Messe brennend zu halten.)[623] Willi von der Beek nimmt als Gründungsjahr 1427 an. Seine Begründung: Die Wiederherstellung der Statuten aus dem Jahre 1747 erwähnen ausdrücklich, daß sie sich auf die *uhralte Rollen* von 1627 beziehen, die ebenfalls eine Renovatio von eventuell 200 Jahre vorher formulierten Gründungsstatuten darstellen kann.

Im 14. und 15. Jahrhundert bilden sich die Schützengilden, um als spontan alarmierbare Bruderschaft den Schutz des Gemeinwesens zu übernehmen. Ihre gefährlichste Waffe ist die den Rittern überaus verhaßte Armbrust. Durch regelmäßiges Übungsschießen steigern die Schützen ihre Treffsicherheit. Der Vogelschuß ist ein Wettschießen zum Zwecke von Anspornung, Bestätigung und Übung. Später kommt die *Büchse* auf.

In unserer Region darf Johann der Streitbare von Heinsberg als besonderer Förderer der Schützen angesehen werden. Er organisiert in seinen Territorien überall „gesellen met hantbuysen unndt armborsten", die „allzeytt bereit seyn, als man des an in gesynnet" zur Verteidigung von Stadt und Burgen.[624] Wassenberger und Birgelener Schützen müssen noch Jahre später im „criech für Heynsberch" zum Einsatz. 1560 werden von der Birgelener Lambertus-Bruderschaft acht Mann erwähnt, für deren Besoldung ein Viertel Holzgerechtigkeit im Schaagbusch versetzt wird. In Birgelen geht 1651 die Schützenrolle (*schützen Zettul*) „wegen des lang wirrigen Verderblich Kriegß verlußtig undt abhändig".[625]

Die kirchliche Anbindung ergibt sich von selbst: Die Schützen verteidigen die kirchlichen Einrichtungen, erfahren vom „Glockenschlag" des Wassenberger Kirchturms als Wehrtum und Ausguck ihren Alarm, repräsentieren bei Prozessionen. Durch die Verbindung kirchlicher Bruderschaften mit den Schützengilden wird den Schützen ein zusätzlicher Wirkungskreis eröffnet, nämlich Stütze der Religion und Betreuung von Armen und Kranken zu sein. 1537 besichtigt der Wassenberger Amtmann seine *Leute* und stellt die Zahl der Wehrfähigen fest. 1543 werden die Einsassen aufgefordert, sich in guter Rüstung zu halten. 1552 wird

Wassenberger Salve-Garde-Brief 1758.

Wir FERDINAND Hertzog zu Braunschweig und Lüneburg ꝛc. ꝛc. General en Chef der Armee Seiner Königl. Majestät von Großbrittanien und Churfürstl. Durchl. zu Braunschweig und Lüneburg ꝛc.

Ertheilen hiemit den bey dem hiesigen Capuciner Closter und dessen Zubehör

bey Uns nachgesuchten Salve-Garde-Brief, und ist Unser ernster Wille und Befehl, daß derselbe von allen unter Unsern Befehlen stehenden Völckern gehörig respectiret werde.

Signatum Haupt-Quartier zu Wassenberg d. 29. Aug. 1758

Ferdinand

Auf Befehl Sr. Hochfürstl. Durchl.

Mertens

Kläpp, Raatel und Knarre. Seit dem 18. Jahrhundert sind diese Krachmacher in der Karwoche in Wassenberg als Glockenersatz in Gebrauch. Im 19. Jahrhundert nur noch Raatel und Kläppe. Die Raatel befand sich das Jahr über bei Thomassen unter Verschluß.

in den Dörfern jeder zehnte Schütze, in den Städten jeder fünfte zur Landesverteidigung eingezogen. 1579 müssen alle männlichen Untertanen auf die Burg Wassenberg zur Musterung. 1587 ergeht der Befehl, bestimmte Fußschützen zur Bewachung des Schlosses Wassenberg zu alarmieren.[626] Anscheinend verselbständigt sich die Führung der Schützen derart, daß gegen Ausgang des Mittelalters den kleinen „Privatarmeeen" gegenüber bei den Lokal-Dynasten Bedenken entstehen. So will man bei Verträgen über die Sicherung der Kaufmannswege keine neuen *Schötterijen* mehr dulden und die bestehenden stärker unter Aufsicht stellen: Die Maßnahme wird damit begründet, unordentliche Versammlungen der Schützen kämen vor, zu denen der gemeine Mann mit seinem Gewehr erschiene und infolge Trinkens mutwillige Handlungen gegen die Obrigkeit beginge.[627]

Nach der Reformation kommen die Schützen beim Landesherrn wieder zu hohen Ehren, wie ich Jülicher Akten entnehme. In unsicheren Zeiten sind sie erwünscht. Die Tatsache, daß sie ihre Feste „auf dem Rathause" feiern dürfen, daß sie ihre „Bierstrafen" von der Obrigkeit anstandslos genehmigt bekommen, daß die meisten Platten ihres Königssilbers Geschenke herzoglicher Beamte, Honoratioren der Stadt, Adeliger und Geistlicher aus Effeld, Randerath, Vlodrop, Beeck, von Spee zu Dalenbroich sind, beweist die Hoffähigkeit der *Schötterij*.

Ich habe oben gezeigt, wie sie als *wachen uff der straessen* in den unruhigen Zeiten des Raubrittertums, der Wegelagerer, Räuber und *straßenschender* festgelegte Abschnitte als Streife kontrollieren, wie überhaupt die Patrouille und das *auff-posten-staan* ihre Hauptbeschäftigungen sind. Willi von der Beek erinnert daran, daß sie als Entschädigung für ihre militärischen Einsätze im Sommer eine Kogel (Tuchenes Wams mit einer Kapuze) und für den Winter eine Winterkogel von einer Elle Tuch erhalten. Im Frühjahr und Herbst stehen ihnen je zwei Fuder Bier zu. Sie besitzen den *broderschaftswieher* (Stadtgräben), den sie befischen dürfen. Am Andreastag erhalten sie von Amtmann und Vogt 14 Hoender (Hühner).[628]

„Renovatio der uhralten Schützen Rollen"

Im Jahre 1747 werden die Statuten von 1627 erneuert, weil dieselbe „Mehren Theils Unleßbar" waren. Die 30 Artikel werden vom Wassenberger Amtmann Freiherr von Hövell am 9. 5. 1747 als *extraktlich und sachlich* richtig verpflichtend gemacht. Noch heute ist die Wassenberger Bruderschaft im Besitz dieses kostbaren Dokuments, das im Format 49,3 mal 117,5 cm aus Büttenpapier besteht. Als Präsident der Junggesellenbruderschaft von 1947—1949 habe ich es selbst und unser damaliger Schriftführer Willi Rütten in Verwahr gehabt. Die Statuten hat Willi von der Beek in der Festschrift von 1977 verdienstvollerweise erstmals veröffentlicht. Am Ende der Artikel erfolgt eine Beglaubigug *von ambtswegen firmiert*. Unter den Unterschriften entdecke ich auch Vogt H. W. Packenius, ferner den damaligen Schützenobristen F. H. Wolf. Auch die Nachträge sind interessant: Amtmann Freiherr von Mirbach *confirmirt signatum et supra* am 25. 5. 1773. Zwanzig Jahre später, 1793, tut dies Bürgermeister Friedrich Peter Josef Packenius. Der Amtsgerichtspräsident des Kantons Heinsberg (Prèsident du Tribunal de première instance) *confirmirt* 1802. Am 1. 4. 1814 wird bei allgemeiner Zustimmung Bürgermeister Peter Henzen zum Obristen gewählt. Ein *Postum* vom 23. 4. 1822 bestätigt die Wahl des königlichen Oberzollinspektors Carl Hammers zum Obristen durch den *Capitan Haubtmann* P. T. Cremers.
1843 entwirft Gemeindesekretär Franz Heyden neue Statuten. Leider sind sie verloren gegangen. Franz Mayer hat sie 1925 noch eingesehen: In langer Vorrede preist Heyden die gute alte herzogliche Zeit vor 1794, in der noch wahrhafte Bruderliebe unter den Schützen geherrscht habe. Nunmehr sei alles ins Gegenteil verwandelt. Rückkehr zu den Wassenberger

Tugenden von damals müsse gefordert werden. Es folgen 47 Statuten, in denen er versucht, die alte Zeit zurückzuholen. In § 15 wird vorgeschlagen, die Aufnahme eines neuen Mitgliedes nach Art des Ritterschlages unter der Fahne zu „knubben", d. h. mit dem Fahnenknauf „fühlbar" den Kopf zu berühren.[629] Die Bierstrafen verwandelt Heyden in Geldstrafen. Bei der Beerdigung eines Schützenbruders schlägt der Tambour am Grabe einen Trommelwirbel, senken die Fähnriche ihre Fahnen über dem offenen Grab, betet der Oberst ein Vaterunser.

Kurze Zusammenfassung der Statuten

Alljährlich wird der Vogel geschossen. Der König stiftet für den Silberumhang eine Platte. Dem Schützenkönig gebührt Respekt. Der König wird immer unter Gewehr nach Hause begleitet. Wer dreimal Schützenkönig wird, dem ist der Vogel verfallen. Die Bruderschaft kann ihn jedoch für 10 Taler zurückkaufen. Nur gut beleumundete Bürger können Mitglied werden. Das Eintrittsgeld sind zwei Kopfstücke. Wer austritt, zahlt einen Taler. Die beiden Brudermeister sind Schriftführer und Kassenwarte. Am Georgstag legen sie ihre Rechnung auf. Den Sarg eines verstorbenen Mitbruders tragen die sechs jüngsten Schützen. Montag nach Gottestracht ist jeweils die Seelenmesse für die verstorbenen Mitglieder. Wer betrunken angetroffen wird oder mit gotteslästerlichen Flüchen auffällt, wird vorbehaltlich der obrigkeitlichen Strafen zu 25 Quart Bier verurteilt. Mehrere Regeln betreffen den Vogelschuß. Die Feste werden auf dem Rathaussaale gefeiert. Kinder sind nicht zugelassen, *es seye denn, daß die Mütter solche annoch schenken müsten*. Für Kinder über 10 Jahre sind zwei Maß Bier den Brudermeistern zu zahlen.[630]

Ab 1512 existieren zwei Bruderschaften in Wassenberg. Die eine nennt sich nach *Unserer lieben Frau*, die andere nach dem Wassenberger Schutzpatron, dem *Heiligen Ritter Georgij*. Im Jahre 1739 schießt der Vikar T. F. Baeyens den Vogel bei den Junggesellen ab und wählt die 12-jährige Tochter des Amtsverwalters Lièvre zur Königin. Beide schenken Platten an das Königssilber. Dreimal, 1742, 1743. 1744, schießt der Wassenberger Rentmeister Wilhelm Ernest D. Reinbach den Vogel auf den Namen seines vierjährigen Sohnes ab und stiftet jeweils eine Silberplatte. 1766 wird eine neue Fahne angeschafft, die 18½ Reichsthaler kostet, ein Betrag, für den man damals einen fetten Ochsen bekommt. Die Wassenberger Jungfrauen nähen und besticken die Fahne kostenlos. Die spendablen Junggesellen verwöhnen sie dabei mit dem damals noch seltenen Getränk des *Caffee*.

Im Stadtarchiv Wassenberg befindet sich ein Bruderschaftsbuch, das über die Archivberatungsstelle des Landschaftsverbandes Rheinland am 23. 2. 1956 Amtsdirektor Jakob Wolters angeboten wurde. Dr. Brandt schreibt: „Es ist mir aus Privathand ein Bruderschaftsbuch aus dem 19. Jahrhundert der Bruderschaft Unserer Lieben Frau und des Heiligen Georg in Wassenberg übergeben und mir freigestellt, das Buch an die richtige Stelle zurückzubringen. Aus dem Buch geht nicht hervor, wo es früher gewesen ist. Es ist in den Zwanziger Jahren in einem Antiquariat gekauft worden, so daß ich vermute, das Buch hat sich vielleicht im Besitz eines Meisters der Bruderschaft oder der Erben befunden und ist auf diese Weise allmählich und ohne böse Absicht der Bruderschaft entfremdet worden und hat so seinen Weg ins Antiquariat gefunden. (Kaufpreis DM 50,—)."

Das Buch beginnt mit einer *Nachweißung deß silberen Vogels- und schilder nahmen und jahr zahl: Erstlich der silberen Vogel mit der Jahr Zahl 1613 Joan. Randerath exudit und 2tens im Beldt vom Vogel ein rundt schildtgen alwo St. Jöris aufstehet mit der Jahrzahl 1614: J: W: 3. ein rondes schildtgen mit der Jahrzahl 1613 Arnold von Randerath und anna von Riedt genandt Spee, 4. ein Viereckiges Schildt vom Jahr 1613 Gerard Höveler, 5. ein Klein ovall Schildtgen vom Jahr 1618 findt sich keinen nammen drauf...*[631]

Das Königssilber

Die Silberplatten der Georgius-Bruderschaft stammen aus dem 17. und 18. Jahrhundert. Willi von der Beek[632] hat sie in der Bruderschaftsfestschrift 1977

Kirmes 1948: Schützenkönig der Mannder war Willi Strücker, Schützenkönig der Junggesellen Heinrich Willms.

aufgelistet. Beide Bruderschaftssilber hat Josef Voß (1895—1966) — selbst König im Jahre 1937 mit seiner Frau Sophia geb. Schuwirth — im Zweiten Weltkrieg gerettet, indem er sie beim Näherrücken der Front im September 1944 in seinem Garten vergrub.
Das Schützensilber der *Mannder*, der Georgiusbruderschaft, besteht aus 28 massiv silbernen Teilen mit Inschriften, Wappen, Bildern und Namen. Der in Silber gegossene, gravierte Vogel ist 18 cm lang und 12 cm hoch. Er zeigt Reste einer Vergoldung und stammt von 1613.

Platten mit ihren eingravierten Majestäten der Mannder:
von Hoeveler (1613), Arnold von Randerodt und Anna von Hirtz (1613), Rentmeister Dietherich von Richterich (1622), Werner von Swalenberg (1622), Gotfred G. Brockhusen und Barbara G. Klot (1623), Riter H. von Spee und Elisabeth von der Horst (1623), Vogt Jacob Heinrich Heidtmann so dann dessen Eheliebste von Ulner (1704), Königin Maria Agnes Hasenbach (1737), Johannes Leppers und Maria Classens (1739), Schöffe Hermannus Alexander Heyden (1740), Johannes Dekkers Birgelen (1741), Hermannus Alexander Heyden (1744), Gilles Beeck und Mechteldis Engels (1744), Amtmann Johannes Antonius Hasenbach (1745), Gells Smeets (1746), Gelis Schmitz (1747), Seigneur d'Effelt Jean Bernard de Hasenbach (1747), Schöffe Cox (1748), Amtmann Henricus Wilhelmus Paulus Packenius und Maria Margaretha Clara Montz (1748), Constantius Cox (1750), Bürgermeister Petrus Henricus Walbers (1753), Petrus Florack und Sophia Alberst (1755), Leonardus Reiners und Agnes Classen (1763), Lambertus Cuppers und Maria Elisa Lambertz (1764), Henricus Ulrich und Anna Crins (1765), Max Joseph Lenartz und Catharina Elisabeth (1790), Oberzollinspektor Carl Joseph Hammers (1834).
Das Königssilber der Junggesellen der Bruderschaft St. Philippus und Jacobus (gegründet 1861) umfaßt 21 Teile. Alle sind aus massivem Silber. Der Schützenvogel ist getrieben, gegossen, graviert, 13,5 cm lang und 10,5 cm hoch. Gestiftet wurde er von Adolphus Philippus Meex, dem Sohn des Rentmeisters (1737). Auf den Platten sind folgende Königs-Namen und Stifter verzeichnet: Adolphus Philippus Meex (1737), Amtmann Johannes Antonius Hasenbach (1739), Johanna Elisabetha Catharina Lièvre (12 Jahre alt) als Königin des Vikars Baeyens (1739), T. F. Baeyens (1739), Johannes Bernardus Henricus Hasenbach (1740), Gerichtsschreiber Anton Wilhelm Rhamen (1740), Bruderschaft Philippi et Jacobi (1740), Pastor Adolph Joseph Beck (1740), Johannes Chrysanthus de Reinbach (1742), Johan Chrysant von Reinbach (1743), Königin Catharina Johanna de Hasenbach, zum dritten Mal, tertia vice (1744), Johannes Chrysantus de Reinbach , tertia vice (1744), Vogt Henricus Wilhelmus Paulus Packenius (1747), Johann Balthesar Mathias Walbers (1749), Ferdinand Wolff (1753), Petrus Florack und Sophia Alberst (1754), Adolphus Josephus Cuppers (1767, 1769, 1772, 1773), J. R. A. Dorsten (1775), Franciscus Josephus Godef Heyden (1831,40), Carl Alexander Herzog zu Württemberg (1713).

Ein schützeneigener Brauch in den Bruderschaften unseres Raumes war immer das Fahnenschlagen. Für 1788 ist uns der Fahenschläger Thewiß Winkens überliefert, der diese Kunst virtuos beherrschte. Die Fahne wird beim Zug durch die Stadt nach rechts und links und in Kreisen über dem Kopf und um die Brust „geschwenkt". Als besondere Huldigung des Königspaares: Der Fahnenträger tritt vor und senkt die Fahne vor dem Königspaar. Es ertönt Trommelwirbel. Zunächst schlägt Thewiß Winkens vier Schleifen nach rechts und links. Danach umspannt seine Hand die Fahnenstange am Knauf. Nun schlägt er die Fahne mit gestrecktem Arm in Kreisen über seinem Kopf. Dann folgt die Drehung der Fahne um die Brust, um den Bauch, um die Knie und, was wohl nur Thewiß Winkens konnte, um die Versen. Unentwegt begleitet die Reveille des Trommelschlägers die artistische Prozedur. Es tritt eine kleine Pause ein. Die Musik intoniert ein kurzes Stück. Dann folgt der Höhepunkt: Fähnrich Thewiß Winkens springt bei den Umdrehungen der Fahne über die Stange, zunächst mit dem rechten, dann mit dem linken Fuß, dann mit beiden Füßen. Fürwahr spaktakuläre Schützenartistik und für jeden Wassenberger eines großes Erlebnis. Oskar von Forckenbeck nennt in einem Brief solche Vorführung: „Plus d'effet que de bruit!" (Mehr Wirkung als Lärm)

Bürgermeister von Wassenberg bis 1802

(Die Jahreszahlen sind urkundliche bzw. aktenmäßige Nennungen.)

Wilhelm Pallandt	1634—1635
Franz Schoeller	1638—1641
Gördt Wolters	1644—1647
Rochus Bonus	1648—1650
Wilhelm Schüllers	1652—1656
Johan Schmitz	1670—1673
Wilhelm Wolters	1674—1676
Johan Emondts	1682—1687
Jacob Bellenroth	1692—1693
Werner Küppers	1694—1696
Johan Wilms	1698—1701
Wilhelm Wolters	1702—1704
Johann Heinrichs	1705—1709
Johann Maess	1709—1711
Johann Bernard Erwen	1711—1713
Michel Graab	1717—1720
Walter Gripekoven	1729—1740
Anton Verbeet	1747—1750
Petrus Henricus Walbers	1753
Johan Janssen	1754
Johann Küppers	1755—1757
Leonard Küppers	1758—1759
Johannes Bierbaum	1771—1776
Wilhelm Geuskens	1775—1785
Heinrich Janssen	1786—1794
Joseph Ernest D. Reinbach	1798—1802

DIE PACKENIUS

Vier Generationen

Denken wir an stolze Tage Wassenbergs zurück, fällt neben Palant uns Packenius ein. Das ist ein Name, der ein Jahrhundert lang für Wassenberg von Prägekraft gewesen ist, von starkem verwalterischen Elan, von Identifikation und Heimatbewußtsein. Humanitärer Geist beflügelt die Familie, wo immer ich auf ihre Taten stoße. Sie faßt ihren Reichtum und Besitz als sozialen Auftrag auf. Noch heute weiß die Wassenberger Überlieferung von dem „braven Packenius auf der Burg" zu erzählen, der jedes Jahr einen Diener durch den Ort sendet, um festzustellen, wo Armut und Krankheit „hülffreich begegnet werden kann".

Großvater: Heinrich Wilhelm Paul Packenius, 1718—1785, Hof-Rath und Vogt von Wassenberg.
Vater: Friedrich Peter Joseph Packenius, 1750—1823, Vogt, später Bürgermeister (Maire) von Wasenberg.
Sohn: Alexander Joseph Anton Packenius, 1790—1851, Bürgermeister von Wassenberg.
Neffe: Heinrich Otto Franz Packenius, 1826—1910, Bürgermeister von Wassenberg.

Es gibt für unsere Stadt Epochen des Niedergangs. Dennoch führt ein wohlgesonnenes Uhr-Pendel auch wieder bessere Zeiten herauf, die, um einen Ausspruch Forckenbecks zu nutzen, „la grande époque de mon beau-père Packenius et des prédécesseurs" gewesen. (Die große Epoche meines Schwiegervaters Packenius und seiner Vorfahren!)

Heinrich Wilhelm Paul Packenius

Er ist der erste, der in Wassenberg Fuß faßt, nachdem seine Familie im weiten Umkreis Güter und Ländereien besitzt. Am 23. 2. 1718 wird er in Linnich getauft. Seine Eltern sind Johannes Friedericus Vincentius Packenius und Maria Anna Margaretha Walraff.
Heinrich Wilhelm Paul besucht das Laurentianer-Gymnasium in Köln. Aus den Weiheprotokollen Kölns ersehe ich, daß der junge Packenius der Regel entsprechend am 12. 6. 1730 die Tonsur erhält. Nach seiner Gymnasialzeit studiert er Jura an der Universität Heidelberg, wie die Matrikel ausweisen: 10. November 1742, Henricus Wilhelmus Paquenius, Linnichiensis, jur. utr. cand.
Ein Studium in Heidelberg war damals exklusiv. Die teuerste Universität! Mehrere „juristische Söhne" unserer Region befanden sich unter den Studierenden. Ein Jülicher Professor hatte den Lehrstuhl der Rechte inne: Franz Alefs (†1763)
Auch der Landesherr protegiert die Heidelberger Alma

Rathaus Wassenberg. Erbaut 1753 auf dem Platz des vorherigen „amptshauses". 1944/45 wurde das Rathaus zerstört. Das Foto stammt aus dem Jahre 1924.

Mater. Kurfürst Johann Wilhelm (Jan Wellem) ordnet an, „daß hinführo unsere Landts-eingebohrene Kinder und Studenten, welche in unseren Diensten hernegst accomodiert zu werden suchen, ihre studia altiora nirgent anders als bey unsrer Chur-Pfaltzischer gemeiner Universität zu Heydelberg zu absolviren gehalten sein sollen".

Heinrich Wilhelm Paul macht sein Examen und wird zunächst Advokat in den Ämtern Randerath, Caster, Boslar und Linnich. Am 27. 5. 1747 ernennt ihn der Landesherr zum Vogt des Amtes Wassenberg, am 4. 9. 1747 auch zum Syndicus der dortigen Kapuziner. Am 4. 6. 1766 avanciert er zum Hofrat.

Der Chur-Pfältzische Hoff-Calender von 1748 sagt über das *Ambt Wassenberg*:

Vogt und Steuerempfänger: Herr Packenius, Gülich-Bergischer Hof-Rath. Gerichtsschreiber: Herr Johann Wilhelm Rahmen.

Des Packenius Bild verrät den Grand Seigneur des spätbarocken Zeitalters. Es scheint so, als habe sich *le siècle de Louis XIV.* in ihm personifiziert, jedenfalls, was das Äußere anbelangt. Auch er beschäftigt einen Stukkateur in den Räumen des Schlosses. Er läßt sich im langschößigen Galarock des Kavaliers mit der feinen Jabotspitze seiner Hemdkrause in Öl malen. Die voluminöse Perücke rahmt sein mildes, freundliches Gesicht und läßt einen Pykniker sehen, dessen gute Laune und Kompromißbereitschaft angeboren scheint. Selbstverständlich ist ihm das Französische die angenehmste und geistreichste Sprache. Die unsichtbare Macht „de l'étiquette" geht von seinem Bilde aus. Man meint im Hintergrund ein Cembalo zu hören. Und Nasallaute beschwören la distinction: Unsere Freunde des Jumelage in Pontorson werden diesen „französischen Empereur auf Wassenbergs Thron" sicherlich akzeptieren. Forckenbeck muß oft vor diesem Ölgemälde gestanden haben; denn er bringt die barocke Gestalt auf den Punkt: „Heinrich Wilhelm Paul est plus moral. Ce sont moins des héros que des hommes qui se découvrent à nous avec toutes leurs faiblesses." (Heinrich Wilhelm Paul ist von moralischer Statur. Persönlichkeiten seines Schlages sind weniger Helden, als vielmehr Menschen, die sich uns mit allen ihren Schwächen offenbaren.) Also wohl doch kein absolutistischer Unmensch?!

Karl Packenius, Nachfahr dieses berühmten Geschlechts, schreibt mir aus Canada: „Am 22. 4. 1932 wurden die Familienbilder aus dem Ahnensaal in Wassenberg an die Erben verteilt. Bei dieser Gelegenheit hat mein Onkel Wilhelm Packenius aus Mönchengladbach alle Bilder fotografiert. Dabei war auch ein Bild des Heinrich Wilhelm Paul Packenius (1718—1785), das bei der Verlosung an Josef Jansen fiel. Dieses Bild ging im Zweiten Weltkrieg verloren. Eine Kopie davon hat immer im Sitzungssaal des Wassenberger Rathauses gehangen, bis auch sie bei seiner Zerstörung gegen Ende des Zweiten Weltkriegs unterging."[633]

12 Kaufverträge, von Vogt Packenius gegengezeichnet, besitzt Jakob Germanns in Golkrath. Auch zahlreiche vogteiliche Anordnungen, wie Befehle für Fuhrdienste, (z. B. 1759 bei den Ratheimer Sebastians-Schützen) haben uns das Packenius-Autogramm erhalten.[634]

Willi von der Beek hält fest, wie sehr Vogt Packenius die Wassenberger Schützenbruderschaft gefördert hat.[635] Er stiftet 1747 den Junggesellen und 1748 den *Mannder* eine gewichtige Silberplatte mit vielsagender Gravur. Bekanntlich bestimmen die Schützen-Statuten Wassenbergs, jeder König muß eine silberne Platte und zwei Reichsthaler an den silbernen Vogel der Königskette spendieren. Die Packenius-*Selver-Plaat* von 1747 enthält die Inschrift: *Henricus Wilhelmus paulus packenius J: U: L'his Serenissimi electoris palatini satrapiae wassenbergensis praefectus dedit 1747.* Das Stück in Schildform ist 17,8 cm hoch und 15,2 cm breit, der Rand mit feingliedrigen Rokoko-Rocaillen (Muschelform) geziert. Bei seiner Königsplatte von 1748 an die Georgsbruderschaft beauftragt er den Roermonder Beschaumeister C. H., das Quer-Oval zu gestalten. Es ist 14,4 cm hoch und 18,6 cm breit. Sein Rand zeigt Akanthus-Blätter (Bärenklau), eine Reminiszenz an die Ornamentik der spätrömischen Kaiserzeit. Im Jahre 1747 ist Packenius selbst Schützenkönig in Wassenberg und führt seine Frau (sua uxore) Maria Margarita Clara Montz (1711—1780) zur *Grande Polonaise* um den Wassenberger Maibaum. Die Datierung auf der betreffenden Silberplatte von 1748 enthält einen Gravurfehler; denn seine Hochzeit mit Maria Margarita Clara fand erst am 27. 4. 1749 in Randerath statt. Die Inschrift aber verlegt die Heirat ein Jahr früher. Unter den Hochzeitszeugen befinden sich der Wassenberger Dechant Adolph Joseph Beeck (1740—1769), der Randerather Vice-Satrap Franz J. J. Montz, der Vogt von Randerath Franz J. H. Litz, der Ortspfarrer Nicolaus Vonwerst. Die Trauung vollzieht R. D. Packenius, Kanoniker an St. Adalbert in Aachen.

Die Wassenberger Rentmeistereirechnungen enthalten zahlreiche Hinweise auf das verwalterische Wirken des Vogtes Packenius. Rentmeister Wilhelm Ernst Reinbach notiert im Jahre 1772, daß als Amtmann Freiherr von Hövell residiert, sein Vogt der Hofrat Heinrich Wilhelm Paul Packenius sei, der Chirurgus Heinrich von der Fuhr, der Notar Joseph Küppers. Gehälter werden von Packenius u. a. angewiesen für *zwei Feldtschützen wegen des Wassenberger buschs zu hüten, für drey stadttorwächter, für zwei Nachtwächter, für zwei städtische Kuhhirten, für zwei städtische Schweinehirten.*

Am 24. 7. 1776 entdeckt man ihn in Kooperation mit seinem Amtmann Wilhelm Ludwig Freiherr von Mirbach in einem Prozeß um eine vom Kloster Dalheim aufgekündigte Brotspende für die Armen und Kranken: „. . . an drey dagen in der wochen eine Mange (Korb) Brodt ausgeteilet und gespendet". Er engagiert sich für die Beibehaltung. Am 28. 2. 1778 gibt er mit einem persönlichen Bericht die Stellungnahme der geizigen Dalheimer Äbtissin weiter. Die Angelegenheit wird vom Wassenberger Gerichtsvorsteher Johan Randerath verschleppt.

Packenius erlaubt den Wassenberger Kapuzinern nach

Bürgermeister Alexander Packenius genehmigt am 20. 8. 1822 eine Zeitpacht von 99 Jahren.

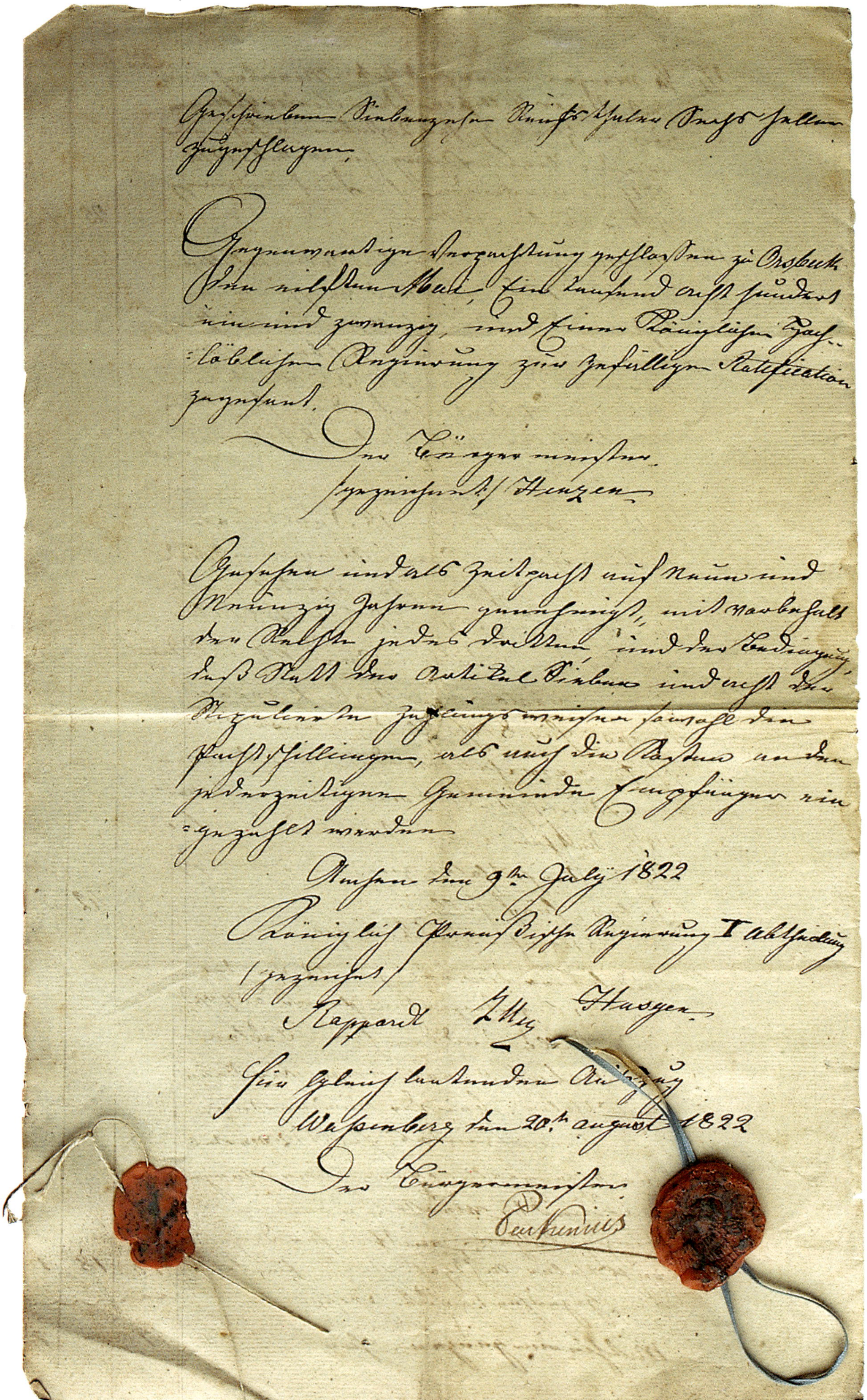

Geschriebenen Siebenzehn Reichsthaler Preuß. Courant zugeschlagen.

Gegenwärtige Verpachtung geschlossen zu Orsbeck den siebten Mai, ein tausend acht hundert ein und zwanzig, und einer Königlichen hoch-löblichen Regierung zur gefälligen Ratification eingesandt.

Der Bürgermeister
(gezeichnet) Heuzen

Gesehen und als Zeitpacht auf Neun und Neunzig Jahren genehmigt, mit Vorbehalt der Hälfte jedes dritten und der Bedingung daß statt des Kapital Zinses und erst die regulirten Zahlungs Termine sowohl die Pachtschillingen, als auch die Kosten an den jedesmaligen Gemeinde Empfänger ein-gezahlt werden.

Aachen den 9ten July 1822

Königlich Preussische Regierung I Abtheilung
(gezeichnet)
Rappard [illegible] Hagen

Für gleichlautenden Auszug
Wassenberg den 20ten august 1822
Der Bürgermeister
[illegible]

1782
An
Bürgermeistern
Rentmeistern
Provisoren, und
Marktmeistern
dahier

Vogt Heinrich Wilhelm Paul Packenius: getauft zu Linnich am 23. 2. 1718, gestorben zu Wassenberg am 10. 2. 1785.

Maria Margarita Clara Montz: getauft zu Randerath am 2. 8. 1711, gestorben zu Wassenberg am 7. 7. 1780, verheiratet mit Vogt H. W. P. Packenius.

Allerhöchster Permission, eine kleine Pforte in die Stadtmauer zu schlagen, um direkt in den draußen liegenden Klostergarten zu gelangen. Später dürfen sie sogar ein Mauerstück niederlegen und durch eine neue Mauer ersetzen.

Familie Packenius ist, wie schon angedeutet, begütert. Sie zählt zu den reichsten Familien unserer Gegend. Und der Vogt vermehrt seine „Talente". Als Beispiel soll ein Kaufvertrag dienen, der am 19. 1. 1769 zwischen der hochedel geborenen Juffer Maria Anna Cordula von Reckum und den Packenius geschlossen wird. Sein Gegenstand ist ein in Ratheim gelegenes Areal: der Krickelberger Hof. Vor mir liegt die *Specification der Landerey vom ehemalig Krickelberger Hoff gehoerig an tit. Hern Packenius von Wassenberg*. Diese Besitzung ist rund 63 Morgen groß und besteht aus Ackerland, Gärten, Weiden, Schafsbenden, Grind, Holzungen, Teichen, Brüchen, Gestrippen, Öden.[636] Die Ausmessung des Geländes wird 1812 noch einmal durch den Landvermesser Dorenkamp attestiert[537]. Dieses Krikkelberger Gut wird in den unsicheren Jahren um 1760 oft von Einquartierungen betroffen.[638]

Durch Erbschaft aus der Familie seiner Ehefrau kommt Packenius in den Besitz des Röttcher-Lehens bei Birgelen mit einer Fläche von 30 Morgen (16 Morgen Acker und 14 Morgen Weide). Dieser Besitz bildet mit weiteren 12 Morgen *auf Elsum* sowie 4 Morgen Busch und Heide im *Entenpfuhl* ein Wassenberger Mannkammerlehen. Karl Packenius, ein Nachkomme, ist der Meinung, dieser Besitz habe wegen seines Alters Bedeutung gehabt: „Auf dem Schaagbusch stand ihm ein Kurmorgen zu. Sein Besitzer hatte mit der Kirche zu Birgelen und Wildenrath sowie den großen Höfen das Recht auf einen besonders ausgewählten Morgen mit gutem Holzbestand. (Siehe Abschnitt über den Schaagwald.) Wurde Vieh aus den Dörfern Wildenrath, Rosenthal oder Schaufenberg auf diesen Busch gepfändet, so mußte es entweder zum Hof im Ossenbruch oder zum Röttcherhof, der später Haus Birgelen vertrat, getrieben werden."[639] Heute erinnert nichts mehr an den Bestand dieser Hofanlage. Werner von Negri[640] beschreibt sie als alte Packenius-Besitzung *In den Dämmen*: „Bis zum Jahre 1932 lag südlich des Dorfes Birgelen an dem von Eulenbusch herkommenden Leichweg ein mit Wällen und Gräben durchzogenes Gelände, welches der Familie Forckenbeck (Erben Pakkenius) gehörte. Es war ein kleines Wäldchen, dessen alte Buchen und Eichen manch frohes Fest erlebt hatten. Nach dem Weltkrieg (1914—18) wurde es abge-

Eine das Armenhaus (Hospital St. Claess) betreffende vogteiliche Verwaltungsanordnung von Friedrich Peter Joseph Packenius vom 6. Mai 1782, der bei seinem Vater als Vogt-Adjunctum bereits tätig war, sagt u. a.: „. . . dieses Dictum haben Bürgermeister, Chirurgus Peters und gasthauß Meister Severin Kayser von ambtswegen abzuschreiben und bey den stadtpapieren, dieses aber im Gasthauß-Kump eine abschrifft aufzubewahren, forth stadtwachtmeister dieses in der Kirchen zu jedermanns wißenschaft und schuldiger Befolgung zu verkündigen. Waßenberg, 6ten May 1782, Fr. J. Packenius." (Armenhausedikt)

Der Eisenschmuck der Packenius: „Gold gab ich für Eisen" (1812).

holzt. 1932 verkaufte man auch Grund und Boden. Die Anlage bestand aus einem Rundhügel, der vermutlich das Wohnhaus trug. Ihm gegenüber lag eine Fläche, auf der wohl die Wirtschaftsgebäude zu suchen sind. Beide Teile waren mit Wasser und Erdwällen umgeben. Welcher Bach die Gräben speiste, ist zweifelhaft. Entweder war es der Birgelener Mühlenbach oder derjenige, welcher beim Pützchen entspringt und früher die Weiher des Hauses Birgelen mit Wasser versorgte. 'Die Dämme' wurden im Norden von Wiesen begrenzt. Da sie etwas tiefer lagen, konnte man sie vielleicht unter Wasser setzen. Durch seine große Breite fiel der nördliche Wall auf. Er betrug unten 12 m und oben 4 m bei 1,30 m Höhe über dem umgebenden Niveau und 2,50 m über der Sohle des Grabens. Sonderbarerweise ist der Name dieses Hofes nicht bekannt. Falsch ist natürlich, hier habe Schloß Schlickum gestanden. Die benachbarte Schlickumer Weide ist nach einem Herrn von Schlickum benannt, der im 18. Jahrhundert Anteil am Rittergut Birgelen hatte."[641] Aus Packenius' Zeit liegt mir für 1767 eine Aufstellung des Amtes Wassenberg vor, die alle die von unserem Vogt zu verwaltenden Orte enthält:

1. Gericht Arsbeck mit Dalheim und Rötgen: 1 807 ha.
2. Gericht Beeck mit Anhoven, Ellinghoven, Flassenberg, Gripekoven, Holtum, Isengraben, Kipshoven, Mehlbusch, Moorshoven, Rath und Schönhausen: 1 951 ha.
3. Gericht Dovern mit Doverhahn, Doverheid, Kloster Hohenbusch: 990 ha; Granterath: 216 ha; Hetzerath: 247 ha; Hückelhoven, Doverack: 516 ha; ein Teil von Baal: 222 ha.
4. Gericht Klein-Gladbach mit Brück, Eschenbroich, Golkrath, Horst, Houverath, Hoven: 1 103 ha; Matzerath: 236 ha.
5. Gericht Melick mit Herkenbosch: 1 833 ha.
6. Gericht Wassenberg mit Birgelen, Elsum, Krafeld: 1 384 ha; Effeld, Haus Effeld, Steinkirchen: 853 ha; Gerderath, Fronderath, Gerderhahn, Moorheide, Vossem: 993 ha; Myhl, Altmyhl: 606 ha; Ophoven: 448 ha; Orsbeck, Luchtenberg: 247 ha; Ratheim, Busch, Garsbeck, Gendorf, Hagbruch, Haus Hall, Kreckelberg, Millich, Schaufenberg, Venn: 1 778 ha; Stadt Wassenberg mit Vorstadt Brühl: 816 ha; Wildenrath mit Haus Wildenrath: 427 ha.
7. Unterherrschaft: Herrlichkeit Tüschenbroich mit Geneicken, Genfeld, Schloß Tüschenbroich, Teil von Wegberg mit Dorf, Vogtei St. Petersholz, Tüschenbroich: 970 ha.

Anmerkungen werden von Fabricius zu obiger Aufstellung gemacht: *Der andere Teil von Baal gehört zum Amte Boslar. Melick und Herkenbosch sind ein Bestandteil der Herrschaft Dalenbrock. Dieselbe umfaßt außerdem noch die Kirchspiele Herten und Maasniel, sowie das in der Gemarkung Melick gelegene Schloß Dalenbroek. Das Ganze war mit dem Oberquartier Geldern strittig. 1719 wurden die zuletzt genannten Bestandteile an Österreich abgetreten.*[642]
Effeld, Steinkirchen, Ophoven und Orsbeck wurden 1692 dem Jülicher Kanzler von Hochkirchen zu Neuerburg in Pfandschaft verliehen (Herrschaft Neuerburg), aber im 18. Jahrhundert wieder eingelöst.[643] Des Packenius Ehefrau, die „praenobilis Domicella Maria Margarita Clara Montz" ist, wie das Randerather Taufregister ausweist, am 2. 8. 1711 als Tochter *Ihro Churfl. Dhlt. Kelner Her Johann Peter Montz Und dessen fraw Eheliebste Anna Catharina Alberti* geboren. *Tauffpatt* ist der *Wollehrwürdige vicarius der Stifftkirchen zu ter lieben frawen binnen Maastricht.*
Frau Packenius stirbt am 7. 7. 1780 in Wassenberg. Das Sterberegister dokumentiert:

. . . obiit necessariis morentium Sacramenti provie aliquoties munita Domina de Packenius dicta Montz salutissimis naturae Dotibus instructa pietate ergo Deum et erga pauperes Misericordia pro caeteris obcostiosaque secum habit. Merita

omnium bonorum meridiem scilicet aeternam illam et coelestem gloriam receperit in sancte requiescat pace.

Hofrat und Vogt Heinrich Wilhelm Paul Packenius stirbt fünf Jahre später in Wassenberg. Im Sterberegister lese ich:

1785, 10. febr. obiit D.H. packenius satrapiae Wassenbergensis praefectus necnon Serenissimi principis palatini consiliarius aulicus et Licentiatus provisa absolutione generali.

Heinrich Wilhelm Paul hatte zwei Kinder: Friedrich Peter Joseph und Maria Anna Amalie Walburgis. Manchmal finden wir unseren Vogt auch mit *von Packenius* bezeichnet. Hier besteht der Verdacht, daß als Urheberin für diese posthume Adelung die Tante und Erzieherin der späteren Maria Packenius, verheiratete von Forckenbeck (1838—1921), in Frage kommt. Es handelt sich um Fräulein von Strauch, die auch den Mann für ihre Nichte aussuchte. Unter allen Umständen mußte er adelig sein: Oskar von Forckenbeck.

Friedrich Peter Joseph Packenius

Der Vogt ist tot, es lebe sein Sohn! Friedrich Peter Joseph wird sein Nachfolger. Zunächst von 1785 bis 1802 im vogteilichen Amt, dann als Bürgermeister, Maire während der französischen Herrschaft. Und dann später noch einmal von 1810 bis 1821 als Bürgermeister im Übergang an Preußen.

Friedrich Peter Joseph wird am 12. 3. 1750 in Wassenberg geboren. Das Taufregister: *1750, 13. martii, friedericus petrus Josephus packenius, nomina parentum praenobilis Dominus henricus Wilhelmus packenius Satrapiae Wassenb. praefectus et jur. lic. et Domina maria clara mons.*

*Friedrich Peter Joseph Packenius: * 12. 3. 1750 in Wassenberg, † 14. 1. 1823 in Wassenberg.*

Das Wappen der Packenius: In Silber ein roter Balken, begleitet von drei (1:1) schräggekreuzten und in der Mitte mit zwei abfliegenden Bändern zusammengebundenen Paaren roter Stäbe (Torfstöcken). Auf dem Helm mit rotsilbernen Decken ein Paar der roten Stäbe — wie im Schild — zwischen einem silbernen Flug.

Ein Ölgemälde, heute im Heimatmuseum Geilenkirchen, zeigt F. P. J. als Kind mit einem Vogel auf dem rechten Zeigefinger. In seiner Jugend ist Friederich Peter Joseph Page am Jülicher Hofe zu Düsseldorf. 1766 begegnen wir ihm als Postulant des Aachener Jesuitengymnasiums. Hier spielt er im Schultheater (Jesuitenschauspiel) *Abdias und Ariel* eine „tragende Rolle". 1775 ist er Vogt-Adjunctus (Assistent) bei seinem Vater in Wassenberg. Am 23. 8. 1785 erreicht er sein großes Ziel, Vogt von Wassenberg zu werden, gleichzeitig Syndikus der Kapuziner daselbst. 1795 sehen wir ihn als Friedensrichter. Bis zum 22. 3. 1799 dulden die Franzosen ihn noch als Vogt, ab 4. 8. 1802 „avanciert" er zum Membre du Collège électoral, ab 23. 9. 1806 ist er Suppleant des Friedensgerichtes Heinsberg, von 1810—1813 Bürgermeister (Maire) von Wassenberg.

In den *Gülich-Berg. Wöchentl. Nachrichten*[644] wird seine Beförderung veröffentlicht:

„Seine Churfürstl. Durchlaucht haben dem Friederich J. Packenius die hohe Gnad gethan, denselben als Vogt-Adjunctum des Gül. Amts Wassenberg gnädigst zu ernennen."

F. P. J. Packenius ist Alleinerbe des elterlichen Vermögens, das er weiter vermehrt.[645] Eine Erwerbung ist für die Stadt Wassenberg von besonderer Wichtigkeit. Er kauft 1826 vom Fiskus das Judenbruch.

Johann Pagenius 1636—1677, Gerichtsschreiber.

Maria Sophia Kerris, Linnich 4. 11. 1643—29. 1. 1714, verheiratet mit Gerichtsschreiber Johann Pagenius am 4. 7. 1662.

*Johann Friedrich Vincenz Packenius, * 6. 6. 1670 in Linnich, † 3. 7. 1740 in Linnich, Schultheiß in Linnich, Hofrath und Amtsverwalter zu Randerath.*

Maria Anna Margaretha Walraff, getauft zu Linnich am 6. 1. 1681, † zu Linnich am 7. 6. 1752. Verheiratet mit Johann Friedrich Vincenz Packenius.

Friederich Peter Joseph ist verheiratet mit Jacobine Francisca Caecilia Leonaerdts. Seine Frau ist Waldfeuchterin und dort am 4. 10. 1760 geboren. Die Eltern sind Franciscus Antonius Leonaerdts und Marie Catharina de Vaes aus Tongern. Die Hochzeit ihrer Tochter mit Packenius findet am 12. 11. 1782 in Waldfeucht statt. Das dortige Traubuch vermeldet, die Verehelichung sei trotz Verwandtschaft der Brautleute im vierten Grade (*in 4 te gradu consanguinitatis et Tribus bannis ab Episcopo Leodiensi Dispensati*) nach bischöflicher Dispens durch Lüttich vollzogen worden.

In den Familienaufzeichnungen der Leonaerdts findet man einiges über das Ehepaar Packenius-Leonaerdt: *. . . selbige tochter ist den 12. 9 ber 1782 zu wfeucht geheyrath mit Hr. frederich Petrus Josef Paquenius vogt zu Wassenberg, sie haben dispensation im 4. te Grat gehabt davon Ein sohn Henry wilm d. mertz 1784 zu Wassenberg gebohren obeyit (gestorben) d. 1. Fry 1791.*

Es folgen weitere 6 Kinder: Maria, Josepha, Johanna, Francisca, Walburg (*1785), Maria, Ludovica, Odilia, Eva (*1786), Carolus, Joseph, Alexander, Anton (*1789), Alexander, Joseph, Antonius (*1790), Maria, Johanna, Helena, Wilhelmina (*1792), Franciscus, Hendericus, Sebastian (*1795). Über Ehefrau Jacobine Francisca Caecilia kommt Packenius in den Besitz des Erdbrügger Hofes bei Waldfeucht und des Gutes Schabroich. F. P. J. kauft 1807 bei Auflösung des Meinwegwaldes 560 Morgen. Zwischen 1794 und 1798 erwirbt er den Kleerhof in Altmyhl vom Myhler Kloster.

1802, bei der Auflösung der Klöster und Stifte, finden verschiedene Priester zunächst bei Packenius auf der Burg ein Unterkommen. Zu ihnen gehört auch der Jesuit Dr. Rossié, welcher 1813 das Wassenberger Knabeninstitut begründet. 1805 stellt Packenius als Hauslehrer Prof. Johannes Baptist Barbel ein. Aber schon Ende 1805 wechselt dieser als Pastor nach St. Johannes in Myhl. Hier wirkt er von 1805 bis 1823. Eine Myhler Chronik erzählt, wie Packenius den geistlichen Professor *mit großem Pronk zu Pferde samt Köning und ganzer Johannes-Bruderschaft* in Myhl festlich einführt.

Akten und Belege bestätigen: F. P. J. Packenius ist Besitzer der Burg. Von wem er diese gekauft hat, konnte ich nicht ermitteln. Hypothese: Wahrscheinlich, das zeigen die Verhandlungen zwischen Landesherr und dem Erbmarschall Franz von Spiering (Wassenberger Unterherrschaft Tüschenbroich) im Jahre 1624 (Spiering als Amtmann von Wassenberg), daß der Herzog durchaus nicht nur verpachtet, sondern auch regelrecht verkauft. Vielleicht hatte schon der Hofrat und Vogt Heinrich Wilhelm Paul Packenius die Burg „an sich gebracht". Wie dem auch sei, Packenius ist Anfang des 19. Jahrhunderts Besitzer der Burg. Sie wird später an Forckenbeck gehen, von dort an Kofferath, an dessen Witwe Mary Kofferath geb. Richartz, danach an den Wassenberger Bauunternehmer Hasert, um schließlich im Eigentum der Stadt Wassenberg zu landen, die wiederum das Schloß — zum Hotel-Restaurant 1962 von Will Andermahr umgebaut — nach verschiedenen Zwischenverkäufen an die Hoteliers Rüdiger und Helga Soltisek vergibt.

Friederich Peter Joseph Packenius stirbt am 14. 1. 1823. Meine Großmutter, die Wassenberger Hebamme Anna Maria Kreutzer geb. Jüres, hat mir das Grabkreuz in großer Ehrfurcht mehrfach gezeigt. Die Packenius waren so etwas wie die *Herren von Wassenberg*. Sie besaßen einen adeligen Ruf bis in unsere heutige Zeit. Das Grabkreuz stand auf dem Friedhof an der Georgskirche. Beim Neubau des Gotteshauses in den Fünfziger Jahren wurde es ohne Mitteilung an die Familie in das Kirchenfundament integriert. Ähnlich sollte es dem Grabmal Forckenbecks ergehen. Bei den in den Sechziger Jahren durchgeführten Umbauarbeiten im Vinzentinerinnenkloster zu Wassenberg verschwand der Blaubasaltstein Forckenbecks, der im Garten des Marienhauses stand, spurlos.

Auf der Vorderseite des Packenius-Kreuzes war zu lesen:

Fried. Jos. Packenius
Satrapiae Wassenbergensis Praefectus

Christian Gottfried Walraff, getauft zu Linnich am 5. 9. 1685. „Centurio".

Maria Margaretha Francisca Packenius, Linnich (1669)—1751.

Heinrich Wilhelm Paul Packenius, getauft zu Linnich am 23. 2. 1718, † zu Wassenberg am 10. 2. 1785.

*Wilhelm Gottfried Gabriel von Lommessen, * zu Maastricht 31. 10. 1714, † zu Aachen 23. 5. 1755, verheiratet mit Maria Francisca Sibylla Packenius.*

Defunctus 14. Jan. 1823 Aetat. 72
&
Jacobina Fr. ca. de Leonaerdts
Defta 11. Mart. 1827 Aetat. 66
Conjuges
Hic
Sepulti
R I P

Die Inschrift der Rückseite: Parentibus ex pietate quinque liberi. (Den Eltern in frommer Verehrung von fünf Kindern). Friedrich Peter Joseph Packenius erbaute 1819 das bekannte Packenius-Haus (später Forckenbeck-Haus) an der heutigen Graf-Gerhard-Straße. Die Freitreppe nach beiden Seiten mit schmiede-eisernem Geländer war damals etwas Besonderes für die Wassenberger. Der dahinter liegende „Ahnensaal" ist nicht mehr. Auf seinen Fundamenten stehen heute Garagen. In den Freiheitskriegen stiftete Packenius den kostbaren Familienschmuck dem preußischen König für die Aufrüstung: „Gold gab ich für Eisen!" Der Eisenschmuck kann noch bewundert werden: Die jüngste Tochter des Karl Packenius (heute in Sherwood Park in Canada lebend), Eva-Maria Fuchs, trägt den Eisenschmuck auch heute noch bei festlichen Gelegenheiten in Erinnerung an ihre Wassenberger Vorfahren.

Alexander Joseph Anton Packenius

Alexander Joseph Anton wird am 1. 11. 1790 in Wassenberg geboren. Im Taufregister finde ich (fehlerhaft) die Eintragung vom Tage vorher:
31. 8 bris, Alexander Josephus Antonius D. Josephus friedricus packenius, Satrapiae praefectus et Domina jacobina Caecilia de Leonards.
1822 macht Packenius in Wassenberg Karriere: er steigt zum Bürgermeister auf und wird es nahezu 30 Jahre lang bis 1851 bleiben. Im Amtsblatt der Regierung zu Aachen wird am 21. 2. 1822 seine Ernennung bekanntgegeben: „Infolge des eingetretenen Quinqueniums ist im Kreise Heinsberg an die Stelle des ausscheidenden Peter Henzen der Gutsbesitzer Alexander Packenius zum Bürgermeister von Wassenberg ernannt." Zu seiner Bürgermeisterei gehört auch Orsbeck. Außerdem ist Packenius im Nebenamt kommissarischer Bürgermeister von Birgelen in den Jahren 1822 bis 1831. Das Aachener Amtsblatt verkündet, daß er anstelle des entlassenen Bürgermeisters Jennissen in Birgelen bis auf weiteres die Verwaltung übernommen hat.
Jakob Broich erwähnt in seinem Nachlaß mehrere von Packenius eingesetzte Nachwächter. Bei seinem Rundgang, den der Nachtwächter jede volle und jede halbe Stunde von 22 Uhr bis 6 Uhr morgens durch die Innenstadt absolviert, führt er eine Öllampe, ein Schießgewehr, eine Uhr, ein Horn und die *Ratel* mit. Die vollen Stunden werden geblasen, die halben *geratelt*: vor der Burg, auf dem Stiftsplatz, am Amtshaus (Rathaus), an den drei Toren, auf dem Buir, am Gasthaus. Er ruft (Überlieferung Wilhelm Schreinemachers) dabei in singendem Ton:

Twellef (12) Klock ess de Tiid,
dr Hemmel is wiit,
de Höll is noah,
dr Wäechter is doa.
Twellef, twellef, tweleff!

Die Patrouillen der Nachtwächter sind für die Bürgerschaft wegen *Diebsgesindels, Betrunkener, Unruhestifter und besonders wegen plötzlich ausbrechender Feuersbrunst* lebensnotwendig. Zusätzlich gibt es Feldhüter, die die Gärten und Äcker kontrollieren. Das Wächteramt wird bezahlt: 65 Reichsthaler im Jahr.[646] Die Aufgabe wurde meist nebenberuflich erledigt. Es gab aber auch professionelle Lohnwächter. Bürgermeister Alexander Packenius ruft seine nächtliche Wachmannschaft einmal im Monat ins Rathaus, um sie zu vergattern. Hans

Maria Francisca Sibylla Packenius, getauft zu Linnich am 24. 3. 1716, † zu Aachen 21. 2. 1774, verheiratet mit W. G. G. von Lommessen.

Heinrich Wilhelm Paul Packenius, getauft zu Linnich 23. 2. 1718, † zu Wassenberg 10. 2. 1785, verheiratet mit Maria Margarita Clara Montz. Vogt zu Wassenberg.

Maria Margarita Clara Montz, getauft zu Randerath 2. 8. 1711, † zu Wassenberg 7. 7. 1780, verheiratet mit Vogt H. W. P. Packenius.

Johann Friedrich Christian Vincenz Packenius, getauft zu Linnich 19. 1. 1720, † Bonn 7. 1. 1775. Canonicus an St. Adalbert zu Aachen.

Peter Funken hat uns für Heinsberg eine „stadträthliche Sitzung" des Jahres 1836 beschrieben, in der das Reglement des Nachtwächterdienstes zur Debatte stand: „Bei ausbrechendem Feuer oder sonstigen außerordentlichen Fällen wird Alarm und sofort davon Anzeige an Herrn Bürgermeister, Spritzenmeister und Gendarmen gemacht. In der Wachstube (1836) müssen stets vorhanden sein: a) eine gut brennende Lampe mit Docht und hinlänglichem Ölvorrat, b) eine blecherne, große Laterne in stets brauchbarem Stand, c) ein geladenes, gut in Stand seyendes Schießgewehr, d) ein Mantelstock, woran die Mäntel der Wächter hangen, e) eine nach der Pfarrkirche gut gehende Uhr, f) ein Protokollbuch nebst Feder und Dinte."[647] In Wassenberg wird es ähnlich gewesen sein. Wilhelm Schreinemachers spricht von einem Protokollbuch, das die Nachtwächter führen mußten.

Bürgermeister Packenius widmet sich besonders intensiv dem Feuerschutz. Er fördert die freiwilligen Anstrengungen der Bürger mit großzügigen Belohungen. Auf Grund seiner Initiative entsteht ein Zusammenschluß von jungen Leuten, die bei Feuer durch Glockengeläut alarmiert werden. Eine Urzelle der freiwilligen Feuerwehr.

Aus seiner „Regierungszeit" sind manche Anekdoten auf uns gekommen und heute noch als Überlieferungen in Wassenberg lebendig. So existiert der Satz von „die jooe alde tiid van Bürjemeester Alexander Packenius" (nach Adolf Esser). Er forciert die Armen- und Krankenpflege. Wassenberg hat seinen ortseigenen Chirurgus, aber noch keine Apotheke. Deshalb bemüht er sich, eine solche nach Wassenberg zu holen.

Friedrich Peter Joseph Packenius (1750—1823), der spätere Vogt, Maire, Bürgermeister von Wassenberg. Kinderbildnis. Auf der Rückseite des Gemäldes ist vermerkt: Friedrich von Packenius, Vogt zu Wassenberg, geb. 1750, gest. 1823, vermählt mit Jacobine von Leonaerdt. (Das Bild befindet sich heute im Heimatmuseum Geilenkirchen. Man beachte das hier auftretende „von").

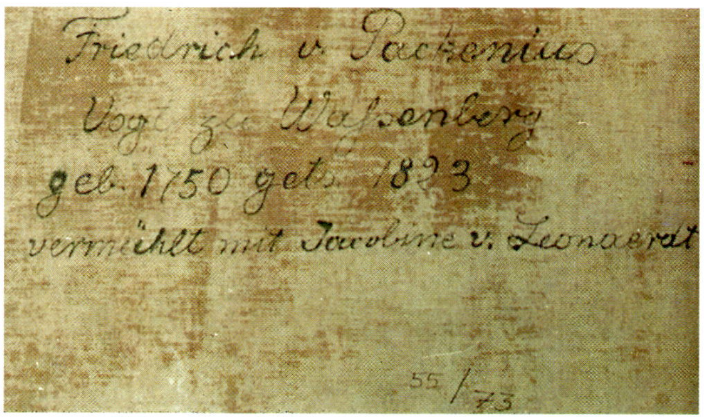

Eva Maria Josepha von Packenius, Äbtissin der Benediktinerinnen von St. Joachim und St. Anna in Aachen.

*Friedrich Peter Joseph Packenius, * zu Wassenberg 12. 3. 1750, † zu Wassenberg 14. 1. 1823. (Kinderbildnis)*

*Friedrich Peter Joseph Packenius, * zu Wassenberg 12. 3. 1750, † zu Wassenberg 14. 1. 1823. Als Page am Jülicher Hof in Düsseldorf.*

*Friedrich Peter Joseph Packenius, * zu Wassenberg 12. 3. 1750, † zu Wassenberg 14. 1. 1823. Vogt, Maire und Bürgermeister von Wassenberg. Verheiratet mit Jacobine Francisca Caecilia Leonaerdt.*

Packenius' Apothekengründung

Hanns Heidemanns hat uns das historische Debüt der Pharmazie in Wassenberg eingehend dargestellt.[648] Ein erster Gründungsversuch war um 1760 gescheitert: „... um 1760 ein Apotheker in Wassenberg gewesen, dieser aber verarmt sei und sich als Kräuterhändler gedungen hätte."[649] Wassenberger Akten halten demgegenüber fest, dieser erste Pharmazeut sei dem Trunke ergeben gewesen.
Packenius ermuntert den Pharmazeuten Bartholomy Käuffer aus Dülken (damals in Roermond), ein Gesuch an den Oberpräsidenten zu richten, das er mit einer befürwortenden Stellungnahme versieht. Eine der Begründungen darin bezieht sich auf die häufigen Rurüberschwemmungen, wobei Orte wie Wassenberg, Orsbeck, Myhl, Birgelen, Effeld, Ophoven, Steinkirchen von der nächsten Apotheke in Heinsberg abgeschnitten wären. Desungeachtet erhält der Antragsteller eine Absage. Hanns Heidemanns: „Der in Wassenberg so bekannte Bürgermeister Packenius bricht am 26. August 1827 das Eis, nachdem die Bürgermeister der einzelnen Orte als Bittsteller auftreten. Es unterzeichnen: H. Schmitz, Kofferath, Vohs, Vonderfuhr, H. Vohs, Ed. Schmitz, J. Kosters, Michels, P. H. Ropertz, M. Giesen, Lenzen und Haas."[650]
Nun wird die Genehmigung erteilt. Der Apotheker Carl Hanstein darf seine Nideggener Apotheke nach Wassenberg verlegen. (Coblenz, 5. April 1830) Die Zahl der hier zu versorgenden Bevölkerung wird mit 6 561 angegeben. Apotheker Hanstein aber scheint ein problematischer Charakter gewesen zu sein. Schon bald beschuldigt ihn der Heinsberger Landrat von der Straeten wegen lascher Amtsführung, häufiger Abwesenheit, zuwenig Blutegel sowie Rezept-, Urkunden- und Unterschriftsfälschung. Packenius muß Hanstein schließlich verhaften. Er teilt am 18. 7. 1834 seinem Landrat mit, er habe Hanstein eingesperrt und die Apotheke geschlossen, bitte aber um Benennung eines neuen, tüchtigen Provisors. Hanstein wird am Ende gerichtlicher Prozesse vom Aachener Landgericht freigesprochen, tritt aber in Wassenberg nicht mehr an. Zwischenzeitlich beantragt der Heinsberger Apotheker, konkurrierend um sein Geschäft besorgt, die Wassenberger Apotheke in die Eifel nach Nideggen zurückzuverlegen, weil eine neue Rurbrücke bei Orsbeck entstanden sei und somit jedermann zu Fuß, zu Pferde oder mit dem Wagen die Heinsberger Apotheke erreichen könne.
Nach einigem hin und her wird die Wassenberger Apotheke von Theodor Johann Kofferath aus Hünshoven gekauft. 44 Jahre lang (bis 1881) führt er sie, um dann von seinem Sohn Carl Gottfried Hubert Kofferath (1841—1919) abgelöst zu werden. Am 25. 1. 1880 bittet Carl um die Konzession und erhält sie sogleich. Von ihm geht die Apotheke verwalterisch in die Hände seines Angestellten Heinrich Beckers über, der 1877 in St. Wendel geboren, ab 1901 als Provisor nach Wassenberg kommt. Nach Kofferaths Tod (1919) kauft Heinrich Beckers 1921 Apotheke und Grundstück. Beckers stirbt 1943. Hans Steiner wird sein Nachfolger. Mit ihm erhält Wassenberg gegen Ende des Zweiten Weltkrieges einen fanatischen Nazi. Als Ortsgruppenleiter sucht er im Herbst 1944 mit krankhaftem Ehrgeiz nach Juden unter den Flüchtlingen, die aus Holland herüberkommen und macht unerbittlich Treibjagd auf untergetauchte Antifaschisten. Am 22. 2. 1945 wird die Wassenberger Apotheke durch einen Bombenangriff fast vollständig zerstört. Steiner ist längst über alle Berge. Aber das Schicksal holt ihn ein. Am 5. 3. 1945 trifft ihn eine Fliegerbombe.
Nach dem Zweiten Weltkrieg übernimmt der in Wassenberg geborene Anton Marx die Hirschapotheke, zunächst in seinem elterlichen Haus, dem ehemaligen Kapuzinerkloster auf der heutigen Graf-Gerhard-Straße, ab 1947 in der Roermonder Straße.[651] Der spätere Wassenberger Generalapotheker im Bundesverteidigungsministerium in Bonn, Hanns Heidemanns (*1927), ist damals als Pharmaziestudent Anton Marx' *Coadjutor*. Nach seiner Pensionierung beginnt der

*Jacobine Francisca Caecilia Leonaerdt, * zu Waldfeucht 4. 10. 1760, † zu Wassenberg 11. 3. 1827, verheiratet mit F. P. J. Packenius.*

*Maria Odilia Ludovica Leonaerdt, * zu Waldfeucht 8. 2. 1730, † zu Waldfeucht 26. 1. 1815.*

Philipp Heinrich de Roy, getauft zu Düsseldorf 5. 5. 1701. Canonicus an B. M. V. in Düsseldorf.

Franz Jacob Johann Gabriel Montz.

General a. D. seine pharmazeutische „Wassenberg-Karriere" in der Marien-Apotheke von Elvira Burchard in der Oberstadt.

Tod im Kindsbett

Von Bürgermeister Alexander Packenius hat die Überlieferung (Mitteilungen von Lena Korsten, Elisabeth Graab, Mary Kofferath, Maria Jakobs. Ferner Jakob Broich: Lambert-Henz-Interview 1951) manche Begebenheit festgehalten. Alljährlich zu Lichtmeß verteilt Packenius auf der Burg die dort gelagerten Äpfel seiner zahlreichen Obstwiesen an die Wassenberger Armen. Am Sonntag nach dem Feste des Heiligen Georg (Zint Jüres) versammelt Packenius alle Schulkinder auf der Burg und beschenkt sie mit süßen Wassenberger Bretzeln, die die Form eines „W" haben. An St. Nikolaus sendet der Bürgermeister seine Mitarbeiter aus, um die Armen mit Brot, Wein und Geld zu beschenken. Er läßt das Gasthaus renovieren und gibt Anweisungen für mehr Sauberkeit auf den Straßen.
Alexander Packenius heiratet erst im Alter von 45 Jahren am 22. 6. 1836 in Aachen Elisabeth Petronella Amalie von Strauch, welche 34 Jahre alt ist. Sie wurde am 11. Nivose des Jahres X (= 1. 1. 1802) in Aachen geboren. Ihre Eltern sind der Rentier Jean Gaspar de Strauch und Caroline Marie Josephine Felicitas Fürth. Die standesamtliche Heiratsurkunde ist lesenswert:

Dieselben haben mich aufgefordert, die zwischen ihnen verabredete Heirath gesetzlich abzuschließen; in Erwägung, daß die vorgeschriebenen öffentlichen Ankündigungen dieser Heirath wirklich vor der Hauptthüre des Gemeinde-Hauses zu Aachen Statt gehabt . . . daß ferner die Urkunden dieser Ankündigungen gebührend öffentlich angeschlagen gewesen, und mir kein Einspruch gegen diese Verheirathung eingereicht worden ist; habe ich, besagter Aufforderung zu willfahren, und nachdem ich die, zur Aufnahme der gegenwärtigen Urkunde beigebrachten, und denselben angefügten Belege, namentlich: die Urkunden über die Geburt der eheschließenden Personen; jene über das Absterben deren Eltern und Großeltern; die Bescheinigung über die zu Wassenberg ohne Einwendung geschehene Heirathsankündigung; ferner auch das sechste Kapitel des vom Ehestande handelnden Titels des Bürgerlichen Gesetzbuches laut vorgelesen hatte, und hirauf den Bräutigam und die Braut befragt . . . Da nun jeder von beyden insbesondere diese Frage bejahend beantwortet hat, so erkläre ich im Namen des Gesetzes, daß Herr Alexander Joseph Anton Packenius und Fräulein Elisabeth Petronella Antonetta Amalia von Strauch hierdurch miteinander gesetzlich verheirathet sind.

Als Zeugen dabei anwesend sind der 62-jährige Landrat Joseph von Fürth aus Geilenkirchen, Anton von Pelser-Berensberg, ein Standes-Rentner aus Vaals, der 26-jährige Carl Weiler, Notar aus Wegberg und Freund der Brautleute, der 40-jährige Advokat Franz Packenius (Bruder) aus Aachen. Die kirchliche Trauung findet am 22. 6. 1836 in der Jesuitenkirche St. Michael in Aachen statt. Trauzeugen sind Fridericus von Pelser und Friderica von Strauch.
Der Ehe ist kein Glück beschieden. Schon nach zwei Jahren stirbt Elisabeth Petronella Amalia Antoinette nach der Geburt von Zwillingen (Mädchen) an Kindbettfieber. Das eine Mädchen stirbt bei der Geburt, das andere wird als Friederica Carolina Amalia Maria die spätere Ehefrau des Privatiers Oskar von Forckenbeck. Am 8. 3. 1838 schreibt der Wassenberger katholische Pastor Johann L. L. N. Startz (1831—1853): „. . . heute starb im Alter von 37 Jahren Amalia von Strauch aquensis, uxor (Gattin) Alexandri Packenius consulis huius urbis. Febris (Fieber). Ihre Tochter Friederica Carolina Amalia Maria wurde am 28. Februar 1838 getauft."
Packenius, früh verwitwet, heiratet nicht mehr. Töchterchen Maria (spätere Frau von Forckenbeck) wird von ihrer Tante, Fräulein von Strauch, aufgezogen.
Aus der kurzen Zeit seiner Ehe-Gemeinschaft mit Amalia von Strauch ist uns die häusliche Eleganz und Vornehmheit des Paares überliefert. Robert Kofferath,

ohne Namensangabe.

ohne Namensangabe.

ohne Namensangabe.

ohne Namensangabe.

Burgherr von 1932—1944, erzählt nach den Ausführungen seines Vaters: „Wenn im Hause Packenius die Diener das Essen auftrugen, dann saß man auf der Burg im großen Salon an einem 6 m langen Tisch. An der westlichen Stirnseite des Tisches thronte Vater Alexander, auf der östlichen Seite (6 m entfernt) Madame Elisabeth Petronella Amalia Antoinette. Mitten auf dem Tisch stand ein zehnarmiger, silberer Kerzenleuchter. Töchterchen Maria nahm erst einige Jahre später den Platz der verstorbenen Mutter ein. Der Salon war mit barocken und rokokohaften Möbeln eingerichtet: da gab es eine barocke Standuhr, einen holländischen Kabinettschrank mit Rosenwurzelholzfurnier und schwarzem Standgestell, Barock-Eckschränke, einen Pultschreibtisch mit Aufsatz, feine gepolsterte Armlehnstühle, ein ‚bureau cabinet', eine Kommode und natürlich den schweren, dreitürigen Hauptschrank".[652]

Bürgermeister Packenius erwirbt 1836 von Familie von Dorth Haus und Hof Wildenrath. Die dicken Buchen, die heute noch in der Umgebung dieses Gutes (Waldlehrpfad) zu sehen sind, haben die Packenius

Silberteller der Familie Packenius.

gepflanzt. Später geht Haus Wildenrath aus dem Erbe der Maria Packenius-Forckenbeck an Willi Packenius in Mönchengladbach. Er muß es bei der Planung des Wildenrather Flugplatzes an den Bund verkaufen. In den dreißiger Jahren des 19. Jahrhunderts beginnt Packenius damit, das unmittelbar vor der Stadtmauer gelegene sumpfige Judenbruch zu entwässern und aufzuforsten.

Am 3. 4. 1851 ereilt morgens um 5 Uhr nach einer kurzen Krankheit Alexander Joseph Anton Packenius der Tod. Ein Totenzettel liegt mir vor. Packenius stirbt als gläubiger Katholik, gestärkt mit den Sakramenten seiner Kirche. Er ist 61 Jahre alt. Witwer. 30 Jahre lang hatte er das Amt des Bürgermeisters von Wassenberg inne und ist, wie der Leumund weiß, „ein gerechter Mann" gewesen. Er hinterläßt die dreizehnjährige Tochter Maria, zu deren Erstkommunion er ein Jahr vor seinem Tode (1850) die Marienkapelle im Judenbruch stiftet. Später wird das Marienhaus der Vinzentinerinnen an die Kapelle angebaut. Tochter Maria Packenius, verheiratete Forckenbeck, stiftet am 25. 4. 1907 „ein großes Gelände zum Zwecke von Klosterbauten" (Notar Wilhelm Meyer, Erkelenz). 1908 wird das Kloster eingeweiht. Vor dem Zweiten Weltkrieg ist es ein Sanatorium für alkoholsüchtige Frauen, seit 1953 Altersheim, 1977 infolge der Bergschäden abgerissen. Nur die benachbarte Klosterstraße hält die Erinnerung daran wach.

Heinrich Otto Franz Packenius

Er wird am 24. 2. 1826 in Aachen als Sohn von Carl Joseph Alexander Anton Packenius und Maria Josephine Aloysia Hesse geboren. 1846 ist er Abiturient des Kaiser-Karls-Gymnasiums in Aachen. 1858 heiratet er seine Cousine Maria Anna Gertrud Hermine Hesse, die am 9. 2. 1832 in Paderborn als Tochter des Kaufmannes Joseph Hesse und Maria Luduvica Carolina Schmitt geboren wurde.

*Die Packenius heute in Canada: Karl Packenius (*1907), Eva Maria Packenius mit dem eisernen Schmuck (*1941) und die jüngste Packenius-Dame Colletta (*1979).*

In den Jahren von 1863 bis 1867 ist Heinrich Otto Franz Packenius Bürgermeister von Wassenberg. Seine Amtsführung leidet unter häufiger Krankheit. In den Standesamtsregistern ist oft vermerkt, der erkrankte Bürgermeister sei durch den beigeordneten Bürgermeister vertreten worden.

Packenius besitzt den Hof Erdbrüggen bei Waldfeucht. Der alte Hof ist ursprünglich im Besitz des gleichnamigen Geschlechts: Heinrich von Ertbrüggen. Er stiftet 1289 den Altar der Krypta des Heinsberger Gangolphusdomes. Später gehört der Hof den Herrn von Aldenhoven, danach dem Herrn von Heinsberg, den Bruke von der Erdbrüggen, dem Herrn von Randerath und im 16. Jahrhundert dem Herrn von Hanxler. Als Mitgift der Jacobine Francisca Caecilia Leonaerdts kommt die Hofanlage in Packenius-Eigentum. Um 1860 verkauft Heinrich Otto Franz den Erdbrügger Hof an die noch heute im Besitz des Hofes befindliche Familie Randerath.

1866 stiftet Packenius für den Dachstuhl des Turmes der neuen Pfarrkirche von Haaren das Eichenholz. In seine Amtszeit fällt die Verlegung des Oberzollamtes von Wassenberg nach Kaldenkirchen. Damit geht eine der letzten landesamtlichen Institutionen von Wassenberg weg und läßt den „Flecken" in einen langen Dornröschenschlaf sinken, aus dem dieser erst von Oskar von Forckenbeck, von Krahnen und Gobbers, von Frowein wiedererweckt wird. Der Bekanntheitsgrad des „Fleckens" wird allerdings zusehends größer; denn seine landschaftliche Schönheit bleibt der aufkommenden allgemeinen Reiselust und den sich stark mehrenden Sonntagsausflüglern nicht verborgen.

Am 15. 6. 1909, nachmittags um 14 Uhr, stirbt im Alter von 71 Jahren des Bürgermeisters Frau in Koblenz. Sie hat ihm in Wassenberg sieben Kinder geboren: Caroline Josephine Louise Maria (1859), Hermann Otto Johann (1861), Karl Friedrich Theophile (1862), Maria Anna Natalie (1865), Adele Hermine Pauline (1866), Natalie, Maria Henriette (1868), Paul Carl Theophil (1870). Ein Jahr nach dem Tode seiner Frau stirbt auch Heinrich Otto Franz Packenius in Koblenz. Er ist 84 Jahre alt. Im Totenzettel seiner Frau steht, sie habe sich besonders der Bedürftigen durch tätige Nächstenliebe zeit ihres Lebens angenommen. Die alten Wassenberger meinen, daß für ihn das gleiche gilt.

Die Ära Packenius in Wassenberg war zu Ende. Die Worte *candide et constanter* (aufrichtig und beständig) interpretieren ihre Lebensleitlinie. Der erfolgreiche Vogt an der Spitze ihrer Wassenberger Epoche zeigt schon die ideale Arbeitshaltung: „Mon devoir fait mon plaisir." (Meine Pflicht ist mein Vergnügen.) Unter den Packenius-Nachkommen entdecke ich interessante Karrieren: z. B. den Abteilungspräsidenten der Oberpostdirektion Frankfurt, Dr. Otfried Brauns-Packenius sowie den Dipl. Ing. Karl Packenius in Sherwood Park, Canada, der 35 Jahre lang führend im Siemens-Konzern in Berlin tätig war.[653] Die Packenius sind nicht ausgestorben: der großen Wassenberger Familientradition stolz bewußt, wachsen die jüngsten Packeniusse Coletta und Christian in Canada ins 21. Jahrhundert.

DAS GESCHLECHT DERER VON WASSENBERG

Genannt Wassenberg

Eine Patrizierfamilie, die aus Hoengen stammt und sich später nach Wassenberg benennt, schließlich den Freiherrnstand erreicht, erheischt unser Interesse. Eine Familie, die sich den *luxe de la décadence* leistet oder, wenn man so will, die „Wassenberger Buddenbrooks" verkörpert, nach bravem Aufstieg über die Position des Schöffen, in der nächsten Generation sogar in der des Landrentmeisters, darauffolgend herzoglicher Registrator, mit großen Gütern gesegnet, reich und glücklich, aber dann vom unwiderstehlichen Sog in die dunklen Gründe der Armut gerissen, um als „Wassenberger August" ohne „von und zum" zu enden, weil die unerbittliche Grenze des verschwenderischen Übermuts ignoriert wurde.

Der erste Vertreter dieses Geschlechts in Wassenberg ist Jürgen von Hoengen. Wahrscheinlich hat er hierhin geheiratet. Gertrud Maria Thewissen ist seine Ehefrau. Beide sind strebsam und fleißig. Im Jahre 1506 wird ihnen der Hof Asenrath in Melick übertragen, ein Hof, der uns durch seine Lehendienstteilnahme mit Pferd und Harnisch bei der Schlacht von Sittard und Wehr (1543) bereits begegnet ist.

1522 tritt Jürgen als Schöffe von Wassenberg auf. Er steht mit seinem Vogt Johann von Hochsteden (1503—1528) auf vertrautem Fuß. Auch Herzog Wilhelm III. (1539—1592) schließt Jürgen von Hoengen in sein Herz und zeichnet ihn später als ältesten Schöffen mehrfach aus. Jürgen von Hoengen stirbt als Seniorschöffe in Wassenberg 1564.

Sohn Johann profitiert von den Verdiensten und vom guten Ruf seines Vaters und macht in der herzoglichen Zentrale Karriere. Er steigt zum Landrentmeister auf und hat dementsprechend großen Einfluß auf die Politik. Johann nennt sich von nun an „von Hoengen genannt Wassenberg". Sein Wohnort bleibt trotz seiner Tätigkeit am Hof in Düsseldorf die Stadt an der unteren Rur. Zahlreiche Regierungs-Erlasse bewahren seinen Namen und seine fiskalische Bedeutung. In seinem Schreiben vom 30. April 1558 beispielsweise weist er die Jülichen Ämter an, die aufgebrachten Summen zur Einlösung verpfändeter landesherrlicher Einkünfte mitzuteilen. Es heißt dort, daß „ich, Johann von Hoengen genannt Wassenberg, als s. f. g. lantrentmeister zu tun hab van dem innehmen und usgeben der loespfenningen vurs., angefangen 1546 und geendet 1558 den lesten dag aprilis . . . Bewilligung des Amtes Wassenberg 7 000 Goldgulden. Der Amts-Rentmeister von Wassenberg hat geliefert 5 852 Goldgulden, 28 Albus und 3 Heller sowie am 7. Dezember 1559 noch 151 Goldgulden. Die letzteren stehen in der Extraordinari-Rechnung von 1559/60".

1570 wird der Landrentmeister auf sein Gesuch hin wegen Altersschwäche von Herzog Wilhelm III. entlassen. Sein Gehalt, das er über die Rentmeisterei in Wassenberg bezieht, wird ihm bis an sein Lebensende garantiert.

Johann ist verheiratet mit Margaretha von Hilsbach. Die beiden Wappen der Eheleute sind „an einem Hause in Düsseldorf" zu sehen. Johanns Wappen ist ein blauer Schild mit einem burgundisch-goldenen Andreaskreuz. Blau und Gold — die Wassenberger Farben!

Kaiser Maximilian II. bestätigt in einem Adelsbrief Johanns vornehme Graduierung. Am 2. März 1561 schreibt der Kaiser an unseren Wassenberger: „Wir Maximilian thun kund, daß Unser und des Reiches lieber und getreuer Johann von Hoengen genannt Wassenberg . . . solche adelige Freiheit auf Wappen confirmiren, erneuern und bestätigen . . . auf Grund des getreuen, gehorsamen und fleissigen Dienst, den er Uns und dem Heiligen Reich nun etzlich Jahre her gehorsamblich erzeiget und darumb denselben Johann von Hoengen genannt Wassenberg und seinen Erben und Erbens-Erben ihre Adelsfreiheit, Wappen, Kleinot gnediglich confirmirt, erneuert und bestätigt."

Johann ist jetzt anerkannter Adelsherr in Wassenberg. Zudem ist er relativ reich. Er besitzt unter anderem einen Hof bei Hambach und erwirbt 1560 das Gut Ossenbruch bei Birgelen/Rosenthal. Der Hof Ossenbruch darf zweifellos als eine der ältesten Hofsiedlungen des Wassenberger Raumes gelten. Die Motte *Hover Bergske* ist Indiz dafür. 150 Morgen gehören zu Johanns Zeit an Acker, Wald, Heide und Bruch dem Gut Ossenbruch. Ferner sind dem Anwesen noch 24 Morgen Unterlehen angeschlossen, auf denen heute die Ortschaften Rosenthal und Schaufenberg stehen.

Wassenberger Markttage

Landrentmeister Johann überbringt im Jahre 1567 der Wassenberger Verwaltung einen Erlaß Herzog Wilhelms III. von Jülich betreffs einer Erweiterung der Marktgerechtigkeit für die Stadt. Darin wird den Wassenbergern erlaubt, im Anschluß an ihren bisherigen freien Jahrmarkt an St. Lambertus zwei weitere freie Markttage abzuhalten. Außerdem erlaubt der Fürst noch einen „sondernfreien Jarmarckt" auf Montag vor Pfingsten:

Von Gottes Gnaden wir Wilhelm Hertzog zu Gülich, Cleve und Berg, Grave zu der Mark und Ravenßberg, Herr zu Ravenstein etc. thuen allen und jeden unsern underthanen auß- und inwendigen Kaufleuten und sonst jedermenniglich den diß Placat vorkombt hiemit zu wissen. Als unsere liebe getreuen Burgermeister, Scheffen, Rath und gemeine Burgerschafft unser Stadt Wassenberg einen freyen Jarmarckt jarlichs auf St. Lambertiz tag biß anher gehabt, daß wir auf Ihre underthenige bitt zu aufkompt gedeyen und wolfart derselben unser Stadt und Dero Inwohner narung Inen solchen Jarmarckt die zwen negstfolgende tage in gleicher freyheit zu gebrauchen gnediglich erstreckt haben, und erstrecken hiemit. Wie wir auch zu noch mehrerer berurter unser Stadt aufkompt, Inen hierneben noch einen sondernfreien Jarmarckt nemblich auf Montag vor Pfingsten zu halten, auß gnaden verlöehent und gegeben, auf der gleichen Freyheit als Ir alter Jarmarckt auf Lamberti wie obgerürt gehalten, nachbringt. Alles, so lang uns, unsere Erben und Nachkommen gefellig. Urkhundt unsers heraufgedrugkten SecretSigels. Gegeben zu Düsseldorf am sechsten tag martii anno etc. Sieben und sechzig.[654]

Die reichen Erbtöchter

Johann von Hoengen genannt Wassenberg stirbt 1588. In der nächsten Generation tritt wiederum ein Johann in Wassenberg auf den Plan. Er heiratet Agatha von Löwenich. Der Ehevertrag vom 1. 4. 1501 verrät, daß der Bräutigam jährlich 100 Malter Roggen und 1 000 Reichsthaler Kapital in die Ehe einbringt, die Braut sogar 5 000 Reichsthaler und ihre Aussteuer. Die beiden kaufen das Haus Höe in der Herrlichkeit Mierlo. Johanns Brüder sind in einflußreichen Stellungen: Rütger ist Propst in Münstereifel, Heinrich Domscholaster und Propst an St. Kreuz in Lüttich (er erbt den Hof Ossenbruch) und Caspar Kanoniker an St. Servatius in Maastricht.

In der vierten Generation heiratet ein weiterer Johann von Hoengen genannt Wassenberg die reiche Erbtochter Elisabeth von Crüchten. Sie stammt vom Herkenboscher Hof Hamm und bringt diesen mit. Der Ehevertrag ist auf den 26. 2. 1601 datiert. Er führt folgende Güter auf: Rittergut zu Höe, die Dammermühle, das Gut Dillinghausen, das Gut Eller, das Gut Hamm in Herkenbosch. Ein beachtliches Vermögen. [655] Die Familie der Braut führt ein eigenes Wappen, auf dessen Schild drei Querbalken und auf dessen Helm ein Elefantenrüssel zu sehen sind. Johann ist Fürstlich-Jülicher Sekretär und Registrator. Sein Bruder Johann Eberhard besitzt das Andenken der Wassenberger Kapuziner, weil er ihnen 1653 unentgeltlich seine adelige Behausung in Wassenberg überläßt. Johann stirbt 1634.

Die fünfte Generation scheint auf der Höhe ihres Erfolgs. Aber mit Dietrich beginnt die Epoche des Niedergangs. Als Besitzer des Hofes Hamm, seit 1668 auch des Gutes Wammen unter Havert und der Hälfte des Ossenbrucher Anwesens, ist er ein relativ reicher Grundherr. Auf seinen Festen regiert Überfluß. Nach Wassenberger Sitte wird dort derb und unmäßig gegessen und getrunken. Robert Kofferath vermutet, oft hätten sich im Freiherrlichen Haus die weitausladenden Eichentische unter der Last der Köstlichkeiten gebogen. „Feste wie am burgundischen Hof!" hätten dem *rieken Mann* vorgeschwebt. Bis zu 200 Gäste seien keine Seltenheit gewesen. Dietrichs Feste waren in der ganzen Gegend berühmt. Davon erzählten noch heute die alten Wassenberger. Die andere Hälfte vom Ossenbruch gehört Dietrichs Bruder Lucas, der 1687 als kurfürstlicher Kapitän vorkommt. Das *Haus Wammen* kauft Dietrich seinem Oheim Johann Jakob von Scheiderich ab. Es liegt am Saeffelbach ostwärts Havert. Der Junker erhält die Belehnung durch König Karl von Spanien 1668. Haus Wammen erscheint als

Die damalige Erkelenzer Straße (heutige Kirchstraße) 1904. Im Vordergrund die von Heimatdichter Peter Marx besungenen Kastanienbäume („Kaschteie").

Propsteigasse 1966. Holzschnitt Paul Wollenweber 1980.

geldrisch-spanisches Lehen. Wir erinnern uns: im Frieden von Venlo 1543, nach dem Geldrischen Erbfolgekrieg, geht das Herzogtum Geldern als erledigtes Reichslehen an die reichsdeutsch-spanische Niederlande.[656] Junker Dietrich hat Anna Katharina von Vlatten zu Froitzheim zur Frau. Eine Urkunde vom 1. 1. 1679 nennt die beiden bei Gelegenheit einer Verschreibung von 10 Thalern Jahresrente durch die Gemeinde Havert für eine Hauptsumme von 200 Thalern, welche „ihnen in des Kirchspiels Havert höchster Not zur Verhütung der Franzosen Sengens und Brennens und Abstattung von deren Kontributionen und Exaktionen" von der Familie Hoengen genannt Wassenberg gestiftet worden sei. Dietrich und seine Gemahlin nennen sich inzwischen nicht mehr „von Hoengen", sondern nur noch „von Wassenberg". Sie sind von Adel und führen den Freiherrn-Titel. Ein verschwenderisches Leben fordert Konsequenzen. Nach den erfolgreichen Vorfahren (Landrentmeister, Registrator) beginnt der langsame Abstieg. Dietrich stirbt 1724 und hinterläßt zwei Söhne.

Der Jüngste, Philipp Wilhelm von Wassenberg, überträgt Gut Ossenbruch „zur Fortpflanzung beständigen Flors und besserer standesmäßiger Subsistenz seinem Neffen Theodor Joseph."[657] Um 1750 beginnt er, seinen Rittersitz Wammen bei Havert neu aufzubauen. Die imponierend große rechteckige Anlage ist von breiten Wassergräben umgeben. Noch heute steht man bewundernd vor dem Herrenhaus, einem interessanten Rokokobau. Im Oberlicht des Portals befindet sich das Wappen derer von Wassenberg. Die Mauer zeigt in Eisenankern die Buchstaben: P. W. F. H. V. W. A. AO. 1771, Abkürzungen für: Philipp Wilhelm Freiherr von Wassenberg Anno 1771. Die Wirtschaftsgebäude stammen aus späterer Zeit (um 1870). Ein Ziegelturm im Nordwesten des Gebäudekomplexes, noch gut erhalten, ist im 17. Jahrhundert erbaut. Im Hause selbst existiert ein Totenschild mit dem Wappen des Wassenbergers und der Inschrift: „OBIIT 1724, D. 4. AUG." Sie erinnert an den Tod des Vaters Dietrich von Wassenberg.

Eigentlich nicht zu verstehen, warum der Wassenberger Freiherr nach dem Aufbau des Hauses Wammen dieses dann 1771 für 14 800 Reichsthaler an Jodoc von Hall und seine Frau Anna Franziska von Wassenberg verkauft. Die Kaiserin Maria Theresia als Lehnsherrin bestätigt unter dem 27. 2. 1772 die Belehnung. Vermutlich führen Schulden dazu.

In der sechsten Generation treten Philipp Rudolf, Anna Elisabeth, Johanna und Maria Magdalena in unser Blickfeld. Philipp Rudolf heiratet 1720 Anna Catharina von Blittersdorf und zieht mit ihr nach Wassenberg. Die Braut ist vermögend. Sie besitzt Teile des Gutes Lorsbeck bei Jülich. Sie stirbt 1774. Die beiden Söhne aus dieser Ehe heißen Johann Peter (geb. 1725) und Theodor Joseph (geb. 1731). Beide nennen sich Freiherr von Wassenberg, Theodor Josef mit dem Zusatz „zu Lorsbeck".

Theodor Joseph belastet 1787 Gut Ossenbruch mit einer Hypothek von 2 000 Reichsthalern. Er tut dies, um seiner Schulden Herr zu werden. Die Summe reicht jedoch nicht aus. So gerät Ossenbruch unter den Hammer. Der Wassenberger Kaufmann Johann Lambert Ernst erhält den Zuschlag bei 6 265 Reichsthalern. Kurze Zeit später ist auch das Jülicher Gut Lorsbeck an der Reihe und geht ebenfalls an den Wassenberger Ernst.

Der „letzte Wassenberger"

Die nachfolgende Generation möchte die Ausverkäufe rückgängig machen: Freiherr Franz Adolf von Wassenberg bittet 1792 die Regierung, die Möglichkeit einer Wiederwerbung des Gutes Ossenbruch zu prüfen. Trop tard! Der Vorgang offenbart einen schlimmen Familienkonflikt; denn Franz Adolfs Vater desavouiert seinen Sohn in der unglaublichsten Weise, indem er erklärt, dieser habe als entlassener kaiserlicher Oberleutnant immer nur hochtrabende Pläne im Kopf und kein Gefühl für seine finanziellen Möglichkeiten gehabt. Er sei mit einer herrschsüchtigen, ungarischen Weibsperson angekommen. Ihr habe er gleich am nächsten Tage die Leitung des gesamten Hauswesens übertragen. Er sei streitsüchtig, verschwenderisch, genußsüchtig. Dauernd wäre er auf Reisen. Überall habe er Schulden, am meisten in Wassenberg und Roermond.

Der so argumentierende Vater stirbt 1793, die Mutter, Maria Anna Freiin von Locquenghin, ein Jahr vorher. Die nächste Generation gerät ins „bürgerliche Abseits". Der abgewirtschaftete Freiherr August von Wassenberg lebt nach 1800 in Birgelen mittellos und ohne Initiative. Der Wassenberger Bürgermeister nennt ihn respektlos „August Wassenberg" oder „Wassenberger August" — ohne Profession, ohne Adelstitel, ohne Geld. Nach wie vor aber unterzeichnet August mit adeligem Autogramm. Verheiratet ist er mit der Kaufmannstochter Clara Klein aus Elberfeld. 1801 zeigt er den Tod seines einjährigen Kindes an und 1802 muß er seine 26-jährige Frau zu Grabe tragen. 1829 stirbt er selbst in Nothberg. Nomen est omen!

Das Geschlecht derer von Hoengen genannt Wassenberg, eine stolze Linie von Freiherrn, erlebt die Unbestechlichkeit des Metronoms und erkennt, daß die stolzen Tage vorüber sind. Das Gut Ossenbruch geht geradezu symbolisch in Flammen auf und brennt bis auf die Grundmauern nieder: Ils sont passés, ces jours de fete!

DAS ROER-DEPARTEMENT

Die Schlacht an der Rur

Preußen und Österreich erklärten am 27. 8. 1791, in Frankreich müßten nach den revolutionären Unruhen wieder geordnete monarchische Verhältnisse hergestellt werden: die Pillnitzer Deklaration. Frankreich reagierte mit Empörung. Es mobilisierte gegen seinen Erzfeind Österreich. Am 20. 4. begann der Erste Koalitionskrieg. Die Verbündeten Österreich und Preußen erlitten von Valmy bis Jemappes katastrophale Niederlagen. Mit dem Gefühl einer neuen Epoche stürmten die Franzosen in unsere rheinischen Lande. Von der Rur-Linie aus griffen 1793 die Österreicher die Revolutionstruppen an, besiegten sie am 1. 3. bei Aldenhoven und trieben sie nach Belgien zurück. Aber das Kriegsglück war launisch: 1794 erleiden die Österreicher in Belgien folgenreiche Niederlagen. Französische Truppen rücken wieder an Maas und Rur vor. Am 28. 8. 1794 gibt Prinz von Coburg seinen Oberbefehl über die österreichische Armee an General Clairfayt ab. Dieser entschließt sich, auf der rechten Rurseite (von Düren bis Roermond) eine Abwehrlinie aufzubauen. Schon bald gehen die Revolutionstruppen zum Angriff über. Die Schlacht sieht insgesamt 100 000 Österreicher und 120 000 Franzosen *en bataille*. General Clairfayt hat zeitweise seinen Gefechtsstand auf der Wassenberger Burg. Er schiebt Spähtrupps bis gegen Heinsberg vor. Aber General Bernadotte treibt diese nach Wassenberg zurück.[658] General Kléber will mit 18 000 Franzosen auf dem linken Flügel den Übergang über die Rur bei Orsbeck und Randerath erkämpfen. Der französische General Schérer notiert: „General Clairfayt hat hinter der Rur die Stellungen eingenommen, die er schon im vorigen Jahr gewählt und die Dumouriez für uneinnehmbar hielt. Die Stellung ist auf der ganzen Front durch die Rur gedeckt, einen sehr reißenden Fluß. Längs des rechten Ufers ziehen sich überall steile, mit Gehölzen bedeckte Höhen".[659] Von Heinsberg aus schiebt sich Kléber mit seinen Divisionen Friant und Richard sowie der Avantgarde Bernadottes heran. Rechts holt er bis Randerath aus, links rückt er sich bis an die Orsbecker Rur. Hier will er den Fluß überschreiten und dann über Wassenberg und Hückelhoven mit seiner Kavallerie den Feind verfolgen. Eine Beobachtungsgruppe soll von Eulenbusch-Effeld aus Roermond unter Obacht halten.
Am 2. 10. 1794, morgens um 5 Uhr, beginnt die Schlacht. Von Orsbeck bis Düren rennen die Franzosen gegen die Rur. Düren wird erobert, Jülich genommen. „La ville de Linnich sera bientot réduite en cendves." Bei uns kämpft Brigadegeneral Bernadotte, um

Wassenberg-Panorama. Beginn 19. Jahrhundert. Unbekannter Maler.

Alte Haustüre (Schmitz, Tant Wiss) am Roßtor.

westlich von Ratheim einen Rurübergang zu erzwingen.[660] In der Allee zwischen Schloß Elsum und der Zollstraße geht französische Artillerie in Stellung.[661] Die Franzosen vermuten auf dem exponierten Birgelener Kirchberg österreichische Ausguckposten und belegen die Anhöhe mit einem deckenden Bombardement. Pfarrer Johannes Edmund Radermacher (1764—1805) hält gerade mit seiner Gemeinde Gottesdienst, als die Kirche von einer Granate getroffen wird.
Inzwischen erreichen französische Grenadiere und Kavalleristen auf der ganzen Linie den Fluß, werden jedoch von einem mörderischen Infanteriefeuer und von Kartätschen empfangen. Die Kaiserlichen verteidigen sich mit äußerster Verbissenheit. Klèber läßt eine Brücke bei Krickelberg/Luchtenberg über die Rur schlagen. Der Hauptkampf spielt sich dementsprechend hier ab. Nach einer von Klèber hinterlassenen Skizze stehen die französischen Batterien zwischen Heinsberg und Wassenberg rechts der Wurm sowie an der Straße von Unterbruch nach Orsbeck. Die österreichischen Batterien liegen in Wassenberg.
Ein auf Wache stehender österreichischer Soldat ließ sich in der Nähe der Vogelsanger Furt bei Beginn des Artilleriefeuers der Franzosen in eine alte, hohle Kopfweide — Deckung nehmend — hinab. Als dann später die Franzosen über die Rur vordrangen und von den Österreichern zum Rückzug geblasen werden mußte, merkte der Unglückliche, daß er aus dem Baumstamm nicht mehr herauskam. Er saß wie ein Keil fest. Vergeblich schrie er um Hilfe. Im Schlachtenlärm hörte ihn niemand. Erst nach vier Jahren, als zwei Bauern an die Rur kamen, um die alten Weiden zu fällen, wurde er entdeckt: ein Gerippe, vermoderte Uniformfetzen, ein Gewehr.

Wassenberg in französischer Hand

Brigadegeneral Jean Baptiste Bernadotte, der Wassenberg erobert, hat das Hauptverdienst am französischen Sieg. Er lobt den vor einiger Zeit degradierten Leutnant Pigache als besonderen Helden. Dieser sei, um seinen Soldaten ein Beispiel zu geben, als erster in die reißende Rur gesprungen. Er erhält sein Leutnantspatent zurück. Vier Kompanien durchqueren den Fluß. Als die ersten das rechte Rurufer erreichen, sind viele gefallen oder ertrunken: *La victoire, en chantant nous ouvre la barriere de la Rur!* General Klèber schließt seinen Schlachtbericht: „Ich kann nicht genug den General Jean-Baptiste Bernadotte loben. Im heftigsten Feuer gab er seine Anordnungen mit großer Kaltblütigkeit. Sein unerschütterlicher Mut und seine Furchtlosigkeit haben die Schlacht entschieden."[662]
Wassenberg wird erobert. Die Franzosen stellen auf dem Stiftsplatz einen Freiheitsbaum auf und verteilen überall Flugblätter mit dem suggestiven Text:
„Den eroberten Ländern zwischen Rhein und Maas Freiheit, Gleichheit, Brüderlichkeit. Tod den Tyrannen, Heil den Hütten, Krieg den Palästen! Wir geben Dir die Freiheit, glückliches Land!"
General Bernadotte übernachtet in Wassenberg. Er wird später von sich reden machen. Er wird einer der fähigsten Marschälle Napoleons. 1818 ist er König Karl XIV. von Schweden (1763—1844). Noch heute tragen seine Nachkommen die schwedische Königskrone. Die bei seinem Rurübergang mitgeführte Fahne erhält die Inschrift *Aldenhoven.* Sie hätte die Namen Ratheim und Orsbeck verdient gehabt. Diese Fahne fällt beim deutsch-französischen Krieg 1870 den Preußen bei der Eroberung von Metz in die Hand. Die Rurschlacht aber bleibt im Arc de Triomphe von Paris unter dem Namen *Aldenhoven* verewigt.
General Klèber schlägt am 3. 10. 1794 auf der Wassenberger Burg sein Hauptquartier auf.[663] Zum ersten Mal sehen die Wassenberger Papiergeld, sogenannte Assignaten, „womit viele betrogen werden. Der es nicht annehmen wollte, wurde eingefangen."[664] Die Revolutionäre fallen durch ihr antichristliches Benehmen auf. Kreuze werden zerstört. Der Pfarrer darf mit dem Hochwürdigsten nicht mehr über die Straße gehen. Die Myhler Gemeindechronik erwähnt, daß „alle öffentlichen Kirchendienste gestört, die Kreuze abgebrochen, die Geistlichkeit aller Freiheit beraubt, und man gezwungen wurde, den 10. Tag Sonntag zu halten und die gewöhnlichen Sonn- und Feiertage abzuschaffen. Freiheitsbäume wurden überall aufgerichtet."[665]
Am Nachmittag des 3. 10. 1794 werden auch Birgelen, Myhl, Altmyhl, Gerderath, Wildenrath und Arsbeck besetzt. Überall in der Heide biwakieren die Sieger. In der Myhler Chronik: „Die Heide von Orsbeck bis Wil-

denrath gleicht einem dichten Markt und war voll von Franzosen. Dieses Heerlager wurde dann aber wieder verlegt, und zwar in das Feld zwischen dem Myhler Kloster und dem Kleerhof in Altmyhl."[666] Zur Versorgung der Truppen müssen die Orte des Wassenberger Raumes bluten: Holz, Stroh, Hühner, Schweine, Rindvieh, Brot, Heu, Hafer. Die meisten Pferde sind mit den geflohenen Österreichern in Richtung Rhein: „Die Dienstleute konnten erst zurückkommen, als der Rhein durch Frost geschlossen war". Österreicher und Preußen ziehen sich weiter zurück. Krefeld, Kleve, Köln, Bonn und Koblenz fallen in Feindeshand. Im Sonderfrieden von Basel 1795 stimmen die Preußen dem Verbleib der Franzosen in den linksrheinischen Landen zu.

Mairie de Wassenberg

Mit dem Frieden von Campo Formio (1797) kommt das linksrheinische Gebiet an Frankreich. Die staatsrechtliche Geltung schafft der Friede von Lunéville 1801. Vier *Flußdepartements* werden gegründet: Saar-, Rhein-, Mosel- und Roerdepartement. Wassenberg gehört zum letzteren. Dieses besteht aus vier Arrondissements: Aachen, Köln, Kleve, Krefeld. Das Aachener umfaßt 11 Kantone. Wassenberg liegt im Kanton Heinsberg. Dieser setzt sich aus 32 Gemeinden, 21 731 Einwohnern, 3 492 Häusern und 33 571 Morgen Land zusammen. Gerichtlich untersteht der Kanton dem Bezirksgericht in Aachen. Das Wassenberger Hauptgericht geht durch diese Umorganisation endgültig verloren. Ein nicht zu unterschätzender Bedeutungsverlust, welcher Mitte des 19. Jahrhunderts noch durch die Verlegung des Wassenberger Hauptzollamtes nach Kaldenkirchen verschärft wird. Nach dem Zweiten Weltkrieg verläßt dann die letzte überörtliche Behörde den „Flecken": das Finanzamt. Wassenberg zum „Ort" deklassiert.

Am Aachener Bezirksgericht nimmt Advokat und Anwalt Jean Antoin Huppertz aus Wassenberg die Interessen des Ortes wahr. Ihm stehen die beiden Gerichtsvollzieher Regnier und Benedit aus Wassenberg zur Seite. Daneben besitzt jeder Kanton einen *juge de paix*, einen Friedensrichter. In Heinsberg ist dies Laurency, unterstützt von Jansenius und Himmes. Kaiserliche Notare helfen im Verwaltungsdienst: in Heinsberg Lunenschloß, in Wassenberg Huppertz. Das Hauptsteueramt (Finanzamt) liegt in Heinsberg. Steuereinnehmer für Wassenberg ist Franz Josef Cüppers, für Herkenbosch, Myhl und Birgelen G. Schmitz. Weil das Geld den Franzosen wohl nicht rasch genug einkommt, gibt es sogar einen Steuereinnehmer zu Pferde: Monsieur Lupin aus Heinsberg.[667] Aus dem alten Amt Wassenberg sind Bürgermeistereien des Heinsberger Kantons geworden: Wassenberg mit Maire Joseph Ernest D. Rheinbach (1798—1802), Birgelen mit Johann Mühlenbroich (1798—1802), Hermann Leonartz (1802—1806) und Xaver de Ghisels (1806—1814), Myhl mit Jean Peters und Herkenbosch mit H. Hamels. Der aus Jülicher Zeiten noch amtierende Rentmeister, der letzte einer langen Reihe, heißt Caspar Ludwig Dörsten. Wassenberg hat im Sinne der französischen Verwaltungsstruktur einen Maire, einen Adjunct (Beigeordeneter), einen Gemeinde-Rath.

Roßtor. Von Jean Grothe 1911. Aquarell.

Bürgermeister von 1771 bis 1821

Johannes Bierbaum	1771—1776
Wilhelm Geuskens	1777—1785
Heinrich Janssen	1786—1794
Joseph Ernest D. Rheinbach	1795—1802
Pierre Henzen	1803—1810
Friedrich Peter J. Packenius	1810—1813
Peter Henzen	1814—1821

Wassenberger Leute 1804

Aus sozialgeschichtlichen Gründen möchte ich hier einige Wassenberger des Jahres 1804 mit ihrem Beruf aufzählen:

Norbert Thomaßen (organiste, Orgelspieler), Franz Walbers (maitre d'Ecole, Lehrer), Jean Antoin Huppertz (notaire, Notar), Isaak Heumann (boucher, Fleischer), Theophile Hens (sergeant), Severin Vinken (vendeur de bierre, Bierverkäufer/Brauer), Simon Abraham (rabbin, Rabbiner), Henri Freisinger (journalier, Tagelöhner), Getrud Kremers (blanchisseuse, Waschfrau), Severin Cuppers (serrurir, Schlosser), Pierre Dekker (boulanger, Bäcker), Joseph Bolinger (tailleur, Schneider), Germain Thoma (teinturier, Färber), George Cüppers (musicien, Musiker), Frederic Joseph Packenius (homme de loi, Jurist, Verwaltungsfachmann), Joseph von der Fuhr (vendeur de bierre, Bierverkäufer), Jean Gerard Heyden (homme de plume, Schreiber), Gerhard Schafrath (laboureur, Arbeiter), Charles Joseph Packenius (etudiant, Student), Gerhard Geihser (domestique, Knecht), Wilhelm Randerath (motivateur, Ackerer), Mathilde Klöcker (servante, Dienstmagd), Jaques Vohs (peintre, Maler), Hubert Schmitz (marchand, Krämer), Etinenne Moll (metivateur, Ackerer), Elisabeth Weiß (metivatrice, Bäuerin).

Eine Beschreibung Wassenbergs aus einem Geographie-Schulbuch von 1804:

Wassenberg, lat. Wassenberga, ein Städtchen, liegt nicht weit von der Rhur, in einer fruchtbaren Ebene, hat 200 und einige Häuser und etliche kath. und ref. Einwohner, die ihre Kirchen und Schulen haben, und hauptsächlich von Ackerbau und Viehzucht leben. Doch gibt es auch einige Weber hieselbst, welche Siamosen, Doppelstein, Hals— und Sacktücher und Leinwand weben. Andere brauen ein gutes Bier und brennen Branntewein; noch andere treiben Krämerei. Hier sind auch noch viele Rudera einer ehemaligen Burg, auf welcher sich ehedem die Edlen von Wassenberg aufgehalten haben. Birgelen, Ophoven, Steinkirchen, Herkenbosch, Melich und Ratheim sind kath. Kirchdörfer, deren Bewohner vom Ackerbau, von der Hornvieh-Schafzucht und vom Flachsbau leben. Orsbeck ist ein kath. Kirchdorf, welches vom Ertrage seiner fleißig gebauten Aecker und guten Wiesen lebt.[668]

Maire Pierre Henzen

Von 1803 an haben wir einen den revolutionären Idealen zugeneigten Bürgermeister pardon, Maire, namens Peter Henzen, in Wassenberg. Er romanisiert gleich seinen Vornamen in Pierre und läßt seinen Sohn auf Kaiser Napoleon taufen. Er schwört auf ein französisches Wassenberg: une Wassenberg merveilleux, ravissant, magnifique. Die Volkszählungen jener Jahre sind von ihm unterschrieben. Die gezählten „Communes et hameaux dependant de cette Mairie Wassenberg sont": Wassenberg, Forst & Ohe, Oirsbeck & Lauchtenberg. In Wassenberg leben 707 Einwohner, in Forst und Ohe 52, in Orsbeck und Luchtenberg 330. Zusammen: 1089. Von ihnen werden einige als Vaterlandsverteidiger (*Defenseurs de la Patrie*) bezeichnet. Besagter Bürgermeister Pierre Henzen fällt durch seine Begeisterungsfähigkeit *pour la Grande Nation* auf. Wer in seinem Verwaltungsbereich den neuen Anordnungen nicht folgt, wird rücksichtslos bestraft. Er läßt mehrfach Wassenberger verhaften, so z. B. den 56-jährigen Winand Corsten, den 37-jährigen Johan Thyssen, den 55-jährigen Heinrich Freisinger. Außerdem betätigt Pierre Henzen sich in „patriotischen Volksgesellschaften". Es sind nur wenige, die sich hier engagieren, (Joseph Görres hat später ihre Gefolgschaft im Rheinland auf kaum 2000 geschätzt). Henzen begreift nicht, warum einige Wassenberger Beamte und Priester den Eid auf die Republik verweigern. Er fühlt sich politisch bestätigt, als bekannt wird, daß Preußen und Österreich insgeheim mit der Übernahme des linken Rheinufers durch Frankreich einverstanden sind. Pierre Henzen ist Patriot der Revolution. Er begrüßt die Zusammenfassung der 150 verschiedenen Herrschaften, die Aufhebung der zahllosen Grenzen, die Enteignung der Klöster, die Abschaffung aller Feudalrechte. Er bejubelt den Rheinbund (12. 7. 1806) und bedauert keine Sekunde den Todesstoß für das Heilige Römische Reich Deutscher Nation. Er meint, Zukunft habe nur die elementare Gewalt der über die Grenzen flutenden Französischen Revolution. Es sieht in der Tat so aus, als könne eine von den Franzosen einheitlich und zentral gelenkte Verwaltung mehr Nutzen bringen als die Schwerfälligkeit der Splitter-Territorien vergangener Zeit. Die Säkularisation (Enteignung des Kirchenbesitzes) und die Mediatisierung (Aufhebung

Ophoven und Steinkirchen 1806. Tranchot-Karte.

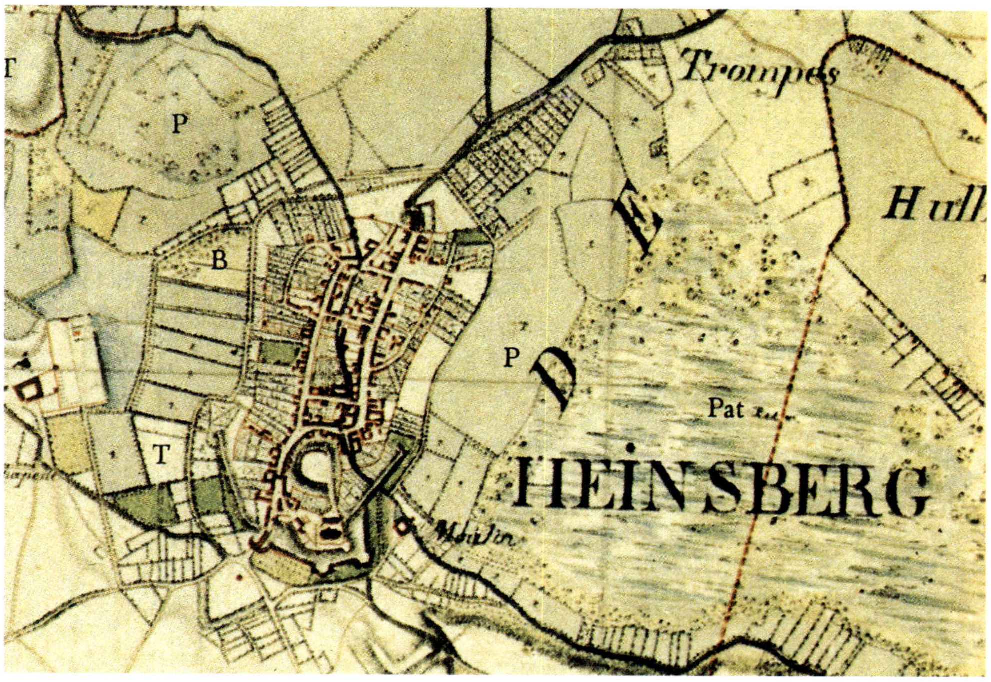

Heinsberg 1806. Tranchot-Karte.

reichsunmittelbarer Fürstentümer), die Freiheit und Gleichheit des Individuums sind für Pierre Henzen entscheidende Voraussetzungen für eine neue Ära. Es ist ihm anscheinend egal, daß bei diesen überstürzten Umbrüchen viel kulturelle Substanz verloren geht: die wertvolle Bibliothek des Georgstifts zerstreut sich in alle Winde, und eine Reihe von Kunstwerken (z. B. ein Schnitzaltar im Haus des Wassenberger Propstes sowie mehrere Andachts-Plastiken) verschwinden. Gerettet wird die Annaselbdritt, indem sie in den Besitz der Pfarre St. Georg übergeht. (1986 läßt Propst Hugo Nießen sie restaurieren. 1987 untersucht Prof. Dr. Josef Nolte das Kunstwerk und verfaßt eine analytische Expertise. Die Stiftskirche selbst wird vor dem Zugriff der neuen Machthaber gerettet, weil sie Pfarrkirche ist.

Die Auflösung des Klosters Dalheim

Das Dalheimer Adeligenkloster (Zisterzienserinnen) muß sein kostbares Mobilar versteigern. Die Ordensfrauen stammten über Jahrhunderte aus reichen adeligen Familien und brachten in ihr klösterliches Leben vielfach edle Stilmöbel aus den Schlössern mit. All das gerät nun unter den Hammer. Die Wandtäfelung der Sakristei (um 1750) wird von Burgbesitzer Packenius ersteigert. Er läßt sie ins *große Zimmer* des Schlosses einbauen. Noch heute ist sie im *Weißen Salon* des Burghotels zu sehen. Partikel des Heiligen Kreuzes und der Geißelsäule kommen nach Orsbeck und legen den Grund für die Orsbecker Wallfahrten.

Das Kloster beaß ein in der ganzen Gegend berühmtes, wundertätiges Kreuz, bei dem Jesus seine Arme nicht seitwärts, sondern steil empor gegen den Himmel reckt. Dieses Kreuz hängt heute in der Taufkapelle der Roermonder Kathedrale. Kurz vor der Auflösung des Dalheimer Klosters ließ die letzte Äbtissin, Maria Anna von Oeyen (†1826), das Kreuz auf einen Wagen laden, um es im Schaagwald irgendwo zu verstecken. Die Legende erzählt, man habe lange nach einem Versteck gesucht, aber alles erschien doch zu unsicher. Schließlich spannte man ein blindes Pferd vor den Wagen und ließ es ohne Fuhrmann lostraben. Ohne irgendeine Begleitung fand das Tier den Weg am Rothenbach vorbei über Melick nach Roermond. Dort wurde das Kreuz von frommen Leuten abgeladen und nach St. Gerlach in Sicherheit gebracht. Die Roermonder Chronik von 1865 berichtet: „1810, den 14. September, haben wir hier in Roermond in der Pfarrkirche zum Heiligen Christopherus empfangen das weitbekannte Gnadenbild unseres Herrn Jesus Christus, früher im adeligen Kloster Dalheim gewesen. Dasselbe ist mit großer Feierlichkeit aus dem Versteck durch eine Prozession mit acht Priestern abgeholt und vor der Kirche mit Musik und Glockengeläut empfangen worden".[669]

Die Ausweisung der Kapuziner

Am 18. August 1802 werden die Wassenberger Kapuzinerpatres ausgewiesen. Die Wassenberger Chronik hält fest: „Zweimal in der Woche haben sie die Armen mit Suppen, Fleisch, Brot gespeist und durch ihre vielen Kirchenfeste das Jahr hindurch eine Menge Menschen nach hier gezogen". Zum Zeitpunkt der Auflösung zählt der Konvent 14 Mitglieder. Vier von ihnen bleiben in Wassenberg zurück, alle anderen verlassen die Stadt. Aus dem Besitz der Patres wandern auf nebulosen Wegen Ölgemälde und einige Barock- bzw. Rokokomöbel in Privatbesitz. Nach Jakob Broich zeigte das große Altargemälde der Kapuzinerkirche den Jesusknaben unter den Schriftgelehrten im Tempel. Einige Bilder kommen ins Wassenberger Pfarrhaus und haben dort bis zur Eroberung im Zweiten Weltkrieg gehangen.

Pierre Henzen ist die Auflösung des Kupuziner-Konvents sehr recht. Als Commissarius der Franzosen in Sachen Säkularisation verkauft er die Kirchengüter

und achtet darauf, selbst nicht zu kurz zu kommen. Überall, wo Geschäfte mit dem revolutionären Umsturz zu machen sind, ist Pierre zu Stelle. Das Kloster der Kapuziner kommt so am 18. 8. 1802 in seine Hände. Er macht ein gutes Geschäft damit; denn am 5. 5. 1810 verkauft er die Gebäude an den Maler Martin Voß. (Urkunde bei Hans und Marianne Jakobs, Graf-Gerhard-Str. 18) 1878 erwirbt sie von diesem der Tapetenhersteller H. F. Zorn, der seine Fabrik im späteren katholischen Jugendheim am Stiftsplatz installiert hat. Um 1900 gehen die Häuser des ehemaligen Kapuzinerklosters in den Besitz der Familie Marx über. Nach Maria Jakobs-Marx sind heute Hans und Marianne Jakobs die treuen Hüter und Besitzer der klösterlichen Erinnerung.
Der katholische Pastor, Ludwig Isaak Martin Lüpchen (1759—1806), steht dem Maire Pierre Henzen ablehnend gegenüber. Lüpchen leistet zwar den Eid, lehnt aber die Klosterenteignung ab. Seine Aufzeichnungen sprechen von schmerzlicher Betroffenheit. Denn wohin er auch schaut: überall Aufhebung und Ausweisung. So auch im Myhler Kloster, dessen Insassen die Ordenskleidung ablegen und das Haus verlassen müssen. Am 18. 8. 1802 erscheint Monsieur le citoyen Robilleau in Myhl und verlangt sofortige Auflösung des Konvents. Ein genaues Inventarverzeichnis aller Gegenstände wird in französischer Sprache aufgestellt. Alle Schwestern müssen es unterschreiben. Orgel und Glocken gehen nach Rur-Kempen. Ein Ölgemälde vom Leiden des Herrn kommt nach Ratheim.

Das Wassenberger Stift verliert annähernd 3 800 Morgen. Davon 210 Morgen in Wassenberg, 90 Morgen in Myhl, 490 Morgen in Birgelen, 270 Morgen in Wildenrath, 140 Morgen in Orsbeck, 1 200 Morgen in Hottorf und 1 400 Morgen in Havert. Die Familie Pakkenius nimmt in diesen, für die Kirche schwierigen Tagen geflüchtete Priester auf. Unter ihnen auch der Jesuitenpater Dr. Rossié. Das Haus der Packenius ist eine Art „camp de réfugiés". Gefüllt mit Verweigerern, die den Eid auf die Republik nicht leisten wollen. Der Wanloer Pfarrer vermerkt in seiner Chronik: „Ich war entschlossen, nimmermehr den verdammten Eid zu leisten und lieber meine Eltern und alles zu verlassen." Bei des Packenius Asyl für vertriebene Priester ist man an Werner von Palant erinnert, der um 1530 die davongejagten Vikare und Prädikanten aufnahm. Jetzt ist es wieder der Herr auf der Burg, welcher der Freiheit eine Zuflucht schenkt.

Sieben Jahre leitet Maire Pierre Henzen die Marie de Wassenberg, wird dann überraschend abgesetzt. Friedrich Peter Joseph Packenius folgt ihm von 1810—1813 im Amt. Bei Napoleons Sturz taucht Henzen allerdings wie der Phönix aus der Asche wieder auf. Er möchte als neuer Bürgermeister die Wassenberger nun mit dem Hohenfriedberger Marsch in Preußens Gloria führen. Ist dieser Pierre Peter Henzen ein kleiner Wassenberger Joseph Fouché, der in Aufstieg, Fall und Wiederaufstieg seinen anpassungsfähigen, ganz auf seinen Vorteil bedachten Charakter ausspielt? Henzen überdauert ohne sichtbare Blessuren alle ortsinternen Krisen von 1795 bis 1821. Fürwahr ein Ära Henzen. Ein interessantes Beispiel für die lokale Spielart eines wassenberg-eigenen Opportunismus, dem man beim Studium der Lebensgeschichte dieser Stadt gelegentlich begegnen kann.

Wassenberger in Napoleons Grande Armée

Die Söhne Wassenbergs — au demeurant le meilleur fils du monde! Die Republik braucht Kanonenfutter. Die Aushebungen zum Militärdienst beginnen im Jahre IX (1800/1801) und betreffen die Wehrpflichtigen vom zwanzigsten Lebensjahr an. Bürgermeister Rheinbach stellt die Gestellungsliste auf. Der *Ziehungsvorgang* spielt sich folgendermaßen im Rathaus ab: die Namen der Konskribierten sind auf Zettel geschrieben und diese in ein Gefäß geworfen. In einem zweiten Gefäß liegen Zettel mit Nummern. Aus dem ersten Gefäß wird ein Name gezogen und aufgerufen. Nun zieht der betreffende aus dem zweiten Gefäß eine Nummer. Ist sie niedrig, muß er mit baldiger Einberufung rechnen. Ist sie hoch, kann er davon ausgehen, sehr spät oder nie den Einstellungsbefehl zu erhalten.
Von den Wassenbergern haben folgende junge Leute unter Napoleon gedient: Francois Henzen, Joseph Bommels, Michael Freisinger, Joseph Wild, Caspar Cremer, Joseph Zahren, Georg Cüppers, Max Graab, Philipp Gotzen, Gerard Schmitz, Pierre Cüppers, Michel Janssen, Joseph Mertens, Henri Jaegers, Wilhelm Thissen, Peter Drießen, Heinrich Voß, Mathias Winand Schmitz, Jaques Graab, Adolf Thomaßen, Josef Michels, Pierre Gotzen, Michael Jenißen, Henri Heuter, Leonard Hastenrath, Gerard Mühlenbroich, Johann Peter Jansen, Johann Christian Kauenberg, Leonhard Wild, Nikolaus Lennartz, Philipp Wyck und Peter Hermann Thißen.
Auf dem *Tableau des conscrits de l'an* stehen die mit wenig *fortune* bedachten jungen Männer für die Aushebungs-Behörde alphabetisch verzeichnet. Nur die Untauglichen werden noch ausgesondert. Die Mindest-Körperlänge ist von 1,54 m auf 1,50 m herabgesetzt worden, weil der Krieg nun mal ein menschenfressendes Ungeheuer ist. (Napoleon maß 1,54 m!) Immerhin befinden sich unter den Wehrpflichtigen mehrere, die die Mindestlänge von 1,50 m nicht erreichen. Nach der Ziehung sendet der Maire die Liste ans *Conseil de recrutement*. Die Einberufungen werden am Rathaus auf dem Schwarzen Brett angeschlagen. Nur höchst ungern folgen die jungen Wassenberger dem Ruf der Trikolore. Mancher entzieht sich durch die Flucht ins Rechtsrheinische.
Die Aushebung ist oft ein Todeslos: „Niemand außer den Verstümmelten kehrte heim, denn es gab keine Entlassungen, auch nicht nach der abgelaufenen Dienstzeit, solange der Krieg dauerte, und dieser hörte nie auf. War der eine zu Ende, so fing Napoleon einen neuen an. Der Glanz seiner Siege hatte ihn auf den Thron gehoben, und durch sie wollte er ihn weiterfestigen. Wenn daher einer, den das Los getroffen hatte, einen Stellvertreter (Remplacant) finden konnte, was durch das Konskriptionsgesetz erlaubt war, so kaufte

Panorama-Wassenberg. Unbekannter Maler. Um 1860.

er sich auf diese Weise mit einem großen Geldopfer los. Doch wegen der geringen Wahrscheinlichkeit einer glücklichen Heimkehr waren die Stellvertreter selten und teuer geworden. Es wurden schon bis zu 2 000 Reichstaler und mehr gezahlt. Viele Eltern haben sich in Schulden gestürzt, um ihren Sohn zu behalten."[670]

Ein Beispiel: Aus Krickelberg-Vogelsang holt Vater Jean Henry Weidmann beim Müller der Gitstapper Mühle von Effeld/Rothenbach Geld, das der Müller als Darlehen ihm schuldet, um seinen Sohn Jean Gerard Weidmann durch den Knecht Jean Glasmacher beim Militär vertreten zu lassen. Er muß dafür 96 Louis d'or (= 2 275 Francs) zahlen.[671] Der zweite Sohn der Weidmanns kann nicht freigemacht werden. Er wird eingezogen und in der Völkerschlacht von Leipzig getötet. Sein letzter Brief datiert vom 7. 10. 1813: „Das Regiment ist zur Bataille marschiert und sind viele blessiert und totgeblieben. Ich hatte einen Kamerad aus Gangelt bei mir, der gehört zum Kanton Gellekerke".[672]

Unter Marschall Soult kämpft in Spanien der Wassenberger Leonhard Wild als Jäger zu Pferde und zeichnet sich aus. Er erhält die Bronzene Gedenkmünze von Napoleon mit dem kaiserlichen Konterfei auf der Vorderseite und der Umschrift *Napoleon I. Empereur* und auf der Rückseite: *Campagnes de 1792 à 1815 à ses Compagnons de Gloire sa Dernière pensée Ste. Hélène 5. Mai 1821.* Leonhard Wild war stolz auf die Auszeichnung. Sein Wahlspruch ist uns überliefert: Nec spe nec metu! Weder Hoffnung noch Furcht!

Soldat Heinrich Schmitz aus Effeld gehört zur napoleonischen Armee in Spanien. Er gerät in Gefangenschaft und arbeitet als Kriegsgefangener bei den Schafherden eines reichen spanischen Generals. Hier lernt er Senorita Juliana San Juan kennen und heiratet sie. Nach Napoleons Sturz kehrt Heinrich Schmitz mit seiner Schönen nach Effeld zurück und errregt Aufsehen wegen dieser rassigen Spanierin „mett dat schwatte Hoar on die schwatte Oore" (schwarze Augen). Heinrich stirbt 1851, seine Frau 1868 in Effeld.[673] Mancher desertiert vor dem Zugriff der Generäle. Peter Josef Esser aus Wassenberg, Rekrut des Jahrgangs 1813, soll sozusagen in letzter Minute noch Soldat werden. Am 16. 11. 1813 erhält er unter Nr. 206 der Wehrliste seine Einberufung. Am 20. 11. 1813 stellt er sich um 7 Uhr morgens in Aachen dem Aushebungsoffizier und wird von dort der Truppe zugeteilt. Plötzlich verliert sich seine Spur. Er desertiert. Ich entnehme das einem Begleitschreiben von Bürgermeister Packenius für den Bruder des „Französischen Deserteurs". Denn Peter Josef Esser ist krank und wird von seinem Bruder Franziskus Heinrich besucht. Das Geleitschutzschreiben von Maire Packenius hat den Wortlaut: „F. H. Esser, 17 Jahre alt, geboren in Wassenberg, 5 Fuß und 1 Zoll groß, blonde Haare, braune Augen, mittelmäßige Nase, spitzes Kinn, etwas längliches Gesicht, soll ungehindert von Wassenberg nach Kusel, Bezirk Birkenfeld, Saardepartement, reisen und wieder zurückkehren. Ihm soll allen Schutz und Beistand gewährt sein."

Packenius merkt noch an, daß der Inhaber des Dokuments seinen erkrankten Bruder, einen französischen Deserteur, besuche. Am 2. 7. taucht der Fahnenflüchtige Esser wieder in Wassenberg auf. Ein knappes Jahr später wird er von den Preußen eingezogen, aber recht bald schon entlassen, weil er durch ein körperliches Leiden untauglich geworden ist. Esser erstaunt sechs Jahre später, als ihm am 15. 4. 1821 die von Napoleon gestiftete Medaille *St. Helena* überreicht wird, und er nun Mitglied des kaiserlichen Ordens der Ehrenlegion wird: *Ordre Imperial de la Legion d'Honneur.*

Neun Söhne Wassenbergs kehren aus den napoleonischen Kriegen nicht mehr heim. Der Soldat Peter Johann Eickels aus dem benachbarten Klinkum schreibt an seine Eltern am 16. 4. 1814: „Es ist nicht zu beschreiben, wie es zugegangen ist, denn die Todten lagen über die Erde wie das Gras aufeinander, daß es schrecklich war, anzusehen. Am Neujahrabend um 9 Uhr, als wir wollten schlafen gehen, und ich hatte meinen Rock angezogen, da bliesen die Trompeten, machet euch zu Pferd, und dann mußten wir Pferde sadlen und reiten die ganze Nacht und den ganzen anderen Tag ... und da haben die Englischen uns zurückgeschlagen bis Lion, die letzte Stadt in Frankreich und da kam Order, daß alle Kavallerie nach Paris zu mußten, denn die Russen waren nur 20 Stunden vor Paris ... und ich lasse euch wissen, daß uns vom General vorgelesen wurde, daß Napoleon verloren hat ..."[674]

Allons, enfants de la Patrie, le jour de gloire est arrivé! Längst sind die Preußen in Wassenberg und rühren ihre Trommeln: zu neuen Kriegen und Tragödien.

Wassenberg wird preußisch

Der Stern Napoleons verblaßte. Die *Grande Armée* floh im überstürzten Rückzug, halbverhungert und von wilden Kosakenrudeln verfolgt, aus Rußland westwärts. In Preußen gärte es. „Der König rief und alle, alle kamen!" Ein Volksheer strömte zusammen. Der König stiftete den Orden vom *Eisernen Kreuz* und bat in seiner Proklamation „An mein Volk" um Opferbereitschaft und Einsatz. Die Familie Packenius gab ihren wertvollen, umfangreichen goldenen Schmuck her und erhielt dafür „Eisernen Ersatz". Die Befreiungskriege begannen. Napoleon unterlag in der Völkerschlacht bei Leipzig 1813. Er zog sich über den Rhein zurück. Der Rheinbund löste sich auf. Am 31. 3. 1814 rückten die Verbündeten in Paris ein. Napoleon entsagte der Krone.

Am Tage nach dem Einzug der Verbündeten in Paris feiert auch Wassenberg den großen Sieg, obgleich seine Bewohner innerlich gespalten sind. Viele sehen die historische Uhr um 50 Jahre zurückgedreht. Sie fühlen ihre „französische Zukunft" hinter sich. Nicht das Volk, die Fürsten kommen ihnen als die eigentlichen Sieger vor. Zu Landräten sollen, wie in Heinsberg, möglichst adelige Gutsbesitzer gemacht werden. Die landtagsfähigen Rittergüter sind wieder obenauf: in Schloß Elsum Freiherr von Leykam, in Haus Hall Freiherr von Spies-Büllesheim, in Neuerburg Freiherr von Mirbach-Harff, in Rurkempen Landrat von der Straeten, in Effeld Freiherr von Splinter, in Altenburg Freiherr von Blanckart, in Tüschenbroich Freiherr von Spiering!

Die Schützen ziehen mit großem Prunk auf. Bürgermeister Henzen stiftet ein Ohm Bier. Auf dem Rathaussaal wird getanzt. Die Stimmung ist ausgelassen; denn der Präfekt des Roerdepartements ist geflohen. Die letzten Franzosen haben den Wassenberger Raum verlassen. Nur in der Festung Jülich halten sich noch französische Beamte und Truppen auf. Am 1. Mai 1814 erreichen sie eine ehrenvolle Übergabe: 3 000 Mann Infanterie und Kavallerie, 9 Kanonen, Zivilbeamte mit ihren Familien ziehen ab. Die Truppen tragen weiße Kokarden und weiße Fahnen.[675] Auf Antoni-Tag (17. 1. 1814) erscheinen zum erstenmal Alliierte in Wassenberg. Es sind Kosaken. Die zwanzigjährige sogenannte Fremdherrschaft ist endgültig zu Ende. Ein

Luchtenberg 1975.

St. Georgskirche, Stadtmauer, Gondelweiher im Winter. Foto Marita Kinkartz.

Haus Jansen-Heidemanns, Wassenberg, Graf-Gerhard-Straße.

patriotischer Enthusiasmus will jedoch nicht aufkommen — nicht mal nach Waterloo. „Die Franzosen liegen uns mehr als die Preußen!" behauptet auch Packenius und nicht nur Henzen. Es gibt da einen überlieferten Spruch in Wassenberger Platt, der zu denken gibt:

De Franzuese, dat woare fein Lü.
Die Russe, dat wooare ooch nette Lü.
Die Österreicher, dat jing all esue.
Äver dann koame die Prüüße, dat woare Värkes!

Trotzdem: es wird gefeiert. Am 18. 10. 1814 ist der Gedenktag der Völkerschlacht bei Leipzig. Und wo es was zu feiern gibt, halten die Wassenberger nicht hinterm Berge. Bürgermeister Leonhard Wolters (1954—1960) wird es später drastischer sagen: „Wenn et jätt de fiere jöfft, dann send die Wasseberjer doa, onn wenn et de Kenkdoop bie dr Düwel wüer" (Kindtaufe beim Teufel). Bürgermeister Henzen hat über seine linke Schulter eine blaugoldene Schärpe mit schwarzweißer Bandrosette gelegt. Er hält eine ernste Rede und schildert den tragischen Untergang des Großen Kaisers. Wie mag ihm zu Mute gewesen sein? Seinem Sohn hatte er den Namen dieses militärischen Genies Napoleon gegeben. Er ahnt noch nicht, daß sein anderer Sohn, dem er ebenfalls einen „Welteroberer-Namen", nämlich Alexander, gegeben hat, bei den Preußen demnächst zum General aufsteigen wird, zum ersten Wassenberger General.

General Alexander Henzen

Am 12. 2. 1807 wird dieser Sohn Pierre Henzens geboren. Mit 19 Jahren meldet er sich freiwillig zum Dienst in des Königs Rock. Er trit ins 28. Infanterieregiment des preußischen Heeres ein, wird bald Unteroffizier und wegen seiner besonderen Leistungen als Exerziermeister Fähnrich. Nach zwei Jahren Sekondeleutnant, nach acht Jahren Regimentsadjutant, im Revolutionsjahr 1848 als Hauptmann in den „Frontdienst" versetzt,[676] was uns ein wenig nachdenklich stimmen muß. Später Bataillonskommandeur, danach seine Beförderung zum Oberstleutnant à la suite des Infanterieregiments 48 und schließlich Direktor der Militär-Schießschule. Martin Vollmann schreibt in Wilhelminischem Pathos: „Mehr und mehr war Henzen durch seine überdurchschnittlichen Leistungen als Stabsoffizier seinem Obersten Kriegsherrn näher gekommen, der solche tüchtigen Offiziere nicht nur zu würdigen, sondern auch zu belohnen wußte. So wurde Henzen nach 37 Jahren Oberst und Ritter hoher Orden und als solcher Kommandeur eines Landwehrregiments, welches während des Feldzugs gegen die Österreicher zur Besatzung der Festung Neiße gehörte. Es war ihm nicht vergönnt, in einem Feldzuge sein großes Können als Führer einer Kriegsformation auf dem Schlachtfelde unter Beweis zu stellen." Nicht „vergönnt"!

Inzwischen war unser militärischer Held 60 Jahre alt, hatte 40 Jahre gedient, da ließ sein König ihn in majestätischer Huld vor seiner Pensionierung noch „in den Charakter des Generalmajors" aufrücken, um so ein höheres Ruhestandssalär zu sichern. Also ein „Pensions-General", ein „Charakter-General". Auf einen aktiven Wassenberger General mußten die Wassenberger bis zum Jahre 1984 warten: der Verteidigungsminister der Bundesrepublik Deutschland berief Hanns Heidemanns in die Aufgabe des Generalapothekers.

General a.D. Alexander Henzen starb unweit Koblenz in Neuwied am 27. 8. 1880. Im Zweiten Weltkrieg feuert Martin Vollmann in der „Heimat"[677] unsere Heinsberger und rheinischen Jungens aller Wehrmachtsteile an, „im Geiste dieses Generals für Großdeutschlands Freiheit, Größe und Ehre zu kämpfen und zu siegen", derweil unser Alexander „in der Ruhmeshalle der Ruhestands-Helden" thront.

Eine Anmerkung zu zwei Wassenberger militärischen Nachkriegskarrieren: Beim Aufbau der Bundeswehr nach dem Zweiten Weltkrieg machten sich zwei Wassenberger hochverdient. 1. Hanns Heidemanns (*1927 Aachen) trat 1959 als Stabsapotheker in die Bundeswehr ein und verließ sie am 31. 3. 1987 als Inspizient der Bundeswehrpharmazie und Generalapotheker. Entwürfe für den Aufbau der Sanitätsmaterial-Versorgung stammen von ihm. Außerdem entwickelte er die moderne Feldapotheke der Bundeswehr, das sogenannte Apo-Mobil. Bürgermeister Jochen Schumann überreichte Heidemanns den Wassenberger Wappenteller, vom Bund erhielt der General das Bundesverdienstkreuz Erster Klasse.

2. Der Mediziner Dr. Hugo Hembach (*1922 Wassenberg), ein Neffe des Historikers des Georgsstiftes Wassenberg, Anton Schuffels, brachte es zum Oberst im Sanitätsdienst der Luftwaffe. Er war Kommandeur des San.-Regiments 73, zuletzt Leitender Sanitätsoffizier beim Aufbau im Wehrbereich III. Bei seiner Verabschiedung 1984 erhielt er aus der Hand des Verteidigungsministers das Ehrenkreuz der Bundeswehr in Gold. Dr. Hembach hatte Beiträge in wehrmedizinischer Forschung zur physiologischen Extrembelastung von Piloten erbracht.

Die Colberger marschieren ein

Bürgermeister Henzen ist Oberst der Schützenbruderschaft. Als bekannt wird, daß das berühmte Colbergische Grenadierregiment nach Wassenberg kommt, organisiert er rasch einen festlichen Empfang. Alles, was Name und Rang hat, versammelt sich spontan am Brühltor, wo die berühmte Elite-Truppe erwartet wird, die so manchen glänzenden Sieg an ihre Fahne geheftet hat.
Der Chronist schildert die patriotischen Stunden:

Beide Bruderschaften in Lack und Wichs mit allen Fahnen und der Musik, die Könige mit dem ehrwürdigen Silberschmucke vor der Front, zwischen Bürgermeister und Rat, standen um 3 Uhr nachmittags am Brühltore bereit. In der Schützenfront befanden sich sieben, die unter Napoleon gedient und gekämpft hatten, deren Begeisterung für Napoleon, trotz seines Falles, um nichts gesunken war. Es waren dies Johann Peter Jansen und Johann Christian Kauenberg, die mit der Großen Armee 1812 in Rußland und in Moskau waren, Leonhard Wild, der als Jäger zu Pferde unter Marschall Soult in Spanien war; Jakob Graab und Nikolaus Lennartz hatten unter Charpentier in der Völkerschlacht bei Leipzig mitgerungen; Philipp Wyck und Peter Hermann Thißen waren bei der Holländisch-Französischen Armee, der letztere auch in der Schlacht an der Katzbach. Alle aber waren Preußenfeinde, nicht weniger auch der Bürgermeister Henzen, der sogar sein Söhnchen im Februar 1807 auf den Namen Napoleon hatte taufen lassen. Es mag ein eigentümliches Gefühl in der Brust dieser Männer getobt haben, als plötzlich aus Richtung Orsbeck der Trommelwirbel der Preußen hörbar wurde. Nun setzte die Musik ein, und alsbald kam die Spitze der Grenadiere in Sicht, der Oberst und sein Stab zu Pferde vorauf. Diese kamen im leichten Trab durchs Brühltor, stiegen ab und begrüßten die anwesenden Ratsherrn der Stadt und die Schützenkönige durch Händedruck und schritten die Front der unter präsentierten Gewehr stehenden Schützen ab, sie militärisch grüßend. Inzwischen waren die Grenadiere am Tore und marschierten ein. Als sich ihre zerfetzte Fahne und die Degen der sie flankierenden Offiziere vor der Drachenfahne St. Georgs zum Gruße neigten, war das Eis gebrochen, und die tausendköpfige Menge schrie: 'Hurrah, die Preußen!' Abends war große Feier in allen Lokalen. Die üblichen zwei Ohm Bier, die die Stadt spendete, waren bald dahin, und es hätte nicht viel gefehlt, wäre ganz Wassenberg trocken geworden, so groß war die Begeisterung für die Völkerschlacht bei Leipzig.

Burg Wassenberg 1919

Landrat Wilhelm van der Straeten. 1816.

Als um 9 Uhr der Zapfen geblasen wurde, wankten die Colberger, die Wassenberger aber standen noch fest.[678]

Am 5. 4. 1815 wird Wassenberg endgültig preußisch. König Friedrich Wilhelm III. nimmt durch allerhöchstes Patent Besitz vom Generalgouvernement Niederrhein und Mittelrhein. Die preußischen Rheinlande werden in sechs Bezirke eingeteilt: Köln, Düsseldorf, Kleve, Koblenz, Trier, Aachen. Wassenberg gehört im Kreise Heinsberg zum Bezirk Aachen. 22 Bürgermeistereien umfaßt dieser Kreis. Aus dem ehemaligen Amt Wassenberg haben sich die Bürgermeistereien Myhl, Herkenbosch und Wassenberg gebildet. Erster Landrat ist Wilhelm van der Straeten. Hans Peter Funken schreibt über ihn: „Die ersten Jahre der Amtszeit van der Straetens waren bestimmt durch allgemeine staatliche Maßnahmen, wie Durchführung der Gewerbefreiheit, Beseitigung der Binnenzölle u.a. Nachdem in den dreißiger Jahren diese Aufgaben durchgeführt waren, ließ sich van der Straeten die Einführung des landwirtschaftlichen Versicherungswesens sehr angelegen sein, und gegen Schluß seiner Amtszeit faßte er den großzügigen Plan, die Rur- und Wurmniederungen zu entwässern. Er bildete auch eine freiwillige Vereinigung von Arbeitskräften, um die schlechten Straßenverhältnisse zu verbessern. Er war bis 1853 als Landrat tätig."[679] Die Regierung legt wert darauf, ihre Landräte in achtungsgebietende Uniformen zu stekken. Landrat van der Straeten hat sich wie folgt zu kleiden: Dunkelblauer Rock, rote Aufschläge und Kragen. Beinkleider und Weste aus weißem Casimir. Dreieckiger Hut mit Kokarde und goldenen Tressenlitzen. Ein Degen in vergoldetem Metall nebst Portepee von Gold und dunkelblauer Seide. Spezialschneider für derartig kostbare *Amtstrachten* ist der Wassenberger Tailleur Joseph Bolinger.[680] Auch die Bürgermeister haben ihre Uniform. Am 15. 5. 1815 nimmt Peter Henzen mit seinem Landrat in Aachen an der feierlichen Huldigung und Eidesableistung für Preußen teil. Hierbei vertreten Generalgouverneur Sack und Generalmajor Dobschütz den König.

Hans Peter Funken nennt den Anschluß der Rheinlande an Preußen eine „Ehe wider Willen".[681] In der Tat ist es so! Der preußische Militarismus ist seit den Langen Kerls vielen zuwider. Denn kaum ist gehuldigt, da wird auch schon die rheinische Landwehr aufgerufen und in 8 Infanterieregimentern zu je 3 000 Mann und $2^1/_2$ Kavallerieregimentern zu je 600 Mann eingeteilt. Ab 1816 muß unser Kreis für das aktive preußische Heer etwa 80 bis 85 Mann stellen.[682] Häufig kommt Fahnenflucht vor: „Ein Teil der Einberufenen ging einfach über die nahe Grenze nach Holland und entzog sich so dem Dienst. Viele junge Männer zogen ein Arbeitsverhältnis in Holland dem preußischen Kasernenhofdrill vor. Man bezeichnete sie in den Berichten der eingesetzten militärischen und zivilen Untersuchungskommission als 'treu- und ehrlos'. Als später einige Dienstverweigerer aus Holland zurückkehrten, wurden sie den Militärbehörden zur Strafe und Einstellung in ihre Truppenteile übergeben".[683] Ein Grund für die zahlreichen Fahnenflüchtigen war sicherlich die „innere Kündigung" soldatischer Pflichten. Militärische Tradition war den Bewohnern unserer Heimat nicht geheuer — das napoleonische Intermezzo vielleicht ausgenommen: „Der typisch preußische Kasernenhofdrill verletzt die Gefühle eines rurländischen Menschen", so hat es später der Pazifist Oskar von Forckenbeck treffend formuliert. Wahrscheinlich war ihm die Kritik von Joseph Görres im „Rheinischen Merkur" bekannt, der schon 1814 geschrieben hatte: „Es empört mich, wenn ich höre, daß bey den Waffenübungen die pöbelhaftesten Schimpfwörter: Racker, Hund, Canaille usw. einiger preußischer Offiziere wieder so geläufig werden".[684]

Die neue Grenze

Eine gemischte Grenzregulierungskommission erarbeitet den genauen Grenzverlauf zu unserem niederländischen Nachbarn von Aachen bis nach Elten. Die „Wassenberger Grenze" erweist sich dabei als besonders kompliziert. Preußen hätte gern die Maas als Grenzfluß gesehen. Die Engländer verlangen jedoch einen Abstand von mindestens $1^1/_2$ Meilen (= 1000 Rheinische Ruten), volkstümlich „Kanonenschußweite" genannt. Und sie setzen sich auf dem Wiener Kongreß damit durch.

Im Hohen Venn besteht die Schwierigkeit der Grenzziehung angesichts ausgedehnter Waldgebiete ohne Gemeindegrenzen. Von dort nimmt die Grenze einen

Wassenberg 1910. Der Feuerwehr-Übungsturm und die Bleiche halblinks.

äußerst engen Verlauf um Aachen. Alte Territorien wurden rücksichtslos durchschnitten, z.B. Kerkrade (Kirchrath) und Herzogenrath. Streckenweise soll die Wurm Grenze sein. Wintraak wird von Hillensberg abgetrennt. Nördlich von Süsteren trifft die Grenze auf die alte Grafschaft Geldern (Echt und Montfort). Hier behält man den Grenzverlauf bei.

Im Amte Wassenberg kommt es zu schwerwiegenden Veränderungen. Das gegen die Maas vorstoßende Amt Wassenberg verliert die Gemeinden Melick, Herkenbosch, Vlodrop. In Wassenberg ist man empört. Die Erregung macht sich in Protestversammlungen Luft. Roermond soll hier ein umfangreicheres Hinterland erhalten. Grenze wird der Bach Rothenbach zwischen Wassenberg und dem früheren Jülicher Amt Montfort bis hinauf zur alten Dalheimer Klostermühle. Grenzstein Nr. 376 markiert hier die andere Seite. Es ist der Punkt, an dem die Grenze nordwärts abbiegt, der Talsenke neben dem alten *Salzweg* folgt und den Meinwegwald erreicht. Bei den *Sechseichen* wendet sie sich abrupt im rechten Winkel nach Nordwesten, der alten Grenze des Amtes Wassenberg folgend, um dann vor Oberkrüchten erneut im rechten Winkel nach Nordosten wegzulaufen.[685] Hier trifft sie auf die Grenze der alten Herrlichkeit Elmpt und begibt sich schnurstracks mit der Boschbeeke zum *Blanken Water* an die Südspitze des Elmpter Waldes.

Dieser Verlauf läßt das bekannte *Herkenboscher Handtuch* entstehen. Es sind zwei geometrische Figuren, die beim Blick auf unsere Kreiskarte ins Auge stechen: ein Dreieck und ein Viereck. Scheitelpunkt des rechtwinkeligen, gleichschenkeligen Dreiecks ist der Grenzstein Nr. 389 im Meinwegbruch. Die Schenkel haben eine Länge von 3 340 m und 2 550 m. In den Kreis Heinsberg hinein ragt als Viereck das Herkenboscher Handtuch mit rund 2 750 m Längs- und 1 450 m Breitseiten. Hier entsteht infolge der Kompliziertheit der Grenzziehung ein relativ unberührtes Waldgebiet, in das sich im 19. Jahrhundert nur Jäger, Förster, Waldarbeiter, Torfstecher, Beerensucher, Heideschnitter und Schmuggler „wagten". Heute gehört dieser Raum zu dem oben beschriebenen Naturpark Maas-Rur-Schwalm-Nette.

DAS 19. JAHRHUNDERT

Die „Wassenberg-Gesellschaft"

Wassenberg hat keine Stadtrechte mehr, ist kein Amt mehr. Die Zeiten der Drossarden, Amtmänner und Vögte sind passé. Die Preußen trösten den Ort mit einem Hauptzollamt, das 1817 von Wehr im Selfkant nach Wassenberg verlegt wird. In einem Haus auf der Roermonderstraße wird es eingerichtet. Der erste königliche Zoll- und Steuerrat ist Carl Hammers, der in Wassenberg — entsprechend seiner Stellung — eine gesellschaftlich prominente Position besetzt. Er gründet 1829 eine *Wassenberg-Gesellschaft*, die im Stile des späteren Heimatvereins es sich zur Aufgabe macht, die Straßen sauber zu halten und die Blumengärtchen vor den Häusern zu fördern, Landwirtschaft und Gewerbe zu verbessern, die Ortsvereine zu unterstützen, das Alte zu pflegen. Außerdem möchte sie „die Sitten und Gebräuche, wie sie vor der französischen Herrschaft üblich gewesen, wieder beleben".
Carl Hammers ist von 1822 bis 1834 Oberst der Schützenbruderschaft St. Georgius und als solcher *Hautevolee*. Seinen Vorgänger kennen wir zur Genüge: Bürgermeister Peter Henzen (†1827); seine Nachfolger sind Hilarius Schmitz (1834—1847), Kaufmann Franz Hentzen (1848—1875), Landwirt Franz Graab (1875—1897) und Bauunternehmer Hubert Heinrichs (1900 bis 1. September 1939). Neben Zollrat Hammers sind beim Hauptzollamt ein Rendant, ein Kontrolleur, sechs Subnumerare sowie neun Grenzbeamte beschäftigt.

Hunger

1816/17 herrscht große Hungersnot im Wassenberger Raum. Die Vorräte der Vorjahre sind dahingeschmolzen, weil Truppen versorgt werden mußten. Zwei total verregnete Sommer machen die Katastrophe komplett. Das gesamte Vorgelände Wassenbergs, von Elsum bis nach Vogelsang, steht unter Wasser. Ophoven, Steinkirchen, Effeld, Ohe und Forst, Eulenbusch und Krafeld ragen aus einem riesigen See. 1817 schreibt der Heinsberger Bürgermeister Jensenius an die Regierung in Aachen, daß infolge „der stattgehabten ungeheuren und anhaltenden Regengüsse die Ruhr und der Wurmfluß über die Ufer getrieben ... und sich ein stehender See gebildet, wodurch nicht allein die Winterfrucht misrathen, sondern auch die auf dem Halm stehende Sommerfrucht größtenteils in der Wurzel verfaulet ..."[686] In höchster Not muß der *Allergnädigste König* von der „fernen Ostsee" Roggen ins Niederrheinische schaffen. Trotzdem entsteht derartige Teuerung, daß der Scheffel Roggen in Wassenberg viermal so viel kostet als früher: fünf Taler und vier Silbergroschen sind jetzt dafür zu zahlen. Der Scheffel Kartoffeln kostet 20 Silbergroschen. Auch die Bodenpreise steigen um ein Mehrfaches. 1817 hat ein Morgen auf dem Kulenberg den Wert von 200 Talern Preußisch-Courant. Früher lag der Preis bei 80 Talern.

Notstandsarbeiten werden organisiert, um der Arbeitslosigkeit Herr zu werden: „Die armen Leute, die noch einigermaßen bei Kräften sind, werden zur Ausbesserung der Wege und zur Reinigung der Wasserrinnen verwendet. Für die geleisteten Arbeiten werden Gutscheine ausgegeben, die zum Ankauf von Lebensmitteln berechtigen."[687] Weitere Mißernten ereignen sich 1822, 1846/47. Hans Peter Funken: „Der preußische Staat unternahm nur wenig, um die meist kleinbäuerlichen Betriebe zu unterstützen. Er war mehr an der Förderung der landwirtschaftlichen Großbetriebe im Osten seines Machtbereichs interessiert."[688] Am 10. 3. 1847 erhält Wassenberg, um die größte Not zu lindern, vom Staat 210 Scheffel Korn, Myhl 106, Birgelen 148, Effeld, Ophoven und Steinkirchen zusammen 100. Zum Zwecke des Kaufs von Pflanzkartoffeln gibt Preußen einen Zuschuß: Wassenberg 300 Taler, Myhl 250 Taler. Pflanzkartoffel kosten jetzt 4 Taler je Malter (= 240 Pfund). Das übrigbleibende Geld soll für Lohnzahlungen der Gemeinde verwandt werden.

Straßenbau

Landrat van der Straeten liegt der Straßenbau am Herzen. 1817 läßt er die Trasse Heinsberg-Wassenberg anlegen. Es handelt sich um einen sumpfigen, von der Wurm und mehreren kleinen Bächen oft überspülten Weg. Den Pferden steht das Wasser häufig bis zu den Bäuchen, notiert Heinrich Simon van Alpen im Jahre 1802. Zeitweise sind bis zu 600 Arbeiter tätig, den Untergrund dieser morastigen Verkehrsverbindung mit Kiesen zu befestigen. Im Herbst 1820 wird in Unterbruch eine Holzbrücke über die Wurm gebaut. Die Rur bei Orsbeck ist nach wie vor in Händen von Fährmann Peter Vinken, der das Übersetzen besorgt. 1832 erbaut er auf eigene Kosten eine Holzbrücke und erhebt sein *Orsbecker Brückengeld*. Das Bauwerk steht fast 100 Jahre. Erst 1924 wird es erneuert, um dann am 31. 12. 1944 von amerikanischen Jagdbombern zerstört zu werden. 1832 ist die Straße zwischen Heinsberg und Wassenberg fertig. Der Kreis hat sie ohne finanzielle Unterstützung durch die Regierung als feste Kies-Chaussee erstellt.

Landverkäufe

1819 findet der erste Gemeindegüterverkauf in Wassenberg statt. Zahlreiche Parzellen der Hees, des Horigsbusch und des Orsbecker Tannenwaldes werden öffentlich zum Kauf angeboten. Unter den Käufern selbstverständlich an erster Stelle Packenius, Henzen, Reinbach, Kofferath, Hasenbach und einige Rittergutsbesitzer der Gegend. Der Erlös aus Hees und Horigsbusch beträgt 5 586 Taler. Der Orsbecker Tannenwald bringt 1 461 Taler ein. Sie werden zur Schuldentilgung verwendet. Am 24. September 1822 überweist Preußen die Meinwegwald-Anteile an die berechtigten Gemeinden. Diese wiederum bieten ihre

Schulspaziergang zur Windmühle 1931.

Parzellen zum Kauf an. Jede Gemeinde erhält 186 ha und 43 ar, rund 750 Morgen. Von dem Wassenberg zustehenden Areal kaufen die Packenius allein 560 Morgen. Der Morgen kostet 3 Taler. Insgesamt nimmt Wassenberg beim Verkauf seiner Meinweganteile 2 282 Taler und 25 Silbergroschen ein. Von diesem Geld wird 1834 das Straßenpflaster der Kirchstraße, der Roermonder Straße, der Hauptstraße (heute Graf-Gerhard-Straße) erneuert, an einigen Stellen erstmalig verlegt. Ferner werden drei neue Pumpen aufgestellt: Rathausplatz (*Pley*), vor dem Gasthaus und in der Brühl.

Die Packenius arrondieren ihren Gesamtbesitz beim Meinweg-Ausverkauf auf schätzungsweise 20 000 Morgen.[689] Das wird ein Leckerbissen für den Privatier Oskar von Forckenbeck sein, wenn ihm die einzige Erbin dieses Riesenvermögens, Maria Packenius, *devenir amoureuse* um den Hals fällt.

Die Burg ist nach wie vor im Besitz der Packenius. Weil die Familie in der Hauptstraße ein elegantes Haus erbaut hat, vermietet sie ihre Burg an Gerhard August Reiff, der einige Räume zu einer Gastwirtschaft umfunktioniert. (Nicht umbaut.) Schon 1821 verläßt Reiff die Burg wieder. Die Packenius kehren auf ihre Burg zurück. Obwohl Packenius unter den Preußen Bürgermeister und nicht Vogt ist, heißt er noch immer im Volksmund „Vaugt". Leonhard Jaegers erinnert sich an Wassenberger Bezeichnungen: *Vaugts Bu, Vaugts Hüske.* Die vogteiliche Wiese heißt *Vaugts Wee.* Die Schwester des Bürgermeisters, die 1792 geborene Maria Johanna Helena Wilhelmina, wird *Vaugts Joffer* genannt. Sie verehelicht sich mit Dr. Johann Josef Schoen, dem Direktor des Kaiser-Karl-Gymnasiums in Aachen. Vor ihrem Tod vermacht sie der Gemeinde 3 000 Goldmark für eine höhere Mädchenschule, die jedoch nie erbaut wird. Dieses sogenannte *Schoensche Legat* wächst durch Verzinsung zu einem beachtlichen Kapital an. Es wird von der Gemeinde mehrfach kapitalintensiv eingesetzt. Die Inflation 1923 verschlingt es.

Der zweite Gemeindegüterverkauf läuft 1824 an. Die ganze Umgebung des späteren Bahnhofs und die benachbarte Els gehen in Privatbesitz über. 1826 kauft Bürgermeister Packenius das Judenbruch aus herzoglichem Besitz, ein äußerst wichtiger Akt, der für die spätere Entwicklung Wassenbergs die Voraussetzung der grünen Lunge schafft. Schließlich steht noch ein Rest fiskalischer Grundstücke in der Umgebung Wassenbergs zum Kauf an. Auch diese Einnahmen verwendet die Gemeinde zur Deckung der durch „Franzosen-Not" entstandenen Schulden. Die Wohnhäuser des Georgstifts außerhalb des Stiftsplatzes kommen ebenfalls in Privathand. Die anderen Gebäude werden Pastorat, Kaplanei, Jugendhaus und Schule. Das ursprüngliche Pastorat lag hinter dem Chor der Kirche. Sein Brunnen ist noch zu sehen.[690] Die Kirche des Kapuzinerklosters wird 1819 abgebrochen. Ihre Glocke kommt in den kleinen Rathausturm.[691] Sie war ein Guß von Willi-

Oskar von Forckenbeck (1822—1898) und Maria Packenius (1838—1921)

Reise-Paß, gültig auf

Wir Friedrich Wilhelm

von Gottes Gnaden König von Preußen etc.

Ersuchen hiermit unter dem Versprechen einer vollkommenen Erwiederung, alle Militair- und Civil-Behörden auswärtiger Staaten, Unsern sämmtlichen Militair- und Civil-Behörden aber befehlen Wir ausdrücklich, auf Vorzeigung dieses:

gebürtig aus

wohnhaft in

welcher

von

reiset, und durch als unverdächtig legitimirt ist, frei und ungehindert reisen, und von dort hierher zurückreisen, auch nöthigen Falls ih... Schutz und Beistand angedeihen zu lassen.

Gegeben Berlin, den ... 1800 ...

Auf Seiner Königlichen Majestät allerhöchsten Special-Befehl.

Der Minister des Innern.

Signalement des Paß-Inhabers.

Alter

Größe ... Fuß ... Zoll

Haar

Augenbraunen

Augen

Nase

Mund

Kinn

Gesicht

Statur

Besondere Kennzeichen:

Unterschrift des Paß-Inhabers

Der Reisepaß des Oskar von Forckenbeck.

brordus Stocky aus dem Jahre 1794 und trug die Inschrift: „In Honorem Beatrix Ludiwici 10. Plausibiliter Surrexi Wilibrordus Stocky gos mich". Die Glocke ging im Inferno der Schlacht an der Rur im Zweiten Weltkrieg 1944/45 unter.
Von den drei Wassenberger Stadttoren stand zu Beginn des 19. Jahrhunderts nur noch das Roßtor vollständig. Die Porta de Vulte (Birgeler Tor) war 1783 bis zum Fundament abgerissen worden. Das Brühltor besaß Dach und Bogen nicht mehr. Die Seitenmauern standen noch. Diese wurden erst 1863 abgetragen.[692]

Bürgermeister im 19. Jahrhundert

Pierre (Peter) Henzen	1803—1810
Friedrich Peter Joseph Packenius	1810—1813
Peter Henzen	1814—1821
Alexander Joseph Anton Packenius	1822—1851
Theodor Johann Kofferath	1852—1857
Martin Schraten	1858—1859
Reiner Schmitz/Johan Philippy	1860
Johan Philippy	1860—1861
Martin Arnold Thönnissen	1862
Heinrich Otto Franz Packenius	1863—1867
Franz Therstappen	1868—1886
Wilhelm Klein	1886—1895
Nikolaus Beckers	1895—1922

Bürgermeister Alexander Packenius (1822—1851)

Packenius ist ein dynamischer Verwaltungsbeamter. Er weiß, nach dem Verlust der Stadtrechte unter Napoleon, dem Verlust des Jülicher Amtes braucht der hiesige „Flecken" neue Impulse. Er möchte vor allem eine schmucke Stadt „regieren" und empfiehlt den 182 Hausbesitzern,[693] ihre Häuser freundlich zu bemalen, die Vorgärten zu pflegen, Blumenkästen in die Fenster zu stellen, „Trottoirs" (Bürgersteige) mit Kies zu belegen. Er läßt in den Hauptstraßen Rinnen pflastern und baut 1842 in der Brühl einen Kanal, der 62 Taler kostet.[694] Die Metzger fordert er auf, Blut und anderen Unrat nicht in die Gosse zu leiten. Abfälle sollen „hinter der Stadtmauer in den Graben gekippt werden und nicht vor die Häuser (!)."
Trotz großer Bemühung gelingt es Packenius nicht, in Wassenberg eine Straßenbeleuchtung zu installieren. Das schafft erst sein Neffe als Bürgermeister: Heinrich Otto Franz Packenius (1863—1867). In Heinsberg flammt 1857 das Petroleumlicht in den Straßen auf. In Wassenberg erst 1864.
Im Jahre 1838 darf die kleine jüdische Gemeinde eine Synagoge bauen. Unter der Staatskanzlerschaft Hardenbergs waren die Juden in Preußen am 11. 3. 1812 in die bürgerlichen Rechte und Pflichten eingesetzt worden.[695] In Wassenberg wohnten damals 35 Juden, 5 in Birgelen.[696] Der Tempel soll allerdings nicht an einer Hauptstraße liegen, sondern abseits in einer Gasse. Packenius stiftet die wenigen Quadratmeter am

Lehrerkollegium der katholischen Volksschule 1920. V. r. n. l.: Gerhard Dörenkamp, Maria Nolten, Dechant Otto Jansen, Kaplan Josef Werth, Juliane Fabry, Hans Claßen und Karl Emuns.

Fuße seines Burgbergs, die für das einfache Bauwerk notwendig sind. Es entsteht 1838 in jener Gasse, die von der Roermonder Straße in Höhe der Löffelstraße zum Burgberg und an diesem vorbei zur Kirchstraße führt. Nach dem „Jätzkes-Lied" von Peter Marx hieß sie *Storms-Jätzke* oder *Haas-Jätzke* (1987 saniert). Nach dem Zweiten Weltkrieg hat Wassenberg ihr den Ehrennamen *Synagogengasse* gegeben. Exakt 100 Jahre später nach ihrem Bau 1838 wird die Wassenberger SS die Synagoge einäschern.
In Orsbeck entsteht 1838 eine Brücke über den dortigen Baalbach. Sie kostet 174 Taler und 5 Groschen. 1838 beginnt auch die Trassierung einer Verbindung von Wassenberg nach Ratheim, zwei alte Ruten breit (ungefähr 6 Meter). Bis dahin gab es nur einen schmalen Pfad am Wald entlang. Die Trasse wird mitten durch die Feldmark gezogen. 1841 setzt Packenius den Bau eines Weges von Wassenberg über Myhl nach Gerderath durch. Mit den Arbeiten dazu beginnt 1847 eine Firma aus Myhl. Bis zu 60 Arbeiter sind hierbei beschäftigt. Tageslohn eines Arbeiters beträgt 7 Groschen. Das ist ungefähr der Wert eines Ein-Pfund-Brotes.
Die Straße nach Orsbeck läßt Packenius am Abzweig in der Brühl verbreitern. Zu diesem Zweck muß die Witwe Josef Voß von ihrem Haus und Garten etwas abgeben, weil das Anwesen im Wege liegt: 3 Ruten vom Garten, 2 Ruten 2 Fuß vom Fachwerkhaus. Die Gemeinde zahlt dafür 225 Taler.

Schulen

1828 eröffnen Bürgermeister Packenius und Dechant Fander (1825—1831) die katholische Elementarschule in Wassenberg. In zwei Räumen des Rathauses wird sie untergebracht. Franz Jacobs und Heinrich Merritz sind die beiden ersten Lehrer.
In Wassenberg gab es schon im Mittelalter eine Stiftsschule. Aber ihre Kundschaft waren die gehobenen Schichten. Die Kanoniker des Georgstiftes bildeten ihren Nachwuchs selber aus. Graf Gerhard I. hatte schon bei der Gründung den Bildungsauftrag ins

Schülertreffen der Geburtsjahrgänge 1920/21/22/23 im Jahre 1981 im Waldrestaurant Tante Luzie. Vordergrund Mitte: Lehrerin Maria Nolten (1896—1985).

Auge gefaßt. Unsere Stiftsschule wird 1221 erstmalig erwähnt.[697] Der scolasticus leitet sie. Er ist besser besoldet als die übrigen Kapitelherren. Die Akte von 1260[698] verrät es. Ihm zur Seite steht der *rector scolarum* und diesem wiederum wird von einem Gehilfen zugearbeitet. 1259 erscheint Magister Henricus de Wassenberg auf der pädagogischen Bühne und 1262 als *rector scolarum eiusdem loci*. Die Karriere des späteren Magisters Petrus de Elten ist uns etwas genauer bekannt: 1489 rector scolarum, 1513 Scholaster, 1529 Vizepropst.

Die Wassenberger Stiftsschule hatte die Aufgabe, ihre Schüler in die Wissenschaften einzuführen und sie auf den geistlichen Stand vorzubereiten. Sie sollten fromm werden und in den „bonis litteris" beschlagen sein.

Die katholische Volksbildung ließ demgegenüber lange auf sich warten. Die Evangelischen waren fortschrittlicher. Andreas Knorr hat uns die Stationen der evanglischen Schule festgehalten.[699] Erster mir bekannter evangelischer Schullehrer war 1626 Johannes Caspar Öhl. Sein Unterrichtsraum befand sich im Predigthaus. Die Kinder zahlten 1 bis 3½ Albus monatlich an Schulgeld. Für arme Kinder wurde der Betrag aus der Armenkasse der evangelischen Gemeinde bezahlt. Das eingenommene Schulgeld bekam der Lehrer als Gehalt. 1620 von 20 Schülern. Unter ihnen auch einige katholische, weil es damals am Ort keine katholische Volksschule gab. Schulpflicht bestand nicht. Der Lehrer versah auch den Küsterdienst.

Um 1670 stand es mit der evangelischen Schule schlecht. „... nach Absterben des Schulmeisters zu Wassenberg vor zween Jahren wegen Wenigkeit der Kinder und Ermangelung einer bequemen Persohn daselbst wohnhafft annoch kein neuer angestellet sei ..."[700] 1680 vermachte Peter Paland zur Unterhaltung der „reformirten schul 3 morgen lands ..."[701] 1685 wurde der Raum renoviert. 1709/10 war Peter Heinrich Merckens Stelleninhaber. Ihm folgte 1714 Meyster Hylgard, dessen Anstellungvertrag bei Knorr lesenswert ist. Nach Lehrproben wird „Hilgern Schneyders zu ihrem schulmeister beruffen". Sein Gehalt beträgt 25 Reichsthaler zu 80 Albus kölnisch gerechnet. Hierzu tritt das Schulgeld; ferner zur Winterszeit „eine doppelte karrig kohlen und ein viertel Schantzen". 1730 war Godefridus Hacking Lehrer. Er bekam „ein guttes attestatum (Zeugnis) sowol wegen treuer ambtsbedienung, alß guthen lebenswandels" Hacking hatte aber die Schwäche der Trunksucht, so daß sein Unterricht für die Kinder unzumutbar war.

Im Protokoll vom 19.8.1734 heißt es: „Es ist leyder der schlr (Schulmeister) wegen trunkenschafft und verubter schlagerey ahn seiner fraw gethan beklaget."[702] Auf Hacking folgten Daniel Walder, Johannes Mols, Samuel Hens. 1780 wählte die Gemeinde unter drei Kandidaten Johann Henrich Schmitz und 1783 Peter Wilhelm Schmitz. Letzterer hatte „unter feyerlichem handgelübde versprochen, daß er unser zarte jugend willig und eifrig unterweisen" will.[703]
In einem Bericht der evangelischen Gemeinde an den preußischen Kreisdirektor steht erstmals die genaue Angabe, wo sich der Schulraum befindet: Es handelt sich um ein Kämmerchen im Anschluß an die Kirche. 1812 wird beschlossen, „damit die Schulkinder keinen Schaden ferner in der Kirche machen könten, die Kirche durch einen Verschlag oder Scheide ... vom Schulgang abzumachen und auf die Gallerie-Treppe eine verschlossene Thür zu hangen."[704] Noch heute kann man an der Außenwand der Hofkirche die Tür in den angebauten Schulraum erkennen. Die Schulkinder gelangten von der Straße her durch die Kirche in ihr winziges Klassenzimmer.
Zunehmendes Bildungsbewußtsein in der Bevölkerung ließ Bürgermeister Packenius nicht ruhen, ein neues „katholisches Schulgebäude" zu errichten. Infolge des Abrisses eines alten, baufälligen Kanonikerhauses an der Stirnseite des Stiftsplatzes beschloß er 1846 mit seinen Ratsherren, hier ein Schulgebäude aufzuführen. Den Auftrag erhielt der Bauunternehmer Leonard Hahn aus Orsbeck. (Es handelt sich um das Gebäude des jetzigen Kindergartens am Stiftsplatz, das Pfarrer Wilhelm Baer nach schweren Beschädigungen im Zweiten Weltkrieg in den Jahren 1950/53 durch Will Andermahr wiederaufbauen läßt (Gesamtkosten 50 000,— DM). Die Schule am Stiftsplatz erhielt 1846 zwei Klassenzimmer mit einem Ofen in der Mitte der Räume, ein Büro, ein kleines Lehrmittelzimmer. Die Toiletten waren draußen hinter einem Holzverschlag. Die Möbel kamen aus Erkelenz. Besucher dieser Schule, wie die 1986 verstorbene Maria Jakobs und der heute in Rheydt wohnende Heinrich Louis, berichteten von der „ausgesprochen gemütlichen Atmosphäre", die dieses Haus charakterisierte. In der Pause spielten die Kinder auf dem Stiftsplatz. Der Pastor hatte die geistliche Schulaufsicht. Im Eingangsflur stand der Spruch „Pietate et justitia" an der Wand. (Durch Frömmigkeit und Gerechtigkeit). Maria Jakobs erzählte: „Die Lehrer hätten den Spruch öfter erklärt und bei Pietate auf die Kirche, bei Justitia auf die Zeugnissse hingewiesen."
Im Rathaus „liere die Jruete" und am Stiftsplatz „die Kleene". Im Sommer wird vormittags von 8—11 und nachmittags von 2—5, im Winter vormittags von 9 bis 12 und nachmittags von 1 bis 4 unterrichet. Die ersten Lehrer zu Packenius Zeit waren Johann Hennen, Anton Derichs und Wilhelm Goertz. Der erste ist gleichzeitig Küster und Organist, der zweite hat „polizeiliche Aufgaben" mitzuerledigen. Im Lehrplan standen die Fächer Lesen, Schreiben, Singen, Kopf- und Tafelrechnen, Zeichnen, Vaterländische Geschichte, Naturbeschreibung und Religion. Als Schullesebuch war hier noch Rochows „Kinderfreund" in Gebrauch. Als Lehrmittel waren vorhanden: Holz-Tafel, ABC-Buchstaben aus Holz und aus dickem Papier, Rechen-

Schulentlassung in der Wassenberger Volksschule 1937 mit den Lehrern: Hauptlehrer Rudolf Kessel, Lehrer Hans Steffens und Franz Schultes, Lehrerinnen Maria Nolten und Juliane Fabry.

Katholische Volksschule: Schuljahrgänge 1928/29 am 7. 11. 1930 mit Klassenlehrer Dammertz.

tafel mit Einmaleins, Bilder aus der Religion, aus der Bibel, dem Katechismus, Tafel für Maße und Gewichte.

„In den Klassenzimmern des Rathauses hingen zwei Bilder", erzählt Maria Nolten, „das eine zeigte ‚Jesus, den Kinderfreund', das andere ‚Jesus beim Einzug in Jerusalem'. Beide Bilder waren noch in den Dreißiger Jahren unseres Jahrhunderts im Lehrmittelzimmer der katholischen Volksschule an der Erkelenzer Straße (heute Kirchstraße/Burgstraße, Grundschule St. Georg) vorhanden. Das Erziehungs-Ziel der Schule sollte nach des Packenius Einweihungsrede[705] 1. das fromme, 2. das ehrliche, 3. das rechtschaffene, 4. das vaterlandstreue Kind sein. Die langjährige Grundschullehrerin Maria Nolten (1896—1985), die mehr als 40 Jahre an der katholischen Volksschule in Wassenberg lehrte und rund 1500 Schulanfänger auf den Schulweg brachte, hat mir eine Reihe von Daten aus der Schul-Chronik des 19. Jahrhunderts übermittelt, die sie vor dem Zweiten Weltkrieg noch eingesehen hat, und die ihre Kollegin Juliane Fabry damals weiterschrieb. Leider ist dieses bedeutsame Dokument, das im September 1944 ins Rathausarchiv gebracht wurde, mit dessen Zerstörung untergegangen. Jedenfalls war nach Maria Nolten daraus ersichtlich, daß im Sommer die Schule häufig wegen Feldarbeit ausfiel, man es bis Mitte des 19. Jahrhunderts mit der Schulpflicht nicht so genau nahm, und die Leute vor allem ihre Mädchen „nicht unbedingt der Bildung ausliefern wollten". Die Schulferien richteten sich nach dem Erlaß der Aachener Regierung von 1823.[706] Das Gehalt eines Lehrers um 1850 lag in Wassenberg bei jährlich 150 Taler. Hinzu kam meist freie Wohnung, Heizmaterial und etwas Ackerland. Der erste staatlich geprüfte Lehrer hieß Ludwig Bäurisch. Er trat 1869 seinen Dienst an. Sein Gehalt betrug 160 Reichsthaler, freie Wohnung, einen Garten, einen halben Morgen Acker, eine Obstwiese und *ein värken*. Die Zahl der Schulkinder betrug 88. Hauptsächlich Jungen. Mädchen gingen weniger in die Schule. Wilhelm Schreinemachers wußte von einem Lehrer Jacobus Corsten aus dem Jahre 1888, der in Unterbruch wohnte und jeden Morgen zu Fuß zum Wassenberger Rathaus pilgerte. Wenn „de Ruur uut woar, fiel de Schuel uut". Die Kinder der Rathausklassen spielten auf dem Pley, einem lindenbestandenen Platz mit Pumpe und zwei Bänken. Diese Pley-Linden waren 1815 nach den Befreiungskriegen als „Freiheitslinden" gepflanzt worden.[707] 1937 verschwand dieser romantische Platz im Stadtbild, verschwanden die Linden und machten einer trostlosen Asphaltfläche Platz. Auch der eher „grün" eingestellte Bürgermeister Julius Grünweller (1933—1939) verhinderte dies nicht.

Die evangelische Schule hatte sich inzwischen trotz „Kämmerchen" weiterentwickelt. Mit den Lehrern kamen jetzt solide Verträge zustande. Peter Haak (1817) bekam als Küster, Vorsänger und Vorleser 20 Reichsthaler, als Schullehrer ebenfalls 20 Reichsthaler, 5 Thaler für Brand, aus dem bürgerlichen Gemeindefond 100 Franken, die Wohnzimmer im Eingang zur Kirche mietfrei, einen Garten, von jedem Schüler, dessen Eltern zum Vermögensstand erster Klasse gehören, 10 Stüber, von denen, die zur zweiten Klasse

Lehrerkollegium der katholischen Volksschule an der Erkelenzer Straße (heute Kirchstraße). V. l. n. r.: Kessel, Nolten, Dammertz, Fabry, Schultes.

gehören, 7 Stüber und von denen, die zur dritten Klasse gehören, 4 Stüber. Für die Bedienung bei Kindtaufen, Besorgung des Wassers und Einschreiben ins Taufregister erhielt er von Nicht-Armen 8 Stüber. Für das Vorsingen bei einer Leichenfeier 15 Stüber, bei Hochzeiten 20 Stüber. Die Gemeinde übergab ihm 20 gebundene Exemplare von Wilmsens Kinderfreund und eine Lehrer-Handbibliothek.[708]

1830 beschloß der Kirchenrat, „ein Haus, das bald zum Verkauf kommen wird, zum Schullokal anzukaufen". 1831 genehmigte die Regierung den Kauf des Brüßlerschen Anwesens als Schulgebäude. Es handelte sich dabei um ein Haus des ehemaligen Franziskanerinnenklosters an der Kirchstraße. (Anm.: Ursprünglich Franziskanerinnen-Konvent in Wassenberg, später nach Myhl verlegt). Damals Nr. 72, heute Nr. 22, Toreingang gegenüber Gaststätte Burghof. Im Lagerbuch der Gemeinde wird es als „altes, aus massivem Mauerwerk errichtetes Gebäude in leidlichem Zustand" charakterisiert. Verkäufer Brüßeler war katholischer Lehrer. Das Haus kostete 672 Mark. Ihre frühere kleine Schule verkaufte die Gemeinde dem Nachbarn G. Peltzer mit der Auflage, das Ställchen nicht höher aufzubauen und nie an einen Katholiken zu veräußern.

Nachfolger von Peter Haak ist Robert Heyder (Lehrer, Küster, Vorsänger, Organist). Er erregt „öffentliches Ärgernis" und tritt zurück. Nun kommt Friedrich Lütcke aus Schwanenberg als „hypodidascalus" ans Katheder. Wenn kein Pfarrer sonntags zur Verfügung steht, liest er der Gemeinde eine gedruckte Predigt vor. 1866 wird die „Abtrittsgrube" repariert und zementiert, „da der Nachbar durch die Gerüche seit längerer Zeit sehr incomdiert wird".

Die schulische Situation 1861: Wassenberg hat 3 Schulen (evangelisch, katholisch, Orsbeck), 4 festangestellte Lehrer, 163 Schüler, 150 Schülerinnen.

Birgelen hat 3 Schulen (Effeld, Ophoven, Birgelen), 3 festangestellte Lehrer, 2 Hilfslehrer, 186 Schüler, 190 Schülerinnen.

Myhl hat 3 Schulen (Myhl, Alt-Myhl, Wildenrath), 3 festangestellte Lehrer, 2 Hilfslehrer, 251 Schüler, 218 Schülerinnen.

Die nächsten evangelischen Lehrer sind H. Frischauf (1869—1872), Philipp Schneider (1872—1878). A. Jahn, Hermann Thönnes (1881), Aspirant Reinartz aus Hilfarth, Hermann Lüngen (1882). Letzterer kündigt seine Küsterei, weil er durch dieses Amt nur Schaden erleide, „indem ihm das halbe Gehalt (15 Mark) auf sein Lehrergehalt in Anrechnung gebracht würde, während er faktisch 18 Mark für Kirchenreinigung selbst bezahlen müsse". 1884 tritt Karl Hermanns als Lehrer auf, 1890 Lehrer Reiners, 1891 Lehrer Remondt. 1897 wird die Schule generalrenoviert.[709] 1902 kommt H. Graby, danach Jakob Eschenbrücher, der 1916 in Frankreich fällt. Ab 1916 unterrichtet Lehrer Junker. 1883 ist Lehrer Kleeschulte bei den Katholischen in Wassenberg Schulmeister und Dirigent. Er komponiert Tänze für eine Blaskapelle. Darunter eine

Rektor Helmut Betteldorf mit Wassenberger Schülern auf dem Bundeskanzlerfest in Bonn 1986.

Wassenberger Polka, ein Wald-Menuett und einen Wassenberger Marsch. Die Lehrer und die Schüler des 19. Jahrhunderts erscheinen ausnahmslos mit „Klompen" (Holzschuhe) zum Unterricht. In der Schule am Stiftsplatz werden die Holzschuhe im Kreis um den in der Mitte stehenden Ofen zum Austrocknen fein säuberlich aufgestellt. Johanna Flesch berichtet, die Kinder hätten viele Sinnsprüche auswendig lernen müssen: Reinlichkeit sei meine Freude, sie ziert mich mehr als Gold und Seide! — Du sollst nicht naschen und nicht stehlen, und was du findest nicht verhehlen! — Viel lieber bleibe arm auf Erden, als unglücklich reich zu werden! — Alles, was ich Gutes höre, laß mir unvergeßlich sein. Laß mich meiner Eltern Ehre, meiner Lehrer Freude sein!

Lehrerin Maria Nolten (1896—1985) und ihre Schüler Oberstarzt Dr. Hugo Hembach und Josef Henz.

In Wassenberg läßt 1905 Bürgermeister Nikolaus Bekkers an der Erkelenzer Straße ein neues Schulhaus errichten. 1928 wird dieses um einen Anbau mit vier Klassenräumen erweitert und dadurch die *Stiftsplatzschule* aufgegeben. Peter Berger (*1912) schildert in seiner Lebenschronik für Anfang der Zwanziger die schulische Situation bei den Katholiken in Wassenberg: „In meiner Kindheit gab es in Wassenberg drei Schulbereiche. Von der Kirchstraße aus erreichte man durch das offene Tor neben Geschäft Heppener und gegenüber Burghof Willms die evangelische Schule über den großen Innenhof. Sie wurde von Kindern aus Wassenberg, Birgelen, Krickelberg und Vogelsang besucht. An der Stirnseite des Stiftsplatzes stand die katholische Grundschule (Klassen 1—4) für Jungen und Mädchen in Koedukation. Fräulein Nolten und Lehrer Emuns unterrichteten hier. Die Oberstufe war seit 1905 an der Erkelenzer Straße untergebracht und trennte die Jungen von den Mädchen. Hauptlehrer Dörenkamp, Fräulein Fabry und Lehrer Claßen bildeten das Kollegium. Dörenkamp war sehr gefürchtet; denn damals gehörte der Stock noch zu den erlaubten Erziehungsmitteln."[710]

1930 unterrichten hier: 1. Schuljahr Maria Nolten, 2. Schuljahr Lehrer Dammertz, 3. und 4. Schuljahr Franz Schultes, 5.—8. Schuljahr Jungen Hauptlehrer Rudolf Kessel, 5.—8. Schuljahr Mädchen Juliane Fabry. Später ist Lehrer Hans Steffens an dieser Schule tätig. Seit dem 1. 10. 1929 besuchen die Evangelischen ihre neue Schule an der Ratheimer (heute Jülicher) Straße/Ecke Blomedahler Weg. Das alte Schulgebäude auf der Kirchstraße kauft das Gemeindemitglied Beiner aus Forst für 6500,— RM. Die neue Schule erbaute die Firma Franz Hasert für 42 000.— RM. Sie ist für Kinder aus Wassenberg, Ratheim, Birgelen, Vogelsang, Krickelberg da. Hier gehen auch die jüdischen Kinder des Wassenberger Raumes in die Schule. Unter ihnen Betty und Walter Reis.

1938 entsteht bei den Katholiken als *Dependance* auf dem Grund der bisherigen Schulgärten von Rudolf Kessel und Franz Schultes ein weiterer Schulbau. 1939 wird die evangelische Schule (Jülicher Straße, Ecke Blomedahler Weg, Süd) wieder geschlossen. Nach dem Kriege sind die Evangelischen zunächst in ihrer alten Schule. Lehrer Riemann betreut 53 Kinder. Ein Boom für Schulbauten beginnt: 1951/52 eine fünfklassige Volksschule am Stadtrain in Wassenbergs Oberstadt, 1958 ein Erweiterungsbau in Effeld (Will Andermahr), 1950 eine neue Schule in Ophoven, 1957 in Birgelen, 1959 Turnhalle in Orsbeck, 1958/59 am Birkenweg in Wassenberg durch Architekt Hans Deckers eine neue evangelische Schule, 1960 ein Jugendheim mit Lehrschwimmbecken in Effeld, 1967 Turnhalle für St. Georg-Schule in Wassenberg, 1967 eine didaktisch konzipierter Erweiterungsschulbau in Myhl, 1968 neue Schule in Orsbeck. 1967 avanciert die Schule am Stadtrain zur Realschule unter ihrem ersten Direktor Gerd Fischer. 1986 wird eine neue Realschule am Birkenweg eingeweiht: als zweizügige Schule mit 12 Klassenräumen (8 im Neubau, 4 in der benachbarten Hauptschule) konzipiert. Sie besitzt exzellent ausgestattete Fachräume für Chemie, Physik, Biologie, Musik, Textilgestaltung, Kunst und Werken. Ein großes Forum macht Konzerte, Theater und Schulveranstaltungen möglich. 1972 hatte die Realschule 222 Schülerinnen und Schüler, 1982 waren es 283 und 1987 sogar 291. Gerd Fischer, von 1969—1971 erfolgreicher Bürgermeister Wassenbergs, hatte seinerzeit die realschulpädagogischen Pläne für Wassenberg mit großem Engagement vorangetrieben. Gerd Fischer (*18. 10. 1920 in Hasselt/Kleve) studierte an der Pädagogischen Akademie Aachen 1947—1949 und erwarb später die Fakultas für das Lehramt an Realschulen. Seit 1983 ist er im Ruhestand. Die neue Wassenberger Realschule war für ihn eine Bestätigung seiner unterrichtsorganisatorischen Konzeption. Sein Nachfolger ist Wilhelm Schramm (*1944), der seit 1983 in Wassenberg ist, vorher ab 1969 an der Realschule Oberbruch arbeitete. Er ist Geograph und Mathematiker.

Karin Klimmeck schreibt zur Einweihung des Neubaus 1986: „Liebe auf den ersten Blick und Begeisterung nach dem zweiten Blick dieser Harmonie ausstrahlenden Gebäude."[711] Es war ein stolzer Tag auch für den ehemaligen Bürgermeister Günter Müller, der im Jahre 1967 Motor der Einrichtung der Wassenberger Realschule am Stadtrain war und schon früh den Neubau an dieser Stelle favorisierte. Bürgermeister Jochen Schumann lobte den pädagogisch durchdachten Entwurf von Architekt Josef Viethen: „Wer diese Schule betritt, wer dieses Haus erlebt, der sieht, daß im Zusammenspiel von architektonischer Leistung und größtmöglicher Zweckmäßigkeit in Verbindung mit der Natur ein Gebäude entstanden ist, das eine Öffnung nach außen zuläßt und einen Zustrom der Natur nach innen gewährt." Realschuldirektor Wilhelm Schramm dankte Rat und Verwaltung für dieses, dem didaktischen Konzept einer Realschule angepaßte Bauwerk. Für Stadtdirektor Walter Windeln war der Neubau ein Meilenstein auf dem Wege seiner erfolgreichen verwaltungspolitischen Stadtbilanz.

Die Personalien an den Schulen in Wassenberg kann ich infolge ihrer Vielfältigkeit hier nicht nominieren. Sie sind einer besonderen Veröffentlichung vorbehalten. Nur dies: Am 22. April 1965 betritt Helmut Betteldorf als Rektor der katholischen Volksschule St. Georg das pädagogische Arbeitsfeld. In der Oberstadt gab es zu dieser Zeit die vierklassige kath. Volksschule St. Marien (nach der Pfarrkirche benannt) und die fünfklassige evangelische Volksschule Martin Luther. Die erste leitete Rektor Heinrich Wallrafen, die zweite Rektor Heinrich Riemann. Betteldorf hatte an der St. Georg-Schule Rektor Bierganz abgelöst, dessen Vorgänger Rektor Franz Schultes gewesen war. Franz Schultes ragt als kompromißloser Antifaschist und Gegenpol zu dem NS-Fanatiker Schulrat Karl Paulussen in Wassenberg beispielhaft heraus. Wallrafen und Riemann traten 1967 in ihren Ruhestand. Am 8. 1. 1967 wurde durch Ratsbeschluß aus der Martin-Luther-Schule die 8-klassige Gemeinschaftsschule Albert-Schweitzer. Die erste Simultanschule im Kreis. Wegen der Auflösung der Marienschule, (sie wurde die neue Realschule unter Direktor Gerd Fischer) schickten die Eltern ihre Kinder in die Gemeinschaftsschule. Von 1. 8. 1971 bis 31. 7. 1975 war Josef Wiater ihr Rektor.

Zwischen St.Georg und Albert Schweitzer kam es auf Wunsch von Schulrat de Giorgi zu folgender Absprache: Die Klassen 1—4 bleiben in beiden Schulen. An der Gemeinschaftsschule werden alle Schüler Wassenbergs der Klassen 5 und 6, an der St.-Georg-Schule alle der Klassen 7, 8 und 9 unterrichtet. Hinzu kommen die Schüler der 9. Klasse von Orsbeck. Mit der Kommunalreform 1971 beginnt die Neuorganisation der Schulen im Amte Wassenberg. In der Schulverbandsversammlung unter Josef Rexing aus Myhl, Amtsdirektor Wolters und dessen Stellvertreter Amtsdirektor Sieben aus Wildenrath/Myhl beschließt man folgende Regelung:

1. Ab 1. August 1971 wird die Gemeinschaftshauptschule in Wassenberg im Schulgebäude der bisherigen Gemeinschaftsschule Albert Schweitzer untergebracht.
2. Die Orte Birgelen, Myhl und Orsbeck behalten eine katholische Grundschule.
3. Wassenberg hat zwei Grundschulen: an der Erkelenzer Straße Albert Schweitzer, an der Burgstraße St. Georg.
4. Die Orte Ophoven, Effeld, Steinkirchen schicken ihre Kinder zur Grundschule nach Birgelen.
5. Neben diesen Schulen gibt es die Realschule in Wassenberg.

An den Grundschulen werden Kinder bis einschließlich 4. Schuljahr unterrichtet, an der Hauptschule diejenigen vom 5. bis einschließlich 10. (Die Hauptschule ist neben der Realschule und dem Gymnasium die dritte weiterführende Schule.) Die Klassen 5 und 6 haben wöchentlich 30 Stunden, die Klassen 7 und 8 je 31 Stunden, die Klassen 9 und 10 je 32 Stunden Unterricht. Die Hauptschule gehört wie Realschule und

Burgturm 1903. Noch ohne Eisenbahneinschnitt.

Gymnasium bis Klasse 10 der Sekundarstufe I an. Hier werden wie an allen weiterführenden Schulen die gleichen Lernbereiche mit gleichen Stundenzahlen erteilt. Im Schuljahr 1980/81 werden an der Gemeinschaftshauptschule 450 Schüler in 18 Klassen von 23 Lehrkräften unterrichtet. Höchste Schülerzahl erreicht diese Schule im Schuljahr 1976/77 mit 619 Schülerinnen und Schülern. Im Jahre 1987 sind es nur noch 280 infolge der seit dem Pillenknick 1968 sinkenden Geburtenquote.

Im September 1944 wurde die alle Klassen umfassende Volksschule aufgrund der Evakuierung geschlossen, am 13. 9. 1945 mit Franz Schultes als Schulleiter und Melanie von Negri als Lehrerin wiedereröffnet. Am 24. 4. 1946 entschieden sich in einer Abstimmung 93 % der Eltern für die Konfessionsschule. Die Folge war die Einrichtung einer katholischen Volksschule an der Kirchstraße/Burgstraße und einer evangelischen Volksschule in Wassenberg-Süd. 1955 wurde Rektor Bierganz Schulleiter der katholischen Volksschule. 1957 betrug die Schülerzahl 188. 1971 erfolgte, wie oben gesagt, die Trennung von Grund- und Hauptschule und damit die Einrichtung der katholischen Grundschule St. Georg mit damals 170 Schülern. Die Stadtteile Wassenberg-Süd und Brühl wurden vom Schulbezirk der katholischen Grundschule St. Georg abgetrennt und der katholischen Grundschule Orsbeck zugeteilt. St. Georg verlor dadurch ca. 50 Schüler. Seit dieser Zeit bewegt sich die Schülerzahl bei St. Georg um 100. Vier Lehrer (Vollzeitkräfte) sind 1987 dafür tätig. Rektorin ist Maria Wolters.

Der Mauerdurchbruch

Eines der wichtigsten, verkehrserweiternden Projekte unter Packenius stellte der Stadtmauerdurchbruch zwischen Kirche und Burg im Jahre 1843 dar. Alt und Jung strömten zusammen, um das Ereignis mitzuerleben. Der Bürgermeister hielt eine Rede und wies auf die Befestigungsgeschichte der alten Stadt hin.[712] Grund für die Öffnung der Mauer war die projektierte Landstraße nach Myhl und Erkelenz. Die notwendigen Grundstücke ab Wehrturm wurden von der Gemeinde mit 278 Talern und 14 Groschen erstanden. Bürgermeister Packenius verlieh der Unternehmung Nachdruck durch die Stiftung verschiedener Parzellen im Verlauf der Trasse. Auf Antrag erhielt Wassenberg von der Regierung die Genehmigung, 50 Morgen Land auf der Heide (heute: Birkenweg, Auf der Heide, Buchenweg, Am Waldrand) zu verkaufen. Der Erlös betrug 1 558 Taler und 51 Groschen. Ein Drittel davon wurde abgezweigt, um die Brühlstraße bis zur Ecke nach Heinsberg zu pflastern. Der Stadtgraben im Anschluß an den Mauerdurchbruch wurde auf einer Breite von 14 Metern mit Erde angefüllt, die man aus der Hees mit Schlaagkarren heranholte. Links und rechts im unteren Teil der Straße pflanzte die Gemeinde Kastanienbäume, die bis nach dem Zweiten Weltkrieg dort standen. Als sie abgeholzt wurden, beklagte Peter Marx diesen „schändlichen Vorgang" in Versen, die frühes Umweltbewußtsein verraten:

Die alde Kaschteie,
die send affjemackt.
Wo fröhjer die Bööm stond,
sind Steen hennjepackt.
Wer hätt dat jedoahn?
Wer woar bloß sue frech?
Datt wedd os noch leed duehn.
Wir krieje noch Pesch!

Die Wassenberger Post

Bürgermeister Packenius ist stolz: am 1. 4. 1831 darf er das erste Postkomptoir in Wassenberg einweihen. Dreimal wöchentlich erscheint die Botenpost von Heinsberg. Ab 1835 kommt täglich die Kariolpost Wassenberg-Erkelenz.[713] Danach existiert von 1839 bis 1863 eine durchgehende Postverbindung Heinsberg-Wassenberg-Erkelenz. Sie startet jeden Morgen um 5 Uhr in Heinsberg und erreicht Erkelenz um 7,30 Uhr. Um 17,30 Uhr tritt sie die Rückreise an und erreicht Heinsberg um 20 Uhr. Die Strecke ist $2^3/_4$ Meilen lang. (Die Preußische Meile hat 10 000 Schritt = 7 532,5 m.) Das Personengeld beträgt je Meile 6 Silbergroschen bei einem Freigepäck von 30 Pfund.
Im Jahre 1850 wird das Wassenberger Postkomptoir in eine Postexpedition II. Klasse umgewandelt und vom jetzigen *Hotel Zur Post* (Graf-Gerhard-Straße Nr. 13) in das Haus Heppener (gegenüber dem heutigen *Burghof*) auf der Kirchstraße verlegt. 1872 zieht die Post in das Haus Palmen, einem Gebäude des ehemaligen Kapuzinerklosters. Am 1. 1. 1876 wird das Wassenberger Postamt zur III. Klasse befördert. In seinem Landbereich sind nun sechs amtliche Verkaufsstellen für Briefmarken und sechs Briefkästen vorhanden. Der Zustellbereich umfaßt 1893: Berg, Birgelen, Dohr, Eckart, Eckartshof, Effeld, Elsum, Eulenbusch, Forst, Haus Wildenrath, Krafeld, Kromland, Myhl, Myhlerfeld, Ohe, Ophoven, Orsbeck, Pletschmühle, Rosenthal, Rothenbach, Schaaghof, Schaufenberg, Steinkirchen, Vossem, Wassenberg, Wildenrath, Windmühle und Wylack.

Postgebäude 1906. Heute Gaststätte „Schlößchen".

In Wassenberg gibt es ab 1888 eine Spedition. Als junge Leute kommen die Flesch nach Wassenberg und beziehen hier ein relativ großes Haus: „dat Flesche-Huus" (heute Graf-Gerhard-Str. 38). Johanna Flesch erzählte mir, daß nach einem Anfang mit 4 Pferden das Familienunternehmen schließlich bis zu 16 Pferden in der *Hauderei* ausgebaut worden sei. Die Flesch übernahmen Teile des Personen- und Güterverkehrs, der durch die öffentlichen Linien nicht abgedeckt war. Nach der Eröffnung der Bahnlinie Dalheim-Wassenberg-Baal ging es den Flesch zunächst schlecht. Sie nutzten aber ihre Speditionserfahrung zum Aufbau eines Gütertransportunternehmens, das bis heute in der Enkel-Generation (Hermann-Josef Flesch) floriert. 1904 verkehrte zwischen Erkelenz und Wassenberg eine zweispännige Personenpost mit sechs Sitzen. Wir werden weiter unten einen Reisegast dieser Postkutsche namens Hermann Ritter (1912) bei seiner Beschreibung Wassenbergs erleben. Eine andere Postkutsche fuhr nach Baal, wo sie Anschluß an die Aachener bzw. Mönchengladbacher Eisenbahnlinie hatte.

Nachdem die Firma Krahnen & Gobbers aus Krefeld in Wassenberg eine mechanische Seidenfabrik installiert hatte, baute sie wegen ihrer zahlreichen postalischen Bedürfnisse ein Expeditions-Gebäude an der damaligen Erkelenzer Str. 8. Heute befindet sich darin ein Restaurant, „Im Schlößchen" geheißen (Kirchstraße 28). Im Jahre 1921 gehörten zum Postamt Wassenberg eine Postagentur und vier Posthilfsstellen. Den Dienst versahen sieben Beamte, ein Landbriefträgergaul und ein romantischer reichseigener Landbriefträgerwagen. 1931 verlor Wassenberg die Postagentur Myhl und die Posthilfsstelle Wildenrath an Erkelenz. Heinsberg vereinnahmte Effeld, Orsbeck und Ophoven. Birgelen verblieb bei Wassenberg. Am 15. 9. 1944 wurde Wassenberg wegen der sich nähernden Hauptkampflinie geräumt. Sein Postamt kam nach Bergneustadt. Nach dem Kriege bemühte sich der Wassenberger Amtsbürgermeister Edelbert Hähner SJ um die Wiederaufnahme postalischer Dienste. Dies gelang zum 4. 7. 1945. Am 20. 2. 1948 verkehrte auch wieder ein Postbus (Holzvergaser) zwischen Heinsberg—Wassenberg-Erkelenz. Die Oberstadt erhielt eine eigene Poststelle. Ab 1. 2. 1953 ist das bis dahin selbständige Postamt Wassenberg 1 ein Zweigpostamt von Erkelenz.

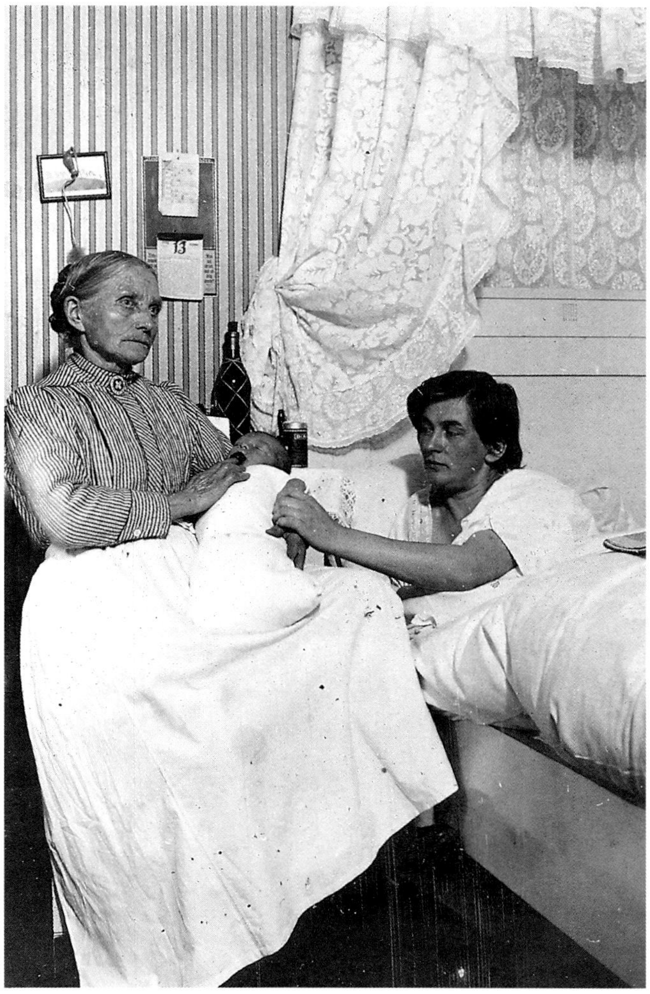

Hebamme Anna Maria Kreutzer (1849—1937): 6 821 Kinder

Oskar von Forckenbeck (1822—1898).

Telefonisch debütierte 1898 Heinsberg für unseren Raum. Der Wassenberger Arzt Dr. Wilhelm Küsters war der erste Telephonkunde. 1906 besaß auch Wassenberg eine eigene Fernsprechvermittlung. 1938 wurde sie von Handvermittlung auf Wählvermittlung umgestellt. Die Telefondichte wuchs rasch. Direktwahl machte Telefonieren zum selbstverständlichen Komfort.

Jupp Voß aus Wassenberg berichtete ein Geschehnis aus dem Herbst 1944, das von Bürgermeister Hermann Buckmann bestätigt wurde. Als Jupp Voß Ende September 1944 in der Firma Frowein mit Direktor Hermann Buckmann etwas zu regeln hatte, und man sich besorgt über die in den Selfkant eingedrungenen Alliierten unterhielt, kam Jupp auf die Idee, einfach mal im nahen Selfkant in Hillensberg anzurufen, das wenige Tage vorher überraschend feindliche Panzer erreicht hatten, wie die beiden aus den heimlich abgehörten Nachrichten der BBC-London wußten. Jupp Voß erzählte: „Und tatsächlich! An der anderen Leitung war eine englische Stimme und sagte: ‚Hallo'. Ich sagte: ‚You englisch oder Amerika? Hier Jupp Voß aus Wassenberg in Germany.' Von drüben kam es: ‚All right!' Drauf ich: ‚Hier nix all right. Hier alles Sch . . . Hier Hitler!' Der an der anderen Seite fing wild an zu quasseln. Da ich nichts verstand, sagte ich nur noch ‚Wasseberch alaaf!' und legte auf; denn es war ja immerhin ein todeswürdiges Verbrechen, mit dem Feind zu reden."[714]

Die Leiter der Post in Wassenberg

1831—1838	Thomassen
1838—1850	Gastwirt Schmitz, Postexpediteur Berens
1851—1858	Postexpediteur Leuwartz
1858—1860	Postexpediteur Lehrer a. D. Minderscheid
1860—1872	Postexpediteur Kassel, früher berittener Gendarm
1872—1883	Postexpediteur Schreinemacher, ab 1. 1. 1876 hauptamtlicher Postverwalter
1883—1885	Postverwalter Birk
1885—1902	Postverwalter Hübner
1902—1921	Postverwalter Schneider
1921—1925	Postmeister Wesche
1925—1938	Postmeister Andermahr
1938—1944	Postverwalter Dahmen, ab 20. 5. 1943 zum Wehrdienst
1944—1953	Oberpostsekretär Welters
1953—1968	Oberverwalter Wegener
1968—1979	Postbetriebsinspektor Helmut Herrmann
1979—1981	Postbetriebsinspektor Johannes Jansen
1986—	Postbetriebsinspektor Horst Pohle

Statistik des Wassenberger Raumes 1852

Wassenberg mit Brühl, Forst, am Häuschen (Wirtshaus), an der Windmühle: 182 Wohngebäude, 9 Öffentliche

Gebäude. 934 Katholiken, 72 Evangelische, 35 Juden. Zusammen: 1041 Einwohner
Orsbeck mit Luchtenberg und Pletschmühle: 91 Wohngebäude, 3 Öffentliche Gebäude. 532 Katholiken, 4 Evangelische. Zusammen: 536 Einwohner.
Birgelen mit Berg, Dohr, Elsum, Eulenbusch, Krafeld, Kromland, Rosenthal, Schaufenberg: 164 Wohngebäude, 5 Öffentliche Gebäude. 820 Katholiken, 4 Evangelische, 5 Juden. Zusammen: 829 Einwohner.
Effeld mit Haus Effeld, Effelderbruch, Jägerhaus, Neuerburg, Rothenbach, Steinkirchen: 134 Wohngebäude, 5 Öffentliche Gebäude. 634 Katholiken. Zusammen: 634 Einwohner.
Ophoven mit Neuenhof und Wylack: 89 Wohngebäude, 4 Öffentliche Gebäude. 388 Katholiken. Zusammen: 388 Einwohner.
Myhl mit Altmyhl und Kleerhof: 141 Wohngebäude, 4 Öffentliche Gebäude. 732 Katholiken, 11 Evangelische. Zusammen: 743 Einwohner.[715]

Oskar von Forckenbeck und Maria Packenius

„Den Wassenbergern pulsieren noch immer die längst verlorenen städtischen Freiheitsrechte durchs Blut. Selbstbewußt sind sie, fröhlich, manchmal ein wenig leichtsinnig, aber, was das Wichtigste ist, nicht kleinzukriegen!" Diese treffende Charakterisierung schreibt Oskar von Forckenbeck gegen Ende seines Lebens an seinen Vetter Max von Forckenbeck, Oberbürgermeister von Berlin, nachdem er mehr als drei Jahrzehnte in diesem „verdammten Flecken" gewohnt hatte. „Eulennest" nennt er die Wassenberger Burg, welche ihm als Mitgift seiner Frau Maria Packenius bei der Trauung 1860 in den Schoß gefallen war. Maria, die Tochter des steinreichen Bürgermeisters von Wassenberg, Alleinerbin des riesigen Packenius-Vermögens, war für jeden Junggesellen *une dot brillante.* Denn ihre Mutter Elisabeth Petronella Amalia Antoinette starb nach der Geburt von Zwillingen (Mädchen) an Kindbettfieber am 8. 3. 1838. Nur Maria überlebte. Sie blieb das einzige Kind des Wassenberger Bürgermeisters.

Wer war Forckenbeck wirklich? Ein „gehobener" Aussteiger, der in Wassenberg ein komfortables Asyl suchte? Der elegante Burgherr? Der Kreisdeputierte? Der Delegierte Preußens in Angelegenheiten der Genfer Konvention während des Krieges 1870/71? Ein piekfeiner Grandseigneur? Der sechs Sprachen beherrschende Kosmopolit? Der Reisende durch alle Kontinente? Der Sammler von interkulturellen Kostbarkeiten? Der Begründer des ersten deutschen Zeitungsmuseums und damit Initiator medienwissenschaftlichen Denkens? Oder war er ein ganz gewiefter Mitgiftjäger? Der beim juristischen Assessor-Examen durchgefallene Versager? Ein Börsenspekulant? Ein unglücklicher Bankrotteur infolge des Zusammenbruchs der Pommerschen Ritterschaftsbank 1877? Eine verkrachte Existenz mit den Accessoires eines Herrenreiters? Ein Hasardeur? An seinen niederländischen Freund Louis schreibt er 1877: „Gegrämt hat mich diese bittere Pille nicht im mindesten; statt schlechter, lebe ich jetzt nur umso besser (materiell gesprochen), aber ärgerlich bleibt es doch, in einer Nacht vierzigtausend Goldmark total zu verlieren (die Pommersche Ritterschaftsbank nämlich à cessé d'exister pour toujours), nachdem meine Verluste am Berliner Disconto, österreichischen und anderen Papieren bereits relativ recht beträchtlich geworden sind."[716]

Alles zugegeben! Dennoch: ich möchte von dem wirklich genialen Mann berichten, dem *spiritus auctor* der Medienwissenschaft. Davon wußten und wissen die wenigsten Wassenberger Genaues. Denn in ihrer Stadt war er letztlich ein Fremder: „Wir leben hier in einer für manchen geradezu unbegreiflichen Abgeschiedenheit. Außer einer kleinen 'Berliner' kommt keine Zeitung über unsere Schwelle, und Menschen — abgesehen von den spärlichen auswärtigen Sommerbesuchen — nie! Verkehr haben wir nur mit zwei Familien." Das schreibt er am 26. 10. 1880.

Geboren ist er am 28. 9. 1822 in Minden, gestorben am 29. 7. 1898 in Wassenberg. Oskar war der älteste von drei Söhnen des Generalkonsuls August von Forckenbeck. Mit sieben Jahren stecken die Eltern ihn für längere Zeit in ein jüdisches Internat von Paris. Danach absolviert er das Gymnasium in Münster. Als Studiosus jur. et cam. ist er zwischen 1842 bis 1845 an den Universitäten Heidelberg und Berlin immatrikuliert. Das Assessor-Examen besteht er in zwei Anläufen nicht. Die Korrespondenz mit seinen Eltern führt er grundsätzlich in Französisch oder Englisch. Mit dem Genius Jacob Grimmm macht er eine Skandinavienreise und wird vom Schwedischen König empfangen. Die Idee des Zeitungssammelns kommt ihm bei einem Besuch Weimars. Sein Freund Joseph Jankelowitz schreibt darüber: „Goethe, der auch als Sammler Berühmtheit erlangt hat, und dessen Medaillen und Steinsammlungen noch heute Weltruf genießen, dürfte einer der ersten Zeitungssammler gewesen sein. Der große Geist, von dem man sagt, daß er nichts Unnützes tat, brachte von seinen Reisen, von all den Städten, in denen es damals schon Zeitungen gab, solche mit heim."[717] Forckenbeck macht es ihm nach.

Das 19. Jahrhundert entwickelt eine bis dahin nicht gekannte Sammelleidenschaft. Die Philatelie war in den 50er Jahren aufgekommen. Forckenbeck ist leidenschaftlicher Sammler von Reisemitbringseln. Auf einer Fahrt nach Groningen 1854 fällt ihm ein altes Zeitungsblatt in die Hand, dessen Inhalt ihn derart fesselt, daß er die scheinbar wertlose Makulatur für sich, die Nachwelt und die Wissenschaft aufhebt. Seine reiche Frau Maria Packenius setzt ihn in den Stand, als Privatier sorglos zu leben und solchen, scheinbar eigenbrötlerischen Neigungen nachzugehen.

In seinem Wassenberger Studierzimmer entwickelt er schließlich die Konzeption einer Medienwissenschaft, die damals noch völlig unbekannt, heute an Universitäten und Hochschulen etabliert ist. Forckenbeck ahnt originär, Medien müßten mehr sein als eine Befriedigung des *homo cupidus rerum novarum,* mehr als geschichtliche, kulturelle, ästhetische, politische Dokumente. In seinen Burggebäuden stapeln sich die Zei-

Maria Packenius, verheiratete von Forckenbeck (1838—1921).

tungsstöße aus aller Herren Länder wie in einem Altpapierlager. Ganze Sammlungen werden hinzugekauft. Ihn packt *fièvre du journalisme*. 1889 erwirbt er das 23 000 Zeitungen umfassende Archiv des Augsburger Postoffizials Heinrich Sachs. Solche Unmengen Papier gehen über die Lagerkapazität der Burg hinaus, wohl auch deshalb, weil, wie er 1871 schreibt, die Gebäude feucht und voller Ungeziefer: „Die schöne Burg ist für mich ein wurmstichiger Apfel, dessen Fäulnis immer weiter frißt. Ich rede hier nicht nur von müffigen Wänden, abfallenden Tapeten, morschen Dächern, die ich notgedrungen reparierte... sogar die Kerzen auf den Leuchtern sind uns von Ratten und Mäusen abgefressen."[718]
Durch zahllose Reisen erweitert er seine Sammlung Jahr um Jahr. Wenn er heimkommt, erwarten ihn die Reparaturen: „Der nasse Winter hat vielen Schaden hier verursacht, helle Tapeten dunkel, dunkle schneeweiß gefärbt; meine Bibliothek verpilzte sich, Tausende von Büchern mußte ich jedes einzeln deplacieren, abreiben, ausklopfen. Dachrinnen waren geborsten, und der Regen in Strömen durch die Wände gedrungen."[719] 1869 erwartet ihn als „niedliches Willkomm" ein Strafmandat über 42 Taler und 17 Silbergroschen wegen mangelhaften Raupenvertilgung im eigenen Wald. Aus solchen Ärgerlichkeiten heraus wächst schließlich der Entschluß, die Burg zu verkaufen und runter ins Packenius-Haus auf die Hauptstraße zu ziehen.
Käufer der Burg ist der niederländische Kaufmann Theodor Claus. Enkel Robert Kofferath über ihn: „Mein Großvater Theodor Claus stammt aus dem Heinsberger Land. Er heiratete die Holländerin Hubertina van Weustenraad 1856. Als er zur Hochzeitsreise mit ihr aufbrach und auf dem Wege zur damals nächsten Bahnstation Erkelenz an der Wassenberger Burg vorbeirollte, sagte er zu Hubertina: ‚So, mein liebes Fräuchen, wenn wir ordentlich geschuftet und eisern gespart haben, dann kaufe ich dir die Burg Wassenberg.'"[720] 17 Jahre später war es soweit. Am 13. 10. 1878 stehen vor dem königlichen Notar August Rütger Hubert Schwenger in Wassenberg: Oskar von Forckenbeck und „dessen von ihm zu dieser Verhandlung besonders ermächtigten Ehegattin Maria Packenius ohne besonderen Stand", auf der anderen Seite Friedrich Theodor Robert Claus, Kaufmann zu Roermond. Sie schließen einen Kaufvertrag über Burg und zugehörige Grundstücke. Alles nebst aufstehenden Gebäulichkeiten, insbesondere dem herrschaftlichen Wohnhaus, Ökonomiegebäuden und der Burgruine. Der gegenseitig vereinbarte Kaufpreis beträgt 18 600 Mark Deutscher Reichswährung. Der Ankäufer ist nicht berechtigt, innerhalb der nächsten dreißig Jahre auf der Burg ein Fabrik-Etablissement zu errichten. Im Falle der Zuwiderhandlung wird eine Konventionalstrafe von 9 000 Mark vereinbart. Diesen wichtigen Akt unterschreiben: Oskar von Forckenbeck, Maria von Forckenbeck geb. Packenius, Leonhard Wild (Forstmeister), Max Freisinger (Schreiner), Ludwig Korsten (Schuhmacher) und der Wassenberger Notar Schwenger.
Die Frage, warum der begüterte Forckenbeck das herr-

liche Besitztum so mir nichts, dir nichts verkauft, hat Robert Kofferath anscheinend schlüssig aus alten Burg-Papieren beantwortet: „Forckenbeck hatte neben seiner 'Zeitungssammelei' und seiner Reiselust noch zwei Leidenschaften. Er war Spieler und Börsenspekulant. Beides äußerst kostspielig! Diese Passion soll sogar manchmal das Verhältnis der Ehepartner getrübt haben. Auf seinen Weltreisen hat Oskar Gelegenheit, Spielbanken zu besuchen. Zwischen passe et pair, rouge et noire, douze premier et douze milieu fühlte er sich zuhause. Traf ihn 1878 ein größerer Verlust? Beim Spiel oder bei einer Spekulation? Denn der Verkaufsentschluß kam aus heiterem Himmel. Oder waren es doch nur die Burg-Reparaturen? Da half eben nur noch der Verkauf der Burg, die ihm wie ein Klotz am Bein hing?" Mary Kofferath, Burgherrin von 1945 bis 1981, hat mir berichtet, an einem Sonntagmorgen des September 1878 seien die Ehepaare Forckenbeck und Claus sich auf der Veranda des Hotels Max Graab (Kirchstraße) „bei einer Flasche Champagner in wenigen Minuten (!) über den Burgverkauf einig geworden".

Im Jahre 1885 geht Forckenbeck an die Realisation seines Zeitungsmuseums in Aachen. Zuerst stellt er einen Teil seiner Schätze im Suermondt-Museum aus. Die Resonanz ist enorm. Das gedruckte Verzeichnis ist noch erhalten. Mit einer neuen Zeitschrift „Das Zeitungsmuseum" schlägt er seinem Vorhaben die Bahn. Zunächst noch in Forckenbecks Privatwohnung in Aachen in der Jesuitenstraße untergebracht, kommt die Sammlung 1891/92 in das Seitengebäude von Petersstraße 45, danach an den Klosterplatz 11 und von 1900 an in die Stadtbibliothek. Heute ist das Zeitungsmuseum eine renommierte und hervorragend betreute Einrichtung der Stadt Aachen in der Pontstraße 13 nahe beim Rathaus. Schon ein Jahr nach seiner Eröffnung besuchen 18 000 Menschen die Sammlungen. In den nächsten Jahren verdoppelt sich diese Zahl. Am 2. 5. 1890 eröffnet Peter Kuetgens mit einer Festrede über die Zukunft der Medien das Zeitungsmuseum.

Manchmal ist unserem Privatier Wassenberg zu hinterwäldlerisch: „Was in aller Welt soll man berichten, wenn man die Erhabenheit afrikanischer Felsenküsten mit dem spitzen Kopfsteinpflaster der hiesigen Kirchstraße und das ergreifende Brausen der Meereswogen mit dem lähmenden Entengeschnatter in Wassenberg vertauscht hat." Trotzdem liebt er dieses Wassenberg. Und seine Frau, die er zärtlich *Tütt* oder *Cherie* nennt, verehrt er mit großer Leidenschaft.

Am 20. 2. 1892 feiert Maria ihren Geburtstag. Ein großes Festessen findet im Hause Forckenbeck statt. Oskar lädt alle Verwandten dazu ein. Er hat sich diesmal etwas Besonderes ausgedacht. Auf der gedruckten Einladung steht: „Zu Gunsten der nachbenannten, jetzt noch lebenden 17 Kinder der Vettern und Cousi-

Generalkonsul und Geh. Reg.Rath August von Forckenbeck und Familie. Ehefrau Therese (1803—1871). Dahinter die Kinder von l. n. r.: Berta, Gustav, Caecilie, Oskar (der Wassenberger), Emma, Alfred.

nen meiner lieben Frau — es folgen die Namen — stelle ich *Ein Tausend Pfund Sterling* zur Verfügung. Diese Summe soll durch die von mir hier ernannten Administratoren (Theophile Packenius und Carl Pawels) in der Art verwaltet werden, daß Zins auf Zins ... bis zum 20. Februar 1908, wo dann am 70. Geburtstag meiner lieben Frau die Vertheilung des sich bis dahin angesammelten Capitals nebst Zinsen an oben genannte 17 Interessenten oder deren Erben zu gleichen Teilen erfolgen soll. Ich lebe in der angenehmen Hoffnung, daß besagte Schenkung dazu dienen möge, bewährten Familiensinn zu fördern, und ein freundliches Andenken wach zu halten an meine liebe Frau, der ich den größten Theil des mir von der gütigen Vorsehung anvertrauten Vermögens verdanke. Gez. Oskar von Forckenbeck. Aachen im Januar 1892". 1 000 Pfund Sterling waren damals 20 380 Mark im Wert der Vor-Weltkriegs-Valuta.

Grabstätte von Forckenbeck-Packenius.

Forckenbeck bei Bismarck

Forckenbecks besonderes Engagement gilt dem Judenbruch. Im Kapitel über diesen Wald werde ich weiter unten die Ausgestaltung zum Park beschreiben. Viele bedeutende Zeitgenossen führt er durch diese seine Landschaft. Die Dichterin Annette von Droste-Hülshoff verbringt Erholungsaufenthalte hier. Beide Familien, Droste und Forckenbeck, sind seit langem „münsterländisch" befreundet. Darf die literarische Frage erlaubt sein, ob die „Heidebilder" der Droste nicht auch Wassenberger Aspekte enthalten könnten? Der Schiftsteller Friedrich von Bodenstedt, der Philosoph Ernst Häckel, der Historiker Theodor Mommsen, die Brüder Grimm genießen Forckenbecks Gastfreundschaft. Mit Wilhelm Dilthey ist er hier zusammen. Am 17. 1. 1891 wird er von Bismarck empfangen. Mir liegt ein Protokoll darüber vor: „Kurz nach ein Uhr erschien der Fürst, er kam von einem Spaziergang im Park und trug noch die hohen, bis an die Knie reichenden Schneestiefel, in der Hand den großen Schlapphut. Mit einer kurzen Ansprache überreichte von Forckenbeck die Gabe seines Zeitungsmuseums, wobei er betonte, daß die den Fürsten betreffenden Artikel einst wertvolles Material für den Historiker bilden würden. In freundlichen Worten dankte der Fürst für die Gabe zur Vervollständigung seiner Sammlung, die ihm jüngst von einem Freunde im Ausland gesandt worden und lediglich aus Karikaturen bestände, wie sie besonders in Frankreich auf ihn erschienen. Ernster werdend äußerte der Fürst, daß er in seinem jetzigen, mehr oder weniger zurückgezogenen Leben nicht die rechte Befriedigung finde. Man könne von niemanden verlangen, der vierzig Jahre Politik getrieben, daß er teilnahmslos den Ereignissen folge. Ebenso wenig fühle er sich veranlaßt, mit der Äußerung seiner Ansichten zurückzuhalten, zumal er sehe, wie manches von dem allerdings festen Bau des Reiches abzubröckeln beginne. Nachdem er sich noch über den Inhalt des Kastens genau hat informieren lassen, zeigte er mehrere von Lenbach angefertigte Porträts und Skizzen von sich, dann eine Anzahl kostbarer Geschenke, wobei er besonders auf ein von Kaiser Wilhelm I. erhaltenes hinwies. Es war dies ein in Silber getriebenes Modell des Niederwalddenkmals, das der hochselige Kaiser ihm gesandt mit einem eigenhändigen Briefe des Inhalts, daß er diese Gabe hauptsächlich aus dem Grunde sende, weil er den Fürsten bei der Enthüllung des Denkmals so sehr vermißt habe und dieses umso mehr, als das Denkmal doch eigentlich ihm, dem Fürsten, zukomme."

Pazifist Forckenbeck

Forckenbeck war Pazifist. Als preußisches Mitglied der Genfer Konvention bemüht er sich in den Kriegen gegen Österreich und Frankreich um die Verwundeten. In Heinsberg wirkte er 1870/71 bei der Einrichtung eines Lazaretts mit und suchte dafür nach internationaler Unterstützung. An einen einflußreichen holländischen Freund schreibt er am 19. 1. 1871: „Das Lazarett, welches wir seit dem August vorigen Jahres hier zu Heinsberg im neuen Schulgebäude unter Leitung zweier Nonnen einrichteten und das augenblicklich noch von zwanzig verwundeten bzw. kranken Soldaten belegt ist, geht, was die Quellen anbetrifft, auf die Neige. Die ähnlichen Einrichtungen in Erkelenz und Geilenkirchen haben ihre Wirksamkeit infolge Mangels an Fonds bereits eingestellt. Wir schleppen uns weiter, obschon unser kleiner Kreis Heinsberg außer Naturalien jeder Art fast 2 000 Taler bar aufgebracht hat. Wenn ich für unser Kreislazarett plädiere, so geschieht es nicht etwa, weil ich Mitglied der Genfer Konvention seit 1865, zum Vorstande gehöre, oder weil unser Kreis Euch besonders naheläge. Es schwebt mir vielmehr vor Augen, daß eine direkte Mitwirkung Eures Landes wesentlich zur Anbahnung besserer grenznachbarlicher Gesinnungen beitragen würde, welche jetzt noch viel zu wünschen übriglassen. In Maastricht, Sittard usw. werden seit dem Kriege diesseitige Kutscher verhöhnt und durchgeprügelt. In Vlodrop, eine Stunde von hier, wurden kürzlich entsprungene französische Offiziere — acht kamen in Kitteln durch Wassenberg — drei Tage lang fetirt (Anm.: gefeiert), dann im Triumpf weiterbefördert — doch dies nur in Parenthese."

Im Gegensatz zu den meisten Wassenbergern ist Forckenbeck kein Hurra-Patriot. Als 1870 Straßburg fällt und Enthusiasmus durch die deutschen Lande braust, verweist er auf das Elend der Belagerten: „Ich bin gewiß dem lieben Gott dankbar, daß der Krieg sich nicht, wie wir das in Wassenberg seit Jahrhunderten gewohnt sind, hier herübergewälzt hat; aber bei der Siegesnachricht mußte ich sofort an die gräßlichen Leiden der Verwundeten und an das unberechenbare Elend denken, was durch jeden Krieg, und gewiß durch einen so großen über die Menschheit kommt; wie konnte ich da wirklich froh sein?"[721] Als stellvertretender Landrat muß er bei der Militäraushebung dabei sein. Das ist ihm zuwider angesichts von Kanonenfutter: „Wo mögen dereinst die heutigen jungen Leute, die Blüten der Nation, ihre welken Leiber als Leichen hinstrecken, weil sie die Ehre haben, ‚für Kaiser und Reich' zu streiten und zu sterben?"

Vita longa, tristis pro nihilo

Die Intermezzi verlebt er mit Maria auf der Burg. Kinder hat er nicht. Dafür aber verbringen seine Neffen Felix und Carl manchmal ihre Ferien hier. Jedesmal macht er ein Programm für sie: „Ich habe mir schon allerhand ausgedacht, was wir hier zusammen anfangen wollen — ihr seid doch gut zu Fuß? — versteht sich. Um so besser werden wir stundenlange Promenaden durch den Wald unternehmen, die hohen Sandhügel hinauf, die meistens bis oben mit dunklen Tannenwäldern bewachsen sind; einige der Bergkuppen indessen sind kahl, und von dort erblickt man ringsum weite Felder und viele Dörfer und ganz hinten in der Ferne holländische Türme. Auch haben wir nicht weit vom Hause einen Busch. Darin wollen wir eine Burg bauen von Rasen und Zweigen, die soll so dicht und versteckt werden, daß kein Feind hinein kann. Und die gelben Sandwege unter den grünen Buchen und Eichen rundum den Teich mit der Insel, die wollen wir nett rein harken und bunte Kieselsteine sammeln, um sie zu einer hohen Pyramide aufzurichten. Dann kommen wir abends ermüdet zu Tante Marie, die uns in der Burg ein chinesisches Schattenspiel geben wird, wozu wir selbst noch schwarze Figuren ausschneiden müssen."[722]

Am 19. 7. 1898 stirbt Forckenbeck an Magenkrebs. Mit seinen Getreuen, Forstmeister Leonhard Wild und Verwalter Jakob Bartz, bespricht er in den letzten Wochen vermächtnishaft die weitere Ausgestaltung des Judenbruchs. Er ist erleichtert mit Frau Maria über seinen Burgverkauf: „Welch ein Glück, daß die Burg (das ‚Eulennest') verkauft ist. Ruf ich jetzt unisono mit Dir aus, Cherie! Wie oft mußt Du leider recht behalten, weise Cassandra! Sans ironie quelconque, soyezen bien persuadée, je vous prie! Nur darin hast Du unrecht, wenn Du nicht glaubst, wie sehr Dich liebt Dein alter und längst bevor er Dich kannte, veralteter, vergrämter, verpfuschter, dennoch aber solange er Dich hat, nicht verzweifelnder Oskar."

Vita longa, tristis pro nihilo: Ein langes Leben, zu nichts nütze? Diese eigenwillige Grabinschrift, ohne Selbstschonung von Forckenbeck gewählt, klingt resignierend. Dennoch: des Wassenberger Zeitungssammlers Werk hat die Publizistik, die Journalistik, die Medienwissenschaft entscheidend auf den Weg gebracht. Wann wird eine Dissertation sich diesem mediengeschichtlichen Vorgang zuwenden?

Licht

Im Jahre 1864 erhielt Wassenberg Straßenbeleuchtung: Petroleumlampen, die in halber Höhe der Gebäude befestigt waren. An meinen Elternhaus (Kirchstraße 115, heute 12) hing eine solche Laterne, wie Fotos beweisen. Entweder war ein Tagelöhner, ein Lehrer oder ein Dorfpolizist verantwortlich für den Beleuchtungsservice: mit Leiter, Putzlappen, mit Bürste und Petroleumkanne. In den Wohnräumen war die offene, ovale Lampe aus Eisen oder Messing am hölzernen Schwenkarm, dem *Hiehl*, in Gebrauch. Sie beleuchtete im Winter die Spinnerin, die Flachs zu Garn verwandelte: „Wie sehr sich jeder mühen mußte, bei einer spärliches Licht verbreitenden Öllampe gute Arbeit zu leisten, davon kann man sich kaum noch einen Begriff machen und das während der Abendzeit von Oktober bis März. Der Schneider und die Näherin versuchten, durch einen über der Lampe angebrachten Schirm das Licht auf die Arbeit zu lenken; der Schuhmacher erzielte durch eine mit Wasser gefüllte Glaskugel vor der Öllampe hängend, eine auf das Arbeitsstück gerichtete Lichtbahn."[723] Natürlich wurden auch nach wie vor Stearinkerzen aufgestellt. Forckenbeck erzählt, wie sie ihm von Mäusen und Ratten weggefressen wurden. Eine Reihe von Sinnsprüchen machte den Mädchen klar, daß sie nur bei gutem Licht, möglichst Tageslicht, an ihrem Spinnrad sitzen sollten: „Spinne nicht im Dunklen, Maid! Denn Du spinnst dein Sterbekleid!" Oder: „Spinne nicht im Dämmerschein, denn du lockst den Tod herein!" In jedem Wassenberger Haus gab's ein Spinnrad, in manchen sogar „en Spennstuev". Man lernte eventuell beim

Judenbruch. Im Hintergrund Vinzentinerinnen mit ihren Flügelhauben. (Foto Heribert Heinrichs)

Spinnen seinen Freier kennen, denn „de Mannslüh kiekde tu". Besonders im Winter saßen die Mädchen und Frauen „bi Woll on Flaaß". Der Heimatdichter Hubert Jakobs beginnt sein Spinnrad-Gedicht mit winterlicher Gemütlichkeit en de Spennstuev:

Buute legt der huege Schnie
on der Weend jeht kaut on frie,
mollig wärm es et doe bänne,
wo die Wiever sind an't spänne.

Im Jahre 1900 erhielt Wassenberg Gasbeleuchtung. Im Gewölbekeller meines elterlichen Hauses auf der Kirchstraße existieren noch die Gasrohre, die zur Gaslampe an der Hausecke bei „Hermannsjätzke" führten. Die Gasbeleuchtung in Wassenberg war eine kostspielige Installation unter Bürgermeister Nikolaus Beckers und erwies sich als eine Art Schildbürgerstreich, weil schon wenige Jahre später die Elektrizität Einzug hielt. In einer Gemeinderatssitzung von 1909 wurden Bekkers Vorwürfe gemacht und erklärt, er habe aus den Erfahrungen von Krahnen & Gobbers wissen müssen, daß die Elektrizität unmittelbar bevorstünde. 1910 übernahm dann der von Siemens kommende Ingenieur Felix Sand (Vater von Johanna Marx) die Lizenz für die Bürgermeisterei Wassenberg inbezug auf Verlegung elektrischer Leitungen. Im Herbst 1910, „gerade früh genug vor winterlicher Dunkelheit", so der spätere Polizist Wilhelm Korkhaus, flammten in den Stuben und auf den wichtigsten Straßen die elektrischen Glühlampen auf.

Kochen

Ein handgeschriebenes Wassenberger Kochbüchlein der Burgherrin Caroline Kofferath liegt mir vor. Es listet Gerichte auf, die im 19. Jahrhundert in Wassenberg beliebt waren. Außerdem: die alten Wassenberger wissen und wußten zahlreiche ortsübliche Rezepte.
Alle Wassenberger hatten eine Schwäche für *Bokketskook*, der aus Buchweizenmehl entweder als Pfannkuchen oder als deftiger runder Kuchen hergestellt wurde. In Carolines Burg-Kochbuch steht der *Panhas*, der viele Namen in unserer Gegend hat: z. B. *Kruubuut* in Ophoven, *Tüüt* in Wildenrath. Echter Wassenberger Panhas ist eine Delikatesse, ist keine Mehl-Blut-Paste, sondern „doa woar ömmer jett drenn": Buchweizenmehl, zerhacktes Schweinefleisch, Schweineblut — gekocht in einer guten Fleischbrühe, die nach ältestem Wassenberger Rezept aus Lunge, Leber, Herz und Nieren hergestellt wurde. Nach Erstarrung des Panhas-Gemischs wurde alles in dünne Schnitten geteilt und dann gebraten. Als Kinder gingen wir zum „Panhas-Schaare" (Kessel auskratzen), und ich erinnere mich gut an Hausschlachtungen bei Könn und Marie Willms vom *Burghof* der Kirchstraße. Marie's Rezept: Wurstbrühe, Blut, Speck, Blut- und Leberwürste, angebratenes Hackfleisch, Zwiebeln, Salz, Pfeffer, Nelke, Majoran, Oregano, Buchweizenmehl, Bratfett. Der schön knusprig gebratene Panhas wurde bei Willms entweder mit Kartoffelbrei und grünem Salat oder auf Schwarzbrotscheiben gegessen.

Vom rheinischen Sauerbraten gab es in Wassenberg die Variation, neben Rosinen auch Pflaumen, Pfefferkuchen und zur Weihnachtszeit sogar Printen in die Soße zu geben. Großmutters Wassenberger Küche kannte viele verschiedene Suppen: von allem, was eßbar war, wurden Suppen komponiert. Die bekannteste und beliebteste war *de Bottermelkzupp*. In alter Zeit gab es in allen Familien jeden Abend Buttermilchsuppe (Bottermelkzupp) und „en Pann mit jebroa Ärpele" (Bratkartoffel). In die Suppe wurden im Sommer Kirschen gegeben, Wald- oder Erdbeeren und im Winter eingeweichte Trockenpflaumen. Wenn Kinder gut aussahen, sagte man: „Dat eß enn Bottermelkszoat!" Oder man sprach von *Bottermelkskenger*. Unendlich viele Suppen kannten die alten Wassenberger. Es soll sogar im vorigen Jahrhundert eine Kastaniensuppe gegeben haben.[724] Eine ureigene Wassenberger Suppe um 1860 hieß *Wasseberjer Döösch* (Wassenberger Tisch). Ihre Ingredienzien waren Bier, Zucker, Eidotter, Kartoffelmehl, Zimt, Vanille, Korinthen, etwas Zitronensaft, süße Sahne. Obstsuppen waren sehr beliebt und natürlich die Armleutesuppe: *dr Papp* aus Milch und Mehl. Zum Glück kannte die Menschheit schon Kartoffel, denn ohne *Ärpel* hätten es die Wassenberger auf dieser Erde nicht ausgehalten. Kartoffel also in jeder Form! Zum Beispiel *Ölligs Ärpel* (Kartoffel in Zwiebel-Öl).[725] Rezept: Kartoffel schälen, kochen; in eine große Pfanne Öl geben, erhitzen und darin Zwiebelscheiben oder geschnittene Zwiebel glasen (nicht braun braten); nun die Kartoffel hinzuschütten und schwenken. Das ist alles. Von Bürgermeister Leonhard Wolters stammt der Satz: „Dat eß noch beater als e Pännke Industrie!" Zu den *Ölligs Ärpel* oder phonetisch besser *Uäligs Ärpel* gab es eingelegte Heringe oder gekochte Eier. Manchmal auch Weißkohlsalat (*Kappesschlaat*). Bekannt ist heute noch der *Wasseberjer Döppeskook*, der aus Kartoffeln, Zwiebel, Salz, Pfeffer, Milch, Semmel, Speck, rohem Schinken und Öl besteht. Einem On-dit von Franz Mayer-Dalheim zufolge, hat Kaiser Karl V. bei seinem Aufenthalt auf der Wassenberger Burg am 29. August 1543 den *Wasseberjer Döppeskook* mit großem Genuß auf seiner lukullisch verwöhnten, an spanischer Küche orientierten Zunge zergehen lassen. Gut erfunden, scheint mir. Ebenso unsicher wie die Geschichte von den Blaatesräubern. Aber erwähnenswert doch wohl das *Blaatesräuber-Schnitzel*, das diese vor ihrer Hinrichtung noch im *Verlorenenkasten* als „letzten Bissen" sollen verzehrt haben. Im Hause Kofferath stand dieses Schnitzel noch bis zu Mary Kofferaths Zeit auf dem Speisezettel. Es war ein nichtpaniertes Schweineschnitzel mit Käse überbakken, umgeben von gerösteten Maronen (Kastanien), Pfifferlingen nebst blauen Waldbeeren. Es muß nach Mary Kofferath (1895—1981) eine einzelne Eichel (frisch oder trocken) als Dekoration auf dem Teller liegen. Die Beilagen sollen an den unheimlichen Aufenthalt der Blaates-Räuber in den von Kastanienbäumen, Eichen, Waldbeersträuchern und Pilzen durchsetzten

Statt jeder besonderen Anzeige.
Caroline Claus,
Carl Kofferath,
Verlobte.
Roermond und Wassenberg,
im December 1881.

Zeitungsanzeige der Verlobung von Caroline Claus mit Apotheker Carl Kofferath (spätere Burgbesitzer).

Gerderather, Myhler und Wassenberger Wäldern erinnern. Zu trinken bekamen die Todeskandidaten Wassenberger Stachelbeerschnaps, der in seiner alkoholischen Stärke den letzten Gang der Räuber sicherlich erleichtert hat. Jupp Voß pflegte zu sagen: „Fröejer heeschde dat op et Wasseberjer Jereech (Gericht): Jalleje oder Knoscheleschnaps? (Galgen oder Stachelbeerschnaps?) Beides woar tödlich". Resi Pudsis-Küppers meint, jedes Wassenberger Haus habe früher im Winter nach *Kappesdöppe onn Bonnedöppe* gerochen. Die geschnittenen Stangenbohnen aus den zahlreichen Wassenberger Gärten wurden lagenweise mit Salz bestreut und im Steintopf eingestampft, mit einem Tuch abgedeckt, mit einem Brett nebst Stein beschwert. 6 bis 8 Wochen mußten die Bohnen durchziehen. Im Winter gab's dann Bohnensuppe (*Bonnezupp*). Dasselbe wurde auch mit Weißkohl gemacht. *Et Kappesdöppe* (Sauerkohltopf) im Sinne der Witwe Bolte („. . . daß sie von dem Sauerkohle eine Portion sich hole . . .") war auch in Wassenberg eines Dichters wert. Peter Marx im Jahre 1932:

Dr Jerüek

Nu hüert ens tuu, Tring onn Marie!
Wat rükkt de janze Tiid all hie?
„Noah Kappes onn noah Bonne,
enn Döppes onn enn Tonne!"
Dat jlööv ech neet, dat eß neet woahr,
et rükkt jett noah ä Klompepaar.
Woa de Jerüek doch bloß van kömp?
Jetz weet ech et: van Opas Strömp!

Heinrich Louis (Rheydt) erinnert mich an ein gutes Sonntagsessen in Wassenberg um 1900: Rindfleischsuppe (*Rendfleschzupp*), Gurkensalat mit gekochtem Rindfleisch, dann Braten mit Soße, Kartoffel, Gemüse, Obstnachtisch. Diese Vier-Gänge-Mahlzeit konnte sich allerdings nicht jedermann leisten. Für viele war es das Kirmesessen; denn der Stundenlohn in der Seidenweberei Krahnen & Gobbers betrug gegen Ende des vorigen Jahrhunderts 17 Pfennige.

Die Nahrungsmittel in Wassenberg waren am Einkommen gemessen relativ teuer. Folgende Kilogrammpreise mußten 1895 in Wassenberg bezahlt werden: Kaffee 2,00 Mark, Salz 20 Pf., Butter 2,20 Mark, Margarine 1,10 Mark, Rüböl 45 Pf., Reis 30 Pf., Linsen 35 Pf., Erbsen 20 Pf., Bohnen 25 Pf., Nudeln 45 Pf., Weizenmehl 20 Pf., Graupen 30 Pf., Schwarzbrot 12 Pf., Speck 1,10 Mark, Mettwurst, 1,48 Mark, Schweinefleisch 1,32, Hammelfleisch 1,40 Mark, Rindfleisch 1,40 Mark, 1 Ei 3 Pf., 1 Doppelzentner Kartoffeln 5,93 Mark. 1 Zentner Kohlen kostete 1855: 9,80 Mark, 1872: 11,50 Mark, 1890: 10,50 Mark und 1905: 9,50 Mark.

In der Küche der Burgherrin Caroline Kofferath befanden sich folgende Gewürze laut Aufstellung: Waldmeister für die Wassenberger Maibowle, bittere Mandeln, Dill getrocknet, Basilikum, Beifuß, Bohnenkraut getrocknet, Petersilie getrocknet, Estragon, Ingwer, Kerbel, Knoblauch, Quitten, Zimt, Wachholderbeer, Saffran, Majoran, Muskat, Paprika, Pfeffer, Salz, Zukker, Vanille, Thymian, Fleischgewürzsalz, Cochenille, Kümmel, Lorbeerblätter, Graupen, Mousseron, Reseda, Salbei, Chartreuse, Essig, Fenchel, Honig, Warmbiergewürz, Senf, Majonaise, Fischgewürzsalz, Pfefferminzextrakt. Gekocht wurde in Wassenberg nicht nur von Frauen, es gab auch schon Hausmänner. Josef Kreutzer (1842—1917) beispielsweise versorgte den Haushalt, kochte, betreute die Kinder, hielt den Garten in Ordnung und schnitt zwischendurch Holzschuhe, derweil seine Ehefrau Anna Maria Kreutzer geb. Jüres als Hebamme im Wassenberger Raum unterwegs war.

Backen

Ein Reihe Wassenberger Häuser besaß ihr Backes. Das war ein kleiner Bau gerade groß genug, die erforderlichen Arbeiten zu verrichten. Der Backofen war angebaut. In Wassenberg war es meist ein Lehmofen. Alte Wassenberger behaupten, der Grund für die vielen Brotlieferungen während der Kontributionszeit im hessischen und lothringischen Krieg sei die fabelhafte Qualität des original *Wassenberger Brotes* gewesen. Ein Graubrot mit Kümmel. Auch die Wassenberger Gebildbrote waren im 18. und 19. Jahrhundert beliebt. Gebacken wurden folgende Formen: Pferd, Lamm, Hase, Schiff, Karre, Haus, Mann und Frau, Blume, Hammer, Spaten, Kirche, Kreuz. Freitags war Backtag: Die großen Bleche für die Flaa, die hölzernen Backtröge für den Teig, die rauchenden Backes-Öfen bestimmten das Bild. Ein alte Satz: „Wenn Wasseberjer Wiever wäsche onn backe, hannt se bestemmt dr Düwel em Nacke." Daneben den alten Schnellsprechvers: „Wir Wasseberjer Wääsch-Wiever wüede wäsche, wenn wir wööße, wue wärm Wääschwater wüer". Das Backes war inzwischen mit Reisigholz (*Tacke*) geheizt, der Teig war „gegangen", mit *dr Hoak* wurde die Glut nach vorn gezogen, dann *met dr Wöösch* die Asche ausgefegt, danach *met dr Hollek* (Stange mit Lappen) nachgeputzt. Nun die Roggenähre rein, um festzustellen, ob der Ofen nicht zu heiß war. Dann kamen die ortseigenen Spezialitäten wie *Zuckerflaa, Ledderkesflaa, Pruumetaat, Herrjottsbruet* hinein. Etwas Besonderes war *dr wette Seaje* (weißer Segen = Wassenberger Weck). Nicht zu vergessen die *Oafteflaa*, wie sie etwa Finna Paredies buk: Oafte sind Trockenfrüchte, getrocknete Pflaumen, Äpfel, Birnen, Aprikosen. Diese wurden eingeweicht und dann gar gekocht. Der Brei wurde durch ein Sieb gestrichen und dieses braune Mus auf einen Hefeteig gegeben, um dann mit oder ohne *Ledderkes* in den Backofen zu kommen. *Dr Schüeter* schob alles in den Ofen.[726]

Siepnaat

Et Siepnat (Apfelkraut. Siepen = herunterlaufen, naat = naß) als köstlicher Brotaufstrich durfte nicht fehlen. Zahlreiche Wassenberger Anekdoten wären jetzt fällig, die sich um das *Äppelkruut* ranken. Ein alter Brühler Spruch lautet: „Jeht dech ens de Botter uut, dann häste joa noch Äppelkruut." Oder: „Siepnaat kläfft beäter als de bäste Hochtiid". (Apfelkraut klebt besser als die beste Hochzeit.) Darum existierte in der Mitte des vorigen Jahrhunderts in Wassenberg der Hochzeitsbrauch, daß der Bräutigam vor dem großen Festmahl aufstehen und einen kräftigen Biß in eine dick mit *Siepnaat* bestrichene Schwarzbrotschnitte tun mußte, die ihm von der Schwiegermutter gereicht wurde.[727] Das sollte dann die beste Garantie für die unverletzbare Treue des Ehemanns sein. Die Hochzeitsgesellschaft mußte nun im Sprechchor rufen: „Hea kläfft nuu aan hör!" (Er klebt nun an ihr.) Dann klatschte man Beifall, und der Bräutigam durfte sich wieder hinsetzen, nachdem er vorher *met sinn Kruutschnuut* seiner Braut ein herzhaftes *Bützke* gegeben hatte.

Im Haus

In den Wassenberger Häusern des 17. bis 19. Jahrhunderts trat man sofort in die Küche ein, von dort in die Stube und dann in die Kammer. Eine Diele gab's nicht. Der wichtigste Raum war „de joe Stuev", 3 m mal 6 m groß. Zwei Fenster zur Straße. Die Wände weiß gekälkt. Der Fußboden aus Eichenbrettern, die Decke *met Trieme. Trieme* sind die das Obergeschoß tragenden Balken. Mit dem Hinweis „Ech well keen Mäadche, dat de Trieme tällt" (Kein Mädchen, daß die Trieme im Schlafzimmer zählt), drückten die Wassenberger ziemlich unverblümt ihre Vorstellung vom Eheleben aus. In Wassenbergs *Stuev* prangte *dr Kaas*. In einer Ecke stand der Kanonenofen mit „de Oavespiip". Tisch, Stühle und *dr Präter* (Lehnsessel) machten die Möblierung komplett. Maria Schmitz erinnert an die mit roten Fliesen, *Wassenberger Plavüser*, ausgelegte Küche. Das Feuer war ein gemauerter Herd, mit einer Eisenplatte abgedeckt, die von runden Kochstellen durchbrochen war. Gefeuert wurde mit Holz oder Kohlengries. Die Herdplatte wurde blitzblank geschmirgelt und gescheuert. Zur Kücheneinrichtung gehörten ein massiver Eichentisch, sechs Stühle und eine Sitzbank. Die Küche besaß zwei Nebenräume: die *Molle- und die Ärpelskaamer*. Die Häuser waren ja weitgehend nicht unterkellert. „Nix jeht üvver et Wasseberjer Schloapzemmer !" pflegte Georg Nägler zu betonen. Die Betten waren früher kastenförmig, daneben standen *de Kees, de Kommod onn de Wääschlampett*. (Waschgarnitur) Neben dem Bett prangte der Nachttopf. Georg Nägler beschwor die kalten Winterabende, wenn man ins eiskalte Bett mußte und auf dem Wasser der *Wääschlampett* schon Eis glänzte: „Dann moosch man sich sue langsam wärm raasele." Es sei denn, man hätte die Wärmeflasche vorher unter die Laken gepackt.
Will Andermahr hat seine Nachkriegserkenntnisse vom Wassenberger Haus mehrfach vorgetragen. Die alten Häuser hatten einen offenen Kamin. Hanns Heidemanns hat uns das am Haus Jansen anschaulich beschrieben. Die Häuser besaßen früher Dächer aus Schilf bzw. Stroh. Schilf gab's überall: an den Stadtgräben, im Judenbruch, an der Rur, an den Fisch- und Mühlenteichen. Die Entzündbarkeit von Stroh oder Schilf setzte man durch Tränkung mit Lehmbrühe herab. Es gab aber auch Häuser mit Holzschindeln. Nach dem Wassenberger Stadtbrand von 1706 trat die Dachpfanne häufiger auf. Will Andermahr: „Wassenbergs Häuser waren klein, einfach, zweckmäßig, warm. Mancher Hausherr schmückte sein Haus mit einer Balkeninschrift". Lehrer Junker (1922) hat Wassenberger Hausinschriften gesammelt:

ANNO 1732 DEN 17 MERTS
HAT DIERICH ALLERTS UND MERCHGEN
MEYBAUM DIESSES LASSE MACHEN
FLUCH NICHT IN MEIN HAUS
SONST GEH ZUR THUR HEIN AUS I.M.I.

Approbation der Hebamme Anna Maria Kreutzer geb. Jüres (1849—1937), die 63 Jahre in Wassenberg berufstätig war und 6821 Kindern im Stadtgebiet zur Welt verholfen hat.

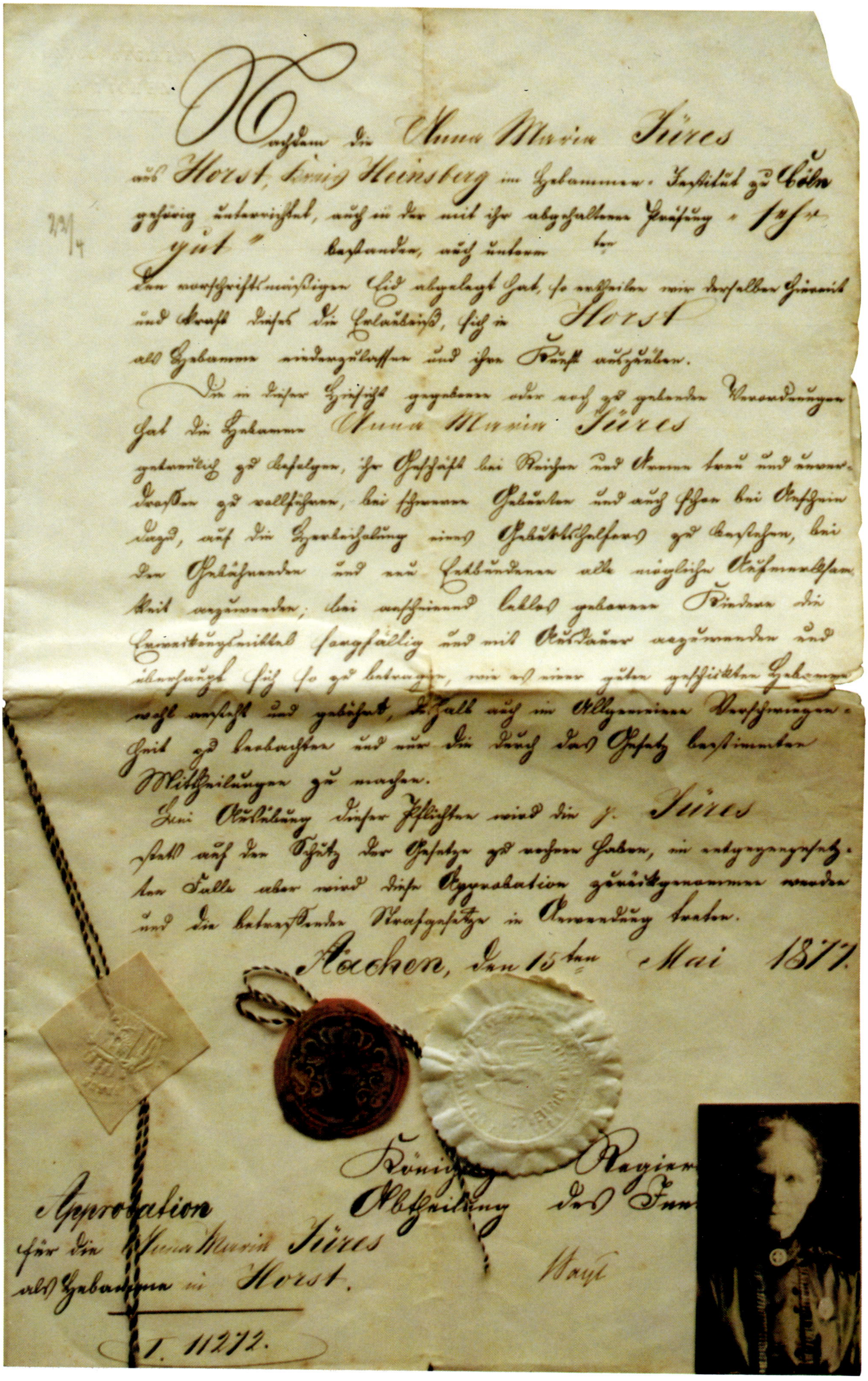
Nachdem die Anna Maria Jüres aus Horst, Kreis Heinsberg im Hebammen-Institut zu Cöln gehörig unterrichtet, auch in der mit ihr abgehaltenen Prüfung „1ste gut" bestanden, auch unterm ten den vorschriftsmäßigen Eid abgelegt hat, so ertheilen wir derselben hiermit und Kraft dieses die Erlaubniß, sich in Horst als Hebamme niederzulassen und ihre Kunst auszuüben.

Die in dieser Hinsicht gegebenen oder noch zu gebenden Verordnungen hat die Hebamme Anna Maria Jüres gebührlich zu befolgen, ihr Geschäft bei Reichen und Armen treu und unverdrossen zu verrichten, bei schweren Geburten und auch schon bei drohender Gefahr auf die Herbeiholung eines Geburtshelfers zu bestehen, bei den Gebärenden und neu Entbundenen alle mögliche Aufmerksamkeit anzuwenden; bei anscheinend leblos geborenen Kindern die Rettungsmittel sorgfältig und mit Ausdauer anzuwenden und überhaupt sich so zu betragen, wie es einer guten geschickten Hebamme wohl ansteht und gebührt, deshalb auch im Allgemeinen Verschwiegenheit zu beobachten und nur die durch das Gesetz bestimmten Mittheilungen zu machen.

Bei Erfüllung dieser Pflichten wird die p. Jüres stets auf den Schutz der Gesetze zu rechnen haben, im entgegengesetzten Falle aber wird diese Approbation zurückgenommen werden und die betreffenden Strafgesetze in Anwendung treten.

Aachen, den 15ten Mai 1877.

Königliche Regierung
Abtheilung des Innern

Wayl

Approbation für die Anna Maria Jüres als Hebamme in Horst.

I. 11272.

Kleidung

Anfang des 19. Jahrhunderts gab es noch Trachten im Wassenberger Land. Sie wurden von der Jugend mehr und mehr als „ootfränsch" (altfränkisch) verspottet. Der Blaukittel, *dr blaue Kiehl,* das hemdartige, den Ober- und Unterkörper lose umhüllende Kleidungsstück, der römischen Tunika ähnlich, nur kürzer, trugen die Wassenberger Männer. Dazu Kniehose und Zipfelmütze. Die blauen Kittel — Vorläufer chinesisch-blauer „Ameisentracht" in Maos Epoche? In der Waid-Mühle im Gebiet des Mühlenkamps gewann man in Wassenberg aus angebauten Färber-Waid den blauen Farbstoff für die Leinengarne. Eine Garnfärberei bestand noch bis ins 20. Jahrhundert. Sie färbte auch die Leinen- und Baumwollgarne der Heinsberger Weberei Blancke. *Dr Kiehl* im Indigo-Einheitsblau. Ein Schlitz diente beim Anziehen zum Durchstecken des Kopfes. Wer Geld hatte, schloß diesen Schlitz mit einer silbernen Hakenspange. Die bauschigen Ärmel liefen wie bei einem Hemd in schmale, durch Knöpfe verschließbare Bördchen und Umschläge aus.[728] Jedermann trug den Kittel: Kinder, Jünglinge, Männer, Greise. Nur an Sonn- und Feiertagen kleidete man sich anders. Bei Kälte kam unter den *Kiehl* eine Wolljacke, *enne Stipp,* was wir später Pullover nannten: „Um 1900 waren die Kittelträger in größerer Anzahl schon ein seltener Anblick. In erinnere mich des Aufsehens, das eine Schar junger Leute in Heinsberg erregte, die alle mit dem blauen Kittel bekleidet, durch das Unterbrucher Tor ihren Einzug in die Stadt hielten. Es waren Selfkänter Reservisten und Landwehrleute, die wegen Verspätung bei der Kontrollversammlung zum Nachappell nach Wassenberg kommandiert und dazu ausnahmslos auf Verabredung in der ungewöhnlichen Aufmachung in Wassenberg erschienen waren. Viele neugierige Augen folgten ihnen, als sie das Lied anstimmten 'Unser Hauptmann, der ist gut, wenn man seinen Willen tut.'"[729] Hubert Jakobs hat den *Kiehl* besungen:

Däa Kiehl, däa paaßde rik on ärm,
häe hehl dobie so mollisch wärm,
on woar so däftig völlig wiet,
on paßde bi de aue Tiid.

Sonntags trug man den stattlichen Bratenrock aus schwerem, blauen Tuch mit Messingknöpfen. Weil der Stoff unverwüstlich, vererbte er sich vom Vater auf den Sohn. Unter dem Rock schaute eine geschlossene Weste aus Tuch oder Seide, *et Kamesölke,* hervor. Die *lang Box* gab es in Wassenberg erst seit der Franzosenzeit. Vorher trugen alle Männer ihre *kotte Box* (kurze Hose), die Kniehose, la culotte. Zum Beispiel Vogt Packenius (1718—1785) ging als „Wassenberger Barockgestalt" mit einem langschößigen Galarock und einer unter dem Knie gebundenen kurzen Hose herum, dazu seidene oder schwarzwollene Strümpfe sowie Schallenschuhe. Die Träger der langen Hose nannte man wegen ihrer Ablehnung der *culotte,* die *sans-culottes.* Noch bis in die 80er Jahres des 19. Jahrhunderts liefen allerdings einzelne Wassenberger konservativ mit kurzen Hosen herum. Besonders die Bauern. Mit der langen Hose kamen auch die Hosenträger, die *Helpe,* in Gebrauch. Römere Ann (Mutter von Kurt Römer jr., Fotograf) behauptete in einer Büttenrede: „Wenn dr Herrjott de Adam im Paradies mit Wassenberger Ongerboxe onn Helpe anjedoen häu, wüere wir hüüt noch im Paradies." Stoff der Sonntagshose war entweder Samt oder Manchester in schwarz oder dunkelbraun. Die Füße steckten in flachen Schuhen, die meist auf dem Spann eine Schnalle sehen ließen. Von der Leibwäsche kam am Hals nur der „Vatermörder" heraus: ein leinengestärkter Stehkragen, dessen spitze Enden das kunstvoll geschlungene Halstuch rahmten. Bei feierlichen Anlässen trugen die „Herren der Schöpfung" einen Zylinder aus schwarzem Plüsch. Er diente auch zum Aufbewahren des geblümten Taschentuchs.[730]

Das Festtagskleid der Wassenberger Frau im 19. Jahrhundert war aus schwarzem oder dunkelblauem Stoff, manchmal mit weißer Halskrause (Kaschmir oder Atlas). Darüber die seidene Schürze, die ein feingesticktes Kunstwerk war. Die Arbeits- und Küchenschürze nannte man *Schützel* oder noch deftiger *Scholleck.* Um die Schultern wurde *et gesteckgde Dook* mit feiner Spitze oder seidenen Fransen getragen. Anzahl und Aussehen der Tücher besaßen Sozialprestige. In mancher Familie existiert heute noch das alte Kopftuch der Urgroßmutter aus weicher Wolle. Fast jede Frau besaß mehrere Kopftücher in lebhaften, bunten Mustern. Bis in die Siebziger Jahre wurde der Doppelschal um die Schultern gelegt und vorn zugesteckt. Bis zum 18. Lebensjahr durfte ein Mädchen noch ohne Kopfbedeckung gehen. Danach nicht mehr. Ältere Frauen trugen außer Haus schwarze Hauben mit violetten Bändern. Großes Aufsehen erregten nach dem 70-er Krieg die aufkommenden Hüte für Damen. Über den ersten Damenhut in Wassenberg war man mit Sicherheit entrüstet. Meine Mutter, Barbara Heinrichs geb. Kreutzer, Putzmachermeisterin, hat mir erzählt, Maria von Forckenbeck-Packenius sei die Vorreiterin für Hüte in Wassenberg gewesen. Ihr Mann schwärmte für lange Straußenfedern. Er brachte ihr solche von seinen Weltreisen mit. Maria trug um die Jahrhundertwende den weitausladenden Rembrandthut. Ihren Mann Oskar sahen die Wassenberger meist mit dem Bowler, der Melone, manchmal mit dem Zylinder. Die feinen Leute um 1910 präsentieren sich auf dem Foto vom Sedantag 1910: ausladende Hüte mit malerischen Straußenfedern garniert. Einige Wassenberger Damen tragen, wie das Bild beweist, schon kleine Wagenräder mit Pleureusenschmuck. In der ersten Häfte des 19. Jahrhunderts war die Schute modern, ihr folgte in den nächsten Jahrzehnten der Kapotthut (franz.: capote), von dem meine Mutter noch ein Exemplar aufbewahrte, das meine Großmutter getragen hatte. Derartige Kopfbedeckungen und die dazu passenden *ootfränschen* Kleider kamen und kommen heute noch jedes Jahr zur Weiberfastnacht zu Ehren, wenn es für die Damen darum geht, nicht erkennbar zu sein. Auf dem Foto des Ehepaares

Parade in Klompen (Holzschuhen): Bauernhof Randerath/Brühl 1910. V.r.n.l.: Vater Fritz Randerath, Kinder Hubert, Magdalene, Finchen, Therese, Mutter Maria. Sodann Maria Herfs (Holländerin), die später verheiratete Marie Willms (Burghofwirtin „Könnemarie").

Forckenbeck von 1864 sehen wir Maria mit der Schute, ihren Gemahl mit dem prachtvoll glänzenden Zylinder aus Seidenplüsch. Backfische umhüllte damals die Mantille, ein Kragen von schwarzer Seide mit feinen Fransen, von Knöpfen geschlossen, bis zum Gürtel reichend. Im Sommer war das *violette Kleid* üblich. Von 1860 bis 1875 hatte die Krinoline (Reifrock) ihre große Zeit. In Wassenberg verbreiterten die besseren Damen ihre Hüften durch die *Köö.* Werktags gab's einfache Arbeitskleider aus Leinen. *Wasseberjer Ongeröck* (Unterröcke) haben ihren besonderen Ruf. Diese *furnelle Schotte* machten es den Männern schwer. Sie waren uneinnehmbar, haltbar, unverwüstlich und konnten bei schlechtem Wetter Mantel und Schirm ersetzen. Einige Frauen trugen schwere, wattierte Unterrröcke. In der Mitte des 19. Jahrhunderts kamen die Damen unserer Gegend auf die Idee, möglichst viele Unterröcke, *Schotte,* übereinanderzutragen. Je mehr Unterröcke desto *staatser.* Peter Marx hat ein kleines Gedicht jenem „armen Kerl" gewidmet, dem sieben Unterröcke im Wege waren:

Wasseberjer Ongerröck

Nu stellt üsch bloß ens füer,
se jeht neet durr de Düer,
met sieve, dicke, lange Röck.
Die Wiefer sind rammjeck.
Wat solle bloß wir Mannslüh maake,
met sovell Knööp an Ongersaake?
Manch eene woar all zemlich wiit,
am Sonndach in sinn Schmusetiid.
Doch dann die janze Ongerröck.
Dea ärme Keal wued jeck.
Sue koosch de Jong dann nix mie duen.
Hea kiikde bloß noch op hör Schuen.

Klompe (Holzschuhe)

Heinrich Louis (*1895) erzählte, daß in seiner Jugendzeit in Wassenberg fast jedermann in der Woche mit Klompen herumging. Ausgenommen der Pastor und die feinen Leute. Natürlich gab es auch Lederschuhe, die die Schuhmacher Adolf und Wilhelm Küppers, „Moosche", Storms Max, Johann und Wilhelm Paulsen reparierten und „datt de Absätz draanjemackt wuede". Der zehnjährige Anton Gottfried Schuffels (1887—1925), der spätere Verfasser der Dissertation über das Wassenberger Georgsstift, war einer der wenigen Schüler, die nicht mit Holzschuhen zur Rathausschule kamen. Er trug lederne Schuhe, obgleich der Weg zwischen Forst und Wassenberg oft morastig war und eher Klompen entsprach. In Wassenberg gab es im 19. Jahrhundert eine Reihe von Holzschuhmachern, Klompemaaker. Hans Fronhofen: „Die meisten Holzschuhmacher wohnten beiderseits der Rur zwischen Körrenzig-Linnich und Wassenberg-Unter-

bruch."[731] Weidenholz (Kanadapappel) war notwendig, möglichst weich. Und da dies in unseren wasserreichen Landstrichen gut gedeiht, blühte auch das Handwerk der Klompemaakers.
Die entsprechenden Klötze beschlug der Holzschuster mit dem Beil. Vorn und hinten wurden die Ecken abgetrennt, der Absatz markiert, der *Himmel* kurz angedeutet. Vor der Einkerbung mußte geglättet werden. Nach dem Augenmaß schnitt der *Klompemaaker* nun mit seinem *Klompemätz* oder *Schniemätz* den linken und rechten Schuh aus, stellte sie nebeneinander, um zu sehen, ob „die Fööt ooch jliik lang woare". Nun kam die schwierigste Arbeit: *dat Hoalmaake* (aushöhlen). Mit einem Meißel, *de Götsch*, begann er in der Versengegend das Ausheben des Holzes. Mit einem Schneidemesser wurde die Höhlung unter dem *Himmel* herausgeschnitten. Mit *dr Veaschstock* (Versenstock), einem U-förmig gebogenen Messer, wurde dann alles so fein ausgeschält, daß die Fußsohle reibungslos hineinpaßte. Zuletzt kam das Randmesser dran, um die seitliche Höhlung auszuführen. Mit einem Schrabbmesser bekam der Holzschuh letzte Politur. Zusammengebunden wanderten die Paare zum Trocknen *op dr Drüsch.* Ein geschickter, flott arbeitender Klompemaaker konnte bis zu 7 Paar an einem Tag herstellen. Im Jahre 1920 kosteten sie in Wassenberg zwischen 60 und 90 Pfennige. 1936 lag der Preis bei 1,50 bis 2 Mark. Dann überfluteten die maschinell hergestellten Klompe den Markt. Im 19. Jahrhundert wurden in Wassenberg fast nur die niedrigen Klompe mit Lederriemen getragen. Die hohen, riemenlosen gab es nur vereinzelt. Sie stammten aus dem Niederländischen. Der Anstrich der Klompe, die Verzierung, die Räucherung, die Lakkierung, die eingeschnittenen Blümchen waren eine Kunst für sich und machten manches Paar in kräftiger Bauernmalerei ästhetisch zum Prachtstück. Der heilige Mann, St. Nikolaus, brachte früher neue Klompe mit *Klömkes* (Bonbons) drin.

Besenbinden

Im Wassenberger Land wurde das Besenbinden als Haupt- und Nebenerwerb betrieben. Ich erinnerne mich, daß Jupp Voß nach dem Zweiten Weltkrieg im Feuerwehrhaus am Buir, wo er wohnte, zeitweise mit seinem Schwiegersohn Herbert Hoge die Besenbinderei betrieb und diese Kunst perfekt beherrschte. Der Wassenberger Bürgermeister Nikolaus Beckers schreibt 1898: „Der Hausiererhandel verschafft einem großen Teil meiner Gemeindeangehörigen einen auskömmlichen Verdienst. Das Besenbindergeschäft, was nicht minder stark betrieben wird, geht anhaltend gut."[732] Kein Wunder ! Wassenberg bestand im vorigen Jahrhundert immerhin zu einem Viertel seiner Gemeindefläche aus Heide. Im benachbarten Myhl waren es sogar zwei Drittel. Aus einer Urkunde vom 26. 4. 1785 wissen wir, daß es eine ausgedehnte *effelter heiden* gegeben hat. Damals schreibt Herzog Karl-Theodor (1742—1799) an Vogt G. von Nesselrode in Wassenberg, „gedachte heide zwischen denen von Ophoven, Effelt und Steinkirchen Einsassen nach proportion der häusser zahl, in gleiche theile zu vertheilen."[733]
Josef Kaiser (Birgelen) hat unsere Heidelandschaft in seiner Examensarbeit für das Lehramt wissenschaftlich beschrieben. Er weist darauf hin, daß die in verhältnismäßig kurzen Zeitabständen wiederkehrenden Kahlschläge der Heide den Weg bereiteten: „In gleicher Weise wirkten zu lichter Schlag, Beweidung und Brand. Die Summe der jeweils nur geringfügigen Änderungen des Bodenzustandes durch die großen Unterschiede im Kleinklima und durch die starke Rohhumusproduktion des Heideübergangsstadiums mußte sich stärker auswirken. Die Lebensbedingungen für die natürlichen Waldformen wurden geschwächt, für die Heide dagegen wurden sie von Kahlschlag zu Kahlschlag günstiger."[734] Das Heidekraut ist keine krautige Pflanze. Es wird als Zwergstrauch kniehoch und wächst in dichten Beständen. Es hält die austrocknenden Winde von unseren sandigen Böden fern. Heide kommt mit wenig Wasser aus. Im Spätsommer blüht die Heide. Jahrzehnte wurde in „Haus Rothenbach" die Heidekönigin gekürt. Und die Leute unserer Gegend flochten Heidekörbchen und Heidegestecke für ihre Häuser. Außerdem war und ist die Heide eine Bienenweide. Sie diente als Streu und Futter und war Rohstoff der Besenbinderei. Die in unseren Bevölkerungslisten ausgewiesenen Tagelöhner (Journalier) übten dieses Gewerbe als ungelernte Arbeiter aus. Die im letzten Drittel des vorigen Jahrhunderts arbeitslos gewordenen Handweber gingen bei uns zum Körbeflechten und Besenbinden über. Einige verkauften im ambulanten Handel weißen Scheuer- und Streusand für die Wohnungen. Auf der Heide wurde mit der *Kromm* (Sichel) das Kraut geschnitten: möglichst lange und gerade gewachsene Sträucher. Die Büschel wurden ausgeschüttelt und zu Ballen zusammengelegt. Josef Schmitz: „Manches Stück Wild verschwand in den Heideballen; denn die Besenbinder waren geschickte Fallensteller. Die Förster hatten daher ein scharfes Auge auf sie."[735] Die gewöhnliche Heide verwandte man für grobe Besen, die Glockenheide für Stubenbesen.
Neben Heidebesen stellten unsere Vorfahren auch Mehlbesen und Rutenbesen her. Die Mehlbesen aus Birkenzweigen, die Rutenbesen von stärkeren Schlagholzabfällen (Ruten) der Weißbirke.[736] Rutenbesen hielten mehr aus als Heidebesen und wurden deshalb beim Reinigen der Stallungen benutzt. Besen wurden viel gebraucht. So war es eine von Bürgermeister Pakkenius um 1830 allen Wassenbergern ans Herz gelegte Pflicht: Samstags muß die Straßenrinne (*de Beak*), das kieselgepflasterte Trottoir und *dr Dürpel* (Hauseingangstreppe) gekehrt werden. Natürlich mit dem Heidebesen!

Kramläden

Die „Geschäftswelt" Wassenbergs bis 1875 demonstrierte sich nachweisbar in sechs Kramläden, deren

Korbflechter

kleine Fenster sogenannte Auskramkästen sehen ließen. Nachts wurden diese mit schweren Fensterläden gesichert. Die Ausstattung dieser „Kramstuben" sah höchst einfach aus. Das Wichtigste waren Theke und Regal. Sonst stand alles in Säcken, Kisten und Gläsern griffbereit. Kerzen, Öllampen oder später die Petroleumlampe beleuchteten das ladenschlußlose Gewerbe. Universalläden: sie verkauften vom Hering über Petroleum, Weissagungen, Pfeffer, Branntwein, Nähseide, Nägel, Feigen, Heiligenbilder, Cholera-Kamellen, Zimt-Schokolade, Leim, Schnupftabak, Gebetbücher und Stockfisch einfach alles. Ein kleines „Universaliengeschäft" hat bis in die Dreißiger Jahre des 20. Jahrhunderts floriert: *dat kleen Jeschäft von die alde Frau Storms*. Hans Peter Funken beschreibt uns für die zweite Hälfte des 19. Jahrhunderts die sich langsam verändernde Struktur der Kramläden und führt wirtschaftliche Gründe dafür an: das Aufblühen der Korbwarenindustrie, die Entwicklung der Schuhindustrie, die Gründung des Glanzstoffwerkes in Oberbruch, der Ausbau der Seidenindustrie in Wassenberg. Spezialisierung stellte sich auch in Wassenberg ein: ein Geschäft für Weißwaren, gleich zwei Hutgeschäfte, ein Eisengeschäft, ein Papierwarengeschäft, ein Schuhgeschäft, drei Lebensmittelgeschäfte, ein Laden für Uhren und Schmuck, eine Getreidehandlung.

Nachbarschaft

Nachbarschaftliches Miteinander wurde in Wassenberg als äußerst wichtige Lebensqualität angesehen. In der Tat, hier offenbarten sich die Gemeinschaft der „nahe Wohnenden", freiwilliges, freundliches Entgegenkommen, gegenseitige bedingungslose Hilfsbereitschaft, Gegendienen in Freud und Leid, Teilnahme bei Krankheit und Tod, Hilfe bei Geburt und Fest, Mitbeachtung von Sicherheit und Ordnung, religiöse Gemeinschaft. „Johe Nobbere (gute Nachbarn) sind miehe weat als Jold onn Selver!" Nachbarschaft bedeutet Geborgenheit. Die alten Verse drücken es verbindlich aus:

Ein trewe nhabeer averal,
Darby wy sollen leeven woll,
Wann alle freunde torugge ghaen,
Ein treuwe nhaber wert dy bystean. (1595)

(Inhalt: Mit einem treuen Nachbarn können wir gut leben. Wenn alle Freunde sich zurückziehen, der treue Nachbar bleibt beständig.)

In Wassenberg gab es eine beinahe institutionalisierte Pumpennachbarschaft. Eine Pumpe war jeweils für mehrere Familien da. Jedermann wußte, zu welcher Pumpe er gehörte. Das war kein beliebiges Wasserholen, sondern festgelegte Zugehörigkeit und damit unentbehrliche Nachbarschaftshilfe. Mochte die Pumpe auf dem Hof, im Garten, am Haus, an der Kirche oder in der Straße stehen — sie war Symbol mitmenschlichen Zusammenhalts. Die holz-, stein-, eisen- oder kupferummantelte Wasserpumpe war ein Ausrufezeichen für Mehrfamiliengemeinschaft. Bis etwa 1880 gab es in Wassenberg noch 16 Nachbarschaftspumpen. Die Beteiligung daran garantierte herrlich frisches Wasser aus dem quellreichen Grunde des Horstes. Ein Pumpenmeister sorgte für den einwandfreien Zustand der Wasserpumpe. Einmal im Jahr wurde sie gestrichen. Es soll sogar nach der Überlieferung in alter Zeit eine „Pumpenkirmes" gegeben haben, bei der alle Pumpen geschmückt wurden. Die Pumpe war für den Nachbarschaftskreis auch Retter in der Feuersnot. Die ganze Nachbarschaft (einschließlich Kinder) stand Mann an Mann und reichte als spontane Feuerwehr den vollen Eimer weiter zum Brandherd. Die Pumpennachbarschaft war treues Miteinander, war elementares Organisations- und Distributionsprinzip für Wasser, einem der Urstoffe des Lebens. Die Wassenberger Pumpennachbarn halfen sich bei jeder sich bietenden Gelegenheit, sie verwirklichten so innerörtliche Solidarität. Sie trugen den Sarg, wenn jemand aus ihrer Wassergemeinschaft verstorben war. Sie unterstützten sich, wenn jemand krank war. „Wir sind aan een Pomp!" Das bedeutete etwas! Das war Freundschaft, verläßliches Zusammenhalten, eine Art „Verwandschaft", praktizierender Gemeinsinn.
Die Wassenberger standen sich bei, wenn plötzliches Unglück eintrat. Aber auch beim Feiern waren sie zur Stelle. Bei Vermählungen, Silber- und Goldhochzeiten

Josef Kreutzer (1842—1915), Präsident des Kriegervereins Wassenberg. Orden für Königgrätz (1866) und Sedan (1870).

haben sie sich gegenseitig die Häuser bekränzt. Einen alter Nachbarschaftsbrauch in Wassenberg zu Anfang des vorigen Jahrhunderts war, daß beide Nachbarsfrauen im Hause, wo ein Kind geboren war, neun Tage lang „de Döösch wäschde on kokde" (die Windeln wuschen und kochten). Die kleinen Nachbarn kamen „et Kindsche kieke" und erhielten von der Mutter etwas Süßes oder eine kleine Münze geschenkt. Für die Nachbarn mitkochen, das geschah, wenn Krankheit die Hausfrau behinderte. Starb jemand, wurden immer auch „die Nobbere jeroope" (gerufen). Sie wuschen den Toten und streiften ihm das Leichenhemd über. Von den Nachbarn wurde dann täglich eine Betstunde in der Kirche abgehalten.
Nachbarschaft hat sich besonders in den Kriegen bewährt. Leid wäre oft nicht zu tragen gewesen ohne treue Nachbarschaft. Theo Wolters hat über die Nachbarn unserer Heimat gesagt: „An Rechten sind es wenig, an Pflichten sind es viele. Es ist ein Glück, wenn Nachbarn im besten Einvernehmen stehen, in allen Lebenslagen sich aufeinander verlassen können. Keinen größeren Segen gibt's als gute Nachbarn."[737]

Schietschürger

Jemand, der in einer kleinen Tonne Jauche fährt, verkörpert das Bild des Wassenberger Necknamens Schietschürger, den die Nachbarorte mit einem Schuß Spott herüberwerfen. Jeder Ort in unserer Gegend hat einen Spitznamen. Die Wassenberger heißen nicht ohne Grund „Schietschürger", wobei eine Übersetzung unnötig scheint. Die Leute aus der Wassenberger Innenstadt mußten mindestens einmal in der Woche ihre Abortgrube leeren und im Tönnchen auf der Schubkarre das Zeug nach draußen vor die Stadtmauern in ihre Gärten bringen. Man erledigte es möglichst in der Frühe vor sechs Uhr; denn *moqueur et moqueuse* (Spötter) waren am Tage nicht weit. Ich sah als Kind je ein Mal in der Woche morgens, wenn ich zur Schule fuhr, den Drechslermeister Wilhelm Paffen (damals Kirchstraße Nr. 61) mit seiner tönnchenbeladenen Schubkarre durch den engen Flur seines Hauses nach draußen balancieren und dem Roßtor zusteuern. Den Vorgang nannte man *schietschürgen* oder *tonnen,* d. h. mit einer Jauchetonne unterwegs sein. Wenn die Düfte durch die Straßen zogen, rief man: „Bah, doa eß eene ant tonne". Freilich: die Wassenberger haben ihren Schietschürger kultiviert. Bei Festen, besonders im Karneval, traten die Mädchen mit dem „Jütschklomp" (Jaucheschöpfkelle) auf ihrem hübschen Köpfchen auf. 1939 gab es sogar ein lokales Karnevalslied: „Wir sind die Schietschürger!" Die Altkarnevalistin Maria Werth hatte es komponiert.
Nun haben nicht nur die Wassenberger ihren Necknamen. In Myhl laufen „die Myhler Sankhaase" herum, die Ophovener heißen „Ophoever Speckkäpp", die Orsbecker „Ueschbecker Böckeme" (Bückinge, wohl wegen der Rurfischerei). Es gibt „Luchtenberger Kißhaase", Arsbecker „Bessemebänger" (Heidebesenbinder), Birgelener „Sankhase", Effelder „Kaffeemänn" (Kaffeeschmuggler). Aus Ratheim weht der „Roathemer Wenk".

Neujahr

Seit 1830 war es in unserer Gegend üblich, daß Kinder ihren Eltern zum Jahreswechsel gute Wünsche aussprachen, indem sie dies in Schönschrift auf feine weiße Blätter kritzelten. Der Neujahrswunsch eines Wassenberger Kindes[738] aus dem Jahre 1830 ist uns erhalten. Gottfried Holten schreibt an seine Eltern:

Theuerste Eltern! Bei dem frohen Anfang des 1830 Jahres wollen Sie die schwachen Ausdrücke der kindlichen Liebe, Hochachtung und Dankbarkeit gütigst annehmen von Ihrem gehorsamen Kinde Gottfried Holten in Wassenberg.

Doch, theure Eltern, nur durch Sie
empfang ich Gottes reiche Gaben,
durch Ihre Sorgfalt, Ihre Müh',
Sollt ich was Er gewährte haben.
Für Sie schlägt heut und lebens lang
das Herz von allerwärmsten Dank.

Auch unsere Burgherrin Caroline Kofferath geb. Claus (1859—1934) hat im Jahre 1867, als Kind von 8 Jahren, ein Neujahrsversprechen ihren „geliefde Ouders" (Caroline war Holländerin) gewidmet:

Wassenberger Neujahrsgruß 1928.
Zeichnung A. Otten.

Jeeder geliefde Ouders! Ik zelf, met myne eigene hand, lieve Ouders! schryf U dit jaar een brief. Ik bied U myn schrift tot een nieuwjaars-geschenk aan, verzekerd dat de vorderingen door my gemaakt, hoe gering die ook nog zyn mogen, U meer genoegen zullen geven dan de fraaiste gelukwenschingen welke ik door een' ander' zou hebben doen opstellen. Ik bid den Hemel, dat Hy U gezond doe blyven, en nog lang late leven Ik zal trachten altyd zoet te zyn; handt dan ook altyd veel van my. Ik omhels U met al myn hart, en ben Uwe gehoorzamen dochter Carolina. Roermond, den 1 January 1867.

(Übersetzung: Meine beiden geliebten Eltern! Ich selbst, mit meiner eigenen Hand, liebe Eltern, schreibe Euch dieses Jahr einen Brief. Ich biete Euch mein Schreiben als Neujahrsgeschenk an. Seid versichert, daß die Forderungen, die ich stelle, wie gering sie auch sein mögen, Euch mehr Vergnügen geben sollen als die schönsten Glückwünsche, welche ich für Euch aufstellen könnte. Ich bitte den Himmel, daß er Euch gesund erhalte und noch lange leben lasse. Ich werde mich bemühen, immer artig zu sein; Ihr habt dann auch viel von mir. Ich umarme Euch mit ganzem Herzen und bin Eure gehorsame Tochter Carolina. Roermond, den 1. Januar 1867.)

Das Neujahrsgebäck Wassenbergs war und ist der Bretzel. Am Neujahrsmorgen lag er zum Frühstück prächtig geschmückt auf dem Tisch. Je mehr Verschlingungen er hatte, um so besser wurde das Jahr. Immer überzog ein glänzender Zuckerguß den schneeweißen, feinen, lockeren Hefeteig. Später kamen Mandeln hinzu. Zu alldem wurde der Spruch aufgesagt:

Prosst Nüejoahr!
Dr Kopp voll Hoaar,
dr Monk voll Täng,
dr Bretzel en de Häng.

Zum Neujahrsessen, am 1. Januar, trafen sich die feinen Leute, die Honoratioren, in der ersten Gaststätte des Ortes, im Hotel Graab an der Kirchstraße. So auch

Bildpostkarte 1911: „Hurra! Hurra!" Von l. n. r.: Friedrich August (Großherzogtum Oldenburg), Wilhelm II. (Königreich Württemberg), Prinzregent Luitpold (Königreich Bayern), Kaiser Wilhelm II. (Königreich Preußen), Friedrich August III. (Königreich Sachsen), Friedrich I. (Großherzogtum Baden), Ernst Ludwig (Großherzogtum Hessen).

1898. Da tafelten sie exklusiv in kleinstädtischer Würde. Die Ehefrauen aus Neujahrsanlaß mit dabei, fein gekleidet, Crepe Georgette, Crepe Marocain, glänzende und matte Seiden in Atlasbindung, Wassenberger Fabrikat versteht sich. Die vornehme Runde wurde laut: der evangelische, füllige Pastor Otto Grashof, der reiche Apotheker Carl Kofferath (jetzt Burgbesitzer), der katholische Dechant Otto Jansen mit seiner Schwester, der Notar Wilhelm Weisweiler, der berühmte Wasserdoktor Peter Wilhelm Küsters, der Privatier Oskar von Forckenbeck und seine Frau Maria Packenius, der Bürgermeister Nikolaus Beckers, der Förster Hubert Wild, der Lehrer Adam Remond, der jüdische Kaufmann Simon Heumann, der Ziegeleibesitzer Johann Schuffels, der Maler Jean Grothe, die Fabrikanten-Junioren Dr. Josef Gobbers und Rudolf Krahnen aus Krefeld. Alle mit ihren Damen.

Ein guter Mosel! Max Graab bezog ihn von den bischöflichen Weingütern Triers. Manchmal holte er die großen, feinen Weine mit Pferd und Wagen persönlich ab und prüfte vor Ort Rasse, Ausdruck und Charakter von Blume und Bukett. Nichts haßte er mehr als faden, geschmacksarmen, ausdruckslosen Wein.

Die auffallendste Erscheinung in dieser Runde war der „evangelische Koloß" Otto Grashof, seit 1862 Pfarrer daselbst. Er fühlte sich zum Dichter berufen und gab seinem Pegasus täglich die Sporen. 1887 hatte er zwei Gedichtbände herausgebracht: „Gabe um Gabe" und „Buch der Lieder". Beide hatten neben ihrem erbaulichen Zweck ein kirchliches Ziel im Auge. Sie brachten das erste Geld für den evangelischen Kirchbau zusammen. „Gabe um Gabe" kam auf immerhin 1 183 Mark. Forckenbeck hat Grashof mit der ihm eigenen anschaulichen Diktion in einem Brief an Emma Drießen, seine Schwester, charakterisiert: „Otto Grashof, den müßtest Du kennenlernen! Das ist so ein typisch wassenberg-bodenständig gewordener Mann von bewegender Mischung in Eleganz und Trivialität. Obgleich nicht hier geboren! Dem gehobenen Stil des Genießens an unserem Stammtisch immer zugetan. Ein Poet, Theolog, Pädagog, dessen robuste Vitalität im Städtchen sprichwörtlich ist. Paßt er hierher? Manchmal frage ich mich, que diable allait-il-faire dans cette galère? (Anm.: Was zum Teufel sucht er auf der Wassenberger Galeere?) Er hat einen derben, manchmal aber auch feinen Humor, der unvermutet aus seiner höchst sonderbaren Umhüllung hervorbricht."

Grashof hält diesmal die Neujahrsrede und wünscht lange friedliche Zeiten „unter dem großen Wilhelm II." Die Honoratiorenrunde hebt standesbewußt das Glas mit dem Trierer „Probstberg", trinkt sich in feiner „distinction et noblesse" bei erlaubten Schlürfen zu und zollt dankbar Beifall.

DAS JUDENBRUCH

Ersterwähnung des Judenbruchs 1324

Ein Naturdenkmal: das Wassenberger Judenbruch! Es liegt zwischen Burg und Wingertsberg in einem ins Rurtal auslaufenden Quertal. In Gedichten beschrieben: „Der Stein im Judenbruch, vom Moos in sanfte Form gedrängt, in der sich die Erinnerung fängt, ist wie ein Buch". Bis ins 18. Jahrhundert speisen die zahlreichen Quellen des Bruches die Wassenberger Stadtgräben. Bereits im 16. Jahrhundert tritt der Name Judenbruch in den Rentmeistereirechnungen auf.[740] In der Urflurkarte, in alten Karten überhaupt steht der Name Judenbruch. Bis ins 19. Jahrhundert ist das Sumpfgebiet herzogliches Ödland. Bürgermeister Alexander Joseph Antonius Packenius kauft das Areal im Jahre 1826 „aus kurfürstlich-herzoglichen Besitz". Der spätere Gestalter des Parks spricht in einem seiner Briefe vom *Jüddeweach* (Judenweg), der vom Neußer Weg aus, wie im Rur-Kapitel beschrieben, quer durch die Kleikuhlen (an den *Panneschöpp* vorbei) mitten über *die Pann*, durch das Bruch, später Blumenthal berührend, wo in alten Zeiten das Myhler Kloster lag, bis in das Dorf Myhl und von dort über Gerderath nach Erkelenz führt. Ein jüdischer Handelsweg nach Köln? W. J. Spehl meint: „Der Name Jüddebrok hat ohne Zweifel etwas mit Juden zu tun. Könnte im Judenbruch die Begräbnisstätte der Wassenberger Israeliten zu suchen sein?" Juden gibt es in Wassenberg seit dem 14. Jahrhundert, einen eigenen Friedhof aber haben sie erst seit 1688. Nördlich von Wassenberg verläuft der *Judenpfad*. Er beginnt bei Birgelen, berührt den Mühlenweiher, durchquert den Schaagwald nach Dalheim. Der Wassenberger Jude Simon Heumann bezeichnete im Jahre 1925 diesen Weg[741] als alten Handelspfad von Kaufleuten, die aus Holland kamen. Heumann erzählt, als Kind (Mitte des 19. Jahrhunderts) sei er mit seinen Freunden den wandernden Krämern auf diesem Wege noch nachgelaufen. Dieser Judenpfad habe jedoch nichts mit dem *Jüddeweäch* des Judenbruchs zu tun.

In solchem Zusammenhang erinnere ich mich einer Schulungsstunde der Hitlerjugend (1939), in welcher der antisemitisch eingestellte Aktivist, Lehrer Karl Paulussen, uns Jungen die Umbenennung des Judenbruchs in „Stadtpark" im Brustton der NS-Überzeugung erklärte , das Judenbruch habe seinen Namen „von nächtlichen Verschwörungen dieser Parasiten. Im übrigen sage die Überlieferung, im Bruch hätten Juden Kinder in Sumpflöchern ertränkt".

Judenbruch ist der Urname dieses Walddenkmals. Dafür habe ich erstmalig einen sicheren Beleg gefunden. Im Rijksarchief van Brussel entdeckte ich für 1324 (!) unter den brabantischen Lehen Wassenbergs als Lehensinhaber den Sibert op dem Judbrooke van Wassenberg. Er kauft dem Thomas von Doveracker ein Gut ab und leistet am Tage nach Maria Verkündigung 1324 in Brüssel dem Herzog von Brabant den schuldigen Lehnseid:

Sibe op dem Judbrooke van Wassenberch erhielt ein hoff van Doeverack met 154 morgen lants, 60 honre (Hühner), 32 libras vlas (32 Pfund Flachs) 2 deniers broet (Brot für 2 Denare), 8 marc brabantsel, 9 mudde evenen (Malter Hafer), 33 morgen boosschs, 1 visscherie in die rore (Fischerei in der Rur) end 5 stuivers s'jaers (5 Stüber), die he vercreech jegen Thomas van Doveracker Sibert genannt op dem Judbrooke von Wassenberg.

Grashofs Vorschlag: Marienbruch

Schon früher wird versucht, den uralten Namen des Bruchs zu ändern. Freilich nicht aus antisemitischer Tendenz:

Der evangelische Pfarrer Otto Grashof macht im Jahre 1868 den Forckenbecks den Vorschlag, das Bruch nach Maria von Forckenbeck „Marienbruch" zu nennen.[742] Forckenbeck antwortet dem hochherzigen Sänger des *Marien-Waldes* (Grashof), mit einem dankbaren Gruß zugleich im Namen seiner Frau, „welche durch den Appell an die vox populi anfänglich in ihrer Bescheidenheit sichtlich betroffen, nicht umhin kann, die wohlmeinende Absicht (Umbenennung des Judenbruchs in Marienbruch.) freundlich anzuerkennen. Darf Euer Hofgärtner ganz ergebenst Euch ersuchen, jemand davon geeignete Mittheilung gefälligst zu machen".

Otto Grashof „macht gefälligst Mittheilung": er schreibt sogleich dem Wassenberger Bürgermeister

12-jähriges Wassenberger Mädchen 1903 im Sonntagsstaat: Barbara Kreutzer.

Franz Therstappen (1868—1886). Dieser stimmt euphorisch zu. Der Name *Marienbruch* ist geboren und beginnt sich einzubürgern. Nazibürgermeister Julius Grünweller bleibt es dann vorbehalten, 1938 in einem weithin straßenumbenannten Wassenberg (Horst-Wessel-Platz, Hermann-Göring-Straße, Adolf-Hitler-Straße) das Marienbruch (geschweige denn Judenbruch) von seinem „altmodischen Namen" und der noch immer vereinzelt vorkommenden Titulierung *Judenbruch* durch die nüchterne Benennung *Stadtpark* zu „arisieren". Nach dem Zweiten Weltkrieg wird der Name „Judenbruch" wieder wach. In einer Versammlung des Verkehrs- und Verschönerungsvereines vom 14. 6. 1949 erklärt Amtsdirektor Bell: „Unser Wald heißt Judenbruch. Heute mehr denn je. Betrachten wir seinen Namen als verpflichtende Erinnerung an unsere ermordeten jüdischen Wassenberger Mitbürger."[743] Im übrigen ist die Urkatasterkarte ein wichtiger Beleg: dort steht eindeutig *Judenbruch*

Gesamtkunstwerk Natur

Vom seinem Burgberg aus schaut Forckenbeck auf seinen Waldbesitz. Seit Jahren bewegen ihn die landschaftsgestalterischen Ideen der Zeit. Seinen Briefen ist zu entnehmen, wie sehr ihn Goethes „Wahlverwandtschaften" beeindrucken. Immer wieder vertieft er sich darin: „Die Anlage, die wir bis jetzt zu unserm Dasein gemacht haben, ist von guter Art; sollen wir aber nichts weiter darauf bauen, und soll sich nichts weiter daraus entwickeln? Was ich im Garten leiste, du im Park, soll das nur für Einsiedler getan sein? Recht gut! versetzte Charlotte, recht wohl!"[744] Forckenbeck möchte in Wassenberg ein „Gesamtkunstwerk Natur" entstehen lassen. Freilich, dazu gehört ein herkulinisches Durchhaltevermögen, wie er schreibt. Denn das Material für sein landschaftsbezogenes, polyästhetisches Vorhaben ist ein dampfendes Moor, ein Sumpf, ein moderndes Bruch, im Baumbestand vernachlässigt. Hubert Wild erinnert daran, daß ursprünglich an Weihern und Wassertümpeln nur der sogenannte Grüne Weiher (auch Kindsches Weiher genannt, weil man den Kindern weismachte, die Babys würden von der Hebamme aus diesen geheimnisvoll-grünen Wassern gefischt) vorhanden ist: „Er bekam Zufluß durch die Eisenquelle und durch Sammelwasser, welches die Talmulde lieferte. Daraus bildete sich talwärts ein Bach, der gen Wassenberg plätscherte, dort den Festungsgräben das Wasser lieferte und sich weiter tummelte bis Färversch-Weiherke, als Gasthausbach späterhin die Kunstbenden bewässerte, um schließlich in den Pletschmühlenteich zu münden. Der Große Weiher entstand durch Aufschüttung eines Dammes, er war früher durch den Weg, der zum Waldhotel (später Alt Holland) führte, zweigeteilt. Das linksseitige Weiherchen wurde später zugeworfen. Der Grüne Weiher und auch der Große Weiher waren besonders fischreich. In der Karwoche wurde gewöhnlich durch Wasserablassen gefischt. Karpfen, Hechte und Barsche gab es in starken Exemplaren."[745]

Bis zum Park als „Gesamtkunstwerk Natur" war noch ein weiter Weg. Forckenbeck hatte zwei Vertraute in dieser Situation: Forstmeister Leonhard Wild (Vater von Hubert Wild) und Verwalter Jakob Bartz. Mit ihnen erarbeitete er einen gartenarchitektonischen Plan, der die vorhandene Wald-Bruch-Struktur aufnahm und neue, romantisch orientierte Erlebniszonen entwarf. Zunächst existierte nur ein einziger Weg, sonst war alles unpassierbar. Der Weg (im Urkataster eingetragen) lief von der Brühl (Essers Jätzke) über *de Bleek, auff' Roth* (et Roat), den damals noch ohne „Treppchen" ansteigenden Weg hinauf nach Myhl, Gerderath, Erkelenz. Teilweise war er identisch mit dem vom Neußer Weg über die Kleikuhlen kommenden *Jüddeweach* (Judenweg).

Packenius erwarb das Judenbruch 1826. Er unternahm allerhand, um den vorhandenen miserablen Pfad begehbar zu machen und dem dampfenden Waldsumpf seine Modrigkeit zu nehmen. Aus Packenius' Zeit stammt die Sage von der Moorhexe „Boosch-Tring" (Busch-Trina). Die Sage erzählt, im 16. Jahrhundert sei in Wassenberg das Mädchen Trina, genannt Tring, als Hexe gefoltert worden. Sie gestand unter

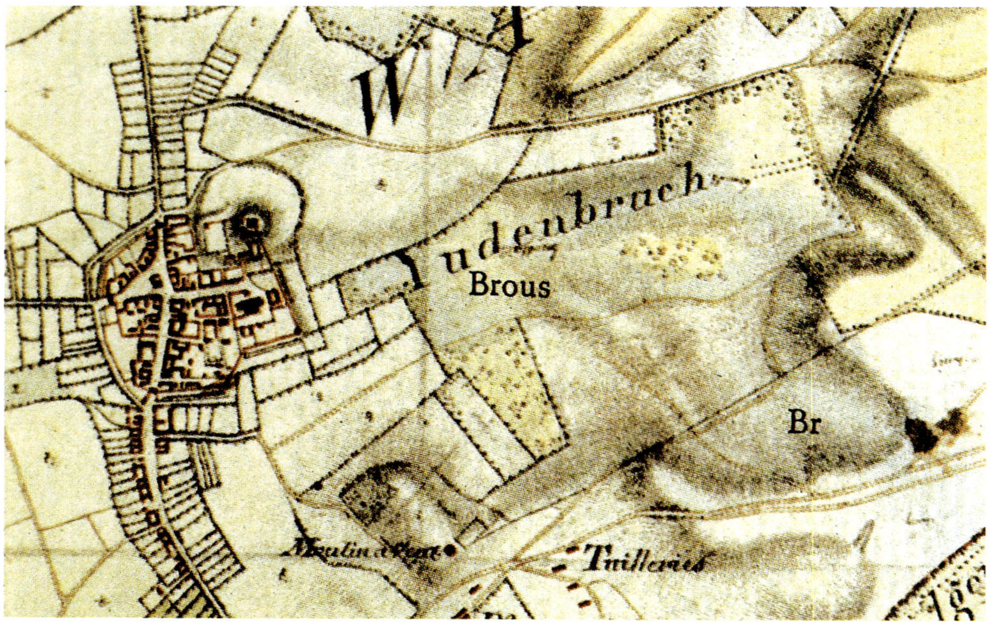

Der Name „Judenbruch" in der Tranchot-Karte von 1806.

den Brutalismen des Foltermeisters, mit dem Teufel auf dem Teufelsstein in der Hees heimlich Liebschaft gehalten zu haben. Sie wird zum Feuertod verurteilt. Als die Flammen sie umzüngeln, schreit sie einen Fluch aus sich heraus, sie werde als böses Gewissen der Wassenberger immer wiederkommen und als Waldgeist jeden verjagen, der sich nach Mitternacht in den Wald traue. So geistert „Boosch-Tring" allnächtlich durch das Judenbruch und erschrickt jeden, der sich zur Nacht im Walde aufhält oder, aus was für Gründen immer, durchs Bruch geht. Besonders auf Liebespaare soll sie es eingedenk ihrer „teuflichen Unschuld" abgesehen haben.
Diese Geschichte regte 1854 den Leiter der katholischen Jünglinge Mevìß Janßen an, in seinem „selbstgeschriebenen Theaterstück" auch „Boosch-Tring" auftreten zu lassen und ihr so ein Denkmal zu setzen.

Ausbau des Forckenbeck-Parks

Im Jahre 1878 beginnt l'architecte paysagiste Forckenbeck mit der gartentechnischen Gliederung des Judenbruches: „Je fais de l'horticulture". Leonhard Wild leitet die Arbeiten. Als sein Sohn, Hubert Wild, im Jahre 1928 von seinem Berufsort in Pommern nach Wassenberg kommt, schreibt er 1929 seine Eindrücke über das Judenbruch nieder. Hubert Wild sieht drei Entwicklungsabschnitte in der Geschichte dieses Waldes: 1. die Ur-, Sumpf- und Moorzeit bis 1870, 2. die Gestaltung der Waldlandschaft durch Forckenbeck bis 1890, 3. die relativ fantasielose Weiterentwicklung im Zwanzigsten Jahrhundert. Nach 1870 begann die eigentliche Verwandlung des Waldes. Das Bruch erhielt ein kunstvoll durchdachtes Wegenetz. Neuanpflanzungen seltener Gehölze ließen sehenswerte Partien entstehen. Der Park avancierte zum Mittelpunkt landschaftsinteressierter Kreise. Vereine zogen mit klingendem Spiel hinein und feierten dort ihre „Ankerfeste". Auf der Burg eröffnete Mebus eine Gastwirtschaft. Niederländische Militärkapellen gaben Konzerte. Forckenbeck scheute keine Mark. Viele Einheimische fanden bei Waldarbeiten ihr Brot. Die Lohnlisten lassen erkennen, daß bis zu 20 Arbeiter ständig für Forckenbeck tätig waren.
Hubert Wild: „Forckenbeck war ein Philantrop (Menschenfreund). Seine ganzen Revenüen ließ er den armen Leuten zugute kommen, ohne daraus einen persönlichen Vorteil zu ziehen."[746]
Der Burgherr bestand darauf, jede Holzfällung habe zu unterbleiben. Er ging mit dem Gedanken um, der Stadt das Judenbruch eines Tages zu vermachen.[747] Familiäre Kontroversen verhinderten die löbliche Absicht. Der Mann von der Wassenberger Burg war Romantiker. Er liebte seine Wälder. In einem Brief an seine Schwester zitiert er Emanuel Geibels Waldgedicht. Man möchte glauben, er selbst ginge mit seinem Forstmeister Wild durchs Bruch:

Mit dem alten Förster heut
bin ich durch den Wald gegangen,
während hell im Festgeläut,
aus dem Dorf die Glocken klangen.

Zuerst ließ Forckenbeck die parallel zur Kirch- und Erkelenzer Straße laufende Allee anlegen. 600 Viertel

Windmühle im Judenbruch.

Schanzen waren erforderlich, um den Weg trockenzulegen. Links und rechts wurden interessante Baumarten angepflanzt, das Bruch selbst „um und um gesetzt". Forstmeister L. Wild begriff dies als Lebensaufgabe. Er setzte sich in der Tat ein persönliches Denkmal und erfuhr von seinem Patron Oskar von Forckenbeck, des Horaz Wort: *Exegi monumentum aere perennius.* (Ein Denkmal habe ich mir gesetzt, dauernder als Erz.)[748]
Aus den Sumpfzonen und Quellbereichen entstanden Weiher. Durch die moorigen Schlammgründe schlängelten sich auf einmal befestigte Pfade. Ruheplätze wurden geschaffen, Versammlungs- und Tanzstellen planiert, Hügel aufgeworfen, Rondells gebaut, Wasserspiele angelegt, Kanäle ausgehoben. Lambert Bürsgens notiert dazu: „Der obere Große Weiher, auch Grottenweiher genannt, wurde durch einen Kanal mit dem Kleinen Weiher verbunden. Zeitweise sind hier romantische Kahnpartien möglich. Besonders wasserrosenhaft entwickeln sich die grünen Weiher. Am Hang sprudelt die rostbraune Eisenquelle. Das ist ein Waldgebiet, das jeden naturhaft einbindet in das, was wir landschaftliche Idylle nennen."
Der Park bekam eine Größe von 240 Morgen, nachdem Forckenbeck das Areal des Wingertsberges mit der Windmühle hinzugekauft hatte. Grenzen waren die Kirchstraße-Erkelenzer Straße auf der einen, die Klosterstraße, das Waldrestaurant Tante Luzie bis zur Kurzen Straße auf der anderen Seite.
Eine besonders eindrucksvolle Beschreibung[749] des Parks schenkte uns der Wassenberger Notar Wilhelm Weisweiler: „Wassenberg ist, wie Offermanns sagt, ‚ein freundlicher Flecken in einer romantischen Gegend', ‚ein ländliches Idyll', wie Landtagsabgeordneter Schmitz-Erkelenz es bezeichnet. Seine von Natur aus freundliche Lage wurde durch die Kunst des Menschen noch gehoben. Durch die Opferwilligkeit der Familie Packenius, welche das Bruch vom Fiskus erstand, besonders der jetzigen Eigenthümer, Eheleute Oskar von Forckenbeck und Maria Packenius, ist dasselbe mit Hülfe des vor einigen Monaten im achtzigsten Lebensjahre verstorbenen Försters Leonhard Wild, in einen Park verwandelt worden. Zunächst wurden die Wasser in Teichen gesammelt, diese durch Kanäle und Kaskaden miteinander verbunden, dem Ganzen Wege gegeben, Brücken gebaut, Kiefern-, Birken- und Plantanenalleen angelegt, Ruheplätze, Grotten geschaffen, Durchschläge für Aussichten gehauen. Auf den Teichen wiegen sich jetzt Nachen zwischen weißen und gelben Wasserrosen. Hier zeigt jetzt das Bruch volle Hochwaldnatur, hochstämmige Eichen und Buchen breiten dichte Schattendächer über gangbare Waldwege, dort wechselt Niederholz mit Nadelbeständen, und weiter durch wird's ein Stauden- und Blumengarten, überall von strahlenden Wasserspiegeln belebt. Mit großem Geschick ist das dunkle Nadelgehölz unter die helleren Eichen und Buchen vertheilt, und zwischendurch das schimmernde Weiss der Birke und Silberweide verstreut. Die Balsamweide duftet mit der Linde um die Wette. Die breitblättrige Kastanie bietet freigebig ihre Frucht. Die Tannen und Fichten wechseln in mehr als zwanzig Sorten. Der Hollunder ist in einer Reihe von Arten vertreten. Die verschiedensten Farne decken den Boden.
Deshalb ist es begreiflich, daß sommers über Tausende Städter aus dem Fabrikvorderland und dem holländischen Hinterland zu fröhlichen Fahrten ins Judenbruch aufbrechen, zumal bei der munteren Mutter Graab auch für den leiblichen Menschen stets beste Pflege sich bietet. Sonntags sind nicht selten bis zu dreißig Equipagen dort aufgestellt. Pfingsten wurden über 2 000 Fremde im Park gezählt. Die schöne Lage, die prächtigen Wälder, die herrlichen Fernsichten und Spaziergänge, alles dicht vor dem Orte, dazu die gute Verpflegung halten manchen Kurgast auf längere Zeit am Orte. Dieser wird dann im Judenbruch auf Besonderes aufmerksam. Die Siebenbirken, der Siebenweg, der Todte Baum, der Tulpenbaum, der Rehbaum, der Irrweg, die Bergschlucht, das Schnekkenhaus, der Teufelsstein, die Bischofsbank, die Eremitage, die Kapelle, und wie all die Merkwürdigkeiten heißen, haben jedes seine eigene Mär. Bald findet man die hübschen Punkte heraus: die Ruheplätzchen zwischen den Seen, am Eisensprudel, neben dem plätschernden Bach und in der Erdschlucht, die Ausblicke auf Stadt und Burg, über den Treppenweg zur Höhe, durch die Weimuthsallee auf's Schneckenhaus, von der Brücke auf den Wasserspiegel, vom Lusthaus auf

das versunkene Schloß, durch den Hohlweg auf die Mühle. Nur ungern scheidet der Wanderer."
Im Jahre 1928 betrat Hubert Wild nach langer Unterbrechung das Judenbruch. Er war entsetzt. In der „Heinsberger"[750]machte er sich Luft. Wie konnte man 1927 das Judenbruch an einen Holzhändler namens Menneken verkaufen? Es waren die Erben Forckenbeck, die dies taten, nachdem der Gemeinderat sich zu einem Kauf nicht entschließen konnte. Unser einmaliges Naturdenkmal blieb dabei zunächst auf der Strecke.
Wild klagte: „Massenhaft liegen jetzt die schlanken Riesenleiber der herrlichen Eichen, Buchen und Fichten von der Axt dahingerafft. Ein Holzhändler ist am Werke! Warum kaufte Wassenberg sein Judenbruch nicht? Das Bruch gehört seit altersher zur Stadt. Nur durch das Judenbruch ist Wassenberg so weit und breit bekannt geworden. Ihr Wassenberger, laßt euch das Kostbarste nicht aus den Händen winden! Es hieß, der Kauf wäre nicht rentabel gewesen. Ich kann mir als langjähriges Mitglied des Gemeinderates nicht erklären, wie Wassenberger gegen den Kauf stimmen konnten".
Forckenbeck, der kosmopolitische Privatier, hatte exotische, fremdländische Bäume in seinen Park gebracht: Weißtanne, Spanische Tanne, Papierbirke, Sicheltanne, Stachelfichte, Meerstrandkiefer, Balsampappel, Douglasie, Zypresse, Manna-Esche, Maulbeerbaum, Mammutbaum (Sequoia gigantea), Silberlinde. Im Jahre 1961 stellte Peter Jansen (Übach) eine Liste der besonderen Bäume des Judenbruchs auf. Sie bewies: wir haben hier noch immer einen faszinierenden botanischen Garten. Auch auf der Wassenberger Burg pflanzte Forckenbeck seltene Baumarten. Viele davon hat leider der Zweite Weltkrieg und die unmittelbare Nachkriegszeit vernichtet. Neben Forckenbeck

entwickelte der Arzt Dr. Wilhelm Küsters eine betonte Baumvorliebe. In seinem alten Garten am südlichen Eck der Stadtmauer (hinter dem heutigen Kriegerdenkmal) standen Ginkgobaum, Flußzeder, Zypresse, Geweihbaum, Mammutbaum (Sequoia), großjährige Roßkastanie, Blutbuche.
Auf die Wassenberger machte immer schon das „lebende Fossil" des Ginkgobaums Eindruck, ein Relikt aus dem Mesozoikum (Perm). Man ist stolz, die älteste Baumart in seiner Stadt zu haben. Der Ginkgobaum ist zweihäusig, also getrennt in männliche und weibliche Bäume. Sein Blatt hat eindeutig Nadelstruktur infolge seiner fächerartig verlaufenden Blattnerven. „Une singularité" würde Forckenbeck sagen. „Der Ginkgobaum wird", wie Forckenbeck in einem Briefe anmerkt, „von den Wassenbergern geradezu verehrt". Bei Stadtbesichtigungen, wie am 29. September 1926 beim Besuch des Aachener Geschichtsvereines, stand Heimathistoriker Franz Mayer am Stamm dieses Baumes und hielt eine Rede über die Geschichte Wassenbergs. Bei dieser Gelegenheit zitierte Robert Kofferath, der damalige Burgherr, Goethes Ginkgo-Gedicht mit der tiefsinnigen Deutung des Blattes:

Ist es ein lebendig Wesen,
das sich in sich selbst getrennt?
Sind es zwei, die sich erlesen,
daß man sie als eines kennt?

In Forckenbecks Briefen wird mehrfach auf die „dualistische Tendenz im Ginkgo-Blatt" Bezug genommen. Er sieht seine eigene, häufig „tour du monde" genannte Lebenslinie in Trennung und Wiedersehen, in Bindung und Zerreißung wie an den Blättern seines Ginkgo abgezählt.
Mir stellt sich die Frage, warum Forckenbeck angesichts eines so reichen deutschen Baum-Arten-Angebotes fremde Gehölze bevorzugte. Mit Sicherheit war er durch die Schriften zur Parkarchitektur seiner Zeit „angesteckt". Schließlich bildete er sich auf seinen Weltreisen ein Urteil. Die immer stärker bewunderte französische Garten- und Parkkultur bewegte den frankophilen Mann von der Wassenberger Burg. Ihm schwebte im Judenbruch ein Lustgarten vor, *un jardin du plaisir.* Das Ganze sollte eine „déclaration d'amour pour le bois" sein, ein arkadisches Judenbruch, ein Waldparadies, wassenbergeigene Naturpoesie. Forkkenbeck war ein kunsthistorischer und philosophischer Kopf. Ein Wunder, daß er auch noch Medienforschung betrieb, Zeitungen sammelte und zum Begründer des ersten deutschen Zeitungsmuseums in Aachen wurde. (Siehe Forckenbeck-Kapitel)
Zu erwähnen bleibt noch, daß Bürgermeister Packenius auf einer Anhöhe im Park im Jahre 1850 eine Kapelle aus Anlaß der Ersten Heiligen Kommunion seiner Tochter Maria erbaut. Jahrzehntelang werden von den Forckenbecks die Erstkommunikanten aus Wassenberg am Weißen Sonntag zu einem Kaffee-Tisch am „Schlößkes-Weiher" eingeladen, wenn das Wetter gut war. Sonst in die Burg.
Das Kloster „Marienhaus" wurde später an die Kapelle

angebaut. Witwe Maria Forckenbeck schenkte das dazu notwendige Gelände den Vinzentinerinnen. Am 25. 4. 1907 bestätigte Notar Wilhelm Meyer aus Erkelenz den Schenkungsakt. Er ist in der „Kirchengeschichte des Wassenberger Raumes" abgedruckt.[751] Das Kloster mußte aus Gründen gravierender Bergschäden im Jahre 1977 aufgegeben werden.
Im Jahre 1937 kaufte NS-Bürgermeister Julius Grünweller, das Judenbruch zurück. Wir müssen ihm dankbar sein; denn es war seine ganz persönliche Initiative, den Park aus den profitgierigen Fängen eines Holzhändlers zu winden. Er rettete damit den herrlichen Wald vor seinem völligen Ruin. Grünwellers nazistische Vergangenheit und seine Hinrichtung stehen auf einem anderen Blatt.
1987 ist das Waldareal glücklicherweise noch immer ein großartiger, ausgedehnter Biotop. Die vogelkundlichen Wanderungen des Heimatvereins unter Führung von Willi von der Beek bestätigen im großen und ganzen die Unversehrtheit der Natur. Karin Klimmeck schildert 1983 eine solche Exkursion: „Die Dorngrasmücke, die während der letzten Jahre nur noch ganz vereinzelt anzutreffen war, hat sich inzwischen erholt. Auch der Buchfink und der Zaunkönig, die nach strengeren Wintern sehr dezimiert sind, sind wieder zahlreich vertreten. Die 'alten Freunde' Schwarz-, Grün-, Bunt- und Kleinspecht, die im 'Marienbruch' seit Jahren ihre festen Plätze haben, sind allesamt wieder da. Der Waldlaubsänger konnte in den schönen Buchenbeständen häufiger festgestellt werden. Turteltaube und Hohltaube haben ihre festen Plätze unterhalb des Klosterberges wieder bezogen. Der Kuckuck ließ sich diesmal erst zum Schluß der Vogelwanderung vernehmen. Leider ist die Königin unter den gefiederten Sängern, die Nachtigall, seit einigen Jahren an ihren früheren Stammplätzen am Randes des Bruchs und der Myhler Schweiz nicht mehr zu hören. Auch der Gartenrotschwanz ist stark zurückgegangen. Die Teilnehmer der Frühwanderung zeigten großes Interesse und folgten mit Aufmerksamkeit den Erläuterungen von Willi von der Beek, dessen ornithologische und örtliche Kenntnisse den Vogelfreunden die Vielfalt der Vogelwelt eröffnete. Bei der Morgenrast bei ‚Tante Luzie' wurde die Initiative des Heimatvereins erwähnt, für die Anschaffung von 50 neuen Nistkästen gesorgt zu haben."[752]
Im Jahre 1954 schenkte der Verkehrs- und Verschönerungsverein dem Judenbruch zahlreiche Bäume. Von der Verantwortungsbereitschaft für das Naturdenkmal heute darf man bei Bürgermeister, Rat und Stadtverwaltung uneingeschränkt überzeugt sein. Die ökologische Komponente Wassenbergs wird qualifiziert eingeschätzt. Die Sensibilität der Wassenberger, wenn es um das Judenbruch geht, ist sprichwörtlich.

Dr Drüje

Nach wie vor aber streift neben der Boosch-Tring (Busch-Trina) „dr Drüje" durch das Bruch. Es soll sich dabei um den ehemaligen Wassenberger Vogt, Adam

von Morshofen (um 1355), handeln. Dieser hatte ein Auge auf Catharina, des Wassenberger Gasthausmeisters schöne Tochter, geworfen, obgleich er seine Heirat mit einem adeligen Fräulein bereits plante. Catharina sollte seine Geliebte werden, wie das hohe Herrn so möchten. Allabendlich schlich er deshalb ins *Jaastes*, um bei seiner Schönen zu sein. Catharina war ihm willfährig. Dem Vater Catharinas aber war dies ein Dorn im Auge. Eines Abends postierte der Gasthausmeister seinen wilden, bissigen Hund vor der Haustür. Als Adam von Morshofen die fletschenden Zähne des Hundes erblickte, zog er seinen Degen und versetzte dem Tier einen tödlichen Stich. Der Gasthausmeister hörte das Röcheln seines Hundes. Er lief hinaus und geriet mit dem Vogt in Streit. Der Vogt, ein jähzorniger Mann, stach den Gasthausmeister nieder und floh zu Pferde. Auf das Geschrei Catharinas eilten die Nachbaren herbei. Am nächsten Morgen erschien der Herr von Heinsberg vor dem *Jaastes*. Die Steine vor der Haustür waren vom inzwischen vertrockneten Blut noch immer rot gefärbt. Der Heinsberger war empört und fluchte: „Den soll Gott so vertrocknen (‚verdrüje') lassen wie dieses Blut hier auf den Steinen, wer diesen Mord beging!" Der Vogt Adam von Morshoven aber war längst aus dem Lande und wurde nie mehr gesehen. . . bis er eines Nachts gefolgt von kläffenden Hunden in der *Pann* des Judenbruchs auftauchte und einen nichtsahnenden, durch den Wald wandernden Mann fragend erschrak: „Habe ich Recht oder Unrecht getan?" Der verängstigte Wanderer antwortete: „Ja, Herr, Ihr tatet recht!" Da heulte der Sturm wild auf und *dr Drüje* verschwand mit seiner Hundemeute.
Diese seltsame Judenbruchsage entnehme ich dem Nachlaß von Robert Kofferath, der sich auf die Überlieferung beruft. Jedoch noch ein anderer schreibt über

Im Judenbruch. (Fotos Ekkehard Heinrichs)

Küsters Garten an der Stadtmauer. (Foto Ekkehard Heinrichs)

Judenbruch—Kanal. Zeichnung von Adam Metzen 1939. (Im Besitz von Anneliese und Heinz Bergstein, Wassenberg)

dr Drüje. Hubert Wild erzählt von ihm in seinem Aufsatz über *et Jüddebrok.* Hubert hat die Geschichte von seinem Vater Leonhard Wild, mit dem er seine ganze Jugend im Judenbruchwald verbrachte. Sein Vater erzählte ihm eines Tages eine Episode von Kueschte-Jupp, der als Marder- und Iltisjäger oft nachts im Bruch unterwegs war und dem *Drüje* begegnet ist. Sein Bericht in Platt soll den Wassenberger Originalton vor Ort um 1900 festhalten:

En de Nüjoaschnaacht han ech och ens dr Drüje jesiehn. Ech jong dorr de Pann ens kieke, off Maate (Marder) doa woare. Op eemoal senn ech en fresche Spoar (Spur) vörr mech op dr Weach, die ävver bald noah et naate Hoot (nasses Holz) erenn jing. Koom bönn ech van de Weach aff (vom Wege ab), do kömmt enne mächtige Storm, de Böhm böjde (beugten) sech van dr Wenk bös op de Äad (Erde). Sicher twentich Hong (20 Hunde) liepe henger en Feät (Fährte) her onn bellde wie besäate (besessen). Ech kriej et met de Angst on verkruep mech henger ene Struuk. Doa senn ech och all enne jruete Käahl (Kerl) op mech aankomme. Hea (er) hau enne dicke Klöppel en de Häng, ene Looschhoot (Schlapphut) op, onn ene lange jriise Baart (grauer Bart). Wenn hea (er) jong, bletzde (blitzte) et ömmer aan sin Fööt (Füße), du soah ech, dat hea jruete bleäke Schuehn (große, blecherne Schuhe) aanhau. Ech dukde mech jau (schnell) — du hau hea mech och all jesiehn onn riep: ‚Et es joah de naat en dr Boosch.'(zu naß im Busch) Ech fong aan de zeddere (zittern), on koosch (konnte) van Schreck nix saage. Duh sätt hea: ‚Hab ich Recht oder Unrecht, sprich die Wahrheit!' ‚Joa Heär, joah, ihr hatt reecht, Herr,' saagt ech duh. Wie hea nu wier jing (weiterging), hoave (hoben) sech de Böhm wier en de Högde (wieder in die Höhe), onn dr Storm liet och noah (Sturm ließ auch nach). Ech huet (hörte) de Hong (Hunde) ävvel noch wiit op dr jröne Wieher aan belle. Nu kruep (kroch) ech jau uut dr Struuk eruut und liep, wat ech koosch, über et Roat (Roat ist ein Flurname) noah heem. Ech benn von doa aan nie mie (nie mehr) naachts noah et Jüddebrook jejange.[753]

In der Tat! Das Bruch hat seine geheimnisvolle Atmosphäre heute noch, sein Bockshorn, wenn der Uhu schreit, wenn moderndes Holz phosphoresziert, wenn aus Quellen die Wasser gurgeln und sich die wilde Schwermut aus den dunklen Gründen hebt; wenn tiefgrüne Schimmer die Dickung färben, wenn irisfarbene Aura die vertrauten Bilder wärmt: Am Weiher stehn, auf weiße Wasserrosen schaun, die sanften Flossenschläge ahnen, der Fische, die einst Forckenbeck gesetzt; den Fall der reifen Eßkastanie hören und auch die Widersprüche fühlen, die uns Irrlicht, Schatten, Zwielicht, Glück und Unglück mit den nassen Schleiern durch die Stämme treiben.

DIE GRÜNDERZEIT IN WASSENBERG

Die Weber

Dieses sozialkritische Drama von Gerhart Hauptmann wurde 1893 in Berlin uraufgeführt. Das war das Jahr, in dem in Wassenberg die mechanischen Webstühle der Firma Krahnen & Gobbers mit mehr als 500 Produktionseinheiten zum großen Sturm auf die Textilherstellung ansetzten. Gerhart Hauptmanns Weber-Drama hätte kurz vorher auch in Wassenberg spielen können; denn in dieser alten Weberstadt (Weber kamen hier schon im 16. Jahrhundert vor) waren die Probleme nicht geringer gewesen als in Hauptmanns Stück: das Ende der Handweberei, das Elend der Weber, die nun Heidebesen banden und Streusand anboten, hausierend umherzogen. Nach Goethe rührt das alles vom „überhandnehmenden Maschinenwesen" her, nach Hauptmann kommt das Unglück „von de mechan'schen Webstihle. Das ganze Elend kommt von a Fabriken."
Die ersten Weber betraten mit den Flüchtlingen aus den niederländischen Provinzen die Stadt Wassenberg. Im Jahre 1544 nahm Aachen 30 Weber auf, und Krefeld bemühte sich um den Zuzug solcher Facharbeiter, die unter den von Karl V. vertriebenen spanischen Niederländern zu finden waren. Auf diese Weise wurden auch etliche nach Wassenberg verschlagen und betrieben hier Heimweberei.
Dietrich von Palant (1555—1574) darf als der eigentliche Begründer der Webarbeit in Wassenberg gelten: „Dietrich von Palant hat Weber im Wassenberger Land angesiedelt."[754] Später, um 1790, zog aus Dillenburg ein Weber nach Wassenberg, der weitreichende Initiativen entfaltete. Es war der evangelische Kaufmann Wilhelm Haas. Er hatte davon gehört, daß in Wassenberg Weber tätig waren, aber es sehr schwer hatten, ihre Ware an den Mann zu bringen. So fand Haas hier Fachleute und gab ihren Arbeiten durch die Gründung einer Samt- und Seiden-Manufaktur eine Umsatz-Zentrale. Haas baute ein kleines Transportunternehmen auf, um Material heranzuschaffen bzw. fertige Ware in die Absatzmärkte zu transportieren. Außerdem stellte er Handwebstühle auf. Zu diesem Zweck errichtete er auf der Kirchstraße im Jahre 1832 ein mehrstöckiges Haus mit „übergroßen Zimmern". Hier arbeiteten nun bis zu 35 Weber. Haas belieferte die großen Städte bis nach Paris. Seine Manufaktur lief bis 1868 außerordentlich gut. Er muß ein geschäftstüchtiger Unternehmer gewesen sein. Aber zwischen Konjunktur und Niedergang geriet auch seine Manufaktur in die roten Zahlen. Wilhelm Haas machte Konkurs. So wurde sein großes Haus an der Kirchstraße zum Mehrfamilienhaus, bis es nach 1900 zum Finanzamt avancierte, und dies bis zum Jahre 1958 blieb. Von 1945 bis 1947 befand sich die Kreisverwaltung des Selfkantkreises Geilenkirchen-Heinsberg darin, weil deren Verwaltungsgebäude in Geilenkirchen 1944/45 zerstört worden war. 1958 wurde das Finanzamt alias Manufaktur

Nähsaal bei Krahnen & Gobbers 1911.

abgerissen und im Jahre 1961 durch Dr. Kremer-Aachen neu aufgebaut, jetzt als Mehrfamilienhaus, finanziert von einem Lottomillionär. Alte Gemäldeansichten und Fotos des Wassenberger Panoramas vom Wingertsberg aus zeigen das herausragende Gebäude, das einst die Zunft der Weber im 1089 Einwohner zählenden Wassenberg beherbergte. In der Beschreibung des Roer-Departements von 1804 weist Johann Schmidt unter Wassenberg darauf hin, daß es „hieselbst Weber gibt, welche Siamosen, Doppelstein, Halstücher, Sacktücher und Leinwand weben". Ferner muß an die Jahrzehnte der Wassenberger Sammet-Bandweberei im 19. Jahrhundert erinnert werden, deren Produkte sogar auf der Weltausstellung in Paris gezeigt wurden. Um 1875 erhielten die Weber pro Meter 1,10 Mark. Sie mußten ihre Ware allerdings in Krefeld abliefern. Das geschah meist zu Fuß mit der Schubkarre.
Von Jakob Broich, Leonhard Wolters (Bürgermeister von 1952—1954), Robert Kofferath sowie dem Textilfabrikanten Paul Flecken (*1928) gibt es übereinstimmend den Hinweis auf die *Wassenberger Elle* am Rathaus. Die hiesigen Weber haben ihre Ware seit 1753, dem Baujahr des Rathauses, an einem eisernen Ellenmaß gemessen. Die Wassenberger Elle stand in ihrer Länge seit Jahrhunderten unverrückbar fest. Sie war zwei Fuß lang, exakt 64 cm; denn der *Wassenberger Fuß* maß 32 cm. Er war in 12 Zoll eingeteilt. Ein Wassenberger Zoll hatte demnach 2,66 cm. Es gab auch den *Wassenberger Feldfuß*: er war länger als der *Wassenberger Fuß*, nämlich 0,4533 m lang. Die *Kölnische Elle* betrug 0,575 m, die *Brabanter Elle* 0,68 m. Andere Wassenberger Maße waren: der *Wassenberger Sümmer* 29,16 Liter, die *Wassenberger Kanne* 1,63 Liter, das *Wassenberger Pint*

0,31 Liter, das *Wassenberger Ohm* 127,92 Liter, ein *Viertel Müdt von Wassenberg* betrug 5,611 Liter, ein *Wassenberger Faß* war 26,22 Liter, ein *Wassenberger Morgen* 34,4 a, ein *Alter Morgen* war 150 Ruten zu je 16 Fuß.

Am alten Wassenberger Rathaus (gebaut 1753) befand sich bis zum Ende des vorigen Jahrhunderts (Überlieferung durch Maria Nolten, Wilhelm Schreinemachers, Lambert Henz, Robert Kofferath, Bürgermeister Peter Dickmann) eine Eisenstange in der Länge der *Wassenberger Elle*, an der die Weber ihre Bänder abmessen oder ihre eigenen Maßstöcke überprüfen konnten. Neben dieser Elle stand auf Holz eingegeschnitzt folgender Text:

Dit ist die wassenberghe Ellen lang die wir alre gebruchen zullen ohn argelist. Dat hant wy geloift unss heren godz.[755] (So lang ist die Wassenberger Elle, die wir gebrauchen sollen ohne Arglist — ohne Betrug — was wir Gott gelobt haben.)

Bei den verschiedenen Umbauten des Rathauses ist „de iisere Ell" verschwunden. Inzwischen gab es seit der napoleonischen Zeit das Metermaß[755].

Die Weber Wassenbergs hatten kein leichtes Brot. Konkurrenz, Zoll und Protektionismus sorgten für das Auf und Ab der konjunkturellen Kurve. Insgesamt aber bewegte eine zunehmende Prosperität die modischen Apercus, die vor allem von der Haute Couture in Paris ausgingen und die sich verbreiternde bürgerliche Oberschicht im Konsum anregte, so daß die Weber letztlich immer wieder ihre kritischen Konjunkturrückschläge überwanden. Das Seidenkleid blieb allerdings auf wenige Gelegenheiten beschränkt: Ball, Theater, Konzert, Ausstellung, Pferderennen, Familienfeiern und allgemein auf den Salon. Seidenwaren kamen gegen Ende der 80er Jahre des vorigen Jahrhunderts in starke modische Wechsel. Das Kostüm betrat den Parcours und machte dem Seidenkleid zunehmend Konkurrenz. Einem Bericht von 1891 (Niggli) entnehme ich: „Wir könnten uns über die antiseidene Modelaune der upper tenthousend noch trösten, wenn wenigstens die Stubenmädchen, wie vor 30 Jahren in den Vereinigten Staaten von der Manie, Seide zu tragen, besessen wären; aber auch dieser Trost ist für uns nicht greifbar, da die Stubenmädchen es ihren ‚mistresses' nachmachen und wie sie in Wolle oder Baumwolle einhergehen."[756] Das Geschäft war riskant. Die Preisschwankungen der Seide lagen von Jahr zu Jahr zwischen 30 % und 40 %. Da viele Unternehmer in den Web-Zentren Krefeld, Bielefeld, Elberfeld das Risiko der Beschäftigung in einer eigenen Weberei nicht tragen wollten, beschäftigten sie Hausweber, deren textile Tradition aus der Leinenweberei kam.

Alles änderte sich mit dem mechanischen Webstuhl. Die Leistung des mechanischen Webstuhls war anfangs das Doppelte, später das Vierfache eines Handwebstuhls.[757] Das durchschnittliche Lohnnivau stieg von 630 Mark im Jahre 1886 auf 1048 Mark im Jahre 1913. Unmittelbar vor dem Ersten Weltkrieg belief sich der Wochenlohn eines Wassenberger Webers auf 24 bis 26 Mark beim Einstuhlsystem und auf 30 bis 34 Mark beim Zweistuhlsystem. Mitte der Zwanziger Jahre wurden in Wassenberg hauptsächlich Crepe de Chine, Crepe Marocain, Crepe Satin, Crepe Georgette und Crepe Mousseline gewebt. Die aufgestellten Wechselstühle waren dafür besonders geeignet. Inzwischen kam die Kunstseide auf, deren Preis, von Schwankungen abgesehen, bei einem Viertel des Naturseidenpreises lag.

Handwebstuhl für Musterweberei mit dem Jacquard-Apparat, der erstmals durch Lochkartensteuerung die Wahl der Kettenfäden automatisch ermöglichte. Joseph-Marie Jacquard (1752—1834) erfand ein Lochkartensystem zur Steuerung von Mustern. Darauf baute das spätere Hollerith-System und damit die moderne Kybernetik auf.

Krahnen & Gobbers in Wassenberg

In den 90er Jahren kommt die Krefelder Firma Krahnen & Gobbers nach Wassenberg. Sie hatte bereits eine erfolgreiche Entwicklung als mechanische Seidenweberei hinter sich. Am 25. 1. 1854 wurde sie von Conrad Wilhelm Krahnen (1829—1905) gegründet.

Kommerzienrat Rudolf Krahnen (1855—1927)

Dr. Josef Gobbers (1861—1926).

Zwei Jahre später, 1856, kam Wilhelm Gobbers (1829—1906) als Teilhaber hinzu. Anfänglich von nur geringem Umfang, befaßte sich der Betrieb mit der Herstellung von Seidenstoffen, insbesondere von Spezialartikeln für die Hut- und Mützenfabrikation. 1866 wurden die ersten mechanischen Webstühle aufgestellt: Ein kühnes Unternehmen und erstmalig am Niederrhein, denn der mechanische Webstuhl war bei weitem noch nicht voll entwickelt. 1882 waren bei Krahnen 60 *Kraftstühle* in Betrieb, 1883 schon 200 und 1893 500. Infolge derartiger Expansion suchte man einen zweiten Platz mit einem günstigen Arbeitskräfteumfeld. Dies schien in Wassenberg zuzutreffen. Das Fabrikgebäude, wie auch die 1904 errichtete zweite Fabrik, waren gotisierende Backsteinbauten. An der „oberen Fabrik" ist das heute noch zu erkennen. Die lange, eindrucksvoll gegliederte Fassade an der damaligen Erkelenzer Straße ließ turmartige Eckrisalite (vortretende Bauteile) am breiten Mittelstück herausspringen und sich durch zinnenbekrönte Wehrtürme selbstbewußt flankieren. Die Wassenberger haben bei der Entstehung ihrer ersten großen Fabrik sicherlich gestaunt. Sah man sich doch in die monumentalen Formen mittelalterlicher Adelssitze versetzt. Von Krahnen und Dr. Gobbers war bekannt, daß sie bauliche Repräsentanz liebten und auf diese Weise als neuer „Industrieadel" dem Altadel gleichzuziehen trachteten.
In der Kölnischen Volkszeitung[758] wurde die erste Nachricht über das Wassenberger Fabrik-Vorhaben kommentiert. Vier Orte standen zur Debatte: Heinsberg, Kempen/Niederrhein, Fischeln und Wassenberg. Einige Zeitungen befürchteten, Wassenberg könne vielleicht den Anforderungen nicht gerecht werden, welche durch den Zuzug neuer Arbeiter, durch den notwendigen Ausbau des Schulwesens und die Steigerung der Armenlasten entstünden. Am 24. 11. 1892 schloß Bürgermeister Wilhelm Klein (1886—1895) mit Krahnen & Gobbers einen Vertrag. Die Gemeinde stellte 6 ha zur Verfügung und köderte mit einer 15-jährigen Steuerfreiheit. Die Bauarbeiten an der „unteren Fabrik" wurden sofort aufgenommen. 80 000 cbm Erde waren zu bewegen. Sie füllten die Stadtgräben links und rechts der Kirchstraße vor der Stadtmauer (heutige Terassenanlage: Am Wehrturm bis Küsters Gäßchen) auf. Am 1. 4. 1894 wurde die Produktion mit 500 Webstühlen aufgenommen. Naturseide zu hochwertigen Stoffen, wie sie für Krawatten, Oberhemden und feine Kleider sowie Brokat gebraucht wird, lief unter hohen Phonstärken durch die Fertigungshallen. Die Kölnische Zeitung schrieb 1894: „Die Firma Krahnen & Gobbers findet in Wassenberg so ausreichende, das Bedürfniß wohl doppelt überschreitende Arbeitskräfte, welche sich in einem Umkreise von einer Stunde auf etwa 18 Ortschaften vertheilen, daß ein Zuzug von Arbeitern nach Wassenberg, abgesehen von den wenigen, keineswegs communalsteuerfreien Fabrik-Meistern und -Beamten, deren Anzug auch in finanzieller Hinsicht für Wassenberg nur erwünscht sein kann, geradezu ausgeschlossen erscheint. Dazu kommt, daß das die Fabrikarbeiter stellende Contingent der hiesigen Landbevölkerung, welche früher die Hausweberei schwunghaft betrieb, an ihrem Wohnsitze seßhaft ist. Die Gemeinde Wassenberg kann sich nur Glück dazu wünschen, dieses Unternehmen in ihrer Mitte erstehen zu sehen."
Bis zum Jahre 1900 hatte die Gesamtfirma Krahnen & Gobbers 1.000 Stühle in Betrieb genommen. Was stellte sie alles her? Die Firma nennt Seidenstoffe für

Weberei, Kreuzlesen, Schlichterei, Scherrahmen 1913.

Kleider, Blusen, Krawatten, Schürzen, Unterröcke, Regen- und Sonnenschirme, Herren- und Damenhüte, Rüschen, Sargausstattungen, Steppdecken, Fächer, Lampenschirme, Masken, englisches Pflaster und Stoffe für die Puppenindustrie Thüringens. Im Jahre 1900 wurde die Fabrikation auf Handwebstühlen vollkommen eingestellt. Im Vordergrund stand jetzt die Produktion festkantiger Bänder und zu diesem Zweck wurde 1903 mit dem Bau einer zweiten Fabrik (Gladbacher Straße) begonnen. 1904 nahm sie ihren Betrieb auf.[759] Über das neue Werk vermerkt der Sammelband „Praktische Sozialpolitiker": „Sie ist mit den neuesten Errungenschaften der Technik ausgestattet. Alle Maschinen werden einzeln mit kleinen Elektromotoren angetrieben, wodurch die unschönen und gefährlichen Transmissionen mit Riemenantrieb fortfallen und das durch die Shed-Dachkonstruktion hell einfallende Licht in keiner Weise gedämpft wird. Neben hellen und großen Speisesälen für die Arbeiter besitzt diese Fabrik auch Wannen- und Brausebäder."[760]

Der mechanische Webstuhl war der Wassenberger Bevölkerung anfangs natürlich nicht bekannt. Bewährte Krefelder Facharbeiter brachte die Firma mit, um die Wassenberger anzuleiten. Für den Antrieb der Webstühle sorgte eine immer bessere eigene Elektrizitätserzeugung, die der aus Nürnberg von der Firma Siemens kommende Elektromeister Felix Sand (später Elektrogeschäft auf der Kirchstraße) betreute. Sand baute auch die elektrische Schienenbahn zwischen der „unteren und oberen Fabrik", auf der Produktionsmaterial und fertige Ware befördert wurde. Die Geleise liefen über das Terrain der heutigen neuen Realschule. Felix Sand erhielt später die Lizenz für die Installation der Elektrizität im Wassenberger Raum. Hier flammten, wie schon ausgeführt, im Jahre 1910 die elektrischen Glühlampen auf.

Inzwischen hatte die zweite Führungs-Generation der Firma Krahnen & Gobbers, die Söhne der Begründer, in den Chefsesseln Platz genommen: nach dem Tode von Conrad Wilhelm Krahnen (†1905) und Wilhelm Gobbers (†1906) folgten deren Söhne Kommerzienrat Rudolf Krahnen (1855—1927) und Dr. jur. Josef Gobbers (1861—1926). Beide besaßen weitreichende Erfahrung im webtechnischen Bereich. Ihr Ausgangspunkt Krefeld stellte damals die größte Konzentration an Webereien in Westdeutschland dar. 1902 liefen dort 10 586 mechanische Webstühle und 6000 Handstühle. Der Jahresumsatz stieg auf 82 557 348 Mark. Für rund 37 Millionen Mark wurde exportiert. Wer in den großen Websaal der Wassenberger Fabrik I trat, dem wurde klar, welchen außerordentlichen Entwicklungsprozeß die Seidenfabrikation seit dem aus leichten Bambusstäben zusammengebundenen Webstuhl der Chinesen durchgemacht hatte. Da standen nun die eisernen, elektrisch angetriebenen Jacquardwebstühle, die reich gemusterte Stoffe mit fünf oder sieben wechselnden Schußfarben (1903) selbsttätig herstellten und dem Weber nur noch die eine Aufgabe ließen, die gebrochenen Fäden anzuknüpfen und die abgelaufenen Spulen in den Webschützen durch neue zu ersetzen. 1903 konnte deshalb ein Weber gleichzeitig zwei bis drei solcher Maschinen bedienen, wobei ein Stuhl damals fünf bis neun Meter Gewebe am Tage produzierte. 100 Jahre früher waren bei den Wassenberger Handwebern für eine solche Leistung mehrere Wochen nötig gewesen und zwei Weber zur Bedienung.

Im Werk von Krahnen & Gobbers wurde in diesen Jahren 17 Pf. Stundenlohn gezahlt. 1899 gab es den ersten Streik. Die „Heinsberger" berichtete darüber: „Der drohende Streik der Arbeiter der Wassenberger Seidenfabrik ist durch gütliche Übereinkunft, wozu Landrat Freiherr von Scheibler und unser Bürgermeister Nikolaus Beckers ihre Vermittlung zugesagt hatten, nun beigelegt worden. Die Arbeiter hatten 15 % Lohnerhöhung verlangt, die Fabrikleitung gewährte eine solche von 10 % und setzte außerdem noch die tägliche Arbeitszeit von 11 auf 10 Stunden (= 60 Wochenstunden) herab."[761] Bis 1918 wurden bei „Krahnen" nur reinseidene Fabrikate hergestellt. Die obere Fabrik (Bandweberei) stellte 1928 ihre Produktion wieder ein. Langjähriger Chef der Wassenberger Fabrik war Wilhelm Schorn von 1905 bis 1945. Schorn starb am 30. 11. 1960 im Alter von 87 Jahren. Er bemühte sich schon früh sozialengagiert um die Entwicklung des Werkes. Von Grund auf war er Wassenberger geworden und arbeitete beim Verkehrs- und Verschönerungsverein führend mit. Natürlich bewohnte er als Chef des Wassenberger Unternehmens ein besonders hübsches Haus, das ihm die Firma unmittelbar neben den Betrieb baute, und das als „Schornsches Haus" noch heute unzerstört erhalten ist.

Die „untere Fabrik" von Krahnen & Gobbers.

Soziale Einrichtungen

Die Wohlfahrtseinrichtungen von Krahnen & Gobbers verdienten Hochachtung nach dem Stand der Zeit. Sie waren fortschrittlich. Am 1. 5. 1896 trat für die Mitarbeiter eine Unterstützungs- und Invaliden-Kasse in Kraft. Ihr Zweck wurde als „Belohnung für treue Anhänglichkeit der in der Wassenberger Fabrik beschäftigten Arbeiter" bezeichnet. Die Arbeiter brauchten selbst nichts dazu beizutragen. Im § 3 hieß es: „Zweck dieser Kasse ist es, für jeden Arbeiter und jede Arbeiterin nach und nach ein Kapital anzusammeln, das durch die Zinsen in bestimmten Fällen zur Unterstützung eingesetzt und zuletzt an die Berechtigten ausgezahlt wird." Die Gelder kamen dadurch zusammen, daß die Firma jedes Jahr am 1. 6. ab 1896 jedem Arbeiter 5 Mark für jede 100 Mark, welche er im letzten Jahre verdient hatte, gutschrieb. Wer also 500 Mark verdient hat, erhielt 25 Mark als Gutschrift. Die Beträge wurden mit 4 % verzinst. Wenn ein Arbeiter zu Beginn eine Gutschrift von 50 Mark bekam, und sein Verdienst jährlich 750 Mark betrug, dann wurden daraus nach einem Jahre 91 Mark, nach 10 Jahren 542,28 Mark, nach 20 Jahren 1270,96 Mark und nach 40 Jahren 3946,18. Die Unterstützungen wurden gewährt: 1. während der Militärzeit, 2. bei der Verheiratung, 3. bei andauernder Krankheit, 4. bei gänzlicher oder teilweiser Invalidität, 5. bei andauernder Arbeitslosigkeit, 6. im Alter. So erhielt jeder Arbeiter, welcher Soldat wurde, während der Dienstzeit eine Unterstützung bis zur Hälfte seines Guthabens. Hatte er beim Einrücken z.B. ein Guthaben von 144 Mark, so konnten ihm monatlich 3 Mark und bei einem Guthaben von 200 Mark 4 Mark nachgesandt werden.

Neben dieser „Sparkasse" bestanden bei Krahnen & Gobbers noch: 1. eine Stiftung von 50 000 Mark, deren Zinsen bedürftigen Angestellten und Arbeitern oder deren Hinterbliebenen zugute kamen, 2. eine Schule für „weibliche Handarbeiten" in der Wassenberger Fabrik, die aus Mitteln der Firma unterhalten und 1907 von 42 Arbeiterinnen besucht wurde, 3. ein Gesangverein („Gesangschule"), der vor dem Ersten Weltkrieg großen Zulauf von den Betriebsangehörigen hatte, 4. die Kolonie von Arbeiterhäusern, deren Ver-

Im großen Websaal von Krahnen & Gobbers 1908.

Arbeiter-Häuser von Krahnen & Gobbers am Stern in Wassenberg.

Angestellten-Häuser von Krahnen & Gobbers an der Erkelenzer Straße (heute Kirchstraße, gegenüber Schule).

zinsung und Amortisation zu $^2/_3$ von der Firma und zu $^1/_3$ in Form von Mieten von den Arbeitern selbst getragen wurde. Kommerzienrat Rudolf Krahnen erklärte damals: „Die Wassenberger Kolonie ist unser Versuch, die Arbeiterschaft unter Beibehaltung der für minderwertige, sehr ungesunde Wohnungen üblichen Mieten an die Wohltat zweckentsprechender, lichter und luftiger Wohnungsverhältnisse zu gewöhnen."[762] Krahnen & Gobbers entschlossen sich dementsprechend, ein umfassendes Wohnungsbauprogramm auszuarbeiten. Zwischen 1904 und 1906 entstanden 26 Arbeiterhäuser und 7 Angestelltenhäuser, außerdem das schlößchenartige Postgebäude an der Erkelenzer Straße (heute Kirchstraße Nr. 28: Restaurant „Im Schlößchen"). In den Jahren danach wurden Mehrfamilienhäuser errichtet und 1929 sieben besonders schön gelegene Heidehof-Häuser. Sie regten sogar den Heimatforscher W. J. Spehl zu einem Artikel im Heinsberger Heimatkalender 1931 an: „Da liegt mitten zwischen Birken, Kiefern und Fichten die neue Siedlung. Der Gemeinnützige Bauverein Wassenberg hat da zusammen mit Krahnen & Gobbers gearbeitet. Der Erfolg ist wirklich prächtig. Zu dem dunkeln Grün des Waldes fügt sich recht wirkungsvoll das leuchtende

Die leitenden Angestellten der Seidenweberei Krahnen & Gobbers 1929.

Wassenberger Kochkursus 1913.

Weiß der kalkgestrichenen Mauern, das warme Rot der Dächer, die schöne Gliederung der Fensterläden. Das Dach der einstöckigen Häuser ist lang herabgezogen und birgt Stall und geräumigen Arbeitsplatz für die Hausleute. Die Stuben und Kammern sind geräumig. Die Häuser liegen mitten in einem großen Garten. Wirklich, da läßt's sich leben ... und wirklich Schönes ist kein Massenartikel."[763] Im Jahre 1950 besaßen Krahnen & Gobbers in Wassenberg 76 Werkswohnungen. Ein besonderer Anziehungspunkt sollte das von der Firma gegenüber der unteren Fabrik erbaute Hotel-Restaurant *Alt-Holland* werden. Jahrzehnte war es Treffpunkt der „besseren Gesellschaft". Vorher stand hier eine kleine Waldwirtschaft, die den Geschwistern Graab gehörte, den Schwestern von Max Graab, Restaurant und Bäckerei auf der Kirchstraße.

Die Frowein aus Elberfeld

1932 kam ein weiterer Weberei-Großbetrieb nach Wassenberg: Frowein & Co. Harald Frowein (*1900) und Rolf Frowein (*1903) waren die Inhaber seit 1927 bzw. 1930. Die Frowein hatten wie Krahnen & Gobbers große Web-Tradition. Als der Siebenjährige Krieg zu Ende ging, gründete Abraham Frowein jun. das Unternehmen. Mit dem wachsenden Elberfeld wuchs die bergische Bandindustrie und mit ihr die Firma Abraham und Gebr. Frowein. Abraham blieben eigene Nachkommen versagt, so übernahmen die Neffen Kaspar und Abraham das Werk und führten es durch die schwierigen Zeiten der napoleonischen Epoche. Kommerzienrat Louis Frowein hinterließ seinen drei Söhnen 1882 einen gutgehenden Betrieb. Die dritte und vierte Generation führten das Erreichte weiter. In Wassenberg expandierte es durch die Übernahme einer von der Firma Goeters 1927 erbauten, dann aber stilliegenden Fabrik zwischen Alter Bahn und Erkelenzer Straße mit 100 Webstühlen. Schon zwei Jahre später war es notwendig, Gebäude und Produktionsmittel zu verdoppeln. Bis 1934 erreichte Frowein hier eine Arbeitsintensität von drei Schichten. Hauptabnehmer waren Drucker, Warenhäuser, Konfektionäre. In der zweiten Hälfte der Dreißiger Jahre bildeten sich feste Exportverbindungen. 1936 erwarb Frowein in Osterath die Firma Walther & Lebrecht Stein AG.[764] In der Jubiläumsschrift von 1938 heißt es: „Während die Stoffabteilung von Jahr zu Jahr vergrößert werden mußte und ihre Erzeugnisse mit dauerndem Erfolge absetzen konnte, war die Bandabteilung weniger von Glück begünstigt."[765] Die ansteigende Zahl der Webstühle verdeutlichte jedoch die aufsteigende Tendenz: 1930 waren es 140 Webstühle, 1932 schon 330 und 1937 sogar 600, davon 219 in Wassenberg.
Großes Verdienst um diesen Aufschwung erwarb sich der Wassenberger Betriebsleiter Hermann Buckmann (1899—1954), welcher 1932 nach hier zog und ab 1936 eine Villa unmittelbar neben dem Werk bewohnte. In Kriegszeiten und besonders während der Kämpfe im Herbst und Winter 1944 hütete Buckmann das Unternehmen mit äußerstem Einsatz und sorgte dafür, die

Kirchstraße 1930.

Werksanlagen für einen Neubeginn nach dem Kriege intakt zu halten. Nach dem Zusammenbruch 1945 leitete Buckmann mit großem Geschick und engagierter Umsicht den Wiederaufbau der Wassenberger Niederlassung ein. Er vergrößerte die Produktionsfläche zwischen 1948 und 1950 um das Doppelte. Architekt Will Andermahr schuf die Pläne dazu. Beim lokalen Marktführer Krahnen & Gobbers liefen 1939 fast 700 Webstühle.

A little Manchester

Die Seidenstadt Wassenberg war geboren: *a little Manchester in the Rurland*, ein *kleines, aber idyllisches Krefeld.* Bürgermeister Nikolaus Beckers war stolz auf das Ende des Dornröschenschlafes im 19. Jahrhundert: ein junger, zukunftssicherer Weber hatte die Wassenberger Lady in Crepe satin wachgeküßt.
1894 bediente ein Webarbeiter in Wassenberg zwei Stühle, 1912 schon drei bis vier, 1938 etwa sechs bis acht. Paul Flecken weist auf den Produktionsprozeß zum gegenwärtigen Zeitpunkt (1987) hin: in Webereien für Futterstoffe, Seide, Baumwollverarbeitung betreut heute ein einziger Weber mit einer Hilfskraft rund 50 Webmaschinen, in der Tuchindustrie wie z. B. im Betrieb Flecken & Reinold, Rurtalstraße, wo tuchindustrielle Produkte entstehen, lenkt ein Weber mit einer Hilfskraft einen Arbeitsbereich von bis zu 20 Webmaschinen. Helmut Buckmann (Frowein & Co) gibt den Hinweis, für die Wassenberger Weber sei ein intensiver Umdenkungsprozeß notwendig gewesen, als die ersten Webautomaten aus den USA in unsere Betriebe drängten. Von Anfang an gewann das Interesse der Menschen unserer Heimat an der Textilherstellung trotz steigender und fallender Preise, trotz der Imponderabilien des Modewechsels, trotz technischer Veränderungen der Webmaschine, trotz Krise und Hochkonjunktur an Schubkraft. Die großen lokalen Vorbilder Krahnen und Frowein zogen bald schon kleine und mittlere Betriebe nach sich. Im Laufe der Zeit waren dies unter anderem die Firmen Lippold (heute in Wegberg), Hildebrand, Frenken-Birgelen, Johann Spies, Wilhelm Finken, Spee, Buschen-Wildenrath, Willi Kürver in Orsbeck, Goeters aus Viersen, Nikolaus Beckers (Bürgermeister a. D. mit bis zu 70 Hauswebern) und die nach 1945 aus Schlesien vertriebene Firma Concordia, welche heute (1986) einen Umsatz von 20 Millionen DM meldet, nachdem sie durch die Einführung der Marke „Concordia Creativ" und ihre ideenreiche Entwicklung modischer Stoffe für Damen- und Herrenbekleidung in drei Schichten zu tun hat.[766]

Die Hausweber

Aber noch eine andere webindustrielle Tendenz hatte sich bis dahin durchgesetzt: der einzelne, von früher gewöhnt, selbständig und frei „als eigener Herr" zu arbeiten, unbelastet durch Aufsicht und festgesetzte Zeit, suchte nach Möglichkeiten, zuhause eine kleine Fabrik aufzubauen. Aus solcher Mentalität entsprang die Idee von Heinrich und Louis Essers, nach Krefelder, Elberfelder und Bielefelder Vorbildern eine Lohnweberei zu organisieren. Am 1. 4. 1914 starteten sie ihr Vorhaben. Überall in unserer Region entstanden kleine Hauswebereien zwischen zwei und sechs Webstühlen bis nach Waldenrath, nach Geilenkirchen, bis nach Wegberg und Erkelenz. Die Essers stellten ihre Webstühle bei den Interessenten kostenlos auf und versorgten die so entstandenen Heimbetriebe mit Kette und Schuß. Einige dieser Privatweber schafften sich auch selbst Webstühle an, wenn Geld oder Kredit reichten. Exemplarischer Fall eines Hauswebers war der spätere Wassenberger Bürgermeister Leonhard Wolters (1897—1960), welcher nach dem Ersten Weltkrieg den Weberberuf bei Krahnen & Gobbers erlernt hatte und dann Interesse an dem Projekt der Lohnweberei bekam. 1927 verkaufte Krahnen & Gobbers Webstühle. Leonhard Wolters, Arnold Voß, Anton Schmitz und andere kauften je zwei bis vier Einheiten und begannen mit großer Begeisterung ihre Hausweberei. Andere arbeiteten die übernommenen Webstühle im Laufe der Jahre in einer Art Leasing ab.

Bald schon hörte man an jeder Ecke im Wassenberger Land das harte Schlaggeräusch im Rhythmus der Doppelbewegung von Fäden und Schiffchen. Lang war's her, als die Wassenberger Bandweber noch mit Handwebstühlen alle Bewegungen bei der Produktion mit Händen und Füßen ausführen mußten: Fachbildung, Eintragen des Schusses, Schützenwechsel und Ladenanschlag entweder mit waagerecht geführter oder senkrechter Kette. Basselissestuhl und Hautelissestuhl standen im 19. Jahrhundert bei unseren Bandwebern nebeneinander. Nach dem Ersten Weltkrieg, nach Versailles und Inflation, entwickelten sich aus der Lohnweberei, wie bei Leonhard Wolters exemplifiziert, mehr und mehr selbständige Hausweber und darüber hinaus unternehmerische Grundtugenden. Unter ihnen fiel vor allem Wilhelm Flecken (1891—1967) auf, ein geborener Wassenberger, welcher mit Hubert Flecken ein zunächst kleines Unternehmen aufbaute. Die Webstühle dafür kaufte er in Krefeld. Wilhelm Fleckens organisatorische Begabung und seine wirtschaftliche Klugheit ließen seinen Betrieb rasch wachsen und gedeihen. 1936 konnte er bereits in Wegberg großbetrieblich Fuß fassen und mit 60 Webstühlen eine beachtliche Produktion betreiben. In der Wassenberger Bahnhofsstraße behielt er seine Schärerei bei. Neben seinem Hauptbetrieb entwickelte auch er einen Hausweberkreis, der für ihn produzierte. Das Ende des Zweiten Weltkriegs traf die gesamte Weberei schwer. Aber ihm und seinem Sohn Paul Flecken gelang es, den Vertretern der Militärregierung in Haus Hall (Ratheim) das entscheidende Permit für die Wiedereröffnung betrieblicher Produktion abzuringen. Im Kriege hatte Firma Flecken hauptsächlich Fallschirmseide produzieren müssen, nun durfte sie wieder zivile Textilprodukte herstellen und damit dem „Modebild der Nachkriegszeit" mit seinen umgeschneiderten Militärjacken und eintönigen Arbeitskleidern frische Farbtupfen und ungewohnte Muster aufsetzen. Wir erfahren weiter unten noch, daß Wilhelm Flecken nach Edelbert Hähner der erste Nachkriegsbeigeordnete und dann der erste Bürgermeister (Hähner war Amtsbürgermeister) Wassenbergs wurde und seine demokratische, christlich-soziale Verantwortung und Kraft für den Wiederaufbau Wassenbergs idealistisch zu Verfügung stellte.

Im Jahre 1950/51 herrscht textile Hochkonjunktur im Vorfeld des Wirtschaftswunders. Firma Flecken betreute neben ihrem Wegberger Betrieb wieder 120 bis 150 Hausweber. 1951 bot Wassenberg diesem „Citoyen de soie" auf einem früheren Arbeitsdienstgelände die Möglichkeit zu neuem Anfang mit der Möglichkeit zu Errichtung eines modernen Betriebes nach letztem Stand. Mit 50 Webmaschinen kam Flecken nach Wassenberg zurück. Seine Söhne führen sein Werk heute erfolgreich fort.

Nach dem Zweiten Weltkrieg liefen in Wassenberg bis zu 2000 Webmaschinen. Mehrere mittlere und kleine Betriebe debütierten erfolgreich auf dem Textilmarkt. Auch die aus Schlesien vertriebene Firma Concordia erhielt hier eine neue wirtschaftliche Heimat. Heinrich Essers OHG gehört sei 1911 zu den angestammten mittelständischen Webereiunternehmen. 1978 tritt eine hochmoderne Schärerei an die Stelle seiner herkömmlichen Produktion. 1986 vergrößern Willy Essers und sein mitführender Sohn, Diplombetriebswirt Heinz-Willy Essers, den Betrieb auf 3400 qm. Gearbeitet wird heute rund um die Uhr in drei Schichten. 1983 erhält Willy Essers aus der Hand von Landrat Karl Eßer das Bundesverdienstkreuz für das breite Spektrum seiner vielfältigen Initiativen. Der Landrat würdigt sein verdienstvolles Engagement in der Vertreterversammlung der AOK als dessen Vorsitzender, beim Krankenkassenverband und als ehrenamtlicher Richter beim Arbeitsgericht in Mönchengladbach und Landesarbeitsgericht in Köln. In Wassenberg wirkte er uneigennützig als Ratsmitglied und gab dem Förderungsausschuß entscheidende Impulse. Ein Zeichen, daß wie bei Wilhelm Flecken „die Wassenberger Weber" auch immer die hohen gemeinnützigen Aufgaben im Auge behalten haben. Lambert Bürsgens schreibt über Willy Essers: „Das neue Gewerbegebiet Wassenbergs trägt vielseitig den Stempel von Willy Essers, der immer über den Rand seiner Partei hinausschaut mit dem Ziel, das Beste für Wassenberg zu tun."[767]

Der Zweite Weltkrieg hatte wie überall durch Zerstörung und Evakuierung einen folgenschweren Einschnitt in die textile Entwicklung bewirkt. Aber erstaunlich war doch, wie schnell die Firmen 1945 ihre Produktion wieder aufnahmen, nachdem die schlimmsten Schäden beseitigt waren. Anfang 1946 unterbrach noch häufig Strom- und Kohlemangel die Wiederaufbauarbeiten. Aber schon 1949 war man über dem Berg. Die Firma Frowein beispielsweise verdoppelte ihr Produktionsareal, Krahnen & Gobbers entwickelte eine arbeitsplatzsichere Nachkriegskonjunktur. Die obere Fabrik, die stillgelegte Bandweberei, wurde an ein Kartonageunternehmen vermietet. Aber seit Mitte der 60er Jahre trat in der Textilindustrie ein Strukturwandel ein, von dem zunächst die Heimweber betroffen wurden. Er erfaßte aber auch die Großen. Die Ära

Krahnen & Gobbers ging zu Ende. Zwischen dem 9. 1. 1978 und dem 9. 2. 1979 wurde die „untere Fabrik" abgerissen. Am 9. 2. 1979 fielen die beiden „fortifikatorischen Ecktürme" nach einer Sprengung in sich zusammen und ließen ein Stück altwassenberger Prosperität verschwinden. Die Bergschäden hatten den Abbruch bewirkt. Spezialisierung, Rationalisierung, hoher technischer Standard, steigende Maschinenkosten gingen für manchen über die finanzwirtschaftliche Kraft. Nach wie vor aber webt Wassenberg Stoffe, nach wie vor ist man in Veränderung und Produktionsumstellung flexibel. Automaten, synthetische Garne, Verschärfung der Konkurrenz, gemeinsamer westeuropäischer Markt sind Stichworte einer neuen Epoche der Seidenstadt Wassenberg.

Steinkohle im Horst

Als der Entdecker der Kohle im Hückelhoven-Wassenberger Raum, der 1841 in Düren geborene Bergwerksunternehmer Friedrich Honigmann, die erste Konzession für das Gebiet nördlich des Rurgrabens am 22. 5. 1885 erhielt und diese bis 1899 auf 29 Normalfelder ausdehnte, ahnte die damalige Seidenstadt Wassenberg nicht, daß die Bohrungen dieses bedeutenden, besonders risikofreudigen Pioniers auch für sie in vielfacher Hinsicht schicksalhaft werden sollten. Honigmann erfand ein Verfahren zum Abteufen von Schächten im schwimmenden Deckgebirge.[768] Horst Sommer hat die Geschichte der Gewerkschaft Sophia-Jacoba mit geschrieben: ab 1908 Schachtbohrungen bei Baal, Dovern, Hückelhoven; erster Spatenstich zum Schacht 1 in Hückelhoven am 12. 10. 1909. Honigmann erlebte die Förderung der ersten Kohle selbst nicht mehr. Er starb im Dezember 1913 im Alter von 72 Jahren. Am 8. 1. 1914 wurden aus dem ersten Flöz die ersten Wagen mit Anthrazit zutage gefördert. Ende 1911 war Schacht 2 in einer Entfernung von ungefähr 50 m von Schacht 1 begonnen worden, Schacht 3 im Mai 1927, Schacht 4 im Juni 1932 bis zur 300 m Sohle, im Juli 1954 bis zur 600 m Sohle, Schacht 5 von Juni 1954 bis Juni 1960.[769] Eine Statistik für die Jahresförderng gibt es für das Bergwerk ab 1915. Im Jahre 1916 arbeiteten 12 Bergleute unter Tage bei einer Gesamtbelegschaft von 28 Mann. 1915 wurden 317 t gefördert, 1916 bereits 3293 t, 1932 eine Million t im Jahr. 1945 sank die Förderung auf 100 000 t infolge der Kriegsgeschehnisse. 1968 erreichte man bei einer Tagesleistung von 7277 t 1,82 Millionen t im Jahr. Die Belegschaft zählte 1986 im Jahresschnitt 4904 Personen.[770]

1916 verkauften die Honigmann-Erben die Anlagen: „Dr. F. H. Fentener van Vlissingen, Direktor und Mitinhaber der Steenkolen Handelsvereniging, der größten Kohle-Importgesellschaft in den Niederlanden, war sehr an einer nahe gelegenen Kohlengrube interessiert, da während des Ersten Weltkriegs die Ausfuhr deutscher Kohle nach den Niederlanden stark eingeschränkt war. Van Vlissingen gründete 1917 zusammen mit anderen die niederländische Gesellschaft NEMOS, welche Anteile der Gewerkschaft Hückelhoven II einbezog."[771] *Gewerkschaft* heißt im Bergbau die besondere Gesellschaftsform, bei der eine oder mehrere Personen Eigentümer — Gewerke — eines Bergwerks sind. Das Besondere an dieser Gesellschaftsform ist, daß die Inhaber der Anteile, der Kuxe, nicht nur Ausbeute, d. h. Gewinn erhalten, sondern auch bei Verlusten zur Zubuße, d. h. Einzahlung verpflichtet sind.[772] Die Gewerkschaft Hückelhoven II, von der NEMOS Anteile besaß, wurde nun zusammen mit 29 Honigmannschen Grubenfeldern in eine neue Gewerkschaft mit 1000 Kuxen eingebracht. NEMOS vergrößerte sich um einige Felder im Raum Dalheim-Arsbeck, die Anton Racky nach 1898 mit dem von ihm entwickelten Schlagbohrgerät erbohrt hatte. Zu diesem Zeitpunkt erhielt die Gewerkschaft den Namen Sophia-Jacoba nach ihren niederländischen Patinnen Sophia (Ehefrau von Fentener van Vlissingen) und Jacoba (Ehefrau von J. P. de Vooys, der in Delft Professor für Physik war und zugleich Vorsitzender des Grubenvorstandes der neuen Gewerkschaft wurde). Im Jahre 1920 kaufte die NEMOS, die letzten noch im Besitz der Familie Honigmann befindlichen 400 Kuxen. Seitdem war die Gewerkschaft Sophia-Jacoba nun ganz in niederländischer Hand. Heute gehört sie der ROBECO (Rotterdamsches Beleggings Consortium), der größten Investmentgesellschaft Westeuropas.[773] Am 18. 6. 1964 debütierte an der Grenze des Wassenberger Gebietes Schacht VI. In einem Festakt vor etwa 500 geladenen Gästen wurde Schacht VI in Anerkennung von Gesamtplanung und Ausführung auf den Namen des in Wassenberg wohnenden Bergassessors Helmut Kranefuß getauft. Um 12,54 Uhr erschienen auf Signal hin die ersten mit Anthrazitkohle gefüllten 3600-l-Großraumförderwagen. Der

Bergwerksunternehmer Friedrich Honigmann (1841—1913) legte die Grundlagen für Sophia-Jacoba.

Förderturm hat eine Höhe von 75,09 m und wiegt ca. 16 000 t. Er stellt in seinem industrie-architektonischen Design einen wichtigen Schritt im modernen Förderturmbau dar. Völlig neu war die Einrichtung von Schachtförderung und Schachtbeschickung zum vollautomatischen Betrieb einer Gestellförderung. Auch Wagenumlauf und Sieberei in der neuen Schachthalle sind automatisch.[774] Die Zeche ist hier dem von National Coal Board entworfenen Ideal eines Spitzenbergwerks sehr nahe gekommen.[775] NRW-Ministerpräsident Franz Meyers sprach sich bei diesem Festakt dankbar über die neuen Anlagen aus.

Bergschäden

Mitte 1971 (Seilfahrtanlage, 1500 Mann) begann der Abbau im Wassenberger Feld. Bergschäden ließen nicht lange auf sich warten. Die Arbeiten mußten natürlich Rücksicht auf die hier gelegenen bergschadenempfindlichen Webereien nehmen. Desungeachtet schlugen häßliche Narben ins Wassenberger Stadtbild. Abriß, Umbau oder Verlegung von Gebäuden wurden oft notwendig. Die vertraute Brühl verlor ihr Gesicht. Im Frühjahr 1985 faßte Bürgermeister Jochen Schumann die Folgen der Schäden im Stadtgebiet vor einem interessierten Kreis zusammen. Seine Aussagen haben historisch-dokumentarischen Wert: „Wenn man heute durch die Innenstadt geht, ist man irritiert: es ist tragisch und stimmt jeden, der Wassenberg liebt, wehmütig. Ein uralter Stadtkern wurde nach und nach zerrissen. Besonders betroffen hat mich der Abriß des Hauses Laprell in der Graf-Gerhard-Straße gemacht. Ich weiß um die Konfliktsituation der Energiesicherung. Ich weiß, daß wir in langen Jahrzehnten der Zeche in Sachen Arbeitsplatz enorm viel verdanken. Aber was hier mit unserem Wassenberg in seiner historischen Gestalt geschieht, ist mit Worten nicht zu beschreiben. Wir sollten trotz allem nicht resignieren! Nehmen wir unsere Kräfte zusammen, um nach dem Desaster der Bergschäden eine Stadtkernsanierung voranzubringen. Unsere Kinder werden eines Tages von uns Rechenschaft fordern und fragen, was wir mit dem Erbe der alten Stadt gemacht haben. Mit Stadtdirektor Walter Windeln habe ich alles unternommen, die entstehenden Lücken in Wassenberg wiederaufbauend zu schließen. Und so soll es auch auf neuen Fundamenten im Bereich der Laprellschen Baulücke geschehen. Vielleicht könnte die leere Fläches mit einem Fassaden-Haus besetzt werden, wie es etwa das Haus Jansen-Heidemanns nach baugeschichtlich-bewußter Renovierung heute zeigt. Denkbar wäre ein attraktiver Arkadengang. Auch nach der Schließung der Baulücken im unteren Bereich der Graf-Gerhard-

Grubenfeld Sophia-Jacoba im Gebiet der Stadt Wassenberg.

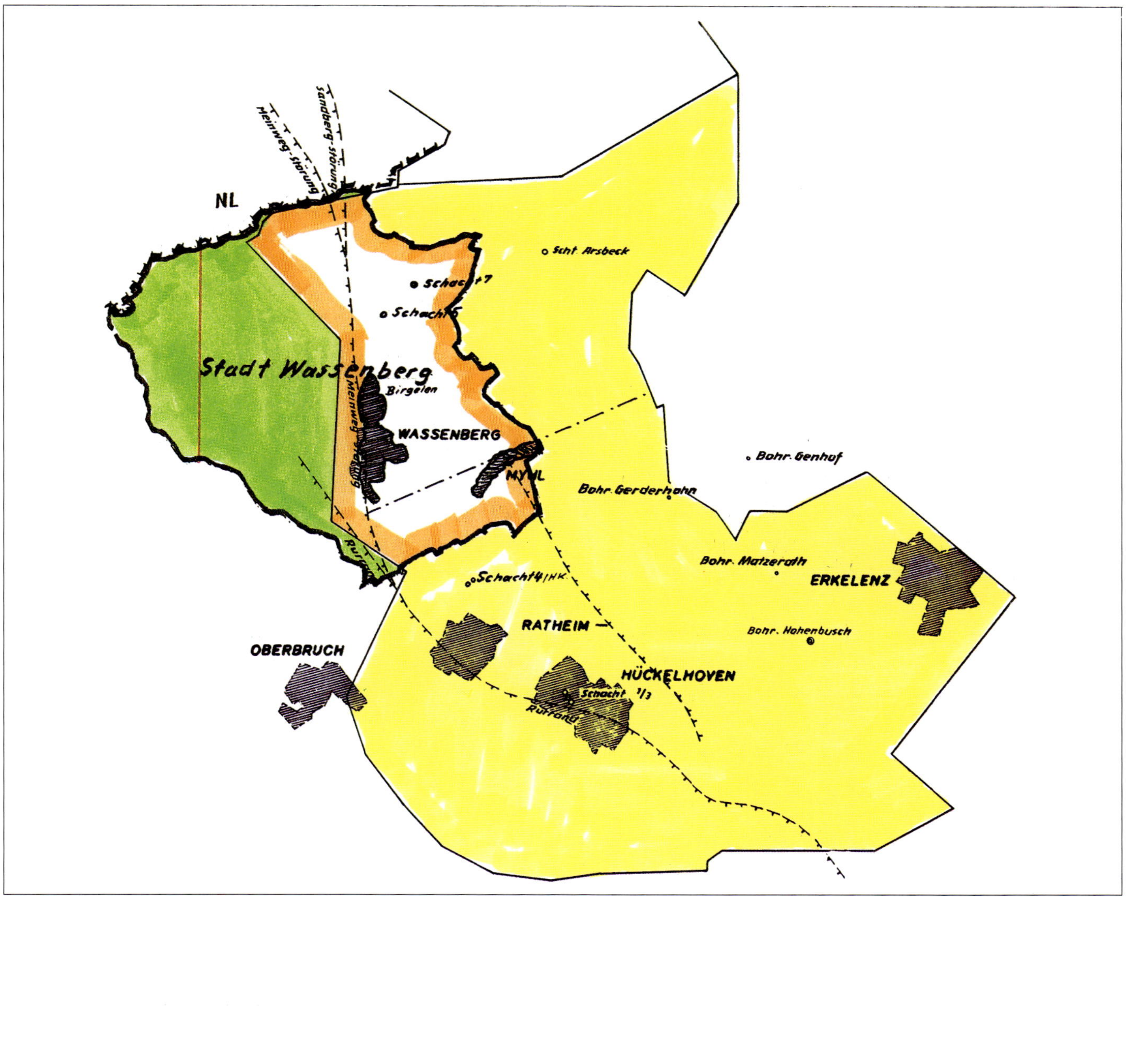

Bergwerk Sophia-Jacoba. Werkfoto.

Straße fragen die Wassenberger, wie lange eine Wiederbebauung der hier fast ausschließlich in Zechenbesitz befindlichen Grundstücke noch dauern soll, nachdem der Kohleabbau unter dem Kern von Wassenberg längst abgeschlossen ist. Inzwischen kann man von der Graf-Gerhard-Straße bis zum Patersgraben und sogar bis zum Gasthausbach durchblicken".
Solche Aussagen eines unserer besonders mitmenschlich denkenden Bürgermeister nach dem Kriege zeigen schmerzhaft den Zustand der Bergschäden-Misere am Ende der „Unter-Wassenberg-Förderung". Sowohl Bürgermeister Schumann wie Stadtdirektor Windeln darf der Chronist nach diesen äußerst schwierigen Jahren bescheinigen, daß sie von Anfang an mit Sophia-Jacoba „reinen Tisch" gemacht haben und ihr Wassenberger Anliegen in zahllosen Vorstößen engagiert vertraten. Ich selbst habe mir einmal im Hinblick auf dieses Buch in der erst 1962/63 errichteten Marien-Apotheke neben der Mariä-Himmelfahrt-Kirche der Oberstadt von Elvira Burchard die klaffenden Risse und zerstörerischen Erdbewegungen zeigen lassen. Ein totaler Abbruch war hier schließlich unvermeidbar und ein Wiederaufbau auf dem rückwärtigen Gartengelände durch Zukauf eines stadteigenen Streifens notwendig. Die Wiedereröffnung der Apotheke fand im August 1985 statt.
Viele Wassenberger haben in jenen Jahren auch um die Festungsanlagen (Burg, Stadtmauer, Roßtor) gezittert. Wie mir ein Markscheider erklärte, war der Burgfried wohl deshalb nie gefährdet, weil seine kegelartige Aufschüttung ein Bewegungspolster darstellt. Zum Glück hatte Propst Paul Spülbeck beim Wiederaufbau der Georgskirche 1956 durch die Architekten Alfons Leitl (Entwurf) und Will Andermahr (Bauausführung) eine Bergschädensicherung eingeplant, die ihm von der Gewerkschaft Sophia-Jacoba empfohlen worden war. Denn gerade hier unter den Fundamenten des Gotteshauses verlief ein tiefreichender Bruch, eine Verwerfung des Gebirges.[776]

Der Sand-Wasser-Einbruch

In alle Massenmedien geriet Wassenberg infolge seiner Bergschäden jedoch erst 1975. Es ereignete sich ein gefährlicher Vorgang unter Tage. Unter dem nördlichen Stadtteil (Feierabendsiedlung und Umgebung) traten aus dem unsicheren Deckgebirge ungeheure Schwimmsandmassen aus. Am 12. 9. 1975 brach in eine dortige Strecke stark sandiges Wasser ein. Ursache war ein überraschender Schwimmsanddurchbruch: Eine überwältigende Wasser-Sand-Lawine wälzte sich nach Norden und Süden auf beiden Sohlen in die Grubenbaue. Ihre Geschwindigkeit betrug anfangs rund 1 m pro Minute Die Belegschaft wurde alarmiert und planmäßig aus der Grube gerufen. Am folgenden Nachmittag war auf der vierten Sohle das Sandwasser bereits bis kurz vor die 7 km südlich der Einbruchstelle liegenden Schächte 2 und 3 vorgerückt. Innerhalb von 16 Stunden hatten sich rund 100 000 cbm Sand in den Grubenbauen abgelagert, weitere 30 000 cbm folgten in gefährlichen Schüben. Die Gesamtlänge der vom Sandwasser vollständig oder teilweise verfüllten Strecken betrug 15 km.[777]

Die Störung unter Tage wirkte sich in der Feierabendsiedlung in Wassenberg verheerend aus. Es handelte sich zudem um ein 1963 fertiggestelltes Wohngebiet, das die Zeche selbst subventioniert hatte. Der Massenentzug aus dem Deckgebirge verursachte an der Wassenberger Oberfläche einen ellipsenförmigen Absenkungstrichter bis zu 430 m Breite mit größter Vertiefung von annähernd 6 m im Zentrum. 55 Familien mußten noch in der Nacht zum Samstag (12./13. 9. 1975) ihre Wohnungen räumen. Zwei Häuser und zwei Wohneinheiten traf es so schwer, daß sie später abgebrochen wurden. Personen kamen zum Glück weder unter Tage noch in Wassenberg zu Schaden. Horst Sommer schreibt in seiner Sophia-Jacoba-Chronik: „Nach der Selbstverstopfung des Durchbruchs bzw. dem Stillstand der Sandmassen durch die Filterdämme, waren für die Überwindung des Schwimmsandeinbruchs ein Zielbohrloch in die Einbruchsstrecke sowie die schnelle Einrichtung von Zusatzwasserhaltungen wesentlich."[778]

Jedes Deckgebirge, nicht nur Schwimmsand, wird in seiner Standfestigkeit durch Abbaueinwirkungen beeinträchtigt. Im Wassenberger Horst nimmt die Unzuverlässigkeit nach Norden hin zu. Kein Wunder, daß sich dies in den Jahren danach schmerzhaft in vielen Bergschäden zeigte. Allein für das alte Rathaus am Roßtor zahlte das Bergwerk bis 1986 nach Auskunft der Zeche rund eine Drittelmillion. Bürgermeister Schumann teilte im Februar 1987 mit, diese Summe sei in die Finanzierung des neuen Rathauses an der Roermonder Straße geflossen und beschließe nicht die bisherige Schadensregulierung. Das alte Rathaus besitze nach wie vor Anspruch auf Schadensbeseitigung. So sehr die Bergschäden das Stadtbild auch vernarbt haben, die Zeche selbst war für die Prosperität Wassenbergs von anerkennenswerter Bedeutung. In den letzten 10 Jahren hat Sophia-Jacoba über 400 Millionen DM investiert. Viele Wassenberger fanden hier ihren gesicherten Arbeitsplatz. Mit Schacht 8 und der Beeendigung des Abbaus in den Betriebsfeldern Hükkelhoven-Ratheim und Wassenberg wendet sich unser Bergwerk nun dem Aufschluß des Nord- und Ostfeldes zu. Am 1. 12. 1982 stimmte der Aufsichtsrat dem Projekt zu, einen neuen Wetterschacht für die Frischwetterversorgung des Ostfeldes zu erstellen. Über Tage liegt der Schachtansatzpunkt dazu zwischen Matzerath und Golkrath. Am 11. 12. 1984 wurde der erste Spatenstich getan. Bergassessor Buss erklärte dabei, Sophia-Jacoba sei inzwischen eines der modernsten Anthrazitbergwerke der Welt mit einer einmaligen Aufbereitungskonzeption. Forderung müsse sein, gemeinsam mit dem Eschweiler Bergwerksverein, ein Kraftwerk für niederflüchtige Kohle zu schaffen.[778]

*Helmut Kranefuß (*1909), Bergwerksdirektor Sophia-Jacoba 1956—1974. Werkzeichnung.*

Der Mensch als *ens sociale* wurde in diesem Großbetrieb nie vergessen. Der Konflikt zwischen Fortschritt und Bewahrung des *humanum* wird vom Management im besten Sinne bewältigt. Die Erde und ihre Schätze werden als Auftrag und Verantwortung gesehen im Sinne des alten „Lehens der Wassenberger Mannkammer", das wir wie damals nur auf Zeit haben und unseren Kinder weitergeben müssen. Die soziale Aktivität von Sophia-Jacoba beweisen zahlreiche schulische, wohnungsbauliche, gesundheitsintensive, familienfördernde und freizeitliche Einrichtungen. Die weithin sichtbaren Türme ästhetischer Industriearchitektur der Zentralschachtanlage in Ratheim und der Außenschachtanlage in Wassenberg-Rosenthal demonstrieren nicht nur bergmännischen Fleiß, sondern auch Organisationskraft, Ideenreichtum und Zielstrebigkeit.

Wassenberg war stolz, viele Jahre den führenden Bergwerksdirektor dieses Großbetriebs zu seinen Bürgern rechnen zu dürfen: Bergassessor Helmut Kranefuß, 1909 in Gütersloh geboren, studierte von 1928 bis 1932 in Freiburg und Berlin Bergbaukunde und kam über die Gelsenkirchener Bergwerks-AG 1956 als technisches Vorstandsmitglied nach Hückelhoven. Ausbau und technische Entwicklung von Sophia-Jacoba trafen bei ihm auf Tatkraft und Können. Der Verwirklichung seiner Ideen ist es zu danken, daß Sophia-Jacoba die Kohlenkrise gesund überstand. Als Kranefuß in Hükkelhoven eintrat, war es gerade gelungen, die Schwelle von einer Million Tonnen Förderung im Jahr zu überschreiten und damit wieder den Vorkriegsstand zu erreichen. Das bedeutete damals eine Tagesförderung von 3.500 t. Um voranzukommen, ließ er den vorhandenen Wetter- und Seilfahrtschacht IV zu einem neuzeitlichen Förderschacht umbauen, 1959 in Betrieb nehmen und 1964 Schacht VI in Ratheim in Betrieb zu nehmen. Dieser Schacht erhielt den Namen „Helmut Kranefuß". Beide Schächte erreichten bald schon eine Tagesförderung von 10 000 t. Auch die übrigen Anlagen wurden unter Kranefuß modernisiert. Die Brikettproduktion nahm von 236 000 t im Jahre 1956 auf 527 000 t im Jahre 1973 zu. Besonders erwähnen möchte ich die Errichtung der Extrazitfabrik, in welcher nach einem für Sophia-Jacoba entwickelten Verfahren aus Anthrazitfeinkohle eine raucharm verbrennende Formkohle hergestellt wird. Am 31. 12. 1974 schied Helmut Kranefuß als Vorsitzender aus dem Grubenvorstand aus. Während seiner Dienstzeit (1956—1974) waren 165 Millionen DM investiert worden. Mut, Weitblick und Verantwortungsgefühl zeichneten diesen „Wahl-Wassenberger" aus. Als Abschiedsgeschenk überreichte Aufsichtsratvorsitzender van Beuningen ihm eine Statue der heiligen Barbara, der Schutzpatronin der Bergleute.

Kranefuß' Nachfolger wurde Dietrich Buss (1921 in Unna geboren), der an der Bergakademie Clausthal-Zellerfeld sein Diplom gemacht hatte. 1955 im Aachener Revier, anschließend in der Bergbau AG Lothringen in Bochum, trat er am 1. 1. 1975 die Nachfolge von Kranefuß an und wurde Vorsitzender des Grubenvorstandes der Gewerkschaft Sophia-Jacoba. Zu Beginn des Jahres 1987 ging Dietrich Buss in den Ruhestand. Sein Nachfolger im Amt des Vorsitzenden wurde Friedrich H. Esser.

An Stadtmauer und Bleiche 1911.

DAS ALTE WASSENBERG

Otto Grashof

Otto Grashof, evangelischer Pastor Wassenbergs von 1862 bis 1909, war eine beeindruckende Gestalt. Er kam aus dem *Hilligen Köln* und hatte nach Hauslehrerdienst in Paderborn und Manchester den Wunsch, sich als Pfarrer niederzulassen. Aus England brachte er 1860 ein feines englisches Fräulein als Verlobte mit: Alice Thomasson. In Wassenberg wurde um diese Zeit die Stelle des evangelischen Pastors frei, weil der seit 1830 im Amt befindliche Wilhelm Coenen seinen Ruhestand angekündigt hatte. Was mag Otto Grashof bewogen haben, sich in Wassenberg zu bewerben? Auf jeden Fall wollte er möglichst bald seine Alice heimführen und sei es „ans Ende der Welt". So wurde er denn am 7. 5. 1862 eingeführt und am 18. 9. des gleichen Jahres vermählt. Alle Quellen sprechen von der starken Wehmut Alices, als sie ihr geliebtes Albion verlassen mußte, um „im melancholischen Waldort Wassenberg" ein neues Zuhause zu finden. Da half auch Arthur Schopenhauer nicht, den Alice unter den Philosophen favorisierte, weil Melancholie für bedeutende Naturen aufbauend sein soll.

Es ist sicherlich für uns interessant, einmal in das Haus eines Wassenberger evangelischen Pastors hineinzuschauen und ein wenig von dem weltanschaulichen Hintergrund zu erfahren, den beispielsweise die Grashofs bewegte. Der Pfarrer haßte als Theologe Nietzsche wie die Pest. Er konnte mit dem Gedankenmodell von der „Welt als Wille und Vorstellung" wenig anfangen. Nihilismus war ihm ein rotes Tuch. Ihm lagen mehr die Werke des amerikanischen Dichters Henry W. Longfellow. Grashof übersetzte einige davon. Ihn faszinierten Longfellows Verserzählungen. Er übertrug deshalb „Evangeline" sowie „Hiawatha". Grashof war begeistert von des Dichters unitarischer Frömmigkeit in moralischen Allegorien. Er liebte Denkspiele im Waldort Wassenberg, wo damals der von Oscar von Forckenbeck so benannte „Philosophenweg" am Rand des Judenbruchs zwischen Forckenbeckallee und Erkelenzer Straße „meditative Windungen" zuließ. Bei Grashof war der Begriff des „Nihilismus" der philosophische Gegenbegriff schlechthin. Als es 1880 in seinem Presbyterium um die Teilnahme der hiesigen Zollbeamten am Gottesdienst ging, hieß es in seiner Eingabe, „den Grenz-Beamten dienstfreie Sonntage zu gewähren, damit sie den Gottesdienst besuchen könnten und nicht zu Nihilisten würden".

Alice starb früh an Typhus-Nervenfieber, wie es damals hieß. Eingeschleppt von Soldaten aus dem Deutsch-Französischen Krieg. Vier Kinder hatte sie ihrem Mann geschenkt und ihn wegen der Kinder angefeuert, einen größeren Wirkungskreis zu suchen, „um ihnen das Provinzielle zu ersparen". In Trier war die Pastorenstelle vakant, aber bei der Vorstellung im gewaltigen Raum der Konstantinbasilika versagte seine Stimme: er fiel durch.

Im Jahre 1873, zwei Jahre nach Alices Tod, heiratete Grashof ein zweites Mal. Diesmal eine Tochter des Landes. Er hatte sich in Caroline Tilgenkamp aus dem benachbarten Heinsberg verliebt, eine der „vier häßlichen Entlein" des Inhabers und Redakteurs der Heinsberger Zeitung. Sie war 15 Jahre jünger als er und ihm, wie die Familienchronik betont, „tief ergeben". Caro-

Der evangelische Pfarrer Otto Grashof (1836—1909) und seine zweite Ehefrau Caroline Tilgenkamp (1851—1909).

Pfarrer Otto Grashof mit seiner aus England stammenden ersten Ehefrau Alice geb. Thomasson am Hochzeitstage 18. 9. 1862.

line war weder eine Philosophin wie ihre Vorgängerin Alice, noch schön, eher ein Dummchen mit wenig Prätention in Physiognomie und Körper, dafür aber eine dynamische, liebenswürdige Hausmutter streng nach Pestalozzis berühmter Schrift „Wie Gertrud ihre Kinder lehrte". Solche Eigenschaften erwiesen sich als notwendig bei sieben Kindern und den zahlreichen Gastkindern im Privatinternat der Grashofs. Der Pfarrer holte nämlich schwachbegabte Schüler aus den Niederlanden, Frankreich, Belgien, England und den USA nach Wassenberg. Bis zu 23 Postulanten als „Pflegesöhne" fanden auf der Kirchstraße im *Hotel zur guten Pastorin* (Pfarrhaus, damals Kirchstraße 62) Aufnahme.

Der Philanthrop

Nur von dem Wassenberger Realienlehrer Adam Remond unterstützt, unterrichtete Grashof alle Fächer selbst. Pädagogisch fühlte er sich dem Philanthropen Johann Bernhard Basedow verbunden und betrachtete dessen Schriften „Vorstellung an Menschenfreunde" und „Elementarwerk" als seine didaktischen Evangelien. Es ging Grashof um die „irdische Wohlfahrt" durch Bildung und Hinwendung zur Religion und Menschlichkeit. Für die geographischen Aspekte holte er sich seinen weitgereisten Freund, Oskar von Forckenbeck, ins Internat. Grashofs Institut hatte einen guten Namen. Davon zeugen viele erhalten gebliebene Dankschreiben ausländischer Familien.
Pfarrfrau Caroline steuerte einen großen Arbeitsanteil bei. Sie sorgte für Verpflegung, Wäsche und Unterbringung. Junge Mädchen, als Haustöchter aufgenommen, halfen ihr. Sie „durften" neben der hauswirtschaftlichen Praxis (z. B. Kochkurse) ein wenig am Curriculum der Knaben teilnehmen.

Ein zorniger Mann namens Zorn

Grashof hatte einen schwierigen Mann in seiner Gemeinde. Der Tapetenhersteller H. F. Zorn (Tapetenfabrik, zunächst in der Brühlstraße, später im Jugendheim am Stiftsplatz) hat mit ihm oft die Klingen gekreuzt. Die Streitereien nahmen ihren Ausgang von einem Gedicht, das Grashof in unkontrolliertem Dichter-Eifer auf den Selbstmord von Hermann Sagné, dem Vetter von Zorn, verfaßt hatte. Im Protokollbuch der evangelischen Gemeinde steht unter dem 6. 2. 1881: „Der Vorsitzende (Grashof) las einen Brief von H. F. Zorn von hier vor, der sich beschwert über ein von Pfarrer Grashof auf den Selbstmord seines Vetters Hermann Sagné verfaßtes Gedicht. Der Vorsitzende theilt den Sachverhalt mit, wie durch beklagenswerte Indiskretion das Gedicht an die Öffentlichkeit gelangt sei."
Andreas Knorr[779] nennt diese Entschuldigung dürftig: „Zorn mußte es ja darum gehen, daß überhaupt vom Pfarrer ein Gedicht über eine so ernste Sache wie einen Selbstmord gemacht worden ist." Zorn begann von diesem Augenblick an, den Pfarrherrn in einen Dauerkrieg zu ziehen. Noch Jahre später ist seine Wut nicht verraucht. 1892 attackiert er Grashof in einer Presbytoriumssitzung: „Endlich kam im Presbyterium

Grashof-Familie am 29. 12. 1897.

noch ein heftiger Anfall des Tapetenfabrikanten H. F. Zorn zur Sprache. Derselbe stellte die Anfrage, ob bekannt sei, daß der Pfarrer der fleißigste Besucher der Wirtshäuser, der eifrigste Besucher der Kegelbahn, ein eifriger Kartenspieler und Besucher des Tanzbodens sei."

Grashof empört: „Wenn man in einer kleinen, quasi geschlossenen Gesellschaft von anständigen, gebildeten Herren ein mäßiges Glas Bier zu trinken pflege zu einer abendlichen Mußestunde, so könne das unmöglich 'Wirtshausbesuch' in dem schlimmen tadelnswerten Sinne genannt werden. Ebenso beiße ihn sein Gewissen nicht, wenn er nach des Tages geistiger Anstrengung zu seiner Erholung für 1 bis $1^1/_2$ Stunden ein Spielchen mache, das keineswegs zu der verwerflichen Sorte von Spielen nach Art leidenschaftlicher Hazardspieler gezählt werden könne". Nichtsdestoweniger verspricht der Pfarrer, weder in der Öffentlichkeit eine Karte anzurühren, noch an Sonntagen das Graabsche oder ein anderes Wirtslokal, somit also auch nicht den Tanzboden, besuchen zu wollen. Er besteht jedoch darauf, daß er sich von Herrn Zorn noch lange nicht sein Glas Bier oder eine Kegelpartie verbieten lasse[780].

Neuen „Zorn" gab es, als die Grashof-Tochter Alice am 21. 4. 1896 in der Hofkirche den Dürener Kaufmann K. F. Dubuisson heiratete. Zorn führte anschließend Beschwerde, „daß bei der Trauung auf Anordnung der Frau Pastor, durch die römisch-katholische Magd Leube sowohl Evangelischen als auch Katholiken der Eintritt in die Kirche verwehrt worden sei."

Beinahe ein halbes Jahrhundert lenkte Pfarrer Otto Grashof die evangelische Gemeinde. Der Kirchbau war von Anfang an sein großes Ziel. Aber er erreichte es nicht. Wohl gelang ihm mit Hilfe des von ihm begründeten Kirchbaufonds, einen Bauplatz zu kaufen. Es handelte sich dabei um ein Wohnhaus mit Garten und Stallungen für 6 500 Mark. Das Grundstück liegt Brühlstraße 5 und wurde 1966 zwecks Finanzierung des Gemeindezentrums Kreuzkirche/Pfarrhaus an Privatleute verkauft. Damals, am 9. 2. 1903, trat F. H. Zorn auf Beschluß des Presbyteriums in den Kauf ein und übergab das Grundstück in einem notariellen Akt bei Notar Weisweiler dem Presbyterium. Otto Grashof ahnte, daß eines Tages eine große evangelische Pfarrkirche erstehen würde. Am 13. 12. 1964 wurde die Kreuzkirche — diesen Namen hatte das Presbyterium am 15. 10. 1964 beschlossen — zwischen Bergstraße und An der Kreuzkirche von Oberkirchenrat Rößler eingeweiht. Am 1. 4. 1966 wurde der Glockenturm aufgerichtet. Aber da lagen Otto Grashof und Caroline längst unter dem Rasen. Im alten Protokollbuch des Verschönerungsvereines (gegründet 1897) steht Grashof mit einer großzügigen Spendensumme verzeichnet. Am 3. Januar 1909 starb er im Alter von 73 Jahren. Nur eine Woche später folgte Caroline. Das Grab der Grashofs auf dem alten evangelischen Friedhof ist noch da: ganz oben, versteckt hinter Büschen und großen Grabmälern. Da liegt der alte Pfarrherr, der fast ein halbes Jahrhundert in Wassenberg gepredigt, gedichtet, erzogen, übersetzt, geliebt und gelebt hatte, zusammen mit seinen beiden Frauen Alice und Caroline, wie der Graf von Gleichen im Dom zu Erfurt. Aber Grashofs Frauen waren nicht gleich, wenn er sie auch als seine *geliebten Fuchsien* mit den vom „rötlichen Wipfel umstrahlten Köpfen" besungen hat: seine muntere, sinnlich nicht reizvolle, aber fleißige, mütterliche Caroline und seine leidenschaftliche, hübsche, philosophisch-engagierte, englisch-feine Alice. Über ihrem Grab liegt der sanfte Schimmer verklärter Erinnerung Alt-Wassenbergs.

Bürgermeister von 1900 bis 1933

1895—1922	Nikolaus Beckers
1922	Gerhard Müller
1923—1931	Peter Dickmann
1932—1933	Friedrich Bell (bis 18. 4.)

Der Kriegerverein

In der 27-jährigen Bürgermeisterszeit von Nikolaus Beckers hat Wassenberg auf der einen Seite Fortschritte gemacht, auf der anderen Seite infolge des Ersten Weltkriegs schicksalhafte Einbrüche durch Tod, Hunger, Arbeitslosigkeit und Inflation erlebt. Dabei war die *Goldene Zeit* vor dem Ersten Weltkrieg — so formulierte es der Alt-Wassenberger Heinrich Louis frei nach der Paul-Lincke-Operette — „einfach kollosal und donnerwetter tadellos"! „Wir ahnten nicht, daß der Kaiser, jener ‚liebe Mann', eine Schicksalsfigur für uns werden sollte," sagte Nikolaus Beckers, als er nach den wichtigsten Ereignissen seiner Bürgermeister-Ära gefragt wurde: „Das berühmte Bild des Kaisers in großer Pose hing im Rathaus. Majestät hatte die linke Hand am Säbel, die rechte am Zepter. Die Größe der Weltmacht sprang den Betrachter an." Dieses Gemälde war eine „Kriegserklärung".

Wassenberg hatte seinen Kriegerverein. Josef Kreutzer (1842—1915) war sein Vorsitzender. Eine Reihe Wassenberger zeigten beim Sedanfest ihre ordenbehangene Helden-Brust. Josef Kreutzer hatte in Königgrätz und Sedan mitgefochten. In beiden Kriegen war er dekoriert worden. Der Burgherr Apotheker Carl Kofferath (1841—1919) machte Königgrätz als stud. pharm. freiwillig im Feldlazarett mit.

Hans Heidemanns schreibt: „Josef Kreutzer und Carl Kofferath fühlten sich als Regimentskameraden und durch die große Schlacht verbunden, waren jahrelang befreundet und aktiv im Wassenberger Kriegerverein tätig."[781]

Der Kriegerverein war eine gesellschaftlich hochangesehene patriotische Vereinigung. Unentwegt gab es etwas zu feiern. An preußischen Siegen war kein Mangel: 1864 Düppeler Schanzen (Preußisch-Dänischer Krieg), 1866 Königgrätz (Preußisch-Österreichischer Krieg), 1870 Sedan (Deutsch-Französischer Krieg).

Josef Kreutzer lebte und starb in Wassenberg 1915. Er baute das Wohnhaus Kirchstraße 12. 20-jährig wurde er zwecks Ableistung seines Wehrdienstes zu einem

Infanterieregiment nach Berlin einberufen. Auf dem Weg dahin marschierte er zu Fuß bis Hannover. Dort wurde er mit einem Gefährt abgeholt. Als Angehöriger des 5. Rheinischen Landwehrregiments Nr. 65 nahm er an den Feldzügen gegen Österreich 1866 und gegen Frankreich 1870/71 teil. Hans Heidemanns: „Mit der Elbarmee unter General von Herward war er von Sachsen her nach Österreich marschiert. Am 16. Juni 1866 überschritt der Infanterist Josef Kreutzer die Grenze. Die Sachsen wichen nach Böhmen-Österreich aus, am 22. 6. 1866 erging der Befehl, in Böhmen einzuziehen. Zu Gefechten kam es bei Hühnerwasser und Münchengrätz. Am 3. Juni fand die Entscheidungsschlacht bei Königgrätz statt. In dieser Schlacht war Josef Kreutzer Meldegänger, und er wußte stolz zu berichten, daß er einige sehr wichtige Meldungen zum Hauptquartier, in dem der König und General Moltke das militärische Geschehen lenkten, gebracht habe. Als Gefährt habe er einen requirierten Leiterwagen und eingefangene Pferde benutzt."[782]

Am Gedenktag dieser Schlacht spannte Josef Kreutzer auf der Kirchstraße von seinem Haus zum evangelischen Pastor Grashof hinüber eine Girlande mit der Aufschrift: „Zur Erinnerung an den größten Sieg Preußens". Solche Textgirlanden wurden in Wassenberg aus Leinen geschnitten, wobei der Text mit Wolle eingestickt wurde. An Kaisersgeburtstag, Zint Jüres (Georgsfest) und Kirmes wimmelten die Straßen von derartigen Spruchbändern.

Kriegskamerad Carl Kofferath, Sohn des damaligen Wassenberger Apothekers Theodor Johann Kofferath (†1881), hatte nach der Gymnasialzeit eine Apothekerlehre in Wassenberg absolviert und studierte in Breslau Pharmazie. Hans Heidemanns: „Weihnachten 1866 wollte er sein Examen als Apotheker in der Tasche haben. Fünf Monate vor diesem Datum meldete sich der ungediente Studiosus freiwillig zur Versorgung der Verwundeten. Das Schicksal seines Vaterlandes Preußen hatte für ihn eine höhere Priorität. Carl Kofferath kam zum 1. Schweren Preußischen Feldlazarett in Reinerz/Schlesien, etwa 50 km östlich von Königgrätz. In diesem Gebiet hatte die 2. Preußische Armee unter Kronprinz Friedrich Wilhelm Aufstellung genommen und schickte sich an, in drei Säulen Richtung österreichische Grenze — Königgrätz — zu marschieren. Infolge schwerer Gefechte waren die Feldlazarette bald mit Verwundeten gefüllt."[782] In einem Anerkennungszeugnis wird der Einsatz Kofferaths gelobt. Nach dem Feldzug kehrte Kofferath an die Universität Breslau zurück und bestand schon im November 1866 sein Staatsexamen mit *Sehr gut*. Er kam dann nach Wassenberg, diente als *Einjährig Freiwilliger* und nahm wie Josef Kreutzer am Kriege 1870/71 teil.

Bei den 14-tägigen Zusammenkünften des Kriegervereins trafen sich die beiden Helden. Aus der Zeit heraus muß man ihren Enthusiasmus verstehen. Von meiner Großmutter weiß ich, daß mein Großvater, Josef Kreutzer, an solchen Abenden zwei (!) Zigarren rauchte, einen Schnaps und zwei Bier (!) trank. Und das gleich zweimal im Monat! Ein Glas Bier kostete 5 Pfennige, ein Schnaps 3 Pfennige, eine Zigarre 8—15 Pfennige. Manchmal spendierte der reiche Kofferath seinem wenig bemittelten Kriegskameraden eine Lage zusätzlich. Bei den Sitzungen wurden die Schlachtverläufe der Freiheitskriege rekapituliert. An Kreutzer und Kofferath soll sichtbar gemacht werden, daß die um 1820 spürbare antipreußische Gesinnung mancher Wassenberger längst einem neuen patriotischen Grundgefühl gewichen war. Seit den „Düppeler Schanzen" gegen Dänemark herrschte auch hier starker Hurrapatriotismus. In Dänemark war eine ganze Reihe von jungen Leuten aus dem Rurland dabei gewesen. Der Soldat Schmitz aus Birgden fand bei der Erstürmung der „Düppeler Schanzen" den Tod.[783] Der Gefreite Kaaf aus Dremmen erkrankte an Typhus und verstarb im Lazarett zu Altena. Der Kanonier B. Jakobus Tellers aus Vinn verlor sein linkes Bein. Wassenberg hatte keine Verluste. Bei Ausbruch des Krieges gab Landrat Janßen einen Aufruf an die Bevölkerung des Kreises Heinsberg heraus, durch Spenden das Los der Krieger und Verwundeten zu mildern. In Wassenberg bildete sich 1864 spontan ein Frauenkomitee, das Sammlungen durchführte und dabei nach Verbandsstoff, Kleider, Decken u. a. Ausschau hielt. Auch Geld wurde gespendet: in Wassenberg 41 Taler, in Birgelen 18 Taler, in Myhl 24 Taler, 24 Silbergroschen und 8 Pfennige. Myhl sammelte 20 Pfund Kompressenleinen und Charpie (Zupflinnen als Verbandsstoff). Aus Wassenberg kamen noch 6 Paar wollene Strümpfe und 65 Pfund Verbandsleinen.

Die Löffelstraße 1935.

Der Sieg von 1870/71 löste chauvinistischen Übermut aus. Der damalige Wassenberger Bürgermeister Franz Therstappen sagte bei seiner Sieges-Rede am 10. 5. 1871: „Die denkwürdigsten Ereignisse liegen hinter uns. Ein reiches, glückliches Vaterland wird

Bäuerin mit Kuh hinter dem Roßtor auf dem Weg zum Kulenberg. Aquarell von Jean Grothe 1911.

auch unsere Gegend zu Wohlstand führen. Unser Erbfeind liegt am Boden. 8 Wassenberger haben mitgeholfen, ihn niederzuringen. Nun beginnt die Geschichte des Kaiserreichs mit ewigem Frieden!" An diesem Tage wurde auf der Burg geböllert. Der Musikverein trat auf und spielte vaterländische Lieder, Märsche, Ständchen. Die Liedertafel schmetterte:

Der Landsturm! Der Landsturm!
Hörst du's vom Kirchsturm stürmen, Frau?
Siehst du die Nachbarn wimmeln? Schau!
Und drüben stürmt es auch im Gau.
Ich muß hinaus. Auf Gott vertrau!
Des Feindes Blut ist Morgentau.
Der Landsturm! Der Landsturm!

Abends war großer Festball. Die Trommler zogen durch den Ort. Mehrmals wurden die Glocken geläutet. Der Gemeinderat beschloß, ein Kriegerdenkmal zu errichten. Es sollte ein 2,80 m hoher Obelisk sein, der ein vaterländisches Emblem trug. Ich entnehme dies einer Aufzeichnung von Jakob Broich auf Grund eines Gesprächs mit Wilhelm Korkhaus, kann aber leider nicht angeben, wo das Denkmal gestanden haben soll. Wahrscheinlich in der Nähe der Kirche. Auch ältere Wassenberger konnten mir keine Auskunft über den Standort geben. Im Jahre 1920 wurde das heutige Kriegerdenkmal mit seinem drachentötenden St. Georg aufgestellt, das der Düsseldorfer Bildhauer Hans Munzer schuf. Bei der Enthüllung hielt Robert Kofferath die vaterländisch-pathetische Einweihungsrede. Bruderschaften, Vereine, Stahlhelm und katholische Jünglinge waren aufgezogen, um dabei zu sein. Die Liedertafel sang: „Du Schwert an meiner Linken, was soll dein heitres Blinken? Schaust mich so freundlich an, hab meine Freude dran. Hurra! Hurra! Hurra!"

Sedanfest

Am 2. September fand jedes Jahr das wichtigste vaterländische Fest statt. Es wurde begeisterter gefeiert als Kaisersgeburtstag. In der Heinsberger Volkszeitung konnte man jeweils Tage vorher den Programmverlauf lesen. Im Jahre 1910 gab's einen besonderen Höhepunkt. Alles Bisherige wurde in den Schatten gestellt. Der Kriegerverein war von Haus zu Haus gegangen und hatte die Bewohner aufgefordert, ihre Straßen zu schmücken. Diesmal sollte der Festzug eine Attraktion haben, die Wassenberg noch nicht erlebt hatte. Hoch zu Roß würde Heinrich Schuffels aus Forst, 22 Jahre alt, gut gewachsener Soldat von der Garde du Corps in Potsdam, zu Pferde den Festzug anführen. Konnte es einen prächtigeren Anblick geben? Gab es eine sinnfälligere Inkarnation des Kaiserreichs? Der Kriegerverein war aus dem Häuschen, als klar war, daß der Gardist leibhaftig erscheinen würde. Schon um 5 Uhr in der Frühe weckte das Trommlerkorps die aufgeregten Bürger. Jeder warf sich in Festagsmontur. Die Straßen wimmelten von Besuchern. Da waren sie alle: der Kriegerverein unter seinem ordensgeschmückten Präsidenten Josef Kreutzer (1842—1915), der Gemeinderat im Sonntagsstaat, strahlende Ehrenjungfrauen in langen weißen Kleidern, Bürgermeister Nikolaus Bekkers, die Geistlichkeit beider Konfessionen, der jüdische Synagogenälteste Simon Heumann, die Schützen-

bruderschaft mit ihren Fahnenträgern, ihrem Oberst Hubert Heinrichs, ihren silberumhängten Königen, Junggesellen und *Mannder*, der Kirchenchor, Trommlerkorps und Instrumentalverein, die Liedertafel, die Sportler des im vorigen Jahr gegründeten Vereins Viktoria, die Feuerwehr und — Heinrich Schuffels von der Garde du Corps in Potsdam. Er trug den blinkenden Küraß, die eiserne Wehr des glorreichen Kaiserreiches. Die Gardisten waren Kürassiere mit jenem berühmten Brust- und Rückenharnisch, der von zwei über die Schulter gelegten, mit Ketten besetzten Lederriemen gehalten wurde. Auf dem hocherhobenen Haupte prangte der blitzende Helm mit dem bronzenen Preußenadler: Gala-Uniform par Excellence, furchtlos, grimmig, verwegen, feierlich!

Heinrich Schuffels hatte das preußische Gardemaß von 1,70 wie seine drei Brüder weit überschritten. Er war 1,83 m, ein Riese damals. Die Schuffels waren alle lange Kerls: Der Soldatenkönig Friedrich Wilhelm I. hätte sie nach Potsdam geholt. Nun war Heinrich (*1888) dort mit großer Bravour gelandet, sozusagen als Wassenberger Vorhut. Alle Garde-du-Corps-Dienenden durften mit Paradepferd und Galauniform einmal im Jahr in Heimaturlaub fahren. Die Reichsbahn stellte dafür kostenlos einen Güterwagen. Die Leute daheim sollten die Leibwache des Kaisers aus nächster Nähe in Augenschein nehmen können. Barbara Kreutzer hat häufig davon gesprochen, daß Gardist Heinrich der Traum aller Wassenberger Mädchen in jenen Jahren war. Sie selbst und ihre Freundinnen Tina Rütten, Lieschen Graab und die Jüdin Adele Heumann pilgerten nach Forst, um den *Kaiserlichen Helden* hautnah zu bewundern.

Der Kürassier hat jedoch dem Schwärmen einheimischer Verehrerinnen widerstanden und sein Herz einer Ostpreußin geschenkt. Mit ihr zog er nach Goldap in Ostpreußen und besaß dort einen ausgedehnten landwirtschaftlichen Betrieb. 1945 wurde er wie alle seine Landsleute vertrieben, führte einen Treck westwärts, der aber infolge Feindberührung nur mit dem nackten Leben davonkam. Nach dem Kriege war Heinrich Schuffels noch mehrmals für längere Zeit in Wassenberg, ehe er seinen Ruhestand in Bremen verbrachte und dort infolge eines Unfalls 1950 verstarb.

Die Schuffels waren eine angesehene, begüterte Familie. Das Unternehmen der Ziegelei warf einiges ab. Bei Forst, ganz in der Nähe der heutigen Baggerseen, standen geeignete Lehme und Tone an. So lebte die Familie in gedeihlicher Prosperität. Vier prachtvoll gewachsene Söhne: Anton *1887, Heinrich *1888, Hubert *1890, Wilhelm *1895. Und dazu die gertenschlanke, von der Natur mit fein geschnittenem Gesicht beschenkte Tochter Maria Gertrud (genannt Mariechen, *1894). Ziegeleibesitzer Johann Schuffels (1844—1933) und seine Frau Katharina Cronen (1855—1923) waren, wie die Zeit es als ideal ansah, „fromme, fleißige, patriotische und glückliche Leute", nicht ahnend, daß die Weltgewitter bereits am Horizont hingen und zwei Söhne töten würden.

Derweil deklamierte Kriegervereinspräsident Josef Kreutzer seine Festrede am Sedanstag und rief die Erinnerung an jenen 1. September 1870 wach, einem vaterländisch-heiligen Datum damals: „Die französische Armee geriet unter MacMahon bei dem Versuch, Metz zu entsetzen, in einen Kessel, den die Deutschen nach Moltkes genialem Plan geschlossen hatten. Tags darauf kapitulierte die Grande Armée". Kreutzer schloß dichterisch: „Es ward eine Schlacht geschlagen, bei Sedan auf dem Feld, davon wird man singen und sagen, bis an das Ende der Welt. Da schlug seine Schicksalsstunde dem Dritten Napoleon, da blutet aus schwerer Wunde der Marschall MacMahon . . ."

Nach dem letzten Wort seiner Festansprache jubelten und schrien die Wassenberger ihre begeisterten Hurras in den festlichen Tag. Sie ließen ihren Kaiser Wilhelm II. hochleben, dessen Abgesandter hoch zu Roß, der Gard-du-corps-Kürassier Heinrich Schuffels, majestätischen Glanz verbreitete. Beim eleganten Travers seines Pferdes am Rathauseck brandete Beifall auf. Die Wassenberger standen Kopf.

Auf der Straße von Wassenberg nach Forst steht rechter Hand ein Kreuz: das Schuffels-Kreuz. Die Stahlgewitter schlugen ein in die prachtvolle Schar der vier Söhne. Hart traf alle Wassenberger die Nachricht, als wenige Wochen nach Kriegsbeginn Hubert Schuffels in der Nähe von Vitry/Nordfrankreich am 28. 9. 1914 gefallen war. Seine Kavalleriepatrouille hatte sich zu weit vorgewagt. Hubert wurde von einem plötzlichen Feuerüberfall tödlich getroffen. Die Patrouille mußte sich überstürzt zurückziehen und konnte sich um ihren toten Kameraden nicht mehr kümmern. So wußte später niemand, welche Erde Hubert Schuffels deckt. Weil ihm kein Grab vergönnt schien, wollte Vater Johann am Forster Weg ein Kreuz zu Huberts Ehre und Gedenken errichten. Er besaß dort keinen eigenen Boden. Darum nahm er mit guten Bekannten, den Tillmanns aus Eulenbusch, Verbindung auf und bat sie um Überlassung einiger Quadratmeter an einer Stelle des stillen Forster Weges. Die Tillmanns waren von dem Heldentod Huberts ebenso ergriffen wie alle Wassenberger, so daß Johann Schuffels das Stückchen Land kostenlos erhielt. Nie gab es deshalb einen notariellen Akt über den Grunderwerb für das *Forster Kreuz*. Bei der Umlegung nach dem Zweiten Weltkrieg hat die Stadt Wassenberg im Zuge des Ausbaus der K 34 (Straße durch Forst) das Kreuz einige Meter verlegen müssen. Der Neffe des gefallenen Hubert Schuffels, Viktor Hembach, hatte damals der Verkehrsplanungskommission die Genese der Errichtung des Kreuzes vorgetragen und erreicht, daß Wassenberg dem *Forster Kreuz* von nun an die Qualität eines Denkmals zugestand. Es besitzt heute den Status des Denkmalschutzes.

Dann wurde Wilhelm Schuffels das Opfer des sinnlosen Krieges: 1917 bei Villers-Cotterets so schwer verwundet, daß er einige Wochen danach im Lazarett von Köln-Deutz starb. Nach Wassenberg überführt, erhielt er auf dem Waldfriedhof ein Ehrengrab, an dem der

Sedantag in Wassenberg 1910. In Gala-Uniform hoch zu Roß Heinrich Schuffels (Forst) von der Garde du Corps in Potsdam.

*Der Schuffels-Clan 1911. V. l. n. r.: Wilhelm *1895, Heinrich *1888, Vater Johann *1844, Anton *1887, Hubert *1890. Vorne: Mutter Katharine *1855 und Tochter Mariechen *1894.*

Stahlhelm, eine Veteranenorganisation, bis 1933 alljährlich einen Kranz niederlegte. Der Sedantag von Wassenberg lag weit zurück. Aber schon stand bei der Einweihung des neuen Kriegerdenkmals 1920 Robert Kofferath in zackiger Leutnantsuniform und sprach von Revanche und Rache für Versailles.

Nikolaus Beckers

Auch Wassenbergs Bürgermeister, Nikolaus Beckers (1895—1922), hatte die Wilhelminische Epoche in ihrer Militärbegeisterung gepackt. Die gesellschaftliche Struktur von Untertanenmentalität uniformierter Charaktere setzte dies voraus. Heinrich Heine, Frank Wedekind und Heinrich Mann waren solchen Leuten, wie er mir später nach dem Zweiten Weltkrieg grollend erklärte, ein Greuel: „Es sind die grauen Mäntel noch mit dem hohen, roten Kragen. Das Rot bedeutet Franzosenblut, sang Körner in früheren Tagen. Sie stelzen noch immer so steif herum, so kerzengerade geschniegelt, als hätten sie verschluckt den Stock, womit man sie einst geprügelt."[784] Oder: „Menschen gibt's dann nirgends mehr, überall nur Militär! Ach, wie schön ist's in der Welt! Wo man hinspuckt, sitzt ein Held."[785]
Natürlich diente Beckers *Einjährig-Freiwillig*. Sein Zeugnis über seine Militärdienstzeit (1888—1889) zeigt jedoch, daß er es zunächst nur bis zum „überzähligen Gefreiten" und zur „Eignung als Unteroffizier" (Aspirant) in der 13. Kompanie des 5. Westfälischen Infanterie-Regiments Nr. 53 brachte, obwohl seine Führung als „recht gut" bezeichnet wurde. Mit militärischer Karriere war also nichts. Sein Vater Ch. Beckers sprach deshalb in Aachen vor und erhielt die Nachricht: „Mit Bezug auf den am 14. dieses Monats von Ihnen mündlich hier vorgetragenen Wunsch, ersuche ich Sie, Ihrem Sohne Nikolaus Joseph Beckers gefälligst aufzugeben, sich am Montag den 30. ds. Mts. vormittags 10 Uhr in meinem Bureau (Luisenstraße Nr. 9) persönlich vorzustellen. Eventuell werde ich denselben vom 1. September 1886 an als Volontär beschäftigen."[786] So begann Beckers' verwalterische Karriere, die ihn schließlich nach Myhl und Wassenberg als Bürgermeister führte.
Bei der Bewerbung heißt es in seinen Lebenslauf: „Euer Hochwohlgeboren erlaubt sich der Unterzeichnete um geneigte Übertragung der voraussichtlich mit dem 1. October 1893 zur Erledigung kommenden Bürgermeisterstelle ... Am 14. November 1867 als Sohn des Gutsbesitzers Carl Beckers zu Pannesheide, Landkreis Aachen, geboren, besuchte ich zunächst die katholische Elementarschule meines Heimatortes, demnächst von meinem 9. Lebensjahre ab die höhere Rektoratsschule ebendaselbst und zuletzt das Kaiserliche Gymnasium in Aachen, welches ich Herbst 1886 mit dem Zeugnis der Reife verließ. Entschlossen, mich dem Verwaltungsfache zu widmen, trat ich am 1. October 1886 als Volontair auf dem Königlichen Landrathsamte Aachen ein, beschäftigte mich als solcher bis 1. Oct. 1887 und demnächst bis 1. Oct. 1888 als Secretair auf vorgenanntem Amte. Von 1888 bis 1889

Nikolaus Beckers, Bürgermeister in Wassenberg von 1895—1922.

Der Wassenberger Instrumentalverein 1932.

genügte ich meiner Militärpflicht, wurde am 1. October 1889 mit der Eignung zum Unteroffizier entlassen. Meine beiden achtwöchigen Reserveübungen habe ich bereits in Köln beim 5. Rheinischen Infanterie-Regiment Nr. 65 erledigt und bin jetzt Unteroffizier der Reserve. Seit 1. Oct. 1889 bis heute bin ich Kreisausschuß-Secretair des hiesigen Landkreises. In dieser Stellung zu verbleiben, ist mir nicht erwünscht, da ich mich lediglich dem Verwaltungsfache gewidmet habe, um dereinst die Verwaltung einer Landbürgermeisterei zu übernehmen. Über meine Befähigung hierzu ist mein Chef, der Königliche Landrath, Herr Freiherr von Cöels von der Brügghen, hierselbst, bereit, weitere Auskunft zu geben."
Am 23. 10. 1893 erhielt Beckers den Erlaß des Herrn Oberpräsidenten, „die einstweilige Verwaltung der Bürgermeisterei Myhl im Kreise Heinsberg" zu übernehmen. Am 2. 5. 1894 folgte die endgültige Ernennung von „Euer Wohlgeboren auf Grund der Anhörung der Bürgermeistereiversammlung" für Myhl, Wildenrath, Arsbeck. Die Heinsberger Volkszeitung teilte mit: „Die hiesige Bevölkerung wird, wie wir bestimmt vernehmen, aus Anlaß dieser Ernennung es sich nicht nehmen lassen, am künftigen Samstag Herrn Bürgermeister Beckers, der sich in der kurzen Zeit allgemeine Beliebtheit erworben hat, einen Festakt, verbunden mit großem Fackelzug, zu bereiten."[787] Aber schon ein Jahr später, am 26. 10. 1895 avancierte Beckers zum Bürgermeister von Wassenberg. Der Oberpräsident in Koblenz schrieb: „Gemäß § 24 der Kreis-Ordnung für die Rheinprovinz ernenne ich Ew. Wohlgeboren hierdurch vom heutigen Tage ab definitiv zum Bürgermeister der Landbürgermeisterei Wassenberg gegen Bezug des mit dieser Stelle verbundenen Einkommens."
27 Jahre lang wird Beckers Bürgermeister von Wassenberg und Orsbeck bleiben und zahlreiche Fortschritte erzielen. Auch Myhl-Wildenrath-Arsbeck verwaltet er weiter. Die „Heinsberger" spricht „von den Sympathien, die der leutselige Herr sich bisher erworben hat". Das *Echo der Gegenwart* verkündet: „Dem Vernehmen nach soll der Herr Bürgermeister Nic. Bekkers, gebürtig aus Pannesheide bei Kohlscheid, zum Bürgermeister von Wassenberg ernannt sein. Die Gemeinde Birgelen, bisher mit uns verbunden, soll von Herrn Freiherrn von Leykam auf Elsum (als Ehrenbürgermeister) verwaltet werden. Bürgermeister Beckers wird die Verwaltung von Arsbeck-Myhl natürlich beibehalten. Bestätigt sich diese Nachricht, und es wäre das sehr zu wünschen, so könnten wir das freundliche Städtchen Wassenberg zu ihrem neuen Stadtvater aufrichtig beglückwünschen."[788]
Beckers war mit seinen 28 Jahren der jüngste Bürgermeister Preußens. In Arsbeck läßt er das erste Wasserwerk im Kreise Heinsberg bauen. Zunächst geht es ihm um die Weiterentwicklung Wassenbergs als Seidenstadt. Seinen Verhandlungen mit der Firma Krahnen & Gobbers ist es zu danken, daß der Wohnungsbau am Stern, die Angestellten-Häuser an der Erkelenzer Straße, die Post und das Hotel-Restaurant Alt-Holland gebaut wurden. Auch das Schulwesen brachte er voran. Er brauchte sehr viel Platz im Rathaus, in dem bis dahin die Oberstufe der katholischen Volksschule untergebracht war. 1905 baute er die katholische Volksschule an der damaligen Erkelenzer Straße. Bekkers setzte sich für den Ausbau von Wegen und Straßen ein. 1897 gehörte er zu den Gründungsmitgliedern des Verschönerungsvereins. Bis zu seinem Tode am 12. November 1958 war er sein Ehrenvorsitzender.

Die Rennbahn

In Beckers' Amtszeit wurde der Spiel- und Sportverein Viktoria 09 gegründet. Am 30. April 1909 rief der Bürgermeister junge Leute wie Leo Corsten, Louis Essers, Karl Müllem, Engelbert Schaffrath, Leo Waitz, Franz und Eduard Strack zusammen. Leo Waitz, die rechte Hand des Bürgermeisters, wurde zum Ersten Vorsitzenden der Viktoria gewählt. An der Rennbahn entstand der erste Fußballplatz. Karl Hasert hat uns in seiner Schrift „SSV Viktoria 09 Wassenberg" die eindrucksvolle sportliche Geschichte des Vereins dargestellt. Der Bürgermeister war ein sportfreudiger Mann. Die *Heinsberger Volkszeitung* schrieb in einem Nachruf 1958, Beckers sei noch mit 90 auf seinem Fahrrad die Kirchstraße hinaufgefahren.

Sportlicher Elan ließ ihn die Wassenberger Rennbahn einrichten. Sie lag auf dem Gebiet der heutigen Oberstadt, damals nicht weit von der romantischen Waldschenke entfernt. Lambert Bürsgens schreibt: „Die Herren Wolters, Randerath und Beckers setzten den Bau einer Erd- und Lehmbahn durch. Bereits 1906 war die Rennstrecke fertig und der erste *Große Preis von Wassenberg* konnte steigen. Hauptattraktion war ein Dauerrennen hinter schweren Schrittmachermaschinen. Über 10 000 Menschen säumten die Bahn. Da sah man die Damen mit Wespentaillen und wippenden Straußenfedern auf ihren Hüten, die Kavaliere mit Röhrenhosen, Gehrock, steifen Hüten und langen Schnurrbärten. Bürgermeister Beckers im Zylinder machte als Schirmherr die Honneurs. Josef Wolters im Strohhut fungierte als Starter. (Siehe Bild S. 00) Die Asse waren Pongs aus Krefeld, Rippelmeyer aus Duisburg, der dunkelhäutige Hedspath, später auch der Erkelenzer Motorrad-Star Paul Rüttchen."

Wassenberg hatte das Rennfieber gepackt. Die *Radwelt* berichtete ausführlich darüber. Noch im letzten Bürgermeisterjahr von Beckers, 1922, wurde am 20. August ein Rennen ausgetragen: „In der Klasse der schweren Motoren gingen 12 Fahrer an den Start, darunter die Lokalmatadore Paul Rüttchen aus Erkelenz und Willi Karsch aus Grambusch. Ihre Namen waren am ganzen Niederrhein bekannt. Auch am 17. September 1922 war in Wassenberg ein großer Renntag angekündigt, aber wegen des anhaltenden Regens mußte er auf den 24. September verschoben werden. Die Lehmbahnen waren für die Fahrer bei Nässe gefährlich."[789]

Im Jahre 1924 ließ Bürgermeister Peter Dickmann die Rennbahn neu ausbauen. Er eröffnete sie am 29. 5. 1924 mit einem starken Teilnehmerfeld. Das Erkelenzer Kreisblatt zählte „annähernd 10 000 Zuschauer". Karsch siegte auf BSA vor Rüttchen auf Harley-Davidson, Pütz auf Rughs und Geffers aus Heinsberg auf NSU.[790] Am 25. 7. 1925 waren trotz Regen wieder 4 000 Zuschauer an der Rennstrecke. Erneut siegte Karsch vor Rüttchen. Bei der Ehrenrunde nahm Karsch Rüttchen auf seinen Soziussitz. Die Menge jubelte. Lambert Bürsgens schreibt: „Vorbei, vorbei! Es war eine herrliche Zeit, so sagen es die alten Wassenberger. Die Rennen fielen den Verbandsbestimmungen zum Opfer oder einer Überorganisation von höherer Stelle. Die Rennbahn in Wassenberg, einst Anziehungspunkt von Tausenden, ist nicht mehr. Auf ihrem Gelände stehen hunderte Wohnhäuser. Nur ein Straßenschild am Hause Kohlen ‚An der Rennbahn' erinnert an ereignisreiche Sportjahre.„[791]

Villa Nina

1905 baut Bürgermeister Nikolaus Beckers an der heutigen Roermonder Straße ein anspruchsvolles Haus. Das Geld dafür erhielt er von seiner begüterten Schwiegermutter Broich, die Gutsbesitzerin war. Bis zum Bau dieses Patrizierhauses wohnte Beckers mit seiner Familie im Haus von Louis am Pley/Roßtor. Das

1912 : Königin Barbara Kreutzer mit ihren Hofdamen (von links nach rechts) Traudchen Cremer, Lena Kreutzer, Adele Heumann (jüdische Modistin am Roßtor) und Tina Rütten. In der Haustür: Schneidermeister Heinrich Korsten, der Verlobte von Lena Kreutzer und Kriegervereinspräsident Josef Kreutzer. Vor dem Dürpel ganz rechts: Hebamme Anna Maria Kreutzer, Mutter der Königin (Mitte) Barbara.

Scherenschleifer in der Brühl.

elegante Patrizierhaus verkaufte er 1932 der Gemeinde zur Einrichtung einer Jugendherberge. Im Zweiten Weltkrieg war es Verbandsplatz während der Kämpfe an der Rur-Maasfront. Nach dem Zweiten Weltkrieg wurde es verwalterische Dependance des Rathauses. 1987 integrierte Architekt Theo Cohnen es in den Bau des neuen Rathauses. Ursprünglich hatte die Villa Nina 16 Zimmer: bewohnt von Großmutter, Eltern, drei Kindern und einer Hausgehilfin. Bis zur Elektrifizierung im Jahre 1910 wurde das Gebäude mit Karbidlampen (Karbidleitungen) beleuchtet. Auf dem Hof gab es eine Pumpe. Später wurde das Wasser in einen Zinkbehälter auf den Speicher hochgepumpt. Das Haus besaß somit die erste hausinterne Wassenberger Wasserleitung.

Der Sammler

Bürgermeister Beckers interessierte sich außerordentlich stark für die Geschichte Wassenbergs. Schon früh hatte er eine Ader für Vorgeschichtliches. Er war, wenn man so will, Wassenbergs erster Antiquitätensammler neben dem Arzt Dr. Wilhelm Küsters. Manche geologische und historische Kostbarkeit (Funde und Urkunden) verdanken wir seiner Aufmerksamkeit. Er besaß schließlich selbst eine umfangreiche Sammlung. Besonders stolz war er auf eine Schreibgarnitur des Vogtes Packenius. Prunkstück und Beweis für Wassenbergs römische Vergangenheit waren zwei römische Ziegel, wovon einer mit dem Stempel einer Legion ausgezeichnet war: „Eines Tages kam unser Gemeindearbeiter von der alten Haag und zeigte mir zwei dreckige Klumpen. Der Mann war nicht dumm. Wir wuschen das Zeug ab und brachten es nach Dalheim zu Franz Mayer, welcher der beste Kenner der Wassenberger Geschichte war. Er schlug die Hände über dem Kopf zusammen und rief: ‚Zwei römische Ziegel. Und wenn ich nicht irre, ist das hier sogar ein römischer Legionsstempel.'"[792] Beckers besaß fränkische Scherben aus dem Wieler zu Orsbeck, der ihm teilweise gehörte. Am bekanntesten war die *goldene Rundfibel* aus fränkischer Zeit, die 1911 im Orsbecker Wieler gefunden wurde, als man bei Erdarbeiten ein Gräberfeld anschnitt. Beckers hat sie später dem Rheinischen Landesmuseum Bonn verkauft. Leider sind viele Funde zur Geschichte Wassenbergs in den Kriegswirren 1944/45 verloren gegangen. Einiges hatte Beckers dem Heimatmuseum Heinsberg vermacht. Vielleicht ging bei ihm nach seiner Bürgermeisterzeit im neuen Beruf als Leiter einer Lohnweberei mit 70 Webstühlen das genuine Interesse an geschichtlichen Relikten zurück. 1922 verabschiedete er sich als Bürgermeister. Am 12. 11. 1958 starb Nikolaus Beckers im Alter von 92 Jahren.

Die Eisenbahn kommt

Bis 1911 blies das Posthorn durch unsere Lande. 1878 sah Wassenberg aus dem Aspekt des Generalpostmeisters Stephan wie folgt aus: „Nahe der holländischen Grenze, 6 km nordöstlich der Kreisstadt, 13 km westlich der Station Erkelenz der Eisenbahn Aachen-Düsseldorf, auf der rechten Seite des Roertales, in fruchtbarer, quellen-, wiesen- und waldreicher Gegend, teilweise an einem kegelförmigen Berge in die Höhe gebaut . . . im übrigen ist das Klima gesund, 920 meist katholische Einwohner, Ackerbau, Viehzucht, Kleingewerbe, Frucht-, Holz-, Vieh- und Pferdehandel, Korbwaren- und Holzschuhfabrikation, Seiden- und Sammethandweberei, Dachziegelfabrikation, zwei Tapetenfabriken."[793] Ganz anders beschrieb Bürgermeister Nikolaus Beckers zwanzig Jahre später Wassenberg (1897), um die Rentabilität einer Bahnstrecke zwischen Baal, Wassenberg und Dalheim zu begründen:

1.) Eine mechanische Seidenweberei (Krahnen & Gobbers) mit 280 Beschäftigten, drei großen Dampfkesseln und zwei Dampfmaschinen. Der Kohleverbrauch

beträgt im Jahr 150 Waggons. Rohmaterial und Fertigware erfordern weitere 100 Waggons.
2.) Eine Mehl-, Frucht- und Düngerhandlung (Ferdinand Jaegers) mit einem Jahresaufkommen von 300 Waggons.
3.) In Wassenberg und Birgelen Ziegeleien (Schuffels, Jansen), die pro Jahr 1,5 Millionen Ziegelsteine herstellen und 50 Waggons Kohle verbrauchen.
4.) In Myhl eine Fruchthandlung mit einem Jahresumschlag von etwa 100 Waggons.
5.) In Wassenberg und Myhl bestehen 47 Gastwirtschaften sowie 60 Kolonial- und Manufakturhandlungen, Konditoreien und Bäckereien mit einem insgesamt bedeutenden Jahresumsatz.
6.) In Wassenberg sind eine Gerberei, eine Färberei, verschiedene Schuhfabriken, Schlossereien und Schmiede mit einem Jahresbedarf von mehreren hundert Waggons. Die ansässigen Viehhändler verkaufen jährlich 1 200 Stück Vieh.
7.) In Wassenberg und Orsbeck sind große Sand- und Kieslager, aus denen jährlich mindestens 300 Waggons per Achse transportiert werden.
8.) In Myhl und Wildenrath sind 12 Sandgruben (weißer Sand), in denen 30 Arbeiter tätig sind. 300 Waggons werden über die Straße transportiert.
9.) In Wildenrath gibt es eine Dampfziegelei (Heinrich Oellers), die jährlich etwa 300 000 Ziegelsteine herstellt.[794]

Bürgermeister Beckers veranschlagte den Kohleverbrauch seiner beiden Bürgermeistereien Myhl und Wassenberg im Jahr auf 450 bis 500 Waggons. Er machte auf die bedeutenden Tonvorkommen aufmerksam, die durch einen Bahnanschluß erst richtig florieren würden. Er vergaß auch nicht, die landschaftliche Schönheit Wassenbergs zu erwähnen, die jährlich 5 000 bis 6 000 Fremde anzog.

Linksrurisch oder rechtsrurisch? Das war die Frage der Eisenbahnplaner. 1903 trug der Heinsberger Bürgermeister van Loyen Argumente für eine linksrurische Bahn zusammen und legte den Finger auf das „Scheitern der Kohleabbaupläne des Bergwerkbesitzers Honigmann".[795] Mit verbissenem Eifer verfolgte Wassenbergs Bürgermeister und mit ihm Erkelenz die Linienführung von Jülich über Linnich nach Erkelenz und von dort über Baal nach Wassenberg und Dalheim. Josef Lennartz schreibt: „Der Zug war für Erke-

Feuerwehrfest 1910.

Feuerwehrübung am Feuerwehrturm an der Bleiche 1913.

Omas Ofen in Wassenberg. Linolschnitt von Heinz Pilartz.

lenz abgefahren, die Planungsphase der Bahnlinie Jülich-Baal-Dalheim abgeschlossen."[796]
Am 3. 7. 1904 lag der Gesamtentwurf dem Minister in Berlin vor. Es gab zwei Alternativen, eine rote, eine blaue. Die blaue war 207 000 Mark teurer als die rote. Der Bergbau gab schließlich den Ausschlag. Die Gesamtkosten wurden auf 4 647 000,00 Mark veranschlagt. Die Grunderwerbskosten in Höhe von 558 000 Mark sollten die Bürgermeistereien aufbringen. Der Streckenbau konnte beginnen. Die Arbeiter kamen aus den unmittelbaren Anliegerorten. Es waren aber auch Holländer und Belgier darunter. Der Grundriß des Bahnhofs Rosenthal wurde am 23. 10. 1910 genehmigt.
Das Amtsblatt der Aachener Regierung vom 18. 11. 1911 machte bekannt, „daß die Nebenbahn von Jülich nach Dalheim vom Tage der Eröffnung des Betriebes ab genehmigt worden sei."[797] Am 13. 12. 1911 erfolgte die landespolizeiliche Abnahme der Strecke Baal-Wassenberg-Dalheim, am 14. 12. feierte man das Großereignis, am 15. 12. 1911 war Eröffnung: ein großer Tag für die Wassenberger, Birgelener, Rosenthaler und im besonderen für Bürgermeister Nikolaus Beckers, der in den letzten Jahren mit großer Verve das Projekt vorangetrieben hatte. Ein Festzug mit zwei geschmückten Lokomotiven und sieben D-Zug-Wagen befuhr die neue Strecke. Unter den Fahrgästen der Regierungspräsident von Aachen, die Landräte, die Bürgermeister, die Kreistags- und Gemeinderatsmitglieder, die Geistlichkeit, die Wirtschaftsbosse und natürlich die Bevölkerung der die Strecke flankierenden Orte. In Wassenberg wurde ein Festessen im Restaurant Max Graab eingenommen. Die Schulklassen säumten mit Fähnchen und bunten Tüchern den Schienenweg. Überall waren Fahnen aufgestellt. Sogar im Gedicht wurde das wichtige Ereignis besungen. Der Polsterer Adolf Gilißen, der auch für Wassenbergs Karnevalsgesellschaft häufig Verse schmiedete, gab seinem Pegasus die Sporen und hielt den Anschluß an die große Welt in Versen fest:

De Iiserbahn

Janz Wasseberch is opjeweckt,
de Iiserbahn hätt oss entdeckt.
Nu fahre wir jahruut, jahrenn
noah Dalheem enn de Welt erenn.
De Schiene akurat jraduut
so wiet du kieke kannst eruut.
Die Schiene legge janz exakt
jenau in Schotter-Steen jepackt.
Dr jruete Bahnhoff ess all hie.
E Scheld met „Wassenberg" dobie.
Bloß die Billjetts, die koste Jeld.
Wie schad, dat häu oss noch jefehllt,
dat Fahre mööch noch jratis sien,
dann süete wir noch öfter drin,
van Wasseberch straks noah Berlin.

Der Zweite Weltkrieg zerstörte zahlreiche Brücken und Viadukte dieser Eisenbahnlinie. Fast fünf Jahre nach Kriegsende dauerte es, bis am 12. 2. 1950 der

Stillgelegt: Der Wassenberger Bahnhof seit 25. 4. 1984 schienenfrei.

erste Dampf-Zug wieder in den Wassenberger Bahnhof einfuhr. Dreißig Nachkriegsjahre lang blieb die Eisenbahn in Wassenberg Ausgangspunkt für manche kleine und große Reise, bis das Auto die Nebenstrekken „überflüssig" machte. Am 27. 9. 1980 verließ der letzte Triebwagen den Bahnhof Wassenberg. Die als Ersatz angebotenen Omnibuslinien bewährten sich nicht. Eine Fahrt nach Mönchengladbach beispielsweise erfordert heute Warten und Umsteigen. Der allerletzte Zug fuhr am 22. 4. 1985 von Wassenberg ab. Er nahm die Gleise gleich mit und beendete eine 74-jährige ortseigene Eisenbahngeschichte. Was hatte der Wassenberger Bahnhof in diesen Jahrzehnten nicht alles erlebt: die Abfahrt der begeisterten Soldaten 1914, begleitet von vielen Einwohnern mit Blumen, Trommelwirbel und Tschingderassassa, die alljährliche Ankunft des Prinzen Karneval am Samstag zur Schlüsselübergabe im Rathaus, die Pilger nach Lourdes, die Bergleute nach Hückelhoven, die Pfadfinder auf großer Fahrt, die Jugendverbände der Parteien in konkurrierenden Abteilen, die Hitlerjugend, SA und SS, die Kinderlandverschickung, der erste Kriegsgefangenenzug im Juli 1940 mit französischen Soldaten, die Urlauber im Zweiten Weltkrieg, die Munitionszüge, die Abfahrt der Wassenberger Evakuierten im September 1944, Jagdbomberangriffe auf die Geleise im November 1944, Schüler, Studenten, Arbeiter, Angestellte mit dem Frühzug, Hochzeitsreise und Urlaubsstart, Abschied und Wiedersehen.

Die Strecke von Birgelen bis Ratheim in einer Gesamtlänge von 5,4 km war am 25. 4. 1985 „schienenfrei". Schon bald hatte sich die Natur das stillgelegte Bahngelände zurückgeholt. Peter Lambert Jansen beobachtete Adlerfarn, Resedenbestand, Wolfsmilch und Federschwingelrasen, Weidenröschen und Brombeersträucher, Wegerich und Nachtkerzen, Hafer, Stauden, Brennessel, Schachtelhalm und Leinkraut. Wiederkehr der alten Els und Hees in dieses Stück aufgegebener Verkehrsfläche? Ein Jungwald würde entstehen. Die Natur wußte, was sie der Wassenberger Waldtradition schuldig war. Inzwischen sind Grund und Boden verkauft. Die Stadtverwaltung hat die wichtigsten Parzellen für künftigen Stadtausbau übernommen. Der alte Bahndamm läßt interessante städteplanerische Alternativen aufkommen.

Der benachbarte Bahnhof Rosenthal wurde 1987 unter Denkmalschutz gestellt. Er ist einer der letzten Typenbahnhöfe an der ehemaligen Strecke Dalheim-Jülich. Er hat sein Gesicht auch nach der architektonischen Umgestaltung in ein Wohnhaus treu bewahrt.

Der Historiker

Das Jahr 1911 schenkte Wassenberg nicht nur die Eisenbahn, es offerierte auch die erste wissenschaftliche Arbeit über ein wassenberg-eigenes Thema. Anton Schuffels (1887—1925) promovierte in Bonn mit einer Dissertation über das St.-Georg-Stift. Anton Gottfried Schuffels war der einzige „Zivilist" unter den vier Schuffels-Söhnen, ausgemustert infolge eines Fahrradunfalls vom Jahre 1900. Wehrunfähigkeit war in jenen Tagen ein Debakel für einen jungen Herrn. So studierte er Geschichte, Latein, Griechisch, Hebräisch in Bonn, Marburg und wieder in Bonn. Unter seinen Lehrern befand sich, wie das Studienbuch festhält, der berühmte rheinische Kunstwissenschaftler, Prof. Dr. Paul Clemen (1866—1947), der die „Kunstdenkmäler der Rheinprovinz"[798] herausgegeben hatte, die im achten Band (1906) mit dem Kreise Heinsberg erstmalig den Wassenberger Raum kompetent vorstellten. Paul Clemen, seit 1902 Universitätsprofessor in Bonn, war öfter in Wassenberg, befreundet mit Dechant Otto Jansen und Heimatforscher Franz Mayer aus Dalheim. Er kannte aus persönlicher Anschauung die von ihm so hochgeschätzten Wassenberger Kunstwerke wie die kostbare Anna-Selbdrittgruppe der Georgsbasilika und den Antwerpener Schnitzaltar in der Ophovener Kirche. Paul Clemen und Dechant Otto Jansen rieten dem Wassenberger Studenten Anton Schuffels, sich die Geschichte des Georgs-Stiftes zum wissenschaftlichen Programm zu machen.[799] Doktorvater des Wassenberger Doktoranden wurde der Geschichtswissenschaftler Prof. Dr. Wilhelm Levison, der sich durch zahlreiche Abhandlungen zur rheinischen Geschichte einen Namen gemacht hatte. Er floh als Jude unter der Nazityrannei nach England.

Mit seiner Dissertation, die Propst Hugo Nießen im Jahre 1987 aus Anlaß des 100. Geburtstages von Schuffels im Faksimile-Druck neu herausgab, hat Anton Schuffels lokale Geschichtsschreibung eröffnet. Denn es gab bis zu diesem Augenblick außer Franz Mayer niemand, der sich mit den hier vorhandenen historischen Quellen auseinandersetzte. Der Wassenberger Dechant Otto Jansen (1897—1920) öffnete Anton hilfsbereit das Stifts- und Pfarrarchiv der Georgsbasilika, in dem urkundliche Kostbarkeiten auf Entdeckung und Interpretation warteten: Pergamentenes von 1221 an, 109 Urkunden in schwierigen Schriftbildern, in komplizierter Aktensprache kirchlicher Nomenklatur und mit manchmal durch Beschädigung undeutlich gewordenen Passagen. Anton Schuffels war Altphilologe und insofern ein guter Lateiner. Die Dissertation verrät es: Cicero führt die Feder. Schuffels' Formulierungen enthüllen aber auch, daß ihm die Fakten der Urkunden nicht öde historische Miszellen, sondern lebendige Aspekte seines heimatlichen Lebensraumes waren. Die Siegel hatten es ihm besonders angetan: etwa das mit Pergamentstreifen an der Urkunde befestigte runde Wachssiegel in brauner Farbe mit dem Brustschild der Mutter Gottes, die Jesus auf dem linken Arm hält. Das Siegel hat einen Durchmesser von 36 mm und trägt die Umschrift AD Causa (M) CAP(ITU)LI WASSEN(BERGENSIS).

Das Leben von Anton Schuffels war tragisch und kurz. 1914 heiratete er Elisabeth Franziska Dege aus Marburg und war nach Zwischenstationen als Studienrat in Marienwerder/Westpreußen angestellt. Schuffels setzte sich hier bei der Abstimmung in den Ostgebieten im Sinne der Selbstbestimmung der Völker (einer der Punkte des amerikanischen Präsidenten Woodrow Wilson nach dem Ersten Weltkrieg) ein. Auf zahlrei-

Theodor Kofferath (1803—1881), Apotheker in Wassenberg. — Katharina Wilhelmina Kofferath (1806—1883), geb. Specken, verwitw. Burghoff.

chen Volksversammlungen sprach er. Er schrieb Artikel und Essays über den „völkischen Schmerz politischer Zerrissenheit". Elisabeth Franziska Schuffels hat davon berichtet, wie ihr Mann oft in gefährliche Auseinandersetzungen verwickelt wurde und mehrfach in Lebensgefahr schwebte. Oft konnte er sich nur durch Flucht und Versteck politischen Heißspornen entziehen. Der 11. 7. 1920 war ein großer Tag in seinem Leben. Alle seine Mühen wurden in der Volksabstimmung von Erfolg gekrönt: 92,3 % der Bevölkerung entschieden sich für Westpreußen und nur 7,6 % für Polen. Im Allensteiner Raum war es ähnlich: 97,8 % für Ostpreußen und nur 2,1 % für Polen. Anton Schuffels war der Held des Tages. In Marienwerder wurde er Fraktionsvorsitzender des Zentrums in der Stadtverordnetenversammlung. Sechs Kinder (fünf Mädchen und ein Junge) verloren ihren Vater am 6. 6. 1925 im Alter von nur 38 Jahren an der tückischen Krankheit einer akuten Leberathrophie. Der Mann aus Wassenberg, der Westpreuße, der aus dem Rheinland kam, der Doktor des St. Georg-Stiftes, der Studienrat von Marienwerder, der Junge mit den Lederschuhen in der Wassenberger Elementarschule, der wehruntaugliche Zivilist, der vaterländisch engagierte Motor im Abstimmungsringen der Ostgebiete nach dem Ersten Weltkrieg: er liegt heute auf dem Friedhof von Marienwerder im zweiten Grab rechts hinter dem großen Friedhofskreuz. Wer sein kurzes Leben bedenkt, bemerkt in beinahe tröstlicher Distanz angesichts der historischen Statistik des Wassenberger Stiftes die Tatsache, daß auch unsere Kapitelherren im Durchschnitt nicht älter geworden sind als er.[800]

Die Kofferaths

Die Kofferaths waren um 1900 die Besitzer der Burg, wie wir vom Forckenbeck-Verkauf her wissen. Sie kamen aus Friesland, wo Johann Kofferath in Leuwarden 1734 geboren und 1805 gestorben ist. Sein Sohn Johann Gerhard kam 1768 in Brunsheim an der Maas zur Welt und starb 1831 in Hünshoven als Lohgerber. In erster Ehe war er mit Gertrud Goertz (†1797) aus Immendorf verheiratet, danach mit Anna Barbara Keufer (†1818) aus Frelenberg. Aus der zweiten Ehe gingen sechs Kinder hervor. Für den Wassenberger Aspekt ist das zweite Kind von besonderer Bedeutung: Johann Theodor Kofferath, Großvater des letzten Kofferath (Dr. Robert Kofferath), wurde am 17. März 1803 in Hünshoven geboren und starb am 17. Mai 1881 als Apotheker in Wassenberg. 1840 heiratete er Maria Catharina Specken (1806—1883). Ihr Kind Carl Gottfried Hubert Kofferath ist uns schon als Pharmazeut bei Königgrätz 1866 und im Krieg 1870/71 begegnet. Carl Gottfried Hubert wurde am 16. 7. 1841 in Wassenberg geboren, gestorben ist er am 28. 4. 1919 auf Burg Wassenberg. Wie sein Vater war er Apotheker. Am 19. 9. 1882 stand er mit der bildschönen Caroline Claus (1859—1934) vor dem Traualtar in Roermond. Braut Caroline war evangelisch und bekam vor ihrer Hochzeit durch *De Kerkeraad der Nederduitsche Hervormde Gemeente te Roermond* eine *Lidmaats-Attestatie,* worin es heißt, gegen Caroline lägen keinerlei Beschwerden („geene gegronde bezwaren zijn ingekommen") vor. Der Bräutigam hatte am 29. 11. 1866 in Breslau sein Examen als Apotheker mit *Sehr gut* bestanden. Die Approbation teilte mit, daß er „damit die Befugniß zur Verwaltung und zum Besitze einer Apotheke in den Königlichen Landen erhält". Mit Orden aus den Kriegen gegen Österreich (1866) und Frankreich (1870/71) behangen, trat er vor den Altar. 1871 war ihm von „Allerhöchstdemselben von erbeuteter Kanonen-Bronze" ein Orden betreffs Teilnahme als *Combattant* am 70er Krieg verliehen worden. Ob seine ordensbestückte preußische Heldenbrust auf die niederländische Hochzeitsgesellschaft Eindruck gemacht hat, wage ich zu bezweifeln. Geld spielte hier die größere Rolle. Aber das konnte Carl ebenso vorweisen; denn Apothekerpreise gab's schon damals. Sohn Robert schreibt 1928: „Vater hatte nie Geldsorgen. Nur ich als Student kam nie aus. Und auch später habe ich nie genug Geld besessen. Vater schwamm im Geld. Er besaß ein Vermögen von rund 500 000 Mark. Dazu kam die Apotheke mit bis zu 20 000 Mark Rein-Einkommen im Jahr. Trotzdem war er geizig. Wenn ich Taschengeld brauchte, oder für mein Fahrrad eine neue Decke, dann geizte er mit mir rum. Dabei hätte er mindestens bis 1914 infolge seines großen Vermögens nicht so kniepig zu sein brauchen."[801] Die Braut aber war noch begüterter. Später macht sich Sohn Robert Kofferath Gedanken darüber, ob sein Vater Carl die schöne Caroline aus Liebe oder mit einem nach der Wassenberger Burg-Mitgift schielenden Blick aus dem holländischen Kaufmannshause entführte. Wenn ich mir allerdings die zahllosen Liebesbriefe zwischen Carl und Caroline ansehe, muß ich folgern: es war Liebe! Diese unendlich zarten, in euphorischer Rhethorik des vorigen Jahrhunderts und von der Melancholie der Spätromantik beeinflußten Briefe zu lesen, ist heute noch ein „literarischer Genuß". Apotheker Carl Kofferath schickte täglich einen Mann aus Birgelen als *Postillon d'amour* gegen Abend nach Roermond (zu Fuß), damit seine „zauberhafte Blume am Ufer der Maas" morgens seine heißen Schwüre beim Frühstück lesen konnte:

„Du, liebste Caroline, an jedem Morgen, wenn Deine schönen braunen Augen sich dem Licht des Tages öffnen, sollst Du einen Brief von Deinem Carl in Händen halten, und Du weißt, was mein Herz und mein Gemüt für Dich Stunden vorher niedergeschrieben, was ich fühle, obgleich Wort und Schrift nur einen geringen Ausdruck von dem geben können, was ich Dir immerfort gestehen möchte: ich liebe Dich!"

Oder: „Die Herbstblätter fallen von den Wassenberger Bäumen. Drüben am Horizont sehe ich die Türme Deiner Stadt Roermond. Eile, mein Briefchen! Eile zu ihr! Manchmal stürmt der Westwind heran und kündet von unserer Leidenschaft. Oft gehe ich still durch die Wälder und schreite Deinem Bilde nach, das vor mir herwandelt. Ich aber erreiche Dich nicht. Und über mir die Wolken in lastender Schwere. Tief verhangen der Horizont, als sollte alles um uns dunkel werden und die Zukunft nebelschwer. Aber der Morgen kommt. Die Sonne! Und das Licht des Frührots fällt auf Rur und Maas. Einsam steh ich am Fenster. Dann kommt der Tag mit Dir, wenn auch von fern nur hörbar Deine Stimme. Und wie verklärt ist Deine Gestalt — nicht faßbar — und so voll unendlicher Schönheit."

Die schöne Caroline Claus aus Roermond (1859—1934) heiratete den Wassenberger Apotheker Carl Kofferath und wurde mit ihm später Besitzer der Burg.

Zwei Jahre vor seiner Hochzeit erhält Carl Kofferath die Konzession der Apotheke, nachdem er durch Kauf

Viele Jahre später: Burgfrau Caroline Kofferath 1930.

Die Kofferath-Söhne 1896 an ihrem Burgstein. V. l. n. r.: Carl (1889—1962), Walter (1885—1941), Robert (1883—1944).

Student der Jurisprudenz, Robert Kofferath (20), bei einer Bestimmungsmensur seiner Schlagenden Verbindung in Tübingen 1903.

die väterliche Institution erworben hat.[802] Seit 13. 10. 1878 ist sein Schwiegervater Theodor Robert Claus im Besitze der Burg. Er hat sie von Forckenbeck und Maria geb. Packenius für 18 600 Mark gekauft. Mit der Hochzeit von Carl Kofferath wird dieser nun über Carolines Mitgift Burgherr von Wassenberg. Caroline und Carl ziehen zuerst in die Apotheke auf der Roermonder Straße, erst 1898 auf die Burg. Dort lebte nämlich bis zu ihrem Tode Carolines Mutter, Hubertina Claus geb. van Weustenraad, über deren Wohnungseinrichtung Hermann Ritter in seinem Bericht von 1912 (Siehe weiter unten) stimmungsvoll berichtet. Ihr Mann Theodor Robert Claus war 1881 bei einem Kuraufenthalt in San Remo gestorben.

Caroline ist nun die Burg-Herrin. Ganz Wassenberg nannte sie bis zu ihrem Tode: Mamá, wobei der Ton auf dem zweiten á lag. Eine andere „Mamá" war die Gastwirtin von Alt-Wassenberg am Rathauseck. Caroline und Carl hatten drei Söhne: Robert, Walter und Carl. Die beiden letzteren gingen als Ärzte nach München: Walter (1885—1941), Carl (1889—1962) und Robert, der in Wassenberg blieb (*6. 9. 1883 in Wassenberg, †3. 11. 1944 in der Bonner Universitätsklinik). Er machte seinen Dr. jur. und heiratete 1935 Mary Richartz aus Gerderath (*25. 11. 1895 in Oudler/Malmedy/Belgien, †27. 1. 1981 im Marienkloster Dremmen).

Der Burgstein

Es gibt ein interessantes Bild der drei Kofferath-Söhne um den mächtigen Burgstein herum im Jahre 1896. Dieser Riesenstein ist neben dem „Wassenberger Kirchstein" (Zugang zur Kirche in der Oberstadt) und dem „Gartenstein" (ehemalige Villa Schorn) ein eindrucksvoller Tertiärquarzit. Der Burgstein liegt am Fuß des oberen Burghügels. Seine Maße: 2,30 m mal 1,50 m mal 0,80 m. Nur wenige der zahlreichen Besucher der Burg entdecken ihn wegen seiner flachen, beschatteten und randüberwucherten Position. Es ist der derzeitig größte Tertiärquarzit zwischen Rur und Schwalm, seitdem die Riesen in Dalheim gesprengt wurden. Edmund Knorr schreibt über ihn: „Er lag schon an dieser Stelle längst vor dem Aufschluß in Rosenthal 1913. Dort wurden 1910/11 bei dem Bau der Bahnstrecke Jülich-Dalheim mit dem tiefen Bahneinschnitt bei Rosenthal überraschend unter der Oberfläche die mächtigen Schichten der grünen Meeressande angeschnitten. Die Lage des Wassenberger Tertiärquarzits an der jetzigen Stelle geht auch aus einer Abbildung in den ‚Kunstdenkmälern'[803] hervor. Im Foto ‚Wassenberg-Bergfried' ist er in der linken Ecke des Bildes in anderer Lage zu erkennen, in der er wahrscheinlich schon Jahrhunderte seit seiner Freilegung liegt. Er ist zweifelsohne in dem 91,5 m hohen Berg des Rurhöhenrandes gewachsen und erst bei den umfangreichen Erdarbeiten zur Aufschüttung des Untergrundes als Fundament des Bergfrieds in der ersten Hälfte des 15. Jahrhunderts ans Tageslicht gekommen und unbeachtet liegen geblieben, bis er bei Anlage der Wohn- und Wirtschaftsgebäude am Fuße des Bergfrieds im 18. Jahrhundert und mit der Schaffung und Planierung des Burghofes, des Wirtschaftsgartens und der Parkanlage in den Rand der letzteren miteinbezogen wurde. Dazu brauchte er nur geringfügig verschoben zu werden in die heutige Lage — eine Arbeit, die zweifelsohne erst um 1900 Apotheker Kofferath hat ausführen lassen." Er ist nicht identisch mit einem Stein, der allerdings höchstens halb so groß war, und bei der Ausschachtung der Seidenweberei 1893 an der Erkelenzer Straße gefunden wurde. Dieser Stein, der von Dr. Gobbers dem Burgherrn Carl Kofferath geschenkt wurde, hat bis zum Bau des Westwalls auf dem Plateau der Burg gelegen. Ich selbst habe als Kind noch mit Freunden auf diesem Stein gesessen. Er wurde nach Zertrümmerung als Füllmaterial von der Baugruppe der NS-Organisation Dr. Todt 1938 verwendet.[804]

Die Burgsteinsage

In den tiefen, wildreichen Wäldern von Wassenberg ertappte der Vogt Roland de Aue im Jahre 1363 einen halbwüchsigen Burschen, der einen Rehbock in der Schlinge gefangen hatte. Der Jagdherr war empört, sprang vom Pferd, um ihn zu packen. Der Wilddieb aber schleuderte im ersten Schrecken sein Beil gegen den Herrn. Ein Zweikampf auf Leben und Tod entspann sich. Der Jüngling unterlag, nachdem mehrere Knechte ihrem Herrn zu Hilfe gekommen waren. Wer gegen seinen Vogt die Hand erhebt, hat sein Leben verwirkt. Der junge Wildfrevler wurde ins tiefste Verließ der Wassenberger Burg hinabgestoßen. Galgen oder langsamer Tod im fensterlosen Kerker waren ihm sicher. Der Jüngling war der einzige Sohn einer armen Witwe von der Löffelstraße (Nähe Roßtor). Die verzweifelte Mutter lief zum Burgtor und wartete darauf, Vogt Roland de Aue um Gnade für ihren Sohn bitten zu können. Sie wartete Stunde um Stunde, Tag um Tag, bis am dritten Morgen der Vogt zur Reiherbeize ausritt. Die Mutter warf sich vor seinem Pferd aufs Knie und flehte um Gnade: „Mein Sohn ist noch ein halbes Kind. Er wußte nicht, was er tat. Wir wären verhungert."

„Hinweg!" schrie Vogt Roland de Aue, „deine Tränen und Bitten können mein Herz nicht rühren. So wie du diesen Stein da nicht bewegen und wenden kannst, so wenig wirst du auch mein Urteil über deinen Sohn wenden." Er gab seinem Pferd die Sporen und ritt in das Jagdrevier der Hees hinaus. Die Mutter aber lag weinend und betend da. Verzweiflung packte sie. Da regte sich plötzlich in ihrer Seele ein Entschluß. Sie begann, unter dem am Burghang schräg liegenden Riesen-Stein die Erde herauszukratzen. Mit ihren eigenen Händen, bis sie blutig wurden. Nach und nach entstand unter dem Stein im Erdreich eine Höhlung. Die Lage des Steines wurde kritisch. Die Mutter kroch unter den Stein in das Loch und stemmte sich gegen den Koloß. Plötzlich kam der Stein ins Rutschen und veränderte vollständig seine Lage. Die Mutter aber wurde erdrückt.

Im „Burghof" spätabends. V. l. n. r.: Theo Thönissen-Benzin trinkt sein „Schabäuke", Wirt Könn Willms, Wolltesch-Lennet (Leonhard Wolters, der spätere Bürgermeister), Fenna Schmitz, Jupp Voß mit Weinglas, N.N., Architekt Adolf Schmitz und Wirtin Könne-Marie.

Als Vogt Roland de Aue nach sieben Stunden von der Jagd zurückkehrte und den Stein in völlig veränderter Lage erblickte, erschrak er tief. Er änderte sein Urteil. Und noch am gleichen Tage ließ er das schwere Eisentor des Kerkers öffnen und den Burschen frei.

Gründung des Verschönerungsvereins 1897

Bereits im Jahre 1829 hatte der königliche Zoll- und Steuerrat Carl Hammers eine *Wassenberg-Gesellschaft* gegründet, die im Stil eines Heimatvereins sich für die Förderung des Ortes ganz allgemein einsetzte. Außerdem wollte sie „die Sitten und Gebräuche", wie sie vor der napoleonischen Fremdherrschaft üblich gewesen, wieder beleben. Mit dem Weggang von Hammers scheint diese Aktivität in Vergessenheit geraten zu sein. Der Gedanke gegen Ende des 19. Jahrhunderts, in Wassenberg einen „Verschönerungsverein" zu gründen, ging von dem jüdischen Kaufmann Simon Heumann aus. Er gehörte mit Oskar von Forckenbeck, Apotheker Carl Kofferath, Pfarrer Otto Grashof, Dr. Wilhelm Küsters, Notar Wilhelm Weisweiler und Bürgermeister Nikolaus Beckers zu den Honoratioren, denen sich von Zeit zu Zeit die Fabrikanten Krahnen und Gobbers zugesellten. Nach einem Forckenbeck-Brief hat das erste Gespräch zwischen diesen Herrn auf Vorschlag von Textilkaufmann Simon Heumann im Forckenbeckhaus in der Hauptstraße am 17. 3. 1897 stattgefunden. Wassenberg sollte mehr Anziehungskraft gewinnen. Zu diesem Zweck müßten sich nach Heumanns Vorstellung alle Wassenberger in einem „Verschönerungsverein" zusammenschließen. Forckenbeck schreibt: „Heumanns Initiative ist vortrefflich. Wir können Wassenberg zu einem Juwel machen. Alle Voraussetzungen sind gegeben".
Später hat Bürgermeister Nikolaus Beckers sich den „Ruhm der Vereinsgründung" angemaßt, was nicht schwierig war, weil die Zeiten mehr und mehr antisemitisch wurden. Von Heumann wollten die Honoratioren Wassenbergs schon bald nichts mehr wissen. Juden wurden später zu den Mitgliederversammlungen nicht mehr zugelassen. Obgleich gerade Forckenbeck, wie wir aus seiner Vita wissen, seine Ausbildung in einem jüdischen Internat von Paris erhielt und judenfreundlich eingestellt war. In zahlreichen akademischen Korporationen wuchs damals der Judenhaß. Zu Grünwellers Zeit im Dritten Reich war überhaupt nicht mehr daran zu denken, den Wassenberger Bürger Simon Heumann wegen seiner Verdienste um Wassenberg zu erwähnen. Bürgermeister Grünwellers Luftkurort-Initiative war „rein arisch", darum mußte auch der Name *Judenbruch* verschwinden und durch *Stadtpark* ersetzt werden.
1897 zeigte sich allerdings, daß es dem Gründungskollegium nicht gelang, „alle Wassenberger", wie Heumann es wollte, unter einen Hut zu bringen. So wurde der Verein am 23. 10. 1897 bei Max Graab in der „Restauration, Conditorei und Café, Kirchstraße 119" als eine Versammlung des „Establishments" gegründet. Die Charter-Rede hielt der 34-jährige Bahnhofsvorsteher von Dalheim, Franz Mayer, der sich in den nächsten Jahrzehnten zu einem der besten Kenner Wassenberger Geschichte entwickeln sollte. Mayer stammte aus Kalterherberg (*28. 10. 1863). 1891 berief ihn die Reichsbahn nach Dalheim, weil er fließend französisch sprach, was dort im Hinblick auf den „Ijzeren Rijn"[805] wichtig war. Es war die bedeutungsvolle „rechtstreekse verbinding van de haven van Antwerpen met Keulen en de Rijn". Hier stieg Mayer vom Assistenten über den Bahnhofsvorsteher und Obervorsteher bis zum Eisenbahninspektor auf. Sein leidenschaftliches Hobby waren die Studien zur Geschichte des Wassenberger Landes. Seine markige Stimme, seine gedrungene, untersetzte Figur, sein freundlicher Blick machten ihn populär. Auf seinem Bahnhof war er Herr und Meister, wenn er die Züge nach Antwerpen abfertigte. Als Kardinal Dr. Fischer

mit dem Zug nach Dalheim kam, um von hier aus eine Visitationsreise anzutreten, ließ Mayer seinen Bahnhof mit Girlanden, Blumen und Teppichen ausschmücken. Dem Lokomotivführer schärfte er ein: „Akkurat da, wo ich stehe, hat der Wagen mit dem Kardinal zu halten!" Der Befehl wurde befolgt. Mayer empfing Eminenz in Gala-Uniform mit dem Degen in der Hand.

Bei der Gründung des „Verschönerungsvereins" in Wassenberg hätte man keinen beseren Redner finden können als Franz Mayer. Josef Dahmen schreibt über den Amateur-Historicus: „Und wie konnte er reden! Auch außerhalb des Dienstes, bei Festlichkeiten und bei Versammlungen aller Art hat er oft mit glänzenden Ansprachen aus dem Stegreif die Veranstaltungen gewürzt." Seine ganze Freizeit widmete er der Heimatforschung. Weil er kostenlos Eisenbahn fahren durfte, besuchte er immer wieder das Staatsarchiv in Düsseldorf und vertiefte sich in Urkunden und Akten. Er war seit 1885 Mitglied des Aachener Geschichtsvereins. Später wurde er Ehrenmitglied des Wassenberger Verschönerungsvereins und des Heimatvereins der Heinsberger Lande. Im Jahre 1927 war er der Berater des Wassenberger Heimatfestes und schrieb auch die historischen Abhandlungen dazu. Am 24. 11. 1942 ist er mitten in der Arbeit an einer Abhandlung über die Dalheimer Kapelle gestorben.[806]

Bei der Gründung des Verschönerungsvereins stifteten Krahnen und Gobbers 400 Mark, Fabrikant Dilthey 300 Mark, Scharmann 250 Mark, Oskar von Forckenbeck 100 Mark.

Ein Reisender sieht Wassenberg 1912

Im Jahre 1912 bereist Hermann Ritter das Jülicher Land und beschreibt seine Wanderungen durch das linksrheinische Berg- und Flachland.[807] Dabei kommt er auch nach Wassenberg:

„Burgbesitzer ist heute der Apotheker Wassenbergs. Mit größter Liebenswürdigkeit empfing mich der graubärtige Herr. Der dicke Backsteinwürfel auf dem Gipfel der Anhöhe war mit den im Innern sichtbaren Fensternischen und Kaminanlagen nicht der Erzeuger des Vergnügens. Eine unerwartete Freude, eine ungeahnte Überraschung bereitete mir der Hügel, einmal wegen seines gärtnerischen Schmuckes und dann wegen der prachtvollen Aussicht, die er bot. Ein schöneres Gartenreich im Privatbesitz als das meines beneidenswerten Burgherrn habe ich kaum je durchwandert. Durch weite Plantagen prächtiger, mit Blütenschnee bedeckter Formobstbäume stieg unser Pfad gemächlich aufwärts zu dem Plateau, das einst den Hauptteil der Burg trug und auf das der Bergfried aus lichtgrünen Büschen und Blütenzweigen herabblickte. In ein köstliches Gartenreich voll bunter Blumen, stattlicher und seltener Bäume und schmetternder Finken

Kochkursus 1909. Vorne Mitte die 1944 ermordete Jüdin Berta Heumann mit Schüssel und Rührbesen. Ferner: Frohnhofen, Jansen, Korsten, Küppers, Paredies, Schaffrath u. a.

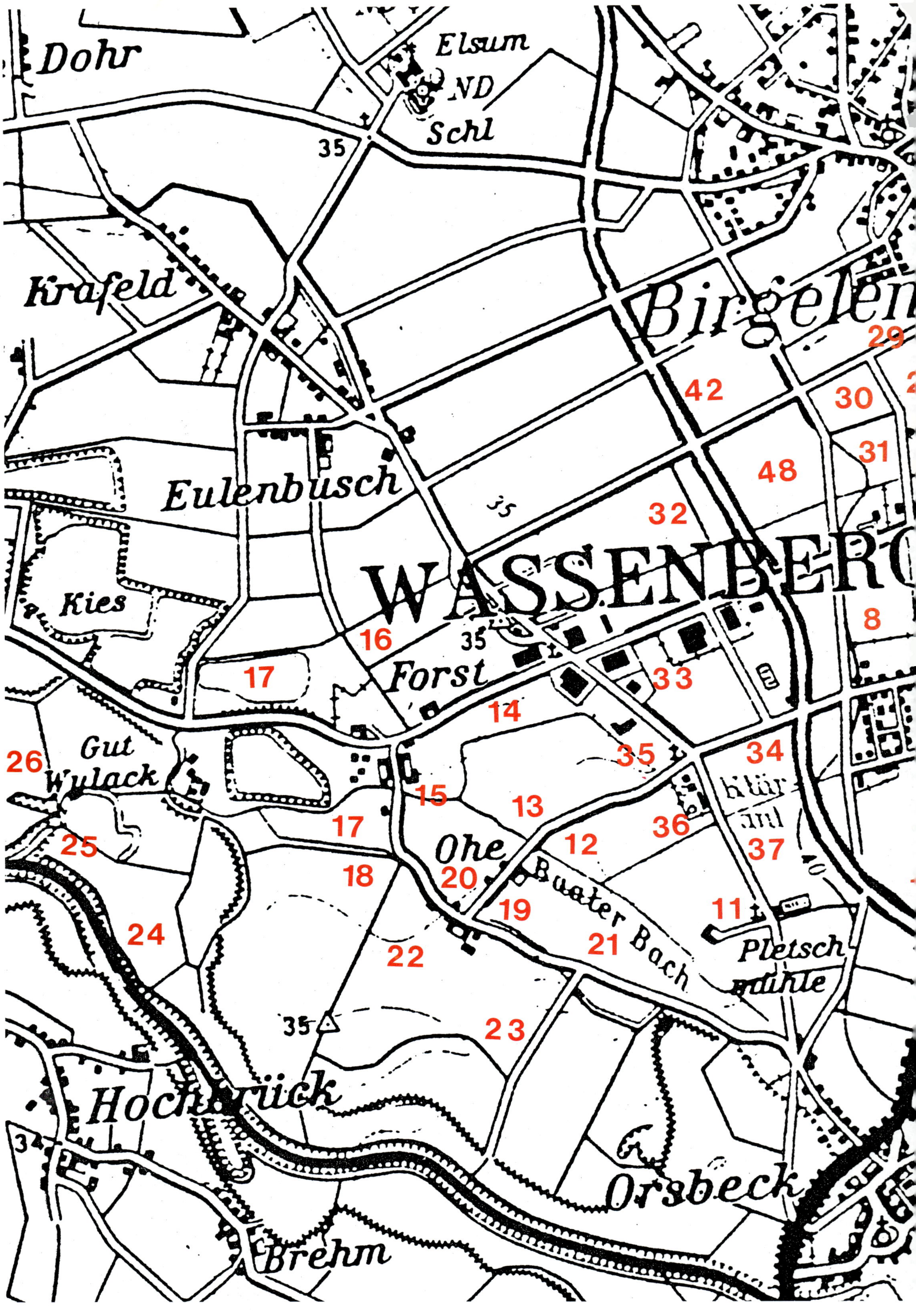
Dohr
Elsum
ND
Schl
35
Krafeld
Birgelen
29
42
30
31
48
Eulenbusch
35
32
WASSENBERG
8
Kies
16
35
Forst
17
33
14
26
Gut
Wulack
35
34
15
13
Klär
Anl
17
36
25
Ohe
12
37
18
20
Buster Bach
19
11
24
22
21
Pletsch
mühle
35
23
Hochbrück
Orsbeck
Brehm

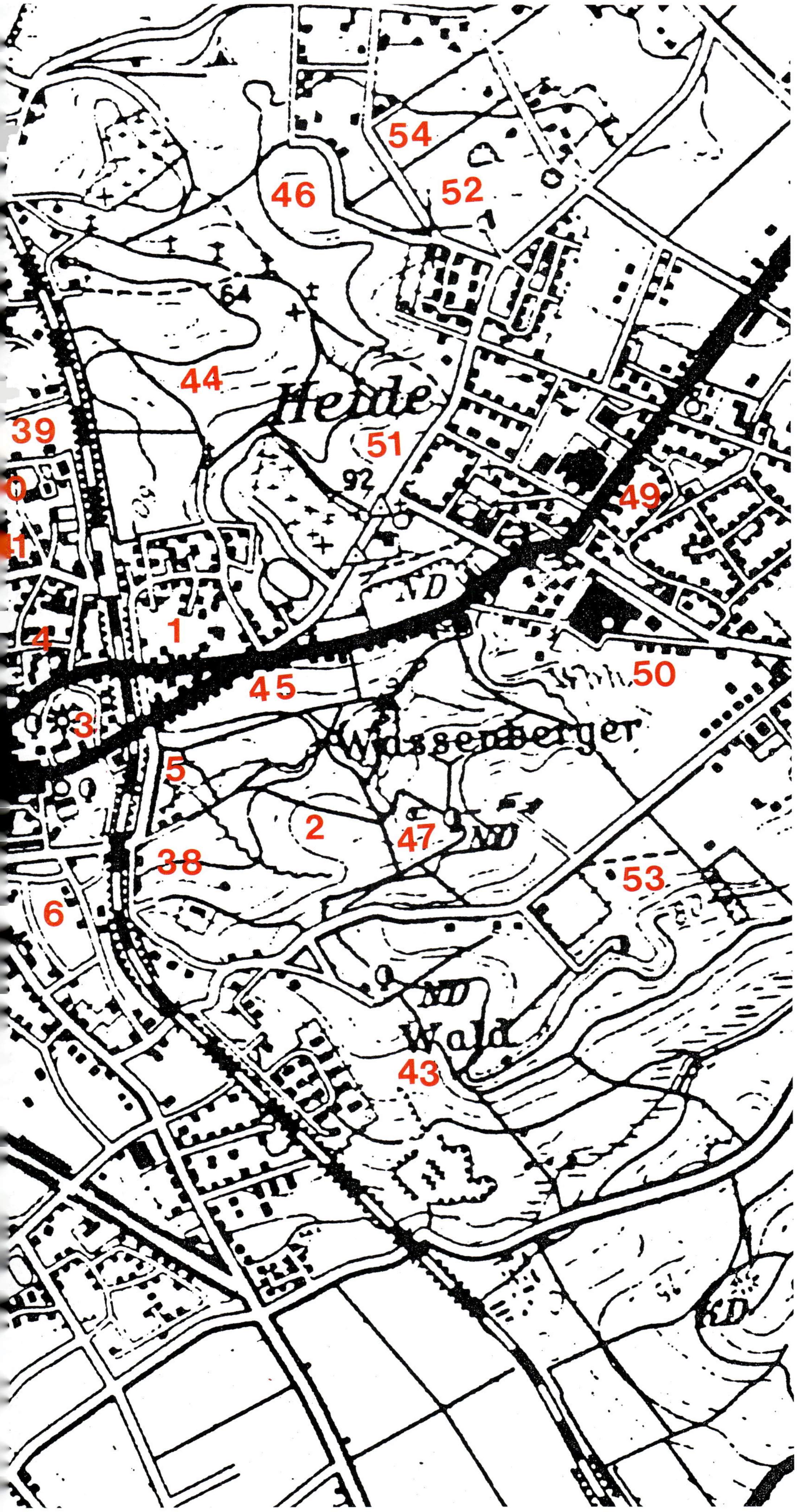

Legende zur Flurnamen-Karte

1. Hinter der Burg
2. Judenbruch
3. An der Burg
4. Hinter der Burg
5. An der Bleich
6. Bleichdamm
7. Auf'm Patersgraben
8. Der Kulenbergh
9. Birgeler Straß
10. Im Orsbecker Feld
11. Auf dem Taubenkamp
12. Die große Bennoh
13. Die kleine Bennoh
14. Forster Benden
15. Karlskamp
16. Am Forster Feldchen
17. Im Holland
18. Im Messwinkel
19. An der Oh
20. Die Oh
21. Oben an der Oh
22. Hinter der Oh
23. Sittard
24. Auf der Rollenderkamp
25. Verkeskamp
26. Unter der Rollenderkamp
27. Im Brühl
28. Diesseits der Waßerstraß
29. Untere Waßerstraß
30. An Kaspersweid
31. Unter Kaspersweid
32. Lothforsterbenden
33. Muschenkümpchen
34. Auf'm Hoppenkamp
35. Am Grünenweg
36. Auf'm Kohlergraben
37. Elinghoven
38. Auf'm Roth
39. Rechts dem Birgeler Weg
40. Ober Weilerbüschchen
41. Weilerbüschchen
42. Der Hartebeuer
43. Panneschöpp
44. Heide
45. Ob'm Komp
46. Wyckert
47. Palantsgang
48. Kall
49. Rennbahn
50. Alte Bahn
51. Am Köff
52. Hengerth
53. Weahr
54. Auf'm Wassenberger Acker

hatte der alte Herr die Fläche umgewandelt. Bäume von gleich untadeligem Wuchse, wie sie hier gedeihen, bekommt man selten anderswo zu sehen. Nach Norden und Osten schützt der waldige Hang des Höhenrückens die Anlagen, die in einer Größe von dreizehn Morgen den Bergfried umziehen. Als pflanzliche Seltenheit ersten Ranges wurde mir eine Wellington-Fichte (Wellingtonia gigantea) vorgestellt, die in 25 Jahren zu einer wunderbar regelmäßigen Baumpyramide von 19 Metern Höhe aufgewachsen ist.
Die Aussicht von der Höhe läßt sich mit der vom Clever Schloßberg vergleichen. Über ein weites Flachland, in die Niederung der in der Ferne aufblitzenden Rur schweift das Auge. Das Bild ist begrenzt von dem hinter Wassenberg herziehenden Höhenrücken, der aus der Linnicher Gegend heranlaufend mit einem Walle grüner Wälder die Ebene an Rur und Maas von dem weiten Blachfelde des Jülicher Landes trennt. Baumgruppen sind malerisch auf der grünen Fläche der Niederung verteilt und geben ihr das Ansehen eines bis zum Horizont hinlaufenden Parkes. Vierzig Kirchtürme lassen sich von dieser Stelle zählen. Im Süden erscheinen bei klarem Wetter die Kamine von Stolberg und die Höhen von Nideggen. Drüben jenseits der breiten Niederung liegt Heinsberg, geradeaus erscheinen die Türme von Roermond. Ein weiterziehends weißes Wölkchen verrät den Zug, der auf dem Maasufer südwärts nach Maastricht rollt. Zu Füßen unseres Berges breitet sich mit roten Dächern und Blütenbäumen das Idyll des alten Städtchens aus. Einst war der ‚Preuß' den Holländern drüben der Gegenstand eines gewissen spöttischen Mitleids, heute beneiden sie ihn. Auf deutscher Seite wächst der Wohlstand, blühen Handel und Gewerbe, bieten Industrien Gelegenheit zu lohnender Beschäftigung. Drüben im Limburgischen ist man auf schmalem Gebietsstreifen von der belgischen und der deutschen Zollgrenze eingeengt. Dort ist für Klöster günstiger Boden. Roermond hat 14 Klöster, aber zwischen den Pflastersteinen seiner Straßen wächst das Gras.

Ein wunderliches Stück Vergangenheit ließ mein Führer noch aufleben im alten Wohn- und Amtsgebäude aus der Jülichen Zeit. Eine alte Dame, die Schwiegermutter des Apothekers, eine Holländerin aus Roermond, bewohnte einst die Räume des Herrenhauses, die seit deren Tod unbenutzt sind. Unberührt, in bewohnbarem Zustand, erhalten bis auf die geringsten Kleinigkeiten, bis auf den strahlenden Kupferkessel in der deftigen Küche und das Strickzeug auf dem Tischchen der Fensternische präsentieren sich die Räume. Altmodische Herrlichkeiten, schwere, geschnitzte Tische und hochlehnige Stühle, kostbare Porzellane in großen Schränken, römische Fundstücke aus der Nachbarschaft, alte Pendülen und zierliche Sächelchen aus Empire- und Biedermeierzeit tauchten auf. In den Schlafzimmern prunkten mit geschweiften Kopfstükken mächtige Bettstellen aus Kirschenholz, die mit schneeweißen Decken der Gäste des Hauses zu harren schienen. Uralte, bunte oder dunkle großgemusterte Tapeten an den Wänden, alte Stiche und Bilder tugendsamer Schönen und erbaulicher Vorgänge, verblichene Stickereien auf Kissen und Tischdecken, das alles zauberte der Phantasie mühelos die einstige Herrin des Hauses vor Augen, eine Dame mit grauen Lokkenrollen und baumelnden Ohrringen, die in knisternder Seide und mit altfränkischer Würde ihre Gäste empfing, wenn die großen, bunt leuchtenden Tassen dort hinter den Scheiben der dünnbeinigen Mahagonischränke auf blütenweißem Tisch um ihre Königin, die dickbauchige Kaffeekanne, um Kuchenschüsseln und Zuckerschalen in strahlendem Kranze aufgestellt waren und auf ihre duftende Kaffeefüllung warteten. Und am Abend, wenn's wieder still geworden war in den alten Räumen der Burggebäude, kamen die Kinder aus der Apotheke herauf, um mit der Mutter zu plaudern oder Pikett zu spielen. So floß gleich einem ruhigen, klaren Bächlein, das lautlos durch versteckte Blütengärten rinnt, dies Frauenleben dahin, bis die Marmorpendüle dort auf dem Kamine die letzte Stunde schlug. Figuren aus den Geschichten des Flamen Conscience und dessen köstlichen, kleinen Schilderungen wurden in mir wach in diesem Wassenberger Burghaus. Sie lebten auf in dem alten Städtchen, in dessen Nähe die von dem flämischen Dichter gezeichneten Landschaftsbilder zusammengestellt sind, das anmutet wie ein Heimplatz jener ausgeglichenen Ruhe, jener Atmosphäre der Reinheit und des stillen Glückes ... Auch die Menschen, denen ich draußen begegnete, nachdem ich dem gütigen alten Gartenkönige Carl Kofferath die Hand zum Abschied gereicht, erinnerten mich an die Figuren des flämischen Dichters. In Holzschuhen, wie auch jenseits der Maas, schritten die Mädchen über die Straßen, spazierten sie auf und ab während der Mittagspause vor ihrer großen Seidenfabrik auf der waldigen Höhe über Wassenberg. Anzug, bescheidenes Benehmen und die entgegenkommende Freundlichkeit, mit der sie erbetene Auskunft erteilten, machten denselben wohltuenden Eindruck, wie ihn einst bei früheren Wanderungen die Landbevölkerung Limburgs erweckte. Es erscheint fast, als hätten sich in diesem, vom großen Verkehr gemiedenen Winkel noch Reste einer besonders gute Lebensformen begünstigenden und auf fest umgrenzter Lebensanschauung aufgewachsenen Kultur erhalten als anmutiges Erbteil aus vergangenen Tagen."

DIE SCHATTEN FALLEN

Der Erste Weltkrieg

Der alte Wassenberger Heinrich Louis erzählt, der Ausbruch des Ersten Weltkriegs sei auch in Wassenberg mit großer Begeisterung aufgenommen worden: „Jeder Tritt ein Britt. Jeder Stoß ein Franzos. Jeder Schuß ein Russ. Die Serben müssen sterben!" Die Leute standen auf den Straßen und blickten, wie es ihnen die Veteranen vom Kriegerverein zuriefen, einem „neuen Sedan" entgegen. Von jedem Mann in Uniform ging Heldisches aus. Viel zu spät merkten die Leute, daß die Schatten fielen.
Jakob Kever aus Steinkirchen[808] schrieb auf: „Die holländische Grenze wurde sofort geschlossen. Nicht durch Militär, sondern durch ältere Leute, die zur Getreideernte nicht mehr brauchbar waren. Bewaffnet wurden sie mit einem alten Hinterlader ohne Schloß. Nachts löste gedienter Landsturm die ‚alte Garde' ab. Auch Zöllner waren Wachhabende. Sie trugen am rechten Arm eine weiße Binde mit dem Aufdruck VIII. AK (8. Armeekorps). Nach Feierabend pilgerten viele zum Schlagbaum, um mit den Holländern über die Kriegsereignisse zu diskutieren. Am Mobilmachungsabend stand ich am Schlagbaum. Der Wächter 'Driek' saß mit seinem furchtbaren Hinterlader auf einem Stuhl und pennte. Plötzlich brauste jemand auf einem Fahrrad heran und schrie schon von weitem: ‚Driek, Hennes, noah heem, et eß Mobil, ihr mott sofort weg noah Rhedt'". In Rheydt war das Bezirkskommando.
Die laue Mobilmachungsnacht war fiebrig und nervös. „Und trotzdem hatte sie etwas Feierliches an sich", erinnerte sich der Schlosser Jupp Werth. Jeder kam sich ungemein wichtig vor. Überall erklangen patriotische Lieder. Ab und zu hörte man von weitem Trommelschlag und den Ton einer Trompete. Alles war auf den Beinen. Auch die Kinder. Niemand wollte schlafen „in diesen siegestrunkenen vaterländischen Stunden". Der alte Kofferath von der Burg stiftete jedem, der auf die Burg kam, um von dort „nach Westen gegen den Feind zu schauen", ein Glas Rheinwein. Dabei zitierte er: „Sie sollen ihn nicht haben, den freien deutschen Rhein!" Er hatte seine preußischen Orden herausgeholt und auf seinen Zivilrock geheftet. Im Burggebäude aber saß in wilder Verzweiflung Sohn Robert Kofferath, Leutnant der Reserve, im Rollstuhl. Der juristische Korpsstudent (Tübingen, Berlin, Bonn) hatte mitten in seinem Berliner Semester sich eine Krankheit eingeheimst, die ihn sein ganzes Leben nicht mehr losließ. In seinem Tagebuch von 1903 bis 1906 schildert er im Detail und minutiös den Einbruch der damals unheilbaren Seuche. Seine Brüder dürfen nun das epochale Ereignis des Kriegsausbruchs genießen und als Stabsärzte hinausziehen — er muß zusehen. Der Leutnant im Rollstuhl darf nur vom Burgberg gen Lüttich blicken.
Spontan findet sich an diesem Abend auf dem Pley am Rathaus die *Liedertafel* unter ihrem Dirigenten Franz Peters (Organist und Küster der Georgskirche) ein. Sie singen Vaterlands- und Heimatlieder. Und die jüdischen Schwestern Berta und Adele Heumann, die Modistinnen am Roßtor, stehen begeistert dabei: „Wir sind jüdisch aber deutsch!" Lieschen Graab hat diese patriotische Bemerkung immer wieder zitiert. Sie wußte auch noch das Lieblingslied der *Liedertafel*:

Wilhelm Schuffels †1917.

Das Volk steht auf, der Sturm bricht los;
wer legt noch die Hände feig in den Schoß?
Pfui über dich Buben hinter dem Ofen,
unter den Schranzen, unter den Zofen!
Bist doch ein ehrlos erbärmlicher Wicht,
ein deutsches Mädchen küßt dich nicht.

Die Wassenberger ahnten nicht, daß ihre „belle époque" von Kirmes mit Tambour, Trommelkorps, Instrumentalverein, Fahnen, Uniformen und paradierenden Schützen, von Judenbruchfesten, überfüllten Festzelten aus dem Zeltverleih des Caspar Küppers, von Kaiserbällen mit Tanzkärtchen und Tanztüchlein für die schwitzende Hand des Tänzers, von Sedanfeiern mit Säbeln, Orden, Helmen, dem Kürassier Schuffels von der Garde du Corps hoch zu Roß vorüber war. Und ihre Fantasie, einem euphorischen Fieber gleich, trieb sie in dieser ersten Weltkriegs-Nacht schon über die breiten Plassen der Maas südwestwärts gegen Paris. Wer von ihnen hatte schon eine Vorstellung von den bevorstehenden Materialschlachten, von Giftgas und Flammenwerfern, von zerfetzten Leibern, von Hunger und Tod. Artillerieeinsätze auf einer Breite von 75 km mit 6 000 Geschützen. Sie kannten noch nicht den Geruch von scharfem Sprengstoff und aufgerissener Erde, das Inferno der Feuerwalze, das Grollen und Dröhnen. Die Hölle einer Pausenlosigkeit des mitleidlosen Sterbens war ihnen noch fremd. Heute nacht war die Natur der Wassenberger Wälder sanft und voll zärtlicher Wärme. Und im Nachthimmel gab's nicht mal mehr die Drohung des Planeten.

Der alte Kriegervereinspräsident Josef Kreutzer sagte: „Spätestens bis Weihnachte eß dr Kreech uut!" Und jedermann glaubte es. Man drückte sich dankbar die Hand. So vergingen die ersten Kriegstage.

Bald läuteten Glocken zu ungewohnter Zeit: Siege, Siege! Der Kriegerverein hatte im Restaurant Max Graab eine Westeuropakarte aufgehängt, um jeweils aktuell die Vormärsche mit Fähnchen zu orten. Und jeder, der es wollte, durfte hingehen und sich's anschauen. Wenige Tage nach Kriegsbeginn ließ Bürgermeister Beckers, der sich vergeblich freiwillig gemeldet hatte, ein Telegramm aushängen. Alle Leute standen davor, reckten ihre Köpfe, um zu erfahren, daß der Kaiser ins Feld ausgerückt sei und die Regierungsgeschäfte in die Hände des Reichskanzlers gelegt hatte. Radio und Fernsehen gab's noch nicht.

An den ersten Siegen war Wassenberg akustisch beteiligt. Von Lüttich dröhnte der Kanonendonner gedämpft herüber. In den nächsten Wochen wurden patriotische Bildpostkarten verkauft, die den Heldentod kolorierten. Und die ersten Grüße von der Front wurden herumgereicht wie Heiligtümer. Bald schon bekamen die Mädchen zu tun. In den ersten Augusttagen zogen Berliner Burschen vom Landwehr-Infanterie-Regiment 35 (Prinz Heinrich von Preußen) ins Wassenberger Quartier. Aber schon nach wenigen Tagen wurden sie zum Einsatz nach Belgien abkommandiert. Ein rührender Abschied auf dem Pley ließ Tränen sehen. Und wieder sang die *Liedertafel*. Wassenberg war mitten in der Ernte. Keine Ähre durfte verlorengehen. Der *Wassenberger Sämling* wurde zum ersten Mal gepflückt. Dieser Pfirsich war im Garten von Schloß Elsum von Freiherr von Leykam 1913 als besonders reich tragende Sorte gezüchtet worden. Besonders einmachfreundlich, löste er sich leicht vom Kern und behielt sein Aroma bei. Durch seine späte Blüte war er fast immer vor Spätfrösten geschützt. Der Wassenberger Franz Küppers (1883) hatte in Schloß Hohenheim/Baden seinen Meister als Baum-Schulist gemacht. Er brachte die Technik mit, wie der Wassenberger Sämling kernfest zu veredeln sei. Zwischen Wassenberg und Birgelen entstand seine erste Sämling-Baumschule. Gleichzeitig begann der Landwirtssohn Schreinemacher mit der Weiterentwicklung dieser Pfirsichsorte, die viele Jahre reiche Ernten in ausgedehnten Plantagen brachte, bis die heutigen Importe seine Rentabilität vereitelten. Damals aber, zu Beginn des Ersten Weltkriegs, war der Sämling eine Kostbarkeit, eine Art ortseigenen Beitrags zu den Hungerjahren, die bald schon kommen sollten.

Der Maler Jean Grothe schrieb in diesen Tagen aus Wiesbaden einen Brief an Carl Kofferath: „Wie schön, in diesen großen Zeiten leben zu dürfen. Ich beneide mein Wassenberg, weil es so nah an den entscheiden-

Kolorierter Heldentod 1915.

den Schlachtfeldern liegt. Ich sehe die von mir oft gemalte Silhouette der Stadt und darüber den Glanz kommender glücklicher Tage und des glorreichen Sieges. Schon heute freue ich mich auf das sicherlich baldige Siegesfest im Wassenberger Festzelt. Ich höre jetzt schon imaginär den Ton der Trompete vom Burgfried: Das Ganze halt!"
Empörung ging durch den Ort: zwei junge Burschen, die täglich mit ihrer Einberufung rechnen mußten, waren „üvver de Jrenz" ins neutrale Holland geflohen. „Wie war das möglich?" Eine Schande für die ganze Stadt! Was hatte die Liedertafel gesungen? „Bist doch ein ehrlos erbärmlicher Wicht, ein deutsches Mädchen küßt dich nicht." Die Grenze stand unter scharfer Bewachung. Einheimische aber kannten ihre Schliche. Jakob Kever erzählt vom 21. 12. 1917, als zwei russische Kriegsgefangene nach Holland entweichen wollten. Die Grenzwache schoß. Der eine wurde im Hals getroffen und starb einen qualvollen Tod. Der andere, lebensgefährlich verwundet, starb im Lazarett.[808] Der Krieg nahm seinen tragischen Verlauf. Nach großen Siegen kamen Niederlagen, kamen das „Marnewunder", Verdun, Ypern, Champagne, Somme, Arras, Picardie, Soissons, Reims. Es kamen die Meldungen über den Tod im Schützengraben, die Nachricht von Erblindung und Verstümmelung, von Gas und Tanks, es kamen Rationierung, Steckrüben, Hunger und schließlich — unfaßbar für die meisten Wassenberger — die Niederlage. „Behüt dich Gott, es wär' so schön gewesen, es hat nicht sollen sein", sang nun die Liedertafel unter ihrem neuen Dirigenten Peter Heinrichs, der auch Organist an der Georgskirche war.

Die Niederlage

In den Morgenstunden des 9. November 1918, so berichtete mir Bürgermeister Beckers, wurde von Gladbach-Rheydt aus ins Wassenberger Rathaus gemeldet, dort habe sich ein Arbeiter- und Soldatenrat gebildet. Dem Hauptmann König habe man dort die Schulterstücke von der Uniform gerissen. Die Gefängnisse seien geöffnet, und beim Bezirkskommando in Rheydt wären alle Akten und Papiere verbrannt worden. Deutlich klang von Belgien der Kanonendonner herüber. Wer von den Wassenbergern wußte schon, daß an diesem Tag sich die Abdankung ihres Kaisers vorbereitete. Es sollten Vertreter des Arbeiter- und Soldatenrates nach Wassenberg kommen, um hier für Ordnung zu sorgen. Beckers hat geantwortet: „Hier ist nirgendwo etwas zu ordnen."
Am 10. November immer stärkerer Kanonendonner. In Wassenberg kamen bereits einige Soldaten von der Front zurück. Zwei von ihnen trugen rote Armbinden. Am 11. November 1918 hörte man plötzlich keinen Kanonendonner mehr. Die Waffenstillstandsbedingungen waren angenommen. Robert Kofferath erzählt, daß sein Vater sich eingeschlossen habe und die Familie das Schlimmste befürchtete. Kriegervereinspräsident Josef Kreutzer war tot. Er war 1915 gestorben, als ihn noch Siegeshoffnung beflügelte.
Am 15. November 1918 zogen mehrere Lastwagen und Pferdefuhrwerke mit Soldaten durch Wassenberg in Richtung Erkelenz. Sie verkauften alles, was sie beim Rückzug aus den großen Militärmagazinen mitgenommen hatten: Kognak, Schnaps, Wein, Liqueur, Butter, Schmalz, Mehl, Zucker, Stoffe, Decken. Das war Schlaraffia; denn im Mai 1918 erhielten die Wassenberger pro Person 30 Gramm Butter für zwei Wochen, vier Eier. Im September gab es pro Kopf und Woche 1 750 Gramm Brot und 100 Gramm Fleisch. Mehrere Tausend Mann trafen an der Grenze bei Rothenbach ein und wurden in Wassenberg und Birgelen einquartiert. Am Buß- und Bettag (20. November) wurden alle linksrheinischen Soldaten entlassen. Viele waren schon eigenmächtig nach Hause gefahren. Der Krieg war aus, das bis dahin größte technisierte Völkergemetzel endlich zu Ende. Dechant Otto Jansen hängte eine schwarz gerahmte Liste unter dem Kirchturm auf. Die Jugend Wassenbergs hatte ihren furchtbaren Blutzoll entrichtet: 58 waren gefallen, in Birgelen 41, in Myhl 35. 1920 wird ihnen zu Ehren am Wehrturm der Kirchstraße ein Kriegerdenkmal (Bildhauer Hans Munzer, Düsseldorf) aufgestellt, das in einer Steinplastik den Ritter Georg zeigt, der das Böse, den Drachen, besiegt. Besiegte er auch den Krieg? Königgrätz- und Sedan-Kämpfer, Burgherr Carl Kofferath, erlebte das alles schon nicht mehr. Sohn Robert schrieb im Heimatkalender, seine letzten Worte wären „Mein armes Vaterland!" gewesen. Am Kriegerdenkmal hielt Robert in Rage die revanchistische Einweihungsrede. Ihr Stichwortzettel liegt mir noch vor. Tenor ist der „Schandvertrag von Versailles", der später auch von Hitler zum Generalmotiv seiner Agitationen und Fanatismen gemacht werden sollte. Ein Volksschüler der Oberklasse deklamierte das Gedicht: „War euer Sterben denn vergebens?"

Die Besatzungszeit

Auf der Burg lebt als verwitwete Burgherrin Caroline mit ihrem kränkelnden Sohn Robert. Die beiden anderen Söhne hatten hochdekoriert den Krieg überlebt und entwickelten sich zu renommierten Ärzten in München: Carl und Walter.
Die erste direkte Konfrontation der Wassenberger mit den Siegern geschieht durch belgische Truppen, die in Schulen, Tanzsälen, Scheunen, Wohnungen, sogar auf Speicherböden einquartiert werden. Am 7. 12. 1918 treffen sie in Wassenberg, Birgelen, Ophoven, Effeld ein: das 23. Feldartillerie-Regiment. Der belgische Monsieur le capitaine Chartisse erklärt Bürgermeister Beckers mit scharfem Unterton, alles müsse streng gehandhabt und bedingungslos befolgt werden, sonst würden sie erschossen „comme les votres on fait en Belgique". 1919 folgten die Franzosen. Es waren die Alpenjäger-Bataillone 53, 63, 27, 15. Sie führten zahlreiche Maultiere mit sich. Peter Berger erinnert sich: „Zwei Soldaten kamen in Einquartierung. Am nächsten Morgen war eine Kiste Äpfel weg. Die Belgier trugen braune Schiffchen-Mützen, an denen vorn eine

Französische Besatzung zieht ab.

rote Quaste baumelte. Ich weiß, daß wir Kinder in Wassenberg ein Spottlied auf sie sangen: ‚Machen wir's den Belgiern nach, waggele mett de Plümm!' Nach den Belgiern kamen die Franzosen. Wir wohnten damals am Buir im Feuerwehrhaus. Ich hatte aus ‚patriotischen Gründen' einem französischen Feldwebel unterhalb unseres Schlafzimmerfensters auf den Kopf gespuckt, derweil er auf dem Buir mit einer Gruppe Soldaten exerzierte. Um ein Haar wäre mein Vater auf der Stelle verhaftet worden. Aber die Franzosen waren äußerst kinderlieb. Meine Mutter stand kurz vor der Entbindung mit Maria. Die Franzosen waren nett zur Bevölkerung. Sie haben sogar in ihrer Feldküche für deutsche Familien mitgekocht. Die französische Gulaschkanone stand auf dem Hof der Wirtschaft Schmitz (später Reuter, Bergstein). Mein Bruder und ich nebst vielen anderen Wassenberger Kindern standen dort Schlange für einen Schlag Eintopfsuppe, den wir auch bekamen. Die Franzmänner waren immer gut aufgelegt und machten ihren Spaß mit uns. Einmal mußte Janses Will, der sich immer habgierig nach vorn drängte, ein Riesenstück Speck sofort ganz verzehren. Als Will hineinbiß, merkte er, daß der französische Koch den Speck ausgehölt und mit scharfem Senf gefüllt hatte. Natürlich versuchten die jungen Monsieurs auch mit den Wassenberger Mädchen zu einem Rendez-vous zu kommen. Ihr Zuruf ‚Mademoisell-Promenade-Chocolat' hatte öfter Erfolg. Mit meinen sieben Jahren hatte ich den tieferen Sinn nicht kapiert. Um aber auch mein Glück im Hinblick auf ‚chocolat' zu versuchen, rief ich ‚Mößjö-Schockolad-Promenad'. Die Franzosen bekamen einen Lachkrampf und ich eine Tafel Schokolade."

Im Rathaus waren Ortskommandantur und Bataillonsbüro untergebracht. An der Grenze wurde 1919 ein Stacheldrahtzaun gezogen. Schlachtvieh wurde requiriert. In Wassenberg richtete die Besatzung einen französischen Sprachkursus ein, aber nur wenige nahmen teil. Niemand mochte den Anschein der Kollaboration erwecken. Über einzelne Wassenberger wurden Geld- und Gefängnisstrafen verhängt, weil sie Paß-, Schmuggel- und Abgabevergehen begangen hatten. Am 31. 1. 1926 räumten die Franzosen die Besatzungszone rechts der Rur. (Zone I) Überall herrschte Freude und Begeisterung über die Befreiung. Die „Liedertafel" sang: „Der Gott, der Eisen wachsen ließ, der wollte keine Knechte . . ." In Wassenberg zogen (fast wie am 18. Oktober 1814) die Schützenbruderschaften auf.

Kriegerdenkmal. (Foto Ekkehard Heinrichs)

Oberst der *Mannder* Hubert Heinrichs hielt eine seiner sprichwörtlichen Hochdeutsch-mit-Heggepöahl-Reden: „Wir habe dr Kriech durch Pesch verloare! Aber die Franzuose habe auch nich immer jewonne! Unn die Engländer habe in der Skagerack sich flott derdurchjemacht." Er ahnte noch nicht, daß am Ende seiner Oberst-Zeit (1. 9. 1939) ein neuer Krieg zur Revision von Versailles ausgebrochen sein würde. Am Kriegerdenkmal wurden Kränze niedergelegt: vom Jünglingsverein, vom Stahlhelm, von den Schützen.

Bürgermeister Peter Dickmann und der „Mädchenverein" 1931.

Die Zwanziger Jahre

Von 1923 bis 1931 ist Peter Dickmann Bürgermeister von Wassenberg. Wenn die luftkurörtliche Entwicklung meist mit dem Namen des Nazi-Bürgermeisters Julius Grünweller (1933—1939) verbunden wird, so unterschägt man dabei die großen Verdienste von Bürgermeister Peter Dickmann. Rentmeister Franz Graab hat mir später klargemacht, wie sehr es Dickmann darauf ankam, die landschaftliche Mitgift des Städtchens zu bewahren und auszubauen. Irrtümlicherweise wird ihm der Verkauf des Judenbruchs an den Holzhändler Menneken (Krefeld) angelastet. In Wirklichkeit waren es die Erben der Maria Packenius, die dies bewerkstelligten. Zum Glück gelang der Rückkauf 1937 durch Julius Grünweller.

Am 29. 9. 1926 besuchte der Aachener Geschichtsverein Wassenberg. Bürgermeister Peter Dickmann begrüßte die Gäste mit einer Rede, die programmatisch ausfaltete, warum die Zukunft Wassenbergs in der „waldschonenden Industrie der Seide (Anm.: Welch' moderner Hinweis von Dickmann!) und in seiner Anziehungskraft als Sommerfrische" zu suchen sei. Dickmann ließ 1927 den Gondelweiher anlegen und baute ein öffentliches Schwimmbad „op de Bleek" (auf der Bleiche) neben der Stadtmauer. Es war das erste Freibad im Heinsberger Land. Dickmann war beliebt. Er zeigte bei vielen Gelegenheiten Zivilcourage. 1924 wurde er beispielsweise wegen einer Auskunftsverweigerung von den Besatzungstruppen vier Wochen ins Gefängnis gesperrt.

Seine Bürgermeisterzeit begann mit Vorboten der Inflation. Im Frühjahr 1922 entsprach ein Gulden 75 Mark. Ende 1922 zahlte man für einen Dollar bereits 7 350 Mark. Dickmann konnte 1923 seine Gemeindebeamten nicht entlöhnen. Er mußte den Staat um Hilfe bitten. Die Textilfirma Krahnen & Gobbers druckte ab Herbst 1922 sogar eigenes *Wassenberger Inflationsgeld*, um ihre Arbeiter bezahlen zu können. Die Geldentwertung war derart rapide, daß im November 1923, vor der Stabilisierung der Währung, 1 Billion Papiermark dem Wert 1 Goldmark entsprach.

Alles war knapp. Peter Rögels und Peter Berger waren, wenn sie schulfrei hatten, mit einem kleinen Korb am Wassenberger Güterbahnhof unterwegs, um herumliegende Kohlenstücke einzusammeln: „Manchmal gingen wir die gesamten Schienen bis Wassenberg-Süd ab, um die heruntergefallene Kohle aufzulesen. Vorher liefen wir zum Ascheplatz der Molkerei Mirbach am Bahnhof und wühlten hier nach Brennbarem."

Schwimmbad Wassenberg seit 1927.
(Foto Ekkehard Heinrichs)

Gondelweiher an der Stadtmauer. Ehemaliger Stadtgraben. (Foto Ekkehard Heinrichs)

Wassenberger Separatisten

Seit 1919 gab es auch in Wassenberg eine Gruppe separatistisch gesinnter Bürger. Angeführt von Notar Dr. jur. Beinhauer. Er stand mit Bürgermeister Dickmann (Katholisches Zentrum) dieserhalb auf Kriegsfuß. Zu der Wassenberger Gruppe gehörten L'habitant, Henzen, Settels. Korsten, Linden. Besonders aktiv war L'habitant, der seine französische Abstammung zur Geltung bringen wollte. Er bedrohte sogar einige Wassenberger mit Ausweisung durch die Franzosen ins Rechtsrheinische. L'habitant ist später einer der ersten Nazis im Ort. Nach dem Separatistenrummel ging er mit seiner Familie nach Frankreich, kehrte aber 1926 wieder zurück (Spionage?) und setzte die Wassenberger mit Braunhemd und Hakenkreuz in Erstaunen. Er wurde Unterführer im nationalsozialistischen Kraftfahrkorps (NSKK) und gewann über diese politische Karriere unter NS-Bürgermeister Grünweller die „Wasseraufsicht", von den Wassenbergern ein wenig mit dem doppeldeutigen Satz verspottet: „Labberdaan (L'habitant) hätt et Water onger sech."

Von Frankreich und Belgien wurde Beinhauers Gruppe unterstützt. Oft verließ er wochenlang sein Notariat (er war preußischer Notar für den Oberlandesgerichtsbezirk Köln mit dem Amtssitze in Wassenberg) und agierte bei den Putschversuchen von A. Dorten in Koblenz und Wiesbaden sowie später bei den Lostrennungsbemühungen von J. Matthes in Düsseldorf. Bei der Gründung der Rheinischen Republik in Aachen stand er in vorderster Linie. Am 22. 10. 1923 befand er sich unter den separatistischen Besetzern des Erkelenzer Rathauses. Einen besonderen Wassenberger Widersacher besaß er in Robert Kofferath, der in verschiedenen Zeitungen[809] einen Offenen Brief an das preußische Justizministerium richtete. Darin hieß es:

In dem Orte Wassenberg im Reg.Bezirk Aachen hat seit etwa 6 Jahren ein Herr Dr. jur. Beinhauer das Notariat inne. Gleich nach dem Einmarsch der Besatzungstruppen 1918 begann er einen lebhaften Verkehr mit französischen Offizieren. Daraus entwickelte sich seine Separatistenbegeisterung. Der Notar warb in Wassenberg und Umgebung offen für die Abtrennung unserer Heimat. In einem gewissen Linden aus Wassenberg hatte er seine beste Stütze. Im Sommer 1923 war er regelmäßig auf den Versammlungen der rheinischen Verräter. Als Anfang 1923 (Ruhrkampf) die belgischen Eisenbahner den Wassenberger Bahnhof besetzten, um die bestreikte Strecke Wassenberg-Baal in Betrieb zu bringen, saß noch am gleichen Nachmittag Dr. Beinhauer mit seiner Frau in der Bahnhofswirtschaft mit den Belgiern zusammen. Der erste, der von Wassenberg während des passiven Widerstandes mit der Regierungsbahn fuhr, war Beinhauer. Am 14. Juli 1923 feierte er mit belgischen und französischen Offizieren in der Dalheimer Mühle das französische Nationalfest. Bei Schneidermeister Franz Nägler (Löffelstraße 16) hat er erklärt, in drei Wochen würden wir eine neue Währung haben. Gleichzeitig hat er Nägler von seiner letzten Beteiligung bei den Sonderbündlern in Koblenz berichtet. Auch am ‚blutigen Sonntag' in Düsseldorf (J. Matthes) war Beinhauer dabei. Er hatte einige Wassenberger Bürger, die Landwirte Korsten, Henzen

(Anm.: Vorfahr des letzteren war der den Kaiser Napoleon verehrende Bürgermeister Henzen) und den Kaufmann Settels, überredet, mitzumachen. Dann war er längere Zeit aus Wassenberg verschwunden, wurde in Aachen bei den Separatistenunruhen gesehen und tauchte bei der ‚Rheinischen Regierung' in Ems auf. Frau Beinhauer hat erzählt, sie säße in Ems neben dem großen Dr. Dorten. Inzwischen geht der Separatistenrummel zu Ende, und Beinhauer taucht in Wassenberg wieder auf. In der Heinsberger Volkszeitung erklärt er, er sei ‚amtlich beurlaubt' gewesen. Ein halbes Jahr Urlaub für seine ‚hochverräterischen Umtriebe'? (Soweit Robert Kofferaths geharnischter Leserbrief)

Tatsächlich war Dr. Beinhauer in der Nacht vom 20. zum 21. 10. 1923 mit 500 Sonderbündlern aus dem niederrheinischen Raum in Aachen im Gesellschaftshaus in der Pontstraße. Von dort schwärmten sie aus und besetzten die wichtigsten Gebäude. Leo Deckers rief um 3 Uhr nachmittags im Krönungssaal des Aachener Rathauses die Rheinische Republik aus und setzte sich an ihre Spitze: „Zur Rettung des Rheinlandes in letzter Stunde vor völliger Verelendung durch Preußens Schuld und vor linksradikaler Revolution haben unabhängige Rheinländer die Zivilgewalt übernommen."

Wie aufrüttelnd mag das unseren L'habitant, Henzen, Linden, Korsten, Settels und Beinhauer in den Ohren geklungen haben? „Bürger! Die Macht der Preußen ist im Rheinland gebrochen!"

Verschiedene Wassenberger hatten über Beinhauers „landesverräterische Umtriebe" einen Bericht an den Oberlandesgerichtspräsidenten nach Köln gesandt, kurz danach sogar an den Justizminister. Es geschah jedoch nichts. Die Bewegung brach zusammen. Beinhauer kehrte nach Wassenberg zurück. Er begegnet uns schon bald wieder ganz harmlos in Akten und Obligationen wie etwa derjenigen von Kofferath-Gillissen, bei der der Fabrikarbeiter Josef Gillißen und seine Braut, Fräulein Adelheid Freisinger, von der Burgherrin Caroline Kofferath 15 000 Mark zu einem Zins von 5,55 % leihen.

Heimatfest 1927

Die Zwanziger Jahre waren voll von Jubiläen und Festen. Lehrerin Maria Nolten meint: „Eine feierbewegte Epoche!" Franz Mayer war der Initiator des Schützenjubiläums 1927. Er schrieb auch die entsprechenden Abhandlungen, historischen Begründungen und regte die Wassenberger dermaßen an, daß sie sich zu einem großen Heimatfest euphorisch entschlossen. General-Akteur in der Bruderschaft der *Mannder* war Rentmeister Franz Graab, der sich aus diesem Anlaß beim Vogelschuß die Königswürde sicherte. Bei den Junggesellen eiferte ihm Adolf Beckers, der Sohn des langjährigen Bürgermeisters, nach. Beide gehen in die Annalen der Stadtgeschichte ein. Aber nicht nur mit diesem Akt. Als das Dritte Reich anbricht, sehen wir sie in konträren Haltungen: Schützenkönigskollege Adolf Beckers als ortsinternen SS-Führer, Franz Graab zusammen mit Bürgermeister Bell als ersten verjagten

Auf Burg Wassenberg: Stahlhelmgruppe 1932.

städtischen Beamten. Machtergreifungen im Mikromodell kleinstädtischer Politik — weltanschauliches Gerangel eines bis dahin scheinbar harmonischen Gemeinwesens.

Vom 16. bis 18. 7. 1927 ging ein vielfältiges Festprogramm über die Wassenberger Bühne. Die beiden abgebrochenen Tore, Brühltor (1863) und Feldtor (1783), wurden für die Jubiläumswoche aus Holz wie-

Heimatfest 1927.

Herzog Walram IV. von Limburg, der Stadtgründer, im Festzug des Heimatjubiläums 1927, dargestellt von Burgherr Dr. Robert Kofferath.

deraufgebaut. Alle Straßen prangten im Festtagsschmuck. Willi von der Beek schreibt: „An den Toren wurde wie im Mittelalter für den historischen Festzug von ‚Raubrittern' der Eintrittsobulus in Höhe von 50 Pfennig erhoben."[810] Die Schirmherrschaft übernahm Landrat Erwin Classen (1920—1928), der in Wassenberger wohnte.
Willi von der Beek nennt die Höhepunkte: „Um 19 Uhr begann das Heimatfest im Zelt an der Erkelenzer Straße mit Musik und Gesang, mit Gedichten und Festreden. Die Schuljugend führte unter Anleitung ihrer Lehrerinnen Fabry und Nolten Reigen auf. Das Festspiel ‚Wassenberger Burgbau' (von Kaplan Douven gedichtet) beendete den offiziellen Teil der Feier. Abends erstrahlten das Rathaus, die Burg und das Kriegerdenkmal in festlicher Beleuchtung."[811] Vom Burgfried herab ertönte am späten Abend das Trompetenthema „Die Post im Walde".
Am nächsten Tag bewegte sich ein historischer Festzug durch die Straßen. Mehrere Tausend Besucher waren gekommen, um die historisch-entfaltete Pracht zu bestaunen: Herolde mit Fanfaren, germanische Krieger zu Pferde, römische Legionäre zu Fuß, fränkische Soldaten, Bannerträger, Graf Gerhard I. mit Gemahlin um 1020, das Wassenberger Stiftskapitel, der Schutzpatron Georgius in rotem Mantel auf einem Schimmel mit langer Lanze, bewaffnete Bürger um 1270 mit Spießen und Keulen, Walram IV., Herzog von Limburg in voller Rüstung, Amtmann und Vogt, die Zünfte (Bäcker, Schneider, Schreiner, Metzger, Schmiede, Schuster), Bürgermeister und Rat in Amtstracht, Söldner, Landsknechte, französische Soldaten um 1800, preußisches Militär — mit einem Wort, ein Querschnitt durch Wassenbergs ereignisreiche Geschichte. Die Kosten für das Ausleihen der Kostüme bei Firma Fama in Düsseldorf beliefen sich laut Rechnung auf 992 Mark.

Die Nazis kommen

Gegen Ende seiner Bürgermeisterzeit brachte Bürgermeister Peter Dickmann noch die Wasserleitung in die Ausschreibung. Sie wird allerdings erst 1933 gebaut, jetzt aber fallen die Würfel. Am 9. 9. befürchtet die *Heinsberger,* in dieser wirtschaftlich so miserablen Zeit könnten unter den Bewerbern für dieses lohnende Projekt auch solche auftreten, die noch nie derartige Bauten ausgeführt hätten. Die Zeitung schreibt: „Nicht die heute niedrigste Preisforderung soll bei der Vergabe der Arbeiten maßgebend sein, sondern die Sicherheit einer soliden Ausführung der Wasserleitung."
Leider war Bürgermeister Dickmann in den beiden letzten Jahren seiner Amtszeit mit der Parkinsonschen Krankheit belastet. Gegen sein Leiden ankämpfend engagierte er sich nach wie vor intensiv für Wassenberg, mußte aber vorzeitig in den Ruhestand treten und einem Nachfolger Platz machen. Dieser hieß Friedrich Bell. Er löste ihn 1932 ab. Es war die Zeit, in der auch in Wassenberg die Nationalsozialisten an Boden gewannen. Auch hier wuchs die Arbeitslosenzahl und trieb besonders junge Männer in die SA, später in die SS. Seit 1930 bildeten sich auch im Heinsberger Land Ortsgruppen der NSDAP. Burgherr Robert Kofferath, infolge seiner Krankheit nur Möchtegern-

Männergesangverein „Sangeslust" von 1860 bei einem Sonntagssingen 1939. Dirigent Alois Paffen, Zweiter von rechts.

Held im Ersten Weltkrieg, sieht Versailles als die teuflische Rache der Sieger an und will als Mitglied des *Stahlhelm* unbedingt eine Revision dieses Schandvertrages. Da kamen ihm die Nazis gerade recht. Robert wird einer der ersten SA-Männer in Wassenberg. Zunächst wählt er allerdings deutschnational und organisiert zusammen mit dem chauvinistischen Hauptlehrer Kessel eine große Stahlhelmkundgebung 1932 auf der Burg. Ich kann mich noch gut an die anschließende Schlägerei zwischen Stahlhelm, SA, Sozialdemokraten auf der Kirchstraße erinnern, wobei Leonhard Wolters, der spätere Bürgermeister, in schwere Bedrängnis geriet. Vorher hatten die Stahlhelmer auf dem romantischen Versammlungsplatz des Burgplateaus ihre Kundgebung absolviert, sozusagen mit dem Blick zurück im Zorn auf das am Horizont liegende Lüttich, Langemark, Ypern, Arras, Cambrai. Nur drängten sich leider ungeheure Wolkenmassen aus dem maasländischen Tiefland in die Kundgebung, türmten und ballten sich zur gewaltigen Regenfestung empor. Der Aufmarsch der feldgrauen Zehnerschaften glich einem Trauerzug vorbei an verregneten Fahnen,

Ortseigenes poetisches Drama: „Der Burgbau zu Wassenberg" von Kaplan Douven (1927).

Nazi-Kundgebung auf Burg Wassenberg 1936.

ausgewaschenen Inschriften. Der Platz auf dem Burgberg hatte sich in einen dunklen, die wilden Wolkenheere widerspiegelnden See verwandelt. Ich verkaufte Stahlhelmabzeichen. Kessels Gesicht war aufgeregt, seine Ohren entwickelten die Farbe Violett. Auch Robert Kofferath, vom Wetter tief enttäuscht, schaute verzweifelt in das himmliche Wattenmeer, das immer neue Schlünde öffnete. Wir durchnäßten Abzeichenverkäufer waren in gewisser Weise die Voraussetzung eines positiven Festtagssaldos. Als ich an ihm vorbeischoß, hielt er mich fest. „Verkauft, was das Zeug hält! Denkt daran, die Kriegsfreiwilligen-Regimenter in Langemark haben in den Morästen und verregneten Äckern gekämpft!" Hier beim Stahlhelmfest lernten meine Freunde und ich, wie man Abzeichen verkauft; denn das sollte in den kommenden Jahren eine bedeutungsvolle Aufgabe für uns werden: Winterhilfswerk, Erntedankfest und viele andere Gelegenheiten — Blumen, Burgen, Fahnen, Wappen, Köpfe, Kräuter. Das Stahlhelmfest war unser Sammeldebüt. Hier lernten wir, mit klappernder Büchse den Erwachsenen solange auf die Nerven zu gehen — möglichst im Beisein anderer —, bis sie zum soundsovielten Male ihren vaterländischen Obulus in den schmalen Büchsenschlitz jonglierten. Auf der Burg hörten wir zum ersten Mal Lautsprecher: die menschliche Stimme verstärkt! Wir hielten den Atem an.

Nach der Kundgebung zog der Stahlhelm zu den Gaststätten Wassenbergs. Und hier kam es bei zunehmendem Alkoholkonsum zu mehr und mehr sich ausbreitenden Schlägereien. Zum Glück wurde niemand verletzt. Am 17. 7. 1932 gab es im Reich 15 Tote und zahllose Verletzte.

Robert Kofferath ist ein exemplarischer, kleinbürgerlicher, typisch Wassenberger Fall für den Übergang zum NS-Regime. Mary Kofferath berichtet: „Robert schwankte zwischen vaterländisch-engagierten, stahlhelm-begeisterten und nazifreundlichen Gefühlen hin und her. Von dem in Dremmen gegründeten Stützpunkt der NSDAP kam häufig Besuch auf die Burg. Die SA wollte hier gern eine Kundgebung abhalten, was dann auch später öfter geschah. Auch der berüchtigte Obernazi Hugo Schmeer und sein Bruder Rudolf besuchten Robert manchmal." Rudolf Schmeer leitete vor 1932 die NS-Kampagne im Heinsberger Land. Mit seinem Bruder Hugo galt er später im Alte-Kämpfer-Jargon als „Eroberer der Zentrums-Wählerschaft an Rur und Wurm".

Peter Berger, Josef Heinrichs und Peter Rögels beobachten im Juni 1932 SA und SS bei ihrer ersten Sonnenwendfeier im Rosenthaler Sandwerk. Berger schreibt: „Ich schätze, daß da etwa 150 bis 200 uniformierte, halbuniformierte und zivilgekleidete SA- und SS-Leute zusammengekomen waren. Es herrschte eigentlich noch Uniformverbot, aber die meisten scherten sich nicht darum. Viele Gladbacher waren dabei. Wir drei wurden als Aktive angesehen. Die Leitung hatte der SS-Führer Willi Schorn aus Wassenberg. Zuerst erscholl das Lied ‚Flamme empor'. Ein Holzstoß wurde angezündet. Dann folgte eine wilde, drohende Rede eines fremden SA-Führers mit Hinweisen auf die neue Zeit, die für Deutschland mit Hitler anbrechen werde. Danach trat feierliche Stille ein: Treuegelöbnis. Dazu wurde das von der Bündischen Jugend übernommene Lied ‚Wenn alle untreu werden . . .' feierlich wie eine Hymne gesungen. Anschließend marschierten alle in eine Scheune in der Nähe des Dalheimer Klosters. In der Dunkelheit machten wir uns davon."

Wenige Wochen später beobachten die drei ein SA-Exerzieren auf dem Fußballfeld von Viktoria 09. Dieses lag neben einem Buchenwald etwa in Höhe der heutigen Straße Am Waldrand (Haus Bönstrup). Der SA-Trupp war 12 Mann stark. Äußerlich ein ziemliches Durcheinander; denn längst nicht alle trugen Uniform. Jeder hatte sich mit irgendwelchen nationalsozialistischen Accessoires drapiert. Peter Berger erzählt: „Die SA übte Gehen, Stehen, Hinlegen, Robben, Wenden, Sichausrichten, Marschieren. Ausbilder war Jakob Rütten, genannt ‚Röttes Kueb'. Die SA-Mütze war ihm zu eng. Sie saß tief in seinem Nacken. Der Mützenschirm zeigte steil nach oben. ‚Kueb' schrie wie auf dem Kasernenhof und versuchte sich in martialischer Kommandosprache. Besonderen Wert legte er auf eine kerzengerade ausgerichtete Front."[812]

Beinahe ständig stolzierten nun die Heinen, Jansen, Flecken, Schorn, L'habitant, Kösters und andere in Uniform herum. Sie kamen sich ungeheuer wichtig vor, wenn sie ihre Sturmriemen unters Kinn schoben. „Radikales Selbstbewußtsein" war ihr Lebenselexier. An jedem Wochenende sah man sie propagandistisch unterwegs. Der ehemalige Separatist L'habitant hatte seine nationale Wende vollzogen. Wenn er später als „Wassermann" die Wasseruhren ablas, ließ er Erinnerungen an seine Alte-Kämpfer-Zeit aufleben.

Ich selbst habe als Zehnjähriger in der sogenannten Kampfzeit im Februar 1932 einmal an einer sonntäglichen Propagandafahrt der SA teilnehmen „dürfen".

Das war eine Auszeichnung und galt im Sozialprestige unserer Schulklasse als einmaliges Abenteuer. Schon auf einem Lastwagen zu sitzen, von denen es in Wassenberg damals ganze vier gab, war ein Erlebnis. Die SA feierte Hitlers großen Sieg in Lippe-Detmold: 39,6 %! 9 Sitze von 21 im Lippischen Landtag! Der dreiachsige Seitenkipper setzte sich in Bewegung. 22 SA-Männer mit großer Hakenkreuzfahne. Wenn wir durch Birgelen, Myhl, Orsbeck, Ratheim, Heinsberg, Braunsrath kamen, schrie unsere SA-Truppe „Heil Hitler! Heil Hitler!" Mitten in den Orten wurde angehalten, abgestiegen, gesungen, die Fahne geschwenkt. In einer Weinflasche führten die Propagandakämpfer einen schrecklichen Fusel mit, den auch ich probieren mußte. Mir wurde fast schlecht. Es gab auch Verpflegung und SA-Zigaretten, von denen ich eine rauchte. Jeder SA-Mann bekam 12 Stück. Die Butterbrote waren mit Margarine und Blutwurst gemacht. Oft hielt jemand eine kurze Rede. Meistens brüllte er: „Wir sind die Revolution. Die neue Zeit bricht an. Wir werden die Großverdiener schon kleinkriegen. Nieder mit dem Schandvertrag von Versailles. Unser Tag kommt."
In Birgelen kamen die Leute gerade aus der Andacht. Das war für die SA ein gefundenes Fressen: „Hätt' dr Zurmaahr ösch joot verkohlt? (Zurmahr hieß der Pfarrer) Lott ösch doch nix wiesmaake. Die Schwatte krieje wir ooch noch!" Plötzlich gab's Unruhe, weil von irgendwo ein kleiner Kieselstein flog. Sofort erscholl ein Kommando. Sturmriemen unters Kinnn. Die frommen Birgelener Christen stoben auseinander. Der Übeltäter konnte nicht ausfindig gemacht werden. Der SA-Laster fuhr weiter. Aber jetzt mit dem erhabenen Gefühl, „vom politischen Gegner mit Steinen beworfen worden zu sein."
In Wassenberg gab es vor 1933 schon einen harten Kern von Nazis: der Friseurmeister Stefan Rütten, der Hühnerfarmbetreiber Julius Grünweller (späterer Bürgermeister), der Bäckermeister Theo Schmitz, der Weberei-Angestellte Josef Strack, der Burgherr und Stahlhelmer Dr. Robert Kofferath, der Arzt Dr. Arnold Hoffmann, der Sohn des Krahnen-&-Gobbers-Direktors Willi Schorn, der Arbeiter Jakob Flecken (genannt „Fleckes Buckel"), der Nichtstuer Carl Meier, der Ex-Separatist und NSKK-Mann L'habitant, die SA-Leute Jansen, Heinen, Köster, Rütten und einige andere — nichtsahnende Unzufriedene, Wichtigtuer, Opportunisten, Hansdampfe, Vereinsmeier, Fanatiker.

Die Glocken läuten

Nur wenige Wassenberger besaßen damals ein Radio. Aber dennoch verbreitete sich am 30. Januar 1933 um 12.40 Uhr die Rundfunknachricht in Windeseile. Und diejenigen, die es noch nicht erfahren hatten, erfuhren es plötzlich durch ein Glockenläuten zu völlig ungewohnter Zeit. In Heinsberg setzte sich der Ortsgruppenleiter in Bewegung, um Oberpfarrer Gaspers zu veranlassen, vom Turm des Gangolfusdomes die Siegesglocken zu läuten. Der geistliche Herr „lehnte freundlich und entschieden ab".[813] In anderen Orten des Rheinlandes gelang das Siegesläuten. So auch in Wassenberg. Pfarrer Wilhelm Hartmann befand sich mit mir, dem Sohn des ehemaligen Organisten auf dem Turm. Hartmann inspizierte den Turmhelm alle halbe Jahre. Da wurde es plötzlich hinter uns in der Glockenstube lebendig. Ein Glockenseil scheuerte im Führungsloch. Der armdicke Klöppel schlug gegen den verdickten unteren Glockenring. Uns stockte der Atem. Sekunden später waren alle Glocken in Bewegung. „Rasch, schau nach, wer das macht! Das kann doch nicht Küster Michel sein!" rief der Pfarrer, riß die Tür der Glockenstube auf und ließ mich die Wendeltreppe hinunterlaufen bis an jene schmale gerundete Tür unter dem Turm, wo die frommen Hanfseile aus der Decke kommen. Schon bevor ich die Tür erreichte, hörte ich Stimmen. Ich erschrak: SA-Männer in Uniform zogen an den Seilen. „Seid ihr wahnsinnig?" wagte ich zu fragen, „der Pastor ist oben und kommt gleich". „Egal", johlte einer, „Hitler ist Reichskanzler! Hitler ist Reichskanzler!" Ich stand da wie angenagelt. War das ein Grund, die Glocken zu läuten? Hitler ist Reichskanzler — das war mir völlig schnuppe — nicht aber, daß jemand es wagte, am hellichten Tag zu läuten. Da hörte ich Pfarrer Hartmann die Wendeltreppe herunterkommen. „Was ist los? Wer läutet da?" rief er schon von oben. Ich legte meine Hände trichterförmig an den Mund und meldete hinauf: „Hitler ist Reichskanzler!" Ich hörte, wie Pfarrer Hartmann auf der Treppe stehenblieb. Die SA verschwand. Das Geläut begann abzuebben. Die Glockenseile sprangen haltlos auf und nieder. Im Portal der Kirche erschien aufge-

Fotograf, technischer Zeichner und Dokumentarist Wassenbergs: Kurt Römer (1895—1978).

regt Küster Michel Storms. „Was ist los?" keuchte er. „Hitler ist Reichskanzler!" sagte ich aus einem plötzlichen Gefühl für ein anscheinend doch wohl sensationelles Ereignis. Im Laufe des Nachmittags fuhren Wassenberger SA-Leute, sechs an der Zahl, nach Geilenkirchen zur Siegeskundgebung. Es wurde zwar kein Fackelzug von der Leuchtkraft der 25 000 SA- und SS-Männer in der Wilhelmstraße Berlins, aber auch in Geilenkirchen brannten die Fackeln. Zwar waren nicht alle Teilnehmer im Besitz einer Uniform, und das Interesse der Bevölkerung gering, aber die Dramaturgie des Rheydters Josef Goebbels war bis in den westlichsten Kreis des Reiches durchgeschlagen.[814]
Severin Corsten, Sohn des damaligen Bürgermeisters von Heinsberg, nennt den Siegesaufmarsch in Heinsberg „ein Häuflein, das der Aufgabe nachkam, den Anbruch der neuen Zeit zu bekunden, wahrlich eine Miniaturausgabe der Berliner Demonstration."[815] In Wassenberg flatterte ab nachmittags auf dem Burgfried die Hakenkreuzfahne, und Dr. Arnold Hoffmann, Friseurmeister Rütten und „Labberdaan" hatten die Hakenkreuzfahne an ihren Häusern herausgehängt, weil sie bereits ein derartiges Fahnentuch besaßen. In den Wassenberger Weißwarengeschäften würde es in Kürze eine Hakenkreuzfahnenkonjunktur geben. Robert Kofferath hatte sie mit seinem Gärtner gehißt. Gärtner Lambertz hat die Szene später oft beschrieben: „Dr. Kofferath stand unten am Fuß des Bergfrieds. Ich war drinnen hochgestiegen. Wir hatten dort oben in einem Riß der Mauer eine Anbringung für die Fahnenstange. Bevor ich die Fahne hinaushing, rief Dr. Kofferath: ‚Moment, Lambertz, langsam, das ist ein historischer Augenblick.' Dr. Kofferath hob die Hand zum Hitlergruß, und ich mußte langsam und feierlich die Fahne aufstellen. Als ich runterkam, merkte ich, daß Dr. Kofferath Tränen in den Augen standen. Er klopfte mir sichtlich gerührt auf die Schulter."
1933 ist Robert Kofferath NS-Parteimitglied. Kreisleiter Volm verlegt mehrfach seine Parteischulung auf die Wassenberger Burg. Sehr zum Mißfallen der niederländischen Burgherrin Caroline Kofferath. 1934 stirbt Caroline. Sohn Robert, Justiz-Referendar a. D. sitzt nun mit Gärtner Lambertz und dessen Tochter Maria allein auf dem Anwesen. Er verwaltet das Besitztum für die Erbengemeinschaft der drei Kofferath-Söhne.

Hitler war also Reichskanzler. Die Wassenberger waren Zentrumswähler. Mehr als 60 % hatten für diese katholische Partei gestimmt. Und die große Mehrheit hatte auch Hindenburg am 10. 4. 1932 gewählt, war aber dann tief enttäuscht, als dieser seinen Sieg geringschätzig als von „Sozis und Katholen" bewirkt bezeichnete. Jetzt hatte Hitler aus den Händen dieses legendären Heerführers die Würde des Reichskanzleramtes empfangen.

Der aus Wassenberg stammende Chefredakteur der Heinsberger Volkszeitung, Walter von Karczewski, schrieb am nächsten Tag (31. Januar 1933) in seinem Leitartikel für die Leute an Rur und Wurm: „Besonnenheit, Herr Hitler, und denken Sie an die Verfassung!" Und in seiner Kolumne „Gedanken zum Tage" sprach dieser jugendbewegte Wassenberger Pfadfinder seine Befürchtung aus, es könne in Deutschland zu einer Einparteiendiktatur kommen. Schon 22 Tage nach der Machtübernahme Hitlers wurde die *Heinsberger Volkszeitung* für drei Tage wegen Verächtlichmachung des Herrn Reichsministers Hermann Göring verboten. Walter von Karczewski hatte Zivilcourage. An 11. 2. 1933 riskierte er den Text: „Der Haken ist, daß der Nationalsozialismus die eigene Bewegung schlechthin als die deutsche erklärt und sich anmaßt, alle übrigen Mitbürger als Nichtdeutsche zu bezeichnen und zu beschimpfen. Nur aus diesem Wahnwitz heraus läßt sich der Erlaß des Kommissars Göring an die deutschen Beamten erklären." Mutige Worte zu Beginn des „Tausendjährigen Reiches".
Die Sturmzeichen standen auch für die Jugendverbände am Horizont. Josef Bienen empfand schon 1932, daß viele Wassenberger sich aufgerüttelt fühlten und ahnten, die Republik werde zwischen den Radikalen von links und rechts nicht überleben können. Franz Nägler: „Immer häufiger sahen wir die NS-Propagandatrupps in Wassenberg. Und dann nach der Machtergreifung durch Hitler die tiefe Enttäuschung, als das katholische Zentrum dem Ermächtigungsgesetz zustimmte. Zentrumsvorsitzender Ludwig Kaas bei Papen am 6. März 1933 und sein Angebot zur Mitarbeit, entsetzte uns sehr. Wassenberg war immerhin eine Hochburg des Zentrums. Die Lage wurde für uns undurchsichtig. Das Ermächtigungsgesetz schien uns eine Kapitulation der katholischen Kirche. Nur das Konkordat versprach, ein Rettungsanker zu werden. Aber auch darin sollten wir uns täuschen."[816] Schon bald verkündete Reichsjugendführer Baldur von Schirach: „Wie die NSDAP nunmehr die einzige Partei ist, so muß die Hitlerjugend die einzige Jugendorganisation sein." Das bedeutete Kampf und Widerstand. „Zunächst aber kamen Wechselbäder für uns", schrieb der Wassenberger Pfadfinder und spätere Theologieprofessor Karl Lambertz, „bis zur Regierungserklärung vom 23. März 1933 lehnten die katholischen Bischöfe den Nationalsozialismus kompromißlos ab, dann aber, in ihrer gemeinsamen Erklärung vom 28. März 1933 schenkten sie der NS-Regierung plötzlich wieder Vertrauen".

Bürgermeister und Rentmeister werden geschaßt

Bürgermeister Friedrich Bell und sein Rentmeister Franz Graab wurden verjagt. Am 18. 4. 1933 versammelten sich SA, SS und andere Nazis vor dem Wassenberger Rathaus und gaben die Parole aus, Bürgermeister Bell und Rentmeister Graab hätten Gelder der Gemeinde veruntreut. Friseur Stefan Rütten hatte eine Kopfrasur unterbrochen, Bäcker Theo Schmitz seine Backstube verlassen, Lehrer Karl Paulussen sein Großes Einmaleins beendet, der Arbeiter Jakob Flecken Braunhemd und Koppel angelegt, andere ihre Webstühle abgestellt, um den „ortsinternen Fenstersturz" mitzuerleben. Dazu ein Augenzeugenbericht: Es war gegen Mittag. Vor dem Wassenberger Rathaus strömt viel Volk zuhauf. Große Unruhe herrscht. In der Hauptsache Nazis. Anführer ist SA-Führer Kösters. Er stachelt die Herumstehenden an und befiehlt seinen Männern, lautstark zu brüllen ‚Heraus mett die Männ! Noah Helvet met de Keäl!' (Bell war früher in Hilfarth — ‚Helvet' — tätig gewesen). Köster kommandiert die Sprechchöre, die immer aggressiver werden. Vom Straßeneckstein bei Thönnissen aus bittet er um Ruhe und erklärt: ‚Kameraden, beruhigt euch!' Mit der linken Hand aber dirigiert er weitere Empörung. Fein dosiert steigert er die Erregung. Bürgermeister Bell und Rentmeister Graab sollen abgesetzt werden. Heute noch! Die ‚Volkswut' soll sie hinauswerfen. Beide sind als Gegner des Nationalsozialismus bekannt. Im übrigen lauern im Hintergrund schon die Nachfolger: Julius Grünweller und Carl Meier. Nach und nach drängen Kösters und einige andere Nazis die Menge in den Eingang. Es dauert nicht lange, da kommen Bell und Graab kreidebleich die Treppe hinunter und werden draußen von bedrohlichem Gekreische empfangen und weggedrängt. Niemand hebt allerdings die Hand gegen sie."[817]

Auch Christian Poschen hat als Mitglied der Gemeindeverwaltung die „aufwiegelnde Umwälzung" miterlebt. Er kommt gerade von der Amtsverwaltung Oberbruch, die seit der Aufteilung des Kreises Heinsberg im Jahre 1932 kassenmäßig von der Amtskasse Wassenberg mitverwaltet wird. Kaum betritt er den Rathausvorplatz, da wird auch er mit Drohungen überschüttet: „Du kriss se ooch noch op dinn Mull!" Poschen flüchtet ins Rathaus, wo die übrigen Kollegen der Amtskasse, der Kreissparkasse und der Amtsverwaltung ängstlich und aufgeregt diskutierend herumstehen. Nach einiger Zeit erfahren sie offiziell durch Kreisleiter Volm, Bell und Graab seien unwiderruflich abgesetzt. Julius Grünweller, der Alte Kämpfer, wird sogleich als kommissarischer Bürgermeister auf den Thron gehoben und Carl Meier zu seinem Rentmeister gemacht, obgleich letzterer von Finanzverwaltung und kameralistischer Buchführung nicht die Spur einer Ahnung besaß. Den Titel Rentmeister trägt er allerdings nur wenige Wochen, weil die Amtskasse Wassenberg durch einen „Handstreich des Oberbrucher Bürgermeisters Josef Laprell" zur Amtsverwaltung nach Oberbruch entführt wird. Erst am 1. 10. 1948, inzwischen ist Bell wieder in Wassenberg im Amt, gelingt es, dies rückgängig zu machen. Carl Meier aber macht 1933 weiter Parteibuch-Karriere: er wird Chef der Kreissparkasse Wassenberg und später Leiter der Kreissparkasse Heinsberg.

Bürgermeister im Hitlerregime

Julius Grünweller 1. 5. 1933 bis 16. 12. 1939
Beigeordnete in Vertretung 17. 12. 1939 bis 15. 6. 1940
Theodor Erbel (komm.) 15. 6. 1940 bis 31. 5. 1942
Josef Strack (komm.) 1. 6. 1942 bis bis 31. 10. 1942
Joseph Buschen 1. 11. 1942 bis Kriegsende 1945
(Joseph Buschen ist von 1943 bis Kriegsende Soldat. Beigeordnete vertreten ihn: Werner Freiherr von Negri, Theodor Schmitz u. a.)

Jedermann ein Vereins-Vorsitzender

„Im letzten Drittel der Zwanziger Jahre", so erinnert sich die Lehrerin Maria Nolten, „war das Leben in Wassenberg von Aufbruchsstimmung durchtönt. Besonders das Vereinsleben verlief mit größtem Schwung." Es gab mehr als 40 Vereine und Klubs. An der Spitze der Spiel- und Sportverein Viktoria 09, welcher 1925 den Bau seines Waldstadions in einer Kiesgrube unterhalb des Friedhofs begann. Stefan Rütten leitete in diesen Jahren den Verein. Jupp Voß stand ihm als Vorstandsmitglied zur Seite. In der Jubiläumsschrift von 1984 schreibt Karl Hasert: „4 750 cbm harten Kiesboden mußten bewegt werden, und es standen keine Bagger und Raupen, wie heute selbstverständlich, zur Verfügung."[818] Große Aktivitäten gingen vom Verkehrs- und Verschönerungsverein aus, in dem Franz Graab als Nestor wirkte. Ziel war die offizielle Bestätigung als Luftkurort. Nach dem Ausbau von Gondelweiher und Schwimmbad nannte sich Wassenberg „Luftkurort und Seidenstadt". Die amtliche Bestätigung blieb leider aus. Bis heute!

Im Jugendheim hatte die katholische Jugend, vor allem der durch Kaplan Douven aufgebaute „Katholische Jungmännerverband", ihre Heimat. Ihm ging es darum, die Tugenden Gottesbegeisterung, Gemeinschaft, Hilfsbereitschaft, liturgische Neuorientierung, Vaterlandsliebe zu pflegen. Erster Präfekt dieses Ortsverbandes war Peter Marx (1904—1969), ein engagierter junger Mann, der von Ideen nur so sprühte. Kaplan Douven verfaßte im Heimat-Jubiläumsjahr der Schützenbruderschaft 1927 ein eigenes Schauspiel für seine „Mimen": „Der Burgbau von Wassenberg". Leider ist das „dramatische Werk" verloren gegangenen.

Mandolinenklub 1929.

Bei Mamà in der Gaststätte „Alt Wassenberg" 1926 mit Apotheker Beckers, Burgherr Kofferath mit Ehefrau Mary, August Jaegers, Heinrich Fischer und natürlich „Mamà".

Wassenberger Automobilklub 1923 mit Dr. Buren als Vorsitzender. Foto: Dr. Robert Kofferath.

Tanzkränzchen 1920—1921.

So spielten in unserer weltanschaulichen und gesellschaftlichen Kleinstadt-Landschaft der *Jünglingsverein* und sein Jugendheim eine prägende Rolle: Vorträge, Ausstellungen, Filmvorführungen, Theaterabende, Konzerte, Exerzitien. Unter den ersten Filmen, die die Wassenberger mitrissen, befanden sich: „Das Opfer des Beichtgeheimnisses", „Ben Hur", „Die elf Schillschen Offiziere", „Nanook der Eskimo", „Missionsfilm", „Mutter Krausens Fahrt ins Glück", „Die weiße Hölle von Piz Palü", „Der letzte Mann", „Die Drei von der Tankstelle", „Westfront 1918", „Die Frau im Mond", „Melodie der Welt", „Nibelungen". Als filmisches Dessert hielt Küster Michel Storms jeweils einen Chaplin-Streifen parat. In der Stummfilmzeit sorgten Peter Heinrichs und Alois Paffen für die klavieristische Untermalung. Auf diese Weise erreichten die „golden twenties" auch den Stiftsplatz. Der *Heinsberger Volkszeitung* vom 17. 1. 1925 entnehme ich die Anzeige des Pfarramtes: „Wassenberg im Jugendheim. Sonntag, 28. Januar 1925. Es wird gespielt: Ranoque, der Sohn der Gerichteten. Drama in 6 Akten. Zweitens: Eine feine Familie. Lustspiel in zwei Akten. Eintrittspreise: I. Platz 75 Pf., II. Platz 50 Pf. Anfang 1/26 Uhr. Kassenöffnung 5 Uhr." Auch im benachbarten Birgelen schlugen die Unterhaltungswellen hoch. Im Kaisersaal wurden für Sonntag, den 18. 1. 1925, gleich drei Filme angeboten: der Christusfilm „Der Retter aus der Not", der Kollossalfilm „Sibirien", welcher „in pakkendster Weise die verworrenen Zustände der russischen Länder zeigt" und schließlich der Lustfilm „Das Konfektionskaninchen".

Die Wassenberger Programmauswahl zeigte eine pfarramtliche Konzeption. Der Pastor fragte allererst nach Bildung, Erziehung, religiöser Unterrichtung und Unterhaltung. „Der blaue Engel" durfte nicht gezeigt werden, allein schon wegen der legendären Beine der Dietrich, und weil es nach Meinung der pastoralen Oberaufsicht durch Hubert Schmitz (1925—1929) und Wilhelm Hartmann (1929—1938) in Wassenberg schon genug eheliche Entgleisungen gab. Ebenso fehlte „Im Westen nichts Neues". Das war symptomatisch für die Versailles-Wut auch in Wassenberg. Erich Maria Remarques Werk machte nach Meinung von Hauptlehrer Kessel, Dr. Robert Kofferath und den Altveteranen die Jugend „defensiv, pazifistisch, kriegsmüde". Das Pfarramt pflichtete bei. Wenn der Film die Gesellschaft spiegelte und artikulierte, so erwies sich Wassenbergs *Jugendheim-Kino* mit seinem ausgewählten Programm als typisch für die hier herrschende Misch-Mentalität zwischen Kirche, Katheder, Kaserne. Der Film war eben Chiffre gesellschaftlicher Tendenz: Weltanschauung, Abenteuer, Liebe, Sehnsucht, Fernweh, Spaß und Chauvinismus. Demgegenüber bewegten sich die vom Jünglingsverein inszenierten Theaterstücke zwischen Schmiere und Schmalz. Das soll nicht heißen, als seien die Akteure völlig unbedarfte Laien gewesen. Im Gegenteil! Peter Marx, Lorenz Steprath, Josef Quast, Georg Nägler, Josef Gillissen, Josef Wolters, Leonhard Wolters, Willi Wypschol waren durchaus begabte, vor allem aber begeisterungsfähige Figuren auf den Jugendheimbrettern. Aber es blieben doch weitgehend Ritterspiele, Bösewichtkomödien, Märchen, Sagen, Heiligenlegenden, Verwechslungsstorys und Happy-End-Familientragödien, die die „Wassenberger golden twenties" in braver Provinzialität verkörperten.

Peter Marx (1904—1969), erster Wassenberger Präfekt des Jungmännerverbandes, glänzender Jugendführer, Organisationsgenie, Initiator der Theateraufführungen, begabter Schauspieler, Verfasser von Heimatgedichten, Liedern und Büttenreden.

Unser Ort war damals eine bürgerlich geborgene, vereinsbesessene Primärgruppen-Gemeinde mit echten nachbarschaftlichen Tugenden. Die Zugehörigkeit zu Vereinen bestimmte das Verhalten des einzelnen entsprechend der Wassenberger Regel, die man wie selbstverständlich von Kindesbeinen an erlernte. Man war eingeübt in ein abwechslungsreiches Kirchenjahr, in ein ideenreiches Brauchtum, in vaterländische Haltung, in verbindende Festfolgen. Streng und unausweichlich erhoben sich dementsprechend die gesellschaftlichen Normen. In dieses Strukturmuster brach dann später der Nationalsozialismus ein und veränderte die kleine Stadt durch sein radikales Schüttelsieb in Alte Kämpfer, Nazis, Opportunisten, Mitläufer, Angsthasen, Gleichgültige, Antinazis.

Um die relgiöse und politische Tendenz herum existierten fein facettiert die Vereine. die von mir schon mehrfach erwähnte *Liedertafel* unter Organist Alois Paffen sorgte für Konzerte und festliche Umrahmungen bei allen denkbaren Anlässen. Eine gewisse Konkurrenz stellte der Kirchenchor dar. Jedes Pontifikalamt sah Alois Paffen am Dirigentenpult mit wilder Verve auf der Orgelbühne der Georgsbasilika. Unterstützt von seinem Vorgänger im Amt: Peter Heinrichs an der 34-registrigen Orgel.

Das Schützenjubiläum von 1927 hatte die bruderschaftliche Aktivität ungemein angefacht. Auch die „besseren Leute" machten jetzt mit. Das sah man schon an den Königspaaren des „gehobenen Mittelstandes". Bei den Junggesellen: 1927 Adolf Beckers und Helene Heinrichs, 1928 Josef Hermanns und Käthe Jaegers, 1929 Josef Stepprath und Mathilde Jansen, 1930 Hermann Flesch und Maria Gotzen, 1931 Heinrich Jansen und Thekla Fischer, 1932 Willi Haas und Käthe Heppener, 1933 Paul Palmen und Maria Metzen, 1934 Willi Winkens und Gertrud Dohmen, 1935 Willi Mohnen und Anna Metzen, 1936 Josef Nägler und Mathilde Schreinemacher, 1937 Hans Dohmen und Adele Thönnissen, 1938 Adam Metzen und Elisabeth Sonnenschein. Als Oberst der Junggesellenkompanie fungierte von 1920 bis 1939 Hubert Schmitz, genannt „dr Sööte" (der Süße). Neben den Schützen wirkte der „Kongo" als Karnevals-Gesellschaft für alle. In einem Rosenmontagszugs-Wagen von 1938 war dies Konzept stadtsoziologisch definiert: „Alles onger eene Hoot". (Alles unter einem Hut) Der Kongo besaß seinen Namen seit der Gründerzeit 1886.[819] Er war von den Großmächte-Bemühungen um Kolonien bestimmt, im einzelnen von der belgischen Annexion des Kongo. Nachrichten darüber brachten die Wassenberger auf die Idee, sich exotisch *Kongo* zu nennen. Karl Hasert schreibt: „Die Karnevalshochburg war Köln. Der Wassenberger Karneval ist in seiner gesamten Anlage immer ‚kölsch' gewesen, bis hin zum Schlachtruf ‚Alaaf'. Und so wie der Kongo eine Kolonie Belgiens war, empfanden sich die Wassenberger Jecken als Karnevalskolonie Kölns. Das ‚Kongoschiff' diente über Jahrzehnte als Stammgefährt".[820]

Neben diesen Wassenberger „Magnetklubs" (Jupp Voß) gab es eine große Zahl von Stammtischen, Kränzchen, Kegelklubs, Wandergruppen, einen Schülerverein, ja sogar einen Motorradverein und einen Automobilklub. Letzteren hatte der Arzt Dr. Albert Buren ins Leben gerufen. 1928 belebten schon 11 Personenkraftwagen und zwei Lastwagen Wassenberg. Als Dr. Buren mit dem ersten Wassenberger Auto die Luft verpestete, beschäftigte sich der Gemeinderat mit seiner Zulassung und gab besonders zu bedenken, daß „Hühner, Hunde, Katzen und Kinder von nun an besonders gefährdet" seien. Auch ein Radsportverein war da. Großer Beliebtheit erfreute sich der Instrumentalverein. Einer Aufstellung vom Heimatfest 1927 zufolge spielten darin: Josef Sieben, Josef Schreinemacher, Konrad Heutz, Johann Paredies, Heinrich Paredies, Werner Paredies, Franz Esser, Heinrich Stein, Peter Poschen, Adolf Esser, Karl Heitzer, Heinrich Heitzer, Josef Heitzer, Fritz Beiten, Adolf Küppers, Franz Krückel, Heinrich Dahmen, Hubert Knorr. Die Heitzer, Krückel, Knorr und Beiten waren Stammgäste. Ihre herrlich langen Fermaten und Pausen bei prozessionsbegleitenden Kirchenliedern klingen mir heute noch im Ohr. Es gab das Trommler- und Pfeiferkorps mit schneidigen Tambourmajoren wie Hubert Raschen, einen Mütterverein, eine Jungfrauenkongregation, den Kyffhäuserbund als Nachfolger des alten Kriegervereins, einen Mandolinenklub, den Jägerring, den Volkstanzkreis, einen Hundezuchtverein mit Vorsitzer Robert Kofferath, den Turnverein, den Botanisierkreis, einen Reiterverein, den Billardverein, einen Skatklub, die Modellbauer, den Kirchenchor, den Dritten Orden, den Bienenzuchtverein, die Aloysianische Gruppe, den Wanderclub, einen Anglerverein, den Königin-Luise-Bund mit Mary Kofferath an der Spitze, einen Schwimmverein, natürlich die verdienstvolle Feuerwehr, den Bauernverein. Geselligkeit und Vereine — heute durch das Fernsehen gefährdet. Die parteipolitischen Organisationen steckten vor 1933 in unserer Gegend noch in ihren Kinderschuhen. Die Zahl der Pfadfinder und Wölflinge lag bei rund 120, die der Hitlerjungen bei nur 15 Mitgliedern. Erster HJ-Führer war ein politischer Naivling namens Helmut Frey, genannt „et Ärmke", weil er einen steifen Arm hatte. Ihm folgten Kurt Brüntrop und Hans Kolbe, unterstützt von Lehrer Karl Paulussen, der seine pädagogischen Fähigkeiten bei Werbefeldzügen für die Verstärkung seiner jungen braunen Mannschaft fanatisch einsetzte.

Gründung der Pfadfinderschaft St. Georg

Wie bei der Initiative für Wassenbergs Jugendherberge, von der wir weiter unten noch erfahren werden, stand Hauptlehrer Rudolf Kessel auch bei der Gründung der Pfadfinderschaft Pate. Kessel dachte zuerst mehr an eine jugendbewegte Wandergruppe. Peter Berger: „Da wollten wir dabei sein. Denn uns interessierte ein Zusammenschluß junger Leute. Unser Leben konnte dadurch mehr Sinn und Inhalt bekommen. Mit Peter Roegels, Fritz Dohmen, Josef Heinrichs, Franz Lambertz, Hein Mohnen, Willi Flecken, Willi Winkens vertrieben wir uns die Abende oft im Kramladen von Backe-Lenche, oder machten Kartenspiele, gingen ins Kino, heckten Streiche aus wie *Jievelschuure* (den Giebel eines Hauses mit einem Stein scheuern), oder kamen auf jungenhafte Art mit den Polizisten Peters, Korkhaus oder Spindler in Konflikt. Bei Hauptlehrer Kessel wurde überlegt, wie unsere Gruppe aussehen könnte. Pfadfinder? Sturmschar? In Deutschland war die Pfadfinderorganisation erst im Entstehen, so daß wir uns die Satzung der österreichischen St.-Georgs-Pfadfinder schicken ließen, außerdem die Statuten der Sturmschar".[821]

1929 lud Rudolf Kessel zu einem Planungsgespräch ein. Kein „wilder Verein", eine bündische Gemeinschaft sollte es sein. Josef Bienen hielt fest: „Nachdem beide Bundesordnungen kritisch erwogen waren, entschieden wir uns für die Pfadfinderschaft und meldeten uns bei der Bundesleitung als 'Stamm Wassenberg' an. Bis 1932 wehten bereits 39 Lilienbanner in unserer Gegend im aufkommenden NS-Wind." Wassenberger Gründungsmitglieder waren 1930: Franz Nägler, Kaspar Steprath, Josef Stepprath, Willi Flecken, Willi Reinartz, Jupp Jansen, Christian Poschen, Franz Peters,

Wassenberger Kindersegen von einst: Anna Katharin Schröder, verheiratete Berger und Peter Anton Berger mit ihren Kindern (insgesamt waren es 11): Josef 1908, Gertrud 1910, Peter 1912, Agnes 1914, Ludwig 1916, Maria 1918, Friedrich 1920, Josefine 1922, Johanna 1922, Willi 1924, Paul 1927. Hier stehen 9 in Orgelpfeifenordnung. V. l. n. r.: Paul, Hannchen, Finchen, Fritz, Agnes, Gertrud, Maria, Josef, Peter. (Mutter und Vater).

Ludwig Essers, Hans Derichs, Peter Heinrichs, Josef Bienen und Peter Berger. Letzter entwickelte sich mehr und mehr zum Motor der Unternehmung. Er, Ludwig Essers und Willi Flecken avancierten zu ersten Sippenführern. Der schon einige Jahre ältere Schuhmachermeister Willi Winkens wurde als Stammesführer auserkoren.

Der damalige Kaplan der Georgspfarrei hieß Jacob Schmitz. Er wurde erster Kurat. Walter von Karczewski, später leitender Redakteur der Heinsberger Volkszeitung, gründete zusammen mit Peter Berger aus Schülern der Wassenberger Oberstufe das erste Wölflingsrudel. Jetzt und später gehörten dazu: Hugo Hembach, Fridolin von Arx, Hein und Hans Reinartz, Josef, Hein und Willi Smets, Hubert Schaffrath, Walter Graab, Jakob Wolters, Rudi Flecken, Fritz, Theo und Hans Jansen, Leo Dohmen, Peter Buschen, Karl Fischer, Theo und Franz Mohnen, Josef Graab, Etti Schmitz, Albert Köhnen, Andreas Odinius, Franz Kremers, Peter Hahnenstatt, Anton Schaffrath, Heribert Heinrichs, Paul Gansweid, Hein und Johann Fronhofen, Heini Stein, Josef Flutgraf, Jakob Gerhards, Josef Derichs, Fritz Berger, Hermann und Josef Bienen, Ferdi Jansen, Josef Gotzen, Ludwig Pickartz, Willi Thissen, Hans Heinrichs, Franz Reinartz, Heinrich Jansen, Toni Flutgraf, Franz Mohnen, Gerhard Klingen, Leo Görtz, Hans Thönissen, Matthias Sonnenschein und Karl Lambertz.

Am 11. 7. 1931, nach langer Probezeit, wurden Wassenberg und Linnich anerkannter Stamm. Peter Berger erzählt: „Nun begann eine erlebnisreiche Zeit mit vielen Wanderungen, Fahrten, Heimabenden, Singstunden, Waldspielen, Treffen, Feiern, Gottesdiensten. Auch in Nachbarorten wie Ratheim, Schaufenberg, Hilfarth, Beeck und Kleingladbach entstanden Pfadfinderstämme. Diese und die schon bestehenden in Linnich und Tetz bildeten nun mit Wassenberg den Rurgau."[822] Freilich zeigten sich auch die ersten SA-Männer. Die SS faßte erst 1933 Fuß, nachdem der Jungstahlhelmführer Adolf Beckers „das wertvollste Menschenmaterial seines Jungstahlhelms" auf Verlangen in die SS überführte und den größeren Rest der „nicht genügend nordisch gebauten Männer" der SA überließ.[823] 1932 brannten die Sturmzeichen am Horizont. Josef Bienen: „Dieses Jahr 1932 hatte viele von uns aufgerüttelt. Wir ahnten, daß die Republik zwischen den Radikalen von links und rechts nicht lange überleben konnte. Immer häufiger sahen wir die NS-Propagandatrupps auch in Wassenberg."

Die Wassenberger wurden tief enttäuscht, als sie erfuhren, daß die Zentrumspartei dem Ermächtigungsgesetz Hitlers zustimmte. Wassenberg war eine Hochburg des Zentrums. Und jetzt kapitulierte diese Partei vor den Nazis. Am 5. März 1933 vereinigte das Zentrum hier immerhin 60,5 % der Stimmen auf sich. Die Nationalsozialisten kamen auf 29,9 %[824] Einige Leute trösteten sich mit dem Konkordat, aber diese Hoffnung trog. Der Wassenberger Pfadfinder Karl Lambertz schrieb: „Es waren Wechselbäder für uns. Bis zur Regierungserklärung vom 23. März 1933 lehnten die katholischen Bischöfe den Nationalsozialismus kompromißlos ab, dann aber, in ihrer gemeinsamen Erklärung vom 28. März 1933, schenkten sie der NS-Regierung plötzlich wieder Vertrauen. Als der Erzbischof von Köln, Kardinal Schulte, schließlich am 7. Februar 1934 eine Beschwerdeliste an die Nationalsozialisten richtete, begannen wir zu begreifen, daß es so einfach mit dem Konkordat wohl doch nicht sein konnte. Kar-

Polizei in Wassenberg. Von l. n. r.: Theodor Peters, Oskar Spindler und N.N.

dinal Schule hatte von der antichristlichen Kultur in den NS-Jugendverbänden gesprochen, von den Gewalttätigkeiten der Parteijugend gegen die katholischen Verbände, von vielen Verletzungen des Konkordates."[825] Karl Lambertz, der dies schrieb, wurde 1920 in Wassenberg geboren. Nach der Volksschule ging er zu den Steyler Missionaren. Der Krieg holt ihn in die Gebirgsartillerie und führt ihn 1945 in russische Kriegsgefangenschaft. 1951 wurde er zum Priester geweiht. Eine unvergeßliche Primiz bewegte Wassenberg. Nach dem Dr. theol. in Rom geht Karl Lambertz nach Chile und wird hier Professor für Theologie und Philosophie. Später wirkt er in Spanien und Portugal, um dann ab 1971 wieder in Deutschland in der Seelsorge tätig zu sein.

Neben Lambertz ist die große Zahl von theologischen Berufungen aus Wassenberg im Übergang zur NS-Zeit auffällig: Hubert Bienen (*1902), Martin Bienen (*1900), Hermann Derichs aus Orsbeck (*1896), Karl Klinkenberg (*1900), Pater Gaudenz Paul Nägler (*1908), Josef Reiners (*1889), Karl Strack (*1883), Theo Woltery aus Ophoven (*1898)

Am 25. Juli 1933 weihte der Aachener Bischof Dr. Vogt einen besonders erfolgreichen Wassenberger zum Priester: Pater Friedbert Marx. Er feierte am 30. 7. 1933 seine Primiz in Wassenberg, die von der ganzen Stadt festlich begangen und vor allem von der Pfadfinderschaft mitgestaltet wurde. Im Februar 1936 folgte seine Entsendung als Missionar nach China, wo er in der Provinz Schantung 14 Jahre lang wirkte. Gefährliche Zeiten erwarteten ihn hier: der Chinesisch-Japanische Krieg und schließlich die revolutionären Kämpfe Maos. Der Sieg der Roten Armee bedeutete 1949 das missionarische Aus auf dem chinesischen Festland für Pater Friedbert. Er kehrte nach Deutschland zurück. Zwischen 1951 und 1974 war er der erste Franziskaner, der in Taiwan arbeitete. Von den Wassenbergern unterstützt, baute er dort die Kirche „Klein-St.-Georg", eine Schule und ein Krankenhaus. (Hsia Ying) Nach seiner Rückkehr übernahm er noch bis 1983 das Pfarramt in Ophoven. Am 17. April 1987 feierte er im Mönchengladbacher Franziskanerkloster sein Diamantenes Ordensjubiläum. Mit Bussen kamen die Freunde seines Wassenberger Landes zu seinem Fest.

Die Jugendherberge

Schon 1929 hielt der Verkehrs- und Verschönerungsverein im Hotel Max Graab eine Versammlung ab, um eine Ortsgruppe „Deutscher Jugendherbergsverband" zu gründen. Die von Hauptlehrer Rudolf Kessel geführte Chronik der Wassenberger Jugendherberge[826] liegt mir vor. Kessel war unbestritten der Initiator der Wassenberger Jugendherbergs-Bewegung. Er muß als eine der typisch paradoxen Figuren jener Zeit gelten. Auf der einen Seite Gründer der Pfadfinderschaft St. Georg, Initiator einer Jugendherberge in Wassenberg, auf der anderen Seite chauvinistischer

*Lambert Bürsgens (*1907), Förderer und Interpret des Lebensraumes Wassenberg.*

Stahlhelmer, dann Alt-Kämpfer-Nazi, Antisemit. Bald darauf schon Hitlerjugendförderer, gleichzeitig Gegner der von ihm selbst gegründeten Pfadfinderschaft. Und das alles innerhalb eines Jahrzehnts. In seiner Herbergs-Chronik schreibt er: „Das Hauptziel sollte sein, der wandernden Jugend auch in Wassenberg eine gemütliche Bleibe zu schaffen, zum Wohle der Jugend und zur Hebung des Fremdenverkehrs." Die Hotel-Übernachtungsstatistik sah gar nicht so schlecht aus: 1926 waren es 631 Übernachtungen, 1927: 589, 1928: 1 021. 1929: 543, 1931: 442. (Zum Vergleich dazu Zahlen aus einem Protokoll des Verkehrs- und Verschönerungsvereines für die Jahre 1960 bis 1967: 1960: 738 Übernachtungen, 1961: 121, 1962: 505, 1963 : 1 987, 1964: 3 645, 1965: 3 642, 1966: 4 471, 1967: 3 460). Bürgermeister Peter Dickmann förderte die Bemühungen Kessels mit Nachdruck und wurde Vorsitzender. Franz Graab, der später verjagte Rentmeister, übernahm das Amt des Stellvertreters. Lambert Bürsgens regte die Öffentlichkeit durch seine Kolumnen an. Er schrieb sogar Gedichte mit jugendbewegtem Schwung über das Wandern im Wassenberger Horst. Besonderes Interesse an den Wassenberger Initiativen zeigten auch die Städte M.Gladbach, Rheydt und Krefeld, die in ihrer Presse häufig die hiesigen Wanderwege lobten. Bei der Gründungsveranstaltung am 8. 1. 1929 umrahmten der Wassenberger Mandolinenklub und ein Schulchor das Ereignis. Zum Geschäftsführer wurde Hauptlehrer Kessel gewählt. 1929 wollten plötzlich die Herbergs-Ortsgruppen aus Rheydt im Birgelener Wald eine Jugendherberge bauen. Aber die Sache zerschlug sich. Nun wurde die Windmühle auf dem Wingertsberg ins Auge gefaßt. Schließlich hatte Kessel den Plan, auf dem Wingertsberg mit Blick auf Wassenbergs Panorama ein neues Jugendhaus entstehen zu lassen. Alles scheiterte indes an den Kosten. 1930 kam Kessel auf die Idee, die Lagerräume der Firma Ferdinand Gotzen (*Jotzes Männke*) am Buir, die aus dem früheren Besitz Forckenbecks stammten, ein wenig umzubauen und mit Lorenz Steprath als ersten

Heinrich Stein (1885—1966), in seiner Jugend von 1907—1910 in Afrika-Deutsch-Südwest, Windhuk, als Soldat der „Schutztruppe".

Herbergsvater zu besetzen. Der neue Vorstand beschloß die Sache: Bürgermeister Dickmann, Rentmeister Graab, Postmeister Andermahr als Kassierer, Hauptlehrer Kessel als Geschäftsführer sowie die Beisitzer Dr. Buren, Pfarrer Hartmann, Lehrer Paulussen, Hauptlehrer Timmermann aus Birgelen, die Lehrerinnen Meuther und Stahl, die Lehrer Derichs und Topphoven. Am 28. 6. 1931 wurde die *Jugendherberge am Buir* feierlich eingeweiht. Peter Marx formulierte Festreime, die der Schüler Willy Thissen aufsagte:

Kindergarten 1928: Schwester Medardas Zwergenpost.

Der wandernden Jugend
ist's Haus hier geweiht.
Gastfreundschaft als Tugend
zu jedweder Zeit.
Am Buir steht das Tor
sperrangelweit auf
und jeder davor
hat ein Recht darauf,
seine müden Glieder auszustrecken,
zu schließen die Lider
bis morgens zum Wecken.
Der Jugend ein Haus
geborgen und warm.
Wir fassen in Freundschaft
uns fest in den Arm.

Heimatfest 1927. Das zum Jubiläum wiederaufgebaute Birgeler Tor in Holz.

Es ist ein Festtag für die wandernde Jugend. Wassenberg zeigt Fahnen und Girlanden. Von überall kommen Jugendgruppen und formieren sich zu einem Aufzug. Die Westdeutsche Landeszeitung schreibt: „Der eigentliche Weiheakt fand auf dem fast zu engen Hof der neuen Herberge statt und wurde mit einem Festmarsch (Einzug der Gladiatoren. Von Julius Fucik) eröffnet". Rentmeister Graab begrüßte die Festversammlung. Pfarrer Hartmann und Pfarrer Hermann sprachen ein Weihewort. Als Leitsatz bekam die neue Herberge mitgegeben: „Wolle mehr sein, als du scheinst!" Und in der Tat, die Herberge war klein: ein gemütlicher Hauptraum und zwei Schlafräume mit zusammen 40 Betten. Der Tagesraum mit einem Herd und allen notwendigen Küchengeräten versehen. Herbergsvater war der humorvolle Lorenz Steprath. Im ersten Jahr zählte man schon 1 500 Übernachtungen. Darunter auch niederländische, belgische, französische und englische Touristen.

Im Jahre 1933 machte *Jottzes Männke* Konkurs. So kam das Gebäude am Buir infolge Zwangsversteigerung in die Hand der Schutzsparkasse. Die Jugendherberge mußte ausziehen. Bürgermeister Grünweller und Kessel bemühten sich um öffentliche Mittel für einen Neubau. Ohne Erfolg. Es gelang schließlich, ein Haus der Familie Bodden (Roermonder Straße) zu mieten. Josef Gillissen wurde Herbergsvater. Bodden kündigte jedoch bald schon wieder. Da machte der ehemalige Bürgermeister Nikolaus Beckers im Dezember 1935 dem Gau Köln-Aachen das Angebot, seine *Villa Nina* (Birgelener Straße gegenüber dem jüdischen Friedhof) zu kaufen. Am 9. 1. 1936 besichtigten Vertreter der Gauleitung das mit seinen vielen Räumen gut geeignete Haus. Nach Einrichtung und Austattung wurde es am 1. Mai 1936 als Jugendherberge eingeweiht. Kreisleiter Volm, Oberbannführer Conrad, Ortsgruppenleiter Carl Meier waren gekommen und betonten die Bedeutung dieses wichtigen geographischen Punktes hier im Grenzland für die Wanderungen der Jugend. Oberbannführer Conrad läßt jedoch keinen Zweifel daran, daß solche Häuser nur einer einzigen Jugendbewegung vorbehalten bleiben sollen: der Hitlerjugend. Diese hatte sich seit Jahren schon das Waldgebiet Wassenberg für ihre großen Sommerlager ausgesucht. Die Jugendherberge sollte nun auch Schulungsstätte werden. Ortsgruppenleiter Meier erklärte: „Auch die Ausländer haben hier Heimatrecht und können so Zeugen unseres immer mächtiger emporblühenden Hitler-Deutschlands sein!" Der neue Herbergsvater hieß Wichelhaus.

Am 9. 1. 1939 feierte Wassenberg das Werk Rudolf Kessels aus Anlaß des 10-jährigen Jubiläums der Herberge. Parteigenosse Kessel erhielt die Goldene Ehrennadel des Herbergsverbandes. Er durfte zufrieden sein: 1929 mit 63 Mitgliedern begonnen, hatte seine Herbergs-Ortsgruppe nun 222. Die Lieder aber, die aus der ehemaligen Villa Nina tönten, hatten wenig mit den Liedern vor 10 Jahren gemein: „Die Juden ziehn dahin, daher, sie ziehn durchs Rote Meer, die Wellen schlagen zu, die Welt hat Ruh'". Radikale nazistische Elemente, verblendete „Führernaturen" frequentieren immer häufiger die Jugendherberge. Zahlreiche SS-Kurse, Wehrertüchtigungstage, antisemitische Schulungen, Zellenleiter-Versammlungen, Ortsgruppenleiter-Lehrgänge, DAF-Kurse, NSKK-Übungen finden hier statt. Später folgen Luftschutzkurse, Versammlungen von Blockleitern als Dauerschnüffler der Nation. Und dann zieht jener Abend im Dezember 1938 herauf, wenige Wochen nach der Kristallnacht, an dem eine auswärtige Führer-Gruppe der Hitlerjugend nach einem Besäufnis auf dem gegenüberliegenden jüdischen Friedhof provokativ „ihre Geschäfte" erledigt und die Grabsteine mit Fäkalien beschmiert. Die Wassenberger sind empört, aber niemand wagt, seinen Mund aufzumachen, so allgegenwärtig sind die Gestapospitzel: z. B. Fritz Sämmer. Bürgermeister Julius Grünweller hält beim 10-jährigen Herbergsjubiläum 1939 eine seiner letzten Reden in Wassenberg: „Wandern trainiert den Körper. Wir werden in den nächsten Jahren eine Jugend brauchen, die Strapazen aushält und mit Erde und Natur fest verbunden ist, eine Jugend, die auch große Strecken ohne zu klagen marschierend zurücklegen kann." Er sollte recht behalten. Der Soldat Johann Frohnhoven aus Wassenberg beispielsweise marschiert von Polen nach Stalingrad, wo er den Tod findet. Erfroren, verhungert, von Granaten zerfetzt — wer weiß wann, wie, wo?

DAS „TAUSENDJÄHRIGE REICH“

Wenig Widerstand

Der Übergang zum *Tausendjährigen Reich* sah in Wassenberg Fanatiker und Opportunisten vorn. Im Endeffekt aber hatte der katholische Ort bis zum Kriegsbeginn nur 8,2 % Parteimitglieder, angeführt von „Politischen Leitern“ (PO), die hier ihre Chance auf einen Spitzenplatz in der „ortsinternen Hackordnung“ erblickten: Stefan Rütten, Theo Schmitz, Josef Strack, Karl Paulussen, Julius Grünweller, Carl Meier, Adolf Beckers, Arnold Hoffmann, Jakob Flecken und einige andere. Wassenberg besaß nur wenig Oppositionelle, diese auch mehr in passivem Widerstand. Wenn ich einige nenne, wohlwissend, daß meine Quellenlage hier begrenzt ist.

Unter ihnen ragt der Bezirksschornsteinfegermeister Josef Schaffrath (1882—1971) heraus. Ursprünglich Mitglied der NS-Partei, begreift er sofort den verbrecherischen Impetus der radikalen Ideologie und tritt aus. Weil er sich nicht scheut, die gefährlichen Entwicklungen zu brandmarken, wird er im Januar 1943 verhaftet und in Aachen vor Gericht gestellt. Hauptanklagepunkt sind seine demaskierenden Äußerungen über den Krieg und Adolf Hitler. Schon mehrfach war die Gestapo in seinem Haus und hatte ihn verhört. Theo Schmitz warnte ihn des öfteren. Josef Schaffrath blieb bei seiner Widerstandshaltung und wurde schließlich zu einem halben Jahr Gefängnis ohne Bewährung verurteilt. Die Staatsanwaltschaft hatte seine Überweisung ins Konzentrationslager Dachau verlangt. Durch Intervention von Karl Paulussen, an den sich in höchster Not Frau Schaffrath wandte, wurde dies im letzten Moment verhindert. Es wurde Schaffrath allerdings die Ausübung seines Berufes als Bezirksschornsteinfegermester untersagt. Stattdessen mußte er nun zur Zwangsarbeit bei den Humboldtwerken antreten, die in die obere Fabrik von Krahnen & Gobbers in Wassenberg ausgelagert waren. Schaffrath war es dann, der im September 1944 während der Evakuierung verschiedene liturgische Gegenstände im Gerätehaus des Propsteigartens vergrub und somit rettete.

Ein weiterer, von der Gestapo verhafteter Wassenberger Bürger war Max Graab, der nach dem Kriege als Amtsbürgermeister erfolgreich am Wiederaufbau mitgewirkt hat. Max Graab hatte sich verbal entschieden gegen die Einäscherung der Synagoge zur Wehr gesetzt. (In meinem Kapitel über das Schicksal der Wassenberger Juden schildere ich weiter unten den Vorfall genauer.) Die Synagoge lag in der seinem Hinterhof benachbarten Gasse. Wenige Tage nach der Kristallnacht erschien die Gestapo und führte ihn ab. Sechs Wochen saß er im Aachener Gefängnis. Die von allem Haß freie Form seiner Zeugenaussage nach dem Kriege in dem Prozeß gegen die Wassenberger Synagogenbrandstifter enthüllt einen charakterfesten Mann, der nicht in immer wiederholender Aufrechnung Konfliktlösungen behindert. Max Graab war ein Gegner des verbrecherischen Regimes, nie den Versuch unterlassend, die ortsansässigen Nazis von ihrer Verblendung zu lösen. Er gehörte zu denen, die mit den Politischen Leitern (Stefan Rütten, Theo Schmitz, Josef Strack u. a.) „von Mann zu Mann“ als Wassenberger furchtlos diskutierten.

Auch Burgherr Dr. Robert Kofferath begriff immer mehr, daß die Nazis, wie er sich ausdrückte, „eine von Grund auf kriminell angelegte Bande“ darstellten. Kofferaths politische Laufbahn über Stahlhelm, SA bis zum Stabsleiter des Gaujägermeisters bekam einen entscheidenden Bruch, als die Kriegsvorbereitungen sich in Form von Westwallbunkern seiner Burg bemächtigten und das herrliche Besitztum um- und umwühlten. Im November 1939 läßt Grünweller ihn verhaften und im Rathaus einsperren. Hierzu Christian Poschen, der damals Verwaltungsangestellter des Amtes war: „Robert Kofferath wurde in die Arrestzelle des Rathauses gesperrt. Seine Haft dauerte 8 bis 10 Tage. Es war eine Art 'Schutzhaft', weil Grünweller einem Zugriff der auf Kofferath aufmerksam gewordenen Gestapo zuvorkommen und das Schlimmste verhüten wollte. Denn für die Geheime Staatspolizei gab es nur den direkten Weg ins Konzentrationslager. Kofferaths Verhaftung wurde begründet mit seinen abfälligen Äußerungen über Hitler und das nationalsozialistische Deutschland. Während Kofferath in der Arrestzelle saß, habe ich — ohne Wissen von Grünweller — ihm tagsüber Zeitungen und Bücher besorgt und Eßwaren überbracht, die ihm seine Frau Mary schickte. Abends ließ ich ihn, wenn die Luft rein war, über Nacht nach Hause gehen. Frühmorgens meldete er sich dann wieder zurück.“[827]

Der Burgherr Dr. Robert Kofferath (1906).

*Pfadfinderführer Peter Berger (*1912): Widerstand gegen den Faschismus.*

Die ersten Propagandaparolen zur antisemitischen Kampagne „Kauft nicht bei Juden!" wurden für die Modistinnen Berta und Adele Heumann zum wirtschaftlichen Ruin. Sie wären verhungert, hätten nicht einige Wassenberger wie Max Graab und seine Schwester Lieschen Graab mit Lebensmitteln geholfen. Die Putzmachermeisterin Barbara Heinrichs, ihre alte Freundin, beschäftigte sie unter der Hand, was streng verboten war.[828]

Inzwischen war Willi Winkens als Stammesführer der Pfadfinder zurückgetreten. Peter Berger folgte ihm nach und wurde bald Gaufeldmeister des Rurgaues. Ludwig Essers stand der Tigersippe, Willi Flecken der Löwensippe und Peter Berger der Adlersippe vor. Mit Peter Berger hatte ein junger Mann die Jugend-Szene in Wassenberg betreten, der durch sein katholisches Engagement, seine Charakterstärke und sein frühes Erkennen der NS-Gefahr zum Mittelpunkt der oppositionell eingestellten katholischen Jugend Wassenbergs wurde.

Der Hitlerjugend-Schulungsleiter Karl Paulussen sah deshalb in ihm die Schlüsselfigur für eine Veränderung. Paulussen, verbissener Antisemit, später zum Parteibuchschulrat aufgestiegen, definierte sich als „deutschgläubig" und propagierte großimperialistische Reichsträume und fanatische Rasse-Ideologien. Mehrfach machte er sich an Peter Berger heran und versprach ihm „Gott und alle Welt", wenn dieser die Pfadfinder im Rurgau geschlossen in die Hitlerjugend überführe.

Der Fall Peter Berger

In Wassenberg kam Peter Marx auf die Idee, ein Freilichttheater aufzubauen. Er fand Zustimmung im Rathaus. Grünweller verlangte allerdings eine seriöse Regie. Die Berufsschauspieler Robert-Müller-Stein und Hans Niehaus aus Mönchengladbach wurden als Regisseur und Dramaturg gewonnen. Das erste aufzuführende Werk war Schillers Wilhelm Tell mit Peter Marx in der Titelrolle, Leonhard Wolters als Geßler, Fridolin von Arx als Walther, Josef Wolters als Melchthal, Josef Gillissen als Attinghausen, Willi Schorn als Stauffacher, Rudi Schorn als Rudenz, Jupp Voß als Frießhardt Wache haltend unter dem Hut.

Am Vorabend des 1. Mai 1934 wollte die Politische Leitung auf der Freilichtbühne zwischen Pützchen und Waldfriedhof die Rütliszene als Generalprobe und stimmungsvolle Eröffnung des Maimonats hören. Christian Poschen erinnert sich, wie quer durch alle politischen Schattierungen die Wassenberger Freilichtbühnenakteure dabei mitmachten. Kraftvoll scholl das „Wir wollen sein ein einig Volk von Brüdern, in keiner Not uns trennen und Gefahr" durch das Waldgebiet. Schwyz, Uri und Unterwalden lagen in Wassenberg.

Der weitere Abend sollte jedoch Trennung betonen: In der Veranda der Gaststätte Brüntrop (Nachfolge von Max Graab, damals Kirchstraße 119) hatten sich zahlreiche Gäste eingefunden, um die Mainacht zu feiern. Wassenberg praktiziert seit altersher volkstümliche Maibräuche: Maibaum, Maienstecken, nächtliche Ständchen, Freinacht der Junggesellen, Vogelschuß, Maizug, Maiball. An einem Tisch saßen die Pfadfinder Berger, Poschen, Essers, Reinartz, Bienen und Steprath. Auf Wunsch der Wirtin begleiteten sie mit ihren Klampfen die Mailieder, die alle von Amtssekretär Windeln, auf einem Stuhl stehend, aufgerufen und dirigiert wurden. Es herrschte eine harmonische Stimmung. Gegen 23.30 Uhr ändert sich das schlagartig. Aus der gegenüberliegenden Wirtschaft Jaegers (*Alt-Wassenberg*) traten mehrere Politische Leiter (PO) in Uniform. Angeführt von Ortsgruppenleiter Carl Meier forderten sie die Pfadfinder mit feindseligem Nachdruck auf, sofort die Veranda und auch die Straße zu räumen. Am rigorosesten verlangte dies Ortsgruppenleiter Meier: „Was macht ihr schwarzen Halunken hier? Macht, daß ihr nach Hause kommt!" Die Pfadfinder wehrten sich verbal. Rasch bildete sich hier am Fuß der Kirchstraße ein Menschenauflauf. Bei dem Versuch der PO-Funktionäre, die jungen Leute wegzujagen, kam es zu einem Handgemenge zwischen der PO und den sich immer stärker ansammelnden Neugierigen. Das Ganze artete schließlich in eine regelrechte Schlägerei aus. Die Pfadfinder hielten sich dabei zurück, wurden jedoch aktiv von Max Graab und Max Schmitz verteidigt. Die Nazis zogen schließlich den Kürzeren. Der herbeitelefonierte Bürgermeister Grünweller rettete seine Paladine vor völliger Niederlage und wies drohend darauf hin, man habe die Rede des Reichsjugendführers gestört, die ein Lautsprecher übertrug, der an der Eckwirtschaft *Alt Wassenberg* von August Jaegers aufgehängt war.

Hitlerjugendführer des Kreises mit dem Wassenberger Pädagogen, Schulungsleiter und antisemitischen Fanatiker Karl Paulussen (rechts vorn).

Kaplan Jacob Schmitz mit Wölflingen der Georgs-Pfadfinder.

Auf dem Stiftsplatz 1933. Pfadfindergruppe. Von l. n. r.: Graab, Heinrichs, H., Heppener, Koenen, Hordenführer Willi Reinartz, Mohnen, Fischer, Heinrichs, A.

Wassenberger Pfadfinder und Wölflinge 1933 in Nideggen/Eifel. Rechts kniend Gaufeldmeister Peter Berger. Hinter der Landsknechttrommel Ludwig Essers, später Ehrenbürger der Stadt Wassenberg. Wölfling mit Wimpel: der Verfasser.

Am nächsten Morgen wird Peter Berger in seiner elterlichen Wohnung durch den SA-Sturmbannführer Johann Flecken verhaftet und Bürgermeister Grünweller im Rathaus vorgeführt. Berger hat unmittelbar nach dem nun folgenden aggressiven Verhör einen Bericht für den Aachener Bischof Dr. Vogt verfaßt, aus dem ich zitiere: „Bürgermeister Grünweller schlug mir mit der Faust ins Gesicht, so daß ich hinfiel. Dann trat er gegen meinen Unterleib und meinen Kopf. Der Bürgermeister brüllte, ich störe die Volksgemeinschaft in Wassenberg und veranstalte ständig Provokationen. Er werde mich ins Konzentrationslager bringen. Mit dem Befehl, alle Wassenberger Pfadfinderkluften einzusammeln und auf dem Rathaus abzugeben, stieß man mich zum Zimmer hinaus."
Schon am Nachmittag, als die Wassenberger sich zum Maizug aufstellten, holte man Berger erneut ins Rathaus. Nun war die gesamte örtliche Parteiprominenz und sogar Kreisleiter Volm anwesend. Es ist typisch für die Wetterwendigkeit jener Tage, daß der Pfadfinderbegründer, Hauptlehrer Kessel, nun im NS-Jargon über Berger herfiel, er habe den Führer beleidigt, verhetze die Jugend. Berger wehrte sich, aber der wutschnaubende Kessel ließ ihn nicht zu Wort kommen. Er empfahl schließlich, man solle ihn dahin bringen, wo solche Kreaturen am besten aufgehoben wären: ins Konzentrationslager. Grünweller saß derweil wie sein großes Führer-Vorbild in Entscheidungsstimmung. Die kleinen Wassenberger NS-Potentaten hatten sich längst selbstherrliche Entscheidungen angewöhnt, wie sie Hitler rund vier Wochen später bei der Zerschlagung der SA wieder einmal beweisen sollte. Hinzu kam die wichtigtuerische Polit-Mentalität, die vor allem in der Person von Johann Flecken zum Ausdruck kam: jederzeit bereit, für den Führer ohne zu überlegen zur Waffe zu greifen. So stand er da, der klassisch aufgenordete Herrenmensch der Nazis, die Hand an seiner Pistole, den Finger am Abzug.
Nach wiederholten Mißhandlungen durch Grünweller stieß man Berger unter Hohngelächter mit der Androhung von „Konsequenzen" hinaus. Diese ereigneten sich schon ein paar Tage später. Ein 3-Stunden-Kreuzverhör durch die Gestapo in Aachen war fällig. Auch für andere folgten Konsequenzen; denn schon drei Tage später wurden die Pfadfinder Willi Bienen und Christian Poschen, die bei der Amtskasse Wassenberg in Oberbruch angestellt waren, wegen ihrer Teilnahme an den Auseinandersetzungen fristlos entlassen. Wenige Tage darauf, am 4. Mai, befahl Grünweller in „führer-ähnlicher Gesamtstrategie" eine Nacht- und Nebelaktion in seiner Gemeinde. Alle „verdienten Kräfte" wurden im Rathaus versammelt. Grünweller schritt napoleonisch auf und ab. Befehl: Alle Häuser, in denen Pfadfinder wohnen, werden durchgekämmt und alle Gegenstände, die pfadfinderisch anmuten, beschlagnahmt. Konkordat? Nie gehört! Das war doch mal was für die nazistischen Kleinbürger. Zwar keine Bartholomäusnacht, aber immerhin. Man kam sich

Flugtag im August 1937. Start und Landung auf dem Acker der heutigen Feierabendsiedlung. Erstmalig sehen die Wassenberger einen Fallschirmabsprung.

ungemein bedeutungsvoll vor. Der lokale Gegner sollte zerschlagen werden: Zelte, Landsknechtstrommeln, Speere, Signalhörner, Bumerangs, Bälle, Signalflaggen, Kochgeschirre, Koppel, Signalpfeifen, Wimpel. Bücher. Her damit! Die auf Befehl handelnden Polizisten Peters und Baltes sollten der Aktion etwas Amtliches geben. Sie fühlten sich nicht sehr wohl in ihrer Haut. Grünweller und Konsorten haben später öfter damit geprahlt, die Beseitigung des weltanschaulich gefährlichen Gesindels in Wassenberg erfolgreich vollzogen und damit den Ort endgültig für den Führer gewonnen zu haben.

Kleinstädtische Nazi-Psychologie

Seit 1933 gab es „Alltag" eigentlich nicht mehr. Irgendjemand marschierte immer die Kirchstraße hinunter und bog zackig nach rechts in die Roermonderstraße, um das Rathaus herum in die Adolf-Hitler-Straße: Hitlerjugend, Bund Deutscher Mädel, Jungvolk. Jungmädel, SA, SS, NSKK, Reichskriegerbund, Arbeitsfront, Reicharbeitsdienst, NSV, Frauenschaft, Luftschutzbund. Irgendjemand hatte irgendwo immer irgendeine Kundgebung. Alle waren hinab bis in ihre vier Wände organisiert: der Führer und sein Stellvertreter und seine Reichsleiter, seine Gauleiter, seine Kreisleiter, seine Ortsgruppenleister, seine Zellenleiter, seine Blockleiter. Die Bekleidungs-, Hut- und Schuhgeschäfte hatten Konjunktur: Braunhemden, Halstücher, Uniformhosen, Koppel, Schulterriemen Stiefel und Mützen vielfältigster Art. Ich sehe im Hutgeschäft meiner Mutter noch immer die langen Reihen von SA-, SS-, Kyffhäuser, Trommelkorps-, Feuerwehr- und Hitlerjugend-Mützen. Das Geschäft mit braunen Appertinenzen florierte. Es konnte nicht ausbleiben, daß die Hitlerjugend an Boden gewann. Paulussens örtliche Jugendpolitik trug Früchte: „Pfadfinder sind Unkraut im neuen Deutschland."[829] Am Fronleichnamstag 1934 (31. Mai) verbrannten er, Kurt Brüntrop und mehrere HJ-Jungen öffentlich ein Christusbanner. Eine Reihe von Zeugenaussagen liegt dazu vor. Resi Pudsis-Küppers erinnert sich: „Gröhlend zogen Brüntrop und Paulussen nebst Anhang an unserer Gärtnerei vorbei in Richtung Sportplatz. Ein Wolkenbruch hatte vorher große Wasserlachen an Straßenrändern entstehen lassen. Durch diesen Morast zogen die Hitlerjungen mit wildem Gejohle das Christusbanner, eine Tat, die jeden Katholiken an diesem hohen Feste der Kirche besonders treffen mußte. Meine Mutter, Theresia Küppers, Elisabeth Hermanns, Trude Zohren und weitere Anwohner gingen hinter der Gruppe her und beobachteten mit großem Abscheu die Verbrennung des Christussymbols aus einiger Entfernung". Der Vorgang wurde von dem früheren Wassenberger Pfadfinder, Walter von Karczewski, am 2. 6. 1934 in der *Heinsberger Volkszeitung* mitgeteilt: „Am Fronleichnamstag während der Prozession wurde in Hückelhoven vom dortigen katholischen Jugendheim das Christusbanner der katholischen Jugendverbände herabgeholt und mit einem Motorrad nach Wassenberg

Hissung der Hakenkreuzfahne durch die SA auf Burg Wassenberg 1933.

gebracht. Hier wurde das Christusbanner von Mitgliedern der Hitlerjugend über die Straße zum Sportplatz geschleift und dort in einem besonderen Akt verbrannt." Diese Meldung Karczewskis war waghalsig. Die Reaktion der Nazis blieb nicht aus. Die *Heinsberger Volkszeitung* wurde postwendend gezwungen, eine „Berichtigung" abzudrucken. Sie lautete: „Bei der durch Angehörige der Hitlerjugend in Besitz genommenen und verbrannten Fahne handelt es sich keineswegs um ein Christusbanner, sondern um die Fahne eines katholischen Jugendverbandes, die entgegen den Bestimmungen, also verbotener Weise, auf dem Jugendheim gehißt worden ist . . . Die Staatspolizeistelle hat dem verantwortlichen Hauptschriftleiter der Heinsberger Volkszeitung wegen dieser ungenauen und unverantwortlichen Berichterstattung eine Verwarnung erteilt."
Walter von Karczewski, der hier gemeinte Verantwortliche, war der Sohn des Wassenberger Bahnhofsvorstehers, engagierter Katholik und Pfadfinder, nach seinem Abitur in Erkelenz 1932 Student der Zeitungswissenschaft in Köln und dann bis zu seiner Einberufung an die Ostfront (1. März 1943) Hauptschriftleiter der *Heinsberger*. Seit dem Ende des Zweiten Weltkriegs gilt er als vermißt. Seine letzte Nachricht kam aus Pillau in Ostpreußen.
Solche Ereignisse wie die Christusbannerverbrennung unterbrachen den Nazialltag kaum. Den Leuten ging es besser, und das Ereignis erfuhr nicht die notwen-

Wassenberger Jungmännerverband 1933 auf dem Stiftsplatz (Jahrgänge 1910—1926). Mitte hinten (mit Glatze) Kaplan Jacob Schmitz.

Freilichtbühne Wassenberg 1935: Schillers Räuber.

Lehrerin Maria Nolten und ihre Schulanfänger 1934.

dige Resonanz. Die Arbeitslosigkeit verschwand nach und nach. Das Wort „Volksgemeinschaft" schien manchem ethisch sehr plausibel. Es sah so aus, als habe dieser Hitler das richtige Rezept. Zudem: Wassenberg vergrößerte sich. An der Rennbahn wurde eine ausgedehnte Arbeitersiedlung gebaut. Sie schaffte vielen ein eigenes, besseres Zuhause. Am Burgweg entstand 1938 als Pendant zur 1905 gebauten Schule ein zweites Gebäude mit konsequenter pädagogischer Ausstattung.

1936 bauten die Fleschs ihre Kurhalle zum Kino um. Nun mischte sich Hollywood, Ufa, Tobis, Terra ein. Der erste im *Kurtheater* gezeigte Film hieß „Arzt aus Leidenschaft" mit Albrecht Schoenhals. Am zweiten Sonntag war „Es geschah in einer Nacht" (It happened one night) zu sehen, der mit vielen Oscars ausgezeichnete Clark-Gable-Streifen. Später standen die Leute Schlange bei Zarah-Leander-Filmen, bei Heinz Rühmann, Hans Albers, Marika Rökk, Johannes Heesters, Willy Birgel, Viktor Staal, Hanis Knoteck, Hans Moser, bei historischen Themen wie Otto Gebührs „Der große König". Und es dauerte nicht lange, da saß man ebenso treu und brav vor „Jud Süß" und bestaunte die Machwerke Veit Harlans und seiner NS-Wasserleiche Christina Söderbaum. Die Viktoria 09 schlug im Oktober 1937 den BV Lövenich mit 11:2 Toren. Alois Paffen dirigierte Kirchenchor und Männergesangverein. Alles war vom Anschluß Österreichs an das Deutsche Reich begeistert. Die Hitlerjugend machte militärstrategische Waldspiele und besetzte in einem glänzenden Umfassungsmanöver ihr HJ-Heim, das zwischen der Fabrik Frowein und der Alten Bahn lag. Die Stunden des Ewigen Gebetes waren nach wie vor gut besucht. Küster Michael Storms läutete pünktlich die alten Glocken der Georgskirche: Marienglocke 1285, Georgiusglocke 1441, Annaglocke 1495. Der Eintopfsonntag wurde allerdings mehr mit Augenzwinkern eingehalten, der Kongo persiflierte den Negus von Abbessinien, der Automobilklub fuhr zum Nürburgring und erlebte den Sieg der Silberpfeile. Die Wassenbergerin Nelly Nägler war Haushälterin bei Herbert von Karajan in Aachen. Zum Führergeburtstag debütierten die Politischen Leiter ihren „Goldfasanen-Look" mit feinem braunglänzenden Anzugstoff, goldenen Tressen und Litzen. Nach wie vor wurden die Namenstage gefeiert, nicht die Geburtstage. Geburtstag hat jede Kuh, meinen die Wassenberger. Noch immer zog die Pfarrjugend in der Karwoche mit „dr Klepp" und der bei Thomassen in Verwahr befindlichen „Raatel" durch die Straßen und ersetzte die Glocken, die bis Karsamstag nach Rom flogen. Alle Geschäfte waren vorbereitet auf diesen Kinderumzug und warfen Süßigkeiten. Noch immer wurde bei Könne-Marie (Burghof) „getuppt" (Karten-Glücksspiel), bei Strack gekegelt, bei Brüntrop Billard gespielt. Im „Roten Teppich" wurde getanzt. *Bel ami* war populär. Und Steegers Matthieu fuhr mit seinem Eiswagen durch die Stadt. Der Halbjude Heini Schmitz, ein nach den Nürnberger Gesetzen als Produkt von Rassenschande zu verachtendes Wesen, weil von Simon Heumann und Agnes Schmitz gezeugt, brachte Backwaren herum und wurde von den Wassenbergern wegen seiner freundlichen Art durchaus gemocht. Das arische Ballett von Glaube und Schönheit sah alle Wassenberger Gewichtsklassen beim Keulenschwingen und Ballheben. Samstags war schulfrei, weil Staatsjugendtag. Nur Hugo Hembach und Hubert Schaffrath mußten zum Unterricht, weil sie der Hitlerjugend nicht angehörten. Im Hause Schaffrath versammelten sich heimlich Pfadfinder zu Gruppenstunden und bestätigten sich in antifaschistischer Grundhaltung. Desungeachtet liefen „Sitte und Brauchtum". Die *Heinsberger* schreibt zum 1. Mai 1938: „Schützengilde und Hitlerjugend fuhren den neugestrichenen Maibaum, der *op dr Jraaf* seiner Erhöhung harrte, zum *Schmett* (Schmied), wo die buntgeschmückte und mit der Hakenkreuzfahne verzierte mächtige Tannenkrone an dem Stamme befestigt wurde. Nach der traditionellen Rundfahrt des Baumes durch die Stadt fand die Errichtung am Hause Reiners statt (Ecke Parkstraße/Graf-Gerhard-Straße, heute), da wo die Straße zum Horst-Wessel-Platz (am Gondelweiher) abbiegt. Gegen 10 Uhr abends fand dann der Maizug statt. Unzählige Pärchen zogen vom Rathaus aus um den Maibaum, um sich nachher wieder still zu verlieren. Und als es ruhig auf den Straßen wurde, tauchten die Ständchen-Musikanten auf. Streng nach altem Brauch waren nur solche Instrumente benutzt worden, mit denen schon die Väter und Großväter in der Mainacht umhergezogen waren. (Anm.: Querflöte, Klarinette,Trompete, Geige, Cello. Streichbaß/Tuba) Jeder bekam sein Ständchen. Und am Morgen des 1. Mai prangten auch wieder geschmückte Birken und bunte Wimpel an den Häusern der Jungfrauen , die solche Ehrung vom Liebsten erwarteten. Und wie immer fanden sich die Unentwegten allesamt am frühen Morgen bei der Pützchenfeier (Anm.: Marien-Wallfahrtsstätte) wieder."

Im Sommer kamen Tausende zu den *Wassenberger Freilichtspielen*, die am ganzen Niederrhein ein Begriff wurden: Wilhelm Tell, Die Räuber, Medea, Die versunkene Glocke. Leonhard Wolters „woar enne Jrellije" (grell, widerborstig) als Geßler, Georg Nägler „ein Miststück von einem Franz Moor" und Josef Wolters ein hinreißend leidenschaftlicher Räuberhauptmann, Peter Marx ein zu Tränen rührender Wilhelm Tell. Besonders dieses patriotisch empfundene Freiheitsdrama erlebte bis 1937 zahlreiche Aufführungen. Josef Gillissen röchelte als sterbender Bannerherr Werner Freiherr von Attinghausen sein „Seid einig, einig, einig!" so echt, daß nach Georg Näglers Worten „Gillissen sech hengerher ömmer erkrieje moosch, weil hea jedesmoal mettstorf". Alle seine Landsleute von Stauffacher bis Melchthal repräsentierten Wassenbergs dramaturgische Mentalität und formierten sich streng realistisch auf der Waldhöhe fest zum Rütlischwur. Am gekonntesten aber Peter Marx als Tell, dessen „Erlasset mir den Schuß ! Hier ist mein Herz! Ruft Eure Reisigen und stoßt mich nieder!" stets bebendes Schluchzen in dem waldigen Rund auslöste und ebenso große Erleichterung, wenn der Schrei ertönte: „Der Apfel ist gefallen!" Unvergeßlich die dritte Szene des vierten Aufzugs mit Armgards und ihrer Kinder

Kniefall und Erbarmungsflehen vor Geßler. „Woltesch Lennet" mit hochgezogener Unterlippe und bösem Gesichtsausdruck hoch zu Roß, am Boden Maria Henz geb. Rütten, Elisabeth Voß, Resi Küppers und Hans Freisinger.
Bei Schillers Räubern steigerte sich die letzte Szene zum Höhepunkt. Der Räuberhauptmann gibt auf: Josef Wolters, selbst von Rührung übermannt, wendet sich von dannen und geht in atemloser Stille aus dem Szenarium: „Ich erinnere mich, einen armen Schelm gesprochen zu haben, als ich herüberkam, der im Taglohn arbeitet und elf lebendige Kinder hat. Man hat tausend Louisdore geboten, wer den großen Räuber lebendig liefert. — Dem Manne kann geholfen werden." Die Zuschauer waren hingerissen.
Am 10. Mai 1938 bekommt Wassenberg, das damals 94 % Katholiken hat, einen neuen katholischen Pastor. (Volkszählung 1927: 1 695 Einwohner: 1 619 Katholiken, 63 Evangelische, 33 Juden. 362 Haushaltungen). Es ist der 1894 in Wuppertal geborene Wilhelm Baer, vorher Kaplan an St. Josef in Aachen, Weltkriegsteilnehmer mit Eisernem Kreuz. Letzteres war damals wichtig. „Trotz schwieriger Verhältnisse", schreibt Baer in der Pfarrchronik, „gelang es dem Pfarrverwalter, Kaplan Johannes Drieschmanns, eine feierliche Einholung an der Pfarrgrenze zu bewerkstelligen."[831]
Als Baer am 3. 9. 1945 bei der Wiederaufnahme des Religionsunterrichts an der katholischen Volksschule die neuen Schulkreuze aufhängt, mag ihm noch einmal die ganze Schmach bewußt geworden sein, die Bürgermeister Grünweller und NS-Schulrat Paulussen mit der gewaltsamen Entfernung dieser Kreuze aus den Klassenzimmern nach Ostern 1939 begangen hatten.
Pastor Baers Alltag in Wassenberg demonstriert am eindrucksvollsten seine Pfarrchronik. Dort heißt es: „Weißer Sonntag 1941 durch Reichsveranstaltung der Hitlerjugend verboten. Erstkommunion auf Ostern verlegt. Die Genehmigung eines Kirchenbauvereins untersagt. 3. Mai 1941: Beschlagnahmung des Kindergartens durch die Staatspolizei mit sämtlichen Einrichtungen. 12. Mai 1941: Der Pfarrer wurde durch die Geheime Staatspolizei nach Aachen beordert. 15. Mai 1941: Pfarrbücherei beschlagnahmt. 17 Bücher blieben noch. Christi Himmelfahrt als katholischer Feiertag verboten. Nach nächtlichem Fliegeralarm mit Entwarnung nach Mitternacht ist jeder öffentliche Gottesdienst vor 10 Uhr verboten. 11. Juni 1941: Fronleichnam als katholischer Feiertag verboten. Nur der 'Kleine Weg' sonntags gestattet. Verboten, verboten!"
Am 1. 10. 1938 wird der Kyffhäuserbund auf Befehl des Führers als NS-Reichskriegerbund unter die Leitung von SS-Gruppenführer General-Major Reinhard gestellt. Neue Uniformen, neue Mützen! In Wassenberg findet ein Treffen des Bundes statt. Unter den Teilnehmern noch Mitglieder des 1893 aus vielen Kriegervereinen zusammengeschlosenen Kreiskriegerverbandes Geilenkirchen-Heinsberg. Auch nach Dremmen reist am 16. 6. 1938 eine Wassenberger Abordnung der „Reichskrieger" und marschiert mit ihren Altveteranen „in soldatischem Schneid" zur Weihe der Fahne der Kameradschaft ehemaliger Hohenzollern-Füsiliere Nr. 40 „Wurmtal", deren Exponent, Wilhelm II., wie Leonhard Wolters es auszudrükken pflegte, „zum Spucken nahe im benachbarten holländischen Doorn" holzhackender und sägender Weise seines zerstörten Kaiserreiches gedachte.
In der Wassenberger Jugendherberge trifft sich am 25. 9. 1938 die gesamte Führerschaft des Jungbannes 389. Gebietsführer Heinz Hohoff erklärt die Bedeutung der Wahlen zum ersten Großdeutschen Reichstag mit Österreich. Zum ersten Mal dürfen mehrere Wassenberger Hitlerjungen mit zum Reichsparteitag 1938 nach Nürnberg. Am 7. 9. fahren sie los, nachdem sie am 4. 9. in Geilenkirchen ein Vorbereitungslager absolviert haben. Die Wassenberger Gruppe berichtet: „Vier Tage haben wir im Zeltlager Langwasser am Dutzendteich in Nürnberg verlebt, um dann am 10. September im Stadion den Führer leibhaftig vor uns zu sehen. Was er sagte, klang im Hinblick auf unsere

Zylinder-Parade: Kirchenvorstand der Georgspfarre 1938. Meßdiener Hans Deckers (mit Kreuz), Hubert Schaffrath und Hans Freisinger als Fahnenträger.

Zukunft bedrohlich. Hitler erwartet von uns soldatischen Einsatz und die Hergabe unseres Lebens, falls dies notwendig werden sollte."
Der Reichsarbeitsdienst hat sich in Wassenberg und Myhl niedergelassen. Zunächst entwässert er Niederungen. Die Mädchen sind aus dem Häuschen. Im Tanzlokal „Roter Teppich" (Hotel zur Post) spielt das „Kurtrio" mit Stehgeiger Hein Paredies und Hermann Graab am Schlagzeug. Die Tanzfläche ist mit zahlreichen Arbeitsdienstlern bevölkert. Slowfox, Marsch, Tango. Peter Kreuder, Theo Mackeben, Franz Grothe, Paul Lincke, Walter Kollo. Auch bei Paul Reuter ist häufig Tanz und natürlich im vornehmen Alt Holland. Die kleinstädtische NS-Gesellschaft fühlte sich wohl. Nur wenige ahnen, daß dies ein Tanz auf dem Vulkan ist.

Der Westwall

Am 9. 3. 1938 befiehlt Hitler den Bau des Westwalls entlang der niederländischen, belgischen und luxemburgischen Grenze. 1 800 Maschinengewehrstände und rund 10 000 Bunker. Je Kilometer Frontbreite sollten in wichtigen Abschnitten, wie z. B. vor Wassenberg, 15 bis 20 Bunker, in weniger wichtigen 10 bis 12 Bunker errichtet werden. Hinzu kamen je Divisionsabschnitt Feldstellungen für 9 leichte und 6 schwere Batterien. Der Divisionsabschnitt E/a, in dem Wassenberg in der Mitte lag, reichte von Brüggen bis hinter Geilenkirchen. Das Divisionshauptquartier war in Erkelenz stationiert, der Divisionsgefechtsstand in Granterath. Die Gefechtsstände der Regimenter und Bataillone wurden für Rickelrath, Lüttelforst, Arsbeck/Schmitzhof, Gerderath, Birgelener Wald, Wassenberg am Stern, Doverack, Linnich, Bracheln, Prummern, Hünshoven vorgesehen. Zwischen dem 15. und 21. 6. 1938 wurden im Wassenberger Raum befestigungstaktische Erkundungen durchgeführt. Dr. Fritz Todt, mit seiner gewaltigen Arbeitsorganisation bisher beim Reichautobahnbau eingesetzt, wurde am 14. Juni 1938 von Hitler mit der Generalvollmacht für die Westwall-Bauausführung beauftragt. Robert Kofferath sah ihn am 18. 8. 1938 aus nächster Nähe auf Burg Wassenberg, von wo er die Westwallplanungen in Augenschein nahm.
Am 1. August schrieb Robert seinen Brüdern nach München: „Der Arbeitsdienst W = West arbeitet nach Artikel 14 zum Schutze Deutschlands im Kriegsfall. Kollossale Grenzschutzarbeiten sind im Gange. Höchstes Tempo. Allein auf der Strecke Wassenberg Hückelhoven (7 km) gibt es jetzt drei Arbeitsdienstlager. Zehntausende Westwallarbeiter sind eingesetzt. Auch auf unserer Burg geht es leider los. Wir Eigentümer aus Wassenberg und Umgebung sind bei Reuter zusammengerufen worden. Ich habe Lambert hingeschickt. Der Pionieroffizier hat erklärt, daß auf unseren Grundstücken militärische Anlagen geschaffen werden. Wir können uns nicht dagegen wehren. Wir würden später schadlos gehalten. Aber das kennt man ja. Auf der Burg sollen vier Bunker entstehen: drei in

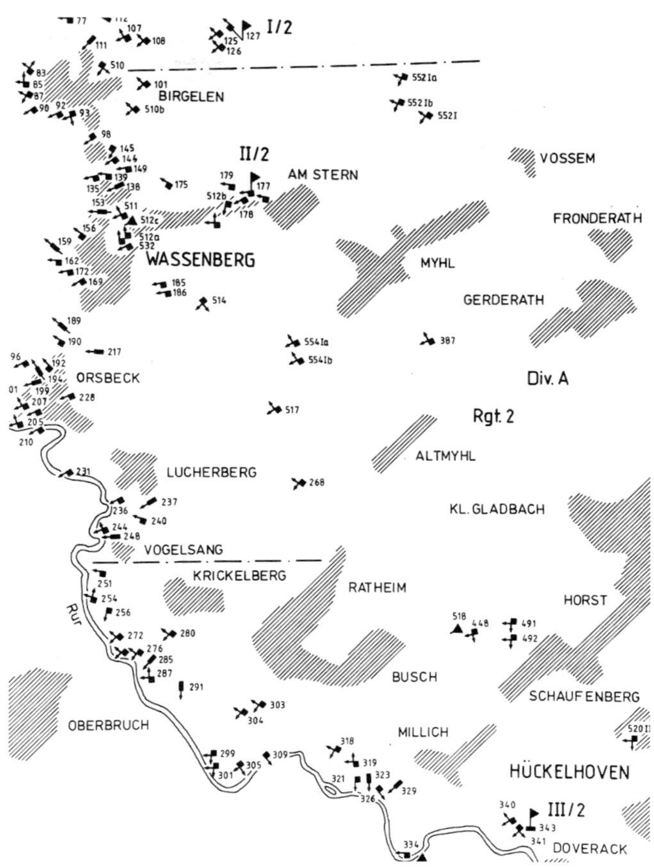

Westwallabschnitt Birgelen-Wassenberg-Orsbeck-Vogelsang-Doverack 1938. (M. Gross, Der Westwall. — Köln 1982)

der Baumwiese, einer vor dem Treibhaus, ferner zwei Artilleriebeobachtungsstände, ein Wasserwerk, Schützengräben sowie Latrinen."
Am 18. 8. 1938 erschien ein Arbeitsdienstführer Bangert auf der Burg: „Alter Offizier mit Pour-le-mérite, das er am 24. 11. 1917 als Hauptmann in Infantrie-Regiment 92 erhalten hatte.
Reichsarbeitsdienst hat nicht die Absicht, die Burg zu kaufen. Oberarbeitsführer Victor Bangert, Gruppe W I, teilt mit, höchstens eine Pachtung sei möglich. Der Pachtpreis läge aber unter dem üblichen Preisniveau. Er ließe es für seine Person lieber auf eine Beschlagnahme der Burg ankommen. Auch Bürgermeister Julius Grünweller spielt jetzt mit dem Gedanken, daß ihm eines Tages die Burg, wenn sie durch die Westwallverwüstung völlig entwertet ist, wie ein reifer Apfel in die Hände fallen wird. Die Erdarbeiten laufen. Jeder Protest ist zwecklos. Es geht eben um den Westwall — das gewaltigste Bauwerk der Welt. Jede Annäherung an die Arbeiten ist verboten. Spionagegefahr! Ich durfte nicht mal zum Bergfried hoch. Um zum Treibhaus zu kommen, darf ich nicht durch den Garten, sondern muß den Weg entlang der Mauer nehmen. Wir haben Schäden an Gras, Obst, Bäumen, Wegen, Mauern, Gartenanlagen. Direkte Schäden bis jetzt ca. 10 000 RM, indirekte Schäden (Entwertung des Besitztums) ca. 30 000 RM. Es könnte darauf hinauslaufen, daß die Militärverwaltung die ganze Burg für 60 000 RM kauft, statt 40 000 RM Entschädigung zu zahlen. Ein Hilfsarbeiter bekommt hier zu seinem Stundenlohn von 2,30 Mark noch jeden Tag einen Zuschlag von 10 Mark. Die Lastwagenfahrer verdie-

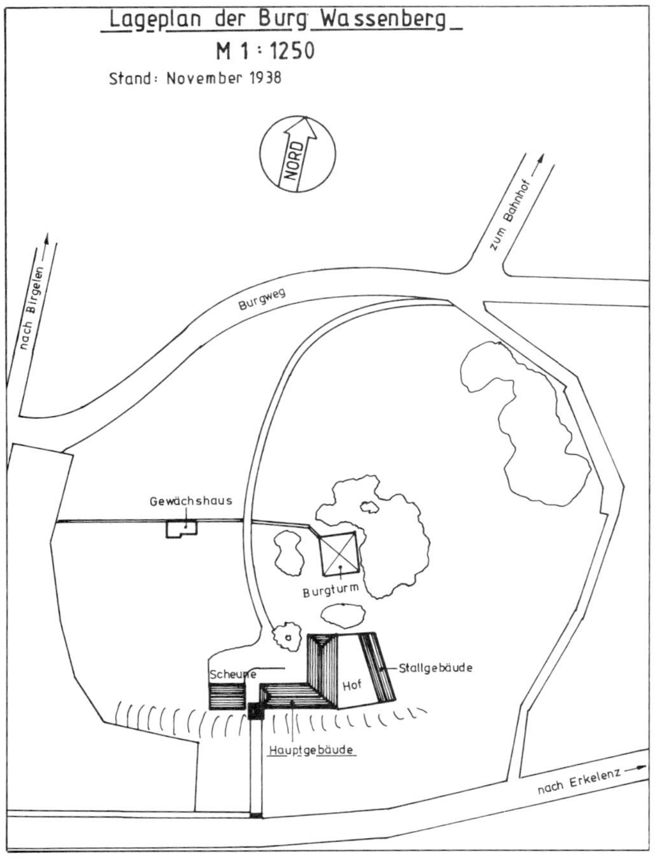

Lageplan der Burg Wassenberg 1938. Zeichnung: Ingenieurbüro Willi Rütten, Wassenberg.

nen sich dumm und dämlich. Tolle Geschichten erzählt man: Wagen hochbocken, nachts laufen lassen und so Kilometer schinden. Aber auch unsere Gastwirtschaften und Geschäfte verdienen ganz schön. Denn die Westwallarbeiter lassen das meiste Geld hier. Nur wir Grundbesitzer sind die Dummen. Hitler war übrigens in Geilenkirchen und soll in rascher Fahrt auch durch Wassenberg gekommen sein."

Burgherr Kofferath zieht alle juristischen Register, um eine Entschädigung zu erhalten. Für gestohlenes Obst fordert er 1938 1 184 RM. Aber bis 1942 muß er auf sein Geld warten. Er macht sich in vielen Briefen an seine Brüder Luft: „Geld wird heute rücksichtslos verpufft. Nur wir Westwallgeschädigte müssen auf unsere Entschädigung warten. Wenn ich unsere Nazis hier in Wassenberg sehe, tut es mir wirklich leid, daß ich da mal beigetreten bin. Unter den meisten Wassenbergern ist die Hitlerbegeisterung nicht sehr groß. Die spüren doch alle, wohin der Wahnsinn führt. Freibier gäb' ich für Prügel für den Ortsgruppenleiter."

Der Arbeitsdienst verschandelt die Burggebäude: „Wie Vandalen hausen die! 11 Zimmer sind belegt. Ihr müßtet sehen, wie sie jetzt aussehen. Oberfeldmeister Schroer will drei weitere Zimmer für sich mieten. Wo sollen wir dann noch wohnen? Zudem zahlt er dafür nur 45 RM. Er bekommt nämlich als Oberfeldmeister 39 RM Wohnungsgeld und 230 RM Gehalt. Für die anderen beschlagnahmten Zimmer zahlt der RAD jetzt 100 RM. Übrigens war am 1. September 1938 General von Brauchitsch wiederholt auf der Burg und andere sehr hohe Militärs."

Trotz Verbot machte Kofferath Fotos von den Bunkern im Burggelände. Er schickte sie seinen Brüdern, „damit Ihr seht, was aus unserer Burg wird. Zeigt die Bilder nicht herum, sonst werde ich erschossen. Da ich eine zu große Klappe habe, werde ich inzwischen als Antinazi verdächtigt. Das ganze Dach der Burg ist undicht. Maria hat auf dem Speicherboden ungefähr 40 Töpfe und Schüsseln stehen. Dachdeckermeister Josef Jakobs will mir einen Kostenvoranschlag machen. Vielleicht können wir ein paar Grundstücke verkaufen, um Geld für eine Schieferbedachung zu bekommen. Ich habe Architekt Will Andermahr aufgefordert, einen Plan für die Bebauung unserer Grundstücke am Burgweg zu entwickeln. Dr. Buren interessiert sich für das Stück entlang der Bahn neben der Schule. Die Gemeinde will entlang der Bahn, wo bisher der schmale Fußweg läuft, einen 4 m breiten Weg ausbauen. Dr. Küsters hat gegen Grünweller einen Prozeß verloren, weil Küsters sein Jätzchen sperren wollte."[832]

Am 23. 10. 1938 teilte der Festungspionierstab 21 in Jülich mit, es bestehe kein Interesse an einem Kauf der Burg. Robert Kofferath ist verzweifelt; denn die in Anspruch genommenen Flächen sind: im Garten 50 mal 50 m, in der Baumwiese um den Bergfried herum zwei ähnlich große Flächen, am Bergfried oben mehrere kleine Flächen. Wer will da noch auf der Burg zwischen dauernder Militärkontrolle leben?

Kofferath benötigt dringend Geld für das schadhafte Dach. Bürgermeister Grünweller will schließlich 12 Baustellen der Burg für die Gemeinde erwerben. Aber Krieg und Weggang des Bürgermeisters verhindern das Projekt.

Bunker auf Burg Wassenberg vor dem Treibhaus. 1939 von Burgherr Dr. Robert Kofferath trotz Verbot fotografiert.

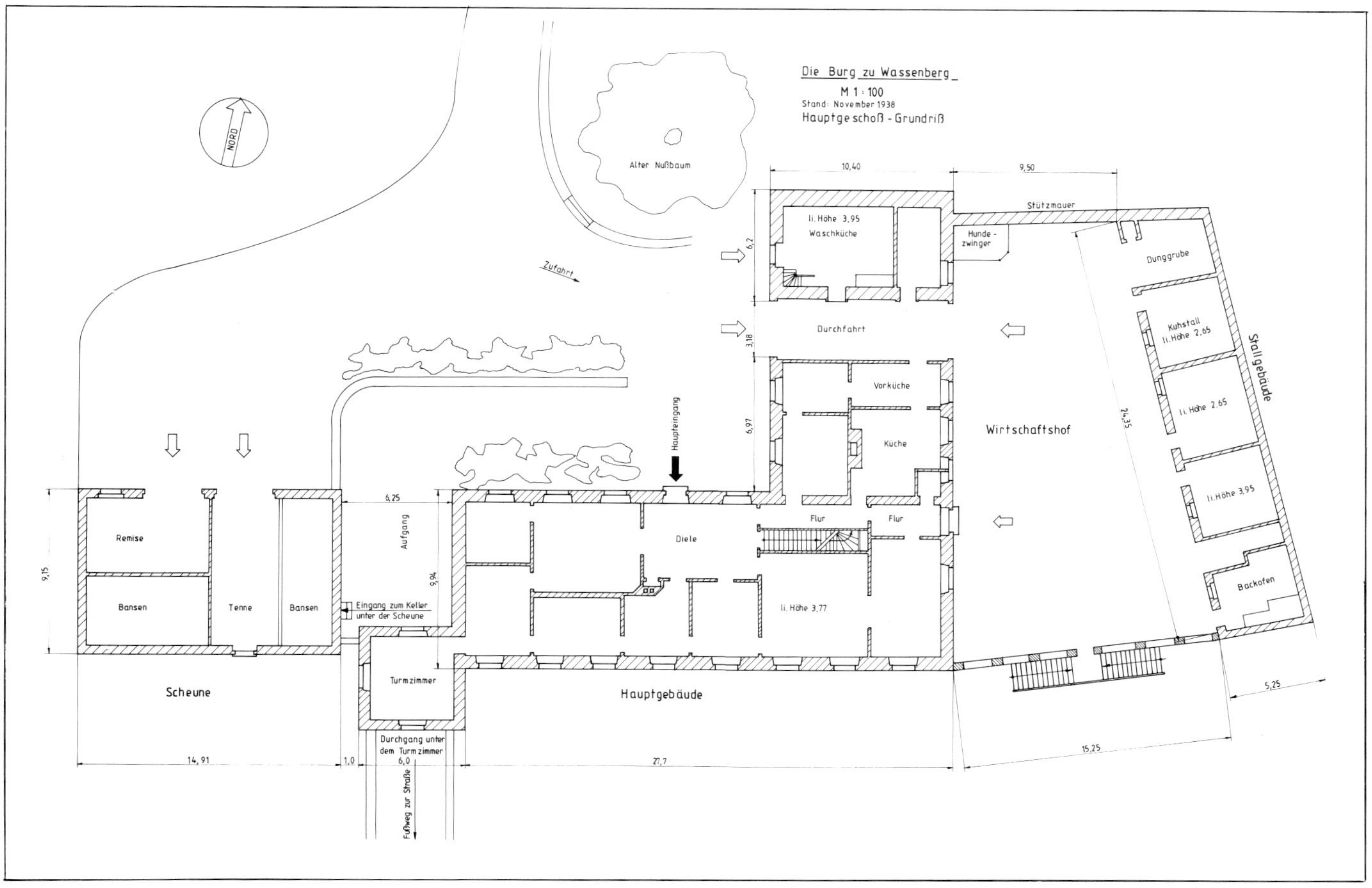

Grundriß der Schloßgebäude. Stand: November 1938. Gezeichnet von Ingenieurbüro Willi Rütten, Wassenberg, nach früheren Aufmessungen von Will Andermahr.

Die Wassenberger Juden

(Das folgende Kapitel stützt sich auf eine Tonbandkorrespondenz mit dem Wassenberger Juden Walter Reece (Reis) in Kanada, Befragungen Wassenberger Mitbürger, Recherchen in Dokumentationszentren, Prozeßakten und eigenem Erleben.)

Die jüdische Gemeinde Wassenbergs war 1937 genau 27 Mitglieder stark. Seit Jahrhunderten hatten die Juden hier ihr Zuhause, wenn sie auch immer wieder verheerenden Repressalien und Verfolgungen ausgesetzt waren. 1321 sind sie in Wassenberg schon urkundlich nachweisbar.[833] In diesem Jahr war ein begüterter Wassenberger Jude Gläubiger des Kölner Andreasstiftes. Die Beziehung unserer Juden zum Wassenberger *Jüddebrook* (Judenbruch) habe ich im Kapitel über dieses Waldgebiet erklärt. Entweder war ein jüdischer Handelsweg für die Namensgebung verantwortlich oder die Verpachtung des Bruches an die Wassenberger Juden 1450 durch Pfandherr Vinzenz von Moers gegen eine hohe Geldsumme für die Dauer eines von ihm gestellten Schutzbriefes.

1642 wohnt der „Judt Abraham aus Wassenberg" in Heinsberg in der siebenten Rotte. Von einigen einheimischen Juden ist uns bekannt, daß sie im 18. Jahrhundert als Viehhändler und Metzger tätig waren, wobei sie die nach dem Gesetz Mose verbotenen Fleischstücke an die Wassenberger Christen billig verkaufen durften.[834] Volles Bürgerrecht erhielten sie mit den Revolutionsarmeen Frankreichs im Sinne von *Gleichheit, Freiheit, Brüderlichkeit.* Napoleon machte wie Friedrich II. keinen Unterschied. 1808 bestimmte er, alle Juden sollten einen festen Vor- und Zunamen erhalten. In Wassenberg lebten damals 33 Juden, in Birgelen 9, in Waldenrath 55, in Schwanenberg 49, in Geilenkirchen 132 und in Heinsberg 213.

Bei den Preußen bestimmten nach und nach Gesetze die Stellung der Juden. Am 13. 7. 1843 beschloß der Rheinische Provinziallandtag ihre Gleichstellung, vier Jahre später schloß sich der Preußische Landtag an. 1838 stiftete der liberal denkende Bürgermeister Pakenius den Wassenberger Juden ein kleines Areal: Flur 3, Nr. 2446/188 im Liegenschaftsbuch 1415 (Grundbuchband 14, Blatt 684). Vorher hielten die Juden ihren Gottesdienst nach Auskunft von Wilhelm Schreinemachers in einem Haus in der Löffelstraße, das durch ein vorgekragtes Stockwerk auffiel. Ein kleiner Friedhof ist seit dem 17. Jahrhundert an der Roermonder Straße (gegenüber dem 1987 erbauten Rathaus) vorhanden. Von Mitgliedern einer Hitlerjugendführer-Schulung wurden seine Grabsteine 1938 mit Fäkalien geschändet. Wilhelm Frenken weist darauf hin, daß „jüdische Leichenbegängnisse und Friedhöfe des öfteren Zielscheibe randalierender Jugendlicher gewesen sind."[835]

Die kleine Wassenberger Synagoge lag in „Storms-Jätzke". Simon Heumann war viele Jahre Synagogenvorsteher. Walter Reis erzählt, daß in der kleinen Gemeinde fast jeder der Männer ein Amt besaß. Er selbst wurde von Max Schwarz zu Anfang der Dreißiger Jahre gottesdienstlich unterrichtet, damit er vor der Thora auftreten konnte. Das Innere der Wassenberger

Synagoge war einfach gehalten. Ich habe sie einige Male als Kind mit meinem Freunde Heini Willms betreten. Im Vorraum, wo die Kinder für die Beschneidung vorbereitet wurden, befand sich das *Versteck* für die liturgischen Gegenstände, die *Genisa*. Hier stand ein besonders kunstvoll gestaltetes Kupferbecken für die Händewaschung. In der Heimatschau 1925 wurde dieses neben Sabbatlampen und Weiheleuchtern in Heinsberg ausgestellt. Vorn stand ein truhenartiger Schrein mit eingeschnitzten Zeichen, Abbild der Bundeslade. Er war für die Thorarollen da. Es gab auch einen erhöhten Platz (Holzpodest) als Almemor. Darauf stand ein kleiner Tisch (Schuchan), von dem die Thoralesung vollzogen wurde. Ebenso war ein Vorbeterpult vorhanden. Mehrere Leuchter waren zu sehen und eine *Ewige Lampe* (Ner tamid), von der wir Christenkinder meinten, die Juden hätten sie aus einer katholischen Kirche gestohlen. Die kleine Synagoge war kein Sakralraum an sich. Sie erhielt erst ihre Würde durch den Vollzug des Gottesdienstes. Wenn durchziehende Juden untergebracht werden mußten, übernachteten sie in der Synagoge. Da für den Vollzug des Gottesdienstes mindestens zehn männliche Beter anwesend sein müssen, mußte in der kleinen Gemeinde schon alles aufgeboten werden, um gottesdienstfähig zu sein.

Um die Jahrhundertwende waren die Juden in Wassenberg überaus gesellschaftsfähig. Der jüdische Textilkaufmann Simon Heumann gehörte zu den Honoratioren und war neben Forckenbeck der Haupt-Gründer des Verkehrs- und Verschönerungsvereins und nicht Bürgermeister Beckers, wie die „arische Version" später lautete. Wilhelm Frenken weist darauf hin, daß vom jüdischen Textilhaus Heumann alljährlich die Wassenberger Kommunionkinder der ärmeren Familien kostenlos ausstaffiert wurden.[836] Heinrich Louis erzählte mir, „das nette jüdische Mädchen Adele Heumann" haben zu den Bewunderern der ersten sportlichen Fußballaktivitäten in Wassenberg gehört und nach einem Sieg von Viktoria 09 immer der Mannschaft für ein paar Bier Geld geschenkt. Das Bild der Schützenkönigin Barbara Kreutzer im Jahre 1904 zeigt bei den Hofdamen vor dem Schaufenster des Hutgeschäftes Kreutzer, daß Adele Heumann freundschaftlich voll integriert war.

Die Wassenberger Juden um 1930

In der Brühl wohnte die Familie Reis. Sohn Walter Reis (*1920) überlebte die Judenvernichtung des Dritten Reiches und wohnt heute in Kanada. Die von mir mit ihm geführte Tonbandkorrespondenz gibt viele Aufschlüsse über das Leben der Wassenberger Juden bis 1945. Sein Vater Willy Reis (1880—1944) war Viehhändler, seit 1933 aber ohne jedes Einkommen. Seine Frau Else Reis war eine geborene Hertz (*15. 3. 1882—1944). Sie galt in Wassenberg als herzensgute Frau, die das letzte hergab, wenn sie einem Armen helfen konnte. Sie hatte, wie Walter Halbach mitteilt[837], der häufig seinen Mitschüler Walter in der

Die Trauernde. Paul Wollenweber, Wassenberg, Tonplastik.

Wohnung der Reis besuchte, eine starke Ausstrahlung und war eine vorbildlich gütige, mitmenschlich eingestellte Frau. Ihre Eltern, also die Großeltern von Walter Reis, kamen aus den Niederlanden: Jakob Hertz und Johanna Roosen.

Im Hause Reis lebte der Bruder von Frau Hertz, der Onkel von Walter, Karl Hertz (*10. 3. 1886), in Wassenberg Hertze-Karl genannt. Im Ersten Weltkrieg kämpfte er an der russischen Front, wurde verschüttet und dadurch behindert. Eine Kriegsversehrtenrente hat er nie bekommen. „Er war", wie Walter Reis mitteilt, „in unserer Kindheit absolut mittellos. Es gab nur sporadisch Arbeit für ihn". So sehe ich ihn 1933 die Gräben der Wasserleitung ausheben. Ein weiterer Bruder von Else Reis war Max Hertz. Er wurde am 24. 4. 1883 in Wassenberg geboren. Er starb am 9. 7. 1984 im 101. Lebensjahr in München. Er besuchte in Wassenberg die evangelische Volksschule und machte danach eine Textillehre in einem jüdischen Geschäft in Erkelenz. 1910 ging er als Dekorateur nach München und heiratete eine Berlinerin evangelischen Glaubens. Ende des Zweiten Weltkriegs kam er in das Konzentrationslager Theresienstadt. Er überlebte. Am 24. 4. 1983 reiste Wassenbergs Ortsvorsteher Karl Heinz Geiser nach München, um dem 100-jährigen die Glückwünsche Wassenbergs zu überbringen. Gei-

ser verlas ein Glückwunschschreiben von Bürgermeister Schumann und Stadtdirektor Windeln. Er überreichte die Kopie eines Bildes von Wassenberg aus dem 18. Jahrhundert, ferner die Geburtsurkunde von Hertz. Die Reis hatten zwei Kinder: Walter (*1920) und Betty (*1921) Über beide wird noch zu berichten sein.
Neben dem Roßtor (damals Haus-Nr. 246) wohnten Jakob Heumann (†1911), seine Frau Sarah Heumann (1854—1944) und ihre beiden Töchter Berta (1888—1944) und Adele (1891—1944). Die beiden Mädchen waren Modistinnen und führten ein Hutgeschäft. In der Roermonder Straße (heute Nr. 16, Wedershoven), unmittelbar am Eingang zur Synagogengasse, wohnte der Textilkaufmann Simon Heumann, der Levit aus priesterlichem Geschlecht. Mit der „schönen Agnes" Schmitz, der Schwester von Josef und Georg Schmitz (Hotel zur Post, Tanzlokal „Roter Teppich") hatte Simon ein Kind: den Halbjuden Heini Schmitz, der als Bäckergehilfe in Ratheim Backwaren auch in Wassenberg herumfuhr. Simon Heumann hatte mit seiner Frau Rahel vier Kinder: Benjamin, Simon, Carl und Sarah.
Im alten Kapuzinerkloster bei Marx wohnte der jüdische Schneider Kaufmann mit seiner Frau Katharina und den vier Kindern Heinrich, Sarah, Walter und Rahel. Ganz in der Nähe des Roßtores, fast dem Hutgeschäft Heumann benachbart, wohnte der Viehändler Max Schwarz mit seiner Frau Tina und Tochter Lisa. Sie alle drei haben die NS-Verfolgungen überlebt, weil sie in die Niederlande flüchten konnten und dort untertauchten. Max Schwarz hatte wochenlang die Streifengänge der Zöllner im Effelder Wald beobachtet und registriert, um dann später in einem günstigen Moment in der Nähe der Gitstapper Mühle den Grenzbach Rothenbach zu überqueren. Walter Reis hat nach dem Kriege mit ihm in Verbindung gestanden. Es ging ihm und seiner Familie in den Niederlanden gut. An eine Rückkehr nach Wassenberg hat er nie gedacht.

Lieschen Graab (1893—1975) war die engste Freundin der jüdischen Heumann-Mädchen Adele und Berta. In der Nazi-Zeit hat sie die Heumanns mit Nahrungsmitteln versorgt. Die „Elisabeth vom Roßtor", ein wenig derb, aber mit edelstem Herzen, zog mit ihrem Bäuerinnenkorb trotz auflauernder Denunzianten in das Haus Heumann, wo der Hunger zu Hause war — wie die hl. Elisabeth.

Auf der Löffelstraße wohnte im jetzigen Hause von Viktor Hembach (vormals Flecken) der Viehändler Bernhard Kaufmann mit Frau Ulrike und Sohn Arthur (*1917). Letzterer floh im Januar 1940 in die Niederlande. Vormittags gegen 10 Uhr erschienen an seiner Haustür die Gestapoleute Ising und Schmitz aus Heinsberg unter Assistenz des Wassenberger Gestapo-Spitzels Fritz Sämmer, um Arthur zu verhaf-

Im Namen der Stadt Wassenberg gratulierte Ortsvorsteher Karl-Heinz Geiser 1983 dem Wassenberger Juden Max Hertz (†1984) zu seinem 100. Geburtstag. Von links nach rechts: Karl-Heinz Geiser, Walter Reeze (Reis) und Max Hertz.

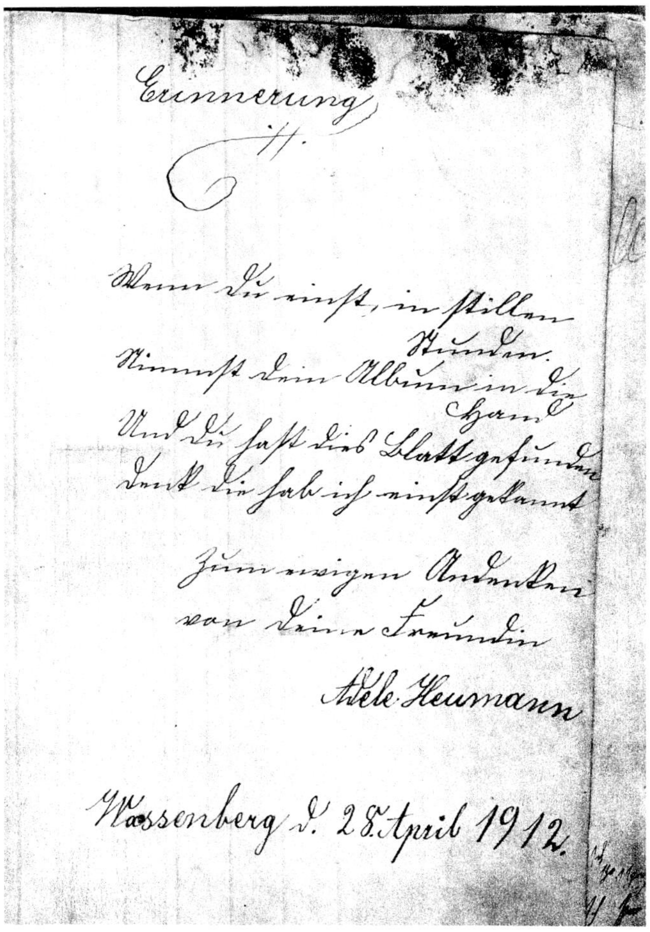

Die Jüdin Adele Heumann schrieb im Jahre 1912 ihrer Freundin Barbara Kreutzer eine jener „üblichen Erinnerungen" ins Poesiealbum. Welche Bedeutung aber erhielten diese anspruchslosen Verse!

ten. Lieschen Graab und Max Graab konnten ihn vorher noch warnen, so daß, als die Gestaposchergen vorne ins Haus traten, er hinten hinaus durch den Garten über die Haag in Richtung Birgelen entfliehen konnte. Es gelang ihm, über die Grenze zu kommen. Als dann wenige Monate später (10. 5. 1940) die deutschen Truppen die Niederlande besetzten, wurde Arthur Kaufmann verhaftet und ins KZ gebracht. Sein Schicksal ist unbekannt.
Auf der Heide zwischen Wildenrath und Wassenberg lebte der relativ begüterte Fabrikant Benjamin. Walter Reis sollte nach seiner Schulentlassung in seinem Betrieb arbeiten. Das zerschlug sich jedoch. Benjamins Frau hieß Ruth. Sie hatten zwei Töchter und einen Sohn: Johanna, Berta, Erich.

Der Untergang der Wassenberger Juden

1933 lebten in Wassenberg 27 Juden. Walter Reis erzählte mir, daß die jüdischen Kinder in die einklassige evangelische Volksschule auf der Kirchstraße, ab 1. 10. 1929 in den Schulneubau nach Wassenberg-Süd gingen. Lediglich die beiden Heumann-Mädchen hatten um die Jahrhundertwende die katholische Schule besucht. Sie waren mit Lieschen Graab, Barbara Kreutzer, Lena Kreutzer (verheiratete Korsten), Tina Rütten (verheiratete Heinrichs) und Traudchen Cremer eng befreundet. Es gibt mehrere Fotos, die dies belegen.

Adele Heumann schrieb ihrer gleichaltrigen (*1891) Freundin Barbara Kreutzer (Mutter des Verfassers) am 28. 4. 1912 ins Poesiealbum einen damals recht üblichen Spruch, nichtahnend, wie wahr sein Inhalt infolge der Ermordung Adeles einmal werden sollte:

Andenken
„Wenn du einst in stillen Stunden.
Nimmst dein Album in die Hand.
Und du hast dies Blatt gefunden,
denk, die hab ich einst gekannt."

Zum ewigen Andenken von Deiner Freundin Adele Heumann, Wassenberg den 28. April 1912

Walter Reis erzählt, daß bis 1933 der Lehrer Karl Paulussen sich den jüdischen Kindern gegenüber korrekt benommen hätte. Mit Hitlers Machtübernahme aber änderte sich das bei ihm schlagartig. Paulussen wurde später einer der fanatischsten Nazis von Wassenberg. Er gebärdete sich als kompromißloser Antisemit — vor allem in seinen einpeitschenden Schulungskursen der HJ in Erpen und Wassenberg, von denen es zahlreiche Augenzeugen (einschließlich des Verfassers) gibt. Als *deutschgläubig* kämpfte er gegen das „jüdisch verseuchte Christentum", holte die Kreuze aus den Schulen und attackierte die Pfadfinderschaft.
Walter Reis wurde 1934 aus der Schule entlassen. Seine Schwester Betty hatte das Jahr 1935, das durch die Nürnberger Gesetze (September 1935) für die Juden äußerst kritisch wurde, noch bei Paulussen durchzustehen. Im Lehrplan gab es jetzt Rassenkunde, und das rotblonde Mädchen mußte die schlimmsten Beleidigungen über sich ergehen lassen. Walter Halbach, ein Mitschüler, sagt: „Sie tat uns leid. Sie war ein überaus sympathisches Mädchen mit einem fröhlichen Wesen. Nun wurde alles für sie dunkel." Walter Reis betont, die Leute und besonders seine Spielkameraden in der Brühl seien auch weiterhin sehr nett zu ihm gewesen: Jansen, Theißen, Pickartz, Flutgraf, Randerath, Heinrichs, Frohnhofen. Und es gab imer noch Wassenberger, die vor seiner Mutter Else den Hut zogen. Aber insgesamt galten die Juden auch in Wassenberg mehr und mehr als ausgestoßen, als „parasitär" (Karl Paulussen). Sie saßen im Freiluftgefängnis einer finsteren Einheitsgesellschaft. Wie sehr dies auch schon vor 1933 beispielhaft der Fall war, zeigte folgendes Ereignis, das mir unabhängig voneinander Walter Reis (Kanada) und Walter Halbach (Rektor in Radevormwald) berichtet haben: Der evangelische Junge Walter Halbach und sein jüdischer Mitschüler Walter Reis wollten 1931 in die katholische St.-Georg-Pfadfinderschaft eintreten. Zu diesem Zweck suchten sie den geistlichen Kuraten Kaplan Jacob Schmitz auf. Dieser erklärte sich bereit, den evangelischen Jungen Walter Halbach aufzunehmen und sein Pfadfinderversprechen „protestantisch zu modifizieren", den Judenjungen Walter Reis aber wies er zurück: In der katholischen Pfadfinderschaft sei kein Platz für Juden!
Seit 1935 kaufte niemand mehr „öffentlich" bei Adele und Berta Heumann einen Hut. Die Modistin Barbara Heinrichs ließ deshalb ihre alte Freundin heimlich bei

*Evangelische Volksschule Wassenberg. Ostern 1929. Klassenlehrer: Karl Paulussen. Auch die jüdischen Kinder gingen in diese Schule. Schwarzer Pfeil weist auf die später ermordete Betty Reis (1921—1944). Der am weitesten links stehende Junge ist Walter Reis *1920.*

sich arbeiten.[838] Adele schlich sich über Buir und Hermanns-Gäßchen in das Hutgeschäft auf der Kirchstraße und garnierte hier Damenhüte. Von der Kristallnacht an war auch das nicht mehr möglich. Die politischen Spitzel lauerten überall, und Politische Leiter warnten Barbara Heinrichs, die Jüdin weiter zu beschäftigen.

Wovon lebten die Wassenberger Juden damals? Sie hatten so gut wie kein Einkommen. Für die Heumanns sorgte die Bäuerin Lieschen Graab und andere frühere Freundinnen mit kleinen Zuwendungen von Nahrungsmitteln. In den anderen jüdischen Familien war der Hunger ständiger Hausgenosse. Walter Reis erzählt, er könne im nachhinein nicht begreifen , wie seine Mutter es geschafft hat, immer noch was auf den Tisch zu bringen. Oft halfen die Nachbarn Jansen. Else Reis mußte ihre letzten Habseligkeiten verkaufen, um Eßbares zu bekommen. Sie dachte oft zurück an ihre glückliche Jugendzeit in Wassenberg, in der sie besonders mit den Jaegers-Mädchen eng befreundet war. Die Wassenberger Juden fühlten sich als Deutsche. Sie hatten ja auch für das Kaiserreich im Ersten Weltkrieg gekämpft. Willy Reis war Vizefeldwebel an der Westfront gewesen, *Hertze-Karl* Soldat an der Ostfront. Sie lebten durchaus im Brauchtum des Ortes, feierten Weihnachten, Ostern, Vogelschuß und Kirmes mit wie jeder Wassenberger.

Während Walter Reis in Wassenberg auf die Berufsschule ging, übernahm Betty nach ihrer Schulentlassung eine Kindermädchenstelle in Solingen-Ohligs bei der jüdischen Familie Terack. Sie lebte dort wie eine Tochter. Walter dagegen hatte es schwer. Im Lehrplan der Berufsschule stand nun das Fach Rassenkunde. Im beleidigenden Ton nutzte der Pädagoge die Anwesenheit des jüdischen Schülers Reis in der Klasse, um das Untermenschentum der jüdischen Rasse herauszukehren. Hein Frohnhofen war mit Walter Reis in der Berufsschule. Er erzählt, daß es eine Ausnahme gab: Lehrer Kaufmann unterließ wegen Walter Reis die Rassekunde. Andere gebärdeten sich um so zynischer. Als Schulbuch wurde Egon Freiherr von Eickstedts fanatisches Werk „Die rassischen Grundlagen des deutschen Volkes"[839] benutzt. Karl Paulussen hatte Walter Reis 1933 auf seine Weise den Unterschied zwischen Juden und nordischer Herrenrasse erklärt: Die Arier seien wie Rasse-Reitpferde, die Juden wie Esel, und eine Mischung sei unmöglich.[840] Als sich Walter Reis in der Berufsschule gegen bestimmte Thesen der Rassenhygiene zur Wehr setzte, kam es am nächsten Tage im „Westdeutschen Beobachter" zu einem Hetz-Artikel (denn der Vater von zwei Mitschülern war dort Redakteur) über den Skandal in der Wassenberger Berufsschule: „Der Judenlümmel Walter Reis maßt sich an, die deutsche Rassenkunde zu beurteilen und seinem Lehrer zu verbieten, diese zu unterrichten . . ." Auch das primitive Hetzblatt „Der Stürmer", das in einem Anschlagkasten am Rathaus aushing, ließ sich in seiner widerlichen Manier gegen

Die Jüdin Adele Heumann freundschaftlich integriert im Kreis ihrer Freundinnen.

Walter Reis aus. Schon wenige Tage darauf wurde Walter aus der Schule hinausgeworfen. Seine Eltern bekamen einen Brief, die Berufsschule sei überfüllt. Nun war es für ihn wohl besser, Wassenberg zu verlassen; denn ohne Schule, ohne Arbeit konnte er nicht zuhause bleiben. Im März 1936 begann er deshalb eine kaufmännische Lehre bei einem Vetter seiner Mutter in Solingen in der Firma Castor AG. Hier begegnete er in der Berufsschule einem verständnisvollen Lehrer namens Braun. Als er aber beim Anblick von Jagdflugzeugen bemerkte, da flögen doch wohl die Winterhilfspfennige herum, wurde er auch hier aus der Schule entfernt.
Das Leben wurde zunehmend schwieriger für die Wassenberger Juden. Ab Frühjahr 1937 verlangte man überall den Ariernachweis. Auch die Wassenberger fingen an, nach ihren „reinrassigen" Vorfahren zu forschen.

Die Kristallnacht

Nach dem Progrom vom 9./10. November 1938 wollte es nach dem Kriege in Wassenberg niemand gewesen sein! Und wie in anderen Städten waren es „immer nur auswärtige SS- und SA-Trupps", die die Kristallnacht inszenierten. Ich möchte hier den Prozeß nicht referieren, der 1946/47 gegen einen mutmaßlichen Wassenberger Synagogenbrandstifter geführt wurde. In den Akten der Strafkammer Aachen 4 I s 271/46 ist einiges darüber nachzulesen. Das Verbrechen selbst darf jedoch nicht verschwiegen werden, wenn man die Geschichte einer Stadt nicht einfach nach dem ortspsychologischen Gusto schreiben will.
Am Abend des 9. November 1938 klingelte im Bürgermeisteramt bei Grünweller das Telefon. Wegen des Attentats des 17-jährigen Juden Herschel Grynszpans auf den Botschaftsrat von Rath wurde „spontane Volkswut" befohlen. In Wassenberg geschah zunächst nichts, obgleich überall in Deutschland schon wenige Stunden später die Ausschreitungen begannen. Sechshundert Synagogen, Gemeindehäuser und Friedhofskapellen sanken in Schutt und Asche. Ungefähr 30 000 Menschen wurden verschleppt, viele mißhandelt und getötet. Grünweller befahl die Wassenberger SS zu sich und verlangte, in allen jüdischen Wohnungen rücksichtslos nach Waffen zu suchen. Die SS machte sich an die Arbeit. Als die schwarzen Rowdys die Wohnung Reis betraten, ließen sie Mutter Else ungeschoren, wie Walter Reis von seiner Mutter erfuhr. Vater Willy Reis dagegen wurde mit einem Knüppel geschlagen und abtransportiert. Noch brutaler ging es im Haus des Fabrikanten Benjamin zu. Hier wurde im Stil der Kristallnacht „ganze Sache gemacht". Wassenberger standen dabei oder machten die Augen zu. Es war hier so, wie es der Philosoph Karl Jaspers später beschrieben hat: „Sie gaben die früher ruhmvolle sittliche Überlieferung in diesem Augenblick preis. Es ging sie nichts an."

Betty Reis

Walter und Betty Reis erlebten die Kristallnacht in Solingen-Ohligs. Da man von Walter nicht wußte, daß

Jüdischer Friedhof an der Roermonder Straße gegenüber dem heutigen Rathaus.

er Jude war, geschah ihm nichts. Die arme Betty aber wurde aus dem Hause der Teracks gerissen und von wilden aufgeputschten Horden in die SA-SS-Keller geschleppt. Am nächsten Morgen gelang es Frau Fritz-Ramsay herauszufinden, wo Betty war, und Walter konnte nach zwei Tagen seine Schwester abholen. Das 17-jährige Mädchen, das er in seine Arme nahm, war Betty nicht mehr. Sie hatte Unvorstellbares erdulden müssen. Sie war bis auf den Grund zerstört, zerschlagen, erniedrigt, vergewaltigt. Ein Wassenberger Mädchen mit rotblondem Haar. Sie war, wie es mir Walter Reis schilderte, unmenschlich zugerichtet. Tief erschüttert brachte er sie nach Wassenberg, wo sie krank und völlig verstört von ihrer Mutter wochenlang gepflegt werden mußte. Walter Reis erzählt: „In Wassenberg hatte man die meisten männlichen Juden verhaftet und eingesperrt. Auch meinen Vater Willy Reis". Weil Betty und Walter Reis in Wassenberg nicht gemeldet waren, blieben sie hier vorläufig unbelästigt. Vater Willy Reis aber wurde von der Wassenberger SS dahin gebracht, wo das Grauen des Terrors begann, ins Konzentrationslager Sachsenhausen. Mit Hilfe einer Bestechung eines Aachener Nazis und wegen seiner militärischen Verdienste als Vizefeldwebel im Ersten Krieg kam Willy Reis nach sechs Monaten nach Hause zurück: „Ich werde es nie vergessen, wie mein Vater aussah, als er aus dem KZ heimkam. Er war damals 52 Jahre und sah aus wie 75. Er erzählte uns sehr wenig. Er war tief verletzt, verstört, voller Angst und still. In den letzten Tagen seines KZ-Aufenthalts mußte er für mehrere Stunden völlig nackt im Frost dastehen. Jeder, der sich bewegte, wurde erschossen. Wie er das überstand, ich weiß es nicht. Für längere Zeit lag er mit seinen Erfrierungen krank bei uns zuhaus danieder."

Am Morgen des 10. November 1938 waren die Wassenberger SS-Leute durch die Radio-Nachrichten genügend programmiert, die Synagoge einzuäschern. Sie zogen nach „Storms-Jätzke". Nach mir vorliegenden Prozeßunterlagen von 1946/47 und Augenzeugenberichten vollzog sich das Verbrechen in folgender Weise: Zwei SS-Führer, ich nenne sie frei nach dem poetischen Lehrstück von Max Frisch „Biedermann und die Brandstifter", zogen mit je einer Konservenbüchse voll Brennstoff zum Synagogeneingang. Zunächst stellten sie das Zeug in der Gasse ab. Augenzeugen berichten: Zusammen mit ihren anderen SS-Kumpanen zerschlugen sie die Tür der Synagoge und demolierten das gesamte Innere des Gotteshauses. Alle Holzteile warfen sie im Innern zu einem Scheiterhaufen zusammen. Ein SS-Mann fand die Beschneidungsschere, hängte sie mit einer Kordel an einen Besenstiel und trug sie später als „Siegestrophäe" in das Amtszimmer von Grünweller, der sie an der Wand aufhing und bis zu seinem Weggang (1939) jedem Besucher in verhöhnender Weise als „Marterinstrument" zeigte, wie es mehrere Augenzeugen bestätigen. Inzwischen hatten sich viele Neugierige in der Synagogengasse-Gasse eingefunden. Die Konservenbüchsen wurden ausgeleert. Die Synagoge begann zu brennen. Der Rauch zog gegen den Burgberg auf ein

Betty Reis (1921—1944) Mitte oben.

Gebäude hin, in dem einst Packenius gewohnt hatte, der genau vor 100 Jahren (1838) das Synagogengrundstück stiftete. Während der Brand seinen Fortgang nahm, entwickelte sich eine Szene, die in der Progromstimmung dieser Stunden unvorstellbar schien, weil sie von einer ungeheuren Zivilcourage zeugte. Max Graab, dessen Grundstück nach hinten heraus an die Synagogengasse stieß, packte die Wut. Er näherte sich den SS-Leuten, die er persönlich kannte, schrie sie an und erklärte dem Sinne nach: „Ihr seid Verbrecher! Ihr seid Gotteslästerer! Glaubt nur, daß euch das eines Tages heimgezahlt wird. Der Gott der Juden ist auch unser Gott!" (Zitat dem Sinne nach.) Die Umstehenden versuchten ihn zurückzuhalten. „Du machst dich unglücklich! Max!" ertönte es. In der Tat! Wenige Tage später wurde Max Graab von der Gestapo verhaftet und nach Aachen ins Gefängnis gebracht. Als er heimkam, war er umso kompromißloser in seiner Haltung gegen die Nazis am Ort.

Den ganzen Tag über strömten Neugierige in die Gasse, um das Werk der Vernichtung anzusehen. Noch am Nachmittag wurden die restlichen Juden aus ihren Wohnungen geholt und nach Heinsberg abtransportiert. „Endlich ist Wassenberg judenrein!" Wilhelm Frenken schreibt: „Wie in anderen Orten kam es auch hier zu erschütternden Szenen, als man die Wassenberger Juden, unter ihnen die 84-jährige Oma Heumann und ihre Tochter Adele auf Lastkraftwagen ver-

frachtete und nach Heinsberg ins ‚Manasses Lues' brachte ..."[841] Hier haben sie einige Monate unter unsäglich primitiven Bedingungen gelitten und gehungert. Das Manasses Lues war die alte, stinkende Abdeckerei und Gerberei. Nach einigen Monaten kehrten sie zurück und lebten, besser gesagt, vegetierten weiter, jetzt aber unter ständigen Todesängsten. Der erste ermordete Wassenberger Jude war Hertze-Karl. Walter Reis berichtet: „Im April oder Mai 1938 wurde mein Onkel Karl Hertz überraschend verhaftet und ins KZ Sachsenhausen überwiesen. An meinem Geburtstag, den 24. Juni 1938, erhielten wir die Nachricht von der Ortspolizei, Karl Hertz sei auf der Flucht erschossen worden, und wir könnten die Asche von Karl gegen einen bestimmten Betrag auf dem Bürgermeisteramt abholen, was wir aber nicht konnten, weil wir kein Geld hatten." Später wurden die Kleider von Karl Hertz übersandt. Frau Reis wunderte sich, daß nirgendwo in Karls Kleidern ein Einschuß zu finden war. Karl Hertz war beliebt in Wassenberg. Er war Mitglied eines Kegelklubs, zog mit zum Vogelschuß und ließ sich gerne einen ausgeben. Walter Reis sagt: „Er war das erste Todesopfer unserer Gemeinde in Wassenberg, weil er, wie es damals hieß, *ein nutzloser Mensch* war." Aber sein Blut schrie zum Himmel.

Nach der Kristallnacht betrat Ernst Halbach, der Vater von Walter Halbach, das Haus der Reis und beschwor die Familie, Deutschland doch möglichst schnell zu

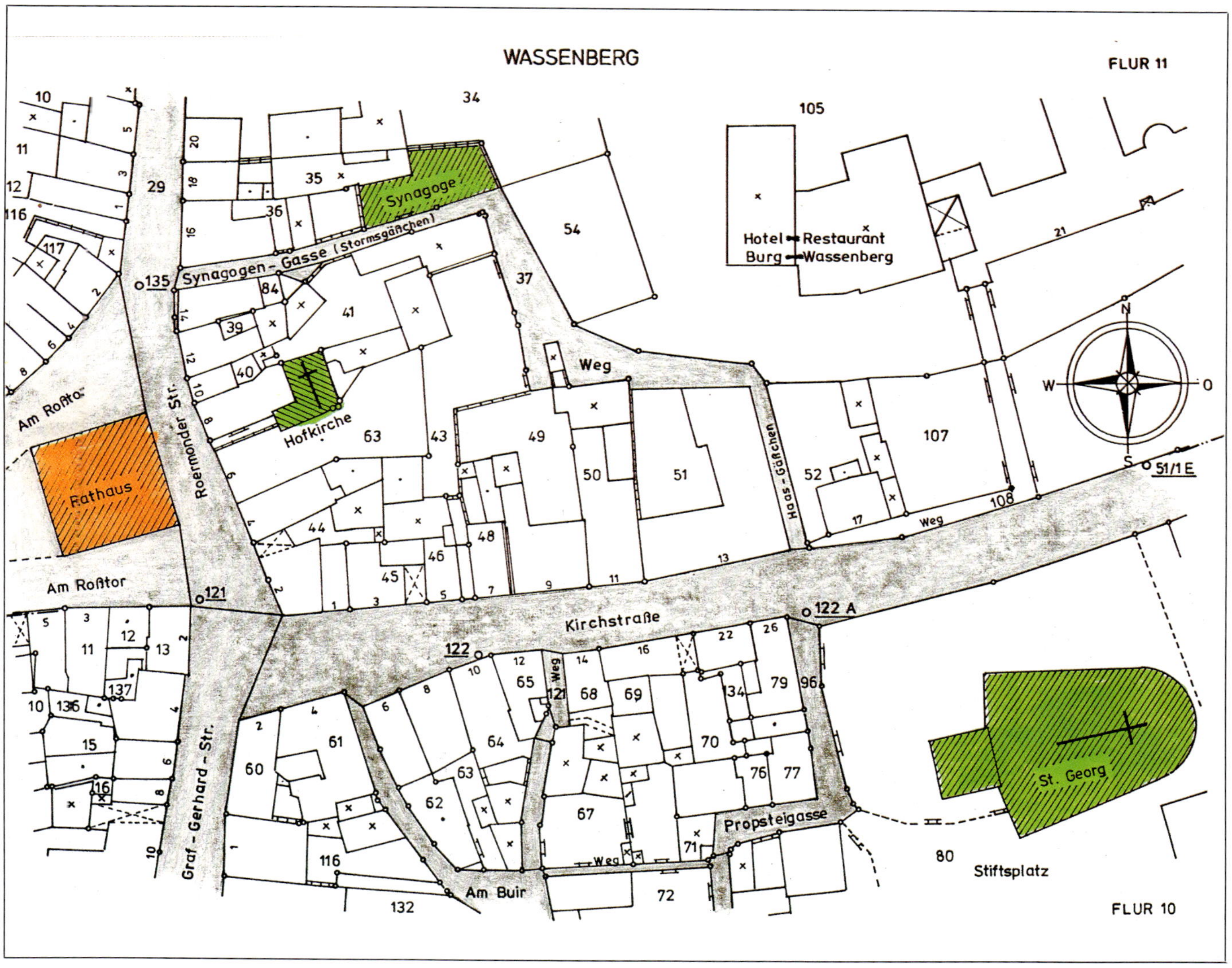

Lage der Synagoge bis 1938. Flur 11. Zeichnung: Hans Deckers, Wassenberg.

verlassen. Walter Reis verläßt denn auch am 17. März 1939 legal das Reich, geht nach Venlo zu einem Verwandten und von dort nach England. 1948 wird er englischer Staatsbürger. Gleich nach seiner Ankunft in London besorgt er für seine Schwester Betty ein Visum. Aber es ist zu spät. Der Zweite Weltkrieg bricht aus. Sie kommt nicht mehr raus. Betty geht mit den Wassenberger Juden den Kreuzweg in die Deportation und bis zu ihrer Ermordung in Bergen-Belsen. Der alte Max Hertz schreibt 1946 aus München an seinen Neffen Walter Reis: „Die Juden unserer rheinischen Heimat wurden nach Polen verschleppt. Von dort erhielt ich in den ersten Monaten noch einige Postkarten, und dann habe ich nichts mehr gehört. Zweimal schrieb Mutter und einmal Schwester Betty. Die Nachricht kam aus Izbica an der Weichsel, Kreis Krasnistrow. Das waren die letzten Lebenszeichen."[842] Walter Reis erhielt eine Nachricht über Gottfried Linden aus Forst, daß dieser Vater Willy Reis bei der Straßenarbeit etwa 70 km hinter Litzmannstadt in Polen getroffen habe, und daß seine Mutter Else Reis dort in der Lagerküche arbeitete. Von Betty Reis wissen wir bestimmt, daß sie in einer Uniformfabrik in Polen arbeitete. Die letzte Adresse der Wassenberger Juden 1942 war Heinsberg, Westpromenade 26 und danach

Nur das Gewände der einstigen Synagoge erinnert in der Mauer an das Verbrechen vom 10. November 1938 vormittags: Biedermann und Brandstifter! (Im Sinne des poetischen Lehrstücks von Max Frisch)

Der Wassenberger Walter von Karczewski, Hauptschriftleiter der Heinsberger Volkszeitung, schrieb mit großem Mut kritische Kommentare zur Machtübernahme der Nazis 1933. Er sah das Unheil voraus. Er gehörte zu den ersten Pfadfindern in Wassenberg.

das *Lager Eschweiler* im März 1942. Betty war noch in einem Lager in Kohlscheid.
Die allerletzte Nachricht soll Lieschen Graab im Frühjahr 1944 erhalten haben. Leider sind die Unterlagen nach ihrem Tode nicht mehr auffindbar. Von verschiedenen Seiten aber wurde mir folgendes bestätigt: Die Heumann-Mädchen waren in einem Konzentrationslager in Polen. Ihre fast 90 Jahre alte Mutter soll 1943 auf einem Transport in einem Güterwagon gestorben sein. Betty Reis wurde nach Bergen-Belsen verlegt. Lieschen Graab hatte beim endgültigen Abtransport der Wassenberger Juden von Berta Heumann ein Medaillon und etwas Schmuck zur Aufbewahrung „bis zur Heimkehr" erhalten. Später warf sie diese Gegenstände in die Rur, weil sie sich vor den antisemitischen Scharfmachern in Wassenberg fürchtete.[843]
Walter Reis lebt heute in Kanada und hat mir für dieses Kapitel wichtige Informationen gegeben. Auch danke ich Gertrud Hilgers für Jahreszahlen und „amtliche Erinnerungen" an das Schicksal der Wassenberger Juden. Auch Tinny Heinrichs geb. Graab für mancherlei Information. Eine Reihe von Wassenbergern hat mir ihre spärlichen Hinweise zum Schicksal unserer jüdischen Mitbürger niedergeschrieben. In der Synagogengasse erinnert heute nichts mehr an den kleinen, versteckt gelegenen Tempel. Die Brandstifter von damals? Mit Max Frisch könnte man an Brennstoff erinnern, der das Feuer und das Böse entfacht und an Biedermann, der noch im Angesicht der Flammen sich damit tröstet, „daß es nicht wahr ist".

DER ZWEITE WELTKRIEG

Der Blitz

Im Friseursalon Willi Mohnen ertönen Nachrichten von Radio Luxemburg. Jedermann ist nervös und elektrisiert. Wird es zum Krieg kommen? Wie 1914 stehen nachts die Menschen auf der Straße, als käme von irgendwoher doch noch eine Lösung. Am 28. August gibt das Rathaus die ersten Rationierungskarten aus. Zunächst sieht das noch ganz gut aus: pro Person und Woche 1 Pfund Fleisch, ein halbes Pfund Zucker usw. Aber das Horoskop der Zeit steht schlecht. Für Hitler bleibt das letzte Ziel der Politik der Krieg. Er selbst will den Zeitpunkt bestimmen. So bricht das Unwetter über die Welt herein, als am 3. September das britische Ultimatum im Auswärtigen Amt übersetzt wird. Der 3. September ist ein Sonntag. Die Begeisterung von 1914 fehlt. Die Stimmung wirkt gedrückt. Bei der Annexion der „Rest-Tschechei" hatte man noch gejubelt, nun fühlt man sich zur Kasse gebeten. Die strategischen Waldspiele der Wassenberger Hitlerjugend und des Jungvolkes bekommen Manövercharakter. Aber die Siegesmeldungen aus Polen vertreiben die Angst.
In den ersten Kriegswochen steht eine eventuelle Räumung Wassenbergs zur Debatte. Pfarrer Hubert Esser aus Effeld schreibt in seiner Chronik, am 30. 10. 1939 sei diese Räumungsvorsorge wieder aufgehoben worden. Pfarrer Wilhelm Baer macht sich Gedanken um seine kirchlichen Kunstdenkmäler. Regierung und Provinzialkonservator empfehlen im Oktober 1939, die kunstvolle Rokoko-Kanzel von 1782 in der Chornische des linken Seitenschiffes einzumauern. Baer setzt sich sogleich mit dem in Wassenberg einquartierten Hauptmann Troll und seinem Brückenbau-Bataillon 548 in Verbindung. Dieser kunstverständige und entgegenkommende Offizier beauftragt am 24. 11. 1939 seine 3. Kompanie, die Kanzel zu sichern. Zwei Architekten, mehrere Schreiner, Zimmerer sowie Maurer werden abkommandiert, das kostbare Stück auseinanderzunehmen und einzumauern. Pfarrer Baer schreibt: „Wie die Mutter mit ihrem Kind, so sind die Sachsen mit unserer Kanzel umgegangen. Kein Splitterchen ist abgebrochen." Die Bombardierung der Kirche am 16. 1. 1945 hat die Kanzel zwar beschädigt, aber sie blieb durch diese Einmauerung vor dem Schlimmsten bewahrt. Auch der Bildstock Annaselbdritt überstand so die Zerstörung der Georgskirche.
Schon beim Polenfeldzug kam die erste Gefallenennachricht nach Wassenberg. Der Soldat Hans Derichs (Oberstadt, Mittelstraße) wurde beim Narewübergang in Polen von einem Granatsplitter so schwer verwundet, daß er am 11. 9. 1939 im Lazarett starb. Auf dem Heldenfriedhof in Neidenburg wurde er begraben. Pfarrer Baer hielt das erste Soldatenrequiem. Es werden noch viele folgen. Nach dem Blitzsieg in Polen wurden rund 70 Divisionen nach Westen verlegt. In unserem Großraum war die 6. Armeee einquartiert, die später bei Stalingrad unterging. Noch stand sie unter dem Befehl des Generalobersten von Reichenau. Ihr Abschnitt reichte von Wassenberg bis Aachen. In Wassenberg lag die 3. Panzerdivision. In einigen Orten hielten sich mehr Soldaten als Zivilpersonen auf.[844]

Musterung für das große Sterben im Herbst 1939: Jahrgänge 1920/21 mit Gerhard Klingen, Hein Frohnhofen, Franz Küppers, Theo Mohnen, Atta Quast, Willi Schmitz u. a.

In Wassenberg und Arsbeck lagen Sonderkommandos für bestimmte Überraschungsaufgaben. Von Zeit zu Zeit sickerten sie als Späher in Zivilkleidung über die nahe Grenze in die Niederlande ein, um an Ort und Stelle die ins Auge gefaßten Brücken und strategisch wichtigen Punkte auszukundschaften. Holländer halfen ihnen dabei. Am 6. 5. wurden Unteroffizier Huller und ein Niederländer aus Süsteren von einer Streife verhaftet. Sie waren unterwegs, um die Brücke über den Julianakanal in Roosteren zu inspizieren. Klaus Bischofs schreibt: „Der Niederländer aus Süsteren hatte einen gültigen Paß, während Unteroffizier Huller nur einen niederländischen Personalausweis vorweisen konnte, der dem kontrolllierenden niederländischen Beamten verdächtig vorkam. Der Mann aus Süsteren wurde freigelassen, während Unteroffizier Huller verhaftet und in die Marechaussee-Kaserne von Vlodrop eingeliefert wird. Es wird angenommen, daß es dem Niederländer aus Süsteren gelungen ist, den Abwehroffizier des Ausbildungslagers in Arsbeck zu verständigen. Denn: sollte es nicht gelingen, Huller zu befreien, mußte die geheime Operation bekannt werden. Es wurde deshalb ein kühner Befreiungsversuch gestartet, der einer Köpenickiade ähnlich sah."[845]
In der Vlodroper Kaserne meldete sich nachts (7./8. Mai) ein Mann in niederländischer Hauptmanns-Polizeiuniform mit mehreren Zivilisten. Vorher kappten diese das Telefonkabel der Kaserne. In feinste nederlandse taal erklärte der Hauptmann, Unteroffizier Huller sei ein Spion und müsse sofort verhört werden. Der Wachhabende war einverstanden und führte die Gruppe zu Huller. Kaum hatte er die Zelle geöffnet, wurde der Wachhabende überwältigt und selbst eingesperrt. Huller war frei.
Hitler erklärte mehrfach, er wolle die niederländische Neutralität achten. Deshalb glaubte man in unserer Gegend, beim Aufmarsch vor der Grenze handle es sich um ein Täuschungsmanöver. Am 6. Mai übten die Kommando-Einheiten ihre Handstreich-Technik an der Orsbecker Rurbrücke. In diesen Tagen erschien Admiral Canaris in Wassenberg. Am 9. Mai erhielten die beteiligten deutschen Soldaten Zivilkleidung und die kollaborierenden Niederländer Uniformen der niederländischen Militärpolizei. Von bekannten Schmugglern der Gegend sollten sie auf Schleichpfaden über die Grenze gebracht werden.

Der Westfeldzug

Im Laufe des Abends des 9. Mai kam das Code-Wort „Danzig" durch. Am nächsten Morgen setzte sich die gewaltige Angriffsmaschine gegen Westen in Gang. Pfarrer Esser-Effeld schreibt: „Morgens gegen 5.35 Uhr erfolgt der Angriff. Schon in der Nacht werden starke Truppenverbände in allen Dörfern an der Grenze konzentriert. Aus Holland hört man heftige Detonationen, die von Sprengungen herrühren. Bei Anbruch des Tages schieben sich Stoßtrupps in Richtung Vlodrop vor." Jakob Kever aus Steinkirchen erzählt: „Im Feld- und Waldgebiet von Dalheim bis Effeld lagen überall die Kompanien in Bereitstellung. Viele stürmten beim ‚Männken' (Anm.: Nähe Effelder Waldsee) rüber, andere an der Gitstapper Mühle. Bald hörte man hinter der Grenze überall Gewehr- und Maschinengewehrfeuer." Auf die Eisenbahnbrücke bei Roermond war ein überfallartiges Sonderkommando angesetzt. Es trug niederländische Eisenbahneruniformen. Die Brücke wurde jedoch von den Niederländern gesprengt. 7 Mann des Kommandos befanden sich bereits mitten darauf. 5 von ihnen konnten sich schwimmend ans Maasufer retten. Für die Verteidigung Süd-Limburgs hatte das niederländische Oberkommando im ganzen 5 Bataillone mit 7 leichten Panzerabwehrkanonen bereitgestellt.[846] Die gesamte niederländische Armee war nicht im Besitze eines einzigen Panzerwagens, nur 18 leicht gepanzerte Schützenwagen standen zur Verfügung. Die Infanterie benutzte Gewehre österreichischer Bauart von 1895. Klaus Bischofs berichtet: „Beim deutschen Angriff zeichneten sich gleich Schwerpunkte ab. So trat die 3. Panzerdivision aus dem Raum Wassenberg zum Angriff auf Roermond an, wobei sie von einem Panzer-Eisenbahnzug auf der Strecke Dalheim-Antwerpen im Meinwegwald unterstützt wurde. Die 14. Infanteriedivision stieß zwischen Posterholt und Koningsbusch in Richtung Echt vor".[847]
Gegen Mittag sehen die Wassenberger erste holländische Gefangene. Ein Offizier wird ins Rathaus geführt und dort verhört. Er wird bestaunt, als käme er vom Mond. Inzwischen rollen nachfolgende deutsche Verbände durch den Ort. Die Menschen stehen siegesgestimmt an den Straßenrändern. Die Wirtin Könnemarie vom *Burghof* hat Sprudel und Limonade herausgestellt. Mit meinen Freunden Jacki Wolks, Heini Willms, Gerd Baer und Leo Graab verteilen wir Zigaretten und Zigarren, die Marie herausreicht, an die vorbeiziehenden Landser. Die Burghof-Wirtin ist Holländerin! Wir fünf 17-jährige ahnen noch nicht, daß drei von uns diesen Krieg nicht überleben werden.
In Oberbruch *enn de Kämp* hat man einen Feldflugplatz ausgelegt, der mit der II. Schlachtfliegergruppe bestückt ist. Wilhelm Frenken berichtet: „Etwa eine Stunde nach Tagesbeginn am 10. Mai brummte es aus Südwesten heran, die ‚Schlächter' waren da. Etwas altertümlich sahen sie aus, die Henschel ‚ein-zwei-drei', Doppeldecker, mit dickem runden Sternmotor. Sie waren einer geballten Faust ähnlich, wuchtig und trotzdem elegant. Sie kamen aus Maastricht und hatten bereits ihren ersten Einsatz hinter sich."[848] In der Nacht zum Pfingstsonntag erschienen aber auch zum ersten Mal britische Flugzeuge über uns. Leuchtbomben schwebten an Fallschirmen langsam herunter und erleuchteten gespenstig das Rurtal. Bomben fielen in Effeld, Kempen, Bracheln. Pfarrer Esser erzählt aus Effelder Sicht: „Die Bevölkerung, die zum ersten Mal einen Luftangriff erlebt, ist verwirrt und rennt im Scheine der Leuchtraketen über die Straßen zum Luftschutzkeller. Gott sei Dank gab es keine Todesopfer. Die 18 abgeworfenen Bomben fielen fast sämtlich außerhalb Effelds in Äcker, Wiesen und Waldungen in

der Nähe der Grenze." In Vlodrop werden mehrere Häuser stark beschädigt und Vieh auf der Weide getötet. Am 13. Mai ist der Oberbrucher Flughafen bereits wieder geräumt. So rasch rollt der Vormarsch. Die Staffeln haben nach St. Trond in Belgien verlegt. Das ist der Ort, dessen Äbte-Chronik zum ersten Mal 1085 den Namen Wassenberg nennt. Am 15. Mai schon unterzeichnet der niederländische Oberbefehlshaber General Winckelmann die Kapitulation. Zwei Eintragungen in meinem Tagebuch aus jener Zeit scheinen mir erwähnenwert:
14. Juni: Heute marschieren deutsche Truppen in Paris ein. Als ich aus der Schule kam, waren auf der Veranda von Brüntrop alle wichtigen Leute versammelt. Als Stefan Rütten mich sah, rief er mich rein und sagte: „Los! Ans Klavier! Spiel' uns: ‚Paris, du bist die schönste Stadt der Welt'" Ich kannte den Sex-Eight-Foxtrott von Theo Mackeben gut auswendig, hatte ihn oft für meine Freunde zum besten gegeben. Nun aber gab's ein Hallo, ein Gehopse, Gejohle und Geschrei um mich herum. Von irgendwo hatte man das Käppi eines französischen Poilus aus der Besatzungszeit von 1920, das dieser als Souvenir in Wassenberg zurückgelassen hatte. Paris war gefallen, und die Wassenberger Nazis betranken sich. Im Burghof schlug die Sieges-Stimmung genauso hoch. Kessel wankte über den Hof. Paulussens lautes Organ klang über die ganze Kirchstraße: „Paris, du bist ein kleines Paradies, Paris, Paris!" Ich weiß nur noch, daß jemand sagte: „Paris is nix. War ja kampflos. Aber Verdöng, als wir dat jenommen haben, da hab' ich de Luft anjehalten!"

Die ersten Todesnachrichten aus dem Westen schlugen in den nächsten Wochen bei den Wassenbergern ein und verdarben die *Verdöng-Stimmung*: Leo Jaegers, Paul Maus, Kurt Brüntrop, Toni Seibert, Jakob Linden. Fünf Tote! In den nächsten Jahren sollte sich die Liste entsetzlich verlängern.

Und noch ein anderes Erlebnis ist aus wassenbergeigenen Gründen erwähnenswert: Im Marienkloster war Pater Johannes Schockenhoff vom Orden St. Kamillus Hausgeistlicher. Da ich sein Schüler im Kloster „Heuwel" (Camillushuis/Nederland) gewesen war, sahen wir uns öfter bei Wanderungen durch Judenbruch und Myhler Schweiz. Von den Höhen des Wassenberger Horstes schauten wir gern ins Limburger Land. Er überreichte mir am 19. 6. 1940 den damals kursierenden Abschiedsbrief des Münsteraner Philosphen Peter Wust an seine Studenten. „Metanoeite" (Denket um! Kehret um!) hieß dieses persönliche Testament. Pater Schockenhoff erklärte mir, es gehe hier um ein Umdenken zum wahren Glauben hin, weg vom nazistischen Aberglauben der Zeit. Ich konnte nicht begreifen, wie jemand in solchen triumphalen Tagen des Westfeldzugs, nach dem Husarenstück von Fort Eben Emael vor Lüttich sich mit „so altmodischen Dingen beschäftigen konnte". Er erklärte mir die Stelle bei Markus I, 15, auf die Peter Wust Bezug genommen, erinnerte mich an des Johannes Gefangennahme und Jesu Predigt in Galiläa: „Bekehret Euch und glaubt an die Frohe Botschaft". Das *Metanoeite* des Peter Wust war ihm das „Poenitemini" des Bußetuns. Ich war seltsam gespalten bei Schockenhoffs Worten. Denn der Sieg vor uns im Westen überwältigte uns doch alle. Was gab's da umzudenken? An meiner Schulter baumelte die Affenschaukel der Hitlerjugend.

Überfall auf die Niederlande: im Meinweg am 10. 5. 1940.

Und noch etwas habe ich nicht vergessen, weil es ein heimatbetonter Aspekt des Landes an Rur und Maas wurde. Schockenhoff schaute mit mir von den Myhler Höhen nach Holland hinüber. Dabei sagte er: „In den vielen Klöstern Limburgs befinden sich Flüchtlinge aus Deutschland. Sie sind jetzt verloren. Die Gestapo wartet auf ihren Einsatz". Ich ahnte damals nicht, wen er gemeint haben könnte. Vielleicht den Wassenberger Juden Arthur Kaufmann, der vor der Gestapo ins Holländische geflohen war. Erst später erfuhr ich, daß unmittelbar vor unserer Haustür in Echt bei Waldfeucht die bedeutende Philosophin und Kameliterin, die Jüdin Teresia Benedicta a Cruce (Edith Stein) mit ihrer Schwester lebte. Beide wurden in Auschwitz ermordet. 46 Jahre später spricht Johannes Paul II. Edith Stein in Köln selig. (1. Mai 1987)
Der Blitz-Sieg im Westen faszinierte beinahe jeden. Wer wagte da noch in Wassenberg am Nationalsozialismus zu zweifeln? Selbst Robert Kofferath war kleinlaut. Was der Hitler anpackte, ging in Ordnung. Als wir nach der Musterung des Jahrgangs 1922 durch Wassenbergs Kneipen zogen, meinte jemand: „Es geht alles zu schnell. Ihr Helden kommt zu spät!"

Flugplatz Oberbruch 1940. (Bildbeschaffung Wilhelm Frenken, Heinsberg).

„Nun kommt England an die Reihe!" verkündete Theo Schmitz als Beigeordneter in Bürgermeisterfunktion. Denn Julius Grünweller hatte Wassenberg überraschend verlassen. Peter Berger berichtet in seiner Lebens-Chronik, wie seine Kompanie in dem Fischerdorf Le Crosic an der französischen Küste „Wassergewöhnungsübungen" absolvierte: „Bei einer Angriffsübung wurden wir auf ein Kriegsschiff verladen, fuhren ein Stück ins Meer hinaus, wurden sodann in Schlauchboote verfrachtet und unternahmen einen Angriff auf die vor uns liegende Steilküste. Angeblich sollte diese einer englischen Steilküste detailgenau entsprechen."[849]

Im Juli kam in Wassenberg auf dem Bahnhof der erste Gefangenentransport aus Frankreich an. Die Wassenberger Schuljugend bestaunte die Franzosen wie kleine Weltwunder. Ein Stalag (Abkürzung für Kriegsgefangenen-Stammlager) entstand in der „oberen Fabrik". Schon in den nächsten Tagen durften die Franzosen für den Arbeitseinsatz in Bauernhöfen, Schrebergärten abgeholt werden. Es entwickelten sich Freundschaften, die über den Krieg hinaus gehalten haben.

Das Unternehmen „Seelöwe" fällt aus. Die Schlacht um England geht verloren. Freilich: Churchills historisches Wort erfahren nur diejenigen in Wassenberg, die es wagen, den Feindsender BBC abzuhören. Und das sind wenige: „Niemals in der Geschichte menschlicher Kämpfe sind so viele so wenigen so sehr verpflichtet gewesen".[850]

Grünwellers Ende

Nach dem Sieg in Polen und dem Aufbau eines Generalgouvernements bietet Berlin dem Wassenberger Bürgermeister Julius Grünweller eine führende Stelle in der Verwaltung Polens an. Es gibt auch eine Version, wonach er selbst sich um einen solchen Posten beworben habe, weil er seine Karriere-Zukunft im Osten sah. Im Februar 1940 nimmt er Abschied von seinen langjährigen Gefolgsleuten. Grünweller war bei der Bevölkerung nicht unbeliebt. Er tat viel für die Grünanlagen und die Entwicklung zum Luftkurort. Der im Lied von Christian Poschen besungene *Rosengarten* war seiner Initiative zu verdanken. Er ließ ihn durch Stadtgärtner Franz Gansweidt (Blömmkes Franz) und Josef Jansen anlegen. Unerbittlich hütete er die Unversehrtheit der Wassenberger Wälder. Sein Leitsatz: „Niemand soll mir Wassenbergs Wälder zersiedeln!" Sein Triumph: es gelingt ihm 1937, das Judenbruch (in seiner Denomination „Stadtpark") zurückzukaufen. 1938 baut er am Burgweg ein weiteres Volksschulgebäude.

Grünweller war Abiturient. Die Wassenberger hielten ihn für „gebildet", wenn auch ideologisch verblendet. Die ihn näher kannten, berichten von seiner sentimentalen Veranlagung. Bei emotionalen Vorgängen (z. B. Kundgebung am Kriegerdenkmal) kamen ihm die Tränen. Auf der anderen Seite: die Wassenberger Kristallnacht und die Einäscherung der Synagoge gehen auf sein Konto. Er gibt den Befehl an die SS, die Wassenberger Judenwohnungen nach Waffen zu durchsuchen. Am Wingertsberg baut er sich ein Haus: die *Grünweller-Villa*. Gertrud Hilgers, seine Mitarbeiterin im Bürgermeisteramt, erzählt: Im Jahre 1938 bekam Grünweller in seinem Amt überraschend persönlichen Besuch. Er fühlt sich indigniert und verhält sich unfreundlich und abweisend. „Wie, du kennst mich nicht mehr?" fragt der Besucher, „Wir haben doch früher zusammen Weizen geschmuggelt." Darauf drängt Grünweller seinen Gast rasch aus dem Zimmer. Ihm ging auch der Ruf des Kokainschmugglers voraus.[851]

Bevor er sich in Wassenberg an der Wildenrather Straße mit einer Hühnerfarm niederließ, hatte der Sohn eines Rheydter Volksschulrektors eine Reihe von Berufen ausprobiert. Für ein akademisches Studium hatte nach einer Bemerkung von ihm „das Geld daheim gefehlt". Als der Krieg ausbrach und Christian Poschen ihm vom Rathaus aus die Nachricht darüber brachte, war er tief bedrückt und verzweifelt.

Als er zum ersten Mal von Polen nach Wassenberg in Urlaub kommt, spricht er von „schweren Entscheidungen", die er über das Leben von Polen und Juden dort im Osten zu fällen habe. Von seiner Frau geschieden, ist er 1941 mit einer Polin verheiratet. 1943 macht er in seinem Bezirk Geschäfte mit Juden. Er nutzt eiskalt ihre Lage aus, verkauft ihnen gefälschte Papiere, versieht sie mit dubiosen Arier-Dokumenten und läßt sich dafür mit dem letzten Besitz dieser Juden „entschädigen". Man kommt ihm auf die Spur, verhaftet ihn und stellt ihn in Berlin vor Gericht. Er wird zum Tode verurteilt und im Herbst 1943 erschossen.[852]
Eine andere Version erfährt Peter Berger im Gefangenenlager von Le Mans. Überraschend begegnet er dort dem Wassenberger Bürgermeister Joseph Buschen aus Wildenrath, der nach Grünweller (1. 5. 1933 bis 16. 12. 1939), nach verschiedenen Beigeordneten, nach Theodor Erbel (15. 6. 1940 bis 31. 5. 1942) und Josef Strack (kommissarisch 1. 6. 1942 bis 31. 10. 1942) vom 1. 11. 1942 bis zu seiner Einberufung 1943 Chef im Wassenberger Rathaus gewesen war. Buschen erzählte Peter Berger, Grünweller sei wegen seiner großen Verdienste für die NS-Bewegung, vielleicht aber auch wegen seiner Rheydter Schulfreundschaft mit Joseph Goebbels (dieser war Schüler in der Schule, die Grünwellers Vater als Rektor leitete) in den Osten gekommen. Er wurde beauftragt, ein bestimmtes Gebiet „judenfrei" zu machen. Bei Händeln mit Juden habe Grünweller in seine eigene Tasche gewirtschaftet. Außerdem habe er sexuelle Kontakte zu Jüdinnen gesucht, so daß seine Frau ihn schließlich bei der Gestapo angezeigt habe. Diese habe ihm eine Pistole in die Hand gedrückt. Grünweller habe davon keinen Gebrauch gemacht, sondern sich erhängt.[853]

Der Niederlage entgegen

Nach den Blitzsiegen in Polen, Dänemark, Norwegen, Niederlande, Belgien, Luxemburg, Frankreich, Kreta, Jugoslawien begann mit dem Krieg gegen die Sowjetunion und die USA für jeden spürbar der Niedergang. Theo Reindahl fällt als Fallschirmjäger bei der Eroberung Kretas, Karl Zohren geht mit dem Schlachtschiff Bismarck unter. Die Liste der Toten, Vermißten und Schwerverletzten wird länger und länger. Zwei Familien trifft es besonders hart. Elisabeth und Alois Paffen verlieren drei Söhne: Peter in Witebsk 1944, Matthias in der Ardennenoffensive im Dezember 1944, Josef im Februar 1945 in Ostpreußen. Das gleiche Schicksal überfällt die Familie Peter Heinrichs in der Brühl. Drei Söhne kehren nicht zurück. Man ist an die Schuffels-Tragödie des Ersten Weltkriegs erinnert. Auch aus der Widerstandsgruppe der Pfadfinder bleiben viele draußen: Johann Frohnhofen, Etti Schmitz, Peter Heinrichs, Peter Hahnenstatt, Willi Reinartz, Josef Paffen und andere.
Inzwischen rückt auch der Luftkrieg mit Spreng- und Brandbomben näher. Wassenberg ist Einflug- und Rückflugschneise. Pfarrer Hubert Esser schreibt in sein Effelder Tagebuch: „Es ist beängstigend, wenn die Scheinwerfer ihre Strahlenbündel auftürmen, wenn es von oben Brandbomben regnet, wenn der Widerschein der brennenden Städte die Wolkendecke erhellt, wenn die explodierenden Geschosse wie Sterne dazwischen stehen, wenn die Erde erzittert und der Geschützdonner das Ohr betäubt. Stundenlang werden die Menschen in den Luftschutzkellern festgehalten. Manchen Bomber sehen wir abstürzen, einige in unmittelbarer Nähe unseres Dorfes."[854]
Am 5. 3. 1944 werden die Wassenberger aus dem Schlaf gerissen. Niemand ist gewarnt, kein Fliegeralarm. Da fallen Bomben. Eine davon zwei Meter unterhalb der Südseite der Pfarrkirche und explodiert in der Basaltrinne. Zwei weitere in der Nähe. Robert Kofferath schreibt: „Der Mutter von Pastor Baer flog ein Sprengstück in den Holzrahmen ihres Bettes, in dem sie schlief, denn es war kein Alarm. Dem Kind einer Krefelder fliegergeschädigten Familie sauste ein Splitter ins Kopfkissen, auf dem es lag."[855] Das südliche Seitenschiff der Kirche war vom Mittelschiff abgerissen. Das Dach zerstört. Die Außenmauer vom Turm bis zum Portal am Stiftsplatz schwer beschädigt. Das Innere der Kirche voller Trümmer. Pfarrer Baer notiert in der Pfarrchronik: „Alle 38 Fenster zersplittert. Pfarrhaus und Kaplanei unbewohnbar: alle Fenster und Türen aus dem Mauerwerk gerissen. Splitter hatten Möbel und Wände durchschlagen. Die Außenmauer der Kaplanei war eingestürzt. Das Geröll lag in den Schlafzimmern auf den Betten. Niemand war verletzt. Der Sachschaden belief sich auf 35 000 RM. Die Hilfe setzte mit einer Schnelligkeit ein, die erstaunlich war. Um 10 Uhr, es war Sonntag, war das Kircheninnere soweit von Schutt befreit, daß die heilige Messe gefeiert werden konnte. Sogar das Te Deum wurde vom Pfarrer aus Anlaß des Papstsonntages angestimmt".[856]
Auch Robert Kofferath beobachtet den Luftkrieg von seinem „Präsentierteller Burg" aus.
6. 9. 1942: "Es sind grauenhafte Schauspiele, die wir hier nächtens von der Burg aus zu sehen bekommen. Um uns herum die Angriffsziele Aachen, Köln, Düsseldorf, Gladbach, Krefeld, Duisburg, Ruhrgebiet. Wenn ich nachts über den Selfkant blicke, ist das oft ein wildes Feuerwerk. Überall hängen die Christbäume am Himmel, um die Orientierung der feindlichen Geschwader zu erleichtern. Das ganze Heinsberger Land vor uns liegt unter einem gespenstigen Wetterleuchten. Über uns donnern die Maschinen. Ich habe schon 150 Bomber in einer Viertelstunde gezählt. Neulich kam einer auf dem Rückflug so tief, daß wir den Piloten in seiner Kanzel sehen konnten."[857]
23. 3. 1943: „Eben war Gedenkfeier für die Gefallenen am Kriegerdenkmal, zu der ich seit 1938 zum ersten Mal wieder eingeladen worden bin. Die Reden, Lieder und Gedichte gingen unter im Motorengeheul der feindlichen Flieger. Die Gesichter der Wassenberger Nazigrößen waren ziemlich blaß."[858]
27. 6. 1943: Die Burg ist Abstellquartier für die Möbel Ausgebombter. Gestern stand die Krefelder Nichte von Neuhaus mit zwei Wagen voll Möbel vor der Tür. Donnerstag kam ein Krefelder Seidenfabrikant. Der

Kinderlandverschickung 1941.

sitzt jetzt mit seinen Sachen im Blumenkeller. Ihm sind bei dem Krefelder Angriff für 800 000 RM Seide verbrannt. Zum Spaß habe ich gestern mal gezählt, wieviel Möbel bei uns abgestellt sind. Wir haben jetzt 168 Sofas, Chaiselongues, Couches, Tische, Stühle, Sessel, Clubsessel. Ich wette, für mindestens 150 000 RM Perserteppiche, teils auf dem Speicherboden, teils in den Zimmern. Ein paar Dutzend Ölgemälde, auch zwei von Jean Grothe, der 1905 das große Wassenberg-Bild vom Kulenberg aus gemalt hat. Und Nacht für Nacht geht es weiter. Montag sah ich 4 Abschüsse, Dienstag 2, Mittwoch 5. Einer kam mit donnerndem Getöse bei Forst runter. 4 sprangen ab. Bei einem öffnete sich der Fallschirm nicht. Die anderen kamen in der Nähe von Pletschmühle bei Orsbeck nieder. Die Maschine soll voll Phosphorbomben gewesen sein. Hat für Wassenberg gut gegangen, denn Forst ist nicht weit".[859]

28. 5. 1944: „Wir sitzen auf der Burg in der Ehrenloge. Mehrere Dörfer schwer gequetscht. Tote in Hilfarth, Grebben. In Bocket brannte es lichterloh. Ein Bomber landete bei Bahnhof Rosenthal, einer wurde bei Gerderath abgeschossen".[860]

29. 6. 1944: „Hier ist täglich Alarm. Die Bevölkerung ist nervlich fertig. Wer nachts dreimal raus muß! Im Kino Flesch war eine NS-Kundgebung. Während dieser Zeit durfte kein Alarm gegeben werden, damit die Siegesreden nicht widerlegt wurden. Wenn ich die Braunen von Wassenberg sehe, rufe ich laut: ‚Siegheil! Siegheil!' Dann glotzen sie mich böse an und meinen, ich wollte sie veräppeln. Ich sage dann aber schnell: ‚Ich meine es ernst! Wir schaffen das schon!'"[861]

8. 7. 1944: „Man will jetzt in den Burgberg einen tiefen Stollen hineintreiben, um unter uns eine Halle für Rüstungszwecke einzurichten. Was muß unser alter Bergfried noch alles erleben?!"[862]

14. 4. 1944: „Grauenhafter Angriff auf Aachen, der sich teilweise über unserem Heinsberger Land abspielte. Zigtausend Obdachlose. Vernichtung, Ter-

Grundriß eines Bunkers auf Burg Wassenberg.

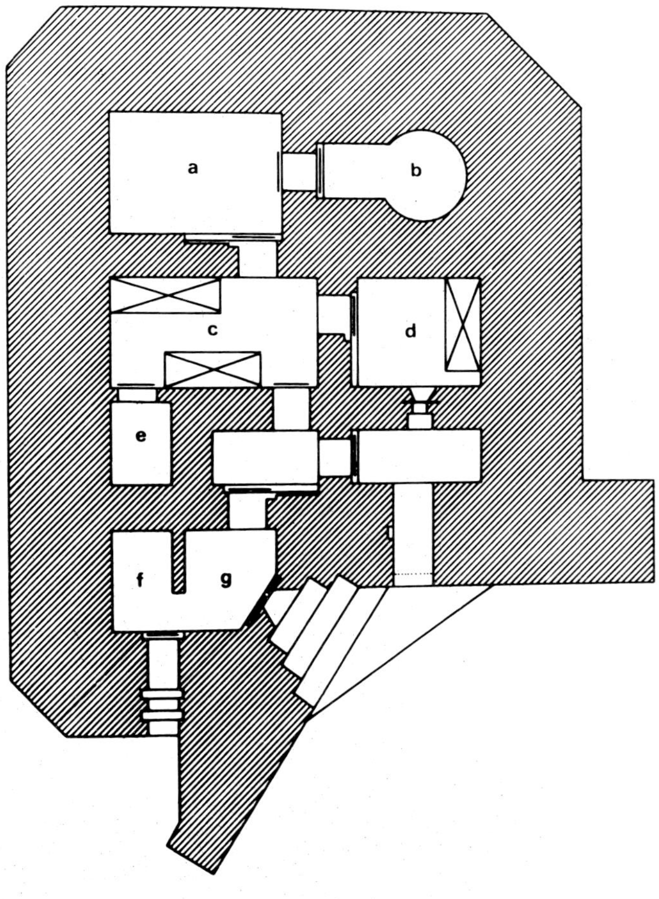

ror, Mord, Verzweiflung, Fanatismus, Selbstmord, größtes Leid. 800 Maschinen sollen es gewesen sein. Wir sahen vom Burgberg aus, wie Aachen unterging. Wir sahen den grünglühenden Phosphor vom Himmel fließen und hörten das Krepieren der Einschläge, das Ballern der Flak und sahen Abschüsse. Aus Aachen wurden Tausende evakuiert. Auch wir haben 5 Personen auf die Burg bekommen."[863]

25. 3. 1944: „Unser neuer Apotheker Steiner ist Ortsgruppenleiter. Apotheker Heinrich Beckers ist im vorigen Jahr (6. 2. 1943) gestorben. Dr. Buren ist schwerkrank. Dr. Theißen hat es am Herzen. Zahnarzt Dr. Broich ist Soldat. Ebenso der Notar. Nix mehr los hier! Steiner brennt in der Apotheke fleißig Schnaps. Darin ähnelt er seinem Vorgänger. Er achtet darauf, daß ich mein Parteiabzeichen trage. Kaffee kostet hier unter der Hand das Pfund 500 RM, Tee 350 RM, eine Zigarette eine Reichsmark und Butter das Pfund 80 RM."[864]

1. 7. 1944: „Hier quartieren nicht weniger als 11 verschiedene Kommandos rum. Dazu eine Zivilkommission für Fliegergeschädigte. Alles arbeitet natürlich selbständig. Früher hieß es, wir Deutschen seien Organisationsgenies. Jetzt muß man sagen, wir sind Überorganisationsgenies. Seit der Invasion in Frankreich (6. Juni 1944) sind alle nervös. Hohe Offiziere waren auf der Burg und haben die Bunker besichtigt. Eventuell sollen sie wieder armiert werden. Noch ist der Bunker 50 Schritt vor unserer Haustür für die Bevölkerung offen. Die Wassenberger sind aber immer mehr abgebrüht und gehen nicht mehr bei jedem Alarm in Deckung. Oft kommt der Alarm auch viel zu spät. Gestern flogen sie schon 10 Minuten fröhlich über uns her, dann ging erst die ‚Tröt'. Überall suchen Obachlose eine Unterkunft. Aber hier in Wassenberg steht ein ganzes Arbeitsdienstlager leer mit Betten, Küchen, Wasser, Latrinen. In der Jugendherberge ist ein Schulungskurs für HJ-Führer. Die lernen dort, wie man grüßt. Das ist ja ungemein wichtig! Das Gebäude ist belegt. In der Luxusvilla unseres ehemaligen Bürgermeisters (Grünweller) wohnen jetzt die Eltern eines Kreisleiters mit einer russischen Dienerin. Pieckfein und vornehm. Hurra! Heil Hitler! Und die armen Ausgebombten liegen irgendwo auf Stroh."[864]

Im Herbst 1944 meldet sich Robert Kofferaths alte Krankheit im letzten Stadium. Am 3. 11. 1944 stirbt der Burgherr in der Bonner Universitätsklinik. Er wird später nach Wassenberg umgebettet und liegt jetzt im Kofferath-Grab ganz in der Nähe der alten Friedhofskapelle des Waldfriedhofes mit seiner 1981 verstorbenen Ehefrau Mary Kofferath geb. Richartz. Sein Grab schmückt ein in Oberammergau geschnitztes Kruzifix, das er selbst beim Tode seines Bruders Walter ausgesucht hatte.

Wassenberg im Frontgebiet

Mit der alliierten Invasion am 6. 6. 1944 waren die Würfel über Sieg und Niederlage im Zweiten Weltkrieg endgültig gefallen. Nie gekannte Wucht und Ausmaß der Anlandung, Gewalt und Umfang der Materialschlachten bis zum Durchbruch bei Avranches, Desaster und Verwirrung während der Kessel von Falaise, Vernichtung und Auflösung ganzer Divisionen vor der Seine, tödliches Zusammenpressen der deutschen Kräfte vor Rouen und schließlich das zusammenhanglose Zurückfluten der zersprengten Verbände 1944 bis zum Westwall. Wassenberg wurde Frontgebiet.

In der Nacht vom 2. zum 3. 9. 1944 kommt der Krieg sichtbar und hörbar heran. Die Einwohner werden von durchziehenden Truppen geweckt. Die gewaltige Rückzugswelle aus Frankreich hat den Westwall erreicht. Aus Ratheim, aus Heinsberg, aus Birgelen, von überall her scheinen sie zu kommen. Und wer noch immer zweifelt, braucht nur zum Fenster hinauszuschauen und die zunehmende Zahl der Jagdflugzeuge beobachten oder in aller Stille seinen Volksempfänger anstellen, um es von der BBC zu erfahren. Das Wort „Räumung" kommt wieder öfter vor. Auch von Überschwemmung ist die Rede. Hubert Esser schreibt: „Das ganze Rurtal soll überschwemmt werden, wenn nötig. Die Sperrmauer der Talsperre in der Eifel soll in die Luft gesprengt werden. Millionen cbm Wasser würden sich über das Rurtal ergießen. Die Orte Effeld, Steinkirchen, Ophoven, Eulenbusch, Krafeld, Dohr, Forst, Ohe, Orsbeck, Luchtenberg würden ‚landunter' melden müssen. Überall werden Schilder aufgestellt, die die Flutgrenzen anzeigen. Die Wege sind eigens gekennzeichnet, auf denen man dem nassen Tod wird entrinnen können. Die Einwohner von Effeld und Ophoven sollen das höher gelegene Rosenthal aufsuchen."[865]

Am 14. 9. werden die „Marschbefehle für die Freimachung des Heimatgebietes" ausgegeben. Jakob Kever-Steinkirchen erzählt: „Nachts werden wir geweckt: es geht die Schelle. Eine Bekanntmachung wird beim Schein einer abgedunkelten Laterne verlesen, wonach auf Befehl des Führers das ganze Kreisgebiet mit Ausnahme der Ortschaft Baesweiler geräumt werden soll."[866] Am 14. 9. 1944 geht die Amtsschelle auch durch Birgelen. Termine für die Räumung werden amtlich verkündet, die Abfahrtszeiten vom Bahnhof Wassenberg genannt, das Gewicht des Handgepäcks auf 15 kg begrenzt. Auch in Wassenberg ist der Evakuierungsbefehl inzwischen allen bekannt, die Reaktion jedoch sehr verschieden. Das rasche Herankommen der Front, läßt manchen zögern. Heimatdichter Peter Staas aus Gangelt hat uns einen aufschlußreichen selfkäntischen Dialog bewahrt: „Es regnet in Strömen, als Schlicher gegen 3 Uhr nachts mit Schelle und Schirm von einer Straße zur anderen zieht. Neben den alten Bäumen auf dem Friedhofsplatz öffnet Marianne Roos hoch oben unter dem Giebel ihr Kammerfenster und murmelt im Halbschlaf herunter: ‚He, Schlicher, wat jöfft et?' Darauf der Amtsbote: ‚Räumen!' Marianne fragt weiter: ‚Om Jottes Well, wat dont vier nu?' — ‚Hieblieve!' ruft Schlicher und verschwindet in der Finsternis".

Viele weigern sich, Wassenberg zu verlassen. Sie verstecken sich. Ein Beispiel für viele: In der Nähe des

Marienhauses steht eine Waldbaracke aus RAD-Zeiten. Hier hausen jetzt Maria Jakobs und Johanna Marx mit ihren Kindern und dem Großvater sowie Barbara Heinrichs, Lena Korsten. Die Baracke ist eng. Wintervorräte werden angelegt. Man will sich unter gar keinen Umständen aus seiner Heimat verjagen lassen.
Drei Verbandsplätze werden eingerichtet: die Jugendherberge für die Panzertruppe, Alt Holland für die Infanterie, Posterholt für die übrigen Verbände. Wegen verschiedener Jaboangriffe wird Alt Holand aufgegeben und sein Verbandsplatz ins Marienkloster verlegt.
Am 19. 9. 1944 rollt der erste amerikanische Panzer bis an die Wegkreuzung Niederbusch-Venn, gegen Mittag sind die Amerikaner in Mindergangelt. Eine andere Panzerspitze rückt von Wehr über Süsterseel in Richtung Gangelt vor und steht dort um 16.30 Uhr. Von den Wassenberger Höhen kann man den Feind mit einem Fernglas schon sehen. Der Volkssturm wird aufgeboten: Levée en masse. Ein Volkssturmmann schildert die Menschen in Wassenberg: „Vom Ural bis nach Sizilien sind alle europäischen Charakterköpfe vertreten: Italiener, Russen, Franzosen, Tschechen, Polen, Holländer, Österreicher und Deutsche. Ihre Gesichter zeigen ängstliche Erwartung. Die sonst gepflegten Anlagen des Luftkurortes verwildern. Auf dem Buir steht eine dampfende Feldküche, und ich organisiere mir ein Kochgeschirr Suppe mit viel, viel Rindfleisch. Ja, Fleisch gibt es genug. Täglich wird irgendwo geschlachtet. Ich gehöre zum Volkssturm. Wir sind eine lächerliche Truppe und amüsieren uns über uns selbst".[867]
In der evangelischen Hofkirche und im katholischen Jugendheim am Stiftsplatz sind Westwall-Schanzarbeiter untergebracht. Sie verheizen einen Großteil der Inneneinrichtung. Viele Männer und Frauen sind notdienstverpflichtet und erscheinen täglich bei ihren Einsatzkommandos zum Ausheben von Panzergräben, Schützengräben, Batteriestellungen, Maschinengewehrnestern. Heinrich Deenen, niederländischer Staatsangehöriger aus Effeld, erzählt: „Pünktlich um 8 Uhr morgens standen wir mit unseren Spaten, Sägen und Äxten bereit. Ich arbeitete auf dem rechten Rurufer. Wir beseitigten Niederholz, um das Schußfeld freizumachen. Bagger gab es nicht. Alles wurde per Handarbeit erledigt, wie heute bei den chinesischen Ameisen im Talsperrenbau. Die bis zu fünf Meter tiefen Panzergräben wurden stufenweise abgeteuft. Manchmal erschienen Tiefflieger und beharkten die Schanzer. Die russischen Frauen und Mädchen trugen weiße Kopftücher, um den Fliegern zu signalisieren, daß sie neutral seien. Später legten auch die deutschen Frauen und Mädchen weiße Kopftücher um. Der Reichsarbeitsdienst baute rechts der Rur einen Stacheldrahtverhau. Er legte hohe Pappeln so über den Fluß, daß man hinübergehen konnte. Zwischen Effeld und Karken gab es eine kleine Laufbrücke aus Holz. Wir gruben viele Einmannlöcher aus. Manchmal regnete es Flugblätter, auf denen die Aussichtslosigkeit unseres Tuns zu lesen war. In Effeld stand die Feldküche. Wir wurden gut verpflegt und bekamen von Zeit zu Zeit auch Marketenderware: Schnaps aus einem Eimer. Die ganze Gegend wurde mit Panzergräben, Schützengräben, MG-Nestern, Batteriestellungen ausgebaut."[868]
Die Arbeiten leitete der Festungspionierstab 21 in Jülich. Ludwig Hügen schreibt: „In die Verteidigungslinie diesseits der Rur kamen Küstenbatterien. Sprengungen wurden an den Rurbrücken und Eisenbahnüberführungen vorbereitet, die dann auch kurz vor dem Einmasrch planmäßig in die Luft gingen."[869]
Inzwischen aber ist der Abtransport der Bevölkerung im vollen Gange. Auf 12 Dörfer im Kreise Wittenberg werden die Wassenberger der Unterstadt verteilt. Die Evakuierten der Oberstadt haben Hoheneggelsen und Söhlde als Ziel, das zwischen Hildesheim und Braunschweig liegt. In Wassenberg hält sich noch etwa ein Drittel der Bevölkerung verborgen. Auch Pfarrer Wilhelm Baer. Die Nazis suchen nach ihm: „Der Pfaffe muß raus — dann gehen die anderen auch."[870] Zwischendurch kommen Evakuierte nach Wassenberg zurück, um weiteres Eigentum in Sicherheit zu bringen. Sie berichten über ihre Unterbringung in Strach, Nudersdorf, Braunsdorf, Schmilkendorf, Grabo, Mochau, Bergkau, Kerzendorf, Großmarzehns und Kleinmarzehns. Die Oberstädter erzählen von den liebenswürdigen und altruistischen Leuten in Hoheneggelsen und Söhlde.
Heinrich Deenen weiß noch, daß die Dörfer im Amt

Vorherige Seite:
Wassenberg. Zeichnung von Will Andermahr 1939. Original im Besitz von Dr. R. Speck, Köln.

Panzergräben wurden im Oktober-November 1944 ausgehoben. Schanzer und Schanzerinnen aus aller Herren Länder waren dienstverpflichtet.

Wassenberg ziemlich ausgestorben wirkten. In Effeld waren außer dem Gestapokommando nur kleinere Einheiten. In Wassenberg und Effeld gab es eine Kirchturmwache von je sechs Soldaten. Sie beobachteten die Luftlage„. (Man ist an den jahrhundertalten Brauch des Ausgucks vom Kirchturm erinnert, der in Wassenberg und umliegenden Dörfern im Hundertjährigen Krieg das Herannahen von Verdächtigen durch den *Glockenschlag* meldete.) Deenen erinnert sich, daß unter den Soldaten ein Organist gewesen sei, der häufig in der Kirche für sich und wenige Zuhörer konzertierte.

Die Tasche von Heinsberg

Ende September 1944 läuft die Front vom Westrand des Reichswaldes bei Kleve entlang der Maas bis Boxmeer, erreicht den Kanal bei Deurne, lehnt sich an diesen bis zur Einmündung in den Nordkanal. Bei Maasbracht, südwestlich von Roermond, erreicht die vordere Linie die Maas, führt weiter entlang dem Julianakanal bis zur Höhe von Süsteren, folgt dann dem Saeffelbach und dem Rodebachtal. Am 30. 9. 1944 steht die Hauptkampflinie nur noch 12 km vor Wassenberg. Die deutschen Stellungen laufen von Schalbruch über Havert und Breberen in Richtung Geilenkirchen. Auf deutscher Seite kämpft das LXXXI. Armeekorps, das zur VII. Armee gehört. Der Selfkant selbst steht unter der Führung des LXXXVI. Armeekorps, das der I. Fallschirmjägerarmee unterstellt ist. Bei Geilenkirchen befindet sich die Nahtstelle zwischen britischen und amerikanischen Verbänden: bis Süstern reicht der Frontabschnitt der amerikanischen I. Armee, an die sich die britische II. Armee anschließt. Zwischen beide Armeen wird Mitte Oktober noch die IX. amerikanische Armee hineingeschoben. Feldmarschall Montgomery notiert: „Ich war bestrebt, die Schlacht um das Rheinland, das heißt die Eroberung zwischen Rhein und Maas, so rasch wie möglich einzuleiten. Der Feind erholte sich zusehends, so daß wir auf einen verbissenen Kampf westlich des Rheins gefaßt sein mußten ... Ende September glaubte ich, den Stoß ins Rheinland ungefähr am 10. Oktober auslösen zu können."

Am 4. November kämmten Partei-Instanzen den Amtsbezirk Wassenberg erneut durch, um Evakuierungsunwillige und Untergetauchte ausfindig zu machen. Dabei spielten sich schlimme Szenen ab: in der Brühl wurden Frauen mit Gewalt vor ihre Haustür gedrängt, in Birgelen bedrohten Gestapoleute die Untergetauchten mit der Pistole. Widerspenstige wurden in ein Arbeitslager nach Hückelhoven transportiert. In Wassenberg wimmelt es von Parteifunktionären, den sogenannten Goldfasanen. Im November teilte die kämpfende Truppe das Fronthinterland in drei Zonen ein: die rote Zone war Kampfgebiet und durfte von Zivilpersonen nicht betreten werden, die grüne Zone reichte bis zur Rur und erforderte einen Ausweis, die weiße Zone, in der Wassenberg lag, war Aufmarsch-, Nachschub und Lazarettgebiet. Die Gefallenen des Abschnitts „Untere Rur" wurden auf dem Wassenberger Waldfriedhof beerdigt. Manchmal waren auch Zivilpersonen unter den Toten. Nach Schluß der Kämpfe ruhten dort 369 deutsche Soldaten und Zivilpersonen, die im Raum Heinsberg-Wassenberg fielen oder auf den Verbandsplätzen starben.[871]

Gestapo-Gefängnis in Effeld

(Die folgenden Ausführungen enthalten auch Augenzeugenberichte des Verfassers.)

In Wassenberg befand sich im Hause des Dachdeckermeisters Josef Jakobs (heute Kirchstraße 65) das Büro des Sicherheitsdienstes. Im Hause Bartz (heute Graf-Gerhard-Straße) saß der Ortskommandant. Aufgabe des Sicherheitsdienstes war es, Untergetauchte, Spione, Frontläufer, Widerstandskämpfer, Deserteure, Antifaschisten zu entdecken. Nach Verhören im Hause Jakobs wurden sie an das SD-Einsatz-Kommando Wilhelm Lammers überwiesen, das mehrere Häuser in Effeld belegt hatte. Heinrich Deenen, niederländischer Staatsbürger und damals notdienstverpflichtet bei den Schanzern, nennt folgende Gebäude: Unterkunft und Büro in der Gastwirtschaft Rütten (heute Kreuzstraße 5, Josephine Richartz), dort auch die Verhörräume, Gefängnis I im Nachbarhaus Karl Lehnen, Gefängnis II im „Haus Willms" (damals Gastwirtschaft, heute Hotel-Restaurant), ein Gericht in der Wirtschaft Lintzen, sowie einige Keller zur Unterbringung von Todeskandidaten. Chef war SS-Sturmführer Lammers, ein Spediteur aus Aachen. Er wurde unterstützt von SS-Oberscharführer Josef Zabel und den SS-Unterscharführern Robert Löbermann und Bernhard Heggen. Als Kraftfahrer gehörte SS-Scharführer Josef Görres dem Kommando an, das insgesamt dem Gestapo-Kriminalrat Bach unterstand.[872]

Am 22. 10. 1944 wurde auch ich in meinem Heimatort Wassenberg vom SD verhaftet und nach Effeld abgeführt. Seit Mitte August hatte ich meine militärische Zugehörigkeit innerlich und äußerlich aufgekündigt, die Truppe unerlaubt verlassen, fühlte mich an den Eid auf den verbrecherischen Oberbefehlshaber der Wehrmacht, Adolf Hitler, gewissensmäßig nicht mehr gebunden und lebte untergetaucht in Wassenberg, mal im Rosenthaler Bahnhof, mal in einer Baracke zusammen mit den Familien Jakobs und Marx versteckt. Vergeblich hatte ich versucht, mit Hilfe niederländischer Widerständler über die Maas zu kommen. Da Pfarrer Baer sein Pastorat nicht mehr betreten durfte, um zu verhindern, daß Evakuierungs-Unwillige sich um ihn scharten, bat er mich, nachts in sein Pfarrhaus am Stiftsplatz einzusteigen und die wichtigsten Meßgeräte (Kelche, Monstranzen u. a.) herauszuholen. Baer wollte diese in Sicherheit bringen bzw. mit in die Evakuierung nehmen. Ich übernahm den Auftrag ohne Wissen um seine Gefährlichkeit; denn überall lauerten Spitzel. Ich vertraute auf die Dunkelheit. Bei diesem nächtlichen „Einbruch" wurde ich jedoch beobachtet, verraten und am nächsten Tage (22.Oktober) im Beisein von Johanna Marx, Maria Jakobs und meiner

Mutter verhaftet. Nach einem Verhör beim SD im Hause des Dachdeckermeisters Jakobs führte mich ein Soldat mit durchgeladener Maschinenpistole nach Effeld in das dortige Gestapogefängnis. Unterwegs gelang mir, dem Wachsoldaten klarzumachen, daß mir die Verhaftung auf den Magen geschlagen war. In einem Rübenfeld bei Dohr ließ er mich mit entsichertem Gewehr „austreten". Dieser Vorgang reichte zeitlich aus, um meine verräterischen Papiere und Briefe in den Feldboden zu drücken. Die Unterkunft der Mannschaft befand sich in der Wirtschaft Rütten, eines der Gefängnisse über Tage im Hotelrestaurant „Haus Willms" (Steinkirchener Str.3), unter Tage in einigen Kellern. Nach der Aussage von Jesuitenpater Edelbert Hähner, damals Divisionspfarrer „Untere Rur" (Inf-Div. 271, Gefechtsstand Wassenberg), wurden in Effeld annähernd 100 Menschen (Soldaten und Zivilisten) erschossen.[873] Ich halte diese Zahl für zu hoch. Die Anzahl der gefundenen Gräber ist sehr viel geringer. Vermutet werden kann allerdings ein Verscharren an unbekanntem Ort; denn Pater Hähner hatte Einsicht in die Effelder Vorgänge und kannte die Zahlen. Bis heute hat man „Waldgräber" nicht gefunden. Manchmal wurde Pater Hähner zu Todeskandidaten für ein letztes priesterliches Gespräch gerufen. Am 24. 10. 1944 erlebte ich selbst in der Nacht die Abholung von Ludwig Windeln aus Rurkempen zur Hinrichtung. Er war Eisenbahner und unterstand als solcher dem Kriegsrecht wie ein Soldat. Er war untergetaucht wie ich, schließlich verraten und dann von Zabel und Heggen im Unterholz hinter dem Kempener Friedhof aufgespürt worden. Zu seinem Unglück führte er englische Flugblätter und einen sogenannten *Passierschein* bei sich. Als ich mit ihm zusammentraf, ahnte er schon seinen baldigen Tod. Er war ein frommer Mann. Er bat mich, mit ihm zu beten. Toni Krings schreibt, daß Lammers und Zabel ihn bei den Verhören mit Fußtritten und Faustschlägen traktiert hätten. Dasselbe berichtete mir auch der Mitgefangene Dr. Hermann Legewie, während ich selbst von solchen Brutalitäten verschont blieb. Der in Effeld lebende Niederländer Heinrich Deenen erzählte mir, daß die Ziviljacke von Windeln in seiner Wohnung (Dorfstraße 8) hängen blieb. In ihrer Tasche befand sich ein Eßlöffel. In der Nacht wurde im Gefängnis „Haus Willms" urplötzlich die Tür aufgerissen. Legewie, Windeln und ich saßen auf dem Fußboden des höher gelegenen Teiles der Gastwirtschaft und waren gleichermaßen erschrocken beim Anblick der hereinstürzenden Henker. Für jeden von uns konnte in diesem Augenblick die letzte Stunde schlagen. Sie schlug für Ludwig Windeln. Drillichzeug flog ihm vor die Füße. Eine schneidende Stimme befahl, sich für den letzten Gang umzuziehen. Angstvoller Abschied von Legewie und mir. Ich wußte von Windeln, wie schwer es ihm fiel, Fremder und Feind in einem von ihm geliebten Vaterland zu sein. Er hatte Hitler mit vollem Recht seine Gefolgschaft aufgekündigt.

Wie es dann weiter mit Ludwig Windeln ging, konnten wir Todeskandidaten natürlich nicht verfolgen. Wir lauschten nach draußen, um vielleicht einen Schuß zu hören, vernahmen aber nichts. Dazu Toni Krings: „Am anderen Morgen (Anm. d. Verf.: Ich schätze gegen 4 Uhr) führte man den Gefangenen Windeln ins Eschenbruch. Er durfte noch eine Zigarette rauchen. Dann forderten die Henker den Unglücklichen auf, in Richtung des Waldrandes zu gehen. Lammers und Zabel hoben ihre Maschinenpistolen und erschossen ihn von hinten. Görres gab dem am Boden liegenden noch einen Gnadenschuß. Bei der 1950 vom Landgericht Aachen angeordneten Exhumierung stellten die Ärzte einen Einschuß in der Stirn und den Geschoßaustritt mit einer großflächigen Fraktur am Hinterkopf fest, außerdem neun Einschüsse im Rücken. Ein ähnliches Schicksal erlitt der geistliche Rektor van den Boorn aus dem Kloster Posterholt. Im Keller seines Hauses hatten Wehrmachtsangehörige einen Radiosender entdeckt. Ferner wurde er bezichtigt, junge Frauen aus Posterholt, als Landarbeiterinnen getarnt, mit Nachrichten über deutsche Truppenbewegungen durch die Frontlinien geschickt zu haben . . . Am 5. November sperrte Militär das Gelände und die Zufahrtswege um den Effelder Friedhof ab. Die Gestapoleute unter dem Kommando von Lammers holten den mit Handschellen gefesselten Rektor aus dem Keller. Sie teilten dem Unglücklichen sein Schicksal mit und schleppten ihn zum Friedhof. Dort erschoß ihn der Unterscharführer Löbermann durch einen Genickschuß . . . Nach dem Kriege wurde Rektor van den Boorn exhumiert und in sein Heimatdorf überführt. Eine Gedenktafel gegenüber der Kirche von Posterholt erinnert an Leben und Sterben dieses unerschrockenen Mannes, der für sein Vaterland starb".[874]

Heinrich Deenen aus Effeld schildert mir folgende Szene: „Plötzlich betritt einer der SS-Leute mein Haus und befiehlt, ihm zu folgen. Er führt mich in die Gastwirtschaft Rütten ins Gestapobüro. Dort legte man mir, dem Niederländer, einen in Niederländisch geschriebenen Brief vor. Ich bekam die Aufgabe, ein einziges Wort darin zu übersetzen. Es lautete „oorlogsmisdadiger", was soviel wie ‚Kriegsverbrecher' bedeutet. Wem dieser Brief gehörte, weiß ich nicht. Wenn ich mich recht erinnere, dann stammte er von zwei niederländischen Burschen aus der Gegend von Roermond. Ich hatte ein ungutes Gefühl für denjenigen, der dieses Wort geschrieben hatte. Für die SS war ein solcher Ausdruck — gegen Hitler verwandt — ein todeswürdiges Verbrechen".[875] Toni Krings schildert uns auch seine eigene Flucht vor den Effelder Spürhunden. Zwei SS-Offiziere mit durchgeladenen Maschinenpistolen standen plötzlich neben ihm. „Warum ist die Haustür nicht offen?" schrie einer der beiden. „Los, aufmachen !" Krings erkannte die Chance, lief ins Haus, warnte seinen Vater, riß das Schlafzimmerfenster auf, sprang auf das davorliegende Flachdach, während die Gestapoleute schon die Treppe hinaufstürmten: „In wenigen geduckten Sprüngen erreichte er das Scheunendach des Nachbarhauses Jöris und ließ sich über die Dachziegel hinunter in den Garten gleiten . . . Allzu gut wußte er, was es bedeutet, diesen Schergen und skrupellosen Killern in die

Hände zu fallen. Ihm war das Schicksal des 18-jährigen Soldaten Nobis aus Selsten bekannt, den man wenige Tage zuvor in einer Strohmiete nahe seinem Elternhaus entdeckt und kurz darauf standrechtlich erschossen hatte".[876]
Der in Wassenberg auf dem Heldenfriedhof ruhende Dr. Hermann Legewie war ebenfalls in das Todesgefängnis von Effeld eingeliefert worden. Sein Schicksal kann exemplarisch für die tragische Verstrickung der Menschen unserer Heimat in die verzweifelte Frontlage stehen. Ich traf Dr. Legewie im Gefängnis von „Haus Willms" am 22. Oktober 1944. Er war es, der mir über diese gefährliche Phase meines Leben geradezu väterlich hinweghalf. Er erzählte mir seine Höngener Spähtruppgeschichte und meinte: „Ich hatte das Pech, die englische Sprache zu verstehen".[877] Klaus Bischofs hat den Vorgang objektiv dargestellt: „ Ein amerikanischer Stoßtrupp drang bis an die ersten Häuser von Höngen-Bird vor. Der Führer des Spähtrupps versuchte, einige Fragen an die Zivilbevölkerung zu stellen. Da die dortigen Anwohner aber kein Englisch verstanden, verwiesen sie den Spähtrupp an einen Dr. Legewie, der als Bombengeschädigter von Aachen nach Höngen evakuiert worden war und einige Zimmer im Hause Fiegen am Ortseingang von Höngen bewohnte. Der Führer des Spähtrupps hat sich dann einige Zeit mit Dr. Legewie unterhalten. Danach zog sich der Spähtrupp wieder an den Waldrand zurück".[878] Am Tage darauf wurde Dr. Legewie vom SD verhaftet und am 18. 10. 1944 nach Effeld gebracht, nach einigen Tagen zum Tode verurteilt, dann aber begnadigt. Als ich von ihm Abschied nahm, traten Tränen in seine Augen. Noch heute sehe ich ihn im Türrahmen des Gefängnisses in der dunklen Frühe des Novembertages. In grüner Lodenjoppe. Mit tief übernächtigten Augen. Ein Mann, den der jähe Schrekken des Zufalls gebeugt hatte. Von Pater Hähner erfuhr ich später, daß Legewie zwischen Alt-Holland und Waldschenke in Wassenberg bei einem Tieffliegerangriff auf einen Lastwagen, in dem er saß, ums Leben kam. Sein Todesdatum war der 28. 11. 1944 um 12.10 Uhr. Er ruht auf dem Wassenberger Ehrenfriedhof.

Auch ich wurde schließlich wie durch ein Wunder begnadigt, nachdem Pater Edelbert Hähner SJ einen Kriegsgerichtsrat mobilisiert hatte, der sich bei Bach und Lammers durchsetzte. Ein Wunder, weil schon eine 24-stündige unerlaubte Abwesenheit von der Truppe unweigerlich die standrechtliche Erschießung zur Folge hatte. Ich war mehr als zwei Monate untergetaucht.

Im Jahre 1950 wurde vor dem Aachener Schwurgericht den SS-Henkern von Effeld der Prozeß gemacht. Am 12. 12. 1950 wurden sie verurteilt. Wilhelm Lammers erhielt wegen Totschlags in vier ihm nachzuweisenden Fällen in Tateinheit mit Verbrechen gegen die Menschlichkeit vier Jahre Gefängnis. Josef Zabel wurde wegen Beihilfe zum Totschlag zu eineinhalb Jahren, Robert Löbermann zu einem Jahr verurteilt. Bernhard Heggen und Josef Görres wurden freigesprochen.[879] Ich stimme Toni Krings zu, wenn er meint[880]: „Nach übereinstimmender Meinung aller, die Lammers und seine Mordkumpane aus ihrer Effelder Zeit kannten, war das Urteil viel zu milde, denn es war ihnen bekannt, daß es diesen Unmenschen, die fast täglich unter Alkohol standen, Spaß machte, Hinrichtungen durchzuführen".[881]

Kämpfe an der Rur 1944/45

Heinsberg wird ausgebombt

Am 16. 11. 1944 bewegen sich drei Bomberströme in Richtung Düren, Jülich und Heinsberg. In Heinsberg halten sich noch 110 Zivilpersonen auf. Gegen 15.30 Uhr ist das Dröhnen der sich nähernden Lancaster und der sie begleitenden Jagdflugzeuge zu hören. Der Himmel kaum bewölkt. Die 8,8-cm-Flakbatterien von Kirchhoven, Vinn und Haaren eröffnen das Feuer. Um 15.29 beginnt der Angriff. Die 180 Lancaster werfen 1 019,2 Tonnen Bomben auf die Stadt. Toni Krings in seinen Kriegserinnerungen: „Heinsberg versank innerhalb von 24 Minuten in Schutt und Asche. Von der in sieben Jahrhunderten gewachsenen Stadt blieb kaum etwas übrig. Die ehemals weit in das Land hinaus grüßende Propsteikirche lag zerschlagen in einer Trümmerwüste. Alle öffentlichen Gebäude und die meisten Wohnungen waren zerstört. Es gab kein Haus, das nicht die Spuren des Bombenhagels trug, obwohl die Masse der Bomben in das nicht besiedelte Bruchgelände östlich der Stadt niedergeprasselt war. Von den wenigen Menschen, die sich noch in der Stadt aufgehalten hatten, fanden 52 den Tod.

Ein Beispiel für erlebtes Grauen: „Agnes Zumfeld war an diesem Nachmittag für einige Stunden aus der Evakuierung in Erkelenz in ihr Elternhaus an der Linderner Straße 9b (heute 17b) gekommen. Sie flüchtete in

den Keller und wurde dort vom zusammenbrechenden Gemäuer verschüttet. Eine ausgelaufene Terpentinflasche verursachte in den Kellerräumen einen derart scharfen Geruch, daß die Bewußtlose zu sich kam. Da ihr jedoch ein Stück Koks in den Mund gedrungen war, vermochte sie nicht, laut um Hilfe zu rufen. Dabei konnte sie deutlich hören, wie die Rettungsmannschaften draußen sagten: ‚Hier lebt keiner mehr!' Zur gleichen Zeit erlebte ihr Bruder Willi Josef das Inferno auf der Geilenkirchener Straße. Er hatte sich im Bombenhagel in der Nähe des Hauptzollamtes zu Boden geworfen. Als eine Luftmine das Doppelwohnhaus traf, glaubte er, Halluzinationen zu haben. Der große Bau wurde wie von Riesenhand in die Luft gehoben, so daß er darunter hindurchschauen und den dahinter liegenden Ringofen erblicken konnte. Dann senkte sich die Masse wieder und fiel zerschmettert in sich zusammen. W. J. Zumfeld traf ein schwerer Steinbrocken in den Rücken, der einen Lungenriß verursachte. Trotz dieser gefährlichen Verletzung schleppte er sich bis zu seinem Elternhaus und konnte noch beizeiten Soldaten einer Pioniereinheit zur Bergung seiner verschütteten Schwester veranlassen. Sie wurde nach endlosen vier Stunden schwerverletzt hervorgeholt und zum Hauptverbandsplatz nach Wassenberg gebracht. Ihr Bruder W. J. Zumfeld starb im Jahre 1949 an den Folgen seiner Verletzung„.[882]
Am nächsten Tag schrieb in England der *Daily Herald*: Friday, November 17. 1944. 1 150 Bombers out. RAF Bomber Command sent more than 1 150 aircraft, escorted by more than 250 Mustangs and Spitfires of RAF Fighter Command, to attack heavily-fortified towns of Duren, Julich and Heinsberg yesterday afternoon. Attacks ware highly concentrated.

Die Hauptkampflinie rückt näher

Mit solchen Bombardements eröffneten die Alliierten die Offensive der amerikanischen XII. Heeresgruppe in Richtung Köln. Zwei Tage später, am 18. November, schließt sich das XXX. britische Korps mit einem konzentrischen Angriff auf Geilenkirchen an. Wilhelm Frenken hat mit strategischer Sachkenntnis die *Operation Clipper* nachvollzogen: „In den ersten Nachmittagsstunden des 19. November 1944, knapp 32 Stunden nach Beginn von ‚Operation Clipper', ist die Stadt Geilenkirchen fest in amerikanischer Hand. Die dem britischen 30. Korps unterstellten Soldaten der 84. US-Division besetzen jedoch eine tote Stadt. Die unmittelbar hinter der kämpfenden Truppe einrückenden Offiziere der Militärverwaltung und diejenigen für Zivilangelegenheiten finden nichts zu verwalten. Die Zivilisten sind geflohen, ihre Häuser zerschmettert von Luftangriffen und den zwanzigtausend Granaten, die die Artillerie der Amerikaner und Briten verschoß . . ."[883]
Auf deutscher Seite kämpften die 15. Panzergrenadierdivision und die 10. SS-Division. Montgomery erreichte seine gesteckten Ziele nicht: „Im Norden der Ardennen folgte nun unsere Front den Flußläufen der Roer und der Maas. Nur bei Heinsberg war ein feindlicher Brückenkopf übriggeblieben. Wenn es uns gelang, auch dieses Gebiet zu erobern, so waren wir in der Lage, größere Operationen zwischen Rhein und Maas in die Wege zu leiten. Ich betraute die II. Armee mit der Beseitigung der Tasche von Heinsberg, aber die Angriffe mußten schließlich eingestellt werden, weil das Gelände völlig versumpft war".[884]
So blieb Wassenberg weiterhin frontnahes Gebiet. In Myhl schlugen die ersten Granaten am 3. und 4. 11. 1944 im Raum um das *Lindchen* ein. Bei schweren Luftangriffen am 28. 10. und 28. 11. 1944 sowie im Januar 1945 kamen zahlreiche Wassenberger ums Leben: am 28. 10. 1944 mittags um 12.23 Uhr Angriff auf die Roermonderstraße. Getötet wurden Franz Graab, sein Sohn Fritz Graab, der bei Friseur Willi Mohnen dienstverpflichtete Niederländer Leo Baetsen und Edith Rosen aus Heinsberg. Im Hause des Lebensmittel- und Milchhändlers Hubert Küppers (Ecke Löffelstraße/Roermonder Straße) kamen Georg Loosen und Johann Junge aus Wassenberg ums Leben. Fast zwei Stunden später fand man unter den Trümmern des Friseurgeschäfts Mohnen auf der Roermonder Straße das Kind Johanna Krings (* in Harzelt) tot und — noch lebend den Friseurlehrling Theo von den Driesch, den ein schräg verklemmter Balken vor einstürzenden Mauern gerettet hatte. Am 28. 11. 1944 fielen um 12.10 Uhr Bomben während eines Jabo-Angriffs in der Nähe der Erkelenzer Straße bei Alt Holland. Ums Leben kamen Matthias Vossen aus Höngen, Gertrud Mährle aus Birgelen und Dr. Hermann Legewie aus Aachen/Höngen, mit dem ich verurteilt im Gestapogefängnis von Effeld gewesen war. Am 21. 1. 1945 um 14.30 Uhr traf ein Bombenangriff die Kirchstraße in der Höhe des Hauses Haas am Fuße der Burg. Zu Tode kamen aus Wassenberg Franziska Klingen, Adolf Gillißen, Josef Frenken, Rudolf Vranes sowie Wilhelm Jülicher aus Rurich. Gleichzeitig wurden drei Soldaten auf der Burgstraße von Bomben tödlich getroffen. Am 22. 1. 1945 um 12 Uhr starben durch Bombenangriff Franz Schmitz („Fenna"), der Sohn von „Tant Wiss", Heinrich Willms (Vater von Fine Kuckartz) und Malermeister Josef Schmitz (Vater von Walter Schmitz).[885] Ab Mitte November lag die Stadt häufig unter Artilleriebeschuß von der Heinsberger Front.[886] Der spätere Bürgermeister Hermann Buckmann (†1955) berichtete aus dieser Zeit: „Die Tage der Sorge waren oft unerträglich, so daß ich nachts durch den Wald lief, um wenigstens etwas Ruhe und etwas Aufatmen zu finden. Aber auch in der Nacht war zumeist ein einziges Feuermeer. Oft stand ich mit einigen verbliebenen Wassenbergern auf dem Vietenberg und schaute über den Selfkant in das Aufzucken der Abschüsse der Hauptkampflinie. Was war aus dem Wassenberger Frieden, dem Luftkurort für Erholungssuchende, geworden!"
Immer wieder wurde der Panzergraben an der Nordseite Birgelens und in der Nähe des Bahnhofs Rosen-

Georgskirche und Burg. Holzschnitt von Paul Wollenweber.

thal von Jagdbombern angegriffen. In der Nacht vom 19. zum 20. Januar 1945 traf ein schwerer Fliegerangriff den Ort Birgelen. Die Kirche und die meisten umliegenden Häuser erhielten schwere Treffer. Vom Kapellchen bis zum Hause von Theodor Zimmermanns brannten die meisten Hintergebäude aus. Jakob Bauer wurde unter Trümmern begraben. Im Januar wurde auch Schloß Elsum mit Phosphorbomben belegt. Ein Augenzeuge berichtet: „Schloß Elsum ist ein Trümmerhaufen geworden, und es ist nicht abzusehen, ob es jemals wieder in seiner Herrlichkeit erstehen wird".[887] Von Süden und Westen richtete der Gegner immer zielsicherer seine Rohre auf die Höhen des Wassenberger Horstes, in welchem militärische Einheiten gute Deckung fanden. Der Wald zwischen Birgelen und Dalheim beherbergte eine vielrohrige Artilleriekonzentration. Im Januar ging bei Myhl in der Kernheide eine schwere 21-cm-Batterie in Stellung und bekämpfte Truppenansammlungen des Feindes. Immer häufiger kamen deshalb die kleinen Bomberverbände und suchten solche Ziele und den Nachschub. Ununterbrochen flog der Feind Angriffe gegen Straßenkreuzungen. Den Nazis war es inzwischen gelungen, Pfarrer Baer in die Evakuierung zu treiben. Er wurde auf der Klosterstraße gestellt und durfte sein Pastorat nicht mehr betreten. In diesen Tagen vergrub Jupp Voß das Königssilber der beiden Bruderschaften und bewahrte es so vor Untergang oder Plünderei.

Unternehmen Blackcock (Birkhahn)

Die Beseitigung der Heinsberger Tasche hatte das Unternehmen Blackcock (Birkhahn) zum Ziel. In Zangenbewegungen wollte Montgomery die deutschen Truppen westlich der Rur einkesseln. Am 15. 1. 1945 begann er auf dem linken Flügel, am 17. 1. folgte das Gros der 52. Division längs der Straße von Sittard nach Heinsberg. Am 24. Januar 1945 drang der Feind in Heinsberg ein. Vom Wassenberger Burgberg aus waren die Panzer nun schon mit bloßem Auge zu erkennen. Die Front wurde hinter die Rur zurückgenommen. Im Zusammenhang mit diesen Kämpfen kam es zur Zerstörung der Wassenberger Georgsbasilika: am 16. Januar fielen Bomben in das Langhaus, in der Nacht vom 19. zum 20. Januar setzten Phosphorbomben den Turm in Brand. Pater Edelbert Hähner SJ berichtet: „Schon gegen 18 Uhr am 16. Januar 1945 setzte eine rege Fliegertätigkeit ein. In der jetzigen Notkirche, im Jugendheim, war damals ein Lager russischer Schanzarbeiter, die außerdem den Kindergarten belegt hatten ... Gegen 22 Uhr wurde ich aufgeschreckt durch die Explosion zweier Bomben in unmittelbarer Nähe. In meiner Wohnung wurden die Türen aus der Füllung gerissen, alle Fenster gingen in die Brüche, und der ganze Keller war sofort mit Staub- und Schmutzwolken angefüllt. Als ich dann sofort nach oben ging, sah ich, daß die Kirche getroffen war. Die russischen Arbeiter hatten sich zu retten versucht. Einer von ihnen, Bodar Nikolaj, war durch Bordwaffenbeschuß getötet worden und zwar hinter dem Jugendheim am Gondelweiher. Als ich auf dem Stiftsplatz stand, kreiste das Flugzeug noch immer über unseren Köpfen. Am nächsten Morgen stellte ich fest, daß die Kirche von zwei Bomben getroffen war. Eine hatte den Turm an seiner Nordseite gestreift und war an seinem Fundament explodiert. Die andere Bombe mußte schon nach dem Durchschlagen des Daches, vielleicht auf der flachen Decke der Kirche, explodiert sein, denn ein Trichter war nicht zu finden ... Die Seitenwände der Kirche waren nämlich nach außen gedrückt worden ... In der Nacht vom 19. zum 20.

Januar 1945 fielen in den Trümmerhaufen der Kirche noch Phosphorbomben, so daß der Turm in Brand geriet. Eine Bombe explodierte unter dem Turm, dort, wo früher die Orgel gestanden hatte. Eine zweite schlug in das linke Seitenschiff und explodierte in der Nähe des Ausganges zum Stiftsplatz. Eine dritte durchschlug das Dach des Kindergartens und explodierte auf dem Platz. Es mochte etwa 3 Uhr am Morgen sein ... nach einiger Zeit bemerkte ich, daß auch der Kirchturm Feuer gefangen hatte. Phosphor war bis an den Turmhelm gespritzt, und an der Ostseite begann der Turm am Helmansatz zu brennen ... gegen 7.30 Uhr morgens stürzte dann der brennende Turmhelm nach Westen ab".[888]

Am Tag darauf ereignete sich eine neue Katastrophe in Wassenberg. Am 21. Januar 1945 wird die „Landwacht" für 14 Uhr nach Wassenberg befohlen, um dort aufgelöst zu werden. Die „Jüngeren", also diejenigen unter 60 Jahren, werden in den „Volkssturm" eingereiht, die Älteren erhalten ihren Evakuierungsschein und sollen möglichst schnell das Frontgebiet verlassen. Eine Volkssturmkompanie ist angetreten und empfängt gerade ihre Befehle. In der Luft tummeln sich wie gewohnt ein paar Jagdbomber. Plötzlich rauscht das Unheil heran. Eine Bombe fällt mitten in die geschlossene Formation der Volkssturmmänner. Es werden 8 Tote und 17 Schwerverletzte gezählt. Zur gleichen Zeit fallen Bomben ins Stadtgebiet. In den letzten Wochen bis zur Einnahme Wassenbergs kommen noch ums Leben: am 22. 1. 1945 Stefan Jansen und Johann Gillissen aus Orsbeck, am 26. 2. 1945 Franz Hoffmann, der Besitzer des geschichtsträchtigen Wylacker Hofes durch Granatbeschuß auf Schloß Elsum, am gleichen Tag Mechtilde Weres aus Ophoven, am 28. 2. Irene Göttschkes aus Wassenberg durch Panzerbeschuß.

Ab Mitte Februar 1945 schlagen immer häufiger Granaten in die Innenstadt und richten schlimme Verwüstungen an. Die vordere Linie, sehr dünn besetzt, wird in einer Länge von 5 km durch die 1. und 3. Kompanie des Grenadierregiments 1218 gehalten. Artilleristische Unterstützung erhält die kleine Streitmacht von den Geschützen im Rosenthaler Wald. Ende Februar verteidigen die 5 km lange Frontlinie vor Wassenberg nur noch 65 Mann mit zwei Granatwerfern und einigen Maschinengewehren. Die 271. Infanterie-Division hat in Wassenberg ihren Gefechtsstand. Arnold Schippers zitiert den Soldaten Pütz aus Düren, der die Schlußphase im Wassenberger Raum miterlebt hat[889]: „Die letzten Stützpunkte der ersten und dritten Kompanie des Volksgrenadierregiments 1218 befanden sich bis zum 23. Januar 1945 links der Rur in Karken-Ende. Die Besatzung in Zugstärke wurde mit Kähnen auf das rechte Rurufer zurückgenommen. Beim Meldekopf sammelte Oberleutnant Thalwitzer die dort von den einzelnen Trossen eintreffenden Gruppen und formierte sie zu einer Kampfgruppe von 80 bis 90 Mann. Von Wassenberg-Oberstadt aus marschierte die Kampfgruppe bei Eintritt der Dunkelheit nach Südwesten bis nach Wassenberg, dann nach Süden, teils durch sumpfiges Gelände zur Bahnlinie Wassenberg-Ratheim bis zur Schneise an der Höhe 62,2. Von hier aus erreichte die Gruppe nach Mitternacht den Bunker *An den drei Buchen*. Da man vom Bunker gute Rundsicht hatte, konnte während der Nacht das Aufblitzen der Mündungsfeuer beobachtet werden. Die gegenerischen Batterien standen im Raum Oberbruch. Die Geschosse schlugen zwischen Orsbeck und Myhl ein".

Stadtmitte Wassenberg im März 1945.

Die Schlußphase

In diesen Tagen rücken die Amerikaner schon in Effeld, Steinkirchen, Ophoven ein. Jakob Kever-Steinkirchen schildert den 27. Februar 1945: „Bei anbrechender Dunkelheit kommt noch ein Spähtrupp ängstlich schleichend durchs Dorf. Das waren die letzten! Abends sind wir dann im Keller beisammen, und nachdem wir unseren Herrgott in der üblichen Weise für seinen Schutz gedankt und um weiteren Beistand gebeten haben, suchen wir unser Lager auf. Zum Schlafen aber ist wohl keiner bei dem orkanartigen Toben der Artillerie gekommen. Das heftige Feuer hörte gegen Morgen des 28. Februar plötzlich auf. Wir haben gefrühstückt. Eine Frau, welche mal nach oben gegangen ist, ruft plötzlich in den Keller hinein: ‚Was sind das für Soldaten, welche da auf der Straße nach Effeld ziehen?' Der Amerikaner ist da! Gegen 9 Uhr werden wir durch ein energisches ‚Raus!' aus dem Keller nach oben befohlen. Eine Anzahl amerikanischer Soldaten steht mit schußbereiten Maschinenpistolen im Anschlag an der Haustür Spalier, und wir müssen auf der Straße zum Abmarsch nach Ophoven antreten".[890] In Ophoven wird die Gruppe im Pfarrhaus untergebracht, später im Haus des Kirchenrendanten Schlösser. Nach und nach kommen immer mehr Zivilpersonen hinzu: aus Eulenbusch, Elsum, Krafeld, Rosenthal.

Pfarrer Esser schreibt aus seiner Effelder Sicht: „Die Amerikaner besetzen Effeld nach einigen Schüssen aus Panzergeschützen. Aus Richtung Friedhof-Neuerburg dringen sie über die Kreuzstraße in den menschenleeren Ort ein". Schon in den nächsten Tagen sind die Holländer da, um Effeld auszuplündern. Aug' um Auge, Zahn um Zahn!

Das Tagebuch des Wehrmachtsführungsstabes notiert für den 28. Februar 1945: „Bei der Heeresgruppe B bedeutete die Hauptkrise der Durchbruch bei Erkelenz nach Norden. Der Feind spricht bereits von einer Räumung von M.Gladbach."[891]

In Wassenberg geht am 27. und 28. Februar 1945 der Krieg zu Ende. Während vormittags plötzlich das Artilleriefeuer verstummt, rücken Panzer bis an den Ortsrand vor. Ein Teil der Altstadt wird besetzt. Der erste Panzer dringt an der Bahnlinie entlang von Birgelen her in Wassenberg ein. Jeeps und Trucks folgen und bahnen sich mühsam einen Weg durch die Trümmer. Die endgültige Besetzung (Oberstadt) erfolgt am 28. Februar 1945.[892] Noch 13 Wassenberger sind im Ort. Von Bernhard Jansen hinter Vieten in Richtung Kleikuhlen wird erzählt, er habe gerade einer Kuh während des Kalbens Beistand geleistet, als die amerikanischen Soldaten ihn aufstöberten. Im Saal Gillissen in Orsbeck wird für die Zivilisten ein erstes Internierungslager eingerichtet.

Auch in Myhl begegnen die noch vorhandenen Einwohner auf der Wassenberger Straße am 28. Februar morgens 9.00 Uhr den ersten Amerikanern. Josef Theißen erzählt: „Kurz nach 10.00 Uhr wurden die zehn Leute unter Bewachung in den Keller des Gasthofs Dreßen gebracht, in dem sich mehrere Personen befanden. Die Sorge um das im Hause verbliebene Vieh war drückend. Am frühen Nachmittag wurden die Gefangenen in das Haus Florack an der oberen Hauptstraße gebracht. Nach der Zählung wurden 48 Myhler Einwohner festgestellt. Hinzu kamen 50 Leute aus der näheren Umgebung. Der aufsichtsführende Offizier gab die Anweisungen für die Zivilbevölkerung bekannt. Bevor er aber die Erlaubnis zum Verlassen des Notquartiers gab, hatte er die ersten Schritte zur ‚kleinen Selbstverwaltung' tun lassen: Aus dem Kreise der Myhler sollten ein Bürgermeister und ein Hilfspolizist gewählt werden. Bei dem Wahlgang wurde Hermann Phlippen zum Bürgermeister gewählt."[893]

Für den Wassenberger Raum ist der Krieg zu Ende. Die Bilanz ist grauenhaft. Allein an gefallenen Soldaten bis zum Kriegsende melden die einzelnen Orte: Birgelen 81 Tote (W. Zimmermanns, VdK), Effeld-Steinkirchen 35 Tote (Ortsvorsteher Cremer), Ophoven 13 Tote (laut Ehrenmal), Myhl 76 Tote (Johann Schaffrath), Orsbeck 28 Tote (Pfarrer Gehlen), Wassenberg 104 Tote (Pfarrer Baer, Dr. Broich). Das sind Zahlen ohne Vermißte, ohne die an den Folgen der Kriegsleiden später Verstorbenen, ohne die durch Feindeinwirkung in der Heimat oder unterwegs getöteten Zivilpersonen. „Sag' mir wo die Männer, die Frauen, die Mädchen, die Kinder, die Blumen sind? Wo sind sie geblieben?" Durch die Nachkriegsradios fragt es Marlene Dietrich.

Ehrenfriedhof in Wassenberg. (Foto: Georg Bauer)

Die Kreuze des Ehrenfriedhofs in Wassenberg halten die Erinnerung an die dunklen Monate der Kämpfe an der Rurfront 1944/45 wach. Am 22. 4. 1966 wird das von dem Wassenberger Künstler Paul Wollenweber (1920—1980) entworfene Kriegerehrenmal fertiggestellt und am Volkstrauertag, den 13. 11. 1966, mit einer bewegenden Ansprache von Bürgermeister Günter Müller eingeweiht. Er erinnert daran, daß Gräber den Frieden predigen, Dankbarkeit und Treue erneuern und unsere demokratische Wachsamkeit in Zeiten hoher Konfliktgeladenheit aktivieren helfen. Nach dem Gesetz über die Erhaltung der Gräber der Opfer von Krieg und Gewaltherrschaft (1. 7. 1965) sei diesen Toten ein dauerndes Ruherecht garantiert. Die Gräber blieben auf immer bestehen. Sie sollen von der öffentlichen Hand gepflegt werden. Günter Müller wies darauf hin, daß die Toten hier nicht in ihrem eigenen persönlichen und privaten Bereich beigesetzt, nicht im natürlichen Ablauf ihres Lebens gestorben sind, sondern in einem höheren Auftrag, wie immer dieser auch im Sinne geschichtlichen Schicksals heute beurteilt werden mag.

Der kleine anspruchslose Reim, den der Wassenberger Heinrich Dahmen 1945 schrieb, mag dieses düstere Kapitel Wassenberger Geschichte beschließen:

Friede

Der Krieg ist aus,
zu End' der Graus.
Die Not vorbei,
und Teufelei.
In kranke Welt
nun Frieden fällt.
Ins Herz hinein
kommt Lieb' herein.
Bleib' nun gefeit
vor neuem Streit!

DIE NACHKRIEGSEPOCHE

Die Heimkehr

Der Krieg ist aus. Die Wassenberger kehren heim. Karin Klimmeck schreibt: „Eine öde verlassene Stadt. Die wenigen linksrheinisch verbliebenen Heimkehrer bemühten sich um die ersten Aufräumungsarbeiten. Brotkarten gab es erst später im Bürgermeisteramt, das Pater Hähner in der früheren Polizeistation an der Heinsberger Straße eingerichtet hatte. Aus Nudersdorf und Kleinwittenberg an der Elbe kamen Anfang Mai die Vortrupps evakuierter Wassenberger zurück... Doch das Bild dieser Stadt im Jahre 1945 ließ den Atem stocken: Die Georgs-Basilika war ein Trümmerhaufen; ihr ausgebrannter Turm hatte keinen Helm mehr; die Bahnübergänge waren gesprengt; das Rathaus ausgebrannt; fast die gesamte Innenstadt ein zerbombter, von Granateinschlägen durchsiebter Komplex; Panzergräben erforderten viele Umwege; verminte Felder und Wege bedeuteten große Gefahr für Menschen und Tiere, und Hunderte Kriegstote ruhten auf dem Waldfriedhof, deren Grab-Nummern man im Bürgermeisteramt erfahren konnte, weil die Gräberreihen noch nicht geordnet waren".[894]

Unter den ersten Heimkehrern befindet sich Tinny Graab mit ihren Eltern und Geschwistern. Die Graabs haben eine Kuh über die Evakuierung gerettet. Eine Kostbarkeit! Tinny Heinrichs geb. Graab erzählt: „Am 15. März 1945 waren ca. 25 Wassenberger wieder daheim. In Forst saß nur eine einzige Familie: die Schmitz. Im Frühjahr 45 war nichts mehr und noch nichts zu ernten. Der Hunger war unser ständiger Begleiter. Da wir von Onkel Michel Graab (Drogist) die Samenhandlung im Hause hatten, konnte recht bald schon Garten und Feld eingesät werden. Nie mehr in meinem Leben habe ich so sehnsüchtig auf das Auslaufen der Saat gewartet wie in jenen Tagen. Der Mensch war wieder ganz den natürlichen Bedingungen seines Lebens verbunden. Als im Sommer 1945 die ersten Ernten eingebracht wurden, entspannte sich die kritische Ernährungslage ein wenig nur; denn immer mehr Wassenberger kamen zurück, immer mehr hungrige Mäuler mußten gestopft werden. Ich weiß noch, daß mein Vater am Tag der Wassenberger Maikirmes 1945 urplötzlich sagte: ‚Heut' ist Kirmes, und wir haben nicht mal eine Schnitte Schwarzbrot im Schrank'. In den ersten Wochen nach unserer Heimkehr gingen wir zum Gottesdienst in die Kapelle des Marienhauses. Pater Hähner las die Messe. Später waren dann die Gottesdienste im recht improvisiert hergerichteten Jugendheim am Stiftsplatz".[895]

Felder und Wege waren mit liegengebliebener Munition, Minen und Blindgängern verseucht. Die Räumkommandos lagen in Alt Holland. Sie hatten Verluste beim Entschärfen. Der junge Heini Stein (*1921) wurde am 20. August 1945 von einer Mine zerrissen. Aus Hoengen kam am 4. August 1945 die Nachricht, dort seien drei Söhne der Familie Poth im Alter von 10, 13 und 15 Jahren von einer Mine zerfetzt worden. In Effeld tritt Wilhelm Landmesser am 18. April 1945 auf eine Mine und wird getötet. Weitere Tote durch Minen: Am 17. 8. Heinrich Theodor Finken aus Heinsberg und Josef Laumen aus Braunsrath durch eine Mine in Ophoven, , am 27. 5. Ulrich Sass aus Glogau in Effeld , am 21. 8. Johann Kohnen aus Porseln auf eine Mine am Neußer Weg, am 5. 10. Hans Ophetfeld in Effeld, am 14. 10. Gerhard Hörter in Ophoven. Noch am 30. 3. 1948 wird in Wassenberg der Jugendliche Helmut Baumeister infolge Hantierens mit Munition getötet.

Sperrstunden begrenzen zunächst den Ausgang. Nach 19 Uhr darf niemand außerhalb des Hauses angetroffen werden. Die Grenze zu den Niederlanden ist geschlossen und davor ein Sperrgebiet von 1 bis $2^1/_2$ km Tiefe ausgelegt. Niemand darf dieses Areal betreten, es sei denn, er verfüge über einen Sperrzonenausweis. Erst im August 1950 wird die Sperre endgültig aufgehoben. In der Presse ist dann zu lesen: „Die Straßen, Wege und Wälder an der Grenze dürfen nun wieder betreten werden. Das verwaist gelegene 'Haus Rothenbach', früher beliebtes Ausflugsziel und Tanzlokal, wird nun wieder Anziehungspunkt werden". Fünf Jahre lang aber hält sich das Gerücht, das Gebiet der Kreise Erkelenz und Geilenkirchen-Heinsberg würde doch noch niederländisch. Tatsächlich wird am 22. 3. 1949 das *Pariser Protokoll* unterzeichnet, das die Niederlande ermächtigt, seine Grenze zu „begradigen" und deutsche Gebietsteile einzugliedern. Am 23. 4. 1949, mittags um 12 Uhr, rückt niederländisches Militär in den Selfkant ein. 14 Jahre bleiben die Niederländer hier, bis europäische Vernunft siegt.

Verbissener Aufbauwille

1945 stehen die Wassenberger vielfach vor totalem Ruin und müssen mit findiger Improvisation ihrem Leben wieder ein Fundament verschaffen. Unser Heimatkreis erlitt bei den Kämpfen 1944/45 böse Narben: von 77 Kirchen lagen 17 am Boden, 56 waren schwer beschädigt. Von den 16 561 Wohngebäuden waren 1 932 völlig zerstört (11,6 %), 3 215 schwer beschädigt (19,4 %) und 6 242 leicht beschädigt (37,7 %). Nur 5 173 Gebäude (31,5 %) blieben verschont. Im Amt Wassenberg existierten zu Beginn der Kampfhandlungen 1 398 Gebäude, von denen 82 total zerstört wurden (6 %), 87 schwer beschädigt (6 %), 124 leicht beschädigt (9 %) und 1 105 (79 %) unbeschädigt blieben. Die Elektrizität fehlt, und die Wasserleitung ist an vielen Stellen von Bomben und Granaten zerstört. Die guten alten Straßen- und Hofpumpen müssen wieder braven Dienst tun. Hanns Heidemanns erzählt, bis ins Frühjahr 1946 habe die Pumpe am *Gasthaus* für das „gute Wassenberger Naß" gesorgt. Am schwierigsten aber erwies sich die Ernährung. Wie ein Wunder: es gab noch 16 Milchkühe in Wassenberg, noch 30 in Birgelen. Manch einer brachte aus der Evakuierung Hauskaninchen, Ziegen, Ferkel, Hühner, Gänse mit. Einer der ersten von der Militärregierung eingesetzten

Beamten im Kreis Geilenkirchen-Heinsberg war der spätere Wassenberger Amtsdirektor Jakob Wolters. Er übernahm eine der schwierigsten Aufgaben: die Ernährung der Bevölkerung; denn der Hunger war die beißenste Not. Wolters bekam in der verschont gebliebenen Landwirtschaftsschule in Heinsberg ein Büro und machte sich mit großem Elan an die Arbeit. Am 25. 6. 1945 gab es wieder Lebensmittelkarten: Minimalportionen, was die Marken „garantierten", aber immerhin soviel, daß jemand, der nichts zu tauschen hatte, „nicht ganz verhungerte". Am 4. 10. 1945 kam der erste Wasserstrahl aus dem Hahn, am 23. 10. flammte sogar das Licht wieder auf.
Das war die Grundtugend schlechthin:
Mit verbissenem Aufbauwillen an die Arbeit gehen. Erinnern möchte ich hier besonders an die Wassenberger Frauen und Mädchen, die in der Überzahl waren. Sie haben wie die legendären Berliner Trümmerfrauen in den ersten Nachkriegsmonaten und später härteste Aufbau-Arbeit geleistet. Denn Ende 1945 waren noch 128 Soldaten in Gefangenschaft, im Frühjahr 1946 immer noch 54. Die Correspondence-des-Prisoniers-de-Guerre aus Frankreich, die Prisoner-of-War-Mail der Engländer und Amerikaner brachten Nachrichten von Überlebenden. Und das war zunächst das Wichtigste. Lange kam nichts aus der Sowjet-Union. Erinnern möchte ich an die Generation der Mädchen, deren entsprechende Männerjahrgänge dezimiert waren. So manches Mädchen mußte die fehlenden Eltern ersetzen und für die Geschwister sorgen. Die besten Jahre waren schon im Krieg dahingeschmolzen und nun war man auch weiterhin allein. Zahlreiche Kriegerwitwen waren ganz auf sich gestellt. Es war nicht nur Nachkriegssentimentalität, wenn Kirchenchor oder Männergesangverein anstimmten: „... die alten Häuser noch, die alten Straßen noch, die alten Freunde aber sind nicht mehr." Viele fehlten, die einst das Bild Wassenbergs mitgeprägt hatten: Leo Graab, Leo Jaegers, Paul Maus, Willi Reinartz, Toni Seibert, Jakob Linden, Heinz Rudde, Johann Frohnhofen, Peter Heinrichs, Etti Schmitz, die drei Paffen-Söhne, die drei Heinrichs-Söhne, Gerd Baer, Jacki Wolks, Peter Hahnenstatt, Willi Thissen, Franz Küppers, Franz Jansen und viele, viele andere.

Die ersten Bürgermeister

In Wassenberg hatte die Militärregierung den Jesuitenpater Edelbert Hähner, den früheren Divisionsgeistlichen des Abschnitts *Untere Rur*, am 17. 3. 1945 zum Amtsbürgermeister bestimmt. Er behielt dieses Amt bis zum 17. 8. 1945 und hatte es nicht leicht, die unmittelbare Nachkriegsnot zu steuern. Diese ersten Monate nach der Befreiung vom Nazijoch besaß nämlich alle Tugenden und Untugenden, die ein derartig gewaltsamer Umschwung mit sich bringt: Zerstörung und Plünderung durch die Eroberer, Einfälle der Niederländer zum Zwecke ihrer Privatabrechnung mit den Preußen, Diebstahl in leerstehenden Häusern durch „Freunde und Feinde, Nachbarn und Fremde", Habgier und Rücksichtslosigkeit. So beobachtete die Tochter von Max Graab, wie das gegenüberliegende Haus Hummen systematisch ausgeplündert wurde. Zwischen Nachbarn wuchsen Mißtrauen, Verdächtigung, Neid, Verunglimpfung. Und in all dem Durcheinander stand der relativ junge Pater Hähner und lenkte, so gut er's konnte, die Geschicke des Amtes Wassenberg. Dankbar war er, als der Aachener Bischof im August 1945 seinen Priestern grundsätzlich die Übernahme eines weltlichen Amtes verbot und damit das Ende von Hähners verwaltungspolitischer Aufgabe einläutete.
Nachfolger wurde der Seidenfabrikant Wilhelm Flekken, dessen antifaschistische Einstellung in den vergangenen Jahren allgemein bekannt war. Seit dem 27. 7. 1945 war er Erster Beigeordneter. Nun übernahm er auch das Bürgermeisteramt und hatte es bis zum 3. 11. 1948 inne. Wilhelm Flecken (1891—1967), der uns in der Gründerzeit bei der Geschichte der Seidenstadt Wassenberg bereits begegnet ist, hat gerade in dieser schwierigen Phase viel für seinen Heimatort getan. Er besorgte alle möglichen Grundmaterialien für die dringend notwendigen Reparaturen. Er organisierte eine Holz-Aktion (Hürtgenwald) mit mehreren, damals Seltenheitswert besitzenden Lastwagen. Flekken verhalf den besonders geschädigten Einwohnern zu Decken, Geschirr, Nägeln, Brettern, Pappe, Glas. Er schaffte aus M.Gladbach Werkzeug heran, das er über ausgebombte Fabriken beschaffte. Gerade das Fehlen von Werkzeug machte sich hemmend bemerkbar. In Birgelen existieren noch Steinwerkzeuge — nicht aus der Steinzeit, nein, von Leuten des Nachkriegs scharfkantig gemacht und mit alten Tuchstreifen an ein Holz gebunden.
Besonders am Herzen lag Bürgermeister Flecken die Versorgung der Neugeborenen und Kleinkinder. Er sorgte durch persönliche Absprache dafür, daß die Babys Milch und die Kleinkinder zusätzliche Nahrung erhielten. Wassenberger haben mir erzählt, dieser Bürgermeister sei von Bauer zu Bauer gepilgert, um mit viel Überredungskunst diesen oder jenen zu bewegen, etwas für die Kinder zu tun. Metzgermeister Josef Hermanns (Kirchstraße) erinnerte sich an den „Bettelausspruch" von Wilhelm Flecken: „Nu denk ens draan, wenn oss Kenger krank weade, dann könne wir Wasseberch janz affschrieve." Unter den ersten freiwilligen „Milchlieferanten" dieser Notzeit befand sich auch Max Graab mit seiner Familie. Seine einzige Kuh, erzählt Tinny Heinrichs-Graab, gab im März 1945 nur zwei Liter Milch pro Tag. Später nach dem Kalben aber 28 Liter pro Tag. Für manches Wassenberger Kleinkind eine rettende Ernährungshilfe. Auch Wassenberger Bauern haben gerade in dieser Anfangsphase viel Altruismus bewiesen.
Bürgermeister Flecken war es dann auch, der die Georgspfarre dazu überredete, das Kirchenland am Stern in Parzellen von einem halben Morgen als Gartenland an Kinderreiche zu verpachten. Alles dies trug dazu bei, die bitterste Not zu lindern.

Vor Ophoven (Öl auf Leinwand, Hubert Plücken, Arsbeck).

Am 5. 6. 1945 kehrte Pastor Wilhelm Baer mit seiner total erschöpften Schar aus der Evakuierung zurück. Sein Entsetzen beim Eintritt in das Trümmerfeld des Kirchengrundes ist dokumentiert: „Furchtbar war der erste Anblick der total zerstörten Pfarrkirche. Eine unheimliche Stille lag über dem alten Stiftsplatz trotz der vielen Menschen. Manche Augen füllten sich mit Tränen über dieses entsetzliche Verhängnis. Es war ja nicht nur die Kirche allein, um die wir trauerten, sondern auch um die vielen zerstörten und beschädigten Häuser meiner lieben Wassenberger".[896] Wie würde man wohl aus diesen Trümmern herauskommen? Wieviele Jahrzehnte würde es dauern? Trotzdem! Jeder neue Tag brachte ein neues Fünkchen Hoffnung.

Unter den ersten Heimkehrern fand sich auch Hanns Heidemanns. Er hatte sich geschickt der Gefangenschaft entzogen und erreichte schon am 14. 4. 1945 Wassenberg: „Der Ort war fast menschenleer. Auf den Straßen lagen Trümmer und Unrat. Überall beschädigte und zerstörte Straßenzüge. 150 bis 200 Personen dürften anwesend gewesen sein. Ich mußte mich in acht nehmen, weil belgische Militärstreifen herumpatrouillierten, um Arbeitskräfte für ihre Zechen zu kapern. Es konnte einem passieren, daß man wie einst den Soldatenwerbern höchst unfreiwillig ins Netz ging und sich zwei Tage später im belgischen Kohlerevier vor Ort am Flöz wiederfand. Um mich 'unabkömmlich' zu machen, wurde ich kurzerhand von Apotheker Anton Marx vereinnahmt, der vom Amtsbürgermeister Hähner den Auftrag erhalten hatte, eine erste Arzneimittelstelle aufzubauen. Aus der alten Apotheke in der Roermonder Straße wurden einige Arzneien geborgen und im Elternhaus der Familie Marx (ehemaliges Kapuzinerkloster) zu einer Notapotheke zusammengestellt".[897]

Für jede Bewegung über Wassenberg hinaus war ein Erlaubnisschein notwendig. Vor mit liegt die „Permission" des Headquarters Military Government für Nahverkehr als Certificate Nr. 207 des Lambert Kohlen aus Wassenberg zum Zwecke des Transports der Leiche von Burgherr Dr. Robert Kofferath (†1944) von Bonn nach Wassenberg: „Zeitdauer 6 Stunden. Ladung: Verstorbene Leiche. Antrieb: Erneuerter Holzgenerator. Fahrer: Tagelöhner Lambert Kohlen. Mitfahrer: Null." Am 12. April hatte Hanns Heidemanns die Erlaubnis erhalten, nach Wassenberg zurückzukehren: „To return to his home at Wassenberg, from which he has been evacuated. Trip will be made on secondary Roads." Laufzeit des Permits: 2000 hours.

Schon am 23. 4. 1945 „feiern" die Wassenberger wieder ihren Patroziniumstag „Zint Jüres" (St. Georg). Wie? Das erzählt Hanns Heidemanns: „Der Georgstag fiel auf einen Montag am 23. 4. 1945. Kein Mensch nahm davon Notiz. Aber am Samstag, den 28. 4., kamen doch einige auf die Idee, den heiligen Schutzpatron der Stadt Wassenberg zu ehren. Ein Harmonium fand sich in dem leerstehenden Hause des Bezirksschornsteinfegermeisters Schaffrath. Das Instrument wurde ins Jugendheim transportiert. Samstags erschien plötzlich Tierarzt Dr. Burchard und kommandierte mich *stante pedes* zum Harmonium-Üben. Das Ding besaß einen asthmatischen Blasebalg, den Willy Günther Burchard und Heinz Willms, der Sohn von Schreinermeister Max Willms (dr Meester), abwechselnd traten. Beide waren damals Meßdiener. Noten fanden sich in der Wohnung von Organist Alois Paffen. So erklang am 29. 4. 1945 zum erstenmal wieder das alte Georgslied: Heiliger Georgius, bitt' für uns.

Im Januar 1946 bestand die regierungsamtlich zugeteilte Ernährung der Wassenberger pro Woche aus: 3 Pfund Brot, 1/2 Pfund Nährmittel, 50 g Margarine, 100 g Fleisch, 62 g Käse, 1 1/4 Hering."[898]

Am 1. 1. 1946 flatterte der später zu literarischem Ruhm gekommene Fragebogen (Salomon) in jedes Haus, dessen 133 Fragen die Nazi-Vergangenheit jedes einzelnen ausleuchten sollten. Am 2. 1. 1946 begannen Landwirte und Helfer mit dem Abtransport der Bautrümmer der Georgsbasilika. Heini Willms erinnert sich: 2 558 Karren waren notwendig, um das Kirchengelände freizumachen. Im März 1947 begann Will Andermahr mit dem Ausbau des Jugendheims zur Notkirche. Am 1. 11. 1947 konnte dort die erste Messe gefeiert werden. Den Wiederaufbau der Georgskirche beschreiben in allen Einzelheiten die „Wassenberger Kirchengeschichte"[899] und die Broschüre[900] „Vom Untergang zum Neuaufbau" (1981).

Die evangelische Hofkirche hatte in den letzten Kriegsmonaten starke Schäden erlitten. Schanzarbeiter verheizten die Inneneinrichtung zum größten Teil. Die Artillerie sorgte für ein übriges. Der Dachstuhl brannte fast vollständig aus. Andreas Knorr schreibt: „Lediglich der Dachreiter mit dem Posaunenengel saß — geradezu ein Symbol dafür, daß Gottes Wort über allem Kampf und Untergang bleibt — auf dem noch vorhandenen einsturzgefährdeten Dach".[901] Pfarrer Benz war noch in Gefangenschaft. Das Presbyterium stellte am 24. 6. 1945 fest, daß ein Wiederaufbau der Hofkirche wohl kaum lohnend sei. Ein Raum für Gottesdienste stand weder in Dalheim noch in Ratheim-Busch zur Verfügung. In Wassenberg wich die Gemeinde ins Pfarrhaus auf der Kirchstraße aus, in Ratheim ins Privathaus Henßen, in Dalheim bald wieder ins Haus Karoline. Mit jedem Tag aber wurde die evangelische Gemeinde durch den Zustrom von Flüchtlingen aus den Ostgebieten zahlreicher. So entschloß man sich dann doch 1950, die Hofkirche wiederaufzubauen: „Besonders wichtig war, daß im Austausch gegen den kleinen Hof hinter der Kirche, auf dem einst die Schule stand (33 qm), der Besitzer des Vorderhauses, Max Graab, der Gemeinde den 12 qm großen, über dem Vorraum der Kirche gelegenen Raum seines Hauses überließ. Dadurch konnte die Empore der Kirche erweitert und der Treppenaufgang aus dem Kirchenraum in den Vorraum verlegt werden."[902] Am 10. 4. 1951 wurde die altehrwürdige, kirchengeschichtlich bedeutsame Wassenberger Hofkirche wieder eingeweiht. Auch die alte kunstvolle Orgel war restauriert und erklang wieder in ihrer eigenwilligen Registrierung. Der Wassenberger Künstler Paul Wollenweber hatte das Schnitzwerk des Prospekts erneuert. Ein Kirchenneubau gelang aber schon im nächsten Jahrzehnt. Ich habe darüber weiter oben im Zusammenhang mit Pfarrer Otto Grashof berichtet. Am 13. 12. 1964 weihte Oberkirchenrat Rößler die Wassenberger Kreuzkirche ein. Am Freitag, den 1. 4. 1966, wurde der Glockenturm aufgerichtet. Drei Glocken in dem reizvollen Intervall A', C', D' kündeten vom Bestand und Aufstieg der 450 Jahre alten evangelischen Gemeinde zu Wassenberg im Sinne ihres traditionsreichen Siegels „Rosa inter spinas" (Rose zwischen Dornen).

Der Wiederaufbau des Rathauses

Das Wassenberger Rathaus, im Jahre 1753 auf der Grundfläche des vorherigen *amptshauses* errichtet, später mehrmals umgebaut, stand nur noch in trostlos ausgebrannten Ruinen mitten im Ortszentrum. Die Gemeindeverwaltung mußte deshalb in das gemeindeeigene „Polizeihaus" (Spindler) in der Brühl mit ihren geringen Aktenresten; denn das gesamte Rathausarchiv war in Flammen aufgegangen. Ein unersetzlicher Verlust! Das Finanzamt auf der Kirchstraße hatte sich die Kreisverwaltung ausbedungen. Am 1. 11. 1944 war der Restteil der Kreisverwaltung aus Evakuierungsgründen nach Wassenberg — „auf der Heide" — verlegt worden, während die übrigen Abteilungen nach Straberg bei Neuß gingen, wohin dann später auch die Wassenberger Nachhut folgte. Der Kreis wechselte infolge der Kriegsereignisse noch einmal am 28. 2. 1945 nach Hüttefabrik bei Marienheide im oberbergischen Kreis und kehrte von hier am 31. 5. 1945 mit der gesamten Kreisverwaltung, mit allen Urkunden und Akten nach Wassenberg zurück, wo sie bis zum 20. 10. 1947 im Gebäude des Finanzamtes auf der Kirchstraße verblieb. Seit dem 21. 10. 1947 waren ihre Dienststellen dann wieder in Geilenkirchen.

Die Wassenberger brauchten wieder ihr gutes altes Bürgermeisteramt. Am 21. 4. 1950 konnte das von Andermahr, Kuck und Weyers entworfene Rathaus Richtfest feiern. Der leitende Redakteur der *Heinsberger Volkszeitung*, Gerd Laugs, nannte unter den Ehrengästen den damaligen Oberkreisdirektor Dr. Wonschik aus Wassenberg, Bürgermeister Kaspar Hasert und Amtsdirektor Friedrich Bell. Die Planung hatte schon 1947 begonnen, der Abbruch der Ruinen 1949. Gerd Laugs schrieb 1950: „Die Kurstadt Wassenberg kann mit Recht stolz auf ihr neues Rathaus sein. Es ist ein großer quadratischer, moderner Bau im Mittelpunkt der Stadt mit einem hellen Lichthof, um den sich die Amtszimmer in Parterre und im ersten Stock gleichmäßig verteilen. Die Galerie im Obergeschoß wird mit einem Eisengitter umfriedet. Der Lichthof selbst wird durch ein Glasdach abgeschirmt. Durch breite Fenster mit Kunststeinrahmen findet das Licht in die zahlreichen Amtszimmer. Über dem Portal erhebt sich ein kleiner Giebel. Das Dach ist beschiefert".[903] Am 15. 5. 1951 wird das Bauwerk eingeweiht. Die *Heinsberger* nennt es „das schönste Rathaus des Selfkantkreises". Pfarrer Paul Spülbeck nimmt die Einsegnung vor. Anwesend sind dabei: Landrat Pilates, Oberkreisdirektor Dr. Wonschik, Amtsbürgermeister Max Graab, Rektor Schultes und Lehrer Riemann. Das Haus hatte bis dahin 240 000 DM gekostet, 20 000 DM standen noch aus. Dr. Wonschik erklärte, ein Rathaus sei steingewordene Geschichte. Kaspar Hasert sprach von einem „Jahrhundertbauwerk". Anschließend fand im *Burghof Willms* die Bewirtung zum Festanlaß statt. Die Männer von „Sangeslust" intonierten unter Alois Paffen: „Das ist für uns ein Tag der Freude, an dem dereinst der feste Grund, errichtet ward zu dem Gebäude, daraus empor wuchs unser Bund." (R. von Wilpert)

Wassenberg hatte in diesen Jahren „Brückensorgen". Gerd Laugs schrieb, daß die „Bell—Brücke" (benannt nach Amtsdirektor Friedrich Bell seit einer Büttenrede von Josef Moll) auf der heutigen Kirchstraße über die Bahnlinie eigentlich die Teilung Wassenbergs in Ober- und Unterstadt zur Folge habe. Der Verkehrs- und Verschönerungsverein unter Jakob Broich, Hermann Buckmann, Ludwig Wollenweber und Heinrich Wallrafen möchte das verhindern. Am 13. 6. 1950 verspricht Amtsdirektor Bell den Wiederaufbau der Brücke noch in diesem Jahr.

Auch die schwer geschädigten Wälder werden wieder aufgeforstet. Durch die Holzplünderungen und durch Brand war viel Holz im Amtsbezirk Wassenberg verlorengegangen. Seit Herbst 1949 flossen Aufforstungs-Zuschüsse für insgesamt 140 ha. Bei ihrer Bepflanzung wurden auch die sehr zahlreichen, aus der Kriegszeit stammenden labyrinthischen Schützen- und Panzergräben vielerorts planiert. Die *Heinsberger* schrieb: „Traktoren zogen die breiten Pflanzstreifen in den verwachsenen Waldboden. Tag um Tag, Woche um Woche verging bei dieser wichtigen Arbeit. Schlimm war die Kaninchenplage. Die jungen Pflänzchen wurden unbarmherzig abgebissen. Alle empfohlenen Spritzmittel nützten nichts. Da mußte der Jäger gerufen werden. Rund 500 Kaninchen wurden zur Strecke gebracht." Zum Schutz gegen Waldbrand wurden die Kulturen in Blocks eingeteilt. Bei einer Abschlußfeier in Effeld sprachen der Vorsitzende der Waldwirtschaftsgemeinschaft Thissen aus Birgelen, Pfarrer Esser aus Effeld, Amtsdirektor Bell, der Effelder Bürgermeister Cremer, der Orsbecker Bürgermeister Bodden und die Revierförster Rademacher und Linder. Die einzelnen Parzellen segnete Pfarrer Esser ein. Im Haus Willms saß man nachher in froher Runde und freute sich über ein Werk, das der Region Wassenberg die alte Waldtradition erhielt. Alois Paffen war mit seinem Männergesangverein „Sangeslust 1860" eingeladen und intonierte jetzt ein Lied, das in der Nazizeit verboten gewesen war, weil es ein Jude namens Felix Mendelssohn-Bartholdy 1840 komponiert hatte: „Wer hat dich, du schöner Wald, aufgebaut so hoch da droben? Wohl den Meister will ich loben, so lang noch meine Stimm' erschallt . . ." 1950 trafen sich wie im Jahre 1910 zu einem großen Feuerwehrmeeting alle Wehren des Selfkantkreises. Amtsbürgermeister Max Graab und Bürgermeister Kaspar Hasert hielten die Festreden. Für die Förderung der Feuerwehr wurden Betriebsleiter Windhausen von Krahnen & Gobbers, Kreisbrandmeister Nießen aus Oberbruch,

die Bürgermeister Hasert (Wassenberg), Caron (Ophoven), Cremer (Effeld), Oberbrandmeister Franz Gansweidt (Wassenberg) geehrt.
In der Oberstadt wurde zum erstenmal Kirmes gefeiert. Die dortige Marienbruderschaft unter Präsident Wilhelm Backhaus knüpfte an die alten Wassenberger Kirmesbräuche an und behielt sogar zur Freude aller Einwohner das „Silberputzen am Kirmesmontag" bei.

Die Bürgermeister seit 1945

Pater Edelbert Hähner SJ ist Amtsbürgermeister vom 17. 3. bis zum 17. 8. 1945. Von den Alliierten eingesetzt. In einem Aktenbeleg des Wassenberger Rathauses schreibt Hähner: „Der Unterzeichnete erklärt, daß er sein Amt als Amtsbürgermeister in Wassenberg vom 17. März bis zum 17. August 1945 ehrenamtlich geführt hat. Wassenberg, den 17. August 1945, gez. Hähner" Im Alter von nur 35 Jahren starb Edelbert Hähner SJ am 17. 4. 1949 in Betzdorf an der Sieg. Der Tod ereilte ihn nach kurzer, schwerer Krankheit auf einer Predigtreise im Oldenburger Land im achten Jahre seines Priestertums.
Nach Hähners Ausscheiden folgte, wie schon oben berichtet, der Seidenfabrikant Wilhelm Flecken im Amt des Bürgermeisters. Er hatte dies inne vom 27. 7. 1945 bis zum 3. 11 1948. Wie sein Vorgänger war er von den Alliierten eingesetzt. Erst nach Wilhelm Flecken wurden die Bürgermeister demokratisch gewählt.

Gewählte Bürgermeister:

Kaspar Hasert (CDU)	4. 11. 1948 bis 1952
Hermann Buckmann (CDU)	1952—1954
Leonard Wolters (SPD)	1954—1960
Ludwig Essers (CDU)	1960—1964
Günter Müller (FDP)	1964—1969
Gerd Fischer (CDU)	1969—1971
Günter Müller (FDP)	vom 1. 1. 1972 bis 4. 5. 1972 mit der Wahrnehmung der Ratsangelegenheiten beauftragt.
Günter Müller (FDP)	1972—1975
Hans Deckers (CDU)	1975—1979
Jochen Schuman (CDU, seit 1987 UWG)	1979—

Kommunalwahlen in Wassenberg

1956: Wahlbeteiligung 76 % (2141). — CDU 930 (43,4 %), SPD 796 (37,2 %), FDP 159 (7,5 %), FWV 256 (11,9 %). — Verteilung der 18 Sitze: CDU 8, SPD 7, FDP 1, FWV 2. 1961: Wahlbeteiligung 80 % (2357). — CDU 1.048 (44,6 %), SPD 758 (32,2 %), FDP 392 (16,6 %), UWG 159 (6,6 %). — Verteilung der 18 Sitze: CDU 8, SPD 6, FDP 3, UWG 1.
1964: Wahlbeteiligung 82 % (2547). — CDU 1025 (40 %), SPD 1018 (40 %), FDP 384 (15 %), UWG 120 (5 %). — Verteilung der 19 Sitze: CDU 8, SPD 8, FDP 3.
1972: Wahlbeteiligung 85,55 % (7127). — CDU 3484 (48,88 %), SPD 2544 (35,70 %), FDP 580 (8,14 %), UWG 519 (7,28 %). — Verteilung der 27 Sitze: CDU 13, SPD 10, FDP 2, UWG 2.
1979: Wahlbeteiligung 73,61 % (6668). — CDU 3383 (48,75 %), SPD 2551 (36,76 %), FDP 734 (10,58 %), UWG 191 (2,75 %). — Verteilung der 33 Sitze: CDU 16, SPD 12, FDP 4, UWG 2.

Die Verwaltungsspitze nach dem Zweiten Weltkrieg:

Friedrich Bell	4. 9. 1945 bis 31. 5. 1955
Jakob Wolters	15. 6. 1955 bis 30. 6. 1971
Walter Windeln	ab 27. 6. 1972

Für die Gemeinde Wassenberg: Walter Windeln wird als Gemeindedirektor (Ehrenbeamter) am 29. 12. 1969 durch den Rat der Gemeinde Wassenberg gewählt. Am 1. 1. 1972 ernennt ihn der nordrheinwestfälische Innenminister zum Stellvertretenden Verwaltungsbeauftragten. Jakob Wolters bleibt Verwaltungschef der übrigen Gemeinden: Birgelen, Effeld, Ophoven, Orsbeck.
Bei der kommunalen Neugliederung wird die Gemeinde Wassenberg mit den Ortsteilen Wassenberg, Orsbeck, Birgelen, Effeld, Ophoven und Myhl neu gebildet. Bis zum Amtsantritt der neu zu wählenden Organe der Gemeinde werden die Aufgaben durch Beauftragte wahrgenommen. Diese bestellt der Innenminister des Landes Nordrhein-Westfalen. Als Beauftragter für die Wahrnehmung der Aufgaben des Gemeindedirektors wird der Amtsverwaltungsrat Gerhard Tillmanns berufen und zwar bis zum Amtsantritt des künftigen Gemeindedirektors. Am 27. 6. 1972 betritt Walter Windeln, der als Amtsamtmann bei der Gemeinde Wassenberg beschäftigt ist, als gewählter hauptamtlicher Gemeindedirektor die kommunal-politische Bühne. Am 21. 7. 1972 wird er ernannt. Nachdem Wassenberg am 18. 6. 1973 durch die NRW-Regierung zur Stadt wiederhoben wird, führt Walter Windeln die Bezeichnung Stadtdirektor. Am 24. 1. 1984 wird er mit überwältigender Mehrheit (25 von 32) erneut zum Stadtdirektor gewählt.

Friedrich Bell

Wassenberg hatte Glück! Drei fähige Männer an der Spitze der Verwaltung seit 1945: Friedrich Bell, Jakob Wolters, Walter Windeln. Friedrich Bell, der mit dem Wiederaufbau beschäftigte, an die demokratischen Grundregeln vor 1933 anknüpfende, der ehemals aus seinem Amt von den Nazis verjagte Bürgermeister, aber nie von Ressentiments gequälte und nie vergeltungssüchtige Mann, eher mild, verzeihend und alle

Amtsdirektor Friedrich Bell (1888—1969)

guten Kräfte seiner Gemeinde gleichermaßen akzeptierend, geht in die Geschichte Wassenbergs als ein unermüdlicher, solider Arbeiter für die Wiederherstellung des Amtsbezirks nach den geistigen und materiellen Verwüstungen des Krieges ein.

Friedrich Bell wurde 1888 in Oeverich geboren. Seine Verwaltungslehre machte er von 1902—1905 im Amt Ringen, danach dort Gehilfe und Polizeisekretär. Von 1908 bis 1910 Militärdienst, anschließend im Ersten Weltkrieg bis 1918 an der Front. Nach dem Krieg von 1923 bis 1932 Bürgermeister in Hilfarth, vom 1. 3. 1932 bis 5. 4. 1933 Bürgermeister in Wassenberg. Seine Vertreibung aus dem Amt habe ich weiter oben dargestellt. Erst nach dem Zweiten Weltkrieg wieder im Dienst, diesmal als Amtsdirektor in Wassenberg. Seine besondere Leistung war der Bau eines neuen Rathauses an alter Stelle sowie die Wiederherstellung von zerstörten städtischen Anlagen, Wegen, Straßen und Brücken. Mehrere Jahre arbeitete er als Vorsitzender des Verkehrs- und Verschönerungsvereines. Zusammen mit Dr. Jakob Broich, Rektor Heinrich Wallrafen, Betriebsleiter Hermann Buckmann, Stadtarchitekt Will Andermahr, Ludwig Wollenweber, Heribert Heinrichs, Christian Poschen, Apotheker Anton Marx, Vereinsspezialist Jupp Voß, Kommunalpolitiker Leonard Wolters, Fotograf Kurt Römer (so halten es die damaligen Protokolle fest) beförderte er den weiteren Ausbau der städtischen Anlagen. Im Oktober 1955 wurde er mit dem Bundesverdienstkreuz ausgezeichnet. Bell bedankte sich damals in der ihm eigenen Bescheidenheit: „Ich habe diese Auszeichnung nicht gewünscht und nicht angestrebt. In meiner langen Verwaltungstätigkeit habe ich stets nur meine Pflicht getan".[904] Am 3. 6. 1955 wurde Friedrich Bell von Bürgermeister Leonard Wolters feierlich verabschiedet. Er war ein charakterfester Mann, der sich auch von den Nazis nicht umfunktionieren ließ, wie das bei vielen Beamten damals opportunistisch leicht gelang. Er stand 1933 kompromißlos gegen Hitlers Regime, selbst auf die Gefahr hin, daß ihm Böses widerfuhr. Am Morgen des 27. 12. 1969 verstarb ein Mann, der sich um Wassenberg verdient gemacht hatte. Karin Klimmeck widmete ihm einen gültigen Nachruf: „Den Menschen Friedrich Bell werden in Wassenberg viele vermissen. Der Rat dieses in sich ruhenden, von übergroßer persönlicher Bescheidenheit und von Fürsorglichkeit für die anderen geprägten Mannes wird sehr fehlen".[905]

Wie ich weiter oben aus den Wassenberger Rentmeistereirechnungen die Gehälter von Amtmännern, Vögten, Rentmeistern, Dienern, Förstern früherer Jahrhunderte herauszog, so sollen auch hier für den kameralistisch interessierten Leser die Monatsgehälter des Rathauses in Wassenberg um 1948, unmittelbar nach der Währungsreform, aufgelistet werden: Amtsdirektor Bell 749,46 DM, Amtssekretär Kraus 465,95 DM, Winands 419,62 DM, Poschen 276,16 DM, Tillmanns 233,12 DM, Freisinger 243,28 DM, Bienen 278,58 DM, Reinartz 219,20 DM, Hilgers 250,86 DM, Poschen (Peter,sen.) 70,00 DM, Hahnrath 389,24 DM, Rütten 230,00 DM, Weber 170,00 DM, Botterweg 160,00 DM,

Propst Paul Spülbeck (1902—1962) baute die Georgskirche in Wassenberg wieder auf.

Mühlstroh 110,00 DM. Das Amt hatte zusammengenommen 4265,47 DM an Gehältern zu zahlen. Ein im mittleren Lebensalter stehender Volksschullehrer mit zwei Kindern verdiente damals 320,00 DM, Rektor Franz Schultes erhielt 430,00 DM.

Der Wiederaufbau der Georgsbasilika

Am 16. 11. 1950 verließ Pfarrer Wilhelm Baer seine Wassenberger Georgsgemeinde und übernahm die Pfarre Berensberg bei Aachen. Er hatte im alten Jugendheim 1947 eine Notkirche eingerichtet und den 1940/41 gegründeten Kirchenbauverein wiederbelebt. Sehr am Herzen lag ihm die Wiederherstellung des Kindergartens am Stiftsplatz. Das Gebäude war kriegszerstört. Die erhalten gebliebenen Mauern stammten aus dem Jahre 1846. Es gelang Will Andermahr bis 1951, die obere Etage als Jugendheim auszubauen. 1953 war der Kindergarten wiederhergestellt, so daß ab 2. 1. 1953 rund 80 Kinder unter Leitung von Anneliese Gippert betreut werden konnten. Heute ist Resi Henz die verantwortliche Leiterin. Pastor Baers glücklichster Tag in seiner Wassenberger Dienstzeit war die Weihe von vier neuen Stahloktavglocken am Weißen Sonntag 1950. Am 28. 1. 1951 wurde Pfarrer Paul Spülbeck eingeführt. Geboren 1902 in Aachen, Studium 1922 bis 1926 in Bonn, danach am alten Kölner Priesterseminar 1926/27, Priesterweihe am 28. 6. 1927, sodann Kaplan in Weiden bei Aachen von 1927 bis 1931, in der Hauptpfarre Mönchengladbach 1931—1934, in Palenberg von 1934—1936, dann 7 Monate in Schutzhaft der Gestapo, Kaplan in Krefeld 1936—1941, Pfarrer in Lommersdorf/Eifel 1941—1951 und dann bis zu seinem Tode am 22. 12. 1962 Propst in Wassenberg. Ihm gelang der Wiederaufbau der Georgsbasilika. Die „Kirchengeschichte des Wassenberger Raumes", die Festschrift „850 Jahre Propstei St. Georg Wassenberg" von Karin Klimmeck, Jakob Broich, Heinz Dohmen, Will Andermahr und Propst Arthur Füßer, sowie die Broschüre „Vom Untergang zum Neuaufbau" (St. Georg Wassenberg) beschreiben den Wiederaufbau minutiös. Mit Paul Spülbeck hatten die Wassenberger das große Los gezogen. Er war nicht nur ein begnadeter Seelsorger, ein zielbewußter Bauherr, sondern auch ein wissensreicher Theologe. Sein 1960 erschienenes Buch „Jeschua", in dem er Bilder und Gedanken zu Christi Passion reflektiert, hat theologisch viel bewirkt. Im Mittelpunkt seines pfarrherrlichen Lebens aber stand der Kirchenneubau. Am Zweiten Weihnachtstag 1954 legte Bischof Dr. Demont den Grundstein, am 20. 11. 1956 weihte Diözesanbischof Dr. Pohlschneider die neue Kirche. Am nächsten Tag feierte der Bischof das erste Meßopfer daselbst und erhob das Gotteshaus zur Propsteikirche.

Der nachfolgende Propst ist Arthur Füßer für 13 Jahre: von 1963 bis 9. 9. 1976. Er baut ein Freizeitheim am Stiftsplatz für die Jugendlichen, das dankbar angenommen wird und eine neuzeitliche Parallele zur pfarramtlichen Tradition des *Wassenberger Jugendheims* der Zwanziger Jahre darstellt, als die Bilder laufen lernten und die „Jünglinge und Jungfrauen" noch ihre Theatersaisons präsentierten.

Nach Arthur Füßer kommt Hugo Nießen. Ein echtes Aachener Kind (*1930). Am Einhardgymnasium machte er 1951 sein Abitur und studierte Philosophie und Theologie an der Hochschule St. Georgen in Frankfurt. Von 1955—1957 im Priesterseminar zu Aachen, wird er am 16. 3. 1957 im Dom zum Priester geweiht. Nach Kaplanstellen in Rheydt-Giesenkirchen, Stolberg und Aachen-Brand wird er 1970 Pfarrer an St. Hubertus in Aachen-Verlautenheide und ist dort stellvertretender Dechant des Dekanates Aachen-Nord. Am 25. 10. 1976 betritt er Wassenberg und wird hier Propst und Pfarrer an St. Georg. 1978 wählen ihn seine Confratres zum Dechanten des Dekanates Wassenberg, ein Amt, in das er 1984 wiedergewählt wird. Das liberale Gymnasium forderte ihn früh zur Stellungnahme heraus. Als Mitglied der Jugendorganisation „Neudeutschland" ist er religiös aktiv und entwikkelt den Wunsch, Priester zu werden. Die „Jesuitenuniversität" St. Georgen mit ihren bedeutenden Gelehrten hat ihn geprägt. Er war Schüler von Nell-Breuning, Semmelroth, Hirschmann. 1987 ist er 30 Jahre Priester. Neben der Seelsorge engagiert er sich im sozialpädagogischen, kirchengeschichtlichen und polyästhetischen Raum. Seine Georgsbasilika erfuhr durch ihn zahlreiche liturgische, künstlerische, seelsorgliche Verfeinerungen. In nun 10-jähriger Arbeit, die auch von der Zuneigung seiner Pfarrkinder getragen wird, hat er den Turm der Georgskirche renoviert, den gesamten Innenraum des Gotteshauses restauriert, den Altarraum umgebaut, die Ausmalung erneuert, Renovierung und Ausbau des Kindergartens (Neuanlage einer Heizung) betrieben, die kirchenhistorischen Schätze der Gemeinde gewissenhaft geordnet und darüber nicht vergessen, die Hypothekenbelastung des Freizeitheimes mehr und mehr abzutragen. Zur Geschichte Wassenbergs, seiner Kirche und des ehemaligem Stifts hat er durch die Faksimile-Herausgabe der Dissertation von Anton Schuffels über das Georg-Stift einen wesentlichen kirchengeschichtlichen Beitrag geleistet.

In der Oberstadt war die Pfarrei St. Maria Himmelfahrt entstanden. Am 14. 4. 1946 fand die Benediktion durch Pfarrer Wilhelm Baer statt. Der Wassenberger Kaplan Ludwig Hecker, der spätere Pfarrer, hatte die Gemeinde übernommen. Am 10. 10. 1954 wurde der Grundstein für eine neue Kirche gelegt, die Will Andermahr entwarf. Am 8. 4. 1956 wurde sie konsekriert. Heute ist Pfarrer Heinz Pütz (*1915) hier tätig. Seine Gemeinde zählt 1 304 (Stand 1. 7. 1987) Seelen.

„Noah all de Uhesel. . ."

Josef Voß läuft wie ein Perpetuum mobile von Haus zu Haus. Karl Hasert schreibt über ihn: „Jupp Voß war der geborene Vereinsvorsitzende. Das hat er in vielen Wassenberger Vereinen bewiesen. Er war nicht nur Manager, sondern verstand es auch, das gesellige Vereinsleben zu fördern und zwischenmenschliche Bezie-

*Propst Hugo Nießen (*1930 in Aachen) nimmt anläßlich seines Silbernen Priesterjubiläums die Glückwünsche von Kindergartenkindern für seine Propsteikirche St. Georg entgegen. V. r. n. l.: Stadtdirektor Walter Windeln, Pfarrgemeinderatsvorsitzender Bruno Backhaus (halb verdeckt), Propst Hugo Nießen, Bürgermeister Jochen Schumann, Kindergartenleiterin Resi Henz, Ortsvorsteher Karl-Heinz Geiser.*

hungen herzustellen".[906] Nachdem die Militärregierung die Erlaubnis für den Spielbetrieb erteilt hatte, ging es auch bald wieder los auf dem Wassenberger Fußballplatz, der bei Meisterschaftsspielen die Massen anzog; denn das Fernsehen als neuzeitlicher Hausaltar existierte noch nicht, und die Mobilität war nicht so groß wie im späteren Autozeitalter. Jupp Voß formierte aber auch seine Karnevalsgesellschaft Kongo mit geschickter lokalpsychologischer Hand und bestätigte, ohne Dürrenmatt „näher" zu kennen, dessen „Komödienthese": daß nämlich „diese verdammten Zeiten am besten in der Komödie zu fassen seien". Im Jupp-Voß-Originalton: „Noah all de Uhesel (Übel) van die Hitlertiid on dr Kreech es et Leave bloß noch met Spaß on Freud uutdehalde." Ein typisch Wassenberger Lebensgrundsatz, der besonders die Karnevalisten beflügelte. Die Prunksitzungen jener Zeit sahen wortgewaltige Büttenredner wie Paul Flecken, Christian Poschen, Georg Nägler, Heini Willms, Jupp Flutgraf, Heinz Steprath, Walter Weißenbach, Josef Moll, Vortragssänger wie Hubert Bienen, Josef Gillissen, Hubert Roßkamp, Jupp Quast im Mittelpunkt. Die Gesamtstimmung im Nachkriegs-Wassenberg hatte etwas von „jönne könne" (gönnen können) an sich. Nach den schweren Kriegsjahren wuchsen die alten Wassenberger Grundtugenden wie frische Keimlinge ans Licht: Lebensfreude, Ideenreichtum, Spaß, Idealismus, Gemeinsinn. Es entwickelte sich damals eine Lebenshaltung, die den Alltag immer auch als „höheren Jux" begriff. Klassisches Beispiel war ein Mann wie August Jaegers (Jäegesch Äu). Betrat er am späten Vormittag gut ausgeschlafen seine Wassenberger Umwelt, dann fühlte er sich freigesetzt für den „Umgang mit der ortsinternen Urhorde", wie er sie nannte, und ließ sich und sein ur-wassenberger „Über-Ich" in die Unzulänglichkeiten seiner Zeitgenossen prasseln, wenn er etwa mit der Nachricht kam, „dat dr Amtsdirektor sich mit der betulichen Schmitz-Threske" im Gestänge (waldreicher Liebesgrund) getroffen hat. Sowas Unmögliches gehörte bei ihm einfach zum „alltäglichen Blödel-Stil", zur „Lokalanästhesie für labile Stimmungsgenossen" um sich herum. Arzt Dr. Hein Speck pflegte das Flachsen und Zum-Besten-Halten bei August Jaegers als „Dominanz des Basalhirns " zu deuten. Auch Jupp Voß war nie ohne „Jeckerie" zu haben, geschweige denn Peter Marx. Voß schlug mit Sätzen um sich, die für Wassenberg sprichwörtlich wurden, weil sie einer eigenen Grammatik und Semantik entsprangen. Nicht alles wurde so furchtbar ernst geworden: „Man ding jecke Kall". Sich gegenseitig auf den Arm nehmen, war gang und gäbe. Das Besondere der Wassenberger Mentalität enthüllte sich im Halbgesagten, im Angedeuteten, im sprunghaft unmotivierten Einwurf, in einer karikaturistischen Abwandlung der eigenen Position, im verdreht Vorgetragenen, frech Formulierten, im Komödiantischen, in der Büttenrede. Freilich: Freude und Schmerz liegen in der Wassenberger Seele immer eng beieinander. Und vom Lachkrampf bis zum

„ärm Dier" (wassenberg-eigene Depression) ist nicht weit. Nach den Jahren des Krieges trat spürbar die Reaktion der *leichten Ader* zutage, eine Tonisierung und Überhellung des Alltags mit optimistischen Akzenten. Eine Reihe engagierter Prinzen führte den jeweiligen Rosenmontagszug an. Nach wie vor wirkte Peter Marx (1904—1969) als Ghostwriter im Hintergrund. Das von ihm getextete und von Peter Heinrichs (1893—1953) im Jahre 1929 vertonte Lied, „Wassenberg, du wunderschönes Städtchen" (siehe Anhang: Noten), gewann auffallend an Popularität, erklang im Mai 1948 und 1949 im Westdeutschen Rundfunk und wurde ortseigene „Lokalhymne". Peter Marx stieg zunehmend zum Heimatdichter auf und beschrieb die „Alde Jätzkes", „De Kaschteiebööm", „Dat Jestänge", „Et Jüddebrook". Aber auch neue Wassenberger Lieder entstanden damals. Christian Poschen (*1916) war Autor der lokalen Hits der Fünfziger Jahre: „Der Rosengarten", „Wassenberger Frühling", „Schiggela-Schiggela", „Dat Finanzamt", „Wassenberger Mädchen" und die ureigenste Wassenberg-Formulierung des „Verdötschtseins": „Du bis joa mett dr Nipp getippt!" (Nipp = Kälbchen) Auch treffsichere Parodien stammten aus Poschens Feder. Sie waren soetwas wie eine ortskritische Bestandsaufnahme. 1947 zielte Poschen auf die Schiebereien und den Schwarzmarkt der ersten Nachkriegsjahre: „Denn wer heut' nicht huddelt, wird bald eingebuddelt".

Mit großem Eifer fingen auch die Schützenbruderschaften wieder an. Vogelschuß, Aufzüge waren freilich von der Militärregierung zunächst nicht gestattet. 1947 wählten die Junggesellen ihren Vorstand mit Max Schmitz als Ehrenpräsident, Heribert Heinrichs als Präsident und dem Vorstand Walter Schmitz und Willy Rütten. Und weil der König nicht per Vogelschuß ermittelt werden konnte, wurden Josef Danners und Elisabeth Gotzen einfach per Akklamation auserkoren. 1948 wurde dann bei „Tante Luzie" im Judenbruch der erste Nachkriegs-Vogel geschossen: mit der Armbrust, denn von „explosiven Schußwaffen" in deutschen Schützengilden wollten die Alliierten nichts wissen. Die ersten Nachkriegs-Königspaare waren Willy Strücker mit Frau Clementine bei den Männern und Heini Willms mit der bezaubernden Elisabeth Windhausen bei den Junggesellen. Auch bei kirchlichen Festen (St. Georg und Fronleichnam) traten die Bruderschaften nun wieder im vollen „Pronk" in Erscheinung. Natürlich gab es auch manchen ehemaligen Schützenbruder, der nicht mehr mitmachte, weil er allzuviele Jahre im Gleichschritt marschiert war. Das nach einem ersten Aufflackern nachlassende Interesse bei den Bruderschaften führte am 5. 3. 1949 zur Vereinigung der *Mannder* und der Junggesellen in einer turbulenten Generalversammlung im Burghof. Johann Vieten wurde zum ersten Präsidenten der Vereinigten Georgsbruderschaft gewählt. Als Oberst fungierte Jakob Jansen, als Vorsitzender der Junggesellen Max Schmitz. Viele neue Mitglieder wurden nun gewonnen. Die alten Bruderschaftsbräuche feierten fröhliche Urständ. Am 1. 5. 1949 besuchte Bischof Johannes Josef van der Velden den Vogelschuß und „streifte bei seinem Ehrenschuß den linken Flügel des Vogels". Die weitere Entwicklung der Bruderschaft war insgesamt mit einem besonders idealistischen Mann verbunden: Walter Schmitz (*1923). Er wurde 1966 als Nachfolger von Willi Flecken Oberst und führte 1977 das 550-jährige Jubiläum durch (1427-1977), über das es eine lesenswerte Festschrift gibt, in der Willi von der Beek

Montagmorgen der Frühkirmes: Silberputzen (1948). Foto: Kurt Römer, Wassenberg.

Amtsdirektor Jakob Wolters trägt Innenminister Weyer (rechts), Regierungspräsident Schmitt-Degenhardt (links) und Oberkreisdirektor Dr. Kohlschütter die Situation der Gemeinde Wassenberg vor.

und Karin Klimmeck die ältere und jüngere Geschichte der Bruderschaften darstellen. Walter Schmitz übergab sein Amt als Oberst 1980 an Karl-Heinz Geiser, der es zwei Jahre inne hatte. Seit dieser Zeit ist Max Gotzen Chef der Schützen. Zum bisher letzten Mal wurde der Vogel 1984 geschossen. Hermann-Josef Küppers und Maria-Lina Menghini waren das vorläufig letzte Königspaar. Die Bruderschaft tritt zur Zeit nur noch bei kirchlichen Anlässen auf, bei ihrem uralten Brauchtum leider auf der Stelle.

Jakob Wolters

Der Nachfolger Friedrich Bells (1888—1969) war Jakob Wolters. Seine Amtszeit deckte sich mit dem Aufbruch Wassenbergs nach dem Kriege und dem Wirtschaftswunder in der Bundesrepublik. Entsprechend vielfältig waren die Leistungen, die unter seiner Amtsführung im Amte Wassenberg registriert werden konnten.
Jakob Wolters wurde 1908 in Aachen geboren. Nach dem Abitur am Kaiser-Karls-Gymnasium trat er 1926 als Beamtenanwärter in den Dienst der Gemeindeverwaltung Bardenberg, anschließend in die Kreisverwaltung Aachen-Land ein. 1932 und 1934 legte er seine beiden Verwaltungsprüfungen für den gehobenen Dienst ab und studierte an der Verwaltungshochschule in Düsseldorf und Aachen. 1935 kam er zur Kreisverwaltung in Geilenkirchen. Hier wurde er 1942 Kreisinspektor, 1951 Kreisoberinspektor. 1942/43 war er Soldat an der Ostfront.
Jakob Wolters war der erste Beamte des Kreises, der nach dem Zusammenbruch 1945 (schon im April) seine Tätigkeit wieder aufnahm. Die Militärregierung übertrug ihm das Kreisernährungsamt. Das war in der damaligen Situation, als die Evakuierten zurückkamen und die Bevölkerung des Kreises sprunghaft von 5000 auf 15 000, auf 40 000 und mehr Menschen anwuchs, unbestritten eine der wichtigsten Aufgaben. In diesen extrem schwierigen Verhältnissen bewies er Organisationstalent und findige Improvisation. Er ließ, wie einst Josef von Ägypten, die angelegten Getreide-Silos öffnen, das Getreide mahlen und in den wenigen noch vorhandenen intakten Backöfen verbacken. Täglich fuhr er mit einem schweren Lastwagen durch die kriegszerstörten Dörfer des Kreises und verteilte Brot an die Heimgekehrten. Als im Juni 1948 die Währungsreform die Inflationszeit beendete, organisierte Jakob Wolters die Auszahlung der Kopfbeträge. 1950 leitete er die Baudarlehensabteilung und förderte den Wohnungsbau.
Im Frühjahr 1955 wählte ihn die Amtsvertretung von Wassenberg zum Amtsdirektor. In seiner Amtszeit von 1955 bis 1971 sind im Wassenberger Raum wichtige Fortschritte erzielt worden: Ausbau der Bundesstraße 221, Wiederaufbau der Eisenbahnbrücke in der Burgstraße, neues Wasserwerk, Sportplätze in Wassenberg, Birgelen, Effeld, Neubau von Schulen, Turnhallen, Lehrschwimmbecken, Bau der Kanalisation mit Kläranlagen, Wasserleitung in Effeld und Ophoven, neue Straßenbeleuchtungen, Ausbau des Straßen- und Wegenetzes, Einrichtung einer Realschule in Wassenberg und Ankauf der Burg sowie Ausbau derselben zu einem Hotel-Restaurant. Am 27. 11. 1961 beantragte Wolters bei der Landesregierung in Düsseldorf die Wiedererhebung Wassenbergs zur Stadt. Aber erst sei-

nem Nachfolger Walter Windeln war in dieser Hinsicht Erfolg beschieden. (Siehe Abschnitt „Die Wiederverleihung der Stadtrechte".)
Jakob Wolters schied 1971 auf eigenen Wunsch aus. Der von ihm herausgegebene Verwaltungsbericht von 1955 bis 1965 hält chronikhaft in knapper, sachlicher Form die entscheidenden kommunalen Ergebnisse fest.[907]

LE JUMELAGE — DIE STÄDTEPARTNERSCHAFT PONTORSON — WASSENBERG

Hommage à Pontorson

Le pays de Pontorson — un pays très typé, qui a beaucoup à raconter. Dèjá, en 1944, lorsque j'ai vu la région pour la première fois, j'ai été fasciné par ce contraste fait de mélancolie et de confiance sereine. Plus d'une vocation à la réflexion plus d'un philosophe y ont élu domicile. Ici, où l'on n'accepte rien sans l'avoir soupesé, les préjugés ne peuvent prendre racine. Voilà pourquoi nous autres, habitants de Wassenberg, avons apprécié d'emblée l'ouverture d'esprit des Pontorsonnais. La spontanéité alliée à la détermination a ici donné naissance à une mentalité particulière: non loin du Couesnon et de ses remous, des hommes opiniâtres qui ont le courage de leurs opinions. Comme on le voit, ce ne sont pas les qualités les plus répandues qui sont ici demandées.
Les hommes sont des Normands, qui gardent leur fierté. Sur leur front se lit toujours l'époque des pirates et les vieux drakkars nordiques voguent encore dans les têtes. Mais des rebelles bretons y ont aussi laissé des traces de leur soif avide d'aventures. Et puis, le Mont-Saint-Michel. Il dresse, fier, sa cime gothique. Un lieu céleste: hardi comme un Normand, un labyrinthe de pierre. Pour moi, qui l'ai vu si souvent, ce trône insulaire était pour ainsi dire la demeure du Graal du chevalier Lohengrin. Sa silhouette, qui pourrait l'oublier une fois apercue? Ses voûtes — d'une stricte facture gothique. Ses murailles encadrent jusqu'au faite d'étroites ruelles qui mènent les touristes à l'assaut du calvaire. On voit les moines comme ressuscités, en blue-jeans et le look vacancier, entrer dans la salle des Chevaliers et admirer dans la Merveille les miracles laissés par l'Histoire. Ici, les moines ont peint, tracé et écrit toutes sortes d'ornements en initiales d'or, en miniature, en filigrane. La flèche s'élève telle un phare, un point de vue de 159 mètres de hauteur. Tout ceci, je l'ai souvent vu dans l'air clair, de la taille d'un jouet, parfois noir dans l'ombre du granit. Et làbas, le vieux Pontorson: l'église, grise, structurée, vénérable, rapelle le temps du roi Henri et regarde de ses tours les couleurs de la mer, bleu et vert, blanc et gris. C'est pays qui fait ces hommes: le jaune de l'herbe, les reflets corail des baies dans les replis de terrain, les sables fins mêlés à la mer. Souvent, l'aurore embrase l'horizon et s'étend doucement sur les prés et les champs. L'ombre bleutée des grandes forêts s'épaissit à l'horizon. Secrets, les chemins étroits et les haies d'aubépine, les taillis regorgeant de nèfles vertes, de nids de pies noirs, et la vue sur la Normandie proche. Pontorson! Je suis ton admirateur! Nous autres, de Wassenberg, retrouvons la sérénité, car nous avons là des amis auxquels nous fier.

Pontorson.

Ouverture d'une amitié

En un plus de 20 ans, le jumelage Pontorson-Wassenberg a dans les deux villes influencé favorablement l'image locale de l'Allemagne aux yeux des Francais et celle de la France aux yeux des Allemands. Les répercussions à long terme des jumelages de villes contribuent de facon décisive à l'intégration européenne. De nombreux habitants de Wassenberg se sont consacrés avec fougue à cette idée, et à leur tête, certainement, Günter Rongen, qui assume aujourd'hui la présidence du comité de Jumelage de Wassenberg. Il personnifie, d'après le mot d'un Pontorsonnais, „une nouvelle édition du capitaine Orson", qui lui aussi, pour compléter l'image, jeta un pont, ne se contentant point de défendre la place forte sur le Couesnon. Les maires Günter Müller, Hans Deckers, Gerd Fischer, Jochen Schumann se sont eux aussi donnés avec ardeur à cette amitié naissante. L'administrateur Jakob Wolters et son successeur Walter Windeln ont constamment fait du jumelage leur souci personel.
En fait, tout a commencé par hasard: en 1965, la section junior de l'Association sportive Viktoria 09, avec son sens développé de l'aventure, avait organisé sous la direction de Hans Zohren un camp de vacances près de Pontorson. Se sont alors formées ce qu'en 1985, lors des Journées du Jumelage, on a appelé „les rela-

Francois Guillet mit Seniorenklub Pontorson unter freundschaftlicher und sachkundiger Führung von Günter Rongen auf der Wassenberger Burg.

tions humaines". Le jumelage a devant lui un avenir assuré parce que c'étaient justement les jeunes qui ont posé la pierre de cette amitié et parce que ce sont encore des jeunes qui, des deux côtés, se sentent appelés à consolider et à approfondir ces bases prometteuses. Dès le départ, le maire Günter Müller a reconnu dans ces mouvements fraternels une chose qui dépasse une sympathie mutuelle. Aussi, en 1966, avec Max Gotzen, Hans Freisinger, Josef Willms et Hans Windeln, il a posé des jalons en direction d'un objectif plus ambitieux: le jumelage.
De l'autre côté, les positions n'étaient pas moins marquées par l'ouverture d'esprit, en la personne du docteur Tizon. Aussi, le 28 novembre 1967, le conseil municipal de Wassenberg donnait son accord à un jumelage des deux villes, esquissé en octobre à Pontorson par une délégation. En février 1968, les détails des festivités étaient discutés à Wassenberg avec MM. Rebillon, Dumont, Guidon et Oursin. Le 3 mai 1968, une délégation nombreuse, accompagnée de l'harmonie municipale, part pour Pontorson. Le 5 mai 1968, elle y signe, dans la salle du conseil ornée pour la cérémonie, l'accord de jumelage. La ville de Pontorson est représentée officiellement par le préfet, J. Bruncan, et par le sous-préfet, M. Santacroce. Autour du maire, le docteur Tizon, sont rassemblés les maires des communes avoisinantes. A la tête de la délégation de Wassenberg se trouve le maire, Günter Müller, qui, dans son allocution en francais, souligne particulièrement le fait que ces relations d'amitié, le meilleur gage de la paix, ont été nouées par les jeunes. Le texte du document rédigé dans les deux langues est lu à haute voix et approuvé par tous les conseillers municipaux de Pontorson et de Wassenberg par „Oui" et „Ja". Ensuite, le docteur Tizon et le maire, Günter Müller, apposent leur signature. Günter Müller déclare: „Dans nos deux pays, les jeunes sont davantage ouverts que leurs aînés à l'idée de la réconciliation franco-allemande".
Le 11 mai a lieu la ratification solennelle de l'accord au château de Wassenberg. Ici, Günter Müller souligne que la signature du traité d'amitié franco-allemand en 1963 a mis un point final à la légende d „l'ennemi héréditaire". Pontorson et Wassenberg ne devraient pas manquer d'insuffler la vie à l'esprit du traité. Et c'est bien ce qui arriva à partir de là. Les groupes de jeunes, les classes scolaires, les délégations officielles et les Journées du jumelage, organisées régulièrement, donnent à ces liens un sens constamment renouvelé. Du 6 au 26. 8. 1969, Francois Guillet et 47 jeunes sont les invités de la Wingertsmühle. A Pontorson se crée un comité sous la direction d'Yves Rebillon. En 1971, Wassenberg élit Yves Rebillon Prince Carnaval. Heinz Zohren, Günter Rongen, Paul Wollenweber et Heinrich Jütten remettent solennellement au prince les insignes de sa dignité. A ce propos, une histoire amusante: „Pendant qu'Yves Rebillon pose en habits de prince devant la caméra, son ami, le docteur Poulain, subtilise ses vetements civils et les apporte à sa femme Antoinette. Le Prince Yves est alors bien obligé de traverser en hâte les rues de Pontorson. Ses concitoyens

sont enthousiasmès et lui crient comme au temps des rois: Yves le roi, Yves, le roi!
Le rapport administratif de la ville de Wassenberg 1966 — 1982 consigne toutes les activités du jumelage: l'inauguration des Allées de Pontorson et de la Place de Pontorson en 1972, l'allocution inoubliable du maire Judas, la maison forestière offerte à Pontorson (*Maison de Pontorson*), la présence de Pontorsonnais lorsque, le 18 juin 1973, les droits de cité sont de nouveau attribués à Wassenberg. Notre maire, Hans Dekkers, a une idée interéssante: La vieille église paroissiale de Pontorson est en cours de rénovation. Les habitants de Wassenberg font don de trois vitraux, dessinés et réalisés par Paul Wollenweber et Peter Thomas. Ce dernier et Günter Rongen aident énergiquement à leur mise en place en maniant le marteau et le burin. Le 28 mai 1976, après deux années de travaux de rénovation, a lieu l'inauguration de l'autel Notre-Dame. L'abbé Leclerc, qui a apporté son soutien infatigable à l'amitié entre Pontorson et Wassenberg, trouve des mots émus pour remercier de ce signe d'engagement fraternel.
Non seulement les jeunes, mais les plus âgés aussi se rencontrent lors des Journées du Jumelage. Ainsi, en 1976, Wassenberg propose au Club du troisième age de Pontorson un programme divertissant. A cette occasion, on consacre au chateau de Wassenberg une cloche de la paix. Et depuis 1977, sur l'hippodrome de Pontorson se court le Prix des Wassenberg.
La mort de Paul Wollenweber est une dure perte pour les deux villes, car il avait grandement oeuvré pour encourager des contacts de plus en plus intensifs. Paul Wollenweber était né le 3 mai 1920 à Hellenthal, dans l'Eifel. Son enfance et sa scolarité s'étaient déroulées à Langerwehe. Il avait passé le baccalauréat au Stiftisches Gymnasium de Düren. Après avoir servi de 1939 à 1945, il avait étudié l'architecture à l'Ecole Technique Supérieure d'Aix-la-Chapelle, où il avait recu sa formation artistique auprès du Pr Wendling et du sculpteur Schepp. Depuis 1955, il était établi à Wassenberg comme architecte et artiste décorateur. De nombreux travaux de haut niveau maintiennement vivace son souvenir à Wassenberg comme à Pontorson.
Le *Tour d l'Amitié* apporte une note nouvelle au jumelage: Günter Rongen, Armin Hasert et Heinz Taubert entreprennent à bicyclette le trajet de 700 km qui sépare de Pontorson. Là, à l'hôtel de ville, la fanfare, une grande partie de la population ainsi que les édiles attendent les vélocipédistes de Wassenberg. Avec le maire Jochen Schumann, le Jumelage prend un tour nouveau. Rendons ici à l'engagement de Günter Rongen, qui en 1983 dirige le comité de Jumelage avec l'aide de Walter Barten, Alex Dohmen, Karl-Heinz Geiser, Anton Schaffrath, Heinz Henzen, Jochen Schumann, Walter Windeln, Peter Thomas, Heinz Randerath et Walter Risters (†1986).
Karin Klimmeck rappelle dans son essai sur Pontorson l'ouvrage de l'abbé Beuve, qui présente cette ville de 5800 habitants tout au long de son histoire. Un moulin localisé pour la première fois au Pont d'Orson, les invasions de tribus germaniques entre 380 et 410 de notre ère, les Celtes, les Romains, l'influcence carolingienne, les Normands, les destructions de la Guerre de Cent Ans (1337—1453) et le Mont-Saint-Michel. Karin

Jumelage-Städtepartnerschaft: Urkunde vom 5. Mai 1968.

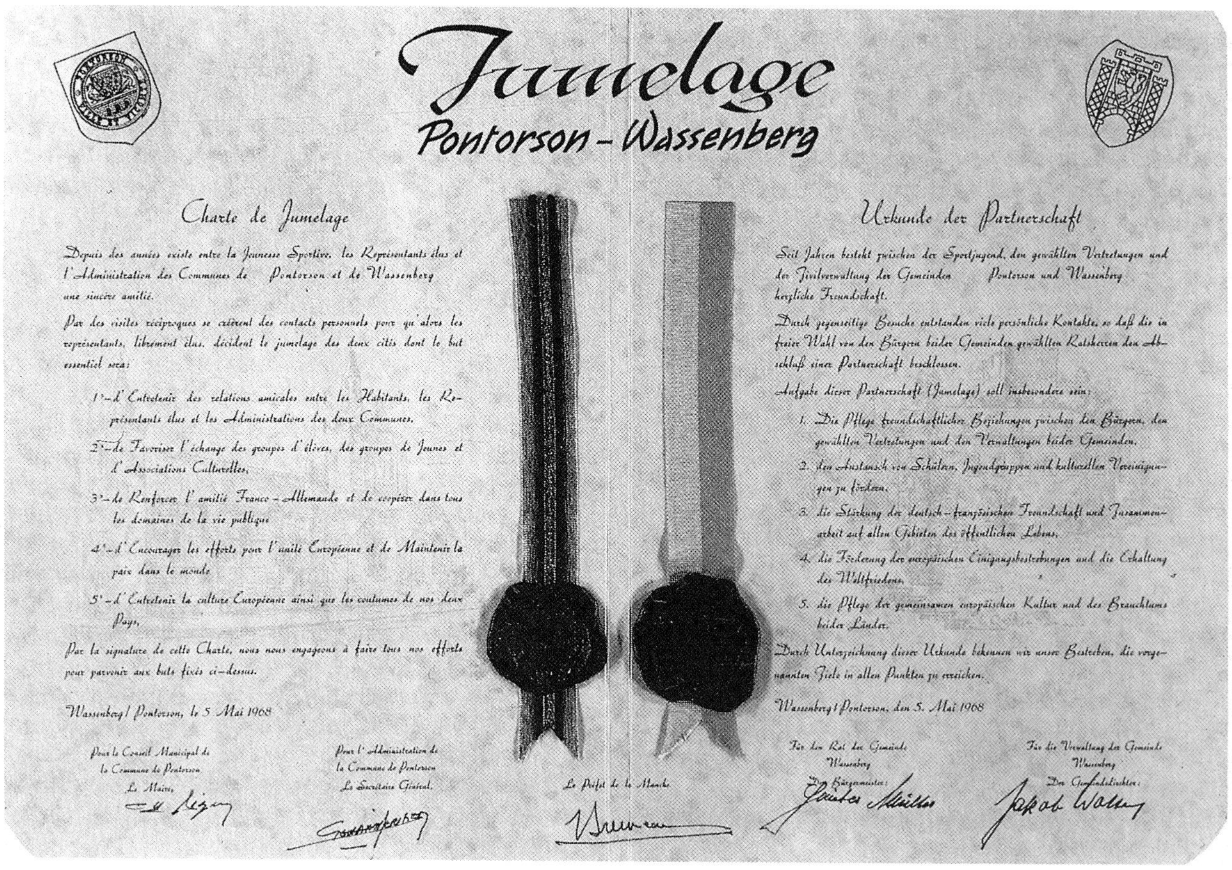
Jumelage
Pontorson - Wassenberg

Charte de Jumelage

Depuis des années existe entre la Jeunesse Sportive, les Représentants élus et l'Administration des Communes de Pontorson et de Wassenberg une sincère amitié.

Par des visites réciproques se créèrent des contacts personnels pour qu'alors les représentants, librement élus, décident le jumelage des deux cités dont le but essentiel sera:

1°-d'Entretenir des relations amicales entre les Habitants, les Représentants élus et les Administrations des deux Communes,

2°-de Favoriser l'échange des groupes d'élèves, des groupes de Jeunes et d'Associations Culturelles,

3°-de Renforcer l'amitié Franco-Allemande et de coopérer dans tous les domaines de la vie publique

4°-d'Encourager les efforts pour l'unité Européenne et de Maintenir la paix dans le monde

5°-d'Entretenir la culture Européenne ainsi que les coutumes de nos deux Pays,

Par la signature de cette Charte, nous nous engageons à faire tous nos efforts pour parvenir aux buts fixés ci-dessus.

Wassenberg/Pontorson, le 5 Mai 1968

Pour le Conseil Municipal de la Commune de Pontorson Le Maire,

Pour l'Administration de la Commune de Pontorson Le Secrétaire Général.

Le Préfet de la Manche

Urkunde der Partnerschaft

Seit Jahren besteht zwischen der Sportjugend, den gewählten Vertretungen und der Zivilverwaltung der Gemeinden Pontorson und Wassenberg herzliche Freundschaft.

Durch gegenseitige Besuche entstanden viele persönliche Kontakte, so daß die in freier Wahl von den Bürgern beider Gemeinden gewählten Ratsherren den Abschluß einer Partnerschaft beschlossen.

Aufgabe dieser Partnerschaft (Jumelage) soll insbesondere sein:

1. Die Pflege freundschaftlicher Beziehungen zwischen den Bürgern, den gewählten Vertretungen und den Verwaltungen beider Gemeinden,
2. den Austausch von Schülern, Jugendgruppen und kulturellen Vereinigungen zu fördern,
3. die Stärkung der deutsch-französischen Freundschaft und Zusammenarbeit auf allen Gebieten des öffentlichen Lebens,
4. die Förderung der europäischen Einigungsbestrebungen und die Erhaltung des Weltfriedens,
5. die Pflege der gemeinsamen europäischen Kultur und des Brauchtums beider Länder.

Durch Unterzeichnung dieser Urkunde bekennen wir unser Bestreben, die vorgenannten Ziele in allen Punkten zu erreichen.

Wassenberg/Pontorson, den 5. Mai 1968

Für den Rat der Gemeinde Wassenberg Der Bürgermeister: Günter Müller

Für die Verwaltung der Gemeinde Wassenberg Der Gemeindedirektor: Jakob Wolters

Die Wassenberger Kirchenfenster in der Notre Dame de Pontorson. Entwurf und Produktion: Peter Thomas, Ophoven und Paul Wollenweber, Wassenberg.

Klimmeck écrit: „La ville de Pontorson et l'îlot rocheux du Mont-Saint-Michel, relié au continent par une chaussée, ont des limites communes. A marée haute, l'île est entourée par la mer, et à marée basse par de dangereux sables mouvants. Du village du Mont-Saint-Michel, entouré de murailles, une rue monte à l'abbaye bénédictine, qui date de 1228. Il s'agit là d'un des monuments les plus remarquables de France."

Dans son discours lors des Journées du Jumelage de 1984 au château de Wassenberg, l'auteur déclarait: "Toute réussite est subordonnée à un étroit contact entre les hommes, comme nous le vivons intensément avec nos amis de Pontorson. Comprendre, dit A. Grosser, c'est une passion, c'est la passion de comprendre".

Widmung an Pontorson

Pontorson — eine wesenstiefe und erzählende Region. Schon 1944, als ich zum ersten Mal das Land um Pontorson betrat, hat mich der Gegensatz von Melancholie und strahlender Zuversicht fasziniert. Viel grüblerische Neigung und mancher Philosoph sind dort zuhause. Ungeprüftes Übernehmen ist hier fremd. Das Vorurteil hat keine Chance dort, wohl dehalb war uns Wassenbergern die Pontorsoner Offenheit von Anfang an Geschenk. Spontaneität mit starkem Willen schafft hier eigene Mentalität. Die Leute, nicht weit vom strudelreichen Couesnon entfernt, mit Stehvermögen und Zivilcourage. Man merkt, die üblichen Eigenschaften sind es nicht, die hier gefragt. Die Menschen sind Normannen; sie haben ihren alten Stolz. Auf ihrer Stirn steht immer noch Piratisches, und immer noch sind in den Köpfen die alten Drachenschiffe aus dem Norden unterwegs. Doch auch bretonische Rebellen verewigten sich hier in wilder, abenteuerlicher Lust. Und dann Mont-Saint-Michel. Stolz reckt er hoch sein gotisches Haupt. Die Engelsburg: normannisch kühn, ein steinern Labyrinth. Für mich war dieser Inselthron, sooft ich ihn bis heute sah, wie unsere Gralsburg Ritter Lohengrins. Die Silhouette — wer vergißt sie, der sie erblickt? Die Bögen — gotisch streng gegliedert. Gemäuer führt in engen Gassen aufwärts. Man sieht die Mönche gleichsam auferstanden in Jeans und Urlaubs-Look zum Saal der Ritter ziehn, um im *Merveille* die Wunder zu bestaunen, die hier Geschichte hinterließ. Gemalt, gezirkelt und geschrieben, das haben Mönche hier in goldnen Initialen, in Miniaturen, im Filigran und Ornament getan. Der Turmhelm ragt grad wie ein Leuchtturm, point de vue, die 159 Meter hoch empor. Und oft sah ich das alles spielzeughaft und klein in klarer Luft, auch schwarz granitisch wie ein Schattenriß. Und drüben liegt das alte Pontorson. Die Kirche grau, gegliedert, altehrwürdig noch aus König Heinrichs Zeit, schaut mit den Türmen nach des Meeres Farben blau und grün und weiß und grau. Das Land macht diese Leute: das gelbe Gras, die Beeren, die korallengleich aus Bodenwellen leuchten, die feinen Sande mit dem Meer verwischt.

Peter Thomas, Abbé Leclerc und Günter Rongen beim Einbau der von Wassenberg gestifteten Kirchenfenster für Pontorsons Kirche Notre Dame. Peter Thomas et Günter Rongen aident énergiquement à leur mise en place en maniant le marteau et le burin. Le 28 mai 1976, après deux années de travaux de rénovation a lieu l'inauguration de l'autel Notre Dame. L'abbé Leclerc, qui a apporté son soutin infatigable à l'amitiè entre Pontorson et Wassenberg, trouve des mots émus: pour remercier de ce signe d'engagement fraternel.

Und oft steht hier die Morgenröte breit am Horizont und legt ein warmes Band weich über Weide, über Flur. Die weiten Wälder verdichten sich blauschattig in den Horizont. C'est la campagne de Pontorson! Die schmalen Wege und die Weißdornhecken, das Dikkicht voll mit grünen Mispelbällen, mit schwarzen Elsternestern und mit Aussicht auf die nahe Normandie. Pontorson! Je suis ton admirateur!

Ouverture einer Freundschaft

Le Jumelage zwischen Wassenberg und Pontorson hat in mehr als 20 Jahren das ortsinterne Deutschlandbild der Franzosen und das Frankreichbild der Deutschen in den beiden Kleinstädten positiv beeinflußt. Die Langzeitwirkungen von Städtepartnerschaften sind ein entscheidender Schritt zur europäischen Integration. Zahlreiche Wassenberger haben sich dieser Idee mit leidenschaftlichem Engagement gewidmet. An ihrer Spitze sicherlich Günter Rongen (*1928 in Heinsberg, seit 1984 stellvertr. Bürgermeister), der auch den Vorsitz im Partnerschaftskomitee der Stadt Wassenberg zur Zeit inne hat. Er ist nach einem Wort eines Pontorsoners „une nouvelle édition du capitaine Orson", welcher, um das Bild auszumalen, eine Brücke schlug und nicht nur die Festung am Couesnon verteidigte. Ebenso viel Elan vital investierten die Bürgermeister Günter Müller, Hans Deckers, Gerd Fischer, Jochen Schumann in diesem Freundschaftspakt. Amtsdirektor Jakob Wolters und sein Nachfolger Stadtdirektor Walter Windeln haben sich den Jumelage immer zum ganz persönlichen Anliegen auserkoren und damit auch im besten Sinne europäisch und historisch gewirkt.
Alles begann eigentlich par 'hasard, per Zufall: Die Jugendabteilung des SSV Viktoria 09 hatte mit feiner Nase für eine erlebnisintensive Landschaft im Jahre 1965 ein Ferienlager unter Leitung von Hans Zohren bei Pontorson aufgeschlagen. Es geschah genau das, was 1985 bei den Partnerschaftstagen mit „les relations humaines" artikuliert wurde. Es gab dem Jumelage deshalb Zukunft, weil es gerade Jugendliche waren, die die Grundlegung dieser Freundschaft vollzogen, weil es auf beiden Seiten immer wieder Jugendliche sind, die sich zur Sicherung und Vertiefung eines Freundschaftsversprechens aufgerufen fühlen. Bürgermeister Günter Müller hat von Anfang an diese mitmenschlichen Bewegungen als etwas erkannt, was mehr ist als sympathische Zuneigung. Er hat deshalb 1966 mit Max Gotzen, Hans Freisinger, Josef Willms und Hans Windeln die Weichen in Richtung auf ein größeres Ziel gestellt: Le Jumelage. Eine ebenso verstehensoffene Haltung kam von der anderen Seite. Hier war es Maire Dr. Tizon.
Am 28. 11. 1967 beschloß der Rat der Gemeinde Wassenberg einer Städtepartnerschaft zuzustimmen, die im Oktober in Pontorson entworfen worden war. Im Februar 1968 wurden die Einzelheiten der Jumelage-Feiern mit Messieurs Rebillon, Dumont, Guidon und Oursin in Wassenberg besprochen. Am 3. 5. 1968 reiste eine vielköpfige Abordnung und das Fanfarenkorps nach Pontorson, um im festlich geschmückten Rathaussaal den Partnerschaftsvertrag zu unterzeichnen. Dies geschah am 5. 5. 1968. Die Stadt Pontorson wurde dabei offiziell durch den Präfekten Jaques Bruncan und den Unterpräfekten M. Santacroce vertreten. Neben Bürgermeister Dr. Tizon waren auch die Bürgermeister der umliegenden Gemeinden erschienen. An der Spitze der Wassenberger Delegation stand Bürgermeister Günter Müller, dessen Ansprache in französischer Sprache besonders den Gedanken hervorhob, diese Freundschaft sei von der Jugend ausgegangen. Sie wäre der beste Garant des Friedens. Der Text der in beiden Sprachen verfaßten Urkunde wurde laut verlesen und von allen Wassenberger und Pontorsoner Ratsherrn mit „Oui" und „Ja" bekräftigt. Dann setzten Dr. Tizon und Bürgermeister Günter Müller ihre Unterschriften unter das Dokument. Günter Müller

Unterzeichnung in Pontorson : Le 5 mai 1968, elle y signe, dans la salle du conseil ornée pour la cérémonie, l'accord de jumelage. Die Stadt Pontorson offiziell vertreten durch Präfekt J. Bruncan und Unterpräfekt M. Santacroce, Bürgermeister Dr. Tizon und die Bürgermeister der umliegenden Gemeinden. Die Unterzeichnung fand in beiden Regionen bei jung und alt festliche Resonanz. Die Ansprache von Bürgermeister Müller in französischer Sprache bleibt unvergeßlich: „Dans nos deux pays les jeunes sont davantage ouverts que leurs aînés à l'idée de la réconciliation franco-allemande."

Prix de Wassenberg. Bürgermeister Jochen Schumann überreicht den alljährlich von der Stadt Wassenberg gestifteten Pokal für den besten Trabrennfahrer. Zwischen Sieger und Bürgermeister freut sich Günter Rongen, der Präsident des Partnerschaftskomitees Wassenberg. Dritter von rechts Stadtdirektor Walter Windeln. (Foto: Yves Houdus, Pontorson).

sagte: „Dans nos deux pays, les jeunes sont davantage ouverts que leurs aînés à l'idée de la réconciliation franco-allemande." Am 11. Mai fand die feierliche Unterzeichnung des Vertrages auf der Burg Wassenberg statt. Hier betonte Günter Müller, die Unterzeichnung des deutsch-französischen Freunschaftsvertrages im Jahre 1963 habe einen Schlußstrich unter die „Erbfeindschaft" gezogen. In Pontorson und Wassenberg werde sich eine solche Absicht mit Leben erfüllen. Und das geschah denn auch. Jugendgruppen, Schulklassen, offizielle Abordnungen, regelmäßige Partnerschaftstage gaben dem Jumelage einen immer wieder neu belebten Sinn. Vom 6. 8. bis 26. 8. 1969 ist Francois Guillet mit 47 Jugendlichen in der Wingertsmühle zu Gast, in Pontorson wird ein Komitee unter Yves Rebillon gebildet. 1971 kürt Wassenberg Yves Rebillon zum Prinzen Karneval. Heinz Zohren, Günter Rongen, Paul Wollenweber und Heinrich Jütten übergeben in feierlicher Form dem Prinzen die Zeichen seiner Würde. Eine hübsche Story schließt sich an: „Während Yves Rebillon in prinzlichen Gewändern im Atelier vor der Kamera sitzt, stibitzt sein Freund Dr. Poulain seine Zivilkleider und bringt sie zu dessen Frau Antoinette. So bleibt Prinz Yves nichts anderes übrig, als im vollen Ornat durch die Straßen Pontorsons zu eilen. Seine Mitbürger sind begeistert und rufen wie in königlichen Zeiten: „Yves, le Roi! Yves, le Roi!"[908]

Im Verwaltungsbericht der Stadt Wassenberg 1966—1982 sind alle Aktivitäten der Partnerschaft verzeichnet: Die Einweihung der Pontorsonallee und des Pontorsonplatzes 1972, die unvergeßliche Ansprache von Maire Judas, das Forsthaus als Geschenk an Pontorson (*Maison de Pontorson*), die Anwesenheit von Pontorsonern bei der Wiederverleihung der Stadtrechte an Wassenberg am 18. 6. 1973. Unter Bürgermeister Hans Deckers entstand eine interessante Idee: In Pontorson wurde die alte Pfarrkirche renoviert. Die Wassenberger stifteten drei Buntglasfenster, die Paul Wollenweber und Peter Thomas entwarfen und herstellten. Bei der Montage der Fenster leisteten Günter Rongen und Peter Thomas mit Hammer und Meißel tatkräftige Hilfe. Am 28. Mai 1976 fand die Weihe des Altares in der Notre Dame von Pontorson nach zweijähriger Renovierung statt. Abbé Leclerc, unermüdlicher Förderer der Freundschaft Pontorson-Wassenberg, dankte in bewegten Worten für das Zeichen mitmenschlicher Verbindung. Nicht nur die Jugend, auch die ältere Generation traf sich zu Partnerschaftstagen. So 1976 in Wassenberg, wobei aus Pontorson der *Club des dritten Alters* mit einem auf sie zugeschnittenen Programm erfreut wurde. Bei dieser Gelegenheit ertönt auf der Burg zum ersten Mal die Wassenberger Friedensglocke. Seit 1977 wird auf dem Pferde-Rennplatz in Pontorson der *Prix de Wassenberg* ausgetragen.

Der Tod von Paul Wollenweber war ein bitterer Verlust für beide Städte; denn Paul hatte sich enorm für die Förderung der immer intensiver werdenden Kontakte eingesetzt. Paul Wollenweber wurde am 3. 5. 1920 in Hellenthal/Eifel geboren. Seine Kindheit und Schulzeit verbrachte er in Langerwehe. Am Stiftischen Gymnasium in Düren machte er sein Abitur. Nach Kriegsdienst von 1939—1945 studierte er Architektur an der Technischen Hochschule Aachen. Seine künstlerische Ausbildung erhielt er unter anderem bei Prof. Wendling und bei dem Bildhauer Schepp. Seit 1955 war er Freischaffender Architekt und Bildender Künstler in Wassenberg. Zahlreiche Arbeiten von hohem Rang halten die Erinnerung an ihn wach.

Mont-Saint-Michel bei Pontorson.

Eine neue Note kam mit der *Tour der Freundschaft* in den Jumelage: Günter Rongen, Armin Hasert und Heinz Taubert debütierten mit dem Fahrrad die 700 km lange Strecke nach Pontorson. Am dortigen Rathaus erwarteten eine Musikkapelle, große Teile der Bevölkerung und die Honoratioren der Stadt die Wassenberger auf ihren vélocipédes.

Mit Bürgermeister Jochen Schumann gewann der Jumelage neue Akzente. Bewundernswert nach wie vor der Einsatz von Günter Rongen, der 1983 zusammen mit Walter Barten, Alex Dohmen, Karl-Heinz Geiser, Anton Schaffrath, Heinz Henzen, Jochen Schumann, Walter Windeln, Peter Thomas, Heinz Randerath und Walter Risters (†1986) das Partnerschaftskomitee stellt. Aber auch Erwin Stock, von 1975 bis 1979 Präsident des Wassenberger Partnerschaftskomitees, hat große Verdienste wegen seiner zündenden Ideen, seines ausdauernden Einsatzes und seines „frankophillen Temperamentes".

Karin Klimmeck erinnert in ihrem Essay über Pontorson[909] an das Geschichtswerk von Abbé Beuve, das die 5 800 Einwohner zählende Stadt in ihren vielfältigen Schicksalsläufen darstellt. Die Ersterwähnung einer Mühle an der Brücke d'Orson, die Einfälle germanischer Stämme zwischen 380—410 n. Chr., die Kelten, die Römer, der karolingische Einfluß, die Normannen, Zerstörungen im Hundertjährigen Krieg (1337—1453) und der Mont-Saint-Michel. Fast ein bißchen Parallele zur „Histoire de Wassenberg". Karin Klimmeck schreibt: „Die Stadt Pontorson und die durch eine Straße mit dem Festland verbundene Felseninsel Mont-Saint-Michel haben eine gemeinsame Gemeindegrenze. Bei Flut ist die Insel vom Meere, bei Ebbe von gefährlichem Flugsand umgeben. Von dem mauerumgebenen Dorf Mont-Saint-Michel führt eine Straße zu der hochgelegenen Benediktinerabtei aus dem Jahre 1228. Diese ist eines der bedeutendsten Baudenkmale Frankreichs".[910]

In seiner Rede bei den Partnerschaftstagen 1984 auf Burg Wassenberg sagte der Verfasser: „Alles gelingt durch die ganz persönliche Nähe der Menschen, wie wir dies hautnah mit unseren Freunden aus Pontorson erleben. Nach Grosser ist Verstehen Leidenschaft! Toute réussite est subordinée à un étroit contact entre les hommes, comme nous le vivons avec nos amis de Pontorson aujourd'hui de facon si intense. Comprendre, dit Alfred Grosser, c'est une passion, c'est la passion de comprendre".

Die Wiederverleihung der Stadtrechte

Bis heute habe ich keine mittelalterliche Urkunde über die effektive Verleihung der Stadtrechte an Wassenberg entdecken können. Ohne Zweifel aber ist Wassenberg, mindestens seit 1273 Stadt: *opidum, civitas, stat.* 1273 darf als sogenannter *terminus ante quem* gelten, d. h. der Zeitpunkt, vor dem Wassenberg schon Stadt war. Erstaunlich, daß zahlreiche Städte das bedeutungsvolle Datum ihrer Stadterhebung damals nicht gewissenhafter dokumentiert haben. Auch spätere Akten und Urkunden, die zu allen möglichen Ereignissen der Vergangenheit Stellung beziehen, verschweigen das Stadtgründungsdatum. Man könnte meinen, Urkunden solcher Art seien besonders gern verloren gegangen. Das ist aber nicht der Fall. Viele Städte wie Wassenberg erlebten sicherlich keinen speziellen, feierlichen Stadterhebungsakt, der eine urkundliche Dokumentation gerechtfertigte, wie dies Jahrhunderte später am 18. 6. 1973 mit dem Beschluß vom 5. 6. 1973 durch die nordrheinwestfälische Landesregierung geschah. Stadtwerdungen waren im Mittelalter wohl meistens langfristige Vorgänge. Man darf sich das so vorstellen: ein Privileg trat zum anderen und ließ das Gemeinwesen nach und nach in die Qualität einer Stadt vorrücken.

Insofern ist die erste schriftliche Erwähnung als Stadt das entscheidende Kriterium. Dieses Datum führt uns über 700 Jahre zurück ins Mittelalter. Mir liegt eine Urkunde vom 1. Dezember 1273 vor, an der das große Wassenberger Stadtsiegel am schmalen Pergamentpressel hängt. Es handelt sich um ein Dokument des Klosters Dalheim, das im Hauptstaatsarchiv Düsseldorf unter „Nr. 1 Dalheim" eingesehen werden kann: ‚MCCLXXII apud Wassenberg. Inhalt: Heinrich von Rurdorp (bei Roermond) verkauft dem Konvent zu Dalheim sein Erbe. Er gerät dadurch in Streit mit seinem Bruder Wilhelm. Der Ritter Gottfried von Ulenbosch (= Eulenbusch bei Wassenberg) bekundet die vor ihm und den Schöffen erfolgte Aussöhnung der beiden Brüder, die seine Vettern sind. Heinrich soll dem Bruder 30 Mark auszahlen, wonach dieser auf alle seine Ansprüche verzichtet. Zeugen sind Sibert von Commortere und sein Sohn Heinrich, Sibert von Hükkelhoven, Magister Heinrich von Wassenberg, Johann von Orsbeck, Vogt von Wassenberg'.

Das Siegel des Gottfried von Ulenbusch fehlt. Das Siegel der Stadt Wassenberg ist voll erhalten. Es zeigt drei zinnenbekrönte Türme, wovon der mittlere etwas größer als die seitlichen ist. Das Siegel hat einen Durchmesser von 6,9 cm und trägt die Umschrift: + SIGGILLU(M) . CIVITATIS . WASSENBURGE(N)SIS. Ein hohes Turmtor mit rundbogiger Durchfahrt ist in der Mitte des Stadtsiegels zu erkennen. Über dem Torbogen hängt ein Wappenschild, das einen doppelgeschwänzten, steigenden Löwen zeigt. Drei starke Zinnen krönen das Turmtor, von dem die beiden äußeren über den Mauerrand hinauskragen. Zwei kleine gezinnte Türme flankieren links und rechts den Hauptturm und erzeugen den Eindruck von städtischer Kraft und Größe.

Ursprünglich befindet sich der Originalstempel des Siegels in der Sammlung Charvet in Paris. Seit dem Ende des Zweiten Weltkriegs ist er jedoch verschollen. Desungeachtet bewahren eine Reihe von Archiven den Siegelabdruck auf.

Der Stadtsiegel-Fehler

Das Wassenberger Siegel hat eine Besonderheit. Es ist fehlerhaft, ein „sceau fautif". Der Fehler liegt in der

Umschrift. In dem Wort WASSENBURGESIS fehlt das N. Stattdessen hat der Hersteller dieses großen Typars aus Versehen über dem G statt über dem E den Kürzungsstrich für das ausgefallene N gesetzt.
Der Siegelforscher Toni Diederich nennt die Machart des Wassenberger Siegelbildes „verhältnismäßig primitiv", weil der Wappenlöwe graphisch verunglückt scheint.[911] Er gibt allerdings zu, daß dies „auf ein höheres Alter des Siegels schließen" läßt. Auf der anderen Seite sind die Formen des unzialen C und E mit durchgehendem, gebogenem und über das Zweiliniensschema hinausreichenden Zierstreifen ausgesprochen modern „und weisen eigentlich schon in das ausgehende 13. Jahrhundert. Diese modernen Elemente sind naturgemäß von größerem Gewicht für die Datierung als die altertümlichen Bestandteile."[912] Das Wassenberger Stadtsiegel ist jedenfalls romanisch. Die starke Hervorhebung von Stadtmauer mit Tor und Befestigung will städtischen Eindruck hervorrufen. W. Ewald weist für Siegel ähnlicher Gestaltung darauf hin, daß die Bauwerke darauf zumeist in stark schematisierter Form wiedergegeben werden.
Der Sigillograph Toni Diederich hat 1984 die Auffassung vertreten, das Wassenberger Stadtsiegel könne nicht lange vor 1273 entstanden sein. Wie dem auch sei, es hat den Anschein, hier war ein ungeübter Siegelstecher am Werk. Er hat sich an dem verbreiteten Typ der älteren niederrheinischen Städtesiegel orientiert.

Das Wassenberger Schöffensiegel

Neben dem großen Stadtsiegel tritt seit Ende des 13. Jahrhunderts auch das Wassenberger Schöffensiegel auf. Die Schöffen siegeln grün oder braun. Seit dem

Wassenberger Schöffensiegel (Stadtarchiv).

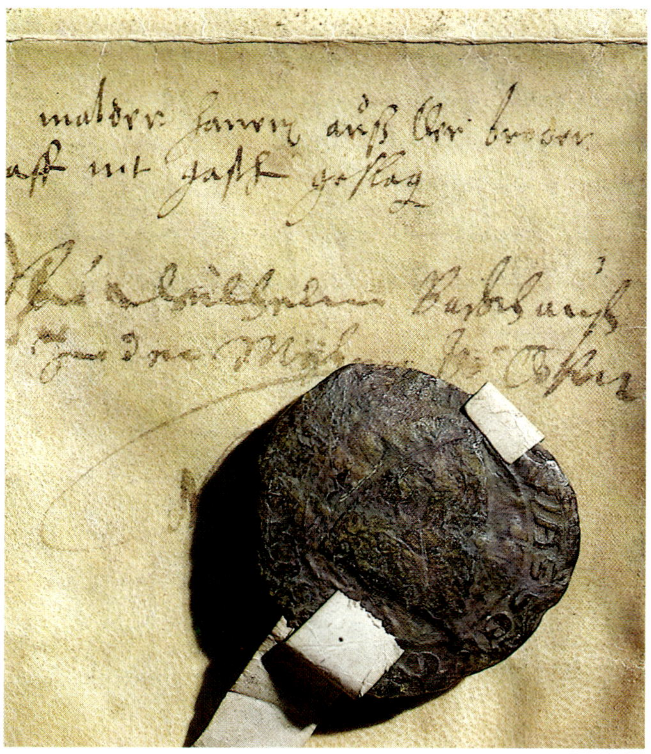

13. Jahrhundert zeigt der Wappenschild des Schöffensiegels den Löwen der Herren von Wassenberg-Limburg. Das Siegel trägt die Umschrift + SIGILLUM SCABINORUM IN WASSENBERG. Wir finden es z.B. an der Stiftsurkunde vom 23. Juni 1300 oder an den Kloster-Dalheim-Urkunden 32, 41, 43, 47 zwischen 1303 und 1378. Auch im Dülkener Stadtarchiv gibt es eine Kreuzbrüder-Urkunde Nr.22 von 1669 mit dem Wassenberger Schöffensiegel sowie unter Heinsberg im Hauptstaatsarchiv Düsseldorf Nr. 98, 139, 152, 163 zwischen 1405 und 1462. Die im Wassenberger Stadtarchiv befindlichen Urkunden haben fast alle ihr Schöffenamtssiegel verloren. Bei einigen sind noch geringe Reste vorhanden, bei anderen starke Beschädigungen. Lediglich die Urkunden Nr. 22, 28, 29 lassen den alten Glanz des Schöffensiegels ahnen.
Neben dem Stadtsiegel und dem Schöffenamtssiegel besitzen die Pröpste ihr eigenes Siegel. In der „Kirchengeschichte des Wassenberger Raumes" ist es beschrieben und abgebildet. Die *Prepositi* siegeln schwarz oder grün. Die Stiftsurkunden Nr.96 und Nr. 98 (1595 und 1601) zeigen das Andreaskreuz sowie das Familienwappen der Herren von Orsbeck (Eremundus ab Orsbeck und Dietrich ab Orsbeck). Wir müssen aber noch auf ein weiteres Wassenberger Siegel verweisen: das Dechantensiegel. Der *decanus* siegelt rot, z. B. Urkunde Nr.124 im Wassenberger Pfarrarchiv.
Zurück zum großen Stadtsiegel: Der doppelgeschwänzte Löwe des Wappenschildes ist zweifellos limburgisch. Er verweist geradewegs auf den Stadtherrn und den Stadtgründer.

Stadtgründer Walram IV. von Limburg

Es unterliegt wohl keinem Zweifel: Herzog Walram IV. von Limburg († 1279/80) ist der Stadtgründer. Er erhebt Wassenberg zur Stadt. Herzog Walram begegnet uns historisch dort, wo die Linie der Herren von Wassenberg mit Gerhard VIII. 1257 ausstirbt. Walram IV. von Limburg ist „de laatste hertog uit het limburgse huis"[913], identisch mit dem Herzog, der die für Myhl so bedeutungsvolle Urkunde von 1269 ausfertigte, in der Myhl zum ersten Mal namentlich vorkommt. Während noch in einer Akte von 1262 Walram vom *castro nostro de Wassemberg* spricht[914] heißt es ab 1283 und später immer wieder *castrum et opidum Wassemberg cum omnibus suis pertinentiis*. 1310 wird von *castrum, opidum et terra de Wassemberg* gesprochen und 1413 von *borch, stat, lant ind lude*. In den folgenden Jahrhunderten ist Wassenberg in Urkunden und Akten ständig als *Stadt* artikuliert. So beispielsweise im Städtebund von Löwen am 8. 3. 1354, wo Deputierte aus 38 Städten Brabants, darunter Wassenberg, erklären, nie in eine Landesteilung einzuwilligen und stets für die Erhaltung des Friedens untereinander einzutreten. Auch im Städtebund vom 21. 6. 1406 erscheint die Stadt Wassenberg. 1407 steht unsere *stat* in einem Schutzbrief des Herzogs Anton von Brabant für die Georgskirche:

Urkunde Kloster Dalheim Nr. 1 mit Wassenberger Stadtsiegel vom 1. Dezember 1273. (Siehe Wiedererhebung zur Stadt 1973!)

Wassenberger Bürgermeisterkette seit 1962.

Anthonys by der Gratien Gots Hertoge van Lothr . . . Wy doen ite weten, dat wy ter otmodiger Beden ons gedain van unsen gemynder wegen des Proist en des Capittels der Collegiaill Kircken van St. Joeris in unser Stat van Waßenberge ondem Bißdomme van Ludick gelegen, dieselve Prost und Caple. die Capellanen, Amptlude, Dienere, Dorpen, Herlicheiden, Thienden und ande Goide Renthen und Recht, hen ende der versch. Kerken toehoerende, liggende und wesende onder ons und sonderlinge binnen unsen Landen tüßchen der Masen en den Ryn genommen hebben en geset, nemen und setten mit diesen Brieve in unser seker Hoeden und sonderlinger Beschirmenißen . . .[915]

In einer Urkunde Karls des Kühnen von Burgund finden wir 1472 Wassenberg als Stadt ebenso bezeichnet wie in der für Wassenberg so bedeutsamen Privilegienverleihung Kaiser Karls V. am 23. 5. 1523 . Im *Privelegium* Kaiser Karls V. heißt es:

Kaerle van der gracie goids gecoren Roomsch Keyser . . . Wy hebben ontfangen die oetmoedege Supplicacie van den burgemeesters Scepen ende Raedt der Stadt van Wassenborg.[916]

Georg von Below kommentiert das Städtewesen im Herzogtum Jülich: „Außer der Ritterschaft hat sich nur noch ein Landstand in Jülich und Berg ausgebildet: die Städte. Die städtischen Gemeinwesen zerfielen am Anfang des 16. Jahrhunderts in Jülich in 19 Städte im engeren Sinne, in 3 Freiheiten und 2 Thälern (Thäler im Sinne von Länder). Die Jülicher Städte waren Jülich, Düren, Münstereifel, Euskirchen, Nideggen, Bergheim, Kaster, Grevenbroich, Gladbach, Linnich, Randerath, Heinsberg, Dülken, Dahlen, Gangelt, Waldfeucht, Sittard, Süstern und Wassenberg. Die Freiheiten waren Aldenhoven, Geilenkirchen und Nörvenich. Thäler waren Heimbach, Montjoie (Monschau war 1412 Stadt, 1489 Freiheit, 1509 Thal)".

Eine Urkunde vom 21. 6. 1491 teilt die Abtretung von Schloß, Stadt und Land Wassenberg durch Vinzenz von Moers an den Herzog von Jülich gegen die Erlegung der Pfandsumme mit.[917] In dem in Sachen *Mannkammer* behandelten *Weisthum der Wassenberger Lehnsdienste* vom 18. 10. 1525 ist expressis verbis von *stat* die Rede. Es heißt dort gleich zu Anfang:

Wir scheffen gemeynlich der stat Wassenbergh doin kunt, dat vur unß kommen ind erschenen synt etzliche scheffen, liehnman ind underdaenen der stat ind lantz van Wassenbergh ind haven gezuygt van etzlichen saichen ind punten, aingainde den dyenst der liehnman des huyß ind herlicheyt van Wassenberg . . .[918] Sodann in den Landtagsakten den Jülicher Festungsbau von 1576 betreffend: *Bürgermeister, scheffen und rat der stadt Wassenberg haben für sich und wegen irer burgerschaft in die von wegen meines gnäd. Heren herzog . . . angesonnene sesstagige dienstleistungen . . . sich beschwert und demnach zu irer entschuldigung ein supplication übergeben.*[919]

Anläßlich des Übergangs von Wassenberg an Jülich sind einem Exemplar der Jülichschen Landesordnung von 1555 die Stadtrechte von Wassenberg und der Bürgereid beigeschrieben.[920] Wassenberg besitzt bis zur französischen Fremdherrschaft Stadtrechte. Bei der Darstellung der napoleonischen Epoche haben wir erfahren, wie die verfassungsrechtlichen Unterschiede zwischen Stadt- und Landgemeinden im Jahre 1798 infolge der neuen Munizipalverfassung beseitigt wurden. Erst die Einführung der Rheinischen Städteordnung vom 15. 5. 1856 hat wieder Städte im Rechtssinn geschaffen. Allerdings ist die Bezeichnung *Stadt* auch in der Zwischenzeit verwendet worden, wie es auch im Rheinischen Provinziallandtag seit 1826 einen Stand der Städte gegeben hat. Für die Aufnahme in diesen Stand war ein höherer Grad gewerblicher Tätigkeit maßgebend, was jedoch für Wassenberg leider nicht zutraf. Bis 1887 konnte die Verleihung der Städteordnung nur an Gemeinden erfolgen, die bereits im Provinziallandtag zum Stand der Städte gehörten. In der topographischen Beschreibung des Regierungsbezirks Aachen von 1827 wird Wassenberg als „Flecken" tituliert.[921] Es hat demnach damals nicht zum Stand der Städte gehört. Die Hoffnung der Wassenberger, nach Napoleons Abschied durch die neuen preußischen Herren die Stadtrechte zurückzubekommen, blieb unerfüllt.

Im 13. Jahrhundert wurde Wassenberg durch Herzog Walram IV. von Limburg zur Stadt erhoben, weil es in rechtlich-sozialer Hinsicht eine beachtliche Ansied-

lung darstellte und neben der Unabhängigkeit seiner Gemeindeeinrichtungen 1. einen Markt, 2. eine Befestigung, 3. einen eigenen Gerichtsbezirk besaß. Nach Xanten (1228) hat das 13. Jahrhundert auf kurkölnischem Gebiet die Stadterhebungen von Rheinberg, Uerdingen und Kempen, auf klevischem Gebiet Kalkar, Kleve (1242), Grieth und Kranenburg, auf geldrischem Gebiet Geldern und Goch und im Süden Heinsberg, Jülich und Wassenberg (vor 1273) realisiert. Das 14. Jahrhundert brachte Stadterhebungen in Mönchengladbach, Dülken, Kaster, Linnich, Bergheim, Grevenbroich u.a.
Erich Meuthen konstatiert einen beachtlichen Anteil bei den Stiftern (St. Georg-Stift Wassenberg) an der Stadtentstehung am Niederrhein.[922] Was der Advokat des Klevischen Hofgerichts Egbert Hopp über den Ursprung seiner Vaterstadt Kleve sagt, kann modifiziert auch für unsere Stadtentstehung gelten:

Die Geistlichen sind *anfänglich Regulares gewesen, nachher haben sie ihren Orden verändert, und haben ein Capitul gestiftet mit verschiedenen Wohnungen für die Canonicis. An so einem heiligen Orth mehreten sich die Einwohner täglich . . . und ist mit solche Gelegenheit eine Statt geworden.*

Die Bedeutung von Burg und Georgsstift als Siedlungskern, als Träger zentraler Funktionen, als belebende wirtschaftliche Faktoren muß als Grundlage für die Wassenberger Stadtentstehung angesehen werden. Mehr als die Hälfte der niederrheinischen Städte waren mit einem Stift ausgestattet.
Erst im Jahre 1973 erhält Wassenberg seine Stadtrechte zurück. Dr. Jakob Broich, Amtsdirektor Jakob Wolters, Bürgermeister Günter Müller (seit 1964) besonders aber der am 21. 7. 1972 als Wassenberger Gemeindedirektor eingeführte Walter Windeln hatten sich um die Durchsetzung dieses Anliegens verdient gemacht.
Am 21. 12. 1972 stellte Walter Windeln, der in dieser Frage nicht locker ließ, einen neuen Antrag, den er in solider Sachkenntnis Punkt für Punkt begründete. Windeln betonte nach vorheriger Korrespondenz mit Ministerpräsident Kühn, daß nunmehr die Voraussetzungen für eine Verleihung der Bezeichnung ‚Stadt' gegeben seien. Der Antrag bot ein mit großer Akribie ausgefaltetes Wassenberg-Bild, in dem die zentralörtliche Bedeutung des 46,92 qkm großen Gemeindegebietes im Hinblick auf Wohnbereich, Gewerbe- und Industrieansiedlung, Landwirtschaft, Verkehrssituation, Bedeutung im Naturpark Schwalm-Nette, Arbeitsplatzlage, Anstrengungen in sozialer und jugendpflegerischer Hinsicht, Sportstätten und anderes überzeugend analysiert wurde. Windeln schloß mit dem Hinweis: „Im Jahre 1973 kann die Gemeinde ein Jubiläum feiern, das auf die nachweisbaren Stadtrechte vor 700 Jahren Bezug nimmt. Rat und Verwaltung würden es deshalb begrüßen, wenn zu diesem Zeitpunkt die Bezeichnung ‚Stadt' durch die Landesregierung von Nordrhein-Westfalen erfolgen würde."
Trotzdem schien der Antrag zu scheitern. Denn in der Vorlage für die entscheidende Kabinettssitzung am 5. 6. 1973 war nur Wegberg für die Stadtwerdung vorgeschlagen. Das alarmierte Walter Windeln, der noch vor Tagesanbruch Kontakt mit Ministerpräsident Kühn, dem Finanzminister, dem Kulturminister, Minister Posser und Dr. Antwerpes (SPD-Landesvorstandsmitglied, heute Regierungspräsident) aufnahm. Bis zum Beginn der Kabinettssitzung zeigte die aus Wassenberg „abgeschossene telefonische Breitseite" von Windeln Wirkung. In Wassenberg stieg die Spannung. Gegen 10 Uhr ging das Telefon. Das Vorzimmer des Ministerpräsidenten meldete sich. Mit einer neuen Anrede kam die positive Information: „Herr Stadtdirektor Windeln, ich möchte Ihnen die herzlichsten Grüße des Herrn Ministerpräsidenten ausrichten!"

Der Festakt

Am 5. 6. 1973 bestätigte die Landesregierung von Nordrheinwestfalen auf einem schwarz-rot-golden gerahmten Pergament die Wiederverleihung der Stadtrechte. Der Text hat folgenden Wortlaut:

Die Gemeinde Wassenberg im Kreise Heinsberg hat bereits von 1273 bis zum Beginn des 19. Jahrhunderts Stadtrechte besessen. Von dieser Vergangenheit zeugen die historischen Bauwerke und die städtische Lebensweise, die sich die Wassenberger Bürger erhalten haben. Im Bemühen um das Wohl ihrer Bürger hat die Gemeinde aber auch die für das Leben von heute notwendigen sozialen und kulturellen Einrichtungen geschaffen. In Würdigung der bisherigen Bestrebungen der Gemeinde und als Anreiz für ihre weitere Entwicklung hat ihr die Landesregierung durch Beschluß vom 5. Juni 1973 die Bezeichnung ‚Stadt' verliehen. Gezeichnet: Heinz Kühn, Ministerpräsident; Willy Weyer, Innenminister.

Die festlich geschmückten Räume der Wassenberger Burg empfingen zum Festakt der Verleihung eine vielköpfige Versammlung mit Innenminister Willy Weyer an der Spitze. Das Programm wurde von Chorwerken umrahmt, die der Wassenberger Männergesangverein unter Leitung von Arno Plümakers vortrug. Kammermusikalische Beiträge des Erkelenzer Quartetts unter Hans Hilberath schlossen sich an.
Bürgermeister Günter Müller rief in seiner Ansprache das lange Bemühen um die Wiedererlangung der Stadtrechte in Erinnerung, welche durch die kommunale Neugliederung eine überzeugende Bestätigung erfahren hätten. Innenminister Willy Weyer sprach die Vergangenheit Wassenbergs an und beschwor das nachbarschaftliche Zusammenwachsen der sechs früher selbständigen Gemeinden Orsbeck, Ophoven, Effeld, Birgelen, Myhl und Wassenberg. In der Tat beweist historische Dokumentation, daß diese Gemeinden aufeinander bezogen und miteinander verbunden sind. Die Bezeichnung *Stadt* habe die Landesregierung nicht zuletzt deswegen Wassenberg verliehen, weil sie die landschaftlich-ökologische Bedeutung dieser Gemeinden naturverantwortlich auszubauen wünsche.
Der Verfasser durfte an diesem Tage die Festansprache halten. Einige Passagen daraus seien hier zitiert:

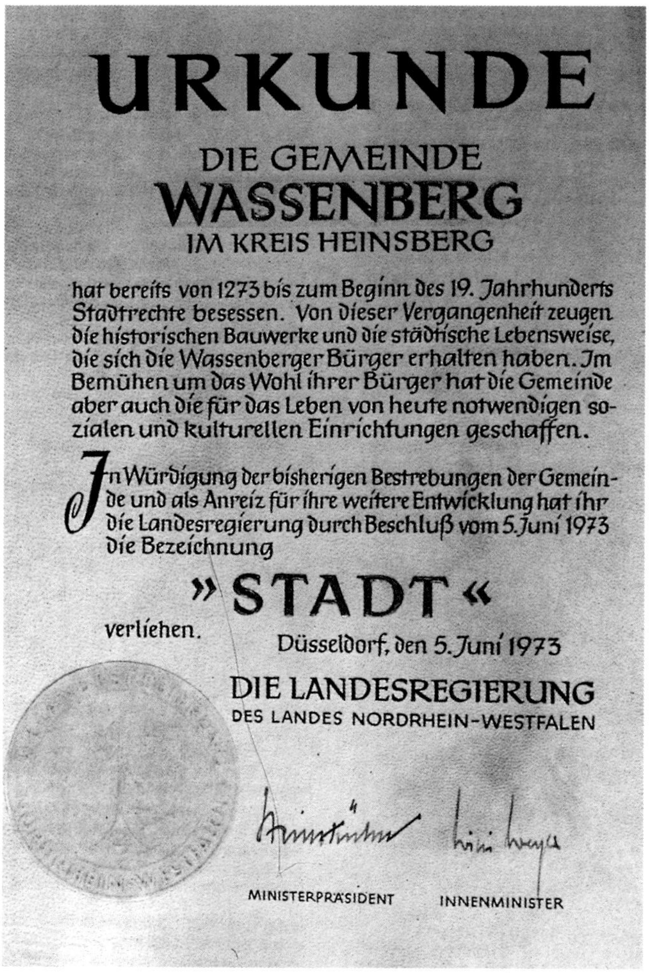

URKUNDE

DIE GEMEINDE
WASSENBERG
IM KREIS HEINSBERG

hat bereits von 1273 bis zum Beginn des 19. Jahrhunderts Stadtrechte besessen. Von dieser Vergangenheit zeugen die historischen Bauwerke und die städtische Lebensweise, die sich die Wassenberger Bürger erhalten haben. Im Bemühen um das Wohl ihrer Bürger hat die Gemeinde aber auch die für das Leben von heute notwendigen sozialen und kulturellen Einrichtungen geschaffen.

In Würdigung der bisherigen Bestrebungen der Gemeinde und als Anreiz für ihre weitere Entwicklung hat ihr die Landesregierung durch Beschluß vom 5. Juni 1973 die Bezeichnung

» STADT «

verliehen.

Düsseldorf, den 5. Juni 1973

DIE LANDESREGIERUNG
DES LANDES NORDRHEIN-WESTFALEN

MINISTERPRÄSIDENT INNENMINISTER

Die Stadterhebungsurkunde 1973.

Wer unsere heimatliche Geschichtsschreibung verfolgt, beobachtet manchmal eine allzu verklärende Einseitigkeit der Betrachtung. Sie stört in manchem Geschichtswerk, in Jahrbüchern und Heimatkalendern. Wir müssen den Mut haben, die Geschichte dieser Stadt Wassenberg ungeschminkt zwischen den labilen Machtkonstellationen der Jahrhunderte, zwischen den Kämpfen um die Verwirklichung der Volksrechte, zwischen dem gefährlichen Nebeneinander absoluter Souveräne im erregenden diplomatischen Kräftespiel vorurteilsfrei zu sehen. Bei einem Blick in die Wassenberger Stadtgeschichte ist zu sagen: Wassenberg hat eine äußerst leidvolle, tragische und teilweise wenig erfolgreiche Vergangenheit. Denn es gerät nach dem relativ gesicherten Aufstieg unter den Wassenberger Grafen zwischen die machtbesessenen Potentate der Zeit, und wird, ehe es sich selbst gefunden, zum Spielball und Pfand der Großen: immer wieder zerrieben zwischen den gewaltigen abendländischen Energien, verspannt in die Verfeindungsprozesse der Dynasten, verstrickt in vernichtende Kriege — neunzehnmal erobert, achtmal gebrandschatzt, sechsmal in Brand gesteckt, fünfmal seine Mauern geschleift und viele Teilzerstörungen. Not und Tod, Hunger und Krankheit, sozialer Druck und politischer Fanatismus, glaubenskämpferische Verfeindung in seinen Mauern. Da sind die marodierenden Horden des 30jährigen Krieges, die Pest, die Einquartierung großer Truppenkontingente, die Kontributionen, die Verfolgung der Prädikanten, der Hexenwahn, die nazistische Brandstiftung der Synagoge, Bombardierung und Eroberung 1944/45.
Dabei schien dieses Wassenberg von seiner Lage her dazu prädestiniert, Mittelpunkt und zentrale Entwicklungskraft einer Region zu werden. Die Genealogie der Herrschaften unseres Kreisgebietes zeigt, daß die meisten herrschenden Familien von Wassenberg, von den Flamensen, abstammen. Hinzu kommt, daß Wassenbergs geologische und klimatische Einbettung in die kleine, nicht versenkte Insel der niederrheinischen Bucht, in unseren Wassenberger Horst, wo die oligozänen Meeressande an die Oberfläche treten, ein wirkliches Geschenk darstellt. Die Geopsychologie fragt heute nach dem Leben und seiner gesellschaftspolitischen Entwicklung unter ganz bestimmten geologischen Einflüssen. Sie sind für Wassenberg optimal. Tragische Geschicke haben sie in den vergangenen Jahrhunderten oft negativ revidiert. Meine Andeutung liegt, wie Sie sehen, auf einem hypothetischen Feld, aber vor der Geschichte muß dies bekundet sein: die Topographie ist wiederum Ursache für die Narben im Gesicht dieser Stadt.

In der Zeit vom 15.—23. 9. 1973 fand eine Festwoche aus Anlaß der Stadterhebung und des 700-jährigen Stadtjubiläums statt. Höhepunkt war am 23.September 1973 ein farbenprächtiger Festzug nach einem ökumenischen Feldgottesdienst auf dem Pontorsonplatz (Begegnungsstätte). 48 Gruppen, Wagen und Vereine demonstrierten ereignisreiche Vergangenheit. Historische Kostüme erinnerten an die Historia Wassenbergensis und an das Heimatfest von 1927.

Diskussion um die Stadtfarben

Nach der Verleihung der Bezeichnung *Stadt* war die Einführung eines Dienstsiegels, eines Stadtwappens und einer Flagge vonnöten. Schon am 19. 7. 1972 schlug das Düsseldorfer Hauptstaatsarchiv folgende Wappenausführung vor: „In Rot eine aus zwei schlanken Seitentürmen und einem mächtigen dreizinnigen Mittelturm bestehende silberne (weiße) Zinnentorburg, deren offenes Tor zusammen mit der unteren Begrenzung der Seitentürme im Schildfuß einen Dreiberg bilden. Der Mittelturm ist mit einem Schild belegt, auf dem in Rot ein doppelschwänziger, bekrönter silberner (weißer) Löwe steht." Rotweiß also, wie es die Farbgebung der Schloßbauten (Siehe Titelbild dieses Buches von Hubert Plücken) zeigt.
Das Düsseldorfer Haupstaatsarchiv regte jedoch an, die Farbgebung des Wappens, die sich nicht aus dem alten Stadtsiegel ergibt, zu überprüfen, weil das Wappen der Gemeinde Uedem bei Kleve dem Stadtwappen von Wassenberg sehr ähnlich sei. Das Hauptstaatsarchiv meinte, die bisherigen Wappenfarben umzukehren, so daß sich in Silber (Weiß) eine rote Torburg, die mit einem silbernen (weißen) Schild nebst rotem Löwen (Limburger Farben) belegt ist, befindet. Die Farben Rot-Weiß stießen jedoch bei den meisten Wassenbergern auf Widerstand. Ihre altehrwürdigen, traditionellen Stadtfarben Blau-Gold ließen sie durch die Limburger Farben (Rot-Weiß) sich nicht so leicht verdrängen. Die nun wieder städtisch gewordenen Bürger fragten kritisch beim Staatsarchiv an. Von dort kam ein neuer Vorschlag:
Alle aus der mit der Tatsache des Übergangs von Wassenberg im 12. Jahrhundert an das Haus Limburg begründbaren Rot-Weiß-Tingierung entstehenden

Die Feier der Wiederverleihung der Stadtrechte am 18. Juni 1973 auf Burg Wassenberg.

Schwierigkeiten entfielen, wenn sich die Stadt zugunsten einer Blau-Gold-Farbgebung entschließen könnte. Diese Farblösung ermöglichte nicht nur die genaue Übernahme des Siegelbildes, sondern stellte außerdem klarer die Bedeutung der älteren *Wassenberger Herren* heraus und wäre dementsprechend heraldisch eindeutiger: Im Stadtsiegel von 1273 zeigt das Wappenschild auf dem Mittelturm der Torburg den doppelschwänzigen, gekrönten Löwen der Herren von Wassenberg (Vergleiche auch de Raadt, Sceaux armoriés: Siegel Gerhards von Wassenberg von 1242 = Hauptstaatsarchiv Düsseldorf, Abtei Burtscheid, Urkunde 37). Bei getreuer Übernahme des historischen Stadtsiegels unter Verwendung der Farben Rot-Weiß (Silber) würde aus dem Wassenberger Löwen in Silber ein roter Limburger Löwe, der hier jedoch doppelschwänzig statt einschwänzig erschiene. Da die Wassenberger auch die späteren Grafen von Geldern wurden und der im Siegel erscheinende Wassenberger Löwe genau dem geldrischen Löwen entspricht, empfahl sich für das Wassenberger Wappen die Übernahme der für das geldrische Wappen überlieferten Farben Blau-Gold: In Blau eine aus zwei schlanken Seitentürmen und einem dreizinnigen Mittelturm bestehende goldene (gelbe) Zinnentorburg, deren offenes Tor zusammen mit der unteren Begrenzung der Seitentürme im Schildfuß einen Dreiberg bilden, der Mittelturm mit einem Schild belegt, der in Blau einen doppelschwänzigen, bekrönten goldenen (gelben) Löwen zeigt.[923] Demgegenüber erwähnte Severin Corsten in einem Brief an den Wassenberger Bürger Willi Bienen am 2. 8. 1973: „Die Stadt Wassenberg übernahm ihr Wappen sicher vom Stadtherrn, der in der zweiten Hälfte des 13. Jahrhunderts dem Hause Limburg angehörte und gewiß auch noch die Farben (Rot-Weiß) führte. Daß er einer Nebenlinie der Limburger entstammte, betonte er durch die 'Schwarz-Variante' des Wappentiers. In Wassenberg fühlte man sich 1273 gewiß nicht als zu Geldern gehörig. Noch lebte Walram IV. von Limburg, damals Herr von Wassenberg, und heiratete 1275 ein zweites Mal. Es war damals noch nicht abzusehen, daß Walrams Tochter Jutta, die um 1276 Reinald von Geldern ehelichte, einmal das gesamte limburgische Erbe an Geldern bringen sollte, was dann zu dem bekannten Limburgischen Erbfolgekrieg führte. Es tut mir leid, aber vom historischen Standpunkt sind nur die limburgischen Farben, also Rot und Weiß, zu vertreten. Ob das allerdings für die Wahl der Stadtfarben ausschlaggebend sein muß, ist eine andere Frage."[924] In Wassenberg siegten wie eh und je die Farben Blau und Gold und verkündeten, um es mit Forckenbecks frankophilem Enthusiasmus zu deklamieren: Vive le Sire de Wassenbergh! Vive les citadins!

Der Wassenberger Revolutionsfund

Im Hause der Juristenfamilie Lamberts (Klosterstraße 1 in Wassenberg) stand seit langem eine Truhe des vorigen Jahrhunderts. Diese war immer bis an den Rand mit juristischen Werken und Zeitschriften des 18. und 19. Jahrhunderts angefüllt. Der Heinsberger Historiker, Dr. Heinz Zumfeld, Oberstudienrat am dortigen Gymnasium, hatte einige der prachtvoll gebundenen Bücher schon öfter in die Hand genommen, bis er eines Tages (Mai 1983) beim Herausnehmen eines ganz unten liegenden Bandes auf einen Karton stieß, der die Aufschrift trug: *Königlich Preußisches Landgericht zu Düsseldorf* und darunter in steiler gotischer Handschrift: *In Sachen wider Ferdinand Lassalle.* Heinz Zumfeld stockte der Atem. Weitere Mappen kamen zum Vorschein, die bisher ihre stumme Funktion als Bodenbelag ausgeübt hatten. Die Bergungsaktion wurde fieberhafter, eine Überraschung löste die andere ab: *In Sachen wider Ferdinand Freiligrath.* Ferner Prozeßakten mit Vernehmungsprotokollen Ferdinand Lassalles, Anklageschriften, Briefe und Manuskriptblätter aus der Feder dieses Mannes, der während der Revolution 1848 12 Monate in Haft war. Sodann eine 88-seitige Prozeßakte gegen Ferdinand Freiligrath, den Dichter und *Trompeter der Revolution,* ein bisher unbekanntes Vernehmungsprotokoll mit der Unterschrift des 30jährigen Dr. Karl Marx, Sitzungsprotokolle, Observationsberichte der Polizei gegen Hoffmann von Fallersleben, Flugschriften, Plakate, Resolutionen, Zeitungsausschnitte. Heinz Zumfeld zitterten die Hände; denn was da vor ihm lag, waren Dokumente hoher wissenschaftlicher Provenienz. Heinz Zumfeld ging an die Auswertung. Es stellte sich heraus: hier war bisher völlig unbekanntes Material der 48er Revolution zum Vorschein gekommen.

Die Wellen der revolutionären Ereignisse reichten damals also auch bis nach Wassenberg. Im Mai 1848 standen die hiesigen Einwohner auf der Straße und schauten zum Bergfried hinauf. Hier hatten Mitglieder des in Wassenberg gegründeten Freien Vereins die schwarz-rot-goldene Fahne gehißt. Die Begeisterung war euphorisch. Die zum Burgturm gerichteten Blicke meinten, von dort käme das politische Heil, die neue Souveränität der Nation. Die Wassenberger lasen im *Heinsberger Boten,* daß auch in Heinsberg am 31. Mai 1848, am Vorabend von Christi Himmelfahrt, die schwarz-rot-goldene Fahne „unter Jubel und Volksauflauf" am Turm des Gangolphus-Domes ausgehängt worden war.[925] Im Wassenberger *Hotel zur Post* traf sich besagter Freier Verein und lauschte Reden über Kampf und Sieg des deutschen Volkes in Berlin am 18. März, dem Barrikadentag. Bürgermeister Alexander Packenius war besorgt. Der königstreue Mann war preußisch-loyal. Er fürchtete die Auflösung von Ruhe und Ordnung in seiner Bürgermeisterei angesichts der aufrührerischen Töne. Auch der evangelische Pfarrer wehrte sich. Er legte am 2. 5. 1848 seinem Presbyterium im Pfarrhaus der Kirchstraße einen Vorschlag vor. Das Protokollbuch vermerkt: „... daß in dieser gegenwärtigen verhängnisvollen Zeit sowohl die Gemeinden danach Verlangen trügen, sich häufiger als herkömmlich ist, an hl. Stätte in gemeinsamen Gebete, auf unsern allerheiligsten Glauben zu erbauen, als daß auch alle treuen Seelsorger zu ihren Pfarrkindern reden, um sie zu warnen, zu trösten, zu belehren, zu ermahnen, wie die Stunde der Versuchung, die gekommen ist, es erheischt."[926] Das war ein unmißverständlicher seelsorgerischer Vorstoß gegen die revolutionären Umtriebe des Freien Vereins wahrscheinlich. Das Presbyterium reagierte allerdings konträr. Es meinte, die Einrichtung besonderer Wochenandachten zum Zwecke von Warnung, Ermahnung, Belehrung sei unnötig.[927] Erstaunliche Selbständigkeit und Mündigkeit. Die Zeit wehrte politische Gängelung ab. Der Geist der Epoche lautete Demokratie und Freiheit. Als der *Konstitutionelle Bürgerverein* in Heinsberg eine Petition an die Preußische Nationalversammlung in Berlin faßte, wurde diese von 163 Wassenbergern, 109 Orsbeckern, 121 Myhlern, 122 Ophovenern und 45 Birgelenern mitunterschrieben. Im Text hieß es: „Schon vier Monate sind verflossen, und vergebens harrte mit Sehnsucht, ja mit immer steigender Ungeduld, die große Mehrzahl des Volkes auf die Vollendung einer Verfassung, wie sie der Geist der Neuzeit erheischt".[928]

135 Jahre später steht Heinz Zumfeld vor dem sensationellen Wassenberger Fund von 550 Blättern, davon 31 handschriftlich von Karl Marx, Ferdinand Freiligrath, Ferdinand Lassalle und König Friedrich Wilhelm IV. von Preußen. Für Zumfeld bestand kein Zweifel: die Akten sind echt. Das Bundesarchiv Koblenz wird eingeschaltet. Denn eben erst hat die Illustrierte *Stern* mit gefälschten Hitler-Tagebüchern die Öffentlichkeit verwirrt. In Koblenz wird deshalb sorgfältig geprüft. Ergebnis: Die Wassenberger Dokumente sind absolut echt. Sie werfen ein Licht auf entscheidungsvolle Vorgänge, die in dieser Wirklichkeitsnähe und dokumentarischen Kraft der historischen Wissenschaft bisher verborgen waren. Dramatische Ereignisse jener Zeit: In den rheinischen Städten Düsseldorf und Köln agierten linksliberale Intellektuelle wie Freiligrath, Marx, Lassalle. Der im nahen Hünshoven geborene Großkaufmann Ludolf Camphausen war zum preußischen Ministerpräsidenten ernannt worden.[929] Heinz Zumfeld bedenkt: „Inwieweit diese aus dem Westen kommende soziale und republikanische Strömung den Ausgang der Revolution beeinflußt hat, ist unter Historikern bis heute umstritten".[930] Eine besondere Kostbarkeit des Wassenberger Fundes war die bisher für verschollen gehaltene Urschrift des Revolutionsgedichtes von Ferdinand Freiligrath: Die Toten an die Lebenden.

Dem überraschenden Wassenberger Fund gesellte sich das Glück eines kompetenten Finders und Auswerters bei: Heinz Zumfeld. Er erkannte sofort die enorme Bedeutung der Dokumente für die Geschichtsforschung und drückte dies in einem Rundfunkinterview des WDR wie folgt aus: „Für mich bestand kein Zweifel an der Echtheit des Materials. Aus den Prozeßakten gegen Freiligrath, Lassalle und Marx läßt sich das Rin-

Der Entdecker des Wassenberger Revolutionsfundes: Dr. Heinz Zumfeld, Heinsberg. (Foto: U. Hollwitz, Heinsberg)

gen um den Kurs der Linksliberalen bis ins Detail genau verfolgen. Das ist nicht nur deshalb von Belang, weil das Rheinland damals die wirtschaftlich fortgeschrittenste Region auf deutschem Boden war, sondern weil hier erstmals die Arbeiter, Handwerker und ländlichen Tagelöhner als politische Kraft mobilisiert worden sind."[931]

Freiligrath hatte am Tage vor dem tragischen 18. März 1848 seinen schwarz-rot-goldenen Aufschrei niedergeschrieben: „Pulver ist schwarz, Blut ist rot, golden flattert die Flamme." Als dann im Juni 1848 der Pariser Arbeiteraufstand blutig niedergeschlagen wurde, schrieb er Verse, „wie sie in dieser Wucht und Kühnheit in Deutschland bisher nicht vernommen worden waren."[932] Die Erinnerung an die Märzgefallenen wurde wachgerufen. Der Dichter peitschte die Volkswut auf. Nachdem er seine Verse einer revolutionären Versammlung vorgetragen hatte, wurde er verhaftet. Am 3. 10. 1848 begann ein Schwurgerichtsprozeß in Düsseldorf gegen ihn. Die Verteidigung operierte geschickt: der Dichter habe in „heiligem Zorn" gesprochen. Die Geschworenen entschieden mit 12 gegen 1 für Freiligrath als „nicht schuldig". Die Zuschauer jubelten. Ein Fackelzug und 15 000 Sympathisanten begleiteten den Helden nach Hause in Düsseldorf-Bilk. Unter ihnen auch Karl Marx. Der Freispruch war sensationell; denn Verse, wie wir sie jetzt in der Urschrift Freiligsraths im Wassenberger Fund vor uns haben, waren von der Obrigkeit nur schwer mit dem Begriff des heiligen Zorns zu entschuldigen: „Die rote Fahne läßt er wehn hoch auf den Barrikaden! Sie fliegt voran der Bürgerwehr, sie fliegt voran dem Heere — Die Throne gehn in Flammen auf, die Fürsten fliehn zum Meere". Eine ungeheuerliche Provokation monarchischer Tradition! Ein Schlag in die „Durchlauchtigsten Visagen".

Der Wassenberger Fund und seine wissenschaftlich fundierte Auswertung hat zahllose Veröffentlichungen und Berichte nach sich gezogen. Heinz Zumfeld, Schüler und Doktorand des bedeutenden Historikers, Theodor Schieder (1908-1985, Universität Köln), schenkte unserem Verstehen des einzigen revolutionären Versuches der Deutschen eine mitreißende Plausibilität. Die wissenschaftlichen Institute konnten nun ihre Kenntnis der dramatischen Jahre um 1848 wesentlich vertiefen. Das Karl-Marx-Haus in Trier, DDR-Institute, die Ebert-Stiftung machten Angebote zum Kauf der Wassenberger Aktenstücke. Keine Angst: sie werden in Wassenberg bleiben; denn die Dokumente sind, wie es Juristendeutsch ausdrückt, „rechtmäßig ersessen".

Die 48-er Revolution mißlang. Heinz Zumfeld meint: „Die Zeit war nicht reif, es sei denn, ein großmütig und zugleich großer König hätte gemeinsam mit dem Volke den Rubikon überschritten . . ."[933] Aber das Gegenteil war der Fall. Auch in Wassenberg gibt es ein

klassisches Beispiel für das opportunistische Umkippen, als die Wende sichtbar wurde. Ich meine hier die Ergebenheitsadresse aus Wassenberg vom 19. 11. 1848 an den König, die beispielhaft deprimierend ist: „Majestät! Mit dem Beschluß der Verlegung der National-Versammlung von Berlin nach Brandenburg haben Ew. Majestät Sich den Dank aller Ihrer gutgesinnten Unterthanen erworben. Allerhöchst dieselben hatten nicht nur das unbestreitbare Recht zu dieser Maßregel; sondern unter den beklagenswerthen Umständen der Unfreiheit, in welche die Vertreter des Landes gerathen waren, war sie auch hl. Pflicht Ew. Majestät gegen alle wohldenkenden Bürger. Wenn wir unterzeichneten Vorsteher der evang. Gemeinde zu Wassenberg unserm theuren Könige von Gottes Gnaden deshalb zujauchzen, und Allerhöchst denselben bitten, fest und unbeirrt fortzuwandeln auf dem betretenen Wege, so wissen wir uns dabei in Übereinstimmung mit allen Gliedern der Gemeinde, der wir vorstehen, ohne Ausnahme eines Einzigen. Wir sind aber auch überzeugt, daß alle Gutgesinnten des Vaterlandes mit uns noch feststehen in dem guten Vertrauen zu Ew. Majestät, und daß sie ein Gedächtnis haben für die Geschichte des Königlichen Hauses und Seiner Stellung zum Volke. Und wie laut auch die Stimmen der Uebelgesinnten sich erheben, wir zweifeln doch nicht, daß die große Mehrzahl des Volkes sich treu um den constitutionellen Thron schart. Gott erhalte und segne Ew. Majestät".[934]
Ein ortseigenes Beispiel für Opportunismus und Restauration in Kniegebärde vor dem „constitutionellen Thron".

Zwei Bürgermeister von Rang

Amtsdirektor Jakob Wolters hatte Bürgermeister zur Seite, die sich sehen lassen konnten. Zuerst Hermann Buckmann (CDU), der als Chef der Seidenweberei Frowein organisatorisches Können mitbrachte. 1899 in Langenberg geboren, kam er im Jahre 1932 als Betriebsleiter nach Wassenberg. Nach dem Zweiten Weltkrieg baute er das Werk Frowein in Wassenberg weiter aus und verdoppelte seine Produktionsfläche (1948—50). Buckmann liebte Wassenberg. Die Sitzungsprotokolle des Verkehrs- und Verschönerungsvereines belegen seinen Ideenreichtum und seinen Elan in Sachen Ortspolitik. Er hatte hier Wurzeln geschlagen und begann zu malen. Er fühlte sich durch die Bilder des Malers Jean Grothe angeregt, der besonders die bevorzugten Wassenberg-Sujets gestaltet hatte. Jean Grothe wurde am 6. 8. 1865 in Roermond geboren und starb am 23. Februar 1923 in Nievenheim.[935] Der Maler lebte von 1892 bis 1914 in Wassenberg und war dort mit Luise Neuhaus, die im Hause ihres Bruders wohnte, eng befreundet. Luise unterhielt den Künstler. Grothe geriet mit Luise 1913 in Konflikt[936] und verließ daraufhin Wassenberg. Luise Neuhaus überlieferte an die Burgherrin Mary Kofferath folgenden Ausspruch des Künstlers: „Wassenberg ist genau das, was ich mir als Maler wünsche.

Bürgermeister Hermann Buckmann (1899—1954).

Das waldreiche Gebiet der sanften Hügelkette von Dalheim bis Hückelhoven, das ernste flache Feld- und Wiesengelände zur Rur hin, das Bäuerliche, die kleine Stadt mit Burg, Stadtmauer, Roßtor — die Menschen."
Seine Wassenberg-Bilder: 1. Kartoffelernte vor Wassenberg (1905). Blick vom Forster Feld (Kulenberg) aus in nordwestlicher Richtung auf das alte Wassenberg um 1900 mit Burg, Kirche, Villa Nina und Bürgerhäusern. Im Vordergrund ein Feldweg, Acker mit Kohl und Kartoffeln, Pferdekarren und sechs Personen, links zwei Figuren am Feuer. Öl auf Leinwand. Größe 142 cm breit, 92 cm hoch.[937] Jetzt im Besitze der Stadt als Geschenk von Dr. Robert und Mary Kofferath, Burg Wassenberg. — 2. Roßtor (1911). — 3. Wassenberger Panorama (1909).[938] — 4. Bäuerin mit Kühen (1912). Aquarell.[939] Blick vom Hause Neuhaus an der Windmühle in Richtung Wassenberg-Süd-Jülicher-Straße bzw. Orsbeck-Luchtenberg. Kein Wunder also, daß der Sonntagsmaler, Bürgermeister Hermann Buckmann von Jean Grothe angeregt war. Neben ihm haben verschiedene Maler in Wassenberg ihre Motive gesucht: August Lentz, Hubert Plücken (*28. 6. 1937 in Arsbeck, von ihm stammt das Titelbild dieses Buches) Paul Wollenweber, Heinz Dohmen, Adam Metzen, Hanns Heidemanns.
Von 1952 bis 1954 war Buckmann Bürgermeister von Wassenberg. Leider nur zwei Jahre. Am 11. 2. 1954 starb er in seinem 55. Lebensjahr. Nach Buckmanns Tod übernahm der alte Sozialdemokrat und Antifaschist Leonard Wolters das Amt des Bürgermeisters. Er gehörte zu den Männern der ersten Stunde nach dem Zweiten Weltkrieg und hatte den typischen *Wassenberger Lebenslauf*: 1897 wurde „Woltesch Lennet" in

Wassenberg geboren. 1920 heiratete er Josefa Klöcker aus Birgelen. Schon im Ersten Weltkrieg Soldat, mußte er auch im Zweiten Weltkrieg den grauen Rock noch einmal anziehen und im Rußlandfeldzug bis ins Elbrusgebirge des Kaukasus hinaus. Am 28. 3. 1943 traf er dort seinen Sohn Jakob Wolters am Asowschen Meer in Melitopol. Beide erhielten drei Tage Sonderurlaub und saßen, wie Jakob Wolters mir mitteilte, „entsetzlich betrübt und fern von ihrem geliebten Wassenberg in Rußlands Weiten und taten eigentlich nichts anderes, als von ihrer Heimat zu reden, und wie es nach diesem verlorenem Kriege in Wassenberg wohl wieder sein würde." Denn für den Sieg gab Leonard Wolters trotz des gewaltigen Vormarsches in den Kausasus keinen Pfifferling. Das Glück war beiden hold. Vater und Sohn überlebten. Leonard wurde 1945 als Feldwebel aus der Gefangenschaft entlassen. Er war Weber. Nach 1918 hatte er diesen Beruf bei Krahnen & Gobbers erlernt. 1927 kaufte er dieser Firma drei Webstühle ab, wie dies auch seine Arbeitskollegen Arnold Voß, Anton Schmitz und andere Wassenberger taten. Start einer eigenen Hausweberei. Unmittelbar nach dem Ersten Weltkrieg wurde Wolters Mitglied der sozialdemokratischen Partei und blieb ihr bis zu seinem Tode fest verbunden. Mit Zivilcourage durchstand er die Hitlerzeit. Öfter plombierten die braunen Machthaber Wassenbergs seine Webstühle zum Stillstand, wenn er wieder einmal als „Novemberverbrecher wie Reichspräsident Ebert" aufgetreten war.

Am 2. 11. 1945 wurde er von der Militärregierung als Vertreter der SPD zum stellvertretenden Bürgermeister in den Gemeinderat berufen. Auch künftige Wahlen sahen ihn als gewählten Vertreter im Gemeinderat und im Amt. 1952 war er Kreistagsmitglied. Am 16. 3. 1954 folgte er nach dem Tode von Bürgermeister Buckmann mit SPD- und CDU-Stimmen diesem im Amt des Bürgermeisters. Er bearbeitete dieses Aufgabenfeld bis zu seinem Tode am 24. 1. 1960. „Sein Herz schlug für Wassenberg!" So wurde es an seinem Grabe gesungen. Von Anfang an half er seinen Mitbürgern, aus dem Elend der Nachkriegszeit herauszukommen. Vor allem setzte er sich für die Lastenausgleichszahlungen ein. Und manchem „NS-Mitläufer" half er bei der Entnazifizierung „aus der Patsche". Er war alter Gewerkschaftler und tat viel für seine Arbeitskollegen. Als Mitglied des Heimarbeiterausschusses der Textilindustrie Rhein-Wupper besaß er überregionale Sachkenntnis. Lennet war aber auch Mitglied verschiedener Wassenberger Vereine: Theaterverein Erholung, Kirchenchor, Männergesangverein, Viktoria 09, Karnevalsgesellschaft Kongo. Im „Wilhelm Tell" der Wassenberger Freilichtbühne Mitte der Dreißiger Jahre stellte er überzeugend den Vogt Geßler dar. Seine Bürgermeisterzeit sah ihn bei der Grundsteinlegung der Georgskirche (26. 12. 1954), bei der Einweihung des umgebauten Sportplatzes (23. 2. 1958) und beim Kauf der Burg Wassenberg. Der lange Trauerzug, der ihn zu Grabe trug, bewegte sich in ungewohnter Weise noch einmal um das Rathaus, bevor er die Kirchstraße hinauf zum Waldfriedhof zog.

Von Mary Kofferath bis Rüdiger Soltisek

Nach dem Tode von Burgherr Dr. Robert Kofferath (1883—1944) erbte dessen Ehefrau, Mary Kofferath geb. Richartz (1895—1981), die Burg. 1953 machte sie mit dem Bauunternehmer Franz Hasert einen Erbvertrag, den dieser 1956 infolge geschäftlicher Schwierigkeiten wieder retournieren mußte. 1957 bot Mary Kofferath die Burg der Gemeinde im Erbvertrag an. Diese erwarb aufgrund eines einstimmigen Ratsbeschlusses das Burggelände mit den darauf befindlichen Gebäuden. Von 1961 bis 1963 wurden die Schloßgebäude zu einem Hotelrestaurant von Stadtarchitekt Will Andermahr umgebaut. Eröffnungstermin war der 4. 1. 1964. Die Gesamtkosten der Um- und Neubauten betrugen 1 656 171,47 DM. Beihilfen des Landes und des Krei-

Bürgermeister Leonhard Wolters und Christian Poschen gratulieren dem 90-jährigen Anton Kanten am 20. 10. 1955.

Burgfrau Mary Kofferath (1895—1981)

ses in Höhe von 495 000,— DM waren bewilligt worden. Die erste Verpachtung schloß Wassenberg für 10 Jahre mit dem Ehepaar Kurt Lindemann aus Trier ab. Ab 1974 war die „Hotel-Restaurant-Burg-Wassenberg-GmbH" für die Dauer von 15 Jahren (Irene Lazarowitz und Wilhelm Thebach, später Eheleute Thebach) Pächterin. Der durch die Verpachtung begründete Rechtsstand erwies sich jedoch als unbefriedigend, weil er erhebliche Zuwendungen der Stadt voraussetzte. Stadtdirektor Walter Windeln, der die kommunalpolitische Erblast der Burg bei seinem Amtsantritt ungefragt übernehmen mußte, suchte von Anfang an nach einer neuen, auf die Dauer für Wassenberg günstigen Lösung. 1975 begannen deshalb Verkaufsverhandlungen. Vorher wurde die Bettenzahl des Hotels von 26 auf 40 auf Kosten des Pächters vergrößert. 1979 beschloß der Stadtrat den Verkauf des Hotel-Restaurants Burg Wassenberg in der Weise, daß die Außenanlagen und der Bergfried im Besitz der Stadt verblieben. Aus dem 12 Morgen großen Burggelände wurde das Hotel-Restaurant mit den rechts der Auffahrt liegenden Parkplätzen in einer Gesamtgröße von rund drei Morgen an die Thebachs verkauft. Leider gelang den neuen Eigentümern keine erfolgreiche Weiterentwicklung. Seit 1984 sind nun die renommierten Gastronome und Hoteliers Rüdiger und Helga Soltisek Besitzer des Hotel-Restaurants und realisieren exzellente Gastlichkeit und elegant-gemütliche Hotel-Atmosphäre. Die Wassenberger haben ein elegantes Zentrum für ihre Feste. Zahlreiche Kongresse, Konferenzen, Tagungen, Seminare finden hier statt. 1986 beendete beispielsweise die Max-Planck-Kaiser-Wilhelm-Gesellschaft hier ihren Jubiläumskongreß aus Anlaß der 75 Jahre zurückliegenden Gründung 1911 in Berlin. Unter den Teilnehmern alle deutschen Nobelpreisträger und wissenschaftlichen Koryphäen der Max-Planck-Institute und Universitäten. Nobelpreisträger Adolf Butenandt wies auf die Intensität der Begegnung mit Geschichte in Wassenberg hin, die ihm hier im rurisch-maasländischen Raum so paradigmatisch vorgestellt worden sei.

Ehrenbürger Ludwig Essers

Eine herausragende Persönlichkeit Wassenbergs ist der am 18. 1. 1985 mit der Verleihung der Ehrenbürgerschaft ausgezeichnete Ludwig Essers, welcher als Bürgermeister in der Ära-Wolters die örtliche Entwicklung entscheidend mitbeeinflußte. Ludwig Essers wurde mit dem Bundesverdienstkreuz am Bande (1971), mit dem Rheinlandtaler (1977), mit der Silbernen Ehrennadel des Verbandes Deutscher Gebirgs- und Wandervereine geehrt. Auch er ist, wie sein Bürgermeistervorgänger Leonhard Wolters, „ein Mann, der aus der Seide kam". 1915 in Villingen/Schwarzwald geboren, wird er Webereitechniker und 1938/39 Leiter der Versuchsweberei der Vereinigten Glanzstoff-Fabriken in Krefeld. Später Leiter, Mitinhaber und schließlich Inhaber der Wassenberger Weberei, die sein Vater gegründet hatte. (Siehe Gründerzeit) In der Wassenberger Pfadfinderschaft von Anfang an (1929) dabei, zeigte Essers wie seine Freunde Flagge gegen das Dritte Reich. 1946 avancierte er zum Gaufeldmeister des Mülgaus, 1946 zum Georgsritter und

Das Wassenberger Wappen der heutigen Burgbesitzer Rüdiger und Helga Soltisek.

*Bürgermeister Jochen Schumann und Stadtdirektor Walter Windeln überreichen am 18. 1.1985 dem ersten Ehrenbürger in der Geschichte der Stadt, Ludwig Essers (*1915), den Ehrenbürgerbrief.*

seit 1967 ist er Rover im Bund Deutscher Pfadfinder. Schon immer faszinierte ihn Wassenberg in landschaftlicher und volkskundlicher Hinsicht. 1956 engagiert er sich konsequenterweise als Ratsherr und stellvertretender Bürgermeister in der Kommunalpolitik und ist von 1960 bis 1964 Bürgermeister, von 1964 bis 1970 Amtsbürgermeister, schließlich Kreistagsabgeordneter (1969—1971). Mit großem Idealismus schenkt er dem Gemeinwesen wirkungsvolle Impulse: Volkshochschule, Verein Linker Niederrhein, Naturpark Schwalm-Nette, Heimatverein und Arbeitsgemeinschaft „Volkskunde im Kreis Heinsberg". Seit 1970 steht er als Erster Vorsitzender an der Spitze des Heimatvereins Wassenberg, dessen große Tradition er aufnimmt und modern weiterentwickelt. Die Aktivitäten aufzuzählen, die Ludwig Essers für seine Heimatstadt in die Waagschale geworfen hat, würde viele Seiten füllen: denkmalpflegerisch, dokumentarisch, fotografisch, volkskundlich, wirtschaftlich, politisch, mitmenschlich. Die Stadt Wassenberg ist ihm viel Dank schuldig. Sie hat es ihm mit dem *Ehrenbürgerbrief* vergolten, dem ersten in der Geschichte dieser Stadt.

Günter Müller

Bürgermeister Günter Müller hat insgesamt 8 Jahre lang neben seinem Beruf seine Arbeitskraft uneigennützig in den Dienst Wassenbergs gestellt: als Bürgermeister von 1964 bis 1969 und von 1972 bis 1975. In seine Zeit fallen wichtige kommunale Vorgänge: Die Gründung der Städtepartnerschaft Wassenberg-Pontorson, die kommunale Neugliederung und die Wiedererhebung Wassenbergs zur Stadt.
Günter Müller wurde 1925 in Dortmund geboren. Nach kaufmännischer Ausbildung war er 1942—43 im Reichsarbeitsdienst, anschließend als Funker bei der Wehrmacht. Nach dem Kriege stieg er zum Teilhaber der Firma Müller & Söhne in Hückelhoven auf. 1955 bis 1956 besuchte er die Abendschule in M.Gladbach im Bilanz- und Steuerrechtswesen. Er verheiratete sich 1952 mit einem Wassenberger Mädchen: Ursula Elisabeth Knepper, Tochter des Maschinenbaumeisters Knepper. So schlug er Wurzeln am Unterlaufe der Rur.
1957 engagierte sich Günter Müller in der Freien Demokratischen Partei und wurde deren Kreisverbandsvorsitzender 1959. Seit 1961 im Kreistag und in der Amts- und Gemeindevertretung Wassenberg. 1963 arbeitete er im Wirtschafts- und kommunalpolitischen Ausschuß der FDP im Landtag.
Im Oktober 1964 wählte ihn der Rat zum Bürgermeister und hatte damit einen Mann berufen, der sich als politisch-kommunaler Kopf um die Weiterentwicklung der in dieser Zeit durch eine Reihe von Pressionen schwer gebeutelten Gemeinde hervorragend

Auf dem Weg zum Festakt der Wiederverleihung der Stadtrechte am 18. Juni 1973. V. l. n. r.: Gemeindedirektor Walter Windeln, Innenminister Willy Weyer, Bürgermeister Günter Müller.

bewährte. Er hat das Bürgermeister-Amt 8 Jahre lang getragen. Seine Amtszeit wurde durch das zweijährige Interregnum (1969—1971) des Bürgermeisters Gerd Fischer (*1920 Hasselt/Kleve) unterbrochen, dessen verstehensvolle Weiterentwicklung der Infrastruktur und des kulturellen Lebens von Wassenberg leider durch eine Krankheit abrupt beendet werden mußte. Trotzdem hat auch der Zeitabschnitt Gerd Fischer seine Spuren hinterlassen, Weichen gestellt und günstige Entwicklungslinien vorgegeben.

Erneut war Günter Müller von 1972 bis 1975 Bürgermeister. Er durfte bei seiner Verabschiedung von sich sagen, daß er seit 1964 an allen Entscheidungen und Aktivitäten in Wassenberg maßgeblich beteiligt gewesen war. In seiner Zeit wurde eine moderne Straßenbeleuchtung installiert, die Realschule gegründet, die erste Turnhalle an der Burgstraße sowie mehrere Erweiterungen an der Gemeinschaftshauptschule an der Bergstraße gebaut, ein Kindergarten an der Weilerstraße, die neue Friedhofshalle und die Begegnungsstätte am Pontorsonplatz fertiggestellt. Seine guten Verbindungen zum Innenministerium in Düsseldorf halfen mit, den Bemühungen Walter Windelns, die Stadtrechte zurückzuholen, zum Erfolg zu verhelfen. 1982 erhielt Günter Müller für seinen idealistischen Einsatz das Bundesverdienstkreuz am Bande. 1986 dankte der Rat ihm für eine 25-jährige Tätigkeit als Stadtverordneter. In den zahlreichen Laudationen entfaltete sich der Tenor: Müller hat als treuer, aufrichtiger Mann gezeigt, daß er Leistungsadel besitzt und aus dem häufig vorkommenden Namen Müller ein *Günter Müller von und zum Wassenberg* gemacht hat. Karin Klimmeck und Lambert Bürsgens würdigten seine Verdienste in eindrucksvollen Analysen seiner kommunalpolitischen Wegstrecke.

Der neue Kreis Heinsberg

Mit dem Ausscheiden von Amtsdirektor Wolters begann eine neue Zeit für die Verwaltung unserer Heimat. Seit dem 1. 1. 1972 existierte (wieder) der Kreis Heinsberg. Er enstand durch die Zusammenlegung der beiden Kreise Erkelenz und Geilenkirchen-Heinsberg, wobei aus dem letzteren die Gemeinden Baesweiler, Oidtweiler, Puffendorf und Setterich ausgegliedert und dem Kreis Aachen zugeteilt wurden. Der neue Kreis Heinsberg umfaßt ein Gebiet von 692,71 qkm und hat in west-östlicher Richtung (Tüddern-Kukkum) eine Ausdehnung von 42,8 km, in nord-südlicher Richtung (Boscheln bis an die Grenze des Amtes Niederkrüchten-Elmpt) von 37,7 km. Die Grenzberührung mit den Niederlanden ist 75 km lang. Bei der kommunalen Neugliederung 1972 zählte der Kreis

Heinsberg 218 505 Einwohner. Die Gemeinde Wassenberg (ab 1973 Stadt) hatte damals 12 724 Einwohner und eine Fläche von 42,4 qkm. 1982 war die Einwohnerschaft Wassenbergs auf 13 322 gestiegen, was einer Bevölkerungsdichte von 314 Einwohner je Quadratkilometer entsprach. Zur Stadt gehören heute die Orte: Birgelen, Dohr, Effeld, Elsum, Entenpfuhl, Eulenbusch, Forst, Krafeld, Luchtenberg, Myhl, Myhlerfeld, Ohe, Ophoven, Orsbeck, Pletschmühle, Rosenthal, Rothenbach, Schaufenberg, Steinkirchen, Wassenberg. Die Postleitzahl ist 5143, die Telefon-Vorwahl 0 24 32.

Severin Corsten schreibt über den neuen Kreis Heinsberg: „Zwei grundverschiedene Landschaftstypen sind es, die beherrschend ins Auge fallen. Der überwiegende Teil des Kreisgebietes besteht aus landwirtschaftlich genutzten, fast baumlosen Flächen, in denen die alten Dörfer wie kleine Inseln verstreut liegen. Als grüne Bänder durchziehen die Flußauen der Rur und einiger größerer Bäche das Bauernland und sorgen für eine ausgeprägte Gliederung. Die Tallandschaften haben mindere Böden, deren stauende Nässe eine so eigentümliche Kultur, wie es der Korbweidenbau ist, begünstigen. Hier haben sich als Nachfolgeerscheinungen mittelalterlicher Mühlenanlagen auch die bedeutendsten Industrien angesiedelt. Beide Landschaftstypen wechseln häufig miteinander, so daß der Gesamteindruck reizvoll und fern von jeder Eintönigkeit ist".[940] Das Wassenberger Riedelland schenkt dem Kreisgebiet sicherlich eine besonders idyllische Zone und zieht infolge seines Waldreichtums Spaziergänger und Wanderer aus nah und fern an.

Die entscheidenden Verdienste um den neuen Kreis Heinsberg und damit um die kommunalpolitische Konsolidierung unserer Heimat hat neben Landrat Josef Rick (Erkelenz) ohne Zweifel Oberkreisdirektor Dr. Theo Esser: der Junge, der aus Hülhoven kam. Er besaß die Verve eines politischen Rurländers. Jahrgang 1922, Abitur am Kreisgymnasium Heinsberg, 1953 und 1957 die juristischen Staatsprüfungen, seit 1962 Dr. der Rechte, Richter, Regierungsrat in Aachen, seit 1960 Kreisdirektor des Selfkantkreises. Im Juni 1972 wählte ihn das erste Parlament des neuen Kreises Heinsberg zum Oberkreisdirektor. 1987 trat er mit 65 Jahren in den Ruhestand. Ihm verdankt die neue Verwaltungsstruktur unserer Heimat ihre sozial-psychologische Kongruenz und ihre integrative Kraft. Aus einem Konglomerat von Orten machte er mitmenschliche Konkordanz. Für Wassenberg hat Dr. Theo Esser immer eine persönliche Vorliebe gezeigt, wie man seine zahlreichen Besuche und hilfreichen Aktivitäten interpretieren darf und seine Beliebtheit, die er hier erfährt. Wassenberg hat ihm viel zu danken.

Stolz sind die Wassenberger, daß der neue Oberkreisdirektor ein Wahl-Wassenberger ist: Dr. Leo Thönnissen übernahm 1987 dieses entscheidungsvolle Amt. Er ist Aachener. (*1933) 1954 Abitur am Kaiser-Karls-Gymnasium, Studium der Rechte an der Universität Köln, beide juristischen Staatsprüfungen, Befähigung zum Richteramt. Durch seine langjährige Tätigkeit im Verwaltungsdienst, und zwar vor der kommunalen

Der neue Oberkreisdirektor Dr. Leo Thönnissen (ab 1987), seit Jahrzehnten ein Wahl-Wassenberger. Foto Schmitter, Erkelenz.

Neugliederung beim Kreis Erkelenz und seit dem 1. 1. 1972 beim Kreis Heinsberg, davon 18 Jahre in der Funktion des allgemeinen Vertreters des Oberkreisdirektors, besitzt er die umfassenden Kenntnisse und Erfahrungen in der Kommunalverwaltung. Als Wassenberger hat er sich bei zahlreichen Anlässen altruistisch mitengagiert. Seine theologische und kirchenpolitische Rede aus Anlaß des 850-jährigen Jubiläums der Propsteikirche St. Georg bleibt eine besonders gründliche Interpretation heimatlich bezogener Kirchengeschichte. Seine Abhandlungen in philophischen Fachzeitschriften erregen Aufsehen. Oft ist Thönissen als Schirmherr von Veranstaltungen in Erscheinung getreten. In der Festschrift des Wassenberger Sportvereins drückt er einen Gedanken aus, den ich zum Leitmotiv für meine Arbeit an diesem Wassenberg-Buch gemacht habe: „Geschichtslosigkeit führt zur Gesichtslosigkeit. Zu den Lehren unserer jüngeren Geschichte gehört es auch, manches Große geringer und manches Kleinere höher zu achten. Unterschätzen wir nicht die kleinen Strukturen unseres Zusammenlebens, die sich in diesem Jahrhundert sooft als die dauerhafteren erwiesen haben."[941]

Begegnungsstätte

Weiter oben habe ich die sozialen Aspekte des *Jaastes* (Hospital St. Nikolaus, Gasthaus) dargestellt. Mit Walter Windeln wurden solche Bestrebungen zu weiterem Leben erweckt. Wassenberg baute eine Begegnungsstätte für ältere Mitbürger. Am Waldeingang zum

Judenbruch ist sie idyllisch gelegen und erwies sich von Anfang an als soziales Ereignis in einer Stadt, die in humaner Kommunikation Tradition besitzt. Sie wurde rasch gut frequentierter Treffpunkt für die ins Auge gefaßten Adressaten. Am Pfingstsamstag, den 9. 6. 1973, war Einweihung. Architekt Paul Wollenweber hatte das Gebäude entworfen. Begegnung lautete das Stichwort! So formulierte es Stadtdirektor Walter Windeln: „Begegnung ist Grundvorgang des Existierens, des menschlichen Daseins. Auf den innerörtlichen Gemeinsinn, auf Geben und Empfangen, auf Freundschaft und Verstehen, auf Hilfsbereitschaft und Altruismus kommt es an. Auf den verständnisvollen Zusammenhalt aller Bürger!" Auch Bürgermeister Günter Müller setzte mit allen Ratsmitgliedern auf dieses Projekt aus dem vertieften Sinn von Miteinandersein. 1973 wurde ein *Arbeitskreis Begegnungsstätte* ins Leben gerufen, dem die Ratherren Karl Hasert als Vorsitzender, Lehnen, Rongen, Schumann, Deckers, der Wassenberger Ortsvorsteher Wegener, Kutz aus Myhl, Kreisdirektor Dr. Thönnissen, die Vertreter der Kirchen, des Deutschen Roten Kreuzes, der Arbeiterwohlfahrt und Christian Poschen als Sozialamtsleiter angehörten. Sie haben der Begegnungsstätte sozusagen programmatisch die Wege geebnet. Die neue Institution wurde auch neuer Sitz einer ambulanten Krankenpflege für das Stadtgebiet, die in den vergangenen 100 Jahren von den Vinzentinerinnen des Marienhauses ausging und jetzt von Schwestern des gleichen Ordens übernommen worden war.

Bürgermeister Hans Deckers lud für den 25. 5. 1977 zur offiziellen Eröffnung ein. Karin Klimmeck: „Bürgermeister Deckers dankte der Kölner Ordensleitung für das Verständnis und das große Entgegenkommen, das sie bei der Einrichtung der neuen Krankenpflegeabteilung gezeigt habe. Dank galt auch seinen Ratskollegen und der Verwaltung für ihren Einsatz in dieser für die Bürger der ganzen Stadt so wichtigen Sache. Den drei hier nun wohnenden Schwestern wünschte er ein angenehmes Wohnen ... Dechant Crins nahm die Einsegnung des Hauses mit der allergrößten Freude vor. Er machte auch keinen Hehl daraus, welchen Schock es für die Menschen der ganzen Stadt war, als die Auflösung des Marienhauses und damit auch die Gefährdung der Krankenpflege in Wassenberg bekannt wurde ... Die Provinzialoberin drückte aus, für die Ordensleitung sei es eine Sorge gewesen, die Stiftung von Frau von Forckenbeck in einer angemessenen Form aufrechtzuerhalten".[942]

Für Stadtdirektor Windeln war deshalb die Vereinbarung mit den Kölner Vinzentinerinnen ein auf Zukunft angelegter Vertrag und für ihn selbst im Sinne seiner Grundauffassung als Verwaltungschef, treuer Sachwalter und engagierter Mitmensch zu sein, ein erster Markstein in seiner Wassenberger Verwaltungsbahn. Die Stadt zahlt für dieses Unternehmen an das Mutterhaus in Köln gern die Jahresgebühr von 32 000 DM. Außerdem erhält die Station in der Begegnungsstätte von der Stadt einen Zuschuß von 4800 DM im Jahr. Der übrige Kostenanteil wird vom Bistum Aachen getragen.

In Kooperation mit Ärzten üben die Schwestern ihre ambulante Pflegetätigkeit aus. Tag und Nacht zu erreichen, sind sie durch ein Auto rasch zur Stelle und haben alle notwendigen Geräte in ihrem Pflegewagen dabei. Gerade die häusliche Krankenpflege stellt heute im Gegensatz zu unserer „technisierten Klinikwelt" eine humane Nähe besonderer Liebe und Fürsorge dar, die für alle Parteien im Wassenberger Stadtrat immer eine Lebensprämisse gewesen ist. Schon um fünf Uhr morgens beginnt für die Schwestern der Arbeitstag. Die Zahl der von ihnen betreuten Kranken schwankt zwischen 20 und 30 pro Tag. Und immer, wenn im Stadtgebiet die dunkelblaue Ordenstracht auftaucht, weiß man, die alte Zusage des Ordens aufgrund der Packeniusstiftung gilt noch. Für das Jahr 1981 notierte Karin Klimmeck 11 615 krankenpflegerische Zuwendungen: von zwei Schwestern namens Leonarda und Aegidia geleistet werden. Eine dritte Schwester versieht Haushalt, Telefon- und Bereitschaftsdienst am Pontorsonplatz. Die Leistungen der Schwestern betrafen 1983 insgesamt 257 Patienten. Darunter 5 bis zum 10. Lebensjahr, 8 bis zum 40. Lebensjahr, 31 bis zum 65. Lebensjahr und 213 nach dem 65. Lebensjahr. Es gab 2 685 große Pflegen, 1 479 kleine Pflegen.

Erinnert werden soll hier auch an die Leistungen der evangelischen Schwesternstation, die, wie Karin Klimmeck schreibt, „ihre schweren und vielfältigen Aufgaben ebenfalls in lobens- und anerkennenswerter Weise ausübt. Sie alle sind ein Hort der Zuflucht bei Krankheit und persönlichen Sorgen. An ihre Türe klopft niemand vergeblich".[943] 1981 lud Walter Windeln alle ehemaligen Wassenberger Vinzentinerinnen, die durch Bergschäden leider „vertrieben" waren, nach Wassenberg ein. Unter ihnen Schwester Meletia, die fast 40 Jahre im Marienhaus arbeitete. Der Stadtdirektor und Christian Poschen führten ihre Gäste durch die Stadt und ließen sie des Dankes der Menschen hier gewiß sein.

Die Begegnungsstätte wurde zunächst von Maria Holl geb. Janßen, seit dem 11. 7. 1979 von Agnes Thelen (*1924) geleitet. Die sympathische Agnes kommt aus guter alter Webertradition, ist geborene Wassenbergerin und bringt für die Menschen ihrer Heimat großes Einfühlungsvermögen mit.

Nach der Kommunalwahl 1975

Die Kommunalwahl vom 4. 5. 1975 brachte folgende Verteilung der Sitze im Stadtparlament: 20 CDU, 10 SPD und 3 FDP. Die Änderung des Kommunalwahlgesetzes hatte die Zahl der Ratsmitglieder von 27 auf 33 erhöht. Der Architekt Hans Deckers wurde am 21. 5. 1975 zum Bürgermeister gewählt und blieb es bis zur nächsten Legislaturperiode 1979. Zusammen mit dem Stadtdirektor lenkte er die Geschicke des soeben wieder zur Stadt erhobenen Lebensraumes an der unteren Rur. Deckers hatte bereits seine Architektenhandschrift beim Entwurf einer evangelischen Schule am Birkenweg demonstriert, nun ging er daran, kom-

Oberkreisdirektor Dr. Theo Esser bei der Grundsteinlegung des Rathauses am 17. 4. 1986. Links Bürgermeister J. Schumann, rechts Stadtdirektor W. Windeln.

munalpolitisch Linien zu ziehen. Seine Amtszeit begann allerdings mit „mehrfachem Abbruch": zuerst das endgültige „Aus" für die Firma Krahnen & Gobbers, deren Aufstieg, Glück und Niedergang ich im Kapitel über die Seidenstadt weiter oben beschrieben habe. 1977 wurde das Fabrikgebäude an der Erkelenzer Straße abgebrochen. Sodann das Marienhaus: im Judenbruch erlitt das Kloster so gravierende Bergschäden, daß eine Weiterführung nicht mehr möglich war. Der im Jahre 1906/07 erbaute Alttrakt und der erst 1964 errichtete Neubau (Altenheim) mußten deshalb im Herbst 1977 abgerissen werden. Vor dem endgültigen Auszug der Schwestern versammelten sie sich zu einem Dankgottesdienst noch einmal in der alten Kapelle. Anwesend auch die Bewohner des Klosters, die Priester des Dekanates und zahlreiche Wassenberger, an ihrer Spitze Bürgermeister Hans Deckers. Letzterer überreichte der Schwester Oberin in Erinnerung an ein 70-jähriges Wirken der Vinzentinerinnen in Wassenberg den Wappenteller.

Des Bürgermeisters kommunale Tätigkeit will Aufbau, nicht Niedergang. Und so erleben wir ihn in den nächsten Jahren: In Effeld bei der Auslegung des St.-Martinus-Platzes als dörfliches Zentrum, im Forster Feld bei der Entstehung der 2,55 Millionen DM kostenden Kläranlage, beim zweiten Bauabschnitt der Instandsetzung der historischen Stadtmauer, bei der Inbetriebnahme der Wasseraufbereitungsanlage des Kreiswasserwerkes an der Rurtalstraße (K 34), am 29. 11. 1975 bei der Übergabe der Doppelturnhalle an der Bergstraße. 36 Wohneinheiten für englische Familien (RAF) entstehen am Stern. Am 24. 2. 1978 wird ein Stadt-

Bürgermeister Hans Deckers

Stadtdirektor Walter Windeln und sein Dezernententeam 1987: Herbert Bönstrup (Dezernat III: Bauverwaltungsamt), Leo Oeben (Dezernat II: Kämmerei, Schul- und Kulturamt), Heinz Randerath (Dezernat I: Hauptamt).

sportverband aus 26 Vereinen mit rund 2 100 Mitgliedern unter seiner *auctoritas* aus der Taufe gehoben. Diese und manche andere kommunale Vorgänge zehrten an der Gesundheit des Bürgermeisters, der am 30. 6. 1978 durch die kardiologische Erkrankung unserer Zeit, den Herzinfarkt, für einige Monate außer Gefecht gesetzt wurde. Mit Beginn des Jahres 1979 nimmt er seine Tätigkeit jedoch wieder auf, kandidiert aber aus Gesundheitsgründen bei der nächsten Kommunalwahl am 30. 9. 1979 nicht mehr. Zusammen mit dem Stadtdirektor und dem Stadtrat erhebt Hans Deckers Protest gegen die vorgelegte Planung der Lärmschutzzonen, weil hierdurch erhebliche Einschränkungen für die weitere Entwicklung entstehen könnten. Hans Deckers erhält 1983 für seine vielfältigen kommunalpolitischen Leistungen das Bundesverdienstkreuz: 1956—1961 und 1966—1979 im Rat von Gemeinde bzw. Stadt. 1971 weiht er die *Rue de Wassenberg* in der Partnerstadt Pontorson ein. Hans Deckers, in Wassenberg geboren, hier zur Schule gegangen, in Heinsberg sein Abitur gemacht, in Aachen Architektur studiert, hat seine Heimatstadt bis auf Krieg und Gefangenschaft eigentlich nie verlassen. Er kennt deshalb die Probleme unserer Region von Kindesbeinen an.

Walter Windeln

Mit Walter Windeln hatte 1972 ein kenntnisreicher Verwaltungsfachmann das Rathaus betreten. Als sich nach seiner ersten Amtsperiode seine Wiederwahl mit so großer Mehrheit (78 %) quer durch die Parteien vollzog, wurde sichtbar, mit welchem Erfolg der „Junge aus Wassenberg-Süd" in der Nachfolge von Friedrich Bell und Jakob Wolters gewirkt hatte. Wie seine Vorgänger Palant, Zuyrs, Eyll, Redinghofen, Overbach und Packenius verdiente er ein eigenes Kapitel. Aus zwei Gründen aber beschränke ich mich auf einige wesentliche Daten: 1. liegt ein umfassender Verwaltungsbericht von 1966 bis 1983 gedruckt vor und 2. wird die jüngste Geschichte Wassenbergs einer späteren Beurteilung vorbehalten bleiben müssen. Moderne Wassenberger Geschichtsschreibung darf jedoch an einigen wichtigen Fakten nicht vorbeigehen. Walter Windeln wurde 1928 in Wassenberg-Orsbeck als Sohn von Jakob Windeln und Elisabeth Bierbaum geboren. Nach seinem Abitur am Gymnasium Erkelenz begann er zunächst eine polizeibeamtliche Tätigkeit bei der Kreispolizeibehörde in Düsseldorf (1950—1954). Von 1954 bis 1963 war er Beamter der Kreispolizei in Geilenkirchen-Heinsberg, nach Umschulung dann Verwaltungsbeamter bei der Bezirksregierung in Aachen (1963—1964), beim Innenministerium in Düsseldorf, bei der Stadtverwaltung in Rheydt (Hauptamt, Kämmerei und Sekretär des Oberstadtdirektors). Umfassende verwalterische Erfahrungen also. Am 1. 7. 1970 kam er in die Verwaltung nach Wassenberg und wurde am 4. 3. 1971 Stadtamtmann. Vorher, am 29. 12. 1969, hatte ihn der Rat der Gemeinde zum ehrenamtlichen Gemeindedirektor gewählt. Am 1. 1. 1972 ernannte ihn der Innenminister zum stellvertretenden Verwaltungsbeauftragten. Am 27. 6. 1972 wählten ihn die Vertreter der Gemeinde Wassenberg nach der kommunalen Neugliederung zu ihrem Gemeindedirektor. Wenige Wochen später, am 21. 7. 1972, wurde er als solcher ernannt.
Mit der Wiedererhebung Wassenbergs zur Stadt ist Walter Windeln ab 18. 6. 1973 der erste in der Reihe Wassenberger Stadtdirektoren. Am 24. 1. 1984 wird er mit überwältigender Mehrheit wiedergewählt.
In seiner Antrittsrede 1972 hatte Walter Windeln für sich fünf entschiedene Absichten für die Weiterentwicklung Wassenbergs formuliert. Soweit ich dies „sine ira et studio" beurteilen kann, hat er diese Vorhaben realisieren können. Die Presse — und hier besonders Karin Klimmeck und Lambert Bürsgens — haben

ihm dies oft in kritischer Beobachtung bestätigt. Was auffällt, ist ein Verwaltungschef, der als erster in der langen Reihe seiner Vorgänger ein geborener Wassenberger ist und als solcher, einige ortstypische Grundtugenden mitbringt, die seinem Tun nützen. Allererst: ein richtiger Wassenberger ist ein sparsamer Mensch, er läßt die Kirche im Dorf und weiß, daß Schulden ein Menetekel sind: *mene, mene tekel upharsin = gezählt, gezählt, gewogen und zerteilt.* Insofern hat er die Stadt aus einer Verschuldungsmisere in eine gesunde Finanzsituation geführt. Bei seiner Amtsübernahme lag Wassenberg bei einem Drei-Millionen-Defizit. Im Jahre 1986 ist es anders! Die Verwaltungsüberführungsrate, der Betrag also, der an den Vermögenshaushalt abgegeben wird, ist bei 6,5 Millionen DM angelangt. Solche Zahlen sprechen für Sparsamkeit, für die stetige Verbesserung der Finanzlage seit 15 Jahren, für vorsichtiges Operieren in Sachen großer Investitionen und Verschuldungen. Sodann gelang es dem Stadtdirektor, nach der kommunalen Neugliederung die Ortschaften Myhl, Orsbeck, Effeld, Birgelen, Ophoven und Wassenberg in ihrem ortsgebundenen Grundgefühl in die Gesamtstadt Wassenberg zu integrieren. Die Skepsis in den verschiedenen Orten war 1972 zugestandenermaßen stark, aber eine verläßliche, glaubwürdige und alle Ortsteile gleichermaßen gerecht behandelnde Politik hat die heute vorfindbare Wassenberger Gesamtidentität erzeugt. Wer durch die schmucken Straßen Effelds geht, wer Ophoven, Steinkirchen, Birgelen, Myhl, Orsbeck sieht, weiß, daß der eigentliche „Bettelmann" der Stadt zunächst der Ortsteil Wassenberg selbst war.

Ein weiteres Anliegen bei Walter Windeln war der Aufbau einer leistungsfähigen Verwaltung. Denn was wäre der fähigste Stadtdirektor ohne eine dynamische, fleißige und verantwortungsbewußte Mitarbeiterschaft. Windelns Dezernenten Herbert Bönstrup, Leo Oeben, Heinz Randerath und der 1986 verstorbene Walter Risters haben von Anfang an sein „städtisches Integrationsmodell" entscheidend mitgetragen.

Ein vierter Punkt: die Infrastruktur wurde deutlich verbessert. Sie erhält jüngste Impulse durch ein neues Rathaus, einen neuen Bauhof, eine neue Realschule, durch konsequenten Straßen- und Kanalbau.

Schließlich muß Walter Windeln zugestanden werden, daß er im Sinne seines nicht jedermann passenden, aber immer zielbewußten Führungsstils sich besonders der Stärkung des Vereins- und Kulturlebens annahm. Walter, selbst ein Musterkind Wassenberger Vereinslebens (Sportler, Jäger, Kongo-Mitglied, Heimatverein u. a.), weiß um die lokalen Mechanismen kommunikativer Integration. Wie ich im Kapitel über die Zwanziger Jahre schon ausführte, leben die Wassenberger vereinsbewußt. 1987 gibt es über 100 Vereine hier! Solche sozialen Gruppen, Gesellschaften, Klubs und Kreise sorgen durch die Motivierung ihrer Mitglieder für die vom Verein definierten Ziele, Werte, Normen — für mitmenschliche Verbundenheit. Das ist ein wichtiger Prozeß in einer Kleinstadt, der seine Bedeutung besonders gegenwärtig bei der Neigung gerade der jungen Generation zum Resignieren,

Effeld: Kreuzstraße.

zum Aussteigen, zu Drogen, zum individuellen Extrem besitzt. Bis auf Ausnahmen belasten Wassenberg „die typischen Zivilisationserscheinungen" nicht. Wesentliches Verdienst einer Verwaltung, die mehr sein will, als bürokratische Zentrale eines Lebensraumes. Auch die vom Verwaltungschef ausgehende Pflege des Kulturlebens hat zweifellos zu der in sich stimmigen Sachlage beigetragen. Hinzu kommt, daß in der *Begegnungsstätte* Gemeinschaftsbewußtsein institutionalisiert ist und nachweisbar wächst.

Große Schwierigkeiten türmten sich vor der Verwaltung mit den zunehmenden Bergschäden, den flugplatzbedingten Lärmzonen, den expandierenden Verkehrsentwicklungen auf. Auf der einen Seite war das Bergwerk für Wassenberg wirtschaftlich attraktiv, auf der anderen Seite hat es die Infrakstruktur entschieden belastet. Hemmungslosen Fortschrittsfetichisten hat Windeln sich immer entgegengestemmt. Er hat das Konzept eines gewandelten Zukunftsbildes im Sinne der heute viel diskutierten *technology assessment* (TA = Technische Gesamtbewertung). Windeln hat dies oft artikuliert: „Bei uns muß immer die Natur primär ihr Zuhause haben. Maßstab ist für mich der natürlich lebende Mensch. Darum müssen wir ständig hier futurologische Vorausberechnungen mit objektiver Einschätzung der Gefährdungen unseres waldreichen Stadtgebietes vornehmen. Es kann schnell zu spät sein!"

Jochen Schumann

Seit 1979 ist Jochen Schumann Bürgermeister unserer Stadt. Er kam aus Berlin, wo er am 24. 7. 1935 geboren wurde. Krieg und Nachkriegszeit sahen ihn aus familiären und Ausbildungsgründen in zahlreichen Gegen-

Meeting von Stadtrat Wassenberg und Royal Airforce Wildenrath mit Group Captain Allison 1983.

den der Bundesrepublik. Aber viele Wege führten für ihn nach Wassenberg, wo der Maschinenbauingenieur im Jahre 1966 sein Zuhause fand und als Mitglied der CDU seit 1968 kommunalpolitisch arbeitete. 1969 kandidierte er zum ersten Mal für das Stadtparlament und wurde 1979 Nachfolger von Hans Deckers als Bürgermeister. Von 1975 bis 1979 war Jochen Schumann Ortsvorsteher des Ortsteils Wassenberg und durch verschiedene Ausschüsse des Rates hautnah mit den modernen Problemen der Stadt verbunden. Besonders als Vorsitzender des Stadtentwicklungs- und Strukturförderungsausschusses hat er planungsrechtliche Vorhaben begonnen und forciert. Dazu gehören der erste Flächennutzungsplan, die Bebauungspläne Industrie-

1979 wurde Jochen Schumann zum Bürgermeister gewählt. Von l. n. r.: Karl Jungbluth, Jochen Schumann, Hans Deckers, Jakob Schuhwirt.

Stadtrat 1987: Walter Barten, St.-Johannes-Str. 134, Wbg-Myhl, Herbert Bäumer, Tannenwaldstr. 15, Wassenberg, Franz-Josef Beckers, Luchtenberger Str. 51, Wbg-Orsbeck, Franz-Josef Caron, Marienstr. 34, Wbg-Ophoven, Alexander Dohmen, Bergstr. 16, Wassenberg, Gerd Fuhrmann, Professor-Esser-Str. 3, Wbg-Ophoven, Karl-Heinz Geiser, Lerchenweg 3, Wassenberg, Theodor Grab, Entenpfuhl 24, Wbg-Birgelen, Karl Hasert, Limburger Str. 12, Wassenberg, Heinz Hensen, Sandstr. 56, Wbg-Birgelen, Fritz Junge, Südstr. 8, Wassenberg, Karl Jungbluth, Mückenstr. 18, Wbg-Effeld, Franz Korsten, Mückenstr. 27, Wbg-Effeld, Josef Kox, Pletschmühlenstr. 23, Wbg-Orsbeck, Elisabetz Kutz, Wildenrather Str. 32, Wbg-Myhl, Josef Michels (zweiter stellvertr. Bürgermeister), Mühlenstr. 25, Wbg-Birgelen, Günter Müller, Alte Bahn 1, Wassenberg, Theresia Pink, Buchenweg 18, Wassenberg, Hubert Gillissen, Ratheimer Str. 79, Wbg-Orsbeck, Heinz-Josef Reiners (Ortsvorsteher Wassenberg), Oberer Kulenberg 1, Wassenberg, Günter Rongen (erster stellvertr. Bürgermeister), Glück-Auf-Str. 23, Wassenberg, Josef Rütten (Ortsvorsteher Orsbeck), Pappelweg 2, Wbg-Orsbeck, Jochen Schumann (Bürgermeister), Heinsberger Str. 23, Wassenberg, Josef Schmalen (Ortsvorsteher Myhl), Altmyhler Str. 43, Wbg-Myhl, Anton Schaffrath, Danziger Str. 3, Wbg-Myhl, Jakob Schuhwirt, Lambertusstr. 79, Wassenberg, Leo Stassny, Kreuzbuschstr. 29, Wbg-Birgelen, Helmut Terlinden, Loher Weg 3, Wassenberg, Ludowika Thissen, Rosenthaler Str. 164, Wbg-Birgelen, Heinz-Georg Thiemann, Nachtigallenweg 2, Wassenberg, Josef Weres (Ortsvorsteher Ophoven), Professor-Esser-Str. 1, Wbg-Ophoven, Heribert Zentis, Limburger Str. 7, Wassenberg.
Weitere Ortsvorsteher: Johann Cremer, Kastellweg 1, Wbg-Effeld, Franz Sanders, Dämmerweg 20, Wbg-Birgelen. (Foto: Kurt Römer)

gebiet Forst, Im Bruch sowie der Standort Steinkohlenkraftwerk. Auch seine Bemühungen zur Erreichung der überörtlichen Entlastungsstraßen L 117 und B 221 müssen hier erwähnt werden. Sehr am Herzen liegt ihm die Stadtkernsanierung, die Verkehrsberuhigung der Innenstadt. Von den vielen, seiner Initiative und Kreativität zuzurechnenden Leistungen möchte ich nennen: Neubau der Realschule, Sport- und Schulsportanlagen, Kanal- und Straßenbau. Höhepunkt seiner Bürgermeister-Ära wird vorläufig das im Jahre 1987 fertiggstellte neue Rathaus sein. 1984 beauftragte der Stadtrat die beiden Architekten Dipl.-Ing. Theo Cohnen (*1948) und Dipl.-Ing. Norbert Schiefke (*1953) mit der Planung. Ein neues Rathaus war notwendig, 1. wegen der Bergschäden, 2. wegen nicht mehr ausreichender Räume, 3. wegen der hohen Kosten, die die vom Bauordnungsamt des Kreises Heinsberg hinsichtlich des Brandschutzes geforderten Verbesserungen zur Auflage machten. Die neue, beinahe im Mittelpunkt der Gesamtstadt gelegene Rathaus-Anlage an der Roermonder Straße nimmt die im Jahre 1905 gebaute Bürgermeister-Beckers-Villa *Nina* als architektonisches Thema auf. Den Planern ging es freilich nicht darum, die neuen Gebäudeteile dem alten Patrizierhaus sklavisch anzupassen, sondern die Dominanz der Villa herauszuheben, sie zum Leitmotiv für die U-förmige Einschließung zu machen. Der dreigeschossige neue Baukörper sollte nicht einfach „angebaut" werden, sondern als moderne Gegenwartsarchitektur erkennbar bleiben. Die einzige Anpassung an das Alte besteht darin, im Ziegelmauerwerk die gleichen Farben aufzunehmen, wie sie an den Fenstereinfassungen und Gebäudeecken von *Villa Nina* vorhanden sind. Die Farbe der Bedachung stimmt ebenfalls überein. Die Lage des neuen Rathauses eröffnet für die Zukunft interessante städtebauliche Perspektiven: ein Rathaus-Platz ist imaginär schon erkennbar, wenn es dereinst gelingt, die Verkehrsführung in der Umgebung der Anlage entsprechend auszulegen.

Jochen Schumann weiß wie sein kongenialer Verwaltungschef, daß eine Kleinstadt in der soziologischen Dimension Wassenbergs im Verein, in der Gruppe, im Club das Wohlbefinden der Einwohner garantieren hilft. Schumann hat sich den Ursachen, Bedingungen und Folgen gestellt, die von der Zusammenarbeit in der Gruppe ausgehen. Sinnvolle, nicht zufällige Kommunikation soll es sein. Der Bürgermeister hat dies 1983 in seiner Neujahrsrede gültig formuliert: „Städtische Gemeinschaft muß unser Ideal sein. Soziale Zusammengehörigkeit sollte uns beflügeln. Auf gemeinsame Wassenberger Ziele kommt es an. Unsere Demokratie ist abhängig auch von den heimatbezogenen Werten vor Ort, die wir akzeptieren. Wir sind nicht einfach die Summe der Einwohner Wassenbergs, sondern das Ganze der vielen individuellen Haltungen, die zu einem kreativen Gesamtbewußtsein führen sollten. So entstehen die vielen Freundschaften und Verbundenheiten, die besonders in der Mitgliedschaft von Vereinen, Gruppen und Parteien ihren Ausdruck finden."

Der Bürgermeister hat dies in die Realität umgesetzt. Er ist aktiver Sportler der DJK-Wassenberg, Mitglied im Heimatverein, erster evangelischer Schützenkönig in der katholischen Schützenbruderschaft St. Georg gewesen, seit 1979 Präsident des Kongo, 1972/73 Karnevalsprinz. Schon zweimal legte er die Strecke zur französischen Partnerstadt Pontorson mit dem Fahrrad zurück.
Umso erstaunlicher registriert man die innerparteiliche Kontroverse um Bürgermeister Schumann, die schließlich zu seinem Austritt aus der CDU und Eintritt in die UWG (Unabhängige Wähler-Gemeinschaft) führte. Ich habe mich bei Betrachtung dieser Vorgänge Talcott Parsons strukturell-funktionaler These erinnert: eine städtische Gesellschaft wie in Wassenberg, in relativem Gleichgewicht, im gleich guten Wollen aller ihrer Stadtverordneten um das Wohl des Gemeinwesens und trotz verschiedener parteipolitischer Position, im großen und ganzen den gleichen Werten im Lande am Unterlaufe der Rur verbunden, braucht umso notwendiger die Kontroverse um den besten Weg. Solche Unruhe bringt Anstoß und Lebendigkeit. Es gibt auch hier, wie unsere Geschichte bei Palant, Mirbach, Hasenbach, Packenius, Henzen, Therstappen, Beckers, Hasert, Wolters, Müller, zeigen konnte, keine statischen kommununalpolitischen Zustände. Alles ist von dynamischer Realität in Spruch und Widerspruch, in Spannung und Entspannung gehalten. Das ist kein wassenberg-eigenes Konfliktmodell, eher eine Lokalvariante kommunaler Dialektik.

Wassenberger

Im Schlußkapitel möchte ich im Sinne des exemplarischen Prinzips ein paar typische Wassenberger assoziativ aneinanderreihen. Weiser Zufall, nicht Auswahl führt hier die Feder. Die genannten Personen schenken dabei kategoriale Einsichten in die Struktur unseres Lebensraumes an der unteren Rur.
Eine Vorbemerkung: Wer einen Wassenberger trifft, braucht nicht verblüfft zu sein, wenn er umarmt, schon nach Stunden geduzt, zum Abendessen eingeladen, als alter Freund bezeichnet, ohne Abwehrmöglichkeit einem scharfen Wacholderschnaps ausgeliefert, zur nächsten Kirmes fest verpflichtet, für die Nacht unter Bergen geblümter Plümos gepackt, mit Lachen und Weinen überschüttet und auf ewige Freundschaft hin vereidigt wird. Und das schon nach wenigen Stunden. Das Gegenteil von Säcken Salz, die man in anderer Herren Länder essen muß, um warm zu werden und um zu wissen, wo die Katze schläft. Aber in Wassenberg unterliegt solche Freundschaft genaugenommen rasch einem seltsam unmotivierten Ende. „In Wassenberg dampfen Schnellkochtöpfe der Freundschaft. Sie kochen aber schnell über," so hat es Prof. Kittel einmal formuliert, der nach dem Zweiten Weltkrieg hier eine Bleibe fand und ein wenig von dem Ruhm seines Berliner Kittelschen Chores mit der Wagnersängerin Tilla Briem (Bayreuth) in die „Wassenberger Sangeslust" einschleuste.
Peter Marx hat die Formel vom sogenannten *Wassenberger* knapp in den Satz gepackt: „Dat sind all brave on joe Lüh!" (Alles brave und gute Leute!) Dr. Jakob Broich war da schon skeptischer. Weil er nicht hier, sondern 1906 in Stessen bei Grevenbroich geboren und erst in den Dreißiger Jahren nach Wassenberg kam, erlaubte er sich schon eher die freche Judikatur: „Wassenberger haben eine große Geschichte, die gar nicht zu ihrem ängstlichen kleinen Herzen paßt." Köbes Broich, wie ihn seine Freunde vom Verkehrs- und Verschönerungsverein nannten, war ein leidenschaftlicher Heimatforscher. Viele Freunde haben oft bei ihm nach Mitternacht den Streit über die gräflichen Flamensen Wassenbergs und die Annales Rodenses mitvollzogen. Broich hat viele alte Wassenberger nach dem, wie's früher war, befragt. Etwa den „Henz-Lambert", der davon wußte, daß Frau Corsten, die Großmutter von Corsten-Sett, die Milchamme der Maria Packenius war, weil Marias Mutter im Kindsbett verstarb. Corstens-Sett wohnte auf der Kirchstraße im Hause der späteren Metzgerei Hermanns. „Der Sohn der Amme war außerordentlich dünn", erzählt Henz-Lambert. „Alle Milch ging an Maria Packenius, die auf diese Weise den Grundstock für ihren späteren matronenhaften Umfang legte". Lambert wußte auch, daß die Kastanienbäume am Wehrturm der Kirchstraße ursprünglich bis zum früheren Finanzamt (Haas-Jäzzke) gingen. 1957 verfaßte Broich mit mir zusammen die „Kirchengeschichte des Wassenberger Raumes"[944]. Es war sein besonderer Wunsch, auch eine Profangeschichte zu schreiben. 1970 starb er. Der langjährige Heimatforscher des Wassenberger Raumes und echte Epigone des Dalheimer Amateur-Historicus Franz Mayer sollte in Wassenberg nicht vergessen werden.
Ein geradezu legendäres Wassenberger Image hat Schwester Landoline schon zu Lebzeiten. Sie leistete vom Sanatorium aus mehr als 30 Jahre lang die Krankenpflege im Ort. 1984 feierte sie ihren 90. Geburtstag in Köln. Mit den Wassenbergern war sie in Nudersdorf an der Elbe evakuiert. Manchem Einwohner hat sie das letzte Stündlein erleichtert: mit Trost, Gebet, Hilfe und Zuspruch. Ihre Hausmittel hatten Bestand. Der Arzt Heinrich Speck fühlte sich zu dem Ausspruch veranlaßt: „Wo meine Behandlung aufhört, hat Landoline manchmal noch eine Chance gehabt."
Dr. Heinrich Speck war der leibliche und medizinische Erbe der weit über Wassenberg hinaus bekannten Arztfamilie Küsters. Als er 1960 47-jährig starb, verlor Wassenberg ein fleißiges Ratsmitglied, einen treuen Mitarbeiter im Kirchenvorstand der Georgspfarre. Sein Vater, Dr. Wilhelm Küsters (1879—1948), galt als besonderer Kenner der „wassenberg-typischen Krankheiten", zu denen um die Jahrhundertwende „de Schwindsucht", „Pien an et Hatt", „dr Schlaach", „de Jeal Färv", „dr Zocker" und, so hätte es „Thönnissen-Theo-Benzin" gewußt, „dauernd voll" gehörten. (TBC, Angina pectoris, Schlaganfall, Hepatitis, Diabetes,

Grundsteinlegung und Rohbau des neuen Rathauses 1987.

Tour de Pontorson im Mai 1985. Ankunft nach 986 km. V. l. n. r.: Maire Judas, Mademoiselle Limondo (Pontorson), Peter Bente (Wassenberg), Yves Rebillon (Pontorson), Jochen Schumann, Walter Windeln, Wolfgang Paredis, Heribert Cremers, Karl-Heinz Pöstges, Heidi Pöstges (Wassenberg).

Delirium tremens). Die Küsters kamen von Ratheim, wo Dr. Jakob Küsters (1819—1880) Heilpraktiker und Vieharzt gewesen war. Sein Sohn Dr. Peter Wilhelm Küsters (1856—1906), verheiratet mit Sabine Goertz (1843—1916), Lehrerstochter aus Kleingladbach, war der *Wassenberger Wasserdoktor,* dem die Leute ihre Fläschchen von weither brachten oder schickten. Täglich kamen mit der Post massenhaft Urinproben, denen jeweils um die Jahrhundertwende eine Mark beigefügt werden mußte. Nach Georg Nägler (Büttenrede 1951) brachte ein Wassenberger für sich und seine Frau in einer einzigen Flasche das Wasser und erklärte dem verdutzten Küsters, das untere sei von ihm, das obere von seiner Frau. Der Wasserdoktor bewohnte mit seiner Familie das spätere Finanzamt auf der Kirchstraße. Seine Krankenbesuche, die bis nach Roermond reichten, machte er per Kutsche mit zwei

Dr. Jakob Broich, Heimatforscher und Autor zahlreicher wassenberggeschichtlicher Beiträge, langjähriger Vorsitzender des Verkehrs- und Verschönerungsvereins. 1906 in Stessen bei Grevenbroich geboren, zahnmedizinisches Studium in Bonn, seit 1933 als Zahnarzt in Wassenberg, 1970 in Wassenberg gestorben. Das Land an der unteren Rur erregte seine zähe Neugier, aktivierte sein Nachdenken über die Geschichte dieses Raumes. Für die Wiedererhebung zur Stadt befragte er die historischen Quellen und legte die urkundliche Begründung vor.

prächtigen Grau-Schimmeln. Küsters hatte einen eigenen Kutscher angestellt: Josef Jansen aus Wildenrath. Die Ankunft des Doktors gab der Mann auf dem Kutschbock mit dem Hornsignal („Ich bin der Doktor Eisenbart . . ") bekannt, damit auch eventuelle Patienten der Nachbarschaft in seine fliegende Ambulanz kamen. Sein Sohn Dr. Wilhelm Küsters blieb ledig, was nicht bedeutete, daß er kinderlos starb. Seine Schwester Therese (1850—1950) war mit Hubert Wild verheiratet, der uns im Zusammenhang mit dem Wassenberger Judenbruch mehrfach begegnet ist, und der legendäre Erfinder der Wildschen Schöpp„ (Wasseberjer Schöpp) ist. Dr. Wilhelm Küsters war ein gesuchter Geburtshelfer und arbeitete mit der Wassenberger Hebamme Anna Maria Kreutzer geb. Jüres zusammen, über die weiter unten noch zu sprechen sein wird. Küsters besaß eine umfangreiche heimathistorische Sammlung, die in den "Kunstdenkmälern der Rheinprovinz„[945] aufgeführt wird. Leider ist sie durch den Zweiten Weltkrieg weitgehend verloren gegangen. Die Erinnerung an den beliebten Arzt halten Namen wie "Küstersgäßchen„ und "Küsters Garten an der Stadtmauer„ fest. Letzteren stellten die Erben von Dr. Küsters, das Eheaar Apotheker Fritz Palm aus Mönchengladbach, der Stadt zur öffentlichen Nutzung zur Verfügung.
In Abwandlung eines Kölner Liedes sang Maria Werth in den Dreißiger Jahren mit ihrer karnevalistischen Mädchentruppe, den bezaubernden "Jütschklömpchen„: "Ach, wat woar dat fröejer schön em alde Wasseberch!" Heimatbewußtsein war seit eh und je hier Ur-Erbanlage.
Der in Wassenberg am häufigsten ausgeübte Beruf war mit Sicherheit der des Webers. Gibt und gab es den typischen Weber? Sind Weber heimliche Philosophen? Oder haben sie, wie Bodewig (Firma Frowein) das einmal beschrieb, „zuviel zu denken", neigen sie leicht zur Melancholie oder sind sie einfach nur vorsichtig im Urteil? Kritisch! Fähig, entscheidende Ereignisse langsam zu verdauen, gründlich zu reflektieren,

Der Arzt Dr. med. Wilhelm Küsters mit Enkelin am 22. 9. 1941.

Präsident Jupp Voß und seine Stadtwache 1951.

1987: Karnevalsprinz Theo II. und prinzliche Mylady Margit. (Ehepaar Cohnen).

richtig zu beurteilen und sich und uns vor den Folgen von Täuschung zu bewahren? Heute sieht das alles anders aus, sagen die Leute an den hochgezüchteten Webmaschinen. Aber die grüblerische Neigung der Weber war einmal sprichwörtlich, und sie gehörte zur Ganzheit des Wassenberger Menschen. Natürlich hatten viele Weber auch ihre schwer geschädigten Trommelfelle, die nach einer Aussage von Arnold Voß „höchstens noch op de dicke Tromm reajeere".

Unvergeßlich in Wassenberg bleiben zwei Damen, die beide etwas mit Kindern zu tun hatten: die Lehrerin Maria Nolten (1896—1985) und die Bezirks-Hebamme Anna Maria Kreutzer (1849—1937). Maria Nolten hat ihr ganzes Berufsleben in der katholischen Volksschule von Wassenberg drei Generationen lang (!) die Schulanfänger in die Kulturtechniken des Lesens und Schreibens eingeführt, und Anna Maria Kreutzer (Großmutter des Verfassers) hat in 63 Dienstjahren drei Generationen (!) lang als Storchentante 6 821 Kinder geholt. „Neet uut dr Kindscheswieher", wie sie sagte, sondern in Hausgeburten, wobei die besonders fromme Hebamme die Wehen-Schübe mit ihrem Rosenkranz betend begleitete. Ihr Einzugsgebiet war identisch mit dem heutigen Stadtgebiet Wassenberg. Von 1904 an fuhr sie mit einem Fahrrad zu ihren Wöchnerinnen. Reiche Bauern holten sie mit der Kalesche ab. Bei Baronin kam später sogar ein Auto sie holen. Oft ging sie zu Fuß und strickte wollene Socken unterwegs. Die deutsche Kaiserin verlieh ihr 1917 einen Orden.

Da war aber noch Heinrich Stein (1885—1966), ein Mann mit der Aura des Abenteuers im Rücken. Er diente zwischen 1907 und 1910 im afrikanischen Deutsch-Südwest, in Windhuk. Er spielte Trompete, war Postbote, er dichtete und machte Fahrradtouren europäischen Ausmaßes (Fatima, Rom, Lourdes) bis ins hohe Alter. Nicht weit von seinem Haus wohnte ein zweiter Dichter und Musiker: Heinrich Dahmen. Er komponierte: Menuette, Quadrilles, Polkas, Walzer, Märsche. Er sammelte alte einheimische Lieder und notierte beispielsweise das Hornsignal des Wassenberger Nachtwächters. (Siehe Anhang!) Er schrieb jahrelang für den Heinsberger Heimatkalender Prosa und Verse. Das alte, stille, naturnahe Wassenberg durchtönte sein „Notizbuch der Lieder". Auch die Melancholie, die man auf Heidewegen und auf schmalen Pfaden entlang der Rur erfährt, suchte er auszusprechen:

Die bösen schwarzen Raben,
sie kreisen übers Feld,
was wir verloren haben,
war eine bessere Welt.

Und noch ein Wassenberger. Da geht ein Mann nachdenklich die Parkstraße hinauf: Jupp Voß. Er führt sein Enkelkind Dennis an der Hand. Liegt ihm die Mütze nicht zu platt auf seinem Schädel? Auf solche Köpfe stößt man nicht in Banken, in Kanzleien, geschweige denn in hoher Politik. Jupp Voß geht da, die Straße hat sich schon verändert.

Da geht der „Prinz", der „König" und der „Präsident", der Elferrat, Ersatzmann, der Fabrikarbeiter, das Mit-

Jupp Voß mit Enkelkind Dennis.

glied und der Schwarzhändler, der Besenbinder und der Weber, der Dauerläufer und der Katholik. Welchen Beruf hat er eigentlich nicht ausgeführt? „Ech hann noch neet de Määß (hl. Messe) jelease, sonst hann ech alles all jemackt." So sah er's selbst. Da geht ein ganz gewiefter Psychologe, der weiß, daß hinter unserm „Jüddebrook" noch Häuser stehn. Er gehört zu denen, die alle guten und schlechten Eigenschaften der Wassenberger in sich vereinen und gesammelt im Glas der Lupe auf die Haut dir brennen. Geboren 1895, gestorben 1966. Wo? Eine rhetorische Frage! In Wassenberg, natürlich! Hier legte er seine raffinierten Fallstricke liebenswürdig aus, und jeder stolperte in sein Vereinsnetz. 1913: Wassenberg ist seit einiger Zeit Bahnstation. Jupp Voß macht eine Wette. Ich oder die Technik? Er läuft ab Baal 12 km lang mit dem fahrplanmäßigen Personenzug um den Sieg . . . und gewinnt. Maria Sofia Schuhwirth aus Effeld (1892—1970) sitzt zufällig in diesem Zug auf der harten Holzbank Dritter Klasse und wundert sich über den schmalwüchsigen, dünngliedrigen jungen Mann, der immer aufholt, wenn die Lokomotive auf einem Bahnhof hält. Maria Sofia hat sich bis Bahnhof Wassenberg entschieden: den oder keinen! Die Georgskirche sieht sie nach dem großen Krieg vor dem Altar. Vosse-Jupp hätte so manchen zum Nurmi gemacht. Er kannte seine Wassenberger, er kannte jeden beim Namen und konnte alle in Form eines Stabreimgedichts herunterrasseln: Von Andermahr bis Bartz, von Bechtel bis Beckers, von Beenen bis Beeres, von Berger bis Bien, von Bienen bis Biermanns, von Bodden bis bis Bongartz, von Breuer bis Brockers, von Broich bis Bürger, von Buren bis Buschen usw. usw. „Das kann man auch singen," sagte Jupp Voß, „denn Wassenberg ist meine Lieblingsmelodie!" Ganz besonders fest waren bei ihm die Wassenberger Kosenamen gespeichert: Settels-Männke, Pampe, Nüesele-Karl, Vöcke-Nät, dr Sööte, Buene-Fränz, Moosche, Habe, dr Versenkbare, Kiss-Nölleske, Vobus, Schmitz-Cloon, Jottzes-Männke, Röttes-Moahn, Schmetz-Jöngske, Schniedere-Michel, Kanonne-Männke, Muschele-Hukkes, Ferkes-Jupp, Schmeling, Hertze-Karl, Prente-Hübb, Vöttches-Hubert, Petrolium, Piefe-Paffe, de Mimm, Prümke, Posaune-Männke, Windele-Pittche, Henne und viele andere. Und über allen ließ er Backe-Lenche aufgehn wie ein Star. Sie war sag und schreibe unter den Maibaum gekommen, das arme Ding!

Es kam schon vor, da war Jupp philosophisch gesinnt, dann argumentierte er hintergründig, wenn nicht gar „metaphysisch" und hing mit Christian Dietrich Grabbe „perdaav" zwischen „Scherz, Satire, Ironie und tieferer Bedeutung." Dann konnte ihm frei nach Karl Kraus ein Satz gelingen, wie dieser:

„Wassenberg bleibt Wassenberg! Das ist die schärfste Drohung, die man aussprechen kann." Und der dies sagte, war Jupp Voß, der „homo wassenbergensis"

Anmerkungen

(Abkürzungen: HK.S = Heimatkalender des Selfkantkreises Geilenkirchen-Heinsberg. — HK.H = Heimatkalender des Kreises Heinsberg. — HK.E = Heimatkalender des Kreises Erkelenz. — DH = Die Heimat, Heinsberg. — Heinrichs—Broich = Kirchengeschichte des Wassenberger Raumes. — MJB = Mitteilung Jakob Broich. — NRK = Nachlaß Robert Kofferath. — MWA = Mitteilung Will Andermahr. — BJ = Bonner Jahrbücher. — ZAG = Zeitschrift des Aachener Geschichtsvereins. — Heinrichs, H., Untergang = Vom Untergang zum Neuaufbau St. Georg Wassenberg. — HVZ = Heinsberger Volkszeitung. — Lac. = Lacomblet Clemen, P., = Die Kunstdenkmäler der Rheinprovinz. VIII. — AHVN = Annalen des historischen Vereins für den Niederrhein. Bonn. — PSHAL = Publications de la société historique et arch. dans le Limbourg. Maastricht. — Knorr, A., = Geschichte der Evangelischen Kirchengemeinde Wassenberg—Dalheim. — Mönchengladbach 1982. — ZBGV = Zeitschr. d. Bergischen Geschichtsvereins. — Birgelen. = Birgelen 1814 — 1964. Birgelen 1964. — Myhl = Sieben Jahrhunderte Myhl. — Geilenkirchen 1971)

1) Staatsbibliothek Marburg. Karte Nr. 35.315.
2) Sturm, V., Der Rur auf der Spur. — HK.H 1973, S. 44
3) Salber—Schmühl, Die Rur ist überall. — AVZ 1984, Nr. 164
4) Sturm, H., Rhein. Heimat 1, Nr. 1
5) Heemskerk, W. F. A., Waterrecht en Waterschapsrecht. — Echt 1985.
6) Sturm, V., ebenda.
7) Tholen, P. A., Unsere Heimatlandschaft. — DH 1940, S.58.
8) Roermond stad met verleden — Roermond 1985, S. 116.
9) Roermond, S. 118.
10) Wo die Rur mündet. — AVZ 1985, Nr. 155.
11) Gillessen, L., Römerstraßen beiderseits der unteren Rur. — HK.H 1974, S. 132.
12) Mayer, F., Römerstraßen im Kreis Heinsberg. — HK.HL 1925, S. 38.
13) HSTAD, Jül.-Berg. Gerichte, Wassenberg, Nr. 12, fol. 11.
14) Gillessen, L., ebenda, S. 134.
15) HSTAD, Mannkammer Wassenberg, Nr. 102, fol. 436 b.
16) Gillessen, L., S. 134.
17) Bekkers en Gotzen, De Romeinen in de Roerstreek. — Roerstreek 1977, S. 44.
18) Gillessen, L., S. 136.
19) Forckenbeck, O., Briefe. Unveröffentlicht.
20) Bonner Jahrbuch 102, S. 191.
21) Mayer, F., S. 39. ZAG 34, S. 58.
22) Mitteilungen Jakob Broich, Wassenberg.
23) Ravennatis Anonymi Cosmographia et Guidonus. — Berlin 1860.
24) Lac. UB I.
25) Lac. UB I, 140.
26) Lac. Arch. VII, 3—4.
27) Engels, P., Wie die Roer wieder zur Rur wurde. — HK.S 1960, S. 120.
28) Nachlaß Robert Kofferath, (NRK), Wassenberg.
29) Venner, G., Die Stadt Roermond und die Stände im Geldr. Oberquartier. — AHVN 1984, 187, S. 91.
30) Bogaers, J. E., Ruraemundensia. — Berichten van de rijksdienst voor het oudheidkundig bodemonderzoek 1962/63, S. 57—86.
31) Bogaers, J. E., S. 57—86.
32) Venner, G., Een vermelding van Roermond in het Siegb. Mirakelboek. — De Maasgouw 1982, 101, S. 124—134.
33) DH 1941, S. 105.
34) Sprünken, H. J., Rur und Wurm als Schiffahrtsstraße. — HK.H 1976, S. 37.
35) Philippen, H., Selfkantheimat 1966, S. 37.
36) Rurübergänge im Jahre 1831. — DH 1931, S. 38.
37) Becker, G., Die Rur in der Gemeinde Effeld vor 50 Jahren. — DH 1934, S. 30.
38) Becker, G., S. 30.
39) Becker, G., S. 30.
40) Gillessen, L., Der Grind und das Rurrecht. — HK.E 1971, S. 100.
41) Gillessen, L., S. 100—101.
42) Heemskerk, W. F. A., S. 239.
43) Heemskerk, W. F. A., S. 240.
44) Philippen, H., Selfkantheimat 1966.
45) Becker, G., S. 31.
46) Becker, G., S. 46.
47) Broich, J., Die Bäche und Mühlen rechts der Rur im Amte Wassenberg. — HK.S 1960.
48) Thiel und Bers, Peter von Streithagen, Somnium sive poema in Ruram. — Mitteilungen d. Jül. Geschichtsvereines 1970, 30.
49) Thiel und Bers, S. 2.
50) Marx, P., Wassenberger Gedichte. Unveröffentlicht.
51) Steeger, A., Erdgeschichtliches aus dem Heinsberger Land. — HK.HL 1933, S. 65.
52) Herbst, G., Das Alter der Bewegungen am Rurrand. — Fortschr. Geol. Rheinl. u. Westf. — Krefeld 1958, 2.
53) Tholen, P. A., Der Rurtalgraben. — HK. HL 1938.
54) Paas, W., Geol. Aufbau und Bodenverhältnisse der Gemeinde Brüggen. — Brüggen, Bracht, Born. — Kempen 1979, S. 13.
55) Kurtz, E., Der Rurgraben und der Wassenberger Horst. — DH 1943, 23, S. 11.
56) Tholen, P. A., S. 56.
57) Piepers, W., Die Vor- und Frühgeschichte des Selfkantkreises Geilenkirchen-Heinsberg. — phil. diss. Bonn 1953, S. 9.
58) Paas,W., S. 14.
59) Piepers, W., S. 3.
60) Steeger, A., S. 65.
61) Timmermann, F., Mein Heimatkreis. — Birgelen 1949, S. 7.
62) Piepers, W., S. 6.
63) Piepers, W., ebenda S. 7.
64) Tholen, P. A., Dünen unserer Heimat. — DH 1934, 14, S. 18.
65) Itermann, J., 100 Jahre Neandertaler. — HK.S 1957, S. 12.
66) Alt- und Mittelsteinzeitl. Fundplätze des Rheinlandes. — Köln 1978, S. 22.
67) Arora, S. K., Zur mesolith. Besiedlung d. Teverner Heide. — HK.H 1978.
68) DH 1933, 13, S. 62.
69) DH, ebenda.
70) Birgelen S. 105.
71) Driehaus, J., Die urgesch. Zeit im Landkreis Erkelenz. — HK.E 1967, S. 110.
72) Schol, W., Ein Faustkeil aus Erkelenz. — HK.H 1977, S. 19.
73) Schol, W., ebenda.
74) Itermann, J., Altsteinzeitl. Funde in der Rur. — HK.S 1953, S. 23.
75) Piepers, W., S. 16.
76) Arora, S. K., ebenda.
77) Smeets, J. H. M., Made in Prehistorie. — Roerstreek 1986.
78) Smeets, J. H. M., Het Paleolithicum in de Roerstreek. — Roerstreek 1979, S. 106.
79) Piepers, W., S. 71.
80) Petri-Droege, Rhein. Geschichte 1,1, S. 31 ff.
81) Petri-Droege, S. 32.
82) Petri-Droege, Rhein. Gesch., 1,1, Petrikovits, S. 43.
83) Tholen, P. A., Haben in unserem Heimatgebiet Kelten gewohnt? — DH 1940, 20, S. 75.
84) Tholen, P. A., S. 75.
85) Tholen, P. A., S. 76.
86) Piepers, W., Unsere Heimat. — Geilenkirchen 1956, S. 43.
87) Piepers, W., Vor— und Frühgeschichte. . ., S. 76.
88) Piepers, W., S. 77.
89) Tholen, P. A., Die Grabfunde am Salzweg im Heidegebiet bei Rosenthal-Dalheim. — DH 1926, S. 8.
90) Zitiert nach Wiater, J., Birgelen, S. 107
91) Tholen, P. A., ebenda.
92) Wiater, J., Birgelen S. 107.
93) Tholen, P. A., S. 20.
94) Mayer, F., Die älteste Geschichte des Landes Wassenberg. — ZAG 1912, 34.
95) Mayer, F., S. 55.
96) Mayer, F., S. 55.
97) Picks Monatsschrift, 6, S. 21—23.
98) Bergk, Zur Gesch. u. Topographie d. Rheinlande.
99) Bischofs, K., Caesars Rachefeldzug gegen die Eburonen. — HK.S 1970.
100) Bischofs, K., S. 100.
101) Mackes, K. L., Erkelenzer Börde und Niersquellengebiet. — Mönchengladbach 1985, S. 34.
102) Piepers, W., Der Selfkantkreis in röm. Kaiserzeit. — HK.S 1956, S. 17.
103) Lentz, A., Neuer Beweis für das röm. Orsbeck. — Selfkantheimat 1957/58, 3/4, S. 126.
104) Piepers, W., S. 18.
105) Piepers, W., S. 18.
106) Wiater, J., Birgelen, S. 107.
107) Petrikovits, H., Macht- und Volkstumsgrenze am linken Niederrhein im 3. u. 4. Jhdt. n. Chr. — Darmstadt 1938, S. 220 ff.
108) Mackes, K. L., S. 34.
109) Corsten, S., Das Heinsberger Land im frühen Mittelalter. — AHVN 1959, S. 40.
110) Corsten, S., S. 48.
111) MJB.
112) Perey, A., Zur Erklärung des Ortsnamens Wassenberg. — DH 1926.

113) Rhein. Landesmuseum. Inv. Nr. 36, 187.
114) Rademacher, F., Fränk., Goldscheiben. — BJ 1939, S. 198.
115) Corsten, S., Das Heinsberger Land im frühen Mittelalter. — AHVN
116) Corsten, S., S. 59.
117) NRK.
118) Müller-Wille, M., Mittelalterl. Burghügel „Motten" im nördl. Rheinland. — Köln 966, Nr. 133. Lage: TK 4802. Birgelen: r 10970, h 63350. — Piepers, W., Katalog Selfkantkreis.
119) Tholen, P. A., Unsere Bollberge. — DH 1936, 7, S. 53.
120) Piepers, W., Vor- und Frühgeschichte S. 182.
121) Piepers, W., S. 182.
122) Piepers, W., S.183.
123) Piepers, W., S. 187.
124) Piepers, W., S. 188.
125) Piepers, W., ebenda.
126) Piepers, W., ebenda. — Müller—Wille, M., ebenda S. 6.
127) Tholen, P.A., Die Erdwerke bei Birgelen-Dalheim. — HK.HL 1927, S. 124.
128) Tholen, P. A., S. 125.
129) Herrnbrodt, A., Die Ausgrabungen auf der Motte Hoverberg bei Birgelen. — BJ 1955/56, II.
130) Herrnbrodt, A., S. 344.
131) Herrnbrodt, A., S. 345.
132) Tholen, P. A., S. 128.
133) Sommer, H., Die Motte Hoverberg. 1954.
134) Herrnbrodt, A., S. 37.
135) Herrnbrodt, A., ebenda.
136) Sommer, H., ebenda.
137) Mayer, F., Die alten Erdwerke an der Westgrenze des Heinsberger Landes. — DH 1921, S. 2.
138) Tholen, P. A., S. 132.
139) Meurer, P. H., Von der Motte zur Festung Heinsberg. — HK.H 1978, S. 33.
140) Tholen, P. A., Die Bollberge. — DH 1936, S. 75.
141) Tholen, P. A., S. 76.
142) Viedebantt, O., Forschung zur Gesch. d. ersten heinsb.valkenburg. Dynastengeschlechter. — Maastricht 1965, S. 6, Anm. 8.
143) Venner, G., Der Meinweg. — Viersen 1985, S. 14.
144) Gillessen, L., Kreis Heinsberg. Historischer Überblick. — Heinsberg 1984, S. 149.
145) Boeren, P. C. und Panhuysen, G. W. A., Annales Rodenses, facsimile-uitgave. — Assen 1968.
146) Wattenbach, W., Deutschlands Geschichtsquellen im Mit telalter. — Berlin 1894, S. 144.
147) Boeren und Panhuysen, ebenda.
148) Sieben Jahrhunderte Myhl (Myhl). — Geilenkirchen 1971. — Corsten, S., S. 11.
149) Gorissen, F., Geldern und Kleve. — Kleve 1951, S. 25.
150) Gorissen, F., S. 28—30.
151) Cohnen, H., Heimatbuch d. Stadt Wegberg. — Wegberg 1983, S. 32.
152) Aubin, H., Die Entstehung der Landeshoheit nach niederrhein. Quellen. — Bonn 1961, S. 7.
153) Jansen, W., Landesherrl. Verwaltung. — AHVN 1971, S. 103.
154) Aubin, H., S. 167.
155) Rein, A., Haus Bürgel. — Krefeld 1855. — Ferner: NRK.
156) Groß, M., Der Westwall. — Köln 1982.
157) Heinrichs, H., Nächte, die zum Tage wurden. HK.H 1983, S. 85.
158) Boeren und Panhuysen, Blatt 1.
159) HK.S 1972, S. 14—15.
160) Tac. Hist. IV, 26 u. 66.
161) Binterim und Mooren, Die alte und neue Erzdiözese I, S. 193 und 241.
162) Ewig, E., Die Rheinlande in fränk. Zeit. — Rhein. Geschichte. — Düsseldorf 1980, 1,2, S. 47.
163) Corsten, S., Das Domanialgut im Amt Heinsberg von den Anfängen bis zum Ende des 18. Jahrhunderts. Rhein. Archiv, 43. — Bonn 1953, S. 33.
164) Negri, W. von, Die Waldgenossen des Waldes Havert im Jahre 1277. — ZAG 58, S. 149—163.
165) Boeren und Panhuysen, S. 106.
166) Ernst, Histoire de Limbourg VI, S. 262.
167) Heinrichs-Broich.
168) Vanderkindere, La chronique de Gislebert de Mons. — Brüssel 1904, S. 47 und 55.
169) Corsten, S., Myhl, S. 12.
170) Levison, W., Aus rhein. und fränk. Frühzeit. — Düsseldorf 1948.
171) Aubin, H., Die Entstehung der Landeshoheit. — Bonn 1961, S. 313.
172) Schuffels, A., Das Sankt-Georg-Stift zu Wassenberg bis zum Ausgange des Mittelalters. — phil. diss. Bonn 1911, S. 11.
173) Kohlhas, A., Eine wirtschaftl. Streife durch das Heinsb. Land. — DH 1929, S. 36.
174) Jaegers, L., DH 1925, S. 47.
175) Gül. Beschreibung d. Johann Franz von Welser. Codex Welser. — HK.H 1974/75.
176) Heinrichs-Broich.
177) 850 Jahre Propstei St. Georg Wassenberg. — Geilenkirchen 1968, S. 43 ff.
178) Heinrichs, H., Vom Untergang zum Neuaufbau St. Georg Wassenberg. — Wassenberg 1981, S. 12.
179) Heinrichs, H., ebenda.
180) Heinrichs-Broich S. 53—55.
181) Clemen, P., Die Kunstdenkmäler der Rheinprovinz. VIII. — Düsseldorf 1904, S. 591—607.
182) Heinrichs-Broich, S. 60.
183) Clemen, P., S. 596.
184) Tille-Krudewig, Übersicht über den Inhalt der kleineren Archive der Rheinprovinz II. — Bonn 1904, S. 204.
185) Coenen, J., Limb. Oorkonden I. — Maaseik 1932, S.101.
186) Merckens, O., Die Ahnenstämme „von Cleve" und „von Heinsberg" der Maria Bongard. — Elberfeld 1943, S. 108.
187) Corsten, S., Zur Geschichte d. älteren Grafen von Wassenberg und Heinsberg. — HK. S., 1959, S. 13.
188) Boeren, P. C., De oorsprong van Limburg en Gelre en enkele naburige herrschapijen. — Maastricht 1938, S. 110.
189) Corsten, S., ebenda.
190) Corsten, S., S. 14.
191) Die Zeittafeln sind nur als Ablichtungen verbreitet worden: Broich, J., Die Besitzer der Burg. — Essers, L., Die Herren von Wassenberg. — Wassenberg 1983. Teilweise unbrauchbar, weil irreführend.
192) Lac. UB I, Nr. 287.
193) Corsten, S., Myhl S. 12.
194) Venner, G., Meinweg. S. 6.
195) Venne, J. M. van de, Geschiedenis van het Kasteel van Valkenburg 1951.
196) Venner, G., S. 6.
197) Annales Rodenses, S. 112.
198) HSTAD, Hauptgericht Wassenberg.
199) MG SS XVI, S. 686.
200) Corsten, S., Die Herren von Heinsberg aus dem Hause Kleve. — HK.H 1978, S. 27.
201) Corsten, S., Wassenberg während d. Stauferzeit. — AHVN 1984.
202) Sac. XII, ex.
203) Lac. Arch. IV, S. 356 ff.
204) ed. Potthast 168.
205) Seibertz, Quellen d. Westf. Gesch. I, S. 182.
206) Die Regesten d. Erzbischöfe v. Köln im Mittelalter III. — Bonn 1911, S. 279.
207) Lac. UB I, 119, Nr. 187.
208) Corsten, S., AHVN 1984, 187.
209) Klaversma, T., De geslachten van Altena en Horne tot ca. 1300. — RSL 1978, 114, S. 7—61.
210) Corsten, S., ebenda S. 14—16.
211) Z. B. Schoppmann, Limbourg S. 101. — Wampach, C., Urkunden— und Quellenbuch zu Gesch. d. altlux. Territorien.
212) Knipping, R., Die Regesten der Erzbischöfe von Köln im Mittelalter. — Bonn 1913.
213) Corsten, S., PSHAL 1967/68, S. 45.
214) Corsten, S., PSHAL , S. 45.
215) Knipping, R., II, S. 218.
216) Heinrichs-Broich, S. 94.
217) Knipping, R., Nr. 1193.
218) Ernst, Hist. du Limb. VI. — Lüttich 1838 — 1850, S. 167.
219) Lac. UB Nr. 43.
220) Geuskens, P., Rutger van Mereheym. — Roerstreek 1979, S. 115.
221) Corsten, S., PSHAL 1968, S. 58—59.
222) Caesarius von Heisterbach, De vita et actibus domini Engelberti Colon. arch. et martiris.
223) Ernst, Histoire, III, S. 386—398.
224) Wampach, C., UB 2, Nr. 73.
225) Aubin, Levison, Geschichte des Rheinlandes. — Essen 1922, S. 152.
226) Galesloot, L., Le Livre des feudatives de Jean III., duc de Brabant. — Bruxelles 1865, S. 28. Ferner: Corsten, S., Die Herren von Vlodrop im 14. Jahrhundert. — Libellus festivus 1964.
227) Chron. Reg. Col. S. 176.
228) Corsten, S., PSHAL 1968, S. 48.
229) Vocke, R., Dt. Gesch. III. — Gütersloh 1982, S. 273.
230) Geuskens, P., Rutger van Mereheym, S. 114.
231) Lückerath, W., Beiträge zur Gesch. von Heinsberg und Umgebung. — Heinsberg 1897/98.

232) Corsten, S., PSHAL 1968, S. 69.
233) Vocke, R., ebenda.
234) Arnoldi chronica Slavorum VII, 14.
235) DH 1922, S. 85.
236) Meuthen, E., Aachener Urkunden 1101 — 1250. — Bonn 1972, S. 342, Nr. 117.
237) HSTAD, Burtscheid-Urkunde Nr. 37.
238) Corsten, S., PSHAL 1968, S. 50. — Ferner: Sloet, Oorkondenboek n. 812. — Roebroek, E., Het lant van Monfort. — Assen 1967, S. 110—112.
239) Sloet, Oorkondenboek Nr. 812.
240) Corsten, S., PSHAL 1968, S. 53.
241) Ernst, S. 417—418.
242) Knipping, R., III, Nr. 2734.
243) Myhl, S. 30 ff.
244) Myhl.
245) Erkens, F. R., Siegfried van Westerburg. — Bonn 1982, S. 181.
246) Erkens, F. R., S. 185.
247) Erkens, F. R., S. 185.
248) Lac. UB II, Nr. 782.
249) Erkens, F. R., S.187.
250) Myhl, Corsten, S., S. 16.
251) Knipping, R., III, Nr. 3101.
252) Knipping, R., III, Nr. 3101.
253) Rymkronyk, V., 3961—967.
254) Knipping, R., III, 3193.
255) Holt, P., Die Schlacht bei Worringen und die Stadt Köln. — JB d. KGV 1932, 1 — 29.
256) MJB.
257) Erkens, F. R., S. 238.
258) Erkens, F. R., S. 241.
259) Corsten, S., Dietrich II. von Heinsberg und die Herzöge von Brabant. — HK.S 1965, S. 15.
260) Knipping, R., III, Nr. 3220.
261) Knipping, R., III, Nr. 3245.
262) Lac. UB II, Nr. 9o7.
263) Erkens, F. R., S. 372.
264) Lückerath, W.
265) Ledebur, Allg. Archiv f. Preußische Gesch. VII, 1831, S. 114 ff.
266) Meyer-Lessing, Deutsche Ritter, Deutsche Burgen. — Gütersloh o.J., S. 191.
267) Northof, L. von, Chron. a 1295, SS rer. Germ. N.S. 6, p. 51. REK III.
268) Heinrichs-Broich S. 60—61.
269) 850 Jahre Propstei, S. 56.
270) Esser, L., Die Herren von Wassenberg. Unveröffentlich. (Fehler, Verwechslungen von Personen etc.) 1983, S. 5.
271) Reiners, H., Das Chorgestühl aus der Pfarrkirche zu Wassenberg. — Ztschr. für Christl. Kunst 1908.
272) 850 Jahre Propstei S. 56—57.
273) Heinrichs-Broich, S. 79—82.
274) Reiners, H., ebenda.
275) Speck, R., Peter Ludwig. Sammler. — Insel-TB 1986, S. 53—54.
276) Speck, R., ebenda S. 54.
277) Heinrichs, H., Untergang.
278) Allg. Rijksarchief Brussel ARAB, Leenhof van Brabant, Nr. 2, f. 87.
279) Meyer, F., Zur Gesch. d. Adels im Heinsb.-Wassenb. Lande. — HK.HL 1928, S. 27.
280) Knipping, R., III, Nr. 3577.
281) Corsten, S., Dietrich II. von Heinsberg. HK.S 1965, S. 16.
282) Aders, Regesten Nr. 139.
283) Aders, Nr. 142.
284) Kremer, Ch. J., Akadem. Beiträge zur Jül. Berg. Gesch. I. — Mannheim 1769, S. 23—24.
285) Corsten, S., Gerhard von Wassenberg und Horn. — PSHAL 1969, S. 60.
286) Venner, G., Meinweg, S. 15.
287) Corsten, S., Myhl, S. 17.
288) Kutsch, K. J., Die Geschichte der Herrlichkeiten Gangelt, Millen und Vucht im 14. Jahrhundert. HK.S 1951, S. 17
289) Aders, G., Regesten aus dem Urkundenarchiv der Herzöge von Brabant 1190 — 1382. — Düsseldorfer Jahrbuch 1947 (Nr. 203).
290) Corsten, S., Dietrich II., S. 17.
291) Corsten, S., ebenda S. 17.
292) Cohnen, H., Wegberg 1983, S. 131.
293) Evertz, G., Die Raubritter von Gripekoven. — HK.E 1957, S. 105.
294) Erkelenzer Stadtchronik.
295) Broich-Heinrichs, Wassenberg unter Heinsbergs Pfandherrschaft. — Selfkantheimat 1956, S. 8—9.
296) Bremer, J., Das Amt Liedberg. — M.Gladbach 1930, S. 36.
297) Bremer, J., S. 37.
298) Pleticha, H., Dt.Gesch. V. — Gütersloh 1984, S. 126.
299) Stadtarchiv Wassenberg.
300) Schmitz, J., Das St.-Nikolaus-Gasthaus in Wassenberg. — HK.H 1977, S. 99.
301) Strang, H., Erscheinungsformen der Sozialhilfebedürftigkeit. — Stuttgart 1970, S. .
302) Strang, H., S. 2.
303) Burghardt, A., Lehrbuch d. allg. Sozialpolitik. — Berlin 1966, S. 575.
304) Theodorson, G. A., Die Industrialisierung und ihre Folgen. — Köln 1962, S. 575.
305) Strang, H., S. 4.
306) Stadtarchiv Wassenberg. Urk.—Nr. 10,2.
307) Hennes, Armenpflege in früherer Zeit. — HK.—GK 1944, S. 62.
308) Stadtarchiv Wassenberg.
309) Aufstellung der Pumpen nach Mitteilung alter Wassenberger.
310) Schuffels, A., S. 63—64.
311) Stadtarchiv Wassenberg Urk. Nr. 4,1.
312) Schuffels, A., S. 63 — 64.
313) Heinrichs—Broich, S. 83—84.
314) Dt. Geschichte, IV., Pleticha, S. 239.
315) Huizinga, J., Herbst des Mittelalters. — Stuttgart 1975, S. 199.
316) Gillessen, L., Kreis Heinsberg S. 106—107.
317) Jül. Pestedikt 1770. — DH 1944, S. 15.
318) Gillessen, L., Kreis Heinsberg S. 107.
319) Lac. UB III, Nr. 609.
320) ARAB.
321) Lac. UB III, S. 603, Anm. 1.
322) Mayer, F., Zur ältesten Gesch. Wassenbergs S. 53—92.
323) MJB.
324) Domke, H., Burgund. — München 1970, S. 345.
325) Kutsch, K. J., HK.S S. 1951.
326) Domsta, H. J., Gesch. d. Fürsten von Merode im Mittelalter. — I/II. — Düren 1981.
327) Domsta, H. J., S. 70—71.
328) Krietzraedt, J., Stadtbuch Gangelt. — Gangelt Stadtarchiv.
329) Venner, G., Meinweg.
330) Willems, J. F., Les gestes des ducs de Brabant. — Bruxelles 1843, II, S. 663 — 665.
331) Domke, H., Burgund, S. 346.
332) Nach Venner, G., Wassenberg und Brabant. — HK.H 1975, S. 103.
333) ARAB, Archief Rekenkamers. Inv. Nr. 2436.
334) HSTAD, Jül.Berg. III, Rechnungen, Wassenberg.
335) Venner, G., Wassenberg u. Brabant S. 104.
336) ARAB, Archief rekenkamers. Inv. Nr. 2436.
337) Richardson, E., Gesch. d. Fam. Merode I/II. — Prag 1877—1891, I, S. 18.
338) Domsta, H. J., S. 69.
339) Domsta, H. J., S. 71.
340) Myhl, Corsten, S., S. 18.
341) Domke, H., S. 347.
342) Venner, G., Wassenberg und Brabant, ebenda.
343) Venner, G., Meinweg S. 11.
344) Lac. UB IV, Nr. 78.
345) Lac. UB IV, Nr. 131.
346) ARAB, Archief Rekenkamers. Inv.Nr. 2440, 51051, 15.
347) Kremer, J., I, Urk. 48.
348) Mitteilung Will Andermahr (MWA).
349) Venner, G., Wassenberg und Brabant, ebenda.
350) Renard, Kunstdenkmäler, Kreis Erkelenz 56, Fig. 29.
351) Bürsgens, L., Rhein. Post 1982, Nr. 216.
352) Rassow, P., Karl V. — Göttingen 1957.
353) Paravicini, W., Moers, Croy, Burgund. — AHVN 1977, S. 7—13.
354) Zitiert nach Corsten, S., Wassenberg unter der Pfandherrschaft des Grafen von Moers 1451—1491. — HK.H 1979, S. 30.
355) Corsten, S., ebenda.
356) Keussen, K., Urkunden der Stadt u. Herrlichkeit Krefeld und der Grafschaft Moers. II. — Krefeld 1939, Nr. 4216.
357) HSTAD, Mannkammer Wassenberg.
358) PSHAL 33, S. 22.
359) Deilmann, Gesch. d. Amtes Brüggen. I, S. 31.
360) Kaiser, H., Burg und Amt Brüggen unter burgundischer Besatzung 1473—1476. — Kempen 1979, S. 102.
361) Corsten, S., Wassenberg unter der Pfandherrschaft des Grafen V. v. Moers, S. 32.
362) HSTAD, Oranien-Moers, Akten 64.
363) Kaiser, H., ebenda.
364) Kaiser, H., ebenda.
365) Ledebur Archiv, Urkunden betr. Stadt und Amt Wassenberg Nr. XIV.— Berlin 1831.
366) Venner, G., Meinweg S. 26.
367) Paravicini, W., Moers . . ., S. 55—56.

368) Corsten, S., Wassenberg unter Pfandherrschaft des Grafen V. von Moers, S. 30.
369) Lac. UB IV, Nr. 409.
370) Lac. UB IV, Nr. 458.
371) Lac. UB ebenda.
372) Keussen, H., III, 4431—4444.
373) Lac. UB IV, Nr. 478 und Keussen III, Nr. 4501—4504—4541.
374) Chronik d. Dt. Städte XIV, 3, S. 111.
375) Gillessen, L., Sozialgeschichtl. Aspekte d. Heinsb. Lehnswesens. — HK.S 1957, S. 43—50.
376) Gillessen, L., Die alten Lehnsverzeichnisse d. Mannkammer Wassenberg. — HK.E 1971, S. 111.
377) HSTAD, Mannkammer Wassenberg, Nr. 100 a.
378) Gillessen, L., Kreis Heinsberg, S. 45.
379) Mayer, F., Das Lehnwesen im Lande Wassenberg, S. 72.
380) Gillessen, L., Mannkammer Wassenberg S. 111.
381) HSTAD, Mannkammer Wassenberg Nr. 100 b.
382) HSTAD, Mannkammer Wassenberg Nr. 102.
383) HSTAD, Mannkammer Wassenberg, Nr. 100c.
384) Lac. Arch. VII, S. 126 ff.
385) Risters, W., Akten erzählen ihr Schicksal. — HK.E 1972, S. 137—139.
386) Gillessen, L., Sozialgesch. Aspekte . . . S. 49.
387) Mayer, F., Das Lehnwesen im Lande Wassenberg, S. 24.
388) Dreßen, J., Lehnsgüter in Matzerath. — HK.H 1983, S. 20.
389) Lac. UB III, Nr. 684.
390) Tischelbäcker, H., Das Haus Prummern in der Aachener Altstadt. — HK.H 1983, S. 49.
391) Oidtmann, E. von, Arnoldus Parvus. — ZAG 1984, 16.
392) Lac. UB IV, Nr. 409.
393) HSTAD, Jül. Berg III, Nr. 1, 539.
394) NRK.
395) Privileg Karl V. für die Stadt Wassenberg. — Ledebur, Allg. Archiv. — Berlin 1831, Nr. XV.
396) HSTAD, Mannkammer Wassenberg Nr. 100 b, S. 139.
397) HSTAD, Jül. Berg. I, Urk. nach 1423, Nr. 2243.
398) Verwaltungsbericht Wassenberg 1966—1982. — S. 9.
399) Jül. Berg. III, Rechn. Wassenberg, Nr. 15.
400) Ledebur, S. 269—275.
401) Knorr, A., Geschichte der Evangelischen Kirchengemeinde Wassenberg-Dalheim. — Mönchengladbach 1982, S. 14.
402) Schmitz, K. J., Geschichte des Eggeratherhofes, HK.H 1984, S. 67.
403) HSTAD, Mannkammer Wassenberg Nr. 100 b.
404) ebenda Nr. 100 a, 100 b, 100 c.
405) ebenda Nr. 100 c.
406) Lenaerts, C., Die Mannkammer d. Herzogtums Jülich. — Born 1923, S. 40.
407) Jül. Mannkammer, Gen. 249.
408) Mannkammer Wassenberg Nr. 100 a.
409) Lenaerts, C., S. 9.
410) Lenaerts, C., S. 9.
411) Schuffels, A., S. 52.
412) Mannkammer Wassenberg Nr. 100 b.
413) Venner, G., Meinweg, S. 141.
414) Venner, G., ebenda S. 149.
415) Knippenbergh, Hist. eccl. ducatus geldriae, S. 73.
416) HSTAD, Dalheim, Urk. Nr. 1.
417) Kutsch, K.J., Über 300 Jahre Wallfahrten nach Ophoven. — HVZ 1952, Nr. 1982.
418) Heinrichs—Broich.
419) Lac. UB II, Nr. 520.
420) Jül. Berg. I, Altes Landesarchiv 282, Blatt 3.
421) Sammlung Redinghofen, Hauptstaatsarchiv München, Nr. 2213, 55, 312.
422) Quadflieg, E., Die Helpensteiner Herrschaft Arsbeck—Rödgen. — AHVN 1974, 176, S. 48/49.
423) Quadflieg, E., S. 49.
424) Quadflieg, E., S. 50.
425) HSTAD, Jül. Berg. I, 282, Blatt 24.
426) Redlich, O. R., Jül. Berg. Kirchenpolitik am Ausgang des Mittelalters und in der Reformationszeit. I—III. — Bonn 1907 ff.
427) Jül. Berg. I, Altes Landesarchiv 282, Blatt 35.
428) Krumme, E., Die ersten reform. Bewegungen in Hückelhoven und Ratheim. — HK.E 1964, S. 39.
429) Heinrichs, H., Brennpunkte neuzeitlicher Didaktik. Bochum 1963, S. 105 ff.
430) Rembert, K., Die Wiedertäufer im Herzogtum Jülich. — Berlin 1899.
431) Rembert, K., S. 150.
432) Petri-Droege, Rhein. Geschichte II. — Düsseldorf 1980, S. 37.
433) Petri-Droege, S. 37.
434) Rembert, K., S. 160.
435) Dorn, W., Die Schwärmer. — Leipzig o.J.
436) Cornelius, Gesch.-Quellen d. Bistums Münster II, S. 223.
437) Freie Misch-Übersetzung.
438) Redlich, O. R., II, S. 761.
439) Knorr, A., S. 19.
440) Redlich, O. R., II, S. 759.
441) Rembert, K., S. 162.
442) Rembert, K., S. 162.
443) Knorr, A., S. 18.
444) Rembert, K., S. 265.
445) Knorr, A., S. 18.
446) Rembert, K., S. 274—275.
447) Redlich, O.R., Nr. 235.
448) Petri-Droege, Rhein. Geschichte S. 38.
449) Knorr, A., S. 16.
450) Lac. Arch. V, S. 100—102.
451) Redlich, O. R., II, S. 257.
452) Lac. Arch. V, S. 100.
453) Rembert, K., S. 147.
454) HSTAD Akten. ZBG VI. Rembert, K., S. 149.
455) Lac. UB IV, Nr. 538.
456) Lac. UB IV, Nr. 542.
457) Corsten, S., Die Belagerung Heinsbergs während des Geldr. Erbfolgekrieges. — HK.S 1955, S. 50—55.
458) Lückerath, W., S. 31.
459) Lückerath, W., S. 31.
460) Mitteilung von August Lentz, Heinsberg.
461) Cohnen, H., Heimatbuch Wegberg, S. 35.
462) Kritzraedt, Gangelter Stadtbuch.
463) Lac. UB IV, Nr. 548.
464) Below, G. von, Landtagsakten I, S. 512.
465) Lac. UB IV, S. 686, Vertrag vom 25. 5. 1544.
466) HSTAD, Jül. Berg. III, Rechnungen Wassenberg, 1550/1551.
467) ebenda.
468) Heinrichs-Broich, S. 156—160.
469) Redlich, O. R., S. 765.
470) Redlich, O. R., S. 766/767.
471) Redlich, O.R., S. 777.
472) Roermond, stad met verleden. — Venner, G., S. 43. — Roermond 1985.
473) ebenda S. 44.
474) ebenda S. 69—91.
475) ebenda S. 77.
476) Below, G. von, II, S. 118.
477) ebenda S. 124.
478) ZAG 1881, 3, S. 279—327.
479) ebenda.
480) Siehe auch Frenken, W., Kriegsschäden in unserer Heimat. — HK.S 1970, S. 32.
481) Mayer, F., Kulturgeschichtl. Betrachtungen aus 100 Jahren Krieg 1566—1666. — HK. HL 193, S. 18.
482) Beek, W. von der, Die Schützenbruderschaften in Wassenberg 1427—1945. — Festschrift der Georgsbruderschaft 1977.
483) Frenken W., S. 34.
484) Mirbach, W. von, Kriegsschäden. ZAG 1881, 3.
485) ebenda.
486) Reinartz, W., Der spanische Krieg. — DH 1934, 2, S. 11.
487) ebenda S. 11/12.
488) Frenken, W., S. 36.
489) Mayer, F., S. 19/20.
490) Jül. Berg. K, Caps. 3, Nr. 9.
491) Mayer, F., S. 22.
492) ZAG, 1881, 3, Mirbach.
493) Jül. Berg. III, Rechnungen Wassenberg, 1586/87.
494) Mayer, F., S. 23.
495) Zitiert nach Mayer, F., Kulturgesch. Bilder . . . HK. HL 1930, S. 47.
496) Schol, W., Wie in Karken in der Kirche. — HK.H 1984.
497) Schol, W., S. 48.
498) Piepers, W., Die Vor- und Frühgeschichte.
499) Piepers, W., S. 57.
500) Below, G. von, Landtagsakten Jülich-Berg II. — Düsseldorf 1907, S. 667
501) Rhein. Gesch.-Blätter 1905, S. 97 ff.
502) HK.HL 1927, S. 132.
503) DH 1927, 7, S. 49.
504) Piepers, W., S. 57—58.
505) DH 1938, 8.
506) ZAG 1939, 60, S. 189—199.
507) Mayer, F., S. 25.
508) Goldschmidt, H., Die erste brabantische Besitzergreifung. — ZAG 1911, 33, S. 161.
509) Berlin: Geheimes Staatsarchiv. Rep. — 34, Nr. 176. Original.
510) ARAB, Secr. All. caisses varia. Orig.

511) Robert, B., Zur Quellenlage d. Jül. Berg. Erbfolgestreites. — Bonn 1974.
512) Jül. Berg. III, Rechn. Wassenberg 1629/1630.
513) Warns, M., Alte Grabsteine vom Friedhof der evangel. Gemeinde Wassenberg. — Berg. Jül. Gesch.-Blätter 1929, 6.
514) Knorr, A., S. 33.
515) Knorr, A., S. 32/33.
516) Knorr, A., S. 33.
517) Knorr, A., S. 55/56.
518) Müller, C., Kroatische Soldaten am Niederrhein 1634 — 1639. — HK. E 1960, S. 59.
519) Elster, O., Piccolomini-Studien. — Leipzig 1912.
520) Arch. Gen. de Siamanca Cat. III, Secr. de Estade, Negoc. d. Flandes, Holanda, Gueldres y Brusseles, Leg. 615. — Anno 1593—1646.
521) HSTAD, Jül. Berg. Begebenheiten 126, II.
522) Perey, A., Heinsberg als Garnisonsort im Dreißigjährigen Krieg. — DH 1934, 8.
523) Nach Schreinemacher, L., Der Hessenkrieg im Herzogtum Jülich. — HK.H 1983, S. 39.
524) Zitiert nach AHVN 1961, 163, Engelbert, G., Schadensliste zum Hessenkrieg am Niederrhein.
525) HSTAD, Jül. Berg. II, 4937.
526) Stadtarchiv Wegberg. Handschrift.
527) Schreinemacher, L., Lothr. Truppen in unserer Heimat. — HK.H 1980, S. 26.
528) Schreinemacher, L., S. 26.
529) Heinrichs.-Broich, S. 192.
530) HSTAD, Capuciner Wassenberg.
531) Heinrichs-Broich S. 195.
532) Heinrichs-Broich, S. 195.
533) Klimmeck, K., Wassenberg im Naturpark Schwalm-Nette. — HK.H 1974, S. 154.
534) Hubatsch-Rehnelt, Der Meinweg und das Boschbeektal. — Niedrh. Jahrbuch XIV, 1980, S. 35.
535) Negri, W. von, Das Weisthum Graatheide. — DH 1940, S. 39.
536) Weisweiler, W., Wassenberg. — Limb. Jaarboek, Roermond 1907, S. 364—378.
537) Venner, G., Meinweg.
538) Heidegger, M., Holzwege. — Frankfurt 1950.
539) Venner, G., S. 411/412.
540) Venner, G., S. 339.
541) RAL, Archief van de rentmeester van Monfort. Inv. Nr. 39.
542) Venner, G., S. 39.
543) Venner, G., S. 49.
544) Archiv Schloß Elsum, Wassenberg.
545) Venner, G., S. 398.
546) Pfarrarchiv Arsbeck.
547) Below, G. von, I, Nr. 145.
548) Venner, G., S. 161.
549) Wolters, H. E., Unsere Heimat, 1956.
550) Archiv der Grafen und Herzöge von Geldern. RAG. Inv. Nr. 202.
551) Venner, G., Meinweg.
552) HSTAD, Jül.Berg. Mannkammer Wassenberg, Inv. Nr. 102, 365.
553) ARAB, Rekenkamer, Inv. Nr. 2440, 204.
554) Venner, G., S. 208.
555) Venner, G., S. 211.
556) Die Tabellen entnehme ich Venner, G., Meinweg, S. 211.
557) Mayer, F., Die wilden Pferde im Mittelalter. — DH 1925, 9.
558) RAL, Archiv Hof Geldern.
559) Ter Meer, Ortsnamen des Kreises Erkelenz. — HK.E 1925, S. 18.
560) Cohnen, H., Wegberg, S. 57/58.
561) Aders, G., Regesten aus dem Urkunden-Archiv der Herzöge von Brabant. — DJB 44, 1947.
562) Venner, G., S. 339.
563) Venner, G., S. 416.
564) Venner, G., S, 416.
565) Jansen, P., Von den Breuers, Penners, Keuters und anderen Familiennamen zum Bierbrauen. — Selfkantheimat 1966, 4, S. 27.
566) Rembert, K., S. 149.
567) Corsten, S., Ein Braunhaus im mittelalterlichen Dremmen. — Selfkantheimat 1957, S. 54.
568) HSTAD, Jül. Berg. III, Rechnungen Wassenberg, Nr. 13, fol. 195.
569) Gillessen, L., Gewerbliche Frühzeit. — HK.E 1979, S. 175.
570) Redlich, O. R., II, S. 7, 524.
571) MJB.
572) Gillessen, L., S. 171.
573) Gillessen, L., S. 172.
574) Gillessen, L., S. 177.
575) Erkelenzer Kreisblatt Nr. 109, 1864.
576) Regesten bei Tille-Krudewig 2, S. 211, Nr. 18 und Kisky Nr. 22.
577) HSTAD, Jül. Gerichte XIX, Amt Wassenberg.
578) Corsten, S., Das Domanialgut.
579) Lac. Arch. I, 30 ff. Below, G.von, Landtagsakten I, 110 ff. Ders.: Ursachen der Rezeption, S. 34 ff.
580) Marquordt, G., Vier rheinische Prozeßordnungen des 16. Jhrhdt. — Bonn 1938.
581) Below, G. von, I, S. 628.
582) JB Düsseldorf GV 17. 1702, S. 126.
583) Redlich, O. R., Jül. Berg. Kirchenpolitik. Betr.: Arsbeck 1555. Anmerkung.
584) Postman, N., Das Verschwinden der Kindheit. — Frankfurt 1983.
585) Jül. Berg. III, Rechnungen Wassenberg, folio 301.
586) Reinartz, W., Rechtsprechung in Erkelenz um 1600. — HK.E 1954, S. 70.
587) Mayer, F., Ein Räuberroman aus dem Wassenberger Lande. — DH 1921, 6.
588) HSTAD, Jül. Berg. III, Rechnungen Wassenberg.
589) Hoogeweg, Das Schatzbuch von Grefrath. — ZBGV 1888, 24.
590) Wagner, St., Staatssteuern in Jülich-Berg von der Schaffung der Steuerverfassung im 15. Jahrhundert bis zur Auflösung d. Herzogtums in den Jahren 1801 — 1806. — Köln 1977, S. 29.
591) Wagner, St., S. 35.
592) Wagner, St., S. 36.
593) Kühl, J., Gesch. d. Stadt Jülich. I—III. — Jülich 1897. Teil II, S. 142.
594) Below, G. von, I, S. 547, Anm. 1.
595) Kopftsteuerordnung vom 12. 8. 1673. Scotti, Sammlung d. Gesetze und Verordnungen... — Düsseldorf 1821/22.
596) HSTAD, Jül. Berg. I, IV, Nr. 172.
597) Wagner, St., S. 42.
598) Wagner, St., S. 45.
599) Wagner, St., S. 115 — 116.
600) ZBGV 1892, S. 81.
601) Below, G. von, I, Nr. 167, S. 547.
602) ZBGV 1892, 28, S. 81.
603) Rechnungen Wassenberg, Nr. 175.
604) HSTAD, Jül.Berg. Rechnungen Wassenberg, Nr. 175.
605) ebenda Nr. 159, folio 35.
606) Below, G. von, I, S. 292—294.
607) Jül. Akziseordnung vom 28. 4. 1624.
608) HSTAD, Landtagskommissionsverhandlungen Kap. 56, Nr. 4.
609) Below, G. von, Die Leistungen des Amtes Wassenberg zum Jülichen Festungsbau im Jahre 1576. — ZAG 1898, 18.
610) ebenda S. 8.
611) Sprünken, H. J., Hunger, Not und Tod für die heimische Bevölkerung in den Jahren des Span. Erbfolgekrieges. — HK.H 1972, S. 40.
612) Archiv d. evang. Kirche Wassenberg.
613) Roermond, stad met verleden, Venner, J. G. C., De stadbranden in Roermond.
614) Archiv d. evang. Kirche Wassenberg.
615) Broich, J., Der Duellantenstreit. — HK.S 1953.
616) Zitiert nach Mayer, F., Die Kriege von 1740 bis zum Ende des Siebenjährigen Krieges 1763. — HK.HL 1931.
617) Mayer, F., S. 18.
618) Beek, W. von der, Festschrift Schützenbruderschaften, 1977.
619) Mayer, F., S. 19.
620) Mayer, F., S. 20.
621) Aachener Patrizierfamilien III, S. 306.
622) Heinrichs-Broich, S. 121.
623) Mayer, F., Die Schützenbruderschaften in Wassenberg. — DH 1925, 5.
624) Heinrichs—Broich, S. 121. und Beek, W. von der, S. 15.
625) Kauven, Die Schützenbruderschaft. — DH 1926, 6.
626) Mayer, F., S. 36.
627) Mayer, F., S. 36.
628) Jül.Berg. II, Rechn. Wassenberg.
629) Mayer, F., S. 38.
630) Beek, W. von der, S. 21—25. Dort erstmaliger Abdruck der 1747 renovierten Statuten.
631) Renovatio Bruderschaft, Stadtarchiv Wassenberg.
632) Beek, W. von der, S. 44—50.
633) Packenius, K., Brief an den Verfasser vom 8. 2. 1987.
634) DH 1926, 6.
635) Beek, W. von der, S. 28.
636) DH 1929, 5.
637) Packenius, K., Familienchronik Packenius. Unveröffentlicht. 1973, S. 35.
638) Maas, K., Aus der Vergangenheit Krickelbergs. — DH 1929, 5, S. 36.
639) Packenius, K., S. 36.

640) Negri, W. von, DH 1942, 22, 7.
641) ebenda.
642) Habets, Bistum Roermond II, S. 50.
643) Fabricius, W., Erläuterung zum Geschichtl. Atlas der Rheinprovinz. — Bonn 1899, II, S. 303—404.
644) Jül. Berg. Wöchentl. Nachrichten 1978, 32.
645) Mitteilung August Lentz, Heinsberg.
646) NRK.
647) Funken, H. P., Der Nachtwächterdienst im alten Heinsberg. — HK.S 1955, S. 109.
648—651) Heidemanns, H., Geschichte d. Apothekengründung in Wassenberg. — HK.S 1966, S. 159.
652) Mitteilung Mary Kofferath 1979.
653) Familienchronik Packenius. Karl Packenius, Verfasser. Unveröffentlicht. Je einen Satz übergab der Autor an die Uni-Bibliothek in Düsseldorf sowie an die Westdt. Gesellschaft für Familienforschung in Brühl.
654) Ledebur, Allg. Archiv.
655) Mering, Heft 10, 37.
656) Grein, J., Der Rittersitz Havert. — HK.S 1954, S. 34.
657) Mayer, F., Die Freiherren von Wassenberg. — DH 1922, S. 35.
658) Terboven, J. H., Die Rur als Grenzfluß. — HK.E 1971, S. 77.
659) Perey, A., Die Schlacht an der Rur. — HK. HL 1932, S. 15.
660) Perey, A., S. 18.
661) Wiater, J., Birgelen 1864—1964, S. 50.
662—663) Perey, A., S. 19/20.
664) Esser,R., 15.000 Franzosen im Übacher Feld. — HK.S 1966, S. 23.
665—666) Myhl, S. 163.
667) Meyer, A., Das Heinsberger Land unter franz. Herrschaft. — DH 1928, 9.
668) Schmidt, J., Geographie-Schulbuch. Stolberg 1804.
669) Heinrichs—Broich S. 151.
670) Sethe, Chr. W. H., Weltgeschichte am Rhein, S. 166.
671) Maas, W., Der Remplacant. — HK.H 1983, S. 52.
672) Maas, W., S. 53.
673) Reinartz, W., Die Schicksale des Napoleonkämpfers Heinrich Schmitz aus Effeld. — DH 1940, 1.
674) Langerbeins, H., Ein Klinkumer schreibt aus Napol. Armee. — HK.H 1984, S. 63 — 65.
675) Funken, H. P., Als das heinsberger Land preußisch wurde. — HK.S 1954, S. 25.
676) Vollmann, M., Ein Wassenberger General. — DH 1940, S. 141.
677) Vollmann, M., S. 142.
678) Zitiert nach Beek, W. von der, S. 32.
679) Funken, H. P., S. 42.
680) HSTAD, Roerdepartement Nr. 1699.
681—683) Funken, H. P., S. 27.
684) Görres im Rheinischen Merkur 1814.
685) Knorr, E., Zur Gesch. d. deutsch-niederländischen Grenze zwischen Rothenbach und Boschbeeke. — HK.E 1967, S. 97.
686) Jansen, P., Die Hungersnot der Jahre 1816/17. — Selfkantheimat 1967, 12, S. 12.
687) Hermanns, St., Leidvolle Tage. — DH 1937, 8, S. 60.
688) Funken, H. P., Heinsberger Märkte und Kramläden in der ersten Hälfte des 19. Jahrhunderts. — HK.H 1977, S. 77.
689) MJB.
690) Jaegers, L., Aufzeichnungen aus der Wassenberger Vergangenheit 1802. — DH 1925, 5, S. 47.
691) Gillessen, L., Alte Glocken des Kreises Heinsberg-Geilenkirchen 1981, S. 58.
692) Siehe Jül. Berg III, Rechnungen Wassenberg 1783 u. 1863.
693) Der Reg. Bezirk Aachen 1852, S. 31.
694) Jaegers, L., S. 48.
695) Gamm, H. J., Judentumskunde. — Münster 1961, S. 76.
696) Der Regierungs-Bezirk Aachen 1852.
697) Heinrichs-Broich, S. 161.
698) Stiftsarchiv Wassenberg.
699—704) Knorr, A., S. 48, S. 66, S. 81, S. 86/87, S. 104/105.
705) Mitteilung der Lehrerin Maria Nolten.
706) Amtsblatt d. Reg.Bez. Aachen 1823.
707) NRK.
708—709) Knorr, A., S. 176—179, S. 183.
710) Berger, P., Lebenschronik. Unveröffentlicht.
711) HVZ Nr. 216, 1986.
712) MJB, NRK.
713) Hier und im folgenden stütze ich mich auf die gründliche Arbeit von H. Deussen: Die Post in Selfkant und Rurland. — Selfkant 1963/64, 9/10.
714) Mitteilung Hermann Buckmann und Josef Voß 1947.
715) Der Reg. Bez. Aachen 1852.
716) Heinrichs, H., Oskar von Forckenbeck. — HK. H 1974, S. 42.
717) Jankelowitz, J., O.v. Forckenbeck. — DH 1929, 11/12.
718) Heinrichs, H., ebenda.
719) Forckenbeck-Briefe. Unveröffentlicht.
720) NRK.
721) Heinrichs, H., ebenda.
722) Forckenbeck—Briefe.
723) Perey, Die Beleuchtung unserer Heimat. — DH 1931, S. 23.
724) Mitteilung Theo Zohren.
725) Mitteilung Resi Pudsis-Küppers, Paderborn.
726) ebenda.
727) Mitteilung Max Storms.
728) Florax, Alte Männertrachten im Heinsberger Land. DH 1923, 3.
729—730) Florax, S. 18/19.
731) Fronhofen, H., Von Klompen und Klompemakers. — HK.E 1960, S. 116.
732) Schmitz, J., Besenbinden, ein ausgestorbenes Handwerk. — HK.H 1976, S. 87.
733) Akten des Amtes Birgelen. Teilung zwischen Gemeinde und von Leykam. Siehe auch Teilungsplan des Effelder und Steinkirchener Waldes von 1831.
734) Kaiser, J., Die Heide. — HK.S 1960, S. 70.
735—736) Schmitz, J., S. 87, S. 90.
737) Wolters, Th., Nachbarschaften. — DH 1929, 10.
738) Volkmann, B., Neujahrswunsch eines Kindes. — HK.H 1981, S. 91.
739) Heinrichs, H., HK.S, S. 40.
740) Jülich-Berg III, Rechnungen Wassenberg.
741) DH 1925, 5.
742) Heinrichs, H., Kaum ein Jahr ohne Trauerflor am Hute. — HK.H 1986, S. 131.
743) Protokoll des HVVV vom 14. 6. 1949.
744) Goethe, Wahlverwandtschaften. Erster Teil. Erstes Kapitel.
745) Wild, H., Et Jüddebrook. — DH 1925, 5, S. 44.
746) HVZ 1929, 52.
747) Forckenbeck-Briefe. Unveröffentlicht.
748) Horaz, Oden III, 30, 1.
749) Weisweiler, W., Wassenberg. Limb. Jaarboek 1897.
750) HVZ 1929.
751) Heinrichs-Broich, S. 272—273.
752) HVZ 1983, Nr. 103.
753) Wil, H., S. 45.
754) Mitteilung Hermann Buckmann.
755) MJB.
756) Hartmann, J., Die Entwicklung der Seidenweberei zur Industrie. — Wuppertal o.J., S. 10.
757) Hartmann, J., S. 14.
758) Kölnische Volkszeitung 1891, 147.
759) Praktische Sozialpolitiker. — Crefeld 1908, S. 210.
760) ebenda S. 210.
761) HVZ, 20. 3. 1984.
762) ebenda S. 216.
763) Spehl, W. J., Eine neue Siedlung zu Wassenberg. — HK.HL 1931, S. 127.
764) 175 Jahre Frowein. — Elberfeld 1938, S. 81.
765) ebenda S. 81.
766) HVZ, Nr. 49, 1987.
767) Rhein. Post 28. 1. 1983.
768) Sommer, H., Die Gewerkschaft Sophia-Jacoba. Bd. 2. Unveröffentlicht.
769—771) Sommer, H., ebenda.
772) Kranefuß, A., Friedrich Honigmann. — HK.H 1975.
773) Kranefuß, A., S. 40.
774—775) Sommer, H., S. 18, S. 16.
776) Heinrichs, H., Untergang, S. 57.
777—778) Sommer, H., S. 51, S. 127.
779—780) Knorr, A., ebenda, S. 253.
781—782) Heidemanns, H., Zwei Wassenberger erleben 1866 die Schlacht von Königgrätz. — HK. H 1984, S. 98, S. 95.
783) Funken, H. P., Es ist nun 100 Jahre her. — HK. S 1964.
784) Heine, H., Deutschland, ein Wintermärchen.
785) Wedekind, F., 1864 — 1918.
786) Nachlaß Nikolaus Beckers. NNB.
787) HVZ, 20.5.1894.
788) Echo der Gegenwart. 1895. und Erkelenzer Zeitung 17. Juli 1895.
789) Lennartz, J., Paul Rüttchen. — HK.H 1983.
790) Erkelenzer Kreisblatt 1924.
791) Bürsgens, L., Westdt. Zeitung 1959, 12.
792) Mitteilung von Nikolaus Beckers an Jakob Broich 1952.
793) Handbuch des Generalpostmeisters Stephan 1878.
794) Lennartz, J., Schienenwege im Rhein. Grenzland. — Heinsberg 1985, S. 83/84.
795—797) Lennartz, J., S. 87—88.
798) Clemen, P., VIII.
799) Heinrichs, H., Der Historiker des Wassenberger Georgsstiftes. — HK.H 1987, S. 76.

800) Schuffels, A. (Mitteilung Dr. Hugo Hembach, Nörvenich).
801) Heinrichs, H., Nächte, die zum Tage wurden. — HK.H 1983, S. 79.
802) Heidemanns, H., Geschichte der Apothekengründung in Wassenberg. — HK.S 1966.
803) Clemen, P., VIII.
804) Knorr, E., Riesensteine zwischen Rur und Schwalm. — HK.E 1971, S. 89.
805) Dijk, B. L. W. van, Honderd jaar Ijzeren Rijn. — Roerstreek 1979, S. 133.
806) Dahmen, J., Franz Mayer. — HK.E 1957.
807) Ritter, H., Das Jülicher Land. — Berlin 1912.
808) Kever, J., Aus vergangenen Tagen. — Selfkantheimat 1957/1958.
809) Bergisch-Märkische Zeitung, Nr. 75, 1924, 28. März.
810—811) Beek, W. von der, S. 40.
812) Berger, P., Lebenschronik. Unveröffentlicht.
813) Frenken, Funken, Zumfeld, Gillessen, Der Nationalsozialismus im Kreise Heinsberg 1983, S. 50.
814—815) Frenken, Funken, Zumfeld, Gillessen , S. 50.
816) Heinrichs, H., Wassenberger Pfadfinder im Dritten Reich. — HK.H 1986, S. 183.
817) Berger, P., Lebenschronik.
818) Hasert, K., SSV Viktoria 09. — Wassenberg 1984.
819—820) Hasert, K., Chronik des Kongo 1886—1986.
821) Berger, P., ebenda.
822) Heinrichs, H., Wassenberger Pfadfinder im Dritten Reich. — S. 182.
823) Heinrichs, H., ebenda.
824) HVZ 1983, Nr. 24.
825) Heinrichs, H., ebenda.
826) Kessel, R., Chronik der Wassenberger Jugendherberge. — Stadtarchiv Wassenberg.
827) Mitteilung Christian Poschen, Wassenberg.
828) Mitteilung Maria Kreutz-Korsten, Wassenberg.
829) Heinrichs, H., ebenda S. 185.
830) HVZ, 3. 5. 1938.
831) Heinrichs, H., Untergang . . . S. 16.
832) Heinrichs, H., Nächte, die zum Tage wurden. S. 87.
833—836) Frenken, W., Vom gelben Ring zum gelben Stern. — HK.H 1980, S. 105, S. 106, S. 110.
837) Mitteilung von Rektor Walter Halbach, Radevormwald, früher Wassenberg.
838) Mitteilung Maria Kreutz—Korsten.
839) Eickstedt, E. von, Die rassischen Grundlagen des Deutschen Volkes. — Köln 1934.
840) Tonbandkonferenz mit Walter Reece (Reis) Kanada. Stadtarchiv Wassenberg.
841) Frenken, W., ebenda.
842) Brief von Max Hertz 1946 an Walter Reece (Reis). Stadtarchiv Wassenberg.
843) Mitteilungen Familie Graab, Wassenberg.
844—847) Bischofs, K., Der Westfeldzug im Mai 1940. — HK.H 1981, S. 150, S. 155.
848) Frenken, W., Der Feldflugplatz in Oberbruch. — HK.S 1969, S. 39.
849) Berger, P., Lebenschronik.
850) Churchill, W., Der Zweite Weltkrieg. — München 1948, S. 410.
851) Mitteilungen Gertrud Hilgers, Wassenberg am 23. 7. 1984.
852) Mitteilung der Politischen Leiter (PO) Rütten, Schmitz, Paulussen, Steiner in Wassenberg. Ferner Mitteilungen von J. Broich, R. Kofferath, Gertrud Hilgers.
853) Berger, P., Lebenschronik. — Bericht über das Ende von Julius Grünweller durch den ehemaligen Bürgermeister Joseph Buschen.
854) Esser, H., Effelder Pfarrchronik 1939—1945.
855) NRK.
856) Heinrichs, H., Untergang S. 9/10.
857—864) NRK.
865) Esser, H., ebenda.
866) Kever-Bericht. — HK.S 1955, S. 43.
867) Das Kriegsende. — HK.S 1965.
868) Mitteilungen des Niederländers Heinrich Deenen, Effeld, 1987.
869) Hügen, L., Der Krieg geht zu Ende. — Kempen 1982, S. 22.
870) Heinrichs—Broich. Ferner Mitteilung Heinrich Deenen, Effeld.
871) Hügen, W. S. 23.
872) Krings, T., HVZ 1984, Nr. 74.
873) Krings, T., ebenda.
874) Krings, T., Gestapo—Terror in der Heimat. — HK.H 1985.
875) Mitteilung Heinrich Deenen, Effeld.
876) Krings, T., HVZ Nr. 71, 1984, S. 14.
877) Heinrichs, H., Im Effelder Todesgefängnis. — HK.H 1983.
878) Bischofs, K., Saeffelbachfront 1944/45. — HK.H 1982, S. 167.
879) Krings, T., HVZ Nr. 71, 1984.
880—882) Krings, T., HK.H 1985.
883) Frenken, W., Operation Clipper. — HK.H 1974, S. 118.
884) Montgomery, B. L., Forward to victory. Ders.: Normandy to the Baltic. 1947.
885) Von Christian Poschen dem Wassenberger Sterbebuch entnommen.
886) Hügen, L., S. 22.
887) Helden, J. von, Birgelen 1814—1964, S. 36.
888) Heinrichs-Broich.
889) Myhl, S. 170.
890) Kever, J., ebenda.
891) Schramm, P., Kriegstagebuch.
892) Hügen, L., S. 50.
893) Schippers, A., Ereignisse während der letzten Kriegstage. — Myhl. — Geilenkirchen 1971, S. 175.
894) St.-Georgius-Bruderschaft 1944. Festschrift S. 51.
895) Mitteilung Tinny Heinrichs geb. Graab.
896) Heinrichs, H., Untergang.
897) Mitteilung Hanns Heidemanns, Wassenberg/Koblenz.
898) Knorr, A., S. 262.
899) Heinrichs-Broich.
900) Heinrichs, H., Untergang.
901—902) Knorr, A., S. 223 und 228.
903) HVZ 1950, 21. April.
904) HVZ 1955, 1. Oktober.
905) HVZ 1969, Nr. 300.
906) Hasert, K., SSV Viktoria 09 Wassenberg. — Wassenberg 1984, S. 24.
907) Verwaltungsbericht Wassenberg 1955—1965 (Jakob Wolters).
908) Verwaltungsbericht der Stadt Wassenberg 1966 — 1982. (Walter Windeln).
909) Klimmeck, K., Pontorson. — HK.H 1975, S. 134.
910) Klimmeck, K., S. 134.
911) Diederich, T., Rhein. Städtesiegel. — Neuß 1984, S. 343.
912) Diederich, T., S. 343.
913) Ernst, Hist. du Limb. IV, S. 417 418.
914) HSTAD, Dalheim Urkunde Nr. 39.
915) Ledebur, Allg. Archiv 12, 1833, S. 263 — 264.
916) Ledebur, S. 269—275.
917) Lac. UB IV, S. 573.
918) Weisthum d. Lehnsdienste des Hauses Wassenberg vom 18. 10. 1515. — DH 1929, 9, S. 72.
919) Below, G. von, I, S. 272.
920) Ledebur, S. 239.
921) Der Reg. Bez. Aachen 1827, S. 70.
922) Meuthen, E., Stift und Stadt am Niederrhein. — Klever Archiv 1984, S. 55/56.
923) HSTAD, Dr. Wisplinghoff. Brief an die Stadt Wassenberg.
924) Brief von Severin Corsten an Willi Bienen, Wassenberg, am 2. 8. 1973.
925) Gaspers, J., Die polit. Bewegung d. Jahre 1848/50 im Heinsberger Land. — HK.S 1950, S. 19.
926) Protokollbuch. Evang. Pfarrarchiv Wassenberg.
927) Knorr, A., S. 132.
928) Gaspers, J., S. 25.
929) Zumfeld, H., Dokumente über Marx, Lassalle, Freiligrath. — HK.H 1985, S. 36.
930) Zumfeld, H., S. 36.
931) Zumfeld, H., WDR-Interview über den Wassenberger Fund. 1985.
932) Zumfeld, H., ebenda.
933) Zumfeld, H., S. 59.
934) Knorr, A., S. 132 — 134.
935) Benezit V, S. 238.
936) Mitteilung von Mary Kofferath, Burg Wassenberg.
937) Taxator Hans Jürgen Bach, Königsallee 30, 4000 Düsseldorf, hat am 19. 2. 1981 den Versicherungswert dieses Bildes mit 30 000.— DM angegeben.
938) Im Besitz von Frau Mennen, Rheydt.
939) Im Besitz von Walter Windeln.
940) Corsten, ., Der neue Kreis Heinsberg. — HK.H 1973, S. 5.
941) Festschrift SSV Viktoria 09 Wassenberg. 1984. Vorwort: Leo Thönnissen.
942) HVZ 1973, Juni.
943) HVZ 1982, 13. 5.
944) Heinrichs-Broich.
945) Clemen, P., VIII.

BIBLIOGRAPHIE WASSENBERG

Archive

Vom Verfasser benutzte Archive, auch für weitere Wassenberg-Forschung relevant.

Stadtarchiv Aachen, Fischmarkt 3, 5100 Aachen
Stadtarchiv Duisburg, Rathaus, 4100 Duisburg
Stadtarchiv Düren, Rathaus, 5160 Düren
Stadtarchiv Düsseldorf, Heinrich-Erhardt-Str. 61, 4000 Düsseldorf
Stadtarchiv Erkelenz, Rathaus, 5140 Erkelenz
Stadtarchiv Geilenkirchen, Rathaus, 5130 Geilenkirchen
Stadtarchiv Geldern, Ostwall 30, 4170 Geldern
Stadtarchiv Heinsberg, Rathaus, 5138 Heinsberg
Stadtarchiv Hildesheim, Haus der Landschaft, 3200 Hildesheim
Stadtarchiv Jülich, Rathaus, 5170 Jülich
Stadtarchiv Kempen, Kuhtor, 4152 Kempen
Historisches Archiv der Stadt Köln, Severinstraße 222 224, 5000 Köln 1
Stadtarchiv Krefeld, Rathaus, 4150 Krefeld
Stadtarchiv Monschau, Rathaus, Laufenstr. 84, 5108 Monschau
Stadtarchiv Neuß, Oberstr. 15, 4040 Neuß
Stadtarchiv Ratingen, Trinsenturm, 4030 Ratingen
Stadtarchiv Rees, Rathaus, 4242 Rees
Stadtarchiv Trier, Weberbach 25, 5500 Trier
Stadtarchiv Wassenberg, Rathaus, Roermonder Straße, 5143 Wassenberg
Stadtarchiv Wegberg, Rathaus, 5144 Wegberg
Stadtarchiv Wesel, Rheinbabenstraße, 4230 Wesel
Stadtarchiv Xanten, Rathaus, 4232 Xanten

☆☆☆

Bischöfl. Diözesanarchiv Aachen, Klosterplatz 7, 5100 Aachen
Pfarrarchiv Arsbeck, 5144 Wegberg-Arsbeck
Pfarrarchiv Birgelen, 5143 Wassenberg-Birgelen
Kath. Pfarrarchiv Dünnwald, Von-Diegardt-Str. 40, 5000 Köln 80
Historisches Archiv des Bistums Köln, Gereonstr. 2—4, 5000 Köln 1
Pfarrarchiv Ophoven, 5143 Wassenberg-Ophoven
Bistumsarchiv Trier, Jesuitenstr. 13b, 5500 Trier
Propsteiarchiv Wassenberg, Stiftsplatz 5, 5143 Wassenberg
Propsteiarchiv St. Viktor Xanten, 4232 Xanten
Propsteiarchiv St. Gangolfus Heinsberg, 5138 Heinsberg
Münsterarchiv Bonn, Gangolfstr. 12, 5300 Bonn

☆☆☆

Nordrhein-Westfälisches Hauptstaatsarchiv 4000 Düsseldorf
Nordrhein-Westfälisches Staatsarchiv 4400 Münster
Hessisches Staatsarchiv 3550 Marburg 1
Bayerische Staatsbibliothek, Ludwigstr. 16, 8000 München
Bayerisches Hauptstaatsarchiv, Abt. III, Geheimes Hausarchiv, 8000 München
Generallandesarchiv 7500 Karlsruhe
Germanisches Nationalmuseum, Archiv, Kornmarkt 1, 8500 Nürnberg
Hessisches Hauptstaatsarchiv, Mainzer Str. 80, 6200 Wiesbaden
Landeshauptarchiv Koblenz, Karmeliterstr. 1—3, 5400 Koblenz
Biblithèque de l'Arsenal, Paris, France
Bibliothèque Nationale, Paris, 58 Rue de Richelieu, Paris 2, France
Gemeentelijke Archiefdienst Roermond, Nederland
Archief Gemeentehuis Vlodrop, Roerstreek, Nederland
Gemeentearchief Zutphen, Nederland
Rijksarchief in Gelderland, Markt 1, 6811 CG Arnhem, Nederland
Archives Générales du Royaume, 78 Galerie Ravenstein, Bruxelles, Belgien (Algemeen Rijksarchief Brussel)
Rijksarchief Hasselt, Nederland
Archief Gemeentehuis Herkenbosch, Herkenbosch, Roerstreek, Nederland
Bibliothek Rijksuniversiteit te Leiden, Rapenburg 70—74, Nederland
Rijksarchief te Limburg, Maastricht, Nederland
Fürstlich Hatzfeldtsches Archiv Schloß Schönstein Wissen/Sieg

☆☆☆

Leen- en registerkamer van Holland. — Alg. Rijksarchief s'Gravenhage, Nederland
Alg. Rijksarchief Brussel: Leenhof van Brabant, Archief van de Rekenkamers, Grand Conseil de Malines, Papiers d'Etat et de l'Audience
Bayerische Staatsbibliothek Sammlung Redinghofen
Archives départementales de la Cote-d'Or. Bruxelles
Denkmälerdatenbank (EDV) des Rheinischen Amtes für Denkmalpflege. Landschaftsverband Rheinland. Bonn

☆☆☆

Hauptstaatsarchiv Düsseldorf:
Jülich Berg I, II, III, IV. — Jülich-Berg III, Rechnungen, Amt Wassenberg. — Jülich Berg I, Altes Landesarchiv. — Jülich Berg, Jüliche Gerichte XIX: Haupt- und Stadtgericht Wassenberg. Kauf- und Obligationsbuch, Erbungsbuch, Gerichtsprotokolle, Amtsverhörprotokolle mit Anlagen, Gerichtsprotokollbuch mit Eintragungen über die Vereidigung der Gemeindevorsteher. — Gericht Herrschaft Neuerburg (umfaßt seit 1612 Effeld, Steinkirchen, Ophoven, Orsbeck). Ferner Gericht Kleingladbach, Gericht Arsbeck, Gericht Beeck, Gericht Dovern, Gericht Melick, Landgericht Busch. Akten und Urkunden Dalheim. — Stift Wassenberg. — Kapuziner Wassenberg. — Roerdepartement: Wassenberg Nr. 1694, Myhl Nr. 1694, Herkenbosch Nr. 1695, Birgelen Nr- 1694. — Bevölkerungslisten des Roerdepartements: 1799 Wassenberg Nr. 1693, 1803 Wassenberg Nr. 1699, 1806 Wassenberg Nr. 1700. — Mannkammer Wassenberg Nr. 100 a und 100 b, 102 a I, 102 a II, 103 I und 103 II. — Kloster Hohenbusch. — Oranien-Moers, Akten 64. — Herrschaft Heinsberg. — Huldigungslisten Wassenberg 2378, 2383, 2388, 2441; ferner von Birgelen, Orsbeck, Effeld, Ophoven, Myhl sowie den übrigen Orte des damaligen Amtes Wassenberg. — Bauwesen: Wassenberg Schloß 1536 — 1546. — Akten: Amt Wassenberg, Pfandrecht betr. Zustand der Stadt um 1472 (Siehe: Das Hauptstaatsarchiv Düsseldorf und seine Bestände. F. W. Oediger. — Siegburg 1964, Bde 1—6. Bd. 1: Landes- und Gerichtsarchive von JülichBerg, Kleve-Mark, Moers und Geldern. — Düsseldorf 1957. — Bd. 2: Kurköln. Landesarchiv und Gerichte. — Siegburg 1970. — Bd. 3: Archive des nichtstaatlichen Bereichs. Handschriften. — Siegburg 1972. — Bd. 8: Die Lehnsregister des Herzogtums Kleve. — Siegburg 1974)
Propsteiarchiv Wassenberg: 109 Urkunden von 1221 an.
Stadtarchiv Wassenberg: Urkunden Nr. 1—40. 1904 von Armin Tille in knappen Regesten veröffentlicht. Ferner: Renovation der Schützenbruderschaft. Heberegister des Gasthauses.
Katasteramt Heinsberg (Kreisverwaltung): Urkarte und Urflurkarte Wassenberg.
Rijksarchief Maastricht: Urkundenabschriften, ehemals im Haus-, Hof- und Staatsarchiv Wien. Niederländische Urkunden.
Staatsarchiv Münster: Rheinische Urkunden 26
Rijksarchief Arnheim: Rechnungen des Amtes Wassenberg (1409/1410)
Mirbachsches Archiv zu Harff: Neuerburg 57—58. Steueranschläge der geistl., adeligen und freien Güter 1593, 1604—1630, 1632, 1669, Bau der Rentmeisterei Wassenberg 1767.

Quellenverzeichnis

(Abkürzungen: HK.HL = Heimatkalender der Heinsberger Lande 1925—1933, 1938 — 1939, 1950. — HK.S = Heimatkalender des Selfkantkreises 1951—1972. — HK.H = Heimatkalender des Kreises Heinsberg 1973 ff. — DH = Die Heimat. Blätter für heimatliche Geschichte, Volks- und Naturkunde. Heinsberg 1921—1944. — HK.E = Heimatkalender der Erkelenzer Lande. 1952—1972. — Selfkantheimat 1955 — 1967. — ZAG = Zeitschrift des Aachener Geschichtsvereins. Rh. G. = Rheinische Geschichtsblätter. — BJB = Bonner Jahrbücher 1842 ff. — Maasgouw = De Maasgouw. Tijdschrift voor Limburgse Geschiedenis en Oudheitskunde. Maastricht. — AHVN = Annalen des histor. Vereins für den Niederrhein. Köln 1855ff. — PSHAL = Publications de la Société Historique et Archeologique dans le Limbourg. Jaarboek van Limburgs Geschieden Oudheitskundig-Genootschap, Maastricht. — RJV = Rhein. Jahrbuch für Volkskunde. Bonn 1950 ff. Rh. V. = Rheinische Vierteljahresblätter. Mitteilungen des Instituts für geschichtliche Landeskunde der Rheinlande an der Universität Bonn. 1950 ff. — Rh. Westf. Z. = Rheinisch-Westfälische Zeitschrift für Volkskunde. 1954 ff) dans le Limbourg.)

Quellen

Aachener Heimatgeschichte. A. Huyskens. — Aachen 1924
Abel-Smith et al., The poor an the poorest. — London 1965

Ablaing van Giessenburg, W. J., De Ridderschap van Veluwe. — s'Gravenhage 1859
Acta imperii selecta. Urk. dt. Könige. — Insbruck 1885
Adelmann, G., Der gewerbl.-industr. Zustand d. Rheinprovinz im Jahre 1836. — Bonn 1981
Aders, G., Regesten aus dem Urkundenarchiv der Herzöge von Brabant 1190—1382. — Düsseldorfer Jahrbuch 1947
Ahorner, L., Untersuchungen zur quartären Bruchtektonik der Niederrheinischen Bucht. — Eiszeitalter und Gegenwart 1962, 13
Alberts, W. J., De staten van Gelre en Zutphen tot 1459. — Groningen 1950
Alberts, W. J., Die östlichen Niederlande und der Niederrhein im Mittelalter. — AHVN 1964, 166
Aleff, F., Dissertatio de juribus et praerogativis ducatum Juliae et Montium. — Heidelberg 1751
Alpen, H. S., Das Fränkische Rheinland. — Köln 1802
Alpen, H. S., Geschichte des Fränkischen Rheinufers. — Köln 1802
Altgelt, H., Geschichte der Grafen und Herren von Moers. — Düsseldorf 1845
Amt Wassenberg. — Verwaltungsbericht 1955 — 1965. (Jakob Wolters)
Annuaire du Département de la Roer. — Aachen 1809—1812
Aretz, H., Die Kreuzherren von Hohenbusch. — Erkelenz 1982
Armstrong, C. A. J., La politique matrimoniale des ducs de Bourgogne. — Brüssel 1968
Arora, S. K., 50 Jahre Mittelsteinzeitforschung in der Teverner Heide. — HK.S 1971
Arora, S. K., Mittelsteinzeitforschung im Kreise Heinsberg. — HK.H 1977
Aubin, H., Agrargeschichte. — Essen 1922
Aubin, H., Die Entstehung der Landeshoheit nach niederrhein. Quellen. — Berlin 1920
Aubin, Frings u.a., Geschichte des Rheinlandes von der ältesten Zeit bis zur Gegenwart. — Essen 1922
Bader, K. S., Das mittelalterliche Dorf als Friedens— und Rechtsbereich. — Weimar 1957
Bader, K. S., Dorfgenossenschaft und Dorfgemeinde. — Köln 1962
Bär, M., Die Behördenverfassung der Rheinprovinz seit 1815. — Bonn 1919
Bär, M., Bücherkunde zur Geschichte der Rheinlande. — Bonn 1920
Baerten, J., Het graafschap Loon. — Assen 1969
Barkhausen, M., Die Grafen von Moers als Typus kleiner Teritorialherren des späten Mittelalters. — Die Heimat (Krefeld) 1951,22
Barten, J., Hadden de graven van Loon rechten in de umgeving van Roermond? — Libellus festivus
Bartscht, E., Die Gründung des Naturparks Schwalm Nette. — Viersen 1977
Bast, H., Die Struktur der Wirtschaft im Selfkantkreise. — HK.S 1952
Bauer, J., Die alte Bergkirche zu Birgelen. — Selfkantheimat 1965
Bauer, J., Die Klostermühle zu Dalheim. — HK.E 1955
Bauer, J., Altes Töpferhandwerk im Schaagbachtal Wildenrath. — HK.E 1954
Becker, G., Hechtfang an der Rur. — DH 1924, 6
Bedos, B., Les sceaux des villes. — Paris 1980
Beek, W. von der, Die Schützenbruderschaften in Wassenberg von 1427 — 1945. — St. Georgius Bruderschaft Wassenberg. Festschrift 1977
Beiträge zur Geschichte des Niederrheins. Jahrbuch d. Düsseldorfer Geschichtsvereins 1886
Beiträge zur Statistik der Königl. Preußischen Rheinlande. — Aachen 1928
Bekkers, H. en Gootzen, P., De Romeinen in de Roerstreek. — Roerstreek 1977
Belonge, J., Het adelijke stift Dalheim. — De Limb. Leeuw 6
Below, G. von, Die landständische Verfassung in Jülich Berg bis zum Jahre 1511. — ZBGV 1886
Below, G. von, Quellen zur Geschichte der Behördenorganisation in Jülich-Berg . — ZBGV 30
Below, G. von, Landtagsakten von Jülich-Berg 1400—1610. 2 Bde. — Düsseldorf 1895 und 1907
Below, G. von, Wilhelm, Herzog von Cleve-Jülich-Berg. Jülich 1970
Below, G. von, Die Leistungen des Amtes Wassenberg zum Jülicher Festungsbau im Jahre 1576. — ZAG 1896
Berchen, W. van, De Gelderse Kroniek. — Arnhem 1950
Berger, P., Lebenschronik. Unveröffentlicht 1986
Besch, W. u. a., Die Stadt in der Europäischen Geschichte. — Bonn 1972
Binterim und Mooren, Die alte und die neue Diözese Köln. 4 Bde. — Mainz 1828—1830
Binterim und Mooren, Die Erzdiözese Köln bis zur franz. Staatsumwälzung. — Düsseldorf 1892/93
Bischofs, K., Caesars Rachefeldzug gegen die Eburonen. — HK.S 1970
Bischofs, K., Der Westfeldzug im Mai 1940. — HK.H 1981
Bischofs, K., Der Selfkant von 1939—1949. — HK.S 1964
Bischofs, K., Die Kämpfe an der Saeffelbachfront und um den Brükkenkopf Heinsberg. — HK.H 1982
Bischofs, K., Fluchthilfe für jüdische Mitbürger während der Verfolgung durch die Nationalsozialisten. — HK.H 1986
Blaesen, P., Die erdgeschichtl. Entwicklung und der geologische Aufbau des Kreises Erkelenz. — HK.E 1962
Blaesen, P., Die Landwirtschaft auf Haus Neuerburg. — HK.H 1979
Blaesen, P., Holzweiler. — Bonn 1981
Blaesen, P., Landwirtschaft und landwirtschaftl. Ausbildung im 19. und 20. Jahrhundert im Kreis Heinsberg. — Wegberg 1982
Blink, H., Woeste gronden. — s'Gravenhage 1929
Boehm, L., Geschichte Burgunds. — Stuttgart 1979
Boel, W. M. van, Het wapen der Hornes. — PSHAL 1974, 10
Boeren, P. C., Rodensia. — Maastricht 1941
Boeren, P. C., De middeleeuwen c. 1000—1543. — Limburg's verleden. — Maastricht 1967
Boeren, P. C., De Oorsprong van Limburg en Gelre en enkele nabурige Herrschapijen. — Maastricht 1938
Boeren en Panhuysen, Annales Rodenses. Facsimile Uitgave. — Assen 1968
Bonner Jahrbücher des Rhein. Landesmuseums. Bonn 1842 ff
Borst, G., Das Rittertum im Mittelalter. — Darmstadt 1976
Bosinski, G., Der paläolithische Fundplatz Rheindahlen. Ziegelei — Dreesen — Westwand. — BJ 1966
Brand, R. van den, Willem van Vlodrop. — Roerstreek 1981
Brandt, K., Mittelsteinzeitliche Fundstellen am Niederrhein. — BJ 1950
Brants, P., Das Archiv im Hause zu Falkenstein Neuß. — Neuß 1964
Braun, F. J. und Quitzow, H. W., Die erdgesch. Entwicklung der niederrhein. Landschaft. — Niederrheinisches Jahrbuch 1961
Bremer, J., Das kurkölnische Amt Liedberg. — M.Gladbach 1930
Bril, L., Les premiers registres féodaux de Branbant. — Bulletin de la Commission Royale d'histoire 1958
Brockmeier, H., Das Niederrheingebiet von Mönchengladbach und der Mensch in vorhistorischer Zeit. — Mönchengladbach 1932
Broich-Heinrichs, Die Geschichte des Wassenberger Kapuzinerklosters. — HK.S 1957
Broich-Heinrichs, Wassenberg unter Limburg. — Selfkantheimat 1956
Broich, J., Die Bäche und Mühlen rechts der Rur im Amte Wassenberg. — HK.S 1960
Broich, J., Der Wassenberger Kirchturmstreit. HK.S 1956
Broich, J., Der Wassenberger Duellentenstreit. — HK.S 1953
Broich, J., Die Entwicklung der Evangelischen Gemeinde in Wassenberg. — HK.S 1952
Brückmann, J., Geschichte der Städte, Flecken, Dörfer, Burgen und Klöster in den Kreisen Jülich, Düren, Erkelenz, Geilenkirchen und Heinsberg. — Linnich 1905
Brüggen, Bracht, Born. — Kempen 1979
Brüll, W., Chronik der Stadt Düren. 3 Teile. — Düren 1901—1908
Caesarius von Heisterbach, Leben, Leiden und Wunder des hl. Erzbischofs Engelbert von Köln. — Köln 1955
Chabot, G., Les villes. — Paris 1948
Chronica Coloniensis. Rec. Waitz, G. — Hannover 1880
Chung Hae-Bon, Das Krefelder Seidengewerbe im 19. Jahrhundert. — Krefeld 1980
Clemen, P./ Renard, E., Die Kunstdenkmäler der Rheinprovinz. Bd. 8 (mit Wassenberg). — Düsseldorf 1904/1906 (Neudruck 1982, Faksimile-Ausgabe)
Cloot, J., Stadtbuch Gangelt nach Jakobus Kritzraedt. — Düsseldorf 1926
Cohnen, H., Heimatbuch der Stadt Wegberg. — Wegberg 1983/84
Cohnen, H., Die Hausmachtpolitik der Freiherrn von Spiering auf Schloß Tüschenbroich. — HK.E 1966
Corsten, S., Das Domanialgut im Amte Heinsberg von den Anfängen bis zum Ende des 18. Jahrhunderts. — Bonn 1953
Corsten, S., Die Belagerung Heinsbergs während des Geldrischen Erbfolgekrieges. — HK.S 1955
Corsten, S., Einzelfragen zur frühmittelalterlichen Geschichte des Heinsberger Landes. — Selfkantheimat 1958
Corste, S., Wassenberg unter Pfandherrschaft des Grafen V. Von Moers 1451—1491. — HK.H 1979, S. 30
Corsten, S., Zur Geschichte der älteren Grafen von Wassenberg und Heinsberg. — HK.S 1959
Corsten, S., Das Heinsberger Land im frühen Mittelalter. — AHVN 1959

Corsten, S., Siedlung und Mission der Frankenzeit zwischen Maas und Rhein. — HK.S 1963
Corsten, S., Die Herren von Vlodrop im 14. Jahrhundert. — Libellus festivus, Roermond 1964
Corsten, S., Gowin I. von Heinsberg gewinnt Valkenburg. — Niederrhein. Jahrbuch 1965
Corsten, S., Wann wurde Erkelenz Stadt? — ZAG 1967
Corsten, S., Die „Machtergreifung" in der Stadt Heinsberg. — HK.H 1983
Corsten, S., Das Heinsberger Land im Winter 1944/1945. — HK.S 1958
Corsten, S., Gerhard von Wassenberg und Horn 1180—1225. — PSHAL 1967/68
Corsten, S., Winemar von Gymnich als Herr von Kerpen. — Kerpener Heimatblatt 1968
Corsten, S., Herrensitze des Kreises Heinsberg im Codex Welser. — HK.H 1975
Corsten, S., Die Gründung des Gangolfusstiftes Heinsberg. — ZAG 1977/78
Corsten, S., Wassenberg während der Stauferzeit. — AHVN 1984
Corsten, S., Mechtild von Heinsberg, Frau von Heusden. — De Nederlandsche Leeuw 1978
Corsten, S., Die Herren von Heinsberg aus dem Hause Kleve. — HK.E 1978
Corsten, S., Gottfried von Heinsberg und seine Gemahlin. — HK.E 1984
Corsten, S., Der neue Kreis Heinsberg. — HK.H 1973
Crecelius, W., Der Geldrische Erbfolgekrieg. — ZBGV 1887
Cronica de origine ducum Brabantiae. ed. I. Heller. — Hannover 1880
Cronica van hilliger Stat Coellen. — Köln 1972
Cronn, J., Randerath bei Heinsberg. Masch. Manuskr. — Aachen 1978
Cronn, H., Stände und Steuern in Jülich-Berg im 17. Jhdt. — Bonn 1929
Crous, E., Auf Mennos Spuren am Niederrhein. — Der Mennonit 1956

Dahm, H., Verluste der Jül.-Berg. Landmiliz im Dreißigjährigen Krieg. — Düsseldorfer Jahrbuch 1951
Dahmen, J., Franz Mayer. — HK.E 1957
Dahmen, J., Dalheim im November 1918. — HK.E 1959
Dahmen, J., Der Grenzbahnhof Dalheim. — HK.E 1960
Dahmen, J., Prozeß um eine Brotspende des Klosters Dalheim. — HK.E 1961
Das Gräfl. von Mirbach'sche Archiv Harff. Urkunden und Akten zur Geschichte rhein. und niederländ. Gebiete. — Köln 1862
Der Selfkantkreis Geilenkirchen-Heinsberg. — Geilenkirchen 1955
Deussen, H. H., Vom Werden und Wachsen der Herrschaft Heinsberg. — Heinsberg 700 Jahre Stadt. Hrsg. von H.P. Funken. — Heinsberg 1956
Deussen, H. H., Ein Heinsberger Soldat Napoleons und des Königs von Preußen. — Selfkantheimat 1963/64
Deußen, H., Die Post in Selfkant und Rurland. — Selfkantheimat 1963/64
Deußen, H., Die Kraftpost im Kreis Heinsberg. — HK.H 1974
Diederich, T., Rheinische Siegel und Siegelstempel. — Köln 1979
Die Heimat. Blätter für heimatliche Geschichte, Volks- und Naturkunde. — Heinsberg 1921 ff
Die Kartenaufnahme der Rheinlande durch Tranchot und von Müffling 1801 — 1820. — Bonn 1973
Dilthey, F. O., Die Geschichte der niederrhein. Baumwollindustrie. — Jena 1908
Dijk, B. L. W. van, Honderd Jaar Iizeren Rijn. — Roerstreek 1979
Domsta, H. J., Geschichte der Fürsten von Merode. — Düren 1901, 2 Bde
Doorninck, P. N. van, Leenacten van Gelre en Zutphen 1376—1402. — Haarlem 1901
Dorsch, A. J., Statistisque du departement de la Roer. — Köln 1804
Dresemann, O., Die Jülicher Fehde 1542—1543. — AHVN 1895
Dreßen, J., Lehnsgüter in Matzerath. — HK.H 1983
Dreßen, J., Neugliederung in Wegberg 1819. — HK.H 1984
Driehaus, J., Die urgeschichtliche Zeit im Landkreis Erkelenz. — HK.E 1967
Driesch, J. von den, Geschichte der Wohltätigkeit. — Paderborn 1959
Droege, G., Lehnrecht und Landrecht am Niederrhein und das Problem der Teritorialbildung im 12. und 13. Jahrhundert. — Bonn 1960
Droege, G., Pfalzgrafschaft, Grafschaften und allodiale Herrschaften zwischen Maas und Rhein in salisch-staufischer Zeit. — Rh.V. 1961
Droege, G., Lehnrecht und Landrecht im hohen Mittelalter. — Bonn 1969
Droege, G., Deutsche Wirtschafts- und Sozialgeschiche. — Wien 1972
Droege, G. u.a., Gesammelte Abhandlungen zum europäischen Städtewesen und zur rhein. Geschichte. — Bonn 1977
Dynter, E. de, Cronicon ducum Brabantiae. — Brüssel 1854—1860
Engelbert, G., Der Hessenkrieg am Niederrhein. — AHVN 1959/60
Engelbert, G., Schadensliste zum „Hessenkrieg am Niederrhein". — AHVN 1961
Engels, P., Wie die „Roer" wieder zur „Rur" wurde. — HK.S 1960
Engels, W., Die Instandsetzung und Ergänzung der Landwehren im Herzogtum Jülich zur Zeit des Span.—Niederl. Krieges 1596. — ZAG 1939
Ennen, E., Die europäische Stadt des Mittelalters. — Göttingen 1979
Erckens, G., Der Dreißigjährige Krieg im Herzogtum Jülich. — Jül. Heimatblätter 1964, Nr. 16
Erkens, F. R., Siegfried von Westerburg. — Bonn 1982
Ernheri Teschenmacheri ab Elverfeldt, Annales Cliviae, Juliae, Montium, Marca, Westphalicae, Ravensbergae, Geldriae et Zutphaniae. — Franciforti et Lipsiae 1721
Ernst, S.P., Histoire du Limbourg. — Lüttich 1838—1850, 7 Bde
Eschbach, H., Die Erkundigung über die Gerichtsverfassung im Herzogtum Jülich von 1554 und 155. — Jahrbuch des Düsseldorfer Geschichtsvereins 1902
Esser, R., 15 000 Franzosen im Übacher Feld. — HK.S 1966
Esser, R., Das Schöffengericht Übach. — HK.H 1978
Evertz, G., Eine Wegberger Waldrolle von 1562. — HK.E 1954
Evertz, G., Streit um Tüschenbroich. — HK.E 1961
Evertz, G., Ein interessantes Dokument. — HK.E 1963
Ewald, W., Rheinische Siegel. 4 Bde. — Bonn-Köln 1906—1975
Ewald, W., Rheinische Heraldik. Düsseldorf 1934
Ewig, F., Das Gangolphusstift zu Heinsberg. phil.diss. — Bonn 1948, Masch.Manuskript
Faber, G., Die Normannen. — München 1985
Fabian, H.J., Die Aufschlußbohrung Straeten 1 und ihre Bedeutung für die Gliederung des Tertiärs in der Niederrh. Bucht. — Fortschr. Geol. Rheinl. und Westf. 1, Krefeld 1958
Fabricius, W., Die Karte von 1789. — Bonn 1898
Fabricius, W., Erläuterungen zum Geschichtlichen Atlas der Rheinprovinz I u. II. — Bonn 1898
Fabricius, W., Die beiden Karten der kirchl. Organisationen 1450 und 1610. — Bonn 1909
Fahne, A., Geschichte der Kölnischen, Jülichschen und Bergischen Geschlechter in Stammtafeln, Wappen, Siegeln und Urkunden. 2 Bde. — Köln/Bonn 1848—1853
Feilke, H., An Schwalm, Nette und Niers. — Köln 1986
Föhl, W., Über Quellen zur bäuerlichen Sippenkunde, Pächter des Zisterzienserinnen-Klosters Dalheim 1696—1730. — Volkstum und Sippenkunde 1, 1939
Först, W., Das Rheinland in preußischer Zeit. — Berlin 1965
Forsthoff, H., Rheinische Kirchengeschichte. — Essen 1929
Franzen, A., Die Kelchbewegung am Niederrhein im 16. Jahrhundert. — Münster 1955
Fliche, A., La reforme Grégorienne. — Paris 1924
Fliegel, G., Der Untergrund der niederrheinischen Bucht. — Berlin 1922
Flink, K., Die ehemalige Stadt Gangelt unter Heinsberg, Brabant und Jülich. — Gangelt 1975
Flink, K., Rhein. Städteatlas III Nr. 14, Gangelt. — Bonn 1976
Fink, K., Rhein. Städteatlas III Nr. 15, Erkelenz. — Bonn 1976
Florax, Der Flachsbau im Heinsberger Land. — DH 1922, 7
Frenken, Funken, Zumfeld, Gillessen, Der Nationalsozialismus im Kreise Heinsberg. — Heinsberg 1983
Frenken, W., Kriegsschäden in unserer Heimat 1578—1589. — HK.S 1970
Frenken, W., Kampf um Lindern. — HK.H 1975
Frenken, W., Schlachfeld Beeck I — November 1944. — HK.H 1977
Frenken, W., Der Feldflugplatz in Oberbruch. — HK.S 1969
Frenken, W., Operation Clipper. — HK.H 1974
Frenken, W., Operation Clipper. — HK.H 1974
Fuhlrott, C., Der fossile Mensch aus dem Neandertal. — Düsseldorf 1865
Funken, H. P., Als das Heinsberger Land preußisch wurde. — HK.S 1954
Funken, H. P., Der Nachtwächterdienst im alten Heinsberg. — HK.S 1955
Funken, H. P., Es ist nun 100 Jahre her. — HK.S 1964
Funken, H. P., Aus einem Heinsberger Kochbüchlein von 1890. — HK.H 1975

Funken, H. P., Heinsberger Märkte und Kramläden in der ersten Hälfte des 19. Jahrhunderts. — HK.H 1977
Funken, H. P., Freizeitgestaltung in Heinsberg in der zweiten Hälfte des 19. Jahrhunderts. — HK.H 1979
Funken, H. P., Erinnerungen an die Kriegsjahre 1870/71 in Heinsberg. — HK.H 1980
Gail, A., Die burgundische Ausdehnungspolitik und das Herzogtum Jülich im 14. und 15. Jahrhundert. — Bonn 1957
Galesloot, L., Le livre des feudataires de Jean III., duc de Brabant. — Bruxelles 1865
Gaspers, J., Die politische Bewegung der Jahre 1848/50 im Heinsberger Land. — HK.S 1950
Gaspers, J., Die Kriegsjahre 1944/45 im Heinsberger Land. — Heinsberg 1960
Gaspers—Selz, Geschichte der Stadt Erkelenz. — Erkelenz 1926
Geuskens, P., Frankische kolonisatie ten zuiden van de Roer en het kerkje te Vlodrop. — Roerstreek 1983
Geyser, J., Orsbeck. — DH 1944
Gillessen, L., Neun mittelalterliche Schuldscheine für das Gangolphusstift in Heinsberg. — HK.HL 1922
Gillessen, L., Der Dremmener Busch. — Selfkantheimat 1957/58
Gillessen, L., St. Lambertus zu Dremmen. — Heinsberg 1958
Gillessen, L., Das Lehnwesen an der Mannkammer Heinsberg. — Selfkantheimat 1958
Gillessen, L., Grundherrschaft und Siedlung. — Heinsberg 1962
Gillessen, L., Heinsberger Lehen im Dürener Land. — Dürener Geschichtsblätter 1964
Gillessen, L., Zur Ortsnamen— und Siedlungskunde des Kreises Erkelenz. — HK.E 1967
Gillessen, L., Gewerbliche Frühzeit. — HK.E 1970
Gillessen, L., Die ältesten Lehnsverzeichnisse der Mannkammer Wassenberg. — HK.E 1971
Gillesssen, L., Bruderschaften und Schützen in Dremmen. — Dremmen 1971
Gillessen, L., Der Grind und das Rur-Recht. — HK.E 1971
Gillessen, L., Flurnamen von Myhl und Altmyhl. — Sieben Jahrhunderte Myhl. — Geilenkirchen 1971
Gillessen, L., Der Wald Petersholz und die Grundherrschaft Kleingladbach. — HK.E 1972
Gillessen, L., Römerstraßen beiderseits der unteren Rur. — HK.H 1974
Gillessen, L., Sozialgeschichtliche Aspekte des Heinsberger Lehnswesens. — HK.H 1977
Gillessen, L., Korbflechter und Holzschuhmacher an der unteren Rur. — Heinsberg 1979
Gillessen-Kahlau, Gerderath in Geschichte und Gegenwart. — Erkelenz 1971
Gillessen, L., Mundart. Schicksal und Aufgabe. — HK.H 1980
Gillessen, L., Alte Glocken aus dem Kreise Heinsberg. — Geilenkirchen 1981
Gillessen, L., Dremmener Vogelschuß schon im 16. Jahrhundert. — HK.H 1981
Gillessen, L., Die Bank Dremmen im Jahre 1641. — HK.H 1982
Gillessen, L., Frühzeitliche Dorfgesellschaft. — Heinsberg o.J. (1986)
Gils, van J., De Worm. — HK.S 1959
Goeters, J. F. G., Die Rolle des Täufertums in der Reformationsgeschichte des Niederrheins. — Rh. V. 1959, 24
Goeters, J. F. G., Campanus. Religion in Geschichte und Gegenwart. Bd 5. — Tübingen 1961
Goetz, H. W., Zur Landnahmepolitik der Normannen im fränkischen Reich. — AHVN 1980
Goldschmidt, H., Die Landstände von Jülich-Berg und die landesherrliche Gewalt 1609—1610. — ZAG 1913
Gootzen, P. J., Melick, zetel van de rechtsspraak. — Roerstreek 1969
Gorissen, F., Land am Niederrhein. — Kleve 1949
Gorissen, F., Heimat im Reichswald. — Kleve 1950
Gorissen, F., Geldern und Kleve. — Kleve 1951
Gorissen, F., Regesten zur politischen Geschichte des Niederrheins. — Bonn 1963 — 1968
Gorissen, F., De Raadkamer van de hertog van Bourgondie te Maastricht 1473—1477. — Löwen 1959
Grashof, O., Gabe um Gabe. Ein Feldblumenkranz, bei meinem 25. Amtsjubiläum dargebracht meiner lieben Gemeinde Wassenberg. — Aachen 1887
Grein, J., Der Rittersitz Havert, von 1483 ab „Wammen" genannt. — HK.S 1954
Habets, J., Geschiedenis van het tegenwoordig bisdom Roermond en van de bisdommen die het in deze gewesten sijn voaf gegaan. 4 Bde. — Roermond 1875 ff
Hähnel, E. und Schol, W., Ein bemerkenswerter Faustkeil aus Erkelenz. — Arch. Korrespondenzblatt 1975, 5
Hähnel, E. und Schol, W., Erkelenz. — BJ 1976
Hagen, J., Römerstraßen der Rheinprovinz. — Bonn 1923
Hammers, J., Die Waldgenossenschaften in der Aachener Gegend. — Dissertation, Münster 1913
Haubrock, F., Der gebrannte Ziegelstein im Selfkantkreis bis zu seiner maschinellen Herstellung. — HK.S 1960
Haubrock, F., Der Bollberg bei Leiffarth, Gemeinde Würm. — HK.S 1958
Heemskerk, W. F. A., Waterrecht en Waterschapsrecht. Het grenswater de Roer/die Rur. — Echt 1985
Heidemanns, H., Geschichte der Apothekengründung in Wassenberg. — HK.S 1966
Heidemanns, H., 200 Jahre Haus Jansen in Wassenberg. — HK.H 1972
Heidrich, P., Der Geldrische Erbfolgestreit. — Kassel 1896
Heiland, H. Wevelinghoven. Festschrift. — Wevelinghoven 1985
Heimatbuch des Kreises Viersen
Heimatkalender des Kreises Heinsberg (HK.H). — Heinsberg 1973 ff
Heinrichs, H., Vom Untergang zum Neuaufbau. St. Georg Wassenberg. — Wassenberg 1981
Heinrichs, H., Osterpräludium. — HK.S 1962
Heinrichs—Broich, Kirchengeschichte des Wassenberger Raumes. — Geilenkirchen 1958
Heinrichs, H., Der Historiker des Wassenberger Georg-Stiftes. — HK.H 1987
Heinrichs, H., Nächte, die zum Tage wurden. — HK.H 1983
Heinrichs, H., Kaum ein Jahr ohne Trauerflor am Hute. — HK.H 1986
Heinrichs, H., Oskar von Forckenbeck. — HK.H 1974
Heinrichs, H. Der Selfkant. — Erbe u. Entscheidung 1957, 2
Heinrichs, H., Wassenberg, 700 Jahre Stadt. — Stadt- und Gemeinderat 1973, 9
Hellfaier, D., Bibliographien zur Geschichte und Landeskunde der Rheinlande. — Köln 1981
Hennes, A., Armenpflege in früherer Zeit. — DH 1944
Henrichs, L., Geschichte der Grafschaft Moers bis zum Jahre 1625. — Krefeld 1914
Herborn—Mattheier, Die ältesten Rechnungen des Herzogtums Jülich. — Jülich 1981
Herbst, G., Zur Entstehung des Erkelenzer Horstes. — Geol. JB Hannover 1954
Herbst, G., Das Alter der Bewegungen am Rurrand bei Hückelhoven. — Fortschr. Geol. Rheinl. und Westfl. 2, Krefeld 1958
Hermanns, St., Leidvolle Tage aus dem Leben unserer Großeltern. — DH 1933
Hermanns, W., Oskar von Forckenbeck. — Aachen 1936
Herrnbrodt, A., Die Ausgrabungen auf der Motte „Hoverberg" bei Birgelen. — BJ 1955/56, Teil II
Hinz, H., Motte und Donjon. — Köln 1981
Hirschberg, C., Geschichte der Grafschaft Moers. — Moers 1904
Hoens, G., Die naturräumliche Gliederung des nördl. Teiles des Kreises Geilenkirchen—Heinsberg. — HK.S 1969/70
Hommerich, L., Van Heerlen naar Wassenberg door een historisch omstreden grensgebied. — Het land van Herle 1965
Horst, H., Bäuerliche Krautpressen im Erkelenzer Land. — HK.E 1965
Horst, H., Das bäuerliche Backhaus im Erkelenzer Land. — HK.E 1966
Horster, H., Im Grenzgebiet des Meinwegs zwischen Dalheim und Elmpt. — Die Heimat (Krefeld) 1937
Hubatsch, H., Der Meinweg und das Boschbeektal — ein grenzüberschreitendes Naturreservat. — Heimatbuch des Kreises Viersen 1978
Inventaire des chartes et articulaires des duchés de Brabant et de Limbourg et des pays d'Outre-Meuse I. — Bruxelles 1961
Itermann, J., Altsteinzeitliche Funde in der Rur. — HK.S 1953
Itermann, J., Neandertaler an Rur und Wurm. — HK.S 1954
Itermann, J., 100 Jahre Neandertaler. — HK.S 1957
Jacobs, J. L., Myhler Erinnerungen. — DH 1923, 5
Jaegers, L., Aufzeichnungen aus Wassenbergs Vergangenheit von 1802—1848. — DH 1925, 5
Jahn, R., Die Schlacht bei Worringen. — phil. diss. Berlin 1909
Jansen, P., Die Orsbecker Eichenlaube. — HVZ 1948, 19. 1.
Jansen, P., Panhas am Selfkant und in Amerika. — Selfkantheimat 1956
Jansen, P., Von den „Breuers", „Penners", „Keuters" und anderen Familiennamen vom Bierbrauen. — Selfkantheimat 1966,4
Jungbluth, H., Der „Umgang" der Herrlichkeit Tüschenbroich von 1717. — HK.E 1955

Kaiser, J., Die Heide. Wandlung einer Landschaft. — HK.S 1960
Kallen, G., Philipp von Heinsberg. — Düsseldorf 1961
Kaltenbach, J. H., Der Regierungsbezirk Aachen. — Aachen 1850
Kaspers, H., Comitatus nemoris. Die Waldschaft zwischen Maas und Rhein. — Aachen 1957
Kemp, M., Geschiedenis van Limburg. — Maastricht 1946
Kempkes, J. H., Testament van Willem van Vlodrop, Drossaard van het ambt Montfort en erfvoogd van Roermond. — Roerstreek 1980
Kermann, J., Die Manufakturen im Rheinland 1750—1833. — Bonn 1972
Keussen, H., Urkundenbuch der Stadt Krefeld und der alten Grafschaft Moers. — Krefeld 1938
Kever, J., Aus vergangenen Tagen. Selfkantheimat 1957
Kisch, H., Die hausindustriellen Textilgewerbe am Niederrhein vor der Industriellen Revolution. — Göttingen 1981
Kittel, E., Siegel — Braunschweig 1970
Klimmeck, K., Pontorson. — HK.H 1975
Klimmeck, K., Die Schützenbruderschaften in Wassenberg seit Kriegsende. — St. Georgius Bruderschaft Wassenberg. Festschrift 1977
Klimmeck, K., Wassenberg im Naturpark Schwalm-Nette. — HK.H 1974
Klimmeck-Broich-Dohmen-Andermahr, 850 Jahre Propstei St. Georg. — HK.S 1970
Klinkenberg, K., Ein Seltener. Leben, Wirken und Sterben des Rektors Karl Klinkenberg. — Wassenberg o.J.
Knipping, R. und Kisky, W., Die Regesten der Erzbischöfe von Köln im Mittelalter. 4 Bde. — Bonn 1901
Knipping, R., Niederrheinische Archivalien in der Nationalbibliothek und dem Nationalarchiv zu Paris. — Leipzig 1904
Knipping, R., Die Regesten der Erzbischöfe von Köln im Mittelalter. — Bonn 1913
Knorr, A., Geschichte der Evangelischen Kirchengemeinde Wassenberg—Dalheim. — Mönchengladbach 1982
Knorr, E., Der Meinwegwald. — Niederkrüchten 1944
Knorr, E., Riesensteine zwischen Rur und Schwalm. — HK.E 1971
Knorr, E., Zur Geschichte der deutsch—niederl. Grenze zwischen Rothenbach und Boschbeeke. — HK.E 1976
Koch, P., Der Einfluß des Calvinismus und Mennonitentums auf die Niederrheinische Textilindustrie. — München 1928 (Diss. rer.pol.)
Kooperberg, L., Vincent, graaf van Meurs. — Leiden 1914
Korth, L., Das Gräflich von Mirbach'sche Archiv zu Harff. Urkunden und Akten zur Geschichte rheinischer und niederländischer Gebiete. — AHVN 55 und 57
Kranefuß, A., Friedrich Honigmann. — HK.H 1975
Kreetz, F., Historia Nobilis Parthenonis Heinsbergensis. — Köln 1772
Kreis Heinsberg 1982. — Heinsberg 1982
Krekelberg, G., Vom Niederrhein und Rur zur Niedermaas zur Zeit unserer Vorfahren. — DH 1928
Kremer, Ch. J., Akademische Beiträge zure Gülich— Bergischen Geschichte I—III. — Mannheim 1781
Krings, F., Haus und Dorf Wildenrath. — HK.E
Krings, F., Das Bauernhaus und —gehöft des Erkelenzer Landes. — HK.E 1953
Krings, F., Gerderhahn 1837 — 1862. — HK.E 1958
Krings, F., Landschaftswandel im Kreis Heinsberg. — HK.H 1976
Krings, F., Die Kückhovener und Kasterer Landwehr. — HK.H 1977
Krings, F., Die kleinen Städte am mittleren Niederrhein. — Bonn 1972
Krings, F., Die Juden im Erkelenzer Land. — HK.H 1981
Krings, T., Erinnerungen an die Jahre des Krieges. Eine Folge von Abhandlungen das Heinsberger Land und die Menschen dieser Region betreffend in der HVZ im Jahre 1984 abgedruckt. Pakkende Erlebnisberichte.
Auch Einzelausgabe in Vervielfältigung. (Dr. Hans Jöris)
Krudewig, A., Neues Verzeichnis der Kirchenbücher der ehemaligen Rheinprovinz. — Köln 1977
Krumme, E., Die ersten reformator. Bewegungen in Hückelhoven und Ratheim. — HK.E 1964
Krumme, E., Die Täufer in Gladbach. — Rheydter Jahrbuch 1977
Kurtz, E., Geologische Heimatkunde des mittleren und unteren Rurgebietes. — Aachen 1929
Kurtz, E., Der Rurgraben und der Wassenberger Horst. — DH 1943
Kutsch, K. J., Die kirchliche Entwicklung zwischen Maas und Rur im frühen Mittelalter. — HK.S. 1952
Kutsch, K. J., Die Pfarr— und Propsteigemeinde St. Gangolfus zu Heinsberg im Wandel der Jahrhunderte. — Heinsberg 700 Jahre Stadt 1956
Kutsch, K. J., Spätgotische Schnitzkunst zwischen Maas und Rur. — Selfkantia Heinsberg 1956
Kutsch, K. J., Die Kreuzigungsgruppe in der Pfarrkirche zu Breberen. — HK.S 1858
Kutsch, K. J., Die Geschichte der Herrlichkeiten Gangelt, Millen und Vucht im 14. Jahrhundert. — HK.S 1951 Lacomblet, Th. J., Archiv für die Geschichte des Niederrheins. — Düsseldorf 1831 — 1869
Lacomblet, Th. J., Urkundenbuch für die Geschichte des Niederrheins. — Aalen 1960 (Neudruck)
Lamprecht, M, Deutsches Wirtschaftsleben im Mittelalter. 4 Bde. — Leipzig 1885/86
Lenaerts, C., Die Mannkammern des Herzogtums Jülich. — Bonn 1923
Lenders, T., De Meinweg, een potentieel national park. — Roerstreek 1983
Lennartz, J., Als Erkelenz in Trümmer sank. — Erkelenz 1975
Lennartz, J., 100 Jahre Sozialdemokratie im Erkelenzer Raum. — Heinsberg—Oberbruch 1978
Lennartz, J., Paul Rüttchen. — HK.H 1983
Lennartz, J., Schienenwege im rheinischen Grenzland. — Heinsberg 1985
Lentz, A., Neuer Beweis für das „römische Orsbeck". — Selfkantheimat 1957/58
Lentz, A., Eine Geographie der Heimat vor 160 Jahren. — Hk.S 1965
Lepper, H., Das Internationale Zeitungsmuseum der Stadt Aachen. — Aachen 1986
Levie, W., Die Krefelder Samt— und Seidenindustrie. Berlin 1929
Levison, W., Vom Ende der Römerherrschaft bis zum Interregnum. — Essen 1922
Linssen, J., Een verkenning van de heren van Mereheym. — PSHAL 1954/55
Linssen, J., Lombarden in Roermond. — PSHAL 1967/68
Linssen, J., Het ontstaan van het Ambt Montfort. — PSHAL 1952/53
Linssen, J., Uit het cartularium van de huisarmen van Roermond. — PSHAL 1967/68
Lückerath, W., Beiträge zur Geschichte von Heinsberg und Umgebung. — Heinsberg 1897
Lückerath, W., Die Herren von Heinsberg. — Heinsberg 1912 (2. Neudruck)
Maas, K., Geschichte des Geschlechts Peltzer in Vogelsang. — DH 1929
Maas, K., Annotationen aus der Zeit des Dreißigjährigen Krieges. — DH 1930
Maas, K., Die Beerdigung des dänischen Obristen Coldorf in Wassenberg. — Jül.-Berg. Geschichtsbl. 1929
Maas, W., Der Remplacant. — HK.H 1983
Mackes, K.L., Erkelenzer Börde und Niersquellengebiet. Mönchengladbach 1985
Männergesangverein Wassenberg. Festschrift. — Wassenberg 1986
Marquordt, G., Vier rhein. Prozeßordnungen aus dem 16. Jahrhundert. — Bonn 1938
Marx, P., Gedichte und Lieder für Wassenberg. — Unveröffentlicht. 1961
Mayer, F., Zur Geschichte der Pfarre Arsbeck. — Rhein. Geschichtsblätter 1901
Mayer, F., Der Meinwegwald im Amte Wassenberg. — Rhein. Geschichtsblätter 1903/04
Mayer,F., Zur ältesten Geschichte des Landes Wassenberg. ZAG 1912
Mayer, F., Die alten Erdwerke an der Westgrenze des Heinsberger Landes. — DH 1921
Mayer, F., Zur Geschichte des Klosters Dalheim. — DH 1922
Mayer, F., Die Freiherren von Wassenberg. — DH 1922
Mayer, F., Die Steuerlast in früheren Jahrhunderten. — DH 1924
Mayer, F., Römerstraßen im Kreis Heinsberg. — HK.HL 1925
Mayer, F., Die Höfe der Gemeinde Birgelen. — DH 1926
Mayer, F., Die Heinsberg—Wassenberger Lande in fränkischer Zeit etwa 400 bis 1000. — HK.HL 1926
Mayer, F., Tüschenbroich. — DH 1928
Mayer, F., Stadt und Land, einst und jetzt. — DH 1928
Mayer, F., Römische Spuren in Myhl. — DH 1929
Mayer, F., Die häusl. u. wirtschaftl. Verhältnisse im Kloster Dalheim. — HK.HL 1929
Mayer, F., Der Palanter-Hof in Ratheim. — DH 1929
Mayer, F., Das Lehnwesen in Wassenberg. — DH 1931

Mayer, F., Kulturgeschichtliche Bilder aus 100 Jahren Krieg. — HK.HL 1930
Mayer, F., Die Kapuziner in Wassenberg. — HK.HL 1933
Mayer, F., Schützenbruderschaft in Wassenberg. — DH 1925
Meurer, P. H., Der Heinsberg-Erkelenzer Raum im Codex Welser. — HK.H 1976
Meurer, P. H., Von der Motte zur Festung Heinsberg. — HK.H 1978
Mirbach, W. von, Kriegsschäden, welche das Herzogtum Jülich durch Einlagerungen und Durchzüge spanischer Truppen in den Jahren 1568—1589 erlitten hat. — ZAG 1881
Mirbach, W. von, Zur Territorialgeschichte des Herzogtums Jülich. — Köln 1971
Mülfarth, L., Johann Wilhelm von Pfalz-Neuburg und die Jülich-Bergischen Landstände 1679—1716. — Köln, phil.diss. 1964
Myhl. Sieben Jahrhunderte Myhl. — Geilenkirchen 1971
Nahl, R. van, Zauberglaube und Hexenwahn im Gebiet von Rhein und Maas. — Bonn 1983
Narr, K. J., Die ältere und mittlere Steinzeit am linken Niederrhein. — Der Niederrhein 1952, 9
Negri, W. von, Lehen im Lande Wassenberg zu Zeiten des Herzogs Johann III. von Brabant. — DH 1926
Negri, W. von, Jagdliches aus alter Zeit. — HK.HL 1932
Negri, W. von, Die Waldgenossen des Waldes Havert im Jahre 1277. — ZAG 1937
Negri, W. von, Das Weistum der Graatheide. — DH 1940
Niederrheinische Bibliographie. Hrsg. G. Dittrich. — Niederrhein. Jahrbuch, Krefeld 1961
Nissen, F., Rheinland in römischer Zeit. — BJ 1895
Nießen, H., St. Johann Myhl. — Myhl. — Geilenkirchen 1971
Oidtmann, E. von, Arnoldus Parvus, der Stammvater des Geschlechts von Palant. — ZAG 1894
Oppermann, O., Die älteren Urkunden aus Klosterrath und die Annales Rodenses. — Rhein. Urkundenstudien I. — Utrecht 1922
Oediger, F. W., Die Conversation der klev. Redouten, landtwehren und hin und wieder sich befindlichen schlagbäumen. — Niederrhein. Jahrbuch 1951
Oediger, F.W., Das Hauptstaatsarchiv Düsseldorf und seine Bestände. Bände 1, 2, 3, 8. — Bd. 1 Düsseldorf 1957, Bd. 2 Siegburg 1970, Bd. 3 Siegburg 1972, Bd. 8 Siegburg 1974
Oellers, H., Das Jülicher Herrscherhaus und die Reichsstadt Aachen im 13. und 14. Jahrhundert. — Aachen 1912
Offermann, J., Geschichte der Städte, Flecken, Dörfer, Burgen und Klöster im Kreis Jülich. — Jülich 1912
Packenius, K., Geschichte der Familie Packnius. — unveröffentlicht. Neuß 1973
Panhuysen, G. W. A., Het handschrift der Annales Rodenses terug in Limburg. — De Maasgouw 1949
Pappert, A. J., Die Kirchenbauten des 19. Jahrhunderts im Kreis Heinsberg. — Jülich 1978
Paravicini, W., Moers, Croy, Burgund. — AHVN 1977
Perey, A., Die Schlacht an der Rur im Spigel der Berichte französischer Mitkämpfer. — HK.HL 1932
Perey, A., Aus der Geschichte der Juden im Jülicher Land. — HK.HL 1933 (Ein lesenswerter, weil mutiger Aufsatz im Jahre von Hitlers Machtübernahme!)
Petri, F. und Droege, G., Rheinische Geschichte. 6 Bde. — Düsseldorf 1976 ff
Philippen, H., Fährman! Hoal üefer! — Selfkantheimat 1966
Philippen, H., Orsbeck am Fluß. — Selfkantheimat 1967
Piepers, W., Die Vor- und Frühgeschichte des Selfkantkreises Geilenkirchen—Heinsberg. Dissertation. — Bonn 1953
Piepers, W., Ein zweiter Faustkeil von Geilenkirchen. — HK.S 1960
Piepers, W., Die Landwehr und die Schanzberge im Westen des Kreises Heinsberg. — HK.H 1977
Piper, O., Burgenkunde. — Frankfurt 1967
Planitz, E., Die deutsche Stadt im Mittelalter. — Köln 1965
Quadflieg, E., Die Helpensteiner Herrschaft. — AVHN 1974
Quitzow, H. W., Die Terassengliederung im niederrheinischen Tiefland. — Geol. en Mijnb. 1956
Ramackers, J., Ein Güterverzeichnis der Herrschaft Helpenstein von 1320 — 1323. — Düsseldorfer Jahrbuch 1939
Ravennatis Anonymi Cosmographia et Guidonis. — Berlin 1860
Redlich, O. R., Jülich-Bergische Kirchenpolitik am Ausgang des Mittelalters und in der Reformationszeit. 3 Bde. — Bonn 1907 ff
Reinartz, W., Eine Beschwerde der Kesselschläger des Amtes Wassenberg. — Selfkantheimat 1957/58
Reinartz, W., Die Schicksale des Napoleonkämpfers Heinrich Schmitz aus Effeld. — DH 1940
Reinartz, W., Die Schlacht bei Wassenberg. — Selfkantheimat 1957
Reindl, F., Der Anfang des Streits über die Jülicher Erbfolge. — Phil. Diss. — Zürich 1896 (Umfangreiches Quellenverzeichnis)
Reinick, H. A., Statistik des Regierungsbezirkes Aachen. — Aachen 1865
Reintges, Th., Ursprung und Wesen der spätmittelalterlichen Schützengilden. — Bonn 1963
Rheinische Geschichte. Herausgegeben von F. Petri und G. Droege. 5 Bde. — Düsseldorf 1978 — 1980
Richardson, E., Geschichte der Familie Merode. — Prag 1877
Risters, W., Akten erzählen ihr Schicksal. — HK.E 1972
Risters, W., Soldat Peter Josef Esser aus Wassenberg 1813/1814. — HK.H 1976
Ritter, H., Das Jülicher Land. — Berlin 1912
Roberg, B., Zur Quellenlage und Historiagraphie des Jülich-Klevischen Erbfolgestreites. — Habilitationsschrift Bonn 1974
Roebroeck, E., Het land van Montfort. — Assen 1967
Rörig, F., Die europäische Stadt im Mittelalter. — Göttingen 1964
Rütten, F. und Steeger, A., Studien zur Siedlungsgeschichte des niederrheinischen Tieflandes. — Rhein. Vierteljahresblätter 2
Salpeteur, J., La bataille de Woeringen 5. juin 1288. — Bulletin de la Société Verv. d'Arch. et d'histoire 1964
Sauerland, H. V., Urkunden und Regesten zur Geschichte des Rheinlandes aus dem Vatikanischen Archiv. 7 Bde. — Bonn 1902
Schaffrath, J., Myhler Erinnerungen und Sagen. — DH 1926
Scherpner, H., Theorie der Fürsorge. — Göttingen 1962
Schmidt, W., Die Manessische Liederhandschrift. — Berlin 1960
Schmitz, J., Besenbinden , ein ausgestorbenes Handwerk. — HK.H 1976
Schmitz, J., Von alten Hausnamen in Myhl. — HK.H 1981
Schmitz, K. J., Geschichte des Eggeratherhofes und seiner Beziehung zum Maas-Schwalm-Gebiet. — HK.H 1984
Schol, W., Wie in Karken in der Kirche . . . HK.H 1984
Schol, W., Ein Faustkeil aus Erkelenz. — HK.H 1977
Schol, W., Oberflächenfunde der Altsteinzeit vom Niederrhein. — Die Heimat (Krefeld) 1975
Schrader, E., Das Befestigungsrecht in Deutschland von den Anfängen bis zum Beginn des 14. Jahrhunderts. — Phil. Diss. Göttingen 1909
Schreinemacher, L., Der Hessenkrieg im Herzogtum Jülich. — HK.H 1983
Schreinemacher, L., Lothringische Truppen in unserer Heimat im Jahre 1650. — HK.H 1980
Schreinemacher, L., Vereidigungen in den Ämtern Geilenkirchen, Heinsberg und Wassenberg im Jahre 1592. — HK.H 1984
Schüller, W., Der Meinweg um 1900. — HK.E 1962
Schuffels, A., Das Sankt-Georg-Stift zu Wassenberg bis zum Ausgange des Mittelalters. — Bonn 1911
Schulte, K. H. S., Dokumentation zur Geschichte der Juden am linken Niederrhein seit dem 17. Jahrhundert. — Düsseldorf 1972
Scotti, Sammlung der Gesetze und Verordnungen, welche in den ehemaligen Herzogtümern, Kleve, Berg über Gegenstände der Landeshoheit, Verfassung, Verwaltung und Rechtspflege ergangen sind. Jülich-Berg Bde 1 u. 2 1475—1815. — Düsseldorf 1821 — 1822
Selfkantheimat. — Geilenkirchen—Heinsberg 1955—1967
Selfkantkreis Geilenkirchen — Heinsberg. Unsere Heimat. — Geilenkirchen 1963
Selfkantkreis. Einhundertfünfzig Jahre Selfkantkreis 1816—1966. — Geilenkirchen 1966
Senker, G., Die Motte Keyenberg. — HK.H 1980
Sivré, J. B., Inventaris van het Oud Archief der Gemeente Roermond. — Roermond 1874
Sloet, L. A. J. W., Oorkondenboek der graafschappen Gelre en Zutphen. — 's-Gravenhage 1872—1877
Smeets, J. H. M., Het Paleolithicum in den Roerstreek. — Roerstreek 1979
Smeets, J. H. M., Archeologisch Overzicht van de Gemeente Vlodrop. — Roerstreek 1981
Smeets, J. H. M., De archeologische kollektie van meister Bronneberg uit Herkenbosch . — Roerstreek 1984
Smeets, J. H. M., Made in den Prehistorie. — Roerstreek 1986
Sommer, H., Die Motte Hoverberg. 1954
Sommer, H., Die Gewerkschaft Sophia-Jacoba. Bd. 2. Unveröffentlicht.
Spehl, W. J., Schiffahrt auf der Rur. — DH 1923
Spehl, W. J., Der Meinwegwald. — HK.HL 1926
Spehl, W. J., Eine neue Siedlung in Wassenberg. — HK.HL 1931
Spehl, W. J., Der Kaiser stürmt gen Geldern. — DH 1942
Sprünken, H. J., Rur und Wurm als Schiffahrtsstraßen. — HK.H 1976
Sprünken, H. J., Der Send. — HK.H 1983
Streithagen, P. von, Succesio Principum Juliae, Cliviae ac Montium. — Düsseldorf 1629

Streithagen, P. von, Somnium sive poema in Ruram. — Jülich 1970 (Neudruck)
Sturm, V., Der Rur auf der Spur. — HK.H 1973
Steeger, A., Erdgeschichtliches aus dem Heinsberger Land. — HK.HL 1933
Steeger, A., Die ersten Siedler am linken Niederrhein. — DH 1935
Strang, H., Erscheinungsformen der Sozialhilfebedürftigkeit. — Stuttgart 1970
Tackenberg, K., Fundkarten zur Vorgeschichte der Rheinprovinz. — BJ 1954, Beiheft 2
Terboven, J. H., Die Rur als Grenzfluß im Wandel der Geschichte. — HK.E 1971
Thelen, J., Die alte Landwehr von Waldfeucht zum Rhein. — Selfkantheimat 1963/64
Theodorson, G. A., Die Industrialisierung und ihre Folgen. — Heintz, P., Soziologie der Entwicklungsländer. — Stuttgart 1962
Tholen, P. A., Die Grabfunde am Salzweg im Heidegebiet bei Rosenthal-Dalheim. — DH 1926
Tholen, P. A., Die alten Erdwerke bei Birgelen-Dalheim. — HK.HL 1927
Tholen, P. A., Der Rurtalgraben. — HK.Hl 1928
Tholen, P. A., Funde in der Orsbecker Pfarrwiese. — DH 1933
Tholen, P. A., Dünen in unserer Heimat. — DH 1934
Tholen, P. A., Frankengräber in unserer Heimat. — DH 1935
Tholen, P. A., Die Bollberge. — DH 1936
Tholen, P. A., Unsere Heimatlandschaft. DH 1940
Tholen, P. A., Haben in unserem Heimatgebiet Kelten gewohnt? — DH 1940
Tholen, P. A., Neue geschichtliche Funde in unserem Heimatkreise. — DH 1942
Tille, A., Übersicht über den Inhalt der kleineren Archive der Rheinprovinz. 4 Bde. — Bonn 1899—1915
Timmermann, F., Mein Heimatkreis Geilenkirchen. — Birgelen 1949
Tritsch, W., Karl V. — Bürgers Taschenbuch Nr. 31
TC Blaugold Wassenberg 1936—1986. — Wassenberg 1986
Unsere Heimat. Der Selfkantkreis Geilenkirchen-Heinsberg. Heimatbuch. — Geilenkirchen 1956
Urkundenbuch zur Geschichte des Niederrheins oder des Erzstifts Cöln, der Fürstenthümer Jülich und Berg, Geldern, Meurs, Cleve, Mark und der Reichsstifte Elten, Essen und Werden. — Hrsg. Th. J. Lacomblet Bde. I — IV. — Aalen 1966 (Neudruck)
Urkunden und Regesten zur Geschichte der Rheinlande aus dem Vatican. Archiv bearbeitet von H. V. Sauerland. — Bonn 1902
Veil, St., Alt— und mittelsteinzeitliche Fundplätze des Rheinlandes. — Köln/Bonn 1978
Venne, J. M. van de, Geschiedenis van het kasteel van Valkenburg. — Valkenburg 1951
Venner, G., Der Meinweg. — Assen/Maastricht/Viersen 1985
Venner, G., Een optekening aangaande het formele leenrecht in het land van Wassenberg. — De Maasgouw 1972
Venner, G., Wassenbergse leengoederen in de Roerstreek. — Roerstreek 1973
Venner, G., De regelementen van de Staten van het overkwartier van Gelder. — PSHAL 1978
Venner, G., Wassenberg und Brabant. — HK.H 1975
Verzeichnis der historischen Funde aus dem Gebiet des Kreises Heinsberg. — DH 1933
Verwaltungsbericht der Stadt Wassenberg 1966 — 1982. — Wassenberg 1983
Viedebantt, O., Die van Harffschen Häuser in Heinsberg und der Raum zwischen Burg und Kirchberg. — Heinsberg 1939
Viedebantt, O. und Corsten, S., Forschungen zur Geschichte des ersten Heinsbergisch-Valkenburgischen Dynastengeschlechtes. — Maastricht 1965. PHSAL Volkmann, B., Vergehen und Strafen in Bracheln um 1600. — HK.H 1979
Volkmann, B., Die Bevölkerungserhebung in Bracheln 1812. HK.H 1980
Volkmann, B., Neujahrswunsch eines Kindes. HK.H 1981
Vollmann, M., Ein Wassenberger General. — DH 1940
Vollmer, A., Geschichte der Gemeinde Wegberg. — Köln 1912
Vollmer, B., Die Bedeutung der Schlacht von Worringen. — Düsseldorfer Jahrbuch 1938
Voss, G., Schwanenberg. — Schwanenberg 1972
Wagner, St., Staatssteuern in Jülich—Berg. — Köln 1977
Wampach, C., Urkunden— und Quellenbuch zur Geschichte der altluxemburgischen Territorien bis zur burgundischen Zeit. — Luxemburg 1938
Warns, M., Alte Grabsteine vom Friedhof der evangelischen Gemeinde Wassenberg. — Jül. Berg. Geschichtsblätter 1929
Wassen, H., Der siebenarmige Leuchter. Die Geschichte der Geilenkirchener Juden. — HK.H 1985
Wassenberg: Verwaltungsbericht der Stadt Wassenberg. — Wassenberg 1983
Wattenbach, W., Deutschlands Geschichtsquellen im Mittelalter. — Berlin 1866
Wauters, A., Le duc Jean I. et le Brabant. — Brüssel 1862 Weber, M., Wirtschaft und Gesellschaft. — Köln 1964
Wegberg, H. van, Die Wiedertäufer im Kreise Heinsberg. — DH 926
Weimann, K., Die Mark- und Wald-Erbengenossenschaften des Niederrheins. — Breslau 1911
Weisthümer I — VI. Gesammelt von J. Grimm. — Göttingen 1840 — 1869
Weisthümer der Stadt und des Landes Wassenberg. — Allgemeines Archiv für die Geschichtskunde des Preußischen Staates (Ledebur) 1883
Weisweiler, W., Wassenberg. — Limburg's Jaarboek. Roermond 1907
Wientgen, M., Widerstand und Verfolgung im Kreis Heinsberg 1933—1945. — Ratheim 1981
Willms, H., Heimatkundliche Bibliographie für den Niederrhein. — Rhein. Heimatpflege. Düsseldorf 1965
Winkelmann, E., Philipp von Schwaben und Otto IV. von Braunschweig. — Leipzig 1873
Wisplinghoff, E., Rheinisches Urkundenbuch. Ältere Urkunden bis 11. — Aachen 1972
Wolters, J., Verwaltungsbericht des Amtes Wassenberg 1955—1965
Wouters, H. H. E., Het Limb. Maasdaal gedurende de tachtigjarige en de dertigjarige oorlog 1543—1663. — Assen 1970
Zeitschrift des Aachener Geschichtsvereins. ZAG. — Aachen 1879 ff
Zumfeld, H., Dokumente über Marx, Lassalle und Freiligrath im Kreis Heinsberg gefunden. — HK.H 1985
Zumfeld, H., Die Leiden der Dremmener Jüdin Josefine Moll geb. Wolff. — HK.H 1986
Zumfeld, H. u. a., Der Nationalsozialismus im Kreis Heinsberg. (Beiträge von H. Zumfeld: Wie es dazu kam. — Wirtschaft und Arbeit. — Jugend und Schule. — Kirche im NS-Staat. — Heimische Dokumente zum Verhältnis von Kirche und NS-Staat. — Kriegsalltag in der Heimat.). — Heinsberg 1983

Anhang

Wassenberger Haushalte im Jahre 1927

(Die Liste enthält alle Adressen und Berufe der Haushaltsvorstände. Schreibweise von Namen und Straßennamen sind quellengeschichtlich vorgegeben.)

Andermahr, Matthias, Postmeister, Erkelenzer Str. 99
Auto-Theo-Thönnissen, Benzin, Dreherei, Autoreparatur, Kirchstraße 109
Barten, Gerhard, Metzgerei, Wildenrather Str. 1
Bartz, Jakob, Verwalter, Hauptstraße 122
Bechtel, Heinrich, Schreiner, Ratheimer Str. 37
Beckers, Nikolaus, Bürgermeister a.D., Birgelener Str.27
Beckers, Heinrich, Apotheker, Hirsch-Apotheke, Birgelener Straße
Beenen, Hermann, Arbeiter, Orsbecker Str. 203
Beeres, Josef, Portier, Nikolausgasse 147
Berger, Peter, Schlosser, Hauptstraße 126
Bien, Heinrich, Betriebsleiter, Erkelenzer Str. 89 a
Bienen, Heinrich, Landwirt, Brühlstraße 213
Bienen, Hubert, Arbeiter, Brühlstraße 152
Biermanns, Gertrud, Putzfrau, Brühlstraße 165
Bodden, Elisabeth, Näherin, Nikolausgasse 143
Bodden, Heinrich, Landwirt, Kolonie 80
Bodden, Konrad, Kurzwaren und Bekleidungsgeschäft, Birgelener Str. 23
Bongartz, Johann, Betriebsleiter, Bahnhofstraße 30 b
Breuer, Michael, Landwirt, Brühlstraße 205
Brockers, Jakob, Meister, Erkelenzer Str. 97
Broich, Nanny, ohne Beruf, Birgelener Str. 27
Bürger, Friedrich, Steuerpraktikant, Brühlstraße 229
Buren, Dr., Albert, prakt. Arzt, Birgelener Str. 39
Busch, Josef, Chauffeur, Roßstr. 247
Buchard, Dr. Anton, Tierarzt, Hauptstr. 127
Buschen, Wilhelm, Steuer-Betriebs-Assistent, Ratheimer Str. 11
Carschuk, Wilhelm, Bleilöter, Ratheimer Str. 36
Cuypers, Josef, Möbelfabrik, Orsbecker Str. 197
Classen, Erwin, Landrat, Birgelener Str. 30
Cleven, Jakob, Arbeiter, Wildenrather Str. 27
Clingen, Gerhard, Rottenarbeiter, Brühlstr. 230
Coenen, Albert, Arbeiter, Brühlstraße 151
Coenen, Franz, Arbeiter, Brühlstr. 193
Coenen, Theodor, Arbeiter, Nikolausgasse 140
Cohnen, Geschwister, Weißwarenhandlung, Brühlstr. 214
Corsten, Michael, Kohlenhandlung, Birgelener Str. 24
Cremer, Ww. August, Restaurant, Billard, Fremdenzimmer, Gute Küche, Kirchstraße 117
Cremer, Helene, Näherin, Brühlstraße 151
Dahmen, Anton, Arbeiter, Kolonie 78
Dahmen, Josef, Arbeiter, Ratheimer Str. 39
Dahmen, Josefa, ohne Beruf, Wildenrather Str. 24
Daniels, Helene, Büroangestellte, Kirchstr. 115
Deklerk, Wilhelm, Schlosser, Kolonie 76
Derichs, Johann, Bürstenmacher, Hauptstraße 124
Deußen, Karl, Arbeiter, Am Bahnhof 32
Dickmann, Peter, Bürgermeister, Burgweg 71 a
Dietze, Konrad, Obersteuersekretär, Kirchstraße 64
Dörenkamp, Gerhard, Hauptlehrer, Erkelenzer Str. 67
Dohmen, Heinrich, Meister, Ratheimer Str. 30
Douven, Josef, Kaplan, Kirchplatz 103
Düllberg, Willy, Klavierbauer und -stimmer, Birgelener Str. 17 (nebst Ehefrau, Kolonialwaren)
Eberle, Karl, Arbeiter, Bahnhofstraße 38
Ehrenberg, Emmy, ohne Beruf, Erkelenzer Str. 89 b
Essers, Gebrüder, mechanische Seidenweberei, Am Bahnhof
Essers, Louis, Weberei, Brühlstraße 166
Eßer, Maria, Landwirtin, Brühlstraße 153
Eßers, Heinrich, mechanische Seidenweberei, Bahnhofstraße 36 a
Eversloh, Gerhard, Ww., Bahnhofswirtin, Am Bahnhof 35
Fabry, Juliane, Lehrerin, Brühlstraße 211
Feiter, Peter, Gutspächter, Birgelener Str. 263
Fischer, Heinrich, Gastwirtschaft „Waldschenke", Erkelenzer Str. 89
Fischer, Josef, Eisenbahnbetriebsassistent, Erkelenzer Straße 99 a
Flecken, Jakob, Arbeiter, Hauptstraße 125
Flecken, Jakob Ww., ohne Beruf, Kolonie 82
Flecken, Johann, Arbeiter, Wildenrather Str. 12
Flecken, Johann, Söhne, mechanische Seidenstoffweberei und Kohlenhandlung, Birgelener Str. 30
Flesch, Jakob, Ww., Fuhrunternehmen, Hauptstraße 133
Flesch, Johann, Arbeiter, Wildenrather Str. 13
Flocke, Walter, Buchhalter, Birgelener Str. 49
Flocke, Käthe, Sopranistin, Birgelener Str. 49
Floitgraf, Josef, Arbeiter, Brühlstraße 187
Floitgraf, Lambert, Uhrmacher, Brühlstraße 188
Flutgraf, Josef, Arbeiter, Brühlstraße 194
Förster, Heinrich, Waldhotel, Erkelenzer Str. 90
Freisinger, Adolf, Oberpostschaffner, Kolonie 74 a
Freisinger, Elisabeth, Näherin, Brühlstraße 220
Freisinger, Franz, Arbeiter, Löffelstraße 247
Freisinger, Karl, Arbeiter, Birgelener Straße 21
Freisinger, Karl, Ww., ohne Beruf, Löffelstraße 220
Frenken, Johann, Arbeiter, Ratheimer Straße 114
Frenken, Johann, Ww., ohne Beruf, Roßstraße 1
Frenken, Josef, Arbeiter, Kirchstraße 114
Frenken, Reiner, Arbeiter, Brühlstraße 192
Fritz, Johann, Steuersekretär, Hauptstraße 123
Frohnhofen, Johann, Arbeiter, Brühlstraße 162
Gansweidt, Heinrich, Arbeiter, Brühlstraße 230
Geiling, Hermann, WW., ohne Beruf, Löffelstraße 12
Geiser, Josef, Steuerbeamter, Ratheimer Straße 6
Gerhards, Leo, Arbeiter, Orsbecker Str. 202
Gerighausen, Wilhelm, Bahnamtliche Spedition und Kohlenhandlung, Am Bahnhof 33 a
Gerighausen, Theodor, Zelthallenbau und Verleih, Am Bahnhof
Giermanns, Wilhelm, Arbeiter, An der Windmühle 173
Gillißen, Adolf, Sattlerei und Polsterei, Birgelener Straße 52
Gillißen, Bernhard, Hefehandlung, Birgelener Straße 52
Gillißen, Franz, Arbeiter, Wildenrather Straße 7
Gillißen, Josef, Arbeiter, Birgelener Straße 22
Gillißen, Ludger, Arbeiter, Kirchstraße 59
Gillißen, Mechtilde, ohne Beruf, Brühlstraße 156
Goertz, Leo, Arbeiter, Wildenrather Straße 2
Görtz, Gerhard, Arbeiter, Nikolausgasse 146
Görtz, Heinrich, Landwirt, Birgelener Straße 253
Görtz, Peter, Schuhmacher, Birgelener Straße 20
Gotzen, Ferdinand, Haushaltswaren, Eisenwaren, Landmaschinen, Eisenmöbel, Herde, Öfen, Kinderwagen, Schlosserei mit elektrischem Betrieb, Autoreparaturwerkstätte, Kirchstraße 118 und Am Buir
Gotzen, Kaspar, Handlungsgehilfe, Nikolausgasse 136
Gotzen-Schmithüsen, Konfektion, Manufaktur, Kurz-, Weiß- und Wollwaren, Roßstraße 240
Graab, Franz, Landwirt, Roßstraße 244
Graab, Franz, Rentmeister, Orsbecker Straße 198
Graab, Fritz, Mechanische Schreinerei, Bahnhofstr. 30 a
Graab, Gebrüder, Fuhrunternehmer, Brühlstraße 228
Graab, Georg, ohne Beruf, Brühlstraße 227
Graab, Helene, Kolonialwarenhandlung, Brühlstraße 208
Graab, Johann, Schuhmacher, Nikolausgasse 145
Graab, Maria, Pensionsinhaberin, Birgelener Straße 29
Graab, Max, Restauration, Conditorei und Café, Kirchstraße 119
Graab, Michael, Drogist, Birgelener Straße 45
Graab, Michael, Kolonial- und Manufakturwarenhandlung, Brühlstraße 237
Graab, Wilhelm, Arbeiter, Brühlstraße 204
Griese, Karl, Meister, Erkelenzer Str. 86
Haas, Louis, Ww., Sattler- und Polstergeschäft, Kirchstraße 65
Hahn, Heinrich, Invalide, Roßstraße 240
Hahn, Katharina, Hebamme, Roßstraße 241
Hahnenstadt, Jakob, Weber, Brühlstraße 176
Hahnenstadt, Maria, ohne Beruf, Brühlstraße 175
Harden, Johann, Handlungsgehilfe, Erkelenzer Straße 96
Hartmann, Julius, Buchhalter, Erkelenzer Str. 85
Hasert, Franz, Baugeschäft und Baumaterialien, Brühlstraße 150
Heinen, Johann, Arbeiter, Wildenrather Straße 20
Heinrichs, Alex, Ziegeleibesitzer, Kirchplatz 105
Heinrichs, Hubert, Baugeschäft, Birgelener Str. 44
Heinrichs, Jakob, Maschinist, Orsbecker Straße 200 a
Heinrichs, Peter, Arbeiter, Brühlstraße 186
Heinrichs, Barbara, Hutgeschäft, Kirchstraße 115 (und Peter Heinrichs, Organist
Heitzer, Leonhard, Portier, Ratheimer Straße 4
Hembach, Hermann, Landwirt, Forst, Birgelener Straße 268
Hemming, Josef, Ingenieur, Burgweg 70 b
Henz, Gebrüder, Landwirte, Brühlstraße 216
Henzen, Johann, Landwirt, Birgelener Straße 53
Heppener, Max, Manufaktur, Weiß- und Wollwaren, Konfektion, Kirchstraße 112
Hermanns, Fritz, Arbeiter, Roßstraße 250
Heumann, Berta und Adele, Hutgeschäft, Roßstraße 246
Hirsch-Apotheke. Inh.: Apotheker Heinr. Beckers, Birgelener Str.

Hissel, Peter, Schreiner, Ratheimer Straße 4
Höfer, Jakob, Meister, Erkelenzer Straße 89 b
Höltken, Hermann, Meister, Erkelenzer Straße 86
Hoffmann, Dr., Arnold, praktischer Arzt, Birgelener Straße 46/47
Hoffmann, Adolf, Ww., Bäuerin, Ohe, Birgelener Str. 257
Hotel „Wassenberger Hof" Inhaber: Theo Schmitz, Hauptstraße 225
Hotel zur Post, Inhaberin: Ww. Hubert Schmitz, Hauptstraße (Autobushaltestelle)
Hufnagel, Wilhelm, Arbeiter, Am Stern, Wildenrather Straße 14
Hummen, Anton, Mechanische Stellmacherei, Roßstraße 10
Hummen, Joseph, Metzgerei, Birgelener Str. 248
Ingenhütt, Wilhelm jr., Korbwarenindustrie, Bahnhofstraße
Jaegers, August, Restaurant, Kirchstraße 57
Jaegers, Engelbert, Landprodukte, Am Bahnhof 36
Jaegers, Leonhard, Kolonial- und Wollwarengeschäft, Kirchstr. 120
Jans, Josef, Weichensteller, Brühlstraße 211
Jans, Peter, Arbeiter, Ratheimer Straße 33
Jansen, Anton, Fuhrmann, Hauptstraße 124
Jansen, Anton, Postschaffner, Birgelener Straße 42
Jansen, Franz, Kontrolleur, Erkelenzer Straße 94
Jansen, Franz, Weber, Brühlstraße 180
Jansen, Gertrud, Kolonialwarenhandlung, Hauptstraße 128
Jansen, Gertrud, ohne Beruf, Nikolausgasse 136
Jansen, Heinrich, Arbeiter, Wildenrather Str. 9
Jansen, Heinrich, Arbeiter, Brühlstraße 177
Jansen, Heinrich, Arbeiter, Roßstraße 245
Jansen, Heinrich, Arbeiter, Brühlstraße 218
Jansen, Hubert, Landwirt, Forst, Birgelener Straße 260
Jansen, Hubertine, ohne Beruf, Brühlstraße 177
Jansen, Jakob, Arbeiter, Brühlstraße 181
Jansen, Jakob, Kolonialwarenhandlung, Hauptstraße 149
Jansen, Jakob, Schuhmacher, Kolonie 76
Jansen, Josef, Fuhrmann, Roßstraße 7
Jansen, Josef, Holzschuhmacher, An der Windmühle 172
Jansen, Josef, Korbmacher, An der Windmühle 168
Jansen, Josephine, Lehrerin a. D., An der Kirche 107
Jansen, Karl, Gärtner, Nikolausgasse 135
Jansen, Ludger, Gaststätte Forst, Birgelener Str. 262
Jansen, Matthias, Landwirt, Forst, Birgelener Straße 261
Jansen, Wilhelm, Arbeiter, Stern, Wildenrather Str. 19
Jennissen, Geschwister, Landwirte, Nikolausgasse 139
Jörißen, Heinrich, Landwirt, Ohe, Birgelener Str. 256
Jopen, Peter, Postschaffner, Ratheimer Str. 7
Jütten, Heinrich, Arbeiter, Stern, Wildenrather Str. 5
Kanten, Anton, Gärtner, Brühlstraße 163
Katzenbauer, Geschwister, Landwirt, Forst, Birgelener Straße 255
Katzenbauer, Josef, Landwirt, Forst, Birgelener Str. 264
Kauenberg, Johann, Küferei, Brühlstraße 163
Kaufmann, Bernhard, Viehhandlung, Roßstraße 9
Kleuren, Heinrich, Bahnhofsvorsteher, Am Bahnhof 35
Klinkenberg, Karl, Eisenbahnsekretär, Burgweg 71
Klöters, Heinrich, Fabrikant, Kolonie 75 c
Klothen, Josef, Arbeiter, Roßstraße 247
Knipping, Sofia, Lehrerin a.D., Birgelener Str. 29
Kofferath, Caroline, Burgbesitzerin, Erkelenzer Str. 66
Kohlgraf, Anton, Arbeiter, Nikolausgasse 142
Korkhaus, Wilhelm, Polizei-Betriebs-Assistent, Roßstr. 2
Korsten, Heinrich, Schneidermeister, Brühlstraße 191
Krahnen & Gobbers GmbH, Mechanische Seidenweberei, Werk Wassenberg, Erkelenzer Straße 87
Kraus, Rudolf, Oberstadtsekretär, Burgweg 70 b
Kremer, Heinrich, Landwirt, Brühlstraße 206
Kremer, Johann, Stern, Wildenrather Str. 15
Kreutzer, Anna Maria, Bezirkshebamme, Kirchstraße 115
Küppers, Agnes, ohne Beruf, Birgelener Straße 24
Küppers, Caspar, Zeltbesitzer und Verleiher, Birgelener Straße 55
Küppers, Franz, Baumschulist, Gärtnerei, Veredelung und Samenhandlung, Burgweg 73
Küppers, Gebrüder, Gerberei, Hauptstraße 132
Küppers, Geschwister, Näherinnen, Brühlstr. 217
Küppers, Hubert, Lebensmittel- und Gemüsehandlung, Birgelener Straße 248
Küppers, Josef, Söhne, Schuh- und Lederwarenhandlung, Birgelener Straße 55
Küppers, Peter, Steuersekretär, Hauptstraße 123
Küppers, Wilhelm, Schuhwarenhandlung, Birgelener Str. 19
Küsters, Dr., Wilhelm, praktischer Arzt, Erkelenzer Straße 67
Lambertz, Johann, Schneiderei, Erkelenzer Straße 69
Landjägeramt Wassenberg, Brühlstraße 160
Laurentius, Johann, Arbeiter, Brühlstraße 188
Lehnen, Franz, Eisenbahn-Betriebs-Assistent, Am Bahnhof 35
Leufgens, Peter, Elektriker, Ratheimer Straße 36
L'habitant, Gerhard, Arbeiter, Stern, Wildenrather Straße 26
Linden, Edmund, Landwirt, Forst, Birgelener Straße 258 a
Linden, Gottfried, Landwirt, Forst, Birgelener Str. 265
Linden, Johann, Landwirt, Forst, Birgelener Str. 266
Louis, Hubert, Schlosser, Roßstraße 243
Louis, Hubert, Speisehaus, Roßstraße 243
Luhr, Hermann, Techniker, Ratheimer Straße 34
Marx, Hubert, Galanteriewarenhandlung, Brühlstraße 230
Maßen, Peter, Ww., Bäuerin, Forst, Birgelener Str. 259
Meyer, August, Ww., ohne Beruf, Hauptstraße 124
Meyer, Sibilla, Lehrerin a.D., Hauptstraße 123
Mirbach, Ernst, Molkerei-Verwalter, Am Bahnhof 32
Moll, Jakob, Arbeiter, Stern, Wildenrather Straße 8
Mohnen, Christian, Meister, Roßstraße 245
Mohnen, Franz, Meister, Birgelener Straße 43
Mohnen, Hubert, Arbeiter, Birgelener Straße 44
Mohnen, Hubert, Meister, Kolonie 74
Mohnen, Josef, ohne Beruf, Brühlstraße 179
Mohnen, Willy, Friseurmeister, Birgelener Str. 43
Mühlenbroich, Fritz, Kolonialwaren, Brühlstr. 182
Müllem, Anton, Klempnerei, Löffelstraße 13
Müllem, Josef, Ww., Klempnerei- und Installationsgeschäft, Kirchstraße 108
Müller, Dr., Heinr., Notar und Rechtsanwalt, Erkelenzer Straße 89 b
Nägler, Franz, Schneidermeister, Löffelstraße 16
Neumann, Peter, Obersteuersekretär, Brühlstraße 23o
Niesten, Josef, Vollziehungsbeamter, Stern, Wildenrather Straße 25
Nobis, Jakob, Ww., ohne Beruf, Kirchstraße 114
Noethlichs, Heinrich, Laborant, Ratheimer Straße 31
Nolten, Maria, Lehrerin, Brühlstraße 211
Nordhausen, Josef, Arbeiter, Stern, Wildenrather Str. 18
Odinius, Arnold, Arbeiter, Stern, Wildenrather Straße 28
Oehlen, Heinrich, Ww., ohne Beruf, Kirchstraße 117
Oehlen, Klara, ohne Beruf, Hauptstraße 127
Otten, Franz, Arbeiter, Nikolausgasse 144
Otten, Lambert, Arbeiter, Erkelenzer Straße 86
Paffen, Alois, Organist und Musiklehrer, Kolonie 77
Paffen, Wilhelm, Horn-Drechslermeister, Kirchstraße 61
Palmen, Anna, ohne Beruf, Brühlstraße 229
Palmen, Franz, Metzgerei, Brühlstraße 229
Paredies, Johann, Weber, Brühlstraße 184
Paulsen, Johann, Schuhwaren, Brühlstraße 161
Paulsen, Wilhelm, Schuhwaren, Hauptstraße 129
Paulussen, Karl, Lehrer, Kirchstraße 110
Peters, Franz, Handlungsgehilfe, Erkelenzer Straße 92
Peters, Heinrich, Kolonialwaren, Birgelener Str. 18
Peters, Martin, Ww., ohne Beruf, Forster Weg 252
Peters, Peter, Ww., ohne Beruf, Birgelener Str. 17
Peters, Theodor, Polizei-Betriebs-Assistent, Orsbecker Str. 199
Phillip, Hans, Ingenieur, Ratheimer Str.35
Pickartz, Ludwig, Arbeiter, Brühlstraße 174
Pickartz, Odilie, Arbeiterin, Kolonie 83
Pilarz, Peter, Schlosser, Brühlstraße 167
Poschen, Peter, Arbeiter, Brühlstraße 158
Pünter, August, Lehrer a.D., Hauptstraße 123
Quast, Edmund, mechanische Schreinerei, Kirchstraße 111
Randerath, Johann, Korbwarenhandlung, Orsbecker Str. 200
Randerath, Peter, Arbeiter, Brühlstraße 154
Raschen, Martin, ohne Beruf, Roßstraße 6
Reinartz, Wilhelm, Schuhgeschäft und Reparatur, Brühlstraße 185
Reindahl, Adolf, Arbeiter, Bahnhofstraße 38 a
Reindahl, Katharina, ohne Beruf, Stern, Wildenrather Straße 28
Reiners, Johann, Arbeiter, Brühlstraße 150
Reis, Willy, Viehhandlung, Brühlstraße 178
Rieken, Hermann, Nachtwächter, Nikolausgasse 141
Rögels, Gottfried, Arbeiter, Brühlstraße 236
Römer, Kurt, Photograph, Brühlstraße 230
Röttgen, Matthias, Vollziehungsbeamter, Kirchstraße 64
Roßkamp, Heinrich, Arbeiter, Stern, Wildenrather Str. 21
Roters, Dr., Erich, Regierungsrat, Burgweg 70 c
Rütten, Heinrich, Webermeister, Birgelener Str. 30 c
Rütten, Johann, Arbeiter, Stern, Wildenrather Str. 22
Rütten, Johann, Schneider, An der Windmühle 171
Rütten, Josef, Kolonialwaren, Stern, Wildenrather 10
Rütten, Josef, ohne Beruf, Orsbecker Str. 200 a
Rütten, Leonhard, Oberwebermeister, Ratheimer Str. 8
Rütten, Michael, Rendant, Hauptstraße 131
Rütten, Stefan, Friseurmeister, Brühlstraße 232
Sämmer, Fritz, Schlosser, Kirchstraße 110
Sanatorium Marienhaus, Kloster und Pension, Im Judenbruch 91
Sand, Felix, Installationsgeschäft, Kirchstraße 60
Schaffrath, Anton, Invalide, Nikolausgasse 148

Schaffrath, Engelbert, Arbeiter, Roßstraße 8
Schaffrath, Leonhard, Arbeiter, Brühlstraße 164
Scharmann, Gustav, Ww., ohne Beruf, Brühlstraße 167
Schaufenberg, Hubert, Zollassistent a.D., Brühlstr. 187
Scheeres, Josef, Arbeiter, Kirchstraße 59
Schippers, Wilhelm, Weber, Kirchstraße 111
Schlicher, Josef, Arbeiter, Brühlstraße 210
Schmitz, Adolf, Architekt, Brühlstraße 226
Schmitz, Adolf, Ww., ohne Beruf, Birgelener Str. 51
Schmitz, Angeline, Modegeschäft, Birgelener Str. 51
Schmitz, Anton, Bergmann, Brühlstraße 230
Schmitz, Anton, Weber, Ratheimer Straße 10
Schmitz, Arnold, Metzgerei, Brühlstraße 226
Schmitz, Edmund, Ww., ohne Beruf, Roßstraße 4
Schmitz, Franz, Landwirt, Roßstraße 3
Schmitz, Heinrich, Landwirt, Brühlstraße 165
Schmitz, Hubert, Kath. Pfarrer, Kirchplatz 104
Schmitz, Josef, Bäckerei und Konditorei, Roßstraße 4
Schmitz, Josef, Maler und Anstreicher, Farbwarenhandlung, Hauptstraße 235
Schmitz, Maria, Kolonialwaren, Brühlstraße 233
Schmitz, Theodor, Bäckerei, Brühlstraße 159 a
Schorn, Wilhelm, Fabrikdirektor, Erkelenzer Str. 86
Schreinemacher, Franz, Landwirt, Orsbecker Straße 201
Schreinemacher, Josef, Landwirt, Brühlstraße 209
Schreinemacher, Katharina, Landwirtin, Brühlstraße 219
Schuffels, Katharina, ohne Beruf, Forst, Birgelener Straße 268
Schuhwirt, Wilhelm, Schlosser, Brühlstraße 189
Schultes, Franz, Lehrer, Erkelenzer Straße 68
Seibert, Georg, Meister, Ratheimer Straße 38
Settels, Hubert, Versicherungen, Birgelener Str. 56
Sieben, Josef, Maler und Anstreicher, Brühlstraße 189
Sieben, Wilhelm, Ww., Maler und Anstreicher, Brühlstr. 159
Sonnenschein, Peter, Holzschuhmacher, Brühlstraße 207
Spies, August, Arbeiter, Kolonie 75 b
Spindler, Oskar, Oberlandjäger, Brühlstraße 160
Stankowitz, Katharina, Kreisfürsorgerin, Erkelenzer Str. 71
Steegers, Matthieu, Konditorei und Bäckerei, Ratheimer Straße 4
Steffens, Heinrich, ohne Beruf, Brühlstraße 162
Steffens, Heinrich, Schmiede, Brühlstraße 156
Steffens, Lorenz, Arbeiter, Birgelener Str. 41
Stein, Heinrich, Arbeiter, Brühlstraße 210
Stepprath, Elisabeth, ohne Beruf, Ohe, Birgelener Straße 258
Stepprath, Gertrud, ohne Beruf, Kirchstraße 59
Stepprath, Konrad, Ww., ohne Beruf, Löffelstraße 15
Steprath, Lorenz, Fabrikarbeiter, Am Buir
Stocks, Elisabeth, ohne Beruf, Kolonie 79
Storms, Adolf, Ww., ohne Beruf, Birgelener Straße 50
Storms, Max, Schuhmachermeister, Birgelener Str. 50
Storms, Michael, Küster, Birgelener Straße 50
Storms, Theodor, Schuhmacher, Löffelstraße 14
Strack, Adolf, Ww., Hotel- und Konsuminhaberin, Brühlstraße 212
Strack, Maria, ohne Beruf, Brühlstraße 212
Strack, Albert, Handlungsgehilfe, Kirchstraße 113
Strack, Gebrüder, Bau- und Kunstschlosserei, Haushaltswaren, Hauptstraße 233
Straube, Friedrich, Zollassistent, Ratheimer Straße 13
Theißen, Heinrich, Baugeschäft, Brühlstraße 176
Theißen, Josefine, ohne Beruf, Nikolausgasse 137
Thevissen, Leo, Ww., ohne Beruf, Erkelenzer Str. 90
Thönnissen, Heinrich, Landwirt, Brühlstraße 190
Thönnissen, Johann, Fahrradhandlung und Zigarrengeschäft, Roßstraße 238
Thönnissen, Theodor, Petroleum, Rentner, Kirchstraße 109
Thönnissen, Theo, Benzin, Autoreparatur, Kirchstraße 109
Thomaßen, Franz, Landwirt, Brühlstraße 223
von Helden, Heinrich, Ackerer, Brühlstraße 224
Vierschgens, Franz, Arbeiter, Stern, Wildenrather Str. 11
Vieten, Luzia, Wirtschaft und Pension, An der Windmühle 171
von der Fuhr, Karl, Organist a. D., An der Kirche 106
von der Ruhren, Peter Josef, Arbeiter, Brühlstr. 175
von Karczewski, Bruno, Ww., ohne Beruf, Erkelenzer Straße 71
Voß, Arnold, Weber, Ratheimer Straße 9
Voß, Josef, Arbeiter, Hauptstraße 124
Waldhotel, Inhaber: Ww. Heinrich Förster, Erkelenzer Straße 90
Warns, Martin, Evang. Pfarrer, Kirchstraße 62
Wassenberger Möbelfabrik, Inh. Josef Cuypers, Orsbecker Str. 197
Weegen, Ludwig, Dentist, Birgelener Str. 56
Wehrmann, Karl, Meister, Ratheimer Str. 33
Weidmann, Hermann, Chauffeur, Erkelenzer Str. 98
Werth, Josef, Schlosser, Brühlstraße 234
Willms, Bernhard, Obersteuersekretär, Ratheimer Str. 12
Willms, Engelbert, Ww., Landwirtin, Roßstr. 5
Willms, Heinrich, Landwirt, Roßstraße 5
Willms, Josef, Landwirt, Brühlstraße 215
Willms, Konrad, Gastwirt, „Burghof", Kirchstraße 63
Willms, Max, mechan. Schreinerei, Brühlstr. 220
Willrath, Johann, Steuer-Betriebs-Assistent, Kirchstraße 64
Windelen, Franz, Arbeiter, Stern, Wildenrather Str. 16
Windelen, Matthias, Arbeiter, Stern, Wildenrather Str. 6
Windhausen, Peter, Werkmeister, Erkelenzer Str. 95
Windmüller, Sigmund, Ww. ohne Beruf, Roßstr. 10
Winkens, Anton, Arbeiter, Stern, Wildenrather Str. 3
Winkens, Heinrich, Arbeiter, Brühlstraße 179
Winkens, Josef, Arbeiter, Ohe, Birgelener Str. 254
Winkens, Josef, Arbeiter, Burgweg 71 d
Winkens, Josef, Meister, Erkelenzer Str. 70
Winkens, Josef, Verwaltungsgehilfe, Burgweg 71 d
Winkens, Matthias, Maurer, Kolonie 75
Winkens, Wilhelm, Arbeiter, Ohe, Birgelener Str. 254
Winkens, Wilhelm, Arbeiter, Stern, Wildenrather Str. 4
Winkens, Wilhelm, Arbeiter, Stern, Wildenrather Str. 17
Winkens, Wilhelm, Meister, Brühlstraße 157
Wittgens, Peter, Schreinermeister, Roßstraße 242
Wolters, Jakob, Holzschuhmacher, Löffelstraße 11
Wolters, Leonhard, Weber, Löffelstraße 11
Wüsthoven, Wilhelm, Schreiner, Ratheimer Str. 39
Wypschol, Odilia, ohne Beruf, Brühlstraße 222
Zimmer, Bernhard, Meister, Erkelenzer Straße 93
Zohren, Karl, Lebensmittelhandlung, Burgweg 72
Zohren, Theodor, Buchhalter, Kolonie 75 a
Zohren, Wilhelm, Rottenführer, Bahnhofstraße 37
Zurmahr, Theodor, Milchhändler, Brühlstraße 232

☆☆☆

Bürgermeister

(Die nachfolgende Bürgermeisterliste ist für die Zeit vor der französischen Herrschaft noch unvollständig. Sie kann weiterer Nachforschung dienen. Die Jahreszahlen nennen urkundliche bzw. aktenmäßige Nennungen. Einige Daten beziehen sich auch auf Erwähnungen in der Sekundärliteratur.)

Wilhelm Pallandt	1634—1635
Franz Schoeller	1638—1641
Gördt Wolters	1644—1647
Rochus Bonus	1648—1650
Wilhelm Schüllers	1652—1656
Johan Schmitz	1670—1673
Wilhelm Wolters	1674—1676
Johan Emondts	1682—1687
Jacob Bellenroth	1692—1693
Werner Küppers	1694—1696
Johan Wilms	1698—1701
Wilhelm Wolters	1702—1704
Johann Heinrichs	1705—1709
Johann Maess	1709—1711
Johann Bernard Erwen	1711—1713
Michel Graab	1717—1720
Walter Gripekoven	1729—1740
Anton Verbeet	1747—1750
Petrus Henricus Walbers	1753
Johan Janssen	1754
Johann Küppers	1755—1757
Leonard Küppers	1758—1759
Johannes Bierbaum	1771—1776
Wilhelm Geuskens	1777—1785
Heinrich Janssen	1786—1794
Joseph Ernst D. Rheinbach	1795—1802
Peter (Pierre) Henzen	1803—1810
Friedrich Peter Josef Packenius	1810—1813
Peter Henzen	1814—1821
Alexander Joseph Anton Packenius	1822—1851
Theodor Johann Kofferath	1852—1857
Martin Schraten	1858—1859
Reiner Schmitz/Johan Philippy	1860
Johan Philippy	1861
Martin Arnod Thönnissen	1862
Heinrich Otto Franz Packenius	1863—1867

Franz Therstappen	1868—1886
Wilhelm Klein	1886—1895
Nikolaus Beckers	1895—1922
Gerhard Müller	1922
Peter Dickmann	1923—1931
Friedrich Bell	1932—18. 4. 1933
Julius Grünweller	1. 5. 1933—16 .12. 1939
Beigeordnete in Vertretung	17. 12. 1939—15. 6. 1940
Theodor Erbel (kommissarisch)	15. 6. 1940—31. 5. 1942
Josef Strack (kommissarisch)	1. 6. 1942—31. 10. 1942
Joseph Buschen	1. 11. 1942—17. 3. 1945
Edelbert Hähner SJ (Amtsbgm.)	17. 3. 1945—17. 8. 1945
Wilhelm Flecken	27. 7. 1945—3. 11. 1948
Kaspar Hasert	4. 11. 1948—1952
Hermann Buckmann	1952—1954
Leonard Wolters	1954—1960
Ludwig Essers	1960—1964
Günter Müller	1964—1969
Gerd Fischer	1969—1971
Günter Müller (beauftragt)	1. 1. 1972—4. 5. 1972
Günter Müller	1972—1975
Hans Deckers	1975—1979
Jochen Schumann	1979

☆☆☆

Rentmeister auf der Wassenberger Burg

(In der vorliegenden Arbeit wurden die Rentmeisterei-Rechnungen folgender Wassenberger Rentmeister auswertend benutzt.)

1397—1436	Gottfried von Nievenheim
1437—1475	Johann von Bairle
1534—1539	Johann Fabry
1540—1568	Thyß van Megen
1569—1591	Freiherr Johann von Zuyrß
1592—1619	Lambert von Richterich
1620—1627	Dietherich von Richterich
1628—1636	Johann Carsilius Becker
1636—1666	Jacob Maeß
1666—1695	Franz Martin Maeß
1696—1699	Laurentius Amandus Borneville
1699—1721	Georg Dröge
1722—1727	Michael Anno Vogt
1728—1729	Werner Anton Roelen
1729—1737	Johan Heinrich Meex
1738—1771	Johann Heinrich Reinbach
1772—1794	Wilhelm Ernest D. Reinbach
1795—1802	Caspar Ludwig Dörsten

☆☆☆

Die Wassenberger Pröpste

Waltherus	1140
Franquinet	1219
Fredericus	1231—1235
Henricus	1261
Petrus	1280
Theodericus	1299
Arnoldus Vrient	1312—1349
Theodericus de Bubanis	1349—1351
Theodericus de Cortis	1351—1360
Reiner von Hallen	1360—1362
Johannes von Luxemburg	1362
Johannes de Scerpenseil	1417
Rutgherus Alardi	1417—1419
Johannes de Lovania	1419—1427
Henricus de Lovania	1427—1442
Johannes de Lovania	1442—1452
Arnoldus de Merode	1468—1477
Matthias von Durmaghen	1477—1495
Johannes Pael	1495—1509
Cornelius von Dordrecht	1509—1517
Johannes Lublar	1517—1533
Engelbertus Hengelstede	1533—1555
Johannes a Drimborn	1555—1583
Eremundus ab Orsbeck	1583—1595
Dietrich ab Orsbeck	1595—1626
Georgius Antonius Walbot von Bassenheim	1626
Johannes Christopherus Maes	1685—1707
Damian Emmerich Hartard	1691
Johannes Renerus Strerath	1707—1729
Graf Clemens Franz Carl Manderscheidt-Blankenheim	1729—1758
Heinrich Edmund von Castel	1758—1790
Josef Bartz	1794—1802

(Auflösung des Stiftes 1802. Wiedererhebung zur Propsteikirche am 21. November 1956)

Propst Paul Spülbeck	1956—1962
Propst Arthur Füßer	1963—1976
Propst Hugo Nießen	1976—

☆☆☆

Majestäten der Schützenbruderschaften

a) Junggesellen

1920 Heinrich Heinrichs und Elisabeth Jansen
1921 Max Willms und Elisabeth Freisinger
1922 Wilhelm Flecken und Adele Freisinger
1923 Wilhelm Mohnen und Elisabeth Sieben
1924 Peter Heinrichs und Elisabeth Wittgens
1925 Hubert Bodden und Maria Quast
1926 Arnold Thönnissen und Anna Görtz
1927 Adolf Beckers und Helene Heinrichs
1928 Josef Hermanns und Käthe Jaegers
1929 Josef Stepprath und Mathilde Jansen
1930 Hermann Flesch und Maria Gotzen
1931 Heinrich Jansen und Thekla Fischer
1932 Willi Haas und Käthe Heppener
1933 Paul Palmen und Maria Metzen
1934 Willi Winkens und Gertrud Dohmen
1935 Willi Mohnen und Anna Metzen
1936 Josef Nägler und Mathilde Schreinemacher
1937 Hans Dohmen und Adele Thönnissen
1938 Adam Metzen und Elisabeth Sonnenschein
1947 Josef Danners und Elisabeth Gotzen
1948 Heinrich Willms und Elisabeth Windhausen
1949 Arnold Heppener und Elisabeth Voß
1950 Jakob Gerhards und Christine Stein
1951 Theo von den Driesch und Maria Jansen
1952 Peter Stein und Maria Willms
1953 Paul Flecken und Inge Steffens
1954 Franz Graab und Kunni Hensen
1955 Ernst Jansen und Rita Bell
1956 Toni Schaffrath und Agnes Jansen
1957 Arnold Schaffrath und Marlies Windeln
1958 Richard Coenen und Klara Wilms
1959 Reiner Frenken und Agnes Schmitz

b) Männer:

1924 Fritz Sämmer
1925 Karl Zohren
1926 Franz Mohnen
1927 Franz Graab
1933 Lambert Kohlen
1934 Josef Schmitz
1935 Heinrich Gansweidt
1936 Josef Schaffrath
1937 Josef Voß
1938 Jakob Jansen
1939 Reiner Schmitz
1948 Willi Strücker und Frau Clementine
1949 Arnold Voß und Frau Christine
1950 Hubert Roßkamp und Frau Änne
1951 Adam Metzen und Frau Elisabeth
1952 Jakob Jansen und Frau Katharina
1953 Hubert Louis und Frau Fine
1954 Wilhelm Flecken und Frau Josefa
1955 Willy Sommer und Frau Käthe
1956 Hans Rademacher und Frau Maria
1957 Josef Schmoll und Frau Hildegard
1958 Heinz-Leo Willms und Gustel Schmoll
1959 Josef Graab und Frau Änne

c) Gesamtkönigspaare ab 1960:

1960 Viktor Hembach und Inge Flecken
1961 Aloys Henz und Marianne Palmen
1962 Karl Hasert und Käthe Cortis
1963 Walter Schmitz und Frau Anni
1964 Hans Thelen und Frau Agnes
1965 Peter Sonnenschein und Frau Maria
1966 Willy Graab und Käthe Spätgens
1967 Heinrich Willms und Frau Mechtilde
1968 Hermann Bienen und Frau Maria
1969 Jakob Wolters und Frau Hedwig
1970 Ludwig Haas und Frau Joke
1971 Ludwig Jansen und Frau Sieglinde
1972 Walter Schmitz und Frau Anni
1973 Richard Stepprath und Monika Stepprath
1974 Heinrich Heinrichs und Frau Käthe
1975 Toni Schaffrath und Frau Agnes
1976 Jochen Schumann und Frau Hilo
1977 Hubert Sieberichs und Frau Mali
1978 Heinz Wolters und Frau Sibille
1979 Friedel Merz und Frau Christel
1980 Friedel Merz und Frau Sibille
1981 Toni Schaffrath und Frau Agnes
1982 Josef Hasert und Frau Elli
1983 Konrad Fritz und Schwägerin
1984 Hermann-Josef Küppers und Maria-Lina Menghini

(Seit 1985 findet in Wassenberg leider kein Vogelschuß mehr statt. Die moderne Inflation der Interessen behindert das alte Brauchtum. Ich bin sicher, eines Tages wird wieder ein Schützenkönigspaar durch Wassenbergs Straßen und in eleganter Polonaise um den Maibaum ziehen. Brauchtum ermüdet zuweilen, aber in Wassenberg ist es letztlich nicht umzubringen.)

☆☆☆

Historischer Festzug Wassenbergs am 17. Juli 1927

Gruppe 1: Herolde zu Pferde. (Leonhard Schaffrath) Sechs Fanfarenbläser.

Gruppe 2: Germanische Krieger um 50 vor Christus zu Pferde: Willy Schmitz, Josef Hermanns, Kaspar Steffens, Franz Schmitz, Franz Palmen, Arnold Thönnissen, Hubert Randerath, Max Willms, Hermann Graab.

Gruppe 3: Römische Krieger zu Fuß: Leo Moll, Matthias Dahmen, Josef Voß, Hubert Gillissen, Max Schmitz, Johann Wolters, Moritz Mayer, Gerhard Schrötter, Franz Jütten.

Gruppe 4: Fränkische Krieger zu Fuß zur Zeit Karls des Großen: Ernst Güttler, Willy Winkens, Josef Schaffrath, Lorenz Freisinger, Gerhard L'habitant, Josef Wolters, Karl Sturm, Heinrich Winkens, Jakob Dahmen.

Gruppe 5: Musikkorps. Tamboure: Engelbert Schaffrath, Johann Randerath. Trommelkorps. Instrumentalverein Musikkapelle: Alois Paffen, Josef Sieben, Josef Schreinemacher, Konrad Heutz, Johann Paredies, Heinrich Paredies, Franz Esser, Karl Heitzer, Hermann Klammer, Peter Poschen, Hubert Knorr, Adolf Esser, Heinrich Heitzer, Heinrich Heitzer, Josef Heitzer, Fritz Beiten, Franz Krückel, Josef Küppers, Heinrich Stein, Heinrich Dahmen.

Gruppe 6: Bannerträger: Franz Jansen

Gruppe 7: Gerhard I., Graf von Wassenberg, mit Gemahlin und Sohn um 1020.
Graf: Dr. Arnold Hoffmann
Gräfin: Frau Hoffmann
Sohn: Werner Jaegers
Pferdeführer: Josef Jansen

Gruppe 8: Bannerträger: Wilhelm Reinartz

Gruppe 9: Das Wassenberger Stiftskapitel: Propst Karl Zohren, Kanoniker Michael Korsten, Lambert Henz, Franz Winkens, Karl Eberle, Wilhelm Zohren.

Gruppe 10: St. Georg, Schutzpatron der Stadt Wassenberg, dargestellt von Leonhard Korsten.

Gruppe 11: Bannerträger: Ludwig Thomaßen.

Gruppe 12: Bürger Wassenbergs um 1273 (Stadtgründungsdatum): Wilhelm Rieken, Josef Berger, Melis Debojans, Wilhelm Bienen, Josef Stepprath, Heinrich Reindahl, Wilhelm Haas, Michael Thomaßen, Johann Görtz, Johann Paulsen, Oskar Spindler, Hugo Paulsen.

Gruppe 13: Herolde zu Pferde. (Leitung Josef Willms)

Gruppe 14: Trabanten des Herzogs Walram IV. von Limburg: Willy Korkhaus, Adolf Korkhaus, Martin Bienen, Josef Nägler, Albert Strack, Heinrich L'habitant.

Gruppe 15: Herzog Walram IV. von Limburg, dargestellt von Dr. Robert Kofferath.

Gruppe 16: Der Wassenberger Amtmann und sein Vogt. Amtmann: Max Heppener; Vogt: Franz Hasert.

Gruppe 17: Bannerträger mit Schild: Peter Jans.

Gruppe 18: Handwerkszünfte: a) Bäcker: Theodor Mohnen und Willy Molling; b) Barbiere: Josef Thönnissen und Hermann Mohnen; c) Schneider: Georg Nägler und Hubert Zohren; d) Schreiner: Fritz Linder und Lambert von Hengel; e) Weber: Alfred Meyer und Johann Beenen; f) Metzger: Peter Hermanns und Peter Gansweidt; g) Schmiede: Max Graab jr. und Leonhard Gerhards; h) Schuhmacher: Willy Winkens und Johann Graab jr.

Gruppe 19: Bürgermeister, Stadtrat, Stadtschreiber und Herold in der Kleidung von 1427. (500-jähr. Jubiläum der Gründung der Schützenbruderschaft St. Georg Wassenberg): Bürgermeister Peter Dickmann. Stadträte: Franz Schreinemacher, Peter Windhausen, Heinrich Steffens, Georg Graab, Alex Heinrichs, Theo Schmitz, Ludwig Pickartz. Stadtschreiber Josef Winkens. Herold Johann Reiners.

Gruppe 19: Der Herzog von Jülich mit Rittern, Knappen und Schützen. Herzog: Karl Griese. Ritter: Franz Küppers, Josef Rütten sen., Josef Schmitz, Josef Fischer, Fritz Graab, Heinrich Wels. Schützen: Jakob Jansen, Lambert Freisinger, Wilhelm Bodden, Heinrich Theißen, Max Storms, Josef Barten, Josef Scheeres, Johann Derichs, Wilhelm Schmithüsen, Heinrich Heinrichs, Peter Heinrichs, Anton Hummen, Hubert Mohnen.

Gruppe 20: Söldner des Dreißigjährigen Krieges: Heinrich Roßkamp, Hubert Roßkamp, Heinrich Jansen, Franz Jansen, Fritz Meufels, Johann Flesch.

Gruppe 21: Soldaten aus der Zeit Napoleons: Hans Wypschol, Fritz Wittgens, Josef Jörißen, Edmund Quast, Fritz Bodden.

Gruppe 22: Deutsche Soldaten von 1914: Johann Heinen, Josef Niesten, Johann Flecken, Peter Rütten, Jakob Kleven.

An den in Holz für die Festtage wiederaufgebauten Toren waren folgende Torwächter eingeteilt: Peter Berger, Gerhard Klingen, Josef Gillissen.

☆☆☆

Wassenberger Karnevalsprinzen

1886 Prinz Karl I., Karl Lingen
1887 Prinz Karl I., Karl Lingen
1888 Prinz Kaspar I., Kaspar Mirbach
1911 Prinz Franz I., Franz Graab
1913 Prinz Leo I., Leo Derichs
1914 Prinz Franz II., Franz Müllem
1927 Prinz Max I., Max Willms
1929 Prinz Jupp I., Josef Werth
1935 Prinz Jupp II., Josef Schmitz
1936 Prinz Theo I., Theodor Schmitz
1937 Prinz Willi I., Willi Schmithüsen
1938 Prinz Willi II., Wilhelm Flecken

1939 Prinz Jupp III., Josef Voß
1947 Prinz Gerhard I., Gerhard Küppers
1948 Prinz Kurt I., Kurt Römer
1949 Prinz Willi III., Willi Strücker
1950 Prinz Konrad I., Konrad Paredies
1951 Prinz Arnold I., Arnold Voß
1952 Prinz Jupp IV., Josef Heppener
1953 Prinz Jupp V., Josef Schmoll
1954 Prinz Leo II., Leonhard Wolters
1955 Prinz Karl II., Karl Rademacher
1956 Prinz Hubert I., Hubert Roßkamp
1957 Prinz Hubert II., Hubert Schreinemacher
1958 Prinz August I., August Derichs
1960 Prinz Jupp III., Josef Voß
1962 Prinz Ernst I., Ernst Wedershoven
1963 Prinz Günter I., Günter Rongen
1964 Prinz Herbert I., Herbert Kollatschni
1965 Prinz Hans I., Hans Dormann
1966 Prinz Willi IV., Wilhelm Rütten
1967 Prinz Walter I., Walter Schmitz
1968 Prinz Matthias I., Matthias Erren
1969 Prinz Heinz I., Heinz Schuhwirt
1970 Prinz Heinz II., Heinz Zohren
1971 Prinz Yves I., Yves Rebillon
1972 Prinz Willi V., Wilhelm Beckers
1973 Prinz Willy VI., Willy Spee
1974 Prinz Jochen I., Jochen Schumann
1975 Prinz Hans II., Hans Lieck
1976 Prinz Horst I., Horst Gansweidt
1977 Prinz Willi VII., Willi Thebach
1978 Prinz Peter I., Peter Thomas
1979 Prinz Erich I., Erich Palenga
1980 Prinz Jupp VI., Josef Michels
1981 Prinz Heinz III., Heinz Kozelsky
1982 Prinz Wolfgang I., Wolfgang Lenzner
1983 Prinz Manfred I., Manfred Heinrichs
1984 Prinz Arnold II., Arnold Klothen
1985 Prinz Ludwig I., Ludwig Haas
1986 Prinz Wolfgang I., Wolfgang Paredies
1987 Prinz Theo II., Theo Cohnen

Einwohnerzahlen

Ort/Jahr	1483	1560	1781	1804	1869	1911	1933	1955	1966	1971
Wassenberg	438	700	842	759	1086	1417	2112	4209	4915	5245
Birgelen	214	375	622	601	945	1089	1364	1858	2349	2485
Effeld/Steinkirchen	148	315	328	379	735	808	855	1015	1028	1002
Myhl	94	160	234	620	1033	1035	1327	1663	2688	2721
Ophoven	66	120	114	104	414	400	413	429	465	473
Orsbeck	78	125	168	330	601	602	641	785	1121	1138

Amt Wassenberg insgesamt im Jahre 1576: 6 490 Personen
Stadt Wassenberg insgesamt im Jahre 1977: 13 168
im Jahre 1982: 13 322
Gesamtfläche der Stadt Wassenberg 1987: 42,4 qkm
Einwohner je qkm 1987: 314

Mairie de Wassenberg: XII. Jahr (= 1804)

Noms des Communes et Hameaux dependant de cette mairie	Nombre de						
	hommes mariés	femmes mariés	filles de tout âge	garçons de tout âge	defenseur de la patrié	Total	Total general de la population de la Mairie de Wassenberg
Wassenberg	148	162	206	189	2	707	1093
Forst et Ohe	8	11	20	13	2	54	
Oirsbeck/Lauchtenberg	74	72	99	85	2	332	

Certifié veritable la Récapitulation ... de tous les habitans de la Mairie de Wassenberg
Le Maire: Pierre Henzen

Wassenberger Noten

Wassenberger Nachtwächter-Ruf

Von Lehrer Wilhelm von der Fuhr 1861 notiert nach
Wassenberger Aufzeichnung.
Von Heinrich Dahmen 1949 gesetzt.
Von Peter Marx 1953 neu getextet.

Wassenberger Tanz

August Pünter (1927)

Wassenberger Maiständchen-Lied um 1830

(Im 4/4- oder im 3/4-Takt gespielt.)
Aufgezeichnet und gesetzt von Peter Heinrichs (1927)

Wassenberg, du wunderschönes Städtchen . . . (1929)

Text: Peter Marx (1904—1969)
Melodie: Peter Heinrichs (1893—1953)

Bür — gen — stadt. grüß' mir die lie — ben trau — ten
Plätzchen — in dei-ner bun — ten Wäl — der Pracht. —
grüß' mir die lie — ben trau — ten Plätzchen —
in dei — ner bun — ten Wäl — der Pracht —

Namen- und Ortsregister

Das nachfolgende Register enthält nur die textwichtigen Orts- und Personen-Namen. Wegen der Häufigkeit ihres Vorkommens im Buch bleiben die Ortsnamen der Stadt, des Landes und des Amtes Wassenberg unberücksichtigt. Nicht aufgeführt sind wegen der Häufigkeit ihrer Nennung die Ortsnamen Heinsberg, Geilenkirchen, Erkelenz, Jülich, Kleve, Geldern. Weggelassen werden außerdem alle Ländernamen. Die im Text vorkommenden Personenlisten, ebenso diejenigen im Anhang (z. B. Pröpste, Bürgermeister, Einwohner etc., sind nicht noch einmal im Register aufgeführt.

Zum Autor

Heribert Heinrichs, geb. 4. 8. 1922 in Wassenberg, Universitätsprofessor, Dr. phil., Lehrstuhl für Medienwissenschaft, Leiter des Audiovisuellen Zentrums Hildesheim. Eltern: Peter Heinrichs (Organist an der Georgskirche zu Wassenberg), Barbara Kreutzer (Putzmachermeisterin in Wassenberg). Großeltern: Josef Kreutzer (Holzschuhmacher in Wassenberg), Anna Maria Jüres (Hebamme in Wassenberg, 63 Berufsjahre, 6 821 Kinder); Peter Heinrichs (Ackerer und Inhaber eines Backes in Wildenrath), Helena Böhnen (ohne Beruf, Dalheim). Seit 1953 ist Heribert Heinrichs verheiratet mit Charlotte Richartz aus Ophoven. Kinder: *1959 Melanie, *1961 Ekkehard. Enkelkind: *1987 Miriam.

Buchveröffentlichungen des Autors:

Der Schulfunk (Aachen 1956), Die Praxis des Schulfunks (Essen 1957), Kirchengeschichte des Wassenberger Raumes (mit Jakob Broich, Geilenkirchen 1958), Brennpunkte neuzeitlicher Didaktik (Bochum 1962, 14 Auflagen), Roboter vor der Schultür? (Bochum 1963), Unterrichtsfernsehen (Bochum 1965), Schulfernsehdidaktik (Bochum 1969), Lexikon der audiovisuellen Bildungsmittel (München 1971), Deutscher Lehrmittelberater (Frankfurt 1972), So wird Ihr Kind ein besserer Schüler (Gütersloh 1972), Audiovisuelle Praxis in Wort und Bild (München 1973), Aggression und Fernsehen (Tübingen 1974), Ein Kind ist ein Buch (Düsseldorf 1979), St. Georg Wassenberg: Vom Untergang zum Neuaufbau (Wassenberg 1981). Außerdem war der Autor Herausgeber der „Pädagogischen Taschenbücherei" (Verlag Kamp, Bochum, 78 Bände).
Das vorliegende Buch, „Wassenberg. Geschichte eines Lebensraumes" (Verlag B. Kühlen, Mönchengladbach) entstand in den Jahren 1966—1987.

(40 Medien-Wissenschaftler veröffentlichten 1987 ein Buch für und über den Autor. Es trägt den Titel: „Medien zwischen Kultur und Kult. Ansätze zur Theorie und Praxis der Medienkultur. Heribert Heinrichs zum 65. Geburtstag. — Bad Heilbrunn: Verlag Julius Klinkhardt 1987". In diesem Buch findet der Leser ausführliche Daten zur Lehr- und Forschungstätigkeit von Heribert Heinrichs sowie eine Gesamtbibliographie.)

Anschrift des Autors:

Universitätsprofessor Dr. Heribert Heinrichs
Ortelsburger Straße 37
3200 Hildesheim
Telefon (0 51 21) 8 40 85

Steinkirchen
Ophoven
MAIRIE
Karken
Debonhert
den Haag
Werloo
Ruhr-Kempen
Theberath
Schutdorf
Heuchden
Kirchhoven
Entebruch
Leick
HEINSBERG